Veröffentlichung des Institut Universitaire de Hautes Etudes Internationales, Genf.

MARLIS G. STEINERT

Hitlers Krieg
und die Deutschen

Stimmung und Haltung der deutschen Bevölkerung
im Zweiten Weltkrieg

ECON VERLAG · DÜSSELDORF · WIEN

1. Auflage 1970
© Econ Verlag GmbH, Düsseldorf und Wien. 1970
Alle Rechte der Verbreitung, auch durch Film, Funk, Fernsehen,
auszugsweisen Nachdruck, fotomechanische Wiedergabe und Tonträger jeder Art,
sind vorbehalten
Gesetzt aus der Linotype-Garamond-Antiqua
Gesamtherstellung: Kleins Druck- und Verlagsanstalt, Lengerich (Westf.)
Printed in Germany
ISBN 3 430 18750 8

Inhalt

Die, die sich nicht der
Vergangenheit erinnern, sind
verurteilt, sie erneut zu
durchleben.

SANTAYANA

Vorwort

Zahlreichen Persönlichkeiten und Institutionen gilt mein herzlicher Dank, insbesondere Herrn Prof. Dr. Jacques FREYMOND, der stets hilfsbereit zur Seite gestanden – als Ratgeber, Kritiker und Vorbild. Die fördernde Hilfe des von ihm geleiteten Institut Universitaire de Hautes Etudes Internationales ermöglichte die Realisierung dieser Studie.

Gleichfalls an dieser Stelle möchte ich Herrn Prof. Dr. Hans MOMMSEN, Ruhr-Universität Bochum, aufrichtig danken für die kritische Durchsicht des Manuskripts.

Zu Dank verpflichtet bin ich weiterhin den Beamten der verschiedenen konsultierten Archive für die freundliche Unterstützung, die sie mir beim Auswerten der bei ihnen lagernden Aktenbestände gewährten, vor allem Herrn Oberarchivrat Dr. Heinz BOBERACH, Bundesarchiv Koblenz, dessen Hinweise für mich besonders wertvoll waren. Dank gebührt auch Herrn Prof. Dr. Saul FRIEDLÄNDER für seine anfänglichen Anregungen zu dieser Untersuchung.

Marlis G. Steinert

Erläuterungen

Die ungedruckten Quellen werden nach den Bestandsbezeichnungen der jeweiligen Archive angegeben (s. Quellenverzeichnis).

Bei einer mehrfach zitierten gedruckten Quelle oder Schrift wird nur der Titel oder der Name des Herausgebers, bzw. Autors und die Seite angegeben. Ist ein Autor mit mehreren Schriften vertreten, wird auch der Titel, bzw. eine Abkürzung angeführt. Im Sinne einer schnellen Orientierung wird empfohlen, nicht die erste Zitierung zu suchen, sondern das alphabetisch angelegte Literaturverzeichnis zu konsultieren.

Die Abkürzung *op. cit.* wird nur verwendet, wenn Autor und Werk im Textteil angesprochen sind; *loc. cit.* weist auf den Titel eines Sammelwerkes oder einer Zeitschrift hin; *ibid.* bezieht sich auf dieselbe Quelle wie in der vorangegangenen Anmerkung und kann neben der Quelle auch dieselbe Seite bedeuten; *idem* bedeutet derselbe Verfasser, dieselbe Behörde und findet Anwendung, wenn es sich um ein verschiedenes Datum oder einen verschiedenen Bezug handelt.

Verzeichnis der Abkürzungen

OKL	Oberkommando der Luftwaffe
OKM	Oberkommando der Marine
OKW	Oberkommando der Wehrmacht
OLG	Oberlandesgericht
Pg	Parteigenosse
RFSS	Reichsführer SS
RGBl	Reichsgesetzblatt
RMVP	Reichsministerium für Volksaufklärung und Propaganda
RPÄ	Reichspropagandaämter
RSHA	Reichssicherheitshauptamt
SA	Sturmabteilung
SD	Sicherheitsdienst
SPD	Sozialdemokratische Partei Deutschlands
SS	Schutzstaffel
Slg	Sammlung
StA	Staatsarchiv
USNA	United States National Archives
V-Mann	Vertrauensmann
VfZG	Vierteljahreshefte für Zeitgeschichte
Vg	Volksgenosse
WPr	Wehrmachtpropaganda

Einführung

Zum Begriff der Öffentlichen Meinung

Jede Staatsführung, sei sie demokratisch, autoritär, totalitär, bedarf zur Ausübung der Macht auf die Dauer gesehen eines gewissen Grades von Akklamation. Ohne den Konsensus breiter Volksschichten, und sei er auch erzwungen oder passiv, kann sich im Zeitalter der Massen keine Regierung über längere Zeitspannen behaupten. Während in demokratischen Staatsformen westlicher Prägung die Entscheidungen der Exekutive durch gewählte Repräsentanten des Volkes kontrolliert und korrigiert werden, wobei der öffentlichen Meinung eine bedeutende Rolle sowohl bei der gouvernementalen wie bei der parlamentarischen Willensbildung zukommt, wird innerhalb von Zwangssystemen die erforderliche Zustimmung teils durch scharfe formelle und informelle soziale Kontrollen und Terror, teils durch Manipulation und Beeinflussung der öffentlichen Meinung zu erreichen versucht.[1] Zur erfolgreichen Meinungsbeeinflussung bedarf es jedoch einer genauen Kenntnis des Meinungsklimas und der Meinungskonstellationen. Als Ersatz für die in demokratischen Staaten erhältlichen Informationen mittels demoskopischer Umfragen oder aus den Kommunikationsmitteln Parlament, Presse, Rundfunk und Fernsehen, werden in totalitären Systemen meist Berichte von Überwachungs-[2] und

---

[1] Lenins und Stalins Schriften beweisen zur Genüge, wie sehr die Führer des Bolschewismus sich der Notwendigkeit bewußt waren, die Massen nicht nur zu beeinflussen, sondern auch zu überzeugen. Die Studie von INKELES, Alex. *Public opinion in Soviet Russia.* Cambridge (Mass.), Harvard University Press, 1958, zeigt die sowjetkommunistische Praxis und die Rolle des Propagandisten, des Agitators sowie der Massenmedien.

[2] Im übrigen haben auch parlamentarische Systeme sich in Kriegszeiten ähnlicher Informationsquellen bedient, wie ein Beitrag des französischen Historikers beweist: RENOUVIN, Pierre. »L'opinion et la guerre en 1917«. *Revue d'histoire moderne et contemporaine,* tome XV, janvier–mars 1968; S. 4–23. Als die Stimmung in Frankreich 1917 äußerst kritisch war, wertete ein sogenanntes »bureau du moral« des Großen Hauptquartiers Berichte von Präfekten,

Spitzeldiensten herangezogen, die auf eine lange geschichtliche Tradition zurückblicken können. Pharaonen und Cäsaren, chinesische Kaiser, Tyrannen und Volkstribunen, absolute Herrscher, sie alle beschäftigten Späher und Horcher, die sich, nach dem Beispiel Harun al Raschids, unter das Volk mischten, um seine Meinung zu erkunden. Mit der Zeit wurden die Methoden verfeinert und verbessert, ganze Polizeiapparate und Spitzeldienste nach dem Vorbild Fouchés aufgebaut.

Auch die Führungsschicht des Dritten Reiches hat sich in ausgiebiger Weise von Anbeginn derartiger Informationsquellen bedient. Dennoch findet man bis in die jüngste Gegenwart hinein in sozialpsychologischen Abhandlungen und Lehrbüchern sowie in Handbüchern über die öffentliche Meinung vielfach noch die Ansicht vertreten, es gäbe in totalitären Gesellschaften keine nennenswerte oder nur eine schwach ausgeprägte öffentliche Meinung[3], und demzufolge hätten auch die faschistischen Staaten »nur über ein sehr dürftiges und wenig leistungsfähiges Instrument der Meinungsforschung« verfügt.[4] Spätestens seit der von Heinz BOBERACH veröffentlichten Auswahl der vom Sicherheitsdienst (SD) zusammengestellten *Meldungen aus dem Reich*[5] weiß man, daß dies für das Dritte Reich nicht zutrifft. Die SD-Berichte sind im übrigen bereits in den kurz nach dem Zweiten Weltkrieg veröffentlichten Tagebüchern von Goebbels mehrfach erwähnt worden.[6] Weniger bekannt ist, daß nicht nur Himmlers Sicherheitsdienst die Staats- und Parteiführung mit Informationen über die Meinungslage des deutschen Volkes versorgte, sondern Hinweise und Mitteilungen über die Volksstimmung von den verschiedenartigsten Organisationen und Institutionen gesammelt und durch zahlreiche Kanäle weitergeleitet wurden.[7] Es sieht sogar so aus, als ob es kaum eine nationalsozialistische Organisation gegeben hat, die nicht, zumindest zeitweilig oder für bestimmte Gebiete, politische Lageberichte geliefert hat. Natürlich bestanden zwischen diesen Organisationen und dem Sicherheitsdienst

---

Kommandanten der Wehrkreise, der Polizei, Gendarmerie, Staatsanwälte und Postüberwachungsdienste aus.

[3] s. z. B. SARGENT, S. Stansfeld, u. WILLIAMS, Robert Clifford. *Social Psychology.* New York, The Ronald Press Company, 1966 (3. ed.); S. 473.

[4] HOFSTÄTTER, Peter R. *Psychologie der Öffentlichen Meinung.* Wien, Wilhelm Braumüller Verl., 1949 (Erkenntnis und Besinnung, Bd. 13); S. 18.

[5] Neuwied, Berlin, Luchterhand Verlag, 1965 (künftig zitiert als BOBERACH).

[6] *Goebbels Tagebücher aus den Jahren 1942 bis 1943.* Hrsg. von Louis P. Lochner. Zürich, Atlantis-Verlag, 1948; S. 114, 140, 171, 220, 303 (künftig zitiert als *Tagebücher).*

[7] s. hierzu die detaillierten Quellenangaben, *infra;* S. 607 ff.

Beziehungen[8], die eine Doppelarbeit ausschließen und eine möglichst umfassende Unterrichtung gewährleisten sollten. Dasselbe gilt für die staatlichen und militärischen Stellen[9], die ebenfalls laufend Bericht über die Volksmeinung erstatteten. In den wenigsten Fällen dürfte es allerdings zu einer dauerhaften und kontinuierlichen Zusammenarbeit gekommen sein.

Viele der Dokumente sind durch Kriegseinwirkung oder befohlene Vernichtung verlorengegangen[10]; andere Bestände sind noch nicht vollständig erfaßt oder zugänglich gemacht worden.[11] Die überkommenen und heute konsultierbaren Archivalien sind jedoch immer noch so zahlreich und aufschlußreich, wie sie dem Historiker für andere Zeitabschnitte und -themen nur selten zur Verfügung stehen. Die Beschäftigung mit ihnen scheint mithin lohnend. Ihre Existenz und verschiedene, von Spitzenvertretern der nationalsozialistischen Partei ergriffene Maßnahmen, insbesondere in der zweiten Kriegshälfte von seiten Martin Bormanns, sowie die von Joseph Goebbels unternommenen gezielten propagandistischen Beeinflussungskampagnen, lassen den Schluß zu, daß die Volksmeinung im Dritten Reich keineswegs eine derartige *quantité négligeable* war, wie Ribbentrop es

---

[8] s. hierzu die Anordnung des Stellvertreters des Führers Nr. 201/38 vom 14. 12. 38. BA *NS 6/vorl. 231* und vor allem das Rundschreiben des Leiters der Parteikanzlei Nr. 26/43 g vom 21. 8. 42 über »Zusammenarbeit der Parteidienststellen mit dem Sicherheitsdienst in Fragen der Berichterstattung und Nachrichtenbeschaffung«. BA *NS 6/344.*

[9] s. z. B. das Schreiben des Regierungspräsidenten von Oberbayern an die Landräte und Oberbürgermeister des Regierungsbezirks Nr. 13 640/16 vom 12. 7. 40. Betr. Zusammenarbeit mit dem Sicherheitsdienst des Reichsführers SS. SD-Leitabschnitt München. HStA Oberbayern *Fasz. 204, Nr. 3243,* und den Briefwechsel zwischen dem Chef der Sicherheitspolizei und des SD Heydrich und General Reinecke, sowie die Antwort von Generalfeldmarschall Keitel vom 1. und 30. April und 23. Mai 1940 über die Anforderung von politischen Lageberichten. MGFA *WO 1-5/180.*

[10] Es ist besonders bedauerlich, daß es bisher nicht gelang, die Berichte des Berliner Polizeipräsidenten über die Stimmung der Berliner aufzufinden. Die Stimmung Berlins wurde, insbesondere von Goebbels, als richtungsweisend und ausschlaggebend für die Gesamtstimmung angesehen.

[11] Ein Teil der zeitgeschichtlichen Unterlagen, die bei den unteren staatlichen Behörden erwachsen sind, befinden sich noch in den Registraturen der zuständigen Behörden, und ihre Abgabe an die Staatsarchive muß erst noch erfolgen. Man kann also in den folgenden Jahren noch mit einem Aktenanfall rechnen, der zusätzliche Auskünfte über regionale Meinungströmungen gibt und hoffentlich auch detaillierte Studien über die einzelnen Gesellschaftsschichten und Probleme ermöglicht. Es ist auch anzunehmen, daß sich in der DDR noch eine Anzahl derartiger Aktenbestände befindet, die der Sowjetunion 1945 in die Hände fielen. Das deutsche Zentralarchiv in Potsdam teilte der Verfasserin Januar 1968 mit, daß dort keinerlei Quellen der gesuchten Art vorliegen.

dem sowjetischen Geschäftsträger noch im August 1939 darstellte.[12] Mag dies für die Friedensjahre teilweise zugetroffen haben, so änderte sich das grundlegend spätestens seit Kriegsausbruch. Hitlers durch Fronterlebnis und verlorenen Krieg stark beeinflußtes Weltbild ließ ihn eine Entwicklung wie 1917/1918 mehr fürchten als äußere Feinde.

Eine der Wurzeln des für ein totalitäres System auffälligen Interesses für die Stimmung des Volkes ist daher in den Ereignissen der Jahre 1917/1918 zu suchen. Im Verlaufe des Krieges wird immer wieder – von seiten der Führungsspitze wie von seiten der Bevölkerung – ein Vergleich mit der Zeit des Ersten Weltkrieges gezogen. Die nationalsozialistische Machtelite setzte alle ihre Möglichkeiten ein, um zu verhindern, daß – wie die Dolchstoßlegende es verbreitet hatte – die Heimat der Front erneut in den Rücken falle.

An dieser Stelle muß auch die entscheidende Frage aufgeworfen werden, ob Hitler die von den verschiedensten Organisationen und Dienststellen angefertigten Berichte las oder sich über ihren Inhalt informieren ließ. Ohlendorf hat in Nürnberg ausgesagt, daß die »Meldungen aus dem Reich«, mit Ausnahme einiger Berichte aus der letzten Zeit, Hitler nicht erreicht hätten.[13] Ein dokumentarisch einwandfrei belegter Gegenbeweis war bis heute nicht zu erbringen. In den von Henry PICKER herausgegebenen Tischgesprächen[14] ist jedoch ein Stimmungsbericht erwähnt, der einen Vermerk Hitlers trägt. Goebbels, der sich mit den Tätigkeitsberichten der Reichspropagandaämter einen eigenen Meinungsforschungsapparat aufgebaut hatte, fuhr oft ins Führerhauptquartier, und seine, sowie die Presseanweisungen Otto Dietrichs, die häufig eine direkte Reaktion auf die Stimmungsberichte darstellen, waren vielfach von Hitler selbst inspiriert, wenn nicht gar diktiert. Hitlers mehrfaches Eingreifen in der Kirchenfrage, seine Haltung hinsichtlich der Euthanasieaktion, seine Äußerungen über die Ansichten der Bevölkerung nach dem Sturze Musso-

[12] Telegramm Nr. 166 vom 3. 8. 1939 an den deutschen Botschafter in Moskau, von Schulenburg. *Nazi-Soviet Relations, 1939–1941.* Documents from the Archives of the German Foreign Office. Ed. by James Sontag and James Stuart Beddie. Washington, Dept. of State, 1948; S. 38; deutsch: *Die Beziehungen zwischen Deutschland und der Sowjetunion 1939–1941.* Aus den Archiven des Auswärtigen Amtes und der Deutschen Botschaft in Moskau. Hrsg. von Dr. Alfred Seidl. Tübingen, H. Laup'sche Buchhandlung, 1959; S. 44.

[13] BA *Alliierte Prozesse L XXVII A 5/6*; S. 514, 515 – erwähnt bei BOBERACH; S. XVII.

[14] PICKER, Henry. *Tischgespräche im Führerhauptquartier 1941–1942.* Neu hrsg. von Percy Ernst Schramm. Stuttgart, Seewald-Verl. 1967; S. 206/207.

linis verraten eine genaue Kenntnis der Volksstimmung. Es gab für den »Führer des Großdeutschen Reiches« selbstverständlich verschiedene Möglichkeiten der Information. Es ist bekannt, daß er ausländische Presseberichte las und sich durch Besucher unterrichten ließ. Darüber hinaus aber scheint er auch – zwar nicht täglich und systematisch – Meinungsforschungsberichte gelesen zu haben, oder er ließ sich darüber unterrichten. Rudolf Heß, Heinrich Himmler und dessen persönlicher Referent, Dr. Rudolf Brandt, benutzten mehrfach die Abwesenheit Martin Bormanns – der unter dem Vorwand, man könne Hitler nicht mit derartigen Fragen belasten, die Berichte zeitweise zurückhielt –, um Hitler über die Meinungsentwicklungen zu orientieren.[15] Diese Art der Kommunikation wirft ein bezeichnendes Licht auf die unsystematische, ungeordnete und sprunghafte Manier, die Hitlers Arbeitsstil charakterisierte. Albert SPEER hat in seinen *Erinnerungen*[16] erneut den Dilettantismus als eine der charakteristischsten Eigenarten Hitlers herausgestellt. Ein weiteres Charakteristikum war seine Launenhaftigkeit, der sich alle seine Mitarbeiter beugten und die sie in ihre Machtkalkulationen miteinbezogen. Hitlers Kenntnis der Volksstimmung beruhte demnach auf einer sporadischen Unterrichtung, die zu *ad-hoc*-Reaktionen führte. Ihnen kommt nur taktische Bedeutung zu, in seinen wichtigen Entscheidungen und seinen strategischen Zielsetzungen ließ er sich durch die Meinung der Bevölkerung nicht beeinflussen. Aber sein *timing* – der zeitliche Ablauf und Einsatz von Maßnahmen – wurde mehrfach von ihr abhängig gemacht. Die Nachrichten- und Propagandapolitik des Dritten Reiches hingegen, von der noch zu sprechen sein wird und welche die Volksmeinung modellieren und lenken sollte, war nicht nur Reaktion auf diese, sondern wurde häufig von ihr inspiriert, sowie auch sie die Publikumsmeinung oft entscheidend formte. Es kann somit auch aufgrund des in der vorliegenden Studie untersuchten Aktenmaterials für das nationalsozialistische Deutschland bestätigt werden: »Öffentliche Meinung und Propaganda bedingen und steuern einander gegenseitig.«[17]

Die Fragestellung dieser Untersuchung lautet demnach nicht mehr, ob es überhaupt in Hitlers Deutschland Meinungen gab, sondern: 1. inwieweit diese Meinungen differenziert, eigenständig und genuin und inwie-

---

[15] Schreiben des ehemaligen SS-Hauptsturmführers und langjährigen Angehörigen der Einsatz-Auswertungsstelle des SD in Berlin, Paul Neukirchen, vom 6. 10. 69.
[16] Frankfurt, Verlag Ullstein GmbH, Berlin, Propyläen Verlag, 1969; S. 266.
[17] HOFSTÄTTER. *Psychologie der Öffentlichen Meinung;* S. 148.

weit sie manipuliert oder gelenkt waren; 2. welche Faktoren sie beeinflußten und 3. wie weit ihr Einfluß reichte.

Nun ist es eine bekannte Tatsache, daß auch in demokratischen Staatsgebilden die Masse der Bevölkerung ohne »übernommene Meinungen« nicht auskommt. Die verwirrende Vielfalt der Fakten und Ereignisse, die Komplexität der gesellschaftlichen, wirtschaftlichen und technischen Vorgänge und Verhältnisse ermöglichen es dem Durchschnittsstaatsbürger in der Mehrzahl der Fälle gar nicht, sich eine eigene Meinung zu bilden. Er übernimmt vielmehr »geprägte Formeln« oder aufbereitete Ansichten, die ihm durch Massenmedien oder Informationsträger geboten werden. Es findet also auch hier eine gewisse Manipulation statt, die jedoch ihre Grenzen hat, vor allem wenn sie auf eine bereits vorgeformte Haltung stößt, die relativ immun gegen jegliche Art der Beeinflussung ist. Solche erstarrten und stereotypen, nur langfristig auflösbaren Meinungen findet man auch in totalitären Staaten, wie diese Studie erweisen wird, und selbst massivste Beeinflussung erzielt nur limitierte Erfolge. Selbstverständlich ist das Meinungsbild demokratischer Staaten durch das überreichlich angebotene Nachrichten- und Informationsmaterial bunter und nuancierter als dasjenige totalitärer Staaten, in denen die Nachrichtenpolitik uniform und eine »bewußte Anwendung der Nachricht zum Zwecke der Meinungsbildung«[18] darstellt. Doch gibt es auch in Demokratien breite Meinungsströmungen, typische und repräsentative Meinungen und eine weitverbreitete Grundstimmung. Gerade letztere läßt sich mit den numerischen und quantitativen Methoden, wie sie demoskopischen Untersuchungen eignet, nur schwer und unvollkommen erfassen. Um sie zu erforschen, bedarf es einer Ergänzung durch analytische Untersuchungen der von den Kommunikationsmitteln verbreiteten Meinungsäußerungen. Meinungsumfragen demoskopischer Institute vermitteln daher nur sehr unvollkommen das »Klima«, die Atmosphäre eines gegebenen Zeitabschnittes oder das, was DOVIFAT, in Anlehnung an Bismarck, die »Unterströmung« oder die »allgemeine Meinungsgrundlage«[19] nennt. Die Stärke demoskopischer Umfragen liegt in der prozentualen Aufschlüsselung konkreter Meinungsäußerungen: wieviel Prozent der Bevölkerung bejahen oder verneinen eine bestimmte Politik, vertrauen einem Staatsmann, bleiben indifferent; wie stehen die Wahlchancen einer Partei, einer Persönlichkeit? Durch

[18] DOVIFAT, Emil. *Zeitungslehre*. II. Bd.: *Theoretische Grundlagen – Nachricht und Meinung, Sprache und Form*. Berlin, Walter de Gruyter & Co., 1937 (Sammlung Göschen); S. 97/98.
[19] *ibid*.

zusätzliche, qualitative Interviews lassen sich auch noch nuancierte Tagesmeinungen vermitteln und durch Wiederholungen bestimmter Fragen in zeitlichem Abstand ein Trend herausarbeiten. Die Gesamtheit der Meinungen kann natürlich nicht erfaßt werden, sondern nur ein repräsentativer Ausschnitt. Individuelle Stellungnahmen müssen unberücksichtigt bleiben. Lezteres gilt auch für die von zahlreichen politischen, militärischen und administrativen Instanzen des Dritten Reiches gesammelten Äußerungen über die Stimmung und Haltung der deutschen Bevölkerung. Sie vermitteln typische, weitverbreitete Ansichten, geben aber darüber hinaus auch teilweise Aufschluß über die spezifischen Ansichten von Arbeitern, Bauern, Intellektuellen und signalisieren regionale Abweichungen. Sie vermitteln hingegen keine prozentualen Aufschlüsse. Dies mag in unserer statistikgläubigen Epoche als schwerwiegender Nachteil gewertet werden. Er wird jedoch teilweise kompensiert durch die Häufigkeit und Intensität der überlieferten Meinungen. Für die letzte Kriegsphase stehen einige wenige prozentuale Angaben zur Verfügung, die sich aus Befragungen deutscher Kriegsgefangener durch amerikanische Forschungsteams ergeben. Sie betreffen allerdings nur die Meinung der im Westen in Gefangenschaft geratenen Soldaten und sind daher mit aller Vorsicht auszuwerten im Hinblick auf ihre Repräsentanz.

Der Begriff »Öffentliche Meinung« bleibt, vor allem in Deutschland, nach wie vor umstritten und unklar; seine wissenschaftliche Definition gilt mehr oder minder als »Quadratur des Kreises«.[20] Zudem wird er meist mit den demoskopischen Forschungsmethoden in Verbindung gebracht. In dieser Untersuchung findet daher, in Anlehnung an die Terminologie des untersuchten Zeitraumes, der Doppelbegriff »Stimmung und Haltung« meist Verwendung. Er besitzt den Vorteil, sowohl die emotionale, spontane, oft nur kurzfristige Meinung, wie die dauerhaftere, durch Charakter, Erziehung und Erfahrung geprägte Gemütsverfassung einzuschließen, welche den eigentlichen Ausgangspunkt aller Wertungen und Meinungsäußerungen darstellt.[21]

---

[20] SCHNEIDER, Franz. *Politik und Kommunikation*. Drei Versuche. Mainz, v. Hase & Koehler Verlag, 1967; S. 48.
[21] Sie entspricht dem Begriff »attitude«, den G. W. Allport 1935 als grundlegendes und unerläßliches Konzept der zeitgenössischen amerikanischen Sozialpsychologie bezeichnet hat, was es auch seither, und nicht nur für die Vereinigten Staaten, geblieben ist, wie zahlreiche Untersuchungen beweisen. Vgl. KLINEBERG, Otto. *Psychologie sociale*. Paris, Presses Universitaires de France, 1967; S. 541 ff. Vgl. auch STOETZEL, Jean. »La conception de la notion d'attitude en psychologie sociale«. *Sondages*, 1963, Nr. 2, S. 50–20.

Eine Schulungsunterlage der Reichsorganisationsleitung der NSDAP[22] unterrichtet uns darüber, wie die damalige Meinungsforschung dieses Zwillingspaar zu begreifen und anzuwenden hatte. Die Stimmung wurde hier definiert als »eine Bestimmtheit des Gemüts«, bei der das Gefühl vorherrschend ist und der Mensch sich mehr von den Umständen »als der Klarheit seiner Einsicht und dem vernunftmäßigen Abwägen« leiten läßt: »er ist gewissermaßen nach der Umgebung gestimmt wie ein Musikinstrument, statt ihr gegenüber seine Selbständigkeit zu wahren«. Die Haltung hingegen wird, sehr unzureichend und ganz im orthodoxen Parteigeist, damit erklärt, daß es Situationen gibt, »die nicht mehr stimmungsmäßig, sondern nur noch haltungsmäßig bewältigt werden können«. Demnach kam sie vornehmlich dem Aktivisten zu, dem politischen Leiter, dem »seine klare und feste Haltung durch die mit seinem Bluterbe, d. h. mit seinem innersten Wesen in Einklang stehende *Weltanschauung*« eine solche erst ermöglichte. »Sie verleiht den notwendigen Standpunkt über den Dingen, denn sie sagt uns, daß Kämpfen das Grundgesetz des Lebens ist und dieses Grundgesetz die Natur- wie die Völkergeschichte bestimmt . . .« Weiter basierte diese »Haltung« nach parteioffizieller Ansicht auf dem »Vertrauen zum Führer«, der keine »schlechte Stimmung« kennt.

Diese Definition entspricht ungefähr derjenigen, welche DOVIFAT 1937 gegeben hat: »Heute ist der Begriff ›Öffentliche Meinung‹, der z. B. in den angelsächsischen Ländern, vor allem aber den Vereinigten Staaten in der Aussprache über die Presse noch weit vorne steht, in Deutschland ganz zurückgetreten. Man spricht nicht mehr von ›Meinung‹, sondern von Überzeugung und politischem Glauben . . .«[23]

Die nationalsozialistische Aufgliederung der öffentlichen Meinung in Stimmung und Haltung umschließt also die impulsive, unreflektierte, spontane Reaktion auf das Tages- und Zeitgeschehen und die »Unterströmung« oder die »allgemeine Meinungsgrundlage«, resultierend aus politischer Indoktrination, oder, was damals bewußt oder unbewußt unterschlagen wurde, aus Erziehung, Tradition und Erfahrung. Damit werden sowohl die ursprünglichen, unbewußten und irrationalen Regungen und Äußerungen erfaßt, die so sehr gerade die politische Urteilsbildung nicht nur in Deutschland beherrschten und beherrschen, wie auch die ererbten, erworbenen und erlernten Verhaltensmechanismen.

---

[22] undatiert (1943?). BA ZSg 3/424.
[23] *op. cit.*; S. 108.

Zum Verständnis der tieferen Ursachen

Ein alltägliches Beispiel aus der Zeit des Zweiten Weltkrieges, dessen Goebbels sich ebenfalls zur besseren Charakterisierung dieser beiden Grundbegriffe einmal bedient hat, mag den Unterschied zwischen Stimmung und Haltung verdeutlichen und uns gleichzeitig erlauben, auf Meinungsmotivationen und Verhaltensmuster aufmerksam zu machen, die weit in die Vergangenheit reichen und ethologischen, historischen, psychologischen und soziologischen Ursprungs sein können. Damit soll für die Masse der im Vordergründigen verharrenden Meinungsberichte eine mögliche tiefschichtige Dimension zumindest angedeutet werden.

Jeder Mensch ist schlecht gestimmt und übellaunig, wenn er die Nächte bei Fliegeralarm im Keller verbringt und womöglich seine Wohnung mit zersprungenen Scheiben oder nur noch Trümmer vorfindet. Viele Deutsche haben dies, bei schlechter Ernährung, Stromsperren und vielen Entbehrungen, jahrelang in guter Haltung ertragen; haben immer wieder aufgeräumt, aufgebaut, ausgehalten. Aus »weltanschaulichen« Gründen oder weil sie dem »Führer« vertrauten? Ein zeitgenössisches Tagebuch gibt zunächst einmal eine andere sehr einleuchtende Erklärung: »Weder Schuttkehren noch Kopfkissenretten haben mit Nazigesinnung etwas zu tun. Keiner denkt an Hitler, wenn er sein Küchenfenster vernagelt. Wohl aber denkt jeder daran, daß man im Kalten nicht leben kann. Daß man, noch ehe der Abend kommt und die Flugsirenen heulen, einen Schlupfwinkel haben muß, in dem man seine Glieder ausstrecken kann . . .«[24]

Eine ganz primitive Reaktion also, die auf dem Urbedürfnis nach Wärme, Schutz und Geborgenheit beruht. Und wie diese sind auch zahlreiche andere Verhaltensweisen relativ leicht als Artveranlagung zu erkennen.

Gibt es auch kaum einen Zweifel, daß eine nicht exakt zu quantifizierende Mehrheit der Deutschen in den Vorkriegsjahren der außen- und innenpolitischen Erfolge »mit den Ideen des Rassismus und der Herrschaftsideologie des Nationalsozialismus einverstanden« war[25], so dürften »Weltanschauung« und »Führervertrauen« bei fortschreitender Bombardierung und weichendem Kriegsglück immer weniger »Volksgenossen« in

---

[24] ANDREAS-FRIEDRICH, Ruth. *Schauplatz Berlin.* Ein deutsches Tagebuch. München, Rheinsberg Verlag Georg Lentz, 1962; S. 81.
[25] MITSCHERLICH, Alexander und Margarete. *Die Unfähigkeit zu trauern.* Grundlagen kollektiven Verhaltens. München, R. Piper & Co. Verlag, 1968; S. 21.

ihrer Haltung bestimmt haben, wie dies von der nationalsozialistischen Führungsschicht gerne propagiert wurde. Diese entsprach vielmehr, neben rein instinktivem Verhalten, einem seit Generationen gepflegten Erziehungsideal, einer geistigen Grundhaltung, deren Kennworte Gehorsam, Pflichterfüllung und Sauberkeit sind. Ideale, die der Nationalsozialismus usurpiert, in einem Unrechtsstaat pervertiert und von Sekundär- zu Primärtugenden erhoben hatte. Diese Vereinnahme traditioneller Werte machte es dem durchschnittlichen Deutschen auch so schwer, die eigentlichen Motive Hitlers und seiner Umgebung zu durchschauen. Die Tarnung war so perfekt, die Mimikri so wohlgelungen, daß die Alliierten, ebenfalls getäuscht, diese ursprünglich preußischen Tugenden, die den Nationalsozialisten nur zur Fassade und zur leichteren Erreichung ihrer machtpolitischen Ziele dienten, als die Wurzel des nationalsozialistischen Übels ansahen und Deutsche und Nationalsozialisten zunehmend als Synonyma begriffen.[26]

Die Masse der überlieferten Stimmungs- und Augenzeugenberichte beweisen nun aber sehr deutlich, daß das Dritte Reich nur selten von einem einhelligen Volksvotum getragen war, daß die Meinungen weit weniger uniform, die Deutschen nicht aggressionslüstern und kriegsbegeistert, sondern eher resigniert, voller Kriegsfurcht und Friedenssehnsucht waren. Hitlers eklatante Siege erregten natürlich Begeisterung – die aber war nur von kurzer Dauer –, die Monate und Jahre des Sichfügens hingegen waren lang. Immer mehr wurde herbe Kritik laut, vor allem an den antikirchlichen Maßnahmen, an der Propaganda, an den Würdenträgern der Partei, auch an inhumanen Maßnahmen, wenn sie den eigenen Lebensbereich tangierten, andere, wie die Judenvertreibung, wurden toleriert oder ignoriert, von manchen begrüßt. Hitler, der Hauptschuldige, wurde bis in die letzten Kriegsmonate von einem beträchtlichen Prozentsatz der Bevölkerung verehrt und stand außerhalb der sonst oft zahlreichen Attacken gegen das Regime.

Hierfür bietet der heutige Stand der Wissenschaften eine Reihe von Erklärungen an. Neuere Versuche der Humanethologie – der vergleichenden Verhaltensforschung des Menschen – haben gezeigt, daß der

---

[26] Typisch hierfür ist z. B. die auf Untersuchungen des ICD Screening Centers beruhende Studie von SCHAFFNER, B. *Fatherland*, New York, Columbia University Press, 1948, die in der Schlußfolgerung gipfelt, daß der Nationalsozialismus keine Revolution des deutschen Lebens, sondern eine Fortführung und Intensivierung der traditionellen Lebensweise war. Als Annex findet man einen Essay über die Kollektivschuld des deutschen Volkes. (S. 80 und 151 ff.)

Mensch, hat er sich einmal freiwillig einer Autorität untergeordnet, ihr auch zu einem hohen Grade ausgeliefert und fast blind gehorsam ist.[27] Es handelt sich also auch hier bei dem sprichwörtlichen Gehorsam der Deutschen nicht nur um eine preußische Erbschaft, sondern um ein allgemein menschliches Phänomen, das dann, durch die spezifisch deutsche Spätentwicklung auf industriellem, soziologischem und nationalem Gebiet, eine Übersteigerung erfuhr.

Die Sozialpsychologen führen die Bindung an Hitler auf eine Identifizierung mit ihm als einem Idealego, einem *pater patriae* zurück. Sie sei so stark gewesen, daß sie nicht nur die Blindheit gegenüber all seinen allzu offensichtlichen Lügen und Wortbrüchen, sondern auch, für weite Kreise, den Mangel an Auflehnung und revolutionärem Aufbegehren erkläre. Hitler zerstören hieß somit für viele Deutsche sich selbst und Deutschland zerstören. Das alles hatte mit dem eigentlichen Hitler nichts zu tun. Ihn kannten und erkannten nur wenige. Der Vergleich mit einem Vexierbild drängt sich auf: Nur bei sehr eingehender Betrachtung zeigt sich das eigentliche Bild; dem oberflächlichen Beschauer bietet sich eine ganz andere Darstellung.

Es sind auch manche Versuche unternommen worden, die Hintergründe des deutschen Massenwahns aus historischer und soziologischer Sicht zu erklären. Die Ableitung aus dem »Nationalcharakter« der Deutschen wie auch die einseitige Interpretation eines Höhepunktes imperialistischer Machenschaften des Kapitalismus haben sich inzwischen selbst diskreditiert. Aufbau und Traditionen der deutschen Gesellschaftsstruktur boten weitere Erklärungsmöglichkeiten. Vor allem das deutsche Familienleben, die Dominanz des Vaters und die blinde Unterwerfung unter seinen Willen, werden als eines der Erzübel und Hindernisse auf dem Wege der freien Persönlichkeits- und Willensentfaltung angeprangert.[28] Andere sahen die Wurzel für obrigkeitsstaatliches Denken und Anfälligkeit für Autoritarismus und Totalitarismus in der immer stärkeren Individuation des Menschen, insbesondere seit dem Kapitalismus, angelegt. Wachsende Freiheit auf der einen Seite habe den Umbruch der traditionellen Gesellschaftsstrukturen auf der anderen Seite bewirkt. In diese Umbruchssituation, die ein gewisses Vakuum nach sich zog, seien nun die Lehren

---

[27] MILGRAM, St. »Behavioral Study of Obedience«. *J. abnorm Social Psychology.* Nr. 67; S. 372, 378. – Erläutert bei EIBL-EIBESFELDT, Irenäus. *Grundriß der vergleichenden Verhaltensforschung.* München, Piper & Co; S. 434–438.
[28] SCHAFFNER; S. 15 ff.

Luthers und Calvins gestoßen und hätten, vor allem in Deutschland, ein ambivalentes Verhalten zwischen der göttlichen und der weltlichen Autorität erzeugt.[29] Luther selbst wird als ein typischer Vertreter jener »autoritären Persönlichkeit« angesehen, deren Charakterbild in Deutschland besonders verbreitet sein soll und deren innere Unsicherheit den Hauptanstoß gab zu der »Flucht aus der Freiheit«. In einer großangelegten Studie haben Th. W. ADORNO und Else FRENKEL-BRUNSWIK, Daniel J. LEVINSON und R. Nevitt SANFORD[30] als wesentliche Faktoren des totalitären (faschistischen) Syndroms jener autoritären Persönlichkeit den Konventionalismus, die autoritäre Untertänigkeit, aggressive Autoritätssucht, Aberglaube und Stereotypie, insbesondere den Glauben an die Schicksalhaftigkeit des Geschehens und das Disponiertsein zum Denken in starren Kategorien, Macht und Robustheit, Destruktivität und Zynismus sowie Projektion, das heißt die Übertragung eigener Triebimpulse auf die Außenwelt, charakterisiert. Inzwischen wurden einige Zweifel und Kritik an dieser idealtypischen Charakterisierung der autoritären Persönlichkeit und ihrer sado-masochistischen Triebkräfte laut[31], doch kann mit weiteren Beiträgen zu diesem Thema gerechnet werden, wie die These vom »sadistischen Staat« beweist.[32]

Die Geschichte kennt zahlreiche Beispiele wahnhafter Exzesse, sei es nun Hexen-, Klassen- oder Rassenwahn, zu deren Symptomen Realitätsverkennung, Aggressivität und eine relative Unkorrigierbarkeit gehören und von denen der Nationalsozialismus ein bisher unerreichtes Ausmaß darstellt. Oft zieht dabei ein Pseudo-Messias alle verdrängten Hoffnungen und Erwartungen einer durch soziale Konflikte und wirtschaftliche Mißstände frustrierten Menge auf sich. Diesem »Führer« entspricht dann eine Gruppe von Psycho-Labilen, von Unsicherheit und Ängsten geplagten Menschen, die auf ihn den Archetypus des Heilbringers projizieren.[33]

Zwischen der psychologischen Struktur des erkorenen Führers und der Masse bestehen demnach immer Interdependenzen. Was in Deutschland in

[29] FROMM, Erich. *Escape from Freedom.* New York, Toronto, Rinehart & Co., Inc., 1941. – deutsch: *Die Furcht vor der Freiheit.* Zürich, Steinberg-Verlag; Nürnberg, Nest-Verlag, 1945.
[30] *The authoritarian personality.* New York, Harper, 1950.
[31] s. z. B. HOFSTÄTTER, Peter, R. *Einführung in die Sozialpsychologie.* Stuttgart, Wien, Humboldt-Verlag, 1954; S. 446 ff.
[32] GLASER, Hermann. *Eros und Politik.* Eine sozialpathologische Untersuchung. Köln, Verlag Wissenschaft und Politik, 1967; S. 122 ff.
[33] *Massenwahn in Geschichte und Gegenwart.* Ein Tagungsbericht, hrsg. von Wilhelm Bitter. Stuttgart, Ernst Klett Verlag, 1965; S. 12 ff.

jenen zwölf Jahren der nationalsozialistischen Herrschaft geschah, ist nicht nur Schuld Adolf Hitlers und einer kleinen Clique. Hitler selbst war sich dieser Entsprechung bewußt und hat dies in einer Ansprache an die Feldmarschälle und Generale am 27. Januar 1944 in seinem Hauptquartier in der Wolfsschanze sehr deutlich ausgesprochen:»... Werte, die nicht vorhanden sind, können auch niemals mobilisiert werden. Es ist daher unmöglich, aus einem Volk etwas anderes zu machen, als in ihm an Werten bereits vorhanden ist...«[34] Dasselbe gilt natürlich für die »Unwerte«.

Nicht nur blinder Gehorsam oder Duldung und Opportunismus, sondern auch der, oft unbewußte, Wunsch, sich verführen zu lassen, sind als Ursache dafür anzusehen, daß Deutschland sich wie »eine Art tollwütiger Hund unter den Völkern« betrug.[35] Hitler verstand es meisterhaft, die Massen an die Realisierung »ihrer infantilen Omnipotenzphantasien«[36] glauben zu lassen. An der Entstehung solcher maßlosen Nationalansprüche, einer wahren Germanomanie, haben durch Generationen gepflegte, von den Volksschulen bis in die Universitäten gelehrte Leitbilder deutscher Tüchtigkeit und Überlegenheit einen wesentlichen Anteil.

Hinsichtlich der soziologischen Ursachen für die »deutsche Katastrophe«, um diese beliebte Charakterisierung MEINECKES zu wiederholen[37], gibt es ebenfalls zahlreiche Thesen. Doch vermögen weder das Versagen der deutschen Arbeiterklasse, die ohne Aufstand kapitulierte, obwohl sie die bestorganisierte Europas war, noch die weitgehende Kollaboration großindustrieller Kreise oder der militärischen Elite als einzige Ursache vollauf befriedigen. Eine weit bessere Erklärung bietet das übermäßige Anschwellen des sogenannten »neuen« Mittelstandes mit seinem spießigen, engen, bourgeoisen Kleinbürgerhorizont, dessen Ressentiments und aggressive Kompensationsgelüste Hitler geschickt für seine Zwecke auszunutzen wußte. Am überzeugendsten bleibt bis heute DAHRENDORFS These von der Illiberalität der gesamten deutschen Sozialstruktur. Für die »strukturgewordene Unmündigkeit« der Deutschen finden sich in der vorliegenden Untersuchung weitere Anhaltspunkte und Beweise. Die Behauptung, Hitler aber habe erst jene Transformation der deutschen Gesellschaft bewirkt,

[34] BA *Slg. Schumacher 365.*
[35] SCHOENBAUM, David. *Die braune Revolution.* Eine Sozialgeschichte des Dritten Reiches. Köln, Berlin, Kiepenheuer & Witsch, 1968; S. 26.
[36] MITSCHERLICH; S. 34.
[37] MEINECKE, F. *Die Deutsche Katastrophe.* Wiesbaden, E. Brockhaus Verlag, 1946.

»die auch die Freiheit erst möglich macht«[38], kann nur sehr bedingt akzeptiert und muß in der Zusammenfassung noch einmal aufgegriffen werden.

Die »deutsche Frage« hat also, wie dieses äußerst knappe und summarische Resümee anzudeuten versucht, viele Geister beschäftigt und zu vielerlei Deutungen herausgefordert. In diesem Buch soll aber weniger die immer noch akute Frage nach den Ursprüngen einer solchen Entwicklung in einem Lande von einer hohen Zivilisationsstufe untersucht und dargelegt werden, welche Faktoren dafür verantwortlich zu machen sind – obwohl dem Problem keineswegs, insbesondere im Zusammenhang mit den Verbrechen an den Juden, ausgewichen werden soll –, als das Verhalten und die Reaktion der Deutschen im Zweiten Weltkrieg dargestellt werden. Dabei sind gewiß zahlreiche Meinungsäußerungen und Attituden als typisch deutsch zu qualifizieren; über diese hinaus ergeben sich aber Grundhaltungen, die über den deutschen Rahmen hinaus allgemeinmenschliche Erscheinungsformen darstellen und geeignet sind, weniger das Partikuläre des Deutschtums als gesamtmenschliche Verhaltensmuster in Zwangs- und Streßsituationen zu verdeutlichen.

Manipulation der Öffentlichen Meinung

Neben den kurz angedeuteten, weit in die Vergangenheit reichenden ethologischen, historischen, psychologischen und soziologischen Ursachen sind vor allem ideologische und propagandistische Beeinflussungsmethoden des NS-Regimes für die Meinungsbildung in dem untersuchten Zeitraum namhaft zu machen. Es war Aufgabe der Propaganda, die vom Nationalsozialismus postulierte Einheit von Volk und Führung herzustellen, wachzuhalten und auf immer breitere Schichten zu übertragen. Ihr kam es zu, den erforderlichen Konsensus der Bevölkerung zu den Maßnahmen der Regierung zu sichern.

Als Joseph Goebbels die Leitung des neugeschaffenen Reichspropagandaministeriums übernahm, hat er am 15. März 1933 dieses Anliegen deutlich ausgesprochen: »Das Volk soll nicht mehr sich selbst überlassen werden, die Regierung soll nicht mehr wie bisher vom Volke abgeschlossen sein . . . Das Volk soll anfangen einheitlich zu denken, einheitlich zu reagieren und sich der Regierung mit ganzer Sympathie zur Verfügung zu stellen.«[39]

[38] DAHRENDORF, Ralf. *Gesellschaft und Demokratie in Deutschland.* München, R. Piper & Co., 1965; S. 442.
[39] Zitiert bei DOVIFAT; S. 101/102.

Wie schwer diese Aufgabe war, und welch täglicher Anstrengungen es bedurfte, um die Masse des Volkes in dem von der Staatsführung gewünschten Sinne zu beeinflussen, mußte auch dieser Virtuose der Propagandatechnik[40] erfahren. In seine unermüdliche Aktivität geben die Fragmente seiner Tagebücher[41] und die von Willi A. BOELCKE herausgegebenen Ministerkonferenzen[42] einen guten Einblick. Es gab nichts, was Joseph Goebbels nicht interessierte und worauf er keinen Einfluß zu nehmen suchte. Sein Ziel war das absolute Monopol der Meinungsführung. Er hat es nie erreicht, und der Krieg bedeutete eine weitere Schmälerung seiner Macht, so daß er es im Oktober 1942 ablehnte, »als Verantwortlicher für die Stimmung schuldig gesprochen zu werden«.[43] Seine hauptsächlichsten Rivalen waren zum einen auf dem Gebiet der Auslandspropaganda – die uns hier weniger zu beschäftigen hat – das Auswärtige Amt, mit dem er einen »zähen Kleinkrieg«[44] führte, und zum anderen auf dem Sektor der Wehrmachtspropaganda das Oberkommando der Wehrmacht.[45] Aber selbst auf dem Gebiet der Nachrichten- und Pressepolitik war er nicht unumschränkter Herrscher. Die Politik des Reichspressechefs Otto Dietrich, der sich meist in unmittelbarer Nähe Hitlers aufhielt, stimmte sehr oft nicht mit der des Reichspropagandaministers überein.[46] Dies verstimmte Goebbels um so mehr, als er die Nachrichtenpolitik im Kriege als ein zentrales »Kriegsmittel« begriff: »Man braucht es, um den Krieg zu führen, nicht um Informationen auszugeben...«[47] Divergierende Meinungen in der Führungsspitze konnten sich daher nur abträglich auswirken und seine, wie folgt zusammengefaßte Maxime gefährden: »Unsere gesamte propagandistische und pressepolitische Arbeit ist auf Zweckmäßigkeit und Wirkung ausgerichtet. Nur was zweckmäßig

---

[40] Über die Techniken des Regimes, wie das Verschweigen, die Lüge, die Verzerrung etc. vgl. HAGEMANN, Walter. *Publizistik im Dritten Reich*. Hamburg, Joachim Heitmann & Co., 1948.

[41] *op. cit.*

[42] *Kriegspropaganda 1939–1941*. Geheime Ministerkonferenzen im Reichspropagandaministerium. Herausgegeben und eingeleitet von Willi A. Boelcke, Stuttgart, Deutsche Verlags-Anstalt, 1966, und vom selben Herausgeber im selben Verlag 1967 erschienen: »*Wollt Ihr den totalen Krieg?*« Die Geheimen Goebbels-Konferenzen 1939–1943.

[43] *ibid.*; S. 293.

[44] *Kriegspropaganda*; S. 126 ff.

[45] s. *infra*, S. 34 ff.

[46] ZOMAN, Z.A.B. *Nazi Propaganda*. London, Oxford University Press, 1964. 2. Aufl., 1965; S. 160.

[47] *Tagebücher*; S. 197.

ist, das wird gemacht, und zweckmäßig ist nur, was uns nützt . . .«[48] Dementsprechend waren auch alle Aussagen von Presse und Rundfunk gelenkte Meinung des Regimes. Die deutsche Presse der Jahre 1939–1945 fällt damit als Quelle zur Erforschung der öffentlichen Meinung aus. Die »Anweisungen«, »Bestellungen« und »Vertraulichen Informationen« des Propagandaministeriums, die »Tagesparole des Reichspressechefs«[49], Goebbels Ministerkonferenzen und das Material des Deutschen Nachrichten-Büros (DNB), welches ebenfalls seit 1938 im Besitz des Reiches war und der Weisungsbefugnis des Propagandaministeriums unterlag, bestimmten bis ins letzte Detail, worüber und vor allem worüber nicht zu berichten war, welche Kommentare zu bringen waren, in welcher Aufmachung, auf welcher Seite, in welchem Umfang. Daher ist statt eines Studiums der Zeitungen die Kenntnis der massiven Meinungsbeeinflussungsmaßnahmen der nationalsozialistischen Führungsschicht weit wichtiger und unerläßlich zur Beurteilung des Manipulationsgrades der deutschen Mentalität im Zweiten Weltkrieg.

Über die Bedeutung der Propaganda im Kriege war sich Goebbels mit Martin Bormann, dem immer mächtiger werdenden Leiter der Parteikanzlei, einig. In einem Vermerk eines Mitarbeiters von Bormann heißt es am 20. 7. 1944: »Neben dem Schwert ist heute die Propaganda eine kriegswichtige und entscheidende Waffe.«[50] Bormann erschienen die Propagandaanstrengungen von Goebbels nicht immer ausreichend und geschickt, und er versuchte bei schwindendem Kriegsglück und absinkender Stimmungskurve mittels der Hoheitsträger der Partei, die er mit Rundschreiben und »Vertraulichen Informationen« reichlich versah, die wankenden Partei- und Volksgenossen bei der Stange zu halten.

Überhaupt spielte neben der aktuellen Propaganda die »Volksaufklärung«, wie es damals hieß, eine entscheidende Rolle. Nominell war Goebbels auch hierfür zuständig. Die Schulung und Unterrichtung der Parteiführerschaft, die ihrerseits wieder verantwortlich war für die »seelisch-weltanschauliche Ausrüstung«[51] der Bevölkerung, lag jedoch in den Händen des Beauftragten des Führers für die Überwachung der gesamten geistigen und weltanschaulichen Schulung und Erziehung, Alfred Rosenberg,

---

[48] BA ZSg *109/42;* fol. 3a.
[49] s. BA ZSg *101, 102* und *109.*
[50] BA Slg. *Schumacher 368.*
[51] s. Buch-Hinweis Nr. 2 des Vertreters des Beauftragten des Führers für die Überwachung der gesamten geistigen und weltanschaulichen Schulung der NSDAP im Gau Baden vom 7. 6. 40. BA NS *Misch 1422.*

und in denen des Reichsorganisationsleiters Dr. Robert Ley, der als Leiter der Deutschen Arbeitsfront mit ihren Tausenden von Angestellten und Millionen Mark aus Mitgliederbeiträgen über eine der größten Organisationen des Dritten Reiches verfügte. Beide stritten sich heftig um ihre Kompetenzen – was Goebbels dazu benutzte, um in der Reichspropagandaleitung der NSDAP ein Hauptkulturamt einzurichten, das sich ebenfalls mit diesen Fragen befaßte. Die Zuständigkeitsbereiche zwischen Ley und Rosenberg wurden schließlich in einer am 15. Oktober 1942 unterschriebenen Vereinbarung abgegrenzt.[52] Jede Parteiorganisation wurde mit einer Fülle von propagandistischem und Schulungsmaterial versehen. Selbst weniger prominente Einrichtungen wie die NS-Volkswohlfahrt versorgten ihre Gauamtsleiter und Gauschulungsbeauftragten mit Propagandabroschüren »zur weltanschaulichen Aktivierung«[53] ihrer Arbeit am deutschen Volk, und jede andere Parteiorganisation, sei es nun SA, SS, HJ, BDM, NS-Frauenschaft usw., trugen das Ihre dazu bei, um direkt und indirekt auf die Meinungsbildung der Bevölkerung einzuwirken.[54]

Man darf jedoch aus diesem zahlreichen Nebeneinander und manchen Kompetenzüberschneidungen auf dem Gebiet der Propaganda und der weltanschaulichen Schulung nicht den Schluß ziehen, daß sie sich gegenseitig aufhoben und neutralisierten, wie dies in anderen Bereichen des nationalsozialistischen Deutschland der Fall war, beispielsweise auf dem Wirtschaftssektor. Das Gegenteil ist vielmehr der Fall: Es ergab sich eine Art Kumulierung, die sich als ein propagandistischer Dauerregen über die mehr und mehr abstumpfende Bevölkerung ergoß. Ihr Unwillen über allzu durchsichtige Zwecklügen machte sich dann auch sporadisch in Unmutsäußerungen Luft, wenn die Kluft zwischen Propagandaparolen und nachprüfbarer Wirklichkeit allzu offensichtlich war.

[52] s. Entwurf eines Briefes des Reichsleiters Rosenberg an Robert Ley. BA *NS Misch 1421* und die »Vertrauliche Information« der Parteikanzlei, Beitrag 962 vom 13. 11. 42. BA *ZSg 3/1622.*

[53] s. den ab 1. 9. 41 von der Dienststelle des Reichsschulungsbeauftragten der NSV, Hauptstelle Theoretische Schulung, zusammengestellten »Vertraulichen Mitteilungsdienst«. BA *NS Misch 1525,* fol. o 317 030.

[54] s. hierzu beispielsweise das Schreiben von Robert Ley an Rudolf Heß vom 20. 10. 39, der die Schulung als fast noch wichtiger als die Propaganda bezeichnet, BA *NS 22/vorl. 713,* oder diverse Manuskripte in *NS 22/vorl. 29* über die Schulung der NS-Führerschaft, um in die breiten Schichten des Volkes einzudringen, oder »Schulung für die praktisch-politische Menschenführung im Krieg« (Kreisleiter Paul Groh aus Nürtingen, 11. 3. 42 an Hauptschulungsamt München), die sogar bereits die Schulung nach dem Krieg vorbereitete.

Um die Bevölkerung in jeder Hinsicht auf einen Krieg vorzubereiten, wurden bereits ab Sommer 1938 von staatlichen, parteiamtlichen und militärischen Stellen Maßnahmen besprochen und eingeleitet. Bereits damals tauchte der Begriff »totaler« Krieg auf – also lange bevor Goebbels diese Parole 1943 offiziell ausgab. Schon während der Weimarer Republik waren zum Thema der totalen Mobilmachung eine Fülle von Schriften erschienen, die zu beweisen suchten, daß der nationale Wille nur psychologisch richtig mobilisiert werden müsse, um die Nation unbesiegbar und einen neuen »Dolchstoß« unmöglich zu machen. Am eindrucksvollsten hierzu war Ernst JÜNGERs Essay »Die totale Mobilmachung« in seinem 1930 erschienenen Band *Krieg und Krieger*.[55] Das Schlagwort des totalen Krieges selbst geht auf Ludendorff zurück, obwohl der Propagandaleiter der Schlesischen Zeitung und Ostdeutschen Zeitung, G. L. David, die Vaterschaft an ihm reklamierte.[56] In seinen »Kriegserinnerungen«[57] beklagte der ehemalige Generalquartiermeister der Obersten Heeresleitung, Ludendorff, daß nicht die Oberste Heeresleitung sondern der Reichskanzler für die Aufklärung des Volkes und die Beeinflussung der Stimmung zuständig gewesen seien. Für einen zukünftigen totalen Krieg forderte Ludendorff bereits eine einheitliche Lenkung der Presse[58], einen Gleichklang von Bild und Film. Er empfahl die »Mundpropaganda«, welcher sich die NSDAP seit ihrer Kampfzeit und verstärkt wieder im Zweiten Weltkrieg bediente. Auszüge aus Ludendorffs Denkschriften und »Kriegserinnerungen« zirkulierten im Reichskriegsministerium und OKW und inspirierten die Propagandaplanung für einen zukünftigen Krieg. Besonders aufschluß-

[55] s. hierzu SAUER, Wolfgang. »Die Mobilmachung der Gewalt«. BRACHER, SAUER, SCHULZ. *Die nationalsozialistische Machtergreifung;* S. 808 f.
[56] MGFA WO *1-6/344.*
[57] LUDENDORFF, Erich. *Meine Kriegserinnerungen 1914–1918.* Berlin, Ernst Siegfried Mittler & Sohn, 1919; S. 292 ff.
[58] Ludendorff griff damit ein Projekt von Oberst Bauer auf, der bereits 1917 eine diktatoriale Führung der Presse gefordert hatte. Im übrigen hatte sich Bethmann Hollweg mehrfach mit dem Problem der öffentlichen Meinung befaßt. Seine Bemühungen wurden jedoch von den Parteien, der OHL und dem Kaiser torpediert. Vgl. MOMMSEN, Wolfgang J. »L'opinion allemande et la chute du gouvernement Bethmann Hollweg en juillet 1917«. *Revue d'histoire moderne et contemporaine,* tome XV, janvier–mars 1968; S. 39–53. deutsch: »Die öffenliche Meinung und der Zusammenbruch des Regierungssystems Bethmann Hollweg im Juli 1917«. *Geschichte in Wissenschaft und Unterricht* 19 (1968); S. 656–667. Über frühere Bemühungen Bethmann Hollwegs, die Öffentlichkeit im Sinne gemäßigter Kriegszielforderungen und eines Verhandlungsfriedens zu beeinflussen, vgl. MOMMSEN, Wolfgang J. »Die Regierung Bethmann Hollweg und die öffentliche Meinung 1914–1917«. VfZG, Heft 2, 1969, S. 117–159.

reich für die propagandistische Zielsetzung in einem totalen Krieg ist das Manuskript von Major (E) Dr. Ing. Albrecht Blau[59] vom Psychologischen Laboratorium des Reichskriegsministeriums, Gruppe V, das sich sowohl auf Ludendorff wie auf Hitler bezieht und in dem es heißt: »Wer Propaganda anwendet, bedient sich eines sozialpsychologischen Verfahrens, einer Lebenstechnik, die darauf gerichtet ist, eine seelische Beeinflussung auf andere Menschen auszuüben, und zwar in der Art, daß diesen Menschen bestimmte Antriebe erteilt werden, die sie zur Vornahme selbständiger Handlungen oder auch zur Unterlassung bestimmter Handlungen bewegen sollen ... Man muß die Gruppe, welche der Propaganda unterworfen werden soll, in ihren Empfindungen und Empfindlichkeiten kennen, die Verschiedenartigkeit ihrer sozialen Struktur, die Besonderheit des Massenlebens, die in der Masse *gegeneinander* strebenden Kräfte und bestehenden Spannungen, wenn man die Propaganda richtig anpassen will ... Propaganda ist nichts anderes als eine Art der angewandten Psychologie ... Das Ziel der Werbung ist also auf die *Meinungsbildung* der Umworbenen gerichtet.«

Vom 30. August bis 3. September 1938 fand ein vom OKW veranstalteter Lehrgang für Presse- und Zensuroffiziere statt, in dem ein Überblick über die Führung der Propaganda im Krieg und der damit zusammenhängenden Fragen vermittelt wurden. In den damals gehaltenen Vorträgen findet man bereits die wesentlichsten Aufgaben der Wehrmachtspropaganda und ihrer Abgrenzung zum Reichsministerium für Volksaufklärung und Propaganda umrissen.[60] Die Wehrmacht war zuständig »für die Aufrechterhaltung der Stimmung, der seelischen Kampfbereitschaft und des Siegeswillens« der Truppe sowie für die »aktive Propaganda im Kampfgebiet«. Diese Aufgabe führte sie mit Hilfe der ebenfalls 1938 – zuerst beim Heer – eingeführten Propagandakompanien[61] und den Front-

---

[59] o. D. (1937/38?), 35 S. (MS). MGFA *WO 1-6/344*. s. dort auch »Wehrpropaganda und Wehrpolitik im wahren Staat« von Major (E) Dr. Hüsing. Anfang 1938 vorgelegt; 65 S. (MS).

[60] s. MGFA *WO 1-6/344* und *499*, dort insbesondere den Vortrag von Major Hielscher vom 26. 8. 38 über »Die vorbereitende Zusammenarbeit von Wehrmacht und Propaganda im Krieg«.

[61] Die Bezeichnung war von Oberst Ludewig vorgeschlagen und vom OKW und RMVP anstelle des ursprünglichen Begriffs der »Propaganda-Einsatzstelle« am 3. 9. 38 in der revidierten Fassung der »Richtlinien für die Zusammenarbeit zwischen Wehrmacht und Reichsministerium für Volksaufklärung und Propaganda in Fragen der Kriegspropaganda« aufgenommen worden. s. »Bericht über Tätigkeit als Reichsverteidigungsreferent im Reichsministerium für Volksaufklärung und Propaganda in der Zeit vom 15. Juli 1938 bis 31. Ja-

zeitungen[62] durch. Eines ihrer wirksamsten Propagandamittel wurde der Wehrmachtsbericht, an dessen Zustandekommen das OKW und auch Hitler selbst, in besonderen Fällen auch Goebbels beteiligt waren. Die endgültige Formulierung stammte meist von Generaloberst Jodl.[63] Für die weltanschauliche Schulung und Haltung der Soldaten war ebenfalls die Wehrmacht zuständig. Jeder Eingriff von außen wurde prinzipiell – besonders von den einzelnen Wehrmachtsteilen – abgewehrt. Das Oberkommando der Wehrmacht, wahrscheinlich weil Generalfeldmarschall Keitel sich selbst eine Stärkung seiner eigenen Position im Hinblick auf die wehrgeistige Führung versprach, schloß zwar am 9. November 1940 ein Arbeitsabkommen mit dem Beauftragten des Führers für die Überwachung der gesamten geistigen und weltanschaulichen Schulung und Erziehung der NSDAP ab[64]; die Tätigkeit Rosenbergs beschränkte sich aber faktisch wie bisher auf die Auswahl und Lieferung von Büchern und Schulungsmaterial. Das Abkommen stieß beim Oberkommando des Heeres auf Widerstand: Hier hatte man am 7. Oktober 1940 selbst eine Anweisung zur geistigen Betreuung und zur Freizeitgestaltung herausgegeben[65], welche die traditionelle Alleinverantwortung des Truppenführers für Geist und Haltung seiner Soldaten erneut zum Prinzip erhob. Im Anschluß an die schwere Winterkrise 1941/1942 machte man sich zunehmend bei den höheren Kommandostäben und im OKW Gedanken, wie man den Kampfeswillen und die Kampfmoral der Truppe stärken könne. Die Heereswesenabteilung des OKH gab am 15. Juli 1942 den Befehl zur Einsetzung von Bearbeitern für wehrgeistige Führung heraus.[66] Bei der Heeresgruppe Mitte, wo

nuar 1940« von Oberstleutnant Wentscher. MGFA WO 1-6/349. Über Aufstellung und Entwicklung der Propagandakompanien s. diesen Bericht und die zusammenfassende Darstellung von BOELCKE in *Kriegspropaganda 1939 bis 1941*; S. 127–130.

[62] Diese bezogen ihr Material aus: 1. der wöchentlichen Korrespondenz des OKW, die »Stimme der Heimat«, 2. den zweimal wöchentlich erscheinenden »Mitteilungen für die Truppe«, 3. den täglich erscheinenden »Nachrichten des Oberkommandos der Wehrmacht«, 4. aus Bilderdiensten, DNB-Diensten, Material der Propagandakompanien und Beiträgen der Truppe. s. Merkblatt für Frontzeitungen vom Mai 1941. MGFA WO 1-6/391.

[63] s. MURAWSKI, Erich. *Der deutsche Wehrmachtbericht 1939–1945*. Ein Beitrag zur Untersuchung der geistigen Kriegführung. Mit einer Dokumentaion der Wehrmachtberichte vom 1. 7. 1944 bis 9. 5. 1945. Boppard, Verlag Harald Boldt, 1962.

[64] MGFA WO 1-6/324.

[65] MGFA WO 1-5/179. – Vgl. auch BERGHAHN, Volker R. »NSDAP und ›geistige Führung‹ der Wehrmacht«. VfZG H. 1., Januar 1969; S. 29.

[66] Oberkommando des Heeres Gen.z.b.V./H Wes.Abt. Az II Nr. 250/7 42 geh. – Abschrift in BA *NS 6/vorl. 344*.

man festgestellt hatte, daß »die Truppe sehr viel mehr denkt, als man oft annimmt«[67], setzte man sogenannte Divisions-Betreuungsoffiziere (DBO) ein, die durch Armeebetreuungsoffiziere ergänzt werden sollten (ABO). Nach der Katastrophe von Stalingrad wurden die Bemühungen um eine wehrgeistige Erziehung intensiviert. Am 28. Mai 1943[68] befahlen der Chef der Heeresrüstung und der Befehlshaber des Ersatzheeres die Einrichtung eines Offiziers für wehrgeistige Führung bei den stellvertretenden Generalkommandos der Reservekorps, dem Befehlshaber im Generalgouvernement, dem Wehrmachtsbevollmächtigten Prag und den Befehlshabern der deutschen Truppen in Dänemark. Damit wurden auch hier bis zu den Bataillonen spezielle Offiziere für die »politisch-weltanschauliche Führung« eingesetzt. Im Herbst 1943 schaltete sich Hitler persönlich ein und stellte die Bemühungen um eine weltanschauliche Ausrichtung der Wehrmacht, in Abgrenzung zu denjenigen der Sowjets, unter das Motto: »Hier Offizier – dort Politruk«[69], das zum Leitmotiv der weiteren Entwicklung wurde. Die Folge war die Umbenennung der wehrgeistigen Führung in »nationalsozialistische Führung«. Damit war der Weg frei für den NSFO – den nationalsozialistischen Führungsoffizier. Am 22. Dezember 1943 wurde durch Führerbefehl die Bildung eines NS-Führungsstabes im OKW angeordnet, zu dessen Chef General d. I. Reinicke, Chef des Allgemeinen Wehrmachtamtes, ernannt wurde.[70] Am 7. Januar 1944 ordnete Martin Bormann die Bildung eines Arbeitsstabes[71] an, um die Zusammenarbeit zwischen NSDAP und NS-Führungsstab sicherzustellen. In ihm saßen Vertreter des Beauftragten für die Überwachung der gesamten geistigen und weltanschaulichen Schulung und Erziehung der NSDAP, des Reichsorganisationsleiters (Hauptschulungsamt), des Leiters der Deutschen Arbeitsfront (KdF-Truppenbetreuung), des Reichspropagandaleiters, des Reichspressechefs und des Leiters des Rassenpolitischen Amtes. Außerdem wurde bei den Oberkommandos der Wehrmachtsteile für ihre Bereiche je ein NS-Führungsstab aufgestellt und bei den Kommandobehörden bis zu den Divisionen und gleichgeordneten Dienststellen NS-Führungsoffiziere (NSFO) hauptamtlich eingesetzt. Der NSFO unterstand unmittelbar dem Truppenführer, welcher wie bisher als einziger die Verantwortung für die

[67] BERGHAHN. »NSDAP und ›geistige Führung‹ der Wehrmacht 1939 bis 1943«; loc. cit. S. 36.
[68] Stab/Ic Nr. 3714/43 geh. BA NS 6/vorl. 344.
[69] BERGHAHN. »NSDAP und ›geistige Führung‹ der Wehrmacht 1939 bis 1943«; S. 51.
[70] Abschrift in BA NS 6/vorl. 344.
[71] Anordnung 6/44 des Leiters der Partei-Kanzlei vom 7. 1. 44. ibid.

nationalsozialistische Führung in der Wehrmacht trug. Damit aber war bereits in der Praxis das Projekt, welches auf die Schaffung des »politischen Soldaten« abzielte, gescheitert. Im vierten und fünften Kriegsjahr blieb wenig Raum und Interesse für ideologische Schulung, vor allem bei der kämpfenden Truppe. Persönliches Vorbild und Kameradschaftsgeist blieben die wichtigsten Motivationen soldatischen Zusammenhalts. Daher plante Martin Bormann, der für alle Aufgaben der NSDAP, die sich aus dem Führerbefehl vom 22. 12. 43 ergaben, allein verantwortlich war[72], den NS-Führungsstab aus der Verantwortung des OKW zu lösen und in die Partei-Kanzlei zu übernehmen.[73] Ein entsprechender Führerbefehl vom 13. März 1945 war bereits vorbereitet. Gegenströmungen aus dem Führerhauptquartier und das schnelle Vorrücken der alliierten und sowjetischen Truppen bewirkten, daß dieser Plan nicht mehr realisiert wurde.

Ein weiteres Arbeitsgebiet der Wehrmachtpropaganda war die Truppenbetreuung. In dieser Aufgabe wurde sie vom Propagandaministerium, in dem seit 1939 ein Sonderreferat hierüber bestand, und der NS-Gemeinschaft »Kraft durch Freude« unterstützt.[74] Ebenso unterstand der Wehrmachtpropaganda das militärische Zensurwesen. Es wurde ausgeübt von den Zensuroffizieren und den Zensurberatern des OKW und der drei Wehrmachtsteile beim Propagandaministerium, den Zensuroffizieren bei den Armee-Oberkommandos, den Luftflottenkommandos und den Marinegruppenkommandos für das Operationsgebiet und den Zensuroffizieren bei den Wehrkreis-Luftgau- und Marine-Stationskommandos für das Heimatgebiet.[75] Alle militärischen Meldungen, Beiträge und Anzeigen – selbst Todesanzeigen – unterlagen einer Vorzensur. Dabei wurden nicht nur wehrpolitische, sondern auch stilistische Beanstandungen vorgebracht.[76] Schließlich war die Wehrmachtpropaganda zuständig für die »moralische

---

[72] Verfügung 9/44 des Führers vom 19. 6. 44. BA *NS 6/vorl. 347.*

[73] »Vermerk für Pg. Walkenhorst. Betrifft: NS-Führung im Heer, Luftwaffe und Marine« vom 4. 4. 45. gez. Burgel. BA *Slg. Schumacher/367* und eine Vorlage von Pg. Walkenhorst für Bormann vom 10. 4. 45. *ibid.*

[74] Oberkommando der Wehrmacht AWA Az. 31-J(II c) Nr. 1450/40 v. 23. 3. 40. Betr. Freizeitgestaltung... MGFA *WO 1-6/179* und *Kriegspropaganda;* S. 130.

[75] *ibid.;* S. 132.

[76] s. z. B. MGFA *WO 1-6/474* oder die Kritik am Manuskript des »Kompanie-Tagebuch des 9. I. R. 43«, wobei insbesondere beanstandet wurde, daß mehr von den »Greuln des Krieges und seinen Strapazen« die Rede ist, »als daß es ein Lied des tapferen Soldaten wäre«. – Oder die Kritik von Gen.Oberst Jodl vom 24. 2. 41 an einem für die japanische Presse bestimmten Aufsatz. MGFA *WO 1-6/479.*

Zerrüttung des Gegners« und die »Gewinnung freundlich gesinnter neutraler Länder zu Bundesgenossen und Verhinderung, daß feindlich gesinnte Neutrale auf seiten des Gegners treten oder eigenes Land durch wirtschaftliche Blockade schädigen«, für die Durchführung der Propaganda in der feindlichen Wehrmacht und in der Bevölkerung des besetzten feindlichen Gebietes.[77] Die Erfüllung dieser Aufgaben oblag der Abteilung Wehrmachtpropaganda (WPr) im Oberkommando der Wehrmacht, die in mehrere Gruppen oder Unterabteilungen gegliedert war; sie wurde für bestimmte Gebiete von der Abwehr unterstützt. In letzter Stunde gelang Goebbels ein entscheidender Sieg über die Wehrmacht. »Die Propaganda in die Wehrmacht, über die Wehrmacht im Inland und über die Wehrmacht im Ausland« wurde federführend vom Propagandaministerium übernommen. Das OKW mußte zum Propagandaministerium Offiziere abkommandieren, die zu einer besonderen Abteilung zusammengefaßt und den Weisungen des Ministers unterworfen wurden; disziplinär, besoldungs- und beförderungsmäßig unterstanden sie weiterhin der Wehrmacht.[78]

Ebenso wie die Wehrmacht für ihren Bereich hatte auch die NSDAP seit 1938 Arbeitspläne für den Kriegsfall ausgearbeitet, die als Aufgaben der Partei insbesondere »die Haltung und Hebung der seelischen Widerstandskraft des Volkes im Kriege« und alle Arten von Betreuung aufzählten. Als vorbereitende Aufgaben ist vor allem die wehrpolitische Erziehung zu nennen, weiter die »Vorbereitung des einheitlichen Einsatzes aller deutschen Frauen«.[79] Schließlich wurden Maßnahmen vorbereitet, um die Bevölkerung der westlichen Grenzgebiete in zurückliegende Regionen zu evakuieren.[80]

Die Vorbereitungen für einen Mobilisierungsfall waren also ab Sommer 1938 getroffen – das ist nicht weiter überraschend angesichts von Hitlers Plänen. Hand in Hand damit ging die systematische Vorbereitung der Bevölkerung auf die kämpferischen Maßnahmen des Regimes. Während man in Kreisen der Wehrmacht und auch der Partei bereits damals

[77] s. »Stichworte zur Besprechung der WPr O's und Führer der Prop. Komp.« – mit Jodls Paraphe versehen. MGFA WO 1-6/498.
[78] »Pro.Pol. 22779/213145/91-3,6«. BA R 55/618, fol. 123.
[79] »Arbeitspläne der Reichsleitung der NSDAP für den Einsatz der Polizei und der angeschlossenen Verbände im A-Falle«, hrsg. von der Abteilung M des Stabes des Stellvertreters des Führers vom 16. 5. 38. BA NS-6/vorl. 355.
[80] Der Stellvertreter des Führers. Stab Abteilung M. I Az. 23/14. 3. 39. Tgb. Nr. 49/39 g Rs. gez. von SS-Brigadeführer Knoblauch. ibid.

die Bereitschaft zur Führung eines totalen Krieges findet, war Hitlers Konzept dasjenige lokalisierter Feldzüge oder Blitzkriege, wobei er das Risiko einer Kriegsausweitung in Kauf nahm, aber zu gering einschätzte.

Zuverlässigkeit und Aussagewert der Quellen

Der Verdacht, die Stimmungsberichte seien im Sinne des Regimes gefärbt, drängt sich von vornherein auf. Es läßt sich auch nicht von der Hand weisen, daß mancher von ihnen wie eine Vollzugsmeldung klingt und man Wendungen wie »das ganze deutsche Volk« oder »die gesamte Bevölkerung« und ähnliche allgemein gehaltene Formulierungen mit äußerster Skepsis betrachten muß. Gegen eine derartige vage oder tendenziöse Ausdrucksweise der Berichterstatter und des Sicherheitsdienstes wurde seitens des Stellvertreters des Führers scharf angegangen, da eine erfolgreiche Beeinflussung nur bei objektiver Unterrichtung über die wahren Ansichten einer Mehrheit der Bevölkerung zu erreichen sei. Nicht Schönfärberei, sondern »schonungslose Offenheit in der Wiedergabe beobachteter Mängel« wurde von den Informanten gefordert. *»Der Stellvertreter des Führers legt besonderen Wert auf eine ausführliche, ungeschminkte Schilderung der allgemeinen Stimmung in der Bevölkerung«*, heißt es bereits 1938 in den »Richtlinien für die Anfertigung der Politischen Lageberichte« und der »Fachlichen Tätigkeitsberichte«.[81] Dasselbe galt für die V-Männer (Vertrauensmänner) des Sicherheitsdienstes: »Grundsätzlich wird erwartet, daß die Stimmung in der Bevölkerung rückhaltlos, ohne Schönfärberei oder propagandistische Aufmachung, d. h. sachlich, klar, zuverlässig und verantwortungsvoll geschildert wird, so wie es ist, nicht wie es sein könnte oder sein sollte.«[82] Auch Goebbels drängte auf eine Richtigstel-

---

[81] Der Stellvertreter des Führers. Stabsleiter, 31. 10. 38. Den »Richtlinien« lagen genaue Anweisungen und ein detaillierter Plan für die Anfertigung der »Politischen Lageberichte« der Hoheitsträger bei, die sowohl die allgemeine Stimmung wie die Bereiche der NSDAP, der Propaganda, der Schulung, der kirchlichen Fragen, der Staatsfeinde, des Judentums, der Wehrmacht usw. – insgesamt 30 – umfaßte. BA *NS 6/vorl. 231.* Einen noch detaillierteren, 40 Punkte umfassenden Plan für einen monatlichen »Tätigkeits- und Stimmungsbericht« hatte Heß bereits am 21. 12. 1934 herausgegeben. Vgl. DIEHL-THIELE, Peter. *Partei und Staat im Dritten Reich. Untersuchungen zum Verhältnis von NSDAP und allgemeiner Staatsverwaltung 1933–1945.* München, Verlag C. H. Beck, 1969; S. 229 ff.

[82] Sicherheitsdienst des RFSS SD-Leitabschnitt Stuttgart III C 4-Ry/ho Rundschreiben Nr. 168. 12. 10. 1940. HStA Stuttgart *K 750/38.*

lung in SD- und Gauleiterberichten, falls die Berichterstattung zu oberflächlich oder die Darstellung falsch sei.[83]

Diese mehrfachen Aufforderungen zu kritischster Beurteilung der Lage lassen demnach die Annahme zu, daß die Stimmungsberichte häufig zu rosig ausfielen, und ein Vergleich zwischen einigen Berichten von SD-Leitstellen und dem endgültigen Bericht der Einsatz-Auswertungsstelle in Berlin zeigt auch, daß die »Meldungen aus dem Reich« des öfteren leicht »entschärft« waren. Jeder, der die Berichte liest, ist jedoch von dem zunehmend kritischen Tenor der Meinungen, deren Labilität und Differenziertheit frappiert. Die Meldungen waren also eher »im Sinne der Staatsführung« gefärbt, besonders in den ersten Kriegsjahren. Sowohl Ohlendorf wie sein Mitarbeiter von Kielpinski, wie auch Himmler und selbst Bormann wollten das Versagen des Nationalsozialismus als Parteiideologie und als Regierungsform nicht wahrhaben. Die tatsächliche Einstellung der Deutschen gegenüber der NS-Wirklichkeit muß eher negativer eingeschätzt werden, als sie in den in der vorliegenden Untersuchung verwandten Berichten zum Ausdruck kommt. Es darf allerdings auch nicht übersehen werden, daß die damalige Meinungsbeurteilung zumeist von der idealen Warte einer nie verwirklichten nationalsozialistischen Utopie aus erfolgte und jede Abweichung von diesem Bild bereits als Negativum gewertet wurde.

Führenden Vertretern des Regimes, in erster Linie Goebbels und dann Bormann, erschienen jedoch die immer pessimistischeren Berichte schließlich zu gefährlich, um sie einem größeren Leserkreis, wie bisher, zu übermitteln.[84] Beide wurden sich zunehmend der meinungsbildenden Kraft der Mehrheitsmeinung bewußt. Ab Juni 1943 wurde die Form der SD-Berichte geändert; sie hießen nun »Berichte zu Inlandfragen«. Anscheinend wurde ab 1944 der Bezieherkreis zunehmend eingeschränkt, und es wurden vor allem besondere Themenkreise bearbeitet. Auch die Zahl der V-Männer wurde herabgesetzt. Bormann und Ley verboten den Funktionären der Partei und der Deutschen Arbeitsfront die Mitarbeit am Sicherheitsdienst – die SA hatte schon früher ein diesbezügliches Verbot ausgesprochen. Ohlendorf, der Leiter des Inlandnachrichtendienstes, ermahnte

---

83 *Kriegspropaganda;* S. 211 (Ministerkonferenz vom 26. 10. 39).
84 Es war nicht genau festzustellen, welcher Personenkreis die SD-Berichte erhielt. Zu den Empfängern gehörten alle Reichsminister und Reichsleiter der NSDAP. Einzelberichte scheinen aber auch interessierten Stellen der Verwaltung und vor allem in der letzten Zeit auch der Wehrmacht übermittelt worden zu sein. Vgl. beispielsweise die Vernichtungsprotokolle in BA MA *Wi/VIII 48.*

im Herbst 1944 die Mitarbeiter seines Amtes III, sich nicht zu sehr in Einzelheiten und Einzelbewertungen zu verlieren, sondern die Geschehnisse aus dem Gesamtzusammenhang – natürlich in nationalsozialistischer Sicht – zu beruteilen.[85] Seiner Dienststelle wurden auch zunehmend neue Sachgebiete zugeschoben, um ihr eine neue Existenzberechtigung zu geben.[86] Ab Juni 1944 verfügen wir nur noch über Einzelberichte des Sicherheitsdienstes, entweder als »Meldungen über die Entwicklung in der öffentlichen Meinungsbildung« oder als Berichte über die »Stimmungsmäßige Auswirkungen des Anschlages auf den Führer«, die als sogenannte »Kaltenbrunner-Berichte« in die Geschichtsschreibung eingegangen sind.[87] Sie stammen aus der Feder des Obersturmbannführers von Kielpinski, der die Untersuchungen über das Attentat leitete. Ihm zuzuschreiben ist ebenfalls ein auf Ende März 1945 zu datierender Bericht »Volk und Führung«[88] und ein Bericht vom 19. März über »Stimmung und Haltung der Arbeiterschaft«.[89] Die Berichterstattung des SD funktionierte bis zu Hitlers Tod und darüber hinaus in Plön und Flensburg sogar noch unter seinem Nachfolger Dönitz.[90]

Aber nicht nur der SD wurde ab 1943 wegen seiner negativen Bericht-

85 »Aus dem Stenogramm der Ansprache von Amtschef III am 31. 10. 1944«. BA R 58/990.
86 Vgl. HÖHNE, Heinz. *Der Orden unter dem Totenkopf.* Die Geschichte der SS. Gütersloh, Sigbert Mohn Verlag, 1967; S. 394.
87 Veröffentlicht in *Spiegelbild einer Verschwörung.* Die Kaltenbrunner-Berichte an Bormann und Hitler über das Attentat vom 20. Juli 1944. Geheime Dokumente aus dem ehemaligen Reichssicherheitshauptamt. Hrsg. vom Archiv Peter für historische und zeitgeschichtliche Dokumentation. Stuttgart, Seewald-Verlag, 1961. – Die eigentlichen Unterlagen für diese Berichte wurden in einem Bunker der Prinz-Albrecht-Straße aufbewahrt und sind wahrscheinlich der Sowjetunion in die Hände gefallen. Mitteilung von Paul Neukirchen. Neukirchen teilte ebenfalls mit, daß weitere, nach Kleistdorf südöstlich Frankfurt/Oder ausgelagerte Bestände des Inlandnachrichtendienstes von den Sowjets gefunden worden sein müssen.
88 Zum ersten Male auszugsweise veröffentlicht in STEINERT, Marlis G. *Die 23 Tage der Regierung Dönitz.* Düsseldorf, Wien, Econ Verlag, 1967; S. 18/19.
89 BA R 55/625; fol. 129, 132.
90 Vgl. STEINERT; S. 147. – Paul Neukirchen berichtete der Verfasserin, daß in den letzten Tagen vor Hitlers Tod noch täglich Stimmungsberichte an Hitlers Bunker und den Kampfkommandanten von Berlin geliefert worden seien, während Ohlendorf mit einem Teil seines Mitarbeiterstabes sich erst nach Schwerin, dann nach Eutin und schließlich nach Plön absetzte. Die Tätigkeitsberichte des Leiters Pro. im RMVP erwähnen im übrigen auch noch 1945 als Quelle die SD-Berichte, und ein Schreiben Bormanns an Kaltenbrunner vom 4. 4. 45 kritisiert den am selben Tage übergebenen SD-Bericht als »typisch« in seiner Verallgemeinerung. BA R 58/976. Vgl. auch *infra;* S. 577.

erstattung gerügt. An die Oberlandesgerichtspräsidenten und Generalstaatsanwälte, die regelmäßig ihre Lageberichte, erst monatlich, dann vier-
teljährlich, an das Reichsjustizministerium schickten, erging offensichtlich
im April/Mai 1943 die Anregung, den Akzent weniger auf die Stimmung
als auf die Haltung zu verlagern.[91] Auch die Berichte der Hoheitsträger
der Partei stellten ab 1943 aufgrund eines Rundschreibens der Partei-
Kanzlei[92] immer mehr die feste Haltung anstelle der schwankenden Stimmung heraus, getreu Hitlers Vermerk vom März 1942: »Wenn das maßgebend wäre, was die Leute immer sagen, dann wäre schon längst alles
verloren. Die wahre Haltung des Volkes liegt aber doch viel tiefer und ist
schon auf einer sehr festen inneren Haltung basiert.«[93] Die Berichte der
Reichspropagandaämter[94] an das Reichsministerium für Volksaufklärung
und Propaganda wurden ebenfalls wegen ihrer negativen Meinungswie-
dergabe kritisiert. Am 27. 2. 1943 hieß es in einem Rundschreiben an alle
Reichspropagandaämter: »Es haben sich in der letzten Zeit die Berichte
der RPÄ gehäuft, in denen aus nichtigen Anlässen oder belanglosen Vor-
fällen auf die schlechte Stimmung gewisser Kreise geschlossen wurde. Diese
keineswegs typischen Stimmungserscheinungen sollten besser im eigenen
Bereich mit den Mitteln der Kampfzeit beseitigt werden, anstatt sie hier-
her zu berichten...«[95] Und am 10. März 1943 erklärte Goebbels, »er
wünsche nicht mehr, daß das Wort Stimmung gebraucht werde, denn man
könne nicht von Stimmung reden, wenn die Häuser abgebrannt und die
Städte verwüstet sind. Er wünscht, daß nur noch von einer guten Haltung
gesprochen werde.«[96] Bereits im Juli desselben Jahres mußten die SD-
Stellen aber von »Auflockerungserscheinungen in der Haltung der Bevölkerung«[97] Kenntnis geben. Die Forderung auf ungeschminkte Bericht-

---

[91] OLG-Präsident Zweibrücken, 31. 7. 43. BA R 22/3389.
[92] s. infra; S. 320 f.
[93] PICKER; S. 206.
[94] Die Tätigkeitsberichte der Reichspropagandaämter sollten die Stimmungslage der Bevölkerung im wesentlichen nur wiedergeben, wenn sie Aufgaben
und Tätigkeit des Propagandaministeriums betrafen. Ihre eigentliche Aufgabe sollte darin bestehen, 1. einen Überblick über die politisch-propagan-
distische Lage zu geben und 2. Propagandavorschläge zu machen. Da sich diese
beiden Aufgabengebiete schlecht von der Allgemeinstimmung isolieren ließen –
die aber vom SD erforscht wurde –, wurde angeordnet, über diese Tätigkeitsberichte gegenüber anderen Dienststellen und Ministerien möglichst nicht zu
sprechen. BA R 55/603; fol. 2, 3, und R 55/620; fol. 3.
[95] An alle RPÄ Propa 2061/27. 2. 43 23. 2,3. BA R 55/603; fol. 186.
[96] »Wollt Ihr den totalen Krieg?«; S. 345.
[97] BOBERACH; S. 416 ff.

erstattung und das Herabspielen bedenklicher Erscheinungen ließen sich eben schlecht miteinander vereinbaren: In der Mehrzahl der Berichte überwiegt immer mehr die schonungslose und unverblümte Schilderung auch der negativsten Äußerungen. Auf Ausnahmen, bestellte Meldungen und offensichtliche Schönfärberei wird in der vorliegenden Untersuchung mehrfach hingewiesen.

Es bleibt noch ein Wort zu sagen über die Gruppen der Bevölkerung, die von den Stimmungsberichten erfaßt wurden. Bereits die Definition des innenpolitischen Nachrichtendienstes des SD als »lebensgebietsmäßig«[98] besagt, daß damit alle Lebensgebiete erfaßt werden sollten. Berichterstatter aller Kategorien, vom ehrenamtlichen Rapporteur bis zum festbesoldeten Mitarbeiter aus allen Schichten und Berufssparten der Bevölkerung berichteten – die Auswertung erfolgte zentral von wenigen hauptamtlichen Kräften. Ein Auszug aus einem Rundschreiben des SD-Leitabschnittes Stuttgart verdeutlicht die Breite und Möglichkeiten der Berichterstattung: »Es ist dafür zu sorgen, daß alle Kreise der Bevölkerung in ihrer stimmungsmäßigen Haltung ständig überwacht werden. Jeder V-Mann muß überall, in seiner Familie, seinem Freundes- und Bekanntenkreis und vor allem an seiner Arbeitsstätte jede Gelegenheit wahrnehmen, um durch Gespräche in unauffälliger Form die tatsächliche stimmungsmäßige Auswirkung aller wichtigen außen- und innenpolitischen Vorgänge und Maßnahmen zu erfahren. Darüber hinaus bieten die Unterhaltungen der Volksgenossen in den Zügen (Arbeiterzüge), Straßenbahnen, in Geschäften, bei Friseuren, an Zeitungsständen, auf behördlichen Dienststellen (Lebensmittel- und Bezugscheinstellen, Arbeitsämtern, Rathäusern usw.), auf Wochenmärkten, in den Lokalen, in Betrieben und Kantinen aufschlußreiche Anhaltspunkte in reicher Fülle, die vielfach noch zu wenig beachtet werden.«[99]

Niemand war also sicher, daß seine Worte nicht weitergetragen wurden: Die HJ berichtete, was in den Schulen, im Vereinsleben, in religiösen Arbeitsgemeinschaften vor sich ging.[100] Der katholische und evangelische Frauenbund wurde von der NS-Frauenschaft bespitzelt[101], selbst das Kaf-

[98] s. den Abdruck eines Berichtes von Ohlendorf »Der innenpolitische lebensgebietmäßige Nachrichtendienst in Deutschland«. BOBERACH; S. 534 f.
[99] s. Amerkung 82.
[100] »SD-Leitabschnitt Stuttgart II 113-D 222-07 Rundschreiben Nr. 132 vom 21. 8. 40. Betr. Organisierung einer weltanschaulichen Gegnerbeobachtung in der HJ«. HStA Stuttgart K 750/38.
[101] SD RFSS-Unterabschnitt Württ.-Hohenz. II 113 WD/Rdsch. 115 vom 30. 6. 39. HStA Stuttgart K 750/36.

feekränzchen war kein Ort ungestörten Klatsches mehr.[102] Die Berichte der bayerischen Regierungspräsidenten, die sich aus Mitteilungen der ihnen unterstehenden Behörden der Bezirksämter bzw. Landratsämter und kreisfreien Städte aufbauten, bringen Äußerungen, die aus der »unteren Sphäre der sozialen Pyramide«, der Sphäre des »kleinen Mannes«[103], stammen. Die Berichte der Oberlandesgerichtspräsidenten und Staatsanwälte betreffen in erster Linie den Bereich der Justiz und Beamtenschaft, enthalten aber viele wertvolle Hinweise auf die Allgemeinstimmung. Es sind dies wohl die subjektivsten, persönlichst gefärbten Meldungen, deren Skala von den Beteuerungen überzeugter Nationalsozialisten bis zu erstaunlich offenen und mutigen Stellungnahmen reichen. Insgesamt läßt sich für die Masse der Dokumente sagen, daß sie durch die Vielfalt und Verschiedenartigkeit ihrer Berichterstatter, vom Gendarmeriewachtmeister über den Landrat zum Regierungspräsidenten, von ehrenamtlichen Mitgliedern des SD aus allen Berufsschichten[104], von hohen und höchsten Justizbeamten, von den kleinsten bis zu den höchsten NS-Funktionären und ab 1944 sogar von speziell zur Meinungsforschung und Mundpropaganda eingesetzten Soldaten[105] – abgesehen von Offizieren, die schon früher vereinzelt über die Stimmung der Truppe berichtet hatten – einen erstaunlich hohen Aussagewert besitzen und bei kritischer Abwägung wohl weitgehend eine objektive repräsentative Aussage ermöglichen.

Die Berichterstattung durch unerkannte und anonyme Spitzel gibt zudem nicht nur einen Einblick in die »öffentliche« Meinung des Durchschnittsdeutschen, wie sie sich in Verkehrsmitteln, wartenden Schlangen vor Geschäften usw. äußert, sondern auch die »private«, im kleinsten Kreise geäußerte Ansicht.

---

102 Bericht aus dem Kreis Hanau für Juni/Juli 1939. BA *NS Misch/1682*; fol. 149 467.

103 *Die Kirchliche Lage in Bayern nach den Regierungspräsidentenberichten 1933–1943.* I. Regierungsbezirk Oberbayern. Bearbeitet von Helmut Witetschek. Mainz, Mathias Grünewald Verlag 1966; S. XI, XII. – Das Vorwort von Dieter Albrecht berichtet detailliert über Quellenaufbau und -wert.

104 Laut Aussage Paul Neukirchens gab es beim SD auch einen speziellen »Gegner-Nachrichtendienst«, der von ihm organisiert worden war und dessen Geheimberichte vernichtet wurden, sowie einen Gesellschaftsnachrichtendienst, der beispielsweise genau über den Kreisauer Kreis des Grafen Moltke informiert war.

105 s. BERGHAHN, Volker R. »Meinungsforschung im Dritten Reich. Die Mundpropaganda-Aktion der Wehrmacht im letzten Kriegshalbjahr«. *Militärgeschichtliche Mitteilungen.* Freiburg/Brsg., Verlag Rombach, 1/67; S. 83 bis 119, und *infra*; S. 512.

Unterteilt man nun die Bevölkerung, oder die Meinungsträger[106], in

1. das allgemeine Publikum oder die Masse,
2. das interessierte Publikum,
3. das informierte Publikum,
4. die Meinungselite, oder die Meinungsmacher, das heißt die Kommunikationseliten, Vertreter der Massenmedien, der Interessenverbände, gesellschaftlicher Institutionen und
5. die politische Elite[107],

so läßt sich feststellen, daß die Meinungsforschung im Dritten Reich vorwiegend die beiden ersten Gruppen, vereinzelt auch die dritte Gruppe erfaßte. Es handelt sich also um eine schwer exakt festzulegende Mehrheit, welche von der Masse der politisch Uninformierten und oft Desinteressierten über die Interessierten zu den Informierten reicht, die prozentual gering anzusetzende Gruppe der Meinungsmacher[108] und die politischen Eliten jedoch ausschließt.

Wenn wir in diesem Zusammenhang nun den Begriff der öffentlichen Meinung noch einmal aufgreifen, auf dessen Problematik bereits hingewiesen wurde, so scheint es ratsam, außer der Unterteilung in Stimmung und Haltung für totalitäre Staaten den Begriff Publikumsmeinung zu verwenden. Damit wird die Existenz einer Volksmeinung, wie aus der vorliegenden Studie einwandfrei hervorgeht, bejaht, gleichzeitig aber unterstrichen, daß sie sich nur schwer öffentlich manifestieren kann. Eine solche Unterscheidung könnte selbst für demokratische Staaten Gültigkeit besitzen, wenn man unter öffentlicher Meinung alle jene Meinungsäußerungen zusammenfaßt, die in den Massenmedien und anderweitig öffentlich diskutiert werden, und den Ausdruck Publikumsmeinung für anderweitig registrierte Ansichten, sei es auf privater Ebene, durch Umfragen oder sonstige Ermittlungen, sowie mittels der Literatur oder archivalischer Quellen, benutzt.

Der Entschluß, die Kriegs- anstelle der Friedensjahre des National-

106 »The opinion-holder«, Vgl. ROSENAU, James N. *Public Opinion and Foreign Policy*. An Operational Formulation. New York, Random House, 1961.
107 ALMOND, Gabriel. *The American People and Foreign Policy*. New York, Harcourt, Brace and Co., 1950; S. 138 ff.
108 Für die Vereinigten Staaten hat Elmo Roper, der die Meinungsmacher in »Great Dissiminators« und »Lesser Dissiminators« unterteilt, die ersteren auf 250–1000 und die letzteren auf 15 000–50 000 geschätzt. Vorwort von KATZ, Elihu; LAZARSFELD, Paul F. *Personal influence*. The Part Played by People in the Flow of Mass Communications. Glencoe, Illinois, The Free Press, 1955; S. VII.

sozialismus zum Gegenstand einer Untersuchung über die Stimmung und Haltung der Bevölkerung zu machen, ist im wesentlichen durch die Quellenlage bedingt worden.[109] Das Kapitel über die Vorkriegsjahre soll in einer knappen Synthese auf Tendenzen und Probleme aufmerksam machen, erhebt aber keineswegs Anspruch auf eine erschöpfende oder endgültige Darstellung jener Jahre. Es wird hier vielmehr die Hoffnung ausgesprochen, daß die vorliegende Untersuchung Anstoß zu weiteren, detaillierteren Forschungen gibt, die es ermöglichen, zu einem späteren Zeitpunkt Unterschiede und Gemeinsamkeiten in den Entwicklungen vor und während des Zweiten Weltkrieges herauszuarbeiten, und eine Reihe von Fragen, die hier nur angedeutet werden konnten, genau zu beantworten. In diesem Versuch, einen Gesamtüberblick über die wesentlichsten Inhalte der Publikumsmeinung während des Zweiten Weltkrieges in Deutschland zu geben, konnten nicht alle Komplexe lückenlos oder zufriedenstellend erörtert werden, zumal die Kenntnis der nationalsozialistischen Herrschaft, trotz einer täglich anschwellenden Literatur, immer noch unvollkommen bleibt. Diese Untersuchung stellt einen ersten Beitrag zur Aufhellung eines noch wenig erschlossenen Gebietes dar.

Um die Ursprünglichkeit und Authentizität der berichteten Meinungen unverfälscht wiederzugeben, dem möglichen Vorwurf einer Manipulation und Forcierung der Wahrheit zu entgehen und eine eigene Urteilsbildung zu erleichtern, werden zahlreiche Auszüge repräsentativer Berichte abgedruckt und teilweise mosaikartig aneinandergefügt. Kommentare und Erläuterungen wurden auf ein Minimum beschränkt, der Ablauf des Kriegsgeschehens und die militärischen Operationen nur erwähnt, soweit sie zum Gesamtverständnis erforderlich waren oder die Reaktion der Bevölkerung erhellen.

Hinsichtlich des Aufbaus der Studie wurde ein chronologischer Ablauf gewählt und trotz mannigfacher Nachteile, die diese Entscheidung für eine klare Gliederung der einzelnen Problemkreise mit sich bringt, daran festgehalten – mit Ausnahme der Kapitel über die Euthanasie und die Verfolgung der Juden, die in sich geschlossene Komplexe darstellen und

---

109 Für die Vorkriegszeit stehen bisher nur bruchstückhafte Berichte der Gestapo, einiger Regierungsbezirke, der Hoheitsträger der Partei und anderer NS-Oganisationen zur Verfügung. Das Aktenmaterial staatlicher Stellen betrifft nur bestimmte Zeiträume und Regionen; die SD-Berichte als kontinuierliches Meinungsforschungsinstrument liegen erst ab Oktober 1939 vor, obwohl der SD bereits ab 1933 Stimmungsberichte aus der Bevölkerung sammelte. Für das Vorkriegskapitel fanden der Jahreslagebericht 1938 und ein Vierteljahresbericht des 1. Quartals von 1939 Verwendung.

als solche eingeordnet werden konnten. Eine Einteilung nach Themenkreisen hätte es unmöglich gemacht:

1. die ständige Interaktion, Verzahnung und gegenseitige Beeinflussung von Propaganda und Zwangsmaßnahmen auf der einen Seite und Publikumsmeinung auf der anderen Seite darzustellen;

2. die Differenziertheit und Fluktuationen der Meinungen in einem totalitären Staat aufzuzeigen;

3. die Intensität und den Wandel von Stimmung und Haltung in zeitlicher Dynamik wiederzugeben.

Einleitung

Die Vorkriegsjahre

Am 5. März 1933 war es Hitler, trotz eines bis dahin in Deutschland in seinen Ausmaßen unbekannten Wahlkampfes und trotz eines kaum verhüllten Terrors der Straße, nur gelungen, 43,9 %, das heißt 17 277 180 Stimmen für seine Partei zu gewinnen: 5,5 Millionen mehr als bei der letzten Wahl. Die Sozialdemokraten blieben mit 7 181 620 Stimmen und 18,2 % die zweitstärkste Partei, gefolgt von den Kommunisten mit 4 848 058 Stimmen und schließlich dem Zentrum mit 4 424 900 und den Deutschnationalen mit 3 136 760 Stimmen. Die Regierungsparteien besaßen zusammen also nur 51,9 % der Stimmen. Nicht einmal die Hälfte aller Deutschen hat in dieser Wahl, die bereits von starken Pressionen begleitet war, Hitler ihre Stimme gegeben.

Es waren vor allem die Domänen des politischen Katholizismus und die traditionellen Arbeiterhochburgen, welche ihren alten Parteien Zentrum, SPD und KPD weitgehend treu blieben. Der geringste Widerstand war von seiten der protestantisch-konservativen Kreise geleistet worden. Die NSDAP konnte zwar ihre Anhängerschaft in den katholisch-föderalistischen Gebieten des Rheinlandes und auch Bayerns vergrößern; insgesamt aber hatten alle Parteien, mit Ausnahme der schon schwer angeschlagenen Kommunistischen Partei, ihre Stimmenzahl in etwa halten können. Der Stimmenzuwachs der Nationalsozialistischen Partei beruhte hauptsächlich auf bisherigen Nicht- bzw. Neuwählern.

Eine detaillierte Wahlanalyse ergibt, daß es im März 1933 noch zahlreiche Gebiete gab, in denen es der NSDAP nicht gelungen war, den ersten Platz zu erobern.[110] So konnte sich das Zentrum vor allem be-

[110] Vgl. die ausführlichen Analysen und statistischen Angaben in BRACHER, Karl Dietrich, Wolfgang SAUER, Gerhard SCHULZ. *Die nationalsozialistische Machtergreifung.* Köln-Opladen, Westdeutscher Verlag, 1960; S. 94 ff.

haupten in den katholischen Kreisen und Gemeinden in Ostpreußen, im oberschlesischen Grenzlandwahlkreis Oppeln, in den katholischen Kreisen Thüringens, in besonderem Umfange im Wahlkreis Weser-Ems, teilweise in Südhannover-Braunschweig, in geradezu triumphaler Weise in Westfalen-Nord, in Westfalen-Süd, in Köln-Aachen und Koblenz-Trier, teilweise auch in Hessen-Nassau. In Ober- und Niederbayern, von wo der Nationalsozialismus seinen Siegeszug angetreten hatte, war der politische Katholizismus zwar weiterhin vertreten, aber bereits fühlbar im Rückgang, wohingegen Franken und die Pfalz, die bisher das stärkste Kontingent der Wahlstimmen geliefert hatten, sichtlich zurückgeblieben waren, wobei in einzelnen Gemeinden der Bayerischen Volkspartei eklatante Erfolge beschieden waren. Auch die katholischen Gemeinden Oberschwabens erwiesen sich als sehr resistent gegenüber dem Sog der neuen Partei, ebenso Baden. Doch weder hier noch in Württemberg oder Bayern war dem Zentrum oder der Bayerischen Volkspartei ein solch entscheidender Erfolg beschieden wie in den katholischen Gebieten im Norden Deutschlands.

Die Linksparteien behaupteten sich insbesondere in den Arbeiterbezirken Berlins und Potsdams, in den Wahlkreisen Magdeburg und Merseburg, in Thüringen und selbstverständlich im industrialisierten Sachsen. In Schleswig-Holstein, wo der Nationalsozialismus in den letzten Jahren der Weimarer Republik Triumphe feiern konnte, gab es in vier Fällen eine linke Mehrheit, die über 60 % erreichte, während dies im rein protestantischen Osthannover nur eine Gemeinde schaffte, und in Südhannover-Braunschweig mehrfach Links- und Zentrumsmehrheiten auffielen. Auch in Hessen-Nassau und Hessen-Darmstadt waren den linken Parteien einige Erfolge beschieden, aber hier, wie in allen konfessionellen Mischgebieten, gab es selten eindeutige Mehrheitslagen. Die NSDAP erlitt jedenfalls ihre tiefsten Niederlagen in einigen Gemeinden in Württemberg, die katholisch und industriell bestimmt waren. In den Düsseldorfer Wahlkreisen, die sich als sehr anfällig gegenüber den Nationalsozialisten erwiesen, blieben nur einige Residuen von Zentrum und Linksparteien bestehen, wobei die KPD vor der SPD rangierte. In Franken und in der Pfalz konnten sich die Linken in einigen wenigen Fällen behaupten, sehr viel stärker in Hamburg und Bremen, wo der NSDAP ebenfalls kein eindeutiger Wahlsieg gelang. Der war ihr nur im Wahlkreis Mecklenburg beschieden.

Bei den pseudolegalen Plebisziten der Jahre 1933/34 anläßlich des Austritts aus dem Völkerbund und der Übernahme der Reichspräsidentenschaft durch Hitler lassen sich noch Überreste der alten wahlgeographischen Verteilung erkennen.[111] Aber hier zeigt sich bereits, daß das konfessionelle Element stark an Boden verloren hatte und nur noch in abgeschwächtem Maße in den traditionellen Hochburgen des Raumes Koblenz-Trier, Köln-Aachen und Westfalen virulent war. Vor allem protestantische Gebiete mit städtischer und agrarischer Struktur waren der Attraktion und dem Druck der Staatspartei erlegen.[112] Am resistentesten erwiesen sich schließlich industriell-bürgerliche Bezirksstädte und norddeutsche Industriestädte, während die katholischen Großstädte und der süddeutsche Raum für den nationalsozialistischen Virus recht anfällig waren. Insgesamt muß man die Ergebnisse dieser scheinbar legalen Akklamationen dahingehend interpretieren, daß die oppositionellen Kräfte im Schwinden und noch weit verstreuter gelagert waren als im März 1933.

Für die folgenden Jahre ist es noch schwieriger festzustellen, ob es dem Nationalsozialismus gelang, weitere Kräfte an sich zu binden, und ob und wo oppositionelle Zentren erhalten blieben. Um diese Fragen auch nur halbwegs befriedigend zu beantworten, genügt es nicht, die wahlgeographischen Auswertungen im Augenmerk zu behalten, man muß sich auch auf das Doppelmandat des Nationalsozialismus besinnen, auf die Erwartungen, die von den verschiedenen sozialen Schichten in ihn gesetzt wurden durch seine Berufung auf Nationalismus und Sozialismus. Die Synthese dieser beiden großen, hauptsächlich im 19. Jahrhundert in Europa erstarkten Ideale und Kräfte (die französische »idée-force« läßt sich leider nicht übersetzen) bewegte nicht nur in Deutschland und nicht nur in der Zwischenkriegszeit die Gemüter. Mußten die auf den einfachsten Nenner gebrachten Forderungen dieser im geistigen und politischen Raume so vielfältigen Erscheinungen: größere soziale Gerechtigkeit nach innen und eine kraftvoll geeinte Nation nach außen, auf die durch den Verlust des Ersten Weltkrieges frustrierte, mit der alleinigen Kriegschuld belastete, durch Inflation, Hunger und Entbehrungen geschüttelte deutsche Gesellschaft nicht wie ein Magnet wirken?

Die Zusammensetzung der NSDAP läßt gewisse Aufschlüsse über die gewaltige Zugkraft dieser Parolen und Ideen zu. Bis zum Jahre 1930 war die NSDAP »im großen und ganzen eine Partei völkischer Sektierer«, seit der beginnenden Wirtschaftskrise »eher eine Organisation der Verzwei-

[111] *ibid.*; S. 94 ff. und 350 ff.
[112] Wie sich das unaufhaltsame Vordringen auf der Ebene und in der Gesellschaft einer protestantischen Kleinstadt, von vielen in seiner Tragweite überhaupt nicht begriffen, abspielte, zeigt die Studie ALLEN, William Sheridan. *»Das haben wir nicht gewollt«.* Die nationalsozialistische Machtergreifung in einer Kleinstadt 1930–1935. Gütersloh, Sigbert Mohn Verlag, 1965.

53

felten, mit einer beachtlichen Beimischung von Opportunismus«.[113] Die Zahl der Parteimitglieder stieg von Ende 1928 bis Anfang 1931 im selben Verhältnis wie die Zahl der Arbeitslosen; ebenso kann man ein relatives Anwachsen der Arbeitermitglieder feststellen, obwohl sie, verglichen mit ihrem Anteil an der Gesamtbevölkerung, zusammen mit den Bauern am geringsten vertreten waren, während der Anteil der Angestellten um 90 %, derjenige der Selbständigen um 100 % und derjenige der Beamten und Lehrer um etwa 25 % höher lag als ihr jeweiliger Anteil an der Gesamtbevölkerung.[114] Der Mittelstand lag also in Führung. Sein unaufhaltsames Anwachsen seit Beginn des Jahrhunderts hatte bereits eine sich anbahnende Umstrukturierung der Gesellschaft angezeigt, ohne daß diese soziale Umschichtung politisch ihre adäquate Repräsentation gefunden hatte. Der NSDAP war es schließlich als einziger Partei zu Ende der Weimarer Republik gelungen, die bis dahin vorwiegend politisch desinteressierten oder konservativen bzw. liberalen Parteien zuneigenden Kreise dieser Klasse *en bloc* für sich zu gewinnen. Antiliberale, antidemokratische, antikapitalistische und antisemitische Affekte spielten dabei eine große Rolle. Ein weiteres auffallendes Merkmal der NSDAP war ihre Altersgruppierung: sie war vor allem eine Partei der Jungen.[115] Dieser gesellschaftliche und altersmäßige Aufbau bestätigt bereits eines der Mandate der Partei: die Veränderung des Bestehenden, der sozialen Verhältnisse wie des Establishments.

Es existiert leider immer noch keine umfassende Sozialgeschichte des Dritten Reiches, die obendrein erschöpfende Auskunft gibt über die Relation zwischen Versprechungen des Nationalsozialismus laut Programm und deren Umsetzung in die Wirklichkeit. David SCHOENBAUMS *Die braune Revolution*, Arthur SCHWEITZERS Studie *Big Business in the Third Reich*, Robert J. O'NEILLS *The German Army and the Nazi Party, 1933–1939* und Hans MOMMSENS *Beamtentum im Dritten Reich*[116]

[113] SCHOENBAUM; S. 73.
[114] *ibid.*; S. 69.
[115] 31,1 % der Bevölkerung der 18- bis 30jährigen waren 1931 zu 61,3 % vertreten. *ibid.*; S. 70.
[116] SCHOENBAUM; *op. cit.*
SCHWEITZER: London, Eyre & Spottiswoode, 1964.
O'NEILL: London, Cassell, 1966. Neuerdings noch MESSERSCHMIDT, Manfred. *Die Wehrmacht im NS-Staat. Zeit der Indoktrination.* Hamburg, R. v. Deckers Verlag, 1969, und MÜLLER, Klaus Jürgen. *Das Heer und Hitler.* Armee und nationalsozialistisches Regime 1933–1940. Stuttgart, Deutsche Verlags-Anstalt, 1969 (Beiträge zur Militär- und Kriegsgeschichte Bd. 10). MOMMSEN: Stuttgart, Deutsche Verlags-Anstalt, 1966.

vermitteln einen ersten, aber bei weitem nicht konkludenten Aufschluß über die Beziehungen und Wechselwirkungen zwischen dem nationalsozialistischen Staat mit den einzelnen Bevölkerungsgruppen, über die Realisierung oder Nichtachtung des Parteiprogrammes. Vor allem Karl Dietrich BRACHERS *Die deutsche Diktatur*[117] ermöglicht eine weitere Vertiefung und Ausdeutung dieses Komplexes. Es fehlt noch immer eine zusammenfassende Untersuchung über die Haltung der Intellektuellen, der geistigen Elite.[118] Auch von ihnen hatte sich eine nicht gering einzuschätzende Anzahl als anfällig gegenüber den Parolen des Nationalsozialismus erwiesen[119] und in ihrem Anspruch als geistige Führer der Nation kläglich versagt. Trotz dieser »Selbstdemontage« (Bracher) blieb auch hier der Erfolg hinter den Idealvorstellungen der neuen Führungselite zurück. Der Jahreslagebericht des Sicherheitshauptamtes für 1938 konstatiert, daß »in den intellektuellen Kreisen von Wissenschaft und Hochschule heute noch die liberalistische Einstellung« vorherrsche, und »auf dem Gebiete der Kunst haben sich die liberalistischen Einflüsse verstärkt«.[120] Wenn zahlreiche Intellektuelle und Künstler auch nach außen in Rede und Schrift den neuen Herren ihren Tribut zollten, wurde doch insgesamt versucht, die Übergriffe der Partei soweit als nur möglich einzudämmen und die Domänen der Wissenschaft aus den ideologischen Verstrickungen herauszuhalten. »Fast an allen Universitäten wird über die passive Haltung der Dozenten geklagt, die jede über den engen Rahmen ihrer Facharbeit hinausgehende politische und weltanschauliche Arbeit ablehnen. Nur bei einem zahlenmäßig geringen Teil, besonders der jungen Dozentenschaft, kann von einer offenen und klaren Einsatzbereitschaft für den Nationalsozialismus gesprochen werden.«[121] Für 1939 hieß es: »Es wurde jedoch

---

117 Entstehung – Struktur – Folgen des Nationalsozialismus. Köln, Berlin, Kiepenheuer & Witsch, 1969. Die Studie erschien erst nach Abschluß dieses Manuskriptes und konnte daher nur noch marginal ausgewertet werden.

118 Als Modellstudie hierfür könnte dienen: SCHWABE, Klaus. *Wissenschaft und Kriegsmoral*. Die deutschen Hochschullehrer und die politischen Grundfragen des Ersten Weltkrieges. Göttingen, Zürich, Frankfurt, Musterschmidt Verlag, 1969, welche die Gemeinsamkeiten und Zerrissenheit zwischen Annexionisten und Antiannexionisten quer durch die Disziplinen verfolgt.

119 Vgl. BRACHER, SCHULZ, SAUER. *Die Nationalsozialistische Machtergreifung;* S. 266 ff. POLIAKOV, Léon, WULF, Joseph. *Das Dritte Reich und seine Denker*. Dokumente. Berlin, arani Verlag, 1959. Besonders aufschlußreich über die Haltung der Historiker: WERNER, Karl Ferdinand. *Das Nationalsozialistische Geschichtsbild und die deutsche Geschichtswissenschaft*. Stuttgart, Kohlhammer, 1967, und BRACHER, Karl Dietrich. *Die deutsche Diktatur*. S. 290 ff.

120 BA *R 58/1094;* fol. 106.   121 BA *R 58/1095;* fol. 6.

festgestellt, daß darüber hinaus die Stimmung weiter Rektorenkreise sich entschieden gegen jede Verstärkung der Partei, besonders ihrer derzeitigen Träger in NS-Dozentenbund und NS-Studentenbund, richtete.«[122] Es ist für diese relativ kleine Bevölkerungsgruppe noch weit schwerer als für die anderen Schichten der deutschen Gesellschaft, repräsentative Meinungen und Stimmungen gegenüber dem Regime herauszuarbeiten, da hier naturgemäß die individuellen Positionen und Ansichten besonders stark ausgeprägt und dementsprechend divergierend sind.[123]

Auch über die Einstellung der Frauen zu der deutschen Variante des Faschismus ist bisher noch wenig bekannt[124], nur daß die Nationalsozialisten von echtem Schrot und Korn sie in ihrem Männlichkeitswahn als zweitrangige menschliche Wesen betrachteten und auf den traditionellen Plan der drei Ks – Kinder, Küche, Kirche – relegierten. Die intellektuelle Frau war verpönt; noch mehr die politisierende Frau.[125] Ihre einzig angemessenen Tätigkeiten waren die Mutterschaft, das Hausfrauendasein und eine Art »naturgemäße« Frauenarbeit. Die Mehrzahl der deutschen Frauen zeigte im übrigen wenig Neigung zu größerer Unabhängigkeit und ging mit den Ansichten des Dritten Reiches konform. Obwohl man also beiderseits von Emanzipation nicht viel hielt und in den Jahren der Arbeitslosigkeit die Frau als Berufskonkurrentin bewußt diskriminert wurde, ließ sich der Trend zur Industriegesellschaft nicht aufhalten; die Zahl der arbeitenden Frauen stieg zwischen 1933 und 1936 von 4,24 Millionen auf 4,52 Millionen und bis 1938 auf 5,2 Millionen.[126] Politisch zeigten sich die Frauen wenig aktiv. Die Weimarer Republik hatte ihnen zwar das Wahlrecht eingebracht; trotzdem sprach die erste deutsche Republik mit ihrer Parteienzersplitterung und ihren vielen wirtschaftlichen und sozialen Belastungen wenige Frauen an. Hitlers emotionell getöntes, an das Gefühl

---

[122] Vierteljahreslagebericht 1939 des Sicherheitshauptamtes. BA *R 58/717*; fol. 61.

[123] Teilstudien zu dem Thema liegen bereits vor: FLITNER, Andreas. *Deutsches Geistesleben und Nationalsozialismus*. Tübingen, Verlag Wunderlich – Hermann Leins, 1965. HEIBER, Helmut. *Walter Frank und sein Reichsinstitut für Geschichte des neuen Deutschlands*. Stuttgart, Deutsche Verlags-Anstalt, 1966 (Veröffentlichungen des Instituts für Zeitgeschichte, Quellen und Darstellungen zur Zeitgeschichte, Bd. 13).

[124] Material hierzu findet sich in der nach Abschluß des vorliegenden Manuskripts erschienenen Dokumentation von GERSDORFF, Ursula von. *Frauen im Kriegsdienst 1914–1945*. Stuttgart, Deutsche Verlags-Anstalt, 1969 (Beiträge zur Militär- und Kriegsgeschichte Bd. 11).

[125] s. hierzu Goebbels' Bemerkungen in seinen *Tagebüchern*; S. 110 und 192.

[126] SCHOENBAUM; S. 234/235.

und nicht an den Verstand appellierendes Programm und die pseudo-religiösen Attribute, die seiner Person und seiner »Bewegung« zugelegt wurden, zogen hingegen viele von ihnen in ihren Bann.

Hinsichtlich der Masse der Verzweifelten, Hungrigen, Depossedierten, die dem Nationalsozialismus in den Jahren der Wirtschaftskrise zugeströmt waren, läßt sich heute sagen, daß die von ihnen erhoffte und versprochene Umgestaltung der gesellschaftlichen Verhältnisse nur in sehr geringem Umfange verwirklicht wurde. Das starke soziale Gefälle hinsichtlich der materiellen Lebensbedingungen blieb bestehen, auch wenn alle Bevölkerungsschichten ihren Tribut zu leisten hatten. Die eigentlich Betrogenen aber waren die auch schon früher zu kurz gekommenen unteren Bevölkerungsschichten und mit ihnen auch der »neue« Mittelstand, dem die Partei vor allem ihren Aufschwung verdankte. Die kleinen Geschäftsleute und Angestellten konnten nur geringe materielle Vorteile für sich buchen. Handwerks- und Mittelstandssozialismus florierten zwar im Organisatorischen, verloren sich aber sonst im Nebel lautstarker Propagandakampagnen.

Die antisemitischen Maßnahmen und die Hetze gegen die Juden, insbesondere das am 15. 9. 1935 erlassene Gesetz zum Schutz des deutschen Blutes[127], sind daher nicht nur als Ausfluß einer Weltanschauung zu begreifen, sondern als bewußt eingesetzte Mittel zur Ablenkung der latenten Unlustgefühle dieser Schichten vom nationalsozialistischen Staate. ». . . Die Herausstellung der Judenfrage in Presse und Reden hat ein freudiges Echo in der Bevölkerung aller Schichten hervorgerufen. Eine deutlichere Propaganda gegen das Einkaufen in jüdischen Geschäften wird nicht nur unseren Grundsätzen entsprechen, sondern auch die etwas gedrückte Stimmung in Mittelstandskreisen heben . . .«[128] Und: »Schließlich hat zur Steigerung der Aktivität der Partei die ausführlichere und schärfere Behandlung der Judenfrage beigetragen. Abgesehen von der Grundsätzlichkeit dieser Frage und dem wachgewordenen völkischen Instinkt, der ihre Behandlung allgemein erwünscht macht, haben wir mit dem Thema Judenfrage, Warenhaus, Judengeschäft usw. den resignierenden Mittelstand wieder in Temperament gebracht . . .«[129] Diese Behauptung des Kölner Gauleiters scheint recht zweifelhaft und

---

[127] RGBl 1935; S. 1146.
[128] Stimmungs- und Lagebericht des Gauleiters Grohé, Gau Köln-Aachen, vom 7. 3. 35. BA NS 22/vorl. 583.
[129] Stimmungs- und Lagebericht des Gauleiters Grohé, Gau Köln-Aachen, vom 9. 4. 35. ibid.

kann zudem höchstens regional einen gewissen Anspruch auf Gültigkeit erheben. Sie ist hier jedoch erwähnt worden, um auf die taktische Bedeutung des Judenhasses, nicht nur zur Gewinnung des Mittelstandes, hinzuweisen. Hitler hat sie in einem späteren Tischgespräch bestätigt, in dem er die Verdienste des Gauleiters von Mittelfranken und Herausgebers des Hetzblattes *Der Stürmer* hervorhob. Streicher habe die Hochburg des Marxismus nur durch seine dauernden Schimpfereien auf die Juden erobern können. Damit habe er die Arbeiter von den jüdischen Führern der SPD und KPD trennen können.[130]

Hitlers Pläne im Hinblick auf eine wirtschaftliche und militärische Erstarkung Deutschlands, auf die Gleichstellung der Nation mit anderen europäischen Großmächten und schließlich auf eine Hegemonialstellung auf dem Kontinent waren schlecht vereinbar mit einer sozialen Revolution oder richtiger gesagt mit einer Konterrevolution, denn das ursprüngliche nationalsozialistische Programm trug präkapitalistische Züge, basierend auf den Ressentiments des Mittelstandes, die sich sowohl gegen den Kapitalismus als auch gegen die Arbeiterklasse wandten.[131] Zur Verwirklichung seiner »nationalen Befreiungspolitik« bedurfte der deutsche Diktator der Unterstützung der etablierten Kräfte, insbesondere der Großindustrie und der Wehrmacht. Das Regime arrangierte sich mit ihnen aus taktischen Gründen, und viele von ihnen paktierten ebenfalls mit ihm aus opportunistischen und nationalen Beweggründen. Man brauchte sich gegenseitig – und fuhr nicht allzu schlecht dabei. Die linken Sozialreformer wie auch die Vertreter des Ständestaates waren bald eliminiert oder kaltgestellt. Und während noch der Bauer, der Arbeiter, der Handwerker und der »kleine Mann« ganz allgemein verherrlicht wurden und glaubten, ihre Stunde sei gekommen, teilte Hitler bereits die Macht im Staate mit einer Mehrheitsgruppe deutscher Industrieller[132] und den Spitzen der

---

130 PICKER; S. 262.
131 »Der Nationalsozialismus war ein politischer Protest gegen die ökonomischen Realitäten des zwanzigsten Jahrhunderts.« HOMZE, Edward L. *Foreign Labor in Nazi Germany*. Princeton, N. J., Princeton University Press, 1967; S. 4.
132 Auch hier kann man nicht generell alle Großindustriellen einbeziehen. Die Rolle und Hilfe der Industriellen BOSCH und REUSCH im Rahmen des Widerstandes ist inzwischen weithin bekanntgeworden. Das Sicherheitshauptamt spricht in seinem Jahreslagebericht von 1938 denn auch von starken »liberalistischen Einflüssen« in der Wirtschaft. Die leitenden Stellungen in Industrie- und Handelskammern sowie führende Posten in der Industrie »sind meist mit Leuten besetzt, die jede Bindung an Volk und Staat weit von sich weisen«. BA R 58/1094; fol. 108. Für eine Analyse der deutschen Indu-

Wehrmacht, bis es ihm gelang, durch Ausnutzung von Gruppeninteressen in der Wirtschaft und durch Zurückdrängung der konservativen, die Tradition einer kritischen Gehorsamspflicht wahrenden Offiziere und durch den Sog der nationalsozialistischen Erfolge, dem Ideal des »vollfaschistischen Staates«, bedeutend näherzukommen.[133]

Zur Konsolidierung der nationalsozialistischen Macht im Staate trug wesentlich die Beamtenschaft bei, die sich ohne ernsthaften Widerstand »gleichschalten« ließ. Viele Beamte hatten vom Dritten Reich erhofft, es werde vor allem die bereits unter Brüning begonnene »Politik der Sachlichkeit« fortsetzen. Die »Wiederherstellung eines nationalen Berufsbeamtentums« war ganz in ihrem Sinne. Und wer nicht von Anfang an mit dem Regime sympathisierte, wurde durch die traditionelle Loyalität oder durch massiven Druck gewonnen[134]: 1937 waren 63 % der Beamten im Reich Parteimitglieder – vor 1933 waren es 11 % gewesen[135]; im Laufe der Jahre wurde die Beamtenschaft jedoch, um der zunehmenden »Aushöhlung ihrer Kompetenzen« und der fortschreitenden »institutionellen Verwilderung«[136] zu begegnen, in die zwiespältige Rolle eines Vollstreckers und Gegenspielers der bürokratiefeindlich eingestellten nationalsozialistischen Führungsschicht gedrängt. Ein allmählicher Stimmungsumschwung setzte ein, der sich bereits in der Denkschrift Fritz-Dietlof von der Schulenburgs vom September 1937 »Beamtentum. Krise und Abhilfe« ablesen läßt und in der es heißt: »Dem Beamtentum und dem einzelnen Beamten fehlt sowohl die klare Weisung seitens des Staates wie die sach-

strriellen in marxistischer Sicht mit einer Unterteilung in »Nazi-Industrielle«, Rechts- und Links-Keynesianer sowie ihrem jeweiligen Anteil am Zustandekommen von Hitlers Staat, vgl. CZICHON, Eberhard. *Wer verhalf Hitler zur Macht?* Zum Anteil der deutschen Industrie an der Zerstörung der Weimarer Republik. Köln, Pahl-Rugenstein Verlag, 1967.

[133] s. hierzu die These A. SCHWEITZERS, welcher die ersten Jahre des nationalsozialistischen Regimes als partiell faschistisch charakterisiert hat, und vor allem BRACHER, Karl Dietrich. *Die deutsche Diktatur.*

[134] Als ein Beispiel sei hier angeführt: § 71 des Deutschen Beamtengesetzes bestimmte, daß der Beamte in den Ruhestand versetzt werden konnte, »wenn der Beamte nicht mehr die Gewähr dafür bietet, daß er jederzeit für den nationalsozialistischen Staat eintreten wird«. Ein solcher Fall war schon gegeben, wenn er in seiner dienstlichen oder außerdienstlichen Führung erkennen ließ, »daß er der nationalsozialistischen Weltanschauung gefühls- und verstandesgemäß fremd gegenübersteht«, wie es im Rundschreiben des Stellvertreters des Führers Nr. 136/38 vom 1. 9. 38 heißt. BA *NS 6/vorl. 231.* Über die Auseinandersetzung »Fachbeamter oder politische Verwaltung«, s. MOMMSEN, Hans; S. 62–90.

[135] SCHOENBAUM; S. 245.

[136] MOMMSEN, Hans; S. 15 und 31.

liche Deckung bei Handeln nach seinen Gesetzen. Der Beamte steht zu oft allein und ohne Schutz.«[137] Einem totalitären Staat stehen viele Mittel zur Verfügung, um einen Widerwilligen zur Räson zu bringen. Er wurde nicht befördert, aus nichtigen Gründen versetzt, entlassen. Wer vom Staate bezahlt wurde, bekam dies besonders zu verspüren.»Das junge Erziehergeschlecht gehört in die Gliederungen der Partei«, heißt es in einem Schreiben der Regierung von Ober- und Mittelfranken vom 24. März 1938.»Ein loses Mitarbeiter- oder gar nur Mitgliedsverhältnis zu einem der angeschlossenen Verbände genügt nicht ...« Und »das Treueverhältnis des Erziehers wie überhaupt des Beamten zu Staat und Partei wird sich auch in seiner Familie widerspiegeln«.[138]

Festigung der nationalsozialistischen Macht im Innern durch massive Ausschaltung aller politischen Gegner, durch Kollaboration mit einflußreichen Industriekreisen und den bewaffneten Streitkräften, durch Ausnutzung der traditionellen Loyalität der Beamten und vorrangige Behandlung nationaler und außenpolitischer Probleme ließen wenig Raum für sozialpolitische Reformen.

Das hervorstechendste Exempel für die Nichteinhaltung sozialer Versprechungen ist die nationalsozialistische Version des Sozialismus, der vielgepriesene »Sozialismus der Tat«. Er bestand aus einem Minimum an wohlfahrtsstaatlichen Einrichtungen und einer Unzahl von Maßnahmen und Anordnungen, die alles und jegliches dem Wohle des Staates unterordneten. Sozialisiert wurden nicht die Produktionsmittel, sondern nur die sozialen Beziehungen: der Arbeiter, der Handwerker, der Bauer, sie wurden hochgelobt, kamen aber kaum in den Genuß »sozialer Errungenschaften«. Es war hingegen eine Ehre, Arbeiter zu sein, als Bauer auf der eigenen Scholle zu leben oder als Soldat sich dem Vaterland zu opfern. Die Aufwertung erfolgte im psychologischen Sinne, ein neues soziales Bewußtsein wurde geschaffen, aber kein neuer sozialer Status.

Zurückhaltung, Sympathie wie auch Opportunismus zeigen sich in der Mitgliederzahl der NSDAP: 1935 waren die Arbeiter immer noch um 30 %, die Bauern sogar um 100 % in der Partei unterrepräsentiert; die Angestellten um rund 65 %, die Selbständigen um 100 % und die Beamten gar um 160 % überrepräsentiert.[139]

137 *ibid.; S. 147.*
138 Nr. 1186. Betreff. Nationalsozialistische Haltung der Erzieherschaft. StA Bamberg *Rep. K 17/XI, Nr. 328.*
139 SCHOENBAUM; S. 103.

In den ersten Jahren seiner Existenz war das Prestige des Regimes durch den Rückgang der Arbeitslosigkeit erheblich angehoben worden. Dieser Erfolg beruhte zum einen auf dem Abebben der Weltwirtschaftskrise, auf bereits zu Ende der Weimarer Republik vorbereiteten oder eingeleiteten finanziellen und wirtschaftlichen Maßnahmen, die das Dritte Reich übernommen und weitergeführt hatte; zum anderen auf der anlaufenden Aufrüstung. Gegenüber den letzten Krisenjahren der Republik wirkte das optisch sehr überzeugend, verglichen mit 1928 aber war 1937 der Anteil der Löhne und Gehälter am Sozialprodukt kleiner, der Anteil der Profite in Handel und Industrie größer.[140] Die nationalsozialistische Wirtschafts- und Finanzpolitik förderte geradezu die Ungleichheit der Einkommens- und Vermögensverteilung, baute zum Teil die Sozialleistungen ab und war vor allem im Interesse einer forcierten Rüstungspolitik auf eine Tiefhaltung der volkswirtschaftlichen Konsumquote ausgerichtet.[141] Zudem hatten die Arbeiter jegliches Recht auf Bewegungsfreiheit spätestens 1938 mit dem Bau des Westwalls verloren; sie hatten kein Recht, sich zu organisieren, ihre Tarife frei auszuhandeln oder gar zu streiken – aber sie hatten Arbeit und eine gewisse Sicherheit. Am meisten verärgert war man über die Lohnunterschiede in den verschiedenen Branchen, die dem nationalsozialistischen Grundsatz des »angemessenen Lohnes« entsprachen. An der Spitze rangierten der Bergbau und die Rüstungswirtschaft, während in anderen Industriezweigen viel zu niedrige Löhne gezahlt wurden. Die Schaffung eines Ausgleichs durch Prämien erwies sich meist als schwierig. Trotzdem glaubte der Kölner Gauleiter noch 1935 versichern zu können, daß die Arbeiterschaft »im ganzen hochanständig ist und sich treu zu Staat und Bewegung verhält. Der Marxismus hat seinen Nährboden und seine Stützen verloren . . .«[142] Letzteres stimmt nur bedingt. Die traditionell marxistisch eingestellten Arbeiter blieben im stillen ihrer angestammten Partei treu. Durch Mund- oder Flüsterpropaganda und durch Flugzettel wurde ein Minimum an Propaganda aufrechterhalten und versucht, die sozialpolitische Mißstimmung gegen das nationalsozialistische Regime zu kanalisieren.[143] »Die KPD ging darauf aus,

---

140 *ibid.;* S. 135.
141 Vgl. hierzu ERBE, René. *Die nationalsozialistische Wirtschaftspolitik 1933 bis 1939 im Lichte der modernen Theorie.* Zürich, Polygraphischer Verlag AG, 1958, der die Politik von Schacht als »ein Zerrbild« der Keynesschen Wirtschaftstheorie bezeichnet (S. 172).
142 Stimmungs- und Lagebericht des Gauleiters Grohé, Gau Köln-Aachen, 7. 3. 35. BA *NS 22/vorl. 583.*
143 Daß diese Untergrundtätigkeit beträchtlicher war, als man bisher angenom-

ein Sammelbecken für die unzufriedenen Kreise aus allen Lagern zu schaffen.[144] Ähnlich erging es den Anhängern der Sozialdemokratischen Partei. Auch ihre Führer waren, wie die der Kommunisten, eingesperrt oder emigriert. Die Kontakte konnten nur mühsam durch illegale Verbindungen aufrechterhalten werden. »Der Illegalität im Inlande obliegt hierbei die Aufgabe, aus dem Kreis der Unzufriedenen und Oppositionellen die Vertrauenspersonen der Arbeiterklasse, die künftig die führende Kerntruppe bilden sollen, für den kommenden Tag der Befreiung zu sammeln.«[145] Insgesamt läßt sich – mit dem Sicherheitsdienst – für die unmittelbaren Vorkriegsjahre sagen: »Die Stimmung der ehemaligen marxistischen Anhängerschaft im Reich kann nicht als einheitlich bezeichnet werden. Neben den Kreisen für und wider den Staat befinden sich Schichten, die strenge Zurückhaltung in allen politischen Fragen üben und sich ausschließlich ihren Privatinteressen hingeben.«[146] Die Unmöglichkeit, ihr Mißfallen auf politischer Ebene zu artikulieren, veranlaßte viele Arbeiter, ihre sozialpolitische Unzufriedenheit lauthals kundzutun.

Für Mai 1937 berichtete die Reichsfrauenführerin Frau Scholtz-Klinck aus dem Kreis Bentheim: »Die Unzufriedenheit unter den Volksgenossen ist größer denn je. Man macht die nationalsozialistische Regierung verantwortlich für den Mangel an Rohstoffen.«[147] In dem Bericht über Juni 1937 wurden Klagen der oberschlesischen Bergarbeiter und der Textilarbeiter in den Gauen Weser-Ems und Westfalen-Nord angeführt.[148]

Die durch Hitlers Autarkiestreben bedingte Verknappung der Lebensmittel und des täglichen Bedarfs sowie vor allem deren Verteuerung wurden ja auch vom Arbeiter und dem »kleinen Mann« ganz allgemein besonders drückend empfunden.[149] Der Regierungspräsident der Pfalz meldete am 10. August 1939 »in weiten Kreisen der Bevölkerung, besonders

---

men hat, und sich in Arbeitergegenden Schwerpunkte bildeten, beweisen neuere Publikationen wie KLOTZBACH, Kurt. *Gegen den Nationalsozialismus – Widerstand und Verfolgung in Dortmund 1930–1945.* Hannover, Verlag für Literatur und Zeitgeschehen, 1969, und SCHABROD, Karl. *Widerstand an Rhein und Ruhr, 1933–1945.* Hrsg. vom Landesvorstand der Vereinigung der Verfolgten des Nazi-Regimes Nordrhein-Westfalen. Herne, 1969.

[144] Jahreslagebericht des Sicherheitshauptamts 1938. BA *R 58/1094; fol.* 80.
[145] *ibid.;* fol. 89.
[146] *ibid.;* fol. 92. Vgl. auch BRACHER. *Die deutsche Diktatur,* S. 401 ff.
[147] BA *NS 22/vorl. 860.*
[148] *ibid.*
[149] Wirtschaftsbericht von Generaldirektor Kellermann an den Regierungspräsidenten für Januar-März 1939. HA/GHH *4001 01 300/9.*

der Arbeiter, Angestellten und Beamten, eine starke Erbitterung über die unberechtigte Höhe der Lebensmittelpreise«.[150] Die Kürzung der Löhne im Baugewerbe ließ die Bauarbeiter die nationalsozialistische Lohnpolitik besonders ungünstig beurteilen, wie der Ortsgruppenleiter von Haiger-Seelbach im Dillkreis meldete: »... Die Leistung sinkt, die Stimmung ist hundsmiserabel.«[151] Da der private Wohungsbau 1939 aus Mangel an Materialien fast vollständig zum Erliegen kam, erfaßte die Mißstimmung weitere Kreise, die keine Wohnung fanden, aber auch kleinere und mittlere Handwerker, die keine öffentlichen Aufträge erhielten.[152] Diese stimmten in den Unmut der Arbeiter über die Auswirkungen des Vierjahresplanes ein. Sehr aufschlußreich in diesem Zusammenhang ist der Bericht des Kreisleiters aus Biedenkopf-Dillenburg, in dem es für den Monat Juni 1939 heißt: »In Arbeiterkreisen herrscht große Unzufriedenheit über die Anordnungen im Zuge des Vierjahresplanes, die die Freizügigkeit der einzelnen Gefolgschaftsmitglieder unterbinden, wie dies bei den Dienstverpflichtungen, den Anordnungen über Festsetzungen von Höchstlöhnen und Kündigungsbeschränkungen ist. Der Arbeiter versteht es nicht, daß sich diese Anordnungen zu 90 % zum Nachteil der Gefolgschaft auswirken, während der Unternehmer vielleicht 10 % und der Beamte gar nicht hiervon betroffen wird. Der Arbeiter ist bereit, jedes Opfer zu bringen, wenn er sieht, daß dieses auf die gesamte Volksgemeinschaft umgelegt wird ...«[153]

Neben den Arbeitern fühlte sich die Schicht der Bauern und Landwirte durch das neue Regime benachteiligt und enttäuscht. Der Blut- und Bodenprophet der Partei, R. Walther Darré[154], organisierte die Bauern im Reichsnährstand.[155] Das nationalsozialistische Landwirtschaftsprogramm beruhte auf den Grundsätzen der Beherrschung der Märkte und Preise, der Stabilisierung des Landbesitzes durch das Reichserbhofgesetz[156], günstigen Kre-

150 BHStA, Abt. II. *MA 106 676.*

151 BA *NS Misch. 168;* fol. 140 038.

152 Vgl. Vierteljahreslagebericht 1939 des Sicherheitshauptamtes. BA *R 58/717;* fol. 140.

153 BA *NS Misch 168;* fol. 140 040.

154 s. z. B. den Sonderdruck aus *Odal/Monatschrift* für Blut und Boden: »Neuordnung unseres Denkens«. Reichsbauernstadt Goslar, Verlag Blut und Boden, (1941) 28 S. BA *ZSg 3/1120.* Im selben Verlag erschienen von Darré *Zucht und Sitte* und *Erkenntnisse und Werden,* beide »gesichtet, geordnet und herausgegeben von Marie Adelheid Prinzessin Reuß zu Lippe«.

155 Durch Gesetz vom 13. 9. 33 (RGBL I; S. 626) wurde der Reichsminister für Landwirtschaft ermächtigt, den Stand der deutschen Landwirtschaft aufzubauen. Dies erfolgte durch VO vom 8. 12. 33 (RGBL I; S. 1060).

156 VO vom 29. 9. 33 (RGBL I; S. 685).

ditbestimmungen zugunsten verschuldeter Bauern und einem Raumplanungsschema, nach dem die Bevölkerung neu verteilt werden sollte. Nur der erste Programmpunkt wurde konsequent durchgeführt, alle anderen Maßnahmen nur halb oder unvollkommen. Auch hier profitierte die bereits früher privilegierte Schicht mehr als der untere Teil der sozialen Pyramide: 1938 hatten sich die Schulden der Junker schon um 18,6 % verringert, die der Erbhofbauern nur um 15,5 %.[157] Außerdem gelang es den Großgrundbesitzern, die ursprünglichen Pläne der Nationalsozialisten hinsichtlich der großen Landgüter zu durchkreuzen.[158] Trotz aller preislichen Stützungsmaßnahmen betrug das Einkommen der Bauern 1937 nur 8,3 % des Sozialproduktes, gegenüber 8,7 % im Jahre 1933. Und trotz aller Propaganda für das einfache natürliche Leben verringerte sich die deutsche Landbevölkerung zwischen 1933 und 1939 von 20,8 auf 18 % und der Anteil der in der Land- und Forstwirtschaft Beschäftigten von 28,9 auf 26 % der Gesamtberufstätigen. Die Folge der stetig anhaltenden Landflucht, Zeichen einer nicht aufzuhaltenden Industrialisierung, war, daß der Bauer länger und härter arbeiten mußte für immer weniger Gewinn. Die Milch- und Butterproduktion ging von Woche zu Woche zurück, so daß das Reich im Sommer 1939 von den Fettreserven zehrte, die es im September 1938 für einen Kriegsfall angelegt hatte.[159] Ähnlich schlecht sah es für die Getreidewirtschaft aus. Aus Mangel an Arbeitskräften lag mancher Boden brach, und die Zahl der fehlenden Landarbeiter lag 1938 bei 600 000. Außerdem fehlten 333 000 heiratsfähige Frauen im Alter von 17 bis 34 Jahren. »So rollt die Landflucht als eine sich mit unerbittlicher Gewalt vergrößernde Lawine und bedroht nicht nur die landwirtschaftliche Erzeugung, sondern vor allem auch die völkische Substanz.«[160] »Das Problem der Landflucht ist durch die gewaltige Industrialisierung, die sich heute gar nicht mehr aufhalten läßt, zu einer Entscheidungsfrage der Nation geworden«, heißt es in einem vertraulichen Informationsbericht der Berliner Pressekonferenz vom 2. März 1939.[161] Kein Wunder, daß die Haltung der Bauernschaft zwischen Verzweiflung und Abstumpfung, Desinteresse und Unzufriedenheit schwankte: »Diese Entwicklung gibt den Bauern das Gefühl des Erdrücktwerdens und be-

[157] SCHOENBAUM; S. 219.
[158] SCHWEITZER; S. 200.
[159] Informationsbericht Nr. 17 »Das Problem der Landflucht« BA *Zsg 101/34*; fol. 75
[160] Jahreslagebericht des Sicherheitshauptamtes. BA *R 58/1096*; fol. 9.
[161] s. Anmerkung 153.

wirkt eine Stimmung, die teils in Resignation, teils in geradezu revoltierende Haltung gegen die Bauernführung übergeht.«[162] Da sich aber diese Bevölkerungsschicht in der Neuzeit und nicht nur in Deutschland durch wenig Revolutionsgeist auszeichnet, überwog meist die passive Mutlosigkeit:»Die bäuerliche Bevölkerung nimmt verhältnismäßig wenig Anteil am Leben der Gemeinschaft überhaupt, soweit dies nicht materielle Vorteile bringt... Die Haltung gegenüber der Partei ist die einer gewissen Interesselosigkeit...«[163] Oder:»Die Stimmung in der landwirtschaftlichen Bevölkerung ist z. Z. ausgesprochen niedergedrückt. Unterbewertung der Landarbeiter und Landflucht sind die beiden Probleme, die insbesondere den intelligenteren Teil der bäuerlichen Bevölkerung beschäftigen. Gerade bei diesem Teil ist eine zunehmende trostlose Stimmung zu verzeichnen. Dies ist um so gefährlicher, als die Meinungsbildung von dieser Schicht ausgeht...«[164]

Neben Arbeitern und Bauern litten die Angestellten und kleinen Beamten unter ungünstigen materiellen Bedingungen:»Der kleine Beamte, Angestellte, Sekretär, klagen zur Zeit immer mehr über geringen Gehalt (sic) bzw. Verdienst dem gegenüber erhöhte Ausgaben und schlechte Ware stehen. Löhne und Gehälter bleiben immer auf ein und derselben Stufe stehen, die Steuern haben sich erhöht, die Miete erhöht sich bei jedem Wechsel der Wohnung, auch Lebensmittel steigen, zwar unmerklich, im Laufe von Jahren jedoch fühlbar; allgemein klagt man über schlechte Waren bei Einkäufen...«[165]

Diese anhaltenden sozialen Ungerechtigkeiten scheinen vielfach in Vergessenheit geraten zu sein, denn auch heute noch gibt es Schichten und Kreise in der Bundesrepublik, die Hitlers soziale Maßnahmen preisen und glauben, der Nationalsozialismus weise durchaus positive Eigenschaften auf. Dabei dürfte bei dem heutigen Stand des Wissens kein Zweifel mehr

[162] s. Anmerkung 160.
[163] Monatsbericht des Kreisleiters von Kissingen für Februar 1939. Archiv Bischöfl. Ordinariat, Würzburg, *Nachlaß Leier/K 2*. s. auch Politischer Lagebericht der Kreisleitung Alzey für Mai/Juni 1939, BA *NS Misch 1638;* fol. 139 801, der über eine wachsende Mißstimmung der bäuerlichen Bevölkerung wegen des Mangels an Arbeitskräften Auskunft gibt.
[164] SD-Unterabschnitt Württemberg-Hohenzollern. »Lagebericht des 2. Vierteljahres 1939«. HStA Stuttgart. *K 750/46*. Vgl. auch Monatlicher Lage- und Stimmungsbericht des Hauptamtes für NS-Volkswohlfahrt für die Monate Dezember 1937 und März 1938, die von schlechter Stimmung berichten. BA *NS 19/252 F 48*.
[165] Politischer Lagebericht des Kreisleiters von Kissingen für Juni/Juli 1939. Bischöfl. Ordinariatsarchiv Würzburg. *Nachlaß Leier/K 2*.

darüber bestehen, daß Hitler die NSDAP nur als ein Instrument zur Durchsetzung seines persönlichen Machtstrebens und seiner deutschen Hegemonialforderungen begriff und auch benutzte und daß ihm die Zielsetzungen des »nationalen Sozialismus« als sekundär, und höchstens als Mittel zur Gewinnung der Massen, nach Bedarf wünschenswert erschienen. Aber nicht nur Klagen über die Auswirkungen von Hitlers »Kanonenstatt Butterpolitik« wurden laut und bewirkten parteifeindliche Äußerungen. Vor allem antikirchliche Maßnahmen von Partei und Staat stießen in den bereits aufgezählten traditionell kirchentreu eingestellten ländlichen, klein- und mittelstädtischen Gebieten in Westfalen, Rheinland[166], in Südwestdeutschland und in Bayern und insbesondere bei den Frauen[167] auf zunehmende Kritik. Die Auflösung der Klöster und kirchlichen Stiftungen zeitigten eine Art »passiven Widerstandes«[168] und äußerten sich beispielsweise in einer Sabotierung des »freiwilligen« Flaggens anläßlich von nationalen Beutezügen Hitlers.[169]

Die Spannung zwischen katholischer und evangelischer Kirche einerseits und dem nationalsozialistischen Regime andererseits hatte sich in der Tat von Jahr zu Jahr gesteigert. Zu Beginn ihres Machtantrittes hatten Hitler und führende Nationalsozialisten Glaubensfreiheit proklamiert und jeden Gewissenszwang verurteilt.[170] Mit der katholischen Kirche war

---

[166] Anschauungsmaterial hierüber findet sich in VOLLMER, Bernhard. »*Volksopposition im Polizeistaat*«. Gestapo und Regierungsberichte 1934–1936. Stuttgart, Deutsche Verlags-Anstalt, 1957 (Quellen und Darstellungen zur Zeitgeschichte, Bd. 2). Allerdings kann die Bezeichnung »Volksopposition« nur mit gebührender Vorsicht angewandt werden, da die Auswertung einseitig erfolgte. Der Regierungsbezirk Aachen – denn nur aus diesem stammen die veröffentlichten Berichte – kann im übrigen als Grenzbezirk und mit seiner 90 % katholischen Bevölkerung nicht ohne weiteres als typisch für andere Teile des Reiches angesehen werden. Außerdem hatte sich in den Jahren 1934–1936 die nationalistische Exaltation der enddreißiger Jahre noch nicht durchgesetzt.

[167] Vgl. z. B. Monatsbericht der Reichsleitung der NSDAP, Reichsfrauenführung für den Monat Mai 1937. BA *NS 22/vorl. 860.*

[168] Politischer Lagebericht der Kreisleitung der NSDAP Rheingau-St. Goarshausen für Mai/Juni 1939. BA *Misch 1638;* fol. 139 796.

[169] Monatsbericht des Regierungspräsidiums von Unterfranken und Aschaffenburg für Februar 1939. BHStA, Abt. II *MA 106 681.*

[170] s. z. B. Hitlers Regierungserklärung vor dem Reichstag am 23. März 1933, in dem er die beiden christlichen Konfessionen als »wichtige Faktoren der Erhaltung unseres Volkstums« bezeichnete und erklärte: »Die Rechte der Kirchen werden nicht geschmälert, ihre Stellung zum Staate nicht geändert.« VERHANDLUNGEN DES REICHSTAGS – *Stenographische Berichte,* Bd. 457; S. 28 B, 32 A – oder das Schreiben des Reichsministers des Innern vom 26. 9. 33 über die Glaubensfreiheit der Beamten und die Neutralitäts-

am 20. Juli 1933 ein Konkordat abgeschlossen worden, welches auch bisher der NSDAP gegenüber feindlich gesinnte, dem Zentrum und der Bayerischen Volkspartei nahestehende Kreise zu einer positiveren Haltung gegenüber dem Regime veranlaßt hatte. Dieses Konkordat aber, welches dem Episkopat und dem Vatikan bestimmte Sonderrechte für den »Interessenverband« katholische Kirche sicherte, hatte zur Folge, daß sie »durch ihren Akt der Anerkennung und Unterstützung des neuen nationalsozialistischen Regimes als des Trägers legitimer Autorität den einzelnen deutschen Katholiken an die moralische Verpflichtung dieser Autorität zu gehorchen« band.[171]

In den darauffolgenden Jahren vermied es die Geistlichkeit beider Konfessionen möglichst, ihre Anhänger in einen Zwiespalt zwischen nationalen Pflichten und kirchlicher Loyalität zu bringen. Reminiszenzen an den Kirchenkampf unter Bismarck wirkten hier ebenso nach wie die seit der Reformation wirksame Trennung zwischen weltlichen und geistlichen Belangen. Trotz dieses »Rückzuges in die Sakristei« mußte es zwangsläufig zu Zusammenstößen kommen, da der Nationalsozialismus, nach Eliminierung aller anderen politischen Kräfte und durch weitgehende Kollaboration mit den entscheidenden großindustriellen Gruppen und militärischen Führungsinstanzen, sich nur noch einem Gegner auf der innenpolitischen Szene und vor allem im Kampf um die deutsche Seele gegenübersah: den christlichen Kirchen. Der »katholische Atheist«[172] Hitler fürchtete die Macht der katholischen Kirche, deren Organisation er nie aufhörte zu bewundern und aus deren Ritual so manches für die nationalsozialistischen Feierstunden übernommen wurde, mehr als die innerlich zerrissene evangelische Kirche. Sein ursprünglicher Wunsch, die christlichen Konfessionen Schritt für Schritt aus den Herzen der Deutschen zu verdrängen, schlug in tödlichen Haß um, als ihm sowohl aus dem Volke als auch aus den Kirchen Widerstand erwuchs. Mit der evangelischen Kirche hatte er geglaubt leicht fertig zu werden. Mit Hilfe der »Deutschen Christen« und

verfügung des Stellvertreters des Führers vom 13. 10. 33. ZIPFEL, Friedrich. *Kirchenkampf in Deutschland, 1933–1945.* Religionsverfolgung und Selbstbehauptung der Kirchen in der nationalsozialistischen Zeit. Berlin, Walter de Gruyter & Co., 1965; S. 268, 270 (trägt fälschlicherweise das Datum vom 17. 10. 33).
[171] ZAHN, Gordon C. *Die deutschen Katholiken und Hitlers Kriege.* Graz, Wien, Köln, Verlag Styria, 1965; S. 107.
[172] HEER, Friedrich. *Gottes erste Liebe.* 2000 Jahre Judentum und Christentum. Genesis des österreichischen Katholiken Adolf Hitler, München, Bechtle Verlag, 1967; S. 390. – s. auch LEWY, Guenther. *Die Katholische Kirche und das Dritte Reich.* München, Piper Verlag, 1965.

des von ihm erst protegierten, nachher fallengelassenen Reichsbischofs Ludwig Müller sollte eine freiwillige Gleichschaltung erzielt und eine »Deutsch-Evangelische Reichskirche« errichtet werden. Die Jahre 1933 bis 1937 sind gekennzeichnet von den widersprüchlichsten Tendenzen und Zielsetzungen, sowohl innerhalb der evangelischen Kirche als auch innerhalb der nationalsozialistischen Oligarchie.[173] Der 1935 eingesetzte Minister für kirchliche Angelegenheiten, Kerrl, sah seine Einigungsversuche zwischen Staat und Kirche fortlaufend von seiten Himmlers, Heydrichs, Bormanns, Baldur von Schirachs und Rosenbergs torpediert und durchkreuzt. 1937 war es klar, daß der Versuch, eine zentralistische, vom NS-Staat kontrollierte Kirche zu schaffen, gescheitert war. Als dann auch am 14. März 1937 die Enzyklika Papst Pius XI. »Mit brennender Sorge« über die bedrohliche Lage der katholischen Kirche im Deutschen Reich erschien, war das Ende der relativen Toleranzperiode gekommen. Führende Kirchenmänner wie Otto Dibelius und Dr. Martin Niemöller wurden vor Gericht gestellt oder verhaftet. Im Juli 1937 fand eine Konferenz der Kirchenspezialisten der Gestapo statt, zur Ausarbeitung einer Direktive hinsichtlich der Intensivierung der kirchenfeindlichen Maßnahmen.[174] Von diesem Zeitpunkt an verfolgte der nationalsozialistische Staat eine unerbittliche Kirchenpolitik, die nicht nur darauf abzielte, den Konfessionen jegliche Wirkungsmöglichkeit außerhalb der Kirche zu nehmen, sondern beabsichtigte, ihren Lebensnerv direkt zu treffen. Vereine und Verbände wurden in ihrer Tätigkeit behindert, kirchliche Publikationsorgane drastisch beschränkt, jede Äußerung von Geistlichen auf die Waagschale gelegt, um zu prüfen, ob es sich nicht um staatsfeindliche Äußerungen handle. Redeverbote für Geistliche und zahlreiche Verhaftungen waren an der Tagesordnung.[175]

Liest man einen 1937 vom Stellvertreter des Führers in Umlauf gebrachten Rundlauf über »Die Deutsche Evangelische Kirche und ihr Verhältnis zum Nationalsozialismus seit seiner Machtübernahme«[176], sowie die zahlreichen gehässigen Hinweise und Berichte der Hoheitsträger der Partei über die Aktivität der »politisierenden katholischen Kirche« oder des »politischen Katholizismus« und ihres Einflusses, wobei die überzeugten Nationalsozialisten sich am meisten über den »Menschenführungsan-

---

[173] Vgl. CONWAY, John S. *The Nazi Persecution of the Churches 1933–1945.* London, Weidenfeld and Nicolson, 1968.
[174] *ibid.;* S. 169 ff.
[175] Bis November 1937 waren 700 Pfarrer verhaftet.
[176] BA *Slg. Schumacher 245/Bd. 1,* abgedruckt bei ZIPFEL; S. 384–441.

spruch« der Kirche erregten, wundert man sich über die noch weitgehend positive und konziliante Haltung der Kirchen. Erst der Haß und die fortwährenden Schikanen des NS-Regimes brachten die zumeist äußerst national eingestellten Vertreter beider Konfessionen allmählich und beinahe gegen ihren Willen zu einer zurückhaltenden Gegnerschaft, wobei versucht wurde, sorgfältig zwischen Staat und Partei zu trennen. Die meisten Urteile über das Verhalten der Kirchen unter dem Nationalsozialismus kranken daran, daß sie den Faktor Zeit nicht genügend berücksichtigen und einen Katalog positiven oder negativen Verhaltens gegenüber dem Regime zusammenstellen. Dabei kommt es dann leicht zu übertriebenen Verurteilungen oder apologetisierenden Betrachtungen, ohne daß der einsetzende Wandel genügend berücksichtigt wird. Ein typisches Beispiel für die Wandlung von einem Befürworter des Regimes zu einem unbequemen Widersacher bietet der Fall des Erzbischofs von Freiburg im Breisgau, Konrad Gröber, der sogar förderndes Mitglied der SS gewesen war.[177] Er, und viele mit ihm, hatten lange, allzu lange gehofft, wie HEER es überspitzt ausdrückt, »daß der Totalitarismus des Staates und der Totalitarismus der Kirche ohne Konflikt koexistieren« könnten.[178]

Der Anschluß Österreichs erschwerte noch die Position der katholischen Kirche, da er für Hitler einen großen Erfolg bedeutete und in Deutschland viele Hitler ablehnende Kreise zu seinen Gunsten beeinflußte. Der Jahreslagebericht des Sicherheitshauptamtes für 1938 registrierte »Unsicherheit und starke Verwirrung« in kirchlichen Kreisen. Auf katholischer Seite, so hieß es, »sei ein Zwiespalt zwischen Volk und Episkopat, zwischen Episkopat und Klerus und zwischen dem deutschen und dem österreichischen Episkopat« entstanden. Die Folge seien »gegensätzliche Strömungen innerhalb des deutschen Episkopats«, welche die »politische Kampftätigkeit der Kirche zunächst weitgehend geschwächt« hätten. Bis zur Mitte des Sommers 1938 sei »die Lage bei den Kirchen durch Kampfmüdigkeit und Mutlosigkeit gekennzeichnet gewesen«.[179]

Anläßlich einer Dekanatskonferenz der Diözese Paderborn im Sommer 1938 seien daraufhin den Geistlichen Richtlinien über die weitere Arbeit der katholischen Aktion mitgeteilt, in denen eine Zusammenarbeit mit

---

[177] Schreiben des Verwaltungschefs der SS Abt. V. Ch. R/57b/Dr. B./St. vom 19. 1. 38. Aus einem handschriftlichen Vermerk geht hervor, daß diese Mitgliedschaft stillschweigend zu streichen war, da der Erzbischof auf die Aufforderung, sein ehrenvolles Ausscheiden zu beantragen, nicht geantwortet hatte. BA *Slg. Schumacher 445/Bd. 2.*

[178] *op. cit.*; S. 412.

[179] BA *R 58/1094; fol. 45.*

Parteiorganisationen anempfohlen und sogar der Beitritt in solche Organisationen nahegelegt wurde. Außerdem seien die Gläubigen im Sinne der Partei zu beeinflussen.[180]

Die Sudetenkrise im Herbst 1938 und ihre vorläufige friedliche Beilegung durch das Münchener Abkommen zogen weitere Kreise in den Bann des Dritten Reiches. Episkopat und Klerus in Deutschland waren nun, wie der SD meldete, mehr denn je »bestrebt, alles zu unterlassen, was ein staatliches oder polizeiliches Einschreiten zur Folge haben könnte. Alle äußeren Konfliktsmöglichkeiten wurden vermieden . . .«[181] Der nationalsozialistische Staat löste indessen die katholischen Verbände weiterhin regional nach und nach auf und verbot den katholischen Jungmännerverband im gesamten Reichsgebiet. Ebenso verschwanden der katholische Akademiker-Verband, die katholische akademische Bonifatius-Einigung, die akademischen Missionsgesellschaften und der deutsche Marienritterorden.

Die Kirchenarbeit bestand fast nur noch in reiner Seelsorge- und Jugendbetreuung. Trotzdem wurden weitere Annäherungsbestrebungen an den Staat[182] konstatiert. Trotz der brutalen Unterdrückungsmethoden von seiten des Dritten Reiches kann man sich des Eindrucks nicht erwehren, daß weder der Papst noch der deutsche Klerus bis 1939 die wahre Natur des Hitlerregimes erkannt hatten. Bei Übernahme seines Amtes ließ Pius XII. sich offensichtlich durch die Erfahrung Leos XIII. und der mäßigenden Wirkung seines Verhaltens nach seinem Amtsantritt 1878 auf den Kulturkampf leiten. Durch Zurückhaltung seitens der katholischen Kirche hoffte er, eine Mäßigung seitens der Nationalsozialisten herbeiführen zu können. Daher gab er Order, die Polemik des *Osservatore Romano* einzustellen. Auch Kardinal Faulhaber vertrat noch im Frühjahr 1939 den Standpunkt, man solle die Aggressivität der Nationalsozialisten gegenüber der Kirche einfach übersehen.[183] Die Tendenz war eindeutig auf Ent-

---

180 Vom Stabsleiter des Stellvertreters des Führers, Bormann, am 27. Juli 1938 vertraulich in einem Rundschreiben Nr. 103/38 den Gauleitern mitgeteilt. BA *NS 6/vorl. 230.*
181 Vierteljahreslagebericht 1939 des Sicherheitshauptamtes, BA *R 58/717;* fol. 27.
182 Monatsbericht des Regierungspräsidenten für Oberbayern. *Die kirchliche Lage in Bayern;* S. 307.
183 Vgl. das Protokoll der Konferenz des Papstes mit den deutschen Bischöfen Bertram, Faulhaber, Schulte, Innitzer am 6. 3. 39. *Actes et documents du Saint Siège relatifs à la Seconde Guerre Mondiale.* Bd. 2 *Lettres de Pie XII aux évêques allemands 1939–1944;* Città del Vaticano, Libreria Editrice Vaticana, 1966; S. 414 – deutsch: *Die Briefe Pius XII. an die deutschen Bi-*

spannung ausgerichtet. Eine solche Entwicklung war aber gar nicht im Sinne intransigenter Nationalsozialisten. Sie sahen in ihr einen Versuch der »Unterwanderung« und Gefährdung der eigenen Positionen. Der damalige Stabsleiter des Stellvertreters des Führers, Martin Bormann, bezeichnete am 28. 1. 39 in einem Schreiben an das OKW den Klerus als potentielle politische Feinde des Reiches.[184] Er leitete daher eine verstärkte Aktion zur »Loslösung des Staates und der Partei von der Kirche«[185] ein und verbot einerseits allen politischen Leitern, Führern und Unterführern der Gliederungen und angeschlossenen Verbände, eine leitende Stellung in einer religiösen Glaubensgemeinschaft zu bekleiden[186]; andererseits ordnete er an, daß Pfarrer als Hoheitsträger der Partei umgehend ihres Parteiamtes zu entbinden, Pfarrer als politische Leiter oder Unterführer der Gliederungen nach und nach auszuwechseln und keine Pfarrer mehr mit Ämtern in der Partei und ihren Gliederungen zu betrauen seien.[187]

Die ständigen Provokationen und Herausforderungen seitens des NS-Staates riefen vor allem auf lokaler und regionaler Ebene – und dies wieder vor allem in den traditionell kirchlich eingestellten Gegenden – den Widerstand der Geistlichkeit hervor, die ihren alten Anhang an sich zu binden wußte.

»Die Lage auf dem Gebiet der katholischen Kirche in der Berichtzeit war weniger bestimmt durch besondere Ereignisse als durch die immer wieder ausgebauten Kampfmethoden. Die katholische Kirche wußte vor allem mit Hilfe ihrer vielseitigen Propagandamittel ihr erschüttertes Ansehen in der Öffentlichkeit wieder zu unterbauen und durch planmäßige Wühlarbeit das Vertrauen der katholischen Bevölkerung an die Führung der Partei immer mehr zu untergraben . . .«[188]

schöfe 1939–1944; herausgegeben von Burkhart Schneider, Mainz, Matthias-Grünewald-Verlag, 1966. (Veröffentlichungen der Kommission für Zeitgeschichte bei der Katholischen Akademie in Bayern. Reihe A Quellen, Bd. 4, S. 321.)

184 PS – 117. *Nazi Conspiracy and Aggression.* Washington 1946, Vol. III; S. 169; zitiert bei CONWAY; S. 217.

185 Erwähnt im Schreiben des SD-Oberabschnitts Süd, Unterabschnitt Mainfranken II 1131 vom 6. 7. 39. BA *Slg. Schumacher 245/Bd. 2.* Ähnliche Anordnungen waren bereits ab November 1935 erlassen worden. CONWAY; S. 160.

186 Anordnung C 422 63/38 vom 1. 6. 38, abgedruckt bei ZIPFEL; S. 449/450.

187 Rundschreiben Nr. 23/39 vom 23. 1. 39. BA *NS 6/vorl. 232.*

188 SD-Unterabschnitt Württ. Hohenz. Lagebericht des 2. Vierteljahres 1939 vom 1. 7. 39 HStA Stuttgart, *K 750/46.* Für die evangelische Kirche heißt es in dem Bericht, daß ihre Haltung bestimmt sei »durch den Kampf der Landeskirche gegen den weltanschaulichen Unterricht«.

Der Regierungspräsident von Oberbayern glaubte in seinem Monatsbericht für Dezember 1938 »die immer noch zurückhaltende Einstellung eines großen Teiles der Bevölkerung zu Partei und Staat« auf den Einfluß der Kirche zurückführen zu müssen.[189] Die Kirchen verfügten demnach auch 1938/39 über gewisse Einflußmöglichkeiten, wenn auch ihr Aktionsradius stark gemindert worden war, nicht zuletzt weil ihre Verbände selbst sehr national ausgerichtet waren. Wenn aber ihre eigene Existenz und ihre eigenen Interessen auf dem Spiel standen, wußten sie immer noch einen großen Teil der Volksmeinung für sich zu mobilisieren. Wie aber verhielten sie sich im Falle der Diskriminierung anderer, vom Regime Verfolgter, wie beispielsweise der Juden?

Die »geschichtliche Schuld« des Christentums in der Entwicklung des Antisemitismus, insbesondere seit der Zeit der Kreuzzüge und, für die evangelische Kirche, verstärkt seit Luthers Schriften, ist bereits Gegenstand von Untersuchungen gewesen.[190] Hier soll nur zum besseren Verständnis auf einige Vorgänge innerhalb der evangelischen Kirche für den uns interessierenden Zeitraum in einem knappen Exkurs hingewiesen werden.

Bereits vor der Machtergreifung der Nationalsozialisten hatte der Berliner Pfarrer Joachim Hossenfelder die »Richtlinien der Glaubensbewegung Deutscher Christen« am 26. 5. 1932 veröffentlicht, in dem sich diese zu Rasse, Volkstum und Nation bekannten und die Rassenvermischung ablehnten. Alles was die »Deutschen Christen« in diesen Tagen auf ihre Fahne schrieben, hatte im übrigen bereits in der Mitte des vorigen Jahrhunderts seine Ausprägung erhalten unter dem Siegeszug der christlich-germanischen Reichsidee, die nach den Freiheitskriegen und unter dem Einfluß Ernst Moritz Arndts und Turnvater Jahns einen ungeahnten Auftrieb erhalten hatte.[191] Nun wandte sich gegen Hossenfelder und gegen die von ihm propagierten Ideen und Richtlinien ein anderer Berliner Pfarrer, von Rabenau, mit zwölf Leitsätzen, in denen vor allem die Freiheit der Kirche herausgestellt wurde. Am 11. Januar 1933 folgte dann das sogenannte Altonaer Bekenntnis, welches feststellte, die Aufgabe der Kirche sei es, das Gewissen zu schärfen und das Evangelium zu verkünden,

---

189 *Die kirchliche Lage in Bayern;* S. 302.
190 Vgl. z. B. POLIAKOV, Léon. *Histoire de l'Antisémitisme,* Bd. I *Du Christ aux Juifs de la Cour,* Paris, Calman-Lévy, 1961 (1955), ISAAC, Jules. *Genesis des Antisemitismus.* Wien, Frankfurt, Zürich, Europa Verlag, 1968 (Europäische Perspektiven), und HEER, Friedrich. *op. cit.*
191 *Der ungekündigte Bund.* Neue Begegnung von Juden und christlicher Gemeinde. Herausgegeben von Dietrich Goldschmidt und Hans Joachim Kraus, Stuttgart, Kreuz-Verlag, 1963 (2. Aufl.); S. 89 f.

dessen Grundlage die Heilige Schrift sei. Damit war schon vor Antritt des Dritten Reiches eine Auseinandersetzung zwischen einem politisch-völkischen und einem sich auf die eigentlichen theologischen Aufgaben der Kirche besinnenden Flügels angezeigt. Die Machtübernahme verschärfte bekanntlich diese Tendenzen außerordentlich, und dabei spielte der Arierparagraph[192] eine erhebliche Rolle. Während die katholische Kirche sich ohne weiteres den Bestimmungen des Arierparagraphen fügte und sogar im Dienste des nationalsozialistischen Staates Nachforschungen in den Kirchenbüchern über die Kirchenzugehörigkeit – d. h. also damals Rassenzugehörigkeit – der Vorfahren anstellte[193] (auf der anderen Seite aber kümmerte sich der »St.-Raphaels-Verein« um zahlreiche katholische Nicht-Arier und ermöglichte vielen die Emigration), erließ die Jungreformatorische Bewegung, Vorläufer der Bekenntniskirche, im Mai 1933 einen Aufruf, in dem sie forderte, daß alle Entscheidungen einzig und allein aus dem Wesen der Kirche heraus gefaßt werden sollten. Im Glauben an die Heilige Schrift lehnte sie den Ausschluß von Nichtariern aus der Kirche ab. Am 27. September erhoben 2000 Pfarrer ihre Stimme und beanstandeten die mögliche Einführung eines Arierparagraphen. Der im September 1933 von Martin Niemöller gegründete Pfarrernotbund übernahm die gegenseitige Hilfe gegen unrechtmäßige Aktionen. Damit war der Arierparagraph zuerst nur in theoretischen Erörterungen, nachher in praktischer Auswirkung, von Anfang an zu einem entscheidenden Faktum in der innerkirchlichen Auseinandersetzung der evangelischen Kirche geworden. Primär ging es um theologische Gesichtspunkte; erst später um die sogenannten »Judenchristen«, und nur die Bekennende Kirche stellte sich, aber das auch erst allmählich, gegen Unrechtsmaßnahmen des Regimes.[194] Die Masse der evangelischen Geistlichkeit, vor allem die radikalen Thüringer Deutschen Christen, aber auch viele Vertreter der kirchlichen Mitte arrangierten sich mit den neuen Herren und duldeten oder begrüßten antisemitische Aktionen.[195]

[192] Vom 7. 4. 33 – RGBl. I, 1933; S. 175.
[193] Vgl. LEWY; S. 308 ff.
[194] Die Charta der Bekennenden Kirche, die Barmer Erklärung von Mai 1934, war weder damals noch später als Programm eines politischen Protestes gedacht, und es wurde nicht beabsichtigt, eine politische Opposition gegen das Regime anzuführen. Die Denkschrift vom Juni 1936 nahm mutig Stellung gegen Führerkult und Konzentrationslager; – ihre Veröffentlichung war aber ursprünglich nicht beabsichtigt. BRACHER. *Die deutsche Diktatur*, S. 417 ff.
[195] s. hierzu die lange Liste der evangelischen Landesbischöfe und Präsidenten der Landeskirchenämter, welche die Gründung eines »Institutes zur Erforschung und Beseitigung des jüdischen Einflusses auf das kirchliche Leben des

Die christlichen Kirchen in Deutschland tragen daher vielleicht noch eine größere Schuld als die Bevölkerung an dem grauenhaften Schicksal, das den Juden hier widerfuhr, da sie ihrer eigentlichen Aufgabe, der Vermittlung sittlicher Werte, nur ungenügend und verspätet nachkamen. Denn wo immer sich eine kirchliche Autorität gegen diese diskriminierenden Praktiken äußerte, zeigte sich auch eine Reaktion bei der Bevölkerung: Während die Kirchen offiziell zu den Ereignissen der »Reichskristallnacht« schwiegen, meldete beispielsweise der Kreispropagandaleiter von Kissingen, »daß draußen auf dem Lande, wo eine gut katholische Bevölkerung ist und noch unter dem Einfluß des Pfarrers stehen, am meisten Mitleid mit den Juden gehegt worden ist ...«[196] Ähnlich äußerte sich der Regierungspräsident von Oberbayern: »Nur die von der Kirche beeinflußten Kreise gehen in der Judenfrage noch nicht mit.«[197]

Obwohl die Bevölkerung also fast nur der systematischen Rassenhetze der Nationalsozialisten seit Jahren unterworfen worden war, kann man nicht behaupten, daß sich an jenem 11. November 1938, als schlagartig in ganz Deutschland die Synagogen brannten und die jüdischen Geschäfte demoliert wurden, »spontan« die Volkswut, der *furor teutonicus,* austobte. Es waren befohlene und gelenkte Elemente. Aber Goebbels hatte seinen Coup zu perfekt inszeniert, als daß es nicht auch dem Dümmsten aufging, was hier gespielt wurde: »Die Protestaktion gegen die Juden wird von der Bevölkerung vielfach als organisiert betrachtet. Die Gewalt, die hierbei zum Teil angewendet wurde, hat insbesondere bei der ländlichen Bevölkerung Anlaß zu Kritik gegeben ...«[198] Die Gewaltaktion wurde, wie aus mehreren Berichten hervorgeht[199], fast einhellig vom Volke abgelehnt – sehr oft allerdings mit der Begründung, daß es »eine unnötige Vernichtung von Werten« sei – dies entsprach der Haltung Görings, der die materiellen Verluste mißbilligte. Zum Vergleich sei auch angeführt, daß Himmler und vielen SS-Führern das Pogrom ebenfalls mißfiel, groß-

---

deutschen Volkes« befürworteten. Das Institut wurde am 6. Mai in Eisenach gegründet. – Gesetzblatt der Deutschen Evangelischen Kirche vom 6. 4. 39 – wiedergegeben in »Mitteilungen zur weltanschaulichen Lage« Nr. 18 5. Jahrg., 12. 6. 39. BA ZSg *3/vorl. 1688.*
[196] Stimmungsbericht für Monat November 1938. Bischöfl. Ordinariatsarchiv Würzburg, *Nachlaß Leier/K 2.*
[197] *Die kirchliche Lage in Bayern;* S. 301.
[198] Regierungspräsident Oberbayern, 10. 12. 38. BHStA, Abt. II. *MA 106 671.*
[199] Bericht des Reg.-Präsidenten von Niederbayern und Oberpfalz vom 8. 12. 38. Bericht des Reg.-Präsidenten der Pfalz vom 9. 12. 38 und Bericht des Reg.-Präsidenten von Obb. vom 9. 1. 39. – BHStA, Abt. II, *MA 106 673, MA 106 676, MA 106 671.*

teils weil es ein Goebbelsscher Querschuß gegen die kühl kalkulierte Judenpolitik der SS war. Otto Ohlendorf war »tief empört«; Gruppenführer Wolff sprach von einer verlorenen Schlacht.[200] Die Kirchen aber schwiegen.

Gerade in diesen Tagen erwies sich, wie wenig es den Nationalsozialisten gelungen war, trotz anhaltender Haßparolen eine breite antisemitische Volksbewegung zu entfesseln. Neben von echter christlicher Nächstenliebe durchdrungenen Menschen waren es vor allem »liberalistisch-pazifistische Kreise«, wie das Sicherheitshauptamt notierte, welche die getroffenen Maßnahmen als »barbarisch« und »kulturlos« bezeichneten. »Aus liberalistischer Grundhaltung heraus glaubten viele, offen für das Judentum eintreten zu müssen. Die Zerstörung der Synagogen wurde als unverantwortlich erklärt; man trat für die ›armen unterdrückten Juden‹ ein. Es war zu beobachten, daß die Maßnahmen gegen das Judentum im Süden (mit Ausnahme der Ostmark) und im Westen des Reiches (katholisch, dicht besiedelt, überwiegend städtische Bevölkerung) weit stärkere Ablehnung erfuhren als im Norden (protestantisch, weniger dicht besiedelt, Landbevölkerung).«[201]

Die anschließenden gesetzlichen Maßnahmen zur Ausschaltung der Juden aus dem Wirtschaftsleben[202] hingegen wurden fast allgemein als »gerecht« empfunden oder »mit Verständnis« oder gar »Befriedigung« aufgenommen. »Im Zusammenhang mit den Novemberereignissen muß festgestellt werden, daß die im Rahmen der Judenaktion erfolgte Vernichtung großer volkswirtschaftlicher Werte von weiten Kreisen der Bevölkerung nicht gebilligt wurde! Dagegen hat die im Anschluß daran erfolgte gesetzliche Regelung volles Verständnis gefunden.«[203]

Gewaltaktionen wurden verurteilt, weniger aus humanitären Gründen als aus der Einstellung heraus, sie seien eines Deutschen unwürdig. Vereinzelt kam es zu spontanen Sabotageakten, Demolierungen und Aus-

---

[200] HÖHNE; S. 316.

[201] Jahreslagebericht für 1938. BA R 58/1096; fol. 110. Ein sekundärer Effekt der Tat Grünspans scheint die Niederlegung des Religionsunterrichtes durch manche Lehrer in den Volksschulen gewesen zu sein, da sie keinen »jüdischen Lehrstoff« mehr behandeln wollten. Vgl. Schreiben des Bayer. Staatsministeriums für Unterricht und Kultur Nr. IV 69559 vom 19. 11. 38. StA Bamberg, Rep. K 17/XI, Nr. 320.

[202] Gesetze vom 12. 11., 22. 11. und 28. 11. 38 RGBl 1938, I; S. 1580, 1642, 1676. Vgl. auch GENSCHEL, Helmut. Die Verdrängung der Juden aus der Wirtschaft im Dritten Reich. Göttingen, Musterschmidt-Verlag, 1967; und infra; S. 236.

[203] BA R 58/1096; fol. 31/32.

schreitungen, vornehmlich anläßlich von Ereignissen, die eine nationale Hochstimmung hervorriefen, wie der Anschluß oder das Münchner Abkommen. Dabei wurden in mehreren Orten Fenster von Privatwohnungen, Geschäften und Synagogen eingeworfen.[204] Es lassen sich sowohl Beispiele für Ausschreitungen gegenüber den Juden wie auch für Hilfsbereitschaft finden.[205] Der gegenwärtige Forschungstand läßt jedoch noch keine gültige Aussage für das gesamte Reichsgebiet zu, da die Reaktionen regional äußerst unterschiedlich waren.

Dementsprechend ist es schwer zu sagen, wieviel Deutsche es gab, die sich zutiefst schämten und ihren jüdischen Freunden halfen, wo sie nur konnten, ebenso wie es kirchliche Organisationen und einzelne Pfarrer gab, die sich mutig für die Verfolgten einsetzten. Die große Masse verharrte jedenfalls in Indifferenz oder Passivität. Der Judenhaß schien, wie Albert SPEER es treffend formulierte, »damals so selbstverständlich, daß er mich nicht beeindruckte«.[206]

Sieht man von den Unmutsäußerungen sozialpolitischen Charakters, vor allem aus der Arbeiter- und Bauernschaft, von Handwerkern, kleinen Angestellten und Beamten der unteren Laufbahn, sowie der Kritik aus konfessionell gebundenen, insbesondere ländlichen und kleinstädtischen Bevölkerungsteilen ab, kann man nach allen Berichten die Stimmung der Bevölkerung in den Jahren 1938/39 als »gut«, »zufriedenstellend« oder »ruhig und zuverlässig«, aber keineswegs als begeistert oder durchweg gegenüber dem Regime als positiv eingestellt kennzeichnen.

Ein Gebiet jedoch gab es, auf dem Hitler mit einem hohen Konsensus aus allen Schichten rechnen konnte, das waren seine außenpolitischen und nationalen »Erfolge«: Rückkehr des Saarlandes, Einführung der allgemeinen Wehrpflicht, Wiederbesetzung des Rheinlandes. »Der Saarsieg mit seinen Feierlichkeiten hat für die Festigung der völkischen Einheit und die Hebung der allgemeinen Stimmung mehr getan, als tausend Versammlungen hätten zuwege bringen können ...«[207] »Olympiade, Spanien und das

---

204 Regierungspräsident von Unterfranken und Aschaffenburg, Monatsbericht für März 1938 und Monatsberichte des Regierungspräsidenten von Mainfranken für Mai, September und Oktober 1938. BHStA, Abt. II, *MA 106 681.*
205 Über Einzelausschreitungen, aber auch über Kontakte zu Juden im Raum Mainz-Koblenz-Trier gibt Auskunft HEYEN, Franz Josef. *Nationalsozialismus im Alltag.* Quellen zur Geschichte des Nationalsozialismus vornehmlich im Raum Mainz-Koblenz-Trier. Boppard am Rhein, Harald Bold Verlag, 1967; S. 125 ff.
206 *Erinnerungen;* S. 126.
207 Stimmungs- und Lagebericht des Gauleiters Grohé vom 7. 3. 35. BA *NS 22/ vorl. 583* (vgl. auch VOLLMER; S. 165).

Ergebnis der Londoner Besprechungen wirken sich in der Stimmung der Bevölkerung gut aus und helfen über mancherlei unangenehme Dinge hinweg...«[208]

Einen Höhepunkt stellte der Anschluß Österreichs im Februar 1938 dar: »Im März erlebte das deutsche Volk einen Höhepunkt seiner Geschichte, die Geburt des Groß- und Volksdeutschen Reiches und damit die Erfüllung der alten Sehnsucht aller Deutschen, das ›Deutsche Wunder‹. Des Führers ›größte Vollzugsmeldung seines Lebens‹ entfachte einen elementaren Lenzsturm der Begeisterung, der insbesondere die anfängliche Kriegsfurcht und den Mißmut über die Einberufung älterer, teilweise ungedienter Leute vor jüngeren Jahrgängen sowie über die ungleichmäßige Inanspruchnahme von Gespannen und Fahrzeugen alsbald hinwegfegte...«[209] Oder: »Ohne Zweifel hat sich der Führer auch bei vielen solchen noch das Herz erobert, die bisher ihm und der Bewegung zurückhaltend gegenübergestanden waren. Die Zahl der noch abseits Stehenden ist sichtlich stark zurückgegangen...«[210] Auch andere Berichte sprechen von »begeisterter Zustimmung« und »Jubel und Freude«.[211]

Im übrigen hatte der Anschluß Österreichs noch den Nebeneffekt, die Bedeutung der Blomberg- und Fritschkrise in einem Wirbel von Ereignissen untergehen zu lassen, so daß es einer breiten Öffentlichkeit und selbst dem Gros des Offizierskorps, das mehr und mehr regimekonform eingestellt war, gar nicht zu Bewußtsein kam, welch entscheidender Schritt Hitler gelungen war, um die militärisch-politische Balance zu seinen Gunsten zu beeinflussen. Außer Generaloberst Beck hatte wohl kaum einer die ganze Tragweite der Umorganisation der militärischen Spitze begriffen, mit Hitler als oberstem Befehlshaber, dem willfährigen Keitel als Chef des Oberkommandos der Wehrmacht und dem willensschwachen Walter von Brauchitsch als Oberbefehlshaber des Heeres. Und selbst Beck sah vorerst nur die »Auswüchse« des Regimes und weniger das Verbrecherische dieses Herrschaftssystems.[212]

Die Entwicklung der »Sudetenkrise« im Herbst 1938 wurde mit weit größerer Zurückhaltung und stärkerer Kriegsfurcht betrachtet. Als Hitler

---

[208] *idem* vom 12. 8. 36.
[209] Monatsbericht des Regierungspräsidenten von Schwaben und Neuburg, 8. 4. 38. BHStA, Abt. II. *MA 106 683.*
[210] Monatsbericht des Regierungspräsidenten von Oberbayern, 9. 4. 38. BHStA, Abt. II. *MA 106 671.*
[211] Vgl. die Monatsberichte der Regierungspräsidenten von Ober- und Mittelfranken und Niederbayern und Oberpfalz, *MA 106 678* und *MA 106 673.*
[212] Vgl. MÜLLER, Klaus-Jürgen. *Das Heer und Hitler;* S. 255 ff.

für den 27. September abends einen »Propagandamarsch« motorisierter Tuppen durch das Regierungsviertel in Berlin anordnete, begegnete diesen überall eine feindselige und stumme Menge. Stundenlang standen die Menschen schweigend vor der Reichskanzlei, und Hitler wartete vergebens auf die üblichen Ovationen.[213] Der amerikanische Journalist William L. SHIRER bemerkte in seinem Tagebuch, daß dies die beeindruckendste Demonstration gegen den Krieg sei, die er je gesehen habe, und daß die Eindrücke dieser Nacht wieder ein wenig Zutrauen zum deutschen Volk erstehen ließen.[214] Panik oder Auflehnung wurden jedoch nirgends registriert. Es kam nur zu erhöhten Geldabhebungen bei Banken und Sparkassen. In den Grenzgebieten machten die Kofferhändler gute Geschäfte; die Wertgegenstände wurden nach Innerdeutschland verschickt. Um diese Erscheinungen einzudämmen, prägte die Partei das Schlagwort der »Kofferpatrioten«[215], das sich als äußerst wirksam erwies und jeden, der allzusehr um sein Hab und Gut besorgt war, der Lächerlichkeit preisgab.

Insgesamt läßt sich die Stimmung am besten als »ernst und gedrückt« beschreiben; das Sicherheitshauptamt sprach sogar von einer allgemeinen Depression und Psychose.[216] Der Regierungspräsident von Ober- und Mittelfranken betonte jedoch in seinem Bericht für September 1938: »Kein Hurrapatriotismus, wohl aber ehrliche Bereitschaft, dem Rufe des Führers selbst im äußersten Falle zu folgen. Auch in den Tagen der großen Entscheidungen war das Vertrauen zum Führer trotz aller Kriegsbefürchtungen unentwegt und unerschüttert. Das Volk fühlte sich in seiner Hand geborgen...«[217] Das Vertrauen zum Führer wird in den meisten Berichten erwähnt. Wie groß jedoch die Spannung war, läßt sich aus dem von überall gemeldeten »Begeisterung und Jubel« ablesen, mit dem das Münchner Abkommen begrüßt wurde: »Die friedliche Lösung der Sudetendeutschen Frage fand allenthalben freudigen Widerhall und befreite die Bevölkerung von der auf ihr schwer lastenden Sorge um die Erhaltung des Friedens. Die Heimkehr der Sudetendeutschen in das Reich wird überall mit großer Freude begrüßt, und man ist dem Führer aus tiefstem Herzen

213 KRAUSNICK, Helmut. »Vorgeschichte und Beginn des militärischen Widerstandes gegen Hitler«. *Vollmacht des Gewissens.* Bd. 1. Frankfurt/Main und Berlin, A. Metzner Verlag, 1960 (Hrsg. von der Europäischen Publikation e. V.); S. 365 – und ANDREAS-FRIEDRICH; S. 9.
214 *Berlin Diary.* The journal of a foreign correspondent 1934–1941. New York, Alfred Knopf, 1941; S. 143.
215 Reg.-Präs. Pfalz vom 10. 10. 38 BHStA, Abt. II. *MA 106 676.*
216 BA *R 58/1094;* fol. 110.
217 BHStA, Abt. II. *MA 106 678.*

dafür dankbar, daß ihm dieser Erfolg ohne kriegerische Verwicklungen gelungen ist ...«[218]». .. dieser neue unblutige europäische Sieg des Führers hat das Vertrauen des Volkes zur Staatsführung und den Glauben an den Führer außerordentlich befestigt. Selbst die Nörgler und Zweifler sind verstummt ...«[219]

». .. die Volksgenossen, welche bis jetzt noch nicht völlig vom Nationalsozialismus überzeugt waren, begreifen nun, daß eine andere Staatsführung diese Erfolge hätte unmöglich erreichen können. So herrscht allgemein politische Hochstimmung und ist die Bevölkerung von der Staatskunst unseres Führers begeistert ...«[220]

»Es unterliegt keinem Zweifel, daß der Nationalsozialismus durch die glückhafte Wendung der Ereignisse einen neuen Antrieb und eine weitere Verankerung in der Bevölkerung erfahren hat. Das Ansehen des Führers ist noch weiter gestiegen, und selbst die allerletzten beginnen jetzt eine positive Haltung gegenüber dem neuen Staat einzunehmen ...«[221]

Die Bedeutung des Münchner Abkommens kann also gar nicht negativ genug eingeschätzt werden, obwohl Hitler es nicht als einen Triumph, sondern eher als ein Aufhalten seiner Pläne begriff.[222] Nicht nur wurde Hitler in seiner maßlosen Politik bestärkt und zu einer Fehlkalkulation hinsichtlich des weiteren Verhaltens der Westmächte verleitet; es verschaffte ihm darüber hinaus im deutschen Volke ein fast legendäres Ansehen, das jeder – selbst der sachlichsten – Kritik an seinen Maßnahmen den Boden entzog. Den härtesten Schlag bedeutete es für jene kleine Gruppe von verantwortungsbewußten Offizieren, die sich um Generaloberst Beck gesammelt hatten und die insbesondere seit der entwürdigenden Entlassung des Generalobersten Fritsch Hitlers Kriegsplänen und seiner Person immer feindlicher gegenüberstanden. Ihre Opposition, erst aus militärischen und allmählich erst aus moralischen Beweggründen erwachsen, war so weit gediehen, daß der Entschluß und die Vorbereitungen zum Staatsstreich vorlagen. München beraubte sie jeglicher Basis und, was weit schlimmer war, weckte auch in manchen von ihnen den Zweifel, ob nicht doch der Diktator recht habe und sie nur ewige Nörgler und Besserwisser seien.[223]

[218] Reg.-Präs. von Mainfranken, 10. 10. 38. *ibid. MA 106 681.*
[219] Reg.-Präs. v. Ober- und Mittelfranken, 7. 11. 38. *ibid. MA 106 678.*
[220] Regierungspräsident Oberbayern, 10. 11. 38. *ibid. MA 106 671.*
[221] Regierungspräsident Mainfranken für Oktober 1938. *ibid. MA 106 681.*
[222] Vgl. ROBBINS, Keith. *München 1938.* Gütersloh, 1969; S. 307 ff.
[223] KRAUSNICK, »Vorgeschichte und Beginn des militärischen Widerstandes gegen Hitler«. *loc. cit.;* S. 368–370, und O'NEILL; S. 165. BRACHER. *Die deutsche Diktatur;* S. 427 ff.

Auch jener kleine Kreis von Bekenntnispfarrern, die heimlich eine Fürbitteliturgie zirkulieren ließen, in welcher der Krieg als Strafe Gottes hingestellt und die Gnade Gottes angefleht wurde, waren damit diskreditiert, und ihre Aktion konnte vom *Schwarzen Korps* als Dolchstoß angeprangert werden.[224]

Gleich zu Beginn des Jahres 1939, zum 6. Geburtstag des Dritten Reiches, hielt Adolf Hitler eine aggressive Rede, deren Tenor der Welt und besonders den Juden nichts Gutes verhieß.[225] Viele Deutsche jubelten ihm zu. »Mein Führer, zu Ihrer gewaltigen Reichstagsrede ein donnerndes Sieg Heil«, telegraphierte eine Freifrau aus altem Geschlecht.[226] Rektor, Dozenten und Gefolgschaft der Universität Köln erneuerten ihr Treuegelöbnis und dankten dem Führer, daß er ihnen die »nationale Erhebung« geschenkt habe. Kirchengemeinden, Kammersänger, alte Mütterchen, Lehrer übersandten tiefempfundene Gedichte von ungeheurer Komik[227] und glühende Wünsche.

Im Frühjahr wiederholte sich das gleiche Spiel wie vor der Eingliederung Österreichs und des Sudetenlandes: In der Bevölkerung herrschte eine gewisse Nervosität, hie und da Kriegsfurcht und die Neigung, vorhandenes Kapital in Sachwerten anzulegen. Nachdem die »Zerschlagung« der Tschechoslowakei und die Einverleibung des Memellandes sehr rasch und wieder ohne Blutvergießen und ohne Sanktionen seitens der Westmächte verlief, kannten die Begeisterung und die Bewunderung für das »Genie« des Führers keine Grenzen. Das Sicherheitshauptamt spricht zwar »von einer verhältnismäßig geringen Würdigung der Vorgänge und ihrer völkischen Bedeutung« und gibt die Schuld einem »auf wirtschaftlicher Anspannung beruhenden Materialismus«, der »ideeller Beeinflussung immer

---

224 CONWAY; S. 221.
225 DOMARUS, Max. *Hitler*. Reden und Proklamationen 1932–1945. München, Süddeutscher Verlag (Cop. 1965); Bd. II; 1. Halbband; S. 1047–1067 (künftig zitiert als DOMARUS).
226 s. hierfür und das Folgende BA R 54/vorl. 132, Büro des Reichspräsidenten bzw. Präsidialkanzlei.
227 Hier zwei Beispiele:
»Führer,
Du bist so schlicht und doch bist du gewaltig
Du bist so edel und doch wie Granit
Du bist so ungeheuer mannigfaltig
Du bist des Schicksals allgewalt'ger Tritt.«
»Wir alle wir hoffen und fühlen zugleich,
Deutschland ist noch zu Großem bereit.
Wir können alle mit großem Vertrauen
Fest auf unsern Führer bauen ...«

weniger Raum läßt«.[228] Aus den Berichten der Regierungspräsidenten gewinnt man jedoch ein anderes Bild.

»Die Bevölkerung ist sich darüber klar, daß die außenpolitischen Maßnahmen unseres Führers etwas bisher in der Weltgeschichte noch nie Dagewesenes darstellen, insoweit als es ihm gelang, große Länderteile ohne Blutvergießen auf friedlichem Wege dem Reich einzuverleiben . . .«[229]

»Die weltgeschichtlichen Erfolge des Führers im abgelaufenen Monat haben die Volksstimmung in nachhaltigster Weise beeinflußt. Der Eindruck war diesmal noch tiefer als bei der Lösung der österreichischen und sudetendeutschen Frage. Der Glaube an den Führer und seine Außenpolitik ist so stark geworden, daß nirgends Furcht vor kriegerischen Verwicklungen besteht . . .«[230]

»Das Vertrauen der Deutschen zum Führer wächst immer mehr. Selbst eingefleischte Meckerer sehen ein, daß die Politik der Führung richtig war . . . Unzufriedene sind eine Seltenheit.«[231] Am 50. Geburtstag Hitlers, dem 20. April 1939, war ganz Deutschland ein Flaggenmeer. Kaisers Geburtstag wirkte daneben beinahe armselig. »Wohl noch nie hatte die Bevölkerung die Häuser und Geschäfte mit so viel Liebe und Hingabe geschmückt wie an diesem Nationalfeiertag des Großdeutschen Reiches. In Stadt und Land prangten alle Straßen und Plätze im reichsten Flaggenschmuck. Fast kein Schaufenster war zu sehen, in dem nicht ein Führerbild mit den sieghaften Symbolen des neuen Reiches aufgebaut war. Die zahlreichen Feierstunden der Partei waren bestens besucht, in den Garnisonstädtchen zogen vor allem die Truppenparaden die Bevölkerung in ihren Bann. Es war überall ein frohes Fest von Menschen, die die Aufregung der verhetzten Völker ringsum nicht im geringsten beunruhigte, weil sie ihr Schicksal geborgen wissen in der Hand des Führers . . .«[232]

Es ist unmöglich, hier die Liste aller Gratulanten aufzustellen: sie reicht von Städten und Gemeinden[233] über Hochschulen und wissenschaftliche Gesellschaften [234] zu christlichen Würdenträgern beider Konfessionen[235]

---

[228] BA R 58/717; fol. 58.
[229] Regierungspräsident Mainfranken, 11. 4. 39. BHStA, Abt. II. *MA 106 681.*
[230] Regierungspräsident Oberbayern, 12. 4. 39. BHStA, Abt. II. *MA 106 671.*
[231] Regierungspräsident Pfalz, 11. 4. 39. BHStA, Abt. II. *MA 106 676.*
[232] Monatsbericht des Regierungspräsidenten in Ansbach, 6. 5. 39. *ibid. MA 106 678.*
[233] BA R 54/vorl. 165 c.
[234] BA R 54/vorl. 150.
[235] BA R 54/vorl. 158.

und zu Schulklassen.[236] Die Worte »tiefe Verehrung«, »bedingungslose Treue«, »unauslöschliche Liebe« und »Dankbarkeit« kehren immer wieder. Schulklassen nannten ihn den »General Unblutig« und meinten, er sorge für sie »wie ein Vater«. Selbst wenn man das hohe Ausmaß, das der sozialen Kontrolle in totalitären Staaten zukommt, und den Druck der Partei in Betracht zieht, so scheint doch in jenem Frühjahr 1939 die Identifikation mit Hitler von breiten Bevölkerungsteilen vollzogen worden zu sein.

An der Entstehung und Festigung dieses Zusammengehörigkeitsgefühls hatte Goebbels jahrelang gearbeitet und Zug um Zug ein Bild des Führers aufgebaut, das ihn den Massen zugleich ähnlich und doch hoch über ihnen stehend darstellte. Presse, Rundfunk, Wochenschau, Reichsparteitage und Kundgebungen, begleitet von stürmischen Heilrufen und pseudoreligiösen Fahnenweihen, hatten das Image des Mannes, der vom einfachen Soldaten zum strahlenden Retter der Nation aufstieg, Tag für Tag, Stunde für Stunde der Bevölkerung eingeprägt.[237]

Stellt man sich also die Frage, ob sich in den Jahren 1933 bis 1939 die Anhängerschaft der Nationalsozialisten vergrößert oder verringert hat oder konstant geblieben ist, so muß man bei der Beantwortung folgende Faktoren berücksichtigen und gegeneinander abwägen:

1. die Zustimmung oder Ablehnung der sozialpolitischen Maßnahmen des Regimes,
2. die Auswirkungen des Kirchenkampfes,
3. die Auswirkungen der antisemitischen Politik,
4. die außenpolitischen Erfolge,
5. die persönliche Bewunderung für Hitler.

Trotz des wirtschaftlichen Aufschwunges insgesamt waren die sozialpolitischen Erwartungen zweifelsohne hinter den Versprechungen des Regimes zurückgeblieben. Teile der Arbeiterschaft, die Mehrzahl der Bauern, viele kleine Geschäftsleute, Angestellte, Beamte waren enttäuscht worden. Manche von ihnen würden bei freien Wahlen sicherlich wieder zu anderen Parteien abgewandert sein, zumal KPD und SPD in ihrer illegalen Arbeit alles taten, um die lohnpolitische Unzufriedenheit anzustacheln und zu Ungunsten der Nationalsozialisten zu verbuchen.

236 BA R 54/vorl. 151.
237 Vgl. BRAMSTEDT, Ernest K. Goebbels and National Socialist Propaganda 1925–1945. London, The Cresset Press, 1965; Kap. 9: »The projection of the Hitler image«; S. 194 ff.

Der Kirchenkampf hatte Ausmaße angenommen, die vor allem katholische Wähler abstießen. Die Existenz christlicher Parteien hätte ganz sicher den Nationalsozialisten weitere Stimmen entzogen.

Die Rassenpolitik des Dritten Reiches wurde insbesondere von liberalen, bürgerlichen und katholischen Schichten, einigen Intellektuellen und breiten Kreisen der Arbeiterschaft abgelehnt, Bevölkerungsgruppen also, die sowieso dem Nationalsozialismus gegenüber feindlich eingestellt waren. Der untere Mittelstand, ländliche Bevölkerungskreise gewisser Regionen und vorwiegend protestantische Bevölkerungsteile begrüßten oder duldeten zumindest eine scharfe wirtschaftliche Diskriminierung und die Segregation der Juden. Gewaltmaßnahmen wurden nur von einer Minderheit fanatischer Elemente unterstützt. Die antisemitische Politik muß demnach nur als *ein* Agens im Rahmen der politischen Willensbildung angesehen, darf aber nicht überschätzt werden.

Hitlers nationale Erneuerungspolitik, seine großdeutschen Erfolge, sicherten ihm die Zustimmung fast aller Bevölkerungskreise. »Reaktionäre« wie der Alldeutsche Verband, der im übrigen am 13. März 1939 aufgelöst wurde, der Stahlhelm, der Reichskriegerbund und alle jene konservativen Elemente, die geholfen hatten, Hitlers Politik vorzubereiten, dann aber von ihm überspielt worden waren und sich wieder abzuwenden begonnen hatten, sie alle waren ebenso begeistert wie viele vaterlandstreu eingestellte Vertreter der Linken. Diese Front der Patrioten hatte eine erstaunliche Bandbreite. Die nationale Revanchepolitik brachte vor allem Hitler selbst einen ungeheuren Prestigezuwachs ein, und so kam es, daß viele Mißstände schließlich als »Kinderkrankheiten« des Regimes oder Auswüchse von Parteifunktionären abgetan wurden.

Eine Wahl also etwa zum Zeitpunkt von Hitlers 50. Geburtstag hätte ihm vielleicht (und dies muß eine Hypothese bleiben, die erst durch weitere Untersuchungen zu bestätigen oder zu widerlegen wäre) in einem Moment nationaler Exaltation wieder ein ähnliches Ergebnis wie die Märzwahlen 1933 gebracht; das Erreichen oder gar Überschreiten einer Dreiviertelmehrheit bleibt fraglich. Hätte allerdings ein Plebiszit nur über die Frage der Anerkennung der persönlichen Leistungen des Führers stattgefunden, so wäre das Resultat ein überwältigender Erfolg für Hitler geworden.

Die herannahende Entscheidung mit Polen trübte die Beziehung zwischen Führer und Geführten wenig. Von Mai bis weit in den August hinein war keinerlei Kriegspsychose zu bemerken. Man war allgemein davon überzeugt, daß die polnische Frage gelöst werde, aber mit einem Eingreifen Frankreichs und Englands rechnete man nicht: »Trotz des versprochenen Beistandes ist man in der Bevölkerung jedoch der Ansicht, daß sich Frankreich sowie England für Polen nicht schlagen werden, schon aus dem Grunde, weil die ehemalige Tschechei für die Westmächte eine ganz andere Bastion darstellte als dies Polen jemals sein kann – und dennoch verlassen worden war. – Jedenfalls ist sehr oft klar und eindeutig zu hören, daß die Niederwerfung Polens langsam zu einer zwingenden Notwendigkeit wird.«[238] Die Aufteilung Polens wurde diskutiert, ohne daß genaue Vorstellungen hierüber bestanden. »Trotz des Vertrauens zur deutschen Wehrmacht, will man jedoch keinen Krieg mehr erleben ...«[239] »... man vertraut der Staatskunst des Führers, daß dieses Ziel auf friedlichem Wege erreicht wird ...«[240] »... bei dieser meist verbreiteten Auffassung der außenpolitischen Lage geht die Bevölkerung ruhig ihrer Arbeit nach ...«[241]

Allgemein wird der Gegensatz zu den September/Oktober-Tagen des vergangenen Jahres mit der damals herrschenden Kriegspsychose hervorgehoben.[242]

Außer einer Minderheit glaubte also niemand an einen Krieg, höchstens an einen lokalisierten Feldzug in Polen, aber keineswegs an einen neuen Weltkrieg. Damit entsprach die allgemeine Meinungslage Hitlers eigenen illusionären Vorstellungen von einem Zurückschrecken Englands in letzter Minute. Die Presse leistete natürlich einem solchen Denken Vorschub, da sie selbst in diesem Sinne informiert und orientiert wurde, wie ein sehr aufschlußreicher Informationsbericht vom 5. Juli 1939 beweist:

»Bei der Beurteilung der allgemeinen Lage darf zu keiner Minute vergessen werden, daß genau wie in vorigen Jahren gebluft wird und zwar

---

[238] SD-Unterabschnitt Mainfranken, Außenstelle Aschaffenburg an den SD-Unterabschnitt Mainfranken, 6. 5. 39. *Aus deutschen Urkunden 1935–1945* (vom British Foreign Office kurz nach dem Krieg gedruckt, aber nicht veröffentlicht. Exemplar im IWM, London); S. 207.

[239] *idem*, 11. 5. 39. *ibid*; S. 208.

[240] Regierungspräsident Oberbayern, 10. 7. 39. BHStA, Abt. II, *MA 106 671*. Dieselben Wendungen: »Staatskunst des Führers« und »friedliche Lösung« oder »ohne kriegerische Ereignisse« kehren auch in den Berichten der Regierungspräsidenten für Ober- und Mittelfranken und Unterfranken in den Sommermonaten immer wieder. *MA 106 678* und *MA 106 681*.

[241] Regierungspräsident für Niederbayern und Oberpfalz, 7. 8. 39. BHStA, Abt. II., *MA 106 673*.

[242] Kreisleitung Bergzabern, Gau Hessen-Nassau, Politischer Bericht für Monat Mai/Juni 1939. BA *NS Misch 1638*; fol. 139 800. – Kreis Alsfeld-Lauterbach, Politischer Lagebericht Monat Juni 1939. *ibid*; fol. 139 803. – Kreisleitung Wetzlar 24. 7. 39. BA *NS Misch 1682*; fol. 159 309. – Kreisleitung Büdingen, Juli 1939. *ibid.*; fol. 149 301.

auf beiden Seiten. Der englische Bluff besteht diesmal in der Behauptung, es werde nicht geblufft. Für alle Beteiligten besteht in einem Punkte absolute Übereinstimmung: Selbst ein siegreicher Krieg ist ein schlechteres Geschäft als ein rechtzeitiges Nachgeben. Es ist also ausschließlich ein Nervenkrieg im Gange, der sich in den kommenden Wochen und Monaten noch bis zur höchsten Krise entwickeln wird, aber, so weit in der Weltgeschichte Staatsmännner überhaupt die Dinge in der Hand haben, wird auch sie ihre natürliche Lösung in der Form eines Nervenzusammenbruches finden, der dann den Austrag mit den Waffen überflüssig macht. Die englische Linie ist im Grunde die gleiche wie im September . . .«[243]

Es versteht sich von selbst, daß im übrigen eine schonungslose Hetze gegen polnische »Greueltaten« getrieben und diese auch von der Bevölkerung geglaubt wurden: »Die furchtbare Behandlung und Mißhandlung der deutschen Bevölkerung in Polen durch die fanatischen Polaken löst überall die größte Erbitterung aus und vielfach hört man die Leute sich äußern: Es ist Zeit, daß der Führer dagegen einschreitet und seine Maßnahmen trifft . . .«[244] Ebenso wurde in Presse, Rundfunk und Versammlungen eine systematische Kampagne geführt unter dem Schlagwort der »Einkreisung«.[245] In der zweiten Augusthälfte ist ein Absinken der Stimmung zu beobachten, zahlreiche Gerüchte waren im Umlauf, »wozu insbesondere die zahlreichen Einberufungen beitrugen. Bis zuletzt aber herrschte die Überzeugung vor, daß es doch noch gelingen werde, den Krieg zu vermeiden. Diese Hoffnung wurde hauptsächlich dadurch genährt, daß durch das Abkommen mit Rußland der Einkreisungsring um Deutschland gesprengt worden war«.[246]

Der Pakt mit Stalin vom 23. August 1939, welcher die ganze Welt überraschte, wurde, wie spätere Berichte aussagten, »mit gemischten Gefühlen«[247] oder »als notwendig«[248] empfunden; in der damaligen gespann-

[243] Informationsbericht Nr. 73 gez. Dertinger. – BA *Zsg 101/34; fol. 269. s.* auch Bericht 74, in dem es heißt: »Der Waffengang als solcher ist ja nicht das Ziel unserer Politik, sondern die friedliche Lösung unserer östlichen Aspirationen; zumindest aber die Lokalisierung eines Konfliktes mit Polen.« *ibid.; fol. 373.*
[244] Kreisleitung Alzey, Monatsbericht Juli/August 1939. *Aus deutschen Urkunden; S. 211.*
[245] *ibid.* und Kreisleitung Alzey, Mai/Juni 1939. BA *NS Misch vorl. 1638; fol. 139 802,* und Kreisleitung Wetterau, Mai/Juni 1939. *ibid.; fol. 139 804 und 139 897.* Vgl. auch BRAMSTEDT; S. 183.
[246] Regierungspräsident Ober- und Mittelfranken, 7. 9. 39. BHStA, Abt. II, *MA 106 678.*
[247] Generalstaatsanwalt Naumburg/Saale, 28. 7. 41. BA *R 22/3380.*
[248] Oberlandesgerichtspräsident Ludwigshafen, 8. 10. 40. BA *R 22/3389.*

ten Situation trug er aber, zumindest bei Teilen der Bevölkerung, zur Hebung der Stimmung bei[249] und stärkte manche Hoffnungen.[250] Für die »alten Kämpfer« bedeutete er allerdings, trotz der »Erkenntnis der erleichterten außenpolitischen Lage«, zugleich »eine moralische Achtungsminderung angesichts unseres jetzt 20jährigen Kampfes, angesichts unserer Parteitage, angesichts Spaniens«, wie Alfred Rosenberg in seinem politischen Tagebuch schrieb.[251] Man tröstete sich damit, daß es sich nur um eine »reine Interessengemeinschaft« handele.[252]

SHIRER bemerkte, der Pakt sei offensichtlich populär, da er den Alptraum der Einkreisung und des Zweifrontenkrieges zerstört habe.[253]

Als Hitler am 22. August 1939 die höheren Befehlshaber aller Wehrmachtteile, ihre Stabschefs und die Amtschefs des OKW auf den Berghof rief, um ihnen seine Absicht, nun gegen Polen zu marschieren, bekanntzugeben, erhob sich kein Einspruch seitens der Generäle[254] – ganz im Gegensatz zur Sudetenkrise, wo der Diktator auf erheblichen Widerstand gestoßen war. Selbst Mitglieder der Offiziersfronde sahen seine Forderungen als berechtigt an; der Pakt mit Stalin war als eine Wiederaufnahme der Rußlandpolitik Bismarcks mißverstanden worden. Hier hat ohne Zweifel Goebbels' geschickte Regie maßgeblichen Anteil. Die Presse hatte Anweisung, von der »traditionellen Gemeinsamkeit« und Mitarbeit der deutsch-russischen Politik zu sprechen und »weltanschauliche Verschiedenheiten« herabzuspielen.[255] »Mit Polen glauben wir rasch fertig zu werden, und wir freuen uns offengestanden darauf. Die Sache *muß* bereinigt werden«, schrieb dann auch der Chef des Stabes des Generalquartiermeisters, Eduard Wagner, am 31. August an seine Frau.[256]

---

[249] Kreisleitung Darmstadt Monatsbericht August 1939. *Aus deutschen Urkunden;* S. 211.
[250] Kreisleitung Wiesbaden, Monat September 1939. *ibid.;* S. 212.
[251] *Das politische Tagebuch Alfred Rosenbergs 1934/35 und 1939/40.* Hrsg. von Hans Günther Seraphim. München, dtv, 1964; S. 89.
[252] s. Ausführungen des Kreisleiters Benda in Täglicher Inlandslagebericht des SD-Abschnittes Leipzig vom 28. 9. 39. *Aus deutschen Urkunden;* S. 213.
[253] *Berlin Diary;* S. 183.
[254] KRAUSNICK, Helmut. »Vorgeschichte und Beginn des militärischen Widerstandes gegen Hitler«. *loc. cit.;* S. 375/380, und O'NEILL; S. 169.
[255] Vertrauliche Informationen Nr. 183/39 vom 22. 8. 39 zitiert bei BRAMSTEDT; S. 195.
[256] *Der Generalquartiermeister.* Briefe und Tagebuchaufzeichnungen des Gen.-quart.meisters des Heeres, General der Artillerie, Eduard Wagner, Hrsg. von Elisabeth Wagner, München-Wien, Olzog-Verlag, 1963. Zitiert von HILLGRUBER, Andreas. *Deutschlands Rolle in der Vorgeschichte der beiden Weltkriege.* Göttingen, Vandenhoeck und Ruprecht, 1967; S. 102.

Im Volk indessen stieg allmählich die Angst vor einem Krieg: »Der Verstand aller sieht logisch Schritt für Schritt alles dem Kriege zudrängen; und das Gefühl keines einzigen hält es für möglich, daß er wirklich kommt.«[257]

[257] KLEPPER, Jochen. *Unter dem Schatten Deiner Flügel.* Aus den Tagebüchern der Jahre 1932–1942. Stuttgart, Deutsche Verlags-Anstalt, 1965; S. 787.

I. Die Blitzkriege

Viktoria
Deutschland siegt an allen Fronten
(Wochenspruch der NSDAP)

1. Kriegsausbruch und Polenfeldzug

Einer der besten Kenner der nationalsozialistischen Wirklichkeit, aus eigener Erfahrung und aus der Kenntnis der Quellen, Helmut KRAUSNICK, hat die Stimmung des deutschen Volkes als die »widerwilliger Loyalität«[258] bezeichnet. Treffender läßt sich kaum die Meinungslage der Majorität der Bevölkerung zu Kriegsbeginn kennzeichnen. Ausländische und deutsche Augenzeugen, wie auch die Berichterstatter von Partei und Staat, stimmten damals und später überein in der Feststellung, daß von Kriegsbegeisterung nichts zu spüren war – sie konstatierten aber auch keine Auflehnung. Der amerikanische Korrespondent William L. SHIRER beobachtete eine Art Defätismus und stellte sich am 31. August 1939 die Frage, wie es denn möglich sei, daß ein Land mit einer absolut ablehnenden Bevölkerung in einen größeren Krieg eintrete. Das hervorstechendste Charakteristikum des 1. September schien ihm die Apathie der Deutschen.[259] Joachim KLEPPER, christlicher Schriftsteller, mit einer Jüdin verheiratet, bezeichnet in seinem Tagebuch die Menschen als »abgehetzt und bedrückt«.[260] Den beobachtenden Historiker Gerhard RITTER frappierte vor allem der Gegensatz zu dem Begeisterungssturm von 1914. Statt von Enthusiasmus war die deutsche Bevölkerung diesmal von einer tiefen Beklemmung befallen, und »stumpfer Gehorsam einer durch Terror gewaltsam disziplinierten, zu blinder gedankenloser Gefolgschaft erzogenen, aber auch durch militante Propaganda betäubten und verwirrten Masse«[261] kennzeichnete die Situation. Die von staatlichen und SD-Abschnitten auf uns über-

258 KRAUSNICK, Helmut; Hermann GRAML. »Der deutsche Widerstand und die Alliierten«. *Vollmacht des Gewissens,* Bd. II. Frankfurt/Main, Metzner Verlag, 1965; S. 482.
259 *Berlin Diary;* S. 189, 197.
260 *Unter dem Schatten Deiner Flügel;* S. 797.
261 *Carl Goerdeler und die deutsche Widerstandsbewegung.* München, dtv, 1964; S. 245.

kommenen Berichte sprechen von einer ruhigen und gefaßten Haltung der Bevölkerung; es fehlen aber auch hier nicht die Stimmen, die das gedrückte und gleichgültige Verhalten hervorheben.[262] Ein jäher Verfall der Börsenkurse begleitete dieses Stimmungstief, das am 14. September die Talsohle erreichte und sich erst am 19. langsam wieder zu erholen begann, nachdem die Rote Armee ebenfalls in Polen einmarschiert war.[263] Mit wachsendem militärischen Erfolg löste sich langsam die Angstpsychose, und positivere Äußerungen klangen auf. Dieses langsame Anschwellen der Hoffnungen läßt sich anhand der Berichte des SD-Abschnittes Leipzig gut nachzeichnen, da von dort tägliche Inlandslageberichte für die ersten Kriegsmonate vorliegen.[264]

Die Kriegserklärungen Englands und Frankreichs am 3. September waren für die Bevölkerung, ebenso wie für Hitler[265], ein Schock gewesen. Deutschland befand sich auf einmal in einem großen Krieg, den Hitler für diesen Zeitpunkt und in dieser Konstellation noch nicht beabsichtigt hatte. Sein »Programm« sah eine Reihe von Feldzügen auf Jahre verteilt vor, um Deutschland schließlich die notwendige wirtschaftliche Ausgangsbasis zur Führung eines Weltkrieges zu verschaffen. Dabei war er von rein deutschen, national-egoistischen Interessen ausgegangen und hatte in seinem Kalkül fremdstaatliche Interessenslagen nicht einbezogen oder, wie im Falle Englands, grundlegend mißverstanden. Nun war der von ihm inszenierte Bluff aufgeflogen und die beabsichtigte Lokalisierung – vorerst, wie viele Deutsche noch mit ihm meinten – in Frage gestellt. »Die Optimisten glauben, daß England bisher an die Grenzen des Erträglichen gegangen sei, um seinen Verpflichtungen gegenüber Polen nachzukommen. Denn England sei zu egoistisch, um Menschenleben einzusetzen. Es versuche daher, den Krieg lediglich durch Propaganda und Blockade zu gewinnen.« Die Pessimisten allerdings glaubten, daß England und Frankreich sich für einen gewaltigen Schlag gegen Deutschland vorbereiteten.[266] Warum – und diese Frage hat sich mancher damals und später gestellt –

---

[262] s. z. B. Regierungspräsident von Oberbayern vom 11. 9. 39; von Niederbayern und der Oberpfalz vom 9. 10. 39; der Pfalz vom 19. 9. 39; von Ober- und Mittelfranken vom 6. 10. 39. BHStA, Abt. II, *MA 106 671, 106 673, 106 676, 106 678* und SD-Abschnitt Leipzig vom 5. 9. 39. IWM *FD 332/46.*
[263] Inlandslagebericht des SD-Abschnittes Leipzig. IWM *271/46, CIOS 4233.*
[264] *ibid.* und *Aus deutschen Urkunden.*
[265] SCHMIDT, Paul. *Statist auf diplomatischer Bühne 1923–1945.* Bonn, Athenäum-Verlag, 1953; S. 473.
[266] SD-Abschnitt Leipzig, 11. 9. 39 IWM *271/46 CIOS 4233.*

sind die Deutschen Hitler stumm und willenlos in den Krieg gefolgt und haben sich nicht gewehrt, diesen Kurs in den Abgrund mitzumachen? Wie sehr die Wehrmacht bereits in Hitlers Staat integriert war und militärische Führungsfiguren wie Keitel und Jodl breite Meinungströmungen repräsentierten, beweisen jüngste Untersuchungen.[267] Hinzu kamen, insbesondere bei der Zivilbevölkerung, systembedingte Lähmungserscheinungen, eine Folge der jahrelangen Praxis versteckter und offener Pressionen seitens des Regimes, die eine Kombination von Furcht und Resignation hervorriefen. Neben ihnen sind noch folgende zusätzliche Faktoren in Betracht zu ziehen: 1. Die Neuregelung der deutschen Ostgrenzen war seit dem Abschluß des Versailler Friedensvertrages konstantes Ziel deutscher Außenpolitik – selbst unter Gustav Stresemann – geblieben. Danzig, der Korridor, Ostoberschlesien waren Gebiete, deren Einverleibung in das deutsche Reichsgebiet immer wieder gefordert und von einflußreichen militärischen, konservativen und Wirtschaftskreisen als ein gewisser »Rechtsanspruch« vertreten worden waren. Hitlers abrupte Umorientierung dieser traditionellen Revisionsansprüche durch den Nichtangriffspakt mit Polen am 26. Januar 1934 war eher mit Mißtrauen aufgenommen und schließlich als taktisches, dilatorisches Manöver akzeptiert worden. 2. Die »unblutige« Regelung des Anschlusses von Österreich, der Einverleibung des Sudetenlandes und Eupen-Malmedys, ja selbst der strategischen Sicherung des Reiches durch die »Zerschlagung« der Tschechoslowakei ließen die meisten glauben und hoffen, auch die Forderungen an Polen könnten durch eine Art »Blumenkrieg« befriedigt werden. 3. Eine massive Propaganda hatte seit Monaten die Polen verteufelt. Der fingierte Angriff auf den Sender Gleiwitz, Meldungen über polnische Greuel an Volksdeutschen und Hitlers Erklärungen am 1. September 1939, er habe in den letzten zwei Tagen noch alles versucht, um den Frieden zu retten, hatten der Bevölkerung eingebleut, es handle sich um einen gerechten, aufgezwungenen Krieg. SHIRER notierte in seinem Tagebuch am 27. August die Isolierung, in der das deutsche Volk lebte. Während der Rest der Welt der Ansicht sei, der Friede sei im Begriff, von Deutschland gebrochen zu werden, würde überall in Deutschland das Gegenteil behauptet.[268] Die Fiktion des aufoktroyierten Krieges wurde auch in der Folgezeit kontinuierlich von Partei, Staat und Wehrmacht hervorgehoben.

Als markante Beispiele für die allererste Kriegszeit seien hier die vom Auswärtigen Amt herausgegebenen Weißbücher *Urkunden zur letzten*

---

[267] Vgl. MESSERSCHMIDT, Manfred, und MÜLLER, Klaus-Jürgen.
[268] *Berlin Diary*; S. 172.

Phase der deutsch-polnischen Krise und *Dokumente zur Vorgeschichte des Krieges*[269] genannt, welche die Schuld eindeutig von Deutschland abwälzen und Polen und England zuschieben sollten. Ebenso aufschlußreich ist ein Schreiben des Befehlshabers im Wehrkreis XIII, General der Flieger von Cochenhausen, vom 2. September 1939, in dem es heißt:»Das unzweifelhafte Recht Großdeutschlands zu diesem ihm aufgezwungenen Kampf ist in allen Ansprachen wie im Unterricht stets klar herauszustellen und *zu begründen.*«[270]

Nachdem die Deutschen durch Presse und Rundfunk eingehend in diesem Sinne bearbeitet worden waren, blieben die »Erfolgsmeldungen« auch nicht aus:

»... Die Bevölkerung ist über die Ursachen des Krieges und über die Frage, wer die Schuld am Kriege trägt, weitgehend unterrichtet. Sowohl die Aufklärungstätigkeit der Partei, als auch die in der Presse veröffentlichten Verlautbarungen des Auswärtigen Amtes über die Bemühungen zur Erhaltung des Friedens tragen dazu bei, den Widerstandswillen zu stärken und der Bevölkerung vor Augen zu führen, was wir zu erwarten hätten, wenn unser Widerstandsgeist erlahmen würde.«[271]

»Die Enthüllung der polnischen Geheimdokumente hat richtig eingeschlagen und trägt hoffentlich dazu bei, daß sich nun auch im neutralen Ausland niemand mehr im Zweifel ist, wer die Schuld am Kriege trägt...«[272]

»... Allgemein haben die Veröffentlichungen die Verbitterung gegenüber den Westmächten verstärkt und andererseits den Glauben an die Kriegschuld der Feindmächte erhöht...«[273]

Um das deutsche Volk der Möglichkeit zu berauben, sich an anderen als den staatlich gelenkten Informationsquellen zu unterrichten, wurde gleich zu Beginn des Krieges das Abhören ausländischer Sender verboten und mit schweren Strafen belegt.[274] Wer öffentlich am deutschen Sieg zweifelte oder das Recht auf den Krieg in Frage stellte, mußte mit seiner Festnahme rechnen:

[269] Am 7. September und 12. Dezember 1939. Berlin, Carl Heymanns Verlag.
[270] Az.W. Pr.O.Mob. Nr. 8712/39 geh. Betr. Geistige und Seelische Betreuung der Truppe. MGFA WO 1-5/179.
[271] Monatsbericht des Reg.-Präsidenten für Mainfranken für Januar 1940 vom 10. 2. 40. BHStA, Abt. II, *MA 106 681.*
[272] Monatsbericht des Reg.-Präs. von Ober- und Mittelfranken für März 1940 vom 7. 4. 40. BHStA, Abt. II, *MA 106 678.*
[273] »Meldungen aus dem Reich«, 5. 4. 40. *BA R58/150.*
[274] RGBl. I; S. 1683.

»... 1. Jeder Versuch, die Geschlossenheit und den Kampfwillen des deutschen Volkes zu zersetzen, ist rücksichtslos zu unterdrücken. Insbesondere ist gegen jede Person sofort durch Festnahme einzuschreiten, die in ihren Äußerungen am Sieg des deutschen Volkes zweifelt oder das Recht des Krieges in Frage stellt...«[275]

Es ist daher zum Teil eine Verkennung der existentiellen Bedingungen, wenn man den Kirchen zum Vorwurf macht[276], daß sie sich entweder zurückhaltend und neutral verhielten[277] oder gar zum Gehorsam gegenüber dem »Führer« und zur Pflichterfüllung in der Heimat und an der Front aufriefen[278], zumal die meisten Geistlichen, wie bereits betont, sehr national und patriotisch eingestellt waren. Goebbels hatte im übrigen bereits in einem Schnellbrief vom 30. August 1939 durch den Reichsminister für die kirchlichen Angelegenheiten eine Mitteilung verbreiten lassen, nach der die Durchführung von »Versammlungen, in denen zur gegenwärtigen Lage Stellung genommen wird ... in jeder Hinsicht unerwünscht« sei.[279]

Aus Berichten des Berliner Nuntius Orsenigo geht hervor, daß trotzdem eine Reihe von Priestern sich negativ über den Krieg geäußert hatten und verhaftet worden waren.[280] Orsenigo hat auch sehr klar den Zwiespalt des katholischen Klerus während des Krieges in einem Bericht vom 13. April 1940 herausgestellt: »Solange der Kampf nur um die Innenpolitik des Landes ging, war es für jeden leicht, zwischen antinationalsozialistischer und staatsfeindlicher Haltung zu unterscheiden; der Klerus war, wie es seine Pflicht war, gegen den Nationalsozialismus, aber nicht staatsfeindlich. Heute, wo es um die Außenpolitik geht, ist diese Unterscheidung wesentlich schwieriger; nur wenige verstehen, daß man gegen

---

[275] Erlaß des Chefs der Sicherheitspolizei pp II Nr. 223/39 g vom 3. 9. 39, mitgeteilt mit Schreiben der Gestapo, Staatspolizeistelle München. B.Nr. 206 47/39 II vom 20. 9. 39. StA Obb. *Fasz. 204, Nr. 3243.*
[276] Wie Gordon C. ZAHN es tut.
[277] *Die kirchliche Lage in Bayern*; S. 313, 315.
[278] Monatsbericht des Regierungspräsidenten von Ober- und Mittelfranken vom 6. 10. 39. BHStA, Abt. II, *MA 106 678*; s. auch »Erklärung der deutschen Bischöfe zum Kriegsausbruch, Sept. 1939« in STROBEL, Ferdinand. *Christliche Bewährung.* Olten, Walter-Verlag, 1946; S. 268. – s. auch ZAHN; S. 87, 97, 99, 102, 134, 148, 173, 174, 197.
[279] Übermittelt in einem Schreiben der Staatspolizeileitstelle München. B.Nr. 34 158/39 II B/Pf vom 15. 11. 39 an den Polizeipräsidenten von München und die Landräte von Oberbayern, aufgrund eines Erlasses des Reichsführers SS vom 2. 11. 39. StA Obb. *Nr. 1875.*
[280] *Die Briefe Pius XII. an die deutschen Bischöfe;* S. 353.

Hitler sein kann, ohne gegen den Staat zu sein, d. h. ohne Vaterlandsverräter zu sein . . .«[281]

Die betonte Zurückhaltung oder Loyalität der Kirchen zu Kriegsbeginn findet noch eine weitere Erklärung in dem vom NS-Staat zu diesem Zeitpunkt einsetzenden neuen Kurs. Hitler hatte seine Umgebung wissen lassen, daß alle konfessionellen und kirchlichen Fragen für die Dauer des Krieges zurückzustellen seien.[282] Diese Aufforderung zum »Burgfrieden« findet man in der Folgezeit in zahlreichen nationalsozialistischen Dokumenten wieder. Baldur von Schirach, der »Reichsjugendführer« und erbitterter Kirchengegner, forderte die Gebietsführer der Hitlerjugend (HJ) und die Obergauführerin des Bundes Deutscher Mädel (BDM) in einem geheimen Schreiben am 28. September 1939 auf, »alle schriftlichen und mündlichen Äußerungen zu unterlassen . . ., die konfessionelle Überzeugungen verletzen und somit zu einer Verstimmung bestimmter Volksteile Anlaß geben könnten«. Er betonte, »*daß nichts im Kriege wichtiger sein kann als der innere Friede, über den wir alle gemeinsam zu wachen haben*«.

Eine solche Anweisung schließe aber eine besonders aufmerksame Beobachtung »der konfessionellen Verbände und ihrer Tätigkeit sowie eine gewissenhafte Berichterstattung über alles, was damit im Zusammenhang steht«, nicht aus, sondern fordere sie geradezu heraus.[283]

Der Burgfrieden war also konzidiert worden, um christliche Bevölkerungsteile »nicht zu verstimmen«.[284] Trotz aller Bemühungen Rosenbergs hatten sich 1939 nur 3,5 % als »gottgläubig« und 1,5 % als Atheisten erklärt. Die restlichen 95 % der 80-Millionen-Bevölkerung des Großdeutschen Reiches waren nach wie vor als Kirchenmitglieder eingetragen, und selbst die Mehrzahl der eingeschriebenen 3 Millionen Parteimitglieder zahlten Kirchensteuern und bezeichneten sich als Christen.[285]

Hitler hatte aus den zahlreichen Unmutsäußerungen, welche die kirchenfeindlichen Maßnahmen hervorgerufen hatten, seine Konsequenzen

---

281 *ibid.*
282 ZIPFEL; S. 226.
283 BA *NS Misch/474;* fol. 112 809.
284 Stalin verfolgte dieselbe Taktik und ließ kurz nach Kriegsbeginn die antireligiöse Propaganda und die Zeitschrift »Besboschnik« (Der Gottlose) einstellen. Diese Schwenkung erschien dem sowjetischen Diktator als »gebieterische Notwendigkeit für die sowjetische Regierungspolitik«. WERTH, Alexander. *Rußland im Kriege 1941–1945.* München, Zürich, Droemersche Verlagsanstalt Th. Knaur Nachf., 1965; S. 305.
285 CONWAY; S. 232.

gezogen und seine aggressive Politik zeitweilig abgemildert und aufgeschoben. Für wie lange, ist eine andere Frage, denn es ist hinlänglich bekannt, daß er auch für die Kirchen nach dem Kriege eine Endlösung vorgesehen hatte.[286] Wie bereits in den ersten Jahren nach der Machtergreifung, als er versucht hatte, eine dem Dritten Reich zugeordnete protestantische Kirche aufzubauen, stieß seine Neutralitätspolitik auch jetzt auf Schwierigkeiten innerhalb der Partei, wo »verschiedene Gruppen mit sehr verschiedenen Zielen um Einfluß auf die Gestaltung der Kirchenpolitik rangen«.[287] Es war daher mehrfach notwendig, diesen »Wunsch« des Führers, alles zu vermeiden, was das Verhältnis zwischen Kirche und Staat trüben könnte, den verschiedenen Parteistellen in Erinnerung zu bringen.[288] Unter der Oberfläche aber ging die Auseinandersetzung unvermindert weiter, da beide, der nationalsozialistische Staat und die Kirchen, Anspruch auf Gefolgschaft der Deutschen im Sinne einer höheren Zielgebung erhoben. Der deutschen Bevölkerung aber sagte einstweilen keiner, daß dieser Krieg eindeutig zu ihren Lasten gehen werde. Beide christlichen Kirchen forderten zur Treue gegenüber Führer, Volk und Vaterland auf.[289]

Und so fügten sich die Deutschen in ihr anscheinend unvermeidbares Schicksal. Die Nahrungsmittel wurden rationiert, die ursprünglich für drei bis vier Monate bestimmten Textilbestände für die nächsten Jahre eingeteilt[290], der Arbeitsplatzwechsel beschränkt[291], eine Kriegswirtschafts-Verordnung[292] erlassen, welche erhöhte Kriegssteuern, Lohnsenkungen – und wenn möglich – Preissenkungen einleiten sollte, mit dem Ziel – wie Reichswirtschaftsminister Funk in einer Sonderpressekonferenz vom 4. September mitteilte –, weitgehend die Kriegsfinanzierung zu decken, so daß der Rest durch Kredite beschafft werden konnte, ohne die Währung zu gefährden.[293]

[286] PICKER; S. 154 und 176.
[287] SCHOLDER, Klaus. »Die evangelische Kirche in der Sicht der nationalsozialistischen Führung bis zum Kriegsausbruch«. VfZG, H. 1, Jan. 1968; S. 22.
[288] s. z. B. die Verfügung des Reichsministers des Innern *I Ö 1067/40 I* vom 24. 7. 40. Abschrift in Schreiben des SS-Abschnittes XV. Abt. II. Az 1 m – Hamburg 9. 8. 40. BA *Slg. Schumacher 245/Bd. 2.*
[289] CONWAY; S. 232.
[290] Informatorische vertrauliche Bestellungen aus der Wirtschaftspressekonferenz vom 12. 9. 39. BA *ZSg 101/46; fol. 543.*
[291] RGBl. I; S. 1685.
[292] *ibid.;* S. 1609.
[293] BA *MA Wi I F 5/357.*

Von Kriegsbeginn an und während der ganzen Kriegsdauer kann man in Deutschland in zunehmendem Maße ein Phänomen beobachten: das Gerücht. Man könnte versucht sein, es als typischen Ausdruck oder gar eine Zwangsfolge staatlich gelenkter einseitiger Propaganda- und Informationspolitik zu bezeichnen. In Wirklichkeit tauchen Gerüchte aber überall und unter allen Staatsformen auf, vor allem in Perioden der Unsicherheit, der Angst und Ungewißheit. In den Vereinigten Staaten wurden während des Krieges sogar sogenannte »Gerüchte-Kliniken« eingerichtet.[294]

Den Ursprung der Gerüchte kann man auf drei Komplexe zurückführen:

1. die von eigenen oder feindlichen Propagandastellen in Umlauf gesetzte Mund- oder Flüsterpropaganda, die zum gelenkten Gerücht führt;

2. Tatsachen, die durch Übertreibungen und Ausschmückungen verzerrt und verfälscht werden;

3. Wunschvorstellungen oder Angstträume, die oft durch Wahrsager und Hellseher Verbreitung finden.

Je nach Herkommen werden solche Gerüchte von der Staatsführung gefördert oder bekämpft.[295] In letzterem Falle findet man fast immer Hinweise entweder auf innerstaatliche Gegner oder ausländische Nachrichtensender. Ein geradezu klassisches Beispiel für die bereits in den ersten Kriegstagen einsetzende Gerüchtebildung erwähnt das bereits zitierte Schreiben des Befehlshabers im Wehrkreis XIII.[296] Dort heißt es unter I Gerüchtemacherei:

»Es ist unverkennbar, daß bereits wieder Gerüchtemacher am Werk sind, deren Treiben den deutschen Verteidigungsmaßnahmen abträglich

---

[294] SARGENT/WILLIAMSON; S. 551. Eine Untersuchung in den USA während der Kriegsjahre nannte als psychologische Ursachen Haß, Furcht und Wunschdenken. KNAPP, Robert H. »A psychology of rumor«. *Public Opinion Quarterly*, VIII, 1944, Nr. 1, S. 22–37. Als Ergänzung hierzu vgl. ALLPORT, Gordon, and Leo POSTMAN. »The basic psychology of rumor«. *The process and effects of mass communication.* Ed. by Wilbur Schramm. Urbana, University of Illinois, 1954.

[295] Goebbels forderte beispielsweise in der Ministerkonferenz vom 2. 11. 39, daß die Parteistellen auf die Gerüchtebildung aufmerksam gemacht werden sollten und ein Kurzfilm in Form eines Lustspiels zu drehen sei. *Kriegspropaganda;* S. 216. s. auch Ministerkonferenz vom 6. 6. 40, in der die Gerüchtebildung erneut aufgegriffen wurde. *ibid.;* S. 378.

[296] *supra;* S. 94, Anmerkung 270.

ist. Träger dieser Gerüchte sind in erster Linie Personen, die eine unzulängliche oder gar ablehnende Einstellung zum NS-Staat haben, weil es ihnen an dem bei jedem echten Deutschen unerläßlichen, natürlichen Gefühl für den ewigen Existenzkampf des deutschen Volkes um seine Lebensnotwendigkeiten in Krieg und Frieden fehlt.«

Als Beispiele der kursierenden Gerüchte meldete er: übermäßige Verluste deutscher Truppen, Berichte von Massenhamstereien, Bombenabwürfe, Sabotageakte, militärische Rückschläge und ähnliches, deren Ursprünge leicht in die soeben angeführten Kausalzusammenhänge eingereiht werden können. Weit interessanter sind die von ihm unter der Rubrik »Zersetzung« kolportierten Äußerungen seiner Zeitgenossen:

> »a) Bezweifeln der Notwendigkeit eines Kampfes um Danzig und den Korridor
>
> b) Weiterverbreiten feindlicher Kriegsschuldlügen und Greuelmeldungen
>
> c) Anzweifeln der deutschen Nachrichten insbesondere der Meldungen über Grausamkeiten der Polen und anderer Feindmächte gegenüber Deutschen
>
> d) Bezweifeln der deutschen Widerstandskraft in bezug auf militärische Ausrüstung und Stärke, Ernährungswirtschaft, Rohstoffversorgung usw.
>
> e) Zweifel an der Einmütigkeit von Führung und Volk . . .«

Jede dieser Bemerkungen beweist, daß es trotz massiver Propaganda nicht gelungen war, alle Deutschen zu verdummen, daß es immer noch Menschen gab, die ihr kritisches Urteil und einen sittlich gefestigten Standpunkt bewahrten und behaupteten. Weiter besagen sie, daß trotz aller Verbote und Strafen ausländische Sender gehört wurden. Und es gibt genügend Beweise, daß immer wieder in der Bevölkerung, in der Truppe und in kirchlichen Kreisen, sogar in Parteikreisen, fremde Nachrichtensendungen aufgefangen wurden. Im Propagandaministerium gingen massenhaft Anträge ein zur Erlangung von Sondergenehmigungen.[297]

Goebbels bemächtigte sich dann auch gleich dieses Themas und wies auf die schädlichen Auswirkungen hin, insbesondere innerhalb der Truppe. Auf seinen Einfluß hin wurden vom Oberkommando der Wehrmacht zu

---

[297] s. dazu die Abschrift eines Vortragsvermerks von W Pr II c vom 30. 9. 39 und ein Schreiben des Ministeriums für Volksaufklärung und Propaganda 328/39 g (38 Rf 3000) vom 22. 10. 39 an das Oberkommando der Wehrmacht. MGFA WO *1-6/351.*

Beginn des neuen Jahres, am 26. 1. 1940, verschärfte Bedingungen erlassen, in denen es hieß: »Wer als deutscher Soldat seine Seele und seinen Geist dieser feindlichen Propagandawaffe aussetzt, begeht seelische Selbstverstümmelung . . .«[298] Die Bevölkerung wurde durch Juristen über die schweren Strafen aufgeklärt, die bei Übertretung des Verbotes verhängt wurden; die Presse brachte Berichte über exemplarische Urteile, die mehrjährige Zuchthausstrafen umfaßten.[299]

In direktem Zusammenhang mit den Gerüchten steht die Frage, inwieweit sie geglaubt wurden oder ihr Wahrheitsgehalt als erwiesen betrachtet wurde. Ihre Beantwortung ist von besonderer Bedeutung im Hinblick auf das »Wissen« um die verbrecherischen Praktiken des Regimes. Und so soll hier vor allem dieser Aspekt in Betracht gezogen werden; auf Zweckgerüchte oder entstellte und vergröberte Realitäten wird im Verlaufe der Untersuchung noch mehrfach Bezug genommen werden.

Bei der Beleuchtung dieses Problems soll für die erste Kriegszeit das bereits zitierte Schreiben des Befehlshabers im Wehrkreiskommando XIII wieder als Ansatzpunkt dienen. Unter Punkt V »Greuelmeldungen« heißt es da:

»Die Feindpropaganda schreckt auch jetzt nicht davor zurück, wie 1914–1918 angebliche Greueltaten deutscher Soldaten zu melden. Hieran ist anzuknüpfen.

Der deutsche Soldat kennt seine Kameraden und seine Volksgenossen. Er weiß, daß sie *keiner* Grausamkeit und Ungerechtigkeit fähig sind. Aus derartigen Meldungen kann er deutlich ersehen, wie lügenhaft *jede* feindliche Propagandabehauptung ist . . .«

In diesen wenigen Sätzen, zu Beginn des Krieges von einem höheren Offizier geschrieben, findet man bereits zwei grundlegende Meinungen vertreten, welche man während der ganzen Kriegsdauer quer durch alle Bevölkerungsschichten feststellen kann; selbstverständlich gilt dies nicht für alle diejenigen, die Bescheid wußten oder gar mitschuldig waren, sondern für die Masse, fern vom Schauplatz des Geschehens:

1. es handele sich um eine ähnliche Propagandapolitik der Feinde wie im Ersten Weltkrieg, als von abgehackten Kinderhänden und dergleichen die Rede war;

2. ein »echter« Deutscher sei gar nicht solcher Verbrechen fähig.

---

[298] Zitiert von BOELCKE. *Kriegspropaganda;* S. 259.
[299] *ibid.;* S. 263/264.

Zu 1. ist zu sagen, daß die alliierte Propaganda bewußt, oft aber unbeabsichtigt, zahlreiche Falschmeldungen in Umlauf setzte. Der Beweis für die Unwahrhaftigkeit von zwei oder mehreren solcher Meldungen genügte Goebbels, um auch den wahren Sachverhalt anderer Meldungen als falsch zu dekretieren – eine Methode, welche von der nationalsozialistischen Propaganda weidlich ausgenutzt wurde.[300] Was auch immer das Ausland über die Ausrottungspolitik des Dritten Reiches verbreitete, wurde von der deutschen Propagandapolitik und anderen offiziellen Stellen flugs als feindliche Greuelpolitik erklärt. So brachten z. B. die vom Informationsdienst des Auswärtigen Amtes zusammengetragenen und veröffentlichten Auslandsmeldungen die Berichte über Mißhandlungen polnischer Geistlicher und Intellektueller oder von Massenexekutionen in Polen als »Feindpropaganda«.[301] Eine ähnliche Behandlung erfuhr auch die Anfrage der Deutschen Gesandtschaft in Stockholm vom 13. September 1939 hinsichtlich eines in einer schwedischen Wochenzeitschrift erschienenen Artikels über Mißhandlungen im Konzentrationslager Fuhlsbüttel. In seiner Antwort vom 5. Dezember 1939 teilte der Reichsführer SS und Chef der Deutschen Polizei im Reichsministerium des Innern mit, es handele »sich wieder um die übliche Hetz- und Greuelpropaganda«.[302]

Die Presse wurde immer wieder angewiesen, aufs schärfste gegen alle Greuelmeldungen Stellung zu nehmen und sie zurückzuweisen[303]; die Journalisten instruiert, Informationen über den Transport von Juden nach dem Generalgouvernement vertraulich zu behandeln[304], so wie es bereits in den Vorkriegsjahren verboten war, über Konzentrationslager zu berichten oder Verhaftungen von Juden in den Publikationsorganen zu erwähnen.[305]

Der deutsche Bürger hatte also vorerst die Wahl, entweder unkontrollierbaren Gerüchten, feindlichen Nachrichtensendungen, die manchmal durch Hinweise von Geistlichen Unterstützung erfuhren, oder seiner eigenen Regierung Glauben zu schenken. Beweise hatte er keine. Der über-

---

[300] s. z. B. eine im Spätherbst 1939 von Fritz REIPERT zusammengestellte Broschüre *In acht Kriegswochen 107mal gelogen*. Dokumente über Englands Nachrichtenpolitik im gegenwärtigen Kriege. Berlin, Zentralverlag der NSDAP Franz Eher Nachf. (o. D.).
[301] s. z. B. die zahlreichen Berichte »über polnische Presse- und andere Feindpropaganda betr. Polen«. MGFA WO *1-6/350-352*.
[302] S IV/II D 8268/39. – AA *Inland II A/B 83-42*.
[303] *Kriegspropaganda;* S. 342, 351, 355, 361, 367.
[304] *ibid.;* S. 268.
[305] HAGEMANN; S. 168.

all und allerorten verbreitete Sensationshunger, die Lust des Menschen am Gruseligen trugen zwar zur Weiterverbreitung von Gerüchten bei. Aber wirklich glauben konnten es in der ersten Kriegszeit wohl die wenigsten – und das gilt für 2. –: Wer hält schon ohne weiteres seinen Nachbarn, seinen Freund oder gar seinen Vater, Bruder, Mann für einen Mörder? Später, als die Gerüchte über Atrozitäten sich verdichteten, Urlauber über Massenerschießungen berichteten, wurde eine Vertuschung immer schwieriger, das Geraune immer stärker.[306]

Zur Vernebelung seiner Verbrechen bediente sich das NS-Regime von Anbeginn an eines weiteren Mittels; es servierte eine reichliche Dosis von Vergehen und Untaten der Feindmächte. Als Antwort auf das »Blaubuch der Britischen Regierung«, 1939 in Basel erschienen, ordnete Goebbels die Herstellung eines Blaubuches über »Die englischen Konzentrationslager und Kolonialgreuel« an.[307] Der Rassenkrieg in Polen wurde durch eine Unzahl von Meldungen über Greuel an Volksdeutschen kaschiert und beschönigt. Im Auftrage des Auswärtigen Amtes »aufgrund urkundlichen Beweismaterials« zusamengestellt, erschien das Weißbuch *Die polnischen Greueltaten an den Volksdeutschen in Polen,* das Schilderungen brachte über den »Blutsonntag in Bromberg«.[308] Und so wurden anfänglich die Erschießungen in Polen, über die Urlauber in der Heimat berichtet hatten, vielfach dahingehend beurteilt, »es sei ja auch nicht mehr als recht und billig, daß die Mörder der Volksdeutschen ebenso wie die Heckenschützen erschossen worden seien«.[309] Durch eine analoge Argumentation gelang es Hitler auch, teilweise der Truppe »Vergeltungsmaßnahmen« zuzuschieben.[310]

In individual- und sozialposychologischen Abhandlungen spielt das Problem der Projektion eigener Triebkräfte auf andere eine große Rolle. Man hat unter anderem versucht, die antisemitische Haltung führender Nationalsozialisten mit einer Übertragung ihrer Schuldkomplexe auf die Juden zu erklären.[311] Die Beweggründe und tieferen Ursachen des deutschen Propagandafeldzuges über polnische Verbrechen vor und nach Beginn der Eroberung Polens – wobei nicht alles erfunden war, da die pol-

---

[306] Siehe *infra; S.* 250 ff.
[307] *Kriegspropaganda; S.* 217.
[308] Bearb. von Hans Schadewaldt. MGFA WO *1-6/323.*
[309] »Bericht zur innenpolitischen Lage« vom 29. 4. 40. BOBERACH; S. 63.
[310] KRAUSNICK, Helmut. »Hitler und die Morde in Polen«. VfZG, 1963, H. 2; S. 196–209.
[311] GILBERT, G. M. *The psychology of dictatorship,* based on an examination of the leaders of Nazi Germany. New York, The Ronald Press Co., 1950.

nischen Politiker der dreißiger Jahre in der Überschätzung eigener Möglichkeiten ebenfalls eine chauvinistische Stimmungsmache betrieben hatten – sind sicherlich auch in diesen Bereichen zu suchen, müssen aber auch gleichzeitig als taktische Maßnahmen begriffen werden. Selbst der Versuch der Rechtfertigung des Krieges ist nicht nur unter dem Gesichtpunkt der Gewissensentlastung zu betrachten, sondern in der historischen Perspektive der Kriegschuldfrage, die seit Ende des Ersten Weltkrieges ein sehr reelles politisches Kapital darstellte. Daneben aber galt es, der kriegsunlustigen Bevölkerung die in weiten Kreisen offensichtlich mangelnde Aggressivität einzuimpfen und Haßgefühle zu stimulieren. Der Bericht des SD-Abschnittes Leipzig vom 12. Oktober 1939 zeigt, daß eine solche Politik Früchte getragen zu haben scheint:

»Rundfunk und Presse haben die Öffentlichkeit vor und nach Beginn des polnischen Feldzuges ausführlich über die bestialischen polnischen Greueltaten an Volksdeutschen unterrichtet. Die illustrierten Zeitungen haben sogar grauenvolle Aufnahmen von den Verstümmelungen der unglücklichen Opfer veröffentlicht. Die Folge dieser aufklärenden Propaganda war eine tiefgehende Empörung und eine leidenschaftliche Entrüstung des deutschen Volkes, nicht nur gegen die polnische Zivilbevölkerung, sondern auch gegen das Militär, das – wie man berichtet habe – ebenfalls weitgehend an den Greueln beteiligt war. Die Reportagen des Rundfunkes über die Aufnahme der polnischen Gefangenen in den Gefangenenlagern, daß es dort vor allem den polnischen Offizieren viel besser gehe als vorher usw., hat die Veröffentlichungen über die beispiellosen Grausamkeiten an den Volksdeutschen nicht in Einklang zu bringen vermocht. Man verstand zwar, daß man als Kulturnation nicht Gleiches mit Gleichem vergelten könne, man hatte aber kein Verständnis dafür, daß es den Polen nun auch bei uns noch besser gehen sollte als vorher ...«[312]

Gegenüber den ersten Kriegsgefangenen aus Polen scheint sich die deutsche Bevölkerung, insbesondere die weibliche, freundlich verhalten zu haben – allzu freundlich, wie der Bericht zur innenpolitischen Lage vom 20. November beklagte, in dem auf zahlreiche Fälle von Intimbeziehungen zwischen deutschen Mädchen und Kriegsgefangenen hingewiesen wurde. Besonders auf dem Lande, so hieß es, sei der Kontakt zu eng, die Polen würden in die Familien aufgenommen, gingen mit den Töchtern zum Tanz. Auch die katholische Geistlichkeit habe vielerorts die Polen bevorzugt behandelt.[313]

312 IWM *FD 332/46*.
313 BA *R 58/145*. – s. auch bereits Bericht vom 10. 11. 39. *R 58/144*.

Daraufhin wurden von staatlichen und militärischen Stellen eine ganze Reihe von Verordnungen erlassen, um den Umgang mit Kriegsgefangenen als »volksschädigend« zu untersagen und unter Strafe zu stellen.[314] Umfangreiche propagandistische und polizeiliche Maßnahmen wurden ausgelöst, und die Justiz fällte Abschreckungsurteile mit hohen Zuchthausstrafen für die Frau und Todesurteile für die polnischen Kriegsgefangenen.

Bis jetzt war die Rede von dem Teil der Bevölkerung innerhalb des deutschen Reichsgebietes, der sich keine Meinung aus eigener Anschauung bilden konnte, von dem, was in Polen vor sich ging. Wie aber reagierten die Augenzeugen auf das, was unmittelbar hinter dem Vormarsch der deutschen Truppen geschah? Die Akten geben wenig Auskunft über diese Frage. Es muß dabei auch sorgfältig in jedem Einzelfall unterschieden werden, ob es sich um »Wissen« oder »Teilnahme« handelt. Da diese Untersuchung sich nicht mit der Meinung von Individuen oder kleinen spezifischen Gruppen befaßt, und diese höchstens zur Verdeutlichung oder Kontrastierung herangezogen werden, können die Erkenntnisse, die aus den Prozessen der Nachkriegsjahre bis heute gewonnen wurden, hier nicht Verwendung finden.

Die Mentalität der Angehörigen von Einsatzgruppen oder Wachmannschaften von Konzentrationslagern sei daher nur kurz resümiert und anhand von drei Grundtypen verdeutlicht, wobei diese Katalogisierung im idealtypischen Sinne zu verstehen ist.

1. Der Kriminelle. Dieser Typus findet sich in jeder Gesellschaft; im Dritten Reich gestatteten ihm die staatlich organisierten Mißhandlungen und Mordaktionen willkommenen Anlaß zum straffreien Ausleben seiner Triebe;

2. Der Überzeugungstäter. Er ist so alt wie die Geschichte menschlicher Wahnvorstellungen. Inquisitoren und Feldherren finden sich hier, zusammen mit Heinrich Himmler, der seine Leute bedauerte, solch unmenschliche Arbeit ausführen zu müssen. Auch Wissenschaftler, die

---

314 s. z. B. die Verordnung des Bayerischen Staatsministeriums des Innern vom 2. 12. 39. Bayerisches Gesetz- und Verordnungsblatt, Nr. 37, vom 11. 12. 39; S. 341. Oder die vom OKW hrsg. Denkschrift *Kriegsgefangene*. Berlin, Reichsdruckerei, 1939; – Exemplar in BHStA, Abt. I, *Akt Nr. 2085 b*, den Befehl des OKW betr. »Verkehr Kriegsgefangener mit deutschen Frauen«. *A2 2 Nr. 69/40 24 11a* AWA/Kriegsgef. I c, 10. 1. 40, in dem im Gefängnis bis zu 10 Jahren und unter Umständen Todesstrafe angedroht wurde. MGFA WO *1-6/342*, und schließlich die Verordnung Himmlers vom 11. 5. 40 über den Umgang mit Kriegsgefangenen. RGBl. I, Nr. 86 vom 17. 5. 40; S. 769.

Menschenversuche im Interesse der Medizin vornahmen, gehören in diese Kategorie;

3. Die Schergen. Das ist das Fußvolk, die Mittäter und Handlanger, die es bisweilen bis zum Henker brachten. Ihr Typus wurde im zwanzigsten Jahrhundert um eine neue Variante, den »Schreibtischmörder«, bereichert, welcher oft eine Mischung von 2 und 3 darstellt.

Wie aber verhielt es sich mit der deutschen Wehrmacht, jenen Soldaten und Offizieren, die im Polenfeldzug eingesetzt waren. Wir wissen nicht, wie viele von ihnen damals und später Augenzeugen von Unrechtmaßnahmen, Brutalitäten und Massenerschießungen wurden, wie viele selbst »Vergeltung« übten, welches ihre inneren Reaktionen angesichts des Geschehens waren. Aus einem Schreiben des Bischofs von Danzig, Msgr. Splett, an Papst Pius XII. vom 14. 1. 40 geht hervor, daß viele inhaftierte Geistliche beispielsweise durch Vermittlung der Generale freigelassen wurden und das eigentliche »Wüten der Parteiorganisation der NSDAP« erst begann, als die Soldaten zurückgezogen waren.[315] Bisher sind nur Einzelfälle aktenkundig geworden, wie die Proteste und Aktionen des Oberbefehlshabers Ost, Generaloberst Johannes Blaskowitz[316], der bald darauf abberufen, später aber wieder Verwendung fand, und des Generalfeldmarschalls von Küchler[317], der nach dem Polenfeldzug gemaßregelt und seiner Stellung als Armeeführer enthoben wurde. Aber selbst er forderte seine Offiziere und Soldaten auf, sich »jeder Kritik an dem im Generalgouvernement durchgeführten Kampf mit der Bevölkerung, zum Beispiel die Behandlung der polnischen Minderheiten, der Juden und kirchlicher Angelegenheiten«, zu enthalten.[318] Die anderen Befehlshaber und höheren Offiziere, die allein Einflußmöglichkeiten gehabt hätten, befolg-

---

315 *Actes et documents du Saint Siège relatifs à la Seconde Guerre Mondiale,* Bd. 3. *Le Saint Siège et la Guerre en Europe,* Città del Vaticano, Libreria Editrice Vaticana, 1967; S. 194/195.

316 POLIAKOV, Léon – WULF, Josef. *Das Dritte Reich und seine Diener.* Dokumente. Berlin, arani Verlag GMBH, 1956; S. 516 f. – s. hierzu und über das Verhalten der Wehrmacht in Polen KRANNHALS, Hans von. »Die Judenvernichtung in Polen und die Wehrmacht«. *Wehrwissenschaftliche Rundschau* H. 10, 1965; S. 570–581, und das am 12. 11. 1964 vor dem Schwurgericht Düsseldorf erstattete Gutachten Hans von Krannhals' über »Die Judenpolitik in Polen« (MS, 21 S.), das der Verf. liebenswürdigerweise zur Einsichtnahme überlassen wurde.

317 IfZ *Rep. 501, IV F. 2.* Verteidigungs-Dokumentenbuch I für Georg von Küchler.

318 Der Oberkommandierende der XVIII Armee (1c Nr. 2489/40 geheim), 22. 7. 40. Abgedruckt in POLIAKOV-WULF. *Das Dritte Reich und seine Diener;* S. 385.

ten nach außen hin die vom Oberkommando der Wehrmacht empfohlene Taktik des »Sichheraushaltens«[319] oder versuchten im späteren Verlauf des Krieges durch Bindung und Beschäftigung jüdischer Arbeitskräfte die Ausrottungspolitik zu verhindern. Diese Versuche scheiterten letzten Endes alle: »Gegen alle diejenigen jedoch, die glauben, hier mit angeblichen Rüstungsinteressen entgegentreten zu müssen, die in Wirklichkeit lediglich die Juden und ihre Geschäfte unterstützen wollen, habe ich Anweisung gegeben, unnachsichtlich vorzugehen«, schrieb Himmler am 2. 10. 1942 an den Chef des SS-Wirtschaftsverwaltungshauptamtes, Oswald Pohl.[320] Es gab auch deutsche Offiziere und Soldaten, die entsetzt und voller Scham waren. Für sie alle sei hier stellvertretend der Brief des damaligen Leiters der Gruppe III der Operationsabteilung des Generalstabs, Stieff, vom 21. 11. 1939 zitiert: »Ich schäme mich, ein Deutscher zu sein! Die Minderheit, die durch Morden, Plündern und Sengen den deutschen Namen besudelt, wird das Unglück des ganzen deutschen Volkes werden, wenn wir ihr nicht bald das Handwerk legen...«[321] Das aber geschah nicht.

Die Masse der deutschen Soldaten und Offiziere in Polen tolerierte oder billigte gar, was sich dort abspielte und was der vertrauliche Informationsbericht eines Journalisten von einer Reise in die Provinzen Posen und Westpreußen am 23. Oktober 1939 folgendermaßen schildert[322]:

»... Die Straßen sind in Ordnung, das äußere Bild in den Städten und Dörfern ist durchaus normal. Es wird überall gearbeitet. Saatgut ist verteilt worden, der Boden ist bestellt. In den Städten brennt überall das Licht, es gibt auch keine Verdunkelung. Die Lebensmittelversorgung klappt. In schwierigen Fällen springt die NSV helfend ein. – Kurzum, der Krieg selbst ist zu Ende.

---

319 Vgl. KRANNHALS. »Die Judenvernichtung...«. *loc. cit.; S. 571.*
320 *Reichsführer. Briefe an und von Himmler.* Hrsg. von Helmut Heiber. Stuttgart, Deutsche Verlags-Anstalt, 1968; S. 151 (künftig zitiert als *Reichsführer*). Für die Haltung der Wehrmacht s. auch *infra;* S. 250.
321 Zitiert in GRAML. »Die deutsche Militäropposition von Sommer 1940 bis zum Frühjahr 1943«. *Vollmacht des Gewissens,* Bd. II; S. 428. Vgl. auch die Äußerungen von Gen. d. I. Ulex und Major von Tschammer und Osten, POLIAKOV-WULF. *Das Dritte Reich und seine Diener;* S. 518.
322 Die »Vertraulichen Informationen« stellen eine Art Kurzprotokoll der täglichen Berliner Pressekonferenz dar. Sie existieren nur noch in Form von Mitschriften einiger Journalisten. Der vorliegende Bericht wurde mitgeschrieben von Georg Dertinger, der von 1949 bis 1953 Außenminister der DDR war, dann als Spion vom Staatssicherheitsdienst (SSD) zu 15 Jahren Zuchthaus verurteilt, 1964 begnadigt wurde und im Januar 1968 in Leipzig starb. BA ZSg *101/34;* fol. 535–539.

Dafür hat die Neuordnung begonnen. Die Neuordnung zeigt sich hier außerordentlich kompliziert. Es handelt sich nicht allein darum, an die Stelle der geschwundenen polnischen Verwaltung eine deutsche zu setzen, sondern gleichzeitig kommt es darauf an, die Gebiete, die als deutsche Provinzen zum Reich geschlagen werden, 100 % von Polen und Juden zu säubern und in diesen Gebieten die zurückkehrenden Volksdeutschen aus dem Baltikum, Wolhynien usw. unterzubringen. Dieser Umgruppierungsprozeß ist nicht eine Angelegenheit, die in langer Planung vorbereitet werden kann, sondern überstürzt durchgeführt werden muß, weil eben jetzt schon der Strom der heimkehrenden Volksdeutschen eingesetzt hat, für die unter allen Umständen Platz sein muß.

Bei der Befreiung der neuen deutschen Reichsgebiete vom Polentum sind daher deutlich zwei Methoden zu unterscheiden. In jenen Gebieten, wo, wie etwa in Gotenhafen und im nördlichen Korridorgebiet, die Baltenheimkehrer eintreffen, werden die Polen kurzerhand an die Luft gesetzt. Das geht etwa so vor sich, daß ein eintreffender Balte, sagen wir von Beruf Friseur, sich bei der zuständigen Verwaltungsstelle meldet, mit der Bitte, einen Friseurladen aufmachen zu können. Dann wird ihm die Adresse eines polnischen Friseurs gegeben. Unter Begleitung einiger Vollzugsbeamter des Sicherheitsdienstes geht er dorthin und erklärt dem Polen, daß er zu verschwinden hat. Er übernimmt gegen einen freundlichen Händedruck das gesamte tote und lebende Inventar dieses Unternehmens. Nach Reinigung des Betriebes von Wanzen, wozu die NSV besondere Einsatztrupps von Scheuerfrauen organisiert hat, geht dann der Betrieb in deutscher Regie los. Der Pole begibt sich, soweit er bewegliche Habe mitnehmen kann, auf die Wanderschaft. Ihm wird nichts weiter angegeben, als Ziel: Polen östlich Warschau. Hat er einen Panje-Wagen und Pferd, kann er ein paar Ausrüstungsgegenstände mitnehmen, sonst marschiert er zu Fuß nach Osten. Um nicht unangenehme Bilder hervorzurufen, bewegen sich diese Flüchtlingströme ausschließlich in der Dunkelheit. Am Tage ist das Bild absolut normal ...

In den Gebieten, in denen die Aussiedlung nicht so dringlich ist, werden zur Zeit die Polen einschließlich aller Juden registriert und, soweit sie als wünschenswerte Bevölkerung des polnischen Restgebietes angesehen werden, in Trupps in ihre neue Heimat abgeschoben ... Diejenigen Fälle, in denen ein Wiederauftauchen verseuchter Personen und dergleichen in dem späteren Polen unerwünscht erscheint, werden nach Gründen der Zweckmäßigkeit gelöst. Das gilt vor allem von den Juden.

Der ganze Vorgang zeichnet sich durch Schnelligkeit und Wirksamkeit aus. Man muß, um diese Dinge vor allem auch in ihrer menschlichen Hinsicht richtig zu würdigen, sich aber vor Augen halten, daß die Menschen im Osten ohnehin frei von mitteleuropäischer Sentimentalität sind, der Mensch als solcher nur geringen Wert genießt und vor allem das Polentum sich in den letzten Tagen nach Kriegsausbruch in so abgrundtiefer Barbarei und Gemeinheit gezeigt hat, daß von Deutschland her gerade in den betroffenen volksdeutschen Teilen nur eine Empfindung herrscht – die des Hasses bis zur Ausrottung. Das Gebiet ist äußerlich sicherlich befriedet. Aber Nacht für Nacht werden deutsche Soldaten ermordet, wobei die Frauen als verführende Geliebte eine verhängnisvolle Rolle spielen . . .«

Nach Gründen der Zweckmäßigkeit gelöst, frei von mitteleuropäischer Sentimentalität, der Mensch als solcher nur geringen Wert genießt – kann man das nationalsozialistische Rassenprogramm besser beschreiben?

In der Zwischenzeit waren viele der in Polen eingesetzten Truppen in ihre Garnisonen zurückgekehrt und von der Bevölkerung mit Jubel empfangen worden. Am 6. Oktober gab Hitler in einer Rede vor dem Reichstag einen Überblick über die Erfolge in Polen und unterbreitete den Westmächten ein Friedensangebot, von dem er selbst sagte:»Er tue es nur, um die Gegner ins Unrecht zu setzen.«[323]

In der deutschen Bevölkerung aber weckte die Rede wieder Hoffnungen auf ein baldiges Kriegsende[324], die in den verschiedensten Gerüchten ihren Ausdruck fanden. So hieß es beispielsweise, die britische Regierung und der britische König hätten abgedankt, und ein Waffenstillstand sei abgeschlossen worden. In verschiedenen Betrieben kam es zu Arbeitspausen, da die Belegschaft zusammenströmte, um sich über die angeblich neueingetretene Lage zu unterhalten. In Berlin fanden Freudenkundgebungen statt, Käufer wollten sich nicht mehr in die Rationierungslisten eintragen lassen, da dies ja bald nicht mehr nötig sei; Studenten veranstalteten Begeisterungskundgebungen.[325] In den westdeutschen Grenzgebieten wurden diese Friedenshoffnungen noch bestärkt durch die Wiedereröffnung der Schulen beiderseits der Grenzen.[326] Die Geschäfte von Wahrsagern und Hellsehern blühten, da sie für einen baldigen Termin das Ende des Krieges verkündeten. In Bayern wurden solche Prophezeiungen

[323] In seiner Unterredung am 1. 10. 39 mit Graf Ciano. *Staatsmänner und Diplomaten bei Hitler.* Vertrauliche Aufzeichnungen über Unterredungen mit Vertretern des Auslandes 1939–1941. Hrsg. und erläutert von Andreas Hillgruber, Frankfurt/Main, Bernard & Graefe Verlag, 1967; S. 41.
[324] SHIRER. *Berlin Diary;* S. 217.
[325] »Bericht zur innenpolitischen Lage«, 11. 10. 39. BOBERACH; S. 9.
[326] »Bericht zur innenpolitischen Lage«, 23. 10. 39. BA R *58/144.*

sogar auf die stigmatisierte Therese von Konnersreuth zurückgeführt.[327] Die Gerüchte nahmen, auch nach der Zurückweisung von Hitlers Friedensofferte durch Daladier und Chamberlain am 10., bzw. 12. Oktober, solche Ausmaße an, daß Goebbels in der Ministerkonferenz vom 2. November forderte, die Parteistellen sollten darauf aufmerksam gemacht werden, und den Auftrag gab, einen Lustspielfilm über dieses Thema herzustellen.[328]

Die Goebbelsche Propagandamaschine gab sich alle Mühe und arbeitete auf Hochtouren, um die etwas aus der Kontrolle geratene Volksstimmung auf verstärkte Englandfeindlichkeit einzuspielen. »Chamberlain lehnt die deutsche Friedenshand ab und will die große Geste des Führers nicht verstehen. Nicht die Sache der Völker, sondern die Sache der Kriegshetzer wird von ihnen verteidigt . . .«[329] Die Hetzpropaganda zeitigte laut offizieller Meinungsforschung Früchte: »Man ist sich bewußt, daß England der Hauptgegner Deutschlands ist, und die *allgemeine Stimmung* ist so stark *gegen England* eingestellt, daß selbst die Kinder auf den Straßen Spottlieder über England, insbesondere über Chamberlain singen. Vollständig sind allerdings die Hoffnungen auf einen baldigen Frieden noch nicht geschwunden . . .«[330]

»Immer stärker wird in politischen Gesprächen das Verhalten Englands erörtert. Allgemeine Ansicht ist, daß besser als ein rascher Friede die Niederwerfung Englands sei. Denn wenn England jetzt halbgezwungen (durch die Neutralen oder andere Umstände) Frieden schließe, habe man doch keine Ruhe, in ein paar Jahren werde England doch wieder einen Grund zum Krieg finden. Deshalb sei es besser, England zu beweisen, daß seine Rolle als Vormund Europas ausgespielt sei. Wenn dieses Ziel erreicht werden könne, dann wolle man gern noch Opfer auf sich nehmen. Diese Auffassung hört man in allen Schichten der Bevölkerung . . .«[331]

»Nachdem am 6. Oktober der Führer in seiner großen Rede vor dem Reichstag im Bewußtsein der Stärke Deutschlands, Frankreich und England noch einmal den Frieden angeboten hatte, herrschte vielfach die zuversichtliche Hoffnung, daß die Feinde die dargereichte Hand nicht zurückstoßen würden. Nachdem dies nun doch geschah, hat das Volk er-

[327] *ibid.*
[328] *Kriegspropaganda;* S. 216.
[329] Presse-Anweisung vom 13. 10. 39. HAGEMANN; S. 243.
[330] »Bericht zur innenpolitischen Lage«, 16. 10. 39. BA *R 58/144.*
[331] Inlandslagebericht des SD-Abschnittes Leipzig vom 22. 10. 39. IWM *271/46* CIOS *4233.*

kannt, daß England nur die Vernichtung Deutschlands will, und ist daher in seinem unbegrenzten Vertrauen zu seinem Führer mehr denn je entschlossen, den aufgezwungenen Kampf bis zum siegreichen Ende durchzustehen ...«[332]

2. Der erste Kriegswinter

Die Zeit vom Ende des militärischen Polenfeldzuges – der eigentliche Rassenkrieg hatte erst begonnen – bis zum Überfall auf Norwegen war die Spanne, welche die Franzosen so trefflich als »drôle de guerre« gekennzeichnet hatten. Es war eine Art kalter Krieg, ohne Kampfhandlungen, eine – von Hitler nicht beabsichtigte, hauptsächlich auf die Wetterlage zurückgehende[333] – Pause zwischen zwei Blitzfeldzügen. »Krieg in Schlaf und Schatten«, nannte sie Jochen KLEPPER.[334] Die deutsche Bevölkerung wurde in dieser Zeit vor allem einer Verschlechterung ihres sowieso nicht gerade üppigen Lebensstiles gewahr, und da wenig Aufregendes geschah, wurde es eine Periode der »austerity« und der Langeweile. Arbeiter und Angestellte klagten über unzureichende Lebensmittelzuteilungen[335], die unbeschäftigten Soldaten langweilten sich und wurden von der Bevölkerung als »KdF-Krieger«, »Feuerwehr am Westwall«, »Bunkerschläfer«, »Kartoffelkrieger«[336] bezeichnet. Es wurde geschimpft auf die Verpflegung: »Horst-Wessel-Butter – marschiert im Geiste mit«, oder »hast du schon gelesen, was im neuen Meyers Lexikon unter Butter steht? Brotaufstrich aus der Systemzeit.«[337]

Das einzige Ereignis des Spätherbstes 1939, das einigen Gesprächsstoff

[332] Monatsbericht des Regierungspräsidenten von Ober- und Mittelfranken vom 7. 11. 39. BHStA, Abt. II, *MA 106 678.*
[333] Bereits am 29. 9. 39 teilte er den drei Wehrmachtsteilen mit, er wolle noch im Herbst im Westen angreifen. JACOBSEN, Hans-Adolf. *Fall Gelb.* Der Kampf um den deutschen Operationsplan zur Westoffensive 1940. Wiesbaden, Steiner Verlag, 1957; S. 8 f.
[334] *Unter dem Schatten Deiner Flügel;* S. 870.
[335] SD-Abschnitt Leipzig, 31. 10. und 20. 11. 39. IWM *FD 332/46* und *CIOS 4233.*
[336] 268. Division an XXIV A. K., 4. 12. 39. Betrifft Stimmung der Heimatbevölkerung und deren Auswirkung auf die Truppe. MGFA *WO 1–5/180.*
[337] Kreisleitung Wilhelmshaven, November 1939. Niedersächsisches Staatsarchiv *277–10/2.* Für schlechte Stimmung der Truppe und ungünstige Auswirkung auf Disziplin s. auch SD-Abschnitt Leipzig, 18. 11. 39. IWM *CIOS 4233.* – Goebbels erklärte auch am 9. 12. 39, das schwierigste Problem sei, die Soldaten zu beschäftigen. *Kriegspropaganda;* S. 238.

bot, war das Attentat auf Hitler im Bürgerbräukeller am 8. November 1939:»Das Attentat von München hat im deutschen Volk das Gefühl der Zusammengehörigkeit stark gefestigt. Die Anteilnahme der Allgemeinheit an den Ergebnissen der zur Untersuchung des Attentates eingesetzten Spezialkommission ist sehr groß. Die Frage, wie es zu dem Attentat kommen konnte, ist in allen Kreisen noch immer das beherrschende Gesprächsthema. Die Liebe zum Führer ist noch mehr gewachsen, und auch die Einstellung zum Krieg ist infolge des Attentates in vielen Kreisen noch positiver geworden . . .«[338]

»Das Attentat in München hat unter den Volksgenossen große Erregung hervorgerufen. Es konnte hier erneut festgestellt werden, wie dem deutschen Volke das Leben des Führers teuer geworden ist, und es machte tiefen Eindruck zu beobachten, wie gerade der einfache Mann von der Nachricht des Münchener Attentats betroffen wurde. Es hat sich gerade hier wieder einmal gezeigt, daß die Person des Führers der unerschöpfliche Quell der nationalsozialistischen Bewegung ist, und daß gerade durch seine Person im größten Maße die Verbindung zwischen Volk und Partei hergestellt wird. Es wird einem dabei klar, daß wir noch einen weiten Weg vor uns haben, bis die Partei von sich aus im Volk fest verankert ist . . .«[339]

Die katholische Kirche enthielt sich zuerst jeglicher Stellungnahme. ». . . Im Gegensatz dazu hat die evangelische Kirche das Münchener Attentat scharf verurteilt und eindeutig Stellung genommen.« In den einzelnen Gebieten des Reiches fanden z. T. Dankgottesdienste statt, die, um ein Beispiel aus Stuttgart herauszugreifen, etwa folgenden Wortlaut hatten:

»In uns allen, die wir heute zusammengekommen sind, zittert noch die Erregung über den teuflischen Anschlag, der auf das Leben unseres Führers geplant war, nach. Daneben ist aber der Dank gegen Gottes bewährende Gnade groß und mächtig in uns. Im Kugelregen des Weltkrieges, beim mutigen Gang am 9. November 1923, in den folgenden Jahren des Kampfes um die politische Macht, und nun beim teuflischen Anschlag, immer wieder hat der allmächtige Gott seine schützende Hand über ihn gehalten, und wir wollen jeden Morgen Gott bitten, daß er unseren Führer erhalte, ihm und damit auch uns den Sieg schenke, damit wir zu einem guten Frieden kommen und unserem Volk Lebensraum und Lebensmöglichkeit geschenkt werde.«[340]

---

[338] »Bericht zur innenpolitischen Lage«, 13. 11. 39. BA R 58/144. s. auch den Bericht vom 10. 11. mit ähnlichem Tenor. BOBERACH; S. 18.

[339] »Stimmungsmäßiger Überblick über die Gesamtpolitische Lage«. Kreis Wiesbaden, November 1939. BA NS Misch 1792.

[340] »Bericht zur innenpolitischen Lage«, 15. 11. 39. BA R 58/144.

Schließlich nahm auch die katholische Kirche Stellung. Der Papst gratulierte Hitler in einem Schreiben zu seiner Errettung.[341] Laut SD-Bericht vom 22. November 1939[342] hat dabei die Stimmung der Bevölkerung eine Rolle gespielt, »die in den einzelnen Bezirken über die Passivität des Klerus und der Kirche sehr erregt war«.

Das Bistumsblatt für die Erzdiözese Freiburg veröffentlichte daher am 19. November folgenden Artikel:

»Immer tragen ganze Völker die verheerenden Folgen, wenn solche Anschläge gelingen. Viele Beispiele lehren auch, wie jedesmal ausländische Mächte am Werke waren. Kein Wunder, daß auch diesmal bei dem verabscheuungswürdigen Verbrechen der Reichsführer SS Himmler erklären mußte, die Spuren der Täter führen ins Ausland ... Um wieviel mehr drängt sich der Gedanke an Gottes Vorsehung in diesem Fall auf, womit das Leben des Führers, das Lebensschicksal des ganzen deutschen Volkes in einem Augenblick schweren äußeren Existenzkampfes vor einer abgrundtiefen Bedrohung stand. Nur 30 Minuten zuvor hatte Adolf Hitler selbst die Worte gesprochen: ›Wir sind daher des Glaubens, daß die Vorsehung das, was geschieht, so gewollt hat ...‹ In Trauer steht das deutsche Volk vor dem großen Unglück der betroffenen Toten und Verwundeten, in Treue aber zum Führer seines Schicksals, den die Vorsehung so sichtbar beschirmt hat.«

Auch die Münchener Katholische Kirchenzeitung[343] brachte einen Bericht über die offizielle Reaktion der katholischen Kirche, die mit dem Satz schloß:»Wir katholischen Christen sind mit dem ganzen deutschen Volk in dem heißen Wunsche einig, daß Gott Führer und Volk schützen möge.«

Inoffiziell aber scheinen in breiten Kreisen der katholischen Geistlichkeit starke Zweifel über die vom Goebbelschen Propagandaapparat bekanntgegebenen Hintergründe des Attentats geherrscht zu haben. Während die Zeitungen bereits am 9. November angewiesen wurden, die Schuld nicht auf innerdeutsche Gruppen sondern auf das Ausland zu schieben[344], was schließlich zu einer Beschuldigung des Secret Service führte, scheint ein erheblicher Prozentsatz der katholischen Priester der vom Straßburger Sender verbreiteten Auffassung zugeneigt zu haben, es handele sich um ein Attentat aus Parteikreisen.[345]

---

[341] CONWAY; S. 240.
[342] BA R 58/145.
[343] Bd. 32, Nr. 47. – Zitiert bei ZAHN; S. 159.
[344] Kriegspropaganda; S. 222
[345] »Bericht zur innenpolitischen Lage«, 22. 11. 39. BA R 58/145. Georg Elser hat das Attentat allein und ohne Hintermänner verübt. Vgl. HOCH, Anton. »Das Attentat auf Hitler im Münchner Bürgerbräukeller«.VfZG, 1969, H. 4, Oktober; S. 383–413.

Auch in der Bevölkerung wurden Zweifel an der Wahrhaftigkeit der vom Propagandaministerium verbreiteten These geäußert, wie ein Inlandslagebericht des SD-Abschnittes Leipzig im Zusammenhang mit einer am 9. 11. 39 erfolgten Verhaftungsaktion mitteilt: »In verschiedensten Kreisen Leipzigs Kritik an den im Zusammenhang mit Münchener Attentat durchgeführten Verhaftungen. Z. B. wird Auffassung vertreten, daß es nicht richtig sei, ehemalige Stahlhelmer, Katholiken usw. festzunehmen, während doch vom Reich behauptet wurde, daß Täter bzw. Anstifter bei Secret Service oder internationalem Judentum zu suchen sei. Es wird Meinung vertreten, daß also durch die Verhaftungswelle der deutschen Propaganda ›der Wind aus den Segeln genommen werde‹.«[346]

Aufgrund der Inkulpierung des Judentums rechnete man in einigen Kreisen der Bevölkerung mit verschärften Judenaktionen[347]; zu Demonstrationen scheint es jedoch nur vereinzelt gekommen zu sein.[348]

Sonst läßt sich im Spätherbst 1939 viel Unzufriedenheit, Unruhe und Mißstimmung im Volke feststellen. Alle SD-Berichte registrieren eine verstärkte Tätigkeit von marxistischen und kommunistischen Gruppen.[349] Flugblätter und Propagandaschriften wurden verteilt, die zum Sturz der Regierung aufforderten. Laut SD-Bericht vom 3. November wurde diese verstärkte Aktivität darauf zurückgeführt, daß in kommunistischen Kreisen die Ansicht herrsche, eine Betätigung sei jetzt weniger gefährlich, da die staatlichen Behörden mit Rücksicht auf die Erhaltung der russischen Freundschaft nicht mehr so scharf durchgreifen könnten. Ein anderer Bericht[350] spricht von zwei Meinungströmungen innerhalb der deutschen marxistischen Kreise: »Ein Teil der Marxisten ist der Meinung, Stalin habe die Arbeiter verraten, und der Kommunismus müsse jetzt unabhängig von Rußland weitergetrieben werden. In diesen Kreisen machen die Anhänger Trotzkis Propaganda. Sie versuchen, die von Stalin enttäusch-

---

[346] Vom 15. 11. 39, *IWM 271/46 CIOS 4233.* In Leipzig waren im Zuge dieser Verhaftungsaktion festgenommen worden: 43 Juden, 16 KPD-Führer, 10 SPD-Führer, 1 SAP-Führer; 4 Angehörige des Widerstandskreises, 2 Angehörige der »Schwarzen Front«, 2 WO-Führer, 3 Katholische Aktion, 2 staatsfeindliche Theologen, 1 Freimaurer, 2 JBV-Anhänger. – *Aus deutschen Urkunden;* S. 216.
[347] SD-Abschnitt Leipzig, 10. 11. 39. *ibid.*
[348] »Berichte zur innenpolitischen Lage«, 10. 11. 39. BOBERACH; S. 18.
[349] s. »Berichte zur innenpolitischen Lage« vom 9., 13., 16. und 25. 10.; 3., 13., 15. und 24. 11.; vom 1., 4. 12. – und »Meldungen aus dem Reich« vom 22. 12. 39. BA *R 58/144–146* und BOBERACH; S. 4/5, 19, 20, 23.
[350] Vom 16. 10. 39. – Beide in BA *R 58/144.*

ten Kommunisten für sich zu gewinnen. Ein anderer Teil hofft, der Kommunismus werde durch das Abkommen Berlin/Moskau wieder an Boden gewinnen können.«

In Berlin wurden in der Nacht nach dem mißglückten Attentat die Schaufenster von Hitlers Leibfotografen Hoffmann zertrümmert. In den Vitrinen waren ausschließlich Führerbilder ausgestellt gewesen.[351] Diese kommunistischen Störaktionen im Reichsgebiet blieben jedoch in Umfang und Stärke weit hinter denen in den neuannektierten Gebieten zurück. Insbesondere die österreichischen Kommunisten entfalteten eine lebhafte Tätigkeit.[352]

Auch aus kirchlichen Kreisen wird eine rege Aktivität registriert: »Die gegnerische Tätigkeit des politischen Katholizismus hält an. Besonderes Interesse wird der Jugend und den Soldaten entgegengebracht.«[353] Einige Meldungen unter Anführung von konkreten Beispielen aus Predigten und Aussprüchen, die sich mehr oder weniger offen gegen die nationalsozialistischen Praktiken wandten, liefen auch über die evangelische Kirche ein, insbesondere über Angehörige der Bekennenden Kirche.[354] In solchen Fällen folgte dann immer der fatale Nachsatz, daß die Staatspolizei verständigt sei.

»Generell läßt sich für das Reichsgebiet feststellen, daß die Haltung der evangelischen Kirche mit Ausnahme der radikalen Bekenntnisfrontrichtung zum Zeitgeschehen in Deutschland positiver als die katholische Kirche eingestellt ist. In protestantischen Gottesdiensten begegnet man verschiedentlich echten und ehrlich gemeinten Bittgebeten für den Führer und das deutsche Volk, die aus einer inneren Bejahung des Zeitgeschehens erwachsen. In der katholischen Kirche dagegen wird, im allgemeinen gesehen, das deutsche Schicksal dieser Tage entweder völlig ignoriert oder es wird die Lage Deutschlands als eine besondere Notzeit, als eine Zeit schwerster Prüfung und Züchtigung dargestellt, die Gott gesandt habe, damit die dem Christentum entfremdeten Deutschen endlich den Weg zu Gott und zur wahren Kirche zurückfänden.«[355]

Die Haltung der katholischen Kirche zu diesem Zeitpunkt war sicherlich durch die päpstliche Enzyklika *Summi Pontificatus* vom 20. Oktober 1939

351 »Bericht zur innenpolitischen Lage«, 16. 10. 39. *ibid.*
352 »Bericht zur innenpolitischen Lage«, 24. 11. 39. BA *R 58/145.* – s. auch BOBERACH; S. 21.
353 »Bericht zur innenpolitischen Lage«, 13. 10. 39. BA *R 58/144.*
354 »Bericht zur innenpolitischen Lage«, 23. 10. 39. *ibid.* und vom 1. 12. 39. BOBERACH; S. 21.
355 »Bericht zur innenpolitischen Lage«, 6. 12. 39. BA *R 58/145.*

beeinflußt[356], die mit Bezug auf Lukas 22, 53 von einer wahren »Stunde der Finsternis« sprach, ohne die deutsche Aggression herauszustellen. Die Enzyklika wurde von intransigenten nationalsozialistischen Kreisen als eine ausschließliche Attacke gegen das nationalsozialistische Deutschland empfunden, wie ein Schreiben Heydrichs an Lammers vom 10. November, von Gestapochef Müller unterzeichnet[357], sowie die vom Beauftragten des Führers für die Überwachung der gesamten geistigen und weltanschaulichen Schulung und Erziehung herausgegebenen *Mitteilungen zur weltanschaulichen Lage* beweisen.[358] Insbesondere die von der internationalen Presse daraufhin ausgelösten Kommentare wurden in diesen Kreisen als eine Schädigung des deutschen Ansehens gewertet. Der Papst habe, vom katholischen Naturrecht ausgehend, direkt die nationalsozialistische Weltanschauung angegriffen und in bezug auf das Völkerrecht den Nationalsozialismus bezeichnet »als Ausdrucksform des nackten Egoismus, der keine Rücksicht auf das Wohl der Völker kenne . . .«.[359]

Es besteht kein Zweifel, trotz der von der höchsten Staatsgewalt deklarierten Neutralitätspolitik gegenüber den Kirchen schwelte der Haß in Kreisen der Parteiführerschaft weiter. Göring, Goebbels, Bormann und Rosenberg ließen keine Gelegenheit ungenutzt, die Macht der Kirchen zu schmälern. Rosenberg definierte den Charakter dieser Auseinandersetzung sehr richtig als einen »Seelenkrieg«.[360] Hinter der Haltung des Klerus wurden zentrale Weisungen vermutet, in denen man einheitliche Richtlinien zu erkennen glaubte. Folgende zentral gesteuerte Parolen und Maßnahmen wurden der katholischen Kirche zugeschrieben:

1. Es würde begrüßt, wenn Deutschland den Krieg verlieren würde; hinterher erhoffe man eine Aufteilung Deutschlands in katholische Staaten.
2. Der Nationalsozialismus werde immer mehr mit dem Bolschewismus gleichgestellt.[361]
3. Nachrichten ausländischer Sender würden kolportiert und besprochen.
4. Durch Verbreitung schlechter Witze werde eine Diskreditierung der

---

[356] s. hierzu FRIEDLÄNDER, Saul. *Pius XII und das Dritte Reich.* Eine Dokumentation. Reinbek b. Hamburg, Rowohlt Verlag, 1965; S. 37/38.
[357] *ibid.;* S. 37/38.
[358] Nr. 1/6. Jahrg., vom 11. 1. 40. BA ZSg 3/vorl. 1689.
[359] *ibid.*
[360] *Das politische Tagebuch Alfred Rosenbergs;* S. 110.
[361] s. insbesondere »Meldungen aus dem Reich«, 21. 2. 40. BA R 58/148.

Reichsregierung und führender Persönlichkeiten in Deutschland vorbereitet.

5. Der Krieg werde dargestellt als eine Strafe Gottes für die »sittliche Verkommenheit des deutschen Volkes«.[362]

Allein an diesem stetigen Mißtrauen der Parteiführer gegen die katholische Kirche könnte man den starken, wenn nicht gar zunehmenden Einfluß der katholischen Kirche auf die Bevölkerung ablesen. Ihre Stärke lag vor allem darin, daß sich die Bevölkerung bei ihrer Geistlichkeit ungestört über die Mißhelligkeiten und Kümmernisse aussprechen und Trost bei ihr suchen konnte, was bei den Dienststellen der Partei nicht möglich war. Ein kennzeichnendes Beispiel hierfür bietet das Verhalten der aus den Westgebieten zu Kriegsbeginn evakuierten Bevölkerung. Obwohl, wie erwähnt, seit 1938 Pläne für eine Räumung dieser Gebiete ausgearbeitet worden waren, erfolgten die Maßnahmen überstürzt und in wenig koordinierter Form: »Die Rückführung der Bevölkerung aus der roten Zone im Westen hat leider nicht so geklappt, wie es im Interesse der Beteiligten notwendig gewesen wäre. Zweifellos hat eine ganze Anzahl von Ursachen zusammengewirkt, dieses ungünstige Ergebnis herbeizuführen. Besonders verhängnisvoll war es, daß anscheinend die Räumung überstürzt vorgenommen und von den vorgesehenen Räumungsplänen abgewichen wurde. So kam es, daß die Rückwanderer ganz durcheinander kamen und zum Teil in andere als die vorgesehenen Bergungsräume gefahren wurden. Besonders mißlich wirkte es sich aus, daß vielfach die Familienangehörigen auseinandergerissen wurden. So kam es, daß Familienväter verzweifelt im Lande umherirrten und nach Frau und Kindern suchten. Die Transportzüge kamen zum Teil ohne alle Leitung und Begleitpersonal an, so daß bei ihnen eine fürchterliche Unordnung herrschte ...

Als mißlich erwies sich auch, daß die Rückwanderer teilweise in Gebiete kamen, für die sie nicht paßten. Ausgesprochene Stadtbevölkerung kam aufs Land, zum Teil in ausgesprochene Notstandsgebiete ...«[363]

Es gab also viel Ärger, und mancher wollte nicht dort bleiben, wohin er eingewiesen worden war. Der SD-Bericht vom 8. November 1939[364] spricht von 80 % der Rückgeführten, die »eigenmächtig den Transport verlassen

362 »Meldungen aus dem Reich«, 19. 1. 40. BOBERACH; S. 39, 40 und vom 5. 2. 40, daß die Kältewelle eine Strafe Gottes sei. BA R 58/148.
363 Monatsbericht des Regierungspräsidenten von Ober- und Mittelfranken für September 1939. BHStA, Abt. II, MA 106 678.
364 BOBERACH; S. 15.

und sich entweder wieder in die Heimatgebiete oder mit unbestimmtem Ziel auf die »wilde Wanderschaft« begeben hätten. Außerdem wurden die Evakuierten oft nur widerwillig aufgenommen[365], als »Saarfranzosen«, »Stockfranzosen« und »Zigeunervolk« bezeichnet.[366] Derartige Äußerungen mußten bei der sehr national eingestellten Saarbevölkerung Bitterkeit hervorrufen. Da sie sich bei der Partei, als der Schuldigen für die Desorganisation der »Rückführung«, nicht beklagen konnten, suchten die vorwiegend katholischen Saarländer Zuspruch bei der Kirche.[367] Neben der Geistlichkeit und den Gläubigen bereitete das Verhalten der Studenten den Parteistellen Verdruß. Offensichtlich war die studentische Jugend von der Größe der Zeit und der Mission der Partei wenig beeindruckt. Trotz Krieg und aller weltanschaulichen Indoktrinierung amüsierte sie sich:

»Statt dessen laufen übereinstimmend aus mehreren Universitätsstädten Klagen über eine der Situation der Zeit in keiner Weise entsprechende Haltung dieser Studenten, namentlich der jüngeren und erstsemestrigen ein.« Aus Marburg wird beispielsweise zuverlässig berichtet, daß es bei dem Pflichtappell der 1. bis 3. Semester beim Eintreffen des Studentenführers zu einem regelrechten Pfeifkonzert kam, daß sich auch bei den medizinischen Kollegs verschiedentlich lärmende Auftritte entwickelt hatten, daß sich die Studenten weitgehend von den dienstlichen Verpflichtungen des NSDStB[368] zu drücken versuchten, daß sich dafür aber »mittlerweile ein regelrechter Poussier- und Saufbetrieb herausgebildet« habe. Ähnliche Meldungen lagen aus Göttingen, Breslau und Jena vor.[369]

Wenige Zeit nach diesen Meldungen verurteilte Goebbels in seiner Ministerkonferenz die Haltung der Jugend an den Hochschulen und gab Auftrag, einen Bericht über das Benehmen der Studenten in Göttingen anzufertigen.[370] Bald sollte es aber noch schlimmer kommen und sollten sich die Berichte über die ungebärdige Jugend häufen. Der SD-Abschnitt Leipzig meldete im Frühjahr 1940 das Anwachsen von Ladendiebstählen und vor allem den häufigen Besuch von Tanzlokalen, in denen etwa die Hälfte der Besucher »Tänze mit jazzähnlichem Charakter, trotz deutlich

365 Bericht des Oberlandesgerichtspräsidenten von Ludwigshafen, 8. 1. 40. BA R 22/3389.
366 BOBERACH; S. 17.
367 Das politische Tagebuch Alfred Rosenbergs; S. 106.
368 Nationalsozialistischer Deutscher Studentenbund.
369 »Bericht zur innenpolitischen Lage«, 24. 11. 39 (III Kulturelle Gebiete). BA R 58/145.
370 Am 9. und 10. Dezember 1939. Kriegspropaganda; S. 239.

sichtbarer Schilder mit Verbot von Swing und Lambeth Walk« tanzten. Etwa 20 % der Besucher waren Jugendliche unter 18 bzw. 16 Jahren.[371] Am 9. März 1940 wurde dann eine »Polizeiverordnung zum Schutze der Jugend« erlassen, die bestimmte, daß Jugendliche unter 18 Jahren Straßen und Plätze bei Dunkelheit zu verlassen hatten. Es war ihnen verboten, sich nach 21 Uhr in Lokalen, Kinos und Kabaretts aufzuhalten. Jugendliche unter 16 Jahren durften keinen Alkohol trinken und nicht in der Öffentlichkeit rauchen.[372] Etwa einen Monat später folgte ein weiterer Bericht über die »oppositionelle Jugend«. Beim Sondergericht Leipzig lief eine Gerichtsverhandlung gegen eine Gruppe von 92 Mann, die »Meute Reeperbahn«. Mehrjährige Gefängnisstrafen wurden gegen einige ihrer Mitglieder ausgesprochen. Es gab auch Gruppen, welche die Tracht der ehemaligen bündischen Jugend trugen, Fahrten in die Umgebung Leipzigs machten, Straßenpassanten belästigten und Gelegenheitsdiebstähle begingen. Neben diesen »gangs«, die sowohl Ausdruck jugendlichen Übermuts, fehlender elterlicher Aufsicht wie Erscheinungsformen der industriellen Massengesellschaft waren, existierten auch einige wenige politische Gruppierungen mit politischer Tendenz, wie »Rotes X« und »Rotes G«.

Die der Staatsjugend angehörenden Jungarbeiter machten sich hingegen durch anmaßendes Verhalten gegenüber den Meistern unbeliebt.

Anfang April wandte sich Generalfeldmarschall Göring an die deutsche Jugend, um der »Verwahrlosung« Einhalt zu gebieten.[373]

Die weibliche Jugend schien von privaten und staatlichen Zusammenschlüssen im allgemeinen wenig zu halten. Von den weiblichen Angestellten der Junkerswerke gehörten beispielsweise nur 8 von 60 dem BDM an. »Bei einer Rücksprache mit den Eltern einiger der Staatsjugend fernstehenden Mädels äußerten diese, daß die ihre Tochter nicht zum BDM schicken, da sie dort nur verdorben würden ...«[374] Diese Stellungnahme darf als typisch für viele Eltern angesehen werden, deren Töchter zwar *pro forma* Mitglied des Bundes Deutscher Mädel geworden waren, aber

---

[371] Inlandslagebericht vom 4. 3. 40. IWM *271/46 CIOS 4233*.

[372] Über weitere Clubs, Cliquen und Banden s. KLOSE, Werner. *Generation im Gleichschritt. Ein Dokumentarbericht.* Oldenburg/Hamburg, Gerhard Stalling-Verlag, 1964; S. 222 ff. Daß sie nicht nur eine Kriegserscheinung waren, beweist der Jahreslagebericht des Sicherheitshauptamtes für 1938, der auch schon von »wilden Gruppen« spricht, die Fahrten und Zusammenkünfte veranstalteten, »in deren Mittelpunkt teilweise sexuelle Orgien stehen«. BA *R 58/1095; fol.* 123, 124.

[373] »Meldungen aus dem Reich«, 5. 4. 40. BA *R 58/150*.

[374] Vom 5. 4. 40. *ibid.*

nur sehr selten von ihren Müttern die Erlaubnis zur Teilnahme an dem Heimabend erhielten.

Die Frauen erregten überhaupt sehr oft den Unmut des Regimes. Sie versuchten, insbesondere die Vertreterinnen des gehobenen Mittelstandes und der Oberschicht, sich dem Einfluß der Partei zu entziehen und unter sich zu bleiben. Um der Arbeit in der NS-Frauenschaft auszuweichen, wurden private Liebesgaben gesammelt und Hilfsdienste im Rahmen des Roten Kreuzes geleistet.[375] Dieses Abkapseln von der »Volksgemeinschaft« wurde seitens der NS-Funktionäre übel vermerkt. Die Tatsache, daß es nicht zu einer vollständigen Erfassung aller Frauen für einen Kriegseinsatz gekommen war und die ursprünglich erlassenen Dienstverpflichtungen wieder aufgehoben wurden, da man mit dem bisherigen normalen Einsatz von weiblichen Arbeitskräften auskam[376], gab ebenfalls Anlaß zu Ärgernissen. Viele Frauen hatten beispielsweise genügend Zeit, systematisch die Geschäfte nach nicht rationierten Lebensmitteln abzusuchen; und auch hier richtete sich der Zorn vor allem gegen die bessergestellten Kreise, welche sich durch Erwerb von Feinkostwaren oder durch Mahlzeiten in Restaurants zusätzlich verköstigen konnten.[377] Der Neid, »eine Kernfrage der sozialen Existenz«[378], dessen das NS-Regime sich weidlich bedient hatte, um zur Macht zu gelangen, sollte dem Dritten Reich noch viel zu schaffen machen.

Das alles beherrschende Thema des ersten Kriegswinters aber hieß: Kohlenkrise. Ab 6. November und bis spät in das Frühjahr hinein rissen die Klagen und Beanstandungen hierzu nicht ab. Zu diesem Engpaß in der Versorgung der Bevölkerung und der Industrie war es aufgrund von Transportschwierigkeiten gekommen. Jahrelang waren die Transportmittel, insbesondere der Wagenstand der Deutschen Reichsbahn, vernachlässigt und ihre Erneuerung zugunsten anderer kriegswichtiger Güter zurückgestellt worden. Durch den Polenfeldzug war weiteres rollendes Material ausgefallen. So blieben die Kohlen auf Halden liegen, Feierschichten mußten eingelegt werden, und das Rheinisch-Westfälische Kohlensyndikat war gezwungen, allein im November 1939 1,2 Millionen Tonnen Kohlen ein-

---

375 »Stimmungsmäßiger Überblick über die Gesamtpolitische Lage«. Kreis Wiesbaden, November 1939. BA NS Misch/vorl. 1792; fol. 307 316.
376 Wirtschaftliche Pressekonferenz vom 22. September 1939. BA ZSg 115/1939.
377 SD-Abschnitt Leipzig. »Lage auf den Lebensgebieten«, 18. 9. 39. IWM 271/46 CIOS 4233.
378 SCHOECK, Helmut. Der Neid. Eine Theorie der Gesellschaft. Freiburg, München, Verlag Karl Alber, 1966; S. 7.

zulagern. Auf den 14 Schachtanlagen des Saargebietes wurden in den ersten Novemberwochen 38 Feierschichten eingelegt.[379] Der nach Weihnachten einsetzende starke Frost verschärfte die Lage: »Die neuesten z. T. alarmierenden Meldungen aus dem gesamten Reichsgebiet lassen erkennen, daß bei weiterem Anhalten der derzeitigen Versorgungschwierigkeiten Unruhen größeren Ausmaßes auftreten werden. Die Stimmung in der Bevölkerung, namentlich in den Großstädten, in denen der Mangel besonders empfindlich ist, wird in den vorliegenden Berichten als außerordentlich gespannt dargestellt . . .«[380] Es kam teilweise zu stürmischen Szenen vor den Kohlenhandlungen; Kohlenwagen wurden von der Bevölkerung in den Straßen aufgehalten, und Polizei mußte eingesetzt werden, um ihre Erstürmung zu verhindern. Bedrohungen von Beamten und Kohlenhändlern wurden aus den verschiedensten Bezirken gemeldet.[381]

Die Bedeutung und der Umfang der Kohlenkrise gehen auch aus den zahlreichen Stellungnahmen und Propagandaanweisungen hervor, die Goebbels diesem Thema widmete.[382] Der Kohlenmangel machte sich in allen Teilen des Reiches bemerkbar, besonders aber in Nord- und Mitteldeutschland, am schlimmsten in Ostpreußen und den ländlichen Gebieten, die früher mit Holz geheizt hatten.[383]

Eine weitere Auswirkung der Transportnöte waren zeitweilige Betriebsstillegungen[384] und damit verbunden eine starke Unzufriedenheit unter der Arbeiterschaft, die sich schon anläßlich der Kohlenkrise, der unzureichenden Lebensmittelversorgung und vor allem der schlechten Belieferung mit Kartoffeln[385] gezeigt hatte. Vornehmlich in den Betrieben, in

---

[379] »Meldungen aus dem Reich«, 4. 12. 39. BOBERACH; S. 24.
[380] »Meldungen aus dem Reich«, 8. 1. 40, *ibid.;* S. 34.
[381] Ministerpräsident Göring. Beauftragter f. d. Vierjahresplan V. P. 3891 g. »Übersicht über die wirtschaftliche Gesamtlage« vom 25. 2. 40. gez. Kiderlen. IWM *FD 4809/45 File 2.*
[382] Am 22. 12. 39; 9., 11., 12., 27. und 30. 1. 40; 1. und 2. 2. und 30. 4. 40 *Kriegspropaganda;* S 249, 261, 263, 264, 274, 277, 279, 280, 337.
[383] Zu diesem Thema s. folgende Berichte der OLG-Präsidenten oder Generalstaatsanwälte an den Reichsjustizminister: OLG-Präsident Kiel, 9. 1. 40. BA *R 22/3373;* Generalstaatsanwalt Königsberg, 8. 2. und 14. 4. 40. *R 22/3375;* OLG-Präsident Bamberg, 26. 2. 40. *R 22/3355;* OLG-Präsident Dresden, 6. 3. 40. *R 22/3362;* Generalstaatsanwalt Celle, 1. 4. 40. *R 22/3359* und Kreisleiter von Wetzlar und Worms. BA *NS Misch/1726;* fol. 303 934 und 303 974-83.
[384] s. z. B. »Meldungen aus dem Reich«, 16. 2. 40. BOBERACH; S. 49.
[385] »Meldungen aus dem Reich«, 12. 1. 40. *ibid.;* S. 36.

denen die Arbeiter ihren alten marxistischen Idealen treu geblieben waren, zeigte sich Unruhe.[386] In vielen Städten des Reiches tauchten zu Winterende und Frühjahrsbeginn »kommunistische Schmierereien« auf. Im Leunawerk fand man Inschriften wie »Nieder mit Hitler« und »Rotfront«. An einem Werk in Schwandorf in der Oberpfalz stand »Die Nazis sind Arbeitermörder. Hitler ist zum Arbeitermörder geworden. Nieder mit dem Hitlerismus«. Über ähnliche Vorgänge liefen Meldungen aus Dortmund, Bielefeld, Dresden, Plauen und Würzburg ein.[387] Aus Berlin wurde die Verbreitung im Ausland gedruckter sozialdemokratischer Schriften gemeldet.[388]

Auch aus Bauernkreisen kamen wieder ungünstige Stimmungsberichte.[389] Zu Wintersende/Frühjahrsbeginn fehlten in der Landwirtschaft ca. 1 Million Arbeitskräfte, die man vom Staate aus durch polnische Arbeiter ersetzen wollte.[390]

Am meisten klagte die Bevölkerung in Stadt und Land über die seit Kriegsbeginn mangelhafte Versorgung mit Schuhen und Sohlenleder. Der Führungsstab Wirtschaft in Düsseldorf war gezwungen zuzugeben, »die Schuhfrage (beginne) sich zu einer politischen Frage erster Ordnung auszuwirken«.[391] Mehrfach kam es zu Arbeitsverweigerungen infolge mangels an Schuhwerk.

Angesichts all dieser Erscheinungen ist der Tenor des Mißvergnügens, welcher sich durch alle Meinungsberichte zieht, nicht verwunderlich: »Die allgemeine Stimmung in der Bevölkerung muß in letzter Zeit als wenig günstig und zuversichtlich beurteilt werden...«[392] Fast alle Be-

---

386 Generalstaatsanwalt Düsseldorf, 1. 2. und 31. 3. 40. BA R 22/3363.
387 »Meldungen aus dem Reich«, 29. 3. 40. BA R 58/149.
388 »Meldungen aus dem Reich«, 3. 4. 40. BA R 58/150. Für die Verteilung von Hetzschriften s. auch Meldungen vom 10. 4. 40. ibid.
389 Monatsbericht des Regierungspräsidenten von Ober- und Mittelfranken, vom 7. 4. 40. BHStA, Abt. II, MA 106 678.
390 Wirtschaftspressekonferenz vom 19. 3. 40. BA ZSg 115/1940. Die Arbeitslosenzahl betrug zu Ende des Winters 250 253, davon voll einsatzfähig 64 603. Der Anteil der Frauen belief sich auf 64 246, von denen aber nur 557 voll einsatzfähig waren. Die größten Arbeitslosenziffern wiesen Schlesien und das Rheinland mit 38 087 bzw. 24 231 auf. – Pressekonferenz bei Gen.d.Inf. Thomas vom 5. 3. 40. BA/MA Wi/IF 5.357.
391 Ministerpräsident Generalfeldmarschall Göring, Beauftragter f. d. Vierjahresplan. V.P. 4996 g »Übersicht über die wirtschaftliche Gesamtlage« vom 15. 3. 40. IWM FD 4809/45 File 2.
392 OLG-Präsident Köln, 13. 3. 40. BA R 22/3374. Ähnlich auch Generalstaatsanwalt München, 20. 1. 44. R 22/3379.

richterstatter waren sich darüber einig, daß weiterhin keinerlei Kriegsbegeisterung zu erkennen sei.[393]

»Allgemein wartet man darauf, daß etwas geschieht, und draußen und drinnen wird es eine notwendige, schwere Aufgabe sein, auf längere Dauer Haltung und Stimmung zu bewahren, trotzdem aufrüttelnde und einschneidende kriegerische Ereignisse nur in geringem Umfange sich abspielen. Auch die Urlauber berichten davon, daß man draußen auf ein aktives Vorwärtskommen und Geschehen warte, und daß manches, was ertragen werden kann, wenn es vorwärts geht oder überhaupt etwas geschieht, schwer erträglich, stimmungs- und disziplingefährdend wirkt, wenn alles in Ruhe und untätig bleibt . . .«[394]

Auch die ausgedehnte Berichterstattung über die Kaperung des deutschen Tankers »Altmark«[395] im norwegischen Jössingfjord durch den britischen Zerstörer »Cossack« und die Befreiung von 300 an Bord befindlichen englischen Gefangenen, welche die »Altmark« von der »Graf Spee« übernommen hatte, konnte die öffentliche Meinung nur kurze Zeit von ihren Alltagsorgen ablenken.[396] Das Leben versank schnell wieder im grauen Allerlei.

3. Die Blitzkriege in Norwegen und Frankreich. Hitler Triumphator

Die Besetzung Dänemarks am 9. April 1940 und die Landung deutscher Truppen in Norwegen ließ urplötzlich »alle anderen Fragen in den Hintergrund« treten »und die sonst üblichen Debatten über wirtschaftliche Sorgen und Beschränkungen« verstummen.[397] Die ernste Stimmung, der Unmut waren wie weggefegt.[398]

»Das Stimmungsbild wird im ganzen Reich vollständig von den Vorgängen in Skandinavien und den Kämpfen mit englischen See- und Luftstreitkräften beherrscht. Mit einer Anteilnahme und innerem Interesse, wie

393 s. z. B. OLG-Präsident Bamberg, 4. 1. 40. BA R 22/3355; OLG-Präsident Ludwigshafen, 8. 1. 40. R 22/3389; OLG-Präsident Braunschweig, 5. 3. 40. R 22/3357; OLG-Präsident Kiel, 9. 10. 40. R 22/3373.
394 ibid.
395 Vgl. KNACKSTEDT, H. »Der ›Altmark‹-Zwischenfall«. Wehrwissenschaftliche Rundschau, 1959; S. 391–411; 466–486.
396 BOBERACH; S. 52.
397 »Meldungen aus dem Reich«, 10. 4. 40. BOBERACH; S. 59.
398 Generalstaatsanwalt Königsberg, 14. 4. 40. BA R 22/3375.

sie nur zu Beginn des Krieges festzustellen·waren, werden alle Ereignisse verfolgt. Die Zustimmung und Begeisterung ist in allen Bevölkerungskreisen gleichmäßig stark zu finden. Es ist allgemeine Überzeugung, daß der Führer wieder ›im richtigen Augenblick‹ eingegriffen habe. Aus der sorgfältigen Vorbereitung und der Größe der Aktion schließt man, daß der Führer alles für einen umfassenden Sieg Erforderliche rechtzeitig plant und durchführt.

Bei der Beurteilung des deutschen Schrittes hat man sich die Argumente der deutschen Propaganda völlig zu eigen gemacht, daß England die Neutralität der nordischen Staaten bisher nicht geachtet habe und – wie aus der Ankündigung der Minensperren hervorging – in Zukunft erst recht nicht zu achten gewillt war. Der deutsche Schritt wird daher allgemein als eine gerechte Gegenaktion gegen die Westmächte empfunden.

Die *loyale Haltung Dänemarks* findet dabei allgemeine Anerkennung und hat eine gewisse Sympathie für das dänische Volk bewirkt. Dagegen wird der Widerstand Norwegens in weiten Kreisen der Bevölkerung als Beweis für die starke Bindung Norwegens an England angesehen, um so mehr als die Norweger bei dem ›Altmark‹-Fall keinen Widerstand leisteten«.[399]

Es hegte also kaum jemand moralische Bedenken, nur die »Meldungen aus dem Reich« vom 20. Mai[400] erwähnten eine Ausgabe der monatlich erscheinenden Auslandsblätter *Das wahre Deutschland,* welche einen Leitartikel mit der Überschrift brachten: »Neue Schändung des deutschen Namens«. Die deutsche Inlandspresse aber folgte den Sonderanweisungen des Reichspressechefs, die von der »Inschutznahme« Dänemarks und Norwegens sprachen und einer »blitzartigen deutschen Antwort« auf den britischen Versuch, aus Skandinavien einen Kriegsschauplatz gegen Deutschland zu machen. Die deutsche Operation sei erst durch englische operative Maßnahmen ausgelöst worden.[401] Das stimmte zwar nicht, Hitlers Planungen waren unabhängig von den englischen Vorbereitungen angelaufen. Letztere hatten eine Verminung der norwegischen Küstengewässer (Operation »Wilfred«) vorgesehen; anschließend eine Besetzung von Narwik, Trondheim, Bergen und Stavanger. Die Operation »Wilfred« war jedoch vom 5. auf den 8. April verschoben worden, und damit gewann das deutsche Unternehmen den entscheidenden Vorsprung. Obwohl diese Einzelheiten damals auf deutscher Seite nicht bekannt waren, schien die von

---

[399] »Meldungen aus dem Reich«, 12. 4. 40. BA *R 58/150.*
[400] BA *R 58/184.*
[401] *Kriegspropaganda;* S. 315/316.

der Propaganda ausgegebene Erklärung für den deutschen Angriff plausibel, und die Deutschen freuten sich, England zuvorgekommen zu sein und ihm ein Schnippchen geschlagen zu haben. Die Optik war allerdings so verfälscht, daß man den Haupterfolg »in dem moralischen Eindruck auf die übrigen neutralen Staaten, insbesondere auf Holland, Belgien und den Südosten«, erblickte. »Es müsse auch dort – so folgert man – einen nachhaltigen Eindruck hinterlassen, daß England selbst auf dem Meer solchen blitzartigen Aktionen nicht gewachsen sei.«[402] Der Bericht sprach weiter von einer »stolze(n) Stimmung«. Und in der Tat, stolz waren die Deutschen zu diesem Zeitpunkt, auf ihre Stärke, ihre militärischen Erfolge, »ihren« Führer, dem sie »unbegrenzte Bewunderung« zollten.[403] Besonders in Schleswig-Holstein löste der Einmarsch in Dänemark tiefe Befriedigung aus. Man hoffte, »daß die vorwiegend von Volksdeutschen bewohnten Kreise Tondern und Apenrade zum Deutschen Reich zurückkehren würden«.[404]

Goebbels schien denn auch dieser plötzliche Überschwang ungesund und übertrieben, und er gab Anweisung, es solle kein »Hyperoptimismus aufkommen«; das Volk müsse »immer reale Korsettstangen haben«.[405]

Der Reichsminister für Volksaufklärung und Propaganda hatte die Situation richtig eingeschätzt. Die Hochstimmung wich sehr rasch wieder einer nüchternen Einschätzung der Lage.[406] Die üblichen Schimpfreden über schlechte Lebensmittel- und Gemüseversorgung und Klagen über zu hohe Preise wurden laut.[407] Ebenso wurde erneut über eine starke Aktivität der katholischen Kirche berichtet.[408] Der beobachtete Umschwung war schließlich so radikal – die Bevölkerung beunruhigte sich über die Verluste in Norwegen, klagte über schlechte und mangelnde Unterrichtung in Presse und Rundfunk –, daß in Goebbels' Ministerkonferenz die Rede von einem regelrechten »Stimmungseinbruch« war.[409] Bringt man diesen in Zusammenhang mit den vom Propagandaminister erwähnten »Lügenmanövern der Alliierten«[410] und seiner Bemerkung in der Rundfunkrede zu Hitlers Geburtstag: »Die ganze von London gegen das Reich losgelas-

---

[402] »Meldungen aus dem Reich«, 15. 4. 40. BOBERACH; S. 60.
[403] Generalstaatsanwalt Königsberg, 14. 4. 40. BA R 22/3375.
[404] OLG-Präsident Kiel, 14. 5. 40. BA R 22/3373.
[405] Kriegspropaganda; S. 317.
[406] »Meldungen aus dem Reich«, 24. 4. 40. BA R 58/150.
[407] »Meldungen aus dem Reich«, 3. 5. 40. BOBERACH; S. 87.
[408] »Meldungen aus dem Reich«, 22. 4. 40. BA R 58/150.
[409] Kriegspropaganda; S. 322.
[410] ibid.; S. 318.

sene Lügenflut prallt wirkungslos an Deutschland ab«[411], kann man unschwer davon ableiten, daß wieder zahlreiche Deutsche Auslandssender abgehört hatten. Wie kritisch Goebbels die Stimmung einschätzte, bezeugt seine Äußerung, es dürfe in Berlin auf keinen Fall zu einer Knappheit der wichtigsten Lebensmittel kommen,»da in einem solchen Fall die Stimmung in Berlin nicht zu halten sein würde«.[412]

Die deutsche Westoffensive brachte sehr rasch einen erneuten Stimmungsaufschwung.

Bereits zu Ende des Polenfeldzuges und wieder zu Beginn des Jahres waren hier und da Gerüchte in der Bevölkerung über eine eventuelle Besetzung Hollands aufgetaucht, dann aber wieder verstummt. Noch am 8. Mai veröffentlichte DNB ein Dementi, daß zwei deutsche Armeen an der holländischen Grenze aufmarschiert seien.[413] Am 10. Mai jedoch, um 5.30 Uhr, marschierten deutsche Truppen ohne Kriegserklärung in Holland und Belgien ein, obwohl Hitler in mehrfachen Erklärungen versprochen hatte, ihre Neutralität achten zu wollen. In gleichlautenden Noten wurden sowohl den Holländern wie den Belgiern vorgeworfen, ihre Verteidigung einseitig nach Osten ausgerichtet und militärische Besprechungen mit den Westmächten geführt zu haben. Deutschland müsse den Schutz der neutralen Staaten übernehmen und auch die Gefahr eines Angriffes auf das Ruhrgebiet abwenden. Die Presse erhielt Anweisung:»Das ganze Volk müsse die Überzeugung gewinnen, daß Holland und Belgien tatsächlich die Neutralität gebrochen haben.«[414]

Der vier Tage später erschienene SD-Bericht glaubt bereits den Erfolg dieser Propaganda registrieren zu können:

»Die zur Begründung des deutschen Schrittes veröffentlichten Memoranden[415] und die damit verbundene deutsche Propaganda haben nach den vorliegenden Meldungen in ihrer klaren Beweisführung sehr überzeugend gewirkt. Es wird dabei betont, daß man sich über die Einstellung Belgiens niemals irgendwelchen Illusionen hingegeben habe, daß jedoch

[411] Zitiert von BOELCKE, *ibid.*; S. 325.
[412] *ibid.*; S. 337.
[413] Erwähnt von BOELCKE, *ibid.*; S. 344.
[414] *ibid.*; S. 345.
[415] Das Auswärtige Amt hatte wieder Weißbücher veröffentlicht, welche die Gegner Deutschlands als Schuldige anprangerten. Vgl. z. B. *Dokumente zur englisch-französischen Politik der Kriegsausweitung und weitere Dokumente zur Kriegsausweitungspolitik der Westmächte*. Die Generalstabsbesprechungen Englands und Frankreichs mit Belgien und den Niederlanden. Berlin, Zentralverlag der NSDAP Franz Eher Nachf. GmbH, 1940.

die sicherheitspolizeilichen Feststellungen[416] stärksten Eindruck gemacht haben. Aus den Gesprächen der Bevölkerung sei zu entnehmen, daß diese Veröffentlichungen nicht nur als ein Akt geschickter Propaganda empfunden werden, sondern daß die Ansicht besteht, daß hier ein ›durch und durch falsches Spiel gegenüber dem deutschen Volk‹ aufgedeckt worden ist . . .«[417]

Im übrigen seien sich die Deutschen im klaren, »daß es dieses Mal nicht in dem Tempo vorwärts gehen kann wie im Falle des Polenfeldzuges und Norwegens . . .«[418] Genau in diesem Sinne hatte der Propagandaminister gleichfalls die Presse am ersten Tage instruiert und empfohlen, sie solle »weder in übertriebenen Optimismus noch in wilde Panikmache«[419] in ihrer Berichterstattung über den Westfeldzug verfallen.

Im Mittelpunkt des Interesses – so der SD-Bericht – habe jedoch Adolf Hitler gestanden, um dessen Wohlergehen gebangt wurde: »Besonders tiefen Eindruck hat wieder der persönliche Einsatz des Führers in allen Bevölkerungsschichten gemacht. Es wird hierzu übereinstimmend aus dem ganzen Reich gemeldet, daß diese Mitteilung im ganzen Volk Besorgnis um das Leben des Führers ausgelöst habe. Wenn diese Meldung auch das Vertrauen auf einen erfolgreichen Ausgang der Operationen im Westen allgemein gestärkt hat, so wird andererseits betont, daß es für Deutschland zur Zeit nur einen Schicksalsschlag geben könne, nämlich den Verlust des Führers . . .«[420]

»Große Bewunderung hat in der gesamten Bevölkerung die Veröffentlichung hervorgerufen, daß der Führer den Entwurf für den genialen Feldzugplan gemacht hat.[421] Dadurch, daß er selbst auch im Westen bei den Operationen jetzt dabei sei, würde die restlose Durchführung seiner Ideen und Pläne gewährleistet, und an einen Rückschlag glaubt man in keiner Weise mehr; man bangt jedoch um das Leben des Führers . . .«[422]

---

[416] Dies bezieht sich auf die Ermittlungen über die mit Hilfe von Walter Schellenberg aus Holland entführten englischen Offiziere Best und Stevens.
[417] BOBERACH; S. 66.
[418] *ibid.*
[419] *Kriegspropaganda;* S. 344.
[420] BOBERACH; S. 66 (14. 5. 40).
[421] Der Operationsplan beruhte wie 1914 auf einem Neutralitätsbruch. Er war fast gleichzeitig von Hitler und von Manstein vorbereitet, dann von Halder ausgearbeitet worden und sah vor, daß der entscheidende Schlag nicht auf dem rechten Flügel durch Holland und Belgien, sondern in der Mitte durch einen Panzerdurchbruch durch die Ardennen in Richtung Kanalküste erfolgen sollte. Churchill nannte ihn in seinen Memoiren mit Recht einen »Sichelschnitt«.
[422] SD-Abschnitt Leipzig, 22. 5. 40. *Aus deutschen Urkunden;* S. 221.

Wieder, wie im Falle des Norwegenfeldzuges, rückten alle anderen Vorgänge in den Hintergrund. Weder der Sturz der Regierung Chamberlain und die Bildung einer nationalen Regierung unter Churchill, noch die Besetzung Islands durch englische Truppen stießen auf große Aufmerksamkeit. Diese Ereignisse waren der unmittelbaren Interessenssphäre zu weit entrückt. Weit mehr Aufsehen erregte, besonders in Süddeutschland, die Mobilmachung der Schweiz, und manch einer glaubte, Deutschland werde sich diese »provokatorische« Haltung auf die Dauer nicht gefallen lassen.[423] Anfang Juni rechneten viele in Südwestdeutschland mit einem baldigen Einmarsch[424] in das kleine Nachbarland, und auch im Juli hielt eine gewisse Unruhe in dieser Hinsicht noch an.[425]

Indessen ließ das Propagandaministerium seine Maschine auf Hochtouren laufen. Goebbels erhob zum Prinzip, »daß alles, was an Feindmeldungen nicht zutrifft oder uns auch nur gefährlich werden kann, sofort dementiert werden muß. Es braucht dabei gar nicht selbst untersucht zu werden, ob die Meldung im einzelnen stimmt, entscheidend ist lediglich, ob das, was der Gegner behauptet, uns in irgendeiner Form schädlich werden kann . . .« Außerdem befahl er die Kriegsschuldfrage eingehend und im nationalsozialistischen Sinne immer wieder zur Sprache zu bringen:

»Vor der ganzen Welt muß England und Frankreich immer wieder erklärt werden, daß *sie* es seien, die uns den Krieg erklärt haben, und daß sie nun dafür die Quittung bekommen. *Ihr* eigener Krieg breche nun über sie herein. Auf keinen Fall dürften wir uns wieder in die Rolle des Angreifers drängen lassen.«[426]

Auch das Thema »Greuelnachrichten« wurde wieder aufgegriffen, da der Londoner Rundfunk und die *Times* Bilder und Berichte über deutsche Grausamkeiten in Polen brachten.[427] Die Presse wurde angewiesen, täglich eine solche Rubrik zu führen und aufs schärfste zu dementieren bzw. Gegengreuel zu lancieren.[428]

Der Feldzug in Holland war in fünf Tagen beendet; der holländische Oberbefehlshaber unterzeichnete am 15. Mai 1940, 11.45 Uhr, die Kapi-

[423] BOBERACH; S. 67.
[424] *ibid.*; S. 71, Anmerkung 5, und S. 82.
[425] *ibid.*; S. 84.
[426] *Kriegspropaganda*; S. 346; vgl. auch S. 349.
[427] Vgl. Auswärtiges Amt, Inf. streng vertraulich, 28. 5. 41. »Feindliche Hetzpropaganda betr. die besetzten und angegliederten Gebiete« Nr. 19/1941; insbesondere S. 19: »Polen. Bilddokumente deutscher Grausamkeit in der Times«. MGFA – WO *1-6/357.*
[428] *Kriegspropaganda*; S. 350/51, 355, 367.

tulationsurkunde. Die holländische Königin und ihre Regierung hatten sich nach London ins Exil begeben. Viele Deutsche empfanden besonders die Flucht des Prinzgemahls Bernhard von Lippe-Biesterfeld »als Landesverrat«.

»Überhaupt ist die Verbitterung über das Verhalten Hollands nach wie vor wesentlich größer als gegenüber Belgien, da man Holland vielfach nicht nur als einen neutralen Staat angesehen hatte, sondern infolge der Heirat eines deutschen Prinzen mit der Thronfolgerin auch als ein befreundetes Land ...«[429]

»Die Nachricht von der *Kapitulation Belgiens,* die sich am 28. 5. wie ein Lauffeuer in der Bevölkerung verbreitete, löste überall hellste Begeisterung aus und hat einen tiefen Eindruck auf das ganze deutsche Volk gemacht. Die Tatsache, daß eine halbe Million feindlicher Soldaten die Waffen gestreckt hat, verstärkt die allgemeine Zuversicht, daß die Schlacht in Flandern und Artois in kürzester Zeit siegreich beendet sein wird. Man glaubt besonders, daß die Waffenstreckung der Belgier nicht ohne Rückwirkung auf die Kampfeskraft und die Moral der französischen und englischen Truppen bleiben wird. Es kommt in allen Meldungen der Wunsch zum Ausdruck, daß die Engländer dieses Mal miterfaßt und vernichtend geschlagen werden. Dem Schritt des Königs der Belgier wird übereinstimmend Anerkennung und Verständnis entgegengebracht, und es wird lobend hervorgehoben, daß er nicht nur den zwecklosen Widerstand aufgegeben und dadurch unnötiges Blutvergießen verhindert hat, sondern es wird vor allem auch beachtet, daß er bis zur letzten Minute im Gegensatz zu anderen Staatsoberhäuptern bei seinen Truppen auf dem Schlachtfeld ausharrte ...«[430]

War die Bevölkerung mit der Nachrichtengebung und Information über den Norwegenfeldzug nicht immer einverstanden und sogar unzufrieden gewesen, so erregte die Berichterstattung über den Beginn des Westfeldzuges allgemein Bewunderung und Anerkennung. Die Übereinstimmung zwischen Regierung und Bevölkerung schien so gesichert, die Erfolge der Wehrmacht waren so überzeugend, daß Goebbels sogar bestimmte, im Augenblick brauche nichts unternommen zu werden, um die Bevölkerung erneut auf das Verbot des Abhörens feindlicher Sender hinzuweisen.[431]

[429] BOBERACH; S. 68/69.
[430] »Meldungen aus dem Reich«, 30. 5. 40. BA R *58/151.*
[431] *Kriegspropaganda;* S. 362, 363. Diese Zurückhaltung dauerte allerdings nicht lange; bereits am 26. 6. wurde wieder die Abschreckungstour aufgenommen. *ibid.;* S. 407.

Dafür wurde eine neue Beeinflussungskampagne gestartet, um latente Haßgefühle gegen Frankreich zu mobilisieren oder überhaupt erst zu erregen. Erinnerungen an Rhein- und Ruhrbesatzung wurden aufgewärmt und die Franzosen als »verniggerte Sadisten« angeprangert.[432] Wieder kann der SD-Bericht als eine Erfolgsmeldung gewertet werden, wenn er am 10. Juni einen »vollkommenen Umschwung in der Stimmung gegenüber Frankreich« konstatiert. »Auch die früher oft anzutreffende nachsichtige Anschauung, daß Frankreich nur willen- und instinktloses Anhängsel sei, ist unter der Fülle des in den letzten Tagen von Presse, Rundfunk und Film ausgebreiteten Materials geschwunden . . . Frankreich wird fast überall auf eine Linie mit England gestellt . . .«[433]

Ein weiterer Bericht, ein paar Tage später, weist auf Unstimmigkeiten in der Berichterstattung über Briten und Franzosen und ihren jeweiligen »Kampfwert« – der damals an einer der obersten Stellen der Wertskala figurierte – hin. So sei beispielsweise in einigen Berichten über die feige Flucht der Engländer aus Flandern berichtet worden; in anderen Schilderungen sei der Versuch der Tommies, trotz des mörderischen Geschoßhagels noch auf ihre Schiffe zu gelangen, sehr hoch eingestuft worden. »Zum Teil werde der Franzose im Vergleich zum Engländer als tapfer kämpfender Gegner vorgestellt. Vor allem in Frontberichten sei oft zu hören, daß sich der einfache Poilu ehrlich schlage. Dem stehe das von der deutschen Propaganda ausgebreitete Material über französische Greueltaten an deutschen Gefangenen gegenüber, das eine Unterscheidung in weiße und schwarze französische Soldaten, in verrottete Führer und schuldlos Verführte kaum noch rechtfertigte. Selbst Schwarzen habe kürzlich ein PK-Bericht bescheinigt, daß sie mit Schneid bis zum Tode kämpften. Der einfache Mann finde sich da mitunter nicht hindurch . . .«[434]

Die Koordinierung zwischen staatlich gelenkter Propagandapolitik und der vom Geschehen unmittelbar beeinflußten Berichterstattung klappte eben nicht immer, und Goebbels hatte in der Folgezeit noch manches zu tun, um positive Schilderungen über das Verhalten der Feinde auszumerzen. Etwas allerdings brachte der Frankreichfeldzug zustande, was die nationalsozialistische Führung bisher vermißt hatte: »eine wirkliche Kriegstimmung«.[435] Eng damit verbunden blieb die »zuversichtliche Erwartung eines glücklichen und vielleicht sogar nahen Kriegsausgangs«.

[432] ibid.; S. 369, 370.
[433] BOBERACH; S. 74, 75.
[434] »Meldungen aus dem Reich«, 13. 6. 40. BA R 58/151.
[435] Generalstaatsanwalt Bamberg, 30. 5. 40. BA R 22/3355.

Selten dürfte das deutsche Volk so geschlossen hinter der nationalsozialistischen Führungsgruppe und Adolf Hitler gestanden haben:

»... die mit unbedinger Siegeszuversicht und der Hoffnung auf ein baldiges Kriegsende gepaarte allgemeine Begeisterung hat auch die Kleinmütigsten und die Lauen mitgerissen. Wer sich jetzt noch als jenseits dieser Linie stehend zu erkennen gibt, ist ein Staatsfeind ...«[436]

»... Durch die ungeheuren Erfolge ist das Ansehen des Führers auch bei den Lauen und Widerstrebenden ins Unermeßliche gestiegen. Geistliche, die sich früher kaum zu einem ›deutschen Gruß‹ aufgeschwungen hatten, grüßten schriftlich und mündlich mit ›Heil Hiltler‹«[437]

»Nicht lauter Jubel, aber tiefe innere Freude verrät die stolze Zuversicht aller Volksgenossen auf einen siegreichen Ausgang des uns von den Westmächten aufgezwungenen Kampfes ...«[438]

Am 10. Juni verkündete Mussolini den Kriegseintritt Italiens, den er auf Hitlers ausdrücklichen Wunsch noch um ein paar Tage verschoben hatte[439]:

»Der Kriegseintritt Italiens fand bisher *keine einheitliche Aufnahme.* Überall löste dieser Schritt Italiens die verschiedensten Reaktionen aus und gab Anlaß zu den lebhaftesten Diskussionen. Die Meldungen sprechen auf der einen Seite von ›spontaner Begeisterung‹, ›Freude‹, ›Genugtuung‹ und ›tiefster Befriedigung‹, auf der anderen Seite von ›Überraschung trotz aller spannenden Erwartung‹, ›reservierter Spannung‹, ›keiner besonderen Freude‹, ›Genugtuung ohne besonderen Beifall‹ und ›nicht allzu großer Begeisterung‹. Vertrauen und Mißtrauen bewegen in gleichem Maße die Gemüter. ›Jetzt kommt Italien, wenn wir den Krieg schon bald gewonnen haben, wenn die schweren Schlachten schon alle geschlagen sind‹, heißt es verschiedentlich ...

Andere Stimmen besagen wieder, daß man eigentlich Italien gar nicht mehr brauche, da Deutschland schon allein stark genug sei, um mit den Westmächten fertig zu werden ...

... Wenn auch nicht gerade bewußt abträgliche Äußerungen über Italien im Umlauf sind, so müssen doch die nicht nur vereinzelten Stimmen des Mißtrauens erwähnt werden. Es zeigt sich, daß der Bündnisbruch aus den Weltkriegsjahren noch immer nicht ganz vergessen ist ... Weitverbreitet ist allerdings demgegenüber auch die Überzeugung, daß der Soldat

---

[436] Generalstaatsanwalt Naumburg/Saale, 6. 6. 40. BA *R 22/3380.*
[437] Generalstaatsanwalt Darmstadt, 6. 6. 40. BA *R 22/3361.*
[438] Generalstaatsanwalt Nürnberg, 21. 6. 40. BA *R 22/3381.*
[439] ADAP, IX, Dok. 357; S. 396–398.

des faschistischen Imperiums weit besser sei als der des Weltkrieges ...
Übereinstimmend besteht allein die Hoffnung, daß durch das Eingreifen
Italiens der Krieg noch schneller zu Ende gehen werde.«[440]
Joseph Goebbels reagierte sofort auf diese wenig italienfreundliche
Haltung in seiner Konferenz am 16. Juni 1940: »Es muß verhindert werden, daß sich im deutschen Volk eine falsche Vorstellung über die italienische Kriegführung festfrißt, wodurch die Italiener gekränkt und depri-
miert werden würden. Durch geschickte Gerüchtebildung soll infolgedessen – da sich über diese Dinge weder schreiben noch reden lasse – im Volke
die Erkenntnis verankert werden, daß Italien einfach deshalb noch nicht
angreife, weil ein Angriff im Augenblick noch unerwünscht sei, und es soll
die Überzeugung gefördert werden, daß Italien bestimmt angreifen werde,
wenn die Dinge so weit gediehen seien (...) Darüber hinaus soll evtl.
Witzeleien gegen die Italiener schärfstens entgegengetreten werden ...«[441]
Der Erfolg der Mundpropaganda ließ aber diesmal auf sich warten.
Der Nationalstereotyp des unzuverlässigen, wenig kampfesfreudigen
Bundesgenossen war zu tief verwurzelt, um ihm durch ein paar Parolen
den Garaus zu machen. Ein latentes Mißtrauen blieb bestehen, und Goebbels insistierte eine Woche später noch einmal, es sei unbedingt nötig, »daß
die Presse in taktvoller Form die beginnende Wut- und Haßstimmung
gegen Italien auffängt und in vernünftige Bahnen lenkt. Sie hat deshalb
dem deutschen Volke klarzumachen, was Italien uns gerade durch sein
Stillhalten während des Winters genutzt hat und welche Chancen den
Italienern von alliierter Seite geboten wurden, wenn sie sich von uns
trennten. Die militärische Seite soll am besten ganz übergangen werden.«[442]

Am 10. Juni, dem Tage des Kriegseintrittes von Italien, hatte die französische Regierung Paris verlassen und sich nach Tours begeben. Am
12. Juni ordnete General Weygand den allgemeinen Rückzug der französischen Truppen auf die Linie Caen-Tours mittlere Loire-Dijon an. Am
14. Juni rückten deutsche Truppen in Paris ein, das zur offenen Stadt erklärt worden war.

»Die Nachricht vom *Einmarsch deutscher Truppen in die kampflos*

---

[440] »Meldungen aus dem Reich«, 13. 6. 40. BA R 58/151. Ähnlich auch bereits
frühere Äußerungen vor Italiens Kriegseintritt vom SD-Abschnitt Leipzig,
22. 5. 40. *Aus deutschen Urkunden;* S. 222. Für weitere kritische Stimmen
vgl. »Meldungen aus dem Reich«, 27. 6. 40. BOBERACH; S. 81.
[441] *Kriegspropaganda;* S. 392.
[442] Am 23. 6. *ibid.;* S. 402.

übergebene französische Hauptstadt versetzte die Bevölkerung in allen Teilen des Reiches in eine bisher in diesem Maße noch nicht erlebte Begeisterung. Auf vielen Plätzen und Straßen kam es zu lauten Freudenkundgebungen . . .«[443] Überall rechnete man mit einer baldigen Kapitulation. Den stärksten Eindruck machte wohl die Eroberung Verduns in so kurzer Zeit. Der Name dieser Stadt war noch in aller Gedächtnis und mit der Erinnerung an langanhaltende und blutige Kämpfe des Ersten Weltkrieges verbunden, die 300 000 Soldaten das Leben gekostet hatten. »Das überraschende Tempo der militärischen und politischen Entwicklung der letzten Tage beherrscht das Stimmungsbild der Bevölkerung nach wie vor vollständig. *Die Erörterung nichtmilitärischer Dinge ist seit Wochen schon in den Hintergrund getreten.* Überall werden die Leistungen der deutschen Soldaten als geradezu unfaßlich bezeichnet. Die Begeisterung der letzten Zeit erweckte jedesmal den Eindruck, als ob eine weitere Steigerung nicht mehr möglich wäre, und doch gibt die Bevölkerung mit jedem neuen Ereignis ihrer Freude noch intensiver Ausdruck. Wiederholt lösten in der letzten Zeit die politischen Ereignisse spontane Kundgebungen aus. So fanden sich am Abend der Erklärung Pétains auf vielen Plätzen deutscher Städte die Menschen von selbst zu Dankeskundgebungen für Führer und Wehrmacht zusammen . . .«[444]

Für Hitler, wie für die meisten Deutschen, vor allem diejenigen, welche noch die deutsche Niederlage 1918 erlebt hatten, bedeutet der Sieg über Frankreich den größten Triumph, das Auslöschen eines Makels[445], den man so tief empfunden hatte, daß man ihn durch die Verbreitung der Dolchstoßlegende abzuschwächen gesucht hatte. Nun aber war er getilgt, das deutsche Ehrenschild war wieder blank, und viele Deutschen schien ihr Weltbild in Ordnung gekommen zu sein. Man war daher bereit, Großmut zu üben. Die Dinge entwickelten sich jedoch ganz anders, als von den meisten erwartet, die, wie Hitler, immer nur allzusehr ihr eigenes Interesse im Auge hatten und kein Organ für die Belange und Mentalität der übrigen Welt.

Die Bitte der französischen Regierung um Waffenstillstand erreichte Hitler am 17. Juni. Er war, wie viele Deutsche, der Ansicht, daß damit der Krieg im Westen in Bälde beendet sei. England, so glaubte Adolf Hitler,

---

[443] »Meldungen aus dem Reich«, 17. 6. 40. BA R 58/151.
[444] »Meldungen aus dem Reich«, 20. 6. 40. BA R 58/151.
[445] Im Kriegstagebuch des SA-Sturmes 33/5 Bamberg hieß es bezeichnenderweise am 19. Juni 1940: »Die Schmach vom November 1918 geht ihrem Ende entgegen«; StA Bamberg, *Rep. M 31.*

werde nun endlich zu einem »Ausgleich« mit ihm bereit sein, da es nun seinen »Festlanddegen« verloren hatte. Seine einzige Befürchtung galt eventuellen zu hohen Forderungen Italiens, insbesondere im Hinblick auf Afrika, die Pétain veranlassen könnten, sich dorthin zu begeben und vom französischen Kolonialreich aus den Kampf fortzusetzen. Um Mussolini zu einer gemäßigten, abwartenden Haltung zu veranlassen, traf er sich mit ihm am 18. Juni in München und setzte dort in einer zweistündigen Unterredung durch, daß der Duce seine Territorialforderungen bis zu den Friedensverhandlungen mit Frankreich und England, mit denen er in Kürze rechnete, zurückstellte.[446]

Die Bevölkerung verfolgte mit Spannung das Treffen der beiden Führer des Faschismus in der bayerischen Metropole:

»Die Begegnung wurde zu einem wahren Volksfest für die Hauptstadt der Bewegung. Die Fahrt der beiden Staatsoberhäupter gestaltete sich zu einem ungeheuren Triumphzug. Die Begeisterung der Münchner Bevölkerung sei noch nie so groß gewesen wie an diesem Tage. Die Zuziehung Mussolinis zur Besprechung der Waffenstillstandsbedingungen wurde im übrigen Reich nach wie vor mit der gleichen geteilten Meinung aufgenommen wie das gesamte bisherige Verhalten Italiens. Einerseits wird die Teilnahme des Duce nur als eine höfliche Geste gewertet, andererseits halten sich die Stimmen in der Überzahl, die Italien vorwerfen, es hole sich bereits wenige Tage nach seinem Kriegseintritt seinen Anteil an der Beute. Man gönnt allgemein Italien die Erfolge nicht, zu denen es allzu billig kommen werde. Es spiele hier die gleiche Rolle wie Rußland in Polen. Von vielen Seiten, die die Hilfe Italiens richtig anerkennen und bewerten, wird angeregt, eine Änderung der Einstellung eines Großteils des Volkes zu erreichen ...«[447]

Die Volksmeinung war demnach in den Augen der Staatsführung nichts anderes als ein Instrument, das man glaubte beliebig stimmen zu können. Doch selbst zu den Zeiten des Triumphes klang es nicht immer unisono. Gegenüber Frankreich beispielsweise lassen sich zum damaligen Zeitpunkt zwei große Meinungsströme erkennen. Die einen wollten, nach altem ritterlichen Brauch, dem Besiegten großzügige und ehrenvolle Behandlung zuteil werden lassen; die anderen waren von Ressentiments und Haß erfüllt. Zu ihrem Sprecher machte sich der Propagandaminister:

[446] Vgl. »Aufzeichnung über die Unterredung zwischen dem Führer und dem Duce in München am 18. Juni 1940«. *Staatsmänner und Diplomaten bei Hitler;* S. 139–143, und HILLGRUBERs Erklärung hierzu S. 138.
[447] »Meldungen aus dem Reich«, 20. 6. 40. BA R 58/151.

»Auch dem deutschen Volke gegenüber müsse dafür gesorgt werden, daß die Franzosen nun nicht etwa durch falsche Sentimentalität mit einem blauen Auge davonkämen. Mit aller Klarheit könne nur immer wieder betont werden, daß Verhandlungen überhaupt nicht in Frage kämen, daß zunächst einmal Frankreichs Armee, Flotte und Ausrüstung in unserer Hand sein müsse und daß es für die nächsten 300 bis 400 Jahre zum letztenmal geschehen sein dürfe, daß Frankreich ein friedliches Volk ohne Grund überfallen konnte. Es solle dabei an die Vorgeschichte der Waffenstillstandsverhandlungen von Compiègne erinnert werden und daran, daß wir damals vom 3. Oktober bis zum 11. November auf den Waffenstillstand hätten warten müssen, der in Wirklichkeit eine Kapitulation gewesen sei . . .«[448]

In diesem Sinne war bereits die Propagandamaschine tätig, und der SD-Abschnitt Leipzig meldete am selben Tage:

»Ganz groß, ja allgemein wurde begrüßt, daß man die Zeit der deutschen Schmach in den Oktober- und Novembertagen 1918 noch einmal wach werden ließ . . .«[449]

Die »Meldungen aus dem Reich« faßten die Meinungsäußerungen gegenüber Frankreich folgendermaßen zusammen: »übereinstimmend werden möglichst harte, aber trotzdem im Gegensatz zu Versailles gerechte Bedingungen für Frankreich gefordert. In einzelnen Teilen der Bevölkerung werden Frankreich sogar noch einige Zugeständnisse zugebilligt. Überwiegend aber geht die Forderung, in Erinnerung an das unverschämte Verhalten der französischen Machthaber im Jahre 1918, dahin, Frankreich müsse ›so klein gemacht werden‹, daß es nie mehr an einen Krieg gegen Deutschland denken könne. Im einzelnen geht die Mehrzahl der Meinungen dahin, Frankreich müsse die deutschen Kolonien zurückgeben, seine gesamte Flotte abliefern, Elsaß-Lothringen wieder abgeben, an der Küste militärische Stützpunkte errichten lassen und an Italien Tunis, Savoyen, Korsika und ein Stück der Riviera abgeben. Andere Kombinationen befassen sich mit der Errichtung eines Protektorats Flandern, einige gehen sogar so weit, ganz Frankreich als deutsches Protektorat zu sehen . . .«

Marschall Pétain nötigte den meisten Deutschen Achtung ab. Er wurde nicht selten mit Hindenburg und dessen Stellung in den letzten Weltkriegstagen verglichen.[450]

[448] *Kriegspropaganda;* S. 395/396 (18. 6. 40).
[449] SD-Abschnitt Leipzig, Außenstelle Oschatz, 18. 6. 40. *Aus deutschen Urkunden;* S. 223.
[450] »Meldungen aus dem Reich«, 20. 6. 40. BA R *58/151.*

Selbst diese sehr bescheidenen Sympathiekundgebungen für den geschlagenen »Erbfeind« schienen Goebbels bedenklich. Er ordnete an: »Die Presse soll Frankreich gegenüber nicht zu freundschaftliche Töne anschlagen und nicht etwa in den Fehler verfallen, Pétain zu einer Idealfigur zu machen...«[451] Aus allen Berichten von Kriegsberichterstattern mußten frankophile Äußerungen entfernt werden. »Unsere Haltung Frankreich gegenüber hat kühl und reserviert zu sein.«[452]

Da die Haßpropagandaplatte gegenüber England nicht abgestellt worden war, scheint die Bevölkerung, im Gegensatz zu Hitler, in diesen Wochen kaum mit einer friedlichen Regelung mit England gerechnet zu haben. »Auf England vereinigt sich ein so starker Haß, daß immer wieder der Wunsch nach Rache laut wird.«[453] Die zu Beginn des Frankreichfeldzuges laut gewordenen Befürchtungen eines eventuellen Kriegseintrittes der USA verstummten hingegen.[454]

Am 22. Juni wurde der Waffenstillstand mit Frankreich abgeschlossen.[455]

»Das Hauptaugenmerk der Bevölkerung war in den letzten Tagen auf die *Waffenstillstandsverhandlungen in Compiègne* gerichtet. Mit Genugtuung und Ergriffenheit wurde es begrüßt, daß diese Verhandlungen am gleichen Ort wie 1918 geführt wurden. Das ritterliche Verhalten der Deutschen im klaren Gegensatz zu der damals so hochmütigen Gehässigkeit der französischen Delegation fand allgemein Anerkennung und Zustimmung. Die eindringliche und vornehme Art, wie der Führer die Schmach von 1918 ein für allemal aus der Geschichte auslöschte, begegnete rückhaltsloser Bewunderung. Die Anwesenheit des Führers bei den Verhandlungen hatte eine besonders zuversichtliche Wirkung. Auch bei dieser Gelegenheit kam die Liebe und das große Vertrauen zum Führer in der Angst um sein Leben erneut zum Ausdruck...«[456]

[451] 26. 6. 40. *Kriegspropaganda; S.* 406.
[452] *ibid.;* s. auch Anweisung Nr. 451, BA ZSg *101/17; fol. 5,* und den Schnellbrief des Reichspropagandaministeriums vom 26. 6. 40. RV Nr. 34/40 (101/52-12)g an das OKW Betr. »Weisungen an Propagandakompanien«, in dem als einzuhaltende Tendenz gefordert wurde: »Das gesamte französische Volk – damit jeder einzelne – ist für die gegen Deutschland gerichtete Politik verantwortlich.« – MGFA WO *1-6/353.*
[453] s. *supra* Anmerkung 450.
[454] Für diese Befürchtungen vgl. »Meldungen aus dem Reich« vom 13., 17. und 20. 6. 40. BA *R 58/151.*
[455] s. hierzu BÖHME, Hermann. *Der deutsch-französische Waffenstillstand im Zweiten Weltkrieg.* 1. Teil: »Entstehung und Grundlagen des Waffenstillstandes von 1940«. Stuttgart, Deutsche Verlags-Anstalt, 1966 (Quellen und Darstellungen zur Zeitgeschichte Bd. 12/1).
[456] »Meldungen aus dem Reich«, 24. 6. 40. BA *R 58/151.*

»*Die Sondermeldung über die Unterzeichnung* des Waffenstillstands-vertrages wurde mit beispielloser Ergriffenheit hingenommen; aus allen Teilen des Reiches wird gemeldet, daß dies der ergreifendste Augenblick seit Beginn des Krieges gewesen sei...«[457] Hitler stand in diesen Tagen im Zenit seiner politischen Laufbahn. Selbst in den Reihen der älteren deutschen Offiziere, die ihm teilweise mehr als kritisch gegenübergestanden hatten, war er nun wirklich zum »Führer« Deutschlands geworden.[458] Damit wurde auch dem deutschen Widerstand und seinen Umsturzplänen – die nach dem Polenfeldzug wie-der aufgenommen[459], durch Hitlers Drohung, den »Geist von Zossen« ausrotten zu wollen, vorübergehend zurückgestellt und durch Halders Taktik des ressortmäßigen Widerstandes schließlich weiterverfolgt wor-den waren – für lange Zeit mangels Resonanz jeglicher Auftrieb genom-men. Übrig blieb nur eine heterogene Opposition, die gesellschaftlich iso-liert war.

Selbst traditionell links stehende Kreise scheinen, soweit die Berichte einen so weitgehenden Schluß zulassen, Hitler nach dem Sieg über Frank-reich weniger negativ gegenübergestanden zu haben:

»... Es ist heute so, daß auch solche Volksgenossen, die nach 1933 dem Führer zunächst noch ablehnend oder abwartend gegenüberstanden, jetzt vorbehaltlos und mit Begeisterung hinter ihm stehen.« Sogar frühere Geg-ner beflaggten ihre Häuser und spendeten freudig für das Kriegshilfs-werk. »Die verschwindend wenigen Fälle, in denen noch staatsfeindliche Gesinnung in Erscheinung tritt, haben gegenüber der unbedingt staats-treuen Haltung des Volkes im ganzen keine Bedeutung...«[460] Die SD-Meldungen vom 24. Juni sprachen dann auch von einer noch niemals erreichten inneren Geschlossenheit des deutschen Volkes. »Inner-halb der früher kommunistisch und marxistisch eingestellten Kreise kann von einer organisierten Gegnertätigkeit nicht mehr die Rede sein...« Defätistische Einflüsse wurden nur noch kirchlichen Kreisen zugespro-

457 *ibid.*
458 GRAML, Hermann. »Die deutsche Militäropposition vom Sommer 1940 bis zum Frühjahr 1943«, *loc cit.;* S. 418, und HILLGRUBER, Andreas. *Hit-lers Strategie. Politik und Kriegführung 1940–1941.* Frankfurt/Main, Bern-ard & Graefe Verlag f. Wehrwesen, 1965; S. 61.
459 KOSTHORST, Erich. *Die deutsche Opposition gegen Hitler zwischen Polen-und Frankreichfeldzug.* Hrsg. von der Bundeszentrale für Heimatdienst. Bonn, 1957 (3. bearb. Aufl.).
460 Bericht des Regierungspräsidenten von Ober- und Mittelfranken für Juni 1940, 8. 7. 40. BHStA, Abt. II *MA 106 678;* s. auch OLG-Präsident Bam-berg, 1. 7. 40. BA *R 22/3355.*

chen.[461] Unter dem Deckmantel der Seelsorge versuche man »*durch geschickte Mundpropaganda*«, insbesondere von seiten der katholischen Kirche, »Unruhe und Mißstimmung in die Bevölkerung zu tragen. In den Kreisen beider Konfessionen werde dabei immer wieder die Besorgnis geäußert, ›*daß es nach Beendigung des Krieges zu scharfen und entscheidenden Maßnahmen gegen die Kirchen kommen werde*‹«.[462] Allzuweit scheint die Opposition nicht gegangen zu sein, denn nur in verschwindendem Umfange wurden Geistliche gemeldet, die sich weigerten, zur Feier des Tages zu flaggen.

Ein zusätzliches Indiz für einen geringen Grad von Gegnerschaft im deutschen Volk im Frühsommer 1940 gegenüber dem NS-Staat dürfte in einer rückläufigen Tendenz der Kriegsstrafsachen, wie sie aus verschiedenen Gegenden des Reiches gemeldet wurde, zu erblicken sein.[463]

»Die Stellung des Staates ist heute innerpolitisch so stark wie noch niemals zuvor«, schrieb der Landrat von Mainz in seinem Bericht über die Monate April-Juni 1940. Allerdings wußte er von einigen Querulanten zu berichten, die es nicht für notwendig befunden hatten, ihre Häuser zu beflaggen »und daß mancher Volksgenosse sich auch heute noch weniger um den Ausgang des militärischen Ringens Sorge macht, als um die Frage, wie man Bezugscheine aller Art erhält und wie man sich am besten und vorteilhaftesten durch diese Kriegszeit hindurchwindet«.[464] Aber auch für diese in den Augen der NSDAP allzu materiell eingestellten Deutschen, welche sich wenig um die militärischen Erfolge des Reiches kümmerten, brachten die deutschen Feldzüge, insbesondere die Besetzung Dänemarks und Hollands, eine Verbesserung ihrer Ernährungslage. Ab 1. Juli wurde zusätzlich $^1/_4$ Pfund Butter pro Kopf der Bevölkerung ausgegeben; außerdem wurde eine Verbesserung der Bierqualität mit einer Erhöhung des Stammwürzgehaltes von 6 % auf 9 bis 10 % in die Wege geleitet, um die zahlreichen deutschen Biertrinker, die sich mehrfach über die mangelhafte Qualität ihres Lieblingsgetränkes abfällig geäußert hatten, in bessere Stimmung zu versetzen.

Die einzige Beunruhigung in diesen Tagen bildeten in Westdeutschland zahlreiche Bombenabwürfe und die ersten Tagesangriffe britischer Flug-

[461] BOBERACH; S. 77/78.
[462] »Meldungen aus dem Reich« vom 4. 7. 40 – besonders IV »Gegner-Kirche und Krieg« mit einer Reihe von Einzelbeispielen, s. auch Anlage 1 zu Meldungen vom 15. 7. 40. BA *R 58/152.*
[463] s. z. B. Generalstaatsanwalt Bamberg, 26. 7. 40. BA *R 22/3355;* Oberstaatsanwalt Darmstadt, 27. 7. 40. BA *R 22/3361.*
[464] BA *NS Misch 1726;* fol. 303807.

zeuge, wobei die Bevölkerung in mehreren Orten dem Beschuß von Tief-
fliegern ausgesetzt war.[465]

4. Operation Seelöwe

Nach dem Waffenstillstand mit Frankreich glaubte Hitler, und mit ihm
seine engsten militärischen Berater, der Endsieg sei nur noch eine Frage der
Zeit. Hitler streckte Friedensfühler nach England aus – ein offizieller
Kontakt lief über Schweden, ein weiterer über die deutschen und englischen Botschafter in Madrid. Der deutsche Diktator hegte die Auffassung, es würde nun möglich sein, sich mit England über eine Aufteilung
der Interessengebiete in der Welt zu einigen. Selbstverständlich erschien
ihm, als Sieger, die unwidersprochene Herrschaft über den europäischen
Kontinent. England sollte sich nicht nur aus seiner traditionellen Interes-
sensphäre im Mittelmeer zurückziehen; auch eine totale Revision der
afrikanischen Kolonien war geplant. Diese illusionäre Phase dauerte etwa
bis Mitte Juli. Im Laufe dieser drei Wochen hatte die Propaganda das
schon vorher anvisierte doppelte Ziel weiterzuverfolgen: die sich regen-
den Sympathien für Frankreich zurückzudrängen und eine gewisse Eng-
landfeindschaft zu konservieren.

Beide Tendenzen lassen sich unschwer in Goebbels Ministerkonferenzen
und in den Anweisungen an die Presse nachweisen. Am 24. Juni erklärte
der Reichsminister für Volksaufklärung und Propaganda, daß »der publi-
zistische Kampf gegen England mit unverminderter Stärke fortgeführt
werden müsse«[466]; am 28. Juni wiederholte er noch einmal, die bisherige
Linie sei weiterzuverfolgen.[467] Am 1. und 2. Juli war er in Hitlers
Hauptquartier. Am 3. hieß es, daß auf Friedensgerüchte in gar keiner
Weise eingegangen werden dürfe. Weder präzise Angaben noch Termine
sollten genannt werden, nur die Forderung auf Fortführung des Kampfes
müsse aufrechterhalten werden.[468]

Im Hinblick auf Frankreich wurde strikte Weisung erteilt, keinerlei
Nachrichten über eine gute Behandlung deutscher Kriegsgefangener, sondern nur negative Beispiele zu bringen.[469]

[465] »Meldungen aus dem Reich«, 24. 6. 40. BA R 58/151. s. auch Meldungen
   vom 4. 7. 40. BOBERACH; S. 88.
[466] Kriegspropaganda; S. 403.
[467] ibid.; S. 410.
[468] ibid.; S. 412.
[469] ibid.; S. 413 und 418.

Das Dilemma, in dem sich der Propagandaminister befand, geht deutlich aus seinen Ausführungen in der Ministerkonferenz am 6. Juli hervor:
»Der Minister betont, daß Presse, Sprachendienst und Nachrichtendienst augenblicklich insofern in einer schwierigen Situation sind, als nur durch Unterdrückung von Nachrichten aus Frankreich verhindert werden kann, daß eine zu frankreichfreundliche Stimmung in Deutschland Raum gewinnt. Umgekehrt ist es unbedingt nötig, den England-Haß auf gleicher Höhe zu halten wie bisher, wobei aber der Gefahr ausgewichen werden muß, daß die Bevölkerung endlich Taten statt Anklagen und Drohungen sehen will. So muß auf der Stelle getreten werden, da dem Führer nichts vorweggenommen werden kann, und die Stimmung muß möglichst auf gleicher Höhe gehalten werden, bis der Führer selbst gesprochen hat.«[470]

Gegenüber Frankreich wurde auch in den folgenden Tagen »kühle Frostigkeit« empfohlen, um der »deutschen Sentimentalität« zu begegnen, die wieder im Begriff ist, »in einer kitschig-weibischen Auffassung von Politik das deutsch-französische Verhältnis auf eine falsche Bahn zu ziehen«. Vielmehr müsse alles getan werden, um Italien »wieder populärer zu machen«, damit ja nicht der Eindruck entstehe, die deutschen Freundschaften seien nur »Zweckfreundschaften«.[471]

Auch die »Bestellungen« aus den Pressekonferenzen der nächsten Tage spiegeln sehr deutlich das Lavieren der deutschen Politik zum damaligen Zeitpunkt wieder:

Am 5. Juli hieß es in der Anweisung Nr. 462:
»Einige vorsichtige Sprachregelungen allgemeiner Art:
1. Noch immer soll nicht die Tendenz vorherrschen, daß es für Deutschland keine Brücke mehr zum englischen Volk gäbe. Es ist noch immer die Ansicht der deutschen Propaganda, das englische Volk von seiner Regierung zu trennen. Noch immer wird ein gewisses politisches Zwischenspiel erwartet, das gerade nach dem Abbruch der diplomatischen Beziehungen zwischen Frankreich und England neue Möglichkeiten eröffnet. Wie lange dieses Zwischenspiel dauert, hängt allein von der Entscheidung des Führers ab . . .«[472]

Am 6. Juli abends:
»Der Führer hatte nach seiner Ankunft in Berlin zu einigen hohen Persönlichkeiten den Wunsch geäußert, daß die deutsche Presse nicht gegen das englische Volk aggressiv werden soll, sondern nur gegen Herrn Chur-

470 ibid.; S. 416/417.
471 ibid.; S. 421/422.
472 BA ZSg 101/17; fol. 9.

chill und seine Clique. Dies sei im Augenblick sehr wichtig. Auch sollte nicht der Eindruck hervorgerufen werden, als ob die Franzosen sehr anständige Leute seien und sehr gut in den deutschen Rahmen hineinpaßten ...«[473]

Am 9. Juli mittags erfolgte eine »grundsätzliche Anweisung«: »Die Redaktionen werden darauf hingewiesen, daß alle jetzt noch kommenden Meldungen über Auseinandersetzungen zwischen England und Frankreich (z. B. Martinique und Dakkar) nicht so ausgelegt und kommentiert werden dürfen, daß in Deutschland die Sympathien für Frankreich noch weiter wachsen. Dies wäre eine vollkommen unerwünschte Entwicklung. Deutschland schließt mit Frankreich keinen ›ritterlichen‹ Frieden. Deutschland betrachtet Frankreich nicht als Bundesgenossen sondern als einen Staat, mit dem im Friedensvertrag abgerechnet wird. Frankreich wird in Zukunft die Rolle einer ›vergrößerten Schweiz‹ in Europa spielen und ein Reiseland werden, evtl. auch gewisse modische Erzeugnisse herstellen dürfen. Es hat darum gar keinen Zweck, die Bestrebungen der französischen Regierung, zu einer autoritären Staatsform zu gelangen, zu unterstützen. Jede Regierungsform, die geeignet erscheint, die Kräfte Frankreichs zu restaurieren, *wird vom Reich verhindert werden.* In Europa hat nur Deutschland zu bestimmen. Es gibt dabei außer Italien, das über seinen besonderen Lebensraum verfügt, keinen ebenbürtigen Bundesgenossen oder Partner ...«[474]

Welche Neuordnung Europas nationalsozialistischen Führungskräften damals vorschwebte, ist inzwischen bekannt. Ihre Maßlosigkeit geht auch aus einem streng vertraulichen Informationsbericht vom 12. Juli 1940 hervor:

»Die Neuordnung Europas steht ganz bewußt unter dem alleinigen deutschen Vorzeichen. Aus den Richtlinien des Prop(aganda) Min(isteriums) ging schon hervor, daß Frankreich in Zukunft nur die Rolle als ein kleiner Atlantikstaat zu spielen hat. Man muß sich dies ganz konkret vorstellen: Abgesehen von den italienischen territorialen Forderungen an Frankreich werden auch unsere Forderungen sehr massiv sein. Der Führer hat noch nicht das letzte Wort gesprochen, und man ist auf Vermutungen angewiesen, in welchem Ausmaß die deutschen Forderungen im Friedensvertrag mit Frankreich zum Ausdruck kommen. Es scheint jedoch schon sicher zu sein, daß wir neben Elsaß-Lothringen auch die wesentlichsten

473 *ibid.;* fol. 13.
474 *ibid.;* fol. 16.

Teile von Burgund mit dem Plateau von Langres und Dijon als Hauptstadt zum Reich schlagen werden. Man spricht hier und dort schon von einem ›Reichsgau Burgund‹. Auch die Kanalhäfen wie Dünkirchen, Boulogne, usw. werden zum mindesten deutsche Marine-Stützpunkte, wenn nicht überhaupt Reichsgebiet. Die territorialen Erörterungen der nordwestlichen Randstaaten Holland und Belgien sind noch nicht abgeschlossen. Es wird König Leopold die Chance gegeben werden, als souveräner Herrscher ein autonomes Flandern zu regieren, das dann Belgisch- und Französisch-Flandern umfassen würde. Weigert sich König Leopold, auf diese Linie einzugehen, so würden aus Holland und Belgien irgendwelche Schutzstaaten. Bei Norwegen und Dänemark ist es nicht viel anders. Mit dem dänischen König läßt sich arbeiten. In Norwegen werden alle Vorbereitungen getroffen, um eine amtsfähige Regierung zu erhalten – nach Absetzung des Königs Haakon. Eine rein politische gouvernementale Selbstverwaltung würde allen diesen Ländern gegeben werden, aber in allen militärischen, wirtschaftlichen und Volkstumsfragen bestimmt Deutschland. Das ist indessen der gewichtige Teil der Regierungsgeschäfte überhaupt. Gegenüber Frankreich wird die Erledigung des Westfälischen Friedens, manche sprechen sogar von einer Rückgängigmachung des Teilungsvertrages von Verdun 843, als Maxime zu gelten haben. Aus diesem Grunde wird alles gestört werden, was einem Wiederaufschwung Frankreichs in wirtschaftlicher, politischer oder gar militärischer Beziehung dienlich ist. Wir haben kein Vertrauen zu irgendwelchen Erneuerungsbestrebungen in Frankreich im Sinne eines autoritären Kurses. Wir glauben vielmehr, daß alle jetzigen Bemühungen nur Tarnung sind und daß die Gedanken von 1789 bald wieder hervorleuchten werden zusammen mit einem wiedererwachenden Chauvinismus. Aus diesen Erkenntnissen ergeben sich zwangsläufig ganz bestimmte nüchterne Folgerungen, die auch bestimmt gezogen werden. Der Friedensvertrag wird Frankreich nicht nur als Großmacht sondern überhaupt als politischen Staat von Einfluß in Europa ausschalten. Über die koloniale Frage besteht noch keine endgültige Klarheit. Sie kann nur im größeren Zusammenhang der englischen Herrschaftsbereiche gesehen werden. Damit kommen wir zum interessantesten Problem der deutschen *Kampfziele gegen England*. Es hat in Berlin in den letzten 14 Tagen der Kampfpause eine Reihe nicht unmaßgeblicher Leute gegeben, die behaupten, daß der Kampf um die Insel gar nicht entbrennen werde, weil England vorher in irgendeiner Form die grundsätzlichen deutschen Bedingungen annehmen würde. Man ging dabei von der Annahme aus, daß sich Lloyd George oder ein anderer finden würde, um das so mißliche Erbe Churchills anzutreten, unter der Devise, ›zu retten was noch zu retten ist‹. Die deutschen und italienischen Forderungen sollten etwa folgendermaßen lauten: England muß sich völlig aus dem Mittelmeer zurückziehen, alle Stützpunkte dort aufgeben, auf Ägypten, Sudan, nahen Orient verzichten, ferner sich aus Afrika zurückziehen und lediglich die drei Empire-Staaten Indien, Australien und Kanada behalten, schließlich die Flotte in den Heimatgewässern abrüsten und lediglich Flotteneinheiten zum Schutze der drei Empire-Staaten unterhalten. Diese Annahme, so wurde vielfach erklärt, beruhe auf der deutschen Überzeugung, daß wir machtmäßig weder Indien, noch Kanada, noch Australien beherrschen, ja nicht einmal Einfluß darauf nehmen könnten . . .«[475]

Am 15. Juli war es klar, daß England auf diese imperialistischen Forderungen, die man als schiere Utopie bezeichnen muß, nicht eingehen würde. Das »Zwischenspiel« war beendet:

»Jetzt ist nicht mehr damit zu rechnen, daß der sehr harte und opferreiche Schlag gegen England aufzuhalten ist. Ob es gleich zu einer Landung kommt, wird hier in Berlin bezweifelt. Wahrscheinlich wird das Luftbombardement so verstärkt werden, daß noch immer die Möglichkeit besteht, daß das englische Volk weich wird, bevor eine totale Auseinandersetzung mit Invasion eintritt . . .«[476]

Bereits am 2. Juli hatte Hitler eine Weisung an das Oberkommando der Wehrmacht gegeben, Vorplanungen für eine Landung in England anlaufen zu lassen. Angesichts der ablehnenden Haltung Großbritanniens auf seine Friedensfühler erließ er am 16. Juli die Weisung Nr. 16 für die Operation »Seelöwe«, obwohl er insgeheim fortfuhr zu hoffen, dieses Unternehmen niemals durchführen zu müssen. Denn in diesen Tagen reifte in ihm der verhängnisvolle Entschluß, seine taktisch bedingte Allianz mit Rußland zu brechen und zu seinem ursprünglichen Konzept, der Vernichtung des Bolschewismus und der Landgewinnung im Osten, zurückzukehren. Damit wollte er, wie aus seinen damaligen Äußerungen eindeutig hervorgeht, gleichzeitig Englands letzte Unterstützung auf dem Kontinent ausschalten.[477] Erst am 19. Juli hielt er die immer wieder verschobene Reichstagsrede, in der er vor aller Öffentlichkeit Großbritannien

[475] BA ZSg 101/36; fol. 39–41.
[476] ibid.; fol. 51.
[477] WARLIMONT, Walter. Im Hauptquartier der deutschen Wehrmacht 1939 bis 1945. Grundlagen. Formen. Gestalten. Frankfurt/Main, Bernard & Graefe Verlag für Wehrwesen, 1962; S. 128/129.

offiziell ein Friedensangebot unterbreitete.[478] Bereits eine Stunde danach lehnte der Publizist Sefton Delmer in einer scharfen Stellungnahme der BBC das Angebot ab, wenige Tage darauf erfolgte die Absage der Regierung durch ihren Außenminister Halifax. Die deutsche Propaganda stürzte sich daraufhin, als Antwort auf die deutsch-feindlichen Kommentare der englischen Presse, in eine wahre Orgie des Englandhasses.

Die Resonanz der deutschen Öffentlichkeit erfolgte im erwünschten Ton. Während der SD-Bericht vom 4. Juli noch sehr deutlich das Schwanken der Propaganda gegenüber Großbritannien nachzeichnet und SHIRER am 20. Juli in seinem Tagebuch vermerken konnte, die Deutschen wünschten Frieden und hätten trotz aller Propaganda nichts gegen England[479] und selbst der unmittelbar nach der »Führerrede« angefertigte Stimmungsbericht eine verschwommene Meinungslage erkennen läßt, präzisiert sich die Anglophobie ab 25. Juli:»Durch die Halifax-Rede und die nach der Führerrede ostentativ verstärkten Luftangriffe englischer Flieger auf deutsche Städte wurde der Haß gegen England noch mehr geschürt. Die Endabrechnung wird stärker als bisher herbeigesehnt . . .«[480]

Noch mehr im Sinne der nationalsozialistischen Führung war der SD-Bericht aus Leipzig:». . . Unter spontanen Aussprüchen verlangen alle die restlose Vernichtung Englands. Nach dem gesamten, seit Beginn des Krieges herrschenden Stimmungsbild zu urteilen, wäre eine Friedensannahme durch England gar nicht ›erwünscht‹. Die seit den Septembertagen 1939 gegen England betriebene Propaganda hat derartig gewirkt, daß das Volk auf die Vernichtung des Erzfeindes brennt.«[481]

Die Wirkung war aber schnell wieder verpufft, da nichts Entscheidendes geschah, und Ermüdungserscheinungen traten auf. Goebbels fühlte sich veranlaßt, seine Mitarbeiter anzufeuern:»Presse und Rundfunk sollen für eine richtige Erziehung des Volkes sorgen, damit es mit richtiger Einstellung dem augenblicklichen Zwischenstadium gegenübertritt.« Von einer »sauren Gurkenzeit« könne überhaupt nicht die Rede sein.[482]

Am 1. August – an diesem Tage erging Hitlers Weisung Nr. 17 für den verschärften Luft- und Seekrieg gegen England – betonte der Propagandaminister die Notwendigkeit für die staatlichen Publikationsmittel, für

---

[478] DOMARUS, II, 1. Halbband; S. 1540–1559.
[479] *Berlin Diary;* S. 457.
[480] »Meldungen aus dem Reich«, 25. 7. 40. BA *R 58/152.*
[481] Außenstelle Oschatz, 25. 7. 40. *Aus deutschen Urkunden;* S. 25. – s. auch Monatsbericht des Regierungspräsidenten für Ober- und Mittelfranken für Juli 1940. BHStA, Abt. II *MA 106 679.*
[482] *Kriegspropaganda;* S. 40.

Presse und Wochenschau, »über die augenblickliche Zeit des Wartens so hinwegzukommen, daß das Volk nicht in Stagnation absinkt, sondern auf dem augenblicklichen Spannungsstand erhalten wird. Die Lage sei insofern etwas schwieriger geworden, als das Volk schon heute nicht mehr nach dem *Wann* des Angriffs gegen England frage, sondern danach, *warum* dieser Angriff bisher noch nicht erfolgt sei . . .«[483]

Doch das propagandistische Trommelfeuer ohne militärische Begleitmusik verstärkte die Teilnahmslosigkeit in weiten Kreisen. Die Menschen hatten es einfach satt, »die *gleichen Meldungen* mit einem *fast gleichlautenden Kommentar* in verschiedenen Sendungen« immer wieder vorgesetzt zu bekommen.[484] Wieder reagierte Joseph Goebbels sofort und geißelte zwei Tage nach Erscheinen dieses SD-Berichtes »die Eintönigkeit der Argumentation«. Ein paar Tage später forderte er, daß neben den amtlich mitgeteilten Meldungen der übrige Zeitungsinhalt »auch bei uns wenigstens in gewissem Rahmen freie Meinungsbildung sein« müsse.[485] Das war natürlich eine fromme Lüge. Und so breitete sich eine wachsende Unsicherheit über den weiteren Verlauf des Krieges aus. Die Öffentlichkeit spaltete sich in zwei Lager, die Optimisten und die Pessimisten:

»Die einen halten nach wie vor daran fest, daß England vom Beginn des eigentlichen Kampfes an in wenigen Wochen niedergeworfen sei und der Krieg in diesem Jahre noch zu Ende gehe. Die anderen dagegen, deren Zahl mit jedem Tag weiteren Wartens zunimmt, befürchten, daß sich der Krieg bis zum nächsten Jahr hinziehen werde . . .«[486]

Von einem wirklichen Stimmungseinbruch kann jedoch nicht die Rede sein. Es handelte sich um Besorgnisse hinsichtlich eines zweiten Kriegswinters mit unzureichender Kohleversorgung[487], schlechtem Schuhwerk – hierüber häuften sich wieder die Klagen –, aber nicht um eine echte Bedrückung. Durch Sondermeldungen über erfolgreiche Aktivitäten von Kriegsmarine und Luftwaffe wurde versucht, eine Stimmungsauflockerung zu erzielen. Das Meinungsbarometer schnellte aber erst wieder in die Höhe, nachdem Göring am 12. August den Befehl zum Beginn der Luft-

[483] *ibid.;* S. 443.
[484] »Meldungen aus dem Reich«, 5. 8. 40. BA R 58/153.
[485] 7. und 10. August 1940. *Kriegspropaganda;* S. 449 und 453.
[486] »Meldungen aus dem Reich«, 12. 8. 40. BOBERACH; S. 95
[487] Goebbels berichtete in der Konferenz vom 14. August, daß in Berlin eine außerordentliche Beunruhigung in dieser Hinsicht herrsche. *Kriegspropaganda;* S. 460. – s. auch »Meldungen aus dem Reich«, 26. 8. 40., die auf die Schuhfrage eingehen. BOBERACH; S. 98.

schlacht über England gegeben hatte. »Die von der deutschen Reichsregierung verkündete *totale Blockade* des Inselreichs hat auf die gesamte Bevölkerung nach den bisher vorliegenden Meldungen äußerst belebend gewirkt.« Die Partei der Optimisten vergrößerte sich, und es glaubten wieder sehr viel mehr Deutsche an ein baldiges Kriegsende.[488] Diese Hoffnungen schienen aber gewissen militärischen Führungsgremien verfrüht und übertrieben, angesichts der immer noch mangelhaften Landungsvorbereitungen und angesichts von Zweifeln, die sich über die Ernsthaftigkeit von Hitlers Absicht, eine Landung in England durchzuführen, eingeschlichen hatten. Die Abteilung Landesverteidigung (L) des OKW, dessen Leiter Generalmajor Walter Warlimont war, empfahl daher eine Korrektur der bisherigen Propagandalinie.

Eine geheime Vorlage vom 19. August 1940, mit handschriftlichen Vermerken Keitels versehen, beginnt mit folgenden Worten: »Die Tonart unserer Presse und des Rundfunks hat dazu geführt, daß das Volk fest an eine schnelle Beendigung des Krieges glaubt. Allgemein wird mit einer bald bevorstehenden Landung in England gerechnet. Dazu kommt, daß das Volk durch unsere schnellen Erfolge in Polen und Frankreich verwöhnt ist und dem Engländer nicht viel zutraut. Sollte der Krieg über den Winter hinaus und dann wahrscheinlich eine noch nicht abzusehende Zeit dauern, so ist ein Rückschlag in der Stimmung unvermeidlich. Hiergegen vorausschauend etwas zu unternehmen, ist Sache nicht nur der Partei und der Propagandastellen, sondern auch der *Wehrmachtführung.*« Zu diesem Absatz vermerkte Keitel: »Die Richtlinien f(ür) d(ie) Propaganda im großen gehen *vom Führer* aus. Ich bitte infolgedessen, dieses Schreiben so umzustellen, daß die Vorschläge weniger aus einer Kritik des gegenwärtigen Verfahrens als aus den *militärischen* Bedürfnissen der *Zukunft* abgeleitet werden.« Abteilung L schlug weiterhin vor, mehr als bisher darauf einzugehen, »daß der Engländer ein sehr ernster Gegner ist und daß die Operation gegen ihn nicht mit den früheren zu vergleichen sind«. Die Siegeszuversicht dürfe natürlich nicht in Zweifel gezogen werden. »Es handelt sich nicht darum, *daß* wir den Krieg gewinnen, sondern *wie lange* wir dazu brauchen.« Dieser letzte Satz wurde von Keitel gestrichen, und er versah diesen Passus mit folgender Randbemerkung: »Das wird man kaum tun können, ohne den Engländer zu ermutigen und die befürchtete Enttäuschung im eigenen Volk geradezu herbeizuführen. Man soll nur nicht immer mit dem »unwiderruflich endgültig« bevorstehenden Vergel-

---

488 »Meldungen aus dem Reich«, 19. 8. 40. BA *R 58/153.*

tungsschlag *drohen*, sondern die großen Leistungen in dem z. Z. laufenden Kampf hervorheben, der *auf die Dauer* den Sieg verspricht.«[489] Inzwischen war ja auch die Planung für den Rußlandfeldzug eingeleitet und vorerst für Frühjahr 1941 angesetzt worden. Operation Seelöwe trat immer mehr in den Hintergrund, zumal sich die Luftschlacht über England bald als ein Fehlschlag erwies.

Aber kehren wir noch einmal zu der Vorlage der Abteilung Landesverteidigung zurück. Sie enthält neben der Kritik an der Propagandaführung bereits im Ansatz einen Vorschlag, der im späteren Verlauf des Krieges noch eine Rolle spielen sollte: Soldaten zur Verbesserung der Stimmung in der Heimat einzusetzen. In dem Entwurf von Warlimonts Abteilung heißt es:»Im Weltkrieg ist die Wehrmacht an dem Versagen der Heimat zerbrochen. Dies kann sich, ganz abgesehen von der unendlich günstigeren Kriegslage, in dem jetzigen Staat in dieser Form nie wiederholen. Das Volk vertraut blindlings der Führung und ist durch die Partei straff durchorganisiert.« Trotzdem wurde vorgeschlagen, für den zweiten Kriegswinter die»Kraftquellen« des soldatischen Geistes zu mobilisieren und in kleinen Versammlungen Soldaten zwanglos vom Leben in der Wehrmacht erzählen zu lassen. Der Chef des Oberkommandos der Wehrmacht bezeichnete diese Anregung als nichts anderes als eine»Versammlungswelle« mehr. Außerdem bringe sie die Wehrmacht in einen gewissen Gegensatz zur Partei.»Dann lieber wieder ›Wehrmachtswunschkonzerte‹ mit anschließendem ›Kameradschaftsabend‹«, meinte Keitel.

Seine Ablehnung war nicht aus der Luft gegriffen. Goebbels hatte bereits einmal ein ähnliches Ansinnen kategorisch zurückgewiesen und betont,»daß allein die mit der politischen und kulturellen Führung des deutschen Volkes beauftragte Partei das Recht habe, in Versammlungen an das deutsche Volk zu appellieren«. Er lehnte es ab,»daß alte Admirale oder Generale« etwa in Betrieben zum deutschen Volke sprächen, zumal sie nicht immer die richtige Fühlung zum Volke hätten.[490] Ende des Jahres wurde zudem noch eine Anordnung erlassen, die besagte:»Die Menschenführung ist allein Aufgabe der Partei.«[491] Ob diese erneute Betonung der Prärogative der Partei in einem ursächlichen Zusammenhang mit solcherlei Vorschlägen von seiten der Wehrmacht steht, scheint fraglich; sie betraf wohl vielmehr die Abgrenzung zwischen Verwaltungs- und Füh-

[489] MFGA WO *1-6/354.*
[490] *Kriegspropaganda;* S. 284 (12. 2. 40).
[491] RGBl. 1941, I; S. 45.

rungsaufgaben innerhalb von Staat und Partei.[492] Es darf aber angenommen werden, daß eine Empfehlung des OKW im Sinne der von Keitel umgeschriebenen Vorlage dem Propagandaminister zugeleitet wurde, denn Goebbels wies in seiner Konferenz am 23. August »auf die Notwendigkeit hin, das Volk allmählich mit der Möglichkeit vertraut zu machen, daß der Krieg sich auch noch über den Winter hinwegziehen kann. Er betont dabei, daß einstweilig keinesfalls feststeht, daß tatsächlich mit einer Kriegsdauer noch über den Winter gerechnet werden muß, daß vielmehr durchaus auch jetzt noch mit allen Möglichkeiten für eine Beendigung des Krieges noch in diesem Jahre zu rechnen sein kann und alle Möglichkeiten dazu offen sind. Er betont aber, daß es besser sei, das Volk auf einen längeren Krieg vorzubereiten, der dann vielleicht nicht komme, als im Volk die Hoffnung auf einen früheren Friedensschluß zu nähren und diese Hoffnung dann zu enttäuschen. Jedenfalls soll durch nichts mehr der Glaube gestärkt werden, daß der Krieg noch in diesem Herbst zu Ende geht; dagegen soll nicht etwa bereits demonstrativ auf eine längere Kriegsdauer hingewiesen werden. Es soll ferner die Härte des englischen Kriegsentschlusses in den Vordergrund und über die Lächerlichkeiten des englischen Alltags nur noch mit Ausnahmefällen berichtet werden«.[493]

Diese Vorbereitung auf eine längere Kriegsdauer unter gleichzeitiger Aufrechterhaltung der Hoffnung, der Krieg könne bald zu Ende gehen – die so recht das Maß der Unsicherheit der deutschen Kriegführung in diesen Wochen widerspiegelt –, erwies sich als eine schlechte Taktik. Es kann keine Rede mehr sein von einer Geschlossenheit der öffentlichen Meinung wie zur Zeit des Frankreichfeldzuges. Das Meinungsbild fächerte sich zunehmend auf zwischen den Polen der Hoffnung auf ein baldiges Kriegsende und der wachsenden Furcht und Beklemmung vor einem zweiten Kriegswinter.[494] Hitler gelang es noch einmal, in seiner Rede zu Beginn des zweiten Kriegsjahres die Stimmung hochzureißen. Insbesondere seine Versicherung, auf einen Großangriff gegen England bezogen: »Beruhigt euch, er kommt«, wurde zum geflügelten Wort. Sie vermittelte den Eindruck: »So kann nur ein Mann sprechen, der über das größte Hindernis hinweg ist und den Endsieg fest in der Tasche hat.«[495] Als aber im Verlauf des Septembers außer Luftangriffen auf englische Städte nichts weiter ge-

[492] s. infra; S. 294.
[493] Kriegspropaganda; S. 474/475.
[494] »Meldungen aus dem Reich«, 26. 8. 40. BOBERACH; S. 97/98. s. auch Generalstaatsanwalt Nürnberg, 14. 10. 40. BA R 22/3381.
[495] »Meldungen aus dem Reich«, 9. 9. 40, BA R 58/154.

schah, breitete sich langsam eine gewisse Gleichgültigkeit aus, und immer mehr Menschen begannen sich mit dem Gedanken an einen zweiten Kriegswinter vertraut zu machen.[496] Der Abschluß des Dreierpaktes zwischen Deutschland, Italien und Japan am 27. September, in dem sich die Partner gegenseitig die führende Rolle Deutschlands und Italiens in Europa und diejenige Japans in Ostasien zusicherten, wobei sie sich zur gegenseitigen Unterstützung mit allen Mitteln verpflichteten, falls einer von ihnen von einer Macht angegriffen würde, die bis dahin weder in den europäischen noch in den chinesisch-japanischen Konflikt verwickelt war, erzielte noch einmal einen kurzen Stimmungsaufschwung. Wieder begannen viele Deutsche mit einem Großangriff auf England in unmittelbarer Zukunft zu rechnen.[497] Als aber wieder nichts geschah, machte sich die Enttäuschung in zahlreichen Unmutsäußerungen Luft. Insbesondere die Presse- und Rundfunkberichterstattung in ihrer Gleichförmigkeit und ihren unentwegten Übertreibungen wurde zur Zielscheibe der Kritik.[498] Den meisten Widerspruch rief das Hochloben der eigenen Erfolge hervor, während die sich ständig steigernden Luftangriffe der Engländer vertuscht oder in ihrer Bedeutung herabgemindert wurden. Dabei war der erste wirklich schwere Angriff auf Berlin am 24. August ein regelrechter Schock für die Berliner gewesen. SHIRER notierte in seinem Tagebuch, sie seien wie erschlagen gewesen und hätten es für unmöglich gehalten, daß so etwas sich ereignen könnte. Zu Kriegsbeginn hatte Göring sich gerühmt, daß kein Flugzeug den äußeren oder inneren Luftabwehrgürtel Berlins durchbrechen könne. Und die Berliner, naive und einfache Leute, wie SHIRER schrieb, hätten ihm geglaubt, und nun sei die Enttäuschung um so größer.[499] In den »Bestellungen« aus der Pressekonferenz vom 29. August heißt es: »Das Prestige des Reiches läßt nicht zu, daß jede Nacht erfolgreiche englische Luftangriffe auf Berlin stattfinden . . .«[500] Man begann jedoch vorsichtshalber mit der Evakuierung von Kindern und Frauen aus luftgefährdeten Gebieten. Diese Evakuierungen hinwiederum gaben Anlaß zu allerhand Gerede, wie der Generalstaatsanwalt von Bamberg mitteilte. »Der Teil der Bevölkerung, der keine wirkliche politische Einsicht und auch keine positive politische Haltung besitzt, erweist sich als nicht ganz unerheblich. Diese Gruppe, die bisher

---

[496] »Meldungen aus dem Reich«, 23. 9. 40. *ibid.*
[497] »Meldungen aus dem Reich«, 30. 9. 40. BOBERACH; S. 103.
[498] *ibid.*; S. 104–109 (7. 10. 40).
[499] *Berlin Diary*; S. 486.
[500] Anweisung Nr. 850. BA *ZSg 101/17*; fol. I.

angesichts der glänzenden Waffenerfolge auf allen Gebieten, vor allem aber angesichts ihrer eigenen bisherigen völligen Unberührtheit durch die Kriegsereignisse den allgemeinen Optimismus teilte, sieht nun nach den kleinen Belastungsproben durch Fliegeralarme und Fliegerangriffe nicht ohne Mißtrauen und Kleinmut einem zweiten Kriegswinter entgegen...«[501]

Im Hochsommer und Herbst 1940 war nicht nur die öffentliche Meinung zunehmend gespalten und schwankend. Auch in kirchlichen Kreisen, insbesondere innerhalb des katholischen Klerus, setzten sich zwei große Meinungsgruppen untereinander auseinander – allerdings aus ganz anderen Gründen –, und diese uneinheitliche Haltung wirkte sich dann auch wieder auf die Bevölkerung aus. Die »Meldungen aus dem Reich« befaßten sich zunehmend mit dem Problem einer nachteiligen »Einflußnahme der katholischen Predigt- und Seelsorgepropaganda auf die Gesamtstimmung«.[502] Am 15. Juli berichteten sie in einer Anlage auch über »Beeinflussung der Stimmung der Bevölkerung durch die evangelische Geistlichkeit«.[503] Demnach war eine ungünstige Beeinflussung der Allgemeinstimmung durch »Mundpropaganda« von seiten der evangelischen Geistlichkeit im Gegensatz zur katholischen Kirche nicht festgestellt worden. »Die Gründe hierfür liegen im wesentlichen im Fehlen einer ähnlichen Geschlossenheit und einheitlichen Führung.« Nur Äußerungen einzelner Pfarrer, hauptsächlich aus den Reihen der Bekennenden Kirche, hätten stimmungsverschlechternd gewirkt. Die diesen Äußerungen innewohnende Tendenz beruhe darin, »die großen welthistorischen Ereignisse, die unser Volk heute bewegen, abzuschwächen und das *konfessionelle Erlebnis in den Mittelpunkt zu stellen*«. Häufig werde auch die Einheit aller Christen, ungeachtet ihrer Nationalität, herausgestellt. »Eine enge Gemeinschaft unter der Führung Christi sei von allen Völkern zu fordern.« Auch in der evangelischen Kirche werde, wie bei den Katholiken, der Krieg als Strafe Gottes erklärt. »Allgemein festzustellen ist, daß erst *nach dem vollständigen Siege im Westen* die evangelische Kirche ihre nationale Zuverlässigkeit zu betonen versuchte...«

Am 22. August kam der SD-Bericht in einer gesonderten Anlage dann wieder auf die Beeinflussung des Volkes durch den katholischen Klerus zurück[504] und berichtete erneut über »bestimmte Parolen«, die regelmäßig

---

[501] 5. 10. 40. BA R 22/3355.
[502] So am 22. und 29. April und 24. Juni.
[503] BA R 58/152.
[504] BA R 58/153.

wiederkehrten und sich insbesondere auf die Landbevölkerung nachteilig auswirkten. Wie schon zuvor, vermutete man in NS-Kreisen dahinter eine planmäßige und gesteuerte Aktion. Als meistverbreitete Themen wurden genannt:

1. die Aufzählung geschichtlicher Vorbilder für den Untergang des Reiches, wobei immer wieder auf die Vergänglichkeit mächtiger Staatswesen hingewiesen wurde. Besonders das Schicksal Napoleons sei ein vielzitiertes Beispiel:
2. die Herabminderung der Bedeutung und der Autorität des Dritten Reiches und seiner führenden Persönlichkeiten;
3. die Anwendung nationalsozialistischen »Begriffsgutes«, wie die Herausstellung des Gemeinschaftsgedankens;
4. die »Christenverfolgung« und das Verdrängen eines christlichen Geistes in Deutschland;
5. der Krieg als Strafe Gottes.[505]

Neben diesen mehr oder minder offen vorgetragenen Attacken gegen das nationalsozialistische Deutschland finde man aber andererseits wieder Bemühungen, *»die positive Stellung des Katholizismus zum Staate zu dokumentieren,* den Willen zur Mitarbeit . . .«. Die Meldungen vom 26. 9. 40 brachten einen weiteren Bericht über »Ansichten der Geistlichkeit zur kirchenpolitischen Entwicklung und stimmungsmäßige Auswirkungen dieser Einstellung in den Bevölkerungskreisen«.[506] Hierin finden sich nur Beispiele negativer Äußerungen, wie: man könne *»dem Nationalsozialismus nicht den Endsieg wünschen«,* oder *»der Kommunismus ist jedenfalls besser als der Nationalsozialismus«.* Solche oder ähnliche Ansichten würden dann in vorsichtiger Form unter das Volk gebracht; auch einige evangelische Pastoren hätten sich solcher und ähnlicher Parolen bedient.[507] Der Erfolg bleibe dann auch nicht aus: »Verschiedene Landwirte, einzelne Frauen und Arbeiter des *Siegkreises* haben

---

505 Einen ganz ähnlichen Themenkatalog bringt das Rundschreiben Nr. 143 des SD-Leitabschnittes Stuttgart vom 5. 9. 40. Es fügt noch Greuelnachrichten hinzu, die über von deutschen Soldaten an Polen begangenen Grausamkeiten berichten. HStA Stuttgart *K 750/38.*
506 BA *R 58/154.*
507 Beispiele hierfür sind Pfarrer Dietrich Bonhoeffer, führende Persönlichkeit des Widerstandskreises, und Pfarrer Hellmut Gollwitzer. Gegen beide wurde Ende August 1940 wegen »volkszersetzender Tätigkeit« Redeverbot für das gesamte Reichsgebiet erlassen. StA Obb. *Nr. 1875.*

offen folgende Formulierungen eines katholischen Wanderpredigers nachgeredet. ›*Es wäre wesentlich besser, wenn Deutschland den Krieg verlieren, da ein Sieg Hitlers das Ende der katholischen Bevölkerung bedeuten würde.* Es wäre besser, den bittersten *Frieden zu ertragen, als den Untergang der Kirche erleben zu müssen.*‹

Andere äußerten, daß die Engländer mit Berechtigung im Namen des Christentums kämpften, denn wenn der Nationalsozialismus die Insel erobert habe, würden dort genauso wie hier die Kruzifixe aus den Schulen und öffentlichen Gebäuden entfernt, was einer Verfolgung des Christentums gleichkomme . . .«

Es gibt aber auch Berichte, wie diejenigen des Reichsstatthalters von Hessen, die an dem Verhalten der Kirchen nichts zu beanstanden hatten.[508] Auch aus Oberbayern wurde nur von einer weiterhin anhaltenden Zurückhaltung der Geistlichkeit berichtet. Allerdings hieß es:»Bemerkenswert ist aber die Tatsache, daß bei einem Teil des Klerus keine innere Freude über die gewaltigen Siege des Führers und seiner Wehrmacht zu beobachten ist . . .«[509] Weit gravierendere Beobachtungen, vom Standpunkt eines Nationalsozialisten aus gesehen, teilte der Generalstaatsanwalt von Hamm am 30. September dem Reichsminister der Justiz Dr. Gürtner mit:

»... Die heimtückische Betätigung katholischer Priester hatte seit Beginn des Krieges im wesentlichen aufgehört. Leider ist in dieser Richtung ein Wandel unverkennbar. In der letzten Zeit mehren sich die Fälle, in denen Geistliche von der Kanzel oder bei sonstiger Gelegenheit ihrer Einstellung gegen den nationalsozialistischen Staat in mehr oder weniger versteckter Form Ausdruck verleihen. Die Vorgänge lassen erkennen, daß diesen unwürdigen Vertretern das Niederträchtige und Gemeinschaftsschädliche ihres Verhaltens ohne staatliche Nachhilfe nicht zum Bewußtsein zu kommen scheint. Erfreulich ist nur, daß offensichtlich auch weite Kreise der katholischen Bevölkerung für ein derartiges Verhalten ihrer Geistlichen kein Verständnis mehr haben.«[510]

Innerhalb der katholischen Kirche gab es denn auch, wie diese Berichte andeuten, zwei Meinungsströmungen hinsichtlich der Einstellung gegenüber dem nationalsozialistischen Staat. Diese beiden Lager waren auf der Fuldaer Bischofskonferenz vom 21. bis 24. August aufeinandergeprallt. Die militante Gruppe wurde repräsentiert durch Kardinal Faulhaber,

508 BA *NS Misch 1726;* fol. 303 751-53.
509 *Die kirchliche Lage in Bayern;* S. 321.
510 BA *R 22/3367.*

München, Erzbischof Gröber, Freiburg, Bischof Preysing, Berlin, Bischof Galen, Münster, und Bischof Rackl, Eichstädt. Die konziliante Gruppe, mit den Bischöfen Wienken, Berlin, Bertram, Breslau, und Schele, Köln, glaubten sich durch Kompromisse mit dem Nationalsozialismus durchfechten zu müssen. Sie stützten sich dabei auf das Schreiben von Papst Pius XII. an das deutsche Episkopat anläßlich der Fuldaer Konferenz, in dem der Papst die deutschen Bischöfe zur Einigkeit gemahnt hatte.[511] Ihr Verhalten war außerdem bestimmt durch die Ansicht, eine zu harte Haltung gegenüber dem Staat entfremde ihnen, zumal im Kriege, einen beträchtlichen Teil der Gläubigen. Es gelang auf der Fuldaer Konferenz nicht, die Unstimmigkeiten zwischen beiden Flügeln auszuräumen[512], so daß die katholische Bevölkerung im Reich sich keiner einheitlichen Haltung der katholischen Kirche gegenübersah. Eine Aktion jedoch gab es, bei der die aufgebrachte Bevölkerung Unterstützung bei den Kirchen fand und die aufgrund von Protesten beider Seiten eingestellt, bzw. nur in allergrößter Heimlichkeit später weitergeführt werden konnte.

5. Die Vernichtung »lebensunwerten Lebens«, die Euthanasie-Aktion

Prof. Dr. Karl Brandt, Generalinspekteur für das Gesundheitswesen im Dritten Reich, sagte im Nürnberger Ärzteprozeß aus, Hitler habe bereits 1935 geäußert, er wolle im Krieg die Euthanasie-Frage aufgreifen und durchführen, weil sich ein solches Problem dann leichter erledigen lasse.[513] Im Juli 1939 wurden eine Reihe von Professoren und Psychiatern in der Kanzlei des Führers in Berlin unterrichtet, daß die Absicht bestände, ein Euthanasie-Programm in die Wege zu leiten, um Geisteskranke in Deutsch-

[511] *Die Briefe Pius XII. an die deutschen Bischöfe;* S. 85 ff. Diese Auseinandersetzung zwischen beiden Flügeln hätte bereits im Juni beinahe zu einem Austritt Bischofs Preysing von der Fuldaer Konferenz oder Resignation auf das Bistum Berlin geführt, da er mit dem Glückwunschschreiben Kardinal Bertrams zu Hitlers Geburtstag am 20. April nicht einverstanden gewesen war. Vgl. *ibid.;* S. XXXI f. und 74 f.

[512] s. hierzu drei sehr aufschlußreiche Briefe des Chefs der Sicherheitspolizei und des SD, Heydrich, an Außenminister Ribbentrop vom 10. 9., 17. 10. 40 und 13. 1. 41. AA *Inland II 6/45.*

[513] Prot. S. 2413 zitiert in MITSCHERLICH, Alexander, MIELKE, Fred. *Wissenschaft ohne Menschlichkeit.* Medizinische und Eugenische Irrwege unter Diktatur, Bürokratie und Krieg. Heidelberg, Verlag Lambert Schneider, 1949; S. 176.

land zu töten.[514] Ende Oktober 1939 unterzeichnete Hitler ein auf den
1. September 1939 rückdatiertes Schreiben, in dem er Reichsleiter Bouhler
und Dr. med. Brandt beauftragte,»die Befugnisse namentlich zu bestim-
mender Ärzte so zu erweitern, daß nach menschlichem Ermessen unheilbar
Kranken bei kritischster Beurteilung ihres Krankheitszustandes der Gna-
dentod gewährt werden kann«.[515] Zur Erfüllung dieses Führerauftrags,
der nie in eine Gesetzesform gekleidet wurde, entstand die Reichsarbeits-
gemeinschaft Heil- und Pflegeanstalten, die ungefähr 50 Personen, inklu-
sive Rechtsanwälte und Ärzte, umfaßte. Eine erste Probe-Euthanasie
wurde noch 1939 durchgeführt; vom Januar 1940 bis August 1941 erlitten dann 70 273 Geisteskranke in sechs Vernichtungsstätten den »Gna-
dentod«. Zunächst fand diese Aktion, die von der gemeinnützigen Stiftung
für Anstaltspflege getragen wurde, im württembergischen Schloß Grafeneck, sodann in Schloß Hartheim bei Linz, in Brandenburg, Bernburg/An-
halt, Burg Sonnenstein bei Pirna und in Hadamar bei Limburg statt. Die
selektierten geisteskranken Anstaltspfleglinge wurden ohne Wissen ihrer
Angehörigen in eine dieser Anstalten verlegt. Nach vorheriger Benachrichtigung der bisherigen Pflegestätte erschien dort zum ausgemachten
Termin der Vertreter der gemeinnützigen Kranken-Transportgesellschaft
GmbH mit einer Anzahl Lastkraftwagen, um anhand einer Liste die Unglücklichen abzuholen, wobei es sich in manchen Fällen um geistig noch
aufnahmefähige Personen handelte. Nach erfolgter Tötung erhielten die
Angehörigen ein Schreiben etwa nach folgendem Muster, wobei die Krank-
heitsangaben variierten:
»Zu unserem Bedauern müssen wir Ihnen mitteilen, daß Ihr . . . der inzwischen in unsere Anstalt verlegt werden mußte, am . . . hier infolge einer
Grippe mit gleichzeitiger Lungenentzündung und anschließender Kreis-
laufschwäche unerwartet verstorben ist. Alle unsere ärztlichen Bemühungen waren leider vergebens. Er ist sanft und schmerzlos entschlafen. Bei
seiner schweren unheilbaren Erkrankung bedeutet sein Tod Erlösung für
ihn.
Infolge der hier bestehenden Seuchengefahr mußten wir auf polizeiliche Anweisung hin die Leiche des Entschlafenen sofort einäschern lassen . . .«
Anschließend wurde gefragt, ob hinsichtlich der Beisetzung der Urne
Wünsche vorlagen; andernfalls diese gebührenfrei an Ort und Stelle vor-

---

514 *ibid.*; S. 177, Anm. 1.
515 IMT, Bd. XXVI; S. 169 (Dok. 630-PS).

genommen werde. Die Habseligkeiten seien aus seuchenpolitischen Gründen vernichtet worden.[516]

Bei derartigen Benachrichtigungen ergaben sich manchmal peinliche Pannen.

Patienten verstarben an der Entzündung eines Blinddarmes, der bereits vor Jahren operativ entfernt worden war, eine Familie erhielt zwei statt einer Urne.

In anderen Fällen wurde die Bevölkerung stutzig, wenn beispielsweise in einer Gemeinde nach und nach Todesnachrichten aus derselben Anstalt eintrafen mit ein und derselben Todesursache. Teilweise spielten sich auch bei Abholung der Opfer tragische Szenen ab, die nicht verborgen blieben.[517]

Der früheste uns bisher vorliegende Bericht über Kenntnis der Bevölkerung von der Euthanasieaktion stammt von der Reichsfrauenführerin Frau Gertrud Scholtz-Klinck und betrifft Meldungen aus dem Gau Baden vom August 1940:

»Aus den Kreisen Bühl und Mannheim wird uns ferner gemeldet, daß die dortigen Heil- und Pflegeanstalten aufgelöst werden. Die Angehörigen beschweren sich nun darüber, daß sie vorher keinerlei Nachricht erhielten, wohin die Pfleglinge kämen. Meistens würde ihnen mitgeteilt, der Pflegling sei an irgendeiner Krankheit verstorben, die Asche könne an einem bestimmten Ort abgeholt werden. Die tollsten Gerüchte sind im Umlauf.«[518]

In der Meldung über September heißt es:

»Noch immer erhalten wir zahlreiche Berichte über die Räumung der Heil- und Pflegeanstalten. So teilt z. B. die Kreisfrauenschaftsleiterin von Emmendingen mit: Wenn die Angehörigen auf ihre Frage, wohin der Patient geschafft worden ist, die Antwort bekommen, das wisse man nicht, so rennen sie in ihrer Empörung vielfach sofort zum Pfarrer, und was der ihnen sagt, wissen wir nicht, wir können es uns nur vorstellen. Manche Leute behaupten, der Staat schaffe in erster Linie ältere Leute, Rentenempfänger, weg, damit er das Geld für andere Zwecke verwenden könne.

---

516 Im BA *Slg. Schumacher/401* befindet sich ein Schreiben des Standartenführers Schiele aus München vom 22. 11. 40 an Obergruppenführer Jüttner, dem ein zusammenfassender Bericht und Abschriften verschiedener Schreiben zum Thema Euthanasie beigefügt sind. S. auch BA *NS 19 neu/1578*.

517 Vgl. das Schreiben des Kreisleiters von Weißenburg/Bayern vom 6. 3. 41 an die Gauleitung Franken, Betr. »Beunruhigung der Bevölkerung von Absberg durch auffälliges Wegschaffen von Insassen des Ottilienheimes«, mit mehreren Anlagen. BA *NS Misch 1916*.

518 BA *NS 22/vorl. 860*.

Andererseits weiß ich, daß auch eine große Anzahl Kinder auf diese Weise weggebracht wurden. Verschiedentlich wurde ich nun in diesen Dingen um Rat, Auskunft und Aufklärung befragt. Was kann ich antworten, um die fragenden Menschen zu beruhigen, ohne Gefahr zu laufen, der Partei irgendwie zu schaden? . . .«

Die weiterhin aufrechterhaltene Geheimhaltung führte zu immer tollerer Gerüchtebildung. In einer Stellungnahme hierzu[519] wird behauptet: »Das Volk wehrt sich nicht gegen den Gedanken, sondern gegen die Durchführung, wie sie zur Zeit geschieht. Ohne jegliche Auslese, planlos, ohne gesetzliche Grundlage, wenigstens ohne solche, die dem Volke bekannt wäre, ohne Verantwortung und auf verlogener Grundlage.«

Die Feststellung, das Prinzip der Euthanasie werde von der Bevölkerung nicht abgelehnt, nur die Art der Durchführung und die mangelnde gesetzliche Grundlage, traf doch wohl nur sehr bedingt zu, wie noch auszuführen sein wird. Vor allem waren die Angehörigen meist natürlich empört und stießen sich an dem heuchlerischen Tenor der Benachrichtigung. Wie aus dem Bericht der Reichsfrauenführerin hervorgeht, suchten viele Trost und Hilfe bei der Geistlichkeit. Die verschiedensten kirchlichen Institutionen beider Konfessionen, die auf eine lange Tradition in der Pflege von alten und kranken Personen zurückblicken, wandten sich in dieser Angelegenheit an staatliche Stellen und protestierten oder verlangten Abhilfe, wie beispielsweise der Landesverband der inneren Mission in Württemberg, der sich an den württembergischen Innenminister wandte, oder die württembergische Arbeitsgemeinschaft ev. Seelsorger an Gemüts- und Nervenkranken, die an den Reichsgesundheitsführer Dr. Conti schrieben; weiter protestierten brieflich der Leiter der Betheler Anstalten, Friedrich von Bodelschwingh, der Berliner Domprobst Lichtenberg, der württembergische Landesbischof Wurm, Kardinal Bertram, Erzbischof Gröber, Kardinal Faulhaber, die Bischöfe von Köln, Paderborn, Limburg.[520] Wie die Aktion selbst auf treue Nationalsozialisten wirkte, zeigt der Brief einer Kreisfrauenschaftsführerin an die Frau des Obersten Richters der NSDAP, Walter Buch, vom 25. November 1940:

». . . Anfangs wehrte man sich instinktiv dagegen, die Sache zu glauben oder hielt die Gerüchte zum mindesten für maßlos übertrieben. Mir wurde noch bei unserer letzten Arbeitstagung auf der Gauschule in Stuttgart Mitte Oktober von ›gutunterrichteter‹ Seite versichert, es handle sich nur

---

[519] s. supra; S. 154, Anmerkung 516.
[520] CONWAY; S. 269 f.

um die absoluten Kretinen und die ›Euthanasie‹ werde nur in ganz streng geprüften Fällen angewendet. Jetzt ist es ganz unmöglich, diese Version noch irgend einem Menschen glaubhaft zu machen und die absolut sicher bezeugten Einzelfälle schießen wie Pilze aus dem Boden. Man kann vielleicht 20 % abziehen, aber selbst wenn man 50 % abziehen wollte, wäre damit nichts gebessert. Das Furchtbare und Gefährliche ist ja nicht so sehr die Tatsache an sich; wenn ein Gesetz geschaffen worden wäre in der Art des Sterilisationsgesetzes, das eine bestimmte Kategorie von Kranken unter schärfster fachmännischer Prüfung festgesetzt hätte, Kranke, die wirklich keinen Funken des Erkennens und menschlichen Fühlens mehr in sich tragen, dann bin ich überzeugt, daß nach anfänglicher Aufregung die Gemüter sich beruhigt und die Menschen sich damit abgefunden hätten, vielleicht leichter als mit dem Sterilisationsgesetz . . . Das furchtbare im gegenwärtigen Fall ist das ›öffentliche Geheimnis‹, das ein Gefühl entsetzlicher Unsicherheit erzeugt. Man konnte doch unmöglich damit rechnen, das Geheimnis auf die Dauer zu wahren, auch wenn man dem der es verraten würde mit der Todesstrafe drohte, wie dies der Fall sein soll? Auch daß man den Leuten zumutete, an die mysteriöse ›Seuche‹ zu glauben, der ihre Angehörigen zum Opfer gefallen sein sollten, war unerhört und ein nicht wieder gutzumachender Fehler! Ob die für diese Sache Verantwortlichen sich gar nicht bewußt sind, *welches* Maß von Vertrauen sie dadurch zerstört haben? Jeder muß sich hinfort fragen: Was kann man noch glauben? Wohin wird dieser Weg uns führen und wo wird die Grenze gezogen werden? . . .

Jetzt klammern die Menschen sich noch an die Hoffnung, daß der Führer um diese Dinge nicht weiß, nicht wissen *könne*, sonst würde er dagegen einschreiten; auf keinen Fall wisse er, in welcher Weise und in welchem Umfang sie geschehen. Ich habe aber das Gefühl, als dürfe es nicht mehr lang so weitergehen, sonst ist auch dieses Vertrauen erschüttert . . .«

Die Schreiberin forderte daher: »Die Sache muß vor das Ohr des Führers gebracht werden, ehe es zu spät ist, und es *muß* doch einen Weg geben, auf dem die Stimme des deutschen Volkes das Ohr seines Führers erreicht! . . .«

Der Brief gelangte aber nicht zum eigentlichen Urheber dieser Aktion, sondern in die Hand Heinrich Himmlers, der daraufhin dem Stellvertreter des Reichsleiters Bouhler, Stabsleiter Viktor Brach, schrieb, daß wohl nichts anderes übrigbliebe, als die Verwendung der Anstalt Grafeneck einzustellen »und allenfalls in einer klugen und vernünftigen Weise aufklärend zu wirken, indem man gerade in der dortigen Gegend Filme über Erb- und Geisteskranke laufen läßt«. Dem obersten Parteirichter wurde mitgeteilt, daß die Aktion »auf Grund einer Ermächtigung des Führers durch eine Kommission von Ärzten« geschehe. »Die Auswahl wird nach menschlichem Ermessen gewissenhaft und gerecht vorgenommen . . .«[521] Der Skandal wurde nicht ausgelöscht, die Aktion ging weiter und gelangte zur Kenntnis immer breiterer Kreise. Zu Beginn des Jahres 1941 häuften sich die Berichte der Chefpräsidenten und Generalstaatsanwälte zu diesem Thema.

Der Oberlandesgerichtspräsident von Bamberg teilte am 2. Januar 1941 mit: »Die Beseitigung von unheilbar Geisteskranken ist nun auch hier durchgesickert und hat starkes Befremden verursacht. Die Sache begann damit, daß einige im Bezirk gelegene Irrenanstalten völlig geräumt und die Kranken angeblich in weit entfernte Anstalten verbracht wurden. Nun treffen ständig Nachrichten bei den Angehörigen ein, daß Insassen plötzlich verstorben seien, die Einäscherung bereits stattgefunden habe und die Asche dem Angehörigen auf Wunsch übersandt werde. Es ist klar, daß diese Dinge allgemeiner Gesprächsstoff werden und – mangels jeglicher Erklärung der amtlichen Stellen – den schlimmsten Gerüchten sich Tür und Tor öffnen. So konnte man hören, zunächst ginge es zwar nur über Irren- und Idiotenanstalten, später aber werde man auch in den Krankenhäusern die unheilbar Kranken beseitigen und es bedürfe dann nur noch eines kurzen Schrittes um auf diese Weise vielleicht auch gesunde Personen, die etwa in politischer Hinsicht mißliebig seien, unschädlich zu machen.«[522]

Als wie richtig sich diese Vermutungen erweisen sollten, ahnte damals noch niemand.

Am 3. Februar, einen Monat später also, erreichte den Staatssekretär im Justizministerium Schlegelberger, welcher das Ministerium nach dem Tode Gürtners für längere Zeit kommissarisch verwaltete, der Lagebericht des Generalstaatsanwaltes von Düsseldorf. Dieser hatte erst kurz zuvor durch den Bericht seines Oberstaatsanwaltes von diesen Vorgängen Kenntnis erhalten und bat dringend um einheitliche Weisungen für die Strafverfol-

---

521 Alle Dokumente in BA *Slg. Schumacher/401.* Der letzte Brief ist erwähnt bei ZIPFEL; S. 225; der Brief an Brach ist abgedruckt in *Reichsführer! Briefe an und von Himmler.* Hrsg. von Helmut Heiber. Stuttgart, Deutsche Verlags-Anstalt, 1968; S. 83 (künftig zitiert als *Reichsführer*). – s. hierzu auch POLIAKOV, Léon. *Le bréviaire de la haine.* Paris, Calman-Lévy, 1951; S. 212 f.
522 BA *R 22/3355.*

gungsbehörden.[523] Bereits am Tage darauf traf ein neuer Bericht aus Bamberg, diesmal vom Generalstaatsanwalt, ein, der mitteilte, daß die Maßnahmen »bei großen Teilen der Bevölkerung vollem Verständnis« begegneten, in konfessionellen Kreisen hingegen »einer zweifelhaften Aufnahme«. Bei vielen bestehe die Besorgnis, daß die Polizei »ohne eine dem Rechtsgefühl entsprechende Kontrolle Menschen beseitigen kann, wie die nicht seltenen Erschießungen ›auf der Flucht‹ oder ›bei Widerstand‹ beweisen ...«[524]

Am 15. Februar berichtete der Landgerichtspräsident von Wiesbaden dem Oberlandesgerichtspräsidenten in Frankfurt/Main über mündlich verbreitete Gerüchte und wachsende Beunruhigung der Bevölkerung über die Vergasung von Geisteskranken, insbesondere in Hadamar. Wodurch solche Gerüchte entstanden seien, ließe sich, so führte er aus, nicht feststellen. Allerdings seien ihm in den letzten Tagen von seiten des Vormundschaftsgerichtes »zwei auffallende Vorgänge aus Irrenanstalten gemeldet worden, die geeignet erscheinen solchen Gerüchten Nahrung zu geben«.[525]

In seinem Lagebericht vom 1. März kommt der Oberlandesgerichtspräsident in Bamberg erneut auf das Thema zu sprechen: »In weiten Kreisen der Bevölkerung herrscht große Erregung wegen dieses Zustandes und zwar nicht nur bei Volksgenossen, die einen Geisteskranken in ihrer Familie zählen. Derartige Zustände sind auf die Dauer unhaltbar, denn sie bergen in sich eine Reihe gefährlichster Unsicherheiten und geben auch Anlaß zu den unsinnigsten Gerüchten, die wiederum eine Quelle ständiger schwerster Beunruhigung der Bevölkerung sind. So spricht man schon davon, daß im Zuge der Weiterentwicklung der Dinge schließlich alles Leben, das der Allgemeinheit keinen Nutzen mehr bringt, sondern sie – rein materiell gesehen – nur belastet, im Verwaltungsweg für nicht mehr lebenswert erklärt und demgemäß beseitigt werden solle ...«[526]

Der Oberlandesgerichtspräsident in Nürnberg meldete nur kurz und ohne Kommentar am 3. März, daß die geheim durchgeführte Aktion weiten Volkskreisen bekanntgeworden sei und insbesondere in den katholischen Gegenden Unruhe ausgelöst habe.[527] Aus München schrieb der OLG-Präsident, daß es sich anscheinend nur um eine Verlegung in andere Anstalten und daraus entstandene Gerüchte handele – dabei hatte sein Ge-

---

[523] BA R 22/3363.
[524] s. supra; S. 157, Anmerkung 522.
[525] BA R 22/3364.
[526] BA R 22/3355.
[527] BA R 22/3381.

neralstaatsanwalt bereits am 28. November 1940 einen Hinweis auf die Euthanasie-Aktion und über Behauptungen bezüglich von in Altersheimen erstellten Listen gebracht.[528] Im März 1941 wandte sich Staatssekretär Dr. Schlegelberger an den Chef der Reichskanzlei, um auf die zahlreichen Folgen aufmerksam zu machen, welche die Euthanasie-Aktion auf dem Gebiet der Justiz zur Folge hatte.[529] Um eine reichseinheitliche Behandlung dieser Vorgänge zu erreichen und die noch nicht eingeweihten Chefpräsidenten und Generalstaatsanwälte zu unterrichten, versammelte Staatssekretär Schlegelberger die Spitzen der deutschen Justiz am 23. und 24. April 1941 in Berlin und erteilte die Weisung, die Untergebenen mündlich über die Ermächtigung Hitlers und die Aktion zu informieren; alle Anzeigen und Proteste seien unverzüglich und ohne Bearbeitung dem Reichsjustizministerium vorzulegen.

Von Ende März bis Ende Juni liegt kein Bericht seitens der ›Chefjuristen‹ zu diesem Thema vor. Am 26. Juni meldete Frankfurt erneut wachsende Beunruhigung, insbesondere in Limburg, wo man die Transporte nach Hadamar beobachten konnte, und aus dem Rheingau, wo sich die Heil- und Pflegeanstalt Eichberg befand.[530]

Inzwischen hatte sich die katholische Kirche offiziell der Angelegenheit bemächtigt. Bereits am 15. Mai, am 50. Jahrestag der Enzyklika »Rerum Novarum«, von Papst Leo XIII. erlassen, hatte Papst Pius XII. in seiner Pfingstbotschaft dieses Rundschreiben und die Enzyklika Pius XI. »Quadragesimo anno« aus dem Jahre 1931 aufgegriffen und daran anknüpfend unter anderem gesagt, der Staat habe nicht über Anfang oder Ende des menschlichen Lebens zu bestimmen.[531]

Am 28. Juli 1941 erstattete Bischof Clemens August von Galen Anzeige bei der Staatsanwaltschaft des Landgerichtes und beim Polizeipräsidenten in Münster. In seiner Predigt in der St.-Lamberti-Kirche am 3. August klagte er öffentlich das Euthanasieprogramm als eine Verletzung des Fünften Gebotes an.[532] Anschließend erließ er einen Hirtenbrief, der Bolschewismus und Nationalsozialismus verglich und in dem er sich

[528] OLG-Präsident, 5. 3. 41. BA R 22/3379.
[529] MITSCHERLICH/MIELE; S. 194 ff.
[530] BA R 22/3364.
[531] Übersetzung und Kommentare aus nationalsozialistischer Sicht in »Vertraulicher Mitteilungsdienst zusammengestellt von der Dienststelle des Reichsschulungsbeauftragten der NSV-Hauptstelle Theoretische Schulung«, Nr. 1. Sept. 1941. BA NS Misch/1525.
[532] ZAHN; S. 122.

wie Pius XII. und die Enzyklika von Pius XI. auf das Recht des Menschen auf Leben berief. Am 2. November 1941 wies Bischof Preysing auf die Heiligkeit des Lebens hin und sagte:»Wir wollen doch nicht auf den Standpunkt primitiver oder besser gesagt entarteter Völker zurücksinken, bei denen es erlaubt ist, die alten arbeitsunfähigen Eltern zu erschlagen...«[533] Am 31. 12. 1941 verurteilte Weihbischof Dr. Kolb im Bamberger Dom die Aktion, indem er in seiner Ansprache sagte, die Menschen hätten nicht das Recht, der göttlichen Vorsehung in den Arm zu fallen. »Ich behaupte auf Grund der Gesetze unseres Glaubens, auf Grund des Glaubens an eine göttliche Vorsehung, *daß es dem Menschen nicht gestattet ist, menschliches Leben auf Grund unheilbaren Leidens zu vernichten* ... *Ich behaupte auch weiterhin, daß Kranke, deren ganzer Lebensweg durch körperliche Leiden bedingt ist und auch Irrsinnige das Recht des Lebens besitzen* ...«[534] Auch bekannte Ärzte wie Prof. Büchner in Freiburg und Prof. Sauerbruch protestierten gegen die Aktion.

Auszüge aus dem Hirtenwort des Bischofs von Münster wurden den »Meldungen aus dem Reich« vom 22. September als Anlage beigefügt.[535] Es ist dies das erste Mal, daß die SD-Berichte indirekt das Thema der Euthanasie aufgreifen. Erst am 15. Januar 1942, anläßlich eines zusammenfassenden Berichtes über die Reaktionen der Bevölkerung auf den Film »Ich klage an«, der das Problem der ärztlichen Sterbehilfe behandelt hatte, wird näher auf die Frage eingegangen.[536] Zu diesem Zeitpunkt war die Aktion bereits stark eingeschränkt, wenn auch noch nicht ganz eingestellt worden.[537] Diese Zurückhaltung der SD-Berichterstattung ist um so auffallender, als sonst sehr ausführlich über alle stimmungsbeeinflussenden Faktoren Rechnung abgelegt wird. Aus den Mitteilungen der »Chefjuristen« wissen wir, wie sehr die Bevölkerung in vielen Gebieten des Reiches über diese Maßnahmen auch noch im Sommer und Herbst 1941[538]

533 Zitiert in *Die Briefe Pius XII. an die deutschen Bischöfe 1939–1944;* S. 174, Anmerkung 1.
534 Monatsbericht für Dezember des Regierungspräsidenten von Ober- und Mittelfranken. BHStA, Abt. II, *MA 106 679.*
535 BA R 58/164.
536 BOBERACH; S. 207–211.
537 Bereits im August 1941 soll Hitler einen mündlichen Befehl zum Abstoppen gegeben haben. MITSCHERLICH/MIELE; S. 198.
538 Bericht des OLG-Präsidenten von Hamm, 7. 8. 41. BA R 22/3367. Der Generalstaatsanwalt von Celle berichtete z. B. am 1. 8. 41:»An einem Ort soll die Sache sogar Gegenstand des Spiels der Kinder geworden sein.« BA R 22/3359. Vgl. auch OLG-Präsident Celle, 2. 9. 41. BA R 22/3359; Düsseldorf, 1. 11. 41. BA R 22/3363.

beunruhigt war – hierzu hatte die Predigt des Bischofs von Münster noch erheblich beigetragen.[539] Der Presse hingegen war es untersagt worden, das Thema anzuschneiden.[540] Es ist daher nicht auszuschließen, daß Weisungen vorlagen, hierüber nichts in den »Meldungen aus dem Reich« zu bringen – die immerhin einem größeren Kreis zugestellt wurden –, und spezielle Berichte hierüber als geheime Reichssache nur einem ganz beschränkten Gremium vorgelegt und anschließend vernichtet wurden. Da das Problem aber zu sehr erörtert worden war, fand man die Lösung einer Diskussion im Rahmen des Filmes, welche dann die Feststellung erlaubte, »daß im allgemeinen die Durchführung der Euthanasie bejaht wird«. Wäre dies wirklich der Fall gewesen, warum dann diese Geheimhaltung? Der SD-Bericht erwähnt zwar die Opposition in kirchlichen, insbesondere katholischen Kreisen, in Kreisen der Intelligenz und bei älteren Ärzten, sowie die immer wiederholten Forderungen der Juristen auf gesetzliche Verankerung einer solchen Aktion, stellt diesen aber die breite Masse positiv eingestellter Staatsbürger gegenüber, wobei *expressis verbis* einfache Arbeiter und jüngere Ärzte als Beispiele angeführt werden. War es vielleicht nicht so, daß *nur* in diesen Kreisen einzelne aus mangelndem Überblick, aus beruflicher Horizontbegrenzung und fehlender Ethik sich bejahend geäußert hatten? Es fällt auch auf, daß der sonst so eifrige Dr. Goebbels in seinen Ministerkonferenzen mit einer Ausnahme[541] dazu schweigt. Selbst die Berichterstattung über den Film »Ich klage an« war eine Zeitlang gesperrt.[542] Schließlich durfte erwähnt werden, daß der Film das Thema anschneidet, aber auf die Euthanasie selbst durfte weder positiv noch negativ eingegangen werden.[543]

Die Parteioligarchie, an der Spitze Hitler, hatte unzweifelhaft die Auswirkungen der Euthanasie-Aktion nicht – oder falsch einkalkuliert. Für die zukünftigen Pläne zog man aus dieser Erfahrung die Konsequenz einer weit stärkeren Geheimhaltung und der Verlegung der Schauplätze staatlich angeordneten Massenmords in weit entfernte Gebiete, die eine Beobachtung und Kontrolle seitens der deutschen Bevölkerung ausschlossen.

[539] Generalstaatsanwälte Hamm, 30. 9. 41, und Düsseldorf, 1. 12. 41.
[540] *Kriegspropaganda;* S. 711.
[541] *ibid.*
[542] BA ZSg *109/20;* fol. 23, 28, 61.
[543] BA ZSg *109/24;* fol. 1/2.
Sonderinformation Nr. 43/41 vom 23. 8. 41.

6. Zwischen Seelöwe und Barbarossa

Am 17. September 1940 verschob Hitler den Termin der Landung in England »bis auf weiteres«, am 12. Oktober erteilte er dem Unternehmen »Seelöwe« den Todesstoß.

Bekanntlich war die zwiespältige Kriegs- und Propagandapolitik der Reichsregierung nicht ohne Folgen auf die öffentliche Meinung geblieben. Berichte aus den verschiedenen Gauen ergaben, »daß sehr große Teile der Bevölkerung eine völlig verständnislose und unerzogene Haltung an den Tag« legten.

»...Es überwiegt die Ungeduld darüber, daß auch jetzt der ›große Schlag‹ gegen England nicht gekommen sei (z. B. Allenstein). Die Leute gingen schon wieder auf andere Themen über (z. B. Dresden). Selbst das Interesse am militärischen Geschehen habe in einer bedauerlichen Weise nachgelassen. Die Bevölkerung mache sich ungern und widerstrebend mit dem Gedanken eines zweiten Kriegswinters vertraut, wobei die alltäglichen Sorgen, insbesondere die um Brennmaterial, durchaus in den Vordergrund rückten ...« Am meisten wurde wieder über die »Gleichförmigkeit« der Berichte geschimpft: »Man sei nun schon gewohnt zu erfahren, daß die letzten Angriffe noch stärker waren als die vorangegangenen und daß sie wiederum verheerende Wirkung gezeitigt hätten.« Der Kampf gegen England werde »in erster Linie von der Presse und mit einem großen Aufwand an starken Worten bestritten ...«[544]

Goebbels fand diese im SD-Bericht »zum Ausdruck gebrachte Stimmungsverschlechterung der Bevölkerung zwar etwas zu pessimistisch gesehen«, hielt es aber für geboten, »daß die Presse zusätzlich mehr als bisher tue, damit das Interesse auch an militärischen Dingen nicht weiter absinke«.[545] Die nationalsozialistische Meinungsforschung mußte aber drei Tage später einen weiteren negativen Befund vorlegen:

»Nach den vorliegenden Meldungen wird die augenblickliche Stimmung der Bevölkerung durch eine gewisse Nervosität gekennzeichnet, die einmal auf die fast überall auftauchenden Befürchtungen wegen einer längeren Kriegsdauer, zum anderen auf die für die meisten unklare allgemeine politische Lage zurückzuführen ist ...« Diese Unsicherheit fördere die Gerüchtebildung, und es heiße vielerorts, deutsche Truppen seien in Rumänien einmarschiert, um die wichtigen Erdölquellen unter Kontrolle zu haben; andere glaubten zu wissen, daß Einheiten der Wehrmacht

---

544 »Meldungen aus dem Reich«, 7. 10. 40. BOBERACH; S. 104–106.
545 *Kriegspropaganda;* S. 543.

nach Griechenland unterwegs seien. Erst müsse England im Mittelmeer geschlagen werden, ehe die Insel selbst attackiert werde. Diese Gerüchtebildung bestätige den Verdacht, »daß in der deutschen Bevölkerung in zunehmendem Maße gerade in den letzten Wochen wieder ausländische Sender abgehört werden . . .«[546] Es war eben unmöglich, mitten in Europa im 20. Jahrhundert eine Bevölkerung von der Umwelt so zu isolieren, daß sie nur der Indoktrination und Propaganda eines totalitären Staates ausgeliefert war. Die Öde und Langeweile der staatlichen Meinungspolitik, Goebbels Prinzip, »an den Instinkt, nicht an den Verstand zu appellieren«[547], »das Prinzip der ständigen Wiederholung der ausgegebenen Propagandaparolen«[548], trieben informationshungrige Menschen geradezu dazu, heimlich fremde Nachrichtendienste abzuhören. Durch diese SD-Berichte alarmiert, betonte der Reichsminister für Volksaufklärung und Propaganda schon am nächsten Tag »nachdrücklich die Notwendigkeit, daß sich die öffentliche Meinungsmache in verstärktem Maße aller Dinge enthalten muß, die geeignet wären, das an sich schon nervöse Volk noch mehr zu bedrücken . . .«[549]

Das Abhören ausländischer Sender hatte jedoch manchmal sogar seine Vorteile für das Regime. Die sich dadurch entwickelnde Gerüchtebildung hatte beispielsweise dafür gesorgt, daß die Entsendung einer »Lehrtruppe« nach Rumänien in Stärke einer motorisierten Infanteriedivision sowie von Luftwaffeneinheiten die Bevölkerung kaum noch beunruhigte.[550] Die ab 12. Oktober eintreffenden Truppen hatten den Auftrag, die rumänischen Streitkräfte zu reformieren und die Ölfelder »zu schützen«. Das vorausgegangene russische Ultimatum Ende Juni an Rumänien zur Abtretung Bessarabiens und der Nordbukowina indessen hatte eine Welle von Beunruhigungen und Gerüchten über die Natur der deutsch-russischen Beziehungen zur Folge, auf die noch zurückzukommen sein wird. Sowohl die sogenannten »zweiten Wiener Schiedssprüche«, welche für Rumänien empfindliche Gebietseinbußen zugunsten Ungarns brachten, als auch die innerrumänischen Ereignisse der Abdankung König Carols, die Übernahme des Thrones durch seinen Sohn Michael und die Etablierung einer autoritären Staatsführung unter General Antonescu waren von der deutschen Öffentlichkeit mit viel Interesse, aber nicht allzu großem Verständnis für

[546] »Meldungen aus dem Reich«, 10. 10. 40. BA R 58/155.
[547] Kriegspropaganda; S. 311.
[548] ibid.; S. 313.
[549] ibid.; S. 546.
[550] »Meldungen aus dem Reich«, 14. 10. 40. BA R 58/155.

die dortigen Gegebenheiten verfolgt worden.[551] Man war zu sehr fixiert auf die immer noch erwartete Auseinandersetzung mit England, und sobald das Interesse durch militärische Ereignisse nicht mehr gefesselt wurde, wandte es sich der Alltagsmisere zu. Seit geraumer Zeit bereits, aber insbesondere ab Oktober 1940, klagte die Bevölkerung und vor allem die Arbeiterschaft über gleichbleibende Löhne und steigende Lebenshaltungskosten. Betroffen waren zu allererst Textilien, Schuhwaren, wichtige Gebrauchsgegenstände und verschiedene Lebensmittel: »Diese Tatsache löste allgemein Unzufriedenheit und Besorgnis aus. Die Äußerungen in der Presse über eine bisher nur 4 %-Preissteigerung wurden lebhaft besprochen und mit einem gewissen Unwillen zur Kenntnis genommen.«[552] Eine massive Anklage gegen die Lohnpolitik des Nationalsozialismus, die sich zu gleicher Zeit auch gegen die Praktiken der Arbeitgeber wandte, war bereits am 21. September 1940 vom Treuhänder der Arbeit Daeschner erhoben worden. Er stellte fest, »daß die nationalsozialistische Sozialpolitik *nur in der Einbildung bestehe.* Alle Reformen auf sozialpolitischem Gebiet seien in Ansätzen steckengeblieben.« Alles sei praktisch wie früher, »wenn auch in etwas schöneren Formen eines nationalsozialistischen Gewandes«.[553] Auch aus anderen Kreisen der Deutschen Arbeitsfront kamen Berichte über eine Mißstimmung unter der Arbeiterschaft, deren Ursachen im Lohnstopp und in der Verteuerung der Lebenshaltung zu suchen waren.[554] Eine Verquickung von Kritik an der Propaganda und an den sozialen Zuständen des Dritten Reiches enthält der »Bericht über die allgemeine Lage« des Präsidenten des Hanseatischen Oberlandesgerichtes in Hamburg vom 7. November 1940: »Die allgemeine politische Stimmung ist reservierter geworden. Man hatte aufgrund der seit Monaten betriebenen, m. E. sehr bedenklichen Propaganda, mit einem Kriegsende zum Herbst, spätestens zu Weihnachten gerechnet. Wenn auch niemand am Endsieg zweifelt, so ist man doch zeitlich sehr skeptisch geworden. Eine Propaganda, die etwas mehr den Ernst der Lage berücksichtigt hätte, hätte diesen Stimmungsumschwung vermeiden können. Ausgesprochen entschieden kritisiert wird die Tatsache, daß viele Begüterte zum Teil seit Monaten ihre Familie an die Ostsee bis nach Ostpreußen auf »Urlaub« geschickt haben. Man sieht darin eine Flucht aus dem Gesamtschicksal in ein angenehmes Einzelschicksal allein auf Grund des größeren Geldbeutels.

---

[551] Vgl. z. B. »Meldungen aus dem Reich«, 15. 7. 40. BA R 58/152.
[552] »Meldungen aus dem Reich«, 14. 10. 40. BA R 58/155.
[553] BA ZSg 115/1940.
[554] Kreisverwaltung der DAF Freiburg, Oktober 1940, BA NS 5 I/58.

Die einfachen Volksgenossen, denen dieser Umstand nicht verborgen bleibt, fragen sich, worin denn da der Unterschied zu der von uns so sehr gerügten Übung der englischen Plutokraten besteht. Aus Kreisen der Beamten und Angestellten werden auch immer wieder Klagen darüber laut, daß die Teuerung gerade in den letzten Monaten sehr erhebliche Fortschritte gemacht hat ...«[555]

Um dieselbe Zeit berichtete auch der Oberlandesgerichtspräsident Köln[556] über die Teuerung, ein wenig später sein Kollege in München[557], und zu Anfang des neuen Jahres kommt im Lagebericht des Oberlandesgerichtspräsidenten in Bamberg[558] – mehr indirekt diesmal – der Vorwurf zum Ausdruck, daß die Preissteigerungen vor allem den kleinen Mann treffen – und auch die Beamtenschaft – die weder über gute Beziehungen noch genügend Geld verfügten. Auch der SD-Bericht vom 21. November[559] spricht in diesem Zusammenhang von einer »Verstimmung der Bevölkerung über die derzeitigen Verhältnisse« und stellt fest: »Zusammenfassend ist zur Frage der Ernährungslage und Preisentwicklung bei Nahrungsmitteln festzustellen, daß diese gegenwärtig einen wesentlichen Faktor für die allgemeine Stimmung darstellt.« In dem Katalog der Ärgernisse findet man »Schwierigkeiten in der Fleisch- und Fettzuteilung, Kürzung der Brotrationen, die unzulängliche Belieferung der Märkte mit Gemüse und Obst, wie auch der nahezu völlige Ausfall von Wild, Geflügel und Fischanlieferungen«. Nicht nur höhere Preise, sondern auch schlechtere Qualität wurden beklagt. Die Wurst, ein in Deutschland bekanntlich sehr beliebtes Nahrungsmittel, war oft ungenießbar. Kein Wunder, daß die Laune schlecht war, besonders bei den Arbeitern. Dies manifestierte sich außer in Schimpfreden auch in einem erheblichen Absinken der »Arbeitsmoral« und wachsendem unentschuldigten Fernbleiben von der Arbeit.[560] Ein weiterer Ausdruck der Verdrossenheit in Arbeiterkreisen war die wachsende Mißachtung der von der Deutschen Arbeitsfront eingesetzten Vertrauensräte. Betriebliche Angelegenheiten wurden zwischen Betriebsführer und den Betriebsobmännern geregelt.[561]

---

[555] BA R 22/3366.   [556] BA R 22/3374.
[557] BA R 22/3379.   [558] BA R 22/3355.
[559] BOBERACH; S. 111–114.
[560] Vgl. beispielsweise eine Bekanntmachung des Betriebsführers der GHH in Oberhausen vom 12. 11. 40. HA GHH 400101/3.
[561] NSDAP Stellv. Führer-Stab. Amt Berichts- und Inf.wesen. München 16. 12. 40. Monatsbericht für November 1940 BA ZSg 3/1620 und Rundschreiben Nr. 31 der Bezirksgruppe Wetzlar der Wirtschaftsgruppe Bergbau HA GHH 400144/18.

Während dieser Periode der »Flautenstimmung«[562] war die Propaganda des Reiches darauf angewiesen, eine Art »Eiertanz« aufzuführen. Die Presse hatte die Aufgabe: »durch interessante Meldungen das Volk zu fesseln und bei Stimmung zu halten; es werden sich in diesen Tagen diplomatische und politische Dinge abspielen, die das Volk brennend interessieren, über die aber nicht geschrieben werden kann«.[563] Die interessanten Dinge, die das Volk noch nicht erfahren durfte, waren Hitlers – im Endergebnis fehlgeschlagene – Bemühungen zur Schaffung eines »Kontinentalblocks« gegen die angelsächsischen Mächte. Dazu mußte eine neue, kompromißfreudigere Politik gegenüber Frankreich eingeleitet[564] und auch versucht werden, Spanien in diesen künftigen Block miteinzubeziehen. Den Auftakt hierzu hatte das Treffen Hitlers mit Mussolini am 4. Oktober gebildet.[565] Die nächste wichtige Etappe war ein Zusammentreffen mit dem stellvertretenden französischen Ministerpräsidenten Laval am 22. Oktober auf dem Bahnhof von Montoire-sur-Loire, einen Tag später die Begegnung mit General Franco in Hendaye und schließlich am 24. 10. eine Zusammenkunft mit Marschall Pétain. Hitlers Versuche stießen ins Leere. Franco, der nach der französischen Niederlage bereit gewesen war, »nach kurzer Vorbereitung der öffentlichen Meinung« in den Krieg einzutreten[566], war inzwischen wieder weit vorsichtiger geworden und stellte hohe Forderungen an Kriegsmaterial, Treibstoff, Rohstoffe und Getreide, die Deutschland nicht erfüllen konnte. Mit Zähigkeit und Verschlagenheit hielt der spanische Diktator den Deutschen hin. Ebensowenig richtete Hitler bei Pétain und Laval aus. Auch hier blieb die Frage einer konkreten Zusammenarbeit offen.

Über diese Begegnungen durfte nur sehr sparsam berichtet werden. Vor allem Auslandsstimmen waren untersagt, und selbst Kommentare waren unerwünscht. »Bekanntlich ist das Thema der deutsch-französischen Verständigung ein äußerst zartes Pflänzchen, das gerade von der deutschen Presse besonders behutsam behandelt werden muß.«[567] Ähnlich sollten auch die Deutschen ein wenig später nicht über Hitlers Absicht unterrich-

---

[562] Goebbels in seiner Konferenz vom 14. 10. 40. *Kriegspropaganda;* S. 549.
[563] 23. 10. 40. *ibid.;* S. 555.
[564] Vgl. hierzu JÄCKEL, Eberhard. *Frankreich in Hitlers Europa.* Die deutsche Frankreichpolitik im Zweiten Weltkrieg. Stuttgart, Deutsche Verlags-Anstalt, 1966.
[565] *Staatsmänner und Diplomaten bei Hitler;* S. 230–247.
[566] ADAP, Bd. IX; S. 513.
[567] Bestellungen aus der Pressekonferenz vom 23. 10. 40. Anweisung Nr. 244. BA ZSg *101/18;* fol. 47.

tet werden, die Gebeine des Herzogs von Reichstadt, des Sohnes von Napoleon, am 14. Dezember von Wien nach Frankreich zu überführen[568]; schließlich informierte man sie doch; dabei durfte aber nicht erwähnt werden, daß der Herzog von Reichstatt König von Rom gewesen war![569] Hitlers Geste hätte die mühsam unterdrückten Sympathien für Frankreich anfachen und der Hinweis auf den König von Rom den italienischen Verbündeten verärgern können. Die Folge all dieser Nachrichtenunterschlagungen war, daß selbst ein Goebbels die deutschen Zeitungen langweilig fand.[570] Als einziges *vademecum* konnte er aber auch nur eine »geschickte Polemik«, eine »gewandte Polemik« und eine »Verstärkung der politischen Polemik« empfehlen.[571]

Ein ebenfalls recht heißes Eisen für die nationalsozialistische Propaganda im Sommer/Herbst 1940 war das Verhältnis zur Sowjetunion. Wie bereits erwähnt, hatte das sowjetische Vorgehen in Bessarabien Unruhe unter der deutschen Bevölkerung ausgelöst, und Zweifel an der deutschrussischen Freundschaft waren laut geworden. »Man könne sich nicht vorstellen, daß dies auf die Dauer gut gehe.«[572] Besonders im Osten des Reiches wurden alle sowjetischen Maßnahmen mit Aufmerksamkeit verfolgt: die Errichtung von Denkmälern für die Gefallenen – entgegen den sonstigen Gewohnheiten; die Wiedereinsetzung des Sonntags anstelle des freien sechsten Wochentages, die Wiedereinführung der Rangabzeichen für Offiziere und der Grußpflicht bei der Roten Armee. »Man ist auch davon überzeugt, daß Rußland in seiner heutigen Regierungsform als endgültiger Grenznachbar für Deutschland kaum tragbar sei und man zweifelt, daß eine deutsch-russische Freundschaft unter den heute gegebenen Umständen wirklich von langer Dauer sein könne.«[573]

Ein weiterer Grund zur Beunruhigung war die Einverleibung der baltischen Staaten in die UdSSR am 21. Juli 1940. Die völlig nebensächliche Behandlung dieser Frage in Presse und Rundfunk wurde als »unverständliche Bagatellisierung kritisiert«.[574]

[568] Bestellungen aus der Pressekonferenz vom 12. 11. 40. Anweisung Nr. 717. *ibid.;* fol. 163.
[569] Bestellungen aus der Pressekonferenz vom 14. 12. 40. Anweisung Nr. 735. *ibid.;* fol. 169.
[570] *Kriegspropaganda;* S. 557 und *ZSg 101/18;* fol. 51.
[571] 13. und 14. 11. 40. *Kriegspropaganda;* S. 567.
[572] »Meldungen aus dem Reich«, 4. 7. 40. BOBERACH; S. 83.
[573] »Meldungen aus dem Reich«, 15. 7. 40. BA *R 58/152.*
[574] »Meldungen aus dem Reich«, 25. 7. 40. *ibid.*

Für die Verantwortlichen der Meinungsführung aber galt es, dem Volk die Beziehungen zur Sowjetunion möglichst distanziert darzustellen und unerwünschte Annäherungen oder Analogien zwischen beiden Systemen zu unterbinden. Zwei Anweisungen aus Pressekonferenzen des Sommers 1940 sind in diesem Hinblick besonders aufschlußreich:

».. . Wir treiben mit den Sowjets eine gemeinsame Außen- und Wirt-schaftspolitik, nehmen aber eine bewußte geistige Abgrenzung zwischer Bolschewismus und Nationalsozialismus vor, auch wenn wir nicht mehr täglich uns aktiv mit dem Bolschewismus auseinandersetzen. Die Grenzen zwischen beiden Weltanschauungen dürfen von uns aus nicht mehr ver-wischt werden...«[575] ».. . Alle Meldungen über innere Vorgänge der Sowjetunion, wie z. B. Einführung der Offiziersränge in der Armee, Ab-schaffung der politischen Kommissare und ähnliches sollen nur nachricht-lich wiedergegeben werden, jedoch ohne besondere Betonung, weil sonst in der Öffentlichkeit der Eindruck entsteht, als ob Rußland auf dem Wege des Nationalsozialismus einherschreitet.«[576]

Die ambivalente deutsche Politik gegenüber der Sowjetunion zeigte sich auch anläßlich des Besuches des Vorsitzenden des Rats der Volkskom-missare und Volkskommissars für Auswärtige Angelegenheiten, Molotow, am 12. November 1940 in Berlin. Hitlers Absicht war, zu versuchen, die Sowjetunion für seine »Kontinentalblock«-Konzeption zu gewinnen und sie auf einen Verzicht ihrer Ziele in Ost- und Südeuropa zugunsten ande-rer Expansionsmöglichkeiten in Asien zu gewinnen. Aufgrund der Miß-erfolge Italiens im Griechenlandfeldzug – welchen Mussolini ohne Be-nachrichtigung seines Achsenpartners am 28. Oktober gestartet hatte – war Hitler von Anfang an skeptisch und neigte mehr der bereits im Som-mer in Planung gegebenen gewaltsamen Auseinandersetzung im Osten zu. Um das deutsche Volk also beim Besuch des russischen Außenministers nicht zu allzu großen Sympathie- und Kordialitätsausbrüchen zu veran-lassen, wurde nach anfänglicher Betonung der hervorragenden Bedeutung dieses Ereignisses, »gedämpfter Trommelschlag« für die Presse vorgeschrie-ben und, damit dieser Wandel auch dem letzten klar wurde, hieß es in der Tagesparole: »Diese Änderung der Haltung der deutschen Presse stellt übrigens ein Politikum dar.«[577] Über die äußeren Umstände des Besuches

575 Bestellungen aus der Pressekonferenz, 12. 8. 40. Anweisung Nr. 705. BA *ZSg 101/17;* fol. 76.
576 Bestellungen aus der Pressekonferenz vom 22. August mittags, Anweisung Nr. 797, *ibid.;* fol. 99.
577 Bestellungen aus der Pressekonferenz vom 11. 11. 40 abends. Anweisung Nr. 412. Tagesparole. BA *ZSg 101/18;* fol. 88.

durfte berichtet werden, aber nicht größer als zweispaltig.[578] Nur Tatsachen waren erlaubt, keine Kommentare.[579] Schließlich wurde genehmigt, den Abschied Molotows als Aufmacher zu bringen, mit dem Abschlußkommuniqué; die Kommentierung erfolgte nach einer vom DNB herausgegebenen Anweisung. Motto: Deutschland und der UdSSR sei es immer schlecht gegangen, wenn sie eine gegeneinander gerichtete Politik verfolgt hätten. Sonst war nur die Rede von »Erweiterung und Vertiefung« der freundschaftlichen Beziehungen.[580] Die Bevölkerung zeigte sich, trotz der Vorsichtsmaßnahmen, erfreut. Die »Meldungen aus dem Reich«[581] registrierten einen »Auftrieb der Stimmung«.

»Unbeschadet der Meinungsäußerungen vieler Bevölkerungsteile, daß die heutige Politik recht seltsame Wege gehe, hat sich der Eindruck von der Dauerhaftigkeit des deutsch-sowjetischen Verhältnisses gefestigt. Das den Meldungen nach allgemeine Bevorstehen umwälzender politischer Ereignisse sieht man in der gleichzeitigen Anwesenheit einer großen Zahl höchster russischer Regierungsmitglieder und in dem als ungewöhnlich stark empfundenen Aufgebot an ausländischen Diplomaten bei der Ankunft Molotows bestätigt. Bei aller Verschiedenartigkeit der Mutmaßungen über den Zweck des Besuches ist man in der Bevölkerung davon überzeugt, daß vom Führer eine Aktion eingeleitet worden ist, die England in außenpolitischer, wirtschaftlicher, vor allem in strategischer Hinsicht entscheidend treffen wird. Die Führerbesprechungen werden darüber hinaus als ein gewisser Abschluß der diplomatischen Offensive der Achsenmächte und damit als die vollendete Demonstration der gegen Großbritannien und Amerika gerichteten Mächtekoalition im Sinne der Führerrede gewertet.«[582]

Hitlers Bestrebungen schlugen fehl. Molotow meldete vielmehr den verstärkten sowjetischen Anspruch auf Einflußnahme in der Türkei, Bulgarien und Rumänien an.[583] Auch gelang es nicht, wie erhofft, Spanien baldmöglichst zu einem Kriegseintritt zu bewegen, um die wachsenden italienischen Rückschläge aufzufangen. Dafür traten Ungarn, Rumänien

[578] *Kriegspropaganda; S. 566.*
[579] *ibid.* und Bestellungen aus der Pressekonferenz vom 13. 11. 40. Anweisung Nr. 428. BA *ZSg 101/18*; fol. 92.
[580] *Kriegspropaganda; S. 566.*
[581] 14. 11. 40. BA *R 58/156.*
[582] Hitler hatte am 8. November vor der »Alten Garde« in München gesprochen. DOMARUS, Bd. II, 1. Halbband; S. 1601–1608.
[583] s. die Aufzeichnung über seine Unterredungen mit Hitler. *Staatsmänner und Diplomaten bei Hitler; S. 295–319* und seine Unterhaltung mit Ribbentrop, ADAP, XI; S. 472–478.

und die Slowakei dem Dreimächtepakt bei; als erstes Land Ungarn am 20. November, dann Rumänien am 23. und die Slowakei am 24. November. Diese Beitritte und verstärkte Angriffe der deutschen Luftwaffe gegen England belebten die Hoffnungen auf ein baldiges Kriegsende. Sie waren so stark, daß verschiedentlich Anweisung an die Presse ging, keinerlei Meldungen über Friedensfühler und Friedensgerüchte aus dem angelsächsischen Lager zu bringen, um keine Illusionen aufkommen zu lassen.[584] Der Beitritt Ungarns zum Dreimächtepakt wurde von der Bevölkerung mit gemischten Gefühlen aufgenommen – man hatte eher mit Spanien als Partner gerechnet nach dem Besuch des spanischen Außenministers Serrano Suner auf dem Obersalzberg am 18. November.[585] Das Mißtrauen gegenüber Ungarn gründete auf der Behandlung der dortigen deutschen Minderheit. Zweifel wurden laut an der Aufrichtigkeit und Ehrlichkeit der ungarischen Politik und in zahlreichen Städten des Reiches registriert. Man hörte Äußerungen wie: Ungarn habe sich gerade noch rechtzeitig dem Pakte angeschlossen, um etwas »erben« zu können.[586] Dafür wuchs, von der Staatsführung mit Mißfallen konstatiert, langsam und stetig das Ansehen der Engländer. Anstelle des erwünschten Hasses trat »eine gewisse Hochachtung vor der Hartnäckigkeit«[587] des Inselvolkes. Das Abbröckeln dieses Feindbildes traf die Propaganda um so empfindlicher, als sie nicht in der Lage war, diesen Prozeß durch Meldungen über eine wachsende Krisenstimmung in England aufzuhalten, da dies hinwieder zu einem gefährlichen Optimismus Anlaß[588] geben und bei weiterer britischer Resistenz zu »unerwünschten Stimmungsrückschlägen«[589] hätte führen können.

Noch mißlicher empfanden die nationalsozialistischen Herren Deutschlands die im Volke stetig wachsenden Ressentiments gegenüber ihrem Hauptverbündeten. Wie nach dem Kriegseintritt Italiens häuften sich nun wieder ablehnende Stimmen:

»Die Italiener verlieren infolge ihrer Niederlagen in Griechenland täglich mehr an Ansehen ... Die alten Vorurteile gegen Italien sind mit einem Schlage wieder aufgelebt. Mehrfach ist zu hören, ›daß nun doch wieder die Deutschen die Karre aus dem Dreck holen müßten‹ ...«[590]

[584] BA ZSg 101/18; fol. 73, 156, 158, 193, 204.
[585] Staatsmänner und Diplomaten; S. 320, 330.
[586] »Meldungen aus dem Reich«, 25. 11. 40. BA R 58/150.
[587] Goebbels in seiner Konferenz vom 24. 10. 40. Kriegspropaganda; S. 557
[588] ibid.; S. 576, 578.
[589] ibid.; S. 580.
[590] »Meldungen aus dem Reich«, 25. 11. 40. BA R 58/156

Oder:»In allen Meldungen häufen sich die Auseinandersetzungen der gesamten deutschen Bevölkerung mit *Italien*. Dabei wurde die griechische Niederlage noch mit Erstaunen und einer gewissen Verachtung hingenommen, aber kein Nachteil für die deutsche Kriegführung dadurch befürchtet. Die neuesten Kriegsereignisse in Nordafrika jedoch erweckten eine gewisse Bestürzung, da von dem Angriff der Italiener auf Ägypten das Schicksal des Suezkanals und damit die entscheidende Machtstellung im Mittelmeer abhänge. An die Vormachtstellung Italiens im Mittelmeer glaubt heute praktisch niemand mehr. Die Verbitterung gegen die als ›unfähig und unzuverlässig‹ bezeichneten Italiener wächst von Tag zu Tag. Das Jahr 1915 ist in der Bevölkerung noch nicht vergessen, und gerade jetzt wird das Verhalten Italiens im Weltkrieg überall wieder besprochen.«[591]

Auf diese alarmierenden Berichte hin empfahl Goebbels, das Thema Italien mit größter Vorsicht zu behandeln – nicht nur die Nachrichten aus Griechenland, sondern auch die aus Italien selbst,»um die augenblicklich in Vielzahl entstandenen Italienwitze abebben zu lassen«.[592] Er warnte ausdrücklich:»Niemals dürfe das, was im deutschen Volk als Ressentiment vorhanden ist, in Presse und Rundfunk irgendwie in Erscheinung treten.«[593] Die englische Propaganda versuche bereits alles Erdenkliche, um die beiden Völker gegeneinander zu hetzen. Aufgabe der deutschen Presse sei es,»die deutsche Bundestreue und den Begriff der Achse« zu betonen,»wenn das auch im Augenblick unpopulär« sei.[594]

Die Beeinflussungsmaßnahmen zeigten jedoch nicht die gewünschten Resultate, so daß der Reichspropagandaminister am 23. Dezember nochmals»Hilfestellung für die Italiener in Presse und Rundfunk« forderte[595]; am 27. Dezember,»daß vom Propagandaministerium eine Welle der Achsenfreundschaft auszugehen hat«. Es sei»ein alter Fehler der Deutschen, die Außenpolitik von Ressentiments beeinflussen zu lassen«.[596] Ungeachtet seiner Bemühungen wuchs die Italophobie. Die italienischen Wehrmachtsberichte hießen in Volkskreisen»Spaghetti-Berichte«: lang und dünn.[597]

Es wäre eine Fehleinschätzung, wollte man aus der Enttäuschung über die nichterfolgte Invasion in England, über die wachsenden Einschränkun-

[591]»Meldungen aus dem Reich«, 16. 12. 40. BA *R 58/156*. s. auch OLG-Präsident Bamberg, 2. 1. 41. BA *R 22/3355*, und OLG-Präsident Braunschweig, 4. 1. 41. BA *R 22/3357*.
[592] 5. 12. 40. *Kriegspropaganda*; S. 582.
[593] 16. 12. 40. *ibid.*; S. 587.   [594] 19. 12. 40. *ibid; S 589*.
[595] *ibid.*; S. 593.   [596] *ibid.*; S. 594.
[597]»Meldungen aus dem Reich« vom 27. 1. 41. BA *R 58/157*.

gen der Lebensführung und über das Versagen des Achsenpartners auf mehr als eine Müdigkeit und auf breite regimefeindliche Strömungen schließen. Es kursierten zwar einige Witze in dieser Hinsicht, die SHIRER notiert hat.[598] Doch weder der amerikanische Publizist[599] noch Joseph Goebbels täuschten sich über das Wesen der Meinungslage. Goebbels charakterisierte die Gemütsverfassung der Deutschen damals sehr richtig als »leichte Depression«.[600] Zutreffend ist auch die Beobachtung des Oberlandesgerichtspräsidenten von Köln, der von »zunehmender seelischer Spannung und Reizbarkeit in weiten Kreisen der Bevölkerung« sprach.[601] Das Prestige des »Führers« war aber keinesfalls beeinträchtigt; ebenso zweifelte eigentlich kaum jemand an einem siegreichen Kriegsende.[602]

Hitlers Wort: »Das Jahr 1941 wird die Vollendung des größten Sieges unserer Geschichte bringen«[603], bildete dann auch Motto und Auftakt des neuen Jahres. Bald darauf sprach Reichsmarschall Göring, dessen Rede als ein »wichtiger Beitrag zur weiteren Festigung der im allgemeinen zuversichtlichen Haltung« der Bevölkerung gewertet wurde. »Überall kam dabei die große Beliebtheit des Reichsmarschalls gerade auch in Arbeiterkreisen zum Ausdruck«[604], hieß es, – eine Behauptung, die man wohl mehr als Gefälligkeitsäußerung werten muß. Die Führerrede zum Jahrestag der

---

[598] Der Leiter des Berliner Luftschutzes habe den Berlinern geraten, früh zu Bett zu gehen, um vor Beginn des Fliegeralarmes bereits einige Stunden Schlaf hinter sich zu haben. Der Rat wurde von manchen befolgt, und sie betraten den Keller mit dem Gruß: Guten Morgen. Diejenigen, die aber noch nicht geschlafen hatten, grüßten mit: Guten Abend, und schließlich gab es solche, die sagten: Heil Hitler. Von ihnen hieß es, sie hätten immer geschlafen.
Oder: Ein Flugzeug mit Hitler, Göring und Goebbels an Bord stürzt ab. Preisfrage: Wer wird gerettet? Antwort: Das deutsche Volk. *Berlin Diary;* S. 563.
[599] *ibid.;* S. 581.
[600] *Kriegspropaganda;* S. 558.
[601] Am 10. 11. 40. BA *R 22/5374.*
[602] s. z. B. OLG-Präsidenten Bamberg und Braunschweig, 2. und 4. 1. 41. BA *R 22/3355* und *3357.* – Der SD-Bericht vom 28. 11. hatte in seinem Abschnitt »Zu laufenden Filmprogrammen« über das Interesse gesprochen, das Aufnahmen von Hitler entgegengebracht wurde. BOBERACH; S. 116.
[603] Hitlers Neujahrsbotschaft, im SD-Bericht vom 9. 1. als im Mittelpunkt der Betrachtungen stehend erwähnt. BOBERACH; S. 117. – s. auch Monatsbericht des Regierungspräsidenten von Unterfranken und Aschaffenburg für Januar 1941. BHStA, Abt. II, MA *106 681.*
[604] »Meldungen aus dem Reich«, 16. 1. 41. BA *R 58/157;* s. auch Meldungen vom 3. 2. 41. BOBERACH; S. 126.

»Machtergreifung« am 30. Januar im Sportpalast[605] wirkte weiter stimulierend. »Alle Zweifel hinsichtlich der Fortführung des Krieges, alle Besorgnisse, die in den letzten ruhigeren Tagen überhand zu nehmen drohten, wurden durch die siegeszuversichtlichen und siegesgewissen Ausführungen des Führers restlos zerstreut. Der von der Rede ausstrahlende, unerschütterliche Glaube des Führers an den Endsieg und die ausdrücklich noch einmal betonte feste Überzeugung, das deutsche Volk noch in diesem Jahre zum Endsieg führen zu können, bannten allen Kleinmut...«[606] Auch hier dürfte stark übertrieben worden sein.

Ganz ohne Gerüchte ging es allerdings auch zu Jahresbeginn 1941 nicht ab. Es kursierte allerhand Gerede über einen eventuellen Kriegseintritt Amerikas; in Ostpreußen beunruhigte man sich über das »undurchsichtige« Verhältnis zu Rußland.[607] Ob daran wieder Auslandsmeldungen schuld waren, ist schwer zu sagen, liegt aber, zumindest hinsichtlich der sich versteifenden Haltung der USA, im Bereich des Möglichen. Außerdem wurde aus den Reihen der Wehrmacht wieder eine verstärkte Abhörtätigkeit ausländischer Sender gemeldet und die Forderung nach härteren Strafen laut.[608] Die Beunruhigung über das deutsch-sowjetische Verhältnis ist zum Teil auf die allzu große Diskretion der deutschen Presse zu diesem Thema zurückzuführen. Die deutschen Zeitungen waren angewiesen worden, vorerst keinerlei Kommentare und Details über den Abschluß eines neuen deutsch-sowjetischen Wirtschaftsabkommens zu bringen: »Die Verträge sind also rein politisch zu werten und mit der erforderlichen Zurückhaltung zu besprechen.«[609] Die Gründe hierfür sind in der angespannten Brotgetreidelage zu suchen. Meldungen über verstärkte Getreidelieferungen aus Rußland hätten leicht zu einer allzu optimistischen Einschätzung der Situation führen können. Die Getreideernte 1940 war aber weitaus schlechter gewesen als die der beiden Vorjahre. Hinzu kam, wie ein Vertreter des Reichsernährungsministeriums ausführte, daß die deutsche Ge-

---

[605] DOMARUS; II, 2. Halbband; S. 1657–1664.
[606] »Meldungen aus dem Reich«, 3. 2. 41. BOBERACH; S. 125.
[607] Bereits im Dezember waren von dort Gerüchte über eine eventuelle Auseinandersetzung mit der UdSSR gemeldet worden. »Meldungen aus dem Reich«, 16. 12. 40. BA R *58/156.* Generalstaatsanwalt Königsberg 10. 2. 41. BA R *22/3375.*
[608] s. Chef des Oberkommandos der Wehrmacht Nr. 25/41 g WR (II/6) vom 11. 1. 41. Betr. »Abhören feindlicher Sender durch Wehrmachtangehörige«. MGFA WO *1-6/325* und Goebbels Konferenz 26. 2. 41. *Kriegspropaganda;* S. 626.
[609] BA ZSg *109/18;* fol. 28 und 30.

treidebilanz »erheblich unvorhergesehene Belastungen dadurch erfahren hat, daß wir völlig ausgeplündert das Elsaß übernommen haben. Auch Lothringen müssen wir ganz mit Brotgetreide versorgen. Belgien, Luxemburg, das Protektorat, vor allem Norwegen, das alles gestattet uns nicht mehr, unsere gesamte Brotgetreidebilanz mit dem Optimismus zu betrachten, wie im ersten Kriegsjahr«.[610]

Ebenfalls wie im ersten Kriegswinter stellten sich auch jetzt wieder eine Reihe von Mißständen heraus, deren Ursachen nicht nur in der Kriegssituation, sondern in den gesellschaftspolitischen Verhältnissen zu suchen sind. Neben der früheren Elite hatte sich eine braune Parteielite etabliert; sonst hatte sich an der sozialen Struktur wenig geändert. Für Vertreter des linken Flügels der NSDAP blieb diese nicht erfolgte Sozialrevolution die herbste Enttäuschung:

»Krasser als hier kann sich kaum das ›Schichtenwesen‹ abzeichnen. Kränzchen, Alte-Herren-Riegen mit überwiegend reaktionärem Einschlag, ›besserer‹ Familienverkehr, Geselligkeitsverein ›Harmonie‹ u. a. Einrichtungen geben ein Bild von der Zerrissenheit der Gemeinschaft.«[611]

Wer vorwärtskommen wollte und nicht zu den altetablierten führenden Gruppen noch zu der neuen Prominenz gehörte, hatte es nach wie vor schwer. Nur das Parteibuch und die rücksichtslose Anwendung der Ellenbogen schafften hier vielfach Abhilfe. Solche Erscheinungen wurden von kleinen Parteifunktionären als Karrieristen und Opportunisten qualifiziert und übel vermerkt:

»Während auf der einen Seite eine große Zahl von Parteigenossen still und ohne Aufheben ihre Pflicht erfüllen, jede andere Tätigkeit, die ihnen vielleicht noch klingenden Lohn zusätzlich einbringen könnte oder jede Vorbereitung zwecks Besserstellung in ihrem Beruf ausschlagen, gibt es auf der anderen Seite dagegen viele Mitläufer, die nur darauf bedacht sind, ihrem eigenen Vorteil zu leben, indem sie sich auf die Zugehörigkeit zur Partei berufen. Sie kommen vorwärts, kommen in Vorgesetzten- und Beamtenstellen, in denen sie aber absolut keine Gewähr bieten dafür, daß in diesen Büros und Dienststellen die weltanschauliche Ausrichtung maßgebend sein wird ... Was wir langsam aufbauen an Glauben und Vertrauen bei den Volksgenossen, das reißen jene mit dem Parteiabzeichen wieder ein, weil sie eben nicht verantwortlich arbeiten ...«[612]

610 Wirtschaftliche Pressekonferenz, 4. 2. 41. BA ZSg 115/1941.
611 SD-Abschnitt Leipzig, Außenstelle Oschatz. II 225. Tgb. Nr. 42/41. IWM FD 332/46.
612 Ortsgruppenleiter Wilhelmshaven, zitiert in Bericht der Kreisleitung Wil-

Diese bewegte Klage eines subalternen Hoheitsträgers ließ die Ämter-
patronage der NSDAP und den kontinuierlichen Druck der Parteispitze,
Nationalsozialisten in gesicherten Stellungen unterzubringen, außer acht.
Von einem unverblümten Gebrauch von »Beziehungen« sprach beispielsweise der Generalstaatsanwalt in Bamberg.[613] Wenn es der Beamtenschaft
gelang, diesem Bemühen einen zähen und hinhaltenden Widerstand ent-
gegenzusetzen, dann hauptsächlich, weil es an qualifizierten Kandidaten
seitens der Partei mangelte.[614]

Das in der Zeit nach dem Zweiten Weltkrieg in fast allen Industrie-
nationen konstatierte aufsässige Verhalten Jugendlicher beunruhigte bereits, wie schon in der Vorkriegszeit und im ersten Kriegswinter, die Behörden des Dritten Reiches in vermehrtem Umfange. Zahlreiche Meldungen über Untaten Jugendlicher liefen ein.[615] Einbruchsdiebstähle und
nächtliche Herumtreiberei gehörten zu den häufigsten Delikten der männlichen Jugend. Der Chef der Sicherheitspolizei und des Sicherheitsdienstes
verschickte im Januar 1941 eine zehnseitige Denkschrift über die »Verwahrlosung weiblicher Jugend« mit zahlreichen Anlagen.[616] Er führte die
Gründe dieser Entartungserscheinungen teilweise bereits auf Entwicklungen vor 1933 zurück. Im übrigen wurden mangelnde Aufsichtspflicht der
Eltern und das Fehlen der väterlichen Autorität namhaft gemacht, da die
Väter als Soldaten eingezogen seien. Den meisten Grund zur Beunruhigung bot jedoch die immer wieder hervorgehobene geschlechtliche Frühreife und die Aggressivität junger Mädchen. 14- bis 17jährige mußten
nachts aus Kasernen und Hotels herausgeholt werden, wo sie sich »zum
Zwecke der Unzucht« aufgehalten hatten.[617]

Da das Dritte Reich in seinem totalitären Unfehlbarkeitsanspruch jede
Autokritik zu unterdrücken suchte, wurden für alle Mißstände und die
sich ausbreitende Unsicherheit und Verwirrung vor allem die Kirchen verantwortlich gemacht. »Die ungünstige Beeinflussung der Stimmung der

helmshaven für Monat Oktober 1940. Niedersächsisches Staatsarchiv *277;
10/2.*
[613] 1. 8. 41. BA *R 22/3355.*
[614] s. hierzu MOMMSEN, Hans; *passim* und *infra;* S. 294.
[615] Präsident des Hanseatischen Oberlandesgerichts, 7. 11. 40. BA *R 22/3366.*
OLG-Präsident, Köln, 10. 11. 40. BA *R 22/5374.* Generalstaatsanwalt Dresden, 18. 12. 40. BA *R 22/3362.* Generalstaatsanwalt Celle, 27. 1. 41. BA
R 22/3359.
[616] III A Z ST/Gt vom 6. 1. 41 an Generalmajor Reinecke OKW. MGFA
WO 1-/180.
[617] Generalstaatsanwalt Königsberg, 10. 2. 41. BA *R 22/3375.*

Bevölkerung durch die Geistlichkeit hält im allgemeinen weiter an«[618] war der Titel einer fünfseitigen Anlage zum SD-Bericht vom 12. Dezember 1940. Als positiv im Sinne der Staatsführung wurden nur die Äußerungen des Bischofs Rackl aus Eichstädt verzeichnet; sie betrafen jedoch lediglich eine Empfehlung des Winterhilfswerks und den Dank an die Soldaten. Auch einige wenige Kirchenblätter bekamen eine gute Zensur. Sonst aber war nur Negatives aufzuführen. Am meisten mißfiel diesen linientreuen Nationalsozialisten, daß man in kirchlichen Kreisen von Christus als dem höchsten Führer sprach. Acht Tage nach Einlauf dieser Meldungen erklärte Goebbels denn auch: »Der Begriff ›Führer‹ sei, bevor die Partei ihn schuf, niemals auf Christus angewandt worden. Wenn dieser Begriffsfälschung nicht mit aller Schärfe ein Riegel vorgeschoben werde, hätten die Kirchen die Möglichkeit, mit durchsichtiger Perfidie überhaupt jeden Staatsbegriff zu entwerten. Der Staat stehle der Kirche nicht ihre Parolen. Jeder der sich in dieser Weise gegen die geheiligten Staatsbegriffe vergehe, werde zur Rechenschaft gezogen werden.« In Zukunft solle jedes Buch, jede Zeitschrift beschlagnahmt werden, die NS-Begriffe benutzten und verfälschten. »Höchstgeldstrafen werden dafür sorgen, daß aus den Verurteilten keine Märtyrer werden.«[619] Die Weihnachtszeit bot den Kirchen Gelegenheit für eine gesteigerte Aktivität, die von der Partei erneut mit Mißgunst registriert wurde.[620] Auch die Berichte der hohen Justizbeamten sprachen teilweise von einer Zunahme des politischen Katholizismus und Protestantismus, von staatsfeindlicher Gesinnung, Hoffnungen auf eine deutsche Niederlage und sogar Beschimpfungen des Staatsoberhauptes[621]; andere wußten von Schließungen von Klöstern zu berichten.[622] Und in der Tat wurden ab Mitte Dezember bis Sommer 1941 eine ganze Reihe von Klöstern, teils als »staatsfeindliches Vermögen«, teils zur Unterbringung von Parteidienststellen oder Umsiedlern requiriert.[623] Diese Maßnahmen erregten im höchsten Maße den Unwillen der katholischen Bevölkerung. Es gab neue Schwierigkeiten mit den Parteistellen, wie die Reichsfrauenführerin beispielsweise aus Schlesien und Schwaben berichtete. Die

---

[618] BA R 58/156.
[619] *Kriegspropaganda;* S. 592.
[620] »Meldungen aus dem Reich«, 23. 1. 41. BOBERACH; S. 118–121.
[621] Generalstaatsanwalt Königsberg, 9. 12. 40., 10. 2. und 2. 4. 41. BA R 22/3375.
[622] Oberlandesgerichtspräsident Kassel, 4. 1. 41 über die Schließung des Franziskanerklosters Frauenberg in Fulda. BA R 22/3371 und Anfang März über die Schließung des St.-Bonifatiusklosters der Oblaten der unbefleckten Jungfrau Maria in Hünfeld.
[623] S. BOBERACH; S. 119, Anmerkung 1.

Wirkungsmöglichkeiten der NS-Organisationen stießen durch die Weiterexistenz und die Tätigkeit der Kirchen auf unüberschreitbare Grenzen. »Die Pfarrer haben bei uns im Gau noch immer einen solchen Einfluß, daß auch die Werbung neuer Mitglieder für das deutsche Frauenwerk und die Jugendgruppen sehr erschwert ist. So berichtet die Ortsfrauenschaftsleiterin von Nesselwang (Allgäu), daß die Eltern es mit Rücksicht auf den Pfarrer nicht wagen, ihre Töchter in eine Gliederung der Partei zu geben . . .«

Der Gau Baden beschwerte sich über die »Wühlarbeit« der »Schwarzen« in den bischöflichen Hirtenbriefen und bezeichnete die Liobaschwestern als besonders gefährlich, da sie »innerhalb der Familie schädigend wirken«. Der Gau Essen klagte, die katholische Aktion »trete wieder offener ans Licht«; der Gau Düsseldorf: »In einem Kreisgebiet ist beobachtet worden, daß konfessionelle Stellen die teilweise auftretende Niedergeschlagenheit der Bevölkerung ausnutzen, um Stimmung gegen den Nationalsozialismus zu machen.«[624]

Aus diesen Gau-Berichten der NS-Frauenschaft spricht deutlich der Konkurrenzneid, welcher der Auseinandersetzung mit den Kirchen im wesentlichen zugrunde lag. Neid schüttelte auch die Angehörigen der Parteikanzlei, als sie in ihren »Vertraulichen Informationen« vom 28. 5. 41[625] über »auffallend hohe Ergebnisse der kirchlichen Sammlungen« berichteten, welche die Ergebnisse des Winterhilfswerks um ein Vielfaches übertrafen. Der Regierungspräsident von Oberbayern brachte in seinem Monatsbericht von Februar 1941 diesen Rivalitätsgedanken eindeutig zum Ausdruck: ». . . Trotzdem bedarf die Betätigung der Kirchen, die als einzige Organisation in Deutschland noch weltanschaulich außerhalb des Nationalsozialismus wirken und dessen Bestrebungen nicht fördern und unterstützen, einer ständigen genauen Beobachtung und Überwachung . . .«[626]

Insbesondere die Jugendarbeit der Kirchen wurde als gefährlich empfunden und immer wieder aufs Korn genommen.[627] Ein Rundschreiben des Stabsführers der Reichsjugendführung vom 19. März 1941 forderte noch einmal auf, alles zu vermeiden, das geeignet sei, die »Auseinandersetzung zwischen Weltanschauungen« zu verschärfen. Die Entscheidung falle »allein durch die Wahrheiten der besseren Weltanschauung«.[628]

[624] BA *NS 22/vorl. 860.*
[625] BA *ZSg 3/1621.*
[626] *Die kirchliche Lage in Bayern,* Nr. 373.
[627] BOBERACH; S. 79, Anmerkung 1.
[628] BA *NS Misch/474;* fol. 112 808.

Am deutlichsten hat Martin Bormann den Monopolanspruch der Partei nicht nur auf den äußeren, sondern auch auf den inneren Menschen ausgesprochen. In seinem bekannten Schreiben an den Gauleiter von Münster vom 6. Juni 1941, das als Rundschreiben drei Tage später an alle Gauleiter versandt wurde, definierte er das »Verhältnis von Nationalsozialismus und Christentum«[629]. Nach Ansicht des Leiters der Parteikanzlei schloß einer das andere aus. »Nationalsozialistische und christliche Auffassungen sind unvereinbar.« Während die christlichen Kirchen auf der Unwissenheit der Menschen aufbauten, beruhe der Nationalsozialismus auf »wissenschaftlichen Fundamenten«. Diese waren »lebensgesetzlich« ausgerichtet, die Kirche aber basiere auf »Scheinwissen«. Jahrhundertelang habe die Volksführung in den Händen der Kirche gelegen, »zum ersten Male in der deutschen Geschichte hat der Führer die Volksführung bewußt und vollständig selbst in der Hand ...

Alle Einflüsse, die durch den Führer mit Hilfe der NSDAP ausgeübte Volksführung beeinträchtigen oder gar schädigen könnten, müssen ausgeschaltet werden. Immer mehr muß das Volk den Kirchen und ihren Organen, den Pfarrern, entzogen werden. Selbstverständlich werden und müssen, von ihrem Standpunkt betrachtet, die Kirchen sich gegen diese Machteinbuße wehren. Niemals aber darf den Kirchen wieder ein Einfluß auf die Volksführung eingeräumt werden. Dieser muß restlos und endgültig gebrochen werden. Nur die Reichsführung und in ihrem Auftrag die Partei, ihre Gliederungen und angeschlossenen Verbände haben ein Recht zur Volksführung ... Erst wenn dies geschehen ist, »hat die Staatsführung den vollen Einfluß auf die einzelnen Volksgenossen ...«

In ihrem Eifer, den Gegner unschädlich zu machen, unterliefen den Parteistellen zahlreiche taktische Fehler, mit denen sie oft genau das Gegenteil des Beabsichtigten erzielten. Ein solcher Mißgriff war die Bestimmung, althergebrachte kirchliche Feiern, Prozessionen, Wallfahrten, Bittgänge, Patronatstage usw. nicht mehr an Wochentagen, sondern an Sonn- und Feiertagen zu begehen. Eine Weigerung konnte das Verbot der Veranstal-

---

[629] Dieses Schreiben wurde im Nürnberger Hauptkriegsverbrecherprozeß als Beweisdokument D 75 der Anklage vorgelegt. – IMT, Bd. XXXV; S. 9 f. und stammte aus einem von der Gestapo in München beschlagnahmten Flugblatt der Bekennenden Kirche. Bormanns Verteidiger zweifelte die Echtheit des Dokuments an. IMT Bd. XIX; S. 137. – ZIPFEL; S. 511, berichtet über verschiedene Abschriften und hat diejenige der Reichsorganisationsleitung abgedruckt. Ein Exemplar des Rundschreibens der Parteikanzlei befindet sich in BA *NS Misch 6/vorl. 336.*

tung zur Folge haben.[630] Besonders die Verlegung der Feiertage Christi Himmelfahrt und Fronleichnam auf einen Sonntag erregte die Gemüter. »Die große Mehrheit der bäuerlichen Bevölkerung, die an diesen Einrichtungen hängt, bringt für die Maßnahmen kein Verständnis auf. Sie betrachtet sie, trotz aller Aufklärung, daß es sich um kriegsnotwendige Anordnungen handle, als religions- und kirchenfeindlich und fürchtet, daß der Kampf gegen die Kirche nach dem Ende des Krieges erst recht einsetzen wird. Die Verlegung der Bittgänge auf den Sonntag hatte zum Teil die ungewollte Folge, daß viel mehr Leute daran teilnahmen, als früher am Werktag ...«[631] Aus einer Ortsgruppe in Oberschlesien wurde berichtet, daß die dortigen Frauen, um ihre Empörung über die Verlegung der kirchlichen Feiertage zum Ausdruck zu bringen, eine von der Frauenschaft einberufene Muttertagsfeier boykottierten.[632]

Noch mehr Empörung rief die Anordnung Gauleiter Wagners vom 23. April 1941 hervor, die Kruzifixe in den Klassenzimmern zu entfernen und die Schulgebete entfallen zu lassen. Es kam überall zu Demonstrationen, Prozessen, Zusammenrottungen – selbst Mutterkreuze wurden zurückgegeben. Die Frauen drangen in die Schulen ein und drohten, sie würden ihre Kinder nicht mehr zum Unterricht schicken. Selbst von Arbeitsstreiks war die Rede und – bezeichnenderweise – von der Drohung, sich beim Führer zu beschweren. Als Gauleiter Wagner unter dem Druck der Ereignisse seine Verfügung Anfang September zurücknahm, gingen die Protestaktionen zuerst noch weiter, da die Rücknahme geheim erfolgt war und es eine Zeitlang dauerte, bis sich die Aufhebung der Maßnahme herumgesprochen hatte.[633] Auf dieses Thema wird im übrigen noch zurückzukommen sein, da durch den Angriff auf die Sowjetunion neue Akzente gesetzt wurden.

Ein anderes Gebiet, auf dem sich sozialreaktionäre Politik und kriegsbedingte Einflüsse mehr und mehr bemerkbar machten, war der Lohn-

---

[630] s. hierzu das Schreiben der Geheimen Staatspolizei, Staatspolizeistelle München B. Nr. 40400/41-II vom 23. 4. 41 an das Polizeipräsidium München, Betr. Prozessionen und Wallfahrten sowie kirchliche Feiern. StA Obb., Nr. *1876.*

[631] Monatsbericht des Regierungspräsidenten von Oberbayern für Mai 1941. *Die kirchliche Lage in Bayern;* S. 327/328.

[632] Bericht der NSDAP-Reichsfrauenführung für die Monate April-Mai. Juni 1941. BA *NS 22/vorl. 860.*

[633] *Die kirchliche Lage in Bayern;* S. 328, 330/331 und Bericht des Regierungspräsidenten von Oberbayern vom 8. 10. 41. BHStA, Abt. II, *MA 106 674.*

und Preissektor. Als weiteres Erschwernis kam hinzu, daß die deutsche Wirtschaft für einen langen Krieg unvorbereitet geblieben, da alles auf Hitlers Blitzkriegskonzeption abgestellt gewesen war. Wie es auf strategischem Gebiet keine langfristige Kriegsplanung gab, so fehlte auch jegliche systematische kriegswirtschaftliche Planung. Jedes durch die Kriegssituation auftauchende Bedürfnis mußte mittels Prioritätenänderung innerhalb des Bereichs der Kriegsproduktion befriedigt werden, ohne daß es zu deren Ausweitung kam oder eine Umstellung von der tatsächlichen existierenden Übergangssituation auf eine echte Kriegswirtschaft erfolgte.[634] Einer der wesentlichen Gründe für das Hinausschieben der längst fälligen Umorganisation war derjenige, die Einschränkung der Konsumgüterindustrie so spät wie möglich vorzunehmen, da Rückwirkungen auf die Volksstimmung befürchtet wurden. Ebenso wie man die notwendigen Einschränkungen der Lebensmittelrationen so weit und so lange wie möglich durch eine Verminderung der Qualität hinauszuzögern versuchte, genauso versuchte man durch Lohnstopp die bestehende Konsumgüterlücke nicht allzu evident werden zu lassen. Obwohl die Gesamterzeugung von Verbrauchsgütern bis Dezember 1941 nicht zurückging, sondern sogar in einigen Industriezweigen anstieg, ist es ein Trugschluß, daraus folgern zu wollen,»die Belastung des deutschen Volkes (sei) in diesen Jahren sehr geringfügig«[635] gewesen. Dabei wird außer acht gelassen, daß ein großer Teil der Konsumgüter an die Wehrmacht ging und durch diese Umverteilung sehr viel weniger für den zivilen Bedarf übrigblieb; ebenfalls unberücksichtigt bleibt die normale Wachstumsrate und vor allem die Vernichtung von Werten durch Luftangriffe. Über die tatsächlichen Mangelerscheinungen auf dem Konsumsektor zu Beginn des Jahres 1941 unterrichtet uns eine »Übersicht über die wirtschaftliche Gesamtlage«, die aus der Dienststelle Görings als Beauftragtem des Vierjahresplanes stammt und aufgrund der Lageberichte der Oberpräsidenten und entsprechenden Behörden, der Führungsstäbe Wirtschaft, zusammengestellt worden war. Hierin heißt es: »Industrielle Fertigwaren aller Art konnten auch jetzt nicht in einem der tatsächlichen Nachfrage nur annähernd genügenden Maße bereitgestellt werden. Gegenüber den Vormonaten fällt in den z. Z. vorliegenden Berichten der besondere Ernst auf, mit dem auf die Dringlichkeit der Nachlieferung an Textilien und Haushaltsgegenständen hingewiesen wird (Düsseldorf, Wien, Karlsruhe, Dresden, Reichenberg, Stutt-

---

[634] s. hierzu MILWARD, Alan S. *Die deutsche Kriegswirtschaft 1939–1945*. Stuttgart, Deutsche Verlags-Anstalt, 1968.
[635] *ibid.*; S. 31.

gart, Breslau, Berlin) . . . In Düsseldorf und Bonn konnten schon jetzt die an 500 bombengeschädigte Volksgenossen in angemessenem Rahmen ausgegebenen Bezugsscheine für Spinnstoffe und Möbel nicht voll bedient werden und wurden deshalb z. T. zurückgegeben . . .« Man befürchtete, daß es kaum möglich sein werde, die aufgrund der 2. Reichskleiderkarte auftretenden Bedürfnisse auch nur annähernd zu befriedigen. »Wie beim Hausbrand und zum Teil auf dem Ernährungssektor, so überschneiden sich besonders auch bei der Versorgung mit Textilien und Schuhwerk die theoretischen Informationen weiter Bevölkerungskreise mit ihren praktischen Erfahrungen bei den täglichen Einkäufen und bei der Beantragung von Bezugsscheinen vor den örtlichen Wirtschaftsämtern. Manche Führungsstäbe berichteten von drastischen Szenen bei der infolge Kontingentverbrauchs unvermeidlichen Abweisung an sich sachlich begründeter Bedarfsfälle. Häufig versuchen abgewiesene Antragsteller dann durch die Gauleitung oder die NSV einen Druck auf die Wirtschaftsämter auszuüben . . .«[636]

Des weiteren geht der Bericht auf die Preis- und Lohngestaltung ein: »Die an dieser Stelle immer wieder betonte Steigerung des Lohn- und Preisdrucks hat sich im Berichtszeitraum fortgesetzt. Während im Altreichsgebiet die Löhne im Gesamtdurchschnitt seit Kriegsbeginn nur um 4 bis 5 % gestiegen sind, erregen die verhältnismäßig erheblichen Zulagen und Vergünstigungen für die Arbeitskräfte sowohl im Osten (Warthegau, Reichsgau Danzig-Westpreußen, Generalgouvernement), als auch im Westen (besonders Lothringen, Luxemburg), bei den in ihren bisherigen Heimatorten verbliebenen Arbeitskameraden den Wunsch, wegen der auch hier kriegsbedingten intensiveren Arbeitsanspannung gleiche Einkommenserhöhungen zu erhalten. Dazu kommen die sehr unterschiedlichen Leistungszulagen in manchen, augenblicklich besonders wichtigen Berufen. So berichtet z. B. Stettin, daß die technischen Angestellten und sonstigen Arbeitskräfte in Flugzeugwerken, vor allem in Peenemünde, Zulagen in Höhe von 30 bis 50 % ihres regulären Lohnes erhalten. Rückwirkungen auf die Belegschaft kriegswichtiger Werften sind sehr bald danach eingetreten . . .« Nach dem Urteil der konsultierten Führungsstäbe wurde aber eine weitere Erhöhung der Konsumkraft als zwecklos angesehen. Der Bericht schließt daher mit der Forderung: »Nötigenfalls wird das grundsätzliche Festhalten am Lohnstopp erneut von autoritärer Stelle klargestellt werden müssen.«

[636] V. P. 1197/41 g. RS, v. 23. 11. 41. IWM *FD 4809/45* File 2; J 004147; 004155.

Diese Beurteilung ist in doppeltem Sinne aufschlußreich. Sie erklärt zum einen, warum so häufig in den von Deutschland überfallenen und besetzten Ländern der Eindruck vorherrschte und sich zum Teil bis heute gehalten hat, die Deutschen lebten im Zweiten Weltkrieg wie im Schlaraffenland. Vielen der Besatzungstruppen und Verwaltungseinheiten ging es dort weit besser als bisher, aufgrund der, gegenüber der Heimat, überhöhten Löhne, Schwarzhandel, Requirierungen und einem äußerst günstigen Umtauschkurs der Mark.[637] Im »Altreich«, um den damals angewandten Terminus aufzugreifen, ging es aber recht spartanisch zu. Die erwähnten Umgehungen der Lohnstoppverordnung durch Zulagen, Prämien, Locklöhne usw. beleuchten zum anderen den Grundfehler nicht nur der nationalsozialistischen Wirtschaftspolitik, sondern der gesamten Staatsführung: diese auf allen Sektoren zu beobachtende Scheu, das Übel an der Wurzel anzupacken und, statt die Verhältnisse grundlegend zu sanieren, sich mit Hilfe von Ausnahmeregelungen und *ad-hoc*-Lösungen durchzuwursteln. Statt der vielgerühmten deutschen Organisation entstand ein Gestrüpp sich widersprechender Bestimmungen.

Wie kümmerlich es manchem damals ging, sei anhand eines Beispiels erläutert. Jugendliche von 18 bis 19 Jahren, die bereits genausoviel leisten mußten wie ein Erwachsener, erhielten einen Stundenlohn von 33 bis 43 Pfennig. Wohnte ein solcher junger Mann noch weit entfernt von seiner Arbeitsstätte und mußte er voll für seinen Unterhalt sorgen, kann man sich vorstellen, wie es mit seiner »Arbeitsmoral« und seiner Einstellung zum Kriege aussah. Ein Kreisobmann der Deutschen Arbeitsfront, der hierüber und über andere Härtefälle berichtet hatte, stellte dann auch die berechtigte Frage, »ob bei solchen Arbeitskräften eine besondere Arbeitslust vorhanden« sein könne, bzw. »ein Verstehen unserer Kriegslage«.[638] Von überallher häuften sich die Klagen, daß mit den Löhnen wirtschaftlich einfach nicht auszukommen sei. Fast ebenso schlecht ging es den Rentnern. Der SD-Bericht vom 30. Januar 1941 brachte in seinem Wirtschaftsteil eine Abhandlung, die sich mit der Unzulänglichkeit der Renten befaßte und das Problem anhand von Indexzahlen der Lebenshaltungskosten erörterte. Daraus geht hervor, daß der Gesamtindex von Januar 1933 bis Dezember 1940 von 117,2 auf 130,8 gestiegen war. Diese Diffe-

---

637 Zu Beginn des Frankreichfeldzuges waren beispielsweise an deutsche Soldaten Reichskreditkassenscheine ausgeteilt worden, die dann zum Kurs 1 RM = 20 frs eingetauscht wurden.
638 Arbeits- und Lagebericht der Kreisverwaltung Freiburg für Mai 1941. BA NS 5 I/58; fol. 78698. – s. auch die Berichte von Januar-Februar; fol. 78727 f.

renz von 13,5 wirkte sich vor allem in der Bekleidung, weniger in der Ernährung aus. Die »Meldungen aus dem Reich« betonten dann auch, »daß die Erhöhung der Indizes für Ernährung und Bekleidung die kleinsten Einkommen schwerer trifft als die größeren, was aus dem Gesamtindex weniger klar ersichtlich ist«.[639] Der kleine Mann, der sich vom Nationalsozialismus eine grundlegende Änderung seiner Schwierigkeiten und eine gerechtere Verteilung des Sozialproduktes erhoffte, hatte offensichtlich auf das falsche Pferd gesetzt.

Um der sich ausbreitenden Mißstimmung keine weitere Nahrung zu geben, ordnete Goebbels am 12. Februar an, »daß die auf trügerischen Grundlagen berechneten Statistiken des Lebenshaltungsindexes in Zukunft nicht mehr der Öffentlichkeit bekanntgegeben werden« sollten.[640] Die SD-Meldungen wiesen indirekt im April noch einmal auf das Thema hin, als sie »Meldungen über die Arbeitsmoral und Arbeitsdisziplin in Industriebetrieben«[641] brachten. Das relative Ausmaß dieser Erscheinungen geht aus ähnlich lautenden Meldungen aus Frankfurt, Stettin und Karlsbad hervor, die zudem auf eine überregionale Verbreitung des Phänomens schließen lassen: »Im großen und ganzen kann von einer Lockerung der Arbeitsdisziplin und einem schlechten Verhalten gegen die Betriebsgemeinschaft nicht in dem Sinne gesprochen werden, daß davon das gesamte Wirtschaftsleben bedroht sei.« Als Ursachen des Symptoms werden zum Teil das Verhalten der Betriebsführer, zum anderen aber die angespannte Arbeitslage, Übermüdung, schlechte Lohnverhältnisse und überhöhte Preise angegeben. Ein Bericht aus Halle sprach von einer gewissen »Unlust« unter den Arbeitern[642] und charakterisierte damit wohl am besten das in breiten Kreisen der Arbeiterschaft herrschende Klima.

Im übrigen zeichnete sich die Spanne zwischen dem Ende der Frankreichkampagne und dem Beginn der Rußlandoffensive, ähnlich wie die informationsarme Durststrecke zwischen Polen- und Norwegenfeldzug, durch eine Öde in den deutschen Publikationsmitteln aus. Zu Anfang des Jahres 1941 waren die Zensurbestimmungen wieder besonders streng. Über nichts durfte berichtet werden. Die Tagesparole des Reichspressechefs bestimmte am 4. Februar: »Die Behandlung *aller* lebensunwichtigen Fragen soweit sie das deutsche Volk unnötig belasten oder verstimmen könnten, ist pein-

[639] BOBERACH; S. 122.
[640] *Kriegspropaganda;* S. 618.
[641] BOBERACH; S. 135.
[642] *ibid.;* S. 137.

lichst zu vermeiden. Dazu gehören vor allem Angelegenheiten, die Eigenheiten, Sitten, Gebräuche oder Dialekte einzelner Volksstämme verspotten. Es ist verboten, einen Volksstamm gegen den anderen, eine Stadt gegen die andere oder einen Teil des Reiches oder Volkes gegen den anderen, wenn auch in angeblich gutgemeinter Absicht, auszuspielen.«[643] Am 9. Februar wurde gefordert: »Das Thema ›Invasion‹ soll aus der Erörterung der Presse verschwinden«, um unnötige Hoffnungen auf eine Landung in England zu vermeiden.[644] Am 13. Februar hieß es in der Tagesparole des Reichspressechefs »Angaben über *Löhne ausländischer Arbeiter* sowie Angaben darüber, wieviel ausländische Arbeiter in ihre Heimat transferieren dürfen, sind in der reichsdeutschen Presse unerwünscht«.[645] Viele Themen standen also nicht zur Verfügung, und das Allheilmittel der Polemik konnte nicht über diesen Mangel hinwegtäuschen. Hitler selbst scheint damals Kritik an der deutschen Presse geübt zu haben, was aber von einigen Redakteuren als ungerechtfertigt mit einem gewissen Unwillen zur Kenntnis genommen wurde, wie aus einer Mitschrift der Pressekonferenz vom 10. Februar 1941 hervorgeht:

»Die Pressekonferenz war heute reichlich wirr, das lag daran, daß wohl die höchste Stelle des Reiches und auch der Propagandaminister sich ihren Herren gegenüber äußerst unzufrieden gezeigt hatten wegen der Langweiligkeit der deutschen Presse. Die Sache hatte dann noch ein Nachspiel in kleinerem Kreise bei Fritzsche. Wir haben das Prop(aganda)-Min(isterium) sehr energisch darauf aufmerksam gemacht, daß keine wirkungsvolle Polemik getrieben werden kann, wenn alle wichtigen Tatbestände auf die zweite Seite verbannt werden. Wir haben deutlich zu verstehen gegeben, daß die erste Seite bei einem weiteren Fortgang dieser Methoden nur noch von Bildern und Zigarettenreklamen ausgefüllt werden könnte und der Sache der Propaganda ein schwerer Schaden zugefügt werde... Augenblicklich ist eben jede *Nachricht* unerwünscht und lediglich die primitive Propaganda groß herauszustellen mit den verschiedensten Argumenten... Das Propagandaministerium hat es eben nicht leicht. Die Redaktionen aber sicherlich auch nicht. Und so ist die Debatte ausgegangen wie das Hornberger Schießen.«[646]

Die außenpolitischen und militärischen Ereignisse des Frühjahres 1941 boten endlich der Presse etwas mehr Stoff, gaben aber zuerst wenig Anlaß zur Aufbesserung der gedrückten und mißmutigen Stimmung.

[643] V. I. Nr. 30/41. BA ZSg *109/18;* fol. 102.
[644] *ibid.;* fol. 118.   [645] *ibid.;* fol. 130.
[646] BA ZSg *101/19;* fol. 106.

Am 1. März trat Bulgarien dem Dreimächtepakt bei. Am 2. März begann von Rumänien aus der Einmarsch der deutschen Truppen, die für den Entlastungsstoß in Nordgriechenland – Unternehmen Marita – vorgesehen waren, um dem bedrängten italienischen Bundesgenossen zu Hilfe zu kommen und Hitlers Pläne zur Neuordnung Europas weiterzutreiben. Der Beitritt Bulgariens gab dem deutschen Diktator auch die Gelegenheit, seine seit November 1940 laufenden Bemühungen um Einbeziehung Jugoslawiens in den deutschen Machtbereich zu intensivieren. In einer geheimgehaltenen Unterredung auf dem Berghof zwischen Hitler und dem Prinzregenten Paul am 4. März fiel die Vorentscheidung für einen Beitritt Jugoslawiens zum Dreimächtepakt, der schließlich am 18. 3. zu den von Hitler zugestandenen Sonderbedingungen vom jugoslawischen Kronrat akzeptiert wurde. Am 25. März erfolgte in Berlin die feierliche Unterzeichnung des Beitrittsprotokolls und der Zusatzvereinbarungen. In der Frühe des 27. März fand ein Putsch des Generals Simovic statt, der den minderjährigen König Peter den II. auf den Thron hob und den Prinzregenten Paul zwang, ins Exil zu gehen. An der prowestlichen Einstellung der neuen Regierung gab es keine Zweifel. In Belgrad und anderen altserbischen Städten kam es zu Unruhen mit ausgesprochen deutschfeindlicher Tendenz. Daraufhin entschloß sich Hitler ohne lange Überlegung, auch das jugoslawische Staatsgebilde zu »zerschlagen«. Gleichzeitig wurde der Beginn des Rußlandfeldzuges verschoben, eine Entscheidung, die am Scheitern dieses »Blitzkrieges« wesentlichen Anteil trug.

Die deutsche Öffentlichkeit zeigte sich vom Beitritt Jugoslawiens zum Dreimächtepakt überrascht, obwohl bereits längere Zeit diesbezügliche Gerüchte umgegangen waren.[647] Der kurz darauf erfolgte Staatsstreich verwirrte die meisten: »Die in allen hier vorliegenden Meldungen betonte Unklarheit nahezu aller Bevölkerungskreise über diese Vorgänge bedingte eine allgemein uneinheitliche Stellungnahme und eine gewisse Unsicherheit, die in unzähligen Vermutungen ihren Niederschlag fand. Mehrfach kommt in den Meldungen zum Ausdruck, daß ein Teil der Volksgenossen zum ersten Male seit Monaten befürchtet, daß eine bedenkliche Lage eingetreten sei und im Gefolge dieses als Prestigeverlust der Achsenmächte bezeichneten Vorgangs neuer Auftrieb bei den Feindmächten und ihren Anhängern sich erschwerend auswirken werde. Demgegenüber trösten sich aber ebenso viele Volksgenossen mit dem unbedingten Vertrauen, das sie in den Führer und seine bisher stets erfolgreiche Politik setzen, und glau-

---

[647] »Meldungen aus dem Reich«, 27. 3. 41. BOBERACH; S. 127.

ben, daß auch diese Entwicklung ›einkalkuliert‹ sei und der Führer schon den richtigen Ausweg finden werde . . .«[648]

Wie wenig dieser die Entwicklung richtig kalkulierte und wie sehr er ein Getriebener war, dem die Zügel immer mehr entglitten, hat er selbst in einer Unterredung zu Beginn des Jahres mit dem bulgarischen Ministerpräsidenten Filoff zum Ausdruck gebracht, als er bemerkte, daß jeder Staatsmann heute unter dem Zwang der Ereignisse stehe. Man würde ihn oft als einen »handelnden« Mann bezeichnen; richtiger wäre, von einem »reagierenden Mann« zu sprechen, »denn auch er sei das Opfer der Ereignisse«.[649] Tatsächlich war auch seine Politik der kontinentalen Blockbildung gegen England zu diesem Zeitpunkt bereits gescheitert, und die unglückselige italienische Kriegführung im östlichen Mittelmeer mit ihren Rückschlägen in Libyen und Albanien machten ein deutsches Eingreifen in den italienischen »Parallelkrieg« in Afrika und auf dem Balkan notwendig.

Noch einmal jedoch schien Hitler alles zu glücken. Auf den Kriegsschauplätzen, auf denen der italienische Bundesgenosse, teils wegen ungenügender Motorisierung und aus Mangel an modernen Panzerverbänden und Panzerabwehrwaffen, versagte, traten die deutschen Soldaten als Sieger auf. Als erste Maßnahme war das X. Fliegerkorps unter General Geisler nach Sizilien verlegt worden. Dadurch wurden die Engländer zur Einstellung ihres Geleitzugverkehrs gezwungen. Am 11. Januar, in der Weisung Nr. 22, hatte Hitler die Aufstellung eines Panzersperrverbandes für den Einsatz in Tripolitanien befohlen. Die Überführung – das Unternehmen Sonnenblume – wurde für Mitte Februar vorgesehen. Am 18. Februar erhielt der Verband die Bezeichnung »Deutsches Afrikakorps«. Er bestand zunächst nur aus einer leichten Division – erst im Mai sollte eine Panzerdivision nachgeführt werden. Mit dem Oberbefehl wurde General Rommel beauftragt. Der »Wüstenfuchs« begann am 31. März bei El Agheila seinen Gegenangriff auf die Engländer. Bald war Benghasi eingenommen, die Cyrenaika zurückerobert, und Tobruk, das die Italiener am 22. Januar verloren hatten, wurde am 11. April eingeschlossen. Während sich die Kräfteverhältnisse zur See weiter zuungunsten Italiens verschoben, drang Rommel zur libysch-ägyptischen Grenze vor, und die Deutschen behaupteten im Mai und Juni 1941 Stellungen im Raum Sollum und am südlich davon gelegenen Halfaya-Paß.

[648] »Meldungen aus dem Reich«, 31. 3. 41. *ibid.; S. 129.*
[649] *Staatsmänner und Diplomaten bei Hitler; S. 417.*

Der Jugoslawienfeldzug begann am 6. April mit Luftangriffen auf Belgrad und das jugoslawische Verkehrsnetz. Gleichzeitig drangen aus der Steiermark und Ungarn sowie aus Bulgarien deutsche Streitkräfte in dieses Land ein; am 10. April wurde Agram besetzt; am 12. April Belgrad und am 17. April der Waffenstillstand mit bedingungsloser Kapitulation abgeschlossen.

Gleichfalls am 6. April waren die deutschen Truppen mit einem Stoß über jugoslawisches Gebiet auf Saloniki und auf breiter Front an der griechisch-bulgarischen Grenze zum Angriff gegen griechische und britische Kräfte angetreten. Am 10. April kapitulierten alle in Ostmazedonien stehenden griechischen Verbände, am 24. April erfolgte die endgültige Kapitulation Griechenlands. In den folgenden Tagen gelang es den Engländern, 80 % ihres Expeditionskorps nach Kreta und Ägypten abzutransportieren.

Diese Erfolge – weitaus schneller und gründlicher als erwartet –»lösten immer neue Wellen der Begeisterung aus. Überall wurde unseren siegreichen Soldaten Dank und Bewunderung gezollt«.[650] Allgemein hatte man mit einer Dauer von 6 bis 8 Wochen gerechnet – die Propaganda war, wie Hitlers Kalkül, auf 2 Monate abgestellt worden.[651] Wieder hatte kaum jemand am Siege gezweifelt. Trotzdem war der Balkanfeldzug bei weitem nicht so populär wie derjenige in Frankreich.[652] Die Begeisterung ließ schnell nach. Ähnlich war es mit den Erfolgen des Afrikakorps. Natürlich war man stolz auf die deutschen Soldaten, aber die Propaganda hatte große Mühe, die Notwendigkeit dieser militärischen Eingriffe zu begründen. Auch der gleichzeitig wieder von der Staatsführung angeregte und genährte Englandhaß wollte nicht recht Fuß fassen. Die Deutschen hatten genug vom Krieg. Sie hatten mehr erreicht, als sie in den kühnsten Träumen zu hoffen wagten. Die weitere Ausdehnung und Verlängerung der Kampfhandlungen war nicht nach ihrem Geschmack, und ihr Zorn richtete sich erneut gegen Italien, das als eigentlicher Urheber dieser höchst unerwünschten Entwicklung angesehen wurde:

»Je größer die deutschen Erfolge auf jenen Kriegsschauplätzen, wo bisher Italiener gekämpft hatten, werden, desto mehr steigt die Entrüstung und Abneigung gegen die Italiener. Man fragt sich allgemein mit einer gewissen Verbitterung, was die italienischen Soldaten in den langen Monaten nur getan haben. Bei den meisten Gesprächen der Volksgenossen über diese

650 »Meldungen aus dem Reich«, 10. 4. 41. BOBERACH; S. 133.
651 Kriegspropaganda; S. 658.
652 ibid.; S. 686.

187

Frage wird der Unterschied in der Bewaffnung und Ausrüstung zwischen deutschen und italienischen Truppen nicht erwähnt, ist auch fast allgemein unbekannt.«[653] Über die mangelnde italienische Ausrüstung konnte offiziell aus begreiflichen Gründen auch keine Aufklärung gegeben werden. Und so blieb es in weiten Volkskreisen bei der zunehmenden Verachtung des Achsenpartners.[654]

Mehr und mehr aber schob sich ein anderes Thema in den Vordergrund: die Sowjetunion. Es war aufgefallen, daß Hitler in seiner Ansprache am 30. Januar 1941 die deutsch-sowjetischen Beziehungen mit Schweigen übergangen hatte[655] und Presse und Rundfunk ebenfalls nichts hierüber brachten.[656] Wie üblich in solchen Fällen kursierten zahlreiche Gerüchte, »die sich auch auf den Fall einer kriegerischen Auseinandersetzung mit Rußland« erstreckten, und es wurden teilweise sogar Mutmaßungen über den Termin einer deutschen Offensive angestellt.[657] Am stärksten war das Gerüchtewesen in den östlichen Provinzen, wie der Oberstaatsanwalt Allenstein berichtete:

»Schon seit einigen Wochen bildet das Thema ›Rußland‹ im hiesigen Bezirk den hauptsächlichen Gesprächsstoff. Man hat das Gefühl, daß mit unserem Nachbarn im Osten ›etwas nicht stimmt‹ und hört hierüber die unsinnigsten Gerüchte. So wird verbreitet, daß es im Rate der Volkskommissare zu scharfen Auseinandersetzungen zwischen Stalin und Molotow darüber gekommen sei, ob der deutschfreundliche Kurs in der sowjetischen Außenpolitik beizubehalten sei oder nicht. Zwischen Anhängern der beiden Richtungen soll es bereits zu Gefechten gekommen sein. Die starken Truppenansammlungen in Ostpreußen hätten den Zweck, Molotow den Rücken zu stärken und gegebenenfalls in Rußland selbst zu ›intervenieren‹. Nach anderen Gerüchten sollen die Sowjets sich anschicken, in den Krieg gegen uns einzutreten. Demgemäß sind auch die Meinungen darüber verschieden, welchen Zweck gewisse militärische Maßnahmen auf deutscher Seite verfolgen, ob sie nur vorbeugenden Charakter tragen oder aber bereits zur Abwehr eines drohenden russischen Einbruches bestimmt seien. Ängstliche Gemüter, insbesondere Frauen, befürchten bereits das

---

[653] »Meldungen aus dem Reich«, 10. 4. 41. BOBERACH; S. 134.
[654] s. z. B. Stimmungsbericht des SD-Abschnitts Leipzig, 3. 5. 41. *Aus deutschen Urkunden*; S. 126, und Generalstaatsanwalt Königsberg, 10. 2. 41. BA R 22/3375.
[655] BOBERACH; S. 126.
[656] SD-Abschnitt Leipzig, 22. 3. 41. *Aus deutschen Urkunden*; S. 238.

Schlimmste. Aber auch weniger furchtsame Naturen verfolgen diese Entwicklung mit Besorgnis. Die neuerdings einsetzenden Luftschutzübungen tragen nicht gerade dazu bei, die Bevölkerung zu beruhigen.«[658] Der Besuch des japanischen Außenministers in Berlin am 26./27. März, nach seinem Aufenthalt in Moskau am 24. März, erregte Aufsehen durch das Ausmaß der offiziellen Vorbereitungen und wurde ganz im Lichte der deutsch-sowjetischen Beziehungen interpretiert:»Die meisten Vermutungen über die Mission Matsuokas[659] in Deutschland richteten sich auf eine Bereinigung aller Gegensätze zwischen Rußland und den Achsenmächten...«[660] Aus dem gesamten Reichsgebiet wurden ähnliche Beobachtungen gemeldet, wie diejenigen des Oberstaatsanwaltes von Allenstein.»Die Vermutungen der deutschen Volksgenossen richten sich weniger darauf, daß Rußland noch während der Auseinandersetzung mit England Deutschland in den Rücken falle, als vielmehr darauf, daß nach der Niederringung Englands eine große Auseinandersetzung mit Rußland komme. In diesem Zusammenhang werden die deutschen Aktionen auf dem Balkan vielfach auch schon als strategische Vorbereitungen zu dieser Auseinandersetzung angesehen...«[661]

Die Unterzeichnung des russisch-japanischen Freundschaftspaktes in Moskau am 13. April 1941, durch den sich beide Staaten für alle Eventualitäten den Rücken freihalten wollten, durfte in Deutschland»aus bestimmten Gründen«[662], wie Goebbels sagte, nur ganz klein und auf der zweiten oder dritten Seite gebracht werden. Aufmerksame Beobachter, die inzwischen gelernt hatten, auch solche Zeichen zu deuten, schöpften aus dieser Bagatellisierung Verdacht und kombinierten sie mit den umlaufenden Gerüchten. So erging es auch dem Reichsfinanzminister Graf Schwerin von Krosigk, der trotz seines hohen Amtes nicht in Hitlers Kriegsplanung eingeweiht worden war. Schwerin von Krosigk fühlte sich verpflichtet, gegen eine solche Wahnsinnspolitik zu warnen und schrieb am 19. April an Göring, von dem er wohl am ehesten noch eine Antwort erhoffte. Der Reichsfinanzminister berief sich in seinem Schreiben auf die

657 Generalstaatsanwalt Naumburg, 31. 3. 41. BA R 22/3380.
658 Zitiert in Lagebericht des Generalstaatsanwaltes Königsberg vom 2. 4. 41. BA R 22/3375.
659 Über seine Unterredung mit Hitler s. *Staatsmänner und Diplomaten bei Hitler;* S. 503–514.
660 »Meldungen aus dem Reich«, 27. 3. 41. BOBERACH; S. 127.
661 ibid.; S. 128.
662 *Kriegspropaganda;* S. 677 und V.I. Nr. 93/41 v. 14. 4. 41. BA ZSg 109/20; fol. 42.

eigenen Worte des Reichsmarschalls zu Beginn des Krieges, als dieser ausgeführt hatte, eine der wichtigsten Aufgaben sei die Erhaltung der Ner-
ven- und Widerstandskraft des deutschen Volkes. Nun aber machten sich,
führte der Graf aus, in der letzten Zeit aufgrund der großen Anforderungen an die Arbeitskraft und die nur gerade ausreichende Ernährung doch
erhebliche Ermüdungserscheinungen bemerkbar, die das Kriegsgeschehen
nur erträglich machten »in der Hoffnung auf einen baldigen Frieden und
im Vertrauen auf die Führung. Glauben Sie nicht« – so fragte er – »daß
beides einen allzuschweren Stoß erleiden würde, wenn plötzlich eine Ausweitung des Krieges erfolgte, die das Ende des Krieges in eine völlig
unsichere Ferne verschwinden ließe und den Alpdruck des Zweifrontenkrieges erneut auf das Volk wälzt? Glauben Sie nicht, daß man selbst diesem willigen, treuen und gläubigen Volk zuviel zumutet, wenn plötzlich
der Vertrag mit Rußland, der damals in Reden, Rundfunk und Presse als
die große Garantie des Sieges, als *der* große politische Erfolg, als *die*
Sicherheit gegen die englischen Blockadepläne gefeiert wurde – und es ist
vielen guten Deutschen sehr schwer gefallen, sich mit dieser völligen Änderung unserer Haltung gegen Rußland zu befreunden – sich ins Gegenteil
verkehrte? Ich fürchte, daß das eine Belastungsprobe ist, der weiteste Teile
des Volkes nicht gewachsen wären«.[663]

Schwerin von Krosigk hatte, wahrscheinlich aufgrund der Lektüre der
SD-Berichte, die Stimmung richtig eingeschätzt. Das Volk war des Krieges
müde. Aus zahlreichen beim Sicherheitsdienst einlaufenden Meldungen
ging hervor, daß die Leute meinten, Deutschland werde sich wieder einmal totsiegen. Aus Halle hieß es, alle Nachrichten würden nur unter dem
Gesichtspunkt betrachtet, »ob sie sich auf die Dauer des Krieges verkür-
zend oder verlängernd auswirken könnten«. Immer wieder konnte man
hören, besonders von Frauen, »wenn bloß endlich Schluß wäre« oder
»wenn bloß der verfluchte Krieg endlich ein Ende nähme«.[664]

Am 8. Mai brachten die »Meldungen aus dem Reich« einen Spezial-
bericht unter dem Titel »Rußlandgerüchte und ihre Auswirkungen«[665], aus
dem ebenfalls hervorgeht, daß seit etwa drei Monaten die Gerüchte über
eine Auseinandersetzung zwischen der UdSSR und dem Reich kontinuierlich anschwollen. Anhaltspunkt für derartige Vermutungen waren der
Bau des sogenannten Ostwalles und die Truppenzusammenziehungen an
der deutsch-russischen Grenze. Sah man anfangs dieser Entwicklung mit

---

[663] BA *R 2/24243*. Vgl. auch STEINERT; S. 134 f.
[664] BA *R 58/160*.   [665] *ibid.*

banger Sorge entgegen, so änderte sich das unter dem Eindruck der Erfolge in Südosteuropa:»Seit dem Abschluß des Balkanfeldzuges sind die meisten überzeugt, daß auch Rußland ohne weiteres zu schlagen ist. Dabei wird aber trotzdem vielfach der Wunsch ausgesprochen, daß vielleicht noch eine friedliche Lösung gefunden werde. Manche Volksgenossen äußern Bedenken, daß bei der Weite des russischen Raumes Deutschland vorläufig nicht genug Menschen habe, um auf die Dauer dieses Land halten zu können ...«
Die Unterschätzung des sowjetrussischen Kriegspotentials war damals weit verbreitet. Allerorten schätzte man die Kampfkraft der Roten Armee viel zu niedrig ein.»Wehrmachtskreise sprechen davon, daß spätestens in 8 Wochen der militärische Einmarsch nach Rußland folgen würde und daß dieser Krieg bzw. Einmarsch – soweit er überhaupt als Krieg zu bezeichnen ist – ohne viel Blutvergießen durchgeführt wird. Die ›Rote Armee‹ sei überhaupt nur ein Zahlengebilde ohne Kopf und Willen. Die gesamte russische Intelligenz befinde sich in russischen Konzentrationslagern oder sei eben beseitigt. Insgesamt sollen ca. 16 Millionen in russischen Lagern gefangen gehalten werden, das sind ca. 10 %/0 der gesamten Bevölkerung.
Die deutsche Armee wird eher als Befreier, nicht aber als Feind erwartet ...«[666]
Diese groteske Fehleinschätzung war nicht nur Sache mehr oder weniger schlecht unterrichteter Kreise. In der von Generalmajor Marcks am 5. August 1940 erstellten Studie über einen Ostfeldzug war die Dauer im günstigsten Falle für 9 Wochen, im ungünstigsten für 17 Wochen errechnet worden, um die Sowjetunion bis zur Linie unterer Don–mittlere Wolga–nördliche Dwina zu besetzen und die Hauptmasse der Roten Armee zu zerschlagen. Hitler selbst bezeichnete gegenüber dem bulgarischen Gesandten in Berlin diese Armee als»nicht mehr als ein Witz«.[667]
Der zuvor angeführte Bericht aus Leipzig verdient noch wegen einer anderen Bemerkung Aufmerksamkeit. Er teilte aus Kreisen der Intelligenz mit, daß dort die Meinung vertreten werde,»daß der Führer doch sein Programm wahrmachen und seine Ausweitungspläne nach dem Osten (man spricht von der Kornkammer Europas) verwirklichen wird ...«
Diese Erkenntnis der wahren Sachlage scheint zuerst nur gutinformierten

[666] Sicherheitsdienst des RFSS.SD-Abschnitt Leipzig. Außenstelle Leipzig, 3 5.41. *Aus deutschen Urkunden; S. 240/41.*
[667] HILLGRUBER. *Deutschlands Rolle in der Vorgeschichte der beiden Weltkriege; S. 105 u. 107.*

Schichten des deutschen Volkes gekommen zu sein. Noch Anfang Mai glaubte die große Masse, wie aus den zahlreichen im Detail aufgeführten Meldungen aus den verschiedensten Städten und Gebieten des Reiches hervorgeht, an sowjetische Offensivabsichten, weil »Rußland mit der Ausdehnungspolitik Deutschlands nicht einverstanden sei, vor allem aber, daß es nicht vorher in Kenntnis gesetzt worden wäre bei dem Einmarsch deutscher Truppen in Ungarn, Bulgarien und Jugoslawien . . .«[668] Als Bestätigung dieser Ansicht wertete man die Tatsache, daß der am 5. April – einen Tag vor dem deutschen Einmarsch – abgeschlossene Freundschaftspakt zwischen Jugoslawien und der Sowjetunion in der deutschen Presse nur als kleine Notiz gebracht worden war. »In allen Gebieten des Reiches wird übereinstimmend die Meinung vertreten, daß der *Bau des Ostwalls* die Bestätigung dafür sei, daß auch die deutsche Führung jederzeit mit Angriffen von russischer Seite aus rechne . . .«[669] Trotz der tollsten Gerüchte, die überall kursierten, konnte und wollte die Masse des deutschen Volkes nicht glauben, daß ihr »genialer« Führer absichtlich Deutschland in den gefürchteten Zweifrontenkrieg stürzen werde. »Die Nachricht von der Ablösung Molotows durch Stalin im Vorsitz des Rates der Volkskommissare wurde allgemein als Bestätigung der vorausgegangenen Gerüchte über Differenzen zwischen Stalin und Molotow angesehen und trug erheblich zur weiteren Verstärkung dieser Gerüchtebildung bei . . .«[670] Zahlen über den Aufmarsch deutscher Truppen schwirrten durch die Luft: 30, 100, 180 Divisionen an der russischen Grenze wurden genannt. In Wirklichkeit waren es 120 Divisionen, die bis zum 20. Mai 1941 – dem ursprünglich in der Weisung Nr. 21 vom 18. Dezember 1940 für den Beginn des Unternehmens »Barbarossa« vorgesehenen Datum – aufmarschiert waren. Langsam mehrten sich nun aber auch die Stimmen, »daß Deutschland der eigentliche Urheber der Spannung mit Rußland sei (Frankfurt/Main, Halle). Rußland bekomme für seine Lieferungen keine Devisen, sondern hochwertige Maschinen, Deutschland könne aber diese Maschinen bald nicht mehr entbehren und werde diese Lieferungen einstellen. Rußland werde dann die Lieferungen von Öl und Getreide verweigern. Da aber Deutschland im kommenden Winter fast ganz Europa zu ernähren habe, sehe es sich gezwungen, die Ukraine und die russischen Ölfelder sicherzustellen . . .«[671]

[668] »Meldungen aus dem Reich«, 8. 5. 41. BA R *58/160.*
[669] *ibid.*
[670] »Meldungen aus dem Reich«, 12. 5. 41. BOBERACH; S. 143.
[671] *ibid.; S.* 143, 144.

Am 8. Mai nahm Ministerialdirigent Fritzsche »demonstrativ zu den tausend umlaufenden Gerüchten zum deutsch-russischen Verhältnis Stellung. Er wies darauf hin, daß es verständlich sei, wenn das deutsche Volk bis zur letzten Gemüsefrau herunter sich mit der Zukunft befasse und seiner Erwartung über die nächsten Schritte des Führers Ausdruck gebe. Es müsse jedoch verhindert werden, daß der deutsch-russische Krieg bereits an die Wand gemalt würde. Man müsse darauf hinweisen, daß sehr wenig konkrete Anhaltspunkte für eine wirkliche Verschlechterung des deutsch-russischen Verhältnisses vorliegen. Zwar sei es richtig, daß große Truppenmassen an der Ostgrenze stünden, aber für den Südost-Feldzug hätte der Führer selbstverständlich die Flanke decken müssen und im Westen waren nach der großen Offensive des vorigen Jahres derartige Truppenmassierungen nicht mehr notwendig. Deutschland hält überall die Wacht an seinen Grenzen und ›disloziere‹ seine Kräfte nach den politischen und militärischen Notwendigkeiten. Die deutsch-russischen Beziehungen seien normal...«[672]

Das Gerede hielt jedoch weiter an. Die meisten Gerüchte stammten anscheinend aus Briefen von Soldaten, die an der deutsch-russischen Grenze stationiert waren. In Breslau erzählte man sich, »daß polnische Grenzdörfer mit Waffen und Munition von Rußland versorgt worden seien und in diesen Gegenden bereits Unruhen im Gange seien«. Verbreiter solcher Nachrichten waren auch Zeitungsträger und -trägerinnen.

Inmitten dieses Bienenschwarms von Vermutungen und Gerüchten detonierte die Nachricht von dem Flug des Stellvertreters des Führers nach England wie eine Bombe. Rudolf Heß hatte eine umgebaute Me 110 bestiegen und war nach Schottland geflogen, um einen letzten Versuch zu wagen, einen Frieden zwischen England und Deutschland in die Wege zu leiten. Der fehlgeschlagene Versuch dieses Hitler bedingungslos ergebenen Schwärmers, den Goebbels einen »peniblen Vorgang«[673] nannte, veranlaßte Hitler, seinen bisherigen Stellvertreter zu desavouieren. Am 12. Mai gab er die Version aus, daß Heß an »Wahnvorstellungen« leide. In der Tagesparole des Reichspressechefs vom 13. Mai war dann auch von »geistiger Verwirrung« die Rede.[674]

Die Berichte über die Auswirkung des Ereignisses auf die Bevölkerung sprachen von »einem wahren Schock« in den Kreisen, die gegenüber dem Regime positiv eingestellt waren, »während bei den staatsablehnenden

[672] BA ZSg 101/39; fol. 159.
[673] Kriegspropaganda; S. 729.
[674] ibid.; und BA ZSg 109/21; fol. 33.

Kreisen eine schlecht verborgene hämische Genugtuung darüber beobachtet werden konnte . . .«[675] Für viele Parteigenossen habe es »eine Erschütterung der Grundfesten des Nationalsozialismus und der Partei« ausgelöst.[676] Superlative wie »lähmendes Entsetzen«[677], »tiefste Bestürzung«[678] waren keine Seltenheit. Selbst als eine »verlorene Schlacht«[679] wurde es gewertet. Ausnahmslos wurden die amtlich hierüber herausgegebenen Erklärungen scharf kritisiert und als unglaubwürdig empfunden. Die deutsche Propaganda wurde von allen Seiten attackiert: »Die deutschen Presse- und Funkmitteilungen über die Angelegenheit Heß werden, angefangen von der Arbeiterschaft bis hinauf zur Intelligenz, als sehr ungeschickt und zum Teil als tölpelhaft bezeichnet. Gerade diese Mitteilungen haben bewirkt, daß man sich mit dem Fall Heß besonders stark befaßt, und daß das Vertrauen zur deutschen Propaganda (die wahrheitsgemäße Presse- und Funkberichterstattung) derart erschüttert ist, daß in nächster Zeit die gesamte Presse- und Funkberichterstattung von vornherein als unwahr hingestellt werden wird . . .«[680] Gerüchte schossen üppig empor: von Verschwörung, Beteiligung von Wehrmachtskreisen, schweren Zerwürfnissen innerhalb der Regierung, baldigem Kriegseintritt war die Rede.[681] Der Regierungspräsident von Oberbayern schrieb, »daß der Monat Mai geradezu als der Monat der Gerüchte bezeichnet werden kann«[682], und wertete sie als ein Zeichen für wachsende Unruhe und Spannung. Angesichts der »Hochflut von Gerüchten . . ., die an Dummheit kaum überboten werden können« und als deren Ursachen man das Abhören feindlicher Sender annahm, forderte die Staatspolizeileitstelle München härtere Maßnahmen gegen die Weiterverbreiter und ein »erhöhtes Augenmerk« auf die Hörer ausländischer Sendungen.[683]

[675] Bericht des Regierungspräsidenten von Mainfranken, 11. 6. 41. BHStA, Abt. II, *MA 106 681.*
[676] Bericht des Regierungspräsidenten von Schwaben und Neuburg, 10. 6. 41. BHStA, Abt. II, *MA 106 684.*
[677] Generalstaatsanwalt Naumburg, 30. 5. 41. BA *R 22/3380* und SD-Außenstelle Bünde, 13. 5. 41. HÖHNE; S. 390.
[678] OLG-Präsident Bamberg, 25. 6. 41. BA *R 22/3355* und OLG-Präs. Rostock, 1. 7. 41. BA *R 22/3385.*
[679] OLG-Präsident Frankfurt, 26. 6. 41. BA *R 22/3364,* und Sicherheitsdienst des RFSS, SD-Abschnitt Leipzig, Außenstelle Leipzig. 17. 5. 41. *Aus deutschen Urkunden;* S. 245.
[680] *ibid.*; S. 243 auch OLG-Präsident Königsberg, 6. 6. 41. BA *R 22/3375.*
[681] *Aus deutschen Urkunden;* S. 244, und OLG-Präsident Bamberg, 25. 6. 41. BA *R 22/3355.*
[682] Monatsbericht vom 10. 6. 41. BHStA, Abt. II, *MA 106 671.*
[683] B. Nr. 27309/41-II, 31. 5. 41. StA Obb. *Nr. 1877.*

Ein Spottvers machte überall die Runde:»Es geht ein Lied im ganzen
Land: / Wir fahren gegen Engelland. / Doch wenn dann wirklich einer
fährt, / So wird er für verrückt erklärt ...«[684]
Die Version vom geisteskranken Idealisten[685] fand also nirgends Glauben.
Die meisten nahmen Verrat an[686], und die Folge war eine Welle von
Mitleid und Sympathie für Hitler[687],»dem auch keine Härte des Schicksals
erspart bleibt«.[688] Wie Goebbels aber bereits am 13. Mai richtig vorausgesehen hatte, blieb
das Ganze nichts anderes als eine Episode, die trotz aller Kritik die Propagandaarbeit
nicht ernstlich gefährden und die man»unter den militärischen
Vorgängen der nächsten Wochen ... leicht und in verhältnismäßig
kurzer Zeit« werde ausmerzen können.[689] Die Erregung klang sehr schnell
wieder ab[690], und die Bevölkerung wandte sich wieder anderen Gesprächsstoffen
zu.

Im allgemeinen herrschte eine ziemlich»lust- und schwunglose Stimmung«[691]
in diesem Vorsommer 1941. Der mangelnde patriotische Schwung
läßt sich auch an dem Verhalten der Frauen ablesen. Im Ersten Weltkrieg
hatte sich die weibliche Bevölkerung zum Dienst am Vaterland gedrängt.
Im Zweiten Weltkrieg wich sie ihm möglichst aus. Anstelle eines Anwachsens
weiblicher Arbeitskräfte mußte man einen Rückgang konstatieren. In
der Zeit vom 31. Mai 1939 bis 31. Mai 1941 sank die Zahl der berufstätigen
deutschen Frauen um 287 500.[692] Gleichzeitig fand eine Verlagerung
von der Werkstattarbeit zur Verwaltungstätigkeit statt. Während

[684] ANDREAS-FRIEDRICH; S. 50.
[685] Heß' Flug gibt noch heute Anlaß zu den verschiedenartigsten Deutungen.
Während in früheren NS- und SS-Kreisen die Version kursiert, Heß habe
mit Wissen Hitlers gehandelt (Paul Neukirchen), sieht Albert Speer die Ursache
in der wachsenden Distanz zwischen Hitler und seinem Stellvertreter
(*Erinnerungen*, S. 190) und dessen Wunsch, bei seinem Führer wieder an
Ansehen zu gewinnen. Karl Dietrich Bracher wertet hingegen die Tat als
»Opfer«. (*Die deutsche Diktatur;* S. 307.)
[686] *Aus deutschen Urkunden;* S. 245.
[687] *ibid.;* S. 46, und OLG-Präsident Königsberg, 6. 6. 41. BA *R 22/3375.* Monatsbericht
Regierungspräsident von Ober- und Mittelfranken, 8. 6. 4. BHStA,
Abt. II, *MA 106 679.*
[688] BOBERACH; S. 146.
[689] *Kriegspropaganda;* S. 728.
[690] Generalstaatsanwalt Naumburg/Saale, 30. 5. 41. BA *R 22/3380.* Generalstaatsanwalt
Nürnberg, 31. 5. 41. *R 22/3381.* Generalstaatsanwalt Düsseldorf,
31. 5. 41. *R 22/3363.*
[691] Generalstaatsanwalt Königsberg, 6. 6. 41, *R 22/3375.*
[692] BA/MA *Wi I F 5/3690.*

die Landwirtschaft, die Industrie, das Handwerk, die Verteilung (Handel, Banken, Versicherung, Fremdenverkehr) und die Hauswirtschaft 835 000 Frauen verloren, nahmen Verkehr, Energiewirtschaft und Verwaltung 554 000 weibliche Arbeitskräfte auf. Die meisten der unbeschäftigten Frauen, deren Männer eingezogen waren, trachteten danach, sich das Leben so angenehm wie möglich zu machen. Ihr bequemes Leben und ihre Amüsierfreudigkeit erregten den Ärger und den Neid ihrer benachteiligten Geschlechtsgenossinnen, die arbeiten mußten, um sich ihren Lebensunterhalt zu verdienen. Sie konnten und wollten nicht verstehen, daß in einem Krieg nicht jede brachliegende Arbeitskraft dienstverpflichtet wurde.[693] Goebbels, der sich wieder einmal um alles kümmerte, nachdem die NS-Frauenschaft offensichtlich versagt hatte[694], nahm sich des Problems an. Am 13. Februar gab er seine grundsätzliche Zustimmung dazu, daß kinderlose Frauen und Mädchen zwischen 14 bis 40 Jahren sich bei den Arbeitsämtern zu melden hätten. »Schon im Hinblick auf den beträchtlichen Arbeitermangel des Reiches sei die praktische Bedeutung einer solchen Maßnahme offenkundig. Aber auch die psychologische Seite der Frauenarbeitspflicht falle ins Gewicht, da sie geeignet sei, die Arbeitsfreudigkeit der bereits schon seit Monaten oder Jahren in deutschen Rüstungsfabriken arbeitenden Frauen wesentlich zu heben. Darüber hinaus stelle sie ein wirksames Mittel dar, einen überholten Klassenstandpunkt, dessen Spuren gerade in den besseren Ständen noch zu finden seien, vollends zu überwinden ...«[695]

Am 14. März erließ die Reichspropagandaleitung die Weisung, die Aktion »Deutsche Frauen helfen siegen« zu starten.[696] Sie wurde noch von Rudolf Heß eingeleitet. In seiner Rede vom 4. Mai im Anschluß an den Balkanfeldzug forderte dann Hitler selber – der im Grunde ein Gegner der Frauenarbeit war und blieb[697] – einen zusätzlichen Beitrag der Frauen und Mädchen für die Kriegswirtschaft.[698] Aber weder die Propaganda-

[693] s. z. B. Bericht der Reichsleitung der NSDAP, Reichsfrauenführung für die Monate Januar–März 1941. BA *NS 22/vorl. 860.*
[694] Rudolf Heß hatte bereits am 13. 4. 40 die NS-Frauenschaft mit einer propagandistischen Aktion zur »Verstärkung des Fraueneinsatzes im Kriege« beauftragt. Anordnung A 44/40 (nicht zur Veröffentlichung) BA *NS 6/vorl. 331.*
[695] *Kriegspropaganda;* S. 618.
[696] *ibid.;* S. 640, und Sonderinformation Nr. 14/41 vom 19. 3. 41. Betr. Aktion der NSDAP »Frauen helfen siegen«. Pressepolitischer Arbeitsplan. BA *ZSg 109/19;* fol. 67–69.
[697] s. *infra;* S. 301, 428 f.
[698] DOMARUS, Bd. II, 2. Halbband; S. 1708.

aktion, noch die Worte des »Führers« stießen auf »große Gegenliebe«.[699]
Die »Meldungen aus dem Reich« vom 26. Mai 1941 mußten berichten,
»daß auch nach der Führerrede bisher Meldungen zur freiwilligen Übernahme eines Arbeitsplatzes noch nicht im erwarteten Maße erfolgt seien.[700]
Die aus vielen Städten mitgeteilten Einzelheiten waren eindeutig: kaum
eine Frau stellte sich freiwillig zur Arbeit. Am 18. Juni unterrichteten die
»Vertraulichen Informationen«[701] der Parteikanzlei die Hoheitsträger der
Partei über die vom Befehlshaber des Ersatzheeres zu Anfang des Krieges
und vom Oberkommando des Heeres am 28. 12. 40 auf das gesamte Heer
ausgedehnte Verfügung über den Kriegseinsatz von Frauen von Offizieren, Heeresbeamten und Unteroffizieren. Hierbei war das Prinzip der
Freiwilligkeit aufrechterhalten, jedoch die moralische Pflicht zur Mitarbeit gegenüber der Volksgemeinschaft hervorgehoben worden. Auch
diese Appelle nützten wenig. Zur Lustlosigkeit im Vorsommer 1941 trugen auch die »fast gleichzeitig eingetretenen Verschärfungen der Versorgungslage – Herabsetzung der Fleischration, Kürzung der Brotzuteilung,
empfindliche Bierkontingentierung – mit ihren Nebenwirkungen bei« und
die »seit der Balkanrede des Führers vom 4. Mai fast zur Gewißheit gewordene Aussicht auf Fortdauer des Krieges über 1941 hinaus (›im nächsten Jahr wird unsere Wehrmacht noch bessere Waffen besitzen‹).«[702]
    Bereits am 14. Mai 1941 hatte die Presse Anweisungen erhalten, wie die
ab 2. Juni vorgesehene Kürzung der Fleischrationen um 100 g pro Nor-
malverbraucher, um 200 g für Schwer- und Schwerstarbeiter und Selbst-
versorger dem Volke beizubringen sei. Als Erklärung wurde angegeben,
daß seit Beginn des Krieges der Gesamtfleischverbrauch bei gleichbleiben-
den Rationen dauernd gestiegen sei. Dieser steigende Verbrauch wurde mit
der Vorbereitung »auf die historischen Entscheidungen des Krieges« begründet, die einen Ausbau der Wehrmacht und der Rüstungsindustrie auf
einen hohen Stand erforderten, wobei die Zahl der Schwer- und Schwerstarbeiter um mehrere Millionen vergrößert und zusätzlich ausländische
Arbeiter und Kriegsgefangene hätten mitverköstigt werden müssen.[703]
    Die »Meldungen aus dem Reich«[704] berichteten von einer gewissen Miß-
stimmung und Besorgnis im Hinblick auf die zukünftige Ernährungslage.

699 Generalstaatsanwalt Königsberg, 6. 6. 41. BA R 22/3375.
700 BOBERACH; S. 148.
701 Folge 27. BA ZSg 3/1621.
702 Regierungspräsident v. Schwaben und Neuburg, 10. 6. 41. BHStA, Abt. II,
    MA 106 679.
703 V.I. Nr. 120/41. BA ZSg 109/20; fol. 36.
704 22. 5. 41. BOBERACH; S. 147.

Schon tauchten vereinzelte Stimmen auf, »die beim Vergleich mit den Fleischrationen des Weltkrieges besagten, daß es nunmehr ›genau wie damals sei‹...« Dasselbe Argument findet sich auch im Arbeits- und Lagebericht des Kreisobmannes der Deutschen Arbeitsfront in Freiburg, der betont:»Man kann hier reden und predigen was man will, es ist doch noch eine ganz starke Angstpsychose im Volk, die aus dem letzten Krieg herrührt, besonders unter den älteren Volksgenossen.«[705] Die Leute glaubten im übrigen, die Herabsetzung der Rationen beruhe darauf, daß die besetzten Gebiete zusätzlich miternährt werden mußten, und vertraten allgemein die Auffassung, »daß zuallererst die Ernährung des Reiches sichergestellt werden müsse, während man lieber die Feinde hungern lassen möge...«[706] Die von der Reichsregierung verfolgte Politik der Ausbeutung der okkupierten Länder konnte sich somit auf den Konsensus breiter Schichten stützen.

Den meisten Unmut erregten die Rationskürzungen in der Arbeiterschaft, der die nicht erfolgte gesellschaftliche Revolution am bewußtesten war:»Man schreibe so viel über die Plutokraten in England, bei uns herrschen aber ähnliche Verhältnisse. Leute, die Geld haben, können sich heute noch alles besorgen und essen sich in den Gaststätten satt...«[707]

Kein Zweifel, »unerfreuliche Schwankungen in der Stimmung der Bevölkerung«[708] waren zu erkennen. Opferwillen und Opferfreudigkeit waren gering, »das Vertrauen in die Führung schwindet«.[709]

Der Tod Ex-Kaiser Wilhelms II. am 4. Juni 1941 in Doorn in Holland erregte kaum Interesse.[710] Die Presse war bereits vorher angewiesen worden, die Meldung einspaltig auf der ersten Seite unten, nicht zu groß aufgemacht, zu bringen. Sein Lebensbild sollte auf keinen Fall heroisiert werden.»Für den Fall, daß auf eine Kommentierung Wert gelegt wird, können einige Sätze des Kommentars geschrieben werden. Dieser kurze Kommentar darf einerseits nicht die wenigen Monarchisten kränken, die noch der früheren Zeit Gefühle der Sympathie entgegenbringen, andererseits

705 BA NS 5 I/58.
706 BOBERACH; S. 147.
707 ibid.
708 Monatsbericht für Juni 1941 des Landkreises Aachen, 30. 6. 41. BA NS 1714; fol. 301 608. – Vgl. auch die »Übersicht über die wirtschaftliche Gesamtlage«, Reichsmarschall d. Großdeut. Reichs. Beauftragter f. d. Vierjahresplan. V.P. 9499/41 g. Rs. v. 21. 6. 41, der von einem »Druck auf die allgemeine Stimmung« spricht. IWM F.D. 4809/45 File 2.
709 s. supra, S. 194 Anmerkung 683.
710 BOBERACH; S. 147.

aber auch nicht der jüngeren Generation vor den Kopf stoßen, die diese Zeit für überwunden hält. Der Kommentar könnte sinngemäß feststellen, daß der Exkaiser zweifellos das Beste gewollt hat, aber immerhin Repräsentant eines Systems war, das in der entscheidenden Stunde versagt hat. In der Politik entscheidet eben nicht nur der Wille, sondern vielmehr das bessere Können. Der Exkaiser wurde aber den Aufgaben nicht gerecht, die das Schicksal ihm stellte . . .«[711]

Die erfolgreiche Beendigung der Kämpfe in Kreta, deren Beginn der Bevölkerung zuerst verschwiegen worden war[712], gab wieder etwas Auftrieb, und man erwartete gespannt neue Ereignisse.[713] Die Aufmerksamkeit der deutschen und ausländischen Öffentlichkeit wurde dabei zielbewußt vom Thema Rußland abgelenkt und wieder mehr auf England konzentriert. Der Reichspropagandaminister suchte selbst seine Mitarbeiter zu täuschen, indem er ihnen in der Konferenz vom 5. Juni mitteilte, die Invasion in England finde in drei bis fünf Wochen statt.[714] Goebbels benutzte außerdem die in der *Daily Mail* vom 21. Mai 1941 zum Ausdruck gebrachte Meinung, die erfolgreiche Aktion auf Kreta durch Luftlandetruppen beweise, wessen England im Falle einer Invasion gewärtig sein müsse. In einem Artikel im *Völkischen Beobachter* vom 13. Juni »Kreta als Beispiel« brachte er ähnliche Ansichten zum Ausdruck und ließ dann diese Nummer, kaum war sie erschienen, beschlagnahmen.[715] Durch Mund- und Flüsterpropaganda wurden die tollsten Gerüchte in Umlauf gesetzt: Stalin komme nach Berlin, die Ukraine werde auf 99 Jahre gepachtet, die sowjetischen Randstaaten würden in nächster Zeit an Deutschland abgetreten und mit deutschen Bauern besiedelt, die UdSSR habe den Durchmarsch deutscher Truppen gestattet und ähnliches.»In der Minderzahl bleiben demgegenüber die Gerüchte, daß angebliche deutsche Verhandlungen mit Rußland zu keinem Ergebnis geführt hätten und daß gegen Ende dieses Monats eine deutsche Offensive gegen Rußland beginnen würde.«[716] Zu der Minderheit, die schwer zu täuschen war, gehörten die cleveren Berliner und die Bewohner Ostdeutschlands[717], denen man kaum noch etwas vormachen konnte, da inzwischen 153 Divisionen, das

[711] V.I. Nr. 135/41 vom 31. 5. 41. BA ZSg *109/21*; fol. 100/101.
[712] *Kriegspropaganda*; S. 744, 749. – s. auch BA ZSg *109/21*; fol. 67, 69, 75, 96.
[713] »Meldungen aus dem Reich«, 9. 6. 41. BOBERACH; S. 151.
[714] *Kriegspropaganda*; S. 765, und *Wollt ihr den totalen Krieg?*; S. 180.
[715] s. dazu die Ausführungen von BOELCKE, *ibid.*; S. 180/181 und *»Kriegspropaganda«*; S. 746.
[716] »Meldungen aus dem Reich«, 12. 6. 41. BA R *58/161*.
[717] »Meldungen aus dem Reich«, 16. 6. 41. BOBERACH; S. 153.

waren 75 % des Heeres, mit über 3 Millionen Mann und 3580 Panzern an der russischen Grenze aufmarschiert waren. »Ganz Ostpreußen war ein Kriegslager in einem unvorstellbaren Umfange.«[718] Auch die Berliner Redaktionen waren sich im klaren, daß es in den nächsten Tagen losgehen würde, wie aus einer Mitteilung eines Teilnehmers der Pressekonferenzen am 21. 6. 1941 hervorgeht: »Die politische Spannung steigert sich stetig, und es gilt etwas wachsam zu sein.«[719] Ein Bereitschaftsdienst der Redaktionen über das Wochenende wurde empfohlen; Hauptschriftleiter und verantwortliche Schriftleiter mußten ihre private Telefonnummer hinterlassen.

Am Sonntag, dem 22. Juni, war der »deutsch-russische Schwebezustand«[720] zu Ende.

718 OLG-Präsident Königsberg, 23. 6. 41. BA 5 22/3375.
719 BA ZSg 101/120; fol. 237.
720 Wie es in einer streng vertraulichen Bestellung an den Hauptschriftleiter und den verantwortlichen Redakteur, eines Teilnehmers der Pressekonferenz vom 19. 5. 41., geheißen hatte. BA ZSg 101/20; fol. 130.

II. Der Weltkrieg

Keine Aufgabe ist so groß,
als daß sie von einem Deutschen
nicht gelöst werden könnte.
                    Hermann Göring

1. Unternehmen Barbarossa

Mit dem Angriff auf die Sowjetunion am 22. Juni 1941 eröffnete Hitler die zweite Phase seines Kriegsprogrammes. Es begann, nach einem Zeitabschnitt der lokalisierten Blitzkampagnen, der eigentliche Weltkrieg.[1] Auch ihn hatte Hitler ursprünglich in Form von Weltblitzkriegen geplant. Nun änderte sich auch die Natur des Krieges selbst. Aus dem bisherigen »Normalkrieg«[2], wie er bislang im Westen geführt worden war, und dem »Rassenkrieg«, wie er in Polen nach Beendigung des militärischen Feldzuges eingesetzt hatte, entstand ein neuartiger »Vernichtungskrieg« von bisher in der europäischen Kriegsgeschichte ungekannter Bestialität und Grausamkeit, der drei große Ziele verfolgte:

1. dem deutschen Volk den notwendigen »Lebensraum« im Osten durch die Kolonisierung der fruchtbarsten und ergiebigsten Gebiete Rußlands zu verschaffen; gewissermaßen als »Nebenprodukt« sollte dabei

2. England seiner letzten Stütze auf dem Kontinent beraubt werden, um dann die britische Weltmachtstellung im Mittelmeerraum, mit Hilfe einer dreifachen Zangenoperation, vom russischen Raum ausgehend, zu brechen;

3. der »jüdisch-bolschewistische« Feind, zu dem Hitler sowohl die sowjetische Führungsschicht als auch die jüdische Bevölkerung rechnete, vernichtet werden.

Über den alle bisherigen völkerrechtlichen Normen mißachtenden Charakter seiner zukünftigen Kriegführung im Osten hatte Hitler den füh-

---

[1] Diese Auffassung stützt sich auf die von A. HILLGRUBER entwickelte Konzeption in *Hitlers Strategie, Politik und Kriegführung*, und *Deutschlands Rolle in der Vorgeschichte der beiden Weltkriege*.
[2] s. NOLTE, Ernst. »Ebenen des Krieges und Stufen des Widerstandes«. *Probleme des zweiten Weltkrieges*, Köln, Kiepenheuer & Witsch, 1967; S. 203.

renden deutschen Militärs in einer sogenannten »Generalsversammlung« am 30. März 1941 Mitteilung gemacht.[3] Der Vernichtungswille gegenüber der sowjetischen politischen Führungschicht fand seinen schriftlichen Niederschlag in dem berüchtigten Kommissarbefehl vom 6. Juni 1941, in dem angeordnet wurde, die politischen Kommissare seien »sofort mit der Waffe zu erledigen«[4]; den Ausrottungsbefehl für die Juden formulierte Göring am 31. Juli 1941 im Namen Hitlers, als er den Chef des Reichssicherheitshauptamtes, Reinhold Heydrich, beauftragte, »unter Beteiligung der dafür in Frage kommenden deutschen Zentralinstanzen alle erforderlichen Vorbereitungen für eine Gesamtlösung der Judenfrage im deutschen Einflußbereich in Europa zu treffen«.[5] Dies geschah zu einem Zeitpunkt, da Hitler den Sieg über Rußland bereits errungen zu haben glaubte. Beide Ereignisse, Kampf im Osten zur Gewinnung des notwendigen Lebensraumes und Lösung der Judenfrage, stehen in einem direkten, unlösbaren Zusammenhang. Beides sind axiomatische Forderungen Hitlers, die er von 1919–1925 formuliert hatte und die er nun verwirklichen wollte.[6] Direkt hinter den 3 Millionen deutschen Soldaten, die am 22. Juni 1941 in die Sowjetunion einbrachen, folgten die SD-Einsatzgruppen und Polizei-Einheiten, deren »Säuberungstätigkeit« im Laufe der nächsten Monate über 1 Million Juden in Westrußland zum Opfer fielen.

Um diesen Raub- und Mordfeldzug in den Augen des deutschen Volkes zu rechtfertigen, wurde wieder, wie beim Überfall auf Polen, Holland, Belgien, der Gegner als der Schuldige hingestellt. In Hitlers Proklamation vom 22. Juni war die Rede vom »Komplott zwischen Juden und Demokraten, Bolschewisten und Reaktionären«.[7] Deutschland sei nun gezwungen, Europas Rettung und Sicherung zu übernehmen. Vom ersten Tage an klang das Thema von der »Mission« Deutschlands auf. Ein enormer Propagandafeldzug wurde von Reichspressechef Dietrich und Reichsminister

---

[3] s. die Tagebuchnotizen Halders, u. a. abgedruckt in JACOBSEN, Hans-Adolf. *Der Zweite Weltkrieg*. Grundzüge der Politik und Strategie in Dokumenten. Frankfurt, Fischer Bücherei, 1965; S. 109/110.

[4] *ibid.*; S. 110. – Über Einzelheiten und Entstehung des Kommissarbefehls s. UHLIG, Heinrich. »Der verbrecherische Befehl. Eine Diskussion und ihre historisch-dokumentarische Grundlagen«. *Vollmacht des Gewissens*, Bd. II; S. 289–410.

[5] IfZ. – IMT Dokument Nr. 2586 = PS-710 (Fotokopie).

[6] Vgl. hierzu Jäckel, Eberhard. *Hitlers Weltanschauung*. Entwurf einer Herrschaft. Tübingen, Rainer Wunderlich Verlag Hermann Leins, 1969, S. 79: »Das außen- und rassenpolitische Konzept erreichten ... ihre jeweiligen Höhepunkte zu genau der gleichen Zeit«.

[7] DOMARUS, Bd. II, 2. Halbband; S. 1726.

Goebbels in die Wege geleitet. Die größte Schwierigkeit schien Hitler,»das Steuer um 180 Grad herumzuwerfen«, wie er später in seinen Tischgesprächen sagte.[8] Die Presse wurde mit detaillierten Anweisungen versehen, wie das Volk umzustimmen sei, damit es diesen Angriff gegen den bisherigen Verbündeten nicht als eine plötzliche »Schwenkung« empfand. »Der Nationalsozialismus ist als Bewegung im Kampf gegen den Bolschewismus angetreten. Er hat unter diesem Zeichen das Reich erobert und neugegründet. Nach Erfüllung dieser Aufgaben des Reiches ist der Kampf gegen den Bolschewismus durch einen scheinbaren Burgfrieden fast zwei Jahre zurückgestellt worden. Durch den jetzt vom Führer aufgedeckten Verrat der bolschewistischen Machthaber kehrt der Nationalsozialismus und damit das deutsche Volk jetzt zu dem Gesetz zurück, nach dem es angetreten ist, zum Kampf gegen Plutokratie und Bolschewismus.«[9] Weiter wurde empfohlen, es müsse »psychologisch sehr vorsichtig vorgegangen werden. Es ist natürlich nicht möglich, heute sofort wieder in die antibolschewistische Linie der Propaganda der Reichsparteitage einzubiegen, vielmehr muß in einer Reihe von Übergangstagen ruhig darauf hingewiesen werden, daß Deutschland zwei Jahre gegenüber dem Bolschewismus geschwiegen hat aus politischer Vernunft ... Außerdem, und das wäre die weitere Stufe der Propaganda, sind Plutokratie und Bolschewismus gleichen Ursprungs, nämlich jüdischen Ursprungs ...«[10] Diese Gleichsetzung von Kapitalismus und Bolschewismus, von Plutokratie und Kommunismus unter der Herrschaft des Judentums wird von nun an in allen erdenklichen Variationen des Hasses das Leitthema der deutschen Propaganda bleiben, bis in die allerletzte Kriegszeit, als man schließlich auf eine Entzweiung dieser beiden ungleichen Partner hoffte.

Auf einer Sonderpressekonferenz gab Otto Dietrich, den man mehr noch als Goebbels als direktes Sprachrohr Hitlers bezeichnen muß, der Presse weitere Argumente an die Hand. Eines davon war, daß man aus militärischen Gründen bisher habe schweigen müssen. »Die Sowjets haben jetzt dieselben Methoden gegen das Reich versucht, die sie früher auf innerpolitischem Gebiet übten, und die wir von den Bolschewisten gewöhnt sind. Mitten im Existenzkampf des deutschen Volkes haben sie versucht, uns den Dolch in den Rücken zu stoßen. Sie haben versucht, durch

8 Am 22. 2. 42, nachts. PICKER; S. 181. Vgl. auch S. 344.
9 Vertrauliche Informationen, 1. Ergänzung BA ZSg 109/22; fol. 51. – s. auch »Wollt ihr den totalen Krieg?«; S. 182.
10 Bestellungen aus der Pressekonferenz vom 22. Juni 1941. BA ZSg 101/20; fol. 40.

Bindung starker deutscher Truppenkontingente im Osten, den Kampf im Westen zu schwächen und dort die Entscheidung zu verhindern...«[11] Wieder hieß es, wie im Falle Polens und Frankreichs, das Volk sei »von allen Sentimentalitäten freizuhalten«. Überzeugende Beweise für die Schuld des Gegners lägen vor, und dem Volk müsse nahegebracht werden, »warum der Führer gehandelt hat, und es muß dem Führer danken, daß er das Doppelspiel rechtzeitig erkannt, so schnell zugeschlagen hat...«[12] Die erste Reaktion der deutschen Bevölkerung auf den Einmarsch in Rußland wird fast von allen Berichterstattern, staatlichen wie Parteistellen, mit Überraschung und Bestürzung gekennzeichnet; einige wenige sprechen von einem Schock, Lähmung oder der Wirkung einer Bombe.[13] Der erste hierüber vorliegende SD-Bericht führt die Tatsache einer abgedämpften Schockwirkung zu Recht auf die seit langer Zeit umlaufenden Gerüchte über eine Spannung mit Rußland zurück.[14] Es war vor allem der Zeitpunkt, der überraschte. Hier hatten offensichtlich die ausgestreute Mundpropaganda über einen bevorstehenden Besuch Stalins und ähnliche Chimären dafür gesorgt, daß man an keine unmittelbare Auseinandersetzung mehr glaubte. Es war auch weniger die noch nicht recht aufgenommene Ausweitung des Krieges oder die Furcht, ihn zu verlieren, die erschreckte, als die Aussicht auf seine weitere Verlängerung.[15] Am meisten bedrückt waren die Frauen:

»Der Krieg mit Rußland hat deshalb unsere Frauen so stark beeindruckt, weil noch kurz vorher in den Versammlungen immer wieder darauf hingewiesen worden ist, daß mit Rußland völlige Übereinstimmung bestände. In diesen Ortsgruppen hat dann die Nachricht von unserem Einmarsch in Rußland wie ein Bombe eingeschlagen...«[16]

Uninformierte, Desinteressierte und die überzeugten Nationalsozialisten fanden sich sehr schnell mit der neuen Situation ab. »Der überwiegende

---

[11] V.I. Nr. 156/41. BA ZSg 109/22; fol. 78.
[12] ibid.; fol. 79.
[13] Monatsbericht des Regierungspräsidenten von Schwaben und Neuburg, 8. 7. 41. BHStA, Abt. II, MA 106 684; Gau Schleswig-Holstein, Allgemeine politische Lage und Stimmung. BA NS Misch/1722; fol. 301, 521; Meldung SD-Außenstelle Minden, 24. 6. 41. HÖHNE; S. 391; Generalstaatsanwalt Nürnberg, 1. 8. 41. BA R 22/3381.
[14] »Meldungen aus dem Reich«, 23. 6. 41. BOBERACH; S. 155.
[15] Bericht des Regierungspräsidenten von Unterfranken und Aschaffenburg, 11. 7. 41. BHStA, Abt. II, MA 106 681.
[16] Bericht der Reichsleitung der NSDAP. Reichsfrauenführung für die Monate April–Juni 1941. – Meldungen aus den Gauen. – Gau Magdeburg-Anhalt. BA NS 22/vorl. 860.

Teil der staatstreuen Bevölkerung, die zum Freundschaftspakt mit Rußland bis heute keine innere Beziehung hatte herstellen können, empfindet sogar Befriedigung darüber, daß Deutschland gegenüber dem Todfeind der europäischen Kultur seine alte Stellung wieder bezogen hat ...«[17] Die meisten kamen, ohne daß es langer Propagandaanstrengungen bedurft hätte, zu der Ansicht,»daß über kurz oder lang doch eine Auseinandersetzung mit dem Weltfeind hätte kommen müssen...«[18] Und wieder, so absurd dies heute klingen mag, schlug Hitler eine Welle des Mitgefühls und der Sympathie entgegen, weil er »so lange Zeit gegenüber seinem Volke schweigen mußte. Seine Geduld und sein opferbereites Entgegenkommen werden als übermenschlich bezeichnet«.[19] Der Krieg gegen die Sowjetunion wurde also als eine neue, aber unvermeidliche Bürde begriffen, die man mit Hilfe des »Führers« zu tragen hatte. Von Kriegsbegeisterung war weniger denn je die Rede. Nur die Oberlandesgerichtspräsidenten von Rostock und Nürnberg berichteten, der Krieg mit der Sowjetunion sei »freudig« oder »als befreiende Tat« begrüßt worden.[20] Diese Äußerungen darf man getrost auf das Konto überzeugter Nationalsozialisten buchen. Für die übrige Bevölkerung traf die Beobachtung des Generalstaatsanwaltes von Bamberg weit eher zu:

»Im ganzen übersteigt die nunmehr offene Ausweitung des Krieges zum Weltkrieg die Spannkraft und das Vorstellungsvermögen eines großen Bevölkerungsteils.« Die Vereinigung aller Deutschen als Kriegsziel sei zu Beginn des Krieges jedem verständlich gewesen. Auch hinsichtlich des Erwerbs von Kolonien hätten einige vage Vorstellungen geherrscht, ohne daß man an die Notwendigkeit und die Möglichkeit eines Weltkrieges gedacht habe. »Durch den nunmehrigen Vorstoß nach Rußland wird die schon für das ehemalige Polen nach Ansicht des Volkes nur schwer zu

17 Regierungspräsident von Schwaben und Neuburg, 8. 7. 41. BHStA Abt. II, *MA 106 684.*
18 Monatsbericht des Regierungspräsidenten von Ober- und Mittelfranken, BHStA, Abt. II, *MA 106 681;* vgl. auch OLG-Präsident Königsberg, 5. 7. 41. *BA R 22/3375.* Generalstaatsanwalt Naumburg, 28. 7. 41. BA *R 22/3380;* Generalstaatsanwalt Nürnberg, 1. 8. 41. BA *R 22/3381.* »Meldungen aus dem Reich«, 23. 6. 41. BOBERACH; S. 156. Auch Jochen KLEPPER, der damals als Soldat in Rumänien war, schreibt: »Der erste Gedanke ist bei allen die Dauer des Krieges, sodann aber die Überzeugung von der Notwendigkeit einer Auseinandersetzung mit Rußland früher oder später. *Überwindung.* Tagebücher und Aufzeichnungen aus dem Kriege. Stuttgart, Deutsche Verlags-Anstalt, 1958; S. 50.
19 »Meldungen aus dem Reich«, 23. 6. 41. BOBERACH; S. 155.
20 Vom 1. 7. 41. BA *R 22/3385* und *3381.*

lösende Frage einer wirklichen Beruhigung und Befriedung der in diesen Gebieten ansässigen Bevölkerung auf noch weitere Gebiete ausgedehnt.

Die zum Teil in der Propaganda angedeutete künftige Rolle Deutschlands als führender Staat Europas und die unmittelbare Einverleibung von Ostgebieten ist den Vorstellungen eines größeren Volksteiles noch kaum zugänglich. Im Grunde war die Vorstellung eines Großdeutschen Reiches als rein völkischer Staat (für den schon Böhmen und Mähren einen Fremdkörper bedeutet) im Rahmen grundsätzlich gleichgeordneter europäischer Nationen im allgemeinen Bewußtsein sehr fest verankert. Die freilich vielfach auch bestehenden Wünsche nach einer Vormachtstellung Deutschlands begegnen Bedenken, wie sich ein solcher Zustand auf die Dauer ohne fortgesetzte Spannung und Beunruhigung aufrechterhalten lassen soll . . . Das Auseinanderklaffen der landläufigen Vorstellungsmöglichkeit und der sich andeutenden Entwicklungen ist unverkennbar . . .«[21] Diese treffende Analyse wird bestätigt durch die Tatsache, daß nicht, wie bei den vorausgegangenen militärischen Kampagnen, ein Ansteigen der Stimmung beobachtet worden war unter gleichzeitigem Zurücktreten der Inanspruchnahme durch innerpolitische Ereignisse und die Beschwernisse des Alltags. Bezeichnenderweise sprachen die »Meldungen aus dem Reich« von der »ruhigen und zuversichtlichen Haltung« der Bevölkerung und erwähnten die Stimmung nur im Hinblick auf eine Geringschätzung der militärischen Kraft Sowjetrußlands.[22] Am 7. Juli vermeldeten sie, »daß die Nachrichten von diesem Kriegsschauplatz nicht die gleiche Begeisterung hervorrufen wie im vergangenen Jahr die Meldungen von der Westfront«.[23] Als Gründe hierfür wurden vom Reichssicherheitshauptamt angegeben, daß die Bevölkerung durch die früheren Erfolge verwöhnt sei, man aber die Entfernungen in Rußland nicht mit denen anderer Kriegsschauplätze vergleichen könne. Diese Motivierung war zu oberflächlich, wenn nicht falsch, denn die ersten Erfolge waren auch hier erstaunlich. Die Überrumpelung war gelungen, trotz einer ganzen Reihe von Warnungen, die Stalin von seiten eigener Agenten und von England aus zugekommen waren. Er aber hatte sie als plumpe feindliche Propagandafälschungen abgetan, da er von der Annahme ausging, Hitler werde die UdSSR nicht vor einem Abschluß des Krieges mit England angreifen.[24] Die deutschen

21 Vom 1. 8. 41. BA R 22/3355.
22 BOBERACH; S. 158.
23 ibid.; S. 160.
24 Vgl. über Stalins Ansichten: SCHUKOW, Georgi K. Erinnerungen und Gedanken. Stuttgart, Deutsche Verlags-Anstalt, 1969.

Truppen avancierten mit solcher Schnelligkeit, daß der Generalstabschef des Heeres, Generaloberst Halder, am 3. Juli – dem 12. Tage des Ostfeldzuges – schrieb:»Es ist also wohl nicht zuviel gesagt, wenn ich behaupte, daß der Feldzug gegen Rußland innerhalb 14 Tagen gewonnen wurde. Natürlich ist er damit nicht beendet. Die Weite des Raumes und die Hartnäckigkeit des mit allen Mitteln geführten Widerstandes werden uns noch viele Wochen beanspruchen . . .«[25] Bis zu diesem Zeitpunkt waren bereits Ostgalizien, Teile der Ukraine und Weißrußlands, wie auch Litauen und der größte Teil Lettlands besetzt worden. Mitte Juli hatten die drei Heeresgruppen: Nord, unter Feldmarschall Ritter von Leeb, Mitte, unter Feldmarschall von Bock, und Süd, unter Feldmarschall von Rundstedt, eine Linie erreicht, die von der südlichen Spitze des Peipus-Sees zwischen Orscha und Rogatschew über den mittleren Dnjepr bis zum Pripjet-Gebiet verlief und südlich davon längs des Slutsch und des Zbrutsch zum Dnjestr, mithin identisch war mit der sogenannten »Stalin-Linie«. In zwei Kesselschlachten bei Byalistok und bei Minsk waren, wie die Wehrmachtsberichte meldeten, 323 898 Gefangene gemacht worden, während im Norden und Süden die sowjetischen Kräfte frontal zurückgedrängt wurden. Stalin und die Kommunistische Partei riefen zum Vaterländischen Krieg auf. Mangelnde Erfolge waren es also nicht, die für die fehlende Begeisterung namhaft gemacht werden konnten. Es war die Andersartigkeit der Situation, die zunehmende Härte.

»*Die allgemeine Stimmung* weiter Bevölkerungskreise hat – wie in der Meldung vom 9. 7. bereits angedeutet – eine zunehmende Verschlechterung erfahren. Wenn auch die Siegeszuversicht und das Vertrauen zu Führung und Wehrmacht allgemein weiterbesteht, so sind die Volksgenossen durch die Härte des Kampfes im Osten, die verbrecherische Kriegsführung der Roten Armee, durch die in den Gefallenenanzeigen auffallend zum Ausdruck kommenden Verluste und schließlich vor allem auch infolge der Versorgungsschwierigkeiten gedrückt bzw. verbittert und entrüstet . . .«[26]

Presse und Rundfunk präsentierten dem deutschen Leser und Hörer ein Bild des Sowjetstaates, das von pervertierter Rohheit und Brutalität strotzte und jede nüchterne Betrachtung ausschloß. Der Informationsdienst des Propagandaministeriums hatte sämtliches Material über die Verbrechen und Vergehen des Sowjetkommunismus – Verfolgung der Geist-

[25] Abgedruckt bei JACOBSEN. *Der Zweite Weltkrieg;* S. 114.
[26] Sicherheitsdienst RFSS, Leitabschnitt Stuttgart III A 4-, 15. 7. 41. HStA Stuttgart, *K 750/47.*

lichkeit, der Intellektuellen, die verschiedenen Säuberungsaktionen der Partei, der Armee, Tätigkeit der GPU usw. – gesammelt und die Presse nun angewiesen, dieses als geballte Ladung, zusammen mit Bildern und Schilderungen über primitive Lebensverhältnisse in der UdSSR, den Deutschen vorzusetzen.[27] Diesem negativen Porträt gegenübergestellt wurden die sozialen Leistungen des Dritten Reiches. Meldungen aus Moskau über Verbrechen und unmenschliche Handlungen deutscher Offiziere und Soldaten mußten von den Zeitungen scharf zurückgewiesen werden.[28] Dazu hieß es in den Erläuterungen:

»Die Aufklärungsaktion über die unhaltbaren Zustände im Judenstaat der Sowjetunion wird von Tag zu Tag in ihrem Ton offensiver werden. Als Zeichen der Wirksamkeit dieser Aktion in der Sowjetunion selbst kann man die Tatsache buchen, daß nunmehr auch von sowjetischer Seite der Versuch unternommen wird, den deutschen Soldaten Greueltaten anzudichten. Wie wenig originell die Propaganda der Sowjets hierbei verfährt, kann man daraus ersehen, daß sie mit denselben Mätzchen arbeitet, mit denen die Engländer und Franzosen bereits vor einem Jahr gearbeitet haben . . .«[29]

Die Wiedereinsetzung Litwinows als Volkskommissar gab dem Reichspressechef Gelegenheit, in seiner Tagesparole erneut »auf die jüdische Führung des Sowjetstaates« hinzuweisen. In den Erläuterungen hierzu hieß es:»Im Zusammenhang mit dem Fall Litwinow, dem besondere Beachtung zukommt, muß gewissermaßen eine antisemitische Welle einsetzen, die unter Beweis stellt, daß das internationale Judentum sowohl schuld an der Kriegserklärung, wie an dem bolschewistischen Überfall auf Deutschland ist . . .

In ihrer Propaganda gegen die deutsche Aufklärungsaktion über die Sowjetgreuel behaupten die Sowjets, die von Deutschland wiedergegebenen Bilder seien zwar echt, stellten aber die Opfer dar, die von den deutschen Truppen erschossen wären. Als Kronzeuge führen sie angeblich übergelaufene Soldaten an, die sie Meier, Müller, Schulze nennen. Diese Sowjetpropaganda ist reichlich primitiv.«[30] Es ist demnach nicht erstaunlich, wenn die deutsche Bevölkerung sich aufregte über die »unmenschliche Kampfesweise der Bolschewisten«, wenn die Höhe der Gefangenenziffern

---

[27] s. hierzu BOELCKE. *Wollt Ihr den totalen Krieg?*; S. 183 und BA ZSg 109/23; fol. 26.
[28] *ibid.;* fol. 32.
[29] *ibid.;* fol. 34.
[30] *ibid.;* fol. 43.

mit solchen Bemerkungen kommentiert wurden wie:».....›man möge mehr hinmachen und weniger gefangen nehmen‹ und dann der Ansicht ist, daß ›wir noch weniger zu essen bekommen, wenn wir das Russengesindel auch noch auf dem Hals haben und durchfüttern müssen‹.«[31] Zumal die deutsche Presse strikte Anweisungen erhalten hatte, es dürfe nicht zum Ausdruck kommen, »daß Deutschland an dem sowjetischen Raum wirtschaftlich besonders interessiert ist. Es muß der Eindruck vermieden werden, als ob wir mit der Besetzung irgendwelcher Gebietsteile einen Wertzuwachs erblicken«.[32]

Fernsehen gab es damals noch nicht. Aber die Wochenschauen in den Kinos brachten lange Bildstreifen, von Angehörigen der Propagandakompanien aufgenommen. Beliebtestes Objekt waren unrasierte, ungepflegte und verhungerte Kriegsgefangene, die man als Verbrechertypen und Gesindel zu präsentieren pflegte: »Immer wieder sei die Bevölkerung entsetzt von den gezeigten Verbrechertypen. Die Greueltaten der GPU und der bolschewistischen Soldateska gegenüber der Zivilbevölkerung seien nachhaltig und lebhaft besprochen worden ... Vor allem interessiert man sich stark für das Schicksal der mehrfach gezeigten Flintenweiber, die man, nach Ansicht vieler Volksgenossen, unmöglich als Kriegsgefangene ansehen könne, und immer wieder hört man den Wunsch, solche Typen nicht am Leben zu lassen. Mit lebhafter Zustimmung wurden die Bilder von der Inhaftierung der am Mordwerk beteiligten Juden aufgenommen und zum Ausdruck gebracht, daß mit diesen noch viel zu loyal umgegangen würde. Die Bildfolgen vom Zwangseinsatz der Juden zu Aufräumungsarbeiten seien überall mit großer Freude aufgenommen worden.[33] Die nationalsozialistische Führungsschicht verstand es meisterhaft, niedrige Instinkte zu mobilisieren und einzusetzen, eigene sadistische Triebe auf andere zu projizieren, Untaten als Racheakte aufgebrachter Bevölkerungsteile zu initiieren, Abgründe im Menschen aufzudecken. Die Behandlung der sowjetischen Kriegsgefangenen in den ersten Monaten des Ostfeldzuges stand ganz im Zeichen dieses Kampfes um »Sein oder Nichtsein zwischen zwei unvereinbaren Ideologien«, wie Hitler es am 30. März der deutschen Generalität erklärt hatte. Russische Soldaten erhielten zwar nicht die »Sonderbehandlung« der Kommissare, aber auch für sie wurde in den OKW-Anordnungen »rücksichtsloses und energisches Durchgreifen«

[31] s. *supra*, S. 209, Anmerkung 26.
[32] BA ZSg *109/22;* fol. 84.
[33] »Meldungen aus dem Reich«, 24. 7. 41. »Zur Aufnahme der Wochenschau vom 19.–26. Juli 1941«. BOBERACH; S. 165.

gefordert, Millionen von ihnen starben an Hunger und Entkräftung.[34] Erst als sich der russische Blitzfeldzug als ein Fehlschlag erwies und Deutschland zusätzliche Arbeiter für seine Rüstungsindustrie benötigte, wurde eine etwas humanere Behandlung ins Auge gefaßt, und es erfolgte am 18. Dezember ein Erlaß des Oberkommandos der Wehrmacht über »Herstellung und Erhaltung der Arbeitsfähigkeit der sowjetischen Kriegsgefangenen«, in dem ausreichende Ernährung, Unterbringung in heizbaren Räumen, ärztliche Überwachung und ausreichende Bekleidung gefordert wurden.[35] Bis sich der Befehl langsam und verzögert auswirkte, wurden entkräftete Gefangene einfach erschossen. Auf einem Bericht einer Propaganda-Abteilung über derartige Vorkommnisse, die nicht dazu beitrügen, »die Autorität zu erhöhen und den Glauben an die Gerechtigkeit, die man bei den Deutschen voraussetzt, zu stärken ...«, vermerkte der Chef des Wehrmachtsführungsstabes, Generaloberst Jodl: »Im Hinblick auf die jetzigen Absichten mit den russischen Kriegsgefangenen müssen wir ohnehin bestrebt sein, möglichst viele zurückzubringen. Im übrigen muß aber auch die Gegenpropaganda einsetzen, nämlich daß es sich dabei um Gefangene handelt, die sich weigern weiterzumarschieren, nicht weil sie nicht mehr *können*, sondern weil sie nicht mehr wollen ...«[36] Im übrigen meinte Jodl, statt solche Meldungen zu bringen sei es richtiger, Vorschläge für die Gegenpropaganda zu machen. Der Generaloberst wußte sich zusammen mit anderen deutschen hohen Offizieren frei von jener »Sentimentalität«, welche die nationalsozialistische Propaganda sich laufend bemühte, den Deutschen auszutreiben.

Als Molotow in mehreren Noten die unmenschliche Behandlung der sowjetischen Gefangenen durch Deutschland anprangerte, überschlugen sich Reichspressechef und Propagandaministerium in empörten Dementis. Die Presse hatte »zum Ausdruck zu bringen, daß diese sadistische Lüge im amtlichen Gewande offensichtlich ein letztes verzweifeltes Mittel der Sowjets darstellt, um ein weiteres Ansteigen der immer größer werdenden Zahl ihrer Überläufer zu verhindern«. Die Sowjets wurden »grausamer

34 Insgesamt starben bis Kriegsende fast 4 Millionen sowjetische Kriegsgefangene. - s. REITLINGER, Gerald. *Ein Haus auf Sand gebaut*. Hitlers Gewaltpolitik in Rußland 1941-1944. Hamburg, Rütten & Loening Verlag, 1962; S. 114 ff.
35 *Az 2 f 24. 12a AWA/Kriegsgef. ID* vom 18. 12. 41. Nr. 8648/41. BA NS 6/vorl. *337;* fol. 12216-12219.
36 Propaganda-Abteilung W beim Befehlshaber des rückwärtigen Heeresgebietes Mitte. »Stimmungsbericht für die Zeit vom 1. bis 15. November 1941«. MGFA WO1-6/359.

Bestialitäten« geziehen, und es wurde von »vertierten Sowjethorden« gesprochen. Leider, so hieß es weiter, könne man mit Rücksicht auf die Angehörigen der Soldaten im Felde die Molotowschen Behauptungen nicht
damit widerlegen, daß alles, was über deutsche Soldaten gesagt werde, in
Wirklichkeit von den Bolschewisten verübt worden sei. Es erübrige sich
auch, auf den Teil der Note einzugehen, in dem die völlig unzureichende
Ernährung der Gefangenen hervorgehoben werde. Es verstehe sich von
selbst, daß Deutschland bestens für die Kriegsgefangenen sorge; andererseits sei es klar, daß es hierzu einer großangelegten Organisation bedürfe.[37]
Damit gab man indirekt ein »Versagen« auf diesem Sektor zu und erweckte einen Schein von Ehrlichkeit, während jegliche Grausamkeiten
heftigst abgestritten und weiter versucht wurde, der Welt und den Deutschen Sand in die Augen zu streuen.

Deren Stimmung war im übrigen nicht rosig[38] und rutschte immer mehr
ab, beziehungsweise schwankte von Woche zu Woche, je nach den Erfolgsmeldungen aus dem Osten. Das Gesamtniveau lag aber, selbst nach Sondermeldungen, erheblich tiefer als im Vorjahr. Zu keinem Zeitpunkt traten innerpolitische Ereignisse völlig in den Schatten. »In den Gesprächen
der Volksgenossen in den Städten nimmt die ›katastrophale Versorgungslage‹ vielfach schon einen breiteren Raum ein als die Erörterungen der
Kriegsereignisse. Neueste Meldungen aus Stuttgart, Eßlingen, Reutlingen,
Tübingen, Ludwigsburg, Horb, Göttingen machen übereinstimmend darauf aufmerksam, daß die Entrüstung in den breiten Bevölkerungsschichten über Mangel, Preisgestaltung und bevorzugter Verteilung von Frisch-
gemüse, Obst und Kartoffeln einen Grad angenommen hat, der zu Bedenken Anlaß gibt und die Arbeitslust und Kampfentschlossenheit der Volksgenossen sehr nachteilig beeinflußt, so daß es »so einfach nicht mehr weitergehen könne«.[39] Dieser Bericht über eine wachsende »Mißstimmung« in
Schwaben findet seine Bestätigung in anderen Meldungen. Der Sicherheitsdienst hatte bereits am 7. Juli über unzureichende Versorgung, insbesondere mit Kartoffeln, berichtet, die in Arbeiterkreisen Schwierigkeiten her-
vorriefe. »Arbeiterfrauen wüßten oft nicht mehr, was sie kochen sollten,
da bei der in diesen Kreisen ohnehin bestehenden Brotknappheit ein Ausgleich mit Brot nicht mehr möglich sei.« Es wurde ebenfalls auf eine

37 V.I. Nr. 311/41 (1. Erg) vom 26. 11. 41. BA ZSg 109/27; fol. 89, 90. – Ähnlicher Tenor in 109/29; fol. 15. – V.I. Nr. 5/42 v 7. 1. 42 und 109/32; fol.
   72. – V. I. Nr. 109/42 v. 28. 4. 42; vgl. auch ZSg 101/23; fol. 10.
38 HÖHNE; S. 391.
39 supra, S. 209, Anmerkung 26.

gewisse »Verärgerung auf bessergestellte Kreise« hingewiesen.[40] Der Kreisobmann der Deutschen Arbeitsfront in Freiburg schrieb am 31. Juli 1941:»... Kurz gesagt, die Stimmung unter der arbeitenden Bevölkerung ist zur Zeit eine sehr schlechte! Die Äußerungen, die man hört, sind derart reaktionär, hervorgerufen

1. durch die Lohn- und Preisentwicklung,
2. durch die Versorgungslage.

Hier tritt vor allem der Umstand ein, daß Volksgenossen aus den luftgefährdeten Gebieten sich schon seit Wochen und Monaten bei uns aufhalten und Pensionspreise pro Tag bezahlen, die $^1/_3$ bzw. die Hälfte des Lohnes unserer Arbeiter- und Arbeiterinnen ausmachen, die sich an fleischlosen Tagen die besten Gerichte zuführen können und für Lebensmittel, die sie unter der Hand erhalten, direkte Wucher- und Schieberpreise bezahlen ...« Nicht ganz zu Unrecht erklärte der NS-Funktionär:»Die arbeitende Bevölkerung ist wiederum derjenige Teil, auf dessen Rücken der ganze Wirtschaftskampf ausgetragen wird ...«[41]

Auch der Sicherheitsdienst Stuttgart meldete wenig später:»Allenthalben begegnet man der Ansicht, daß ›auch in diesem Krieg *die kleinen Leute wieder einmal die Dummen sind*‹. Sie müßten schaffen, entbehren und das Maul halten, während die anderen sich alles leisten können, durch Geld, Beziehungen, Ungebundenheit und Rücksichtslosigkeit. ›Es ist *alles wie früher auch*: hier Bonzen, Plutokraten, Standesdünkel und Kriegsgewinnler und dort das gutmütige, dumme, schaffende Volk. Was heißt hier noch Volksgemeinschaft?‹ ›Die Idealisten sind heute wie immer die Dummen. *Geld regiert die Welt* und der Vetter im Himmel.‹ Diese Äußerungen sind durchaus bezeichnend und werden nicht gehässig, sondern enttäuscht und verbittert vorgebracht.«[42]

Die »Übersicht über die wirtschaftliche Gesamtlage« vom 20. August 1941, aus Görings Dienststelle für den Vierjahresplan stammend, erwähnt für Essen und andere westdeutsche luftgefährdete Industriegroßstädte »krasse Mangelfälle mit unerwünschten stimmungsmäßigen Rückwirkungen«. Der Polizeipräsident von Berlin kennzeichnete die Stimmung der Bevölkerung unter anderem folgendermaßen:»Man fällt über die Warenverknappung sehr scharfe Urteile und glaubt, daß sie nicht nur natürliche Ursachen hat. Die Bevölkerung macht insbesondere die zuständigen Ver-

40 BOBERACH; S. 162.
41 BA *NS 5 I/58;* fol. 78679. – Weitere Klagen im Monat August; fol. 78663.
42 Sicherheitsdienst RFSS SD-Leitabschnitt Stuttgart. III A 4. 1. 9. 1941. HStA Stuttgart, *K 750/48.*

waltungsorgane dafür verantwortlich, und verweist in meist sehr höhnischen Reden auf den großen Organisationsapparat, den wir heute auf allen Gebieten haben; man meint, daß wir vor lauter Organisieren nicht mehr zum richtigen Leben in diesem Falle zur richtigen Ernährung kommen...«[43]

Der Generalstaatsanwalt in Düsseldorf meinte, daß viele den seelischen Belastungen auf die Dauer nicht mehr gewachsen seien. Der Fall Heß, der Krieg in Rußland, die Fliegerangriffe und vor allem die Lebensmittelversorgung seien die Ursachen der gedrückten Stimmung.»Die Knappheit an Gemüse, Obst und auch Kartoffeln macht die Bevölkerung unlustig. Nicht alle sagen sich, daß Opfer gebracht werden müssen, wo es sich um das Schicksal Deutschlands, damit aber auch um ihr eigenes Los handelt...« Nicht alle seien fähig, über das nächste hinauszudenken. Die Folge sei eine Zunahme »defaitistischer Meckereien«.[44]

Es zirkulierten zahlreiche Gerüchte über eine weitere Einschränkung der Lebensmittelzuteilungen, gegen die sich die Parteikanzlei in ihren »Vertraulichen Informationen« wandte. Sie würden jeder Grundlage im Hinblick auf die Fleisch-, Fett- und Kuchenkarte entbehren. Die Klagen über die Kartoffel- und Gemüselage seien berechtigt; aufgrund der angespannten Transportlage könne aber nichts Entscheidendes veranlaßt werden.[45] Da die Beunruhigung anhielt[46], befahl Göring in einer Besprechung vom 16. September 1941, daß die Rationen auf gar keinen Fall gekürzt werden dürften. Er würde dies niemals dulden, »da die Stimmung der Heimat im Kriege ein ganz wesentlicher Faktor in der Reichsverteidigung ist. Der Gegner weiß ganz genau, daß er militärisch das deutsche Volk nicht mehr schlagen kann. Er habe nur noch eine Hoffnung und zwar die, es könne ihm vielleicht gelingen, die Heimatfront stimmungsmäßig zu zermürben«. Falls Einsparungen notwendig würden, sollten diese bei den besiegten Nationen geschehen. Und, um gleich damit einen Anfang zu machen, befahl der Reichsmarschall, die Sicherstellung der Ernährung der kämpfenden Truppe im Osten »aus dem Lande heraus zu tätigen«.[47]

[43] Reichsmarschall d. Großd. Reiches. Beauftragter f. d. Vierjahresplan. V.P. 13495. IWM FD 4809/45/file 2, J. 004096.
[44] 31. 7. 41. BA R 22/3363. s. auch Generalstaatsanwalt Bamberg, 1. 8. 41. BA R 22/3355.
[45] Folge 31. 19.7.41, Punkt 303 »Gerüchte über weitere Einschränkungen in der Lebensmittelzuteilung«. BA ZSg 3/1621.
[46] s. z. B. »Meldungen aus dem Reich«, 21. 8., 25. 8., 1. 9. und 11. 9. 41. »Weitere Meldungen über Schwierigkeiten in der Kartoffelversorgung und Klagen über die derzeitigen Brotrationen.« BOBERACH; S. 171 u. 176 f.
[47] Abschrift eines Berichtes vom 18. 9. 41. BA R 26 IV/vorl. 51.

Neben wirtschaftlichen Ursachen sind als Quelle von Stimmungsbeeinträchtigungen die bereits behandelten Euthanasiemaßnahmen und Geschehnisse aus dem Bereich der Kirchen anzuführen. Zwei Ereignisse insbesondere erregten die Gemüter der katholischen Bevölkerung: die bereits erwähnte Kruzifixaktion und die Verlesung des Fuldaer Bischofbriefes. Durch den Krieg gegen Rußland gewannen die Proteste gegen die kirchenfeindlichen Maßnahmen eine neue Dimension und an Schärfe: »Einige Frauen meinten, man könne nicht verstehen, ›daß auf der einen Seite gegen den Bolschewismus gekämpft wird und auf der anderen Seite gegen die Kirche . . .‹«[48] Besonders in ländlichen Gebieten stieg die Empörung. »Man weist darauf hin, daß diese kirchenfeindliche Haltung gerade in einem Zeitpunkt schwer verständlich sei, wo der Kampf gegen den Bolschewismus und das bolschewistische Gottlosenideal die ungeteilte Zustimmung aller Bevölkerungskreise gefunden hat . . .«[49] Auch die Justizbeamten wußten über wachsende Unruhe zu berichten: »Eine gewisse gespannte Situation besteht zum Teil wegen des Verhaltens der Partei und zum Teil auch der staatlichen Amtsstellen in kirchlichen Fragen. Die Gestaltung des Religionsunterrichtes, die Entfernung der Kreuze aus den Schulen, die Verwendung von kirchlichen Gebäuden (Klöster) für weltliche Zwecke usw. werden als Angriffe auf die Religion gewertet. In der Bevölkerung werden diese Maßnahmen teilweise als Eigenmächtigkeit untergeordneter Stellen angesehen, die nicht vom Führer ausgehen. Weite Kreise klammern sich daran, daß im Parteiprogramm die christliche Grundlage des Staates anerkannt sei . . .«[50]

Der Oberlandesgerichtspräsident von Hamm brachte verschiedene Richterstimmen zu Gehör, die über die Erbitterung der katholischen Bevölkerung berichteten anläßlich der Schließung von Niederlassungen von Jesuiten, Klarissinnen und Benediktinern. Beim Abtransport der Ordensleute des Benediktinerklosters in Gerleve bei Coesfeld fand sich eine demonstrierende Menge ein, die Kirchenlieder sang. Die Benediktiner hatten sich bei der zu 95 % katholischen Bevölkerung großer Beliebtheit erfreut. »Die ganze Bevölkerung ist wegen der Maßnahmen der Geheimen Staatspolizei in tiefer Trauer. Man empfindet es als ein schweres Unrecht, daß die Ordensleute, die keiner Straftat angeklagt, noch durch Richterspruch verurteilt waren, durch eine Maßnahme der Geheimen Staatspoli-

---

[48] s. *supra;* S. 209, Anmerkung 26.
[49] Oberlandesgerichtspräsident München, 3. 7. 41. BA R 22/3379.
[50] Generalstaatsanwalt Bamberg, 1. 8. 41. BA R 22/3355.

zei vertrieben und ihres Eigentums beraubt worden seien. Man hält diese Maßnahme gerade deshalb für so schmerzlich und bitter, weil 30 Mitglieder der hiesigen Ordensniederlassung als Soldaten im Felde stehen, wie allgemein bekannt ist. Diese setzen – so sagt man – an der Front ihr Leben für diejenigen ein, die ihnen die Heimat rechtswidrig genommen hätten. Ferner weist man darauf hin, daß die westfälischen Regimenter zum großen Teil aus glaubenstreuen Katholiken beständen. Diese seien es gewesen, die zum ersten Ansturm auf die bolschewistischen Stellungen angesetzt worden seien und sich tapfer und siegreich geschlagen hätten. Mancher sei dabei gefallen . . .«[51]

In Herzogenaurach im östlichen Bayern mußte sich beispielsweise der Rektor der Mädchenschule vor einer protestierenden Menge von Müttern und Schülern ins Rathaus flüchten, weil er die Entfernung der Kruzifixe veranlaßt hatte. Die Bevölkerung stellte anläßlich dieses Ereignisses Vergleiche mit den Kirchenverfolgungen in Rußland an.[52] Frauen schrieben ihren Männern in Rußland, sie sollten lieber »heimkommen, um *hier* den Bolschewismus zu bekämpfen«.[53]

Auch die »Meldungen aus den Gauen« im Bericht der Reichsfrauenführerin für die Monate August–September 1941 sind angefüllt mit Klagen über die »leidige Kruzifixangelegenheit«. Es ist die Rede von »tiefgehender Beunruhigung«, von »erheblichen Austrittserklärungen« aus dem Deutschen Frauenwerk und der NS-Frauenschaft, von Demonstrationszügen und einem Unverstehen seitens des Volkes für die vom Staate in dieser Hinsicht verfolgten Politik.[54]

Die Predigten des Bischofs von Münster in der Lambertikirche vom 13. und 20. Juli 1941, in denen er in schärfster Form Einspruch erhob, daß die »Gestapo gerade in diesem Augenblick fortfährt, schuldlose Mitbürger auf die Straße zu werfen, des Landes zu verweisen und unbescholtene, hochangesehene deutsche Menschen ohne Gerichtsurteil und Verteidigung gefangen zu setzen«, und die Klosterschließungen als ein himmelschreiendes Unrecht bezeichnete, steigerten noch die Erregung[55], ebenso wie der Fuldaer Hirtenbrief »der am Grabe des heiligen Bonifatius versammelten Oberhirten Deutschlands«, vom 26. Juni 1941, der am 6. Juli von fast

---

[51] 7. 8. 41. BA R 22/3367. – s. auch Nürnberg, 1. 7. 41. R 22/3381.
[52] OLG-Präsident Nürnberg, 2. 9. 41. *ibid.*
[53] Generalstaatsanwalt München, 26. 9. 41. BA R 22/3379.
[54] BA *NS 22/vorl. 860.* Vgl. auch das Kriegstagebuch des SA-Sturmes 33/5 Bamberg, das am 10. 9., 8. 10. und 15. 10. 41 die Kruzifix-Angelegenheit erwähnt. StA Bamberg, *Rep. M 31* Nr. 11. fol. 61, 63, 64.
[55] Generalstaatsanwalt Hamm, 30. 9. 41. BA R 22/3367.

allen Kanzeln verlesen wurde. Dieser Hirtenbrief, der zur Enttäuschung der Nationalsozialisten kein Wort zum Angriff auf Rußland brachte, ging ausführlich auf die Einschränkungen auf dem Gebiet der religiösen Erziehung, des Schrifttums, der außerordentlichen Seelsorge und auf die Schließung der Klöster ein und bekundete Unverständnis für diese Maßnahmen, in einer Zeit, »in der die geschlossene Einheit des Volkes bewahrt und nicht durch Verletzung der religiösen Gefühle eines großen Volksteiles gefährdet und getrübt werden sollte«. Damit nahm die führende katholische Geistlichkeit geschickt Weisungen der nationalsozialistischen Propaganda auf. Andererseits wurde klargemacht, daß es »um Sein oder Nichtsein des Christentums und der Kirche in Deutschland« ginge und auf ein in hunderttausend Exemplaren verbreitetes Buch hingewiesen – Rosenbergs *Der Mythus des XX. Jahrhunderts* –, in dem es hieß, die Deutschen hätten zwischen Christus und dem deutschen Volke zu wählen. Die deutschen Bischöfe aber erklärten: »Mit flammender Entrüstung lehnen wir deutsche Katholiken es ab, eine solche Wahl zu treffen. Wir lieben unser deutsches Volk und dienen ihm, wenn es nottut, bis zur Hingabe unseres Lebens. Zugleich aber auch leben und sterben wir für Jesus Christus und wollen ihm in dieser Zeit und für alle Ewigkeit verbunden bleiben ... Wenn wir uns um die Erhaltung des Christentums in unserem Volk bemühen, dann setzen wir uns also dadurch auch ein für das Persönlichkeitsrecht und die Würde des deutschen Menschen ...«[56]

Dieser Hirtenbrief ist ein typisches Beispiel für die Haltung der deutschen katholischen Hierarchie während des Zweiten Weltkrieges, die »aus Unterstützung und Opposition zugleich bestand«, aus Patriotismus kombiniert mit Protest.[57]

Die Auswirkungen auf die Bevölkerung waren erheblich: »Die nunmehr aus allen Gebieten des Reiches vorliegenden Berichte sprechen von einer außerordentlichen Beunruhigung der Bevölkerung in Folge der Verlesung dieses Hirtenbriefes ... Die Aufnahme des Hirtenbriefes in den meisten stark gefüllten Kirchen richtete sich einmal nach der örtlichen Lage; die *ländliche Bevölkerung wurde viel erregter* als die städtische. Die Wirkung richtete sich auch stark nach der Art der Vorlesung; bei eintönigem oder zu schnellem Vorlesen war die Beunruhigung nicht allzu groß, da aber die Geistlichkeit in der Regel mit rhetorischen Mitteln wie auffällige Betonung, Kunstpausen usw. arbeitete und sich vielfach stark ereiferte, gelang es ihr, die Zuhörerschaft entsprechend mitzureißen. Wie

---

[56] Anlage zu »Meldungen aus dem Reich«, 21. 7. 41. BA R 58/162.
[57] ZAHN; S. 109, 94.

218

mehrere Meldungen besagen, haben mehrfach Frauen geweint . . .« Selten verließ jemand demonstrativ die Kirche; im Anschluß an den Gottesdienst wurde lebhaft diskutiert. Nur einem geringen Teil der Kirchenbesucher erschien der Tenor des Hirtenbriefes als zu scharf. Die meisten äußerten sich positiv zu seinem Inhalt und negativ gegenüber dem nationalsozialistischen Staat und der Staatspartei. Hier einige typische Äußerungen: »Endlich läßt sich die Kirche nicht mehr alles gefallen«; »Das hätte schon lange gesagt gehört«; »Die haben es ihnen aber gesagt, das war wenigstens eine deutliche Sprache«; »Gegen unsere Bischöfe kommt eben selbst Adolf Hitler nicht auf«; »In Rußland erschießen sie ihre Kommissare, man kann warten, bis es auch bei uns soweit ist«; »Hoffentlich bekommen auch die Leute draußen an der Front Kenntnis, wie hier mit der Religion umgesprungen wird, es wird höchste Zeit, daß der Krieg zu Ende geht«; »Partei und Staat können sagen und machen was sie wollen, wir halten zu unserer Kirche«; »Lieber lasse ich mich erschießen bevor ich vom Glauben abstehe.«[58]

In Kreisen der NSDAP empfand man den Hirtenbrief »als das Gefährlichste und Hinterlistigste, das sich die katholische Kirche seit langem geleistet habe«, und erwartete eine entsprechende Reaktion, »denn nicht nur das Ansehen von Partei und Staat habe durch das Verlesen des Hirtenbriefes eine empfindliche Einbuße erlitten, sondern es stünde nun durch die offiziellen Anschuldigungen der Bischöfe den Geistlichen gewissermaßen authentisches Material zur Verfügung, das sie zweifelsohne in stärkstem Maße zu einer zersetzenden Flüsterpropaganda auswerten würden«.[59] Hitler aber, dem die Unruhe der Bevölkerung höchst ungelegen kam, ordnete am 30. Juli die Einstellung der Enteignungen von Kirchenbesitz an.[60]

[58] »Meldungen aus dem Reich«, 21. 7. 41. »Auswirkungen der Verlesung des Hirtenbriefes des gesamten Episkopats Deutschlands«. BA R 58/162. Viele der angeführten Zitate der »Meldungen« stammen aus dem Bericht des SD-Leitabschnittes Stuttgart vom 15. 7. 41. HStA Stuttgart, K 750/47.
[59] »Meldungen«, 21. 7. 41. – s. auch die Schreiben Heydrichs an Ribbentrop vom 18. 8. und 7. 10. 41 über die Fuldaer Bischofskonferenz und die Ergebenheitsadresse des deutschen Episkopats an den Papst, in der auf die Angriffe gegen die Kirche in Deutschland und auf die Euthanasie hingewiesen wird. AA Inland II g/45.
[60] Documents on German Foreign Policy. Serie D. Bd. XIII; S. 536.

Kein Zweifel, der Krieg mit Rußland hatte die Position der katholischen Kirche in Deutschland erheblich gestärkt[61]; er versetzte sie aber gleichzeitig in ein gewisses Dilemma. In seiner Enzyklika *Divini Redemptoris* vom 19. März 1937 hatte Papst Pius XI. den atheistischen Kommunismus eindeutig verurteilt. Der deutsch-sowjetische Pakt war von Pius XII. mit Schweigen übergangen worden. Nach dem Angriff auf die Sowjetunion vermied es der Papst sorgfältig, von einem Kreuzzug zu sprechen.[62] Einige der deutschen Bischöfe hingegen begrüßten offen den Kampf gegen den Kommunismus. Der streitbare Bischof Clemens August von Galen sagte in seinem Hirtenwort:»... Für uns war es die Befreiung von einer ernsten Sorge und eine Erlösung von schwerem Druck, als der Führer und Reichskanzler am 22. Juni 1941 den im Jahre 1939 mit den bolschewistischen Machthabern in Moskau abgeschlossenen sog. ›Russenpakt‹ als erloschen erklärte, und in einem Aufruf an das deutsche Volk die Verlogenheit und Treulosigkeit der Bolschewisten aufdeckte.«

»Bei Tag und Nacht weilen unsere Gedanken bei unseren tapferen Soldaten, daß Gottes Beistand mit ihnen sei zu erfolgreicher Abwehr der bolschewistischen Bedrohung von unserem Volk ...«

Die Deutschen wurden von ihren katholischen Führern zum Kampf gegen die Sowjetunion ermuntert. Dieser erbarmungslose Krieg wurde von einer Regierung geführt, deren Zwangsakte denjenigen der Kommunisten in nichts nachstanden. Daher verurteilte der Bischof von Münster im zweiten Teil seines Hirtenbriefes die »Falschlehren und Irrtümer, die gleich dem russischen Kommunismus die Fortführung sind des auch in Deutschland gelehrten und verbreiteten Naturalismus und Materialismus ...«[63] Auch hier finden wir also wieder diesen Dualismus Patriotismus und Opposition, der nicht nur der katholischen Kirche sondern dem deutschen Widerstand insgesamt soviel zu schaffen machte und entscheidend jede tatkräftige Aktion hemmte.

Der geistliche Vertrauensrat der deutschen evangelischen Kirche dankte Hitler in einem Telegramm im Namen des deutschen Volkes und aller seiner christlichen Glieder für den Waffengang »gegen den Todfeind aller Ordnung«.[64]

---

[61] Im September wurde die Gestapo noch einmal ausdrücklich auf eine Zurückhaltung in Angelegenheiten der Kirche hingewiesen. CONWAY; S. 285 f.

[62] *Die Briefe Pius XII. an die deutschen Bischöfe;* S. XXXIII f.

[63] »Hirtenwort des Bischofs Clemens August von Münster über Bolschewismus und Nationalsozialismus«. Anlage zu »Meldungen aus dem Reich«, 29. 9. 41. *BA R 58/164.*

[64] CONWAY; Anhang 18.

Mißstände und Mangelerscheinungen auf dem wirtschaftlichen Sektor und antikirchliche Maßnahmen waren die innenpolitischen Ursachen der wachsenden Unruhe. Zu ihnen gesellte sich die Unzufriedenheit und der Unfrieden unter dem weiblichen Bevölkerungsteil, der auch tragendes Element der Proteste über unzureichende Ernährung und die Diskriminierung der Kirchen war. Disziplinlosigkeit und Arbeitsunlust wurde den Frauen, zusammen mit Jugendlichen, vorgeworfen.[65] Ihr »Bummelantenwesen«[66] wirkte sich auf manchen männlichen Arbeitskollegen ansteckend aus. Niedrigere Löhne und Ausschluß vom Prämiensystem regten aber kaum den weiblichen Arbeitseifer an. Noch mehr wirkte sich das Müßiggängertum breiter Kreise ihrer Geschlechtsgenossinnen abträglich aus. Auch nach Aufrufung des »Kreuzzuges Europas gegen den Bolschewismus«[67] hatten sich wenig Frauen freiwillig zum Arbeitseinsatz für das Vaterland gemeldet. Im Bericht der Reichsfrauenführerin für die Monate August-September 1941 steht unter den »Meldungen aus den Gauen« für den Bereich Schwaben: Wenn es schon nicht gelingt, die Frauen der politischen Leiter geschlossen in die NS-Frauenschaft/Deutsches Frauenwerk hineinzubringen und wenn uns gewissermaßen aus den eigenen Reihen hier schon Schwierigkeiten gemacht werden, so ist es nicht zu verwundern, daß grundsätzlich gegnerisch eingestellte Volkskreise sehr in übler Stimmungsmache arbeiten ...«

Aus dem Gau Düsseldorf erfahren wir: »Immer wieder wird darüber gesprochen, daß Frauen aus den sogenannten besseren Kreisen für den Kriegseinsatz nicht erfaßt werden. Es soll vorgekommen sein, daß Fabrikanten ihre Töchter für ihre Büros reklamierten, daß diese Mädchen aber dann doch niemals ernstlich arbeiteten. So etwas wird von den werktätigen Frauen und Müttern natürlich übel vermerkt. Solange hier keine durchgreifenden Maßnahmen gefaßt werden, bleibt dies immer ein Herd der Unzufriedenheit.«[68]

Auch der Kreisleiter von Pinneberg beklagte sich am 25. September

[65] Reichsmarschall Großd. Reich. Beauftragter f. d. Vierjahresplan. VP 11594/41 g. Rs., 23. 7. 41. »Übersicht über die wirtschaftliche Gesamtlage«. IWM 4809/4 5 file 2; J 004 107.
[66] HA GHH Nr. 4001026/10. »Niederschrift über die Vertrauensratssitzung am Dienstag den 26. 8. 41«.
[67] Diese Proklamation war am 27. 6. 41 auf Anregung des Auswärtigen Amtes erstmals lanciert worden. s. BA ZSg 109/22; fol. 107, und »Wollt ihr den totalen Krieg?«; S. 182. Goebbels war allerdings anfangs von dem Begriff Kreuzzug nicht erbaut, da er mit Mißerfolgen und Blutopfern assoziiert werden konnte. ibid. und ZSg 109/22; fol. 118.
[68] BA NS 22/vorl. 860.

beim Gaupropagandaamt in Kiel über die egoistische Haltung mancher Volksgenossen, die entweder aus wirtschaftlich besser gestellten Kreisen stammten, aber auch aus führenden Parteikreisen. Über die Frauen schrieb er: »Die Handhabung des Frauenarbeitseinsatzes, die zwar auf freiwilliger Grundlage erfolgen soll, hat sich in der Praxis auf die Stimmung der Bevölkerung außerordentlich nachteilig ausgewirkt. Viele Frauen werden indirekt neben den absolut Freiwilligen doch gezwungen, Arbeit aufzunehmen.« Aber dies seien meist Frauen von Arbeitern, manchmal auch von politischen Leitern und SA-Führern oder Parteigenossen, aber nur sehr »vereinzelt Frauen aus sozial besser gestellten Kreisen. Letztere versuchen sich mit allen Mitteln von der Arbeit zu befreien«. Immer wieder würde berichtet,»daß die arbeitenden Frauen über die Haltung der Frauen, die ebenfalls arbeiten könnten, aber die Arbeit ablehnen, empört sind und daß diese Empörung von Woche zu Woche steigt ...«[69]

Die Kreisleitung Lübeck meldete, daß es der NS-Frauenschaft bisher nicht gelungen sei,»die Frauen aus den sogenannten ›gebildeten Schichten‹ zu sich herüberzuziehen. Die Mitarbeiterinnen in der Frauenschaft sind durchweg Volksgenossinnen mit ausgesprochen gutem Willen und einer rührenden Einsatzbereitschaft, denen es aber sehr oft an der geistigen Grundlage mangelt ...« Die anderen Frauen suchten, wie bereits erwähnt, Betätigung beim Roten Kreuz oder in anderen Vereinen.[70]

Ebenso mißmutig wurde von den unteren sozialen Schichten das Treiben der aus den westlichen und nördlichen Gebieten des Reiches evakuierten Frauen beobachtet. Besonders auf dem Lande erregten die Städterinnen Mißfallen, wenn sie hamsterten und es mit der ehelichen Treue nicht so genau nahmen[71], oder wie der Oberlandesgerichtspräsident in München berichtete:»daß sie monatelang dem Müßiggang huldigen und, anstatt zu arbeiten und dem Vaterland in seiner schweren Zeit zu helfen, den Bauern den Kopf verdrehen und Liebeleien mit ihnen suchen«.[72]

Zu den sozialen Spannungen kam also noch die Eifersucht und das Mißtrauen zwischen Stadt und Land. In manchen Fällen spielten auch noch alte Ressentiments von Bayern gegen Preußen eine Rolle.

Die innenpolitische Szene beanspruchte demnach während der begin-

---

[69] BA NS Misch 1722; fol. 301434/301435. s. auch den langen Arbeitsbericht der Gaufrauenschaftsleiterin Kiel v. 29. 11. 41. ibid.; fol. 300885.

[70] ibid.; fol. 301117/118.

[71] Monatsbericht des Regierungspräsidenten von Ober- und Mittelfranken für Juni 1941. BHStA, Abt. II, MA 106 679.

[72] 3. 9. 41. BA R 22/3379.

nenden Kämpfe im Osten in den Augen der nationalsozialistischen Führungskräfte allzu stark die Gemüter und beeinflußte die Stimmung ungünstig. Der Reichspropagandaleiter wandte sich daher im Einvernehmen mit dem Leiter der Parteikanzlei am 24. August in einem persönlichen und streng vertraulichen Rundbrief an alle Reichsleiter und Gauleiter der NSDAP, damit alles unternommen werde, »um die deutschen Volksgenossen immer enger zueinander zu bringen und Maßnahmen, die nur zu Meinungsverschiedenheiten führen unbedingt zu unterlassen. Der Krieg erfordert die absolute Konzentration der gesamten materiellen, seelischen und geistigen Kräfte des Volkes auf den Sieg. Fragen, die nicht unmittelbar damit zusammenhängen, und Probleme, deren Lösung nicht für die Erringung des Sieges vordringlich erscheinen, haben deshalb in der öffentlichen Diskussion keinen Platz. Insbesondere ist es verboten, Fragen oder Probleme anzuschneiden, deren öffentliche Behandlung nur unnötigen Ärger verursacht und schädlichen Zündstoff in das Volk hineinträgt...« Es sollte nicht mehr über die Nikotingefahr diskutiert werden, in einer Zeit, in der Millionen Soldaten Raucher waren; vor allem aber sollte die Religions- und Konfessionsfrage nicht mehr Gegenstand von Erörterungen oder gar Angriffen sein. »Der Führer hat mich beauftragt, dafür Sorge zu tragen, daß solche und ähnliche Themen vollständig aus der öffentlichen Diskussion verschwinden. Soweit sie Fragen behandeln, die im Rahmen des nationalsozialistischen Programms zur Lösung gebracht werden müssen, wird die zweckmäßigste Lösung nach dem Krieg erfolgen...«[73]

Auch dieses Beispiel zeigt wieder, daß Hitler genauestens über die antikirchlichen Maßnahmen und auch ihre Auswirkungen unterrichtet war. Es geschah manches im Dritten Reich ohne sein Wissen, aber nichts wirklich Einschneidendes, von dem er nicht unterrichtet wurde. Der immer wieder gehörte Stoßseufzer: »wenn das der Führer wüßte«, war Ausdruck einer völligen Verkennung der Situation. Natürlich gab es Eigenmächtigkeiten und Auswüchse unterer Führungsorgane, bestand ein heilloser Wirrwarr der Kompetenzen in vielen Bereichen. Aber über Grundsatzfragen, wie beispielsweise diejenige, ob den Kirchen während der Kriegszeit ihre Existenz belassen werden sollte, entschied nur Adolf Hitler. Darüber ließ er bis zum Schluß keinen Zweifel.

Am 6. August gab nach einer Zeit der äußerst knappen Nachrichtengebung das Oberkommando der Wehrmacht in einer Sondermeldung end-

---

[73] BA *Slg. Schumacher 382.*

lich weitere große Fortschritte im Osten und große Gefangenenzahlen bekannt. Eine derartige Information war bereits mit Ungeduld von der Bevölkerung erwartet worden, und ihr Ausbleiben hatte ebenfalls zum Absinken der Stimmung beigetragen.[74] Man sah sich in den anfänglich gehegten optimistischen Erwartungen über den schnellen Zusammenbruch des »tönernen Kolosses« enttäuscht. Die Sondermeldung wirkte wie eine Erlösung. Am stärksten beeindruckten »die Zahlenangaben über die Materialverluste des Gegners. Rußland, so meint man, habe jetzt nur noch Menschen, aber kaum noch Waffen, insonderheit Panzer und Flugzeuge. Es sei verloren...«[75]

Bereits am 2. August wurde die deutsche Presse mit geheimem Informationsmaterial versehen, das solchen überspannten Hoffnungen entgegenwirken sollte. »... Termine für die Beendigung des Ostfeldzuges sind bei der obersten militärischen Leitung nie genannt und auch nie festgelegt worden ... Es kann keine Rede davon sein, daß die Sowjets am Ende ihrer Soldatenreserven seien. Sie haben ungeheure Soldatenmengen noch zur Verfügung, es fragt sich lediglich, ob auch jeweils genug Offiziere und Unterführer und genug schweres Material vorhanden ist ...

Auch die der Sowjetunion zur Verfügung stehenden schweren Waffen sind ungeheuer zahlreich. Auch Panzer gibt es immer noch mehr als genug, und es wird deutlich, daß der niedrige Lebensstandard des Systems und die nicht unerhebliche Arbeitsleistung des einzelnen in den vergangenen 20 Jahren zu einer unerhörten Materialrüstung der Sowjets führte, die sicherlich unserem Generalstab bekannt waren, aber der deutschen Öffentlichkeit ein Buch mit sieben Siegeln sein sollte. Es ist auch nicht richtig, daß die Sowjetsoldaten nur deshalb bis zum letzten kämpfen, weil die Kommissare sie sonst erschießen würden. Die aktiven Divisionen bestehen aus aktiven Bolschewisten, die in ihrem System das Paradies erblicken und durch die Abschnürung vom Ausland jahrelang nichts anderes hörten und dankbar waren für jeden kleinsten zivilisatorischen Aufschwung. Das kann natürlich dem deutschen Volk vorläufig noch nicht so deutlich gesagt werden, obwohl es viel zur Klärung beitragen würde ...«[76] Und so wirkten sich vorerst weitere Erfolgsmeldungen des OKW noch günstig aus: »Man glaubt jetzt zuversichtlich, daß alles gut steht und ohne Prestigegewinnabsichten eindeutig auf die völlige Zertrümmerung der Sowjetarmee abgestellt ist. Durch die Hinweise des OKW auf die Notwendigkeit

---

[74] »Meldungen aus dem Reich«, 4. 8. 41. BOBERACH; S. 167.
[75] SD-Abschnitt Leipzig, 7. 8. 41. *Aus deutschen Urkunden;* S. 248.
[76] BA ZSg 101/40; fol. 135, 137.

zeitweiligen Schweigens belehrt, ist man jetzt durchaus bereit, die Erreichung dieses Ziels mit Geduld abzuwarten.«[77]

Der Heeresgruppe Mitte war es inzwischen gelungen, die »Stalin-Linie« zu durchbrechen und anschließend eine Umfassungsschlacht zu führen. In mehreren Kesseln wurden bis zum 8. August – vor allem in den Schlachten von Smolensk und Roslawl – 348 000 Gefangene gemacht und 3250 Panzer und ebenso viele Geschütze erbeutet. Anschließend stießen Panzerverbände von Roslawl nach Süden vor, und es gelang, eine zusammenhängende Front am Dnjepr zwischen den Heeresgruppen Süd und Mitte zu bilden. Außerdem gewann die Heeresgruppe Mitte durch Einschließen von sowjetrussischen Kräften bei Welikije-Luki engeren Anschluß an die Heeresgruppe Nord. Diese hatte inzwischen mit Ausnahme von Reval und Baltischport das Baltikum besetzt und war am 10. August bis an den Verteidigungsring von Leningrad herangekommen. Hitler hatte beschlossen, sowohl diese Stadt wie auch Moskau dem Erdboden gleichzumachen. In einem streng vertraulichen Informationsbericht wurde die Presse angewiesen:

»...Man weiß, daß mit der Bevölkerung von Petersburg bei einer Übergabe der Stadt doch nichts anzufangen wäre, da sie von jeher eine bolschewistische Zelle größten Formats und eines der beiden Hauptreservoirs der kommunistischen Bewegung Rußlands überhaupt war und ist. Wir wollen keine Verluste durch Straßenkämpfe mit den wildgewordenen roten Arbeitern haben. Daher wird Petersburg nicht gestürmt. Wir wollen vermeiden, daß sich dort ein neues Verdun bildet. Es sind auch die bereits vorbereitet gewesenen *Flugblätter,* die die Bevölkerung Petersburgs zur Übergabe auffordern sollten, unter Hinweis auf Warschau und Rotterdam, *nicht abgeworfen* worden ... Es ist das erste Mal in der Weltgeschichte, daß eine Zwei-Millionenstadt buchstäblich dem Erdboden gleichgemacht wird. Diese Dinge haben nach amtlicher Auffassung nichts mit Moral zu tun, sondern entsprechen einer, von den Machthabern Petersburgs selbst gewählten militärischen und politischen Entscheidung ...«[78]

[77] SD-Abschnitt Leipzig, Innenpolitischer Lagebericht, 12. 8. 41. *Aus deutschen Urkunden;* S. 249.
[78] BA ZSg 101/40; fol. 287. – Etwa 260 000 Menschen fielen dem Hunger und der Kälte in Leningrad zum Opfer. Erst als in den ersten Monaten des Jahres 1942 eine Verbindung über den Ladogasee hergestellt werden konnte, begann sich die Lage zu bessern. Nachschub traf regelmäßig ein, und etwa 1 Million Zivilisten konnten evakuiert werden. Vgl. PAWLOW, Dimitrij W. *Die Blokkade von Leningrad 1941.* Frauenfeld und Stuttgart, Verlag Huber, 1967.

Nach »amtlicher Auffassung« sollte der Ermordete selbst schuld sein. Bereits im August wurde aber auch klar, daß die Sowjets sich nicht so einfach in einem Blitzkrieg überrennen lassen würden. Sie kämpften weiter, auch wenn die Lage hoffnungslos erschien, bis neue Reserven herangebracht wurden. Es »bereitet die Dauer des Krieges, vor allem die wider alles Erwarten große Zähigkeit des russischen Widerstandes und die angeblich geringer werdende Aussicht, diesen Krieg in absehbarer Zeit, vielleicht sogar noch vor Ablauf dieses Jahres, beenden zu können, weiten Kreisen der Bevölkerung steigende Sorge. Die schwindende Hoffnung, daß trotz aller angeblichen Beobachtungen über intensive deutsche Vorbereitungen einer Landung in England, diese noch vor dem Winter durchgeführt werde, und die Schlußfolgerung, daß sich England im Winter mit Hilfe Amerikas wieder gut erholen werde, ferner die anhaltende Ungewißheit über die Haltung Amerikas und die ständigen Befürchtungen, daß sich die Vereinigten Staaten in Irland, Portugal und an der afrikanischen Westküste festsetzen werden, sind wesentliche Grundlage für die abwartende Haltung der Bevölkerung...«[79]

Am Tage dieser Meldung, am 21. August 1941, erließ Hitler eine für den weiteren Verlauf des deutschen Feldzuges im Osten folgenschwere Weisung. Statt, wie es der Oberbefehlshaber des Heeres von Brauchitsch und sein Generalstabschef Halder empfahlen, die Entscheidung im Zentrum der Front mit einem konzentrierten Angriff auf Moskau zu suchen, befahl er der Heeresgruppe Mitte, nach Süden abzudrehen, um die bei Kiew stehenden Feindkräfte zu vernichten und damit der Heeresgruppe Süd den Vormarsch auf Charkow und Rostow zu ermöglichen. Ziel dieser Operation war die Eroberung des ukrainischen Getreidegebiets, der Krim und des Kohle- und Industricreviers im Donezbecken. Durch diese Bevorzugung wirtschaftlicher Aspekte verlor Hitler entscheidende Wochen.

Viele Deutsche begannen das dritte Kriegsjahr mit einer »gewissen Beklemmung«.[80] Die Presse erhielt Anweisung, das Thema zwei Jahre

Vgl. auch WERTH, Alexander. Rußland im Kriege 1941–1945. München-Zürich, Droemersche Verlagsanstalt Th. Knaur Nachfolger, 1965; S. 222 ff.
[79] »Meldungen aus dem Reich«, 21. 8. 41. BOBERACH; S. 170. – s. auch Funkspruch des SD-Abschnittes Leipzig vom 6. 8. 41, in dem über die Beunruhigung der Bevölkerung berichtet wird und über die Bedenken, welche die riesigen Gefangenenzahlen von »bolschewistisch verseuchten Untermenschen« hervorriefen. *Aus deutschen Urkunden*; S. 247. – Vgl. auch die Meldung vom 12. 8. 41 über das Anwachsen der pessimistischen Stimmen, ob es noch möglich sei, vor dem Winter zu einer Endabrechnung mit England zu kommen. *ibid.*; S. 249.
[80] »Meldungen aus dem Reich«, 4. 9. 41. BOBERACH; S. 172.

Krieg nicht vor dem 3. September anzuschneiden.[81] Einige Zeitungen hatten jedoch trotzdem zum 1. September Gedenkartikel gebracht. In den Erläuterungen zur Tagesparole des Reichspressechefs wurden sie nochmals aufgeklärt,»daß der 1. September lediglich der Tag des Beginns einer Polizeiaktion gegen Polen war, wo Deutschland der ihm entgegengesetzten Gewalt begegnen mußte. Der eigentliche Tag des Kriegsbeginns ist der 3. September, wo die englische Aggression begann...«[82] Von Woche zu Woche begann die Selbstsicherheit abzubröckeln. Es gelang dem Durchschnittsdeutschen nicht mehr, sich ein Bild von der Lage zu machen.[83]»Es wird nun häufiger davon gesprochen, daß wir den Gegner unterschätzt hätten. Die Volksgenossen zeigten sich bei weitem nicht mehr so selbstsicher wie in den ersten Wochen des Krieges. Die Einzelmeldungen über Kämpfe und Erfolge an Abschnitten der Gesamtfront ließen keinen zusammenhängenden Überblick zu und würden eher ohne freudige Bewegung aufgenommen. Man will im ganzen schließen, daß sich das Tempo des Vormarsches verlangsamt habe...«[84]

Zum ersten Male seit Kriegsbeginn wird in den »Meldungen aus dem Reich« erwähnt, daß Briefe von der Front Besorgnis hervorriefen. Bis dahin wurde in allen Berichten des Sicherheitsdienstes, aber auch der Hoheitsträger und der hohen Justizbeamten immer von dem stimmungsbessernden Einfluß der Feldpostbriefe gesprochen. Für den deutschen Soldaten hatte offensichtlich bis dahin gegolten, und für viele galt noch lange, was ein deutscher Kriegsberichterstatter auf die Frage, wie die Stimmung sei, geantwortet habe: »Es ist eine zivile Frage und bei uns Soldaten gibt es keine ›Stimmung‹.«[85] Die bisherigen glänzenden militärischen Erfolge hatten das Ihre dazu beigetragen, daß der deutsche Soldat sich, trotz großer Strapazen, militärisch und politisch gut geführt fühlte.[86] Nun aber berichteten die Meldungen vom 11. September 1941: »Die Feldpostbriefe von der Front in die Heimat tragen mehreren Meldungen zufolge in

[81] V.I. Nr. 227/41 vom 31. 8. 41. BA *ZSg 109/24*; fol. 134.

[82] V.I. Nr. 228/41 vom 1. 9. 41 BA *ZSg 109/25*; fol. 1.

[83] s. »Meldungen« vom 4. 8. 41. »Aufnahme und Auswirkung der allgemeinen Propaganda-, Presse- und Rundfunklenkung in der Zeit vom 1. bis 4. August 1941«. BOBERACH; S. 169.

[84] »Meldungen aus dem Reich«, 8. 9. 41. *ibid.*; S. 173.

[85] ESEBECK, Hans Gert Freiherr von. »Schlachtfeld Nordafrika. Kampf und Sieg des Deutschen Afrika-Korps« (Schreibmaschinenmanuskript). Verlag die Heimbücherei, Berlin; S. 192. – BA *NS Misch/460*.

[86] Vgl. z.B. Bericht des Majors i.G. Bürker über seine Eindrücke beim Besuch des Pz Gr. 2 des XXXXVI. A.K und der 10. Pz-Div. (Juli 1941). MGFA *WO1-6/411*.

letzter Zeit vielfach zur Stimmungsbeeinträchtigung der Bevölkerung bei. Während zu Beginn des Ostfeldzuges äußerst optimistische Nachrichten in die Heimat gelangten und größte Verbreitung fanden, muß seit einiger Zeit die Wahrnehmung gemacht werden, daß Soldaten von ›zunehmenden Schwierigkeiten in der Verpflegung‹, von ›unvorstellbar großen Reserven der sowjetischen Armee an Mensch und Material‹ und ›der Aussichtslosigkeit einer Entscheidung in absehbarer Zeit‹ berichten. Meldungen dieser Art verbreiteten sich mit Windeseile und tragen nicht unerheblich zur Vertiefung der ungewissen Vorstellung der Bevölkerung über den Verlauf des Feldzuges im Osten bei.«[87]

Die deutschen Soldaten erhielten in der Tat »viele scheußliche Eindrücke«[88], die sie veranlaßten, in ihren Briefen nach Hause zu fragen, ob man sich dort wohl »von der ganzen Härte und Schwere der Kämpfe und damit von der Leistung der Truppe draußen ein richtiges Bild« mache.[89]

Es zeigte sich erstmals mit aller Deutlichkeit, wie sehr solche persönlichen Mitteilungen der Wirkung der Propaganda überlegen waren. Jüngere Erkenntnisse in der Erforschung der öffentlichen Meinung finden hier ihre Bestätigung: der Einfluß interpersonaler Beziehungen und die Ansichten von Gleichgesinnten oder von Menschen, die in einem kleinen Kreis als Autorität für ein Problem angesehen werden, wiegen oft sehr viel schwerer als die in den Kommunikationsmitteln verbreiteten Meinungen.[90] Für ein totalitäres System mit seiner uniformen Meinungsmache scheint diese in den Vereinigten Staaten erarbeitete Einsicht noch mehr Gültigkeit zu besitzen – allein der Einfluß der Geistlichen im Dritten Reich ist ein schlagender Beweis für diese These. Das nationalsozialistische Regime wußte sich dieser von ihr intuitiv erfaßten Erscheinung in den späteren Kriegsjahren zu bedienen. Vorerst aber mußten die Meldungen aus dem Reich feststellen, daß die Stimmungslage der Bevölkerung »weniger durch die öffentliche Propagandaführung als von diesen Gedanken um die Ostfront und die hundert kleinen Tagessorgen bestimmt«[91] seien. Der Tenor der Gespräche war bestimmt durch die Gedanken an »die armen Soldaten«.

Durch die laufende Beobachtung und Berichterstattung über die öffent-

---

[87] »Meldungen aus dem Reich«, 11. 9. 41. BA R 58/164.
[88] *Mitteilungen für die Truppe*, Nr. 157. (November 1941) BA MA WO 1-6/9.
[89] *idem*, Nr. 163 (Dezember 1941). ibid.
[90] s. hierzu KATZ, Elihu, und Paul F. LAZARSFELD, *Personal Influence*. The part played by people in the flow of mass communication. Glencoe, Illinois, The Free Press, 1955 (paperback 1965).
[91] »Meldungen aus dem Reich«, 8. 9. 41. BOBERACH; S. 174.

liche Meinung blieb auch militärischen Dienststellen die unzureichende Wirkung der offiziellen deutschen Führungsmittel nicht verborgen. Das Oberkommando des Heeres übersandte am 20. Oktober der Abteilung Wehrmachtspropaganda im OKW einen Auszug aus einem heerespsychologischen Bericht des Personalprüfwesens vom 11. Oktober. Hierin hieß es:

»Fast alle Berichte lassen erkennen, daß die deutsche Propaganda viel Kritik erfährt:

1. Die Leistung der Russen habe bewiesen, daß das deutsche Volk falsch über Rußland unterrichtet worden sei.

2. Die Bagatellisierung bzw. radikale Abwertung unserer Gegner – insbesondere der Engländer und Russen – werden von den deutschen Soldaten mit ritterlichem Empfinden nicht verstanden. Eine solche Propaganda sei nicht nur zwecklos, sondern schädlich.

3. Auch die dauernde Leugnung wesentlicher durch die englische Luftwaffe in deutschen Städten verursachter Schäden wird von denen, die Münster i. W. und dgl. gesehen haben, nicht gebilligt.

4. Das früher lebhafte Interesse an der Wochenschau schlägt allmählich in Ablehnung um; man vermißt die wirklichen Kampfbilder; kein feindliches Geschoß trifft in diesen Bildern . . .«[92]

Noch einer anderen Propagandaaktion dieser Zeit war wenig Erfolg beschieden, der sogenannten V-Aktion. Um Churchills V = victory abzuschwächen und umzumünzen, wurde vor allem in den besetzten Gebieten das V für Viktoria in einer großangelegten Kampagne überall verbreitet. Die deutsche Presse wurde hierüber erst am 20. Juli orientiert[93]; das deutsche Publikum von Hans Fritzsche im Rundfunk mit den Maßnahmen bekannt gemacht. Die Aktion stieß aber auf völliges Unverständnis bei der Bevölkerung und wurde als »Rummel«, verfrühtes »Siegesgeheul« qualifiziert und teilweise lächerlich gemacht.[94] Bereits am 1. August wurde die Angelegenheit für die Presse praktisch wieder abgeblasen. Es hieß: »Im Grunde ist dieser Wettstreit ziemlich unentschieden ausgelaufen, weil die komplizierten V-Aktionen den Völkern allmählich zu langweilig werden.«[95] Auch die Einspannung anderer europäischer Völker für den

92 MGFA WO 1-6/326.
93 V.I. Nr. 186/41 geheim. BA ZSg 109/23; fol. 83.
94 »Meldungen aus dem Reich«, 24. 7. 41. BOBERACH; S. 163.
95 BA ZSg 101/40; fol. 143.

Kreuzzug gegen den Bolschewismus und die Aufstellung von Freiwilligenkorps wurde zwar positiv registriert, »jedoch ist die Meinung vorherrschend, daß es sich in erster Linie um eine propagandistische Aktion handle und weniger um eine wirkungsvolle militärische Unterstützung Deutschlands . . .«[96]

Die Schönfärberei und der künstliche Optimismus der Propaganda gingen den Deutschen auf die Nerven. Der SD-Abschnitt Leipzig berichtete beispielsweise: »Man ist jedoch weithin schon zu der Einsicht gekommen, daß es nun hart auf hart und tatsächlich um *Sein oder Nichtsein* geht. Aus diesem Grunde erfährt jede rein *optimistische Tendenzpropaganda* starke Kritik unter dem Gesichtspunkt ›man will uns etwas vormachen, man traut uns nichts zu‹. Verschiedentlich wird auf das Beispiel von Churchill verwiesen, der seinem Volk ›die Wahrheit sage‹ und sich hinsichtlich der Schwere und Opfer des Kampfes offenbar keinen Illusionen hingebe. ›Man soll uns doch nicht immer wie unreife Kinder oder Dummköpfe behandeln.‹ Gerade der einfache Mann von der Straße denkt sehr nüchtern, ruhig und vernünftig, warum trägt man dem nicht Rechnung? . . .«[97]

Goebbels bemühte sich dann auch ab November 1941, eine etwas realistischere Note in die Propaganda zu bringen. Auftakt dazu war sein Artikel »Wann oder wie« in *Das Reich* vom 9. November 1941. Es mußte erst der Winter ausgebrochen und die ursprüngliche Feldzugsplanung gescheitert sein[98], bis er am 7. Dezember für die Propagandaführung allgemein die notwendigen Konsequenzen zog. Nun erst berief er sich auf Churchills Worte von »Blut, Schweiß und Tränen«. Nach wie vor mußte der Optimismus als Grundtendenz herausgestellt werden.[99]

Hinsichtlich der Haltung der Deutschen gegenüber ihren europäischen Verbündeten im Kampf gegen den Bolschewismus läßt sich sagen, daß eigentlich nur die Finnen mit Hochachtung angesehen wurden.[100] Die Rumänen, besonders General Antonescu, aber noch mehr die Italiener, wurden mit Mißtrauen bedacht.[101] Der englische Gegner erregte teils Respekt, teils steigenden Haß.[102] Hitlers Konzeption, der Kampf mit Rußland sei

---

[96] »Meldungen aus dem Reich«, 7. 7. 41. BOBERACH; S. 161.
[97] 1. 9. 41. HStA Stuttgart. *K 750/48.*
[98] s. *infra;* S. 236.
[99] *»Wollt ihr den totalen Krieg?«;* S. 196.
[100] »Meldungen aus dem Reich«, 4. und 8. 9. 41. BOBERACH; S. 173, 174.
[101] »Meldungen aus dem Reich«, 26. 6., 7. 7. und 4. 9. *ibid.*; S. 156, 161, 173.
[102] *ibid.*; S. 159. – s. auch SD-Leitabschnitt Stuttgart. 1. 9. 41. HStA Stuttgart *K 750/48.*

die letzte Etappe vor der endgültigen Auseinandersetzung mit England, scheint manchem Deutschen von der Propaganda plausibel gemacht worden zu sein, wie zahlreiche Reflexionen beweisen.[103] Sonst aber bestand seit dem Angriff auf Rußland zwischen Hitler und den Deutschen nicht mehr jener hohe Grad des inneren Einverständnisses, der bei den meisten der vorausgegangenen Kampagnen geherrscht hatte; auch fehlte jegliches Begeisterungsmoment. Dieser Entschluß, von dem Hitler sagte, er sei der schwerste seines bisherigen Lebens gewesen[104], bedeutete die Peripetie in seinem Verhältnis zum deutschen Volk. Zwar gehörte ihm nach wie vor das Vertrauen weiter Kreise – das kam deutlich bei dem großen Interesse zutage und dem Stimmungsauftrieb, die Aufnahmen aus dem Führerhauptquartier oder über sein Treffen mit dem Duce[105] wie auch seine Rede vom 3. Oktober[106] beim deutschen Publikum hervorriefen; aber seine Ziele deckten sich nun nicht mehr mit den Wunschvorstellungen der breiten Masse. Um weiterhin auf deren Zustimmung rechnen zu können, mußte auf tiefeingewurzelte Komplexe und Ressentiments zurückgegriffen werden. Für das Projekt der Landgewinnung im Osten zur wirtschaftlichen und strategischen Sicherung des Reiches läßt sich zwar eine Kontinuität zwischen der 3. OHL im Jahre 1918 und Hitler nachweisen[107]; es entsprach aber nur den Vorstellungen der alten Führungschicht und war kein Objekt der Massensehnsucht, wie die Vereinigung mit Österreich oder der Sieg über den französischen Erbfeind. Antislawische Affekte hingegen waren ein weitverbreitetes geschichtliches Erbteil in Deutschland und Österreich. Sie hatten durch die Furcht vor dem Kommunismus, dem Bürgerschreck seit 1918, erneut Nahrung erhalten. Hitler konnte seinen »Ritt nach Osten« daher nur und immer wieder durch die Parole vom Kampf gegen den Kulturfeind gegenüber seinem eigenen Volk rechtfertigen und mußte ihn als eine zwingende Notwendigkeit darstellen.

Anfang Oktober glaubte Adolf Hitler im übrigen den Feldzug im

---

[103] s. z. B. »Meldungen aus dem Reich«, 3. 7. 41, in denen es heißt, die Meinung gehe dahin, »daß die Offensive gegen Rußland nur ein Zwischenstadium des großen Kampfes gegen England sei ...« BA R 58/162.

[104] Rede vom 3. Okt. 1941. DOMARUS, Bd. II, 2. Halbband; S. 1762.

[105] »Zur Aufnahme der Wochenschau vom 6. bis 12. September 1941«. »Meldungen aus dem Reich«, 11. 9. 41. BA R 58/164.

[106] »Meldungen aus dem Reich«, 6. 10. 41. BOBERACH; S. 180. Monatlicher Lagebericht Kreisleitung Norder-Dithmarschen, 23. 10. 41. BA NS Misch/1722; fol. 301245.

[107] HILLGRUBER. Deutschlands Rolle in der Vorgeschichte der beiden Weltkriege; S. 58 ff.

Osten bereits gewonnen zu haben.[108] Im Raum Kiew-Lockwiza-Tscher-kassy waren bis zum 24. September starke sowjetische Kräfte vernichtet und 665 000 Gefangene gemacht worden. Ab 30. September stand nun die Heeresgruppe Mitte mit vom Süden herangeführten Verstärkungen zum Angriff auf Moskau bereit. Hitler verkündete am 3. Oktober, der Gegner sei gebrochen und werde sich nicht mehr erheben.[109] Bei vielen Deutschen hinterließen diese Worte, nachdem sich bereits vielerorts »Unsicherheit«, »Niedergeschlagenheit« und eine »zunehmende Gleichgültigkeit«[110] bemerkbar gemacht hatten und die *absolute Zuversicht in alle Entwicklungen* dieses Krieges während der letzten Monate zunehmend ›abgebröckelt‹...« war[111], den stärksten Eindruck.[112] Plötzlich schien der Sieg wieder nähergerückt, wenn auch ein Kriegsende noch nicht absehbar war. In diesem Sinne war auch die Presse instruiert worden. Sie hatte »herauszuarbeiten, daß es nicht so wichtig ist, wann der Krieg zu Ende ist, als vielmehr, wie er zu Ende geht...«[113] Das Leitmotiv der Propaganda in diesen Wochen war »Der Krieg im Osten ist entschieden, der Kampf ist nicht beendet«.

Die Offensive gegen Moskau – die Operation »Taifun« – begann am 2. Oktober. In zwei für die Deutschen sehr erfolgreichen Kesselschlachten bei Brjansk und Wjasma verloren die Sowjets laut Wehrmachtsbericht 73 Infanterie-Divisionen und 7 Panzer-Divisionen. Die Gesamtzahl der sowjetischen Kriegsgefangenen belief sich nun schon auf über 3 Millionen. Reichspressechef Dietrich erklärte vor der in- und ausländischen Presse am 9. Oktober, die Sowjetunion sei »militärisch erledigt«. Am 13. Oktober hielt Hans Fritzsche vor dem Berliner Verband der auswärtigen Presse einen Vortrag, von dem eine Mitschrift überliefert ist:

»Die militärische Entscheidung dieses Krieges ist gefallen. Was nun noch zu tun bleibt, trägt vorwiegend politischen Charakter nach innen und nach außen. An irgendeinem Punkte werden die deutschen Heere im Osten stehenbleiben, und es wird dann eine von uns gezogene Grenze errichtet, die das große Europa und den unter deutscher Leitung stehenden europäischen Interessenblock abschirmt gegen Osten. Es ist möglich, daß militärische Spannungen und auch kriegerische Auseinandersetzungen im

[108] DIETRICH, Otto. *Zwölf Jahre mit Hitler*. Köln, Atlas-Verlag, 1955 (Lizenzausgabe des Isar-Verlages Dr. Günter Olzog, München); S. 102.
[109] DOMARUS; Bd. II, 2. Halbband; S. 1758–1767.
[110] »Meldungen aus dem Reich«, 15. 9. 41. BA R 58/164.
[111] »Meldungen aus dem Reich«, 18. 9. 41. *ibid.*
[112] »Meldungen aus dem Reich«, 6. 10. 41. BOBERACH; S. 180.
[113] *»Wollt ihr den totalen Krieg?«*; S. 188.

kleinen noch *acht oder zehn Jahre andauern,* diese Lage ändert jedoch nach dem Willen der deutschen Staatsführung nichts daran, den europäischen Kontinent aufzubauen und ihn nach eigenen, von Deutschland diktierten Gesetzen zu ordnen. Gewiß ist dies ein *›Europa hinter Stacheldraht‹,* aber dieses Europa wird wirtschaftlich, industriell und agrarisch vollständig autark sein und militärisch im Grunde unangreifbar . . .«[114] Diese ganz sicher auf allerhöchste Weisungen zurückgehenden Erklärungen zeigen deutlich, wie nahe sich Hitler seinem Ziele glaubte. Es ist aber auch symptomatisch, wie die Bevölkerung sowohl auf seinen Tagesbefehl vom 2. Oktober reagierte, in dem es hieß, der Gegner solle »noch vor Einbruch des Winters zerschmettert«[115] werden, wie auch auf die Ausführungen des Reichspressechefs:

»Durchweg wurde beobachtet, daß die Wirkung bei den Volksgenossen mehr nach innen gerichtet ist und fast nirgends Anlaß zu Kundgebungen der Begeisterung wurde. Vielfach wurde im Gegenteil festgestellt, daß die Bevölkerung sich der Darstellung der öffentlichen Führungsmittel und der Freude über die Zerschmetterung des Gegners im Osten nur zögernd überließ . . .« Die Erklärung von Dietrich wurde vielfach als ein taktischer Vorgriff empfunden, »um die Vereinigten Staaten im letzten Augenblick vom Kriegseintritt abzuschrecken«.[116] Bereits seit Wochen verfolgte »die Bevölkerung die *gegenwärtige Auseinandersetzung mit Amerika.* Viele Volksgenossen glauben in der Art der Behandlung dieser Frage die Absicht der deutschen Regierung zu erkennen, das deutsche Volk auf den Kriegseintritt Amerikas vorzubereiten; andere legen den verschärften Ton der deutschen Propaganda als Herausforderung aus, mit dem Ziel, Amerika schon jetzt zum Kriegseintritt zu bewegen, da die aktive Teilnahme der USA am Kriege nach Erreichung ihres vollen Rüstungspotentials doch nicht mehr aufzuhalten sei«.[117]

Die Vermutung, das deutsche Volk solle auf eine kriegerische Auseinandersetzung mit den USA vorbereitet werden, war richtig, wie die »Vertrauliche Information« an die Presse vom 11. Oktober beweist: »... Da wir langsam das deutsche Volk an die Möglichkeiten des amerikanischen Kriegseintrittes gewöhnt haben, wollen wir es nicht den Schwankungen des amerikanischen Stimmungsbarometers aussetzen . . .«[118] Manch einer

114 *ibid.*; S. 189.
115 DOMARUS; Bd. II; 2. Halbband; S. 1756.
116 »Meldungen aus dem Reich«, 13. 10. 41. BOBERACH; S. 183.
117 »Meldungen aus dem Reich«, 15. 9. 41. BA R *58/164.*
118 BA ZSg *109/26;* fol. 41. – Über die deutsche Politik gegenüber den USA bis

konnte sich aber nicht so recht an diesen Gedanken gewöhnen, und ihm war bange zumute:»Es lebt die Erinnerung an die im Anschluß an den Weltkrieg verbreitete Auffassung noch, daß der Eintritt der USA in den Krieg die Entscheidung zu Ungunsten Deutschlands herbeigeführt habe...«[119] Durch die kontinuierliche Herausstellung der deutschen Stärke und der Güte der deutschen Waffen gelang es jedoch der nationalsozialistischen Propaganda, die Angst vor dem amerikanischen Potential abzuschwächen. Am 6. November vermeldete der SD-Bericht:»Viele Volksgenossen erwarten tagtäglich die offizielle Eröffnung der Feindseligkeiten und äußern sich dahin, daß sich der jetzige Zustand vom tatsächlichen Kriegszustand kaum noch unterscheide. In erster Linie wird mit einem See- bzw. Wirtschaftskrieg gerechnet, dessen Folgen sich aber weniger in Deutschland als vielmehr in den besetzten Ländern durch verstärkte Versorgungsschwierigkeiten auswirken würden...«[120]

Nicht alle Deutschen waren im Herbst 1941 pessimistisch gestimmt im Hinblick auf den Krieg in der Sowjetunion.»In einem Teil der Bevölkerung hatte auf Grund der Ausführungen des Reichspressechefs, daß der Feldzug im Osten bereits entschieden sei, ein übertriebener Optimismus Platz gegriffen...«[121] Als aber die Kämpfe mit unverminderter Härte weitergingen, zeigten sie sich enttäuscht.»Trotz Anerkennung der überragenden Leistungen der deutschen Truppen und der ungeheuren Schwierigkeiten, die sich dem deutschen Vormarsch entgegenstellen, besteht immer noch in weiten Kreisen der Bevölkerung eine gewisse Enttäuschung, daß sich die endgültige Zerschlagung des Bolschewismus nicht mit der erhofften Schnelligkeit vollzieht und sich ein Ende des Ostfeldzuges noch nicht absehen lasse. In den Erörterungen der Volksgenossen über die militärische Lage im Osten wird stets die Frage aufgeworfen, wie überhaupt eine Beendigung des Krieges gegen Rußland möglich sei. Auf der einen Seite wird die Unmöglichkeit eines Friedens oder Waffenstillstandes mit Stalin eingesehen, andererseits hält man es aber auch für ausgeschlossen, den gesamten russischen Raum mit deutschen Truppen zu besetzen, da diese hierzu gar nicht ausreichen würden.

Neben Gedankengängen dieser Art zeigt sich als weiteres stimmungsbeeinträchtigendes Moment die Tatsache, daß vom mittleren und nörd-

zum Kriegseintritt s. FRIEDLÄNDER, Saul. *Auftakt zum Untergang. Hitler und die USA 1939–1941.* Stuttgart, Kohlhammer Verlag, 1965.
[119] Generalstaatsanwalt Nürnberg, 1. 10. 41. BA R 22/3381.
[120] BOBERACH; S. 187.
[121] »Meldungen aus dem Reich«, 27. 10. 41. *ibid.*; S. 184.

lichen Frontabschnitt keine größeren Erfolge gemeldet wurden und nahezu in jedem Wehrmachtsbericht und allen sonstigen Meldungen vom östlichen Kriegsschauplatz von der unverändert zähen und harten Widerstandskraft der Bolschewisten gemeldet wird. Man kann es vielfach nicht verstehen, daß die deutschen Truppen nach der Vernichtung der 260 bestausgerüsteten sowjetischen Divisionen nun plötzlich nicht rascher vorwärts kommen, nachdem die Russen angeblich nur noch über unzulänglich ausgebildete und ausgerüstete Truppen verfügen und auch früher schon große witterungsbedingte Schwierigkeiten gemeistert wurden. Mit großer Verwunderung werden auch die sich stetig wiederholenden Ausfallversuche der eingeschlossenen Sowjets aus Leningrad aufgenommen. Das Ausbleiben weiterer Erfolgsmeldungen von dem Kampfabschnitt um Moskau gibt der Bevölkerung ebenfalls viel zu Überlegungen Anlaß, um so mehr, als bereits vor 14 Tagen gemeldet wurde, daß deutsche Truppen 60 Kilometer vor Moskau stehen. Ein Teil der Volksgenossen beginnt im Hinblick auf die schlechten Witterungsverhältnisse im Osten sich mit dem Gedanken vertraut zu machen, daß in nächster Zeit auf dem nördlichen und mittleren Frontabschnitt kaum noch mit größeren Fortschritten gerechnet werden könne. Lediglich vereinzelt wird die Meinung vertreten, daß sich im mittleren Frontabschnitt größere Ereignisse anbahnen, da das OKW ›nach alter Taktik‹ von diesem Teil der Front schon längere Zeit keine Nachricht mehr bekanntgegeben habe...«[122]

Die Operation Taifun kam nicht voran, weil am 7. Oktober die Schlammperiode eingesetzt hatte und die Straßen sich in einen Morast verwandelten, in dem nur Kettenfahrzeuge noch mühsam vorankamen. Der Nachschub geriet ins Stocken, der Treibstoff wurde knapp. Bis Ende Oktober kam die südliche Panzerarmee bis Tula heran. Die anderen Armeen der Heeresgruppe Mitte näherten sich Moskau bis zur Linie Kalinin-Moshaisk-Kaluga. Stalin, der am 7. August den Oberbefehl über die sowjetischen Streitkräfte übernommen und mit einem kleinen Regierungsapparat in Moskau verblieben war, während die Sowjetregierung ihren Sitz ostwärts nach Kuibyschew an der Wolga verlegt hatte, ließ aus Sibirien für den Winterkampf ausgerüstete Truppen heranbringen. Auf deutscher Seite machte sich indessen der ununterbrochene Einsatz bemerkbar. Da man aber den Gegner am Ende seiner Kraft glaubte, ließ Generalfeldmarschall von Bock Mitte November, als sich eine Phase milden Frostes ankündigte, den Angriff wieder vorantreiben. Die zur nördlichen Umfas-

122 »Meldungen aus dem Reich«, 6. 11. 41. BOBERACH; S. 185/186.

sung angesetzten beiden Panzerarmeen rückten bis auf 30 Kilometer vor die russische Hauptstadt; von Westen her kam die 4. Armee bis auf 50 Kilometer an Moskau heran. Und dann begann früher als erwartet der russische Winter. Motoren und automatische Waffen versagten; die Verluste an Erfrierung übertrafen die Gefechtsverluste, da die deutschen Truppen nur völlig ungenügend für eine solche Kälte ausgerüstet waren. Hitler hatte damit gerechnet, bis zum Ausbruch des Winters die Truppe in festen Winterquartieren in Moskau und Leningrad untergebracht zu haben. Am 1. Dezember aber mußte Generalfeldmarschall von Bock melden, daß die Hoffnung getrogen habe, den Gegner mit einem letzten Einsatz zum Zusammenbruch zu bringen. Am 8. Dezember ordnete die Weisung Nr. 39 die sofortige Einstellung aller Angriffsoperationen an; am 16. Dezember folgte Hitlers »Halt-Befehl«. Der Blitzkrieg in Rußland, im Herbst 1940 konzipiert, war ein gutes Jahr später gescheitert.

2. Die Verfolgung der Juden

Animus meminisse horret, so läßt Virgil Äneas seinen Bericht über Troja beginnen, und es bedarf in der Tat immer wieder größter Überwindung, um dieses abgründige und grauenvolle Kapitel nationalsozialistischer Verbrechen aufzurollen und die beschämende Rolle der Deutschen zu analysieren. Die Fakten sind heute weithin bekannt, zahlreiche Dokumente, Augenzeugenberichte und Monographien zu diesem Thema veröffentlicht worden, so daß es genügen mag, hier nur die wesentlichsten Tatsachen zu resümieren.

Die antisemitische Politik des Dritten Reiches verlief in mehreren Wellen, die mit Gewalt einsetzten, wieder abebbten, um mit erneuter Kraft wieder aufzuleben. An ihrem Zustandekommen waren die verschiedensten Urheber und Tendenzen beteiligt: sadistisch-pornographische mit Julius Streicher und dem *Stürmer,* mystisch-theoretische mit Alfred Rosenberg, kalt-rationale SS-Experten wie der Adolf-Eichmann-Vorgänger Leopold von Mildenstein, welcher die durch das 1933 abgeschlossene Haavara-Abkommen eingeleitete Auswanderung nach Palästina förderte und die Zusammenarbeit mit zionistischen Organisationen ausbaute[123], wirtschaftlich-finanzielle mit Schacht und Schwerin von Krosigk, die aus der Judenauswanderung Profit für Deutschland herausschlagen wollten, und

[123] Vgl. HÖHNE; S. 198 ff.

vor allem natürlich Hitler, Goebbels, Göring und Bormann, bei denen sich politisches Kalkül mit »echten« und »unechten« antijüdischen Ressentiments vermengte.[124]

In den ersten Jahren nach der Machtübernahme, von 1933 bis 1935, war die nationalsozialistische Politik vor allem darauf abgestellt, die Juden nach und nach durch Gesetze und Verordnungen aus dem öffentlichen Leben herauszudrängen. Dabei wurde eine doppelseitige und zwielichtige Taktik angewandt, welche den Juden und vor allem dem Ausland die Illusion einer Dissoziation, aber keiner Vertreibung belassen konnte. Nach der Olympiade 1936 jedoch wurden die letzten Rücksichtnahmen fallengelassen[125], und mit der 1937/1938 beginnenden Zwangsarisierung der Wirtschaft mit Hilfe von Erpressungen und Drohungen wurde der »Lebensraum« der Juden immer weiter eingeschränkt. Ab 1938, mit der Entfaltung des vollfaschistischen Staates, wurde der Druck unerträglich. Im Juni erfolgte eine Verhaftungswelle, im Oktober wurden 17 000 nach Polen ausgewiesen, und im November kam es zu dem berüchtigten Pogrom. Alle diese Maßnahmen zielten letztlich darauf ab, die Juden aus dem Reich zu vertreiben. Hitlers Staat sollte »judenrein« werden, wie die pathologisch gefärbte Ausdrucksweise hieß. Die Auswanderung jedoch ging den nationalsozialistischen Machthabern zu langsam vonstatten; bis 1937 waren es ca. 129 000 gewesen. Von diesem Zeitpunkt ab bis zum Auswanderungsstopp im Oktober 1941 emigrierten weitere 170 000, insgesamt also rund 300 000.[126]

Betrachtet man diese Zahlen und fügt hinzu, daß der prozentuale Anteil der Juden 1871 etwa 1 % der Bevölkerung ausmachte (383 000), 1925 in der Blüte der Weimarer Republik, als Deutschland angeblich völlig von Juden beherrscht war[127], nur noch 0,90 % (568 000) und 1939 schließlich noch 0,32 % (222 000)[128], so wird deutlich, daß die objektiven gesellschaftlichen Spannungen höchstens in gewissen Berufssparten oder urbanen Zentren Anlaß zur Auslösung eines echten Judenhasses hätten bieten können. Der vorwiegend in bürgerlich-protestantischen Kreisen vorhandene

124 s. hierzu REICHMANN, Eva G. *Die Flucht in den Haß.* Die Ursachen der deutschen Judenkatastrophe. Frankfurt/Main, 1956.
125 Vgl. MOMMSEN, Hans. »Der nationalsozialistische Polizeistaat und die Judenverfolgung vor 1938«. VfZG, 1962, H.1/Januar; S. 68–87.
126 Vgl. SCHEFFLER, Wolfgang. *Judenverfolgung im Dritten Reich 1933 bis 1944.* Berlin, Colloquium Verlag, 1960; S. 26.
127 ADLER, H. G. *Die Juden in Deutschland.* Von der Aufklärung bis zum Nationalsozialismus. München, Kösel Verlag, 1960; S. 148.
128 *ibid.*; S. 13.

latente Antisemitismus war jedoch keineswegs so virulent, wie es die lautstarke nationalsozialistische Propaganda vermuten ließ, und die von Goebbels inszenierte »Kristallnacht« fand bei weitem nicht die vom Regime erhoffte Resonanz. Daher wurde die dem Juden zugeschobene Rolle als Sündenbock, als Antisymbol des Germanisch-Arischen, ab Kriegsbeginn stärker denn je in den Vordergrund gerückt und Kommunisten und Kapitalisten schärfer und kontinuierlicher als zuvor als jüdisch versippt und verseucht dargestellt.

In dieser extremen Form des Antisemitismus, wie ihn die Nationalsozialisten predigten und praktizierten, waren soziologische und religiöse Elemente, psychologische Motive und politische Taktik derart zu einem bis dahin unbekannten Vernichtungswahn zusammengeschweißt, daß die Ableitung aus einer einzigen Kausalkette unmöglich erscheint.

Für die Juden, die trotz aller Schikanen und Verfolgungen noch in Deutschland geblieben waren, brachte der von Hitler entfesselte Krieg ungeahnte neue Leiden. War auf die »freiwillige« Auswanderung die Zwangsauswanderung gefolgt, so begannen nun die Deportationen in das Generalgouvernement. Kurze Zeit erlangte auch der von Paul de Lagarde bereits unter Bismarck vorgeschlagene und in den Mittdreißigern erneut diskutierte Plan, die Juden in Madagaskar anzusiedeln, erneute Aktualität. Es war dies die letzte Utopie einer bürokratisch-rationalen Regelung des jüdischen Auswanderungsproblemes seitens der SS.

Mit dem Entschluß, seine Bodenpolitik durch einen Krieg gegen Rußland zu realisieren, war für Hitler die endgültige Regelung der Judenfrage gekoppelt. Aus den Auswanderungsspezialisten der SS wurden nun die Ausführungsorgane der Endlösung.

Bis zu dem Abtransport in den Osten bedeutete der Kriegsalltag für die jüdische Bevölkerung in Deutschland vor allem Zwangsarbeit in der Rüstungsindustrie, tägliche Furcht vor der Gestapo, Entzug der letzten Annehmlichkeiten des Daseins. Ab 20 Uhr bestand für sie Ausgehverbot, es gab Sperrgebiete, die sie nicht betreten durften, sie besaßen keinen Wohnungsraumschutz, sie durften nur zu bestimmten Zeiten einkaufen.

Angesichts all dieser Diskriminierungen und der beginnenden Evakuierungen, wie die Deportationen euphemistisch umschrieben wurden, fällt die Reaktionslosigkeit und Gleichgültigkeit des deutschen Staatsbürgers gegenüber seinem jüdischen Nachbarn auf, insbesondere wenn man an die Emotionen und die Unruhe denkt, welche die Kruzifixaktion, die Vertreibung der Ordensleute und vor allem die Euthanasie hervorgerufen haben. Der Niederschlag in den überkommenen Aktenbeständen ist ebenfalls äußerst spärlich. Man findet zwar hin und wieder Hinweise auf das Verhalten einzelner, insbesondere bei Gegenmaßnahmen des Sicherheitsdienstes und der Gestapo, wenn sich Anhaltspunkte für die Unterstützung der Juden seitens der Bevölkerung fanden. Die richterliche Praxis bietet weiter einige wenige Anhaltspunkte über individuelle Reaktionen. Auch die »Meldungen aus dem Reich« berichten sehr sporadisch über einige Detailvorkommnisse, die jedoch wenig konkludent erscheinen.[129]

Aufschlußreicher für unser Thema als Einzelvorfälle sind die gemeldeten Reaktionen der Bevölkerung insgesamt auf die Einführung des Judensterns. Die Polizeiverordnung über die Kennzeichnung der Juden vom 1. September 1941 sah vor, daß jeder Jude einen handtellergroßen, schwarz ausgezogenen Sechsstern aus gelbem Stoff mit der Aufschrift »Jude«[130] »auf der linken Brustseite etwa in Herzhöhe sichtbar und festgenäht in der Öffentlichkeit zu tragen«[131] hatte.

Propagandistisch war die Aktion vortrefflich vorbereitet worden. Kurze Zeit zuvor erhielt die Presse Anweisung, sämtliche Äußerungen von Juden gegen Deutschland oder gegen autoritäre Staaten herauszustellen.[132] Am 26. September wurde den Redakteuren mitgeteilt: »Anhand der Kennzeichnung des Judentums bietet sich die Möglichkeit, dieses Thema in den verschiedensten Formen zu behandeln, um dem deutschen Volk die Notwendigkeit dieser Maßnahme klarzumachen und speziell auf die Schädlichkeit der Juden hinzuweisen. Der Schnelldienst gibt ab morgen Material aus, was unter Beweis stellt, welche Schäden das Judentum Deutschland zugefügt hat und welches Schicksal es ihm zugedacht hat ...«[133]

Über die Reaktion der Bevölkerung berichten die »Meldungen aus dem Reich« vom 9. Oktober:

»Die *Verordnung über die Kennzeichnung der Juden* wurde vom überwiegenden Teil der Bevölkerung begrüßt und mit Genugtuung aufgenommen, zumal eine solche Kennzeichnung von vielen schon lange erwartet worden war. Nur in geringem Umfange, vor allem in katholischen und bürgerlichen Kreisen, wurden einzelne Stimmen des Mitleids laut. Vereinzelt wurde auch von ›mittelalterlichen Methoden‹ gesprochen. Vorwie-

[129] Vgl. die Meldungen vom 15. 7. 40, 28. 11. 40. 27. 11. 41 in BA R 58/152, 156, 166 und vom 29. 1. 42. BOBERACH; S. 215.
[130] RGBl I; S. 547.
[131] Erlaß des Reichsinnenministers vom 15. 9. 41. – s. Anlage der »Vertraulichen Informationen« der Parteikanzlei vom 22. 11. 41. BA ZSg 3/1621a.
[132] V.I. Nr. 217/41 vom 21. 8. 41. BA ZSg 109/24; fol. 101.
[133] V.I. Nr. 252/41 BA ZSg 109/25; fol. 84.

gend in diesen Kreisen wird befürchtet, daß das feindliche Ausland die dort lebenden Deutschen mit einem Hakenkreuz kennzeichnen und gegenüber diesen zu weiteren Repressalien greifen werde. Überall ist das erste Auftreten von gekennzeichneten Juden stark beachtet worden. Mit Erstaunen wurde festgestellt, wieviel Juden es eigentlich in Deutschland noch gibt...«[134]

Am 1. Oktober 1941 waren es noch 163 692. Die meisten von ihnen waren Stadtbewohner, und am zahlreichsten waren sie in Frankfurt und vor allem Berlin. In dem Bericht der Reichsfrauenführerin für die Monate August-September 1941[135] finden sich bezeichnenderweise auch nur aus den Gauen Hessen-Nassau und Berlin Meldungen zu diesem Thema. Beide Male heißt es, daß die Maßnahme »sehr«, bzw. »außerordentlich« begrüßt wurde, und beide Male wurde das Unverständnis gegenüber der Tatsache zum Ausdruck gebracht, daß die jüdischen Frauen von Ariern von dieser Regelung ausgenommen waren. Eine derartige Beanstandung wurde auch aus dem Gau Sachsen im Bericht der Reichsfrauenführerin für das letzte Quartal 1941 gemeldet.[136] Erst der SD-Bericht vom 2. Februar 1942 bringt eine zusammenfassende Übersicht »zur Auswirkung der Polizeiverordnung über die Kennzeichnung der Juden vom 1. 9. 41«. Hierin heißt es, daß sich »der Erlaß der Verordnung über die Kennzeichnung der Juden in der Bevölkerung im allgemeinen günstig auswirkt. Es wird überall betont, daß diese Verordnung einem lange gehegten Wunsch weiterer Bevölkerungskreise, besonders an Plätzen mit noch verhältnismäßig zahlreichen Juden, entsprochen habe. Aus den Meldungen ergibt sich allerdings auch übereinstimmend, daß die Sonderbehandlung der mit Deutschblütigen verheirateten Juden in der Bevölkerung Befremdung und Unwillen hervorgerufen habe. Die in der Verordnung vorgesehenen Ausnahmen seien von Volksgenossen sogar vielfach als eine ›halbe Maßnahme‹ kritisiert worden. Insbesondere hätte man überall die Feststellung machen können, daß in der Allgemeinheit eine radikale Lösung des Judenproblems mehr als jeder Kompromiß Verständnis findet und daß in weitesten Kreisen der Wunsch nach einer klaren äußeren Scheidung zwischen dem Judentum und den deutschen Volksgenossen besteht. Bezeichnend sei es, daß vielfach in der Kennzeichnungsverordnung nicht etwa eine abschließende Maßnahme, sondern ein Auftakt zu weiteren einschneidenden Verordnungen mit dem Ziel einer endgültigen Bereinigung der Judenfrage erblickt wird...«

[134] »Meldungen aus dem Reich«, 9. 10. 41 BA R 58/165.
[135] BA NS 22 vorl. 860.
[136] ibid.

Auch hier wird also nochmals betont, daß die Ausnahmebestimmungen die Gemüter erregten, da in ihnen der Grundsatz »Jud bleibt Jud« verletzt worden sei und sich obendrein die nicht gekennzeichneten Ausnahmen überall unerkannt einschleichen könnten. Der Bericht schließt mit den Worten: »Am meisten würde jedoch eine baldige Abschiebung aller Juden aus Deutschland begrüßt werden.«[137]

Von den »Chefjuristen« fand nur der Generalstaatsanwalt in Düsseldorf aufgrund einer konkreten Begebenheit das Ereignis einer knappen Meldung wert: der Oberstaatsanwalt in Wuppertal habe vom Selbstmord eines getauften Juden berichtet, der den Judenstern nicht tragen wollte.[138] Diese Art, von der Diskriminierung Notiz zu nehmen, entspricht in etwa derjenigen des Regierungspräsidenten von Ober- und Mittelfranken, der in seinem Monatsbericht für April 1942 über die »Evakuierung« von 781 Juden im März und 105 im April referierte und sie mit folgendem Kommentar versah: »Außer einigen Selbstmorden und Selbstmordversuchen sind keinerlei Störungen eingetreten.«[139] Auch sein Bericht zu der Polizeiverordnung selbst bewegte sich in dem bisher bekannten Rahmen. »Die Kennzeichnung der Juden erfolgte ohne Zwischenfälle; das Erscheinen der gekennzeichneten Juden in der Öffentlichkeit führte bis jetzt zu keinerlei Störungen. Dagegen häuften sich anonyme und offene Anzeigen der deutschblütigen Bevölkerung gegen vermeintliche Juden, bzw. solche, die laut Verordnung von der Kennzeichnungspflicht ausgenommen sind . . .«[140] In seinem Bericht für November gab er bekannt, daß in einem Ort bei Ansbach für die noch lebende jüdische Ehefrau eines Uhrmachers ein Galgen mit der Aufschrift: »Für die Jüdin« aufgestellt worden war.

Der Regierungspräsident von Mainfranken verzeichnete in seinem Septemberbericht nichts über die Kennzeichnung der Juden; statt dessen erging er sich wieder ausführlich über die Konsequenzen der Kruzifixaktion. Der Polizeipräsident von Augsburg, dessen Rapport fast wörtlich mit dem des Regierungspräsidenten von Schwaben und Neuburg übereinstimmte, wußte mitzuteilen, daß die Aktion große Befriedigung ausgelöst habe. Nur die Einkaufsmöglichkeiten für Juden seien noch nicht zufriedenstellend geregelt. Nicht jeder Geschäftsmann wolle Juden in seinem Geschäft dulden.[141] Im Dezember kam er noch einmal auf die Frage zurück und

[137] »Meldungen aus dem Reich«, 2. 2. 42. BOBERACH; S. 220.
[138] BA R 22/3363.
[139] BHStA München, Abt. II, MA 106 679.
[140] Monatsbericht für September 1941. *ibid.*
[141] BHStA, Abt. II, MA 106 694 und 106 683.

vermeldete, daß das Verbot für Juden, den Wochenmarkt zu betreten, von der Bevölkerung sehr begrüßt worden sei. Offensichtlich jedoch nicht von allen Deutschen, denn: »Es konnte festgestellt werden, daß die Einkäufe auf dem Wochenmarkt für die Juden nunmehr nichtjüdische Personen besorgen . . .«

Auch die Geheime Staatspolizei hatte wiederholt nicht systemkonformes Verhalten in der Judenfrage konstatieren müssen. Immer noch gab es »deutschblütige Personen« die »nach wie vor freundschaftliche Beziehungen zu Juden« unterhielten und sich mit diesen in der Öffentlichkeit zeigten. »Da die betreffenden Deutschblütigen auch heute noch den elementarsten Grundbegriffen des Nationalsozialismus verständnislos gegenüberzustehen scheinen und ihr Verhalten als Mißachtung der staatlichen Maßnahmen anzusehen ist, ordne ich an, daß bei derartigen Vorkommnissen der deutschblütige Teil aus erzieherischen Gründen vorübergehend in Schutzhaft zu nehmen, bzw. in schwerwiegenden Fällen bis zur Dauer von drei Monaten in ein Konzentrationslager, Stufe I, einzuweisen ist. Der jüdische Teil ist in jedem Fall bis auf weiteres unter Einweisung in ein Konzentrationslager in Schutzhaft zu nehmen.«[142]

Einige der in diesen Berichten verwandten charakteristischen Äußerungen sollen hier kurz kommentiert werden.

Die gemeldete Verwunderung über die Anzahl der noch in Deutschland lebenden Juden deutet darauf hin, wie wenig Deutsche direkten Kontakt zu ihnen hatten. Das erklärt auch teilweise die Gleichgültigkeit vieler. Angesichts der Belastungen der Kriegszeit konzentrierte sich die Aufmerksamkeit der meisten Deutschen zum einen auf die Entwicklung der militärischen Situation, von der das Schicksal der Nation abhing, zum anderen auf die private Sphäre mit all ihren täglichen Sorgen und Nöten und der Angst um das Schicksal der Angehörigen. Dieser Rückzug ins Private ist keine ausschließlich deutsche Eigenschaft[143], nur hatte er in Deutschland hinsichtlich der Judenfrage katastrophale Folgen.

---

[142] Geheime Staatspolizei, Staatspolizeistelle Nürnberg-Fürth. Nr. 7479/41 II B 4 vom 3. 11. 1941. Betrifft Verhalten Deutschblütiger gegenüber Juden. StA Bamberg *Rep. K 9/Verz. XV. Nr. 1301.*
[143] In seiner aufschlußreichen Studie *The American People and Foreign Policy;* S. 30 ff. stellt Gabriel A. ALMOND als eine der herausstechendsten Charakterzüge der Amerikaner die Betonung materieller und privater Werte heraus, die eine der wesentlichsten Ursachen für ein weitverbreitetes Desinteresse an Fragen der Außenpolitik sind. Selbst in außenpolitischen Krisensituationen konzentrierte sich nach vorübergehender Ablenkung das Interesse der Amerikaner sehr rasch wieder auf den privaten Bereich.

Die sehr verschwommene Aussage, daß sich die Kennzeichnung der Juden »im allgemeinen günstig« ausgewirkt habe und einem »lange gehegten Wunsch weiter Bevölkerungskreise, besonders an Plätzen mit zahlreichen Juden entsprochen habe«, darf wohl dahingehend interpretiert werden, daß sich wenig Opposition gezeigt hat und nur in einigen Städten offene Zustimmung fand. Globale Feststellungen über das Verhalten der Deutschen gegenüber den Juden sind mit Vorsicht zu behandeln, da, wie bereits eingangs betont, starke regionale Unterschiede bestanden. Mag sich in einigen urbanen Ballungszentren, wie Frankfurt, teilweise ein echter Antisemitismus gezeigt haben, so gab es ganze Gebiete, in denen die Judenhetze des Regimes nur als ein Parteislogan aufgefaßt und übergangen wurde. Die Bevölkerung verharrte in Ablehnung gegenüber den Versuchen der nationalsozialistischen Propaganda, den Judenhaß hochzuspielen, und zeigte Gleichgültigkeit. Symptomatisch hierfür ist beispielsweise die verschiedenartige Reaktion gegenüber Euthanasie und Judenfrage, wie sie aus einer kleinen Meldung im Wochenbericht der Kreisleitung Kiel vom 8. Dezember 1941 – also wenige Wochen nach Einführung des Judensterns – hervorgeht. Hier heißt es, der Film »Ich klage an« habe eine außerordentlich gute Aufnahme gefunden, während »Der ewige Jude« weit weniger besucht sei als sonst.[144] Die Euthanasie beschäftigte die Gemüter; die Judenfrage wurde als lästig und langweilig empfunden. Die beginnenden Deportationen schienen manchem eine gute Lösung, denn sie enthoben ihn der Notwendigkeit, sich überhaupt noch Gedanken über das weitere Ergehen der Juden zu machen. »Es wäre zu erwägen, ob man diese unangenehmen Gesellen nicht nach Osten abschieben könnte, damit sie aus den Stadtbildern unseres Gaues vollständig verschwinden.«[145] Der Generalstaatsanwalt beim Oberlandesgericht Nürnberg teilte mit, daß am 15. November 1941 der erste Judentransport nach dem Osten abgegangen sei. »Die Bevölkerung, der dies nicht verborgen blieb, nahm die Tatsache zustimmend zur Kenntnis.« Zu dieser »Zustimmung« trug bei, daß zum selben Zeitpunkt Gerüchte ausgestreut wurden – von welcher Seite her, ist nicht schwer zu erraten –, daß die Juden der Gegenseite verraten hätten, wie wenig Flugabwehrgeschütze im Nürnberger Raum stationiert seien. Auf diese Tatsache seien auch die Luftangriffe zurückzuführen.[146]

Neben dieser breiten Schicht der Indifferenten, Verhetzten, Zustimmenden standen zwei Minderheiten: eine kleine Gruppe roher und primitiver

[144] BA NS Misch/1722; ff 30049.
[145] Kreisleitung Lübeck (Anfang November?). ibid.; ff 301121/22.
[146] Bericht vom 4. 10. 41. BA R 22/3381.

Elemente, die sich aktiv an Verfolgung und Völkermord ergötzten und beteiligten, und die zahlenmäßig nicht allzugroße Schicht der Menschen – seien es Intellektuelle, konfessionell Gebundene, Arbeiter oder Angehörige des gehobenen Bürgertums –, die sich bitter schämten, jedoch aus Angst um die eigene Existenz, die ihrer Familie, aber auch ihrer jüdischen Freunde nichts unternahmen. Nur einige wenige halfen aktiv. Sie mußten meist mit dem Verlust der Freiheit, wenn nicht mit dem Leben bezahlen.[147]

Zu den wenigen, deren Hilfsbereitschaft aktenkundig geworden ist, gehörten kirchliche Organisationen, und unter ihnen muß vor allem Pfarrer Grüber in Berlin genannt werden. Mit Hilfe von Pfarrern und Angehörigen der Bekennenden Kirche gründete er sein Büro, das zusammen mit anderen Hilfsorganisationen zahlreichen Juden beistand und ihnen noch zur Auswanderung verhalf.[148] Am 19. Dezember 1940 – mitten in den Weihnachtsvorbereitungen – wurde Grüber verhaftet und mußte über zwei Jahre in den Konzentrationslagern Sachsenhausen und Dachau verbringen. In einem Schreiben Eichmanns vom 13. August 1941 hieß es:»Da die Bestrebungen des Pfarrers Grüber geeignet waren, die innere Sicherheit des Reiches zu gefährden und die Bevölkerung zu beunruhigen, habe ich mich veranlaßt gesehen, die von ihm unterhaltene Fürsorgestelle aufzulösen und ihn selbst zur Vermeidung der illegalen Fortsetzung seiner Tätigkeit im Dezember 1940 in Schutzhaft zu nehmen...«[149] Sein Freund, der halbjüdische Pfarrer Werner Sylten, konnte noch kurze Zeit die Hilfeleistungen fortsetzen, dann wurde auch er verhaftet. Nun blieb nur die ille-

---

147 Eine prozentuale Aufgliederung der einzelnen Gruppen ist aufgrund der Berichte nicht möglich. Trotzdem sei hier, mit allem Vorbehalt, das Ergebnis einer privaten, nicht repräsentativen Befragung von Parteimitgliedern aus verschiedenen Berufen und sozialen Bereichen wiedergegeben.
Nach dem Novemberpogrom 1938 ergaben sich folgende Gruppierungen:
5 % Fanatisierte, welche die Gewalt billigten,
32 % vorsichtige Zurückhaltung oder Indifferenz,
63 % uneingeschränkt Entrüstete.
Eine zweite Befragung im Herbst 1942 zeigte folgendes Resultat:
5 % bejahten das rassische Vernichtungsrecht,
69 % waren indifferent,
21 % sprachen sich für einen eigenen Staat oder Lebensraum der Juden aus,
5 % lehnten eindeutig den Antisemitismus ab.
MÜLLER-CLAUDIUS, Michael. *Der Antisemitismus und das deutsche Verhängnis*. Frankfurt/Main, Verlag Josef Knecht, Carolus Druckerei, 1948, S. 162–175.
148 ZIPFEL, S. 218 ff.; »Kämpfer gegen Diktatoren«; *Die Welt*, 12. 6. 68.
149 Der Chef der Sicherheitspolizei und des SD. IV B 4b 845/40. AA *Inland II A/B 80/3.*

gale und private Hilfe in aller Heimlichkeit, denn selbst ein öffentliches Gebet für »Die Juden und die armen Gefangenen in den Konzentrationslagern« führte zu Gefängnisstrafen und schließlich zum Tod, wie das Beispiel des Berliner Domprobstes Bernhard Lichtenberg beweist. Es bedurfte nicht nur der Zivilcourage, sondern der Todesbereitschaft, um zu helfen: »Es war die ewige Szene der Menschheit – die Knechte der Gewalt, das Opfer der ewige Dritte, der Zuschauer, der die Hände nicht hebt und das Opfer nicht verteidigt und nicht versucht, es zu befreien, weil er für seine eigene Sicherheit fürchtet und dessen eigene Sicherheit eben deshalb immer in Gefahr ist...«[150]

Am 15. November 1941 veröffentlichte Joseph Goebbels in *Das Reich* einen seiner zahlreichen demagogischen Artikel »Die Juden sind schuld«. Hierin wurde die Einführung des Judensterns als »eine außerordentlich humane Vorschrift, sozusagen eine hygienische Prophylaxe, die verhindern soll, daß der Jude sich unerkannt in unsere Reihen einschleichen kann, um Zwietracht zu säen«, deklariert. Die Absonderung der Juden von der Volksgemeinschaft sei »ein elementares Gebot völkischer, nationaler und sozialer Hygiene«. Es gäbe gute Menschen und böse Menschen, gute Tiere und böse Tiere. »Die Tatsache, daß der Jude noch unter uns lebt, ist kein Beweis dafür, daß er auch zu uns gehört, genauso wie der Floh ja auch nicht dadurch zum Haustier wird, daß er sich im Hause aufhält.« Damit war der Jude einmal mehr von offizieller Seite vom Menschen zum lästigen Insekt degradiert, und zoologische Maßstäbe fanden für Menschen Anwendung. »Wenn Herr Bramsig oder Frau Knöterich beim Anblick einer alten Frau, die den Judenstern trägt, eine Regung von Mitleid empfinden, dann mögen sie gefälligst auch nicht vergessen, daß ein entfernter Neffe dieser alten Frau mit Nathan Kaufmann in New York sitzt und einen Plan vorbereitet hat, nach dem die deutsche Bevölkerung unter 60 Jahren sterilisiert werden soll, und daß der Sohn ihres entfernten Onkels als Kriegstreiber unter dem Namen Baruch oder Morgenthau oder Untermayer hinter Herrn Roosevelt steht, um ihn in den Krieg hineinzuhetzen, und daß, wenn das gelänge, unter Umständen ein braver aber unwissender USA-Soldat den einzigen Sohn von Herrn Bramsig oder von Frau Knöterich totschießt, alles zur höheren Ehre des Judentums, zu dem auch diese alte Frau gehört, sie mag noch so zerbrechlich und mitleiderregend tun.«

[150] REMARQUE, Erich Maria. *Die Nacht von Lissabon*, Köln, Berlin, Kiepenheuer & Witsch, 1962; S. 116.

Man muß diese perfiden Machwerke lesen, um die Atmosphäre zu verstehen, in der immer wieder versucht wurde, jede Regung des Mitgefühls zu ersticken und als »Humanitätsduselei«[151] zu entwerten. »Man« empfand es dann auch als »untragbar«, »daß jetzt noch, wo der Kampf des Judentums gegen das Deutsche Reich schärfste Formen angenommen hat, an emigrierte Juden, deren Einstellung zum Reich unzweifelhaft ist, Ruhegehälter und Versorgungsgebührnisse gezahlt werden...« Nur Empfänger, die sich im »feindlichen Ausland« befanden, erhielten naturgemäß keine derartigen Zahlungen.

»In der Bevölkerung werde angesichts dieser Tatsache darauf hingewiesen, daß einerseits von Partei- und Regierungsstellen ständig gegen die Juden Stellung genommen werde, während andererseits an »Systemjuden« im Ausland Gehälter gezahlt wurden. Das ginge so weit, daß deutsche Dienststellen sich sogar bemühten, im Ausland unauffindbare Juden ausfindig zu machen, um ihnen die Versorgungsgebührnisse zustellen zu können.«[152]

Das Kesseltreiben nahm immer üblere Formen an. In Vervollständigung der Kennzeichnungspflicht für Juden wurden ihnen die öffentlichen Verkehrsmittel verboten, ihre Wohnungen gekennzeichnet und sie in ihrem Wohnraum beschränkt. Sie durften keine Deutschen mehr beerben, kein Telefon haben, keine Zeitungen beziehen. Nach und nach erhielten sie keine Fischwaren, keine Fleischkarten, keine Kleiderkarten, Milchkarten, Rauchkarten, Kuchenkarten mehr, kein Weißbrot, keinerlei Mangelwaren. Die »Meldungen aus dem Reich« glaubten mit Befriedigung »die eindeutig ablehnende Haltung der Bevölkerung gegen das Judentum« konstatieren zu können. Bei Aufnahme jüdischer Gefangener in den Wochenschauen seien des öfteren Äußerungen gefallen, wie »diese Kerle sollte man doch lieber gleich erschießen«.[153] Es wurde abgelehnt, »daß deutsche Gerichte nach wie vor rein jüdische Angelegenheiten mit Kosten und Zeitaufwand behandeln müssen«. »Die Regelung der Rechtsverhältnisse der Juden entspräche nicht der politischen Stellung der Juden im national-

151 So heißt es in einem »Vertraulichen Informationsbericht« über eine Fahrt durch das Generalgouvernement einschließlich Galizien vom 5. 10. 41: »Sollte es noch Leute geben, die irgendwie Mitleid mit den Juden haben, dann dürfte es sich empfehlen, sie einen Blick in ein solches Ghetto tun zu lassen: der Massenanblick dieser verrotteten, verderbten und bis in die Knochen verfaulten Rasse vertreibt jede Humanitätsduselei...« BA ZSg 101/41, ff 55.
152 »Meldungen aus dem Reich«, 27. 10. 41. BA R 58/165.
153 »Meldungen aus dem Reich«, 27. 11. 41. BA R 58/166.

sozialistischen Deutschland.«[154] Von hier bis zum Ausschluß aus dem normalen Rechtsweg und der Unterstellung unter das Polizeirecht, wie es die 13. Verordnung zum Reichsbürgergesetz vom 1. Juli 1943[155] verwirklichte, waren nur noch wenige Schritte.

Keine der für Juden angesetzten Geschäftszeiten war genehm: durften sie frühmorgens einkaufen, befürchtete man, sie würden die Mangelwaren ergattern; setzte man die Einkaufsstunden später an, hieß es, die deutschen Hausfrauen, denen man einen gemeinsamen Einkauf mit den Jüdinnen nicht zumuten könnte, müßten ihretwegen früh oder spät in den kalten Stunden einkaufen,»während die Judenweiber in den erträglicheren Mittags- und Frühnachmittagsstunden einkaufen könnten«.[156] Außerdem war »in weiten Kreisen der Bevölkerung eine ständig wachsende Erbitterung darüber festzustellen, daß die Judenkinder die gleichen Vollmilchsätze wie die deutschen Kinder erhielten ...«[157]

Nachdem bereits im April 1939 die Vereinigte Nationalkirche der Deutschen Christen in der berüchtigten Godesberger Erklärung die Reinigung der Kirche von jüdischen Elementen gefordert hatte, wurden nach der Kennzeichnung der Juden zahlreiche Christen bei ihren Geistlichen vorstellig und verlangten getrennte Gottesdienste, da »man von ihnen nicht verlangen könne, daß sie neben einem Juden die Kommunion empfangen sollen«.[158]

Daraufhin ließen die Angehörigen der Bekenntniskirche ein Flugblatt vertreiben, in dem es hieß, es sei Christenpflicht, die Juden nicht vom Gottesdienst auszuschließen, sie hätten das gleiche Heimatrecht in der Kirche wie die anderen Gemeindemitglieder, und es sei zu erwägen, ob sich nicht Kirchenbeamte der gekennzeichneten Juden besonders annehmen sollten. Das evangelische Konsistorium der Kirchenprovinz Schlesien sah sich allerdings gezwungen, von diesem Flugblatt, das auf einen Aufruf, der von einer Stadtvikarin von Breslau mitunterzeichnet war, zurückging, Abstand zu nehmen.

Bald ließen auch weitere evangelische Kirchen ihre jüdischen Glaubensgenossen im Stich. Im Januar 1942 teilte das *Evangelische Deutschland* mit:»Zur kirchlichen Stellung evangelischer Juden haben die evangelischen Kirchen und Kirchenleiter von Sachsen, Hessen-Nassau, Schleswig-

154 »Meldungen aus dem Reich«, 29. 1. 42. BOBERACH; S. 215/216.
155 RGBl. I; S. 372.
156 »Meldungen aus dem Reich«, 9. 2. 42. BA R 58/169.
157 »Meldungen aus dem Reich«, 16. 2. 42. *ibid.*
158 »Meldungen aus dem Reich«, 24. 11. 41. BOBERACH; S. 195.

Holstein, Thüringen, Mecklenburg-Anhalt und Lübeck eine Kundgebung und entsprechende Kirchengesetze erlassen; die kirchliche Mitgliedschaft von Judenchristen wird danach in den betreffenden Kirchengebieten aufgehoben.«[159] Die katholische Kirche bezog eine sehr vorsichtige Stellungnahme hinsichtlich der »Judenchristen«.

In einer Unterredung eines Vertrauensmannes mit dem Päpstlichen Nuntius in Berlin am 13. November 1941 »erklärte der Nuntius, daß Sondergottesdienste in Anbetracht der schon geringen Zahl an Juden nicht gestattet werden können«. Der Nuntius glaubte im übrigen, die Haltung der Deutschen gegenüber den Juden sei seit Einführung des Judensterns »merklich wohlwollender geworden« und erwähnte als Beispiel einen Vorfall in einer Berliner Straßenbahn. »Nachdem ein junger Mann eine alte Jüdin aufgefordert hatte, ihm ihren Platz freizumachen, seien sofort zwei Herren aufgestanden, die der Jüdin demonstrativ ihren Platz anboten . . .«[160]

Kardinal Bertram, Erzbischof von Breslau und Vorsitzender der Fuldaer Bischofskonferenz, forderte in einem Rundschreiben vom 17. September 1941 auf, übereilte Maßnahmen, wie das Aufstellen von Judenbänken und ähnliches, zu vermeiden. Die »Anordnung einer Absonderung der Nichtarier ist gegen die christliche Liebe. Sie ist daher so lange als möglich zu vermeiden . . .« Eine Mahnung zu brüderlicher Gesinnung sollte aber erst im Falle von Störungen erfolgen, und Sondergottesdienste seien erst bei größeren Schwierigkeiten zu erwägen. Ähnlich äußerte sich der Erzbischof von Wien, Kardinal Innitzer. Der SD-Bericht, der über die Haltung der Kirchen in dieser Frage referierte, schloß mit dem Satz: »Danach ist, trotzdem die Juden in letzter Zeit sehr zahlreich, anscheinend abordnungsweise in die Kirchen entsandt wurden, wohl um das Mitleid der Kirchenbesucher zu erregen, aufgrund der Stellungnahme der beiden Kardinäle mit einer Absonderung der Juden im Gottesdienst und beim Sakramentsempfang von kirchlicher Seite aus nicht zu rechnen.«[161] Die Zahl der Juden im deutschen Reichsgebiet nahm ständig ab, so daß sich das Problem der Sondergottesdienste bald erübrigte. Am 1. Januar 1942 waren es noch 131 823.[172]

[159] Zitiert bei KLEPPER. *Unter dem Schatten Deiner Flügel*; S. 1019.
[160] Chef Sipo und SD. IV Bl-930/41 g. Rs. vom 18. 12. 41 an Reichsaußenminister. AA *Inland II g/44*.
[161] »Meldungen aus dem Reich«, 24. 11. 41. BOBERACH; S. 197.
[162] SCHEFFLER; S. 43.

Am 20. Januar fand die berüchtigte Wannseekonferenz statt, in der die »organisatorischen, sachlichen und materiellen Belange im Hinblick auf die Endlösung der europäischen Judenfrage« von allen beteiligten Zentralinstanzen erörtert wurde. Wer nicht bei der Arbeit durch »natürliche Verminderung« ausfiele, sollte, da er zum widerstandsfähigen Teil gehörte, »entsprechend behandelt werden«.[163] Kriegsteilnehmer und besonders privilegierte Juden wurden nach Theresienstadt gebracht – dem »Parade-KZ«, die anderen nach dem Osten »verschubt«[164] und dort zur Arbeit eingesetzt oder »sonderbehandelt«. Den »chaotischen Exekutionen«[165] in Polen und Rußland durch Erschießungsaktionen folgte nun die systematische und geplante Ausrottung.[166] Durch das Beispiel der Euthanasie belehrt, wurden die Schauplätze dieses Grauens in den Osten verlegt. Es entstanden die ersten Todeslager Belzec, Sobibor, Treblinka, Lublin (Maidanek), die sich des von Kriminaloberkommissar Christian Wirth bei der Euthanasie-Aktion erprobten Kohlenmonoxydgases bedienten. Am 17. März 1942 begann in Belzec mit sechs Gaskammern die Ausrottungsmaschinerie zu arbeiten. Die Methode wurde aber als noch nicht perfekt erachtet; sie dauerte zu lange und wurde schließlich in Auschwitz durch Anwendung des Blausäuregases Zyklon B ersetzt. Das fabrikmäßige Morden sollte so geheimgehalten werden wie möglich; wer darüber sprach, wurde erschossen.[167] Alle Befehle wurden entweder mündlich gegeben oder als geheime Reichssache erklärt. Und diese mußten beim Herannahen des Feindes zerstört werden.

Hitler, der Initiator dieses Infernos, soll niemals ein Vernichtungslager besucht haben. Er ließ sich nur von Himmler über die Resultate Bericht erstatten. Von dem Reichsführer SS wissen wir, daß ihm bei einer Erschie-

163 s. aus dem »Wannsee-Protokoll«. Der Nationalsozialismus. Dokumente 1933–1945. Hrsg. und kommentiert von Walter Hofer. Frankfurt, Fischer Bücherei, 1957; S. 303–305.
164 So heißt es in der Meldung eines Kriminalsekretärs vom 21. 3. 42 über den Abtransport von Juden aus einer fränkischen Kleinstadt nach Lublin. StA Bamberg, Rep. Kg/Verz. XV; Nr. 1301.
165 FRIEDLÄNDER, Saul. Kurt Gerstein ou l'ambiguité du bien. Paris, Castermann, 1967; S. 93 f. – Deutsch: Kurt Gerstein oder die Zwiespältigkeit des Guten, Gütersloh, Bertelsmann Sachbuchverlag, 1969; S. 91. – Hier heißt es in der Übersetzung allerdings »ungeordnete Vernichtung«.
166 Über das Ausmaß der Verbrechen s. HENKYS, Reinhard. Die nationalsozialistischen Gewaltverbrechen. Geschichte und Gericht. Stuttgart, Kreuz-Verlag, 1964.
167 FRIEDLÄNDER. Kurt Gerstein . . .; S. 94, und HÖHNE; S. 347.

ßung von 2000 Juden schlecht wurde, er aber hinterher pathetische Worte fand, um seine SS-Männer für die Mordaktion anzufeuern.[168] Was wußte die Masse der Deutschen über diese Verbrechen? Die Frage ist oft gestellt worden und nur sehr schwer schlüssig zu beantworten. Es soll hier versucht werden, zumindest eine etwas differenzierte Antwort zu geben, die jede globale Anschuldigung oder Diskulpierung vermeidet. Für viele Wehrmachtsangehörige im Osten – es ist unmöglich, ihre genaue Zahl abzuschätzen – konnten die Erschießungen nicht geheim bleiben. Aus dem Bericht über eine Frontreise des Majors i. G. Freiherr von Gersdorff vom 5. bis 12. Dezember 1941 im Bereich der Heeresgruppe Mitte erfahren wir, daß die Erschießungen der Juden, Gefangenen und Kommissare »in vollem Umfang bekanntgeworden« seien und auf scharfe Ablehnung im Offizierskorps stießen. Man empfinde sie »als eine Verletzung der Ehre der Deutschen Armee«. Die Frage der Verantwortung sei heftig diskutiert worden. Außerdem trügen diese Maßnahmen zur Verstärkung des feindlichen Widerstandes bei.[169] Ähnliche Äußerungen von Offizieren wurden aus dem Bereich des Befehlshabers für das rückwärtige Heeresgebiet Nord gemeldet.[170] Es gibt zahlreiche weitere Zeugenaussagen, aus denen hervorgeht, daß deutsche Soldaten bei den Massakern unfreiwillige Zeugen waren, bewußt zusahen oder gar Hilfestellung leisteten.[171] Zitieren wir hierzu eine Stellungnahme des Chefs des Generalstabes des Armeeoberkommandos 11 vom 22. 7. 1941, in der es heißt:

»Bei der in Osteuropa herrschenden Auffassung vom Wert des Menschenlebens, können deutsche Soldaten Zeugen von Vorgängen werden (Massenhinrichtungen, Ermordung von Zivilgefangenen, Juden u. a. m.), die sie im Augenblick nicht verhindern können, die aber zutiefst gegen das deutsche Ehrgefühl verstoßen. Es ist eine Selbstverständlichkeit für jeden gesund empfindenden Menschen, daß von solchen abscheulichen Ausschreitungen keine fotografischen Aufnahmen angefertigt werden oder über sie

168 ibid.
169 Fotokopie im IfZ. Vgl. DEMETER, Karl. Das deutsche Offizierskorps in Gesellschaft und Staat, 1650–1945, Frankfurt/M., Bernard & Graefe-Verlag für Wehrwesen, 1965 (4. überarb. Aufl.); S. 22, 223.
170 Chef der Sicherheitspolizei und SD-Adjutant, Cd. 5. B. Nr. 58422/42 gh. Rs. v. 13. 2. 42. BA NS 19 neu/2030.
171 REITLINGER, Gerald. Die Endlösung. Hitlers Versuch der Ausrottung der Juden Europas 1939–1945. Berlin, Colloquium Verlag, 1956; S. 220 ff. HILBERG, Raoul. The Destruction of the European Jews. Chicago, Quadrangle Books, 1961; S. 215 ff. POLIAKOV, Léon, u. WULF, Josef. Das Dritte Reich und die Juden. Berlin, arani-Verlag, 1955; S. 519 ff. SCHEFFLER; S. 107; Der Nationalsozialismus; S. 300 ff.

in Briefen an die Heimat berichtet wird . . .« Strenge Strafen für das Anfertigen von Berichten und Bildern wurden angedroht, das Zuschauen mit folgendem Argument abgetan:»Ein neugieriges Begaffen solcher Vorgänge liegt unter der Würde des deutschen Soldaten.«[172] Am 2. November 1941 verbot Keitel dann generell das Fotografieren von Exekutionen.[173]

Zur Rechtfertigung der grauenvollen Aktionen erfand das NS-Regime immer wieder glaubwürdige Gründe, wie Brandstiftung, Angriffe auf die Wehrmacht, Sabotage, Spionage und vor allem Bandenbildung.

Auch Deutschlands fähigster Generalstabsoffizier, Generalfeldmarschall von Manstein, hatte Hitlers These vom Vernichtungskrieg akzeptiert und mit ihm die Ausrottung der Juden:

»Dieser Kampf wird nicht in hergebrachter Form gegen die sowjetische Wehrmacht allein nach europäischen Kriegsregeln geführt.

Auch hinter der Front wird weiter gekämpft. Partisanen, in Zivil gekleidete Heckenschützen überfallen einzelne Soldaten und kleinere Trupps und suchen durch Sabotage mit Minen und Höllenmaschinen unseren Nachschub zu stören . . . Das Judentum bildet den Mittelsmann zwischen dem Feind im Rücken und den noch kämpfenden Resten der Roten Wehrmacht und der Roten Führung. Es hält stärker als in Europa alle Schlüsselpunkte der politischen Führung und Verwaltung, des Handels und des Handwerks besetzt und bildet weiter die Zelle für alle Unruhen und möglichen Erhebungen. Das jüdisch-bolschewistische System muß ein für allemal ausgerottet werden. Nie wieder darf es in unseren europäischen Lebensraum eingreifen . . .«[174]

Ähnlich Generalfeldmarschall von Reichenau:

». . . Der Soldat ist im Ostraum nicht nur ein Kämpfer nach den Regeln der Kriegskunst, sondern auch Träger einer unerbittlichen völkischen Idee und der Rächer für alle Bestialitäten, die deutschem und artverwandtem Volkstum zugefügt wurden.

Deshalb muß der Soldat für die Notwendigkeit der harten, aber gerechten Sühne am jüdischen Untermenschentum volles Verständnis haben. Sie hat den weiteren Zweck, Erhebungen im Rücken der Wehrmacht, die erfahrungsgemäß stets von Juden angezettelt wurden, im Keime zu ersticken . . .«[175]

[172] POLIAKOV-WULF. *Das Dritte Reich und seine Diener;* S. 375.
[173] Zitiert in »*Wollt ihr den totalen Krieg?*«; S. 195.
[174] Armeeoberkommando 11. Abt. 1o/AO Br. 2379/41 geh. 20. 11. 41. POLIA-KOV-WULF. *Das Dritte Reich und seine Diener;* S. 451.
[175] Armeeoberkommando 6 Abt.la-Az. 7 A.H.»u. 10. 10. 41 *ibid;* S 455

Es gab aber auch, wie bereits angeführt[176], manche Offiziere, die alles versuchten, um ihre »Wehrmachtsjuden« vor dem Zugriff von Himmlers Polizei- und Einsatztruppen zu retten.[177] Sie hatten entweder gleich oder später mit Sanktionen zu rechnen, da Himmlers Spionen wenig verborgen blieb.

Unter dem Stichwort der Partisanenbekämpfung wurden Einheiten der Wehrmacht in die Verbrechen verwickelt.[178] Gelegentlich hatte das Heer die Einsatzgruppen zur Bekämpfung versprengter Feindtruppenteile herangezogen. Es entstanden daher oft gute Beziehungen zwischen den Führern der Einsatzgruppen und der Frontverbände. Und je mehr sich die sowjetische Partisanenaktion verstärkte, um so mehr waren die Einsatzgruppen gefragt. Zur besseren Tarnung wurden aus ihnen soldatenähnliche »Bandenkampfverbände« gebildet; ihre Chefs wurden zu Befehlshabern und Kommandeuren ernannt, die schließlich einem Chef der Bandenkampfverbände, Erich von dem Bach-Zelewski, unterstellt wurden. Kombinierte Juden- und Partisanenunternehmen wurden aufgezogen, wie »Aktion Sumpffieber«, »Unternehmen Erntefest«, »Unternehmen Hamburg«, usw., die in erster Linie der Vernichtung der Juden dienten. Zur selben Zeit wurden andere Unglückliche in Gettos und Konzentrationslagern zusammengetrieben, um dort vergast zu werden.

Durch Urlauber drangen Nachrichten über die Erschießungen nach Deutschland, und die Gerüchte häuften sich. Im Oktober 1942 fühlte sich Martin Bormann schließlich veranlaßt, den Gau- und Kreisleitern eine Art Sprachregelung zukommen zu lassen: »Im Zuge der Arbeiten an der Endlösung der Judenfrage werden neuerdings innerhalb der Bevölkerung in verschiedenen Teilen des Reichsgebietes Erörterungen über »sehr scharfe Maßnahmen« gegen die Juden besonders in den Ostgebieten angestellt. Die Feststellungen ergaben, daß solche Ausführungen – meist in entstellter und übertriebener Form – von Urlaubern der verschiedenen im Osten eingesetzten Verbände weitergegeben werden, die selbst Gelegenheit hatten, solche Maßnahmen zu beobachten.

Es ist denkbar, daß nicht alle Volksgenossen für die Notwendigkeit solcher Maßnahmen das genügende Verständnis aufzubringen vermögen,

---

176 s. *supra;* S. 106.
177 Vgl. z. B. die Maßnahmen von Major Liedke und vor allem Oberleutnant Dr. Albert Battel, anläßlich der Judenaussiedlung in Pizenysl am 23./24. 7. 42. Himmler verfügte, daß Battel nach dem Kriege verhaftet und ein Parteigerichtsverfahren gegen ihn eingeleitet werden sollte. BA *NS 19/1765.*
178 HÖHNE; S. 337 ff.

besonders nicht die Teile der Bevölkerung, die keine Gelegenheit haben, sich aus eigener Anschauung ein Bild von den bolschewistischen Greueln zu machen ...« Um jeder Gerüchtebildung, die »oftmals bewußt tendenziösen Charakter« trage, entgegentreten zu können, gab der Leiter der Partei-Kanzlei den Hoheitsträgern der Partei folgende Argumente zur Unterrichtung der Bevölkerung an die Hand: Seit rund 2000 Jahren werde vergeblich versucht, das Judentum zu bekämpfen. Das geschehe nun mit Erfolg seit 1933. Zuerst habe man die Juden aus den einzelnen Lebensgebieten zu drängen versucht, anschließend aus dem Reichsgebiet durch Auswanderung. Seit 1939 werde dies immer schwieriger. Außerdem wachse der deutsche Lebensraum ständig an, und die Juden in diesen Gebieten seien so zahlreich, daß man sich durch Auswanderung ihrer nicht mehr entledigen könne.»Da schon unsere nächste Generation diese Frage nicht mehr lebensnah und auf Grund der ergangenen Erfahrungen nicht mehr klar genug sehen wird und die nun einmal ins Rollen gekommene Angelegenheit nach Bereinigung drängt, muß das Gesamtproblem noch von der heutigen Generation gelöst werden.

Es ist daher die völlige Verdrängung bzw. Ausscheidung der im europäischen Wirtschaftsraum ansässigen Millionen von Juden ein zwingendes Gebot im Kampf um die Existenzsicherung des deutschen Volkes.

Es liegt in der Natur der Sache, daß diese teilweise schwierigen Probleme im Interesse der endgültigen Sicherung unseres Volkes nur mit rücksichtsloser Härte gelöst werden können.«[179]

Der Tenor dieser Verlautbarung entspricht weitgehend Goebbels Eintragungen in seinen Tagebüchern; der Reichspropagandaminister bezieht sich dabei immer wieder auf Gespräche mit Hitler.[180]

Wie Bormann bemerkte, gab es Deutsche, die kein Verständnis für diese brutale Rassenpolitik aufbrachten. Hitler äußerte in seinen Tischgesprächen, das sogenannte Bürgertum »lamentiere heute«, wenn die Juden, die doch seinerzeit den »Dolchstoß« geführt hätten, »nach dem Osten abgeschoben« würden.[181] Goebbels machte ähnliche Feststellungen: »Leider hat sich auch hier wieder herausgestellt, daß die besseren Kreise, insbesondere die Intellektuellen, unsere Judenpolitik nicht verstehen und sich zum Teil auf die Seite der Juden stellen. Infolgedessen ist unsere Aktion vorzeitig verraten worden, so daß uns eine ganze Menge Juden durch die

179 BA ZSg 3/1622 – auszugsweise abgedruckt in SCHEFFLER; S. 55/56.
180 op. cit.; S. 114, 122, 134–143.
181 PICKER; S. 348.

Hände gewischt sind . . .«[182] Doch nicht nur die Intellektuellen, von denen sich im übrigen auch mancher allzuleicht dem Regime überantwortet hatte, protestierten. Schon wenige Tage später notierte Joseph Goebbels: »Es haben sich da leider etwas unliebsame Szenen vor einem jüdischen Altersheim abgespielt, wo die Bevölkerung sich in größerer Menge ansammelte und zum Teil sogar für die Juden etwas Partei ergriff . . .«[183] Und bald darauf: »Die Evakuierung der Juden aus Berlin hat doch zu manchen Mißhelligkeiten geführt. Leider sind dabei auch die Juden und Jüdinnen aus privilegierten Ehen zuerst mitverhaftet worden, was zu großer Angst und Verwirrung geführt hat. Daß die Juden an einem Tag verhaftet werden sollten, hat sich infolge des kurzsichtigen Verhaltens von Industriellen, die die Juden rechtzeitig warnten, als Schlag ins Wasser herausgestellt. Im ganzen sind wir 4000 Juden dabei nicht habhaft geworden. Sie treiben sich jetzt wohnungs- und anmeldelos in Berlin herum und bilden natürlich für die Öffentlichkeit eine große Gefahr . . .«[184] Nicht die Juden bildeten eine Gefahr für die Öffentlichkeit, sondern die Maßnahmen des Regimes. In der sehr kritischen Stimmungslage nach Stalingrad mußte die nationalsozialistische Führung in der Rassenfrage sehr vorsichtig manövrieren. Als die jüdischen Partner von Mischehen ebenfalls festgenommen wurden, fand eine Demonstration der arischen Ehepartner vor dem Sammellager in der Rosenstraße in Berlin statt, in dem man die bis dahin in der Rüstungswirtschaft Zwangsverpflichteten eingesperrt hatte. Die Protestakion wurde nicht mit Gewalt aufgelöst, da man ungeahnte Weiterungen befürchtete, und die inhaftierten jüdischen Ehepartner waren nach ein paar Tagen wieder entlassen. Über derartige Vorkommnisse und Proteste berichten die SD-Meldungen nicht, und sie sind wohl in der breiten Öffentlichkeit nicht bekanntgeworden. So zog niemand in Deutschland – weder aus diesem Vorfall aber auch nicht aus der Reaktion der nationalsozialistischen Führungsschicht auf die Kruzifix- oder Euthanasiefrage – die Lehre, welche Macht, selbst in einem totalitären Staat, einem öffentlichen Protest innewohnt. Wohl mehrten sich die ablehnenden Äußerungen. Von evakuierten Berlinern konnte man bereits 1942 hören, man hätte die Judenfrage menschlicher lösen können. Niemand habe das Recht, ein Volk auszurotten, zumal die Juden, die Deutschland geschadet hätten, zwischen 1933 und 1941 ausgewandert seien.[185] Das abnehmende Kriegsglück wird

[182] *Tagebücher*; S. 237.
[183] ibid.; S. 251/252.
[184] ibid.; S. 267.
[185] IWM FD 332/46. – Bericht des SD-Abschnittes Leipzig vom 19. 8. 42.

dazu beigetragen haben, daß nun mancher sich zu fürchten begann, die Maßnahmen der Juden würden »sich eines Tages mal an uns rächen«.[186] Die Altpreußische Bekenntnissynode hatte für den Aschermittwoch einen Kanzeltext an ihre Pastoren verteilt, der öffentlich die Ausrottungspolitik des Regimes anklagte: »Wehe uns und unserem Volk, wenn das von Gott gegebene Leben für gering geachtet und der Mensch, nach dem Ebenbilde Gottes erschaffen, nur nach seinem Nutzen bewertet wird, wenn es für berechtigt gilt, Menschen zu töten, weil sie für lebensunwert gelten oder einer anderen Rasse angehören . . .«[187]

Als im April 1943 die nationalsozialistische Propaganda einen großangelegten Feldzug mit eindeutig antijüdischen Hetzparolen über die in Katyn aufgefundenen Massengräber begann, in denen Leichen von 4000 ermordeten polnischen Offizieren lagen, hörte man in Deutschland zahlreiche Äußerungen, daß wohl kaum eine Berechtigung bestände, sich über die Untaten der Sowjets aufzuregen, da »deutscherseits in viel größerem Umfange Polen und Juden beseitigt worden seien«.[188]

Derartige Bemerkungen kamen, wie der SD-Bericht mitteilte, aus intellektuellen und konfessionell gebundenen Kreisen. Die Aufdeckung von Massengräbern in Winniza, im Juli 1943, fand, laut SD-Bericht, nur wenig Beachtung und löste – wenn überhaupt – wieder ähnliche Kommentare aus, nämlich, »daß auch von uns alle gegnerischen Elemente im Osten, vor allem die Juden, ausgemerzt worden seien«.[189] Aus den zusätzlichen Erläuterungen der SD-Berichte zu diesen beiden Ereignissen kann man unschwer zum einen die Komplizität – »mit einem Augenblinzeln« ließ man die Katyn-Propagandaaktion über sich ergehen[190] –, zum anderen die

186 Brief vom 27. 3. 43 von einem Unteroffizier aus einem Reservelazarett an den Leiter der Abteilung Propaganda im Reichsministerium für Volksaufklärung und Propaganda. Der Schreiber meint, daß es wenig überzeugte Nazis gäbe, die noch an den Endsieg glaubten, und daß viele die Maßnahmen im Osten mißbilligten. BA R. 55/583.
187 GEIGER, Max. Der deutsche Kirchenkampf 1933–1945. Zürich, EVZ-Verlag, 1965, zitiert in Friedländer, Kurt Gerstein; S. 133.
188 »Meldungen aus dem Reich«, 19. 4. 43. BOBERACH; S. 383. Vgl. auch Monatsbericht des Regierungspräsidenten von Schwaben und Neuburg vom 10. 5. 43, in dem es heißt, daß die Katynpropaganda auch »Erörterungen über die Behandlung der Juden in Deutschland und in den Ostgebieten ausgelöst hat«. BHStA. Abt. II. MA 106/684.
189 »SD-Bericht zu Inlandfragen«, 26. 7. 43; »Meldungen über die Entwicklung der Öffentlichen Meinungsbildung«. BA R 58/186.
190 »Aufnahme und Auswirkung der allgemeinen Propaganda-, Presse- und Rundfunklenkung in der Zeit vom 16. bis 19. 4. 1943.«Meldungen aus dem Reich«, 19. 4. 43. BOBERACH; S. 385, 386.

Abgestumpftheit und Gleichgültigkeit weiter Kreise, großteils hervorgerufen durch »die nun fast täglich eintretenden Menschenverluste durch die feindlichen Bomber im Westen und im Norden . . .«[191], herauslesen. Diese pausenlosen schweren feindlichen Luftangriffe zeitigten nicht nur Indifferenz, sondern schürten bei primitiv Veranlagten den Haß, während sie bei Nachdenklichen die Einsicht förderten, »daß es von der Regierung und der NSDAP unverantwortlich gewesen sei, zu derartigen Maßnahmen gegen die Juden zu schreiten . . .«.[192]

Die Tatsache, daß die Massenexekutionen im Zusammenhang mit dem Rußlandfeldzug erfolgten, verwischten für viele den Mordcharakter der Aktion. Die Vernichtung des Feindes im Krieg galt – und gilt – noch immer als legitim, vor allem wenn es sich um einen *bellum justum*, einen »gerechten« Krieg handelt. Die Anprangerung des Juden als des eigentlich Schuldigen am Krieg verfolgte demnach den sehr realen Zweck, die Ausrottungspolitik als Eliminierung eines Kriegsgegners akzeptabel zu machen. Ein Vorfall in der Berliner U-Bahn, von einer Augenzeugin geschildert, macht dies sehr deutlich: »In der U-Bahn lesen 4 Landser mit dem Russenkampfabzeichen[193] und EK's den Fund von Katyn und entsetzen sich darüber. Nur einer bleibt gefaßter und meint nur gedrückt: ›Wenn man 100 km weiter gräbt, findet man 10 000 Judenleichen. Krieg ist eben Krieg.‹ Die gesamte U-Bahn hörte das und keiner sagte ein Wort.«[194] Solch wachsende Schuldkomplexe und stumme Ablehnung veranlaßten das Regime zu neuen Hetzparolen.[195] Von nun an erhielt die Presse täglich ein »Judenthema«[196], Goebbels fühlte sich über die tägliche Kampagne hinaus veranlaßt, am 8. Mai einen Artikel in *Das Reich* zu veröffentlichen, der den Titel trug »Der Krieg und die Juden«. Den Deutschen wurde nochmals eingehämmert, die Juden hätten diesen Krieg gewollt. Es sei daher ein Gebot der Staatssicherheit, wenn man im eigenen Lande Maßnahmen treffen würde, um jede Gefahr abzuschirmen. »Das mag hie und da zu schwerwiegenden Entscheidungen führen, aber das ist alles unerheblich dieser Gefahr gegenüber. Denn dieser Krieg ist ein Rassenkrieg. Er ist vom Judentum ausgegangen und verfolgt in seinem Sinne

---

[191] s. *supra*; Anmerkung 189.
[192] Bericht des SD-Abschnittes Halle vom 22. 5. 43. BA *NS 6/406.*
[193] Medaille »Winterschlacht im Osten 1941/42« (26. 5. 1942).
[194] Paula STUCK VON REZNICEK. Streng Persönliche Tagebuchnotizen. BA/MA Slg. *106/Bd. 19; fol. 19.*
[195] Vgl. BA *ZSg 109/42; fol.* 33, 34, 37, 40, 41, 45, 63, 69, 73, 74, 75, 76, 85, 97, 130.
[196] BA *ZSg 102/43; fol.* 152.

und nach seinem Plan kein anderes Ziel als die Vernichtung und Ausrottung unseres Volkes . . .«

Als die Propaganda im Mai 1943 nach den schweren Angriffen auf die Ruhrtalsperren[197], die im Volk immer lauter werdenden Vorwürfe über mangelnde deutsche Schutzvorrichtungen auffangen und wieder einmal einen Juden als Urheber der Bombardierungen herausstellen wollte, wurde diese plumpe Manöver von vielen scharf abgelehnt.[198] Selbst Parteikreise fanden dieses Ablenkungsmanöver derart ungeschickt und übertrieben, daß man ihm jegliche Wirkung auf das deutsche Volk absprach.[199]

Wich das Regime angesichts dieser wachsenden Unruhe der öffentlichen Meinung zurück und stoppte sein Vernichtungsprogramm? Im Gegenteil; es zog daraus nur die Konsequenz es 1. zu beschleunigen, 2. noch mehr zu verheimlichen. Am 9. April schrieb Himmler an den Chef der Sicherheitspolizei und des SD, nachdem er den statistischen Bericht des Inspektors für Statistik über die Endlösung der Judenfrage erhalten hatte: »Das wichtigste ist mir nach wie vor, daß jetzt an Juden nach dem Osten abgefahren wird, was überhaupt nur menschenmöglich ist . . .«[200] Gleichzeitig wurde der Inspektor für Statistik, Pg. Koherr, angewiesen, in keiner Stelle des Berichts das Wort »Sonderbehandlung« zu benutzen. Es mußte von einer »Transportierung« von Juden« gesprochen werden, die durch die Lager im Generalgouvernement und im Warthegau »durchgeschleust« wurden[201], denn Himmler fand den Bericht »als allenfallsiges Material für spätere Zeiten und zwar zu Tarnungszwecken recht gut«.

Auch Bormann versandte ein neues geheimes Rundschreiben an die Gauleiter über die Behandlung der Judenfrage, welches eine deutliche Zurücknahme der noch vor einem Dreivierteljahr ergangenen Weisungen darstellt. Im Auftrage Hitlers teilte er mit: »Bei der öffentlichen Behandlung der Judenfrage muß jede Erörterung einer künftigen Gesamtlösung unterbleiben. Es kann jedoch davon gesprochen werden, daß die Juden geschlossen zu zweckentsprechendem Arbeitseinsatz herangezogen werden.«[202]

---

[197] s. infra; S. 363.
[198] Meldungen der Gaue Halle-Merseburg, Kurhessen, Brandenburg, in Partei-Kanzlei II B 4. »Auszüge aus Berichten der Gauleitungen u. a. Dienststellen. Zeitraum 23.–29. 5. 43«. BA NS 6/415.
[199] ibid.
[200] Tgb. Nr. 1573/43. BA NS 19/neu 1570.
[201] SS-Obersturmführer Brand am 10. 4. 43 an den Inspekteur für Statistik. ibid. Der Bericht selbst beträgt 16 Seiten.
[202] Nr. 33/43. BA NS 6/vorl. 344.

Ab Sommer 1943 findet man kaum noch Hinweise über die Reaktion der Bevölkerung hinsichtlich der Verfolgung der Juden. Es kann nicht ausgeschlossen werden, daß es streng geheime Berichte darüber gab, die 1945 vernichtet wurden.[203] Bereits in der Ministerkonferenz vom 12. Dezember 1942 hatte Goebbels gesagt, die englische Propaganda bemächtige sich derart stark »der angeblichen Judengreuel im Osten«, daß man dagegen etwas unternehmen müsse. Das Thema »sei zwar recht heikel, und wir sollten uns auf die Polemik am besten nicht einlassen, dafür aber die Greuel der Engländer in Indien, im Iran und in Ägypten besonders herausstellen...«[204] Am 8. 12. hatte eine vertrauliche Information für die Presse die Wiedergabe der englischen Stellungnahmen zur Judenfrage als »unerwünscht« deklariert.[205] Am 13. Dezember schrieb Goebbels in sein Tagebuch: »Wir wollen auf dieses Thema überhaupt nicht eingehen.«[206] Und am 16. Dezember sagte er, er halte ein allgemeines Geschrei über Greueltaten für die beste Möglichkeit, von dem leidigen Judenthema herunterzukommen. Es müßte so sein, daß jede Partei jeder Partei vorwirft, daß sie Greueltaten begeht. Dieses allgemeine Geschrei würde schließlich dazu führen, daß dieses Thema vom Programm abgesetzt wird...«[207] Katyn gab dann die beste Gelegenheit einer Antigreuelkampagne.

Daß das Schicksal der Juden immer mehr Menschen in Deutschland bedrückte, geht auch aus einem Schreiben des württembergischen Bischofs D. Wurm vom 12. März an das Ministerium für kirchliche Angelegenheiten und ein weiteres an Hitler vom 16. Juli hervor. Hierin setzte sich Bischof Wurm, ein führender Vertreter der Bekenntniskirche, für die privilegierten Juden ein, die nun auch bedroht waren. »Diese Absichten stehen ebenso wie die gegen die anderen Nichtarier ergriffenen Vernichtungsmaßnahmen, im schärfsten Widerspruch zu dem Gebot Gottes und verletzen das Fundament alles abendländischen Denkens und Lebens: Das gottgegebene Urrecht menschlichen Daseins und menschlicher Würde überhaupt... Vorgänge, die in der Heimat bekanntgeworden sind, und viel

203 So wie alle Unterlagen über »Entjudungsvorgänge« vernichtet werden mußten. Vgl. Schreiben des Reichsverteidigungskommissars für den Reichsverteidigungsbezirk Berlin vom 20. 3. 1945. BA *NS 19/118 F 42*. Ein kurzer Hinweis auf den 19. Bericht über den »Sondereinsatz Berlin« für die Zeit vom 14. 2. bis 20. 2. 1945 zeigt, daß dies auch weitgehend befolgt wurde. BERG-HAHN.»Meinungsforschung im Dritten Reich«. *loc. cit.;* S. 110.
204 *»Wollt ihr den totalen Krieg?«;* S. 312.
205 Nr. 315/42. BA ZSg *109/40;* S. 21 ff.
206 *op. cit.;* S. 222.
207 *»Wollt ihr den totalen Krieg?«;* S. 313. – Vgl. auch V.I. Nr. 323 vom 17. 12. 42. BA ZSg *109/40; fol. 43.*

besprochen werden, belasten das Gewissen und die Kraft unzähliger Männer und Frauen im deutschen Volk auf das schwerste, sie leiden unter manchen Maßnahmen mehr als unter den Opfern, die sie jeden Tag bringen ...«[208] Im Dezember folgte ein weiterer Brief des evangelischen Landesbischofs von Württemberg. Aber auch der Vorsitzende der Fuldaer Bischofskonferenz, Bertram, der bereits gegen die geplante Zwangsscheidung von jüdischen Mischehen interveniert hatte, protestierte beim Innenministerium und beim Reichssicherheitshauptamt gegen die unmenschlichen Maßnahmen, denen die deportierten Nichtarier in den Lagern ausgesetzt seien und die den Tod vieler zur Folge gehabt hätten.[209] Sowohl diese wie andere Proteste blieben ohne jegliche Wirkung. Bis zum 1. September 1944 war die Zahl der in Deutschland registrierten Juden auf 14 574 abgesunken. Damit waren die öffentlichen Bekanntmachungen, die den Juden»die Benutzung von Telefonzellen, Gartenbänken, Fahrkartenautomaten usw., der Besuch von Schwimmbädern, Parkanlagen und Gaststätten, der Einkauf von Weißbrot und Kuchen usw.« für weite Gebiete Deutschlands»gegenstandslos geworden«. Im Einvernehmen mit Himmler wurde empfohlen, die Verbotshinweise»nach und nach zu entfernen«. Dasselbe galt für die Zigeuner.[210] Obwohl die Propagandamaschine weiterhin die Juden verteufelte, fiel es immer schwerer, in der Bevölkerung antisemitische Gefühle wachzuhalten oder für das Thema zu interessieren. In einem für die Parteifunktionäre herausgegebenen»Sprechabenddienst« für April heißt die Parole Nr. 9:»Eltern lehrt es die Kinder: Der Jude ist der Weltfeind«: und in den Erläuterungen hierzu:»Jährlich werden einige hunderttausend junger deutscher Menschen wehrreif, die nicht mehr wissen, was der Jude ist. Zumindest wissen sie es nicht aus eigenem Erleben und aus eigener Erfahrung ... Der Jude, ist das nicht ein Museumsstück, mit Neugierde und etwas Verlangen anzuschauen, ein fossiles Wundertier mit dem gelben Stern an der Brust, das von vergangenen Zeiten zeugt, aber nicht zur Gegenwart gehört? Man muß weit fahren, um seiner ansichtig zu werden, und man weiß nicht recht, was mit ihm anfangen ...«[211]

Der Presse mußte verstärkt »Judenmaterial«[222] geliefert und regelrecht

[208] Abgedruckt bei SCHEFFLER; S. 110/111.
[209] LEWY; S. 316–318.
[210] Reichspropagandaamt Bayreuth. Anfang Juli 1944. Betreff: öffentliche Juden-Verbote. StA Bamberg. *Rep. K. 9/Verz. XV, Nr. 2.*
[211] BA ZSg *3/1540.*
[212] BA ZSg *109/42; fol. 73.*

eingebleut werden: »Eines der Grundthemen der deutschen Presse bleibt die antijüdische Kampagne«[213], oder »Es wird daran erinnert, daß die antibolschewistische und die antijüdische Kampagne nach wie vor im Interesse der Öffentlichkeit stehen . . .«[214] Berichte über die Propagandaauswirkungen liegen hierüber nicht mehr vor.

Nur noch Splitterbestände einer Unzahl von Briefen, die an das Propagandaministerium gerichtet wurden, geben einigen Aufschluß über die direkten Folgen der ständigen Verhetzung.

In diesen oft sehr primitiven Episteln aus den letzten beiden Kriegsjahren wird beispielsweise der Vorschlag gemacht – und dies nicht nur einmal –, Juden in den luftgefährdeten Städten zusammenzufassen, ihnen den Zutritt zu den Luftschutzkellern zu verwehren und nach den Bombenangriffen die Zahl der getöteten Juden zu veröffentlichen. »Sollte sich dieses Mittel gegenüber dem Luftterror als nicht wirksam erweisen, so würde diese Pest der Menschheit auf Veranlassung der eigenen Artgenossen in den Feindländern selbst wenigstens teilweise ausgerottet werden.«[215] Andere Vorschläge zielten darauf ab, »nach jedem Terrorangriff der amerikanischen und britischen Regierung mitzuteilen, daß die zehnfache Anzahl von Juden und Jüdinnen für getötete Zivilpersonen erschossen wurden«.[216] Ein ganz ähnlicher Antrag von einem Schweißer in einem Rüstungswerk wurde folgendermaßen begründet: »Dieser Vorschlag ist nach den Auffassungen von früher bestimmt unmoralisch aber für uns ist es eine Notwehr und da ist ja schließlich jedes Mittel erlaubt. Außerdem haben unsere Feinde längst jede Moral abgelegt, warum sollten wir nicht Gleiches mit Gleichem vergelten? Was unsere Feinde tun, ist ja kein Krieg mehr, es ist regelrechter Mord und dem Mörder sowie seinem Anstifter gebührt Todesstrafe . . .«[217] Eine Reihe solcher und ähnlicher Produkte einfacher Leute, aber auch von Akademikern, sind erhalten geblieben[218] Ihre Lektüre ist wenig erbaulich und sei auf diese wenigen Beispiele beschränkt, da sich alle mehr oder weniger ähneln. Alle erlauben jedoch folgende Rückschlüsse:

---

[213] Tagesparole des Reichspressechefs vom 27. 4. 44. *ibid*; fol. 51.
[214] V. I. Nr. 100/44 vom 22. 5. 43. *ibid*; fol. 110.
[215] BA R *55/570*; fol. 60.
[216] BA R *55/571*; fol. 46.
[217] *ibid*; fol. 6.
[218] s. z. B. *ibid*.; fol. 94, 95, 114, 123–125, 145, 240. R *55/577*; fol. 89, 90, 221, 222, 232–237.

1. Ihre Massierung zu bestimmten Daten und die Ähnlichkeit der Wortwahl kennzeichnen sie als spontane Reaktion auf die vom NS-Staat verbreitete Hetzpropaganda.

2. Die angebliche Schuld der Juden am Krieg wurde weitgehend akzeptiert. Viele Briefe schlagen beispielsweise Flugblatt-Texte für Amerikaner und Engländer vor, in denen immer wieder gefragt wird, ob die Angelsachsen denn nicht wüßten, nicht begreifen würden, daß man sie mißbrauche und sie nur für die Juden kämpfen und sterben müßten.[219]

3. Alle gehen davon aus, daß sich noch zahlreiche Juden in Freiheit befänden. »Von dem Dreck haben wir doch genug«[220], heißt es in pöbelhafter und brutaler Manier.

4. Wenn überhaupt auf die Frage des Judenmordes eingegangen wird, so kommen nur Erschießungen zur Erwähnung. Hinweise über die Vorgänge in den Konzentrationslagern und über die Vergasungsaktion finden sich weder hier noch anderswo.

Nun ist es völlig unerheblich, auf welche Weise dieses Morden geschah. Es soll nur klargestellt werden, daß in Deutschland selbst nur ganz wenige über das ungeheure Ausmaß der Verbrechen Bescheid wußten, daß die Propaganda viele Gemüter umnebelt hatte, daß es auch eine große Zahl Ahnungsloser gab unter den vielen Millionen Deutschen in der Heimat und den anderen Kriegsschauplätzen. Gerüchte, Gerede, Andeutungen über Massenerschießungen waren für zahlreiche Menschen außerdem Vorstellungen, die sich rationalem Begreifen entzogen. Ungefähr sechs Millionen Juden bestialisch ausgerottet – es bleibt noch heute nach so eindeutigen Beweisen unfaßbar. Am 4. Februar schrieb eine Berlinerin, die vielen Juden half, in ihr Tagebuch:

»›Man läßt sie ihre eigenen Gräber schaufeln‹, raunen die Leute. ›Man nimmt ihnen die Kleider weg, die Schuhe, das Hemd. Nackt schickt man sie in den Tod.‹ So unvorstellbar ist das Grauen, daß die Phantasie sich

[219] BA R 55/578; fol. 210, 214. R 55/579; fol. 35, 37, 50, 77–79, 82, 97–112, 118–119, 122, 123, 187/188, 204, 223/224, 236–239. Typisch für eine solche Haltung ist z. B. der Brief eines Arbeiters aus Tangerhütte (Stendal) an einen englischen Arbeiter, in dem er ihn auffordert, sich auf seine Rasse zu besinnen und den Juden sofort jeden Kriegsdienst zu verweigern. Er fragt ihn, ob er darüber nachgedacht habe, zu welcher Rasse er gehöre, daß er Arier und ein Germane sei. Der Brief schließt: »Mit echt germanischen Gefühlen grüßt Dich ein deutscher Arbeitskamerad.« R 55/570; fol. 181.
[220] BA R 55/571; fol. 171.

sträubt, es als Wirklichkeit zu begreifen. Irgendein Kontakt setzt hier aus. Irgendeine Folgerung wird einfach nicht gezogen. Zwischen dem theoretischen Wissen und der Anwendung auf den Einzelfall ... klafft eine unüberbrückbare Kluft ... Wir erlauben unserer Einbildungskraft nicht, sie auch nur im geringsten damit in Zusammenhang zu bringen. Könnten wir denn noch weiterleben, wenn wir begriffen, daß unsere Mutter, unser Bruder, unsere Freundin, unser Geliebter – fern von uns unter unfaßbaren Leiden zu Tode gefoltert wurde? Ist es Feigheit, die uns so denken läßt? Vielleicht! Dann aber gehört solche Feigheit zu den Urinstinkten der Menschheit. Könnte man sich den Tod vorstellen, so wäre das Leben gewissermaßen unmöglich. Und ebensowenig wie der Tod stellt sich der Mensch Folter, Grauen und Leid wirklich vor ... Nur durch solche Gleichgültigkeit ist das Weiterleben überhaupt möglich. Bitter sind Erkenntnisse dieser Art. Bitter und beschämend. Sie räumen ein, daß auch wir nicht zu den Stolzen und Starken gehören, die aufstehen, um auszuziehen zum großen Kreuzzug gegen die Ungerechtigkeit. Wer in der Welt hat sich erhoben, um die Qual hunderttausend ermordeter Armenier zu rächen? Wer hat sich gegen die Foltern der Inquisition empört? Die Kunde von der Massakrierung der Juden ging über die ganze Erde. Ist einem einzigen deswegen sein Frühstück schlechter bekommen? Hat ein einziger nicht mehr weiterleben können, weil ihm die Not der Gemarterten den Atem abschnürte und das Gewissen zerriß? ...«[221]

Diese Tagebucheintragung ist nicht als Entschuldigung zitiert; die Verantwortung vor der Geschichte für diesen bestialischen Völkermord muß Deutschland tragen. Aber sie bietet e i n e Erklärung für die Passivität weiter Kreise – über die Komplizität und sittliche Verrohung ist in den vorhergehenden Seiten genug Material ausgebreitet worden. Sie wird gestützt durch Feststellungen des Direktors des niederländischen »Rijksinstitut vor Oorlogsdocumentatie«, Louis de Yong, der berichtet, daß selbst Augenzeugen aus Birkenau sich wochenlang weigerten, die Wahrheit der Gaskammer zu akzeptieren. Die Monstruosität des mechanisierten Massenmordes entzog sich menschlicher Vorstellungskraft.[222]

Andere Erklärungen fußen auf weit elementareren Ursachen. Wenn es nur wenige Deutsche gab, die wagten, was Holländer, Dänen, Franzosen, Italiener für ihre jüdischen Mitmenschen unternahmen, so lag das mit an

221 ANDREAS-FRIEDRICH; S. 83/84.
222 JONG, Louis de. »Die Niederlande und Auschwitz.« VfZG, H. 1. Januar 1969; S. 15.

der Tatsache, daß sie es gegen ihren eigenen Staat, gegen die eigene Nationalgruppe, gegen die eigene Führung tun mußten, während die Resistenz in den okkupierten Ländern zugleich ein Akt der Auflehnung gegen den Feind von außen war. In Deutschland war Mitleid und Hilfe für Juden gleich einem zentralen Angriff gegen das Dritte Reich selbst zu setzen. Für jeden Ethologen, Soziologen und Sozialpsychologen sind Abwehrreaktionen von Gruppenmitgliedern sowohl gegen außerhalb der Gruppe Stehende aber auch gegen Fremdkörper in der Gruppe bekannte Phänomene. Es ist ebenfalls eine der Wissenschaft bekannte Tatsache, daß Tötungshemmungen fast nur gegenüber Gruppenmitgliedern außerordentlich stark entwickelt und sehr schwer überwindbar sind, aber nicht gegen Außenseiter. Neuere Versuche haben zudem, wie bereits kurz erwähnt[223], ergeben, daß Befehle einer freiwillig gewählten und anerkannten Autorität, ungeachtet des Inhaltes der Handlung und ohne Gewissensbeschränkung, von einem hohen Prozentsatz der Versuchspersonen ausgeführt wurden, selbst wenn sie erkennen konnten, daß die Folgen ihres Gehorchens grausam waren.

Diese Erkenntnisse der Geistes- und Sozialwissenschaften ermöglichen sicherlich eine emotionsfreiere Betrachtungsweise. Erklären können sie ein Phänomen wie den Antisemitismus allerdings auch nur teilweise.

Das uns zur Verfügung stehende Aktenmaterial ist zwar spärlich, scheint in seiner Tendenz jedoch recht eindeutig. Hat die Judenfrage die breiten Massen vielleicht weit weniger intensiv beschäftigt, als bisher angenommen wurde, und entspricht der geringe Raum, den dieses Kapitel im Rahmen unserer Studie einnimmt, etwa dem Gewicht, das diesem Problem im Rahmen der deutschen Meinungsbildung tatsächlich zukommt? Es ist dies eine bestürzende Frage. In dem Widerhall, den Hitler und seine Weltanschauung im deutschen Volk fanden, hat der Antisemitismus kaum die zentrale Rolle gespielt, die ihm in Hitlers Ideologie zweifellos zukommt.

3. Krieg in der Schwebe: Dezember 1941 bis Dezember 1942

Von Dezember 1941 bis Dezember 1942 standen die Aussichten im Kampf der Achsenmächte gegen die Sowjetunion und die Angelsachsen ungefähr

[223] s. *supra*; S. 27.

pari. Dann aber neigte sich das Kriegsglück endgültig der »seltsamen Allianz« zwischen Kapitalismus und Kommunismus zu.

Die öffentliche Meinung in Deutschland während dieses Zeitraumes war außerordentlich uneinheitlich und schwankte wie das Zünglein an der Waage auf und ab. Ihre wesentlichen Strömungen sind auf Grund der Zerrissenheit und Widersprüchlichkeit der Meinungen nur schwer darstellbar. Unrast unter der Jugend, Unzufriedenheit bei den Frauen, wachsende Ablehnung der Gläubigen und steigende Kritik an der Propagandaführung dehnten sich aus. Eine Abkühlung zwischen Führungsspitze und breiteren Volksschichten zeigte sich an. Die Ursachen für diesen Entfremdungsprozeß und den sich anbahnenden Meinungsumschwung sind im wesentlichen in der sich stetig verschlechternden militärischen Situation und der als immer größere Belastung empfundenen Kriegsdauer zu suchen.

Seit Ausbruch des dritten Kriegswinters sahen sich die siegesgewohnten Deutschen zum ersten Male mit militärischen Schwierigkeiten ernsthafter Natur konfrontiert. Die deutschen Soldaten in Rußland stießen auf einen Gegner, der sich mit bisher unbekannter Zähigkeit verteidigte und immer wieder neue Reserven heranführte. Für einen harten Winter und die strenge Kälte völlig unzureichend ausgerüstet, mußte der »Landser« schlimmste Strapazen auf sich nehmen. Zehntausende litten unter Erfrierungen.[224] Jeglichem Defätismus aber hatte Hitler mit seinem Haltebefehl in einer äußerst kritischen Situation die Möglichkeit der Ausbreitung genommen, indem er jede freiwillige Rückzugsbewegung verbot und anordnete, »die Truppe zum fanatischen Widerstand in ihren Stellungen zu zwingen, ohne Rücksicht auf durchgebrochenen Feind in Flanke und Rücken«.[225] Den Deutschen zu Hause kam die Bedeutung des Wandels vom Angriff zur Verteidigung nicht recht zu Bewußtsein. Zwei Ereignisse indes beunruhigten sie tief und machten ihnen klar, daß der Ostfeldzug nicht planmäßig verlief: Goebbels Aufruf zur Wintersachensammlung und der Wechsel im Oberbefehl des Heeres.

Noch am 18. November hatte Goebbels der Presse zur Unterrichtung der Öffentlichkeit mitgeteilt, daß die notwendige Winterbekleidung für die Truppe bereits im Laufe des Sommers beschafft worden sei und an den Endpunkten der Eisenbahn bereit liege. Mit der Ausgabe sei schon begonnen worden; lediglich die Transportlage bedinge noch einige Verzögerun-

---

[224] Bis zum 20. 1. 1942 waren 50 000 schwere und leichte Fälle gemeldet. *Goebbels' Tagebücher*; S. 73.
[225] *Entscheidungschlachten des Zweiten Weltkrieges*. Hrsg. von Hans-Adolf JACOBSEN und Jürgen ROHWER, Frankfurt/Main, 1960; S. 171.

gen. Als dann der Reichspropagandaminister am 21. Dezember in einer Rundfunkansprache zur Sammlung von Wintersachen aufrief und sie als ein »Weihnachtsgeschenk des deutschen Volkes an die Ostfront« bezeichnete, löste er Erstaunen, Befremden, Erschütterung und scharfe Kritik aus.[226] Nun gewannen die Schilderungen von Urlaubern und aus Feldpostbriefen über mangelnde Ausrüstung erst recht an Glaubwürdigkeit.[227] Der Rücktritt von Brauchitschs und die Übernahme des OKH durch Hitler durften von der Presse nicht kommentiert werden.[228]

»Die Übernahme des Oberbefehls über das Heer durch den Führer hat nach übereinstimmenden Meldungen aus allen Teilen des Reiches stärkste Überraschung hervorgerufen. Ein vielfach an Bestürzung grenzendes Erstaunen herrschte in weiten Bevölkerungskreisen darüber, daß der Wechsel im Oberbefehl des Heeres gerade in der Zeit härtester Kämpfe an allen Fronten und ausgerechnet vor den Weihnachtsfeiertagen vorgenommen wurde. Hierin wurde vielfach der Beweis gesehen, daß den Führer nur Gründe von tiefgehender Bedeutung und größter Tragweite zu diesem Schritt bewogen haben könnten. Das als Grund für den Rücktritt des bisherigen Oberbefehlshabers angeführte Herzleiden wurde allgemein als nicht glaubhaft bezeichnet.[229] In der Nichterwähnung des Namens des Generalfeldmarschalls von Brauchitsch in dem Aufruf des Führers und in dem Fehlen von Worten der Anerkennung für die bisher geleisteten Dienste sehen weite Kreise eine Bestätigung dieser Annahme.

Unmittelbar nach Bekanntgabe der Übernahme des Oberbefehls des Heeres durch den Führer setzte über die tatsächlichen Gründe der Abberufung von Brauchitschs ein großes Rätselraten ein. Der weitaus größte

---

226 Vgl. OLG-Präsident Bamberg, 5. 1. 42. BA *R 22/3355;* Präsident des Hanseatischen Oberlandesgerichts, 5. 1. 42. *R 22/3366;* Generalstaatsanwalt Naumburg/Saale, 27. 1. 42. *R 22/3380;* Generalstaatsanwalt Königsberg, 19. 2. 42. *R 22/3375;* Monatsbericht des Regierungspräsidenten von Ober- und Mittelfranken für Dezember 1941. BHStA, Abt. II; *MA 106679;* Monatsbericht des Regierungspräsidenten von Schwaben und Neuburg für Dezember 1941. *MA 106684.*
227 »Meldungen aus dem Reich«, 5. und 22. 1. 42. BOBERACH; S. 202, 212.
228 Geheime V.I. Nr. 336/41 vom 22. 12. 41. BA *ZSg 109/28;* fol. 66. Vgl. auch *ZSg 101/22;* fol. 271. *Wollt ihr den totalen Krieg?;* S. 201.
229 Diese Skepsis wurde von allen Berichterstattern gemeldet; fast alle notierten auch die Überzeugung eines Zusammenhanges zwischen beiden Ereignissen. s. z. B. Bericht der Außenstelle Oschatz an SD-Abschnitt Leipzig, 29. 12. 41. *Aus deutschen Urkunden;* S. 253; Monatsbericht für Dezember 1941 des Regierungspräsidenten von Ober- und Mittelfranken, BHStA, Abt. II, *MA 196 679;* Monatsbericht des Regierungspräsidenten von Schwaben und Neuburg, BHStA, Abt. II, *MA 107 684.*

Teil der Bevölkerung brachte die Maßnahmen des Führers mit dem Aufruf des Reichsministers Dr. Goebbels zur Sammlung von Wintersachen für die Soldaten der Ostfront in Zusammenhang und vermutete, daß Generalfeldmarschall von Brauchitsch vom Führer für die mangelhafte Versorgung der Soldaten mit Winterkleidung verantwortlich gemacht worden sei, um so mehr, als der Aufruf des Führers, der vom 19. 12. 1941 datiert war, erst nach der Bekanntgabe des Aufrufs vom Reichsminister Dr. Goebbels der Öffentlichkeit bekanntgegeben wurde . . .

Ein anderer Teil der Bevölkerung vermutet, daß die Übernahme des Oberbefehls des Heeres durch den Führer auf die angeblich bedrohliche Lage an allen Teilen der Front zurückzuführen sei. Neben Stimmen einer aufrichtigen Besorgnis und starken Mitgefühls für den Führer, der zu den vielseitigen auf ihm lastenden Aufgaben nun auch noch den Oberbefehl über das Heer selbst übernommen habe, wurden aber auch aus allen Teilen der Bevölkerung Stimmen laut, daß der Führer nunmehr auch die Befehlsgewalt über das Heer in seiner Hand konzentriert habe. Das Vertrauen zum Führer ist so unerschütterlich, daß die anfängliche Bestürzung über den Rücktritt des bisherigen Oberbefehlshabers des Heeres bald einer zuversichtlicheren Beurteilung der Lage Platz machte und dieses Ereignis heute schon weitgehend in den Hintergrund getreten ist . . .«[230]

Die letzte Behauptung des SD-Berichtes erwies sich als falsch. Da zugleich mit dem Rücktritt des herzkranken von Brauchitsch am gleichen Tage auch der Oberbefehlshaber der Heeresgruppe Mitte, Generalfeldmarschall von Bock, »aus gesundheitlichen Gründen« entlassen wurde und sich herumsprach, daß der Oberbefehlshaber der Heeresgruppe Süd, Generalfeldmarschall von Rundstedt, bereits am 3. Dezember durch Generalfeldmarschall von Reichenau abgelöst worden war, hielt die Unruhe an.[231]

Als dann Hitler dem soeben abgetretenen von Brauchitsch Genesungswünsche übersandte, Generalfeldmarschall von Rundstedt das Staatsoberhaupt beim Staatsbegräbnis des plötzlich verstorbenen Generalfeldmarschalls von Reichenau vertrat und ein Bild über ein Gespräch zwischen von Bock und Hitler veröffentlicht wurde, zeigten sich die Deutschen desorientiert: »... Nunmehr könne sich die Bevölkerung auf die Woll- und Wintersachensammlung und ihre Ursachen überhaupt keinen Vers mehr

[230] »Meldungen aus dem Reich«, 5. 1. 42. BOBERACH; S. 204.
[231] Weiter wurden der Oberbefehlshaber des PZ-AOK2, Generaloberst Guderian, am 25. Dezember abgelöst und Generaloberst Hoepner, Oberbefehlshaber des PZ-AOK4, am 8. Januar abgesetzt und gemaßregelt.

machen. Vor allem tauchte erneut die Frage auf, wer für die Lage unserer Soldaten verantwortlich zu machen sei. Oder es wurden Vermutungen darüber angestellt, warum die nach den Gerüchten eben ›abgesägten Generalfeldmarschälle‹ plötzlich wieder so freundlich behandelt bzw. im Falle Bock zurückgeholt würden. Der Volksgenosse sage, daß nun aus dem Durcheinander von dem, was man ›höre‹ und dem, was in den Zeitungen stehe, nicht mehr herauszufinden sei.«[232]

Goebbels schrieb zwei Tage später, die Stimmung im Volke sei »teilsteils. Immer noch wird lebhaft über die Verabschiedung Brauchitschs geredet. Man ist sich jetzt nicht mehr ganz im klaren darüber, ob er im Bösen oder im Guten gegangen ist. Jedenfalls ist es nicht so, als wäre dies Problem schon vollkommen in der öffentlichen Diskussion eingeschlafen«.[233]

Linksstehende und klassenbewußt ausgerichtete Arbeiter begrüßten sogar den Wechsel im Oberbefehl des Heeres und äußerten, »daß die *Reaktion* nach und nach abgelöst werden müsse«.[234]

Hitlers primitive Reaktion, sein eigenes Versagen in der operativen Führung und der Versorgung der Truppe der Generalität aufzubürden und dementsprechend durch Ablösung hoher Militärs demonstrativ Sündenböcke herauszustellen, hatte ihm zwar erneut Mitgefühl und Vertrauensbeweise der Bevölkerung eingebracht, gleichzeitig aber auch die bestehende Unsicherheit vermehrt. Das Volk erwartete von ihm ein aufklärendes Wort über die Hintergründe der Brauchitsch-Affäre und das Fiasko mit der Winterausrüstung – das geht eindeutig aus den SD-Meldungen vom 2. Februar 1942 hervor.[235] Statt dessen wurden dann die soeben ihrer Ämter Enthobenen mit einigen Liebenswürdigkeiten bedacht. Keinem Einsichtigen jedoch konnte entgehen, daß die Wehrmacht eine weitere Machteinbuße erlitten hatte. Das Heer unterstand nicht nur direkt Adolf Hitler; sein Generalstab mußte sich eine weitere Einschränkung seiner Befugnisse gefallen lassen. Er war nur noch für den Osten zuständig. Alle anderen Operationsgebiete wurden – wie das im Ausnahmefall für Norwegen und Nord-Finnland bereits durchgeprobt worden war – seinen Führungsaufgaben entzogen und als sogenannte OKW-Kriegsschauplätze vom Wehrmachtsführungsstab betreut, der sich zudem,

232 »Meldungen aus dem Reich«, 22. 1. 42. BOBERACH; S. 212.
233 *Tagebücher*; S. 52.
234 Sicherheitsdienst des RFSS.SD Abschnitt Leipzig, Außenstelle Oschatz, 29. 12. 41. *Aus deutschen Urkunden*; S. 253.
235 BOBERACH; S. 217.

zumindest, solange Halder Generalstabschef des Heeres war, auch noch in die Ostkriegführung einmischte.[236] Neben dieser unsachgemäßen Zersplitterung hatte die Entlassung von Brauchitschs noch eine weitere Konsequenz. Mit ihr wurde, wie Ulrich von Hassell in seinem Tagebuch am 22. Dezember 1941 schrieb, die Arbeit von vielen Monaten zunichte gemacht.[237] Von Brauchitsch war zwar kein Mann des Widerstandes, aber auch kein gläubiger Nationalsozialist wie seine zweite Frau, unter deren Einfluß[238] der nicht sehr charakterfeste Generalfeldmarschall stand. Er schwankte zwischen seinen konservativen Idealen und der Bewunderung für Hitler hin und her und wurde durch diesen Zwiespalt aufgerieben. Die Widerstandsgruppe um Canaris, Oster, Dohnanyi, die in Verbindung zu anderen Oppositionsgruppen stand, hatte den Kontakt zu ihm gepflegt und ihn für ihre Sache zu gewinnen versucht, aus der richtigen Erkenntnis heraus, das totale Führersystem sei nur von innen heraus aus den Angeln zu heben. Nach Hitlers Philippika gegen den »Geist von Zossen« war der Generalfeldmarschall lange verschreckt gewesen und hatte sich erst unter dem Eindruck der Hitlerschen Fehlstrategie in Rußland den Argumenten der Militärfronde erneut zugänglicher gezeigt. Durch seine Abberufung wurde die Opposition ihres Kontaktmannes innerhalb der höchsten militärischen Führungsspitze beraubt und verlor damit einen entscheidenden Ansatzpunkt für die Umsturzplanung.

Nicht nur im Osten, wo Kalinin am 17. Dezember den Russen in die Hände fiel und bald darauf Kaluga, blieb den Deutschen das Kriegsglück versagt; auch aus Nordafrika kamen Hiobsbotschaften. Am 25. Dezember eroberten die Briten erneut Bengasi, und Generalfeldmarschall Rommel mußte mit dem Afrikakorps bis Mersa-el-Brega an der Großen Syrte zurückgehen. Diese Nachrichten wurden in der Heimat mit äußerstem Pessimismus aufgenommen: »Vereinzelt sah man bereits den ganzen nordafrikanischen Kriegsschauplatz als für die Achsenmächte verloren an. Auch wurden bereits Befürchtungen über die Möglichkeit einer Invasion der britischen Streitkräfte auf Sizilien, Sardinien und Süditalien geäußert. Erst mit der Bekanntgabe der Abwehrerfolge der deutsch-italienischen Truppen im Raum von Agedabia ist wieder eine zuversichtliche Beurteilung der Lage eingetreten, wenn auch nach wie vor noch Stimmen der Be-

---

[236] WARLIMONT; S. 232; Anmerkung 23.
[237] *Vom anderen Deutschland.* Frankfurt/M., Fischer Bücherei, 1964 (Cop. Atlantis Verlag, Zürich, 1946); S. 212 und S. 217.
[238] O'NEILL; S. 146.

fürchtung laut werden, daß das Afrika-Korps mangels entsprechenden Nachschubs an Menschen und Material dem Druck der britischen Streitkräfte auf die Dauer nicht standzuhalten vermöge.«[239] Unter dem Eindruck dieser sich anbahnenden ungünstigen Entwicklungen und durch die ersten japanischen Erfolge verdrängt, wurde Hitlers Kriegserklärung an die Vereinigten Staaten von Amerika, durch die Propaganda seit langem vorbereitet, nicht in ihrer Tragweite begriffen: »Die Kriegserklärung an die USA kam keinesfalls überraschend und wurde vielfach als offizielle Bestätigung eines in Wirklichkeit bereits bestehenden Zustandes gewertet. Lediglich in bäuerlichen Kreisen wurden ganz vereinzelt Stimmen der Überraschung und einer gewissen Besorgnis über das Hinzukommen eines weiteren Gegners laut. Die Schaffung klarer Fronten, wie ein Teil der Bevölkerung die neue Lage charakterisierte, hat – vor allem nach den überragenden Erfolgen des japanischen Bundesgenossen – den meisten Meldungen zufolge entspannend und erlösend gewirkt. Mit Genugtuung wurde vielfach zum Ausdruck gebracht, daß im Gegensatz zum Weltkriege diesmal Deutschland die Initiative ergriffen und dadurch dem Ausland gegenüber überzeugend seine Stärke und unbedingte Siegesgewißheit unter Beweis gestellt habe . . .«[240]

Wie beim Ostfeldzug, gelang es der Masse der Bevölkerung nicht mehr, sich ein rechtes Bild von der wirklichen Lage zu machen: »Über die Auswirkungen des Kriegszustandes mit Amerika für Deutschland kann sich die Bevölkerung zunächst noch keine klare Vorstellung machen. Man rechnet in erster Linie mit einer defensiven Kriegsführung und einem langen schleppenden Überseekrieg . . .«[241]

Auf ausdrücklichen Wunsch Hitlers wurde der Presse eingeschärft, »daß die Frage der Schuld am Ausbruch des Krieges mit den Vereinigten Staaten in der gesamten deutschen Propaganda mit aller Eindringlichkeit und ohne Unterbrechung unter dauernder Wiederholung der deutschen Thesen behandelt wird«.[242] Bereits einen Tag vor Hitlers Kriegserklärung hatte es in der Tagesparole des Reichspressechefs geheißen: »Der *Krieg in Ostasien* ist das Werk des Kriegshetzers und Weltverbrechers Roosevelt, der

---

[239] »Meldungen aus dem Reich«, 5. 1. 42. BOBERACH; S. 206.
[240] »Meldungen aus dem Reich«, 15. 12. 41. *ibid.*; S. 198.
[241] *ibid.*; S. 199.
[242] *»Wollt ihr den totalen Krieg?«*; S. 198. s. auch das Fernschreiben HB2 107 157 von OKW/WPr Ia an Propagandaabteilung Ostland über Wehrmachtsbefehlshaber Ostland, in dem es u. a. heißt: »1. Die Schuld am Ausbruch des Krieges trägt ausschließlich der alte Kriegshetzer Roosevelt . . .« MGFA WO1-6/344.

als Handlanger der Juden neben Churchill seit Jahren unaufhörlich zum Kriege getrieben hat, bis er jetzt endlich auch im Fernen Osten sein Ziel erreicht hat.

Unter diesen Gesichtspunkt ist der Ausbruch der Feindseligkeiten im Pazifik zu stellen und an Hand des gemeinen Rooseveltschen Sündenregisters auch gegenüber den Achsenmächten schärfstens zu kommentieren. Die Blätter können dabei ihrer menschlichen Entrüstung über diesen blutbefleckten widerlichsten Moralheuchler aller Zeiten Luft machen . . .«[243]

In dieser Tonart ging es pausenlos in Ergänzungen zur Tagesparole, Bestellungen und vertraulichen Informationen weiter.[244] War im Juni vor allem die jüdisch-bolschewistische Clique Thema Nr. 1 aller Angriffe gewesen, so kamen nun die jüdisch-plutokratischen »Kriegsverbrecher« mehr an die Reihe. Das Propagandaministerium verbot »ausdrücklich, daß in der Hauptüberschrift das Wort erscheint ›Kriegserklärung Deutschlands und Italiens an die Vereinigten Staaten‹. Es soll das Wort ›Kriegserklärung‹ überhaupt nicht erwähnt werden. Die Hauptüberschrift soll entweder nur den Hinweis erhalten ›Die große Führerrede‹ oder etwa ›endgültige Abrechnung mit Roosevelt‹ oder ähnliches . . .«[245]

Hitlers Schuldversion wurde zunächst mit etwas Erstaunen aufgenommen, dann aber akzeptiert. »Die ausführliche Stellungnahme des Führers zum deutsch-amerikanischen Verhältnis hat die Bevölkerung von der Notwendigkeit überzeugt, daß als einzige Antwort auf die Rooseveltschen Einmischungsversuche in Europa nur die Kriegserklärung an die USA möglich sei. In diesbezüglichen Erörterungen wurde immer wieder hervorgehoben, daß Deutschland den USA nie das geringste in den Weg gelegt habe und die Kriegsschuld somit einzig und allein auf seiten der USA liege, die fortgesetzt Rechtsbrüche gegenüber Deutschland begangen und dadurch den Krieg vom Zaun gebrochen haben.«[246]

Die Vereinigten Staaten hatten sich in japanischen Interessen eingemischt, *ergo* waren sie schuld am Überfall auf Pearl Harbor; sie hatten die Gegner Deutschlands ermutigt und unterstützt, zahlreiche Verstöße auf den Meeren gegen ihren Status als Neutrale begangen – also waren sie auch schuld an der Kriegserklärung der Achsenmächte –, so lautete die

---

[243] V.I. Nr. 322/41, 8. 12. 40. BA ZSg 109/28; fol. 19.
[244] *ibid*; fol. 22, 33, 37. – 109/30; fol. 30, 87, 109/33; fol. 45. ZSg 101/22; fol. 234.
[245] Bestellungen aus der PK vom 11. 12. 41, abends. Anweisung Nr. 854 TP. BA ZSg 101/22; fol. 229.
[246] »Meldungen aus dem Reich«, 15. 12. 41. BOBERACH; S. 198.

deutsche These. Dabei ist richtig, daß Hitler den Krieg mit den USA damals eigentlich noch nicht gewollt hatte – er sollte der nächsten Generation vorbehalten bleiben[247], wenn Deutschlands Stellung als Weltmacht gefestigt war. Das posaunte er natürlich nicht aus.

Und so war es leicht, das Engagement der Amerikaner gegen den deutschen Friedensstörer und das totalitäre Zwangssystem für eine Anklage auszunützen – zumal die Grenze zwischen Großmachtinteressen und imperialistischem Machtstreben schwer abzugrenzen ist. Die Propagandaparole des dritten Kriegswinters war »realistischer Optimismus«.[248] Goebbels brachte das Schlagwort aus dem Führerhauptquartier mit und übermittelte es der Presse am 19. Dezember. An die Gauleiter waren bereits entsprechende Weisungen gegangen. Das Ziel war, wie der Reichsminister ausführte: »das deutsche Volk hart zu machen und ihm den Eindruck zu vermitteln, daß die Regierung Härte verlange, dafür aber auch das Volk fest und gerecht führe ...« Es sollte in der Heimat nicht mehr von »Opfern«, sondern nur von »Unbequemlichkeiten« die Rede sein. »Die Darstellung der Gesamtlage gegenüber der deutschen Öffentlichkeit müsse unbedingt der tatsächlichen Lage entsprechen. Nur dann könne über Einzelheiten, deren Kenntnis in der Öffentlichkeit zu übereilten oder falschen Schlußfolgerungen führen könnte, geschwiegen werden. Es müsse also sichergestellt werden, daß solche Einzelheiten, die der Allgemeinheit nicht bekanntgegeben werden, die aber immerhin auf anderen Wegen diesem oder jenem nicht verborgen bleiben, in die von der deutschen Propaganda vertretene Gesamtschau hineinpassen ...«[249]

Die »anderen Wege«, über die unerwünschte Details bekanntwurden, waren Erzählungen von Soldaten, die über die Zustände in Rußland berichteten; daraus entstanden zahlreiche Gerüchte, die außerdem durch Nachrichten ausländischer Sender genährt wurden. Goebbels brachte in seinen Tagebüchern im Januar und Februar 1942 mehrfach die Sprache auf die defätistische Stimmung im OKW und OKH. Hitler habe einen schriftlichen Bericht verlangt, der anscheinend auch angefertigt wurde und auf Grund dessen Goebbels meinte, es sei Zeit, daß »Exempel statuiert

247 HILLGRUBER. *Deutschlands Rolle in der Vorgeschichte der beiden Weltkriege;* S. 123. – Diese weitreichende Planung steckte er allerdings erst ab, nachdem deutlich wurde, daß der Krieg gegen Rußland sich nicht so rasch beenden ließ, wie er gedacht. Am 25. 7. hatte er noch Großadmiral Raeder erklärt, daß er sich nach Beendigung der Ostkampagne ein »scharfes Vorgehen auch gegen die USA vorbehalte«; zitiert *ibid;* S. 121.
248 *»Wollt ihr den totalen Krieg?«;* S. 200.
249 *ibid.;* S. 201/202.

werden, denn wenn in Offizierskreisen solche Tendenzen vertreten werden, wie soll man es dann dem kleinen Volk verargen, wenn es allmählich mutlos wird, und den Kopf hängen läßt«.[250] Damit bezog sich der Reichspropagandaminister *expressis verbis* auf den SD-Bericht dieses Tages.[251] Kritik am Wehrmachtsbericht – auch von Hassell hatte sich bereits über die Torheit der »unwahrhaftigen Heeresberichte« ereifert[252] –, aber vor allem Kritik an Presse und Rundfunk insgesamt – worüber Goebbels schwieg – breitete sich aus.[253] »Die Volksgenossen hätten das Gefühl, daß bei negativen Vorgängen die öffentlichen Führungsmittel stets ein ›offizielles Gesicht‹ wahrten. Es habe sich deshalb der Zustand herausgebildet, daß in solchen Lagen weite Volkskreise nicht mehr die Presse als die beste Unterrichtsquelle ansehen, sondern aus Gerüchten, Erzählungen von Soldaten und Leuten mit ›politischen Beziehungen‹, Feldpostbriefen und dergleichen sich ›ihr Bild‹ zusammenbauten, wobei oft die unsinnigsten Gerüchte mit erstaunlicher Kritiklosigkeit übernommen würden . . .«[254]

Der SD-Bericht gab weiter an, daß viele Soldaten »ohne Hemmung geradezu haarsträubende Geschichten über auszustehende Strapazen, Kälte, schlechte Verpflegung usw. in die Heimat« berichteten. Dazu Joseph Goebbels: »Was unsere Soldaten von der Front in die Heimat schreiben, ist überhaupt nicht mehr zu beschreiben. Das ist zum Teil darauf zurückzuführen, daß jeder einzelne sich wichtig machen will. Das Angebertum spielt dabei eine große Rolle . . . Ich rege noch einmal an, daß das OKW über diesen Punkt eine Belehrung an die Soldaten erteilt; aber ich verspreche mir davon nicht viel. Hier wirkt sich eine allgemeine menschliche Schwäche aus, gegen die man machtlos ist.«[255]

Was die Soldaten wirklich durchmachten, soll zumindest an Hand eines Frontreiseberichts aus dem Bereich der 4. Armee veranschaulicht werden: »In zahlreichen Einzelberichten schildern die Führer immer wieder diese schweren Tage um die Jahreswende, bei Kältegraden über 40°, Tag und Nacht im Freien: Die Männer völlig apathisch, unfähig, Waffen zu bedienen und zu tragen, Trümmer von Kompanien kilometerweise auseinandergezogen, zu zwei und zwei humpelnd auf die Gewehre gestützt, die Füße in Lumpen gewickelt. Sprach man sie an, so hörten sie nicht oder

---

250 *op. cit.*; S. 46.
251 *ibid*; S. 47, und »Meldungen aus dem Reich«, 22. 1. 42. BOBERACH; S. 211 ff.
252 *op. cit.*; S. 213.
253 s. auch SD-Hauptaußenstelle Erfurt, 12. 1. 42. – Zitiert in HÖHNE; S. 391.
254 BOBERACH; S. 211.
255 *Tagebücher*; S. 47.

fingen an zu weinen. Eines geht aus allen diesen, noch so düsteren Schilderungen immer wieder hervor: Eine rückhaltlose Anerkennung aller Vorgesetzten vor der tapferen Haltung des einfachen Mannes. Dort, wo die Truppe versagte, versagte sie aus körperlicher und seelischer Erschöpfung. Nicht ein Beispiel von Zersetzungserscheinungen wird berichtet.«[256] Hitler selber war gut über die Winterkatastrophe unterrichtet, und sie zehrte erheblich an seinen Nerven, wie er später seinem Propagandaminister gestand.»In diesem Winter ist nicht nur die deutsche Wehrmacht, sondern vor allem ihr oberster Befehlshaber vor eine grausame Prüfung gestellt worden ... Manchmal, so sagt der Führer, habe er geglaubt, es sei nicht mehr möglich, über ihn hinwegzukommen ... Gott sei Dank hat das deutsche Volk nur einen Bruchteil von alldem erfahren. Man sieht hier, wie richtig es ist, das Volk von den allerschwersten Lasten des Krieges, vor allem solchen seelischer Art, fernzuhalten ...«[257]

Die Anregung des Reichspropagandaministers, Belehrungen über den erwünschten Inhalt von Feldpostbriefen zu erteilen, wurde aufgegriffen. Das Oberkommando der Wehrmacht veröffentlichte in den *Mitteilungen für die Truppe* einen Artikel »Die Kunst, Briefe zu schreiben«, in dem der Soldat angeregt wurde,»männliche, feste und klare Briefe« zu schreiben. »Er muß unterscheiden zwischen Eindrücken, die er am besten im tiefsten Herzen verschließt, weil sie wirklich nur Sache des Frontsoldaten sind, und zwischen anderen Eindrücken, welche auch die Heimat wissen darf und erfahren muß, um dem Krieg nahezubleiben ...« Stimmungen vertraue man nicht Briefen an.»Wer jammert und klagt, der ist kein rechter Soldat.« Schimpfen könne man mit Kameraden, zu Hause aber solle der Feldpostbrief »ruhige Zuversicht, neuen Glauben, Kraft und Freudigkeit« auslösen.[258]

Die »Ermahnungen« oberster militärischer Instanzen zeitigten Teilerfolge. Bereits am 19. Februar wußten die »Meldungen aus dem Reich« zu berichten:»Die eingehenden Feldpostbriefe enthalten inzwischen jedoch zunehmend eine günstigere Darstellung der Gesamtlage an der Ostfront«[259], und am 2. März 1942:»Insgesamt gesehen, haben jedoch die negativen Auswirkungen der Feldpostbriefe aus dem Osten nachgelassen,

---

[256]»Auszugsweise Abschrift aus dem Bericht des Major Oehmichen über den Frontbesuch der 4. Armee vom 9. bis 24. 2. 1942«. MGFA *WO1-6/326.*
[257] *Tagebücher*; S. 128.
[258] Abgedruckt in Partei-Kanzlei. »Vertrauliche Informationen«. Folge 20. 11. März 1942. Beitrag 258. Feldpostbriefe. BA ZSg 3/1622.
[259] BOBERACH; S. 226.

die Briefe seien durchschnittlich zuversichtlicher geworden.«[260] Es hieße aber, die Wirkung solcher Empfehlungen zu überschätzen, gestände man ihnen alleine zu, eine weniger negative Tendenz der Briefe bewerkstelligt zu haben. Ab Februar scheint der Tiefstand der Stimmung bei der Truppe überwunden gewesen zu sein. In dem bereits zitierten Frontreisebericht werden dafür folgende Gründe angegeben: »Die Grundstimmung der Armee ist das Gefühl: Es geht wieder aufwärts.« Dazu trugen bei: das Nachlassen des starken Frostes, das Eintreffen von Ersatz, die langsame, aber stetige Verbesserung der Stellungen und Unterkünfte, so daß »das Vertrauen in sich selbst und das Überlegenheitsgefühl gegenüber dem Russen«, welche einen starken Stoß erlitten hatten, wieder wuchs. Allerdings, so hieß es in dem Bericht weiter, könne man einen auffallenden Stimmungsunterschied feststellen zwischen

» – den Führungstäben von der Division aufwärts einerseits,

– der Truppe vom Regimentskommandeur abwärts andererseits.

Bei allen höheren Stäben wirkt sich die unablässige seelische Anspannung aus. Das weitere Blickfeld, die größere Verantwortung, das nie auch nur einen Tag Zur-Ruhe-Kommen – irgendwie und irgendwo taucht täglich eine neue drückende Sorge auf, und sei es auf dem Gebiete der Versorgung – macht sich bemerkbar.

Die Truppe dagegen erholt sich in wenigen Tagen ›Ruhe‹, d. h. beim lokalen Nachlassen eines ständigen Feinddruckes, stimmungsmäßig auffallend rasch. Auch dem Regimentskommandeur – in Wahrheit dem Führer weniger hundert Leute – gibt die enge Verbundenheit mit der Truppe, der tägliche kleine Fortschritt innerhalb seines Bereiches, neue Kraft.

Die Stimmung der Truppenführung wird beherrscht von einer einhelligen und tiefgehenden Verbitterung über das Geschehene und überschattet von einer schweren Sorge für die zukünftige, d. h. nächstliegende Entwicklung. Neben zahllosen und heftigen Anwürfen auf dem Gebiet der Versorgung, allem voran der verspäteten Winterversorgung, ist der Grundton aller Kritik: ›Die Winterkatastrophe wäre vermeidbar gewesen, wenn man auf uns gehört hätte.[261] Wir haben gewarnt, so deutlich wir konnten.

[260] *ibid.*; S. 229.
[261] Wer seine Besorgnis über die ernste Lage allerdings zu laut äußerte, mußte mit Konsequenzen rechnen. So wurde Oberstleutnant i. O. Arno Kriegsheim, Chef des Stabes beim Befehlshaber des rückwärtigen Heeresgebietes Nord, erst aus der SS und etwas später aus der Wehrmacht entlassen. Er hatte den Vertreter des Reichsministeriums Ost beim Befehlshaber Heeresgebiet Nord wahrheitsgemäß über den Ernst der Lage und die schweren Verluste unterrichtet. Außerdem hatte er geäußert, »wenn man auf deutscher Seite nach

Man hört nicht auf uns, man liest unsere Berichte nicht oder nimmt sie nicht ernst. Man will die Wahrheit nicht wissen . . .‹

Der zweite immer wiederkehrende Vorwurf: Die Entscheidung kommt zu spät. Wir kennen die Abwehrmittel, aber uns sind die Hände gebunden. Aus eigenem Entschluß dürfen wir nicht handeln. Der allgemeine Befehl zum bedingungslosen Halten, in feierlicher Form der Truppe bekanntgegeben und Stunden später unter dem Druck der Ereignisse widerrufen, führte dann dazu, daß, statt einer planmäßigen Zurücknahme, vom Gegner gedrängt, zurückgegangen werden mußte. Hieraus ergaben sich die schweren unersetzlichen Verluste an Menschen und Gerät. Auch die vorgesehenen planmäßigen Zerstörungen mußten aus dem gleichen Grunde fast überall unterbleiben.

Die Stimmung der Truppe

ist im Vergleich hierzu wesentlich unbekümmerter. Nach allem, was die Truppe durchgemacht hat, ist sie in Haltung und Stimmung erstaunlich frisch. Der seelische Tiefstand des Rückzuges ist überwunden . . .«

Dazu trugen, laut Bericht, drei Dinge wesentlich bei: Die Hoffnung auf Ablösung, auf Urlaub und auf die Frühjahrsoffensive, mit der die »guten Zeiten des Sommers« wiederkommen sollten. Weiter geht aus dem Teil des Frontreiseberichtes, der zusätzlich die Ergebnisse der Feldpostauswertungsstellen heranzieht, hervor, daß letztlich Hitlers Entlassungs- und Ablösungsaktion der Generäle ein geschickter Schachzug gegenüber dem kleinen Mann war. »Gott sei Dank, daß der Führer diese unfähigen Generale zum Teufel gejagt hat, die an all unserem Elend schuld sind« – so und ähnlich hieß es in zahlreichen Briefen. Damit waren »die da oben« gemeint – eine »Erschütterung des Vertrauensverhältnisses zwischen Mann und Offizier« konnte jedoch nicht beobachtet werden. Und so heißt es denn als Fazit dieser Betrachtungen:

»So menschlich tragisch es ist, daß verdiente militärische Führer völlig grundlos das Odium des Versagens auf sich nehmen müssen, so entscheidend ist es, daß jede Kritik vor der Person des Führers haltmacht. Auch der leiseste Zweifel an Entscheidungen der obersten Führung ist geeignet, die tragende Idee und damit den Glauben an den Sieg zu erschüttern. Daß sich bei dem einfachen Mann mit dem Wechsel im Oberbefehl zugleich die Überzeugung an eine grundlegende Wendung zum Besseren verbindet, ist ein Gewinn, für den kein persönliches Opfer zu hoch ist . . .«

dem Schuldigen suchen würde, werde es heißen: ›La recherche de la paternité est interdite‹«. Vgl. BA *NS 19/neu 2030.*

Dieser Frontreisebericht bestätigt demnach die Goebbelsschen Eintragungen über eine starke Unzufriedenheit – von ihm als Defätismus begriffen – in den militärischen Führungsgremien. Der Reichspropagandaminister konstatierte aber auch Defätisten, »Miesmacher« und »Meckerer«[262] in Berlin, in den Ministerien und den obersten Reichsbehörden. Als Ursache wurden ausländische Sender und von den verschiedensten Organisationen verbreitete Informationsdienste angesehen. Vor allem war es der sogenannte Seehausdienst des Auswärtigen Amtes, der ausländische Rundfunksendungen in einem täglichen Bulletin – mit stark negativem Akzent gegen das Dritte Reich zusammengestellt – herausgab, welcher das Mißfallen des Propagandaministers erregte. Sein Verteilersystem wurde rigoros eingeschränkt; das OKW erhielt beispielsweise nur noch zwei Exemplare.[263] Ebenso wurden andere vertrauliche Informationsdienste auf solche limitiert, »die ausdrücklich als kriegswichtig erkannt werden«.[264] Auf Hitlers Anordnung vom 15. Januar 1942 hin war das Abhören ausländischer Rundfunksender nur Göring, Ribbentrop, Keitel, den Oberbefehlshabern der drei Wehrmachtteile, ferner den Ministern Goebbels, Ohnesorge, Frick und Lammers gestattet; alle übrigen Reichsminister bedurften einer speziellen Genehmigung des Staatsoberhauptes.[265] Den Abhörberechtigten war es erlaubt, innerhalb ihres Dienstbereiches einer kleinen Zahl von Personen die Abhörgenehmigung zu erteilen. Goebbels klagte in seinem Tagebuch am 11. Februar, es sei »furchtbar, wie viele Prominente mir jetzt nachzuweisen suchen, daß sie ihre Arbeit nicht fortsetzen können, wenn sie nicht die Erlaubnis haben, ausländische Sender abzuhören«. Er verweigerte in fast allen Fällen die Erlaubnis.[266] Das Oberkommando der Wehrmacht unternahm seinerseits auch noch einmal einen Vorstoß gegen die illegale Abhörtätigkeit und veröffentlichte in den *Mitteilungen für die Truppe* einen Artikel »Feindagent aus Dummheit«. Darin hieß es, daß bei 999 von 1000 Gerüchten der englische Sender dahinter stecke. Falls jemandem ein Gerücht zugetragen werde, solle er widersprechen, und, vor allem, es nicht weitertragen.[267]

Der Chef des OKW, Generalfeldmarschall Keitel, bemühte sich seinerseits, die nicht allzu guten Beziehungen zwischen Wehrmacht und Partei,

262 *Tagebücher*; S. 45, 49.
263 *ibid.*; S. 55.
264 Zitiert in »*Wollt ihr den totalen Krieg?*«; S. 212.
265 *ibid.*; S. 211.
266 *Tagebücher*; S. 80 (11. 2. 42).
267 Abgedruckt in Partei-Kanzlei. »Vertrauliche Informationen«. Folge 20. 11. 3. 42. Beitrag 260. »Kampf dem Gerücht«. BA ZSg 3/1622.

welche durch Hitlers Ablösungsaktion unter der Generalität noch gelitten hatten, zu verbessern. In einem Schreiben vom 2. März, gerichtet an die Oberkommandos der drei Wehrmachtteile, erklärte er:»Der totale Krieg verlangt, daß sich alle Kräfte für eine Stärkung unserer Schlagkraft und unseres inneren Zusammenhaltes vertrauensvoll und siegesgewiß zusammenfinden. Mehr als im Frieden müssen deshalb auch Wehrmacht und Partei jetzt zusammenarbeiten . . .«»Leider«, fuhr er fort, »sind die persönlichen Beziehungen der Angehörigen der beiderseitigen Dienststellen hier und dort nicht so eng, wie sie sein müßten«, während das OKW natürlich »in engster vertrauensvoller Zusammenarbeit mit der Partei-Kanzlei und über diese mit den Reichsdienststellen der NSDAP, den Gliederungen und angeschlossenen Verbänden« steht. Genauso eng müsse das Verhältnis aller nachgeordneten militärischen Dienststellen zu den entsprechenden Ämtern der Partei und der ihr angegliederten Verbände werden. Denn: »Wehrmacht und Partei sind die tragenden Säulen des Volkes und des Staates. Im Kriege werden ihre Vertreter besonders und bedingungslos Schulter an Schulter stehen . . .«[268]

Offenbar hatte Hitler, als er den Oberbefehl über das Heer übernahm, bei seinem »Bureauchef« Keitel beanstandet, daß das Offizierskorps nicht genügend nationalsozialistisch eingestellt sei. Und Keitel sah dann seine »vornehmste Pflicht darin, das Offizierskorps des Heeres seinem Oberbefehlshaber noch näherzubringen und das Verständnis für sein Wirken zu vertiefen. Bei der engen Verflechtung des Heeres mit dem ganzen Volke steht außer Zweifel, daß hierdurch zugleich der Wille zum Durchhalten und der Glaube an den Endsieg an der Front wie in der Heimat eine entscheidende Stärkung erfahren werden«. Da der Generalfeldmarschall, wie er selbst zugab, kaum Gelegenheit zu persönlicher Fühlungnahme mit den Truppenbefehlshabern hatte, kleidete er »die Gedankengänge des Führers, wie sie sich aus seinen persönlichen Äußerungen ergeben«, in die Form von Verfügungen und Richtlinien, die er an die Kommandostellen gelangen ließ.[269] In seinen Bestimmungen über die »Verantwortung des deutschen Offiziers« vom 31. Mai 1942 hieß es kategorisch:»Der Offizier muß deshalb auch seine Soldaten zu überzeugten Vertretern dieser Weltanschauung erziehen können, die – aus dem Front-

[268] Oberkommando der Wehrmacht. Az ln AWA/J (Ia). Berlin, den 2. März 1942. Betr. Zusammenarbeit zwischen Wehrmacht und NSDAP. – Abschrift BA NS 6/vorl. 337.
[269] Oberkommando des Heeres PA (2) Ia Az. 21 Nr. 6290/42 g H. Qu., den 1. Juni 1942. Generalfeldmarschall Keitel Abschrift BA Slg. Schumacher/367.

erleben des Weltkrieges 1914/18 entstanden – durch den Führer zu einzigartiger Größe geführt wurde ...« Auch die Bedeutung der Feldpostbriefe wurde hier noch einmal hervorgehoben: »Ein Prüfstein für die Haltung des Offiziers und seine Bewertung durch den einfachen Mann sind die Stimmungsberichte, die in den Feldpostbriefen oder durch Urlauber die Heimat erreichen und dort, ganz nach der Haltung des Offiziers, entweder wertvolle Erziehungsarbeit leisten und steigerndes Vertrauen wekken oder aber erheblichen Schaden anrichten können...« Übertriebenen Gerüchten müsse der Offizier mit aller Schärfe entgegentreten. Er habe ein »Hort der Zuversicht« und »ein nicht zu übertreffendes Vorbild« zu sein.[270]

Am 11. Juni 1942 erließ Keitel stellvertretend für Hitler erneute Bestimmungen für die »weltanschauliche Erziehung des Offizierskorps«, in denen aber der Truppenführer erneut ausschließlich für die weltanschauliche Erziehung als verantwortlich bezeichnet wurde. Die Berater der Kommandeure in Personalangelegenheiten (IIa) wurden zu Sachbearbeitern »für die Erziehung und einheitliche Ausrichtung des Offizierskorps« bestimmt und dabei auf die besondere Bedeutung der Stellung des Adjutanten in dieser Hinsicht aufmerksam gemacht. Außerdem wurde engste Zusammenarbeit mit dem Ic – dem Abwehroffizier – befohlen.[271] Der nächste Schritt war dann im folgenden Jahr die bereits erwähnte Einsetzung von Bearbeitern für wehrgeistige Führung und schließlich die Bildung eines NS-Führungstabes.[272]

Aus Goebbels Bemerkungen und Keitels Maßnahmen geht hervor, daß Teile des Offizierskorps dem Nationalsozialismus gleichgültig bis ablehnend gegenüberstanden. Auch aus der Heimat mehrten sich im Laufe des Jahres 1942 die Anzeichen einer gewissen Parteimüdigkeit und des immer noch bestehenden »Unverständnisses« für die Aufgaben der Partei und ihrer Vertreter, über deren Verhalten zahlreiche Vorwürfe laut wurden.

Der Polizeipräsident von Augsburg berichtete beispielsweise, daß weite Kreise der Elternschaft weder für die Ziele noch die Arbeit der Hitlerjugend Verständnis aufbringen könnten und daß ihm von einem Landrat mitgeteilt wurde, »daß die Kirchen immer voller, die Parteiversammlungen immer leerer würden«.[273]

[270] Oberkommando des Heeres. Nr. 6350/42g PA 2 (Ib/Ia). Berlin, 31. Mai 1942. Abschrift BA *NS 6/vorl. 339;* fol. 12426–12427.
[271] Oberkommando des Heeres Nr. 6660/429 Az 14 PA 2(Ia). H. Qu. den 11. 6. 1942. *ibid.;* fol. 12409–12411.
[272] s. *supra;* S. 37.
[273] 10. 4. 42. BHStA, Abt. II. *MA 106 684.*

Aus einer interessanten Untersuchung über die Leserwünsche und -gewohnheiten der Deutschen im dritten Kriegsjahr[274] erfahren wir, daß vor allem leichte Lektüre gefragt war, bei deren Knappheit dann auch auf gehobene Unterhaltungslektüre zurückgegriffen wurde, während das sogenannte politische Schrifttum am wenigsten beliebt sei – mit Ausnahme der »Standardwerke der Bewegung«, wie »Mein Kampf« und »Der Mythus des XX. Jahrhunderts«, die zu Geschenkzwecken gekauft wurden. »Als Grund für die gemeldete ›Übersättigung‹ mit solchem Lesestoff wird durchweg angegeben, daß sich die Volksgenossen im Krieg durch Presse, Rundfunk usw. stärkstens an der Politik beteiligt fühlten . . .« Alles was in Aufmachung und Titel offizielle Schriften und Propaganda erkennen ließ, wurde gemieden. Diesem Verhalten entsprach auch die »Einstellung der Bevölkerung zu Vorträgen über weltanschauliche Fragen«.[275] »In zahlreichen vorliegenden Berichten aus dem ganzen Reichsgebiet wird übereinstimmend festgestellt, *daß das Interesse an Vorträgen über weltanschauliche Fragen in breiteren Kreisen der Bevölkerung seit längerer Zeit sehr oft erheblich nachgelassen hat* . . .« Dieses »stetig absinkende Interesse« wurde mit einer »gewissen Überfütterung« und »Ermüdung« begründet. Es kam aber auch daher, daß derartige Veranstaltungen von völlig unbeholfenen Rednern durchgeführt wurden, die nur mit eingetrichterten Schlagworten um sich warfen. Sachlich fundierte Vorträge über das Kriegsgeschehen hingegen fanden immer zahlreiche Zuhörer. Ausfälle gegen die Konfessionen hingegen wirkten sich sehr abträglich aus. »In mehreren Berichten wird weiter darauf hingewiesen, daß gerade *interessierte Zuhörer bei solchen Vorträgen gewisse Widersprüche empfinden zwischen den alten nationalsozialistischen Grundsätzen und der praktischen politisch-militärischen Entwicklung der letzten Jahre*. So werde im Anschluß an solche Vorträge oft gefragt, ob sich denn der nationalsozialistische Volks- und Staatsbegriff in der Form, wie er früher entwickelt worden sei, halten ließe. Verschiedene Volksgenossen werden von diesen ideellen Ausgangspunkten her mit Vorgängen wie der Errichtung des Protektorats, der Eingliederung volksfremder Gebiete, der Einwanderung ausländischer Arbeiter ins Reich weltanschaulich nicht fertig. Sie wissen nicht, wie weit solche Vorgänge nur von der Kriegslage her notwendig werden oder ›ob etwa stillschweigend frühere weltanschauliche Grundsätze der Lage angepaßt‹ würden und damit weltanschaulich nicht mehr verpflich-

---

[274] »Meldungen aus dem Reich«, 23. 2. 42. »Zur Lage im Schrifttum«. BA R 58/169.
[275] So der genaue Titel der Anlage. *ibid.*

279

tend seien. Verschiedentlich wird darauf hingewiesen, daß in diesem Zusammenhang vor allem eine klare Unterscheidung und Vertiefung der Begriffe des Reiches und des Imperialismus notwendig sei ...« Dieser Bericht läßt vermuten, daß immer mehr Deutsche Hitlers Politik zu durchschauen begannen. Noch klarer geht dies auch aus einem anderen, vier Monate später entstandenen Bericht hervor:»... Häufig fehlt allerdings das Verständnis für die Entwicklung, die der Krieg jetzt genommen hat. War man bei Ausbruch des Krieges noch der Überzeugung, daß dieser die notwendige Abwehr drohender Gefahren bedeutete, so nehmen die Vg. jetzt mehrfach deutlich Abstand von der zwangsläufig mit dem Kriegsgeschehen verbundenen *europäischen Neuordnung,* die man für Imperialismus hält. Einem Großraumdenken stehen die meisten noch sehr fern ...«[276]

Der SD-Abschnitt Leipzig meldete ebenfalls für die ersten Monate 1942 aus den verschiedensten Ortschaften, in denen Kundgebungen der NSDAP unter dem Titel »Alles für den Sieg« stattgefunden hatten, halbleere Säle und schlechten Besuch. »Es hat sich gezeigt, daß die Partei mit nur parteiamtlichen Bekanntmachungen in der örtlichen Tagespresse keinen Saal mehr füllen kann. Es fehlt der Schwung der Kampfzeit, wo jeder Parteigenosse durch Mund- und Flugzettelpropaganda zum Gelingen sogen. Massenveranstaltungen beigetragen hat.« Dem Bericht war eine Anlage mit dem Titel »Diplomaten-Haushalte« beigefügt, in dem von Gerüchten über ein recht angenehmes Leben führender Persönlichkeiten von Partei, Staat und Wehrmacht referiert wurde. Solche Gerüchte liefen bereits seit einiger Zeit um, hätten nun aber durch eine Anordnung Bormanns vom 30. März 1942 Auftrieb erhalten, da in ihr insbesondere von den Unterführern der Partei eine vorbildliche Lebenshaltung vor allem im Hinblick auf die Lebensmittelrationierung gefordert wurde.[277] Das Gerede über ein Sybaritendasein führender NS-Kreise erhielt weitere Nahrung durch Erzählungen über die Lebensführung deutscher Partei- und Verwaltungsangehöriger in Polen. »Der Volksgenosse glaubt seinerseits hier in Arbeit zu ersticken, während ›die Bonzen‹ ein Leben der Freude und des Über-

---

[276] SD-Abschnitt Leipzig, 24. 6. 42. IWM *FD 332/46.*
[277] 21. 4. 42. Goebbels erwähnt die Absicht Bormanns hinsichtlich eines solchen Erlasses bereits am 22. 2. – war aber sehr skeptisch im Hinblick auf einen Erfolg. *Tagebücher;* S. 98. Die »Meldungen aus dem Reich« vom 2. April hatten auch schon im Zusammenhang von Gerede über die unglaublich bessere Lebenshaltung von höhergestellten Persönlichkeiten von sogenannten »Diplomatenzuweisungen« gesprochen. BOBERACH; S. 251.

flusses in Polen genössen. Das erzeugt Erbitterung und führt zu Feststellungen, wie ›Das sind also Angehörige der uns führenden Schicht!‹...«[278] Auch aus dem Rheinland hörte man ähnliche Stimmen. Im Köln-Aachener Raum liefen seit Anfang Dezember 1941 Gerüchte über umfangreiche Schiebungen eines Kreisleiters und Leiters der NSV um, die durch Verurteilung der Kolporteure dieses Geredes nur noch gefördert wurden.[279] Vielfach hörte man:»Es wäre doch heute viel schlimmer als im 2. Reich. Fast alle führenden Persönlichkeiten hätten heute große Besitzungen und Güter, und keiner davon brauche zu hungern...« Diese teilweise absolut berechtigte Kritik[280] richtete sich gleichermaßen gegen Reichsminister, Reichsleiter und Gauleiter. Am meisten aber wurde Dr. Ley wegen seines üppigen Lebensstandards angegriffen. Aber auch der Leipziger Bürgermeister Haake erregte Unwillen mit seinen aufwendigen Umbauten, während der »kleine Mann« nicht einmal einen Topf Farbe kaufen könne.[281] Ein Teil derartigen Geredes hatte seinen Ursprung in einer planmäßig von der englischen psychologischen Kriegführung angelegten »Gerüchte-Operation«. Die Gerüchte, »sibs« genannt, nach dem lateinischen sibillare = flüstern, wurden durch getarnte Sender, wie Gustav Siegfried Eins, verbreitet. Der britische Journalist Sefton Delmer war der Initiator dieser Aktion, die es sich besonders zur Aufgabe gesetzt hatte, die NS-Funktionäre sysematisch zu diskreditieren. Delmer berichtet ausdrücklich über eine von ihm lancierte »Ley-Story«, welche schließlich den Reichsorganisationsleiter veranlaßte, in Goebbels Zeitung Der Angriff sich gegen das Geschwätz über den »Diplomaten-Haushalt« zu wenden.[282] In auffallendem Gegensatz zu dem angeprangerten üppigen Lebensstil vieler nationalsozialistischer Funktionäre stand die als spartanisch geltende Lebensweise des Vegetariers und Abstinenzlers Adolf Hitler, die viel dazu beitrug, sein Image als uneingennütziger, sich bis zur Er-

---

278 SD-Abschnitt Leipzig, 6. 5. 42. *Aus deutschen Urkunden*; S. 254.
279 Generalstaatsanwalt Köln, 4. 2. 42. BA *R 22/3374*.
280 Zahlreiche führende Amtswalter der NSV hatten beispielsweise anläßlich des großen Luftangriffs auf Rostock Lebensmittel und Spinnstoffwaren verschoben. Vgl. BA *NS 19/252 F 48*.
281 SD-Abschnitt Leipzig, Juli 1942. *Aus deutschen Urkunden*; S. 258/59. Über den aufwendigen Lebensstil der Führungsschicht s. SPEER; S. 231 und 546, Anmerkung 6.
282 Das Dementi stammte allerdings erst vom 12. 10. 43. Die Übereinstimmung des Geredes über Ley und den Titel »Diplomaten-Haushalt« ist jedoch so frappant, daß man wohl den Sender Gustav Siegfried Eins als Urheber dieser damaligen Gerüchtekampagne ansehen kann. - S. DELMER, Sefton. *Die Deutschen und ich*. Hamburg, Nannen-Verlag, 1962; S. 474 ff.

schöpfung aufopfernder Sohn und Führer seines Volkes zu festigen und alle Unbill, alles Versagen, alle Mißstände anderen in die Schuhe zu schieben. Mißtraute man auch mehr und mehr der Partei, sein Wort galt immer noch bei vielen. So richtete er manch Verzagten wieder auf, als er am 30. Januar 1942 voraussagte, daß auch in diesem Jahr der Gegner wie bisher geschlagen werde[283], zumal er Parallelen zwischen dem Kampf der Partei und ihrem schließlichen Sieg und der jetzigen Kriegssituation anklingen ließ. Goebbels sprach von einer »rasanten Stimmung« im Sportpalast. Hitler habe »das ganze Volk wie einen Akkumulator aufgeladen ...«[284] Seine höhnischen Bemerkungen über Churchill, den er ein »verlogenes Subjekt« und »Faulpelz ersten Ranges« nannte, und dessen »Spießgesellen im Weißen Haus«, Roosevelt, fanden laut SD-Bericht folgende Aufnahme bei der deutschen Bevölkerung: »Nur ein Mann wie der Führer, dessen persönliche Lebenshaltung ohne Tadel sei, könne sich erlauben, in dieser persönlichen Form mit den Kriegstreibern Churchill und Roosevelt abzurechnen. Nur er allein habe das Recht, die Minderwertigkeit und Schwächen seiner Gegner vor aller Welt herauszustellen ...«
Auch seine Worte, daß er »›der erste Musketier des Reiches‹ sei, fanden allgemein begeisterte Zustimmung und haben das Vertrauen zum Führer noch verstärkt, weil man die Gewißheit hat, daß der Führer die Sorgen und Leiden der Soldaten aus eigenem Erleben kennt und alles tun wird, um deren Lage – soweit irgend möglich – erträglich zu machen. Durch die vielfach als besonders ›treffend und glücklich‹ bezeichnete Gegenüberstellung der heutigen Lage Deutschlands und jener, die Friedrich der Große zu meistern hatte, habe der Führer die Zuversicht des deutschen Volkes auf den Endsieg weiterhin bestärkt ...«[285]

Der bald darauf erfolgte Nachruf Hitlers auf den verunglückten Reichsminister für Bewaffnung und Munition, Fritz Todt, »hat alle, die die Übertragung des Staatsaktes am Rundfunk miterleben durften, zutiefst ergriffen und ›innerlich gepackt‹ ...«, hieß es bald darauf in den »Meldungen aus dem Reich« vom 16. 2. 42.[286] »Viele der Hörer, besonders Frauen, hatten Tränen in den Augen. Äußerungen von Volksgenossen besagen, ›daß sich der Führer noch nie in diesem Maße von seiner menschlichen Seite gezeigt habe‹ oder ›noch nie habe sich das deutsche Volk mit

[283] Die wesentlichsten Ausschnitte bei DOMARUS, II, 2. Halbband; S. 1826 bis 1834.
[284] 31. 1. 1942. *Tagebücher*; S. 67.
[285] »Meldungen aus dem Reich«, 2. 2. 42. BOBERACH; S. 218, 219.
[286] BA R 58/169.

dem Führer so tief verbunden gefühlt‹ wie gerade in dem Augenblick, da er von Dr. Todt Abschied nahm. Vielfach wurde von den Volksgenossen, die den *Staatsakt* am Rundfunk miterlebten, von einem *einmaligen tiefen Erlebnis* gesprochen . . .«

Bereits am 15. März sprach Hitler wieder anläßlich des Heldengedenktages.[287] »Den stärksten und zweifellos nachhaltigsten Eindruck hinterließ der Satz in der Führerrede: ›Wir wissen aber eines schon heute: Die bolschewistischen Horden, die den Deutschen und die verbündeten Soldaten in diesem Winter nicht zu besiegen vermochten, werden von uns in dem kommenden Sommer bis zur Vernichtung geschlagen sein.‹[288] Diese Worte des Führers haben die von dem größten Teil des Volkes getragene Hoffnung, daß der Bolschewismus noch in diesem Jahr vernichtend geschlagen werde, außerordentlich gefestigt. Zahlreiche Volksgenossen brachten in diesem Zusammenhang sinngemäß zum Ausdruck, daß sich der Führer niemals in dieser Weise geäußert hätte, wenn er nicht selbst die restlose Überzeugung und Gewißheit habe, daß sich seine Voraussage bewahrheiten werde . . .«[289]

Der Großteil dieser Äußerungen muß als Kotau der Meinungsforscher vor Hitler gewertet werden, denn die »Meldungen aus dem Reich« verzeichneten »keinen größeren Stimmungsaufschwung«. Das Interesse der Bevölkerung konzentrierte sich auf zahlreiche sich verdichtende Gerüchte über eine bevorstehende Kürzung der Lebensmittelrationen. Bereits am 3. Februar hatte Ministerialdirektor Brandt von der Abteilung Propaganda in Goebbels Ministerkonferenz mitgeteilt, daß Hitler für Beginn April eine Einschränkung der Lebensmittelzuteilungen genehmigt habe. Dabei müsse man die Brotverknappung auf Hilfslieferungen an Finnland zurückführen[290] – was ausnahmsweise stimmte, denn in diesem kleinen verbündeten Land herrschte der nackte Hunger, und Deutschland sorgte zumindest für etwas Hilfe. Obwohl Goebbels vorerst strengste Geheimhaltung angeordnet hatte, sickerte die Neuigkeit durch und wirkte sich sofort außerordentlich schlecht auf die Stimmung aus. Der Reichspropagandaminister, der noch wenige Tage zuvor notiert hatte, das deutsche Volk lebe auf einem Standard, der in keinem anderen Land Europas möglich wäre[291], befürchtete nun von den neuen Rationen, daß sie »nicht mehr

287 DOMARUS, Bd. II, 2. Halbband; S. 1848–1852.
288 *ibid*; S. 1850.
289 »Meldungen aus dem Reich«, 19. 3. 42. BOBERACH; S. 239.
290 *Wollt ihr den totalen Krieg?*«; S. 213.
291 *Tagebücher*; S. 68.

283

zur absoluten Sicherstellung der Gesundheit und der Erhaltung der Reserven ausreichen« würden. »Wir treten nun allmählich in Verhältnisse ein, die denen des Weltkrieges im dritten Jahr in gewisser Weise ähneln...«[292] Von der Bevölkerung wurden die bisherigen Zuteilungen schon als zu knapp empfunden, da der Mangel an Gemüse und Kartoffeln keinen Ausgleich zuließ und die geringen zur Verfügung stehenden Waren dazu noch von schlechter Qualität waren. In einer Meldung aus Berlin, die anderen Berichten ähnelte, hieß es: »Das Gefühl, sich nicht mehr sattessen zu können, weil einfach nicht genug Nahrungsmittel beigeschafft werden können, bedrückt vor allem die arbeitenden Volksgenossen, von denen in den Betrieben hohe Leistungen verlangt werden; es bedrückt aber auch Hausfrauen, auf denen die Last der Versorgung ihrer Familie ruht und die sich täglich aufs neue stundenlang – noch dazu sehr oft vergeblich – auf Märkten und in Läden bemühen müssen, einige wenige, teilweise schlechte Kartoffeln oder einige Kohlrüben oder angefrorenen Weißkohl zu beschaffen...« Aus dem Ruhrgebiet und Süddeutschland wurde auf Grund des völligen Fehlens von Fischen, Eiern, Gemüse, Hülsenfrüchten und Kindernährmitteln ebenfalls eine erhebliche »Stimmungsverschlechterung« gemeldet. Man suchte vor allen in den Großstädten nach einem »Schuldigen«. »Nach den hier vorliegenden Meldungen halten sich in den Gebieten mit überwiegend ländlicher Struktur sowie den kleinen und mittleren Städten das Interesse an militärischen Ereignissen und die Beschäftigung mit Versorgungschwierigkeiten ungefähr die Waage, während in den größeren Städten und vor allem in den Großstädten die Versorgungsschwierigkeiten alles andere überlagern...«[293] Die bereits erwähnten »Meldungen aus dem Reich« über die Auswirkung von Hitlers Heldengedenktagsrede bestätigten erneut diese Angaben: »Das Interesse der Bevölkerung am militärischen Geschehen wird durch die täglichen Ernährungssorgen und die Frage, ob eine weitere Lebensmittelkürzung in der kommenden Zuteilungsperiode erfolge oder nicht, in den Hintergrund gedrängt. Lediglich die Angehörigen von im Kampfe stehenden Soldaten verfolgen die militärischen Kampfhandlungen mit größerem Interesse, jedoch zumeist nur insoweit, als sie sich auf Grund der anhaltenden Angriffsversuche der Bolschewisten, der gemeldeten erneut eingetretenen Kältewelle und der größeren Umfang annehmenden Gerüchte über zahlreiche deutsche Verluste an der Ostfront

---

292 *ibid.*; S. 78, 79.
293 »Meldungen aus dem Reich«, 2. 3. 42. BOBERACH; S. 228. Vgl. auch S. 230, 231.

in stetiger Sorge um das Schicksal ihrer Angehörigen befinden . . .« Vor allem die vielen Gefallenenanzeigen in den Zeitungen ließen Furcht und Beunruhigung aufkommen.[294] Goebbels ließ zur Begründung der Kürzung der Lebensmittelrationen alle nur erdenklichen Argumente zusammenstellen. »Sie sind zwar sehr zugkräftig, aber ob sie durchschlagend wirken, möchte ich doch in gewissem Umfange bezweifeln; denn niemand wird auf wohlabgewogene Argumente hören, wenn ihm die Butter und das Fleisch weggenommen werden.«[295] Er versuchte, durch Vergleiche mit der ebenfalls angespannten Ernährungslage in England den Einwand aufzufangen, die britische Blokkade sei schuld an den Mangelerscheinungen, und trachtete, sie als Folge des Krieges allgemein hinzustellen. Diese Hinweise auf England in der Presse vor Ankündigung der Kürzungsmaßnahmen wurden von der Bevölkerung als Bestätigung der umlaufenden Gerüchte gewertet. Langsam hatten die Deutschen gelernt, solche Anspielungen zu deuten. Der Erfolg derartiger Bemühungen war daher eher negativ und verstärkte noch mehr »die Glaubwürdigkeit des Gerüchtes und aller nicht offiziellen Nachrichtenquellen«.[296]

Die Wirkung der Bekanntgabe der Kürzungen übertraf die schlimmsten Erwartungen. »In mehreren Meldungen wurde zum Ausdruck gebracht, daß die Bekanntgabe der ›einschneidenden‹ Lebensmittelkürzungen auf einen großen Teil der Bevölkerung geradezu ›niederschmetternd‹ gewirkt habe, und zwar in einem Ausmaße, wie kaum ein anderes Ereignis während des Krieges . . . Insbesondere nehme die Arbeiterschaft der Großstädte und Industriegebiete, die häufig schon die seitherige Versorgung als reichlich knapp ansah, nach den bisherigen Feststellungen vielfach eine Stellungnahme ein, die jegliches Verständnis für die Notwendigkeit der neuen Maßnahmen vermissen lasse. Die Stimmung in diesen Bevölkerungskreisen sei auf einen im Verlauf des Krieges bisher noch nicht festgestellten Tiefstand angelegt . . .«[297]

Dieser Bericht gelangte bis zu Hitler und löste einen bereits zitierten Vermerk aus, der die in den Gesprächen der Bevölkerung zum Ausdruck kommende Stimmung bagatellisierte und auf ihre feste innere Haltung verwies.[298] Auch Goebbels tröstete sich damit, daß der SD-Bericht zu

---

294 *ibid.*; S. 241. – Seit Beginn des Feldzuges in Rußland waren bereits über 1 Million deutscher Soldaten verwundet, vermißt oder tot.
295 *Tagebücher*; S. 83.
296 »Meldungen aus dem Reich«, 22. 3. 42. BOBERACH; S. 244, 245.
297 *ibid.*; S. 242/243.   298 s. *supra*; S. 20 u. 43.

schwarz gesehen habe, während der Bericht der Reichspropagandaämter zu rosig sei.[299] Die nachfolgenden Meldungen beweisen jedoch, daß der SD die Lage richtig gekennzeichnet hatte. »Die angespannte Versorgungslage hat bei einem Teil der Volksgenossen dazu geführt, daß sie beginnen, die militärische Lage und vor allem auch die Kriegsaussichten unter dem Gesichtswinkel der Lebensbedingungen zu betrachten, und vielfach dabei zu dem Schluß kommen, daß dadurch Deutschland hinsichtlich Dauer und Führung des Krieges gewisse Grenzen gesetzt seien. Auch wurden verschiedentlich Zweifel an der überlegenen deutschen Rüstungskapazität mit der Begründung geäußert, daß England mit Unterstützung der USA im Laufe der Zeit den Unterschied im Rüstungspotential mehr und mehr aufholen werde . . .«[300]

Die unzureichende Ernährung veranlaßte demnach manchen Deutschen, sich Gedanken über die Weiterentwicklung des Krieges zu machen, die ihm unter der Dauerberieselung der Propaganda, bei der Kriegserklärung an Amerika im Dezember noch nicht gekommen waren. Sehr drastisch meldete der SD-Abschnitt Leipzig: »Da der Magen bestimmend ist, nicht nur für das Gesamtbefinden des einzelnen, sondern ebenso für das Gesamtbefinden des Volkes, so ist eine allgemeine Depression feststellbar. Die Siegeszuversicht und der Wille zum Durchhalten sind erheblich ins Schwanken gekommen . . .«[301] Hinzu kam die steigende Aktivität der britischen Bombenflugzeuge, die Zweifel in Deutschlands eigene Produktionskapazitäten weckte. Am 28./29. März wurde mit einem Terrorangriff auf Lübeck die Serie der Flächenbombardements eingeleitet, welche der am 23. Februar 1942 zum Befehlshaber des Britischen Bombenkommandos ernannte Luftmarschall Harris auf Beschluß des britischen Kriegskabinetts durchführen ließ. Am 17. April griffen britische Flugzeuge noch bei Helligkeit Augsburg an, ohne wesentliche Behinderung durch deutsche Jäger oder Flak. [302] Hitler zeigte sich von der Meldung über den Angriff auf Lübeck »sehr mitgenommen«[303], und Goebbels meinte, »Gott sei Dank handelt es sich um norddeutsche Bevölkerung, die im allgemeinen viel widerstandsfähiger ist als die süddeutsche oder südostdeutsche. Trotzdem

[299] *Tagebücher*; S. 140. – Die Berichte der Reichspropagandaämter sind erst ab 15. März 1943 im BA vorhanden. – s. Quellenangaben. – Es ist nicht auszuschließen, daß vorhergehende Berichte sich in Archiven der DDR befinden.
[300] »Meldungen aus dem Reich«, 20. 4. 42. BOBERACH; S. 253, 254.
[301] 8. 4. 42. IWM FD *332/46*.
[302] s. »Meldungen aus dem Reich«, 2. und 20. 4. 42. BOBERACH; S. 252, 255.
[303] PICKER; S. 22.

aber bleibt nicht zu verkennen, daß die englischen Luftangriffe an Umfang und an Bedeutung zugenommen haben und, wenn sie in diesem Stil fortgesetzt werden könnten, gewiß eine demoralisierende Wirkung auf die deutsche Bevölkerung ausüben könnten...«[304] Er sollte zeitweilig recht behalten. Die feindlichen Luftangriffe steigerten sich von Woche zu Woche und wurden neben den Schwierigkeiten des Alltags zu »maßgeblichen Stimmungsfaktoren«. Selbst im Sommer, als sich die militärische Lage gebessert hatte, rangierten sie mehr und mehr vor dem Kriegsgeschehen.[305]

Es sieht ganz so aus, als wenn einige nationalsozialistische Spitzenfunktionäre diese allgemeine Mißstimmung ausnutzten, um die von Anfang an bestehende, von Hitler bewußt geförderte Dualität zwischen Partei und Staat zugunsten der NS-Bewegung entscheidend zu verändern. Es ging diesmal insbesondere darum, einer der führenden Säulen der Beamtenschaft, der Justiz, endgültig das Rückgrat zu brechen.

Am 19. März, kurz vor einem Besuch bei Hitler, notierte Goebbels: »Das Justizministerium ist nach dem Tode Gürtners völlig in seiner Führung verwaist. Ich werde dem Führer vorschlagen, eventuell hier eine Personalveränderung vorzunehmen. Wir arbeiten sonst im luftleeren Raum; wir regen eine Unmenge von Neuerungen, Reformen und Gesetzesvorschlägen an, weil in den Zentralbehörden eine Art von stillschweigender Sabotage betrieben wird. Die bürgerlichen Elemente sind dort dominierend, und da der Himmel hoch und der Führer weit ist, ist es außerordentlich schwer, sich gegen diese zähe und verdrossen arbeitenden Behörden durchzusetzen. Aber ich lasse da nicht locker und bin der Überzeugung, daß wir zu viel schärferen Methoden der Kriegsführung greifen müssen.«[306]

Wenige Tage später, am 26. März 1942, brachte der SD-Bericht »Meldungen über die stimmungsmäßigen Auswirkungen der Strafrechtspflege«.[307]

»... Aus diesen Meldungen geht übereinstimmend hervor, daß die Bevölkerung dieses Gebiet der Kriegsstrafrechtspflege ausgesprochen kritisch beobachtet und daß alle in diesem Zusamenhang auftretenden Erscheinungen die Haltung der Bevölkerung zum Kriege wesentlich zu beeinflussen vermögen ... Eine zusammenfassende Betrachtung der Meldungen

[304] *Tagebücher*; S. 151.
[305] s. hierzu »Meldungen aus dem Reich«, 30. 7. 42. BOBERACH; S. 273.
[306] *Tagebücher*; S. 124.
[307] BOBERACH; S. 246–250.

zum strafrechtlichen Einschreiten bei Verstößen gegen kriegswirtschaftliche Bestimmungen ergibt ein nahezu für das ganze Reichsgebiet einheitliches Stimmungsbild. Die Meldungen stimmen darin überein, daß in dieser Hinsicht von einer gewissen Vertrauenskrise gesprochen werden könnte. Gerade der Schleichhandel und die Schiebergeschäfte seien typische Kriegserscheinungen, die den Volksgenossen in der Heimat in großem Maße beschäftigen und von ihm zum Maßstab des Vertrauens gegenüber dem Staat gemacht würden. In demselben Maße, wie der Staat diesen Erscheinungen gegenübertrete, verhalte sich das Vertrauen des einzelnen zur Strafrechtspflege. Ein zögerndes Vorgehen gegen diese Kriegserscheinungen bewirke auch ein Absinken des Vertrauens.

Die Beobachtungen der Bevölkerung im täglichen Leben bewiesen, daß es immer noch und immer wieder Volksgenossen gebe, die es verständen, ihre eigene Lage durch allerlei Geschäfte und Schiebungen zu verbessern. Insbesondere seien die vielen über die Lebenshaltung höhergestellter Persönlichkeiten im Umlauf befindlichen Gerüchte geeignet, bei den Volksgenossen den Eindruck zu erwecken, daß es diesen, überhaupt den bessergestellten Kreisen, auf Grund des ›Vitamin B‹[308] gelinge, sich besser durch den Krieg zu helfen als die Masse des Volkes. Die Ansicht, daß in diesen Kreisen in großem Umfange geschoben werde und daß diese Schiebungen nicht unterbunden würden, werde ebenso fast allgemein behauptet. Die Vermutung, daß hier mit zweierlei Maß gemessen werde, führe zu einer Spaltung der Volksgemeinschaft, zur Abnahme des Vertrauens in eine gerechte Verteilung aller Lasten des Krieges und darüber hinaus zu einem Absinken der Moral insofern, als der einfache Volksgenosse nunmehr das Recht für sich in Anspruch nehme, seinerseits ebenfalls zu schieben ...«
Besonders in der Arbeiterschaft sei die Auffassung verbreitet, daß der Staat gegenüber den Schiebungen höhergestellter Persönlichkeiten nicht scharf genug reagiere. Die Meldung schloß mit den Worten: »Darüber hinaus verliere dadurch die Bevölkerung jedes Vertrauen zur Staatsführung und die Haltung der Bevölkerung im gegenwärtigen Kriege werde in höchst bedenklicher Weise beeinträchtigt.«
Dieser Bericht legt in seiner einseitigen und eindeutigen Tendenz den Verdacht nahe, daß es sich hierbei um »Maßarbeit« handelte. In der Tat scheint, soweit Zeugenaussagen einen solchen Schluß zulassen, Ohlendorfs Amt III des Reichssicherheitshauptamtes diese Meldung auf Betreiben Himmlers zusammengestellt zu haben. Bormann, dessen Absichten in

308 = Beziehungen.

diesem Falle mit denen von Goebbels und Himmler weitgehend konform liefen, soll den Bericht Hitler zur Kenntnis gebracht haben.[309]

Hitler erging sich jedenfalls, drei Tage nach Erscheinen dieser SD-Meldung, im abendlichen Tischgespräch in einem seiner langen Monologe über die Justizpraxis, das Studium der Jurisprudenz und die Juristen allgemein. Das Studium bezeichnete er als »eine einzige Erziehung zur Verantwortungslosigkeit«. Er sprach von »Rechtsschwindel« und verstieg sich zu der Behauptung, »daß für ihn jeder, der Jurist sei, entweder defekt sein müsse oder es aber mit der Zeit werde«.[310] Am selben Tage veröffentlichte Goebbels in Das Reich einen Artikel »Offene Aussprache«, in dem er dem Tausch- und Schleichhandel den Kampf ansagte. Gleichzeitig wurden zwei Todesurteile gegen Lebensmittelschieber veröffentlicht. Die Bevölkerung reagierte, laut SD-Bericht, skeptisch und verwies auf die bessere Lebenshaltung hochgestellter Persönlichkeiten.[311]

Gut drei Wochen später attackierte Hitler aufs schärfste vor dem Reichstag am 26. April Verwaltung und Justiz.[312] Anschließend forderte er für sich eine besondere Ermächtigung, die es ihm ermöglichen sollte, ohne Bindung an bestehende Rechtsvorschriften, jeden Deutschen, ungeachtet seiner Stellung oder seiner »wohlerworbenen Rechte« zur Erfüllung seiner Pflichten anzuhalten, zu bestrafen oder seines Amtes zu entheben. Diese Forderung wurde – wie nicht anders zu erwarten – vom »Großdeutschen Reichstag« sanktioniert.[313]

Nach dem diesbezüglichen SD-Bericht wunderte sich die Bevölkerung darüber, »aus welchem Grunde der Führer nochmals eine besondere Ermächtigung verlange, da er doch bereits als Führer und Reichskanzler des deutschen Volkes alle Macht in seiner Person vereinigt hatte. Diese Frage führte vielfach zu der beruhigenden Feststellung, daß der Führer über alles was im deutschen Volk vorgehe, unterrichtet werde und mit diesen Worten nur noch einmal eine letzte Warnung an alle diejenigen Volksgenossen richten wollte, die auch heute noch glauben, ihre Haltung nicht den Erfordernissen des Krieges anpassen zu müssen. Unter diesem Gesichtspunkt fand der zweite Teil der Führerrede in einfacheren Kreisen begeisterten Widerhall in der Hoffnung, daß nunmehr gegen alle Volks-

309 Schreiben von Paul Neukirchen vom 19. 10. 1969. Albert Speer wurde ebenfalls in diesem Sinne von Ohlendorf informiert (Mitteilung an die Verf.).
310 PICKER; S. 222–225.
311 »Meldungen aus dem Reich«, 2. 4. 42. BOBERACH; S. 250/51.
312 DOMARUS, Bd. II, 2. Halbband; S. 1865–1876.
313 RGBl. I; S. 247.
314 »Meldungen aus dem Reich«, 27. 4. 41. BOBERACH; S. 259.

genossen – unabhängig von Person und Stellung – rücksichtslos durchgegriffen werde, sofern sie nicht ihre Pflichten gegenüber der Volksgemeinschaft erfüllen ...«[314] Auch dieser Bericht scheint mehr oder weniger konstruiert, wenn auch die Philippika Hitlers bei den ewig Neidischen oder Naiv-Gläubigen wie üblich auf Widerhall gestoßen sein mag. Einen völlig anderen Klang hört man vom SD-Abschnitt Leipzig, der beispielsweise meldete, daß im Zusammenhang mit der Führerrede von Vertretern der älteren Generation, aus gebildeten Kreisen stammend – aber auch in Arbeiterkreisen – das Wort Diktatur gefallen sei.[315] Goerdeler bezeichnete in einem späteren Entwurf diese Entwicklung als einen »Tiefstand der Rechtlosigkeit«, durch den »alle Deutschen für vogelfrei erklärt« wurden.[316] Viele scheinen sich jedenfalls »nach den tieferen Ursachen der harten und schweren Kritik« gefragt zu haben.[317] Ein weiterer SD-Bericht sprach dann schließlich von einem *»über das gewöhnliche Maß hinausgehenden nachhaltigen Widerhall«.* Es verbreitete sich bei einem großen Teil der Bevölkerung der Eindruck,»daß *die Lage sehr ernst sei* und sich nunmehr das gesamte deutsche Volk und jeder einzelne Volksgenosse im besonderen unter Abschreibung aller persönlichen Wünsche und Rücksichten *auf einen totalen Krieg* einstellen müssen«. Verständlicherweise fühlten sich aber vor allem die Beamten getroffen, und die Kritik Hitlers wurde »als ein für den gesamten Berufsstand geradezu vernichtendes Urteil empfunden«. In Justizkreisen wirkte sie »geradezu schockartig«.[318] Diese Beobachtung wird vollauf durch die Berichte der Chefpräsidenten und Generalstaatsanwälte bestätigt. Kein anderes Ereignis während des Krieges hat eine solche Fülle von Kommentaren aus den Federn dieser hohen Justizbeamten zur Folge gehabt.»... Die Wirkung der Führerrede auf die Richter meines Bezirks war geradezu niederschmetternd. Die proklamierte Absetzbarkeit der Richter und die Art der Verkündung vor der Weltöffentlichkeit in Form eines Ermächtigungsbeschlusses durch den Reichstag unter dessen frenetischem Beifall ist in ihrer Wirkung auf die deutsche Richterschaft überhaupt nicht abzusehen ...«[319]

»Die Führerrede hat auf weite Kreise der Beamtenschaft einen niederschmetternden Eindruck gemacht und die Vorstellung wachgerufen, daß

[315] 27. 4. 42. IWM *FD 332/46.*
[316] Abgedruckt in *Spiegelbild einer Verschwörung;* S. 213.
[317] BOBERACH; S. 260.
[318] »Meldungen aus dem Reich«, 30. 4. 42. BA R *58/171.*
[319] Der Präsident des Hanseatischen Oberlandesgerichts, 11. 5. 42. BA R *22/3366.*

der gute Wille des überwiegenden Teils der Beamtenschaft, dem nur verschwindend geringe Ausnahmen gegenüberstehen, verkannt wird. Die Folge ist eine allgemeine Unsicherheit, die nur ganz allmählich überwunden werden wird . . .«[320]

»Soweit Staatsanwälte und Richter die Notwendigkeit eines harten Zupackens gegen Kriegsverbrecher und andere Übeltäter während des Krieges schon bislang bejaht und diese Einstellung praktisch ausgewertet oder auszuwerten versucht haben, sehen sie in den Worten des Führers eine willkommene Bestätigung ihrer Einstellung. In den Kreisen der Richter, die bislang sich zu dieser Härte noch nicht durchgerungen, hat sich im hiesigen Bezirk eine sichtbare Wandlung vollzogen . . .« Trotzdem wurde auch hier von einer niederdrückenden Wirkung gesprochen. Dann aber heißt es weiter:

»Die Herausstellung des Gerichtsherrentums des Führers, wie sie in den Worten des Reichsmarschalls und in der Entschließung des deutschen Reichstages zum Ausdruck gekommen ist, entsprach im allgemeinen auch bislang schon der Ansicht der meisten Rechtswahrer, wenn ihnen die sich daraus ergebenden Folgerungen auch noch ungewohnt sind. Wie jede geistige Umstellung vollzieht sich auch diese Wandlung in der Ansicht von der Unabhängigkeit der Richter naturgemäß nur langsam und nicht ohne Rückschläge.«[321]

»Eine ungeschminkte Berichterstattung darf nicht verschweigen, daß die Stelle über die Justiz in der letzten Rede des Führers unter den Rechtswahrern schwere Niedergeschlagenheit hervorgerufen hat . . .«[322]

»Den Rechtswahrern, namentlich den Richtern, will es nicht in den Kopf, daß sie politische Beamte sein sollen . . .«[323]

»Vielfach befürchtet man, daß diese Ausführungen im Volke mißverstanden und verallgemeinert werden könnten. Diese Besorgnis ist nicht ganz unbegründet. Offensichtlich haben manche Volksgenossen, die nicht zur Gefolgschaft der Reichsjustizverwaltung gehören, aus der Führerrede entnehmen zu müssen geglaubt, daß anscheinend Organe der Justiz in erheblichem Umfang ihre Pflichten verletzt hätten. Ich kann nicht annehmen, daß der Führer seine Worte in dieser Weise ausgelegt wissen wollte. Ferner ist seit der Führerrede ein gesteigertes Bemühen justizfremder Stel-

[320] Generalstaatsanwalt Naumburg (Saale), 24. 5. 42. *R 22/3380.*
[321] Generalstaatsanwalt Braunschweig, 31. 5. 42 (unterzeichnet vom 1. Staatsanwalt). BA *R 22/3357.*
[322] Generalstaatsanwalt Darmstadt, 6. 6. 42, *R 22/3361.*
[323] *ibid.*

len, insbesondere solcher der Partei und der Polizei, festzustellen, Anteil an der Arbeit der Justiz zu nehmen, diese auch in einem von ihnen gewünschten Sinne zu beeinflussen. Schließlich mehren sich seit der Führerrede vom 26. 4. 1942 die Eingaben rechtssuchender Volksgenossen und von Quenglern, in denen unter Berufung auf die Rede die Abänderung einer für sie ungünstigen Entscheidung oder Maßnahme der Justiz begehrt wird, wobei gelegentlich auch Beleidigungen und Drohungen ausgesprochen werden. Es kann nicht verschwiegen werden, daß alle diese Erscheinungen bei einem Teil der deutschen Rechtswahrer eine gewisse Unsicherheit und Müdigkeit herbeigeführt haben . . .«[324]

An Stelle der im SD-Bericht erwähnten »Vertrauenskrise« war nun vor allem von einer »Justizkrise« die Rede. Insofern kann man von einem geglückten Manöver seitens der nationalsozialistischen Führungsclique sprechen.[325] Hatten sich bereits früher einzelne Chefpräsidenten gegen Eingriffe justizfremder Organe in den Rechtsvollzug ausgesprochen, wurden nun solcher Rechtsverwilderung unter Minderung des Justizansehens von allerhöchster Stelle Tür und Tor erst recht geöffnet. Eine wachsende Furcht vor einer Unsicherheit der Rechtsprechung machte sich breit.[326] Die Justiz wurde »als Prügelknabe des heutigen Staates«[327] bezeichnet, und man befürchtete das Ende einer unparteiischen, unabhängigen Rechtsprechung.[328]

Unter dem Datum des 13. Mai liest man in Goebbels Tagebuch, daß laut SD-Bericht die Rede immer noch Mittelpunkt der Diskussionen bilde und sich die Beamten und Juristen nicht beruhigen könnten. »Es wäre vielleicht an der Zeit, ihnen eine kleine Ermunterungspille zu verabreichen. Es hat keinen Zweck, zwei Stände so tief zu demütigen, daß sie überhaupt die Lust am Krieg und an der Arbeit verlieren . . .«[329]

Die Unruhe in Justizkreisen legte sich nach diesem schweren Eingriff Hitlers nur langsam. Das Justizministerium erhielt Ende August mit der

---

[324] Generalstaatsanwalt Celle, 31. 5. 42. *R 22/3359.*
[325] Der OLG-Präsident Köln spricht von einer »Krise der Justiz«, die seines Erachtens nach eine Personalfrage sei. Der Generalstaatsanwalt in Bamberg meinte, daß der Begriff »Justizkrise« mehrfach von der Bevölkerung in Zusammenhang »mit der Frage der Bewährung oder des Versagens der Richter« gebracht worden sei. (Bericht vom 6. 10. 42. BA *R 22/3355.*)
[326] »Meldungen aus dem Reich«, 30. 4. 42. BA *R 58/171.* Vgl. auch OLG-Präsident Königsberg, 29. 6. 42. *R 22/3375;* OLG-Präsident Hamm, 7. 7. 42. *R 22/3367.*
[327] OLG-Präsident Köln, 2. 7. 42. *R 22/3374.*
[328] OLG-Präsident Kiel, 18. 7. 42. *R 22/3373.*
[329] *Tagebücher;* S. 199.

Ernennung des bisherigen Präsidenten des Volksgerichtshofs und früheren sächsischen Justizministers Thierack – an der Goebbels nicht ganz unbeteiligt war[330] – eine neue Spitze. Thierack wurde gleichzeitig zum Leiter des Nationalsozialistischen Rechtswahrerbundes und zum Präsidenten der Akademie für Deutsches Recht berufen. Seine Aufgabe war, wie Bormann es formulierte, »in erster Linie eine politische, sie besteht in der Ausrichtung der Justiz und der Justizbeamten auf den Nationalsozialismus«.[331] Auch den neuen Minister erreichten noch von einigen hohen Justizbeamten grundlegende Stellungnahmen über Aufgaben und Wesen der Justiz und über den erfolgten »Rechtsumbruch«. Da wohl kaum einer riskieren konnte, offen sein Mißfallen gegenüber dem neuernannten Justizminister in den an ihn adressierten Berichten zum Ausdruck zu bringen und die Ernennung Thieracks anstelle Freislers noch das geringere Übel darstellte, fand sie in den Lageberichten der höchsten Justizbeamten generell eine positive Beurteilung.

Wahrscheinlich hätte die »Justizkrise« überhaupt nicht solche Ausmaße angenommen, wäre sie nicht von manchen Hoheitsträgern der Partei und insbesondere dem *Schwarzen Korps* systematisch angeheizt und unterhalten worden. Über einen der tieferen Gründe dieser Animosität in Parteikreisen gegen die Justiz gibt ein Chefpräsident eine interessante Analyse. Die Hauptursache hierfür sah er darin, »daß nicht wenige der alten Parteigenossen in der Kampfzeit mit den Gerichten in für sie unangenehme Berührung gekommen sind, vor allem darin, daß den Kreisleitern (ich spreche hauptsächlich von ihnen, weil sie und ihre Stabsangehörigen die hauptsächliche Front bilden, mit der der Richter in der Tagespraxis am meisten Berührung hat) nach Herkommen und Bildungsstand das Verständnis für Wesen, Bedeutung und Stellung des Rechts im Volks- und Staatswesen und für die engere Berufsarbeit des Richters völlig abgeht. Man klammert sich an das Schlagwort vom Paragraphenurteil und verneint dabei Gesetz und Recht. Der Hoheitsträger wird zwar politisch geschult, doch erstreckt sich diese Schulung nicht auf die Fundamente des Staatsrechts und der öffentlichen Verwaltung. Es fehlt ihm an Wissen, vielfach auch an Können, das er für die vielseitige und verantwortungsvolle Stellung des Hoheitsträgers besitzen müßte, und – das darf nicht

---

[330] Vgl. seine Eintragung vom 20. 3. »Ich schlage dem Führer den Präsidenten des Volksgerichtshofes Thierack vor, der ein richtiger Nationalsozialist ist und zweifellos nicht über Zwirnsfäden stolpern wird.« *ibid.*; S. 130.
[331] Rundschreiben Nr. 131/42 des Leiters der Parteikanzlei vom 27. 8. 42. BA *NS 6/vorl. 38; fol.* 11899–11901.

verschwiegen werden – nicht selten auch an Takt, der ja mit Bildung nichts zu tun hat . . .«[332]

Diese offenen Worte treffen ein zentrales Problem des Dritten Reiches: Die mangelnden Fähigkeiten der neuen politischen Führungschicht stellen eine der Ursachen für das Scheitern der Pläne zur Verdrängung des Staatsapparates durch die Partei dar. Immer wieder, sei es in der Verwaltung, wie auch beim Militär oder in der Wirtschaft, waren die Nationalsozialisten gezwungen, sich der Hilfe tüchtiger Fachleute zu versichern. Viele von diesen hüllten sich – um unbelästigt zu bleiben oder schneller voranzukommen – in ein braunes Gewand, ohne sich jedoch innerlich der neuen Ideologie verbunden zu fühlen. Von den eigentlichen Parteileuten, welche ihre Insuffizienzgefühle oft hinter pöbelhaften Manieren zu verstecken suchten, hielt man Distanz, die sich bei schwindender Fortune der neuen Herren immer mehr vergrößerte. Jüngere, aktive Nationalsozialisten empfanden die Notwendigkeit, sich weiter der Angehörigen der früheren Eliten bedienen zu müssen, als einen schweren Ballast.»Vergessen Sie nie, daß wir in diesem Krieg angetreten sind mit den Kräften der Vergangenheit«, sagte Ohlendorf seinen Leuten.»Weder die Wehrmacht noch die Wirtschaft konnten z. B. vorher nationalsozialistisch neu gefaßt werden. Wir waren gezwungen, aus unserem geschichtlichen Schicksal, aus unseren Gestaltungsgrundsätzen heraus beide Lebensbereiche evolutionär weiterzuentwickeln . . .«[333]

Nun, im dritten Kriegsjahr, als sich mehr und mehr erwies, daß die evolutionäre Weiterentwicklung noch lange nicht so weit fortgeschritten war, wie es sich unerbittliche Idealisten vom Schlage Ohlendorfs erhofften, sollte die Führungsrolle der Partei erneut stark herausgestellt und klar vom Verwaltungsbereich abgegrenzt werden. Damit wurde das jahrelange Bemühen unterer, mittlerer und höherer Parteichargen, Partei- und Staatsämter in Personalunion zu verquicken, um alle Macht der NS-Bewegung zu sichern, im Sinne der Hitlerschen Devise des *divide et impera* entschieden und der Dualismus zwischen Partei und Staat endgültig besiegelt.[334] Bormann bezog zu dem Problem in einem Rundschreiben Stellung.[335] Er

---

[332] OLG-Präsident Karlsruhe, 3. 12. 42. R 22/3370. Am Rande weiterer kritischer Ausführungen über die »Lenkung der Strafrechtsführung« findet sich ein handschriftlicher Vermerk Thieracks »vollkommen falsch verstanden«.

[333] »Aus dem Stenogramm der Ansprache von Amtschef III am 31. 10. 44« (in Handschrift: freie Rede) BA R 58/990.

[334] Vgl. DIEHL-THIELE. *Partei und Staat im Dritten Reich.*

[335] Nr. 121/42 vom 7. 8. 42. Betrifft Trennung in der Führung von Ämtern der Partei und des Staates. BA NS 6/vorl. 338; fol. 11779–11783.

definierte die NSDAP als die »Organisation, die alle deutschen Menschen politisch und weltanschaulich und kulturell zu führen und zu betreuen hat«. An Hand von Beispielen zeigte der Leiter der Parteikanzlei die Verschiedenartigkeit der Aufgabe der Menschenführung von derjenigen der Verwaltung auf, bei der man weder zu überzeugen, noch zu erziehen brauche. Abschließend lehnte er die Verquickung beider in einem Amte ab, »so bestechend auch manchmal die Personalunion in der Führung eines Parteiamtes und einer behördlichen Dienststelle im ersten Augenblick zu scheinen mag«.

In diesem Vermerk der Besinnung auf die Aufgabenstellung der Partei, den immer häufigeren Hinweisen auf die Erfahrung der Kampfzeit, zeigt sich deutlich an, daß Hitlers Option für einen doppelgesichtigen Staat und die Entscheidung, den national-imperialistischen Zielen den Vorrang vor den gesellschaftspolitischen einzuräumen, sich bei nachlassenden militärischen Erfolgen zum Nachteil der NSDAP auszuwirken begann. Statt, wie die Kommunisten in Rußland, *tabula rasa* zu machen und eine neue Gesellschaft aufzubauen, die total von der Partei beherrscht war, hatten die legale Machtergreifung und die permanente Revolution noch zu viel von den alten Gesellschaftsstrukturen bestehen lassen. Die tragenden Säulen des Staates, Wehrmacht, Wirtschaft, Bürokratie waren zwar in ihrem Entscheidungswillen gelähmt und entmachtet, aber nicht so weit zerstört und von Grund auf neu gebildet worden, daß sich nicht in ihnen Residuen von Gegenkräften gefunden hätten. Die den traditionellen Eliten zugedachte Doppelfunktion als Legitimierung der nationalsozialistischen Revolution und zugleich als ihr Instrument hatte den Behauptungswillen und die Kraft der alten Führungsschichten wie auch das Gewicht der unzerstörten Sozialstruktur unterschätzt.

Die Anzeichen eines fortschreitenden Desillusionierungs- und Dissoziierungsprozesses auf beiden Seiten begannen sich zu häufen. Eine zunehmende Zahl Deutscher sah sich ernüchtert, fühlte sich vom Nationalsozialismus, in den auf Grund seines zusammengewürfelten Programmes so vielgestaltige Hoffnungen gesetzt worden waren, enttäuscht.[336] Und auch Hitler zeigte sich unzufrieden. Bereits im Januar 1942 hatte er geäußert:

---

[336] Typisch hierfür ist z. B. die Bemerkung im Kriegstagebuch des SA-Sturmes 33/5 Bamberg (21. 8. 42), der über die schon mehrfach erwähnte Abwendung der Bauern schreibt: »In auffälliger Weise stellt sich der deutsche Bauer auf die Gegenseite des 3. Reiches und tut genau das Gegenteil ... Ja, ja, der Bauer ist reaktionär. Es gilt, ihn aufzuklären ...« StA Bamberg *Rep. M31*, *Nr. 11;* fol. 91.

»Wenn das deutsche Volk nicht bereit ist, für seine Selbsterhaltung sich einzusetzen, gut: dann soll es verschwinden!«[337]

Knapp 14 Tage vor seiner Ermächtigungsrede vom 26. April kam er auf die Revolution von 1918 zu sprechen und nannte Sofortmaßnahmen, die im Falle einer Meuterei zu ergreifen seien.[338] Goebbels hatte einige Zeit zuvor, als die Rede von einem früheren Attentatsplan gegen Hitler und Ribbentrop war, geschrieben: »Es gibt gewisse Worte, die wir scheuen müssen wie der Teufel das Weihwasser.«[339]

Dieser sich abkühlenden Atmosphäre angepaßt war auch das Hitlerbild, das man der Bevölkerung zu suggerieren versuchte. Der gläubigen Illusion der Vorkriegsjahre hatte das stilisierte Bild eines Ritters in weißer Rüstung entsprochen, des Bannerträgers, wie Hubert Lanzinger den Held der Helden darstellte. In der zunehmend sich verhärtenden Situation von 1941/42 wurde an seine Stelle das Bild »Der große König« gesetzt, das Hitler in die Distanz einer fernen Majestät entrückte. Bereits in seiner Januaransprache hatte Hitler sich auf Friedrich den Großen bezogen. Am 3. März wurde in Berlin und Potsdam ein Tobis-Film »Der große König« uraufgeführt. Die Presse erhielt zwar die Weisung, Vergleiche zwischen dem alten Fritz und Hitler zu vermeiden[340], anläßlich der Feierstunde zu Hitlers Geburtstag am 19. April in der Berliner Philharmonie zog jedoch Goebbels in seiner Festansprache selbst Parallelen zwischen dem großen Preußenkönig und Hitler.[341] Der SD-Bericht über die Aufnahme des Filmes in der Bevölkerung zeigt, daß die Propaganda richtig angekommen war. Zwar äußerten sich nicht alle Teile der Bevölkerung positiv. Geschichtlich Uninteressierten, Frauen, denen zu viel vom Krieg die Rede war, kritischen Beobachtern, denen die Tendenz zu plump war, mißfiel das Machwerk. Die Mehrzahl aber scheint sich zustimmend geäußert zu haben. »Die Zuschauer hätten in dem Film weitgehend ›ein Spiegelbild unserer eigenen Zeit‹ gesehen. Viele hätten den Führer mit dem König verglichen und sich zu der Zeit, als der Film anlief, an einen in der Wochenschau gezeigten Bildstreifen erinnert, auf dem der Führer allein im Hauptquartier zu sehen war ...

Das neue Bild des Königs, das der Film vermittelt, steht im Brennpunkt des Interesses und ist zumeist der Mittelpunkt der Gespräche um den

337 PICKER; S. 171.
338 *ibid*; S. 258.
339 *Tagebücher*; S. 94.
340 *»Wollt ihr den totalen Krieg?«*; S. 220.
341 *ibid.*; S. 228.

Film. Nur ganz vereinzelt haben einfache Besucher bedauert, daß sie »ihren alten Fritz« nicht wiedererkannt hätten (Stettin). Dagegen habe das neue Friedrich-Bild gerade auf die breiten Volksschichten einen ungeheuer anziehenden und fesselnden Eindruck gemacht. Der Film werde gerade dadurch zu einem außerordentlichen Ereignis (München). Er befreie das Ingenium Friedrichs von seinen populären Masken und zeige den König unverhüllt in seiner Härte und menschlichen Größe. Es sei wenig übriggeblieben von dem strahlenden ›Fridericus‹ des Stummfilms und nichts von dem populären Soldaten- und Landesvater der Legende. So sei der Film trotz zahlreicher kritischer Einwände geeignet, die Geschichte Preußens von den romantischen Schleiern, dem patriotischen Pathos und der bürgerlichen Moralität zu befreien und unserem Volke einen Begriff zu geben, wie einsam und eisig die Atmosphäre um einen Staatsführer sei, der die Verantwortung für das Geschick einer Nation zu tragen hat (München)...«[342] Diese Sätze sind so gedrechselt, daß sie kaum die *vox populi* darstellen dürften.

Auch 1942 bereitete die Haltung der Kirchen, der Frauen, der Jugendlichen dem nationalsozialistischen Regime Schwierigkeiten.

Der SD-Bericht befaßte sich mehrfach mit Maßnahmen und Äußerungen aus den Kirchen beider Konfessionen und ihren Auswirkungen auf das deutsche Volk. Am 30. März erschien ein langer Bericht über die Stellung der katholischen Kirche zum Problem der »Mischehe«[343], der mit folgender Feststellung schloß:

»Nach Ansicht von Parteigenossen und weniger kirchlich eingestellten Bevölkerungskreisen würden durch diese kirchliche Tätigkeit nicht nur viele Ehen verhindert und erhebliche Zwistigkeiten in einzelne Familien hineingetragen, sondern es werde gerade dadurch auch der Erfolg der durch die NSDAP geführten Aufklärungsarbeit über die vor allem dem Volke und dem Staate dienende eheliche Gemeinschaft, besonders auf dem Lande, sehr in Frage gestellt. Die Bevölkerung könne sich, solange die Kirche in so entscheidenden Fragen in die Erziehungsarbeit der Partei und die bevölkerungspolitischen Maßnahmen des Staates von ihrem Standpunkt aus öffentlich einzugreifen die Möglichkeit habe, kaum zu einer ganz auf das Volk bezogenen Haltung durchringen.«

342 »Meldungen aus dem Reich«, 28. 5. 42. BA R 58/172.
343 BA R 58/170.

Am 12. März und 30. April brachten die »Meldungen aus dem Reich« Berichte über »Tendenziöse Zeitkritik der Kirchen«. Ausgangspunkt einer erneuten regen Aktivität katholischer Geistlicher war die sogenannte »Glockenaktion«. Auf Grund einer Anordnung der Reichsstelle für Metalle mußten ab November 1941 in einem Zeitraum von sechs Monaten alle Glocken – mit Ausnahme von einer pro Gemeinde sowie besonders wertvoller Exemplare – abgeliefert werden. Ähnlich wie die Kruzifixaktion, erregte diese Verfügung die kirchentreuen Elemente, und es kam mehrfach zu Demonstrationen.[344] Der SD-Bericht warf dem Klerus vor, er habe diese Aktion ausgenutzt, um mehr oder weniger offen gegen Partei und Staat zu hetzen.

Noch mehr Unruhe verursachte die Verbreitung eines angeblich von dem erfolgreichsten deutschen Jagdflieger, Oberst Werner Mölders, verfaßten Briefes. Mölders war Ende 1941 – höchstwahrscheinlich durch einen unglückseligen Zufall – durch deutsche Flak in einem Kurierflugzeug in der Nähe Breslaus abgeschossen worden. Sein von Geheimnis umgebener Tod gab Anlaß zu viel Gemunkel, zumal das As der deutschen Jagdflieger ein treuer Sohn der katholischen Kirche gewesen war und bereits die Aufmerksamkeit des SD durch seine Kritik an den antikirchlichen Maßnahmen auf sich gezogen hatte. Diese Maßnahmen waren Sefton Delmer bekannt, und er fabrizierte einen defätistisch-rebellisch gefärbten Brief, der von der britischen Luftwaffe über Deutschland abgeworfen wurde[345] und einen ungeahnten Erfolg hatte.[346] Kein Dementi[347] – auch nicht das von Werner Mölders Mutter – hatte Erfolg. Die Echtheitswirkung dieses Schreibens wurde noch erhöht durch die Tatsache, daß die katholische Kirche klarstellte, sie habe mit der Fälschung des angeblichen Briefes nichts zu tun.[348]

Ein weiterer Gegenstand der Kritik von seiten des NS-Regimes waren »Hetzpredigten« und vor allem wieder die Hirtenbriefe. »Alle Schwierigkeiten und Mangelerscheinungen im Reich, die sich aus dem Kriegszustand

---

[344] s. BOBERACH; S. 232, Anmerkung 1.
[345] DELMER; S. 547 ff.
[346] »Meldungen aus dem Reich«, 12. 3. und 20. 4. BOBERACH; S. 233, und BA R 58/171. s. auch die Monatsberichte für Februar, März, April der Polizeidirektion Augsburg und des Regierungspräsidenten von Schwaben und Neuburg. BHStA, Abt. II, MA 106 694 und 106 684. In den Schulungsabenden der SA wurde der Brief ebenfalls besprochen und als Produkt der katholischen Kirche erklärt. Vgl. Kriegstagebuch des SA-Sturmes 33/5 Bamberg. Eintragung vom 18. 3. 42. StA Bamberg. Rep. M 31, Nr. 11.
[347] s. »Wollt ihr den totalen Krieg?«; S. 229.
[348] »Meldungen aus dem Reich«, 20. 4. 42. BA R 58/171.

ergeben, würden von klerikalen Kreisen der nationalsozialistischen Bewegung zugeschoben mit der Begründung, daß dieser Krieg eben ein nationalsozialistischer Krieg sei. Dagegen sehe man in Roosevelt und Churchill Verteidiger des Christentums...« Und weiter:»Der Hauptkampf der Konfessionen aber richtet sich gegen die nationalsozialistische Weltanschauung. Jede Gelegenheit, jedes Zeitgeschehen werde bemüht, um die Bevölkerung im Sinne der christlichen Lehre zu schulen und ihr damit Kampfmittel gegen den Nationalsozialismus an die Hand zu geben. Ständig werde darauf hingewiesen, daß ›die überwiegende Mehrheit der kämpfenden Soldaten gläubige Christen seien, daß man nicht damit rechnen dürfe, diese Männer in Kampf und Tod zu schicken für Dinge (gemeint ist die nationalsozialistische Weltanschauung), die ihrer heiligsten Überzeugung entgegenstünden, um sie nach ihrer Rückkehr vor vollendete Tatsachen, vor etwas Fertiges, Antichristliches zu stellen‹, daß die Front über die Vorgänge in der Heimat unterrichtet werden müsse, daß die Kirche trotz der Glaubenskämpfe nicht überwältigt werden könne.«[349] Den stärksten Widerhall in der Bevölkerung hatte, laut SD-Bericht, das am 22. März und 6. April verlesene»Hirtenwort der deutschen Bischöfe über die religiöse Lage in Deutschland«. In ihm war auf den Kampf gegen die Kirchen eindeutig hingewiesen und das natürliche Recht auf Leben und lebenswichtige Güter gefordert worden. *Wir Bischöfe werden nicht aufhören, gegen die Tötung Unschuldiger Verwahrung einzulegen...*[350] Der Krieg als solcher jedoch wurde nicht verurteilt, im Gegenteil. In den einleitenden Worten der Bischöfe der westdeutschen Kirchenprovinzen hieß es:»Immer wieder haben wir die Gläubigen aufgerufen, zu treuer Pflichterfüllung, zu tapferem Ausharren, zu opferbereitem Arbeiten und Kämpfen im Dienste unseres Vaterlandes. Mit Genugtuung verfolgen wir den Kampf gegen die Macht des gottlosen Bolschewismus, vor dem die Bischöfe in zahlreichen Kundgebungen vom Jahre 1921 bis 1938 die Katholiken Deutschlands gewarnt haben...« Die Wirkung dieser Briefe war eine»erhebliche Beunruhigung unter der Bevölkerung«. In Frankfurt war es zu einer 15minütigen Kundgebung für den Bischof auf dem Domplatz gekommen. Wenig kirchlich eingestellte Kreise und Parteigenossen zeigten sich empört über eine solche Agitation zu einem Zeitpunkt, an dem die Bevölkerung durch die Kürzung der Lebensmittelrationen sowieso gereizt war.[351] Goebbels eiferte sich in seinem Tagebuch:»Die politi-

349 BOBERACH; S. 235, 236.
350 BA R 58/171.
351 ibid.

sierenden Pfaffen sind so ungefähr und nächst den Juden das widerwärtigste Gesindel, das wir heute noch im Reich beherbergen. Es wird nach dem Kriege an der Zeit sein, diese Frage generell zu lösen. Einer kann nur im Staate herrschen, entweder die Kirche oder der Staat selbst ...«[352] Es war – wie bereits gesagt – vor allem Hitler, der Goebbels und Göring immer wieder in ihrem Kirchenhaß bremsen mußte. Hitler, so schreibt der Propagandaminister, hätte erklärt,»wenn seine Mutter noch lebte, würde sie zweifellos in die Kirche gehen, und er wollte und könnte sie nicht daran hindern«.[353]

Am 6. Juli kam der SD-Bericht erneut auf das Thema der katholischen Kirche zurück und ihren»Mißbrauch nationalsozialistischen Sprachgutes und soldatisch-militärischer Formulierungen«.[354] Am 24. August folgte eine dritte Betrachtung über»Tendenziöse Zeitkritik der Kirchen«.[355]

»Aus verschiedenen Teilen des Reiches wird voneinander unabhängig berichtet, daß die kirchliche Propaganda in letzter Zeit stark dazu übergegangen sei, Anekdoten und Erzählungen von angeblichen Frontgeschehnissen in Umlauf zu bringen, die geeignet seien, in gleicher Weise den Nationalsozialismus herabzusetzen, wie gleichzeitig die Kirche und das Christentum als letzten Halt in diesem ›Chaos des Krieges‹ hinzustellen.«

So würde beispielsweise überall folgende Erzählung kursieren:

»Ein Ortsgruppenleiter habe vor verwundeten Soldaten gesprochen und sich sehr abfällig über die katholische Kirche geäußert. Daraufhin habe sich ein anwesender Hauptmann erhoben und gesagt: Er habe an der Front zwar schon viele evangelische und katholische Geistliche kämpfen und sterben sehen, aber noch keinen Kreis- oder Ortsgruppenleiter ...«

Die»Meldungen aus dem Reich« teilten auch mit, daß durch»Mundpropaganda« überall verbreitet werde, die Wehrmacht denke über Kirche und Christentum ganz anders als die Partei. Es ist anzunehmen, daß diese Flüsterparolen nicht kirchlichen Kreisen entstammten, sondern der britischen »schwarzen« Propaganda, deren bevorzugtes Thema lautete, die Wehrmacht sei gegen die Partei, gegen die SS, gegen die Gestapo.[356]

Am 31. August brachte der SD-Bericht eine Anlage»Musterbeispiel einer Predigt der Bekenntnisfront zur seelischen Beeinflussung des Volkes«.[357] Es handelte sich um eine Ende Juni in allen württembergischen Lesegottesdiensten verbreitete Predigt, die um die letzten Worte eines sterbenden Soldaten»Deutschland – Christus« zentrierte.

---

[352] 26. 3. 42. *Tagebücher*; S. 141.   [353] *ibid.*; S. 138.
[354] BA *R 58/173*.   [355] BA *R 58/174*.
[356] DELMER; S. 474.   [357] BA *R 58/174*.

Diese kurzen Hinweise mögen genügen, um auf den auch 1942 anhaltenden und sich ständig steigernden Antagonismus zwischen den nationalsozialistischen und den kirchlichen Führern aufmerksam zu machen. Den größten Anhang der Kirchen bildeten bekanntlich die Frauen. Sie empörten sich am meisten über Kruzifix- und Glockenaktion. Unter ihnen war die Ablehnung des Krieges und die Sehnsucht nach Frieden am größten; sie verspürten die Schwierigkeit der täglichen Nahrungsbeschaffung mehr als die anderen Familienmitglieder.»Die Nervosität und Mißstimmung vieler Hausfrauen wachse von Tag zu Tag und beginne, sich immer mehr auch auf ihre Familienangehörigen zu übertragen, so daß in weiten Bevölkerungskreisen das Interesse am militärischen Geschehen durch die Sorgen und Nöte des Alltags, vor allem jedoch durch die anhaltenden Ernährungsschwierigkeiten, zurückgedrängt sei...«[358]

Von einer Opposition gegen das Regime kann jedoch nicht die Rede sein. Das Verhalten der Frauen in Deutschland war durch ein bereits traditionelles Desinteresse an der Politik geprägt, das es den Männern leicht machte, ihre dominierende Stellung auch hier zu bewahren und die Frau auf den häuslichen Umkreis zu limitieren. Der beschränkte Horizont der Mehrzahl des weiblichen Bevölkerungsteils trug wesentlich dazu bei, daß sich in Deutschland die»Epidemie der Verdummung«[359] so ungestört ausbreiten konnte. Keine nationalsozialistische Organisation stagnierte so wie die NS-Frauenschaft, nicht aus politischer Gegenüberzeugung, sondern weil ihre Veranstaltungen nichts anderes waren als»öde, lahme Altweiberklatschabende«.[360]

So kann man also nur Unzufriedenheit und Mißvergnügen feststellen, das sich in einer anhaltenden Weigerung für einen freiwilligen Arbeitseinsatz und in gesteigerter Vergnügungssucht weiterhin manifestierte.»Es ergibt sich, daß alles gute Zureden in der Frage des Arbeitseinsatzes der Frauen nichts hilft und daß nur gesetzliche Regelung zum Ziele führen wird.«[361]

Vor einem solchen Zwangseinsatz bewahrte sie aber weiterhin Hitlers wie auch Görings Abneigung gegen derartige Maßnahmen.[362] Die Vor-

[358] »Meldungen aus dem Reich«, 23. 7. 42. BOBERACH; S. 272.
[359] RECK-Malleczwen, Friedrich Percival. *Tagebuch eines Verzweifelten.* Zeugnis einer inneren Emigration. Stuttgart, Goverts Verlag, 1966; S. 154.
[360] SD-Abschnitt Leipzig, 8. 4. 42. IWM *FD 332/46.*
[361] *ibid.*
[362] »Der Führer hat sich entschieden, die Frauen nicht unmittelbar in den Produktionsprozeß einzusetzen. Dafür sollen sie Kinder kriegen.« Wirtschaftskonferenz v. 19. 11. 42. Vortrag Sauckel. BA *ZSg 115/1942.* Göring benutzte

stöße des Reichspropagandaministers[363], wie auch des Reichsfinanzministers, der dem Grundsatz huldigte, wer nicht arbeitet, soll auch nicht essen[364], sowie des Rüstungsministers blieben ohne Erfolg. Auch ein auf Veranlassung der Parteikanzlei vom OKW in den *Mitteilungen für die Truppe* veröffentlichter Artikel »Das ist schlechte Kameradschaft«[365] veranlaßte wenige Soldatenfrauen, sich in der Kriegswirtschaft freiwillig zu betätigen. Die anhaltenden Umtriebe der Jugendlichen hatten ebenfalls weiterhin mit politischen Gesichtspunkten wenig zu tun. Die in »Blasen« zusammengeschlossenen Jugendlichen verübten entweder Einbruchsstreifzüge oder veranstalteten Partys mit sexueller Note. Die Ursachen dieser Entwicklung, wie geschlechtliche Frühreife und frühe Eingliederung in den Arbeitsprozeß, wurden nur selten und unvollkommen erkannt, und weiterhin mangelnde elterliche Aufsicht, abendliche Appelle der Hitlerjugend und ein ungünstiger Einfluß der HJ-Führer[366] sowie minderwertige Literatur und Filme namhaft gemacht. Vor allem die Justizbehörden hatten sich mit diesem Phänomen zu befassen, und Berlin meldete beispielsweise eine Zunahme von 50 %/o der Strafprozesse gegen Jugendliche.[367] Insgesamt hatte sich die Jugendkriminalität von 1937 bis 1942 mehr als verdoppelt. Auch der Anteil an der Gesamtkriminalität war gestiegen und betrug 1942 15,3 %/o gegenüber nur 11,2 %/o im Jahre 1941 und 6 %/o im Jahre 1937. Ebenfalls gestiegen war der Anteil der weiblichen Jugendlichen an der Jugendkriminalität; er betrug 1942 21,5 %/o gegenüber 15,5 %/o im Jahre 1937.[368]

---

den Vergleich von »Rasse- und Arbeitspferden«. Die hochwertigen Frauen sollten in erster Linie für die »Arterhaltung« sorgen. Vgl. Schreiben des Chefs des SS-Hauptamtes Berger CdSS HA/Be/Bo/T 66. Nr. 150/42 geh. vom 2. 4. 42. BA *NS 19/neu 1963.* Vgl. auch SPEER; S. 234/5 und 547/8, Anmerkung 11, 14, 15.

[363] *Tagebücher;* S. 48, 150.

[364] Schreiben an Göring vom 4. 3. 42. BA *R 2/24243.*

[365] Partei-Kanzlei. »Vertrauliche Informationen«, 35. Folge. 15. Mai 1942. BA *ZSg 3/1622.*

[366] OLG-Präsident München, 30. 4. 42. BA *R 22/3379.* Generalstaatsanwalt Kammergericht Berlin. 31. 7. 42. *R 22/3356.*

[367] Kammergerichtspräsident Berlin, 30. 11. 42. *ibid.*

[368] Der Leiter der Parteikanzlei. Bekanntgabe 204/44 g v. 29. 8. 1944. Betrifft: Die Jugendkriminalität im Großdeutschen Reich im Jahre 1942 und im 1. Halbjahr 1943 (Kriminalstatistik des statistischen Reichsamtes). BA *NS 6/verl. 351.*

Der Grundstimmung der Deutschen um die Jahresmitte 1942 war »abwartend«.[369] Die sich langsam bessernden Meldungen aus dem Osten wie auch aus Afrika im Verlauf des Monats Juni weckten wieder eine »sich langsam steigernde Anteilnahme«[370] an den militärischen Ereignissen. Der Wehrmachtsteil, der in diesem Jahre die meiste Anerkennung und Sympathie fand, war die Kriegsmarine. Während noch im Sommer des Vorjahres die Parole von der »Leere des Atlantiks«[371] hatte ausgegeben werden müssen, um ein Nachlassen der U-Booterfolge zu bemänteln, konnte die Unterseebootwaffe nach der Kriegserklärung an die USA mit steigendem Erfolg operieren.[372] Die »Meldungen aus dem Reich« berichteten mehrfach, daß die Sondermeldungen über die Versenkung feindlicher Schiffe große Bewunderung hervorgerufen hätten.[373]

»In den Erörterungen der Volksgenossen kam mehrfach die freudige Genugtuung zum Ausdruck, daß England und Amerika scheinbar nicht in der Lage seien, der Planmäßigkeit der deutschen U-Boot-Aktionen durch wirkungsvolle Gegenmaßnahmen zu begegnen. Die steigenden Versenkungsziffern müßten sich nach Ansicht vieler Volksgenossen allmählich nicht nur in der Versorgung Englands und Amerikas, sondern vor allem auch stimmungsmäßig in der britischen und amerikanischen Öffentlichkeit fühlbar auswirken. In den luftgefährdeteren Gebieten des Reiches hofft man sogar, daß die Briten durch die zahlreichen Verluste an Tankern bald gezwungen sein werden, ihre Luftangriffe auf das Reichsgebiet einzustellen, zumindest aber einzuschränken.«[374] Die von der Propaganda geförderte Ansicht, »daß die laufenden Versenkungen feindlichen Handelsschiffsraumes einen entscheidenden Faktor in der deutschen Gesamtkriegsführung darstellen, beginnt sich jetzt in einem größeren Bevölkerungskreis durchzusetzen ...«[375] Schließlich gewöhnten sich die Deutschen so an die laufenden Erfolgsmeldungen, daß sie kaum noch beachtet wurden.

---

369 SD-Abschnitt Leipzig, 6. 5. 42. *Aus deutschen Urkunden*; S. 225. »Meldungen aus dem Reich«, 4. 2. 42. BOBERACH; S. 262.
370 »Meldungen aus dem Reich«, 22. 6. 42. BA *R 58/172*.
371 Oberkommando der Kriegsmarine M I Pa B. Nr. 10641/41 vom 4. 10. 41. MGFA WO *1-6/395*.
372 Über Details der U-Boot-Kriegführung s. ROHWER, Jürgen. *Die U-Boot-Erfolge der Achsenmächte 1939–1945*. München, J. F. Lehmanns Verlag, 1968, und HERZOG, Bodo. *60 Jahre deutsche U-Boote. 1906–1966.* München, J. F. Lehmanns Verlag, 1968.
373 19. 2. 42; 2. 3., 19. 3., 9. 7., 17. 8. 42. BOBERACH; S 227/28, 229, 241, 268, 284
374 »Meldungen aus dem Reich«, 23 4. 42. BA *R 58/171*.
375 Vom 29. 6. 42. BOBERACH; S. 265.

»Die Versenkungen feindlicher Tonnage werden gegenwärtig verhältnismäßig wenig beachtet. Die ›montägliche Sondermeldung‹ über das Versenkungsergebnis der Vorwoche wird mehr und mehr als regelmäßig und selbstverständlich angesehen. Vielfach wird sie nur dahin bewertet, ob im laufenden Monat die durchschnittlichen 600 000 bis 800 000 BRT zusammenkommen.«[376] Neben dem Gewöhnungsfaktor verbarg sich hinter dieser wachsenden Gleichgültigkeit eine tiefere Beunruhigung. »Obwohl die allgemeine Stimmung trotz positiver oder negativer Einflüsse gleichgeblieben ist, machen sich doch in letzter Zeit vermehrt Bestrebungen bemerkbar, wonach die Volksgenossen die Erfolgsmeldungen von den Fronten mit mehr Zurückhaltung als sonst zur Kenntnis nehmen wollen. Die anhaltende Versenkungstätigkeit unserer U-Boote wird zwar immer noch freudig besprochen, aber man versucht doch in einer gewissen nervösen Spannung auszurechnen, wie lange der Krieg bei einer derartigen Steigerung der Versenkungsziffern noch dauern könne. Verschiedentlich versuchen die Volksgenossen zu errechnen, in welcher Zeit eine spürbare Schädigung der Gegner nun endlich eintreten würde. Die in letzter Zeit in allen Kreisen besonders stark diskutierten Ereignisse bei Kertsch und Charkow wurden im wesentlichen als großer deutscher Sieg gefeiert. Aber auch hier fragt sich ein Großteil der Bevölkerung, wo der Gegner diese Masse an Menschen und Material hernehme. Es ist manchmal eine gewisse Resignation zu verspüren, mit der man den Kampf unserer tapferen Wehrmacht gegen einen zahlenmäßig weit überlegenen Gegner verfolgt. Auch Urlauber haben verschiedentlich die unermeßliche Weite des russischen Raumes unseren stärksten Feind genannt. Es erscheint deshalb manchem als vollkommen unmöglich, diesen weiten Raum zu durchdringen und der sowjetischen Herrschaft ein schnelles Ende zu bereiten. Die Folge ist eine gewisse Unsicherheit und Zurückhaltung, mit der man auch die großen deutschen Siege zur Kenntnis nimmt . . .«[377]

Eine ähnliche wachsende innere Unruhe läßt sich auch aus anderen Berichten ablesen. Kriegsmüdigkeit[378], Skepsis hinsichtlich der weiteren Ent-

---

[376] 10. 9. 42. *ibid.*; S. 298. Der erfolgreichste Monat des ganzen 2. Weltkrieges war der November 1942, in dem 118 Handelsschiffe mit insgesamt 743 321 BRT versenkt wurden.
[377] SD-Abschnitt Leipzig, 23. 5. 42. *Aus deutschen Urkunden*; S. 225.
[378] Monatsbericht des Regierungspräsidenten für Ober- und Mittelfranken für Mai 1942. BHStA, Abt. II, *MA 106 679*. »Meldungen aus dem Reich«, 30. 7. 42. BOBERACH; S. 274.

wicklung, nur kurze Belebung der Geister durch Erfolge, wie die der Einnahme von Kertsch durch die 11. Armee unter Generaloberst von Manstein am 15. Mai und die Eroberung von Sewastopol am 1. Juli im Süden der Ostfront, die Beendigung der Schlacht bei Charkow am 28. Mai im Mittelabschnitt, bei der 240 000 sowjetische Gefangene gemacht wurden, oder die Einnahme Tobruks am 22. Juni, Marsa Matruks am 28. Juni durch das deutsche Afrikakorps.

»Da die militärischen Ereignisse vorwiegend unter dem Gesichtspunkt gesehen werden, daß sie noch keine Rückschlüsse auf ein baldiges Ende des Krieges erlauben würden, ist die Dauerwirkung der Ernährungschwierigkeiten im augenblicklichen Zeitraum besonders nachhaltig . . . Aus diesen Gründen heraus wird einheitlich eine gewisse gedrückte und unzufriedene Haltung weiter Bevölkerungsteile gemeldet, die ihren Niederschlag nicht allein in allgemeinen Schimpfereien und an der Kritik an dem angeblich viel weniger eingeschränkten Lebenswandel führender Persönlichkeiten findet, sondern auch in der Tatsache, daß die politischen Witze, die schon immer in großer Zahl verbreitet worden waren, langsam anfangen, auch den letzten Rest an Humor zu verlieren und daher nahezu ausschließlich durch ihre Gehässigkeit zu wirken versuchen.«[379]

Inwieweit diese Witze mit gehässiger Tendenz auf das Konto ausländischer Propagandisten gehen, war und ist schwer festzustellen. Tatsache ist jedenfalls, daß durch den Krieg gegen Rußland auch die kommunistische Propaganda, welche durch das deutsch-sowjetische Bündnis stark eingeschränkt worden war, neuen Auftrieb erhielt. Während die britische Propaganda es vermied, Hitler direkt anzugreifen und lieber die Parteibonzen in Mißkredit brachte, versuchten die deutschen kommunistischen Emigranten den wirklich Verantwortlichen zu attackieren und nicht nur seine verbrecherische Politik, sondern auch seine Dummheit herauszustellen. So liest man in einer von Wilhelm Pieck und Walter Ulbricht unterzeichneten Propagandaschrift:

»Hitler überfiel die Sowjetunion, um sie zu berauben, um ihre Rohstoffe und Reichtümer für den Krieg gegen England auszunutzen und seinen Krieg gegen die Vereinigten Staaten von Amerika vorzubereiten . . .

Hitler hat sich in seiner Politik nicht nur als der Unterdrücker der Völker, sondern auch als kurzsichtiger und dummer Politiker gezeigt. Durch seine dumme und kurzsichtige Politik erreichte er, daß er die Sowjetunion,

---

[379] »Meldungen aus dem Reich«, 22. 6. 42. BA R 58/172, ähnlich in der Tendenz auch die vom 29. 6. und 9. 7. 42. BOBERACH; S. 264-267.

England und die Vereinigten Staaten von Amerika zu einer Einheitsfront zusammenschloß . . .«[380]

Der Generalstaatsanwalt von Naumburg bemerkte im Januar 1942, daß es schwer feststellbar sei,»inwieweit die Stimmungslage durch Feindpropaganda beeinflußt ist . . ., die Vermutung, daß dies der Fall ist, wird nicht von der Hand zu weisen sein, und es ist sicher, daß die Zahl der Abhörer ausländischer Sender weit größer ist als die Zahl der zur Anzeige gelangenden Fälle. Die geschwätzige oder tendenziöse Weiterverbreitung der so abgehörten Feindnachrichten tut dann das übrige, zumal – wie aus dem Tatbestand einzelner Strafsachen politischen Charakters hervorgeht – im Volke immer noch versteckte Sympathien für den Kommunismus und eine unbegreifliche Verkennung des wahren Wesens und der Gefährlichkeit des Bolschewismus vorhanden sind«.[381] Die wachsende Zahl der Luftangriffe lieferte der kommunistischen Propaganda weitere Ansatzpunkte. Die Bombardierung von Essen und Köln wurde von Pieck, Ulbricht und anderen emigrierten KPD-Mitgliedern am 12. Juni in der deutschsprachigen Sendung Radio Moskaus für einen Appell »an die deutschen Werktätigen« benutzt. Obwohl die Nationalsozialisten versichert hätten, daß alle Vorsorge gegen den Einflug feindlicher Flugzeuge getroffen worden sei, würden jetzt große Geschwader von Bombenflugzeugen deutsche Städte angreifen. Der deutsche Arbeiter wurde aufgefordert, die gefährdeten Rüstungszentren wie die »Nazibonzen« und die Begüterten zu verlassen und aufs Land zu flüchten. Wovon er allerdings da leben sollte, blieb unklar, da jeder Arbeitsplatzwechsel verboten war. Weiter wurde dem deutschen Arbeiter suggeriert, die Staatsführung mit Gewalt zu beseitigen und Hitler zu stürzen.[382]

Am 14. Juni wurden den deutschen Hörern 10 Gebote vorgetragen, die sie aufforderten, nicht für den totalen Krieg zu arbeiten, zu bewaffnetem Widerstand zu rüsten, Hitler zu stürzen usw. In diesem Sinne wurden auch Flugblätter und Druckschriften verteilt. Deutschsprachige Sender, wie »Heimat«, »Sturmadler« und »SA-Mann Hans Weber« wiesen auf die Aussichtslosigkeit des Kampfes hin, forderten zur Bildung von Volksausschüssen und zur Ausführung von Sabotageakten auf.[383] In der Folgezeit

---

[380] Am 5. 1. 42 vom OLG-Präsidenten Königsberg übersandt. BA *R 22/3375.*
[381] 27. 1. 42. BA *R 22/3380.*
[382] RSHA Amt IV. »Meldung wichtiger staatspolizeilicher Ereignisse«, No. 10, 22. 6. 42. *R 58/205;* s. auch *ibid.* Meldung Nr. 11 vom 24. 6., Nr. 1 vom 1. 7. 42. *R 58/206.*
[383] »Meldung wichtiger staatspolizeilicher Ereignisse«, Nr. 4., 8. 7. 42. *ibid.*

gingen Pieck und Ulbricht dazu über, immer mehr die Gegensätze zwischen dem deutschen Arbeiter und dem deutschen »Plutokraten« herauszustellen, die klassenkämpferische Note zu betonen. Ein weiteres beliebtes Thema in der Ost- wie der Westpropaganda waren Polemiken gegen Goebbelsartikel.[384] Außerdem wurden 1942 von Berlin aus, wo die Gruppe um Schulze-Boysen und Harnack tätig war[385], zahlreiche Handzettel und Flugschriften in Umlauf gebracht. Zu ihnen wurde unter anderem die Vereinigung von Soldaten, Sozialisten und Kommunisten in der VKPD – eine alte Forderung der Berliner Arbeiter aus den Revolutionsjahren 1918/1919 – vorgeschlagen, gemäß Beschlüssen, die am Jahrestag der bolschewistischen Revolution von der KPD und der SPD gefaßt worden seien. Ebenfalls nach diesen Beschlüssen sollte das Deutsche Reich nach dem Zusammenbruch Hitlerdeutschlands »in den Bund der sowjetischen Bruderrepubliken« eintreten. Alles sollte dort nach Sowjet-Vorbild aufgezogen werden.[386]

Diese extreme, direkte Propaganda hatte eher weniger Erfolg als die getarnte der britischen psychologischen Kriegführung. Bekanntlich wurden keine Volksausschüsse gebildet, noch das Regime gestürzt. Es kam nur zu vereinzelten Sabotageakten, umstürzlerischen Parolen auf Hauswänden und klassenkämpferisch gefärbten Unmutsäußerungen. Das sowjetische Vorbild war für den deutschen Arbeiter nicht attraktiv genug. Dazu war der russische Lebensstandard im Vergleich zum deutschen zu niedrig, die Verhältnisse zu primitiv. Wozu es jedoch kam – und nicht auf Grund kommunistischer Propaganda –, war ein Wandel der landläufigen Konzeption *des* Russen.

Am 10. Juli sah sich die Propagandaführung des Dritten Reiches veranlaßt, der Presse eine grundsätzliche Stellungnahme an die Hand zu geben, da die Gefahr bestände, daß auch sie »auf Grund der letzten militärischen Vorkommnisse darüber Betrachtungen anstellt, wie es kommt, daß der sowjetische Soldat so hart kämpft«.[387] Auch sei es »völlig unangebracht«, sich über die »russische Seele« Gedanken zu machen, denn die

[384] »Meldung wichtiger staatspolizeilicher Ereignisse«, Nr. 2., 6. 10. 42. *R 58/208.*
[385] s. hierzu PERRAULT, Gilles. *L'orchestre rouge.* Paris, Fayard, 1968, und SCHLABRENDORFF, Fabian. *Offiziere gegen Hitler.* Zürich, Europa-Verlag 1951 (Cop. 1946); S. 97 ff.
[386] »Meldung wichtiger staatspolizeilicher Ereignisse«, Nr. 5., 15. 12. 42. *ibid.*
[387] Bereits am 7. und 9. Juli hatte Goebbels in der Pressekonferenz die Anti-Politruk-Propaganda in der Heimat erwähnt und erklärt, die Kommissare sollten nicht mehr in der Presse erwähnt werden. BERGHAHN, »NSDAP und ›geistige Führung‹ der Wehrmacht 1939–1943«; S. 47.

gäbe es nicht, wie es keinen russischen Menschen gäbe, da die Sowjetunion aus einem Völkergemisch bestände. Noch weniger angebracht war es zu schreiben, der sowjetische Soldat kämpfe »heroisch«.

»Was heißt schon heroisch? Es gibt einen Heldenmut und es gibt einen Verbrechermut. Es gibt also auf der einen Seite die Herrschaft der Tüchtigen, die Herrschaft einer heldisch denken- und handelnden, von der sittlichen Kraft einer hohen Weltanschauung getragenen Auslese, und es gibt auf der anderen Seite die Herrschaft der Minderwertigen, bei der von Heroismus zu sprechen völlig verkehrt ist. Gerade hier bei sowjetischen Soldaten und seinem Verbrechermut handelt es sich um nichts weiter als um die hochgezüchtete slawische Animalität, die dazu führt, daß dieser slawische Mensch auf Befehl eines jüdischen Kommissars, der um sein Leben kämpft, bis zur Selbstvernichtung kämpft und sich in den Tod treiben läßt.«[388]

Das Problem schien offenbar so dringlich, daß Goebbels acht Tage darauf in *Das Reich* einen Artikel veröffentlichte »Die sogenannte russische Seele«, der allen Hoheitsträgern, Propagandisten und Rednern vom Amt Propagandalenkung als »richtungsweisend für unsere Haltung gegenüber allen falschen Darstellungen und Meinungen in bezug auf den soldatischen und heldischen Wert der bolschewistischen Massen« empfohlen wurde.[389] Die Tendenz war dieselbe wie diejenige der Presseanweisung: Völkergemisch, Animalität, nur fähig zur defensiven Kriegführung. »Der Einzelmensch gilt im öffentlichen Denken kaum soviel wie etwa ein Fahrrad . . .«

Die auffallende Insistenz Goebbels findet ihre Erklärung in Meldungen über eine Wandlung der Volksstimmung hinsichtlich des Nationalstereotyps der Russen. Es kann sich dabei sowohl um Berichte der Hoheitsträger der Partei wie der Reichspropagandaämter handeln, die bisher nicht aufgefunden wurden, den Reichspropagandaminister aber veranlaßten, sie in seiner Konferenz vom 15. Juli zu erwähnen und hinzuzufügen: »Unsere These, wonach die Kommissare mit der Knute die russische Armee zusammenhalten, werde nicht mehr geglaubt, vielmehr gewinne die Überzeugung täglich an Boden, wonach der russische Soldat vom Bolschewismus überzeugt sei und für ihn kämpfe.«[390]

Auch die SD-Berichte hatten in der laufenden Berichterstattung mehr-

[388] Blatt 2 zur V.I. Nr. 177/42. BA ZSg *109/35*; fol. 31.
[389] Sonderdienst der Reichspropagandaleitung. Sonderlieferung 28/42 vom 18. 7. 42. BA ZSg *3/1671*.
[390] *Wollt ihr den totalen Krieg?*«; S. 261.

fach Stimmen über eine wachsende Verwunderung angesichts der sowjetischen Resistenz gebracht. Am 17. August widmeten die »Meldungen aus dem Reich« sich eingehend dem Thema »Das Rußlandbild in der Bevölkerung«.[391] Hierbei kam zum Ausdruck, daß sich alle Vorstellungen über die Sowjetunion verschoben hätten und es der Bevölkerung schwerfalle, verschiedene Widersprüche zu klären und zu begreifen.

Die Propaganda habe immer das Leben in der Sowjetunion als ein jüdisches Zwangssystem, als ein Auseinanderklaffen zwischen Ideologie und Wirklichkeit, als ein Dasein »grau in grau« geschildert. Und nun erwarte man, daß in ein solches Land deutsche Siedler kämen. Die Aussicht könne kaum jemand verlocken.

Weiter habe man die UdSSR als ein Musterbeispiel der Desorganisation und des Versagens hingestellt. Woher kämen aber dann die ungeheuren Waffen- und Materialmengen? Soldaten erzählten von riesigen industriellen Anlagen inmitten all der Primitivität. Es müsse also doch auch positive Entwicklungen in diesem Staate geben.

Der »Sowjetmensch« sei als vertiert, animalisch, kurz als Untermensch dargestellt worden, so daß man sich voller Bangen gefragt habe, was man denn mit solchen »Tieren« anfangen solle. Und nun begegne man völlig verschiedenen Exemplaren dieses russischen Menschen. Der Ostarbeiter – wie die zwangsweise rekrutierten russischen Arbeitskräfte genannt wurden – erweise sich oft als intelligent, von rascher Auffassungsgabe und sei vielfach weitaus gebildeter als angenommen.[392] »Diese Erfahrungen hätten das bisherige Bild vom Menschen aus dem Osten zwiespältig gemacht.« Man finde unter ihnen große, blonde Gestalten. Ihre Kampfkraft sei so erstaunlich, daß man dahinter »eine Art Vaterlandsliebe, eine Art Mut und Kameradschaft und eine Nichtachtung des Lebens, die auch beim Japaner zwar fremdartig sei, aber anerkannt werden müsse«.

Immer mehr Deutschen wurde klar, »daß das frühere einheitliche Bild mit der vielschichtigen Wirklichkeit nicht oder nicht mehr übereinstimme ...«

Im Zusammenhang mit dieser Entwicklung scheint erwähnenswert, daß Goebbels, der immer heimliche Neigungen für den Kommunismus emp-

391 BOBERACH; S. 286–289.
392 Die Kontakte intensivierten sich mit der Zeit, und es kam zum Meinungsaustausch zwischen deutschen und sowjetischen Bergarbeitern über die jeweiligen Arbeitsverhältnisse. Der Vergleich fiel oft nicht zugunsten Deutschlands aus, was Goebbels sehr beunruhigte. *Wollt ihr den totalen Krieg?«; S. 281 (Konferenz vom 16. 9. 42).

funden hatte, in seiner Konferenz am 28. Juli erklärte, daß »gar nicht die Absicht bestehe, unter allen Umständen Stalin immer weiter zu bekämpfen; sollte Stalin, der über das Ausbleiben der zweiten Front schon äußerst erbittert sei, eines Tages zu einem Arrangement bereit sein, das uns eine strategisch gute Grenze und die Sicherheit gegen eine Neuaufrüstung Rußlands gibt, so werde deutscherseits eine solche Möglichkeit sicher nicht ohne weiters verworfen werden«.[393] Möglicherweise ist die Ursache dieser Erklärung in den Vernehmungen des am 18. Juni 1942 bei Charkow übergelaufenen Regimentskommissars Josef Kerness zu suchen. Kerness hatte ausgesagt, er habe von »russischen Revolutionären« um Kalinin, Molotow und anderen »den Auftrag erhalten, auf deutscher Seite ... Möglichkeiten eines Separatfriedens zu erkunden«.[394] Es ist jedenfalls auffällig, wieviel Gerüchte im Sommer 1942 über ein angebliches Waffenstillstandsangebot Stalins in Deutschland umliefen[395], deren Provenienz ungeklärt blieb, aber vielleicht auf Mundpropaganda zurückzuführen ist.

Eine ähnliche Aufwertung wie die des Rußlandleitbildes konnte man auch, wie bereits angeführt, beim Image des Briten konstatieren. Die Ausdauer und Zähigkeit in der Hinnahme der deutschen Luftbombardements hatten eine widerwillige Anerkennung hervorgerufen. Auch der Versuch am 28. März 1942, den deutschen Unterseebootstützpunkt in St-Nazaire zu zerstören, der mit einem Teilerfolg und der Gefangennahme einiger Engländer endete, hatte durch seine Tollkühnheit Aufsehen erregt. Die in der Berichterstattung über das Ereignis verwendete Bezeichnung »Verhaftung« statt Gefangennahme für die englischen Soldaten stieß auf Ablehnung und wurde als Abwertung der eigenen Leistung empfunden.[396]

Anfänglich verspürte man auch für die englischen Piloten, beispielsweise bei ihrem Angriff auf Augsburg am 17. April, »soldatische Achtung ... für ihr als schneidig bezeichnetes Anfliegen der vorgesehenen Ziele und ihre ›genau berechneten Bombenabwürfe‹, die nahezu ausschließlich kriegswichtige Anlagen zum Ziel genommen und getroffen hätten ...«[397]

393 *ibid.*; S. 266.
394 Vgl. *Kriegstagebuch des Oberkommandos der Wehrmacht* (Wehrmachtführungsstab) *1944–1945*. Geführt von Helmut Greiner und Percy Ernst Schramm. Frankfurt/M., Bernard & Graefe Verlag für Wehrwesen, 1961, Bd. II; S. 1287 f.
395 »Meldungen aus dem Reich«, 13., 17., 20. August. BOBERACH; S. 284. *»Wollt ihr den totalen Krieg?«*; S. 294, 298.
396 »Meldungen aus dem Reich«, 2. 4. 42. BOBERACH; S. 252.
397 »Meldungen aus dem Reich«, 20. 4. 42. *ibid.*; S. 256.

Als aber die Flächenbombardements zur Demoralisierung der Bevölkerung sich häuften, wuchs das Verlangen nach Vergeltung und der Haß gegen England, den die deutsche Propagandaführung bisher nicht so recht hatte stimulieren können. Nach dem schweren Angriff auf Hamburg in der Nacht vom 26. auf den 27. Juli 1942 hörte man immer wieder Fragen, wie »Wann ist England endlich keine Insel mehr?« oder »Wann werden die englischen Terrorangriffe tausendfach vergolten und die englischen Städte ausradiert?«.[398] Noch mehr steigerte sich die Empörung, als das Oberkommando der Wehrmacht mitteilte, die anläßlich des mißglückten englisch-kanadischen Landeversuches in Dieppe am 19. August gefangengenommenen deutschen Soldaten seien gefesselt worden.[399] Als Vergeltungsmaßnahme wurden deutscherseits 1376 englische Kriegsgefangene in Fesseln gelegt, was hinwiederum die Fesselung der gleichen Anzahl deutscher Gefangener zur Folge hatte.[400] Diese Eskalation des Hasses setzte sich in der Folgezeit fort.

Hinsichtlich Frankreichs kann man erneut zwei große Meinungsströmungen konstatieren. Eine schwer zu quantifizierende Mehrheit war der Ansicht: »daß mit einer positiven Einstellung der Franzosen wie auch der anderen Völker in den besiegten und besetzten Ländern zum Reich in absehbarer Zeit nicht zu rechnen sei. Der Wille zur Mitarbeit für die Schaffung eines neuen Europa müßte von Deutschland mit mehr oder minder starkem Druck erzwungen werden. Ein anderer Teil der Bevölkerung gibt sich indessen der Hoffnung hin, daß die französische Regierungsumbildung eine Anlehnung Frankreichs an die Politik der Achsenmächte zur Folge haben werde, wobei man insbesondere der Ernennung Darlans zum Oberbefehlshaber der gesamten französischen Wehrmacht erhöhte Bedeutung beimaß und sogar mit dem Gedanken eines eventuellen Kriegseintritts Frankreichs an der Seite der Achsenmächte spielt«.[401]

Diese, nur von einem kleineren Bevölkerungsteil gehegte Illusion litt eine erhebliche Einbuße, als am 8. November britische und amerikanische Truppen die Operation »Torch« in Nordafrika einleiteten und bei Casablanca, Oran und Algier landeten. Das ganze Unternehmen, welches den Stoß in den »weichen Unterleib« der Achse vorbereiten sollte, den Churchill bei seinem Besuch in Moskau im August angekündigt hatte, schockte die Deutschen. Nachdem die Landung in Dieppe so erfolgreich abgeschla-

---

[398] »Meldungen aus dem Reich«, 30. 7. 42. *ibid.*; S. 276.
[399] »Meldungen aus dem Reich«, 22. 10. 42. *ibid.*; S. 315.
[400] s. hierzu »*Wollt ihr den totalen Krieg?*«; S. 289, 291.
[401] »Meldungen aus dem Reich«, 20. 4. 42. BOBERACH; S. 253.

gen worden war, hatte man sich zu sehr in Sicherheit gewiegt. Nun war man sich über den Ernst der Stunde nicht recht im klaren. Die einen befürchteten zwar berechtigterweise eine Bedrohung des Afrikakorps; die anderen sahen in ihm die von der deutschen Propaganda erst höhnisch zerpflückte, dann auf Wunsch Hitlers totgeschwiegene und schließlich wieder in die Propagandatour aufgenommene »Zweite Front«.[402] Der deutsche Einmarsch in das bisher unbesetzte Frankreich am 10. November wurde als Bestätigung dieser Meinung gewertet.

»In diesem Zusammenhang werde auch angenommen, daß man dem französischen Widerstand in Nordafrika keine besondere Bedeutung beimessen dürfe, da der französische Widerstand wohl nur der Form halber erfolge, denn die Franzosen würden innerlich immer mehr zu den Amerikanern und Engländern hinneigen als zu Deutschland. Die gesamte bisherige Haltung Frankreichs gegenüber dem amerikanisch-britischen Überfall auf Nordafrika habe einheitlich keine Befriedigung aufkommen lassen. Der Abbruch der diplomatischen Beziehungen zwischen Vichy und den USA und der befohlene Widerstand gegen die amerikanische Invasion wird vielfach nur als Scheinmanöver angesehen. Der deutsche Einmarsch in das besetzte Frankreich und nach Korsika werde als notwendige und rechtzeitige Gegenmaßnahme des Führers gewertet. Das Vertrauen in die deutsche Schlagkraft zur Abwehr der beabsichtigten amerikanischen Invasion in Südfrankreich und der damit verbundenen Bedrohung Deutschlands im Westen durch die Errichtung einer ›zweiten Front in Europa‹ sei uneingeschränkt vorhanden . . .«[403]

Als die deutsche Nachrichtengebung schließlich mit der Meldung herauskam, Admiral Darlan habe die Einstellung der Feindseligkeiten angeordnet, die oberste Regierungsgewalt in Französisch-Nordafrika übernommen sowie sich auf die Seite der Alliierten geschlagen, löste sie wenig Überraschung aus. Viele hatten angeblich bereits einen solchen »Verrat« erwartet.[404] Marschall Pétains ausweichende und nichtkonkludente Antwort vom 5. Dezember auf Hitlers verspätetes Angebot einer Waffenbrüderschaft »wurde allgemein als reichlich spät und nichtssagend«, teilweise auch als »anmaßend« bezeichnet. Pétain habe mit seiner späten und unhöflichen Antwort kein Verständnis für die deutsche Haltung gezeigt und kein Zeichen von Freundlichkeit erkennen lassen. Viele Volksgenossen glauben daher, daß jeder Großmut gegenüber Frankreich unange-

402 »*Wollt ihr den totalen Krieg?*«; S. 232, 240, 262, 267.
403 »Meldungen aus dem Reich«, 12. 11. 42. BOBERACH; S. 316, 317.
404 »Meldungen aus dem Reich«, 19. 11. 42. *ibid.*; S. 322.

bracht sei und Frankreich keine Rücksichtnahme verdiene . . .«» Das Ansehen des Marschalls, das bereits viel von seinem früheren Glanz in den Augen der Deutschen verloren hatte, war nun sehr gering geworden, und der »weitverbreitete frankophile Komplex«, von dem Goebbels noch im August gesprochen hatte[405], war zusammengeschrumpft.

Minderte Operation Torch bei manchem Deutschen die von einer völligen Verkennung der wahren Gefühle des geschlagenen Erbfeindes getragenen Sympathien, trug sie zur Hebung des amerikanischen Prestiges bei. Man sah die Amerikaner nicht mehr wie bisher als »militärische Dilettanten« an.[406] Vor allem aber war sie geeignet, das latente Mißtrauen gegenüber dem italienischen Bundesgenossen wieder aufleben zu lassen.»Man frage sich insbesondere, wie es den Amerikanern gelungen ist, durch die Meerenge von Gibraltar mit derartig starken Schiffsverbänden zu gelangen, ohne daß diese Operationen von den italienischen Fernaufklärern rechtzeitig bemerkt worden seien. In diesem Zusammenhang werde auch die Frage erhoben, wo denn eigentlich die immer so stark gepriesene italienische Flotte geblieben sei. Vielen Volksgenossen sei dadurch auch zum Bewußtsein gekommen, daß die von Italien immer behauptete vollständige Beherrschung des Mittelmeeres als dem ›mare nostrum‹ nicht zutreffe, denn es sei unverständlich, weshalb Italien diese sich einmalig bietende Gelegenheit nicht ergriffen habe, um das amerikanisch-britische Unternehmen wirksam zu stören und gleichzeitig dabei die feindliche Kriegsflotte empfindlich zu treffen . . .«[407] Deutsche Selbstüberschätzung lastete auch das stete Vorrücken der englischen 8. Armee unter Montgomery, das Rommel aus Ägypten vertrieb, am 13. November zum Verlust von Tobruk und am 20. zum Einmarsch der Engländer in Bengasi führte, einem Versagen der italienischen Infanterie an. Noch baute man zwar auf die Feldherrenkunst des Wüstenfuchses, gleichzeitig aber wurden bereits »aus allen Teilen des Reiches Besorgnisse weiter Bevölkerungsteile über die Gefahr gemeldet, die drohe, wenn es den Feinden gelinge, Italien abzuspalten, insbesondere auch durch Verstärkung der angeblichen Kriegsmüdigkeit des italienischen Volkes durch starke Luftangriffe«.[408] Völlig verschieden von diesem durch die Erfahrungen des Ersten Welt-

405 »Wollt ihr den totalen Krieg?«; S. 276.
406 BOBERACH; S. 323.
407 »Meldungen aus dem Reich«, 12. 11. 42. ibid.; S. 317.
408 »Meldungen aus dem Reich«, 19. 11. 42. ibid.; S. 320, s. auch 323.

krieges geprägten Bild war die Japanvision des Durchschnittsdeutschen. Die Anfangserfolge in Pearl Harbor, die erfolgreichen Angriffe auf Sumatra, die Kapitulation von Singapur hatten staunende Bewunderung hervorgerufen. Immer wieder wurden Vergleiche mit der italienischen Flotte angestellt, die sehr zuungunsten der letzteren ausfielen.[409] »Es ist festzustellen, daß der Japaner als Bundesgenosse weit höher als der Italiener eingeschätzt wird. Gegenüber dem Italiener sind sogar freundschaftliche Gefühle nur ganz selten anzutreffen.«[410] Die weiteren Erfolge im ostasiatischen Raum, dessen Dimensionen schlecht erfaßt wurden, führten zu einer Überschätzung der Leistungen dieses Verbündeten und ließen ein Bild des japanischen Kriegers entstehen, »das der Leistung unserer eigenen Soldaten nicht mehr gerecht werde«, wie der SD-Bericht bitter bemerkte.[411] Und völlig konträr dem Überlegenheitsgefühl gegenüber den Italienern stellte sich eine Art Minderwertigkeitskomplex ein. »Der Japaner stelle sich sozusagen als ›Germane im Quadrat‹ dar. Man meine, daß beim Japaner noch heute Eigenschaften anzutreffen seien, die bei uns vor langen Jahrhunderten von den Helden der Sage berichtet werden ... Eine gewisse Unsicherheit über den eigenen Weg und die eigenen Möglichkeiten und Leitbilder könne dabei nicht mehr übersehen werden ...«

Der Vergleich mit dem japanischen Heldenmut veranlasse, so hieß es, manchen Deutschen zu pessimistischen Betrachtungen über die Zerrissenheit Europas.

Wachsender Pessimismus auf der einen Seite, übertriebene Hoffnungen auf der anderen bestimmten die Meinungsgrundkonstellation des restlichen Jahres. Durch die günstige Entwicklung der militärischen Lage im Osten wandelte sich die Stimmung von der des »beunruhigten Wartens auf die Großoffensive«[412] im Juni zu einem vorsichtigen Optimismus im Juli. Doch war eine »erhebliche Unterschiedlichkeit«[413] der Meinungen zu verzeichnen. Nur ein Teil verfolgte mit echtem Interesse das militärische Geschehen und war zuversichtlich gestimmt; ein weiterer Teil konnte sich keine rechten Vorstellungen machen und nahm daher die Ereignisse ziemlich teilnahmslos zur Kenntnis; und wieder ein Teil ließ sich zuneh-

[409] Generalstaatsanwalt Naumburg, 27. 1. 42. BA R 22/3380.
[410] Der Präsident des Hanseatischen OLG, 12. 3. 42. R 22/3366.
[411] »Meldungen aus dem Reich«, 6. 8. 42, »Die Sicht Japans in der Bevölkerung«, ibid.; S. 278-283 – auch für das Folgende.
[412] »Meldungen aus dem Reich«, 22. 6. 42. BA R 58/172.
[413] »Meldungen aus dem Reich«, 30. 7. 42. BOBERACH; S. 273.

mend »von den Sorgen und Lasten des Alltags, den Ernährungsschwierigkeiten und den Befürchtungen vor verstärkten feindlichen Luftangriffen
beeinflussen . . .« Wir haben es hier also mit einer für die öffentliche Meinung typischen Konstellation zu tun: Zwischen zwei entgegengesetzten
Polen die unentschiedene, schwankende Menge. Nachdem die Erfolge der
Heeresgruppe A im Kaukasus bekanntwurden – die Einnahme von Kras-
nodar, die Besetzung von Maikop und die Vernichtung einer sowjetischen
Armee im Donbogen –, verstärkte sich die Partei der Optimisten. »Vielfach wird die völlige Besetzung des Kaukasusgebietes nur noch als eine
Frage der Zeit angesehen, in der Überzeugung, daß die Widerstandskraft
der Sowjets an diesem Frontabschnitt durch den Verlust bedeutender Öl-
quellen, eines großen landwirtschaftlichen Produktionsgebietes und schließlich durch die Gefährdung des Nachschubs für ihre Südarmee in ihrem
Lebensnerv entscheidend getroffen sei . . .« Die Zahl derjenigen, »die den
Zusammenbruch Sowjetrußlands noch in diesem Jahr für möglich hält, ist
ständig im Steigen begriffen . . .«

Diese allzuhoch geschraubten Erwartungen beunruhigten Hitler und
seinen Propagandaminister. Presse und Rundfunk wurden angehalten, auf
die Weltweite des Krieges aufmerksam zu machen und dafür zu sorgen,
»daß die illusionistische Stimmung im Reich etwas gedämpft« werde.[414]

Auch die nächsten SD-Meldungen vom 31. August machten erneut auf
das Anhalten der *Uneinheitlichkeit der allgemeinen Stimmung in der
Bevölkerung* aufmerksam, »die sich zwischen *übertriebenem Optimismus*
und ernster *Besorgnis* bewegt . . .«[415]

Zum Eintritt in das vierte Kriegsjahr wurden die Zeitungen wie schon
im Jahr zuvor angewiesen, den Jahrestag des Kriegsbeginns am 3. September mit Leitartikeln zu würdigen.[416] »*Der 3. September* ist als der
Tag der britischen Kriegserklärung an Deutschland im Jahre 1939 als der
tatsächliche Jahrestag des Beginns des gegenwärtigen großen Krieges hervorzuheben . . .«[417]

Der SD-Bericht hatte seitens der Bevölkerung zu diesem Ereignis keine

[414] *»Wollt ihr den totalen Krieg?«*; S. 271, 273.
[415] BA R *58/174.*
[416] V.I. Nr. 221/42 vom 28. 8. 42. Tagesparole des Reichspressechefs. BA ZSg
109/36 fol. 91.
[417] V.I. Nr. 226/42 vom 2. 9. 42. Tagesparole des Reichspressechefs. BA ZSg
109/37, fol. 7. Ende November startete Goebbels erneut eine großangelegte
Propagandaaktion, »daß dieser Krieg von uns nicht gewollt und nicht begonnen wurde«; ihn habe »Churchill gemacht«. *»Wollt ihr den totalen
Krieg?«; S.* 307.

besondere Stellungnahme zu verzeichnen. Zur Grundhaltung hieß es:»Die Einstellung des Großteils der Bevölkerung ist nach Ablauf von drei Kriegsjahren vielfach durch eine gewisse Resignation gekennzeichnet, die teilweise sogar in stärkerem Maße Anzeichen einer Kriegsmüdigkeit zeigt und vielfach in Äußerungen des Inhalts Ausdruck findet: ›Wer hätte nach den großen Erfolgen zu Beginn des Krieges daran gedacht, daß der Krieg einen derartigen Verlauf nehmen und so lange dauern werde?‹ Oder: ›Wie lange wird der Krieg noch dauern? Ein Ende ist noch immer nicht abzusehen!‹ Oder: ›Was wird uns noch alles bevorstehen?‹ Die zunehmenden Versorgungschwierigkeiten, die drei Jahre Einschränkungen auf allen Gebieten des täglichen Lebens, die an Heftigkeit und Umfang ständig zunehmenden feindlichen Luftangriffe, die Sorgen um das Leben der Angehörigen an der Front und nicht zuletzt die Blutopfer der Soldaten an der Front und der in der Heimat feindlichen Luftangriffen zum Opfer gefallenen Zivilbevölkerung sind Faktoren, die einen immer größeren Einfluß auf die Stimmung weiter Bevölkerungskreise ausüben und immer mehr den Wunsch nach einem baldigen Kriegsende auftreten lassen . . .«

Die Meldungen sprachen auch davon, daß es in zahlreichen Städten zu regelrechten »Angstpsychosen« vor Luftangriffen gekommen sei, die alle anderen Ereignisse überlagerten.[418] Übertriebene Gerüchte über das Ausmaß der Schäden und über alliierte Flugblätter, die weitere Vernichtungen angekündigt hätten, tragen zu ihrer Vertiefung bei. Die Presse erhielt den Auftrag, zur Hebung der Moral »das tapfere Verhalten der Bevölkerung der betroffenen Städte« durch Berichte und Bilder herauszustellen; Aufnahmen und Hinweise auf Schäden und Zerstörungen hingegen möglichst zu vermeiden.[419] Tatsächlich bewies auch die Bevölkerung zu dieser Zeit und später während zahlreicher Schreckensnächte eine vorbildliche Haltung. Hier konnte man echte Hilfsbereitschaft und Anteilnahme gegenüber dem Nächsten, besonders in Arbeitervierteln und auch von seiten der Frauen, feststellen.[420] Wenn die Deutschen je ein Lob im Zweiten Weltkrieg verdient haben, dann für ihre Tapferkeit und Nächstenliebe,

---

[418] »Meldungen aus dem Reich«, 3 9. 42. BOBERACH; S. 295, 296. Vgl. auch Eintragung im Kriegstagebuch des SA-Sturmes 33/5, Bamberg, vom 27. 9. 42, in der von der allgemeinen Müdigkeit die Rede ist, die sich breit zu machen beginnt. StA Bamberg *Rep. M 31; Nr. 11; fol. 95.*

[419] V.I. Nr. 108/42 vom 13. 8. 42. BA ZSg *109/36; fol. 42.* – s. auch »*Wollt ihr den totalen Krieg?*«; S. 270.

[420] s. z. B. »Meldungen aus dem Reich«, 30. 7. 42. BOBERACH; S 227, oder »Kriegschronik des Kreises Duisburg der NSDAP«. Berichtsmonat Juli 1942. BA *NS Misch/1866.*

die sie im feindlichen Bombenhagel bewiesen haben.[421] Hier entwickelte sich eine wirkliche »Volksgemeinschaft und Solidarität, dem soldatischen Kameradschaftsbegriff vergleichbar. Die Bedrohung des Lebens und all der Güter, die es dem Durchschnittsmenschen erst erträglich machen, trugen dazu bei, die für das industrielle Zeitalter typische Anonymität aufzuheben und einen nachbarlich-mitmenschlichen Kontakt zu fördern. Der beabsichtigte demoralisierende Effekt der Luftangriffe – allein 1942 wurden 41 440 t Bomben auf Deutschland abgeworfen – verfehlte somit vorerst seinen Zweck und kam erst richtig zur Auswirkung, als die Lage insgesamt hoffnungslos geworden war. Anfangs aber wurden steigender Haß und trotziger Abwehrwille gefördert, die dem NS-Regime zugute kamen.

Die »Meldungen aus dem Reich« erwähnten am 31. August zum ersten Male Stalingrad[422] und die Bedeutung, welche dem Kampf um diese Stadt auch von der Bevölkerung beigemessen wurde: »Der überwiegende Teil der Volksgenossen richtet sein Augenmerk in erster Linie auf die *Kämpfe um Stalingrad.* Man nimmt zumeist an, daß die Einnahme dieses wichtigsten Eckpfeilers militärisch eine entscheidende Wendung bringen werde . . .«[423]

Natürlich war diese Ansicht ein Produkt der Nachrichtengebung und Propagandaführung – jedoch nur zum Teil. Die Wirkung dieses Namens erlangte in kurzer Frist eine fast magische Bedeutung – jeder weitere SD-Bericht unterstreicht dies[424], und am 28. September heißt es gar, daß die meisten »wie hypnotisiert« den Berichten über die dortige Entwicklung lauschten, so daß man geneigt ist, an einen tieferen Prozeß der Bewußtseinsformung zu glauben, der nicht nur im militärischen Sinne Stalingrad zum Symbol der Wende werden läßt.

Diese fast manisch zu nennende Fixierung wurde von Hitler durch seine jährliche Ansprache zur Eröffnung des Winterhilfswerks[425] vorübergehend gelockert.[426] In seiner sehr niveaulosen Rede hatte er erklärt, daß er »Sta-

---

[421] Goebbels gab die Zahl der zivilen Todesopfer am 2. Oktober 1942 mit 10 900 an. »*Wollt ihr den totalen Krieg?*«; S. 287.

[422] Am 19. August erteilte General Paulus den Befehl zum Angriff auf Stalingrad. Die 6. Armee erzwang daraufhin am 21. August den Übergang über den Don und erreichte am 23. August die Wolga nördlich Stalingrads.

[423] BA R *58/174.*

[424] »Meldungen aus dem Reich«, vom 3. 9., 10. 9., 28. 9. BOBERACH; S. 297, 300.

[425] Am 30. September 1942. DOMARUS, Bd. II, 2. Halbband; S. 1912–1924.

[426] »Meldungen aus dem Reich«, 5. 10. 42. BOBERACH; S. 304.

lingrad berennen und es nehmen« werde. Eine weitere fühlbare Entspannung brachte Göring am Erntedankfest[427] mit seiner Ankündigung der Erhöhung der Lebensmittelrationen und einer Sonderzuteilung zu Weihnachten.[428] Durch seine volkstümliche Diktion fühlte sich im übrigen der »kleine Mann« angesprochen, zumal durch die Auszeichnung bewährter Bauern und Landarbeiter, die Hervorhebung der Verdienste des Bergmannes, deren Renten angehoben werden sollten, den unteren Schichten Reverenz erwiesen wurde. Plötzlich rückten nun die Kämpfe im Osten und Nordafrika wieder mehr in den Hintergrund, und die Hebung der materiellen Lebensbedingungen wurde als eine bleibende Regelung und als Wende zum Besseren begriffen.[429] Es liefen auch bereits wieder Gerüchte über Waffenstillstandsverhandlungen mit Rußland um. »Auch eine noch weithin vorhandene innere Bereitschaft zu einem Kompromißfrieden wird häufig gemeldet, dies um so mehr, als nur sehr wenige Volksgenossen eine wirkliche Vorstellung von den eigentlichen Kriegszielen haben und viele meinen, daß die Bewältigung der besetzten riesigen Ostgebiete über unsere Kräfte hinausgehe . . .«[430]

Dann schob sich die alliierte Landung in Nordafrika in den Vordergrund des Interesses, und viele konstatierten eine Veränderung der Lage zuungunsten Deutschlands. »Die Überzeugung, daß die neuesten Ereignisse zwar nicht kriegsentscheidend, aber kriegsverlängernd wirken, haben sich fast allgemein durchgesetzt. Der Glaube an den Endsieg sei nach wie vor nicht erschüttert, wozu insbesondere die zuversichtliche und von tiefem Glauben an das deutsche Volk getragene Rede des Führers beigetragen habe.«[431]

[427] »Meldungen aus dem Reich«, 8. 10. 42. ibid.; S. 306–309.
[428] Die Erhöhung der deutschen Lebensmittelrationen zu Beginn des 4. Kriegsjahres – die Fleischrationen stiegen um 50 g wöchentlich, die Brotzuteilungen wurden wieder auf den Stand vor dem 6. April, 2250 g wöchentlich, erhöht – waren nur auf Grund einer massiven Ausbeutung der besetzten Gebiete möglich. s. die Besprechung Görings mit den Reichskommissaren für die besetzten Gebiete und den Militärbefehlshabern über die Ernährungslage vom 6. 8. 1942. POLIAKOV-WULF. Das Dritte Reich und seine Diener; S. 471 ff.
[429] »Meldungen aus dem Reich«, 22. 10. 42. ibid.; S. 315.
[430] ibid.; S. 314.
[431] Es handelt sich um Hitlers Rede am 8. November im Münchener Bürgerbräukeller, in der er gesagt hatte, er wolle es in Stalingrad nicht zu einem 2. Verdun kommen lassen. Das Deutschland von 1918 habe um $^3/_4$ 12 die Waffen niedergelegt, er höre »grundsätzlich immer erst 5 Minuten nach zwölf auf«. DOMARUS, Bd. II, 2. Halbband; S. 1935. Für Stimmungszitat s. »Meldungen aus dem Reich«, 12. 11. 42. BOBERACH; S. 318.

Die Mehrzahl jedoch »vermag die Vorgänge im Mittelmeerraum immer noch nicht klar zu übersehen und beurteilt daher die Kriegslage mit einem Gefühl des Unbehagens. Bei vielen herrscht eine gewisse Gedrücktheit und Besorgnis, da sie mit den Vorgängen ›nicht mehr ganz fertig‹ werden und eine unbestimmte Gefahr fürchten, sie aber nicht richtig zu erfassen vermögen . . .« Gleichzeitig verstärkten sich auch wieder die Besorgnisse über Stalingrad. Die Offensiven in Afrika und Rußland wurden als Teil eines »gigantischen Planes zur Niederwerfung der Achsenmächte« angesehen. Und wie immer in Zeiten der Ungewißheit wucherten und blühten die tollsten Gerüchte. Ihre Skala reichte von angeblichen staatspolitischen Ereignissen bis zu Maßnahmen bezüglich der Kaninchenhalter. Die meisten entbehrten jeglicher Fundierung.[432] Hinzu kamen eine wenig glückliche Propagandapolitik und unzureichende Nachrichtengebung. So wurde beispielsweise der Fall von Tobruk erst verspätet durch den Wehrmachtbericht bekanntgegeben, als sich die Tatsache bereits durch die Englisch-Sendung des Deutschlandsenders herumgesprochen hatte. Goebbels verglich die Lage »mit einem Krankheitszustand; wenn man die unabänderlichen Tatsachen der militärischen Lage verschweige, so sei es so, als ob man einem Kranken verschweige, daß er krank ist, um ihn nicht aufzuregen. Man nehme sich aber damit selbst die Möglichkeit, die Krankheit durch Medizin und die eigenen Abwehrkräfte zu bekämpfen und käme so zu einem absurden Ergebnis«.[433]

Andererseits bemängelte er die Stimmungsberichte, welche nicht die eigentliche Volksmeinung wiedergäben. Der SD, die Propagandaämter, die Dienststellen der Partei erfaßten immer einen Personenkreis, der sich zu sehr durch die täglichen Ereignisse positiv oder negativ beeinflussen lasse. »Demgegenüber ist im Volke selbst ein fester Konservatismus zu bemerken, der über die Tagesereignisse hinwegsieht und seine ihm gestellten Aufgaben treu erfüllt . . .«[434]

Ungewollt hat Goebbels, indem er das Wort »Konservatismus« gebrauchte statt der von nun an immer mehr hervorgehobenen »Haltung«, zugegeben, daß diese eher einer tiefverwurzelten Tradition entsprang als einer weltanschaulichen Indoktrinierung.

---

[432] »Meldungen aus dem Reich«, 26. 11. 42. *ibid.*; S. 323–326. s. auch »Meldungen« vom 3. 12., die wieder von der Unsicherheit der Bevölkerung sprechen. BA R 58/178. – Bereits in seiner Eröffnungsrede im Berliner Sportpalast am 30. 9. hatte Goebbels kräftig gegen Gerüchte gewettert.
[433] *Wollt ihr den totalen Krieg?*«; S. 303.
[434] *ibid.*

Für die Festausgaben der Weihnachtszeitungen wurde als Leitmotiv die Parole von der »entschlossenen Zuversicht« ausgegeben.[435] Goebbels hielt eine stark emotional getönte Rede, die ganz auf das deutsche Gemüt abgestellt war und auch gut aufgenommen wurde. Die Sonderzuteilungen sorgten im übrigen dafür, daß das traditionelle Weihnachtsgebäck hergestellt werden konnte, so daß in deutschen Landen sich teilweise sogar Weihnachtsstimmung ausbreitete[436], obwohl durch Soldatenbriefe durchgesickert war, daß die 6. Armee in Stalingrad eingeschlossen war.

Insgeheim aber war die mit dem Rußlandfeldzug einsetzende, im Jahre 1942 deutlicher werdende Ablösung zwischen den Deutschen und Hitler weiter fortgeschritten. Die nationalsozialistische Führungsschicht wurde zunehmend gewahr, daß die altetablierten Kräfte und Gruppen, deren Einfluß sie eingedämmt, wenn nicht gar unschädlich gemacht zu haben glaubte, weiter auf der deutschen Szene agierten und sich ihr Wirkungsradius zusehends verbreiterte. Dies traf nicht nur auf die politischen Katholizismus und Protestantismus zu, sondern auf das konservative Bürgertum, die Großindustrie und selbst die Armee, Vertreter der Rechten und Mitte also, mit deren Hilfe Hitler die Macht errungen und auf deren »know how« er immer noch nicht ganz hatte verzichten können. Die ihrer Führer beraubte Linke blieb weit ohnmächtiger und trat höchstens auf lokalem oder regionalem Plan in Erscheinung.[437]

Diese Ende 1942 sichtbar werdende Umbruchsituation wird aus einem Rundschreiben Bormanns vom 18. Dezember 1942 an alle Gauleiter deutlich. Der Leiter der Partei-Kanzlei berief sich in ihm auf die Berichte der Gauleitungen und erwähnte die Zunahme negativer Äußerung von seiten der Bevölkerung.[438] Eine nähere Überprüfung habe ergeben, daß es sich um Einzelfälle handele, die nicht als symptomatisch anzusehen seien, schreibt Bormann, der hier noch versucht, die Bedeutung der registrierten Erscheinungen herabzuspielen: »Örtliche Verstimmungen, nervöse Überreizungen, Äußerungen unverbesserlicher Pessimisten und Ausflüsse der

---

435 V. I. Nr. 327/42 vom 21. 12. 42. BA ZSg 109/40; fol. 52.
436 »Meldungen aus dem Reich«, 29. 12. 42. BOBERACH; S. 329.
437 Vgl. z. B. Widerstand an Rhein und Ruhr.
438 Hier ein Beispiel für die Berichterstattung eines linientreuen Kreisleiters: »Es gibt selbstverständlich, wie überall, einige ganz wenige Kreaturen, von denen man weiß, daß sie innerlich den heutigen Staat ablehnen und jederzeit bereit sind, dem Nachrichtenschwindel unserer Feinde ihr Ohr zu leihen. Solche Dreckschwänze werden aber von der gesamten Bevölkerung, mit Ausnahme der Pfaffen, mit denen sie enge Freundschaft halten, grundsätzlich verachtet...« – Kreisleitung Schlüchtern, Gau Hessen-Nassau, 16. 12. 42. BA NS Misch/1641.

Angst und Feigheit bürgerlicher Spießer wurden in Verkennung ihrer im Gesamtrahmen geringen Bedeutung als Stimmungsbarometer bezeichnet...« Bedauerlicherweise habe die Partei nicht sofort unmißverständlich eingegriffen, und daher sehe er sich veranlaßt, verbindliche Richtlinien für die NSDAP zu erlassen. In diesen Richtlinien hieß es, daß es besonders in bürgerlichen Kreisen noch eine Anzahl Deutscher gäbe, die dem Nationalsozialismus immer noch feindlich gegenüberständen. Diese Kräfte erhielten Auftrieb durch die Tatsache, daß junge, aktive Nationalsozialisten an der Front seien. Es stände jedoch außer Zweifel, »daß trotz der unter dem Eindruck der Ereignisse wechselnden Stimmung die Haltung unseres Volkes – und damit das wesentliche Element der Beurteilung seines Widerstandswillens – im Gegensatz zu 1917/18 völlig einwandfrei« sei. Bormann forderte die Partei auf, aktiver zu führen, in ständigem Kontakt mit der Masse zu bleiben, mit unerschütterlichem Optimismus voranzugehen.

»Jeder Zweifel an einem deutschen Sieg und an der Gerechtigkeit unserer Sache muß sofort mit einwandfreien Argumenten und – wenn das nicht hilft – nach dem Vorbild der Kampfzeit mit massiveren Mitteln zum Schweigen gebracht werden. Wir stehen wie vor der Machtübernahme im härtesten Kampf, die alten Gegner haben sich wieder gefunden, und die alten Mittel werden wieder gegen uns angewandt.

Der Führer erwartet, daß die Partei auch von sich aus wieder Geist und Methoden unserer Kampfzeit zur Anwendung bringt, sich nicht auf Verwalten und Regieren beschränkt, sondern führt...«[439]

Mit dieser Erkenntnis und dieser Aufforderung war das Signal gegeben zu weiteren, härteren Maßnahmen des Regimes, die eine neue Phase des Krieges einleiteten, in dem der Nationalsozialismus zunehmend in die Defensive gedrängt, sich nicht nur seiner Feinde von außen, sondern auch der wachsenden Gegenkräfte von innen erwehren mußte.

---

[439] Anordnung A 91/42 des Leiters der Partei-Kanzlei. BA *NS 6/vorl. 338.* Ursprünglich konzipiert als Nr. 198/42, aus dem Führerhauptquartier, Betrifft: Stimmungsberichte. Abschriftlich vom Chef des SS-Hauptamtes Gottlob Berger am 18. 1. 1942 mit Verteiler IV verbreitet. BA *EAP-2050-a/1.* Die Reichspropagandaämter bekamen das Rundschreiben ebenfalls zugestellt. Propa 2061/27.2.42.23.2,3. BA *R 55/603;* fol. 186.

III. Der totale Krieg

Alle Kraft für den Sieg.
Joseph Goebbels

1. Die Niederlagen von Stalingrad und Tunis (Januar bis Juni 1943)

Die 6. Armee unter General Paulus und die 4. Armee unter Generaloberst Hoth waren zwischen dem 1. und dem 15. September in Stalingrad eingedrungen. Von Mitte September bis Mitte November spielte sich ein erbitterter Kampf von Haus zu Haus, von Wohnung zu Wohnung ab. General Paulus und später auch der neue Generalstabschef des Heeres, General Zeitzler, empfahlen die Einstellung des Angriffs. Hitler aber hielt an seinem Entschluß, Stalingrad einzunehmen, koste es, was es wolle, fest. Es waren angeblich kriegswirtschaftliche Notwendigkeiten, die ihn veranlaßten, Stalingrad solche Bedeutung beizumessen; in Wirklichkeit war es eine Prestigefrage. »Wenn ich das Öl von Maikop und Grosny nicht bekomme, dann muß ich diesen Krieg liquidieren«, hatte Hitler kurz vor der Sommeroffensive 1942 zu General Paulus gesagt.[1] Dieser Zweck war eigentlich bereits erfüllt, als deutsche Truppen die Wolga erreicht und den Verkehr auf dem Strom unterbunden hatten. Trotzdem wiederholte Hitler in seiner Rede im Bürgerbräukeller am 8. November 1942 denselben Gesichtspunkt und hob zudem die Bedeutung Stalingrads als Umschlagsplatz für den Weizen aus der Ukraine und dem Kubangebiet hervor.[2] Was für Hitlers Krieg galt, traf auch für Stalins Vaterländischen Krieg zu. Die Sowjetrussen zogen daher in diesem Raume starke Reserven zusammen und bildeten drei neue Heeresgruppen: südlich der Stadt die »Stalingradfront« unter Generaloberst Jeromenko, nordwestlich davon die »Donfront« unter Generalleutnant Rokossowski und am Don, nach Westen anschließend, die »Südwestfront« unter Generalleutnant Watutin.

Die russische Gegenoffensive begann am 19. November. Dabei durchbrachen die »Südwestfront« und die »Donfront« die zusammen mit ita-

---

[1] IMT, Bd. VII; S. 290. Zeugenaussage Paulus.
[2] DOMARUS, Bd. II, 2. Halbband; S. 1937 f.

lienischen und ungarischen Kräften auf der linken Flanke der 6. Armee stehende rumänische 3. Armee, bis sie am selben Abend noch 60 km hinter dem Rücken der Rumänen am oberen Tschir standen. Die »Stalingradfront« schloß sich am nächsten Tag mit einen Durchbruch durch die rumänische 4. Armee an und stellte am 22. November die Verbindung mit dem westlichen sowjetischen Stoßkeil bei Kalatsch am Don her. Damit war das Gros der 6. Armee mit Teilen der 4. Panzerarmee, zwei rumänischen Divisionen, einem kroatischen Lehrregiment, 3 Turkbataillonen und zahlreichen Versorgungstruppen im Stalingrader Kessel eingeschlossen. Es waren rund 250 000 Mann.[3]

Während General Friedrich Paulus nach Südwesten einen Durchbruch versuchen wollte und einen entsprechenden Funkspruch an Hitler sandte, entschloß sich letzterer nach kurzem Zögern zu dem Befehl, die 6. Armee habe in Stalingrad auszuharren. Hitlers Entscheidung war maßgeblich beeinflußt durch Görings Zusage, er könne die Eingeschlossenen aus der Luft versorgen. Außerdem hoffte er, Feldmarschall Erich von Manstein werde es gelingen, mit der Heeresgruppe Don »die feindlichen Angriffe zum Stehen zu bringen und die vor dem Beginn des Angriffs innegehabten Stellungen wiederzugewinnen«.[4] Verzögerungen in der Herbeiführung neuer Kräfte, heftige russische Gegenangriffe und Treibstoffmangel vereitelten alle Bemühungen. Am 25. Dezember war das Schicksal der 6. Armee und der mit ihr eingeschlossenen Verbände praktisch besiegelt, und es begann der Todeskampf. Sucht man neben Prestigegründen und Hitlers sich immer mehr versteifender starrer Haltungsstrategie einen militärischen Sinn in diesem von der nationalsozialistischen Propaganda hochgespielten Heldenepos zu entdecken, kann man vielleicht feststellen, daß der Kessel von Stalingrad zahlreiche gegnerische Kräfte fesselte und dazu beitrug, Teile der deutschen Südfront zu retten sowie den notwendigen Rückzug der Heeresgruppe aus dem Kaukasus zu erleichtern. Stalingrad sollte aber, wie wir sehen werden, noch eine andere Funktion übernehmen.

Der letzte Ansturm der Sowjets begann am 10. Januar unter dem Oberbefehl von Marschall Woronew. Am 25. Januar wurden die noch in der völlig zerstörten Stadt verbliebenen Kräfte in zwei Teilkessel zersprengt. Am 31. Januar ergab sich der tags zuvor zum Generalfeldmarschall beförderte Paulus. Am 25. Januar hatte er Hitler noch vergeblich um die Genehmigung zur Kapitulation ersucht. Der nördliche Kessel kapitulierte

---

[3] DAHMS; S. 507/508.
[4] So lautete der Befehl des OKH. Zitiert in: MANSTEIN, Erich von. *Verlorene Siege*. Bonn, Athenäum-Verlag, 1955; S. 326.

am 2. Februar. Rund 42 000 Verwundete und Spezialisten konnten noch ausgeflogen werden; rund 100 000 waren gefallen, etwa 90 000 gingen in Gefangenschaft. Von ihnen überlebten nur wenige tausend.[5]

Bereits am 23. Januar begann die deutsche Propagandamaschine die Ereignisse für ihre Ziele auszuschlachten. Die Tagesparole des Reichspressechefs verkündete:

»1. Das große und ergreifende Heldenopfer, das die bei *Stalingrad eingeschlossenen deutschen Truppen* der deutschen Nation darbringen, wird im Zusammenhang mit der unmittelbar bevorstehenden Arbeitspflicht für Frauen und anderen durchgreifenden Organisationsmaßnahmen für die totale Kriegsführung die moralische Antriebskraft zu einer wahrhaft heroischen Haltung des deutschen Volkes und zum Ausgangspunkt eines neuen Abschnittes deutschen Siegeswillens und der Erhebung aller Kräfte werden . . .«[6]

Einen Tag später hieß es: »Das Heldenepos von Stalingrad wird weiter gebührend herausgestellt . . .«[7]

Goebbels, von Hitler instruiert, beabsichtigte, die Katastrophe von Stalingrad »psychologisch zu einer Kräftigung unseres Volkes« auszunutzen.[8] Jedes Wort über diesen Heldenkampf, so meinte er, müsse in die Geschichte eingehen. Der OKW-Bericht sollte »eine Formulierung erhalten, die über die Jahrhunderte hinweg noch die Herzen bewege«. Als Vorbild empfahl er die Ansprachen Cäsars, den Appell Friedrichs des Großen an seine Generäle vor der Schlacht von Leuthen, die Aufrufe Napoleons an seine Garde.

»Die wenigen Sätze über das Heldenlied von Stalingrad müßten unpathetisch klar und bescheiden wie aus Erz gemeißelt dastehen.« Dabei war das Heroische herauszustellen, das Grauenhafte und Verzweifelte abzumildern.[9] Die Gefangennahme von Paulus durfte in der deutschen Presse nicht erwähnt werden.[10] Nachdem der Wehrmachtsbericht am 3. Februar das Ende des Kampfes um Stalingrad gemeldet hatte, wurde »ein dreimal 24 Stunden dauerndes Gedenken der Nation durchgeführt«. Sämtliche Theater, Kinos und Unterhaltungsstätten wurden geschlossen. In der Tagesparole des Reichspressechefs vom 3. Februar hieß es: »Der Helden-

---

[5] GRUCHMANN, Lothar. *Der Zweite Weltkrieg.* München, dtv, 1969; S. 194.
[6] BA ZSg 109/40; fol. 117.
[7] *ibid.*; fol. 120.
[8] *»Wollt ihr den totalen Krieg?«*; S. 329 (27. 1.) – auch für das Folgende.
[9] *ibid.*
[10] *ibid.*; S. 332.

kampf von Stalingrad wird nunmehr zum größten Heldenlied der deutschen Geschichte werden . . .«[11]

Um dieses Epos für alle Zeiten festzuhalten, beschloß Adolf Hitler, ein Gedenkbuch anfertigen zu lassen. Die noch ausgeflogene Post der Stalingradkämpfer wurde beschlagnahmt und Abschriften angefertigt.[12] Die Ortsgruppen der NSDAP erhielten ihrerseits die Anweisung, Briefe von Stalingradkämpfern zu sammeln und der Kreispropagandaleitung zu übermitteln.[13] Als Verantwortlicher für die zu erstellende Broschüre wurde Schwarz von Berk, ein Intimus von Goebbels[14], ernannt; zum Autor der Kriegsberichter der Propagandakompanie 637, Leutnant Heinz Schröter, bestellt.[15] Das Ergebnis scheint jedoch nicht den in es gesetzten Erwartungen entsprochen zu haben. Goebbels soll es als »untragbar für das deutsche Volk« deklariert haben.[16] Die von der Heeresinformationsabteilung ausgewerteten Briefe hatten anscheinend nur 2,1 % zur Kriegführung positiv Eingestellte, 4,4 % Zweifelnde, 57,1 % ungläubig Ablehnende, 3,4 % Oppositionelle sowie 33,0 % ohne Stellungnahme ergeben.[17] Eine kleine Auswahl dieser Briefe wurde veröffentlicht. Es sind dies Zeugnisse tiefster menschlicher Verlassenheit und Verzweiflung, ohne jegliches Pathos, dem man sonst in diesem Kriege – ganz in der Tradition des deutschen Idealismus – sonst noch vielfach begegnet.[18]

»Man sagt uns, daß unser Kampf für Deutschland sei, aber es sind nur wenige hier, die glauben, daß unserer Heimat das sinnlose Opfer von Nutzen sein könnte.«[19]

»Wir sind ganz allein, ohne Hilfe von außen. Hitler hat uns sitzen gelassen . . .«[20]

»Ich bin nicht feige, sondern nur traurig, daß ich keinen größeren Be-

---

11 *ibid.;* S. 333.
12 Einen partiellen Einblick gewähren die Berichte der Feldpostprüfstelle beim Panzer-AOK 4. MGFA *WO1-6/367.*
13 Rundschreiben Nr. 8/7/43 des Kreisprop.Leiters Kreis Groß-Frankfurt a. M. 29. 1. 43. BA *NS Misch/1648;* fol. 142916.
14 Über seine Person und Stellung s. *Kriegspropaganda;* S. 110 ff.
15 MGFA *WO1-6/367.*
16 SCHRÖTER, Heinz. Stalingrad »bis zur letzten Patrone«. Lengerich (Westf.) o. D.; S. 68. – Dieses Buch soll das von Goebbels als »untragbar« erklärte ersetzen.
17 *Letzte Briefe aus Stalingrad.* Gütersloh, Sigbert Mohn Verlag, o. D.; S. 68.
18 s. z. B. *Kriegsbriefe gefallener Studenten 1939–1945.* Hrsg. von Walter Bähr und Dr. Hans W. Bähr. Tübingen, Rainer Wunderlich Verlag Hermann Leins, 1952, und die Berichte der Feldpostprüfstellen in MGFA *WO1-6/367.*
19 *Letzte Briefe aus Stalingrad;* S. 8.
20 *ibid.;* S. 12.

weis meiner Tapferkeit abgeben kann, als für diese nutzlose Sache, um nicht von Verbrechen zu sprechen, zu sterben . . .«[21]

»Wenn es nicht wahr ist, was man uns versprach, dann wird Deutschland verloren sein, denn in diesem Fall kann kein Wort mehr gehalten werden. Oh, diese Zweifel, diese furchtbaren Zweifel, wenn sie doch bald behoben wären!«[22]

Auch für die Deutschen zu Hause begannen sich immer mehr Zweifel einzuschleichen. Sie wurden allmählich bohrender, dringlicher, vom latenten Zustand ins Bewußtsein gehoben. Das im Herbst vielfach gebrauchte Wort von der Wende des Krieges tauchte wieder auf. »Während die kämpferischen Naturen Stalingrad als Verpflichtung zum letzten Einsatz aller Kräfte an der Front und in der Heimat empfinden, von diesem Einsatz aber auch den Sieg erhoffen, sind die labileren Volksgenossen geneigt, im Falle von Stalingrad den Anfang vom Ende zu sehen . . .«[23]

Die »neuartigen Formulierungen«[24] des Wehrmachtsberichtes wie »bewegliche Abwehr und planmäßige Räumung«[25] beunruhigten. Viele glaubten, »ein Tiefstand in diesem Kriege« sei erreicht. Trotzdem war die unmittelbare Reaktion auf die Hiobsbotschaften aus Stalingrad recht gefaßt – oder entsprach sie mehr einem Zustand der Betäubung? Der SD-Bericht meinte, von einer Verzweiflungsstimmung könne nicht die Rede sein; hingegen »ist in der breiten Schicht der arbeitenden Bevölkerung der Boden für eine Hinwendung zum totalen Krieg auf allen Lebensgebieten durchaus günstig . . .«[26]

Diese Beobachtung und Feststellung war entweder die Antwort auf einen von zentraler Seite erfolgten Sondierungsauftrag oder – was auf Grund der Praxis der Erstellung der SD-Berichte ebenso wahrscheinlich anmutet – in Anbetracht der Kenntnis der inzwischen ausgearbeiteten Erlasse zu einer weitreichenden Erfassung sämtlicher noch verfügbarer Reserven des Volkes erfolgt. Die »Meldungen aus dem Reich« fügten noch hinzu, daß die Bevölkerung zum zehnten Tag der Machtübernahme eine Rede Hitlers mit der Ankündigung entsprechender Maßnahmen erwarte. Größeren Feierlichkeiten ständen die Deutschen »aber mit Ablehnung gegenüber, besonders unter Hinweis auf die Lage der Verteidiger Stalingrads«.

[21] ibid.; S. 15/16.   [22] ibid.; S. 23.
[23] »Meldungen aus dem Reich«, 4. 2. 43. BOBERACH; S. 346.
[24] ibid.; S. 340 (Meldungen, 21. 1. 43).
[25] Regierungspräsident von Regensburg, 10. 3. 43. BA NS 19/246.
[26] BOBERACH; S. 341.

Hitler sprach selbst nicht am 30. Januar. Sein Schweigen paßte zu der Pose eines einsamen[27], von Tragik umwitterten »großen Königs«. Der Sonderdienst der Reichspropagandaleitung, Hauptamt Propaganda, Amt Propagandalenkung, brachte in seiner 20. Folge, welche verspätete Propagandaanweisungen für die Hoheitsträger, Redner und Propagandisten enthielt, einen Beitrag »Zwischenbilanz der Winterschlacht«[28], der ein bemerkenswertes Zeugnis davon ablegt, wie Goebbels die Figur Hitlers und das Geschehen von Stalingrad interpretiert sehen wollte. Über das Schicksal der Stalingradkämpfer hieß es, es könne dasjenige »der Nibelungen im brennenden von Hunnenwaffen umklirrten Festsaal des Königs Etzel werden«! Und stabreimgerecht ging es weiter: »Todtrotzend und treu fechten die Männer des Generalfeldmarschalls Paulus ihren Heldenkampf.« Symptomatisch für das Selbstverständnis der nationalsozialistischen Elite in jenen Tagen sind folgende Zeilen: »Vielleicht sind wir erst jetzt in die friederizianische Epoche dieser gewaltigen Entscheidung eingetreten. Kolin, Hochkirch, Kunersdorf, alle drei Namen bedeuten schwere Niederlagen Friedrichs d. Großen, wahrhaftige Katastrophen, in ihrer Wirkung weit schlimmer als alles, was sich in den letzten Wochen an der Ostfront abspielte. Aber auf Kolin folgte ein Leuthen, auf Hochkirch und Kunersdorf ein Liegnitz, ein Torgau und ein Burkersdorf – zuletzt der endgültige Sieg des großen Königs . . .«

War es eine konsequente Weiterführung dieser Rolle, daß Hitler noch im Laufe des Jahres 1943 auf die Bezeichnung Reichskanzler verzichtete und Gesetze, Erlasse und Verordnungen nur noch als »Der Führer« unterschrieb, statt wie bisher »Der Führer und Reichskanzler«? Für die Beziehungen mit dem Ausland fand der Titel »Der Führer des Großdeutschen Reiches« Anwendung.[29]

Von seiner einsamen Höhe wandte er sich jedenfalls immer seltener direkt an sein Volk. Seine Proklamation zum 30. Januar wurde von Goebbels verlesen und enthielt keinen Hinweis auf verschärfte Maßnahmen.

---

[27] In einer Vorlage des Amtes I des RSHA, Tgb. Nr. 256/42 vom 3. 12. 42 ist – allerdings nicht auf Grund direkter Beobachtungen, sondern durch Übermittlung von Mittelsmännern – die Rede von einer Panikstimmung innerhalb der deutschen Führung, von der auch Hitler ergriffen worden sei. Er habe sich zeitweilig eingeschlossen und nicht gesprochen. BA *NS 19/neu 1641.*

[28] BA *ZSg 3/1672.*

[29] Der Reichsminister und Chef der Reichskanzlei. R k 7669 E. Berlin, den 26. Juni 1943. An die Obersten Reichsbehörden dem Führer unmittelbar unterstellten Dienststellen. Betrifft: Bezeichnung »Der Führer«. Bezeichnung »Großdeutsches Reich«. BA *NS 6 Vorl. 344.*

Goebbels hingegen befaßte sich in seiner Ansprache eingehend mit den Verordnungen und Erlassen zum totalen Kriegseinsatz.[30] Die Propaganda für den totalen Krieg – wir sahen bereits, daß das Schlagwort als solches nicht neu und zuvor bereits mehrfach Anwendung gefunden hatte – setzte am 4. Januar ein. In seiner Ministerkonferenz[31] sprach Goebbels nicht nur von seiner »Propaganda für den totalen Krieg«, sondern auch davon, daß man nun, wo die Schwierigkeiten so groß seien, zur »totalen Kriegsführung« übergehen müsse. Dabei sei es notwendig, »einige feststehende Grundsätze laufend und unaufhörlich bei jeder Gelegenheit herauszustellen und sie in das Gewissen des Volkes einzuhämmern«. Diese Grundsätze verglich er mit Leitmotiven der Wagneropern, die immer wieder in den verschiedensten Variationen ertönen sollten. Die wichtigsten von ihnen waren:

»1. Der Krieg ist dem deutschen Volk aufgezwungen worden;

2. Es gehe in diesem Kriege um Leben oder Sterben;

3. Es geht um die totale Kriegsführung.«

Eine Neuheit stellte nur der letzte dieser Fundamentalsätze dar. Das erste Leitmotiv klang seit den ersten Kriegstagen immer wieder an; das zweite setzte mit dem Rußlandfeldzug ein und entsprach Hitlers pseudodarwinistischer Auffassung des Lebenskampfes. Der neue Schlachtruf, eine Übersteigerung des zweiten, sollte nun als Freibrief für die Einsetzung aller Mittel nach innen wie nach außen gelten. Die Leitsätze verdeutlichen die Eskalation des Krieges vom lokalen, erwünschten und provozierten – der mit Stillschweigen übergangen wurde – zum großen, als Existenzkampf geführten, und schließlich zum brutalen Behauptungskampf gewordenen Krieg. Die Proklamierung des totalen Krieges war keine Folge der alliierten »unconditional surrender«-Erklärung vom 24. Januar 1943 und bereits lange vor diesem Ereignis vorbereitet worden. Der totale Krieg, das heißt die Mobilisierung aller Kräfte, der wirtschaftlichen[32], der militärischen, der psychologischen und der Menschenreserven, war von Goeb-

---

30 *Archiv der Gegenwart.* Hrsg. vom Siegler Verlag, Wien (o. J.) 5808 F (AG 13/1943).

31 »*Wollt ihr den totalen Krieg?*«; S. 315 ff.

32 Über die Versäumnisse und Zersplitterung der wehrwirtschaftlichen Mobilmachung bereits in den ersten Jahren des NS-Regimes s. SAUER, Wolfgang. »Die Mobilmachung der Gewalt«. BRACHER, SAUER, SCHULZ. *Die nationalsozialistische Machtergreifung;* S. 818 ff.; MILWARD; JANSSEN und PETZINA, Dieter. *Autarkiepolitik im Dritten Reich.* Der nationalsozialistische Vierjahresplan. Stuttgart, Deutsche Verlags-Anstalt, 1968 (Schriftenreihe Vierteljahreshefte für Zeitgeschichte, Nr. 16).

bels, von gewissen Kreisen der Wehrmacht, von dem am 9. Februar 1942 eingesetzten neuen Rüstungsminister Albert Speer und dem Großteil der im Arbeitseinsatz stehenden Bevölkerung schon lange gefordert oder erwartet worden. Hitler entschloß sich erst zu dieser Konzeption, als seine Blitzkriegstrategie bereits seit einem Jahr hinfällig geworden war und er zu begreifen begann, daß das Kriegsglück sich der anderen Seite zuneigte.[33] In der zuvor erwähnten Ministerkonferenz setzte Joseph Goebbels sich zum ersten Male öffentlich mit denjenigen auseinander, die meinten, der Krieg könne nicht verloren gehen. Der Propagandaminister erklärte, es sei von der Vorsehung absolut nicht bestimmt, wer der Sieger und wer der Verlierer sein werde. »Selbstverständlich können wir den Krieg verlieren, wenn wir nicht alle Kräfte für den Einsatz mobilisieren.«[34] Am nächsten Tage teilte er mit, »daß voraussichtlich ein Gremium, bestehend aus Reichsleiter Bormann, Reichsminister Lammers und Reichsminister Goebbels, einen Aktionsplan für die Verwirklichung des totalen Krieges ausarbeiten werde ...«[35] Es sei notwendig, der Front in Kürze 1 Million Soldaten zuzuführen. Zahlreiche Geschäfte und Luxuslokale sollten im Zuge dieser Aktion geschlossen und eine Arbeitspflicht eingeführt werden. Das erste Resultat dieser Bemühungen erschien am 13. Januar in Form eines Führererlasses »über den umfassenden Einsatz von Männern und Frauen für die Aufgaben der Reichsverteidigung«. Er begann mit den Worten: »Der totale Krieg stellt uns vor Aufgaben, die im Interesse eines möglichst baldigen siegreichen Friedens unverzüglich gemeistert werden müssen ...«[36] Vorgesehen war eine Freimachung von Kräften für die Wehrmacht und die Rüstungsindustrie. Die vakant werdenden Stellen sollten durch nachrückende Kräfte aus weniger wichtigen Wirtschaftszweigen aufgefüllt werden. Weiter hatte der Chef des Oberkommandos der Wehrmacht alle u. k.[37]-Stellen zu überprüfen. Sämtliche Vorbereitungen und Planungen für künftige Friedensarbeiten waren ein-

---

[33] Vgl. JODL, Alfred. »Der Einfluß Hitlers auf die Kriegsführung«. *Kriegstagebuch des Oberkommandos der Wehrmacht.* Bd. IV. Frankfurt/M. Bernard und Graefe Verlag f. Wehrwesen, 1961; S. 1721 (künftig zitiert als KTB/ OKW).
[34] *»Wollt ihr den totalen Krieg?«*; S. 317.
[35] *ibid.;* S. 318.
[36] JACOBSEN, Hans-Adolf. *1939–1945. Der Zweite Weltkrieg in Chronik und Dokumenten.* Darmstadt, Wehr und Wissen, 1959 (4. Aufl.); S. 373.
[37] u.k. = unabkömmlich. Bereits am 22. 11. 42 hatte Hitler General der Infanterie von Unruh zum Sonderbeauftragten für die Nachprüfung des Kriegseinsatzes ernannt.

zustellen. Alle Männer vom 16. bis 65. Lebensjahr, alle Frauen vom 17. bis 50. Lebensjahr mußten sich zum Arbeitseinsatz melden. Auf diesen Erlaß folgte eine Fülle von Verordnungen[38] zur Durchführung aller vorgesehenen Totalisierungsmaßnahmen. Am 17. Januar erschien in *Das Reich* ein erläuternder Aufsatz von Goebbels »Der totale Krieg«, der in breiten Volksschichten begrüßt wurde:

»Der arbeitenden Bevölkerung, besonders den im Arbeitseinsatz stehenden Frauen, sei es aus dem Herzen gesprochen, daß den schmarotzenden Nichtstuern, Leuten, die trotz Krieg keine ihrer Friedensgewohnheiten aufgeben wollen, ›auf den Pelz gerückt‹ wird. Es reiche aber wohl kaum, diese ›Außenseiter der Nation‹ mit Worten anzuprangern. Mit gut Zureden und mit Verachtung strafen sei nichts getan . . .«[39]

»Bei aller Bereitschaft, sich der Totalisierung des Krieges bedingungslos zu unterwerfen, äußern viele Volksgenossen, auch gerade solche, die politisch durchaus gefestigt sind, daß dieser Schritt reichlich spät erfolge. Auch wenn jeder einzelne den guten Willen habe, in seinem Lebens- und Berufsbereich alles auszuschalten, was für die Erringung des Sieges unbedingt erforderlich sei, wäre es doch fraglich, ob die überaus große Komplizierung des gesamten öffentlichen Lebens, mit der notwendigen Schnelligkeit und Schärfe, aber auch ohne, daß dabei über das Ziel hinausgeschossen werde – auf das notwendige Maß zurückgeführt werden könne. Vor allem haben die Volksgenossen Zweifel, ob es gelingen wird, die Lasten des Krieges nunmehr auch wirklich auf alle Volksgenossen unterschiedslos zu verteilen. So befürchtet man, daß bei dem kommenden Frauenarbeitseinsatz die Angehörigen der Oberschicht es verstehen werden, sich der Dienstpflicht zu entziehen . . .«[40]

»Im übrigen gilt die Aufmerksamkeit der Bevölkerung vor allem in der Arbeiterschaft vorwiegend der Durchführung des Arbeitseinsatzes der bisher nicht erfaßten Männer und Frauen. Die ›weiche‹ und ›inkonsequente‹ Formulierung der Verordnung vom 27. 1.[41] wird weiterhin abfällig besprochen. Geradezu mit Spannung wartet man auf das Anlaufen dieser Maßnahmen und insbesondere darauf, ob die Angehörigen der Oberschicht auch wirklich gerecht mit einbezogen werden. Vor allem in den Kleinstädten sprechen die Volksgenossen von bestimmten Frauen, deren Familienverhältnisse bekannt sind, und ›lauern geradezu darauf‹, wie

---

38 RGBl. 1943, I; S. 67, 75. – s. auch BA ZSg 3/1623 und NS Misch/1727.
39 »Meldungen aus dem Reich«, 18. 1. 43. BOBERACH; S. 335, 336.
40 »Meldungen aus dem Reich«, 28. 1. 43. *ibid.;* S. 342, 343.
41 Von Sauckel herausgegebene Verordnung RGBl I; S. 67.

333

diese Frauen sich zu dem Arbeitseinsatz verhalten werden. Nach den vorliegenden Meldungen ist die Skepsis ziemlich groß. Man glaubt, daß die ›Prominenten‹, wozu in der kleinen Stadt auch die Frau des Bürgermeisters oder des Rechtsanwaltes gerechnet wird, auf irgendeine Weise versuchen würden, sich zu drücken . . .«[42] Man erwartete, daß die Ärzte um Gefälligkeitsatteste angegangen, der Einsatz beim Roten Kreuz sich verstärken würden.»In einer wirklich lückenlosen Durchführung der Maßnahmen sieht ein großer Teil der Bevölkerung geradezu einen Prüfstein für das Vorhandensein einer wirklichen Volksgemeinschaft und für die Entschlossenheit der Führung zu einem unterschiedslosen Einsatz aller . . .«

Es waren also vor allem die arbeitende Bevölkerung und hier wieder radikale Elemente, welche die Totalisierungsmaßnahmen forderten und begrüßten. Am meisten aber bewegte der Einsatz der bis dahin nicht in den Arbeitsprozeß eingegliederten Frauen die Gemüter. Egalitäres Gleichheitsstreben, vorwiegend auf Neid beruhend, mit klassenkämpferischen Vorzeichen, bestimmte das Meinungsbild der unteren Volksschichten. Solche Töne hörte Joseph Goebbels nur zu gerne:»Der Minister werde dafür sorgen, daß die Töchter der Plutokraten sich nicht um diese Pflicht herumdrücken könnten . . .«[43]

»Der Minister ist der Ansicht, daß das Volk nicht den Mut verliere, sondern schärfere und härtere Maßnahmen zur Weiterführung des Krieges verlange . . .«[44]

Seine berüchtigte Rede im Berliner Sportpalast am 18. Februar, in welcher er der Bevölkerung zehn Suggestivfragen vorlegte, deren bedeutendste waren: ob die Bevölkerung an den endgültigen Sieg glaube, bis dahin alle Strapazen auf sich nehmen, den Einsatz aller Frauen und die Todesstrafe für Drückeberger und Schieber, kurz ob sie den totalen Krieg wolle, – diese Rede war ein Meisterstück demagogischer Propaganda, die auf einer Auswertung der Meinungsforschungsberichte beruhte und sich bewußt der radikalen Strömungen bediente. Sie war bis ins letzte Detail vorbereitet worden. Besonders zuverlässige Parteigenossen wurden nach Berlin gebracht und waren für das Massenschauspiel gedrillt worden.[45]

Die erste Wirkung der Rede war, wie der SD-Bericht mitteilte,»ungewöhnlich groß und im ganzen sehr günstig gewesen«.[46] Letztlich aber

[42] »Meldungen aus dem Reich«, 4. 2. 43. *ibid.;* S. 347.
[43] *» Wollt ihr den totalen Krieg?«;* S. 322 (21. 1. 43).
[44] *ibid.;* S. 329 (28. 1.).
[45] HAGEMANN, Walter. *Publizistik im Dritten Reich;* S. 464, 465.
[46] »Meldungen aus dem Reich«, 22. 2. BOBERACH; S. 359.

wurde sie, wie aus anderen Beobachtungen hervorgeht, sehr unterschiedlich aufgenommen. Positiv wirkte sie nach den Meinungsforschungsberichten auf die breite Masse der Arbeitnehmer wie auch der immer noch
»gläubigen« NS-Anhänger. Sie verstörte jedoch ängstliche Gemüter auf
Grund ihrer schonungslosen Härte.[47] Besonders zu Beginn der Rede habe
sich eine Schockwirkung gezeigt. Der Gau Sachsen meldete, es seien »viele
Volksgenossen wie vor den Kopf geschlagen« gewesen.[48] Diese Beunruhigung habe sich jedoch noch im Verlauf der Ansprache gelegt und sei als
eine Art letzter Appell aufgefaßt worden. Besonders die Frauen scheinen
sich von Goebbels leidenschaftlichen Worten, die an emotionelle Bereiche
und nicht an den Verstand appellierten, hinreißen zu lassen; und hier
waren es mehr die Älteren als die Jüngeren, die mitgingen.[49] Am meisten
beeindruckte offensichtlich viele Menschen, »daß die Führung über die
wahre Stimmung im Volke genauestens unterrichtet sei«.[50] Je mehr Abstand man aber zu der Rede bekam, um so nuancierter wurden die Beurteilungen. In der Beamtenschaft und der Oberschicht zeigte sich Kritik
an der »klassenkämpferischen Tendenz«. Im Norden Deutschlands, vor
allem in Pommern, aber auch im nördlichen Westfalen, wurde die Rede als
reine Propagandaveranstaltung und als »Theater« abgetan. In Schwaben
stieß man sich vor allem daran, daß die Beantwortung der zehn Fragen
als eine Volksabstimmung hingestellt wurde; in Sachsen hörte man, »daß
wohl keiner hätte wagen dürfen, auch wenn er anderer Meinung war, nein
zu sagen«.[51]

Diese und ähnliche kritische Stimmen verletzten den eitlen Propagandaminister tief, dem Hitler soeben erst ein Lob über die Führung der öffentlichen Meinung in diesem kritischen Moment hatte zukommen lassen.[52]
Am 27. Februar richtete der Staatssekretär des Reichsministeriums für

[47] Monatsbericht des Regierungspräsidenten von Unterfranken und Aschaffenburg, 10. 3. 43. BHStA Abt. II, MA 106 681. Vgl. auch Regierungspräsident
Regensburg, 10. 3. 43. BA NS 19/346.
[48] Partei-Kanzlei II B 4. »Auszüge aus Berichten der Gauleitungen und a. Dienststellen«. Zeitraum 21. 2. bis 27. 2. 43. BA NS 6/414.
[49] Bericht »über den ersten Eindruck der Rede des Herrn Ministers, der eine
Zusammenfassung der bis jetzt vorliegenden Meldungen der Reichspropagandaämter darstellt«, von Leiter Pro.Chef des Propagandastabes am 19. 2. 43
übersandt. BA R 55/61; fol. 1–5.
[50] Im Original unterstrichen. s. supra, Anmerkung 48.
[51] ibid.
[52] »Der Minister stellt fest, daß der Führer seine ganz besondere Zufriedenheit
mit der deutschen Propaganda, insbesondere des Themas Stalingrad zum Ausdruck gebracht habe.« – 8. 2. 43. »Wollt ihr den totalen Krieg?«; S. 235.

Volksaufklärung und Propaganda ein Fernschreiben an alle Reichspropagandaämter[53], in dem er sich auf die sich häufenden Berichte über schlechte Stimmung in gewissen Kreisen der Bevölkerung bezog. Er verwies ausdrücklich auf das Rundschreiben Bormanns vom 18. Dezember und forderte auf, solche Erscheinungen mit den Mitteln der Kampfzeit zu bereinigen.»Wenn z. B. ein RPA zur Rede des Ministers im Sportpalast vom 18. Februar d. J. die unser ganzes Volk aufgerüttelt, Europa in Bewegung gebracht und die ganze feindliche Welt in Erstaunen über die deutsche Kraft versetzt hat, berichtet, daß in Leipzig die Reaktion der Studenten und Schülerinnen der höheren Lehranstalten auf diese Rede ablehnend gewesen sei, so interessiert das höchstens den Kreisleiter, der nach bewährtem Berliner Muster diese Mädchen übers Knie legen und ihnen den Hintern verhauen lassen wird.[54] Die Zentralstellen des Reiches interessiert höchstens die Vollzugsmeldung.«

Im Zusammenhang mit der Goebbelsrede vom 18. Februar soll hier die heute manchmal diskutierte Frage, ob das Fernsehen im Dritten Reich die Stellung des Regimes gestärkt oder eher geschwächt hätte, kurz angeschnitten werden. Die Ansicht, es würde sich auf Grund einer objektiven Bildinformation eher zu seinem Nachteil ausgewirkt haben, scheint nicht haltbar. Die heutigen Erfahrungen mit totalitären Systemen sowie das Wissen um die Manipulierbarkeit des fotografischen Bildes lassen einen solchen Schluß nicht zu. Man kann gewiß sein, daß Hitler, der seine Posen sorgfältig an Hand von Fotostudien kontrollierte, alles getan hätte, um seine telegene Ausstrahlungskraft zu sichern. Seine berühmte hypnotische Wirkung, die er je nach Bedarf an- und abschaltete, wäre auch hier voll eingesetzt worden. Auch Goebbels und andere NS-Würdenträger hätten es sicher verstanden, sich voll ins Fernsehbild zu setzen. Ein SD-Bericht über die Wirkung der Wochenschau mit Aufnahmen aus Goebbels Sportpalastkundgebung mag dies unterstreichen:

»Es wird bestätigt, daß dieser Filmbericht die propagandistische Wirkung der Sportpalastkundgebung noch wesentlich gesteigert und nachträglich auch dort erhöht hat, wo bisher noch Skepsis herrschte. Auch zurückhaltendere Bevölkerungskreise konnten sich der nunmehr im Bilde sichtbaren hinreißenden Wirkung der Rede und ihres spürbaren Wider-

---

53 Propa 2061/27. 2. 43/23-2,2(h). BA R 55/603; fol. 187.
54 Tatsächlich hat – laut eines Schreibens Propa 20 vom 26. 1. 1943 an RPA Königsberg – Goebbels anläßlich eines ähnlichen Vorfalles in seiner Eigenschaft als Berliner Gauleiter verfügt, »daß den Betreffenden eine Prügelstrafe zu verabreichen ist«. Vgl. ibid.; S. 168.

halls bei den Teilnehmern der Kundgebung nicht entziehen. Man anerkennt, daß die Kamera alles, was der Redner ausführte, ins Optische übersetzt und die charakteristische »Sportpalast-Atmosphäre« sich damit auch auf die Wochenschaubesucher übertragen habe...«[55] Goebbels erklärte in seiner Ministerkonferenz vom 26. Februar, er habe eine Flut von Briefen auf seine Rede hin erhalten. In 90 % von ihnen seien radikalere Maßnahmen gefordert worden. Nur wenige Schmähbriefe seien dabei gewesen, »die offensichtlich von Juden geschrieben wurden«.[56] Diese Bemerkung zeigt erneut, daß der Propagandaminister Kritik nicht ertragen konnte und sie auf die Juden abzuwälzen versuchte.

Die Niederlage von Stalingrad sollte also dazu benutzt werden, um die dem Regime entgleitende Volksmeinung wieder einzufangen und mit Hilfe der Unzufriedenheit breiter sozialer Schichten, angesichts immer noch bestehender augenfälliger Standesunterschiede, von der gefährlichen äußeren Situation abzulenken, in die das Reich immer mehr hineinglitt. Durch die laufende Berichterstattung über die Publikumsmeinung war die nationalsozialistische Führungsspitze gut über fortschreitende zentrifugale Tendenzen der öffentlichen Meinung, vom zentral gesteuerten Meinungspool hinweg, unterrichtet. Am 18. Januar 1943 hatten die SD-Meldungen in dem Abschnitt über »Aufnahme und Auswirkung der allgemeinen Propaganda-, Presse- und Rundfunklenkung« eine wachsende Verselbständigung des Meinungsbildes konstatiert.[57] Nur wenige Deutsche begnügten sich noch mit dem angebotenen staatlichen Informationsmaterial. Man hatte, wie bereits erwähnt, gelernt, jede Nuance zu interpretieren, zwischen den Zeilen zu lesen. Als sicherste Quelle galten immer noch die Feldpostbriefe und Berichte von Fronturlaubern. Zusammen mit eigenen Überlegungen, heimlich angehörten ausländischen Sendungen[58] ergab dies eine wachsende Unsicherheit in der Meinungsbildung und eine immer größere Uneinheitlichkeit der Stimmungen. Dabei verwandelte sich zusehends die

[55] »Zur Aufnahme der Kriegswochenschau vom 27. 2. bis 5. 3. 1943.« »Meldungen aus dem Reich«, 4. 3. 43. BOBERACH; S. 365.
[56] »Wollt ihr den totalen Krieg?«; S. 343.
[57] BOBERACH; S. 334 ff.
[58] Sowohl die Zusammenstellungen der Parteikanzlei, Zeitraum 21. 2. bis 27. 2., BA NS 6/414, wie der Bericht des Regierungspräsidenten von Ober- und Mittelfranken vom 8. 3. 43. BHStA, Abt. II, MA 106 679, wie die »Meldungen aus dem Reich« vom 18. Januar und später vom 15. März berichteten über verstärktes Abhören feindlicher Rundfunksendungen. BOBERACH; S. 339, 372.

Angst um das persönliche Schicksal der Angehörigen in eine sehr viel weiterreichende Beunruhigung. Immer häufiger wurde die Ansicht geäußert, die Zeit arbeite für die Gegner. Die westlichen Alliierten hätten jede Möglichkeit, in Ruhe Truppen und Material anzuhäufen.[59] Die Dauer des Krieges wurde zum zentralen Inhalt der Gespräche. »Die Frage sei heute nicht mehr, wie lange es noch bis zum Siege dauere, sondern, wie lange wir den Krieg noch mit Aussicht auf ein günstiges Ende durchhalten könnten. Ein dritter russischer Kriegswinter unter ähnlichen Bedingungen wie die beiden ersten, insbesondere aber hinsichtlich der Kampfkraft des Gegners, sei undenkbar. Im Sommer müsse die Entscheidung im Osten fallen . . .«[60] Während also ein Teil der Bevölkerung die Entscheidung im Osten als ausschlaggebend ansah, plapperte ein anderer Teil die suggerierte These nach, daß diese Auseinandersetzung nur – im Sinne der Hitlerschen Gedankengänge von 1940/1941 – als eine Etappe vor der Auseinandersetzung mit dem Westen zu begreifen sei.[61] Solche Äußerungen aber konnten bei besser Informierten nur Beklemmungen auslösen. Für eine zuversichtliche Betrachtung der Lage bestand wenig Anlaß. »Im Augenblick könne allein der Glaube an die noch unerschlossenen, freilich aber auch letzten Kraftreserven und an die Gerechtigkeit des Schicksals die Grundlage unseres Durchhaltewillens und die Hoffnung auf den Sieg bilden.«[62] Stimmen wurden laut, die Vergleiche mit 1918 zogen.[63] Der sehr ernste Ton der Propaganda vertiefte noch die Depression. Die Gauleitung Weser-Ems faßte diesen aus fast allen Gebieten des Reiches gemeldeten Trend folgendermaßen zusammen: »Der plötzlich überaus ernste Ton der Presse hat in der Bevölkerung ein Abgleiten der Stimmung bewirkt. Wenn man vielleicht gehofft hat, durch diesen plötzlichen Stimmungsumschwung den Widerstandswillen zu stärken, so hat man sich sehr geirrt. Mit Recht wird von den Volksgenossen immer wieder darauf hingewiesen, daß vor kurzer Zeit noch ein absolut hoffnungsvoller Ton angeschlagen wurde, während jetzt Grabgesänge gesungen werden . . .«[64]

Noch härter urteilte man im Bereich von Ost-Hannover: »Die unge-

[59] »Meldungen aus dem Reich«, 11. 1. 43. *ibid.;* S. 331, 332.
[60] »Meldungen aus dem Reich«, 8. 2. 43. *ibid.;* S. 353.
[61] *ibid.;* S. 354.
[62] *ibid.;* S. 355.
[63] Partei-Kanzlei II B 4. Auszüge aus Berichten der Gauleitungen u. a. Dienststellen. Zeitraum 24. 1. bis 30. 1. 43. BA *NS 6/414* und »Meldungen aus dem Reich«, 15. 2. 43. BOBERACH; S. 357.
[64] Partei-Kanzlei II B 4. »Auszüge aus Berichten der Gauleitungen u. a. Dienststellen, Zeitraum 24. 1. bis 30. 1. 43«. BA *NS 6/414.*

schminkte Berichterstattung durch Presse und Propaganda hat zu einer überaus ernsten Beunruhigung in der Bevölkerung geführt. Die Bevölkerung stellt mit einer gewissen Verbitterung den großen Kontrast zwischen der bisherigen und der augenblicklichen Berichterstattung fest. Man wirft der Presse und auch der Propaganda vor, daß man den Gegner im Osten unterschätzt habe, man habe auch ein ganz falsches Bild von seiner Widerstandskraft und seinem Rüstungspotential gegeben. Heute ist man nun gerade in das Gegenteil verfallen und sieht alles in Schwarz. Hierdurch ist eine erhebliche Vertrauenskrise im Verhältnis zur Presse und Propaganda hervorgerufen worden.

Auf Grund der überaus düsteren Färbung der Berichte besteht die Gefahr, daß sich aus dieser Vertrauenskrise eine noch viel ernstere Krise zu der militärischen und politischen Führung entwickelt . . .«[65]

Um den Forderungen der Partei- und Staatsführung Genüge zu tun, die feste Haltung vor der labilen Stimmung hervorzuheben, wurden die Meinungsberichte nun häufig durch Bemerkungen eingeleitet, die im Verlauf der anschließenden detaillierten Berichterstattung Lügen gestraft wurden. So hieß es beispielsweise zuerst: »Entscheidender als die Stimmung hat sich immer wieder, besonders in den letzten Wochen, die Haltung der Bevölkerung erwiesen, die nach wie vor getragen ist von dem Vertrauen zum Führer und von dem Glauben an den Endsieg . . .«[66] Wenige Seiten weiter liest man jedoch, daß »in gewissen Bevölkerungskreisen« die Kritik immer stärker hervortrete. Insbesondere warf man Hitler, der von nun an immer häufiger direkt anvisiert wurde, vor, er habe zu viel versprochen. Seine Worte bezüglich Stalingrads oder der Wolga, daß keine Macht der Welt die Deutschen von dort wieder wegbrächte, wurden bitter kommentiert. Auch hieß es, Generalstabschef Halder habe die Ereignisse vorausgesehen und gewarnt, zu gleicher Zeit Stalingrad und den Kaukasus anzugreifen. Daher habe er gehen müssen. Die Gauleitung Halle-Merseburg teilte mit, die Diskussionen entzündeten sich vor allem an der unbegreiflichen Tatsache, wieso die militärische Führung die Offensivkraft der Sowjets so gar nicht übersehen habe. Auch hier wurde es als »peinlich« empfunden, »daß die Prophezeiungen des Führers in bezug auf Stalingrad so wenig den wirklichen Ereignissen entsprochen haben«. Aus Westfalen-Süd wurde berichtet, »daß in Eisenbahnwagen der Führer als Massenmörder von Stalingrad bezeichnet wurde, ohne daß der Täter sofort ver-

[65] *ibid.*
[66] Partei-Kanzlei II B 4. »Auszüge aus Berichten der Gauleitungen u. a. Dienststellen, Zeitraum 14. 2. bis 20. 2. 1943«. *ibid.*

haftet oder schwer verprügelt worden wäre. Ebenso werden Äußerungen berichtet, die den Führern in der Partei die Schuld am Kriege und allem damit verbundenen Elend zuschreiben. Es werden auch Redensarten bekannt, die aus Offizierskreisen stammen sollen, nach denen im vorigen Winter Brauchitsch habe gehen müssen, diesmal aber sei doch der Führer verantwortlich. Wer geht nun? Leider finden solche Gemeinheiten nicht sofort die notwendige massive Entgegnung. Ein Zeichen, wie verbürgerlicht und schlapp weite Kreise der Parteigenossenschaft sind ...«

Kann man aus diesen und ähnlichen Äußerungen darauf schließen, daß Kreise der Wehrmacht, ja selbst der Partei, im Sinne der nationalsozialistischen Führungsspitze nicht mehr voll zuverlässig waren?

Für die Masse der Frontsoldaten, vor allem im Osten, traf dies nicht zu.[67] Hitlers operative Starrheit, sein Halten um jeden Preis, die Winterkrise 1941/42 und nun die Katastrophe von Stalingrad hatten in manchem hohen militärischen Führer – und nicht nur im Osten – den Wunsch nach Einsetzung eines einheitlichen Wehrmacht-Generalstabschefs oder zumindest eines Oberbefehlshabers Ost wach werden lassen, da Hitler den gesamten Oberbefehl über das Heer doch nicht abgeben würde. Feldmarschall von Manstein war in dieser Hinsicht bei Hitler am 6. Februar vorstellig geworden; ebenso hatten sich Feldmarschall Milch, Generaloberst Guderian und General Zeitzler um eine derartige Lösung bemüht. Natürlich vergeblich. Diese Bemühungen und auch manch herbe Kritik an Hitler bedeuteten aber noch lange nicht Illoyalität oder gar Opposition, sondern nur den Versuch, militärische Fehlentscheidungen künftig zu vermeiden. Nur eine ganz kleine Gruppe jüngerer Offiziere um den ersten Generalstabsoffizier der Heeresgruppe Mitte, Oberst von Tresckow, beschlossen, das Übel an der Wurzel anzupacken, aktiv an einer Staatsstreichplanung mitzuwirken und Hitler durch ein Attentat aus dem Wege zu räumen. Der Plan mißlang aus technischen Gründen. Hitler entstieg am 13. März unversehrt seinem Flugzeug.[68] Hätten Henning von Tresckow und seine Freunde nicht nur mit dem ewig schwankenden Feldmarschall von Kluge zu tun, nicht nur das Beispiel der Frontsoldaten vor Augen gehabt, deren

---

[67] s. z. B. »Briefe deutscher Kriegsgefangener« BA R 55/583; fol. 2, 5, 6. – Partei-Kanzlei II B 4. »Auszüge aus Berichten der Gaue u. a. Dienststellen, Zeitraum 14. 2. bis 20. 2. 43 und 4. bis 10. 4. 43«. BA NS 6/414 und zahlreiche Auszüge des Zustandsberichtes der OKH Gen z. B./H Wes Abt., vom 19. 4. 43 und 21. 4., die alle von guter, zuversichtlicher, teilweise ausgezeichneter Stimmung berichten. MGFA WO 1-6/591.
[68] SCHLABRENDORFF; S. 114 ff.

Stimmung, wie gesagt, bei weitem die beste und zuversichtlichste war, so hätten sie vielleicht weitere Kontakte gesucht und ihre Attentatspläne intensiviert. In ihrer Isolierung wußten sie jedoch nichts von dem sich rapide ausbreitenden Defätismus jener Monate[69], dem steigenden Mißmut gegenüber dem Regime. Bereits in den rückwärtigen Heeresgebieten und in manchen der besetzten Gebiete war die Stimmung und Haltung der Soldaten und Offiziere oft grundverschieden von derjenigen der Front.[70] Hier zeigten sich vielfach wachsende Spannungen zwischen Angehörigen der Wehrmacht und Vertretern der Zivilbehörden, die meist in Parteiuniform gesteckt worden waren. Aus den verschiedensten Ortsgruppen und Gauleitungen liefen Berichte über diesbezügliche Klagen von Urlaubern ein.[71] Die Soldaten berichteten voller Ärger über das ungenierte Treiben junger Parteifunktionäre in den besetzten Ostgebieten, über ihre amourösen Abenteuer mit Sekretärinnen, ihre Herrenallüren, ihre Schiebergeschäfte. Letzteres traf jedoch auch für Wehrmachtdienststellen in rückwärtigen und besetzten Gebieten zu. Besonders in Frankreich zeigten sich immer mehr Auswüchse des Etappenlebens, wie man sie bereits im Ersten Weltkrieg konstatiert hatte. Recht drastisch heißt es in einem aus Frankreich an das Reichspropagandaamt Württemberg-Hohenzollern gerichteten Schreiben:».. ich mache mir schwere Sorgen, ob der französischen Hure nicht der Erfolg beschieden ist, der dem französischen Soldaten versagt blieb, nämlich, die deutsche Schlagkraft zu zerbrechen. Es ist keine Geschlossenheit mehr, kein gemeinsamer Wille, keine Opferbereitschaft, nur noch huren, saufen, schwelgen und prassen, kein Wille mehr, um jeden Preis zu siegen...«[72]

Die Gerüchte und Erzählungen über unhaltbare Zustände in der Etappe häuften sich zusehends. Man raunte, die militärischen Dienststellen seien dort bis zu 40 % überbesetzt, und es werde jede Anstrengung unternommen, um diesen Personalbestand zu halten. Verpflegungs- und Genußmit-

---

[69] Selbst im OKW und im AHA hätte »Weltuntergangstimmung« geherrscht – laut einer Mitteilung des Chefs des SS-Hauptamtes Berger an Himmler. Cd SS HA/Be/Ra/Vc-Tgb. Nr. 390/43 GKdos. Chef Adjtr. Tgb. Nr. 202/43 GKdos vom 18. 4. 43. BA NS 19/398.
[70] »Stimmungsschwankungen, ja überhaupt die bloßen Fragen, ob und wie dieser Gegner beseitigt werden kann, beginnen erst 1000 km hinter der Front...« Partei-Kanzlei II B 4. »Auszüge aus Berichten der Gaue u. a. Dienststellen. Zeitraum 4. 4. bis 10. 4. 43«. BA NS 6/414.
[71] Partei-Kanzlei II B 4. »Auszüge aus Berichten der Gaue u. a. Dienststellen. Zeitraum 10. 1. bis 16. 1. 43«. BA NS 6/414.
[72] Zitiert in Partei-Kanzlei II B 4. »Auszüge aus Berichten der Gaue u. a. Dienststellen. Zeitraum 14. 2. bis 20. 2. 43«. ibid.

tel, die eigentlich für die kämpfende Truppe bestimmt seien, würden abgezweigt und in Urlauberpaketen an die Angehörigen zu Hause geschickt. »Von Kameradschaft, Gemeinschaftssinn oder Nationalsozialismus keine Spur.«[73]

So wußte auch der Gau Thüringen mitzuteilen, daß aus Feldpostbriefen und aus Urlaubererzählungen immer mehr bekannt werde, wie sehr der Tauschhandel blühe und die noch aus dem Ersten Weltkrieg berüchtigte Figur des »Etappenschweines« überall auftauche. Ähnlich lauteten die Meldungen aus dem Gau Westfalen-Süd[74], und Goebbels vermerkte in seinem Tagebuch am 19. März, die rückwärtigen Gebiete hätten sich »zu wahren Korruptionsstätten ausgebildet«.[75]

Auch aus dem Ersatzheer wurde über die Hoheitsträger der Partei über schlechte Stimmung und eine »defätistische Einstellung« von Offizieren berichtet. Hierunter verstand man aber bereits jegliche pessimistisch gefärbte – oder gar nur nüchtern-realistische – Beurteilung der militärischen Lage. Aber gerade solche Feststellungen aus dem Munde eines Offiziers schienen den Parteifunktionären zu brisant: »... denn auch diesen Herren müßte längst klargeworden sein, wie sensibel im Augenblick die Gesamtstimmung ist und daß ein Fünkchen schon genügt, um eine Welle der Erregung auszulösen. Was helfen alle Rednereinsätze, alle Versammlungswellen, wenn Offiziere der Wehrmacht eine so instinkt- und haltungslose Einstellung an den Tag legen.«[76]

Immer mehr häuften sich die Meldungen aus den Gauen über »defätistische Einstellung und parteifeindliche Stimmung, die sich hier und da in Wehrmachtkreisen breit macht ...« Württemberg-Hohenzollern berichtete beispielsweise, »daß die Stimmung in den Kasernen nicht gut« sei. In Offizierskreisen würde »in versteckter Weise zum Ausdruck gebracht ...«, daß es dem Führer an Feldherrneigenschaften fehle und er seit dem Abgang von Feldmarschall von Brauchitsch nur Niederlagen erleide. Immer wieder hört man, daß Offiziere und Mannschaften z. Zt. pessimistisch eingestellt seien«.[77]

---

[73] Im Original unterstrichen. Partei-Kanzlei II B 4. »Auszüge aus Berichten der Gaue u. a. Dienststellen. Zeitraum 21. 2. bis 27. 2. 43«. *ibid.*

[74] Partei-Kanzlei II B 4. »Auszüge aus Berichten der Gaue u. a. Dienststellen. Zeitraum 4. 4. bis 10. 4. 43«. *ibid.*

[75] *op. cit.;* S. 282.

[76] Zitiert in Partei-Kanzlei II B 4. »Auszüge aus Berichten der Gaue u. a. Dienststellen. Zeitraum 14. 2. bis 20. 2. 43«. BA *NS 6/414.*

[77] Partei-Kanzlei II B 4. »Auszüge aus Berichten der Gaue u. a. Dienststellen. Zeitraum 21. 2. bis 27. 2. 43«. *ibid.*

Falls man noch nach weiteren Bestätigungen sucht für eine Verschlechterung der Beziehungen zwischen dem nationalsozialistischen Staat und
Teilen des Offizierskorps zum damaligen Zeitpunkt, mag man sie in einer
Kette von Befehlen, Erlassen, Ermahnungen und Einrichtungen finden, die
alle auf eine stärkere weltanschauliche Indoktrination abzielten. An erster
Stelle zu nennen wäre der vom Oberkommando des Heeres an alle Truppen zur »Anregung« verteilte Befehl des Kommandierenden Generals des
XIX. (Geb.) AK, General Schörner. Dieser Befehl vom 1. Februar 1943
stellt eine einzige Beschwörung des Soldaten und Offiziers dar, in seiner
Haltung nicht irre zu werden, jedes Gerücht und Gerede abzuwehren,
Glauben und Treue an den Führer zu bewahren und sie der Heimat zu
übermitteln, für die nationalsozialistische Idee in Wort und Tat zu kämpfen.[78]

Weiter erließ das Heerespersonalamt des OKH, das offensichtlich ebenfalls über die schlechte Stimmung in den Kasernen und die Auswirkung
auf die Bevölkerung unterrichtet worden war, am 29. März 1943 einen
Befehl über die »Haltung des Offiziers im Heimatkriegsgebiet«, in dem
es heißt:»Der Offizier als Repräsentant der deutschen Wehrmacht hat mit
zunehmender Dauer des Krieges in vermehrtem Maße die Aufgabe, nicht
nur innerhalb der Truppe, sondern auch in seinem Verkehr mit der Zivilbevölkerung im Heimatskriegsgebiet die Haltung, Stimmung, Widerstandskraft und Zuversicht zu stärken . . .« Wenn die militärische Situation
zu Belastungen Anlaß gäbe, müsse der Offizier erst recht dazu beitragen,
die Haltung wieder zuversichtlicher zu gestalten, Stimmungsrückschläge
zu überwinden. Es sei unverantwortlich, in welcher Weise oft über Vorgänge an der Front berichtet werde. »Ein Offizier, der durch kritische
Bemängelung und herabsetzende Werturteile über die militärische oder
politische Führung nachteilig auf die Stimmung der Heimat wirkt, macht
sich der Zersetzung der Wehrkraft schuldig und ist als Offizier nicht mehr
tragbar . . .«

In diesem Zusammenhang soll auch ein Schreiben des Chefs des SS-
Hauptamtes, SS-Gruppenführer Gottlob Berger, an den Reichsführer SS
vom 10. Februar 1943 erwähnt sein, in dem Berger über die politische
Schulung in der Roten Armee referierte und ähnliche Maßnahmen für die
Waffen-SS anregte:

---

[78] Durch Rundschreiben Nr. 102/43 der Partei-Kanzlei vom 7. 7. 43 vom Reichsleiter bis zum Gauleiter verteilt. BA *NS 6/vorl. 342.*

[79] *Ag P 2 Chefgr.* Az. 21 Nr. 3900/43 geh. gez. Gen. d. Jnf. Schmundt. Abschrift
in BA *NS 6/vorl. 344.*

»Ich bitte daher, um so mehr, als das Ende des Krieges nicht abgewartet werden kann und wir nun auch sehr viele junge Freiwillige bekommen haben, bei denen das Elternhaus vollkommen versagt hat, die Angehörigen oft nicht auf dem Boden des Nationalsozialismus stehen, daß nun mit allen Mitteln die weltanschauliche und politische Erziehung der Waffen-SS als Bestandteil des Dienstplanes eingeführt und befohlen wird, daß weiter die weltanschauliche Erziehung *den* Platz zugewiesen erhält, den sie innerhalb der Gesamtausbildung beanspruchen muß.« Anschließend legte der Chef des SS-Hauptamtes einen dementsprechenden Befehlsentwurf vor. Himmler formulierte ihn um, und er wurde am 24. Februar 1943 als SS-Befehl herausgegeben. Wesentliche Mittel der Erziehung sollten, wie früher, das persönliche Vorbild des Truppenführers und zusätzlich ein spezieller Unterricht sein.[81]

Hatte Hitler ursprünglich das mangelnde politische Engagement der Wehrmacht, Erbteil der Reichswehr, begrüßt, da es ihm die Gefügigmachung des militärischen Instrumentes erleichterte, glaubte er nun den »politischen Offizier« fordern zu müssen. Darunter verstand er den aktiv nationalsozialistisch wirkenden Offizier – jedes andere politische Interesse wurde als reaktionär eingestuft. Vorbild war insgeheim die politische Schulung bei den Sowjets, obwohl offiziell, wie erwähnt, der »Politruk« abgelehnt wurde.

Das Oberkommando der Wehrmacht gab in den *Mitteilungen für das Offizierskorps* einen diesbezüglichen Beitrag heraus. Darin heißt es: »Die treibende Kraft des bolschewistischen Feindes ist eine politische Idee, die Idee der marxistischen Weltrevolution ... Politisch ist der Wille, der ihn vorwärtstreibt, politisch sind die Beweggründe seiner militärischen, wirtschaftlichen und geistigen Aufrüstung gewesen, politisch sind die Methoden seiner Schulung und Führung der Massen, politisch ist sein Ziel. Die politische Dynamik also, welche uns als harte Wirklichkeit auf dem östlichen Kriegsschauplatz entgegentritt, muß durch eine noch stärkere politische Dynamik der deutschen Wehrmacht überwunden werden. Das deutsche Schwert muß von Soldaten geführt werden, die tief davon durchdrungen sind, die stärkere, die sittlichere Idee zu vertreten.

Wer wagt es, in einem solchen geschichtlichen Augenblick vom unpolitischen Offizier zu sprechen? Wenn das Offizierkorps der deutschen Reichswehr von 1919 bis 1932 sich für unpolitisch erklärte, so war das ein Akt der Notwehr und der Tarnung gegenüber dem demokratischen Vielpar-

---

[81] BA *Slg. Schumacher 439.*

teienstaat. Es war eine Abwehrmaßnahme, um nicht von den Parteien für ihre Interessen ausgespielt zu werden. In Wahrheit ist diese deutsche Reichswehr politisch gewesen bis auf die Knochen...

Heute sind die soldatischen und die politischen Forderungen, welche unser Volk erfüllen muß, eine Einheit. Für den Offizier ist es unmöglich, anders als politisch, also nationalsozialistisch, zu denken...«[82]

Die bereits in der Einführung erwähnte Einsetzung von Sachbearbeitern für wehrgeistige Führung[83] eben zu diesem Zeitpunkt war der nächste Schritt zur Bildung eines politischen Offizierskorps, dessen »weltanschauliche Schulung« Hitler seit Übernahme des Oberbefehls über das Heer voranzutreiben getrachtet hatte.[84] Es meldeten sich damals Stimmen aus Parteikreisen, welche die Abänderung des 1. Satzes von Absatz 1 des Wehrgesetzes verlangten, in dem Wehrmachtsangehörigen jegliche politische Betätigung untersagt war.[85]

Aber nicht nur die Wehrmacht und Waffen-SS sollten noch enger an den nationalsozialistischen Staat herangeführt und damit für seine Interessen aktiviert werden. Auch die NSDAP, das eigentliche Instrument zur Durchdringung des Volkes in allen seinen Schichten und Bereichen, wurde zu größerer Aktivität angespornt – und schärfer kontrolliert. Bereits am 21. 11. 1942 war die Vorlage aller Reden und Ansprachen von Hoheitsträgern an Hitler zwecks Überprüfung angeordnet worden.[86]

1943 kam ein Führererlaß heraus »über die Fernhaltung international gebundener Männer von maßgebenden Stellen in Staat, Partei und Wehrmacht«. Verwandtschaftliche Bande nach dem Ausland, hieß es hierin, hätten sich erwiesenermaßen als schädlich für das Gemeinwohl herausgestellt. Männer, auf die folgende Eigenschaften zutrafen, sollten daher vom Aufstieg in maßgebende Stellen von vornherein ausgeschlossen werden:

»1. Wenn sie mit Frauen aus den mit uns im Kriegszustand oder politischem Gegensatz befindlichen Ländern verheiratet sind, oder

2. wenn sie aus Kreisen stammen, die durch ihre verwandtschaftlichen Beziehungen zu heute oder früher einflußreichen Gesellschafts- oder Wirtschaftskreisen des uns feindlich gesinnten Auslandes als international zu betrachten sind.«[87]

[82] Auszugsweise abgedruckt in Partei-Kanzlei II B 4. »Vertrauliche Informationen«. 14. Mai 1943. 23. Folge. BA ZSg 3/1623.
[83] Vgl. *supra*; S. 37.   [84] Vgl. *supra*; S. 277 f.
[85] Partei-Kanzlei II B 4. »Auszüge aus Berichten der Gaue u. a. Dienststellen. Zeitraum 20. 6. bis 26. 6. 43«. BA *NS 6/415.*
[86] Anordnung A 81/42 des Leiters der Partei-Kanzlei BA *NS 6/vorl. 338.*
[87] Führerhauptquartier, 19. 5. 43. BA *NS 6/vorl. 345.*

Die erneute Aktivierung der Partei, welche durch Bormanns Rund-schreiben vom 18. Dezember 1942[88] eingeleitet worden war, wurde syste-matisch weitergetrieben. Am 1. März 1943 verschickte der Leiter der Par-tei-Kanzlei an alle Reichs-, Gauleiter und Verbändeführer eine Aufforde-rung zur »Mobilisierung der deutschen Heimat«[89], in der er an die Ver-antwortung und das persönliche Vorbild jedes führenden Parteigenossen appellierte. »An seiner und seiner Angehörigen Haltung richtet sich das ganze Volk auf.« Bormann hatte die Berichte über das »süße Leben« so mancher Parteifunktionäre genau registriert: »Wir haben jetzt keine Zeit mehr für Tees, für Empfänge und Festessen[90], soweit diese nicht außen-politischer Gründe halber veranstaltet werden müssen. Beim Volk be-stände ferner kein Verständnis für friedensmäßige Vergnügen oder lang-ausgedehnte alkoholische Sitzungen einzelner Führer ... Wir müssen da-mit rechnen, daß über eine durchzechte Nacht mehr geredet wird als über hundert durcharbeitete ...« Nur durch Unbestechlichkeit und Korrektheit könne man das Vertrauen im Volke erhalten. Weiter forderte der Leiter der Partei-Kanzlei jeden Nationalsozialisten auf, »ein Träger des Wider-standswillens bis zum Äußersten« zu sein. Der Führer verlange, »daß die Tugenden, die in der Kampfzeit den Nationalsozialisten auszeichneten, mehr denn je von dem führenden Parteigenossen nicht nur gepredigt, son-dern gelebt werden ...«

Alle diese Maßnahmen zur totalen Erfassung der Bevölkerung, die Bemühungen um eine verstärkte Indoktrinierung der Wehrmacht und der Waffen-SS, die Mobilisierung der Partei, sind nicht nur in ihrer Zielrich-tung auf ein festeres Zusammenschweißen der Nationalgruppe angesichts der immer drohenderen äußeren Gefahr und der Bereitstellung aller er-denklichen Reserven von Bedeutung. Sie sind gleichzeitig ein Symptom für ein weiteres Auseinanderrücken zwischen dem Regime Hitler und zahlreichen Deutschen, das durch eine innere Krise in der Partei gefördert wurde. Goebbels spricht in seinem Tagebuch von Prominenten aus Partei und Staat, die in Schiebergeschäfte verwickelt waren, von »renitenten

[88] Vgl. *supra*; S. 320 f.
[89] Nr. 37/43. BA *NS 6/vorl.* 340.
[90] Sogar Himmler wurden die laufenden zusätzlichen Lebensmittelkarten für sein Kasino entzogen, da man den Gerüchten über außerordentliche Zulagen an führende Persönlichkeiten den Boden entziehen wollte. Dafür wurden ihm aber nichtkartenpflichtiges Geflügel, Wild und Fische zur Verfügung gestellt. Vgl. Briefwechsel mit Backe vom 10. und 20. Februar 1943. BA *NS 19/neu* 280.

Gauleitern« und von »einer Führungskrise«.[91] Der Fall von Stalingrad symbolisiert nicht nur die Wende des Kriegsgeschehens; er trug dazu bei, einen bereits unterschwelligen Prozeß der Ablösung auf die Bewußtseinsschwelle weiterer Kreise zu heben, und damit verbreiterte sich die Kluft zwischen nationalsozialistischer Elite und Beherrschten. Immer mehr wurden dabei die NSDAP und ihre Vertreter zur Zielscheibe der Unzufriedenheit. Wurden bereits alle jungen Leute in unabkömmlichen Stellen der Industrie, der Landwirtschaft, der Reichsbahn, mit Spott oder Mißgunst bedacht, richtete sich der Vorwurf der Drückebergerei insbesondere gegen die Männer in Parteiuniform, die in der Heimat Dienst taten. »Die neuen Maßnahmen hinsichtlich der Umstellung auf den totalen Krieg haben ferner in der Bevölkerung verstärkt zu Meinungsäußerungen geführt, *nach denen niemand das Recht habe, politischer Führer zu sein, der nicht auch im Einsatz an der Front seine Bewährungsprobe abgelegt hat und somit unter Beweis stellt,* daß er für das nationalsozialistische Deutschland Gesundheit und Leben herzugeben bereit sei . . .« Besonders Frauen, deren Männer gefallen oder an der Front waren, zeigten sich in dieser Hinsicht aggressiv. Als ein Politischer Leiter der NSDAP zu einer Frau, die sich mit »Auf Wiedersehen« verabschiedete, bemerkte, sie habe den Gruß »Heil Hitler« vergessen, wurde ihm entgegnet: »Sie, junger Mann, haben vergessen, meinen älteren Mann in Rußland abzulösen.«[92]

Diese anfänglich noch recht diffuse Kritik begann sich zusehends zu verdichten und richtete sich schließlich nicht nur gegen untere Parteiorgane, sondern gegen die Führer der Bewegung selbst. Wir haben gesehen, wie bereits 1942 die Witze und Gerüchte bösartiger und schärfer geworden waren. Nun wurden sie regelrecht gehässig und – im Sinne der damaligen Staatsführung – destruktiv. Bormann hatte in seinem Rundschreiben vom 18. Dezember sehr bezeichnend gesagt, daß die alten Gegner »sich wieder gefunden« hätten. Die Berichte der Hoheitsträger der Partei in den ersten Monaten des Jahres 1943 bestätigten diese Tendenz und stellten ausdrücklich das Erstarken der »alten Kräfte« fest. Ebenso meldeten Regierungspräsidenten aus Bayern, daß sich die »Opposition wieder hervorwage«, wenn auch nur »in noch unerheblichem Umfang«.[93]

[91] *op. cit.;* S. 277, 281, 296.
[92] Partei-Kanzlei II B 4. »Auszüge aus Berichten der Gaue u. a. Dienststellen. Zeitraum 7. 3. bis 20. 3. 43«. BA *NS 6/414.*
[93] . . . Von Schwaben und Neuburg, 11. 2. 43. BHStA, Abt. II, MA *106 684.*

»Auch nörgelnde Kritik wagt sich da und dort hervor. Sie befaßt sich sogar mit der Person des Führers ...«[94] Zuvor wurden bereits kritische Bemerkungen hinsichtlich der militärischen Führungseigenschaften Hitlers erwähnt und Vorwürfe, die bis zur Bezeichnung »Mörder« gingen.[95] Die von der Partei-Kanzlei zusammengestellten Berichte aus den Gauen lassen für diesen Zeitpunkt keinen Zweifel aufkommen an der Tatsache, daß in den Augen vieler Deutscher Hitlers Größe und Unfehlbarkeit starke Einbuße erlitten hatte. »Ganz besonders gefährlich von diesen Dingen ist die Tatsache, daß man es nunmehr auch wagt, offen an der Person des Führers Kritik zu üben und ihn in gehässiger und gemeiner Weise anzugreifen.«[96] Albert Speer berichtet in seinen *Erinnerungen*, daß Goebbels ihm gegenüber nicht nur von einer »Führungskrise« sondern einer »Führerkrise« sprach.[97]

Ähnliche Feststellungen findet man auch in den Berichten von Chefpräsidenten: »Es ist deshalb auch allenthalben eine starke Zunahme und Verschärfung der Kritik an der politischen und militärischen Führung zu beobachten; diese Kritik richtet sich, was früher nie der Fall war, in steigendem Maße gegen die Person des Führers, der besonders für die Ereignisse um Stalingrad und im Kaukasus verantwortlich gemacht wird ...«[98]

Als Beispiel für den gehässigen Tenor der Witze sei folgende Geschichte angeführt:

»Der Führer sei nach dem Tannenbergdenkmal gefahren und habe Hindenburg zugerufen: ›Hindenburg, du großer Streiter, hier steht ein Gefreiter und kann nicht mehr weiter!‹«

Auch die Gerüchte über eine Geistesgestörtheit oder einen Nervenzusammenbruch Hitlers[99] wollten nicht verstummen. In den Kommentaren

---

[94] Ober- und Mittelfranken, 8. 3. 43. BHStA, Abt. II. MA *106 679*.
[95] s. *supra*; S. 339.
[96] Im Original unterstrichen. Partei-Kanzlei II B 4. »Auszüge aus Berichten der Gaue u. a. Dienststellen. Zeitraum 7. 3. bis 20. 3. 43«. BA *NS 6/414*.
[97] *op. cit*; S. 271.
[98] OLG-Präsident Bamberg, 29. 3. 43. BA *R 22/3355*. Vgl. auch OLG-Präsident Kassel, 31. 3. 43. *R 22/3371*.
[99] Partei-Kanzlei II B 4. »Auszüge aus Berichten der Gaue u. a. Dienststellen. Zeitraum 7. 3. bis 20. 3. und 21. 3. bis 27. 3. 43«. BA *NS 6/414*. – s. auch »Meldungen aus dem Reich«, 15. 3. 43. BOBERACH; S. 371. – Vgl. auch wöchentlichen Tätigkeitsbericht der Reichspropagandaämter vom Leiter Pro am 16. 3. 43 an Goebbels übersandt. BA *R 55/601*; fol. 4/5. – Goebbels notierte im übrigen am 20. März in seinem Tagebuch, daß Hitler sich »bestens in Form« fühle. Er habe mit dem Magen zu tun gehabt, aber Prof. Morell sei es gelungen, ihn von Schmerzen zu befreien. *op. cit.*; S. 287.

der Partei-Kanzlei zu diesem und zahlreichem anderen Gerede hieß es, daß sie »ausnahmslos, soweit sie nicht von feindlichen Sendern übernommen werden, aus den Kreisen und Schichten unseres Volkes (stammen), deren einziges Ziel nach wie vor der Sturz des nationalsozialistischen Regimes ist«.[100] Die letzte Schlußfolgerung scheint zu weitreichend und reduziert die Bedeutung derartiger Witze nicht in genügendem Maße auf die ihnen oft zukommende Funktion eines »Stuhlganges« der Seele, wie Goebbels diese »Meckereien« einmal qualifizierte.

In ihren »Vertraulichen Informationen« brachte die Partei-Kanzlei am 22. März die Anweisung einer Gauleitung zur »Bekämpfung und Widerlegung von Gerüchten durch die Partei«. Hierin hieß es, die feindliche Propaganda nutze die im Volke herrschende Beunruhigung aus und versuche, sie durch »Rundfunkagitation und Flugblattpropaganda« zu verbreiten. Daher wurde gefordert: »Die Methoden der Kampfzeit müssen in konsequenter Weise zur Anwendung kommen. Die Gestapo und der SD unterstützen die Partei dabei in jeder Hinsicht. Die Partei muß ohne Geschrei und Aufregung die innerpolitischen Gegner und die feigen indifferenten und politischen Schwätzer zum Schweigen bringen . . .«[101]

Die Führerrede zum Heldengedenktag – diesmal verspätet am 21. März – wirkte für einen sehr kurzen Moment gerüchtedämpfend.[102] Aber auch für sie muß festgestellt werden, was bereits für die Goebbelsrede vom 18. Februar und die aufrüttelnden Appelle zur Mobilisierung gilt: Sie hatten nur sehr vorübergehend eine stimulierende Wirkung auf die Volksstimmung. Wenn hier und da von einer leichten Stimmungsbesserung die Rede war, so beruhte diese auf der ephemeren Hoffnung, die Front im Osten habe sich stabilisiert[103] und die Initiative sei wieder auf die deut-

---

[100] s. Anmerkung 96. – Vgl. auch über eine ganze Reihe von Gerüchten das Fernschreiben des Reichspropagandaamtes Danzig vom 23. 3. 43, das vom Reichspropagandaministerium am nächsten Tage beantwortet wurde. Das Gerücht, der Führer habe den Oberbefehl niedergelegt, gehe auf den englischen Sender zurück; das Gerücht, Himmler sei erschossen worden, sei bereits früher einmal umgelaufen, als alte Bilder von ihm aus dem Buchhandel gezogen worden waren. »Die weiteren Gerüchte, die von ihnen gemeldet wurden, sind so blödsinnig, daß auf sie gar nicht eingegangen werden braucht.« BA R 55/613; fol. 25, 26.

[101] BA ZSg 3/1623.

[102] Partei-Kanzlei II B 4. »Auszüge aus Berichten der Gaue u. a. Dienststellen. Zeitraum 21. 3. bis 27. 3. 43«. BA NS 6/414. »Meldungen aus dem Reich«, 22. 3. 43. BOBERACH; S. 375. – OLG-Präsident Kassel, 31. 3. 43. BA R 22/3371

[103] Partei-Kanzlei II B 4. »Auszüge aus Berichten der Gaue u. a. Dienststellen. Zeitraum 21. 2. bis 27. 2. 43«. BA NS 6/414.

schen Truppen übergegangen. Es stimmte zwar, daß die Südfront schließlich gehalten und daß nach außen der Winterfeldzug 1942/1943 mit einem deutschen Erfolg abgeschlossen werden konnten, nachdem am 14. März Charkow und eine Woche später Bjelograd wieder genommen worden waren. Die deutschen Truppen standen ungefähr dort, von wo sie 1942 zur Sommeroffensive aufgebrochen – nur waren dabei eine deutsche und drei verbündete Armeen mit insgesamt 50 Divisionen verlorengegangen. Weitere Verluste beliefen sich auf rund 25 Divisionen, und außerdem hatte sich eine grundlegende Verschiebung des Kräfteverhältnisses angebahnt. Die hinter den Ural zurückverlegte sowjetische Rüstungsindustrie produzierte unaufhörlich neues Kriegsmaterial und Waffen. Allein die Panzerproduktion erreichte 1943 ca. 2000 Stück monatlich. Dazu standen im März 1943 159 deutschen Divisionen 600 entsprechende Verbände der Sowjets gegenüber. Im Südabschnitt beispielsweise sah sich die deutsche Heeresgruppe mit 32 Divisionen auf einer Frontlänge von 700 km 341 sowjetischen Verbänden gleicher Stärke gegenüber. Das Verhältnis war somit etwa 1:7; bei den Heeresgruppen Nord und Mitte etwa 1:4. Außerdem hatten sowjetische Truppen im Raum der Heeresgruppe Mitte an der weit vorspringenden Flanke des Bogens von Rshew Mitte Januar einen Durchbruch erzielt, und den 7000 in Welikije-Luki eingeschlossenen deutschen Soldaten widerfuhr ein ähnliches Schicksal wie den Stalingradkämpfern. Auch war den Sowjetrussen nach 17 Monaten der Einschließung die Entsetzung von Leningrad gelungen.[104]

Als der Wehrmachtsbericht am 12. März 1943 meldete, die Hoffnung der Sowjets auf Wiedergewinnung der Ukraine sei zunichte gemacht, am 14. März, Charkow sei wieder eingenommen worden, faßte mancher in Deutschland, der keinen rechten Überblick über die wahren Verluste hatte, wieder Mut: »Es habe sich jetzt weitgehend die Auffassung durchgesetzt, daß die gemeldeten Frontverkürzungen wirklich auf einer umfassenden strategischen Planung beruhen und daher keinen Anlaß zur Besorgnis bilden könnten ...« Mit dieser Meldung wird indirekt zugestanden, daß die Versuche des Regimes, die Fehlschläge zu verschleiern, wenig Glauben gefunden hatten.

Die ebenfalls am 12. März gemeldete Aufgabe von Wjasma wurde daher ohne besondere Diskussionen registriert. Eine gewisse Skepsis blieb jedoch: »Wird nicht immer ein Pendeln zwischen Erfolgen im Sommer und Rückschlägen im Winter bleiben, bei denen wir und die Russen sich

104 GRUCHMANN; S. 235 ff.

schließlich erschöpfen und die Engländer und Amerikaner am Ende mit Leichtigkeit Sieger über beide bleiben?«[105] Die kurzen Auftriebsimpulse wurden meist von der Zuversicht und Haltung der Frontsoldaten ausgelöst.[106] Wie bereits erwähnt, waren sie diejenigen, die am treuesten zu Hitler und seinem Regime standen. Der im ersten und zweiten Kriegswinter von Goebbels noch hochmütig zurückgewiesene Einsatz von Soldaten und Offizieren zur Hebung der Volksstimmung[107] war inzwischen längst in die Wege geleitet worden. Zahlreiche Meinungsondierungen hatten gezeigt, daß sachliche und persönliche Unterrichtung weit mehr Resonanz in der Bevölkerung fanden als tönende Propagandaparolen. So war beispielsweise bereits Ende des Sommers 1942 in enger Zusammenarbeit zwischen dem Beauftragten für das militärische Vortragswesen im Gau Köln-Aachen und der Hauptstelle Aktive Propaganda in der Gaupropagandaleitung der NSDAP dieses Gaues eine Aktion »Die Front spricht zur Heimat« vorbereitet worden. Die Versammlungsaktion lief am 9. Januar in Köln an. 36 Redner, davon 12 Unteroffiziere und 24 Offiziere mit insgesamt 6 Ritterkreuzträgern, sprachen in 500 Versammlungen, an denen 245 846 Personen teilnahmen. Die Kundgebungen fanden sowohl in der Öffentlichkeit als in Form von Betriebsappellen der Deutschen Arbeitsfront, in Wehrertüchtigungslagern der HJ, in den Nationalpolitischen Erziehungsanstalten und im Kreise der NS-Frauenschaft statt.[108] Ähnliche Einsätze zur Festigung und Stärkung der Stimmung wurden in vielen Gebieten des Reiches in Zusammenarbeit zwischen OKW und Parteiorganisationen durchgeführt[109] und zeitigten mehr Erfolg als Goebbels neue harte Linie. Die einhellig in Richtung »totaler Krieg« aufgemachte Presse wurde vielmehr »als ein außerordentlich radikaler Umbruch im allgemeinen Lagebild des Krieges empfunden. Die Propaganda habe mit einem Schlag »ins kalte Wasser geworfen ... Sehr vielen erschien es als das, was es wirklich war, ein Propagandamanöver,

---

[105] »Meldungen aus dem Reich«, 15. 3. 43. BOBERACH; S. 370, 371.
[106] »Es ist meist so, daß sich die Heimat an der Haltung der Fronturlauber aufrichtet, statt daß diese von ihr immer neuen Impuls erhalten, wie es ja eigentlich sein sollte.« – Bericht Gauleitung Pommern. Partei-Kanzlei II B 4. »Auszüge aus Berichten der Gaue u. a. Dienststellen. Zeitraum 4. 4. bis 10. 4. 43«. BA NS 6/414.
[107] supra; S. 146.
[108] Vgl. »Erfahrungsbericht über die Versammlungsaktion« vom 1. 2. 43. BA R 55/610; fol. 6–23.
[109] s. z. B. Schreiben der DAF NS-Gemeinschaft Kraft durch Freude, Gau Essen, Kreis Oberhausen vom 8. 2. 43 an den Gefolgschaftsführer der Gute-Hoffnungshütte in Oberhausen. HA/GHH Nr. 400 1026/2.

eine »Zweckpropaganda«, um die geplante Eingliederung der Frauen in den Arbeitsprozeß zu motivieren. Andere vermuteten, ebenfalls zu Recht, die Lage sei in Wirklichkeit noch katastrophaler, als man aus der Nachrichtengebung entnehmen könne.

»Der Großteil der Volksgenossen zeige sich aufgeschlossen für eine mannhafte soldatische Ansprache. Wenig aufnahmebereit sei man allgemein für polemische Auseinandersetzungen mit dem Gegner. Im Augenblick wirke alles, was die Gegenseite als uneinig, schwach und lächerlich darstelle, nicht nur nicht überzeugend, sondern erwecke einen starken gefühlsmäßigen Widerspruch, der zu entsprechenden Äußerungen der Volksgenossen führt.«[110]

Auch die anfänglich so beliebte Wochenschau hatte an Attraktion verloren. Sie stand »stimmungs- und meinungsbildend gegenwärtig nicht im Vordergrund«.[111]

Nicht nur in den Kreisen, die dem NS-Staat ablehnend oder gleichgültig gegenüberstanden, sondern auch in Parteizirkeln lehnte man die Scharfmacherei und die Mobilisierung niedriger Instinkte, wie der Propagandaminister es vormachte, ab.

In der Zusammenstellung von Berichten aus den Gauen kommentierte die Partei-Kanzlei:

»Verschiedene Presseauslassungen sowie Äußerungen führender Parteigenossen – z. T. auch die scharfen Angriffe des Pg. Dr. Goebbels auf gewisse besitzende Kreise – haben nunmehr, wie bereits im letzten Bericht angedeutet, jene destruktiven Elemente auf den Plan gerufen, die diese Gelegenheit benutzen, ihre Proleteninstinkte abzureagieren und klassenkämpferische Tendenzen in das Volk hineinzutragen ...«

Als »beachtlich« wurde in diesem Zusammenhang der am 11. März 1943 abgegebene Bericht des Gaues Halle-Merseburg erklärt und zitiert:

»In gutgesinnten nationalsozialistischen Kreisen, die auch eine gerechte Kritik walten lassen, macht sich geradezu eine Antipathie gegen die sog(enannte) Goebbelsmethode bemerkbar. *Man ist mißtrauisch gegen die nationalsozialistische Propaganda geworden, weil es möglich gewesen ist, innerhalb weniger Wochen von einem Extrem in das andere zu fallen,* und ist demzufolge auch mißtrauisch gegen jede neue Regelung. Man zer-

---

[110] »Aufnahme und Auswirkung der allgemeinen Propaganda-, Presse- und Rundfunklenkung in der Zeit vom 26. 1. bis 28. 1. 1943«. BOBERACH; S. 233, 344, 345.
[111] »Zur Aufnahme der Kriegswochenschau vom 27. 2. bis 5. 3. 1943«. *ibid.*; S. 365.

pflückt und kritisiert jede Äußerung des Ministers auf die darin gegebene Möglichkeit. Der Widerspruch, der sich oftmals ergibt zwischen den Wirklichkeiten in der Haltung und Stimmung und dem durch die Propaganda in Presse und Rundfunk dargestellten Aushängeschild – offenbar für das Ausland – ist mitunter so offensichtlich kraß, daß man sich verärgert abwendet...«[112]

In Sachsen, der traditionellen Hochburg des Kommunismus, wurden Bemerkungen, welche geeignet waren, dem Klassenkampf Auftrieb zu geben, von Parteiseite naturgemäß mit besonderer Aufmerksamkeit verfolgt. Hier wurde äußerst kritisch vermerkt, daß Goebbels in seinen Reden und in seinem Artikel vom 7. Februar 1943 »Die harte Lehre« zunehmend einen Unterschied herausstellte zwischen dem Schicksal, das die Elite des deutschen Volkes in Wehrmacht, Wissenschaft, Wirtschaft und Kultur von einer Sowjetherrschaft zu erwarten hätten, und demjenigen der breiten Masse. Die Gauleitung von Sachsen warnte: »An Hand dieses Beispiels ist wieder einmal zu sehen, daß unsere Propaganda gar nicht vorsichtig genug sein kann, um so mehr, *als ja die gegnerische Propaganda und auch die politischen Gegner im Reich mit dem Argument arbeiten, daß die breite Masse den Bolschewismus nicht zu fürchten brauche, da sie ja nichts zu verlieren habe!«*[113]

Solche Argumente waren schon mehrfach zu hören gewesen. Der SD-Bericht hatte bereits am 15. Februar auf diese Erscheinungen in allen Teilen des Reiches aufmerksam gemacht: »Aus der Arbeiterschaft höre man die Äußerung, den Arbeitern würde es unter dem Bolschewismus nicht wesentlich schlechter gehen als jetzt. Ältere Arbeiter aus dem früheren roten Lager äußerten, sie hätten unter dem Kaiser, in der Systemzeit und im Dritten Reich schwer arbeiten müssen, und vom Bolschewismus hätten sie nichts anderes, aber wohl auch nichts Schlimmeres zu erwarten als viel Arbeit und wenig Lohn. Auch die geradezu mißtrauische Voreingenommenheit, mit welcher teilweise in der Arbeiterbevölkerung die Einstellung der ›oberen Zehntausend‹ und der ›besseren Damen‹ zur Arbeitspflicht beobachtet bzw. vorhergesagt wurde, deute darauf hin, daß klassenkämpferische Gedankengänge, wie sie der z. Z. wieder stärker in Erscheinung tretende Gegner durch Flugblatt-, Schmier- und vor allem Mundpropaganda verbreite, in gewissem Umfange aufgegriffen würden ...«

[112] »Auszüge aus Berichten der Gaue u. a. Dienststellen. Zeitraum 7. 3. bis 20. 3. 43«. BA *NS 6/414*.
[113] Partei-Kanzlei II B 4. »Auszüge aus Berichten der Gaue u. a. Dienststellen. Zeitraum 21. 3. bis 27. 3. 43«. *ibid.*

Aus westlichen und südlichen Reichsteilen wurde hingegen vielfach gemeldet, daß dort Bevölkerungsteile aller Schichten, insbesondere »katholische und vorwiegend materiell eingestellte«, meinten, sie hätten weniger zu befürchten, da sie der »anglo-amerikanischen Sphäre« angehörten. Der SD-Bericht qualifizierte derartige Äußerungen zwar noch als Einzelerscheinungen, glaubt aber doch auf »die Anfänge einer Vertrauenskrise« schließen zu müssen.[114]

Wie sehr in der Mittel- und Oberschicht die »Goebbelsmethode« und die Mobilisierungsmaßnahmen des totalen Krieges als Vehikel des Klassenhasses empfunden wurden, geht aus Berichten und Warnungen der Chefpräsidenten hervor. Sie meldeten eine zunehmende Unruhe aus der Beamtenschaft. Goebbels erneute Attacken gegen diesen Berufsstand in seiner Sportpalastrede ließen in ihren Reihen Befürchtungen um den Bestand desselben aufkommen.[115]

Hier und in anderen gutbürgerlichen Kreisen befürchtete man, »daß der Wunsch bestimmter Kreise, die sogenannten ›feinen Damen‹ nun im Arbeitseinsatz der Fabrik zu sehen, nicht etwa der Sorge um die Errichtung eines möglichst hohen Kriegspotentials entspringt, sondern anderen, weniger sachlichen Gründen ... Es wird hier eine sehr kluge, sichere und feste Steuerung nötig sein, um zu führen und sich nicht von den Instinkten der Straße lenken zu lassen. Der Klassenhaß ist, jedenfalls soweit er von unten nach oben geht – gerade im Zusammenhang mit der infolge des Krieges gesteigerten gereizten Stimmung – noch nicht gestorben, was sich insbesondere auch darin zeigt, daß der Beifall bei öffentlichen Reden nie frenetischer aufbrandet, als wenn die sogenannten besseren Kreise Gegenstand eines Vorhalts oder einer Mahnung sind. Die Instinkte, die hier entfesselt werden, können sich einmal nach einer ganz anderen Richtung wenden«.[116]

Insgesamt läßt sich also feststellen, daß Goebbels Propaganda zu Beginn des totalen Krieges in den weitesten Kreisen als wenig geschickt und »plump«[117], wenn nicht gar gefährlich empfunden wurde und ihren Promotor selbst in Mißkredit brachte.

Auch der unermüdliche Rundfunkkommentator des Regimes, Hans

---

[114] BOBERACH; S. 358. – Ähnliche Stimmen auch in »SD-Berichte zu Inlandfragen«, 26. 7. 43. »Einstellung der Bevölkerung zur Propaganda über den Bolschewismus«. *ibid;* S. 421. – s. auch *infra.;* S. 376 f.
[115] OLG-Präsident Bamberg, 29. 3. 43. BA *R 22/3355.*
[116] OLG-Präsident Zweibrücken, 1. 4. 43. Dieser, wie manche anderen Berichte, tragen die Paraphe von Thierack. BA *R 22/3389.*
[117] So OLG-Präsident Hamm, 31. 3. 43. BA *R 22/3367.*

Fritzsche[118], ab Dezember 1938 Leiter der Abteilung Deutsche Presse im Reichspropagandaministerium und ab Oktober 1942 »Beauftragter für die politische Gestaltung des Großdeutschen Rundfunks«, geriet immer mehr unter den Beschuß der öffentlichen Meinung. Es wurde bemängelt, seine Vortragsthemen seien nicht aktuell, sein Tonfall zu langweilig, zu »salbadernd«, wie es aus Kurhessen hieß, und aus dem Moselbereich wurde der Vorschlag gemacht, seine Vorträge eine Zeitlang abzusetzen.[119]

Natürlich waren diese Unmutsäußerungen und die scharfe Kritik an den Propagandamethoden und ihren Protagonisten im Grunde nichts anderes als Attacken der Ohnmacht in einer immer auswegloser scheinenden Situation. Und je weniger Spektakuläres zugunsten Deutschlands sich auf dem militärischen Sektor ereignete, um so schlechter wurde die Stimmung. Eine kurze Zeitspanne nach dem Fall von Stalingrad hatte man sich anscheinend im Führerhauptquartier in dem Glauben gewiegt, es sei gelungen, einen tiefen Stimmungseinbruch zu verhindern[120] – am 8. Februar hatte der SD-Bericht vermeldet, der erste Schock sei aufgefangen.[121] Sehr bald aber wurde offenbar, daß es sich nicht um eine Überwindung des Schocks, sondern um eine Art Betäubung gehandelt hatte, die einem schweren Schlag gefolgt war. Als das Bewußtsein langsam zurückkehrte, wurden die Auswirkungen von Woche zu Woche fühlbarer. Die von den Propagandamaßnahmen angestrebte »moralische Antriebskraft« hatte sich nicht bemerkbar gemacht, das Opfer von Stalingrad nicht anfeuernd auf den »heroischen Siegeswillen« der Deutschen gewirkt.

Für diesen Fehlschlag können im wesentlichen drei Faktoren namhaft gemacht werden.

Die so großartig angekündigten Totalisierungsmaßnahmen in der Heimat liefen nur schwerfällig an, und der erwartete Erfolg entsprach keineswegs dem lautstarken Propagandarummel. Wie zu erwarten, erwies sich insbesondere der Arbeitseinsatz der Frauen als problematisch. Bereits die Durchführungsbestimmungen zeigten eine Verwässerung des ursprüng-

118 Über Persönlichkeit und Tätigkeit s. *Kriegspropaganda*; S. 61 ff.
119 Partei-Kanzlei II B. 4. »Auszüge aus Berichten der Gaue u. a. Dienststellen. Zeitraum 21. 3. bis 27. 3. 43«. BA *NS 6/414*.
120 Am 4. Februar hatte Stabsleiter Sündermann, aus dem Führerhauptquartier kommend, über die Zufriedenheit des Reichspressechefs – und damit Hitlers – berichtet. »Wir müssen uns darüber im klaren sein: Wir haben es fertiggebracht, daß das deutsche Volk diese ganzen für Deutschland nicht erfreulichen Nachrichten gut und kraftvoll hingenommen hat...« BA *ZSg 101/42;* fol. 30.
121 BOBERACH; S. 352.

lichen Konzepts und hatten einen ganzen Katalog von Ausnahmen zuge-
lassen, so daß die *vox populi* von einer »Gummi-Verordnung« sprach.[122]
Von der Meldepflicht befreit waren außer den bereits Beschäftigten Frauen
mit einem Kind unter 6 Jahren oder mindestens zwei Kindern unter
14 Jahren, Studentinnen höherer Semester, Schüler und Schülerinnen.
Zahlreiche Unklarheiten, beispielsweise hinsichtlich der Anrechnung freiwilliger Mitarbeit bei karitativen Organisationen oder der Einstellung
einer »Hausgehilfin«, waren bestehengeblieben. Das Höchstalter der
Meldepflichtigen war schließlich auf 45 Jahre festgesetzt worden, so daß
eine Menge Frauen, welche dieses Alter überschritten hatten, ihre Stellung
kündigten. Dafür war der Andrang bei der Post, der Wehrmacht, den
Wirtschaftsämtern, kurz allen Dienststellen, die einen leichten Dienst ver-
sprachen, ungeheuer groß.[123] Bis zu diesem Zeitpunkt wurde die Zahl der
in Großdeutschland beschäftigten deutschen Frauen mit 8,6 Millionen angegeben. In der Rüstungswirtschaft hingegen arbeiteten Ende 1942 nur
968 000 von ihnen.[124]

Als nun die Nationalsozialisten die weibliche Zwangsarbeitspflicht ein-
führten, begann sich die bisher verfolgte emanzipationsfeindliche Frauenpolitik zuungunsten ihrer Verfechter und deren Protagonisten auszuwirken. Bisher war, teils aus Gründen natürlicher Veranlagung, teils aus dem
Wunsch, die Arbeitslosigkeit zu vermindern, vor allem aber zur Sicherung
des Nachwuchses die »Haus«-Frau das Ideal gewesen; die arbeitende
Frau war bemitleidet, totgeschwiegen oder als zweitklassig eingestuft worden. Nach Einführung der Arbeitspflicht sahen sich nun plötzlich die Vertreterinnen des landläufigen Idealbildes wachsenden Vorwürfen ausgesetzt
und dem Spott oder der Schadenfreude ihrer arbeitenden Geschlechtsgenossinnen ausgeliefert.[125] An ihren neu zugewiesenen Arbeitsplätzen

---

[122] »Erste Stimmen zur Verordnung über die Meldung von Männern und
Frauen für Aufgaben der Reichsverteidigung« vom 27. 1. 43. BOBERACH;
S. 349.
[123] »Meldungen aus dem Reich«, 8. 2. 43. *ibid.*; S. 356.
[124] Vertraulicher Informationsbericht aus der Wirtschaftskonferenz vom 26. 2. 43.
Angaben des Chefs des Amtes für den Arbeitseinsatz beim Reichsministerium
für Bewaffnung und Munition, Oberst Nikolai. BA ZSg *115/1942.*
[125] Für Göring war dies, nach dem Argument der Fortpflanzung, einer der
Hauptgründe gewesen, sich bis dahin gegen den Fraueneinsatz auszusprechen.
Er wollte nicht, daß die Frauen, die er zum einen mit Rassepferden verglich,
zum andern aber als »Kulturträgerinnen« bezeichnete, »den dummen Reden
und frechen Gespött der einfachen Frauen ausgesetzt werden könnten«.
Schreiben des Chefs des SS-Hauptamtes, G. Berger, vom 2. 4. 42. BA *NS*
19/neu 1963.

schlug ihnen eine Welle der Feindseligkeit entgegen und machte ihnen die ungewohnte Arbeit und Umgebung noch verabscheuungswürdiger.

Der Generalbevollmächtigte für den Arbeitseinsatz, Sauckel, sah sich gezwungen, in einem Fernschreiben darauf aufmerksam zu machen, daß alles unternommen werden müsse, um Anpöbeleien der neu in den Arbeitsprozeß Aufgenommenen zu vermeiden. Die Deutsche Arbeitsfront erhielt Anweisung, die Neuankömmlinge »mit entsprechendem Verständnis zu betreuen«.[126] Eine Rede Dr. Leys in Ostpreußen erregte weithin Unwillen. Ley hatte erklärt, alle diejenigen, die bisher nicht gearbeitet, »hätten sich 3½ Jahre an Deutschland versündigt«. Derartige Äußerungen erschienen der Gauleitung von Sachsen im höchsten Grade unangebracht, da sie so recht geeignet waren, die rückständige Frauenpolitik des Regimes herauszustellen und ihren eigentlichen Verantwortlichen zu belasten. –»Es ist schon oft der Einsatz der Frauen in den Arbeitsprozeß von der Partei gefordert worden. Soviel bekannt ist..., hätte der Führer jedoch einen zwangsweisen Einsatz bislang abgelehnt und erst im entscheidenden Augenblick angeordnet.« Es sei also völlig ungerechtfertigt, diesen Frauen eine Versündigung an Deutschland vorzuwerfen. Von der Gauleitung Magdeburg-Anhalt kamen noch deutlichere Worte:

»Man vergißt völlig, daß die bisherige Propaganda zu den Fragen des Fraueneinsatzes in der Industrie gerade die entgegengesetzte Richtung verfolgt hatte. Wenn dieser Fehler nicht gemacht worden wäre, brauchte der GBA[127] heute nicht durch Rundbriefe und Erlasse an die Betriebsführer und durch Aufrufe an die alten Gefolgschaftsmitglieder das wieder gutzumachen, was tatsächlich falsch gemacht wurde. Es wären dadurch viel Schwierigkeiten beim Einsatz der neuen Frauen, die ja größtenteils noch nie eine Fabrik von innen gesehen, geschweige denn an einer Maschine gestanden haben, unterblieben...«

Viele Industriebetriebe waren über den neuen, vom Gesetz erzwungenen Zuwachs alles andere als erfreut. Die mangelnde Arbeitsfreudigkeit der Neuankömmlinge, häufiger Wechsel und Halbtagsarbeit wirkten sich ungünstig auf das allgemeine Arbeitsklima und vor allem auf die ganztags arbeitenden Frauen aus. Manche Firmen sahen sich gezwungen, Arbeitsplätze neu zu schaffen, die diesen Erfordernissen entsprachen. Einige lehnten solche für den Produktionsprozeß unrentable und völlig unsinnige

---

126 Partei-Kanzlei II B 4. »Auszüge aus Berichten der Gaue u. a. Dienststellen. Zeitraum 21. 3. bis 27. 3. 43«. BA *NS/414*. – Auch für das Folgende. Vgl. auch OLG-Präsident Jena, 1. 4. 43. BA *R 22/3369*.
127 Generalbevollmächtigter für den Arbeitseinsatz.

Maßnahmen kurzerhand ab.[128] Auch auf vielen Zechen wurden die vom Arbeitsamt eingezogenen Frauen zurückgewiesen, da kein Arbeitsbedarf für sie vorläge und es im übrigen an den notwendigen getrennten hygienischen Einrichtungen für Frauen mangele.[129]

Schwierigkeiten ganz andersartiger Natur sahen sich die jungen Mädchen und Frauen ausgeliefert, die sich – aus welchen Gründen auch immer, Patriotismus, Zwang zum Gelderwerb, Suche nach einer nicht allzu schweren Beschäftigung – zur Wehrmacht gemeldet hatten und als sogenannte »Nachrichtenhelferinnen« Dienst taten. Teils zu Recht, sehr oft zu Unrecht geriet dieser neue Berufszweig immer mehr in Verruf, so daß manche Eltern sich weigerten, ihre Töchter für einen derartigen Dienst zur Verfügung zu stellen. Die Mädchen wurden gemeinhin als der »Troß« bezeichnet, der an Stelle der früheren Marketenderin die Soldaten begleitete. Diffamierende Ausdrücke, wie »Offiziersmatratze«, waren an der Tagesordnung.

In den Berichten über diesbezügliches Gerede und Klatsch spürt man ein wachsendes Mißbehagen innerhalb des Systems hinsichtlich der Frauenfrage. Zum einen wollte man ein antiquiertes Frauenideal der Keuschheit und Weiblichkeit aufrechterhalten, zum anderen gab es alle jene Bestrebungen zur Förderung des Nachwuchses und zum Schutze der unehelichen Mutter.

Hatte Himmler nicht zu Anfang des Krieges in einem SS-Befehl erklärt, daß es für die deutschen Mädchen und Frauen auch außerhalb der Ehe »eine hohe Aufgabe« sein könne, »nicht aus Leichtsinn, sondern in tiefstem sittlichen Ernst, Mütter der Kinder ins Feld ziehender Soldaten zu werden«, und hatte Rudolf Heß nicht vorgeschlagen, in solchen Fällen in das Standesamtsregister die Eintragung »Kriegsvater« vorzunehmen?[130] Himmlers Züchtungspläne in Gestalt des Unternehmens »Lebensborn« sind zu bekannt, als daß sie hier wiederholt zu werden brauchten. Das Leitbild der Frau als »Muttertier« blieb auch weiterhin dominant und kollidierte aufs schärfste mit den Zwangsmaßnahmen des totalen Krieges.

[128] Vgl. AThH 3021/17. Hier findet man eine Reihe von Schreiben großer Industriefirmen über die Schwierigkeiten beim Einsatz beschränkt einsatzfähiger meldepflichtiger Personen.
[129] Stimmungsbericht der SA der NSDAP. Sturm 23/143, Erkenschwick, 25. 3. 43. BA NS Misch 1047.
[130] SS-Befehl für die gesamte SS und Polizei vom 28. 10. 1939 und Schreiben Himmlers »An alle Männer der SS und Polizei« vom 30. 1. 1940, dem ein undatierter Brief von Rudolf Heß an eine unverheiratete Mutter beilag. StA Bamberg, Rep. K17/XI, Nr. 398.

Noch 1943 liest man in einem Schulungsbrief der NSDAP in einem Beitrag »Von unserer inneren Kraft. Die Frau in Europa und US-Amerika«, von Auguste Reber-Gruber: »Die Frau, die ihre Art und Haltung vergißt, die also intellektuell und erotisch wird, ist dieselbe Erscheinung völkischen Abstiegs wie der Mann, der Werk und Tat verrät, einem verschwommenen Menschentum und Pazifismus huldigt oder im geistigen oder materiellen Rentnerdasein eine erstrebenswerte Lebensform erblickt...«[131]

Zu diesem offiziell propagierten Frauenideal gehörte auch Schlichtheit und Natürlichkeit. Kosmetische Aufmachung und modische Extravaganzen waren verpönt. Daher erregten auch die »Hosenweiber mit Indianerbemalung« bei dem vielgerühmten gesunden Volksempfinden Anstoß[132], und es kam nicht selten zu Anpöbeleien. In seinem Tagebuch distanzierte Goebbels sich von derartigen Auslegungen: »Der totale Krieg hat mit einem bewußten und gewollten Primitivitätskult nichts zu tun. Wir werden nicht primitiver aus Haß oder Neid, sondern weil die Kriegserfordernisse das notwendig machen. Auf keinen Fall darf es Brauch unter uns werden, daß jeder, der einen Stehkragen trägt, als ein minder zuverlässiger Parteigenosse oder ein schlechter Vertreter des totalen Krieges angesehen wird...«[133]

Die Presse erhielt am 16. März ausdrücklich Anweisung, »daß mit den Maßnahmen der totalen Kriegsführung nicht Instinkte der gegenseitigen Beschnüffelung, insbesondere in äußeren Dingen des Auftretens, der Kleidung usw. wachgerufen werden sollen...«[134]

Das vom Reichswirtschaftsministerium im Zuge der Totalisierungsmaßnahmen geplante Verbot der Dauerwellen und des Haarfärbens konnte ebenfalls nicht durchgehalten werden; es wurde durch ein stillschweigendes »Ausbleiben der Haarfärbemittel und anderer zur Schönheitspflege notwendigen Gegenstände« sowie die »Einstellung der Reparaturen an Apparaten zur Herstellung von Dauerwellen« ersetzt.[135] Wie dieses, versickerten langsam zahlreiche Vorstöße: »Die Diskussionen über die Maßnahmen zur Totalisierung des Krieges haben nach den vorliegenden Meldungen nachgelassen. Die Volksgenossen seien teilweise über den Verlauf der verschiedenen Aktionen enttäuscht. Man erkläre, es habe sich rein äußerlich wenig geändert und der Schwung, von dem die Bevölkerung

---

131 2. Heft 1943 (Folge 3/4). BA ZSg 3/433.
132 »Meldungen aus dem Reich«, 1. 3. 43. BOBERACH; S. 363.
133 op. cit.; S. 270.
134 Zitiert in: »Wollt ihr den totalen Krieg?«; S. 347.
135 SPEER; S. 269, 553.

anfänglich ergriffen war, sei wieder in Gleichgültigkeit und Skepsis ver-
ebbt. Von dem Sturm, welcher – nach dem Schlußwort des Reichsministers
Dr. Goebbels in der Sportpalastkundgebung – im Volk losbrechen sollte,
sei nichts zu merken ...«[136]

Auch die eingeleitete Geschäftsschließungsaktion erwies sich als ein ziem-
licher Fehlschlag hinsichtlich ihrer Auswirkungen auf die Stimmung. Sehr
häufig gelangten die Betroffenen zu der Ansicht, gerade ihnen sei Unrecht
geschehen und ihrem Nachbarn nicht, da er vielleicht über bessere Beziehungen oder härtere Ellbogen verfügte. Andere sahen in ihr die konsequente Folge einer Wirtschaftspolitik, deren Ziel der totale Staatsdirigis-
mus war:

»Man ist vielmehr der Auffassung, daß der Krieg nur Vorwand sei, um
das freie Unternehmertum und die private Initiative für alle Zeit auszuschalten und eine radikale Sozialisierung unseres Wirtschaftslebens durchzuführen. Immer wieder wird in diesen Kreisen geäußert, daß wir uns
mit Riesenschritten den wirtschaftlichen Verhältnissen Sowjetrußlands anpassen ...«[137]

Da die Aktion gerade den unteren Mittelstand am empfindlichsten traf,
aus dem der NSDAP seinerzeit starke Wählermassen zugeströmt waren,
wirkte sie sich schließlich für das Regime selber ungünstig aus. In Kreisen,
die ihm bisher treu ergeben waren, schlich sich die Furcht ein, daß der
gesamte Mittelstand »auf kaltem Wege sozialisiert werden sollte«.[138]

Aus dem Gau Thüringen kam folgende Meldung:

»Trotz der durch die Partei durchgeführten Propaganda, daß die Ge-
schäftsstillegungen nur Kriegsmaßnahmen sind, dringt immer wieder die
Ansicht durch, daß der Mittelstand systematisch ausgerottet werden soll.
Die Betroffenen äußern sehr oft, daß es ihnen lieber wäre, wenn sie eine
behördliche Erklärung in die Hände bekämen, die die Wiederbegründung
ihrer Existenz für später verbürgt. Da die Mittelstandsexistenz über große
Bekanntenkreise verfügt, besitzen sie die Möglichkeit, mit ihrer betrübten
und verärgerten Stimmung in ihrer Existenzangst weitere Bevölkerungskreise anzustecken.«[139]

---

[136] Partei-Kanzlei II B 4. »Auszüge aus Berichten der Gaue u. a. Dienststellen.
Zeitraum 4. 4. bis 10. 4. 43«. BA *NS 6/414.*
[137] »Meldungen aus dem Reich«, 15. 3. 43. BOBERACH; S. 373.
[138] Bericht der Gauleitung Hamburg. Zitiert in Partei-Kanzlei II B 4. »Auszüge aus Berichten der Gaue u. a. Dienststellen. Zeitraum 11. 4. bis 17. 4. 43«.
BA *NS 6/414.*
[139] *idem.* Zeitraum 23. bis 29. 5. 43. *ibid.* – Der Bericht gewinnt noch an Gewicht, weil er aus Kreisen der Hoheitsträger der Partei und nicht aus dem

Vor allem aber war es wieder die Uneinheitlichkeit und Verschiedenartigkeit der Durchführung der Aktion in den verschiedenen Städten und Gauen, die in der Bevölkerung wie in Parteikreisen böses Blut erregten. Gauleiter Hildebrandt berichtete aus Mecklenburg:»Die Stillegungsaktion hat einen nicht erwünschten Verlauf genommen. Hier im Gau waren die Kreisleiter und Wirtschaftsämter herangegangen, ziemlich scharf durchzugreifen, als dann ein förmlicher Protest der Bevölkerung einsetzte und man uns nachwies, daß man in Berlin und in den Nachbargauen nicht im entferntesten derart streng vorginge. Ich wurde als Gauleiter direkt angegriffen, so daß ich mich veranlaßt sah, noch einmal die ganze Aktion zu überprüfen. Ich stellte fest, daß wir 300 % schärfere Maßnahmen ergriffen hatten als die Nachbarn . . .«[140]

In Berlin war die Aktion auf Anweisung von Goebbels in seiner Eigenschaft als Gauleiter »ausschließlich nach Gesichtspunkten der Zweckmäßigkeit unter Ausschaltung jedes Ressentiments« vorgenommen und im großen und ganzen ziemlich großzügig und konziliant durchgeführt worden. Auch in Sachsen, Thüringen und Bayern war man weniger nach Paragraphen und Vorschriften als nach dem wirklichen Arbeitsbedarf vorgegangen. Und da sich sehr bald ein Überangebot an nicht verwendbaren Arbeitskräften herausstellte, wurde von vielen Stillegungen Abstand genommen. Wer aber doch betroffen wurde, richtete seinen Ärger vielfach gegen die NSDAP, zumal die Fachgruppen und Verwaltungsdienststellen sich auf den Standpunkt stellten, ihnen sei es gleichgültig, ob ein Laden geschlossen werde oder nicht. Die Inhaber sollten »einmal zur Partei gehen, denn diese wünsche wohl die Schließung«.[141]

Der zweite Faktor, der die Verkündung des totalen Krieges nicht die von der Staats- und Parteiführung erhoffte mitreißende Kraft entwickeln ließ, waren die sich steigernden Angriffe und Bombardements amerikanischer und britischer Flugzeuge auf deutsche Städte. Diese Eskalation des Luftkrieges wurde von der Bevölkerung in einen direkten Zusammenhang mit dem totalen Krieg gebracht:»Nach Meldungen aus Westdeutschland, aber auch aus anderen Reichsteilen, wird in der Bevölkerung davon gesprochen, daß die feindliche Luftoffensive eine Folge der Verkündung des

von Ohlendorf geleiteten Amt III des RSHA stammt, dessen Berichte auf Grund der Stellung und der Interessen Ohlendorfs als Geschäftsführer der Reichsgruppe Handel »nicht frei von Tendenzen« waren, wie BOBERACH notiert. *op. cit.;* S. XXIV.

[140] Zitiert in Partei-Kanzlei II B 4. »Auszüge aus Berichten der Gaue u. a. Dienststellen. Zeitraum 18. 4. bis 1. 5. 1943«. BA *NS 6/414.*

[141] Bericht des Gaues Mark Brandenburg. *ibid.*

totalen Krieges sei. Viele Volksgenossen verständen nämlich unter dem totalen Krieg nicht so sehr den totalen Einsatz aller Kräfte für die Rüstung, sondern den Übergang zum totalen Einsatz aller Mittel, auch der äußersten, im Kampf gegen die Feinde. Die Proklamierung des totalen Krieges sei deshalb von vielen Volksgenossen als eine Herausforderung aufgefaßt worden, welche nicht ohne Rückwirkung seitens der Gegner bleiben könne. Dieses Mißverständnis habe zu einer gewissen Animosität der Volksgenossen gegen die Reichshauptstadt geführt, von welcher aus der totale Krieg verkündet worden ist. Diese Einstellung werde durch einen Vers charakterisiert, der im Industriegebiet bereits verbreitet worden sei:

>Lieber Tommy fliege weiter,
wir sind alle Bergarbeiter.
Fliege weiter nach Berlin,
die haben alle >ja< geschrien.«[142]

Die Verstärkung des Bombenkrieges, die »Combined Bomber Offensive« gegen Deutschland war auf der Casablanca-Konferenz und unabhängig von der totalen Kriegsparole Deutschlands beschlossen worden. Voraussetzung dieses Beschlusses war ein neuartiges Fernführungsystem »Oboe«, bei dem die Maschinen auf einem Radar-Leitstrahl flogen und das am 21. Mai 1942 zum ersten Male bei einem Angriff gegen ein holländisches Kraftwerk erprobt worden war. Weiter hatten die Briten ein neues Radar-Gerät entwickelt, das mit Zentimeter-Radar arbeitende H 2S oder Rotterdam-Gerät, welches das überflogene Gebiet auf einem Schirm abzeichnete und eine ideale Ergänzung der Fernführung bildete. Das Gerät, das bald darauf auch erfolgreich gegen U-Boote eingesetzt wurde, fand zum ersten Male am 31. Januar 1943 bei einem Angriff auf Hamburg Verwendung. Ende Januar begannen auch die Angriffe der 8. Luftflotte der amerikanischen Heeresluftwaffe (USAAF) auf deutsches Reichsgebiet. Von nun an wechselten Tagespräzisionsangriffe der Amerikaner mit nächtlichen Flächenbombardements der Briten ab.

Bereits am 11. Januar meldete der SD-Bericht:
»Im Westen des Reiches wirken sich die regelmäßig erfolgenden Terrorangriffe der feindlichen Luftstreitkräfte stimmungsbelastend aus . . .«[143] Be-

---

142 »Meldungen aus dem Reich«, 6. 5. 43. BOBERACH; S. 390. – Dasselbe Liedchen wird vom SD-Abschnitt Halle erst am 6. 7. 43 zitiert. BA NS 6/406; fol. 11202.
143 BOBERACH; S. 333.

sonders die Frauen zeigten sich oft sehr verzweifelt und hatten Mühe, bei den kurzen Vorwarnzeiten ihre Kinder anzuziehen und den Luftschutzkeller zu erreichen. Deshalb strömten immer häufiger bereits ab 18 oder 19 Uhr viele Menschen in die Schutzräume und verließen sie erst wieder gegen 21 oder 22 Uhr. Die Gaststätten wurden zusehends leerer. Am 16./17. Januar erfolgte mit 300 viermotorigen Bombern der bis dahin stärkste Angriff auf Berlin.[144] Weitere Angriffe auf die Reichshauptstadt, auf Düsseldorf, Köln, Wilhelmshaven folgten.[145] Am 5./6. März fand der erste »Oboe«-Angriff auf Essen statt; am 9./10. wurde München bombardiert, am 12./13. wieder Essen.

»In den luftbedrohten Gebieten fragte die Bevölkerung täglich mit Bangen: ›Kommen wir heute nacht dran?‹[146] Und selbst in den bis dahin verschonten Gegenden breitete sich wachsende Unruhe aus.[147] Die Angriffe in der Nacht vom 16. zum 17. Mai auf die Möhne- und Edertalsperren sprachen sich mit Windeseile herum und verbreiteten überall Schrecken und Furcht. Da die Presse zuerst keine Ortsangaben gemacht hatte und nur sehr spärlich Bericht erstattet wurde, verbreiteten sich rasch Gerüchte über 10 000 bis 30 000 Tote. Amtlich wurden schließlich 370 Deutsche und 341 kriegsgefangene Opfer zugegeben. In Wirklichkeit lag die Zahl zwischen 1300 bis 1500.[148] Wie bereits erwähnt[149], verursachten die Angriffe eine Radikalisierung der Stimmung, selten mit antijüdischer Tendenz. Vor allem aber steigerte sich der Haß gegen die Angelsachsen. »Aus allen Bevölkerungskreisen kommt das Verlangen nach baldiger wirksamer Vergeltung. Es wird überall die Ansicht vertreten, die deutsche Kriegsführung sei viel zu human. Mit dieser Humanität müsse endlich einmal Schluß gemacht werden. Diese Angriffe haben den Haß der Bevölkerung gegen England und Amerika beträchtlich verstärkt . . .«[150] »Allgemein erschüttert auch die Tatsache, daß es dem Feind möglich war, die Talsperren im Ruhrgebiet zu zerstören. Die Erfolge, die die englisch-amerikanische Luftwaffe mit der Zerstörung der Talsperren erzielen konnten, haben unsere Propaganda dazu veranlaßt, die Angelegenheit als jüdisch inspirierte Greueltat aufzuziehen. Diese Art der propa-

---

144 *ibid.;* S. 341, Anmerkung 6.
145 *ibid.;* S. 354; Anmerkung 3.
146 *ibid.;* S. 372.
147 Partei-Kanzlei II B 4. »Auszüge aus Berichten der Gaue u. a. Dienststellen. Zeitraum 18. 4. bis 1. 5. 43«. BA *NS 6/145.*
148 BOBERACH; S. 395/396. – Vgl. bes. Anmerkung 2.
149 supra; S. 257.
150 SD-Abschnitt Halle, 22. 5. 43. *NS 6/406.*

gandistischen Auswertung wird allgemein abgelehnt. Man sagt, daß die Talsperren sehr wohl kriegswirtschaftlich wichtige Ziele seien, die um dieser Eigenschaft willen zerstört worden sind. Daß die Zivilbevölkerung unter diesem Feinderfolg zu leiden hat, ist sehr bedauerlich, aber im Kriegsgeschick insgesamt gesehen unvermeidlich.«[151] Viel schwerwiegender erschien manchem die Frage, warum die Talsperren nicht genügend durch Flak abgesichert worden waren, und man verlangte die Bestrafung der Schuldigen.[152]

In unmittelbarer Nachbarschaft, im Gau Essen, erregte sich die Bevölkerung über die zu niedrig angegebene Zahl der Opfer. Solche Unwahrheiten hätten »das Vertrauen in die amtliche Berichterstattung stark erschüttert«.[153]

Mit dem Monat Juni begann erst die eigentliche »Combined Bomber Offensive« mit ihren »round the clock bombing«. Aus den pausenlosen Angriffen schloß die Bevölkerung, »daß die amerikanische Produktion nunmehr auf vollen Touren laufe und nahezu unerschöpflich geworden sei. Damit sei nun endgültig das eingetroffen, was man seit 1¹/₂ Jahren befürchtet habe, nämlich, daß wir keine Mittel hätten, die britisch-amerikanische Zusammenarbeit zu unterbinden oder doch spürbar zu stören. Häufig werden gerade mit diesem Hinweis auf den Luftkrieg Zweifel geäußert, ob »unser Stillhalten im Westen noch Taktik oder schon ein Zeichen eigener Bewegungsunfähigkeit sei . . .«[154]

Bis zu diesem Zeitpunkt war die vielgepriesene »Haltung« im Gegensatz zur Stimmung noch immer als gut hervorgehoben worden. Nun aber wurden auch hier die ersten Anzeichen einer Verschlechterung konstatiert: »Nach den Angriffen habe sich die Bevölkerung vollkommen erschöpft und apathisch gezeigt. Die meisten totalgeschädigten Volksgenossen seien jedoch froh und glücklich gewesen, mit dem Leben davongekommen zu sein. Die Fälle schwerer Einzelschicksale überschatteten zunächst alle Überlegungen. Während die Bevölkerung der betroffenen Gebiete *im allgemeinen* eine *vorbildliche Haltung* zeigt und das Schicksal, das sie betroffen hat, still trägt, wurden jedoch auch in kleinerem *Maßstabe Anzeichen einer schlechten Haltung* bemerkt. Von den vereinzelt in Erscheinung tre-

[151] Gau Halle-Merseburg. Partei-Kanzlei II B 4. »Auszüge aus Berichten der Gaue u. a. Dienststellen. Zeitraum 23. bis 29. 5. 43«. BA *NS 6/415*. – Ähnlich in der Tendenz der Gau Mark Brandenburg.
[152] Gau Kurhessen. *ibid.*
[153] *ibid.*
[154] SD-Abschnitt Schwerin. 2. 6. 1943. BA *NS 6/407;* fol. 14226.

tenden *Gegnern*, wurden Äußerungen gegen Staat, Partei und Führung laut.«[155] Die »staatsfeindlichen Äußerungen« wurden zum Teil damit motiviert, daß die Menschen einfach die Nerven verloren hatten und erklärten, sie wüßten selbst nicht, wie sie dazu kämen, Ansichten, wie:»Das verdanken wir unserem Führer«, von sich zu geben. Eine Frau, deren Sohn gerade auf Urlaub, und der zusammen mit Frau und Kindern im Luftschutzkeller umgekommen war, sagte zu zwei SA-Männern:»Die braunen Kadetten sind schuld am Krieg. Sie sollten besser an die Front gegangen sein und dafür gesorgt haben, daß die Engländer nicht nach hier kommen können.« Derartige Äußerungen in einer derartigen Situation sind gewiß nicht allzu ernst zu nehmen, sie beweisen aber, daß Parolen, die der NSDAP und auch Hitler die Schuld an allem gaben, immer mehr in Umlauf kamen. Weitere Meldungen bestätigen diese Tatsache: »Auffallend ist auch, daß der deutsche Gruß in den betroffenen Städten nach den Angriffen nur selten angewandt, dagegen eher ostentativ mit ›Guten Morgen‹ gegrüßt wird . . . Ungünstiger wirken jedoch die von vielen Seiten ausgestreuten Erzählungen über die angeblich schlechte Stimmung und gegnerische Einstellung der Bombengeschädigten selbst . . .« Geschichten über die Errichtung von Galgen, an denen Führerbilder baumelten, kursierten überall. In vielen Gebieten ging auch folgender Witz von Mund zu Mund:»Ein Berliner und ein Essener unterhielten sich über das Ausmaß ihrer Schäden. Der Berliner führte aus, das Bombardement in Berlin sei so schlimm gewesen, daß noch 5 Stunden nach dem Angriff die Fensterscheiben aus den Häusern gefallen seien. Der Essener antwortete, das bedeute noch gar nichts, denn in Essen wären noch 14 Tage nach dem letzten Angriff die Führerbilder aus den Fenstern geflogen.«

Durch die Unterbringung der Bombengeschädigten aus dem Norden und Westen in weniger gefährdeten Gebieten in Mitteldeutschland breiteten sich Unruhe und die Furcht vor schweren Angriffen immer weiter aus. Goebbels suchte mit allen Mitteln den von den Gegnern des Dritten Reiches mit dieser Luftoffensive geplanten Auswirkungen auf die Moral der Bevölkerung entgegenzuwirken und die sich aufstauenden Unlust- und Aggressionsgefühle in eine Haßpsychose gegen die Feinde umzuwandeln. Die Tagesparolen des Reichspressechefs – die sehr häufig auf ihn zurückgingen – wiesen die Presse an, in diesem Sinne auf die Bevölkerung einzuwirken:»Den systematischen *Terrorangriffen gegen deutsche Städte*, die auf

---

155 SD-Berichte zu Inlandfragen (wie die Meldungen ab Juni hießen), 17. 6. 43. »Meldungen zu den letzten Terrorangriffen auf Westdeutschland«. BA R 58/185 auch für das Folgende.

die Zermürbung des deutschen Volkes berechnet sind, muß die Presse publizistisch mit der umgekehrten Zielsetzung entgegenwirken: Stärkung des Zusammengehörigkeitsgefühls der deutschen Bevölkerung und Verdoppelung der Haßempfindungen gegen seine Feinde.«[156] Ab Mitte März wurden die britischen Flieger systematisch als »britische Mordbrenner«[157] bezeichnet. Später kam der Ausdruck »Luftgangster« hinzu. Ab Ende März tauchte zum ersten Male als Propagandathema zur Stärkung der Stimmung die Vergeltung auf. Noch am 10. März warnte Goebbels davor, »große Versprechungen von Vergeltung« zu machen.[158] In einem Artikel in *Das Reich* vom 21. März verkündete er jedoch, daß Deutschland noch über eine ganze Reihe von Trümpfen verfüge, die zu gegebener Zeit ausgespielt würden. In einer Massenveranstaltung im Sportpalast am 5. Juni 1943 erklärte der Reichspropagandaminister, das deutsche Volk wäre nun von der Idee besessen, »Gleiches mit Gleichem« zu vergelten. Wenige Tage darauf, anläßlich der Trauerfeiern für die Opfer des Luftangriffes in Wuppertal und Elberfeld, versprach er am 18. und 19. Juni, der Terror werde durch Gegenterror gebrochen werden. Die Schuld, welche die Gegner in diesen Tagen auf sich lüden, würde ihnen eines Tages als Rechnung präsentiert werden. Diese Haß- und Vergeltungsparolen fanden nicht überall im Volke Anklang, wie ein Bericht über die Rede in Wuppertal beweist: »Verschiedentlich wurden die Worte Dr. Goebbels als ›billiger Trost‹ für die Hinterbliebenen bezeichnet. Teilweise steht man auf dem Standpunkt, daß hier etwas zu weit gegangen sei und eine Haßrede sich nicht für eine Trauerfeier eigne. Den Engländern und den Amerikanern ins Gewissen zu reden, sei ja doch verfehlt, die ließen von ihrem Tun nicht mehr ab. Hier könne nur eine entsprechende Revanche nützen. Die Reden über die kommende Vergeltung wären nun langsam überflüssig, es müsse nun endlich gehandelt werden ...«[159]

Doch gibt es kaum einen Bericht aus diesen Tagen, der nicht das Thema Vergeltung aufgreift:

»Verschiedentlich wird berichtet, daß aber auch in einem gewissen Teil der Bevölkerung neben einem starken Haß gegen die Engländer und Amerikaner bereits Vorwürfe gegen führende deutsche Persönlichkeiten erhoben würden. Worte über Vergeltung wolle man von Dr. Goebbels

[156] BA ZSg *109/41*; fol. 71. – Vgl. auch fol. 79.
[157] V. I. 64/43 vom 13.3.43. *ibid.;* fol. 43. Vgl. auch V. I. Nr. 30/43 vom 10.4.43. ZSg *109/42;* fol. 19.
[158] *»Wollt ihr den totalen Krieg?«;* S 347.
[159] SD-Abschnitt Weimar. 22. 6. 43. BA *NS 6/406;* fol. 14218.

nicht mehr hören. Hermann Göring, oder, wie er auch bereits genannt wird, ›Meier‹[160], solle doch endlich seinen Taubenschlag, wie versprochen, aufmachen.« Als typisch für die Allgemeinstimmung wurde ein Arbeiter aus einem Vorort in Erfurt zitiert:»Der Glaube an die Vergeltung hilft bald nicht mehr, wenn er nicht bald, sehr bald durch Taten erhalten wird. Eile tut not!«[161]

Auch aus dem Norden des Reiches wurde »Rachebedürfnis« und ausgeprägter »Vergeltungstrieb«[162] gemeldet. Die Reportagen aus den angegriffenen Städten wurden mit einer Mischung aus Sensation und Furcht verschlungen:

»Auf der einen Seite wirken also die Schilderungen aus zerstörten Städten beruhigend, andererseits muß aber festgestellt werden, daß dadurch der Ruf nach Vergeltung nicht zu unterdrücken ist, sondern nur noch lauter wird. Es sei – so heißt es immer wieder – ›nicht mehr zu ertragen, daß wir uns nicht wehren können und die Volksgenossen im Westen täglich mehr Leiden sehen müssen‹. Furchtbare Schilderungen vom Verbrennungstod unzähliger Menschen machen die Runde und ›bringen den Haß gegen alles Britisch-Amerikanische tatsächlich in Siedeglut‹. Dazwischen mischen sich aber schon Stimmen, die zum einen behaupten, wir würden zu einer Rache überhaupt nicht mehr kommen (ausgesprochene Defaitisten, die aber nicht mehr gering an Zahl sind!), während andere meinen, zu einer tatsächlichen Vergeltung sei die deutsche Führung später nicht unmenschlich genug. Beide Arten von Äußerungen gewinnen immer mehr Raum und nehmen der Bevölkerung zum Teil den Mut für die Zukunft...«[163]

Der SD-Bericht zu Inlandfragen vom 1. Juli 1943 faßte die sich steigernden Haßgefühle gegen die westlichen Alliierten und den wachsenden Drang nach Vergeltung zusammen.[164] Über Angriffe gegen führende Persönlichkeiten brachte er keine Mitteilung. Hier – wie in zahlreichen anderen Fällen – bleibt die Berichterstattung des Inlandnachrichtendienstes des

160 Ausspruch Görings zu Kriegsbeginn, er wolle »Meier« heißen, wenn die feindlichen Flugzeuge nach Deutschland hereinkämen. Im rheinisch-westfälischen Gebiet sprach man vielfach vom »Meiers Waldhorn«, wenn die Sirenen heulten. Kreisleitung Wetzlar, 22. 7. 43. BA NS Misch/1641.
161 SD-Abschnitt Weimar. 29. 6. 43. BA NS 6/406.
162 SD-Hauptaußenstelle Schwerin, 29. 6. 43. Betrifft Allgemeine Stimmung und Haltung. BA NS 6/407; fol. 14251.
163 SD-Hauptaußenstelle Schwerin. 29. 6. 43. »Betrifft Aufnahme und Auswirkung der Propagandalenkung in Presse und Rundfunk«. ibid.; fol. 14258, 14259.
164 BOBERACH; S. 413.

Reichssicherheitshauptamtes weit vorsichtiger als diejenige der einzelnen SD-Leitabschnitte oder gar die Berichte der Hoheitsträger. Eine solche Behutsamkeit gegenüber allen die NSDAP und ihre Führer betreffenden Fragen beruhte nicht nur auf einer Regelung der Vorkriegszeit. Heydrich hatte zwar bereits am 8. Dezember 1935 Ermittlungen in Sachen Partei untersagt[165]. Aber auch Goebbels und vor allem Bormanns heftige Unmutsäußerungen[166] waren nicht ohne Wirkung geblieben. Hinzu kam, daß Ohlendorf selbst oft davor zurückschreckte, den Tatsachen ins Gesicht zu sehen. Dafür enthielt der SD-Bericht einen langen Abschnitt über Gerüchte hinsichtlich neuer Waffen. Heimlich und in aller Öffentlichkeit wurden neuartige Geschütze mit einer Reichweite von 200 bis 600 km diskutiert, mit denen man auch das britische Festland erreichen könne. Man sprach von Raketengeschossen, von neuen Flugzeugen und von neuartigen Bomben, die auf dem Prinzip der Atomzertrümmerung beruhten. »Nebelgranaten« wurden erwähnt, und der Einsatz japanischer Todesflieger gegen England prophezeit.[167] Versuche mit neuartigen ferngelenkten Bomben und einem raketengetriebenen Flugzeug waren in der Tat im Gange. Außerdem hatte Hitler am 22. Dezember 1942 einen Befehl zur serienmäßigen Herstellung des Gerätes A 4, der späteren V2-Waffe, unterschrieben.[168] Bis zu ihrem endgültigen Einsatz sollte aber noch viel Zeit vergehen und die Luftwaffe mit ihrer V 1 zuerst zum Einsatz kommen. Die Entwicklung auf dem Gebiete der Atomspaltung hingegen blieb in Deutschland zurück, teils aus Materialmangel, teils durch schlechte Organisation, teils durch Kriegseinwirkungen, teils aber auch, weil bedeutende Forscher auf diesem Gebiet durch Hitlers antijüdische Politik vertrieben worden waren.[169]

Diese Gerüchte über neue Waffen zeigen besonders deutlich, wie von realen Fakten ausgehend Gerede entsteht, dieses teilweise durch Flüsterpropaganda geschürt wird, sich oft zu schieren Phantasieprodukten auswächst, manchmal aber der Wahrheit sehr nahe kommt. Ein anderes Gerücht, das hartnäckig immer wieder auftauchte, war die Möglichkeit eines »Gaskrieges«. Das Dritte Reich hatte Versuche mit Menschen über die

---

165 *ibid.;* S. XVIII.
166 s. *supra;* S. 41 f.
167 BOBERACH; S. 414.
168 Über Entwicklung und verschiedene Waffentypen s. IRVING, David. *Die Geheimwaffen des Dritten Reiches.* Gütersloh, Sigbert Mohn Verlag, 1965, und JANSSEN; S. 189 ff.
169 IRVING, David. *Der Traum von der deutschen Atombombe.* Gütersloh, Bertelsmann Verlag, 1967.

Auswirkungen von Kampfstoffen durchgeführt.[170] Außerdem waren Spezialeinheiten für einen eventuellen Einsatz gebildet und dem General der Nebeltruppen unterstellt worden. Auf Grund der Zweischneidigkeit dieser Waffe, die sich bei ungünstiger Wetterlage gegen die eigenen Truppen auswirken konnte oder im warmen Klima Nordafrikas viel zu rasch verflüchtigte, ganz abgesehen von den eventuell zu befürchtenden Gegenmaßnahmen der Feindmächte angesichts ihrer Luftüberlegenheit, wurde ihr Einsatz anscheinend niemals vor Herbst 1944 ernsthaft ins Auge gefaßt. Dann aber verfügte Reichsminister Speer die Stillegung der Betriebe, welche die Gase Tabun und Sarin herstellten.[171] Die Gerüchte über ihre mögliche Anwendung wollten weder 1943 noch 1944 verstummen.

»Wie immer in kritischen Situationen spricht man im Volke wieder vermehrt von einem möglichen Gaskrieg. Teilweise wird der Einsatz von chemischen Kampfstoffen sogar als die einzige Möglichkeit angesehen, die Sowjettruppen niederzuringen. Frontsoldaten sollen mündlich oder schriftlich berichtet haben, daß durch Aufstapelung von ›nur auf Befehl des Führers‹ zu verwendender Munition und durch Ausgabe neuer Gasschutzgeräte bereits die entsprechenden Vorbereitungen getroffen würden.«[172]

Das Gerede nahm demnach primär seinen Ausgang von der Ostfront und erhielt neue Nahrung durch Übungen mit der Gasmaske.[173] Auch die Verschärfung des Luftkrieges, vor allem der Abwurf von Phosphorkanistern und Brandplättchen, verstärkte die diesbezüglichen Befürchtungen. Die Verwendung derartiger Mittel, so hieß es vielfach, käme praktisch derjenigen chemischer Kampfmittel gleich, und von hier »sei bis zur tatsächlichen Anwendung von Giftgasen kein allzu weiter Schritt mehr«.[174] Diese Ansicht verstärkte sich noch nach dem schweren Angriff auf Wuppertal am 30. Mai 1943:

›Verschiedentlich wird sogar schon die Ansicht vertreten, daß die neuen Terrormethoden, wie z. B. das Abwerfen von Phosphor, bereits der chemische Krieg nur in anderer Form sei, ja daß Gas hiergegen noch als human

170 MITSCHERLICH, Alexander, u. MIELKE, Fred. *Wissenschaft ohne Menschlichkeit;* S. 157 ff.
171 SPEER; S. 421, 580, Anmerkung 3.
172 »Meldungen aus dem Reich«, 21. 1. 43. BOBERACH; S. 340/341. Ähnlich »Meldungen...« vom 6. 5. 43. *ibid.;* S. 388/389; vgl. auch Regierungspräsident Regensburg, 10. 5. 43. BA *NS 19/426.*
173 Vgl. hierzu auch Partei-Kanzlei II B 4. »Auszüge aus Berichten der Gaue u. a. Dienststellen. Zeitraum 4. 4. bis 10. 4. 43«. BA *NS 6/414* – und RSHA III A 4, 25. 6. 43. An Parteikanzlei II B 4. Betr. Meldungen aus den SD-(Leit-)Abschnitten BA *NS 6/41.*
174 »Meldungen aus dem Reich«, 25. 4. 43. BOBERACH; S. 397.

anzusprechen wäre. Von Urlaubern und Verschickten aus Wuppertal wurden z. B. mehrere Vorgänge des letzten Terrorangriffes betont. Besonders starken Eindruck hinterließen hierbei die Erzählungen, wonach Menschen in Wuppertal durch den Phosphorregen als lebende Fackeln in den Fenstern und auf der Straße verbrannt seien, wo sie in dem glühenden Straßenbelag steckengeblieben waren.«[175]

Ein weiteres Beispiel für die Auswirkungen des Luftkrieges und die Beurteilung, welche die propagandistische Ausnutzung solcher Ereignisse durch die Bevölkerung erfuhr, bietet der Angriff auf Köln am 29. Juni 1943, bei dem der Dom schwer getroffen wurde:

»Aus dem katholischen, in seiner politisch-weltanschaulichen Gesamthaltung wenig positiv eingestellten Eichsfeld kommt folgende Meldung:

»Das Bombardement von Köln, das auch den Kölner Dom traf, hat gerade hier in katholischen Kreisen höchste Empörung ausgelöst. Zum ersten Male seit langer Zeit waren sich die Katholiken des Eichsfeldes einig, daß nur der nationalsozialistische Staat in der ihm eigenen Härte und Konsequenz solch einen Feind, wie den englischen, der sich ›sogar an dem Kölner Dom vergriff, ein Verbrechen heimzahlen könne‹...« In weniger konfessionell gebundenen Kreisen sei zwar auch, vor allem bei Frauen, Empörung und Abscheu über diese Tat laut geworden, aber es sei doch auch ein gewisser Gleichmut zu erkennen. Das Bedauern über die angerichteten Zerstörungen gelte hier dem Kölner Dom als einem der hervortretendsten Denkmäler deutscher Kultur und deutscher Geschichte.

Rüstungsarbeiter aus Suhl äußerten kurz nach der Bekanntgabe »Besser der Kölner Dom kaputt, als 100 Menschen tot«.[176] Nachdem der Rundfunk pausenlos Berichte und Meldungen über das Ereignis brachte, ging es vielen bald auf die Nerven. Ein Landarbeiter aus einem rein ländlichen Gebiet äußerte: »Jetzt kriegen wir 14 Tage lang im Radio

---

175 SD-Hauptaußenstelle Schwerin, 29. 6. 43. BA *NS 6/407*. Vgl. auch »SD-Bericht zu Inlandsfragen«, 1. 7. 43. BOBERACH; S. 415. – Der SD-Abschnitt Halle berichtete ebenfalls am 6. 7. 43: »Das Schreien der tausend Menschen in den Phosphorflammen habe sich wie das Todesgeheul sterbender Tiere angehört, in Wuppertal seien sie zu Tausenden als brennende Fackeln in den Fluß gesprungen, um sich von dem Flammentod zu befreien, auch in anderen Städten seien die Menschen wie lebende Fackeln umhergelaufen, das Phosphor sei durch Risse und andere offene Stellen bis in die Luftschutzkeller gelaufen und habe dort alle untergebrachten Menschen erfaßt und getötet. Das alles sei aber noch lange nicht das Ende, denn das Ende werde ein furchtbarer Gaskrieg sein, der das ganze deutsche Volk in Mitleidenschaft ziehe...« BA *NS 6/406*; fol. 14201.
176 SD-Abschnitt Weimar, 6. 7. 43. – *ibid*.

weiter nichts vorgesetzt, wie den Kölner Dom. Das wird dieselbe Platte wie Katyn.«[177]

Auch der SD-Abschnitt Halle hatte ähnliche Beobachtungen gemacht: »In all solchen Gesprächen bringen unzählige Volksgenossen ihre Ablehnung über unsere Propaganda zum Ausdruck, die in Presse und Rundfunk auf die unersetzlichen Kulturdenkmäler hinweise, die durch den feindlichen Terror vernichtet würden; die Meinungen sind sehr verbreitet, daß nicht die Vernichtung der Kulturdenkmäler der deutschen Bevölkerung einen Haß gegen England verleihe, sondern die Tatsache der enormen Menschenverluste; eine innerliche Verbindung zwischen dem deutschen Volk und den Kulturdenkmälern, wie z. B. dem Kölner Dom, sei verschiedenen Meinungen zufolge keineswegs zum Nationalbewußtsein geworden ...« Als typische Meinung wurde diejenige einer Arbeiterfrau wiedergegeben, der die Propaganda auch zu viel geworden war und die meinte, der Dom sei schon wichtig, »aber die armen Menschen, die dabei ihr Leben gelassen haben, erwähnt man nicht; daran wird stillweigend vorbeigegangen. Der Mensch hat scheinbar im jetzigen Deutschland keinen Wert mehr!«[178]

Neben solchen Erkenntnissen gab es auch positive Wertungen für den Propagandafeldzug über die Zerstörung der Kulturdenkmäler: »Der Bombenabwurf auf den Kölner Dom hat stärker als alle früheren Meldungen aus schwergetroffenen Städten die Gemüter erregt. Alle Aufsätze und Rundfunkberichte über das Bauwerk selbst und über die nun angerichteten Zerstörungen seien überall mit großer Anteilnahme verfolgt worden. Man habe diesen Dom niemals so sehr als Nationalheiligtum bewertet, wie jetzt nach seiner schweren Beschädigung. Es sei daher – so lauten übereinstimmend viele Äußerungen – auch ganz richtig, den Angriff auf den größten und bekanntesten deutschen Dom mit allen zur Verfügung stehenden Mitteln der Propaganda immer wieder anzuprangern. Auch das Echo, das dieser Überfall in der gesamten zivilisierten Welt hervorgerufen habe, interessiere in diesem Falle besonders stark. Bisher ist auch nirgends festgestellt worden, daß etwa die dauernde Erwähnung des Kölner Doms als übertriebene Propaganda empfunden worden wäre. Das erscheint um so bemerkenswerter, als heute bei jeder Gelegenheit in weiten Kreisen sogleich betont wird ›es ist ja alles nur Propaganda!‹ ...«[179]

---

177 *ibid.*
178 6. 7. 43. *ibid.*; fol. 1402.
179 SD-Abschnitt Schwerin, 6. 7. 43. *ibid.*; fol. 14279.

Demnach scheinen sowohl Katholiken wie die gebildeten Schichten – die »Intelligenzler«, wie es aus Halle hieß – den Argumenten der offiziellen Propaganda, es sei »eine große Schande«, daß solch wertvolle Kulturdenkmäler zerstört wurden, in diesem Falle zugestimmt zu haben, mehr als »die Angehörigen der einfachen Bevölkerungsschichten, insbesondere der Industriearbeiterschaft«.[180] Relativ große Einigkeit hingegen scheint in beinahe allen Bevölkerungsschichten geherrscht zu haben über den Wunsch, Rache an Großbritannien zu üben. Man wollte endlich statt Worten Taten sehen.»Noch zeige das deutsche Volk in der gegenwärtigen Phase seines Hasses gegen England eine Bereitschaft, die den größten Opfergang nicht scheuen würde, wenn das Verbrechen der Engländer eine endgültige Sühne finden würde...« Die Stimmung pendelte zwischen »Hoffnungs- und Mutlosigkeit. Im Grunde genommen aber sei das Volk gegenwärtig einig in seinem Haß gegen England...« Es wurde daher empfohlen, die Propaganda »gegen den Todfeind England« auszurichten.[181]

Auch jetzt wieder wurde starke Kritik gegen den Reichspropagandaminister laut. Seine Artikel erregten wachsendes Mißfallen:»...man sei doch heute nicht mehr einfach bereit, sich ›mit solchen wohlgesetzten Worten beruhigen zu lassen‹...«[182]

Zu Goebbels Aufsatz »Vom Reden und vom Schweigen« in *Das Reich* Nr. 25 vom 20. 6. 43, aus dem man zum ersten Male die Besorgnis einer möglichen Entfremdung zwischen dem Regime und den Massen herauslesen kann, nahmen breite Kreise wie folgt Stellung:»Es wird die Ansicht vertreten, daß, so gut die Aufsätze von Dr. Goebbels auch in der Mehrzahl sein mögen, es doch angebracht erscheine, einmal eine Pause einzulegen und in dieser Zeit andere führende Persönlichkeiten hier zu Worte kommen zu lassen...«[183] Seine Kritiker gingen sogar so weit, ihm »jüdische Rabulistik«[184] vorzuwerfen.

»Aus allen Teilen des Bereiches liegen Meldungen darüber vor, daß die Evakuierten allgemein erzählen, Dr. Goebbels dürfe sich im Rheinland und Ruhrgebiet nicht sehen lassen. Er würde sonst gesteinigt, gelyncht oder ausgepfiffen. Die Bilder in der Wochenschau seien nur zusammen-

---

[180] SD-Abschnitt Halle, 6. 7. 43. Allgemeine Presselenkung. *ibid.*; fol. 14205.
[181] SD-Abschnitt Halle, 6. 7. 43. Stimmung und Haltung zur Lage. *ibid.*; fol. 14202/03.
[182] SD-Abschnitt Schwerin, 29. 6. 43. *ibid.*; fol. 14259.
[183] *ibid.*; fol. 14266.
[184] *ibid.*; fol. 14267.

gesetzt gewesen. Als Dr. Goebbels im Westen gewesen sei, habe man in den Städten Fliegeralarm gegeben, damit die Bevölkerung in den Keller gehen sollte, aus Furcht, daß man Dr. Goebbels sonst etwas antue. Auf den Trümmern der zerstörten Städte seien Schilder aufgestellt worden mit der Aufschrift ›Das verdanken wir unserem Führer‹. Verschiedentlich sei es zu Aufsässigkeiten gegen die Regierung gekommen, die SS habe diese aber in brutaler Weise zu Boden gedrückt...«[185]

Über derartige oppositionelle Aktivitäten weiß man wenig. Der einzige bekanntgewordene öffentliche Protest und Widerstand gegen das Regime war die Aktion der »Weißen Rose« am 18. Februar 1943.[186] Bereits vier Tage später waren die Geschwister Hans und Sophie Scholl, welche die Flugblätter in der Münchener Universität verteilt hatten, vom Volksgerichtshof zum Tode verurteilt worden. Gerüchte über die Münchener Ereignisse zirkulierten in ganz Deutschland, vornehmlich im Süden. Man sprach »von größeren Demonstrationen Münchner Studenten«[187], von »Massenerschießungen«.[188] »... ferner erzählt man sich von Schmier- und Flugzettelpropaganda marxistischen Inhalts an öffentlichen Gebäuden in Berlin und anderen Städten. Einige Meldungen heben die Beobachtung hervor, daß die Bevölkerung solchen Erscheinungen offenbar nicht mehr soviel eigene Aktivität entgegensetze wie früher, z. B. teilweise nicht mehr so prompt für die Entfernung von hetzerischen Schriften usw. Sorge trage oder Flugblätter nicht mehr sofort abgebe, sondern lese und z. T. weitergebe...«[189]

Wie die »Meldungen wichtiger staatspolizeilicher Ereignisse« vom 12. März mitteilen, waren in Düsseldorf, Dortmund, Stettin, Magdeburg und Görlitz zahlreiche Verhaftungen wegen Verbreitung kommunistischer

---

[185] SD-Abschnitt Weimar. Allgemeine Stimmung und Lage, 6. 7. 43. *ibid.*; fol. 14121. SEMMLER, Rudolf. *Goebbels: The Man next to Hitler,* London, Westhouse, 1947; S. 88 berichtet in der Tagebucheintragung vom 10. Juli, daß Goebbels der populärste der nationalen Führer sei, da er sich um die leidenden Menschen in den bombardierten Westgebieten selbst kümmerte.

[186] s. hierzu *Gewalt und Gewissen.* Willi Graf und die »Weiße Rose«. Eine Dokumentation von Klaus Vielhaber in Zusammenarbeit mit Hubert Hanisch und Anneliese Knoop-Graf. Freiburg, Herder Verlag, 1964 (Cop. Ecker-Verl. Würzburg, 1963) (Herder-Bücherei, Bd. 174) und SCHOLL, Inge. *Die weiße Rose,* Frankfurt/Main. Verlag der Frankfurter Hefte (Cop. 1953).

[187] »Meldungen aus dem Reich«, 15. 3. 43. BOBERACH; S. 372.

[188] Partei-Kanzlei II. B 4. »Auszüge aus Berichten der Gaue u. a. Dienststellen. Zeitraum 4. 4. bis 10. 4. 43«. BA NS 6/414. Vgl. auch SD-Abschnitt Weimar, 6. 7. 43. BA NS 6/406; fol. 14123.

[189] s. *supra;* Anm. 187.

373

Druckschriften und Flugblätter und Verbreitung kommunistischer Propaganda vorgenommen worden.[190] Immer mehr Menschen in Deutschland stellten ausländische Sender ein. Während man im Westen und Südwesten vor allem den Schweizer Sender Beromünster bevorzugte[191], hörten alle jene, deren Angehörige in Rußland vermißt oder in Gefangenschaft geraden waren, im Moskauer Rundfunk die Sendung »Kriegsgefangene« oder »Heimatpost«. Besonders seit Stalingrad wurden diese Radiostationen immer häufiger eingestellt. Die sowjetischen Behörden, die auch Vertretern neutraler Mächte keinerlei Auskunft erteilten, gaben Namen, Berufe und Anschriften von Gefangenen durch[192]; daneben erklangen natürlich zahlreiche Propagandaparolen und Aufforderungen zu Sabotageakten; sie appellierten sogar an das religiöse Gewissen ihrer Hörer. Zahlreiche Ratschläge für Möglichkeiten des illegalen Kampfes wurden aufgezeigt. Der »Deutsche Volkssender« berichtete unter anderem von einem Manifest, das von Kommunisten und Sozialdemokraten in einer sächsischen Stadt verbreitet worden sei und in dem von einer neuen demokratischen Republik die Rede war. Eine zweite Weimarer Republik, so hätte es dort geheißen, die von Militaristen und Reaktionären getragen worden sei, würde man nicht zulassen.[193]

Die Zahl der in den sogenannten »Heimtückeprozessen«[194] angeklagten Kommunisten scheint jedoch relativ gering gewesen zu sein – genaue Unterlagen hierüber liegen noch nicht vor –, doch dürfte, wie der Generalstaatsanwalt von Naumburg (Saale) ausführte, »es verfehlt sein, die Zahl ähnlich Denkender, seien es alte unentwegte Kommunisten oder durch unterirdische Propaganda neugewonnene Freunde des Kommunismus, gering einzuschätzen; sie glauben, in vorsichtiger Zurückhaltung ihre Zeit abwarten zu können«.[195]

190 ibid.; Anmerkung 11.
191 Zusammenstellung von Meldungen aus den SD-(Leit-)Abschnittsbereichen am 9. 7. 43 an Partei-Kanzlei übersandt. BA NS 6/411; fol. 14061.
192 Am 8. 2. 44 verschickte Bormann als Anlage zur Bekanntgabe 30/44 g an alle Gauleiter eine »Zusammenstellung aus Unterlagen des Reichssicherheitshauptamtes über das Schicksal der deutschen Kriegsgefangenen in der Sowjetunion«. BA NS 6/vorl. 350.
193 »Meldung wichtiger staatspolizeilicher Ereignisse«, 16. 4. 43. BA R 58/210. Es handelte sich um Leipzig. Vgl. KRAUSE, Ilse. Die Schumann-Engert-Kresse-Gruppe. Dokumente und Materialien des illegalen antifaschistischen Kampfes. (Leipzig 1943–1945). Berlin-Ost, Dietz-Verlag, 1960.
194 Gesetz gegen heimtückische Angriffe auf Staat und Partei und zum Schutz der Parteiuniform vom 20. 12. 1934. RGBl. I; S. 1269.
195 29. 5. 43. BA R 22/3380.

Die Anzeigen über das Abhören feindlicher Sender liefen immer spär-
licher ein[196], und immer weniger Menschen betrachteten es als eine straf-
bare Handlung[197], während man zu Beginn des Krieges mehrjährige
Zuchthausstrafen hierfür als gerecht empfunden hatte.[198]

»Die Meldungen weisen ferner auf die Tatsache hin, daß das Abhören
ausländischer Sender offensichtlich seit Monaten stark zugenommen hat.
Das sei schon allein aus der Zahl der anonymen Benachrichtigungen an
Angehörige von Soldaten, die seitens der feindlichen Sender als angebliche
Kriegsgefangene namhaft gemacht werden, zu schließen. Es gebe zwar niemand zu, daß er ausländische Sender höre, häufig werde aber in politischen Gesprächen darüber diskutiert, daß in England das Abhören deutscher Sender nicht verboten sei und daß die unzureichende Information
des deutschen Volkes durch Presse und Rundfunk die Volksgenossen geradezu der Feindpropaganda in die Arme treibe. Mit solchen Argumentationen entschuldige man das Abhören feindlicher Sender und zeige für
Rundfunkverbrecher Verständnis.«[199] Auch feindliche Flugblätter wurden
eifrig diskutiert und zugegeben, sie seien »sehr geschickt gemacht«, während die deutsche Propaganda mit dem »Holzhammer« arbeite.

Eines der Lieblingsthemen der Propaganda, »der ständigen Wiederholung der ausgegebenen Propagandaparolen«, die sich »an die breite
Masse und nicht an kleine auserwählte Schichten zu wenden haben«[200],
war die Verächtlichmachung und Anprangerung des Bolschewismus. Auch
für sie sollte Stalingrad der Anknüpfungspunkt für eine neue verstärkte
Kampagne sein. Die Stadt war noch nicht endültig gefallen, als am 28. Januar 1943 der neue Propagandafeldzug anlief.[201] Am 12. Februar führte
der Reichspropagandaminister aus: »In der Propaganda sei die Systema-
tik das Entscheidende, und er werde dafür sorgen, daß der Antibolsche-
wismus Wochen und Monate lang von nun an die Propaganda beherrsche.
Er lasse zur Zeit Broschüren verfassen, die in Millionenauflagen verbreitet
werden sollen . . .

Von nun an müsse jeder Rundfunkvortrag, jede Meldung, jede Rede
und jede Wochenparole mit der stereotypen Wendung schließen, daß der

---

[196] Generalstaatsanwalt Bamberg, 4. 6. 43. BA R 22/3355.
[197] BOBERACH; S. 372.
[198] ibid.; S. 45.
[199] SD-Bericht zu Inlandsfragen, 8. 7. 43. »Meldungen über Auflockerungserscheinungen in der Haltung der Bevölkerung«. 8. 7. 43. ibid.; S. 419.
[200] Goebbels am 5. April 1940 auf einem Empfang der Berliner Presse. Kriegspropaganda; S. 313.
[201] Vgl. »Wollt ihr den totalen Krieg?«; S. 329.

Kampf gegen den Bolschewismus unsere große Aufgabe sei.« Er verwies dabei auf Cato und seine berühmte Forderung der Zerstörung Karthagos.[202] Goebbels gab außerdem Anweisung, einen besonderen Propagandaausschuß unter der Führung der Reichspropagandaabteilung zu bilden. »Bis zum Ende des Krieges werde nunmehr immer auf dem Bolschewismus herumgetreten werden und in jeder Versammlung solle das A und O der Kampf gegen den Bolschewismus sein.«[203] Die neue Propaganda sollte alle europäischen, aber auch alle Ostvölker gegen Sowjetrußland mobilisieren: Von nun an sollte man genaue Unterscheidungen der einzelnen Völker im sowjetischen Staatsverband herausstellen, es sollte nicht mehr von deutschen Siedlungsansprüchen die Rede sein, nicht mehr von Kolonialpolitik. All dies würde nur der feindlichen Propaganda in die Hände spielen.

Damit empfahl der Reichspropagandaminister eine Politik, die von Kreisen der Wehrmacht und des Auswärtigen Amtes seit langem vergeblich gefordert worden war.[204] Es hatte aber der Niederlage in Stalingrad bedurft, um für sie in weiteren Kreisen der nationalsozialistischen Führungsschicht Anhänger zu gewinnen. Diese neuen Propagandaparolen bedeuteten jedoch noch lange nicht ihre Umsetzung in die Wirklichkeit. Zumindest aber wurden nun auf Geheiß des Propagandaministers Richtlinien ausgearbeitet und Merkblätter an die Wehrmacht und die Betriebe ausgegeben, die Arbeiter aus dem Osten beschäftigten, in denen eine bessere Behandlung und ein Eingehen auf deren Psychologie gefordert wurde.[205] Im Grunde aber ging es Goebbels nur darum, alle egoistischen Ziele im Osten abzustreiten und den heiligen Kreuzzug des 20. Jahrhunderts gegen den Bolschewismus zu proklamieren.[206]

Es war nicht nur die verschärfte militärische Situation, die Anlaß zu einem neuen Propagandafeldzug gegen den Sowjetkommunismus gab. Am 17. Februar erwähnte Goebbels ausdrücklich Inlandstimmungsberichte[207], aus denen man auf vier in Deutschland umlaufende Parolen schließen

---

[202] *ibid.;* S. 336.
[203] *ibid.;* S. 337.
[204] Vgl. DALLIN, Alexander. *Deutsche Herrschaft in Rußland 1941–1945.* Eine Studie über Besatzungspolitik. Düsseldorf, Droste-Verlag, 1958.
[205] Vgl. Sonderdienst der Reichspropagandaleitung. Sonderlieferung 22/43 vom 15. Mai 1943. Information zum Sprechabend der Partei. BA ZSg 3/1672. Das OKW verteilte dasselbe in diesem Sonderdienst abgedruckte Merkblatt am 1. 7. 43. 1 Exemplar in AThH *Aktenbestand Fehmers, Nr. 20.*
[206] *»Wollt ihr den totalen Krieg?«;* S. 341.
[207] Er bezog sich offensichtlich auf die bereits erwähnten »Meldungen aus dem Reich« vom 15. 2. 43 – s. *supra;* S. 353.

könne und die es zu bekämpfen gelte. Der Minister für Volksaufklärung und Propaganda resümierte folgende verbreitete Schlagworte:

1. »Der Bolschewismus hat sich gemausert« . . .
2. »Die Engländer und Amerikaner werden die Bolschewisierung schon verhindern« . . .
3. »Mehr als arbeiten kann man ohnehin nicht« . . .
4. »Die Bolschewisten werden nur die Nazis aufhängen« . . .[208]

Presse und Rundfunk erhielten detaillierte Anweisungen zur Diskreditierung dieser Parolen. Gleichzeitig wurde durch die Partei-Kanzlei eine großangelegte Mundpropagandaaktion gestartet. In ihren »Vertraulichen Mitteilungen« vom 9. April gab sie als »Argumente in der antibolschewistischen Mundpropaganda« dieselben Stichworte wie Goebbels zu deren Widerlegung an:

»Falsch ist die Annahme: der Bolschewismus hat sich gemausert, er sei ›nicht mehr so schlimm‹; seine Politik habe er um 180 Grad zur Demokratie herumgeschwenkt und seinen Kampf gegen die Kirchen völlig aufgegeben . . .« Derartige Kombinationen seien als angelsächsische Propagandaparolen zu entlarven. »Falsch ist die Annahme: ›Die Engländer und Amerikaner werden uns im letzten Augenblick vor dem Bolschewismus retten‹«.

Tatsache ist, daß die Briten und Nordamerikaner den Sowjets für den Fall eines gemeinsamen Sieges die Beherrschung Europas zugesagt haben . . . Falsch ist die Annahme – die manchmal in Arbeiterkreisen zu hören ist: ›Na, mehr als arbeiten können wir ja nicht, also kann es für uns nicht schlechter werden.‹

Tatsache ist, daß die Bolschewisten bei ihren Menschenverschleppungen in die Zwangsarbeiterlager auch nicht vor dem Handarbeiter haltmachen . . .

Falsch ist die Annahme: ›Aufgehängt werden ja nur die Nazis‹.[209]

Wie für den Propagandafeldzug des totalen Krieges wurden auch für die antikommunistische Propaganda Leitmotive ausgegeben. Der Sonderdienst der Reichspropagandaleitung vom 20. März nennt als »ständige Grundsätze« ebenfalls als erste die Parole vom aufgezwungenen Krieg. Der »Kampf um Leben oder Sterben« wurde hier jedoch durch »Sieg oder

---

208 *»Wollt ihr den totalen Krieg?«; S.* 340.
209 BA ZSg 3/1623.

bolschewistisches Chaos« ersetzt, mit der Beifügung:»Diese Parole ist unsere älteste und wichtigste.« Der nächste Leitsatz war aber mindestens ebensosehr ein Fundamentalsatz des Nationalsozialismus:»Die Schuld des Judentums«. Der Bolschewismus selbst wurde als ein System der Arbeiterversklavung und des Menschenmordes charakterisiert und als sein unentwegtes Ziel die Weltrevolution genannt. Während nun Briten und Amerikaner Europa verraten hätten, gäbe es nur einen, der es retten und den Bolschewismus schlagen könne: Adolf Hitler.[210]

Konsultiert man die Meinungsforschungsberichte des Dritten Reiches hinsichtlich des Erfolges dieser Propaganda, muß man feststellen, daß ihre Wirkung minimal war. Im Gegenteil, das Rußlandbild der Bevölkerung hatte sich weiterhin im Sinne der bereits im August 1942 vom Sicherheitsdienst beobachteten Veränderungen verschoben.[211] Im April und im Juli widmete der Inlandnachrichtendienst des Reichssicherheitshauptamtes dem Thema zwei weitere Berichte. Der erste, vom 15. April[212], ist besonders interessant, da er ausdrücklich hervorhebt, wie das von der nationalsozialistischen Propaganda geschaffene Bild eines »unmenschlichen und seelenlosen Unterdrückungssystems« und »einer verdummten, halb verhungerten abgestumpften Masse« unter dem unmittelbaren Eindruck der in Deutschland arbeitenden russischen Menschen ins Wanken geraten war und damit auch die deutsche Propaganda fragwürdig gemacht hatte. Es waren folgende Beobachtungen an sowjetischen Arbeitskräften, welche die Deutschen am meisten beeindruckten:

1. Entgegen der verbreiteten Ansicht über die atheistische Haltung der russischen Bevölkerung habe man vielfach eine tiefe Religiosität feststellen können.

2. Die aus dem Osten kommenden Arbeiter seien keine »Roboter der Arbeit«, sondern zeigten einen hohen Intelligenzstand und wiesen sich durch hervorragende technische Begabung aus.

3. Nur ein kleiner Prozentsatz sei Analphabeten. Der Bildungsstand der Bevölkerung der UdSSR müsse weit über dem des Zarenreiches liegen.

4. Der Bolschewismus habe keineswegs die Familie zerstört. Starke familiäre Bande und, vor allem bei den Frauen, eine ausgesprochene

[210] BA ZSg 3/1627.
[211] s. supra; S. 309
[212] »Meldungen aus dem Reich«, 15. 4. 43. Abschnitt III Volkstum »Das Rußlandbild in der Bevölkerung: Auswirkungen des Einsatzes sowjetischer Kriegsgefangener und Ostarbeiter im Reich«. BA R 58/182.

Sittlichkeit, wurden gerühmt. Auch die in Deutschland so hochgeschätzte Sauberkeit wurde den Ostarbeitern attestiert.

5. Unter den Sowjetarbeitern seien Prügelstrafen und Zwangsarbeit unbekannt.

»Durch derartige Feststellungen habe sich, wie in den Berichten hervorgehoben wird, das Bild von der Sowjetunion und ihren Menschen weitgehend verschoben. Man mache sich über alle Einzelbeobachtungen, die man als Widerspruch zur bisherigen Propaganda empfindet, sehr viel Gedanken. Wo die antibolschewistische Propaganda mit den alten und bekannten Argumenten weiterarbeite, finde sie nicht mehr das Interesse und den Glauben, wie dies vor Beginn und noch in der ersten Zeit des deutschsowjetischen Krieges der Fall war . . .«

Der zweite Bericht[213] bestätigt diesen Trend. Es werde für die Propaganda immer schwerer, vor allem dem Arbeiter klarzumachen, »daß der Bolschewismus wirklich die Gefahr ist, als die er immer geschildert wird . . .«

Mehr und mehr gewann die Überzeugung an Boden, dem kleinen Mann drohe von ihm keine Gefahr, und nur die Arrivierten, das Establishment, habe Grund zur Furcht. Die Meldungen wiederholten noch einmal den bereits bekannten Katalog der Meinungen: ungeheure Leistungen der sowjetischen Industrie, kämpferischer Fanatismus, der darauf schließen lasse, daß das kommunistische System doch nicht so verhaßt sei, wie man geglaubt habe, ein gutes Bildungsniveau, ausgeprägtes religiöses und familiäres Empfinden.

»Auf Grund solcher Feststellungen sei man in weiten Kreisen der Bevölkerung geneigt, unter Berücksichtigung der Verschiedenheit der Kulturstufe der europäischen Völker der Sowjetunion, die von unserer Propaganda in ihren Beurteilungen außer acht gelassen würden, Vergleiche zwischen der Lage der arbeitenden Volksgenossen vor und nach der Machtübernahme – wobei die vor der Machtübernahme bestandene Arbeitslosigkeit übersehen wird – und der russischen Völker unter dem Zarismus und dem Bolschewismus zu ziehen. Dabei kommt das sowjetische System ›nicht immer schlecht‹ weg.«

»Die Zugkraft der Aufrüttelungspropaganda unter der Parole ›Sieg oder Bolschewismus‹ war«, wie der Regierungspräsident von Schwaben und

213 SD-Bericht zu Inlandfragen, 26. 7. 43. »Einstellung der Bevölkerung zur Propaganda über den Bolschewismus«. BOBERACH; S. 421–423.

379

Neuburg feststellte, »nicht allzu groß gewesen.«[214] Dort, wo die unter diesem Thema stattfindenden Versammlungen gut besucht waren, führte man das auch weniger auf das Interesse der Bevölkerung als »auf die von der Partei geübten und seit Jahren erprobten ›organisatorischen Maßnahmen‹ zurück«.[215] Der tägliche Kontakt mit Arbeitern und Arbeiterinnen aus dem Osten, der dem deutschen Volk, wie die Gauleitung Sachsen schrieb, »eigenes Anschauungsmaterial« zur Verfügung stellte, hatte dazu geführt, daß man mehr und mehr »von den wundervollen Leistungen, von der Bescheidenheit, von der Disziplin, von der Arbeitsfreudigkeit« dieser Leute spreche.[216] Diese persönlichen Eindrücke und der zähe Widerstand sowie der wachsende militärische Erfolg der Sowjetrussen wogen weit schwerer und beeinflußten die Meinungsbildung weit stärker als die nationalsozialistische Zweckpropaganda.

Der dritte und eigentlich ausschlaggebende Faktor für den Mißerfolg von Goebbels' Aufrüttelungskampagne war die schwierige militärische Situation. In den vorangegangenen Kriegsjahren waren Mißmut, Kummer, Alltagsnöte durch Siegesmeldungen aufgefangen und kompensiert worden. Diesmal aber blieb die allgemein erhoffte und erwartete erfolgreiche Frühjahrsoffensive aus, und die Sommeroffensive erfüllte ebenfalls nicht die in sie gesetzten Hoffnungen.

Am 5. April hatten die »Meldungen aus dem Reich« berichtet, bei vielen Deutschen habe sich die fixe Idee festgesetzt, »daß es im Sommer ›auf Biegen und Brechen‹ gehe und ›alles auf eine Karte gesetzt‹ werden müsse, ›weil ein dritter Kampfwinter im Osten einem Verlust des Krieges gleichkomme‹ . . .«[217]

Goebbels erschien diese These als äußerst gefährlich, aber er wollte vorerst nichts dagegen unternehmen und sie erst zu gegebener Zeit öffentlich besprechen.[218] Wie üblich, wollte der Reichspropagandaminister erst einen günstigen Moment abwarten, um dann die »Kleingläubigen« mit Spott zu überhäufen und lächerlich zu machen. Die Erfolge ließen aber diesmal auf sich warten. Am 15. April hatte Hitler den Operationsbefehl für das Unternehmen »Zitadelle« herausgegeben. In diesem geplanten Zangen-

---

214 Am 10. 5. 43. BHStA, Abt. II, *MA 106 684.*
215 Regierungspräsident von Regensburg, 11. 4. 43. BA *NS 19/246.*
216 Partei-Kanzlei II B 4. »Auszüge aus Berichten der Gaue u. a. Dienststellen. Zeitraum 23. bis 29. 5. 43«. BA *NS 6/415.*
217 BOBERACH; S. 379.
218 *Tagebücher;* S. 295.

unternehmen gegen den nördlich von Bjelograd, an der Grenze zwischen den Heeresgruppen Mitte und Süd weit vorspringenden sowjetischen Frontbogen bei Kursk, sollten dort konzentrierte feindliche Kräfte eingeschlossen und vernichtet werden. Während die beiden Oberbefehlshaber von Kluge und von Manstein auf einen baldigen Angriffstermin drängten, verschob Hitler die Offensive vom 11. Mai auf Mitte Juni, weil er sich vom Einsatz neuer mittlerer und schwerer Panzer vom Typ V und VI, Panther und Tiger, durchschlagende Erfolge versprach. Außerdem sollten die bisherigen Panzertypen II und IV, sowie die Sturmgeschütze gegen die neu entwickelte sowjetische Panzerbüchse mit sogenannten »Panzerschürzen« besser geschützt werden. So wurde schließlich erst am 5. Juli der Angriff gleichzeitig von Orel und von Bjelgorod aus gestartet. Inzwischen aber hatten die Sowjets, denen die Vorbereitungen nicht entgangen und die durch ein Leck in der deutschen Abwehr wohl unterrichtet waren, Zeit gehabt, Gegenmaßnahmen vorzubereiten, so daß die Offensive bereits nach wenigen Tagen unter starken Verlusten ins Stocken geriet.[219] Am 11. Juli traten die Sowjets ihrerseits von Norden und Osten her zur Offensive gegen den deutschen Orelbogen an und durchbrachen die dort eingesetzte Panzerarmee. Da am 10. Juli die Anglo-Amerikaner inzwischen in Sizilien gelandet und frische Kräfte dort bitter nötig waren, wurde das Unternehmen »Zitadelle« im Scheitelpunkt abgebrochen. Nunmehr war die Initiative an der Ostfront endgültig an die Sowjets übergegangen, und der Mehrfronten-Krieg bestimmte von nun an, auch im Osten, das Kriegsgeschehen.

Noch ungünstiger für die Deutschen und Italiener war der Feldzug in Nordafrika verlaufen. Am 21. Januar war Feldmarschall Montgomery in der Hauptstadt Libyens, Tripolis, eingezogen. Damit war auch das letzte Stück des italienischen Kolonialreiches verlorengegangen. Am 4. Februar überschritt Montgomery die libysch-tunesische Grenze, und damit wurde die operative Zusammenarbeit der Briten mit den Streitkräften Eisenhowers in Tunis möglich. General Alexander erhielt als sein Stellvertreter den Oberbefehl über die gesamten alliierten Landstreitkräfte in Nordafrika.

Rommels Armee, nur notdürftig aufgefüllt und durch italienische Infanteriedivisionen verstärkt, fand erst an der vor dem Kriege von den Franzosen zur Verteidigung Tunesiens angelegten Marethlinie wieder Halt.

[219] s. KLINK, Ernst. *Das Gesetz des Handelns.* Die Operation »Zitadelle« 1943. Stuttgart, Deutsche Verlags-Anstalt, 1966 (Schriftenreihe des Militärgeschichtlichen Forschungsamtes Bd. VII).

Am 14. Februar begann der »Wüstenfuchs« zunächst einen Angriff gegen die Amerikaner nach Nordwesten und erzielte auch einige Durchbrüche. Es gelang ihm aber nicht, wie beabsichtigt, nach Norden einzudrehen und die gesamte alliierte Tunisfront von Süden her aufzurollen. Am 22. Februar mußte der Rückzug auf die Ausgangsstellung angetreten werden. Am Tage darauf wurden die Achsenstreitkräfte in Tunesien unter Rommels Oberbefehl zur »Heeresgruppe Tunis« zusammengefaßt. Der am 6. März begonnene Gegenangriff gegen die vor der Marethlinie konzentrierten britischen Kräfte brach zusammen. Rommel flog ins Führerhauptquartier, um Hitler am 10. März die Räumung des tunesischen Brückenkopfes vorzuschlagen. Hitler lehnte aber selbst eine Verkleinerung des Brückenkopfes ab, befahl Rommel in Deutschland seine angegriffene Gesundheit wiederherzustellen und bestellte als seinen Nachfolger Generaloberst von Arnim. Am 20. März brach Montgomerys Angriff gegen die Marethlinie los, am 7. April vereinigten sich die britischen und amerikanischen Armeen. Die Achsenstreitkräfte wurden auf engstem Raum zusammengedrängt und massiv aus der Luft angegriffen. Nur 700 Mann kamen durch Schnellboote und Flugzeuge aus dem Kessel; der Rest, 252 000 Mann, ging mit Generaloberst von Arnim in alliierte Gefangenschaft.

Die einzelnen Etappen der militärischen Entwicklung im Osten und in Afrika wurden von der Masse der Bevölkerung, wie bereits aufgezeigt, weniger im Detail als im Hinblick auf das Ganze zu begreifen versucht.[220] Nachdem im Osten wenig geschah, erlahmte das Interesse an diesem Kriegsschauplatz, und statt des Refrains, den die Soldaten an der Ostfront sangen und deren gute Haltung immer wieder hervorgehoben wird: »Es geht alles vorüber, es geht alles vorbei, im Dezember der Rückzug, Offensive im Mai«, hörte man: ». . . erst geht der Führer und dann die Partei.«[221]

Hinsichtlich Nordafrikas setzte sich mehr und mehr die Befürchtung durch, die italienischen und die eigenen Kräfte seien den Gegnern auf die Dauer nicht gewachsen[222] und die Stellung könne nicht gehalten werden.[223] Die letzte Meinung war durch Presse und Rundfunk allmählich sugge-

220 s. *supra*; S. 319, 337 f. und »Meldungen aus dem Reich«, 11. 1. 43. BOBE-RACH; S. 332, und Partei-Kanzlei II B 4. »Auszüge aus Berichten der Gaue u. a. Dienststellen. Zeitraum 10. 1. bis 16. 1. 43«. BA *NS 6/414*.
221 »Meldungen aus dem Reich«, 5. 4. 43. BOBERACH; S. 382.
222 Partei-Kanzlei II B 4. »Auszüge aus Berichten der Gaue u. a. Dienststellen. Zeitraum 24. 1. 43«. BA *NS 6/414*.
223 *idem*. Zeitraum 11. 4. bis 17. 4. und 18. 4. bis 1. 5. 43. *ibid*.

riert worden. Peinlich vermieden wurde dabei von offizieller Seite der Vergleich mit Stalingrad. Trotzdem bürgerte sich der Begriff »Tunisgrad« sehr rasch ein; auch die Bezeichnung »deutsches Dünkirchen« war zu hören. Ebenso wurde die Möglichkeit eines Landungsversuches der Anglo-Amerikaner in Sizilien oder in Sardinien recht häufig erörtert.[224] Als dann der Wehrmachtbericht am 13. Mai das Ende der Kämpfe in Afrika meldete, rief das Ereignis keinerlei besondere Reaktion, sondern nur ein weiteres Abgleiten der Stimmungskurve hervor. Hauptgegenstand der Diskussion waren die Verluste und das Schicksal der Gefangenen, wobei die meisten froh waren, daß ihre Angehörigen in westliche Gefangenschaft gerieten, »weil dort die Gefangenen nach den Richtlinien der Genfer Konvention behandelt würden, während über das Schicksal der Kriegsgefangenen in den Händen der Bolschewisten nichts bekannt sei«.[225] Der Verlauf und der Verlust des nordafrikanischen Feldzuges und die Landung der Alliierten in Sizilien veranlaßten die Deutschen, sich wieder intensiver mit ihrem italienischen Verbündeten zu befassen. Bereits nach dem Verlust von Stalingrad war die Italophobie neu aufgelebt und zahlreiche Stimmen registriert worden, die dem Versagen italienischer Truppen die Schuld an der Niederlage aufbürdeten.[226] Es blieb wieder Goebbels überlassen, die Mehrheitsmeinung treffend dahingehend zu interpretieren: »Unsere Bundesgenossen sind in der Tat die schlechtesten, die man in der ganzen Welt auftreiben konnte ...«[227] Die Lage in Italien selbst gab Anlaß zu Befürchtungen. Aus Berlin kam Ende März folgende Meldung: »Selbst Afrikakämpfer erzählen« von den Schwierigkeiten teilweise sogar Zusammenstößen mit den Bundesgenossen. Bei der Durchreise und in Gesprächen mit Italienern gewannen unsere Soldaten den Eindruck, daß der Faschismus nur sehr dünn gesät sei, daneben würden sich die sogenannte Königspartei, die Gruppe um den Kronprinzen und vor allem der Vatikan mit allen seinen unliebsamen Nebenerscheinungen breitmachen ...«[228]

[224] idem. Zeitraum 11. 4. bis 17. 4. ibid.
[225] »Meldungen aus dem Reich«, 24. 5. 43. BOBERACH; S. 397.
[226] »Meldungen aus dem Reich«, 8. 2. 43. ibid.; S. 354. Regierungspräsident von Ober- und Mittelfranken, 8. 5. 43. BHStA, Abt. II, MA 106 679. Partei-Kanzlei. »Auszüge aus Berichten der Gaue u. a. Dienststellen. Zeitraum 26. 3. bis 27. 3.« BA NS 6/414.
[227] Tagebücher; S. 294.
[228] Partei-Kanzlei II B 4. »Auszüge aus Berichten der Gaue u. a. Dienststellen. Zeitraum 21. 3. bis 27. 3. 43«. BA NS 6/414.

Ein Bericht aus Ober- und Mittelfranken bestätigte,»die Stimmung in Italien gegen den deutschen Bundesgenossen sei direkt feindselig ...«[229] Ende Juni häuften sich die pessimistischen Stimmen zur Haltung Italiens[230]:»Womöglich schließt der italienische König mit den Amerikanern einen Sonderfrieden ...«

»Das Vertrauen in den Achsenpartner sinkt, soweit es überhaupt möglich ist, noch weiter ab. Es wird allgemein die Ansicht vertreten, daß Italien schon längst von der Achse abgesprungen wäre, wenn es nicht so viele deutsche Truppen im Lande hätte ...« Aber auch das hindere die Italiener nicht an einer unfreundlichen Haltung gegenüber deutschen Soldaten, die teilweise sogar nach Fliegerangriffen mit Steinen beworfen worden seien, da man sie als die Schuldigen ansah.

Gerüchte über eine Krankheit Mussolinis liefen um. Ihn schätzte man angeblich »als der einzige Garant für die Bündnistreue Italiens«.[231] Die Armee, so hieß es, sei bereits in zwei Teile gespalten, und man spreche offen von »Königssoldaten«. Ähnlich sei es in der Marine. Nur die faschistische Miliz in Süditalien sei noch zuverlässig. Solche und ähnliche Ansichten konstatierte man in allen Teilen des Reiches.

Obwohl die deutsche Bevölkerung schon seit Wochen Spekulationen über eine mögliche Landung der westlichen Alliierten in Süditalien angestellt hatte, löste die Mitteilung des OKW-Berichtes »doch teilweise Bestürzung aus«. Mehr denn je hörte man Äußerungen über die Feigheit und »Schlappheit« der Italiener.

Als typisch wurde der Ausspruch eines Landarbeiters zitiert:»Da haben die Italiener nun weiter nichts zu tun, als ihren Kram zu verteidigen. Was machen sie? Sie lassen selbst auf ihrem Boden die Engländer und Amerikaner landen. Wenn der Engländer in Italien eindringt, dann ist für die Italiener der Krieg aus.«[232]

Das Reichssicherheitshauptamt glaubte auf Grund der Meldungen drei Bevölkerungsgruppen unterscheiden zu können: positiv eingestellte Parteigenossen, welche die Ansicht vertraten, man lasse die westlichen Alliierten erst auf Sizilien hereinkommen, um sie dann um so vollständiger

[229] Monatsbericht des Regierungspräsidenten. 8. 5. 43. BHStA, Abt. II, *MA 106 679*.

[230] RSHA an Partei-Kanzlei 25. 6. 43.»Meldungen aus den SD-(Leit)-Abschnittsbereichen«. *BA NS 6/411*.

[231] Dieselbe Bezeichnung hatte Hitler gebraucht. Vgl. *Goebbels' Tagebücher*; S. 131.

[232] RSHA»Zusammenstellung von Meldungen aus den SD-(Leit)-Abschnitten«. Am 9. 7. an Partei-Kanzlei übersandt. BA *NS 6/41*.

zu vernichten; eine zweite, weit größere Gruppe, die glaube, daß es langer, schwerer Kämpfe bedürfe und einer massiven Truppenverstärkung und Hilfeleistung an Italien, um die Eindringlinge wieder zu vertreiben; und schließlich eine Gruppe, die dem Nationalsozialismus gleichgültig oder negativ gegenüberstehe und sich meist aus »konfessionell gebundenen Volksgenossen« rekrutiere und die in der Landung bereits »den Anfang vom Ende« sähe.[233]

Sizilien wurde, wie die SD-Hauptaußenstelle Schwerin meldete, als »das Tor nach Europa« angesehen. »Was wird denn aus Europa, wenn das Tor bereits aufgestoßen ist? ... In weiten Kreisen der Bevölkerung hat sich überdies mehr und mehr die Ansicht durchgesetzt, daß Stalingrad zwar eine schwere Einbuße an Menschen und an Material und auch an Raum eingebracht habe, daß aber der Verlust von Tunis in seiner ungeheuren Bedeutung erst jetzt richtig erkannt würde. Während die Propaganda den Verlust von Stalingrad als weit schwerer hingestellt hat, als den von Tunis, sei das Verhältnis in Wirklichkeit genau umgekehrt. Tunis habe in Wirklichkeit das Sprungbrett nach Europa bedeutet ...«[234]

Die militärische Lage gab also jeglichen Anlaß zum Pessimismus. Bis zum Sommerbeginn war es auch endgültig klar, daß die Waffe, auf die 1942/1943, von der Propaganda lebhaft stimuliert, sich große Hoffnungen gestützt hatten, den Höhepunkt ihrer Erfolge hinter sich gelassen hatte: die U-Boote. Das 1942 gegründete »Anti-U-Boat Warfare Committee« hatte gute Arbeit geleistet. Vor allem aber waren es die neuen Radar-Ortungsgeräte, welche die deutsche Kriegsmarine im Mai 1943 zum Abbruch der U-Boot-Gruppenoperationen zwangen. Die deutsche Bevölkerung, welche sich in zunehmendem Maße über die Versenkungserfolge gefreut hatte[235], mußte ab Mai die Hoffnung auf eine günstige Wende des Krieges durch diese Waffe begraben.[236]

[233] idem. – Am 15. 7. übersandt. ibid.
[234] 20. 7. 43. BA NS 6/407; fol. 14319, 14320. – Goebbels notierte in seinem Tagebuch: »Wir erleben in der Tat eine Art von zweitem Stalingrad, allerdings unter ganz anderen Voraussetzungen psychologischer und materieller Art.« op. cit.; S. 327/328.
[235] Vgl. Partei-Kanzlei II B 4. »Auszüge aus Berichten der Gaue u. a. Dienststellen. Zeitraum 10. 1. bis 16. 1.; 14. 2. bis 20. 2.; 21. 3. bis 27. 3. 43«. BA NS 6/414 BOBERACH; S 335, 354, 373, 374, 376; Regierungspräsident Regensburg, 11. 4. 43. BA NS 19/246.
[236] Partei-Kanzlei II B 4. »Auszüge ... etc. Zeitraum 9. 5. bis 15. 5.; 29. 5. bis 5. 6. 43«. BA NS 6/415; BOBERACH; S 397, 415, 416; Regierungspräsident Regensburg, 11. 6. 43. BA NS 19/246.

Betrachtet man nun die Stimmungsberichte von Mai bis Juli 1943, so wird man einen bisher nicht gekannten Tiefstand der öffentlichen Meinung konstatieren. Die Lektüre der Meinungsforschungsberichte mußte zwangsläufig bei der nationalsozialistischen Führungsschicht Unruhe und Besorgnis hervorrufen. In der Tat wurde die Überwachung »aller Gefährlichen«[237] weiter intensiviert. Adolf Hitler ließ angesichts der wachsenden Resistenz der Ermordung Tuchatschewskis und dem von Stalin in der Roten Armee durchgeführten Säuberungsprozeß[238] eine späte Anerkennung zukommen. Der rote Diktator habe sich damit innerhalb der Armee alle oppositionellen Kreise vom Halse geschafft; mit einer gesellschaftlichen Opposition habe er nicht zu rechnen brauchen – die sei sowieso nicht gefährlich, da sie nur meckere und stänkere. Aber Stalin habe auch keine kirchliche Opposition mehr zu befürchten gehabt.[239] Diese Reflexionen zeigen deutlich, welche Kräfte Hitler immer noch zu schaffen machten: Unzufriedene Kreise der Wehrmacht und die Kirchen. Von ihnen vor allem glaubte er sein Regime in Frage gestellt. Seine stetige Furcht vor Attentaten, seine fast panische Angst vor einer neuen Novemberrevolution versuchte er zwar nach außen hin herabzuspielen. So sagte er zu Joseph Goebbels: »Einen Aufstand im Reiche selbst gegen unsere Kriegsführung wird es niemals geben. Das Volk würde an einen solchen nie denken.«[240]

Eine Revolution[241] aus dem Volke heraus, eine levée en masse, erfolgte bekanntlich auch nicht in den Krisenmonaten nach Stalingrad. Die Meinungsforschungsberichte lassen jedoch den Schluß zu, daß ein von führenden Militärs zu diesem Zeitpunkt ausgeführter Staatsstreich einen sehr breiten Konsensus innerhalb der Bevölkerung gefunden hätte, von breiten Bevölkerungsschichten sogar erwartet wurde. In diesen Monaten zeigte sich in Deutschland eine bisher nicht beobachtete Anfälligkeit für feindliche Propaganda, eine sehr starke Kritik an der Partei und ihren Kadern, an der militärischen Führung, und ein starkes Abbröckeln des Führerkults. Die nach Stalingrad einsetzende Vertrauenskrise hatte einen ersten Kul-

---

237 HASSELL, Ulrich von; S. 281.
238 Vgl. hierzu CONQUEST, Robert. *The great terror*. Stalins purge of the thirties. London/Melbourne, Macmillan, 1969.
239 Eintragung vom 8. 5. 43. *Tagebücher*; S. 323.
240 *ibid.*; S. 327.
241 Das Wort fiel beispielsweise in Dortmund, als ein Hauptmann einen angeblich desertierten Soldaten festnehmen wollte. Es sammelte sich dabei eine Menschenmenge, aus der Rufe ertönten: »Pfui, es gibt Revolution. Gebt uns unsere Jungen, gebt uns unsere Männer wieder.« BOBERACH; S. 420.

minationspunkt erreicht. Das »Gift« der feindlichen »Einflüsterungen« habe begonnen, »sich auch in den tieferen Seelenbezirken der deutschen Menschen langsam festzufressen«. Es sei nicht gelungen, diese Intoxikation völlig unwirksam zu machen.[242] Albert Speer schreibt, daß die Bedeutung von Stalingrad darin lag, daß Goebbels begonnen hatte, »am Stern Hitlers und damit an seinem Sieg zu zweifeln – und wir mit ihm«.[243] Wie sehr mußte dies erst für die Mehrheit der Bevölkerung gelten, als deren Interpret und Modulator sich Goebbels fühlte?

Bereits in der letzten Maiwoche mußte die Partei-Kanzlei aus den Gauberichten die Folgerung ziehen, daß die Stimmung inzwischen so schlecht geworden sei, daß sie nun die bisher immer noch als gut bezeichnete Haltung zu beeinflussen begann.[244] Die Menschen fragten sich nicht nur, wie man denn diesen Krieg gewinnen wolle (Kurhessen), sondern die Überzeugung, daß man diesen Krieg verlieren werde, setzte sich allgemein durch (Mainfranken). Besonders die Intellektuellen (Oberschlesien, Westfalen-Süd), aber auch Geschäftsleute aller Art würden offen auf die NSDAP und ihre Führer schimpfen. »›Ich habe Hitler nicht gewählt!‹ ist bei den Geschäftsleuten zu einer Art Schlagwort geworden ...« (Westfalen-Süd). Die Autorität des Führers begann zu schwinden (Halle-Merseburg, Oberschlesien). Kein Meinungsforschungsbericht, der nicht heftigste Angriffe gegen die Propaganda bringt. Ein Kommentar aus dem Gau Halle-Merseburg qualifiziert sie als »seelische Vergewaltigungsmethoden«.[245] Da es lebensgefährlich war, direkt Hitler, Staat und Partei anzugreifen[246], konzentrierte sich die aufgestaute Empörung gegen die Art der Meinungsführung und -beeinflussung. Es gab allerdings dabei auch manch humorvollen Töne. So sprach man von »Humpelbeins Plauder- und Lügenecke«, oder von »Humpelfüßchens Märchenecke«.[247]

Sehr anschaulich geht die Beurteilung, welche die nationalsozialistischen

242 Partei-Kanzlei II B 4. »Auszüge aus Berichten der Gaue u. a. Dienststellen. Zeitraum 9. 5. bis 15. 5. 43«. BA *NS 6/415.*
243 *Erinnerungen;* S. 271.
244 *idem.* Zeitraum 23. bis 29. 5. 43. *ibid.*
245 *ibid.*
246 Die Verhaftungen häuften sich in diesen Wochen. Als Himmler gemeldet wurde, daß in der Munitionsfabrik in Grüneberg in der Mark Brandenburg »eine sehr üble Stimmung« herrsche, empfahl er Verhaftung und Todesurteile der »schlimmsten Hetzer« als warnendes Beispiel. Der Reichsführer-SS. Tgb. Nr. 39/139/439 vom 23. 6. 43 an Chef der Sicherheitspolizei und des SD, Berlin. BA *NS 19/neu 238.*
247 »Stimmen zu den Goebbels-Artikeln im Reich« zum Bericht der SD-Hauptaußenstelle Schwerin vom 20. 7. 1943. BA *NS 6/407.*

Führungsfiguren durch die Bevölkerung damals erfuhren, aus dem vielfach kolportierten angeblichen »neuen Theaterspielplan« hervor:

»1. ›Der Herrscher‹, mit Adolf.
2. ›Es leuchten die Sterne‹, mit Hermann.
3. ›Lauter Lügen‹, mit Joseph.
4. ›Zu neuen Ufern‹ oder ›Der Weg ins Freie‹, mit Heß.
5. ›Die Heilige und ihr Narr‹, mit Rosenberg.
6. ›Der Lügner und die Nonne‹, mit Himmler.
7. Gala-Abend – alle zusammen in ›Die Räuber‹.«[248]

Damals tauchten auch die ersten Anzeichen einer Übertragung der schlechten Stimmung der Heimat auf die Soldaten auf. Die aus dem Urlaub an die Front zurückkehrenden Soldaten neigten eher zu Kritik als vorher.[249] Ein Bericht aus dem Gau Magdeburg-Anhalt beschäftigte sich eingehend »mit Zersetzungserscheinungen in der Wehrmacht, die durch mangelhafte politische Schulung bedingt sind«.[250] Aus Erzählungen von Parteileuten, die in der Wehrmacht Dienst taten, ginge immer wieder hervor, daß »die Einstellung eines erheblichen Teiles zumindest der Stabsoffiziere alles andere als nationalsozialistisch« ist. Eine Art politischer Kommissar sei deshalb durchaus am Platze – diese Meinung könne man häufig hören. Berichte treuer Parteiangehöriger aus dem besetzten Westen besagten, die Stimmung dort sei »erschreckend«. Wie bereits in den Monaten nach Stalingrad, wurden auch in den Sommermonaten in den Truppenteilen des Ersatzheeres und in der Etappe Defätismus und Demoralisierungserscheinungen beobachtet.[251] Die ursprünglich im Osten für die Parteifunktionäre gebräuchliche Bezeichnung »Goldfasan« bürgerte sich nun auch in der Heimat ein. »Daß sich die braune Uniform der Bewegung keiner sonderlichen Wertschätzung bei der Wehrmacht erfreut, dürfte ja wohl kein Geheimnis mehr sein.«[252]

Am 28. Juni brachte der SD-Abschnitt Halle einen Bericht über »Einstellung von Frontsoldaten zur Stimmung und Haltung der Heimat (Aus-

[248] Persönliches Tagebuch von Paula Stuck von Reznicek. BA MA *Slg. 106/Bd. 19*; fol. 39.
[249] Partei-Kanzlei II B 4. »Auszüge aus Berichten der Gaue u. a. Dienststellen. Zeitraum 30. 5. bis 5. 6. 43«. BA *NS 6/415.*
[250] *idem.* Zeitraum 13. 6. bis 19. 6. 43. *ibid.*
[251] *idem.* Zeitraum 20. 6. bis 26. 6. 43. *ibid.*
[252] *ibid.*

züge aus Feldpostbriefen)«.[253] Hierin heißt es, daß in der Mehrzahl der bisher erfaßten Feldpostbriefe »der unerschütterliche Kampf- und Siegeswille der Soldaten zum Ausdruck« komme. »Einige Briefe jedoch zeigen eine wachsende Besorgnis nicht allein nur um die Stimmung der Heimat, sondern auch um die negative Stimmung, die bereits von der Heimat abgefärbt und in Kreisen der Frontsoldaten Eingang gefunden hat ...« Aus einem Brief werden Ansichten zitiert, die beweisen, daß der Geist von Stalingrad Schule gemacht hatte:

»Die Ansichten der Kameraden sind sich alle darüber gleich, nämlich, daß der Frieden, sprich ›Zusammenbruch‹, nicht mehr fern ist ...«

»... alle sind der Meinung, daß die deutschen Männer hingeschlachtet werden in nutzlosen Angriffen ...«

»Oder ist es doch so, wie die Kameraden sagen, zum totschießen sind wir alle gut genug?«

Fast ausnahmslos, so hieß es in dem Bericht, käme in allen Briefen zum Ausdruck, daß die Soldaten froh seien, wenn sie aus der Heimat wieder zurück zu ihren Kameraden kämen.

Zu der beängstigenden militärischen Lage und den pausenlosen Luftangriffen kam noch die unzureichende Ernährung hinzu. Mehrere Berichte bringen wieder diesbezügliche Klagen.[254] Ende Mai waren die Fleischration gekürzt, dafür aber die Brot- und Fettration geringfügig erhöht worden.[255] Besonders in Arbeiterkreisen und bei den neu in den Arbeitsprozeß Eingegliederten wurden die neuen Zuteilungen als drückend empfunden: »Statt 100 g Fleisch erhalte man lediglich ein Stück Brot mit Aufstrich.«[256] Auch die Gemüse- und Obstversorgung wurde weithin als mangelhaft empfunden.[257]

Trotzdem gewinnt man den Eindruck, daß diese Sorgen weit hinter den

253 BA NS 6/406; fol. 14150–14153. – Vgl. hierzu auch Soldatenbriefe über schlechte Stimmung in der Heimat in BA R 55/583; fol. 25, 34.
254 Vgl. BOBERACH; S. 356, 393–395.
255 Über die Ernährungssituation gab Staatssekretär Backe der Presse vertrauliche Informationen. Hiernach beruhte die ungünstige Entwicklung auf dem Fleischsektor insbesondere auf dem erhöhten Bedarf der Wehrmacht. In der Fettversorgung wirkte sich der Ausfall Nordafrikas schwerwiegend aus, da Fankreich 40 % der einheimischen Fettproduktion von dort bezogen hatte. Dies Fett fehlte nun, und die 50 g Fett, die als Ausgleich für die 100 g Fleisch ausgegeben wurden, waren nur sehr schwer zu beschaffen. Ba ZSg 115/1942.
256 BOBERACH; S. 398.
257 SD-Abschnitt Weimar, 13. 7. 43. BA NS 6/406; fol. 14129.

anderen Belastungen zurückblieben und in den Diskussionen nicht mehr denselben Raum einnahmen wie in den ersten Kriegsjahren, in denen sonst zu Beanstandungen nicht allzuviel Anlaß bestand. Im nachhinein kann man diese Mißmutsäußerungen der ersten Jahre als eine Art Ventil betrachten für unzulässige Kritik. Nur bei einer Minderheit hatte sie sich zu einer bewußten politischen Opposition gegen das Regime verdichtet. Jetzt ging es aber auch bei weiteren Kreisen um mehr als um materielle Unzufriedenheit. Die Krise reichte weit tiefer. Dies kam immer augenfälliger in dem Verhältnis zu den Kirchen zum Ausdruck.»Es zeigte sich, daß unter der Wucht des Kriegsgeschehens und vor dem Tode, der plötzlich an Tausende von Familien herantritt, alles zerbröckelt, was nur Ideologie ist.«[258] Die sowieso nicht allzu zahlreichen Kirchenaustritte gingen weiter zurück, und viele Deutsche, die ausgetreten waren, kehrten in den Schoß der Kirchen zurück. Die Partei-Kanzlei kommentierte bereits im Februar gallig:»Jedenfalls wird die alte Erfahrung hundertfach bestätigt, daß Zeiten der Not für die Kirche Zeiten der Ernte sind.«[259] Die Führer der Partei mußten einsehen, daß ihre biologischen Kernsätze von der Kraft des Blutes und dem Fortleben des Volkes in seinen Nachkommen wenig echte Anhänger gefunden hatten.»Es wäre falsch, die ungeheure psychologische Wirkung, die der Jenseitsglaube durch seine Verheißung auf viele Volksgenossen ausübt, zu unterschätzen.«[260] Doch im Vertrauen auf die männliche Ausstrahlungskraft der Führer des Dritten Reiches und in der Geringschätzung geistiger und seelsorgerischer Qualitäten der Geistlichen

[258] »Zur Frage des Rückganges der Kirchenaustritte und der Wiedereintritte zahlreicher Volksgenossen in die kirchliche Gemeinschaft«. Anlage zu den »Meldungen aus dem Reich«, vom 22. 4. 43. BA R 58/182.
[259] Partei-Kanzlei II B 4. »Auszüge aus Berichten der Gaue u. a. Dienststellen. Zeitraum 14. 2. bis 20. 2. 43«. BA NS 6/414. Berichte über starke Aktivität der Kirchen brachten auch die Kreisleitungen von Sinsheim, Heidelberg, Waldshut, Lörrach, Rastatt, wo es mehrfach heißt, der Weizen der Kirchen blühe. BA NS Misch/1846; fol. 324174, 324183, 324187, 324193, 324194, 324197. – Vgl. auch Monatsbericht der Regierung von Oberbayern, 8. 6. 43. Nr. 788. Die kirchliche Lage in Bayern.
[260] Partei-Kanzlei II B 4. »Auszüge aus Berichten der Gaue u. a. Dienststellen. Zeitraum 4. 4. bis 10. 4. 43«. BA NS 6/414. – Typisch hierfür ist eine Meldung aus dem Kreis Villingen:»Vor dem Pfarrer haben die Menschen mehr Angst als vor der Partei, allerdings nur wegen der Angst vor dem Sterben.« BA NS Misch/1730; fol. 304 213. – Die Fronleichnamsprozessionen zeigten auch neben einer starken Anteilnahme der Bevölkerung einen großen Zulauf von Wehrmachtsangehörigen. Darunter waren besonders zahlreich Vertreter der Militärakademie und der Kriegsmarine. Vgl. BA NS Misch/1847; fol. 324374–77; 324 399.

glaubte die Partei-Kanzlei noch im April 1943 für sich in Anspruch nehmen zu können:»Wir müssen uns grundsätzlich darüber im klaren sein, daß der *Sieg um die Seele des deutschen Menschen dem die Überlegenheit sichern wird, der auch in der Lage ist, die besten Männer als Vertreter seiner Idee zu stellen!* Es wird also nicht nur ausschließlich darauf ankommen, *was* die Führung auf beiden Seiten zu sagen weiß, sondern auch darauf, *wer* es ihr sagt!«[261]

Angesichts der selbst von Goebbels eingestandenen Führungskrise der Partei scheint dieses Vertrauen in die eigenen Reihen wenig berechtigt. Allein schon aus der Form des Grüßens konnte man sehen, wer mehr Ansehen bei der Bevölkerung genoß. Aus Süddeutschland wurde von einer regelrechten»Grüß-Gott-Bewegung«berichtet.[262] Wir sahen auch schon, daß der Gruß Heil Hitler immer seltener wurde; ebenso verschwand das Parteiabzeichen mehr und mehr von den Rockaufschlägen.[263] Aus einem Bericht über die Ausmusterung des Jahrganges 1925 in den Reichsarbeitsdienstlagern zur Aufstellung der 9. und 10. SS-Division schloß Himmler auf die»sichtbare und planmäßige Vergiftung der Jugend unseres Volkes durch die christliche Erziehung«. Die Berichterstatter der Aktion stellten im übrigen»ein restloses Versagen der HJ fest. Es fehlt bei den Jungen am Idealismus und am Verständnis für die Größe unserer Zeit und des Einsatzes«.[264]

Nachdem die Berichte der Hoheitsträger der Partei bereits seit Ende Mai über die Aufweichung der Haltung Mitteilung gemacht hatten, brachte der SD am 8. Juli eine Zusammenfassung der»Meldungen über Auflockerungserscheinungen in der Haltung der Bevölkerung«.[265] Der wichtigste Satz hieraus, den man als Bestätigung des bereits seit längerer Zeit beobachteten Ablösungsprozesses zwischen Nationalsozialismus und immer weiteren Kreisen der Bevölkerung werten kann, lautet:»Ein Teil der Volksgenossen empfinde offenbar einen Angriff auf Einrichtungen des Staates und der Partei oder deren personelle Träger gar nicht mehr als eigene Sache, sondern habe sich innerlich distanziert.«

Der Sog der Mutlosigkeit war so stark, die Attacken gegen das System

[261] Partei-Kanzlei II B 4.»Auszüge aus Berichten... etc. Zeitraum 4. 4. bis 10. 4. 43«. BA *NS 6/414.*
[262] Regierungspräsident von Schwaben und Neuburg, 10. 6. 43. BHStA, Abt. II, *MA 106684.*
[263] »SD-Bericht zu Inlandfragen«, 8. 7. 43. BOBERACH; S. 419/420.
[264] Schreiben an Bormann vom 14. 5. 43. Tgb. Nr. 1613/43 mit Anlage. BA *NS 19/398.*
[265] BOBERACH; S. 416–420.

wurden so zahlreich,»daß selbst Parteigenossen von dieser negativen Stimmung eingefangen werden und selbst positiv eingestellte Volks- und Parteigenossen ihren Widerstand gegen die negative Kritik und Schwarzseherei aufzugeben beginnen, da jeder, der seine optimistische Haltung bewußt herauszustellen versucht, sich mitleidig oder ironisch angesehen oder angesprochen fühlt«.[266] Hitler und seine Partei mußten nun zu ihren Ungunsten ein Phänomen registrieren, von dem sie in den Anfangsdreißigerjahren und auch zu Beginn der Machtübernahme profitiert hatten: die Schnelligkeit der Übernahme von Majoritätsmeinungen und die Unbeständigkeit der öffentlichen Meinung. Hatte sich in den Jahren der nationalen Erfolge die der Konformität des Verhaltens in spezifischen Gruppen innewohnende Dynamik zu ihren Gunsten entwickelt, so begann nun der Trend zur Mehrheitsmeinungsbildung sich abträglich für das Dritte Reich auszuwirken.

2. Der Abfall Italiens

In diese für die Nationalsozialisten wohl unheilvollste Atmosphäre seit ihrem Machtantritt schlug die Nachricht vom »Rücktritt« Mussolinis »wie ein Blitz« ein.[267] Der Chef des faschistischen Bruderstaates, der einzige »Garant« italienischer Bündnistreue, war von der politischen Szene Italiens abgetreten. Der Schock[268] und die Verwirrung der Partei- und Staatsspitze in Deutschland waren wohl noch größer als die des Durchschnittsbürgers. Sie äußerten sich in einer extremen Nachrichtendürre. Goebbels notierte, es sei nicht möglich, das Volk »im Augenblick darüber aufzuklären, daß es sich in Rom nicht nur um einen Rücktritt Mussolinis, sondern um eine tiefgehende organisatorische und weltanschauliche Krise des Faschismus, unter Umständen sogar um seine Liquidierung, handelt«.[269] Aus den *Lagebesprechungen im Führerhauptquartier*[270] geht hervor, daß

[266] »Zusammenstellung von Meldungen aus den SD-(Leit)-Abschnittsbereichen«. Am 22. 7. an Partei-Kanzlei übersandt. BA *NS 6/411;* fol. 14089.
[267] Berichte der Regierungspräsidenten von Ober- und Mittelfranken und Oberbayern. BHStA, Abt. II, *MA 106 679* und *MA 106 671.*
[268] »SD-Berichte zu Inlandfragen«, 29. 7. 43. BOBERACH; S. 424. – »Zusammenstellung von Meldungen aus den SD-(Leit)-Abschnittsbereichen. Durch Kurier am 30. 7. 43 an Partei-Kanzlei gesandt«. BA *NS 6/411;* fol. 14106, 14110, 14112.
[269] *Tagebücher;* S. 375 – Eintragung vom 27. 7. 43.
[270] Protokollfragmente aus Hitlers militärischen Konferenzen 1942–1945. Hrsg.

Hitler als erste Maßnahme beabsichtigte, den Duce so schnell wie möglich nach Deutschland kommen und die italienische Regierung unter Badoglio verhaften zu lassen. Mussolini sollte dann wieder in seinen früheren Funktionen bestätigt werden.

Wie nicht anders zu erwarten, machte sich die nationalsozialistische Elite angesichts der kritischen Haltung der öffentlichen Meinung Gedanken über die Möglichkeiten einer ähnlichen Entwicklung im eigenen Lande. Der Reichsführer SS wurde angewiesen, auf jeden Versuch dieser Art mit den schärfsten Mitteln zu reagieren. Nach außen hin zeigte Hitler sich jedoch selbstsicher und unbesorgt. Gegenüber Goebbels äußerte er, er fürchte kaum subversive Aktivitäten, da die Deutschen zu italienfeindlich eingestellt seien und man im Volke die Ereignisse bereits vorausgesehen und erwartet habe.[271] Diese Bemerkung zeigt erneut, daß Hitler die Stimmungsberichte kannte. Verrat aus den eigenen Reihen scheint er nicht in Betracht gezogen zu haben, und auch die militärischen Führer seiner unmittelbaren Umgebung schätzte er richtig ein. In der Bevölkerung hingegen schloß man vielerorts die Möglichkeit einer »Militärdiktatur«[272] in Deutschland keineswegs aus.

Als die ersten knappen Meldungen über den Umsturz in Italien bekannt wurden, fühlte sich die große Masse, an langatmige Auslegungen des Regimes gewöhnt, »ohne politische Führung«. Wie immer in Zeiten der Unsicherheit, kam es zur Verbreitung der »tollsten Kombinationen und Gerüchte«. Daraus hinwiederum resultierten starke Meinungsschwankungen. Jeder einzelne änderte seine Meinung mehrfach täglich. »Deutlich ist ein Suchen und Tasten nach der Wahrheit zu bemerken. Auf das Verhalten der Bevölkerung hat sich der Regierungswechsel noch nicht ausgewirkt. Die Haltung aber ist insoweit stark in Mitleidenschaft gezogen, als erhebliche Teile der Bevölkerung den Mut soweit verloren haben, daß sie nicht mehr daran glauben, daß der Krieg gewonnen werden könnte.«[273]

Bemerkenswerterweise wird hier zum ersten Male in den Berichten des

von Helmut Heiber, München, dtv, 1964; S. 152 (Cop. Deutsche Verlags-Anstalt, Stuttgart, 1962).
[271] *Goebbels' Tagebücher*; S. 275. Es gab sogar Kreise, die eine gewisse Genugtuung darüber empfanden, daß sie mit ihrer Voraussage und Beurteilung der Lage in Italien – »Im Gegensatz zur vermeintlichen Auffassung der Regierung« – recht behalten hätten. OLG-Präsident Bamberg, 27. 11. 43. BA *R 22/3355.*
[272] »SD-Berichte zu Inlandsfragen«, 16. 8. 43. BOBERACH; S. 430. »Zusammenstellung von Meldungen aus den SD-(Leit)-Abschnittsbereichen«. Durch Kurier an Partei-Kanzlei, 30. 7. 43. BA *NS 6/41;* fol. 14106.
[273] *ibid.;* fol. 14104.

Sicherheitsdienstes eine neue Kategorie neben die bisher benutzten der Stimmung und Haltung gestellt: das Verhalten. Mit dieser Differenzierung versuchte man sich über das wahre Ausmaß der Unzufriedenheit der Bevölkerung hinwegzutäuschen. War auch die Stimmung miserabel, ließ die Haltung sichtlich nach, so blieb doch das Verhalten gegenüber den totalitären Machthabern loyal bis passiv. Die Grundstimmung selbst entsprach einer starken Depression. Unter den Nationalsozialisten verbreitete sich ein tiefer Schrecken,»daß der Sturz eines Regierungssystems von immerhin zwanzigjähriger Dauer binnen weniger Stunden möglich sein konnte«.[274] Die überzeugten Parteigenossen schlossen sich dichter zusammen, entschlossen,»jede irgendwie geartete Auswirkung des Vorfalles in Italien auf innerdeutsche Verhältnisse mit sämtlichen Machtmitteln zu unterbinden. Ein anderer Teil der Bevölkerung, die Drahtzieher kann man jedoch nicht fassen, hat das italienische Vorkommnis als ermutigendes Zeichen zur Wiedereinführung der sogenannten demokratischen Freiheit angesehen. Bestreben jedoch, die darauf hinzielen, sich schon jetzt entsprechend umzustellen, sind noch nicht festgestellt worden. Schließlich gibt es noch eine Gruppe von sogenannten Parteigenossen, die es nicht mehr wagen, in der Öffentlichkeit mit ›Heil Hitler‹ zu grüßen und regelrechte Angstzustände haben, daß sie als Angehörige der NSDAP in einem ähnlichen Fall wie Italien auf der sogenannten schwarzen Liste stehen. Die innerpolitischen Vorgänge in Italien haben sich also bei uns in der Form ausgewirkt, daß die verantwortlichen Stellen sich klar sein müssen, daß ein Teil der Bevölkerung sich vom Nationalsozialismus abgewandt, ein Teil sich nur als Mitläufer abgezeichnet hat und daß klargestellt ist, in welchen Kreisen der Bevölkerung tatsächlich noch echte Nationalsozialisten vorhanden sind«.[275] Zum damaligen Zeitpunkt dürften letztere schwerlich mehr als ein Drittel der Bevölkerung ausgemacht haben.

»Während die von jeher zuversichtlich und kompromißlos eingestellten Volks- und Parteigenossen ihre Beherrschung mit dem Gefühl bewahrten, daß Deutschland auch allein so stark sei, daß ihm die italienische Krise nichts Ernstliches anhaben könne, habe die Masse der Kleingläubigen und der Pessimisten in den letzten 24 Stunden in der Bevölkerung die Mehrzahl erlangt. Der überwiegende Teil der Volksgenossen hält danach das Bevorstehen einer Katastrophe nicht mehr für ausgeschlossen. Selbst Parteigenossen, mittlere Beamte, Reserveoffiziere, Kaufleute, in der Mehr-

274 BOBERACH; S. 424.
275 Regierungspräsident Oberbayern, 9. 8. 43. BHStA, Abt. II, *MA 106 671*.

zahl aber politisch Indifferente sowie Katholiken, glauben insbesondere unter Berücksichtigung der ständig wachsenden Terrorangriffe im Westen und Norden Deutschlands, daß nunmehr die Zeit begonnen habe, in der Deutschland ›Stück für Stück‹ zusammengehauen werde . . .«[276] Diese Feststellung des Reichssicherheitshauptamtes läßt die Scheidung zwischen überzeugten Nationalsozialisten, Opportunisten, politisch Desinteressierten und Gegnern hervortreten. Die in den Krisenjahren der Weimarer Republik der NSDAP zugeströmten Verzweifelten, Desorientierten, die Idealisten, aber auch die Nationalkonservativen und die früheren Zentrums- und BVP-Mitglieder und mit ihnen die Mitläufer aus allen Lagern, die sich von den Versprechungen und Erfolgen des Regimes hatten blenden lassen, sie alle wandten sich zunehmend vom Nationalsozialismus ab.»Das Vertrauen und Ansehen der autoritären Staatsform habe, wie mehrfach in den Berichten hervorgehoben wird, in einer in letzter Konsequenz noch nicht übersehbaren Weise gelitten . . .«[277]

Die Bindung an Hitler erwies sich jedoch weiterhin als sehr stark. Man konnte zwar allerhand Stimmen hören, daß Hitler nun vielleicht auch bald gehen müßte, aber sie waren, wie das RSHA betonte, keineswegs bösartig gemeint. Man konnte vielmehr wieder viele Mitleidsäußerungen konstatieren. »Zwar werde verschiedentlich in den Berichten angeführt, daß auch der Führer durch den Treuebruch seines persönlichen Freundes Mussolini, auf den er vor aller Welt größtes Vertrauen gesetzt habe, soweit infolge des Versagens des Faschismus einen Prestigeverlust erlitten habe, aber diese Feststellungen treten gegenüber der tief empfundenen Anteilnahme weiter Bevölkerungskreise zurück, daß dem Führer wieder einmal aus dem Kreise seiner engsten Freunde eine derart bittere Enttäuschung zugefügt worden ist.«[278]

Das Schweigen Hitlers zu den Vorgängen in Italien wirkte sich ungünstig aus. Gerade in diesem Augenblick der Zweifel und Unsicherheit hätte ein Führerwort, wie die Berichte erkennen lassen[279], manchen wieder dem Regime nähergebracht. So aber breitete sich »schneeballartig«[280] eine poli-

---

[276] »Zusammenstellung von Meldungen aus den SD-(Leit)-Abschnittsbereichen«. Durch Kurier am 30. 7. 43 an Reichskanzlei gesandt. BA NS 6/41; fol. 14107.

[277] ibid.; fol. 14107/14108.

[278] ibid.; fol. 14108. Vgl. auch »SD-Berichte zu Inlandfragen«, 29. 7. 43. BOBERACH; S. 427, 428.

[279] BOBERACH; S. 427, 429.

[280] Kreisleitung Gelnhausen. »Allgemeines Stimmungsbild«. 23. 8. 43. BA NS Misch/1641; fol. 140856.

tische Spannung über das ganze Land aus. Die Möglichkeit einer Parallelentwicklung in Deutschland und die Errichtung einer Militärdiktatur
wurden immer häufiger diskutiert. Da sich die Propagandaführung nur
auf die Herausstellung der Zweckmäßigkeit einer Weiterführung der militärischen Zusammenarbeit mit Italien beschränkte[281], sah sich die Bevölkerung auf eigene Kombinationen angewiesen. Gerüchte über die Flucht
Görings, Ribbentrops, Schirachs liefen um. Gehässige Witze machten die
Runde: Hitler schreibe an einem neuen Buch, betitelt »Mein Irrtum«.
Oder er sei mit einem U-Boot untergegangen, zusammen mit Goebbels.
Dabei seien nicht er und der Propagandaminister gerettet worden, sondern
das deutsche Volk.[282] Noch mehr Parteiabzeichen verschwanden von den
Rockaufschlägen, der Hitlergruß wurde ebenfalls noch seltener. Mehr und
mehr Menschen diskutierten die Frage, »ob durch einen Regierungswech-
sel in Deutschland ›noch etwas zu retten sei‹ . . .«, und man hörte den Ruf
»Wir müssen eine neue Regierung haben!«[283] Aus den von Fliegerangriffen heimgesuchten Städten wurde von »Novemberstimmung« berichtet.[284]
Wohl nie im Dritten Reich war die Situation für einen Umsturzversuch so
günstig.[285] In Kreisen des Widerstandes wollte man sich jedoch erst einer
Rückendeckung von außen, von seiten der Gegner, versichern, bevor man
im Inneren ein Chaos riskierte.[286] Nun aber, seit sich das militärische Glück
von Deutschland abzuwenden begonnen hatte, war man in alliierten Kreisen noch weniger geneigt, unsicheren deutschen Versprechungen aus oppositionellen Kreisen Glauben zu schenken und damit womöglich einer erneuten Dolchstoßlegende den Boden zu bereiten. Somit wurde beiderseits
die Chance vertan, Hitler und seine engsten Mitarbeiter zu beseitigen und
dem von ihnen entfesselten Krieg Einhalt zu gebieten. Die Raserei nahm
verstärkt ihren Fortgang. Die Bombardierung Hamburgs vom 24. Juli

---

281 V. I. Nr. 181/43 vom 27. 7. 43. BA ZSg 109/43; fol. 124.
282 »SD-Berichte zu Inlandfragen«, 2. 8. 43. BA R 58/187. Ähnliche Gerüchte
über die Flucht führender Persönlichkeiten wurden auch von den Regierungspräsidenten von Oberbayern und Schwaben und Neuburg gemeldet. BHStA,
Abt. II, MA 106 671 und 106 84. Vgl. auch Zusammenstellungen von Meldungen aus den SD-(Leit-)Abschnittsbereichen, am 30. 7. 43 der Partei-Kanzlei übersandt. BA NS 6/411; fol. 14116.
283 BOBERACH; S. 430.
284 »SD-Berichte zu Inlandfragen«, 2. 8. 43. BA R 58/187.
285 »Der Umsturz in Italien hat meiner Beobachtung nach in nicht wenigen
Volksgenossen die Vorstellung und vielleicht auch sogar den Wunsch erzeugt
oder verstärkt, daß auch im Deutschen Reich ein innenpolitischer Umsturz
kommen müßte.« Landgerichtsrat Wachinger, Landshut, 7. 8. 43. BA R 22/
3379.
286 HASSELL, Ulrich von; S. 287 f.

396

bis 3. August gab einen Vorgeschmack der Leiden, die deutschen Groß-
stadtbevölkerungen in Zukunft bevorstanden und deren Höhepunkt das
Bombardement Dresdens im Februar 1944 darstellen sollte. Ganze Stadt-
teile wurden total vernichtet. Im »Bericht des Polizeipräsidenten in Hamburg als örtlicher Luftschutzleiter über die schweren Großangriffe auf
Hamburg im Juli/August 1943« liest man: »Das utopisch anmutende Bild
einer schnell verödenden Großstadt ohne Gas, Wasser, Licht und Ver-
kehrsverbindungen, mit den Steinwüsten einst blühender Wohngebiete
war Wirklichkeit geworden. Die Straßen waren mit Hunderten von Leichen bedeckt. Mütter mit
ihren Kindern, Männer, Greise, verbrannt, verkohlt, unversehrt und bekleidet, nackend und in wächserner Blässe wie Schaufensterpuppen, lagen
sie in jeder Stellung, ruhig und friedlich oder verkrampft, den Todeskampf
im letzten Ausdruck des Gesichts. Die Schutzräume boten das gleiche Bild,
grausiger noch in seiner Wirkung, da es zum Teil den letzten verzweifelten Kampf gegen ein erbarmungsloses Schicksal zeigte. Saßen an einer
Stelle die Schutzrauminsassen ruhig, friedlich und unversehrt wie Schla-
fende auf ihren Stühlen, durch Kohlenoxydgas ahnungslos und ohne
Schmerzen getötet, so zeigt die Lage von Knochenresten und Schädeln in
anderen Schutzräumen, wie ihre Insassen noch Flucht und Rettung aus
dem verschütteten Gefängnis gesucht hatten.

Es wird keiner Phantasie jemals gelingen können, die Szenen des Schrek-
kens und Grauens zu ermessen und zu beschreiben, die sich in zahlreichen
verschütteten LS-Räumen abgespielt haben . . .«[287]

Die Kenntnis solcher Angriffe lastete wie ein »Alpdruck«[288] auf der
deutschen Bevölkerung und verstärkte das Gefühl der »Unsicherheit und
Ausweglosigkeit«. Vor allem der Eindruck der völligen Hilflosigkeit
wirkte bedrückend, wie der Oberlandesgerichtspräsident von Hamm am
31. August in einem langen Bericht mitteilte. »Unser Volk besteht nicht
nur aus Helden, sondern auch aus einer gehörigen Portion verzagter und
für Heroismus nicht geeigneter Menschen.«[289] Allen diesen Verzagten prä-
sentierte sich die Kriegslage in einem düsteren Licht: »Wir stehen in der
Verteidigung und wehren uns gegen eine erdrückende Übermacht. Italien
fällt ab, sobald ihm von der Gegenseite bestimmte Zugeständnisse gemacht
werden. Dann zerbricht die bisherige Front in Italien und entsteht neu

---

[287] Abgedruckt in *Der Luftkrieg über Deutschland 1939–1945*. Deutsche Berichte und Pressestimmen des neutralen Auslands. München, dtv, 1963; S. 57.
[288] *sic*. »SD-Berichte zu Inlandfragen«, 29. 7. 43. BOBERACH; S. 427.
[289] BA *R 22/3367*.

am Alpenrande. Damit gerät Süddeutschland und unsere verlagerte Industrie in den Aktionsbereich der feindlichen Luftwaffe. Der Balkan ist gefährdet und damit unsere Ölzufuhr. Der ungeheure Materialeinsatz und die scheinbar unerschöpflichen Menschenreserven der Sowjets können im Winter zu einer neuen Katastrophe im Osten führen. Dem Luftterror ist Deutschland – künftig auch die südlichen und südöstlichen Reichsgebiete – wehrlos ausgeliefert. Viele setzen noch große Hoffnungen auf die Vergeltung, andere vermögen daran nicht mehr zu glauben. Die Evakuierung von Millionen Menschen, die wiederum bei anderen Millionen einschneidend in die bisher vom Kriege unangetastet gebliebene ›private Sphäre der vier Wände‹ eingreift, kann zu einem führungs- und verwaltungsmäßig nicht mehr zu beherrschenden Durcheinander führen.«²⁹⁰

Bei dieser trostlosen Bilanz fällt auf, daß der endgültige Abfall Italiens erwartet wurde. Diese Ansicht findet auch in anderen Berichten ihre Bestätigung.²⁹¹ Bei vielen wuchs die Sehnsucht nach »Frieden um jeden Preis«.²⁹² Das dauernde Gerede über die Vergeltung stieß auf immer mehr Skepsis.²⁹³ »Dabei werde von technisch interessierten Volksgenossen darauf hingewiesen, daß die deutsche Kriegstechnik vollständig überflügelt sein müsse, was aus der technischen Entwicklung der feindlichen Luftwaffe ›ohne weiteres‹ ersichtlich sei . . .«²⁹⁴ Derartige Erkenntnisse waren dem Prestige Görings im Volke weiterhin abträglich. Er hieß nun nicht mehr »Meier«, sondern in Westdeutschland »Hermann Tengelmann« und in Hamburg »Hermann Brenninkmeier«, da diese bekannten Firmen in zahlreichen Städten Niederlagen unterhielten »und die deutsche Luftwaffe ebenfalls ständig Niederlagen erleide«.²⁹⁵

---

²⁹⁰ »SD-Berichte zu Inlandfragen«, 16. 8. 43. »Wie sieht das Volk die Kriegslage?« BOBERACH; S. 429.
²⁹¹ Vgl. »Zusammenstellung von Meldungen aus den SD-(Leit-)Abschnittsbereichen«. Durch Kurier der Parteikanzlei gesandt am 30. 7. 43. BA NS 6/411; fol. 14109.
²⁹² OLG-Präsident Bamberg, 2. 8. 43. BA R 22/3355.
²⁹³ OLG-Präsident Kiel, 30. 8. 43 und »Meldungen zu den Terrorangriffen auf Hamburg«. SD-Berichte zu Inlandfragen, 2. 8. 43. BA R 58/187.
²⁹⁴ ibid.
²⁹⁵ ibid.; vgl. auch ein Schreiben des Chefs des SS-Hauptamtes Gottlob Berger an Himmler vom 30. 7. 43, in dem er erwähnt, daß es so nicht mehr weiter ginge. Göring habe »keine Resonanz. Nicht nur wegen der offenkundigen Übermacht der feindlichen Luftwaffe, sondern vor allen Dingen auch, weil er es versäumt hat, in die schwer getroffenen Gebiete zu gehen und mit den Menschen zu sprechen«. Goebbels und Ley kämen auch nicht an; für ein Herausstellen Himmlers sei es zu früh. Hitler müsse für das einfache Volk, das treu zu ihm stehe, eine Parole ausgeben. BA NS 19/415a.

Das Schweigen der deutschen Regierung, das – wie Goebbels bekanntgeben ließ –»nicht das geringste mit Verlegenheit oder Ratlosigkeit zu tun« hatte, sondern»ausschließlich einem Gebot der politischen Zweckmäßigkeit« entspräche[296], veranlaßte viele Deutsche noch mehr als bisher zum Abhören von Feindsendern. Das hinwiederum wirkte sich in einem erhöhten Anfall von Verstößen gegen das Heimtückegesetz und die Rundfunkverordnung aus.[297] Inwieweit die Gründung des»Nationalkomitees Freies Deutschland«[298] – am 12. und 13. Juli in Moskau – und die Berichte des Senders Moskau und des»Deutschen Volkssenders« über die Ziele dieser Vereinigung deutscher kriegsgefangener Offiziere und Soldaten und deutscher kommunistischer Emigranten, die hier und da zu hörenden Umsturzwünsche inspiriert haben, ist auf Grund der Stimmungsberichte nicht zu beantworten.

Der Chef der Sicherheitspolizei und des SD hatte am 3. August durch Schnellbrief[299] das Auswärtige Amt über dieses Ereignis orientiert. Er betitelte das Nationalkomitee als»nichts anderes als ein von Emigranten erdachtes, inszeniertes und propagandistisch geschickt aufgezogenes Theaterstück«.»Seine Statisten sind meist hungernde, willensberaubte deutsche Kriegsgefangene, die unter der Wucht der genügend bekanntgewordenen bolschewistischen Propaganda- und Behandlungsmethoden, in der Hoffnung, ihr Los zu bessern, nach streng vorgeschriebenen Formen oder Bedingungen marionettenhaft ihre Rolle spielen . . .«

Das Amt IV des Reichssicherheitshauptamtes berichtete ebenfalls Anfang August über das Nationalkomitee und über die»Westdeutsche Leitung der Nationalen Friedensbewegung«, welche zur Beendigung des sinn-

---

[296] Zitiert in Rundschreiben Nr. 8/61/43 des Kreispropagandaleiters des Kreises Groß-Frankfurt vom 5. 8. 43. BA *NS Misch/1648;* fol. 142 848. – In diesem Zusammenhang ist es interessant festzustellen, daß den Sowjetbürgern die Kapitulation Italiens längere Zeit verschwiegen und erst sehr spät mitgeteilt worden ist – sicherlich, um keine übertriebenen Hoffnungen zu wecken und den Kampfgeist nicht zu beeinträchtigen. Vgl. *La presse dans les Etats autoritaires.* Publié par l'Institut International de la Presse. Zürich, 1959; S. 24.

[297] Vgl. Generalstaatsanwalt Braunschweig, 21. 9. 43. BA *R 22/3357;* Generalstaatsanwalt bei dem Kammergericht Berlin, 25. 9. 43. *R 22/3356;* Generalstaatsanwalt Köln, 29. 9. 42. *R 22/3374;* Generalstaatsanwalt Naumburg, 30. 9. 43. *R 22/3380.*

[298] s. hierzu SCHEURIG, Bodo (Hrsg.). *Verrat hinter Stacheldraht?* Das Nationalkomitee»Freies Deutschland« und der Bund deutscher Offiziere in der Sowjetunion 1943–1945. München, dtv, 1965, und LEONHARD, Wolfgang. *Die Revolution entläßt ihre Kinder.* Berlin, Ullstein-Verlag (Cop. Kiepenheuer & Witsch, Köln, 1955) 1966; S. 227 ff.

[299] Nr. 356/43 g-IV A ld. AA *Inland II G 32.*

losen Krieges aufforderten.[300] Außer den bereits üblichen Meldungen über die Verbreitung von Flugblättern und Handzetteln läßt sich keinerlei unmittelbare Wirkung auf die deutsche Bevölkerung feststellen. Erst im April 1944 brachten die SD-Berichte zu Inlandfragen einen kurzen Hinweis. Fronturlauber hätten erzählt, in Moskau sei eine »deutschnationale Regierung« aus Offizieren und Soldaten der Stalingradarmee gebildet.[301] Die Haltung der Deutschen gegenüber dem Regime im Sommer 1943 wird weiter verdeutlicht durch einen SD-Bericht über die »Einstellung der Jugend zur Partei«.[302] Der Bericht war vom Jugend-Sachbearbeiter des SD auf Grund der Aussageberichte der SD-Leitstellen zusammengestellt und Ohlendorf vorgelegt worden. Da die Meldung sehr negativ ausgefallen war, mußte sie unter der Federführung von Kielpinskis umgeschrieben werden. Aber auch noch die entschärfte Fassung erregte anscheinend Bormanns Mißfallen.[303]

Als Gradmesser für die Einstellung der Jugendlichen wurde in dem Bericht des SD das Verhalten anläßlich der jährlichen Aufnahmefeiern in die NSDAP zugrunde gelegt. Es handelte sich diesmal um die Jahrgänge 1924 und 1925. Allein aus den relativ hohen Anmeldeziffern wurde auf eine positive Einstellung zur Staatsführung geschlossen – eine Konklusion, die willentlich den Druck sozialer, staatlicher und parteilicher Kontrollen außer acht ließ. Die folgenden sehr vorsichtigen Einschränkungen zeigen die zuvor erwähnte angewandte Verschleierungstaktik. Aus sämtlichen Gebieten, so hieß es, lägen Berichte vor, die zu Bedenken Anlaß gäben. Sie seien Ausdruck einer die Staats- und Parteiführung wenig befriedigenden Einstellung und zeigten zum einen »Gleichgültigkeit und mangelnde innere Bereitschaft«, zum anderen gar die »bewußte Ablehnung der Parteiaufnahme«. Zahlreichen Jugendlichen erscheine die Aufnahme in die NSDAP »nicht als ein besonders erstrebenswertes Ziel«, sondern als eben »zum guten Ton gehörend« oder gar als »notwendiges Übel«. Die angegebenen Motive zur Ablehnung des Parteieintrittes reichten von den vagen Argumenten, man wolle frei bleiben, man habe ja noch später Zeit, bis zu als defätistisch gewerteten Äußerungen, man wolle abwarten, wie der Krieg ausgehe, und noch weit negativeren Aussprüchen. In diesen Fällen schlossen die Berichterstatter entweder auf elterliche oder vor allem auf konfessionelle Beeinflussung.[304] Die Zahl der Jugendlichen, die sich

300 Vom 6. und 13. 8. 43. BA R 58/211.   301 BOBERACH; S. 501.
302 Vom 12. August 1943. R 58/187.
303 Schreiben von Paul Neukirchen vom 6. 10. 1969.
304 Zu diesem Ergebnis kam auch Himmler auf Grund der bei der Ausmuste-

derart dem Zugriff des totalitären Machtapparates zu entziehen versuchten, sei »so groß, daß sie nicht übersehen werden darf«. Zur Behebung dieser, in den Augen der nationalsozialistischen Führungsfiguren erheblichen Schönheitsfehler, wenn nicht gar einer ernsthaften Bedrohung des Parteibestandes der Zukunft, wurde seitens des SD eine verstärkte weltanschauliche »Durchdringung und Ausrichtung« der drei ältesten Hitlerjugendjahrgänge durch bewährte Parteileute oder Soldaten dringend anempfohlen.

Hinsichtlich der wesentlichen Ursachen einer derartigen Haltung der deutschen Jugend wurde darauf hingewiesen, daß sie nicht bei den Jugendlichen selbst, sondern in drei Erfahrungskomplexen zu suchen seien:

»1. Die heute in der HJ stehenden Jugendlichen erleben die Partei bereits als geschichtliche Tatsache. Sie seien an sie nicht mehr durch ein politisches Kampferlebnis gebunden, das ihnen deutlich mache, daß die Partei den heutigen Staat erkämpft und damit das Recht erworben habe, an diesen Staat und seine Menschen Forderungen zu stellen und den weltanschaulichen Führungsanspruch zu erheben. Für viele dieser Jugendlichen sei der Führer nicht Repräsentant der Partei, sondern in erster Linie Führer des Staates und vor allem Oberster Befehlshaber der Wehrmacht. Sie hätten daher keine Hemmungen, auch an die Partei wie an jede andere Einrichtung des Staates kritisch heranzutreten. *Der Partei gegenüber fehle ihnen ein organisch gewachsenes Treueverhältnis,* aus dem heraus die alten Parteigenossen tätig seien ...

2. *Die Jugend erwarte von der Partei, daß sie den von ihr erhobenen Führungsanspruch auch praktisch durchsetze.* Die Erfahrungen der Jugend ständen dem häufig entgegen. Die Jugendlichen langweilten sich bei den endlosen Parteireden, den schon zur Routine erstarrten Aufmärschen und Feierlichkeiten. Sehr oft stießen sie sich an der Diskrepanz zwischen Forderungen und Haltung der Parteifunktionäre.

3. Die Zurückhaltung der Partei finde schließlich weitere Nahrung aus der ungelösten Frage: Partei – Kirche. Da noch ein großer Teil der Jugend und vor allem deren Elternhaus kirchlich gebunden sei, würden Äußerungen gegen einen ›ihnen bisher heiligen Glauben‹ von

rung des Jahrganges 1925 in den Reichsarbeitsdienstlagern gemachten Erfahrungen. Das Gesamtergebnis war für ihn »die sichtbare und planmäßige Vergiftung der Jugend unseres Volkes durch die christliche Erziehung«. Schreiben an Bormann vom 14. 5. 43. BA *NS 19/398.*

Parteigenossen, Hoheitsträgern und HJ-Führern abstoßend wirken. Dies sei z. Zt. besonders deshalb der Fall, weil durch die gegenwärtige Kriegslage auch die Jugend teilweise feststelle, daß sich die Kirche sehr eingehend z. B. um die Angehörigen Gefallener kümmere, auf Fragen des Lebens und der Gegenwart klare Antworten von den Geistlichen zu bekommen seien ...«

Der erste der angeführten Komplexe deutet eindeutig auf ein Generationsproblem hin. Für die »Teenagers« und »Twens« der Kriegsjahre waren Kampfjahre und Machtergreifung der NSDAP, Versailler Friedensvertrag und Weimarer Republik bereits »Geschichte«.[305] Die Partei selber war Inbegriff des »Establishments«, mit all seinen unerwünschten Begleiterscheinungen auf bedingungslose Anerkennung seiner »erworbenen« Rechte. Die Glaubensinhalte der Partei und der Führermythos wurden von vielen als »abgestanden« oder, wie es hieß, »als Krampf« empfunden und nur nolens volens ertragen. Die Distanz zur Partei ließ sie dieselbe mit kritischen Augen betrachten. Der im zweiten Komplex angeführte Führungsanspruch der Partei wurde daher kühl gegen die Realität abgewogen, und der Vergleich fiel sehr oft zuungunsten der NS-Funktionäre aus. Die arrogante Haltung und der Ausschließlichkeitsanspruch der Staats- und Parteiträger schließlich – und hiermit kommen wir zum dritten Komplex – kontrastierten auffallend zu der Hilfsbereitschaft und Menschlichkeit der Kirchen.

Betrachtet man 1943 die Jugend insgesamt, läßt sich feststellen, daß eine Mehrheit sich nach außen hin zu Staat und Partei loyal verhielt. Ein kleinerer, aber immerhin nicht zu übersehender Prozentsatz machte keinen Hehl aus seiner ablehnenden Haltung gegenüber den herrschenden Verhältnissen. Bei dieser Minderheit muß man zwischen vier Gruppierungen unterscheiden:

1. die »wilden«, teils anarchistisch gefärbten Banden, deren Aktivität sich vorwiegend in Zerstörungsakten und kriminalistischer Betätigung äußerte. Sie waren sowohl Ausdruck der Kriegszustände wie degenerativer Zivilisationserscheinungen einer permanenten industriellen Revolution[306];

[305] Vgl. hierzu auch ein Schreiben vom 28. 1. 44 an Goebbels von einem verwundeten Schützen, der durch zahlreiche Gespräche mit jungen Leuten zu derselben Einsicht kam. BA R 55/580; fol. 74/75.
[306] Der Generalstaatsanwalt in Köln erwähnt am 28. 1. 44 derartige Banden. Sie führten Bezeichnungen, wie »Alah-Bande«, »Die Rächer«, »Die Schwarze Hand«. BA R 22/3374. Der SD-Abschnitt Koblenz berichtet am 15. 6. 44

2. die bündisch beeinflußten Jugendgruppen, welche, durch die Luftangriffe gefördert, in den Trümmern der Großstadt ein Stück Ju-
gendromantik wiederzufinden hofften. Sie musizierten und sangen
bündische Lieder. Eine deutliche Absetzung von der HJ war erkennbar, ohne daß es zu direkten Angriffen kam;

3. die politisch-oppositionellen Cliquen, wie die im Westen auftauchenden »Edelweiß«- oder »Totenkopf-Piraten«. Auch hier war ein starker bündischer Einschlag unverkennbar. Die Haltung gegenüber der
NSDAP und dem NS-Regime war feindlich und äußerte sich vor
allem in Überfällen auf die HJ. In ihren Liedern kamen Refrains
vor, wie »Was kann das Leben Hitlers uns geben, wir wollen bündisch sein«, oder »Des Hitlers Zwang, der macht uns klein, noch liegen wir in Ketten. Doch einmal werden wir wieder frei, wir werden
die Ketten schon brechen«.[307]

4. die Gruppen mit liberaler, demokratischer Grundhaltung. Sie zeigten
eine Vorliebe für englische Sprache, englische Musik, englische Kleidung. Ihre Mitglieder entstammten meist dem oberen Mittelstand.
Man traf sich zu Parties, zu Diskussionen und lehnte den HJ- und
Wehrdienst ab. Das Kriegsgeschehen interessierte wenig, der Nationalsozialismus wurde verachtet.[308]

1943/44 konnte man ein fast »seuchenähnliches Auftreten« jugendlicher
Banden aller Couleurs feststellen. Die Jugendlichen trugen als äußeres
Erkennungszeichen ein Edelweiß, einen Totenkopf oder eine bunte Nadel
an Rockaufschlägen, auf Geldbörsen, Brieftaschen oder im Koppel ein-
gestanzt oder eingebrannt, ihre »Uniform« setzte sich zusammen aus
kariertem Schottenhemd, kurzer Hose, weißem Schal, weißen Strümpfen,
Fahrtenmesser, Hirschfänger, oft auch Schußwaffen. Ihre Treffpunkte

über die »Zerstörungslust Jugendlicher«, die sich an »Volksvermögen aller
Art« vergriffen und die Formen angenommen habe, »denen die Polizei nicht
mehr gewachsen ist«. Zerstört wurden HJ-Heime, Kindergärten, Feuerwehr-
häuser, Einrichtungen von Sportplätzen, Schwimmbädern, öffentl. Erho-
lungsanlagen, Schießstände, Wegezeichen, Gaslampen, Bänke etc. HStA Wbn
Zug 68/67, Nr. 1077.
[307] Für Liedertexte und einen ausführlichen Bericht s. Oberstaatsanwalt Köln,
16. 1. 1944. BA *R 22/3374.* Der SD-Abschnitt Frankfurt berichtete ebenfalls
am 24. 1. 44 und am 14. 2. 44 über »Edelweiß-Banden« in seinem und dem
Siegener Bereich. HStA Wb *Zug 68/67 Nr. 1077.*
[308] In Hamburg entstand ein Swing-Club, in Kiel der Bund »Die goldene 13«.
Beide standen im Gegensatz zur HJ. OLG-Präsident Kiel. 6. 4. 44. BA *R 22/
3373.* Vgl. auch den Runderlaß Kaltenbrunners vom 25. 10. 1944 über »Bekämpfung jugendlicher Cliquen«. *Aus deutschen Urkunden,* S. 270–274.

waren städtische Anlagen, Luftschutzbunker, Straßenecken, Torbogen und Wirtschaften. Als Spitznamen bevorzugten sie meist diejenigen amerikanischer Wildwesthelden:»Jonny«,»Texas-Jack«,»Alaska-Bill«,»Whisky-Bill«, aber auch»Kanery«,»Hatte«,»Fatz« und»Itz«.

Die Geheime Staatspolizei schaltete sich noch vor der Justiz ein und schritt zu»Sonderbehandlungen«, von denen die mildeste die Verwarnung war. Die Justiz ihrerseits verurteilte die Jugendlichen, je nach Schwere der Anklage, zu Strafen von mehreren Monaten oder gar mehreren Jahren Gefängnis, je nachdem, ob es sich um Rädelsführer, aktive Teilnehmer oder Mitläufer handelte, und je nachdem, ob sie auf Hochverrat, Widerstandsleistung gegen die Staatsgewalt, Landfriedensbruch, Geheimbündelei, Neubildung von Parteien, Verstoß gegen die Jugenddienstpflichtverordnung,»Arbeitstreue«, Umhertreiben oder nur groben Unfug schloß. Die kriminellen Delikte blieben 1943 in der Minderzahl. Gegenüber 1942 läßt sich sogar ein Absinken der Jugendkriminalität von 0,6 % feststellen, während insgesamt die Kriminalität um 0,3 % gestiegen war. Abgenommen hatten bei den Jugendlichen Betrug und Sittlichkeitsdelikte, zugenommen hingegen Körperverletzungen mit tödlichem Ausgang, Tötungsdelikte und Brandstiftungen, das heißt, es war zwar eine Abnahme der Delikte insgesamt zu verzeichnen, aber auch eine Verschiebung von leichteren zu schweren Straftaten.[309]

Um der immer»staatsfeindlicher« werdenden Haltung –»in den Eisenbahnzügen wurden zuweilen Gespräche geführt, die den Umsturzgedanken kaum verbergen . . .«[310] – Einhalt zu gebieten und ein Abrutschen der Stimmung unter die auch für totalitäre Staaten bestehende»Gefahrengrenze« zu verhindern, ergriff das nationalsozialistische Regime eine Reihe von Gegenmaßnahmen. Als erstes wurde eine Anti-Gerüchtekampagne über die Reichspropagandaämter in die Wege geleitet. Dazu bediente man sich, auf einer Erfahrung des Gaues Osthannover beruhend, im Einvernehmen mit der Partei-Kanzlei, der Schulkinder. Den Kindern wurden in der Schule oder in der Partei bestimmte Vorgänge, Gerüchte oder auch politische Ereignisse in einer ihre Phantasie ansprechenden Form mitgeteilt, und sie wurden angeregt, darüber zu Hause zu berichten.»Die Väter und Mütter geben auf diese Berichte ihrer Kinder doch sehr viel, und infolgedessen kann durch die Kinder eine geschickte Propaganda betrieben

---

309 Polizeiliche Kriminalstatistik für 1943. Mitgeteilt in»Vertrauliche Informationen«, Folge 22. Beitrag 196 vom 5. 8. 1944. BA ZSg 3/1624.
310 Bericht des Regierungspräsidenten von Oberbayern vom 8. 9. 43. BHStA, Abt. II, MA 106 671.

werden, die unter Umständen ausgezeichnete Auswirkungen haben kann. Mitentscheidend ist auch der elterliche Stolz darauf, daß die Kinder sich schon mit dem politischen Geschehen beschäftigen und mitreden können. Wenn Kinder so beeinflußt werden, daß sie dann auch mit Begeisterung vom Kriegsgeschehen oder von der Einsatzbereitschaft an der inneren Front berichten, so hat das zweifellos auf die öffentliche Stimmung eine große Wirkung.«[311]

Neben dieser versuchten Indoktrinierung der Schuljugend, welche durch Anweisungen über den Regierungspräsidenten, von ihm zu den Regierungsschulräten und von dort zu den Lehrern zu erfolgen hatte, wurde eine verstärkte Mundpropaganda, von den Reichspropagandaämtern ausgehend, betrieben.

Hierdurch sollte vor allem übertriebenen Gerüchten über die Opfer der Luftangriffe, Nachrichten über den Verbleib der Kriegsgefangenen in Rußland und ähnlichem, meist auf Auslandsmeldungen beruhendem Gerede, entgegengewirkt werden.[312] Weitere Antigerüchteparolen betrafen beispielsweise den angeblichen Entzug der Fleischkarten alter Menschen, angebliche Rationenkürzungen, die Beschlagnahmung von Doppelfenstern, um sie ins Ruhrgebiet zu schicken, oder andere, als absurd bezeichnete Erzählungen.[313]

Außer diesen, als Reaktion und Gegenmaßnahmen auf die im Sinne der Staatsführung abträglich auf die Volksmeinung wirkenden Parolen zu verstehen, wurden auch eine Reihe aktiver Schritte unternommen. Wieder einmal mußten die Feldpostbriefe als positive Beispiele für die Haltung der Bevölkerung herangezogen werden. Die Ortsgruppen-Propagandaleiter hatten »siegeszuversichtliches« Briefmaterial zu sammeln und in geeigneten Schaukästen auszustellen. Eine besondere Wirkung versprach man sich von Soldatenbriefen, deren Schreiber früher »nicht ganz nationalsozialistisch gefestigt waren«, die aber nun Optimismus und Gläubigkeit ausstrahlten. Die NS-Frauenschaft sollte sich an der Aktion beteiligen.[314]

[311] Propagandaanweisung Nr. 23. Mitgeteilt durch Rundspruch Nr. 71 vom 10. 8. 43, 20 Uhr. BA *EAP 250-a/1;* fol. 108 17.
[312] Vgl. Rundschreiben Nr. 8/64/43 des Kreispropagandaleiters von Groß-Frankfurt vom 12. 8. 43. BA *NS Misch/1648.*
[313] Vgl. Rundschreiben Nr. 8/68/43 des Kreispropagandaleiters von Groß-Frankfurt vom 19. 8. 43. *ibid.* Besonders aufschlußreich ist das Rundschreiben Nr. 8/79/43 vom 20. 9. 43 über Herkunft und Wesen der Gerüchte. *ibid.*
[314] Vgl. Rundschreiben 8/66/43 des Kreispropagandaleiters des Kreises Groß-Frankfurt vom 14. 8. 43. *ibid.*

Zur wichtigsten Aktion aber sollten »Generalappelle zur propagandistischen Aktivierung der Parteigenossen« werden. Diese Aufrüttelungskampagne wurde Ende August von der Partei-Kanzlei vorgeschlagen. Eine diesbezügliche Vorlage von Befehlsleiter Schütt, am 27. August 1943 ausgearbeitet[315], stellt in ihrer schonungslosen Offenheit ein bemerkenswertes Dokument dar, welches nicht nur die pessimistischen Stimmungsberichte bestätigt, sondern beweist, daß sich der Korrosionsprozeß weiter ausgedehnt hatte. Der Vertrauensschwund hatte sich bis in die Reihen der NSDAP fortgesetzt.[316]

»Wir haben zur Zeit ohne Zweifel ein großes Tief in der Stimmung unseres Volkes zu verzeichnen. Die starken Luftangriffe, die Ereignisse in Italien und die verschiedenen militärischen Rückschläge haben auf die Stimmung und Zuversicht unseres Volkes doch sehr gedrückt. Deutschland ist dazu von einer Flut von Gerüchten überschwemmt und die wildesten Vermutungen und Annahmen finden in unserem Volke günstigen Nährboden. Mit den öffentlichen und mechanischen Propagandamitteln vermögen wir diese verschiedensten Stimmungsströmungen in unserem Volk zur Zeit nicht einzudämmen. Presse und Rundfunk sind vor allem infolge vieler falscher Prophezeiungen und zahlreicher gröbster Fehler bei der Masse unseres Volkes in stärksten Mißkredit geraten.

Die Standhaftigkeit der Heimat ist deshalb noch nie so entscheidend von der festen Haltung und sicheren Führung der Partei abhängig gewesen wie heute. Leider hat eine beträchtliche Anzahl unserer eigenen Parteigenossen ihre Aufgabe als Stimmungsträger der Heimat in keiner Weise restlos erfüllt. Eine Reihe unserer Parteigenossen schwimmt selbst, anstatt zu führen. Viele von ihnen haben bereits nicht mehr genügend Mut und Zivilcourage, sich den Schwätzern und schleichenden Schlappmachern energisch entgegenzuwerfen. Unsere untere Führerschaft und aktiven Parteigenossen aber sind durch die Überhäufung mit anderen Parteiarbeiten sehr oft von ihrer Hauptaufgabe, den Menschen zu führen und in seiner Stimmung und Haltung zu beeinflussen, abgelenkt worden.

Weiter kommt hinzu, daß die eigentliche Parteipropagandaarbeit seitens der Reichspropandaleitung nur äußerst schwach belebt und gelenkt wird. Es ist uns ja genügend bekannt, daß Dr. Goebbels sich fast aus-

---

[315] BA *Sammlung Schumacher/369.*

[316] »Bedenklicher erscheint mir dagegen, daß die durch die Verhaftung Mussolinis ausgelöste Krisenstimmung mancherorts die Partei und auch gewisse staatliche Stellen gelähmt hat...« OLG-Präsident Nürnberg, 2. 12. 43. BA *R 22/3351.*

schließlich der mechanischen Staatspropaganda bedient. Die kümmerliche Besetzung der Reichspropagandaleitung hat aber zur Folge, daß die Propaganda von Mund zu Mund durch den Parteigenossen fast vollkommen der örtlichen Initiative überlassen bleibt . . .« Um diesen Mißständen abzuhelfen, sollte in erster Linie die Partei mittels »Generalappellen« in Form von Parteifeiern, in deren Mittelpunkt Reden von prominenten Hoheitsträgern der Partei standen, wieder »auf Vordermann« gebracht werden, wie es in der Soldatensprache hieß. Nun sei wieder für die NSDAP, heißt es in der Vorlage weiter, »die große Bewährungstunde gekommen«. Die Partei als »die politische Auslese des Volkes« müsse zwar die »Schwankungen und Wankelmütigkeit der Masse als gegeben hinnehmen«, sie dürfe aber »niemals irgendwelchen Masseninstinkten nachgeben! Jeder Parteigenosse muß unbedingt stets ein sicherer und entschlossener Stimmungsträger in der Masse sein . . .« Jeder Parteimann sollte sich bedingungslos gegen abfällige Stimmungsbildung einsetzen. »Der Sieg steht und fällt mit der Partei als Führung der Heimat.«

Am 31. August befahl Bormann, durch handschriftlichen Vermerk auf der Vorlage, daß die Appelle »baldigst« unter Beteiligung des Hauptschulungsamtes und der Parteipropagandaleitung durchgeführt werden sollten.

Gleichzeitig versuchte die Partei-Kanzlei das Schweigen des Reichspropagandaleiters hinsichtlich der Ereignisse in Italien durch Unterrichtung der Hoheitsträger der Partei indirekt zu durchbrechen. Am 18. August versandte Bormann an alle Gauleiter einen vom Auswärtigen Amt ausgearbeiteten Runderlaß an alle deutschen Auslandsmissionen[317], dem ein detaillierter »Bericht über die Lage in Italien« beigelegt war. Der Bericht verdient insofern Interesse, als er von einem Italiener verfaßt ist und einige interessante Parallelen – oder Gegensätze – zwischen Faschismus und Nationalsozialismus, ohne dies direkt auszusprechen, beleuchtet. Bereits die erste, als grundlegend erwähnte Tatsache, trifft auf beide Regime zu, nämlich, daß die Revolution »die alten Institutionen und Einrichtungen nicht weggefegt« hat. Weiter heißt es für die faschistische Staatspartei Italiens: »Sie schaltete sich vielmehr dazwischen als eine neue Kraft unter beibehaltenen Kräften. Die korporative Bewegung besserte zwar die Lebensbedingungen der Arbeiter, beseitigte jedoch keineswegs die *Plutokratie*, im Gegenteil, sie bestärkte sie. Das faschistische Regime strebte danach,

317 Durch Rundschreiben Nr. 45/43 g. – BA *NS 6/vorl. 345.*

in die Wehrmacht einzudringen und stellte den Duce an ihre Spitze. Es berührte aber nicht die Monarchie, der die Wehrmacht eigentlich unterstellt ist. Die Jugendorganisationen und die neue Schule nahmen die neue faschistische Erziehung in Angriff. Diese Erziehung mußte jedoch stets mit dem Katholizismus rechnen...« Eine weitere Macht, die vom Faschismus nicht gebrochen worden sei, wäre das Judentum. Außerdem wäre innerhalb der Partei eine gewisse »Wachablösung« eingetreten.

Mussolini sei nun von einem Teil der Großindustriellen, der Militärs, der Parteiführer und Bürokraten verraten worden. Die Industriellen hätten organisatorische und geistige Bande zur angelsächsischen Welt aufrechterhalten; die Offiziere dem Generalstab des Heeres und zum kleineren Teil der Marine angehört; die abgefallenen Parteiführer wären von Anbeginn des Krieges der Überzeugung gewesen, Italien sei ungenügend für einen Krieg vorbereitet; daher hätten sie eine »Neutralitätshaltung« gefordert. Nach einer Analyse der einzelnen Begebenheiten des Staatsstreichs[318] und der Bildung der Regierung Badoglio kommt der italienische Referent zu dem Schluß, die neue Regierung habe bereits nach 14 Tagen Amtsführung alle enttäuscht, die ihre Hoffnungen in sie und einen baldigen Frieden gesetzt hätten. Die einzig Begeisterten seien die Juden. Auf Grund der politischen Kräfteverhältnisse Italiens wurde schließlich die Behauptung aufgestellt, die jetzige Regierung bilde nur ein Zwischenstadium. »Entweder wird sie durch einen Rutsch zum Bolschewismus enden, oder aber wird sie sehr bald in einen neuen Faschismus münden.« Der Bericht schließt mit der Betrachtung, daß es vielleicht ganz gut gewesen sei, daß man dem »Experiment Badoglio« die Entwicklungsfreiheit gelassen habe.

Im Lichte dieser Betrachtungen, die als Informationsmaterial an alle Parteiführer verschickt wurden, wird das Schweigen der Propagandastellen aus Gründen »politischer Zweckmäßigkeit« und auch Hitlers Beurteilung hinsichtlich der Möglichkeit einer Parallelentwicklung in Deutschland verständlich. Man kann sich unschwer die Überlegungen vorstellen, welche in hohen und höchsten Parteikreisen angestellt, die Parallelen, die gezogen wurden: auch in Deutschland hatte man die »stufenmäßige« Aufbautaktik einer völligen Zerstörung der alten Strukturen vorgezogen.

[318] Über die Hintergründe des italienischen Staatsstreichs s. TOMPKINS, Peter. *Verrat auf italienisch.* Wien, Molden-Verlag, 1967. Für eine wissenschaftliche Analyse der verschiedenen faschistischen Systeme vgl. NOLTE, Ernst. *Der Faschismus in seiner Epoche.* München, R. Piper & Co. Verlag, 1963, und vgl. NOLTE, Ernst (Hrsg.) *Theorien über den Faschismus.* Köln, Kiepenheuer & Witsch, 1967 (Neue wissenschaftliche Bibliothek, Geschichte, Nr. 21).

Man war aber dabei, trotz kürzerer Zeitspanne, sehr viel weiter fortgeschritten. Weder gab es noch eine Monarchie, der die Wehrmacht ergeben war – Hitler hatte sowohl das Amt des »Ersatzmonarchen«, das Hindenburg innegehabt hatte, wie auch die Kontrolle der Wehrmacht übernommen – noch einen potenten Generalstab des Heeres, der Zug um Zug entmachtet worden war. Eine zusätzliche Sicherheitsgarantie gegenüber einem von der bewaffneten Gewalt getragenen Putsch bildete die Existenz eines zweiten Waffenträgers, der Waffen-SS.[319] Die Großindustrie war ebenfalls zunehmend in ihrer Bewegungsfähigkeit und ihren Auslandsbindungen eingeschränkt, und die Juden waren vertrieben, verschleppt und ermordet worden. Nur der politische Katholizismus hatte seine Positionen halten und nach vorübergehender Schwächung sogar verstärken können – aber von ihm war keine revolutionäre Aktion zu befürchten. Die Unzufriedenheit des Volkes schließlich glaubte man durch verstärkte Propaganda und Verschärfung des Terrors[320] unter Kontrolle halten zu können. Vorsichtshalber entfernte man noch die Angehörigen der ehemaligen Fürstenhäuser aus der Wehrmacht und ließ alle Reichstagsabgeordneten überwachen.

Um die zunehmende Einschränkung des Freiheitsspielraums bei wachsender militärischer Belastung dem Volke plausibel zu machen, wurden innere und äußere Freiheit einander gegenübergestellt und als ein Gegensatzpaar deklariert. Die Reichspropagandaleitung verbreitete *urbi et orbi* einen Artikel »Von der Unersetzlichkeit der Freiheit«[321], in dem dieses Wechselverhältnis an Hand der jüngsten deutschen Geschichte demonstriert wurde:

---

319 Vgl. hierzu die Überlegungen des OLG-Präsidenten von Braunschweig vom 30. 11. 43. BA R 22/3357: »Trotz aller, meist gar nicht für möglich gehaltenen Zähigkeit unseres Volkes, ist die Sorge vor einem plötzlichen Zusammenbruch, ähnlich dem Italiens, aber doch nicht ganz gebannt. Daß es aus dem Volke heraus zu einem Umsturz kommen könnte, erscheint zwar ausgeschlossen, da die Partei doch viel tiefer verwurzelt ist als anscheinend der Faschismus. Eine Möglichkeit wird aber darin gesehen, daß der Führer irgendwie ausgeschaltet wird und dann z. Zt. niedergehaltene Gegensätze in der Führerschaft aufbrechen und das Volk richtungslos machen könnten. Ist es früher nicht verstanden und von manchem Angehörigen des Heeres bitter empfunden worden, daß als zweiter Waffenträger neben ihm die Waffen-SS aufgebaut wurde, so betrachtet man diese neue ›Teilung der Gewalten‹ nach den italienischen Ereignissen schon eher als einen Sicherheitsfaktor.«
320 s. *infra.*; S. 422.
321 Sonderdienst der Reichspropagandaleitung. Hauptamt Propaganda. Amt Propagandalenkung. Sonderlieferung Nr. 38/43 vom 26. 8. 43. BA ZSg 3/1672.

»Es geht im Kriege zuletzt immer um die Freiheit. Sie für ein Volk zu erhalten und zu sichern, muß stets das höchste Ziel von Politik und Kriegsführung sein. Denn sie ist die Wurzel des nationalen Lebens ... Der Begriff der Freiheit wird je nach Temperament des Beurteilers verschieden ausgelegt. Niemals beispielsweise waren wir Deutschen in unserem Verhältnis zum Staate selbst so frei und ungebunden wie im November 1918 und in der darauffolgenden Zeit ... Diese Orgie der inneren Freiheit haben wir mit einer außenpolitischen Versklavung ohne Beispiel sehr teuer bezahlt. Es muß also wohl so sein, daß die Freiheit eines Volkes nach außen immer mit einem gewissen Zwang nach innen erkauft wird ...«

Unter der Last dieses »gewissen Zwanges«, wie die Reichspropagandaleitung das totalitäre Zwangssystem euphemistisch umschrieb, und der Unsicherheit über die weitere Entwicklung konnte der vierte Jahrestag des Kriegsausbruches die trübe Stimmung nur noch trübseliger werden lassen. »Volksgenossen mit zuversichtlicher siegesgläubiger Haltung seien heute schon eine Seltenheit geworden.«[322] Die hier und da in der Presse auftauchenden Hinweise auf Unstimmigkeiten zwischen den feindlichen Allianzpartnern fanden kaum Beachtung[323], und man knüpfte noch wenig Hoffnungen an einen eventuellen Bruch der Ost-West-Allianz, wie dies in der allerletzten Kriegsphase geschah. Hier wirkte sich die Goebbelspropaganda voll aus, daß »zwischen den Juden in Washington, London und Moskau ... volle Eintracht« herrsche.[324] Die Berichte in der englischen Presse über Stalins Geheimbefehl an die Rote Armee, in dem die Vernichtung des Kapitalismus als Ziel der bolschewistischen Revolution weiterhin erwähnt wurde, paßten der nationalsozialistischen Propagandaführung nicht ins Konzept, da sie ihrem Leitmotiv der internationalen Verschwörung des Judentums den Boden zu entziehen drohten. Ministerialrat Erich Fischer, Hauptstellenleiter der Reichspressestelle der NSDAP und Chefredakteur der pädagogischen Zeitschrift »Der neue Weg«, hatte daher der Presse am 13. August eine scharfe Rüge zu erteilen, weil sie immer noch Kapitalismus und Bolschewismus als zwei gegensätzliche Anschauungen darstellte, obwohl der Reichspressechef in seiner Tagesparole vom 9. August erneut eindeutig darauf hingewiesen hatte, »daß Bolschewismus und Kapitalismus der gleiche jüdische Weltbetrug nur unter ver-

---

322 »SD-Berichte zu Inlandfragen«, 2. 9. 43. BA R 58/188.
323 »SD-Berichte zu Inlandfragen«, 30. 8. 43. BOBERACH; S. 431.
324 Vgl. V. I. Nr. 192/43 (1. Ergänzung) vom 9. 8. 43 und V. I. Nr. 196/43 vom 13. 8. 43. BA ZSg 109/44; fol. 18 und 27.

schiedener Firmierung« seien. Nähme man die bolschewistischen Äußerungen hinsichtlich seiner Bestrebungen auf Vernichtung des Kapitalismus ernst, würde man der kommunistischen Propaganda nur in die Hände arbeiten. Fischer forderte daher:»mit dieser falschen und gefährlichen Tendenz, die die Linien unserer Politik zu sabotieren geeignet ist, muß in der deutschen Presse nun endlich Schluß gemacht werden. Schriftsteller, die gegen diese Tagesparole verstoßen, werden persönlich zur Verantwortung gezogen...«[325] Die staatlich gelenkte Propaganda versuchte im übrigen zu Beginn des 5. Kriegsjahres den Massen einzureden, es sei Hitler gelungen,»durch eine souveräne, überlegene Strategie den Würgegriff zu sprengen, der uns zu Kriegsbeginn umklammert hielt«. Keine deutsche Stadt sei besetzt worden,»aber Land um Land und Militärmacht um Militärmacht, die uns damals bedrohten, entweder gänzlich niedergeworfen oder soweit in ihren eigenen Raum zurückgetrieben, daß heute von einer territorialen Gefährdung des Reiches nicht mehr die Rede sein kann... Der Deutschland aufgezwungene Krieg, der im September 1939 noch als ein großes Fragezeichen vor uns lag, ist jetzt auf harten politischen und militärischen Tatsachen aufgebaut. Was wir zum Siege nötig haben, besitzen wir; wir müssen es nur verteidigen«.[326]

Die Argumentation überzeugte wenige. Es wurde vielmehr mit Enttäuschung registriert, daß weder Hitler noch Göring, noch sonst eine führende Persönlichkeit des Regimes das Wort ergriff.»Wir seien doch ein Volksstaat und hätten eine Volksregierung. Deshalb habe man gehofft, daß nunmehr an dem schicksalschweren Tag des Kriegsausbruchs ›von oben‹ ein paar Worte zu all den schweren und sorgenvollen Fragen gesagt würden, die jeden einzelnen bewegen.«[327]

Wieder einmal zeigten sich die Grenzen der Beeinflussungsmöglichkeiten durch die Massenmedien. Erst als Hitler am 10. September sprach und die italienische Szene in Bewegung geriet, wurde der bis dahin unaufhalt-

---

[325] BA ZSg *101/42;* fol. 54.
[326] Joseph Goebbels »Das große Drama«. Sonderdruck der Reichspropagandaleitung. Hauptamt Propaganda. Amt Propagandalenkung, 1. 9. 43. Sonderlieferung Nr. 39/43. BA ZSg *3/1672.* Vgl. auch *Das Reich,* 4. 9. 43. Goebbels' wirkliche Meinung kam in seinem Tagebuch zum Ausdruck, wo er am 8. September notierte:»Wir leben in einer Kriegsphase, in der, um das Schlieffensche Wort zu wiederholen, die Strategie nur noch ein System von Aushilfen ist.« *op. cit.;* S. 389.
[327] »SD-Berichte zu Inlandfragen«, 6. 9. 43. »Stimmen zur pressemäßigen Behandlung des 5. Jahrestages des Kriegsausbruchs«. BA R *58/188.*

samen Talfahrt der öffentlichen Meinung ein Ende gesetzt. Es war gar nicht so wichtig, *was* der Führer den Massen sagte – die italienische Kapitulation hatte man sowieso mehr oder weniger erwartet –, sondern *wie* er es sagte.»Als man die ruhige sichere Stimme des Führers hörte, der seine Ausführungen in unerschütterlicher Siegeszuversicht machte, übertrug sich diese Ruhe auf viele Volksgenossen. Man erklärte, daß ›so lange der Führer seine Nerven behalte‹, bei uns ›alles in Butter sei‹ . . .«[328] Auf wie viele Deutsche Hitler allerdings noch Eindruck machte, ist nicht gesagt. Es fällt auf, daß weder von einer Mehrheit, noch der Allgemeinheit gesprochen wird.

Was Hitler über die innerpolitischen Schwierigkeiten des Duce sagte[329], überraschte die meisten. Bis dahin hatte mehr oder weniger die Überzeugung überwogen, Mussolini habe ebenfalls der Allianz den Rücken gekehrt. Den größten Eindruck aber machten seine Worte über die Vergeltung. Viele, die den Glauben daran schon verloren hatten, schöpften neuen Mut. Hitler verstand es auch, Verständnis dafür zu erbitten, daß noch einige Zeit bis zu ihrer Realisierung vergehen werde. Die Partei-Kanzlei tat das Ihrige, um die Hoffnung auf Vergeltung – und damit das Aushaltevermögen der Bevölkerung – zu stärken. In einem Führungshinweis Nr. 2 wurden alle Hoheitsträger bis zum Ortsgruppenleiter instruiert, wie dieses Thema von nun an zu handhaben sei.»Es ist falsch, irgendeinen Termin über die Vergeltung zu nennen! Alles überflüssige Gerede über Einzelheiten, Ausmaß und Art der Vergeltung muß mit Nachdruck unterbunden werden! Die Bevölkerung muß eindeutig darauf hingewiesen werden, daß jedes unnötige Geschwätz über die Art dieser oder jener Vergeltungsmaßnahme wie überhaupt jedes unnötige Geschwätz über neue Waffen etc. unterlassen werden muß usw., damit dem Feinde nicht leichtfertig wertvolle Hinweise geliefert werden. Es muß genügen, wenn der Volksgenosse weiß: die Vergeltung wird kommen . . .«[330]

Die durch Hitlers Ansprache teilweise neubelebte Stimmung erholte sich weiter beim Eintreffen neuer Meldungen aus Italien. Ebenfalls am 10. September teilte das Oberkommando der Wehrmacht mit, daß die italienischen Truppen im Raume von Rom und in Norditalien nach kurzen Kämpfen entwaffnet worden waren. Die italienischen Verbände in Südfrankreich und im Balkan hatten die Waffen ebenfalls niedergelegt. Am

[328] »SD-Bericht zu Inlandfragen«, 13. 9. 43. BOBERACH; S. 433.
[329] Den Wortlaut der Rede bei DOMARUS, 2. Halbband, Bd. II; S. 2035 bis 2039. – Hitler hatte die Rede auf Tonband gesprochen.
[330] BA NS 6/358.

Tage darauf wurden die Kapitulation der italienischen Besatzung der Insel Rhodos und die Besetzung von Mailand, Turin, Padua und Pola durch deutsche Truppen gemeldet. Nun endlich ging ein Aufatmen durch die deutsche Bevölkerung. Plötzlich tauchten auch wieder Italienwitze auf. »So erzählt man sich z. B., man hätte einmal den Witz gemacht, der Krieg dauere 2 Jahre und 14 Tage, nämlich 2 Jahre gegen die Anglo-Amerikaner und 14 Tage gegen die Italiener. Man habe dabei aber Italien überschätzt, es seien noch nicht einmal 4 Tage notwendig gewesen. Als sehr richtig habe sich auch der Witz herausgestellt, nach dem der Duce einige Divisionen zur Unterstützung angefordert habe, worauf ihm der Führer geantwortet habe, Italien solle Deutschland lieber den Krieg erklären, dann genüge eine Division.«[331]

Die Befreiung Mussolinis durch ein Sonderunternehmen am 12. September verursachte einen weiteren Stimmungsaufschwung. »Die letzten zehn Tage haben durch die Häufung wichtiger Ereignisse die Stimmung der Bevölkerung neu belebt und eine fühlbare Auflockerung gebracht. Viele Volksgenossen sind aus ihrer Lethargie herausgerissen und zeigen eine schon lange nicht mehr gesehene Zuversicht. Die Art und Weise, wie die zunächst als kritisch angesehene *Situation von der deutschen Führung* gemeistert wurde, ist als Zeichen für die deutsche Wendigkeit und Stärke und die ungeschwächte Schlagkraft der deutschen Wehrmacht angesehen worden. Letzteres hat die schon lange anhaltende Beunruhigung, Deutschland hätte die Initiative an die Feindmächte abtreten müssen, völlig verdrängt. Daß Deutschland im gegebenen Moment und, wie zu Anfang des Krieges blitzartig handeln kann, ist der Bevölkerung die beruhigendste Erkenntnis der letzten Zeit geworden.« Die Äußerungen der innerpolitischen Gegner wurden sichtlich zurückhaltender, negative Urteile gegenüber der Staatsführung wieder lebhaft zurückgewiesen. Und obwohl man insgesamt die militärische Situation weiterhin als ernst betrachte, schien der »*Wille zum Durchhalten* ... ganz wesentlich durch die den Italienern gestellten Kapitulationsbedingungen gestärkt. Für den Fall einer deutschen Niederlage, so erklärt man, würden die Bedingungen eher noch härter sein ...« Die bis dahin immer häufiger werdenden Friedensparolen ließen stark nach, vor allem in Süddeutschland[332], wo man vielfach mit

[331] BOBERACH; S. 435.
[332] Nach Beobachtungen des Generalstaatsanwaltes von Bamberg bestand ein Stimmungsgefälle von Norden nach Süden. »Die Stimmung ist in Altbayern zweifellos schlechter als in Franken und in Tirol noch schlechter als in Altbayern. Der Grund liegt wohl zunächst in Charakterunterschieden der Be-

dem Argument operiert hatte, die angelsächsischen Gegner würden den Bolschewismus eindämmen, und eine Besetzung durch ihre Truppen wäre wohl nicht allzu schlimm.»Da nun die Behandlung der Italiener durch die Anglo-Amerikaner ›anscheinend doch nicht so human‹ ausfalle, wie man sich das teilweise vorgestellt hatte, hat die Beweisführung dieser Kreise einen starken Stoß erhalten.«[333] Im Zuge dieser Stimmungsaufbesserung und der Enttäuschung über die Waffenstillstandsbedingungen der westlichen Alliierten in Italien[334] ließen die Angriffe gegen die NSDAP und führende Persönlichkeiten des nationalsozialistischen Regimes sichtlich nach. Die bösartigen Witze unterblieben.[335] Der Duce hingegen wurde als eine Art Reichsstatthalter oder Gauleiter angesehen, der seine Weisungen direkt von Hitler erhielt; Italien hatte in den Augen der Deutschen seine Position als gleichberechtigter Bündnispartner eingebüßt.[336]

Seit dem Fall von Stalingrad hatte das Regime in Deutschland von der Bevölkerung keine so gute Zensur mehr erhalten.»Wie ein reinigendes Gewitter fuhr in alle die unerfreulichen Erscheinungen die Kunde von dem energischen und erfolgreichen Zupacken unserer Wehrmacht in Italien und von dem kühnen Handstreich zur Befreiung des Duce hinein. Gegenüber all den Sorgen und Befürchtungen wirkten diese beiden Umstände geradezu erlösend. Das Vertrauen zum Führer und zu unserer militärischen Kraft hat sich wie mit einem Schlage gewaltig gehoben . . .«[337]

Diese Feststellung des Generalstaatsanwaltes mag allzu optimistisch sein, ein gewisser Stimmungsaufschwung war jedoch unverkennbar.

völkerung, vielleicht auch in der geschichtlichen Entwicklung und in der größeren Nähe des seit längerer Zeit als bedrohlich empfundenen Kriegsschauplatzes.« Die Unterbringung Evakuierter aus Norddeutschland wirkte sich ebenfalls stimmungsdrückend aus. Viermonatlicher Lagebericht vom 5. 10. 43. BA R 22/3355.

[333] »SD-Berichte zu Inlandfragen«, 16. 9. 43. BA R 58/188.
[334] Der OLG-Präsident von Karlsruhe apostrophierte sie am 30. 3. 44 als die »negativen Leistungen der westlichen Gegner«. BA R 22/3370.
[335] »SD-Berichte zu Inlandfragen«, 27. 9. 43. BA R 58/188.
[336] »SD-Berichte zu Inlandfragen«, 20. 9. 43. ibid. Vgl. auch Bericht über Presse-Propaganda des SD-Abschnittes Koblenz vom 15. 1. 44. HStA Wbn Zug 68/67, Nr. 1076.
[337] Generalstaatsanwalt Nürnberg, 30. 9. 43. BA R 22/3381.

3. Gelobt sei, was uns hart macht: Herbst 1943 bis Juni 1944

Die ersten Anzeichen für »ein langsames Abflauen«[338] waren jedoch bereits wieder gegen Ende des Monats September zu konstatieren. Schuld daran waren die Nachrichten vom östlichen Kriegsschauplatz, der durch die spektakulären Ereignisse in Italien etwas in den Hintergrund des Interesses geraten war. Die Sommeroffensive der sowjetischen Truppen hatte am 17. Juli mit einem Zangenangriff gegen den deutschen Mius-Donezbogen-Abschnitt begonnen. Zunächst erreichten die Sowjets nur die Gewinnung eines Brükkenkopfes über den Donez bei Isjum. Der sowjetische Angriff gegen den deutschen Frontbogen von Bjelgorod südlich von Kursk, am 3. August begonnen, endete hingegen mit einem vollen Erfolg. Er wurde wirksam von Partisanen durch einen »Schienenkrieg« unterstützt. Der sowjetrussische Angriff, der versuchte, nordwestlich von Charkow über Poltawa den Dnjepr zu erreichen, konnte vorübergehend von deutschen Truppen an der Bahnlinie Sumy–Charkow aufgehalten werden. Am 22. August jedoch mußten die Deutschen das mehrfach umkämpfte Charkow endgültig aufgeben. Inzwischen hatten die Sowjetrussen ihre Offensive von dem bei Isjum gewonnenen Brückenkopf erneut vorgetragen. Am 18. August gelang ein Vorstoß über den Mius ostwärts Stalino, der die deutsche Front durchbrach. Auf Generalfeldmarschall von Mansteins Ersuchen entschloß sich Hitler Ende August, das Donezbecken zu räumen und ein schrittweises Zurückweichen an den Dnjepr zu genehmigen. Nachdem den Sowjets auch im Bereich der Heeresgruppe Mitte am 26. August ein Durchbruch gelungen war, welcher die Umfassung des Nordflügels der Heeresgruppe Süd wahrscheinlich machte, konnte von Manstein am 15. September auch die Zurücknahme aller seiner Armeen hinter die Linie Melitopol–Dnjepr–Desna erreichen. Das Nachdrängen der sowjetischen Kräfte sollte durch die Praxis der »verbrannten Erde« erschwert werden. Dabei wurde auch die arbeits- und wehrfähige Bevölkerung zwangsweise mitevakuiert. Am 30. September standen alle deutschen Armeen hinter dem Dnjepr, über den die Sowjetrussen jedoch zwei Brückenköpfe besaßen. Außerdem war durch den sowjetischen Durchbruch in Richtung Kiew die Verbindung zur Heeresgruppe Mitte verlorengegangen. Diese Heeresgruppe mußte im

---

[338] Stimmungsbericht der SA der NSDAP. Sturm 25/143 Recklinghausen vom 27. 9. 43. BA NS Misch/1047.

Laufe des September Brjansk, Smolensk und Roslawl wieder aufgeben und sich hinter die Desna zurückziehen. Am 4. September war auch der Kubanbrückenkopf geräumt worden, und bis zum 9. Oktober hatten sich die Deutschen über die Straße von Kertsch auf die Krim zurückgezogen. Die Meldungen über diese Rückzugsbewegungen lösten »starke Besorgnis« aus. Der Teil der Bevölkerung, der weiterhin der nationalsozialistischen Staats- und Kriegführung blind vertraute, »erblickt in den deutschen Maßnahmen ein strategisches Manöver gemäß einem genialen Plan des Führers, der eine Zusammenfassung aller Kräfte vorsehe, um dann im Frühjahr 1944 den entsprechenden Gegenschlag zu führen«. Neben diesen »Gläubigen« gab es jedoch immer mehr Zweifelnde. »Zu solchen Auffassungen tragen auch weiterhin Berichte von Frontsoldaten bei, die von einer ungeheuren Überlegenheit der Sowjets sprechen und erzählen, die deutsche Front sei ›erbärmlich schwach besetzt‹ . . .«[339] Diese Erzählungen entsprachen der Wahrheit. Die deutschen Infanteriedivisionen besaßen zu diesem Zeitpunkt nur noch die Hälfte bis ein Drittel ihrer Kampfstärke. Besonders die Panzerverbände hatten im unermüdlichen Einsatz stark gelitten und von Juli bis September 1560 Panzer verloren. Am 1. Oktober waren gegenüber 8400 Sowjetpanzern nur 700 deutsche einsatzbereit.[340] Bereits Anfang September hatten die SD-Berichte darauf aufmerksam gemacht, daß bei bisher überwiegend positiver Stimmungsbeeinflussung durch Fronturlauber sich nun die Meldungen häuften über Soldatenberichte, die Unruhe unter der Bevölkerung hervorriefen. »Diese Äußerungen seien nicht mehr von gelassener Zuversicht und dem Gefühl absoluter Überlegenheit getragen, sondern *teilweise ausgesprochen pessimistisch.*«[341]

Wie bereits in früheren Meinungsforschungsberichten, wurde unterschieden zwischen Frontsoldaten, Wehrmachtsangehörigen der rückwärtigen Heeresgebiete im Osten und denjenigen, die in besetzten Gebieten im Norden, Westen und auf dem Balkan stationiert waren.

»Während die *Soldaten aus den besetzten Gebieten* schon früher nie durchweg positiv auf die Heimatbevölkerung einwirkten, sondern durch Erzählungen von Etappenerscheinungen manchmal Unruhe erzeugt hätten, sei es auffallend, daß jetzt auch eine ansteigende Zahl von *Front-*

---

339 »SD-Berichte zu Inlandfragen«. 30. 9. 43. »Auswirkungen der deutschen Rückzugsbewegungen im Osten auf die Stimmung«. BOBERACH; S. 437.
340 GRUCHMANN; S. 437.
341 »Meldungen über den Einfluß der Frontsoldaten auf die Stimmung in der Heimat«. 6. 9. 43. BA *R 58/188.*

urlaubern aus dem Osten mit pessimistischen Anschauungen heimkommen, während diese vor wenigen Monaten noch fast durchweg felsenfeste Zuversicht und volles Vertrauen zu dem Sieg unserer Waffen beseelt habe. In den Äußerungen der Soldaten von der Ostfront seien es vor allem *Angaben über das Kräfteverhältnis* zwischen Deutschland und der Sowjetunion, welche auf die Bevölkerung *niederdrückend wirken* . . . Auch über das *Verhältnis zwischen Offizieren und Mannschaften* würden von Urlaubern in letzter Zeit häufiger ungünstige Nachrichten verbreitet. Die Autorität vieler Offiziere sei zurückgegangen, junge Offiziere hätten keine Fronterfahrung, die Stimmung an der Front würde durch das Verhalten der Offiziere in den rückwärtigen Gebieten (Verhältnisse mit russischen Weibern, Saufgelage, Verschiebung von Lebensmitteln und anderen Gütern, teilweise aus Marketenderbeständen) beeinträchtigt.«

Aus Äußerungen dieser und ähnlicher Art entstände »bei der Bevölkerung hier und da schon der Eindruck, als ob sich an der Ostfront gewisse Demoralisationserscheinungen zeigten, welche einen Vergleich mit der Entwicklung am Ende des Ersten Weltkrieges nahelegten . . .« Die Meldungen aus den besetzten Westgebieten lauteten noch defätistischer.

Im Oktober kamen die SD-Berichte erneut auf den Einfluß der Front auf die Heimatstimmung zurück. Wieder hieß es, er sei im allgemeinen günstig, aber die Meldungen mehrten sich weiterhin, »wonach sich Frontsoldaten in einem Sinne über die Lage äußern, welche die Neigung weiter Bevölkerungskreise zu pessimistischen Äußerungen unterstützen«. Nach Anführung typischer Aussprüche von Offizieren und Soldaten, in denen Kritik und Besorgnis aufklangen, resümierte der SD-Bericht: »Solchen Äußerungen kommt eine besondere Bedeutung deshalb zu, weil ein großer Teil der Bevölkerung mehr Wert auf das legt, was Frontsoldaten erzählen, als auf die offiziellen Nachrichten . . .«[342]

Kann man auch berechtigterweise behaupten, führende Nationalsozialisten und vor allem Hitler hätten schwierige Entscheidungen hinausgezögert oder tunlichst vermieden, so muß man feststellen, daß sie rasch reagierten, wenn es darum ging, Mißstände zu beseitigen, die zu einer Gefahr für ihre eigene Existenz zu werden drohten. Nachdem sich die Meldungen über Auswüchse des Etappenlebens und ihre ungünstige Auswirkung auf die öffentliche Meinungslage weiterhin häuften, erließ Hitler am 27. 11. 1943 einen langen Grundsatzbefehl, der gleichzeitig die

342 »SD-Berichte zu Inlandfragen«. 14. 10. 43. »Meinungsäußerungen aus der Bevölkerung zur Kriegslage«. BA *R 58/189.*

Stärkung der Front, die Freisetzung von Arbeitskräften für die Rüstung[343] und die Eindämmung von Demoralisierungserscheinungen bezweckte. In ihm heißt es:

»Der Kampf um die Existenz des deutschen Volkes und um die Zukunft Europas nähert sich seinem Höhepunkt ... Die Reihen der kämpfenden Soldaten sind durch Tod, Verwundung und Krankheit erheblich gelichtet. Das Mißverhältnis zwischen fechtender Truppe und der großen Zahl von Soldaten, die hinter der Front tätig sind, hat sich derart gesteigert, daß es nicht nur eine rein militärische, sondern auch eine psychologische Gefahr zu werden droht. – Sie ist uns aus dem letzten Kriege unter dem Wort ›Etappe‹ bekannt. Das Wort ist beseitigt, die Erscheinungen sind geblieben.« Hitler erklärte sich entschlossen, mit den »rücksichtslosesten Methoden« die Kampfkraft der Fronttruppen wieder herzustellen. Jeder Widerstand sollte mit »drakonischen Strafen« gebrochen werden.

Wehrmacht und Waffen-SS hatten aus dem eigenen Bestand 1 Million Männer der Front zuzuführen. In den Heimat- und rückwärtigen Gebieten waren »ohne Rücksicht auf Alter und Tauglichkeitsgrad« alle Leute einzuziehen, die nicht für kampfentscheidende Zwecke eingesetzt waren. Die Zahl der nicht zum Kampf eingesetzten Dienststellen und Einheiten war zu kürzen. In allen Städten sollten besondere Kontrollen zur Beseitigung der Etappenerscheinungen eingeführt, zivile Arbeitskräfte, auch Frauen, der Wehrmacht zugeführt werden. Die Tauglichkeitsbegriffe waren zu vereinfachen. Hitler schloß den langen Befehl mit der Drohung: »Wenn mir nach dem 1. Januar 1944 noch Fälle gemeldet werden, daß aus Gleichgültigkeit, Egoismus und Ungehorsam die zur Stärkung der Front erlassenen Befehle nicht befolgt werden, so werde ich den verantwortlichen Vorgesetzten wie einen Kriegsverbrecher behandeln ...«[344]

Die Ausführungsbestimmungen des Befehls waren Angelegenheit des Chef OKW. Im Zuge dieser Bestimmungen erließ der Chef des Wehrmachtssanitätswesens, Prof. Handloser, am 7. Dezember neue Vorschriften für die ärztliche Beurteilung: »Den Sanitätsoffizieren obliegt es unter Hintanstellung von Bedenken, die unter anderen Umständen vielleicht berechtigt waren, und ohne falsche Nachgiebigkeit, alle Männer derart in diese Musterunggruppen einzuordnen, daß der Front ein zahlenmäßig merkbarer Zuwachs an Kämpfern zugeführt werden kann. Dabei wird in

---

[343] Der Befehl soll schließlich auf Vorschlag Speers erfolgt sein. Vgl JANSSEN; S. 269/270.
[344] Der Führer OKW/WFSt/Org. Nr. 007436/43 g. Als Anlage 4 zum Rundschreiben 3/45 g vom 4. 1. 1945 in BA NS 6/vorl. 354.

Kauf genommen werden müssen, daß dieser oder jener Kämpfer nur vorübergehend dem Kampfeinsatz gewachsen sein wird oder unter seiner Anforderung zusammenbricht. Dies ist in einer Zeit gerechtfertigt, in der auch der voll Gesunde wesentliche Opfer an Gesundheit und Leben bringen muß ...«[345]

Den vorläufigen Abschluß der totalen Erfassungsmaßnahmen auf dem Militärsektor bildete dann der bereits erwähnte Führerbefehl vom 22. Dezember 1943 zur Einführung eines NS-Führungsstabes im OKW und in den Oberkommandos der Wehrmachtsteile.[346]

Auch auf wirtschaftlichem Gebiet ging man endlich im Herbst 1943 von der »friedensähnlichen Kriegswirtschaft« zur vollen Kriegswirtschaft über. Speer übernahm vom Reichswirtschaftsministerium die Zuständigkeiten auf dem Gebiete der Rohstoffe und der Produktion in Industrie und Handwerk. Sein Titel lautete nun, der neuen Aufgabe gemäß, nicht mehr Reichsminister für Bewaffnung und Munition, sondern für Rüstung und Kriegsproduktion.[347]

Damit war fast der ganze Produktionsapparat Großdeutschlands in einer Hand vereinigt. Eine Ausnahme bildete nur noch die Luftwaffenausrüstung. Die Zuständigkeit für die Marinerüstung war bereits am 26. Juni auf Speer übergegangen. Dafür regierte Speer *de facto* auch über die Wirtschaft der von Deutschland besetzten Gebiete. Von Herbst 1943 an sollte die deutsche Verbrauchsgüterindustrie zum ersten Male im Kriege radikal eingeschränkt werden. Aufgrund politischer Zweckerwägungen kam es jedoch nur zu halben Maßnahmen.

Auf dem Gebiet der Propaganda erließ Goebbels die »Dreißig Kriegsartikel für das deutsche Volk«[348], eine Art negativer *Magna Charta*. Gleich im ersten Artikel hieß es, daß in diesem Kriege alles möglich sei, »nur nicht, daß wir jemals kapitulieren und uns unter die Gewalt des Feindes beugen«. Allein daran zu denken oder gar davon zu sprechen sei Verrat. Denn, wie es in Artikel 2 heißt, dieser Krieg werde um das »Lebensrecht« der Deutschen geführt, *ergo,* wie es in Artikel drei steht, sei es ein Verteidigungskrieg. Alle Deutschen, heißt es weiter, sollten aus tiefstem »Ge-

---

[345] Oberkommando der Wehrmacht. Chef des Wehrmachtssanitätswesens. *Nr. 2013/43 geh.* (H. S. In/Wi G CH) vom 7. 12. 43. Beglaubigte Abschrift in Bischöfl. Diözesanarchiv, Würzburg. *Nachlaß Leier K 1.*

[346] s. *supra;* S. 37.

[347] s. den Erlaß des Führers über die Konzentration der Kriegswirtschaft vom 2. 9. 43. – Abschrift in BA *NS 6/vorl. 342.* Vgl. auch JANSSEN; S. 133 f.

[348] Sonderdienst der Reichspropagandaleitung. Hauptamt Propaganda. Amt Propagandalenkung. Ausgabe A, Folge 23, im Oktober 1943. BA ZSg 3/1672.

meinschaftssinn« handeln, alle Ratschläge des Feindes als »Versuchung« der Kriegsmoral begreifen, der Führung Vertrauen entgegenbringen, auch wenn man sie nicht immer verstehe, weil sie nicht alle ihre Gründe offen zutage legen könne. Es sei ein »alter Trick«, ein Volk von seiner Führung zu trennen. Und es gäbe nichts Dümmeres, als zu behaupten, die Führung »habe es besser als das Volk«. Diesmal handele es sich nicht um einen Krieg des Regimes oder der Wehrmacht, sondern um einen Krieg des Volkes. Disziplin sei die wichtigste aller Kriegstugenden, und niemand dürfe sich über Einschränkungen seiner persönlichen Freiheit beklagen. Wieder wird hier das Gegensatzpaar Freiheit von außen und Freiheit von innen einander gegenübergestellt. »Nichts ist zu kostbar, um für die Freiheit geopfert zu werden« – die Freiheit des Volkes gegenüber seinen äußeren Feinden, versteht sich. Jeder, der nur an Genuß und an seine Bequemlichkeit denkt, sei ein verachtenswerter Materialist. Er handele nach dem Gesichtspunkt: Nach uns die Sintflut. »Wir setzen dieser charakterlosen Gesinnung den Grundsatz entgegen: Wenn wir schon für viele Jahre auf unser Lebensglück verzichten müssen, sollen wenigstens unsere Kinder und Enkel es einmal besser haben.« Die Kriegsartikel schlossen mit der Aufforderung des Großen Kurfürsten: »Bedenke, daß du ein Deutscher bist.« Sie bildeten, zusammen mit dem Text der Führerrede vom 8. November 1943, die Grundlage der von der Partei-Kanzlei vorgeschlagenen Propaganda-Aktion zur Aktivierung der Partei. Eine erste Versammlungswelle dieser Art fand am 25. November 1943 ihren Abschluß, eine zweite wurde in der Zeit vom 3. 1. bis 31. 3. 44 durchgeführt. Über den Erfolg der ersten Aktion hieß es, daß es ihr im wesentlichen zuzuschreiben sei, »daß die durch die militärischen Rückschläge bedingten Stimmungseinbrüche aufgehalten und ausgeglichen werden konnten«.[349]

Anfang Oktober stachelte Goebbels in einer Großkundgebung im Sportpalast noch einmal die Hoffnung auf Vergeltung an.[350]

Diese Propagandaparole zündete nun, bei der wachsenden Bedrohung aus der Luft und dem Gefühl der »Einkreisung« zu Lande, wie kaum eine andere:

»Unter dem Eindruck der ganzen Entwicklung des Krieges seit Stalingrad hat sich der Volksgenossen das Gefühl bemächtigt, daß der Ring der Feinde um Deutschland und die besetzten Gebiete immer enger werde und

[349] Sonderdienst der Reichspropagandaleitung. Hauptamt Propaganda (o. D.) »Aktionsplan zur Aktivierung der Partei für die Zeit vom 3. 1. bis 31. 3. 44«. BA ZSg 3/1673.
[350] Vgl. BRAMSTED; S. 318.

die Entwicklung unaufhaltsam einer Krise entgegentreibe, aus der ein Ausweg nur durch ein ›Wunder‹ möglich scheint. Und dieses Wunder, die entscheidende Wendung des Krieges erwartet heute die Mehrzahl der Volksgenossen – in den vom Luftkrieg betroffenen Gebieten sogar nahezu die Gesamtheit – von der Vergeltung ...«[351] Von einer Reihe neuer spektakulärer Waffen erhoffte man sich ein »Herausboxen« Englands aus dem Kriege. Und, so folgerten viele allzu optimistisch, wenn England einen Waffenstillstand abschloß, würde auch Amerika kein Interesse mehr an einer Weiterführung haben, und dann könne »die gesamte Kraft der deutschen Wehrmacht anschließend gegen Rußland gerichtet werden ...«

Hitler hegte ähnliche Gedankengänge, allerdings nicht im Zusammenhang mit Vergeltungswaffen, sondern mit der zu erwartenden britischamerikanischen Landung an der Atlantikküste. Er hoffte, diese Invasion abwehren und dann im Osten eine Entscheidung erzwingen zu können. Aus diesem Grunde dürfte er auch nicht weiter auf die seit Juni über Stockholm angebahnten Kontaktversuche der Sowjets eingegangen sein[352], da er sie zum einen als ein Pressionsmanöver der Sowjetrussen auf die Angelsachsen zur Errichtung einer zweiten Front begriff (was es vielleicht auch war[353]), zum anderen er sich nicht auf der falschen Seite engagieren wollte. Hitler war überzeugt, die Allianz der Gegner müsse auseinanderbrechen, und es werde ihm gelingen, mit dem Westen zu einen separaten Friedensschluß zu kommen. Am 3. November räumte er mit seiner Weisung Nr. 51 dem westlichen Kriegsschauplatz hinsichtlich personeller und materieller Rüstung den Vorrang vor dem Osten ein. Hier wollte er endlich die Entscheidung erzwingen und England, das er 1941 nicht hatte in die Knie zwingen können, den entscheidenden Schlag versetzen. In seiner traditionellen Ansprache im Bürgerbräukeller in München am 8. November sagte er denn auch: »Die Herren mögen es glauben oder nicht, aber die Stunde der Vergeltung wird kommen! Wenn wir auch im Augenblick Amerika nicht erreichen können, so liegt uns doch, Gott sei Dank, ein Staat greifbar nahe, und an den werden wir uns halten.«[354]

Diese Worte beseitigten bei einem weiteren Teil der deutschen Öffent-

---

[351] »SD-Berichte zu Inlandfragen«. »Was verspricht sich die Bevölkerung von der Vergeltung?«, 18. 10. 43. BOBERACH; S. 440.
[352] Vgl. KLEIST, Peter. *Zwischen Hitler und Stalin. 1939–1945.* Aufzeichnungen. Bonn, Athenäum Verlag, 1950.
[353] Nach LEONHARD, S. 242/243 könnte eine ernsthafte Bereitschaft zum Waffenstillstand seitens der UdSSR Anfang September 1943 bestanden haben.
[354] DOMARUS, Bd. II, 2. Halbband, S. 2056.

lichkeit noch bestehende Zweifel.»Wenn der Führer das sagt, glaube ich es auch. Der Tommy wird sein Fett schon kriegen...«Ähnliche Äußerungen wurden aus verschiedenen Teilen des Reiches gemeldet:»Ein Versprechen aus dem Munde des Führers wiege schwerer als alle Erklärungen in Presse, Rundfunk und Kundgebungen der Partei...« Wenn auch hier und da einige ironisierende Bemerkungen gemacht wurden, so konnte der SD-Bericht doch mit Befriedigung feststellen, daß die Ansprache Hitlers»die größten Sorgen der Bevölkerung gebannt und den Glauben und die Zuversicht der Volksgenossen gestärkt« habe.»Die zahlreichen erfaßten Stimmen aus der Bevölkerung ergeben, daß das Vertrauen zum Führer unerschüttert ist.«[355]

Es war ein geschickter Schachzug Hitlers, sich in seiner Rede als»tief innerlich religiös« zu bezeichnen und, wie so oft,»in Dankbarkeit vor dem Allmächtigen zu beugen«. Diese Worte wurden in kirchentreuen Kreisen sicher mit ungläubigem Spott aufgenommen. Der SD-Bericht meldete jedoch:»Die Mehrzahl der Volksgenossen sei durch diese Worte sehr beeindruckt worden, man habe sie verstanden ›aus der Lage eines Mannes heraus, der auf der Welt tatsächlich niemand über sich hat‹, als ›Bekenntnis deutscher Gläubigkeit‹...« Dabei hatte der Atheist Hitler nur einmal mehr dem Volk aufs Maul geschaut und das gesagt, was es zu hören wünschte. Die Stimmungsberichte und zahlreiche andere Informationen hatten ihm *ad nauseam* klargemacht, welchen Einfluß die Kirche nach wie vor besaß. Die Ereignisse in Italien, so hieß es gar in einigen Meinungsforschungsberichten, seien»in ihrem ersten Stadium von katholischer Seite freudig begrüßt worden...«[356] Die Aktivität der Kirchen nähme sichtlich zu,»selbst gute alte Sozialdemokraten laufen jetzt zur Kirche«.[357]

Ein weiteres Mittel, unerwünschte Kritik zu bannen und ein endgültiges Auseinanderfallen zwischen Führung und Geführten zu unterbinden, waren brutale Repressionsmethoden. In seiner Rede hatte Hitler erklärt, er werde nicht davor zurückschrecken,»einige hundert Verbrecher zu Hause ohne weiteres dem Tode zu übergeben«. Und in der Tat waren die Strafmaßnahmen gegen »Defätisten« erheblich verschärft worden. Ab 29. Januar 1943[358] – also bereits im Zuge der Totalisierungsmaßnahmen –

355 »Meldungen zur Führerrede vom 8. 11. 43.« BOBERACH; S. 442–445.
356 Kreisleitung Heidelberg, 1. 10. 43. BA *NS Misch/1112;* fol. 11090. Vgl. auch Kreisleitung Waldshut, 23. 10. 43, und Kreisleitung Rastatt, 28. 9. 43. *ibid;* fol. 11086 und 11091.
357 Kreisleitung Säckingen, 23. 11. 43. ibid; fol. 11077. – Vgl. auch fol. 11075/11076.
358 RGBl. I; S. 76.

war die Zuständigkeit für die Bestrafung der in § 5 der Kriegssonderstrafrechtsverordnung genannten Vergehen[359] von den Sondergerichten auf den Volksgerichtshof übergegangen, der ursprünglich nur für die Urteile in Sachen Hoch- und Landesverrat zuständig gewesen war.[360] Damit sollte eine größere Einheitlichkeit der Rechtsprechung in allen Fällen von politischen »Zersetzungsversuchen« erreicht werden. Die von den ordentlichen Gerichten ausgesprochenen Urteile hatten nämlich im Hinblick auf ihre Strafhöhe sehr oft den Unwillen linientreuer Nationalsozialisten hervorgerufen.[361] Während der Volksgerichtshof Todesurteile aussprach, verurteilten die unteren Gerichte bei gleichen Tatumständen und gleich zu bewertenden Persönlichkeiten nach dem »Heimtückegesetz« zu »mehr oder weniger langen Gefängnisstrafen«.[362] Der bekannteste Fall ist derjenige von Regierungsrat Theodor Korselt aus Rostock. Er wurde vom Volksgerichtshof zum Tode verurteilt, weil er in der Straßenbahn kurz nach dem »Rücktritt« Mussolinis gesagt hatte, so müsse es auch in Deutschland kommen. Hitler müsse zurücktreten, da doch keine Aussicht auf einen Sieg mehr bestände. Schließlich wollten ja nicht alle bei lebendigem Leibe verbrennen.[363] Ähnlich erging es der Schwester von Erich Maria Remarque, Frau Scholz, die ebenfalls zum Tode verurteilt wurde.[364] Derartige Urteile wurden bewußt als Abschreckungsmittel der deutschen Öffentlichkeit mitgeteilt. Goebbels notierte am 16. November in seinem Tagebuch:»Jedenfalls glaube ich, daß wir von der moralischen Haltung des deutschen Volkes keine Schwierigkeiten zu erwarten haben. Unser Volk befindet sich heute in einer ausgezeichneten Verfassung. Das

359 Vom 17. 8. 38. RGBl. 1939 I; S. 1455.
360 24. 4. 34 und 18. 4. 36. RGBl. I; S. 341, 369.
361 Vgl. z. B. das Schreiben des Kreisleiters von Bad Gandersheim vom 4. 12. 43 an den Gauleiter des Gaues Südhannover-Braunschweig, in dem er gegen ein Urteil des Kammergerichtes Berlin protestierte, das auf 1¹/² Jahre Gefängnis lautete, und wovon ¹/² Jahr Untersuchungshaft angerechnet wurde. Die Angeklagte hätte u. a. nach Stalingrad geäußert, der deutsche Gruß sei nicht mehr »Heil Hitler«, sondern »Horrido«. Der Führer habe seinen ersten Bock geschossen. Außerdem hätte in ihrem, von einem Kinderheim in ein Lazarett verwandelten Hause »Revolutionsstimmung« geherrscht. BA R 22/3357.
362 s. zu diesem Komplex, auch für das Folgende,»Meldungen zur strafrechtlichen Bekämpfung von Zersetzungsversuchen«. 2. 12. 43. BOBERACH; S. 460–466.
363 Vgl. WEISENBORN. Der lautlose Aufstand. Bericht über die Widerstandsbewegung des Deutschen Volkes 1933-1945, Reinbek, Rowohlt 1962, S. 265 bis 267.
364 ibid; S. 263–265.

ist auf unsere gute Propaganda, zum Teil aber auch auf die harten Maßnahmen zurückzuführen, die wir gegen Defätisten treffen ...«[365]

Verglichen mit der katastrophalen Stimmung, die in Deutschland zwischen Frühjahr und Herbst vorherrschend gewesen war, muß man Joseph Goebbels mit einiger Einschränkung recht geben;»ausgezeichnet« war die Meinungslage der Deutschen nicht, aber weit besser als wenige Monate zuvor. Die Tatsache, daß sich schließlich der Sturz Mussolinis weniger nachteilig ausgewirkt, als befürchtet, daß es gelungen war, den Großteil Italiens unter deutscher Kontrolle zu halten, daß die Behandlung der abgefallenen Italiener durch die Anglo-Amerikaner recht hart war – das alles hatte das sehr lädierte Ansehen des Regimes wieder in den Augen eines Teils der Bevölkerung angehoben. Eine weitere Konsolidierung war durch die Kombination erzielt worden, Hoffnung auf Vergeltung zu wecken und Abschreckung durch Terror zu erzielen. Die Kritiker wurden vorsichtiger und fanden weniger Anklang.[366] Das Pendel schlug nunmehr zunehmend zwischen Abstumpfung,»der Auffassung, daß wir den Krieg unbedingt gewinnen müssen, weil sonst alles verloren wäre«[367], und blinder Schicksalsgläubigkeit hin und her.

Am desinteressiertesten und teilnahmslosesten zeigten sich die Frauen.[368] Sie wurden von der Last des Alltags derart erdrückt, daß der Blick nicht mehr über die Mühsal des Tages hinausreichte. Nur wer Angehörige an der Front hatte, verfolgte das Kriegsgeschehen dieses Sektors. Die Kriegsmüdigkeit war grenzenlos. Rilkes Worte:»Und der Mut ist so müde geworden und die Sehnsucht so groß«, treffen wohl besser als alle Stimmungsberichte die seelische Disposition der meisten Frauen im fünften Kriegsjahr. Viele sahen ihre Ehe unter dem langen Getrenntsein auseinandergleiten.»Die mit kurzen Unterbrechungen nun schon Jahre an-

[365] op. cit.; S. 482.
[366] »War noch vor kurzem in der Öffentlichkeit, besonders in Gasthäusern, Eisenbahnabteilen, Kaufläden usw. eine starke Hemmungslosigkeit in der Weitergabe von Gerüchten und der Erörterung politischer und militärischer Vorkommnisse zu beobachten, so hat nunmehr wohl unter dem Eindruck der sich mehrenden Todesurteile gegen Defätisten, größte Zurückhaltung in allen Dingen, die Krieg und Politik betreffen, Platz gegriffen ...« OLG-Präsident Bamberg, 27. 11. 43. BA R 22/3355. Sehr aufschlußreich ist auch die Bemerkung des OLG-Präsidenten von Nürnberg vom 2. 12. 43:»In den ehemals schwarzen Gegenden der Oberpfalz wagten sich die alten Gegner nicht mehr aus ihren Löchern heraus; die Todesurteile des Volksgerichtshofs wegen wehrkraftzersetzender Äußerungen sorgten dafür, daß sie sich wieder in ihre Schlupfwinkel zurückzogen.« R 22/3381.
[367] OLG-Präsident Jena, 30. 11. 43. BA R 22/3369.
[368] Vgl. Generalstaatsanwalt Königsberg. 26. 1. 44. R 22/3375.

dauernde Trennung, die Umgestaltung der Lebensverhältnisse durch den totalen Krieg, dazu die hohen Anforderungen, die jetzt an jeden einzelnen gestellt werden, formten den Menschen um und erfüllten sein Leben. Der Frontsoldat zeige im Urlaub oft kein Verständnis mehr für die kriegsbedingten häuslichen Dinge und bleibe interessenlos gegenüber vielen täglichen Sorgen der Heimat. Daraus ergebe sich häufiger ein gewisses Auseinanderleben der Eheleute.« Kam dann der Mann endlich einmal auf Urlaub, gab es statt des erhofften Honigmonds Szenen und Zusammenstöße.

Bei der Evakuierung von Frauen und Kindern aus den von Fliegerangriffen bedrohten Gebieten traten ähnliche Probleme auf. Ein Teil der ›ausgelagerten‹ Mütter zeigte sich mit der angewiesenen Unterkunft zufrieden. Manche Frauen aber konnten sich in den neuen Quartieren nicht zurechtfinden. Sie litten unter der Trennung, sorgten sich um das materielle Auskommen des Ehemannes, und für diese war es in der Tat oft auch sehr ungemütlich.

»Das Heimkommen nach schwerer Tagesarbeit in die kalte, einsame Wohnung, das Fehlen der liebenden Fürsorge und einer besseren Ernährung durch die Frau und vor allem das Fehlen des Kinderlachens nehme ihm die Lust und auch die Kraft zur Arbeit. Im besonderen könnte man in Arbeiterkreisen sehr häufig die Bemerkung hören, daß, wenn man Wert darauf lege, ihre Arbeitsfreude und Arbeitskraft zu erhalten, man ihnen die Ehefrau am Orte belassen sollte . . .

Vor allem erklärten die Ehemänner, daß das Familienleben den einzigen Ausgleich für ihre schwere Arbeit darstelle. Man sollte ihnen nicht auch noch das Letzte nehmen, was überhaupt das Leben noch lebenswert erscheinen lasse . . .«[369]

Nicht zuletzt spielte das sexuelle Problem eine Rolle bei der forcierten Trennung. Während man die Bedürfnisse des Mannes auf diesem Gebiet als naturgegeben und für den Fortbestand Deutschlands notwendig erachtete[370] und die Wehrmacht ihnen mit der Einrichtung von Bordellen zu entsprechen versuchte, wurden sie bei dem weiblichen Geschlecht als unmoralisch deklariert und möglichst negiert. Die mit jedem Kriege verbundene Lockerung der Sitten und die Auseinanderreißung von Ehepart-

369 »Das Zeitgeschehen und seine Auswirkungen auf die Stimmung und Haltung der Frauen«. 18. 11. 43. BOBERACH; S. 445–447.

370 Eine Schulungs-Unterlage für Mai-Juni 1944 »Zur biologischen Sicherung der deutschen Zukunft« forderte gar einen geradezu »revolutionären Umbruch in den Fortpflanzungsgewohnheiten unseres Volkes . . .« BA ZSg 3/422.

nern machten jedoch evident, daß nicht nur bei Männern erotisches Verlangen und die Notwendigkeit der Triebbefreiung bei mangelndem Sublimationsvermögen besteht. Der SD sah sich veranlaßt, hierüber einen Bericht zu verfassen, unter dem Titel »Unmoralisches Verhalten deutscher Frauen«.[371] Hierin hieß es, daß es sich bei dem konstatierten Absinken der Moral nicht mehr nur um Einzelerscheinungen handele, »sondern daß ein *großer Teil der Frauen und Mädchen* in immer stärkerem Maße dazu neige, *sich geschlechtlich auszuleben.* Es gäbe in vielen Orten stadtbekannte Verkehrslokale der Kriegerfrauen, in denen sie Männer kennenzulernen suchen, um sich von ihnen nach Hause begleiten zu lassen. *Die Kinder* seien bei einem solchen Treiben der Mütter vielfach sich selbst überlassen und *drohten zu verwahrlosen*...« Laut Aussagen des SD handelte es sich vorwiegend um Frauen der unteren sozialen Schichten. Aber auch die Entwicklung in anderen Kreisen zeige bereits ähnliche Tendenzen.[372] Der *upper society* sei es natürlich leichter, in diskreter Weise in ihren komfortablen Wohnungen Besucher zu empfangen. Nicht nur die vereinsamten Ehefrauen zeigten sich liebebedürftig. Auch bei den Unverheirateten stellte der SD »einen starken Hang zum sexuellen Sichausleben« fest, eine Tatsache, die zu zahlreichen Schwangerschaften von 14- bis 18jährigen und zur Verbreitung der Geschlechtskrankheiten führte.

Als letzte unerfreuliche Konsequenz mangelnder moralischer Haltung nannte der Bericht den Verkehr mit Kriegsgefangenen und »fremdvölkischen Arbeitskräften«.

Für das kriegführende nationalsozialistische Deutschland bedeutete der freie Lebenswandel der Frauen eine Belastung. Zum einen, so hieß es, steigere er die sexuelle Libertinage des Mannes, da »jede Frau heute zu haben« sei, zum anderen schwäche er die Kampfkraft der Soldaten, die sich über die sexuellen Ausschweifungen ihrer Frauen beunruhigt zeigten.

Im wesentlichen wurden acht Gründe für die mangelnde Tugend der Frauen namhaft gemacht: 1. das Entfallen der früheren geselligen Vergnügungen, wie Tanz, Mode, Reisen, Bücher, Tennis usw. und die Bemühungen der Mütter, ihren Töchtern beizubringen, daß es bei dem vorauszusehenden Männermangel besser sei, sich rechtzeitig einen Partner zu sichern. Da aber kein junger Mann heute richtig planen könne, würde er

---

371 Vom 13. 4. 44. Von Kaltenbrunner an Reichsschatzminister Schwarz übersandt. BA NS 1/544.
372 Der OLG-Präsident von Schwerin meldete am 3. 4. 44 ähnliche Beobachtungen. BA R 22/3385.

»einen möglichst unbeschwerten Liebesgenuß« einer Dauerverbindung vorziehen;

2. die »Sexualnot« der Kriegerfrauen sei teils so groß, daß Führer militärischer Einheiten zahlreiche Briefe von Ehefrauen erhalten hätten, mit der Bitte, ihrem Manne Urlaub zu gewähren, anderenfalls seien sie gezwungen, »auf die Straße zu gehen«.

3. Die relativ hohe Familienunterstützung der Kriegerfrauen verleite sie dazu, ihre Zeit in Kaffeehäusern und Lokalen zu verbringen und dort Männerbekanntschaften zu machen.

4. die tägliche Bedrohung in den bombardierten Städten bringe es mit sich, daß man an irdischen Freuden mitzunehmen versuche, was nur irgend möglich sei;

5. die »zu starke Erotisierung des öffentlichen Lebens« durch Filme, Illustrierte, Schlager usw.;

6. das schlechte Beispiel der Eliten; Ehescheidungen bekannter Persönlichkeiten, Affären mit Künstlerinnen oder Sekretärinnen waren an der Tagesordnung;

7. der Wunsch, begehrte Mangelwaren, wie Kaffee, Schokolade, Spirituosen, Strümpfe, von Soldaten aus den besetzten Gebieten zu erhalten;

8. Dieses Motiv spiele auch beim Verkehr mit Ausländern eine gewisse Rolle. Hinzu kam der Reiz des Fremdländischen. »Bei den Franzosen fänden die Frauen die diesen eigene schmeichlerische Galanterie verlockend und erwarteten bei ihnen ferner Befriedigung einer gewissen Sensationslust auf sexuellem Gebiet.«

Keine Erwähnung fand die Tatsache, daß die kirchenfeindliche Politik des Regimes womöglich dazu beigetragen hatte, bisherige moralische Tabus umzustoßen.[373]

Zur Bekämpfung der Unmoral wurde in der Denkschrift eine Reihe von Vorschlägen aus dem »noch nicht infizierten« Teil der Bevölkerung aufgegriffen, die recht wirklichkeitsfremd anmuten. So sollte die nationalsozialistische Rassen- und Bevölkerungspolitik ihre »Forderung nach einer gesunden und natürlichen Geschlechtsmoral stärker als bisher von allen Tendenzen sexuellen Auslebens ohne Verantwortung vor der Gemein-

---

373 Auf diese Auswirkungen des Kirchenkampfes wies der OLG-Präsident von Darmstadt am 1. 12. 43 hin: »Mitunter gewinnt man auch den Eindruck, daß der von dem Nationalsozialismus geführte Kampf gegen eine kirchliche volksfremde Moral offenbar von einem Teil der Jugendlichen fälschlicherweise nur im Sinne einer Beseitigung früherer Bindungen und Schranken und nicht als ein Aufruf zur gesteigerten Selbstverantwortung und klarer innerer Haltung verstanden worden ist.« BA R 22/3361.

schaft und der eigenen Gesundheit und Leistungsfähigkeit« abheben. »Die ursprünglichen Werte der deutschen Frau sollten in Presse, Funk und Film viel stärker als bisher angesprochen und herausgehoben werden ...«, der »Erotisierung des öffentlichen Lebens« ein Ende bereitet und an die Soldaten appelliert werden, sie sollten nicht mit den Frauen der anderen verkehren. Den »verworfenen« Frauen aber sollte die Familienunterstützung gekürzt und sie gegebenenfalls zur Arbeitsdienstpflicht herangezogen werden.

Mangelnder Gleichberechtigung auf sexuellem Gebiet entsprach auch die Diskriminierung der Frauen auf sozialpolitischem Sektor. Dies wird besonders deutlich in Fragen der Lohnpolitik. Hier verfügen wir über ein Dokument, das eindeutig beweist, daß Hitler es war, der jeden diesbezüglichen Fortschritt blockierte.

Anläßlich einer Besprechung zwischen Reichsorganisationsleiter Dr. Ley, dem Generalbevollmächtigten für den Arbeitseinsatz Sauckel, Oberbürgermeister Liebel an Stelle Reichsminister Speers, Preiskommissar Dr. Fischböck, Botschafter Abetz und Reichsminister Dr. Lammers – der eine Niederschrift anfertigte[374] – schlug Dr. Ley eine Gleichstellung von Frauen- und Männerlöhnen vor, nach dem Prinzip »Gleicher Lohn bei gleicher Arbeitsleistung und gleichem Effekt«. Hitler konterte mit »grundlegenden Ausführungen«: »Der Lohn im nationalsozialistischen Staate habe zwei Aufgaben:

a) die Entlohnung der reinen Arbeitsleistung, ferner aber

b) habe der Lohn auch soziale Aufgaben zu erfüllen, d. h. in seiner Höhe die Stellung des Arbeitenden in der Volksgemeinschaft zu berücksichtigen.

Aus letzterem Grunde müsse der Mann, von dem der Staat verlange, daß er heirate und eine Familie gründe, höher entlohnt werden als der nicht verheiratete Mann und als die Frau. Man könne den Lohn unmöglich nach der reinen Arbeitsleistung bewerten. Denn wenn man dies täte, so käme man schließlich dazu, den jungen Mann, dessen Arbeitsleistung zweifellos höher sei als die eines älteren Mannes, besser zu entlohnen als den älteren Mann ...« Das Prinzip der gleichen Entlohnung bei gleicher Leistung könne im Falle der Frauen während des Krieges sowieso nicht gelöst werden, da ein echter Vergleich der Leistung nicht möglich sei, solange die jüngeren leistungsfähigen Männer im Felde ständen. Es ist also das Prinzip des »angemessenen Lohnes«, das Hitler hier wieder anführt. Hinzu kam die von der Weltwirtschaftskrise hervorgerufene Furcht vor einer

[374] Feldquartier, den 27. April 1944. Betrifft Löhne für Frauen. Abschrift in BA R 43 II/541.

neuen Welle der Arbeitslosigkeit in den Friedensjahren, die ihm eine künftige Ausschaltung der Frau als Arbeitskonkurrentin wünschenswert erscheinen ließ. Letztes Motiv schließlich war seine biologisch geprägte Auffassung von der natürlich gegebenen Minderwertigkeit der Frau.

Das Prinzip der Lohngleichheit, so meinte er, stände »in einem völligen Gegensatz zum nationalsozialistischen Prinzip der Aufrechterhaltung der Volksgemeinschaft«. Dieses Ideal, das er im Frieden verwirklichen wollte, sah vor, »daß grundsätzlich nur der Mann verdiene und daß auch der kleinste Arbeiter für sich und seine Familie eine Dreizimmerwohnung habe. Die Frau müsse dann, um die Familie und diese Wohnung zu versorgen, im Hause arbeiten . . .« An diesen Grundsätzen wollte der Führer des Großdeutschen Reiches auch im Kriege festhalten, weil man sich sonst »die Friedensarbeit nach nationalsozialistischem Muster verbauen« würde. Wenn wirklich eine Frau Männerarbeit leiste und zudem für ihre Kinder zu sorgen habe, könne man den Ausgleich durch Lohnzulagen oder Steuererleichterungen – aber nicht durch Erhöhung des Grundlohnes herbeiführen. Die hierin klar enthaltene Diskriminierung der weiblichen Arbeitskräfte und der ihr letztlich zugrundeliegende männliche Überheblichkeitswahn wird besonders klar in den Schlußworten Hitlers, in denen er die Überlegung äußerte, »daß man für die Friedenszeit überhaupt erwägen müsse, gewisse Berufe für Männer zu sperren, z. B. den Beruf des Kellners, der ebensogut von einer Frau ausgefüllt werden könne, noch mehr den Damen-Friseur; denn es sei geradezu ein unwürdiger Beruf für einen Mann, eine Frau zu frisieren . . .«

Hitlers Männlichkeitswahn ebenso wie die Exzessivität seiner nationalen Ambitionen lassen auf tiefverwurzelte Minderwertigkeitskomplexe schließen.

Ein damals in Deutschland umlaufendes Spottliedchen scheint wie geschaffen, diese heimlichen Komplexe ans Tageslicht zu heben:

> »Der nach russischer Art regiert,
> Sein Haar nach französischer Mode frisiert,
> Sein Schnurrbart nach englischer Art geschoren,
> Und selbst nicht in Deutschland geboren,
> Der uns den römischen Gruß gelehrt,
> Von unseren Frauen viel Kinder begehrt
> Und selbst keine erzeugen kann,
> Das ist in Deutschland der führende Mann.«[375]

375 Eine Stenotypistin, die dieses Gedicht verbreitet hatte, wurde im Oktober

Der »führende Mann« rückte indessen immer mehr aus dem Blickfeld der Massen. Von der militärischen Führung völlig absorbiert, überließ er die innenpolitische Szene zunehmend dem Reichspropagandaminister, dem seinen Machtbereich ständig ausweitenden Leiter der Partei-Kanzlei – dem eigentlichen Chef der NSDAP – und Heinrich Himmler, Innenminister und Chef der deutschen Polizei. Diesem Triumvirat, obwohl untereinander nicht frei von Rivalitätsneid, was Hitler wieder erlaubte, als Schiedsrichter das letzte Wort zu behalten, oblag die Aufgabe der »Menschenführung« in der Heimat. Völlig unabhängig von ihnen, aber immer weitere Kompetenzbereiche an sich ziehend, operierte Albert Speer, nur von dem Gedanken an Effizienz, ohne weltanschaulichen Ballast, beseelt, und damit das Mißtrauen der intransigenten Parteiführer hervorrufend. Daneben gab es noch eine Reihe »Halbgötter« und den an Ansehen und Einfluß stetig verlierenden Hermann Göring, sowie eine Anzahl politischer Nullen.

Hitler trat langsam in den Hintergrund; das läßt sich ablesen aus dem schwachen Widerhall und der mangelnden Durchschlagskraft seiner Neujahrsansprache[376], einem weiteren Nachlassen der Hitlerwitze und der Attacken gegen seine Person: die Kritik richtete sich vor allem gegen die von ihm verkörperte Regierung und deren Maßnahmen.[377] Dazu trug Goebbels bei, der ihn immer mehr in einer historischen Perspektive verstanden wissen wollte. So wie das schwankende Kriegsglück *sub specie historiae* zu betrachten sei, so sollte auch die Figur Hitlers mit dem Maßstab der Geschichte gemessen werden. Wieder diente dem Propagandaminister Friedrich der Große als Vergleichsperson. Was dessen Zeitgenossen zwischen 1760 und 1763 über ihn gedacht hatten, sei sehr verschieden gewesen von der heutigen Beurteilung des großen Königs.[378]

Noch deutlicher wird die gewollte Distanz anhand einer Anordnung Bormanns. Hier wird Hitler den Massen nicht nur in geschichtlicher Proportion vorgestellt, sondern quasi in religiöse Sphären entrückt. Da der Begriff »Führer« Weltbedeutung erlangt habe, sei es erforderlich, bei der

---

1943 zu 2 Jahren Gefängnis verurteilt. Das Urteil wurde im Vergleich zu Urteilen des Volksgerichtshofs vom SD als zu milde angesehen. Vgl. »Meldungen zur strafrechtlichen Bekämpfung von Zersetzungsversuchen«. 2. 12. 43. BOBERACH; S. 462/463.
376 Vgl. SD-Abschnitt Koblenz, 11. 1. 44. Betr. Öffentl. Führungsmittel–Presse. HStA Wbn *Zug 68/67, Nr. 1076* und SD-Abschnitt Frankfurt, Ende Januar 1944, Betr. Pressepropaganda. – HStA Wbn *Zug 68/67 Nr. 1087.*
377 Generalstaatsanwalt Kammergericht Berlin, 31. 5. 44. BA *R 22/3356.*
378 Ansprache zu Hitlers Geburtstag. Vgl. BRAMSTED; S. 225/226.

Benutzung dieses Wortes in anderen Zusammenhängen Zurückhaltung auszuüben. Im Bereich der Partei sollten keine neuen Rangbezeichnungen, in denen das Wort »Führer« allein oder zusammengesetzt vorkomme, geprägt werden.[379] Der Titel »Führer« sollte für Hitler alleiniges Privileg bleiben und seine Profanation tunlichst vermieden werden.

Das Volk indessen beugte sich unter der Knute des Krieges. Der Schauplatz im Osten beanspruchte in den Winter- und Frühjahrsmonaten des Jahres 1943/1944 weit mehr Aufmerksamkeit als das Kampfgeschehen in Italien. Hitlers Weisung Nr. 51 vom 3. November 1943 bedeutete, daß die militärischen Führer im Osten mit keinen Verstärkungen mehr rechnen durften. Zudem lehnte der Oberbefehlshaber der Wehrmacht alle Vorschläge auf Zurücknahme und Verkürzung der Fronten ab, da er im Norden eine Bedrohung der Ostsee fürchtete, im Süden die Manganerzgruben des Dnjeprbogens nicht verlieren und das rumänische Erdölgebiet nicht in den Bereich der sowjetischen Luftwaffe bringen wollte. Unter diesen Umständen gelang es General Watutin, seinen am 3. November begonnenen Angriff bald bis Kiew und in wenigen Tagen 130 km nach Westen bis Shitomir vorzutragen. Gleichzeitig wurde der Südflügel der Heeresgruppe Mitte zurückgedrückt, und die Lücke zwischen beiden deutschen Heeresgruppen drohte, sich zu einem breiten Durchbruch zu entwickeln, der es den Sowjets erlaubte, südlich der Pripjet-Sümpfe auf der Straße von Shitomir nach Lublin in das »Generalgouvernement« einzudringen. Noch einmal erreichte von Manstein, indem er Kräfte seines Südflügels nach Norden warf, durch einen am 15. November beginnenden Gegenangriff, Shitomir zurückzugewinnen und den sowjetischen Vormarsch nach Westen aufzuhalten. Die Heeresgruppe Mitte hatte sich unter der Wucht anhaltender Angriffe während der letzten Monate des Jahres 1943 hinter den Dnjepr zurückziehen müssen. Die Heeresgruppe Nord schlug sich mit Fesselungsangriffen der Sowjets herum. An der Nahtstelle zwischen Heeresgruppe Nord und Mitte hatte General Jeromenko im Oktober einen Einbruch erzielt, ihn aber operativ fürs erste nicht ausgenützt.

Die eigentliche sowjetische Winteroffensive begann am 24. Dezember. General Watutin stieß erneut in Richtung Westen vor. Er überquerte die russisch-polnische Vorkriegsgrenze und erreichte am 5. Februar Rowno und Luzk. Von hier aus drängten die sowjetischen Truppen nach Süden, drangen bei Winniza über den oberen Bug und stießen mit Teilen auf

[379] Anordnung 91/44 vom 29. 4. 44. BA *NS 6/vorl. 346.*

Uman. Generalfeldmarschall von Manstein wollte daraufhin den vorge-
staffelten Dnjepr-Frontbogen räumen, doch Hitler, der die Erzgruben von
Nikopol und Kriwoi Rog nicht aufgeben wollte, befahl ihm auszuharren
und sagte ihm drei Divisionen zu. Es gelang von Manstein auch schließlich in der zweiten Januarhälfte, die sowjetischen Stoßkeile gegen Winniza
und Uman zu zerschlagen. Dafür aber schlossen die Sowjets bei Tscher-
kassy 50 000 Deutsche ein, für die der Generalfeldmarschall, ohne Be-
nachrichtigung Hitlers, den Befehl zum Ausbruch nach Südwesten gab. In
der Nacht vom 17. Februar konnten sich rund zwei Drittel der Eingeschlossenen durchschlagen.

Die Teile der deutschen Bevölkerung, die den Ostfeldzug mit Aufmerksamkeit verfolgten, zeigten sich über die Aufgabe von Rowno und Luzk
sehr alarmiert. Die Zeitungen brachten Artikel unter der Überschrift
»Äußerst bizarrer Frontverlauf im Osten«, wiesen auf »merkwürdige
Linienführung und die starke Verzahnung der Front« hin. Viele Deutsche rechneten besorgt mit weiteren »Frontbegradigungen« und fragten
sich, »wieweit unsere Heeresführung eigentlich noch zurückzugehen beabsichtige, oder ob wir schon nicht mehr die Freiheit und Möglichkeit hätten,
darüber selbst zu entscheiden«. Was aber die Bevölkerung noch viel mehr
verwirrte, war die Tatsache, daß Presse und Rundfunk den Ostschauplatz
immer mehr vernachlässigten und den Westen und die »zu erwartende
Invasion als kriegsentscheidend und als erste Front« bezeichneten.[380]

In der Tat hatte sich seit Dezember Hitlers Konzeption, die Entscheidung falle bei der Invasion im Westen, in der Propaganda nach vorne
gespielt. Die Zwillingsthemen Vergeltung und Invasion sollten von nun
an die Szene beherrschen und dem durch die Ereignisse im Osten und den
verstärkten Luftkrieg immer mehr in die Enge getriebenen deutschen Volk
neuen Mut und Abwehrwillen einflößen.

Vergeltung und Kriegsende wurden zunehmend als Synonima begriffen.
»Als drittes Moment kommt die ›Invasion‹ hinzu, wobei die einen an
englisch-amerikanische Landungsversuche im Westen, die anderen an ein
deutsches Unternehmen gegen die englische Insel denken.« Das Datum
dieses als kriegsentscheidend angesehenen Vergeltungsschlages wurde von
denjenigen, die überhaupt an ihn glaubten, auf das Frühjahr angesetzt:
»Nicht wenige Volksgenossen zweifeln sogar völlig an der Vergeltung. Sie
sei nichts als ein großartiges Propagandamanöver der deutschen Führung,

[380] »Meldungen über die Entwicklung in der öffentlichen Meinungsbildung«,
10. 2. 1944. BOBERACH; S. 486, 487.

das den Zweck verfolge, die Bevölkerung in England zu ängstigen und die anglo-amerikanische Führung zur vorzeitigen Durchführung nicht ganz ausgereifter Invasionspläne zu veranlassen. Daneben gibt es Gegner, die die Vergeltungspropaganda als ein Mittel der Führung bezeichnen, das Volk weiter ›bei der Stange‹ zu halten und den aussichtslosen Krieg noch eine Weile zu verlängern. Aus diesen Kreisen stammen wohl hauptsächlich die Vergeltungswitze, von denen es schon eine ganze Anzahl gibt, z. B.: »Die Vergeltung kommt, wenn an den Altersheimen steht: ›Wegen Einberufung geschlossen!‹«

»1950. Besprechung im Führerhauptquartier über den Termin der Vergeltung. Sie wird noch einmal vertagt, weil keine Einigkeit darüber zu erzielen ist, ob die beiden Flugzeuge neben- oder hintereinander fliegen sollen ...«

Sehr typisch sind auch die beiden folgenden Witze:

»Dr. Goebbels wurde in Berlin ausgebombt. Er rettet zwei Koffer auf die Straße und geht noch mal ins Haus, um andere Sachen zu bergen. Als er wieder herauskommt, sind die beiden Koffer gestohlen. Dr. Goebbels ist sehr unglücklich, weint und klagt. Als man fragt, was denn so wertvolles in den Koffern gewesen sei, antwortet er: ›In dem einen war die Vergeltung und in dem anderen der Endsieg!‹«

»Beim letzten Angriff auf Berlin haben die Engländer Heu für die Esel abgeworfen, die noch an die Vergeltung glauben ...«[381]

Um dieser weitverbreiteten Skepsis entgegenzuwirken, gab die Reichspropagandaleitung Anfang Januar als Information an die Kreisleiter[382] einen Sonderdienst heraus, der drei Themen gewidmet war: der Invasion, den Terrorangriffen auf Berlin und der Vergeltung. Hierin wurde die deutsche Position viel rosiger dargestellt als die Lage der Gegner und hinsichtlich der Invasion ein starker Optimismus propagiert: »Für uns kann es an dem Ausgang des Invasionsunternehmens keinerlei Zweifel geben. Wir haben genügend Reserven zur Verfügung, die sich in den kommenden Monaten noch weiter verstärken werden, um den Invasionstruppen wirkungsvoll zu begegnen ...«

Über die Vergeltung hieß es, es sei dies das Thema, welches seit einem Jahr die Öffentlichkeit am stärksten bewege. »Es wäre kindisch anzunehmen, die Führung des Reiches habe diesen Schrei nicht vernommen, oder sie wüßte nicht, wie sie eine Vergeltung durchführen solle ...

[381] »Meldungen über Gerüchte und Kombinationen zur Vergeltung und Invasion«. 27. 12. 43. BOBERACH; S. 472–475.
[382] Ausgabe B, Folge 10. 7. 1944. BA ZSg 3/1673.

Das deutsche Volk hat nunmehr die Gewißheit, daß eine Vergeltung größten Ausmaßes unseren Feind treffen wird. Es wurde und wird bis zu dem Tage, da die Vergeltung tatsächlich erfolgt, auf eine harte Geduldsprobe gestellt...«

Die Kombination Invasion und Vergeltung in Verbindung mit dem starken Luftangriff auf Berlin geschah mit voller Absicht. Haltung und Moral der Bevölkerung im feindlichen Bombenhagel erfuhren lobende Hervorhebung – wie dies bereits in einem Sonder-Bericht des Sicherheitsdienstes geschehen war. Die Hilfsbereitschaft und der Zusammenhalt der leidenden Menschen wurden stark herausgestellt, die Schicksalsgemeinschaft unterstrichen. Angesichts des immer bedrohlicheren Näherrückens von Deutschlands Feinden verdichtete sich die innere Kohäsion: »Staatsfeindliche und defätistische Äußerungen wurden hier und da erfaßt. Nach Art und Umfang können sie aber als Nebenerscheinungen betrachtet werden.«³⁸³

Auf Grund der vorliegenden Berichte kann kein Zweifel daran bestehen, daß die Verschärfung des Bombardements den bis daher eher lauen Kampfeswillen der Bevölkerung stimulierte und stärkte, und die immer noch ziemlich schwach entwickelten Haßgefühle gegenüber den Briten vertiefte. Die Situation des hilf- und wehrlosen Opfers unter dem feindlichen Bombenhagel erwies sich als günstiger Nährboden für eine von der Propaganda gezielt gelenkte Hoffnung auf Rache und Vergeltung. Die wachsende Unzufriedenheit mit der eigenen Regierung wurde geschickt auf die Gegner abgelenkt. Somit verkehrte sich das eigentliche Ziel der alliierten Bomberoffensive: die Demoralisierung der deutschen Bevölkerung, in ihr genaues Gegenteil, man kann fast sagen, der verstärkte Bombenterror befreite das nationalsozialistische Regime aus einer innenpolitisch höchst brisanten Situation. Seine Gegner wurden wahrscheinlich nicht weniger, aber sie schwiegen nun. Jede Auflehnung gegen das System mußte bei einer derartigen Bedrohung von außen geradezu selbstmörderisch wirken.

»Die Menschen sind – eine Folge der Bombenangriffe und der heroischen Überwindung des Schreckens – über sich hinausgewachsen. Man kann sagen: Der Bourgeois im Deutschen (nicht mit ›Bürger‹ zu übersetzen) ist tot oder wenigstens: Er liegt in den letzten Zügen. Die Kleinlichkeit, Arm-

---

³⁸³ »Zusammenfassender Bericht über Stimmung und Haltung der Berliner Bevölkerung während und nach den Großangriffen Ende November 1943«. BA R 58/191. – Vgl. auch den positiven Bericht über die Reaktion der Berliner des Generalstaatsanwalts beim Kammergericht Berlin, 27. 1. 44. R 22/3356.

seligkeit, das Kleben am Besitz, der Suppentellerhorizont, der Restegoismus, die seelische Engbrüstigkeit, die Mischung aus immerwährender Furcht und matter Hoffnung, die ganze Fülle von Armseligkeiten, die den Spießer und Philister kennzeichnen – sie sind wie weggeflogen. In ihrer äußeren und inneren Haltung zeigen die meisten Menschen ein Bild, wie man es noch vor nicht langer Zeit nicht für möglich gehalten hätte. Die Deutschen sind im Begriff, eine wahre Volksgemeinschaft zu werden. Wie diese Volksgemeinschaft bei und nach Bombenangriffen in selbstverständlichem Gemeinschaftsgefühl zusammensteht, so ist sie auch entschlossen, den Kampf bis zum Siege durchzufechten.«[384]

Dieser Feststellung des Generalstaatsanwaltes in Darmstadt entsprachen auch die Beobachtungen seiner norddeutschen Kollegen. Der Generalstaatsanwalt in Kiel berichtete:»Die Haltung der Bevölkerung nach den Angriffen war hervorragend. Unmittelbar nach den Angriffen ging alles mit ruhiger Sachlichkeit mit einer gewissen Selbstverständlichkeit an die Aufräumungsarbeiten und überall wurde sofort mit den ersten Notmaßnahmen zur Beseitigung der Schäden begonnen. Bei den etwas schweren und wortkargen Holsteinern trat hier der wahre Charakter zum Vorschein: Standhaftigkeit, Zuverlässigkeit und Hilfsbereitschaft. Die Schläge werden eingesteckt als Kriegsnotwendigkeiten, aber sie machen härter, sie stärken, wie eigentlich überall festzustellen war, Entschlossenheit und Abwehrwillen ...«[385]

Der Generalstaatsanwalt beim Hanseatischen Oberlandesgericht sprach von der»Geborgenheit«, welche die ausgebombten Hamburger selbst noch in ihren Kellern empfänden. Er prägte auch den Begriff der»Avantgarde der Rache« für die Opfer des Luftkrieges.[386] Bereits im November hatte der Präsident des Hanseatischen Oberlandesgerichtes festgestellt, daß regierungsfeindliche Äußerungen Einzelerscheinungen seien und vor allem von Intellektuellen stammten. Die Gestapo habe bereits einige Ärzte zur Verantwortung gezogen. »Ernsthafte Symptome der Auflösung sind nirgends bemerkbar. Gegenüber den vorerwähnten Hauptparolen feindlichen Nervenkrieges setzt sich in zunehmendem Maße die Erkenntnis durch, daß unsere Gegner den Führer und die Partei nur aus dem einzigen Grunde beseitigen möchten, um Deutschland seiner Führungsschicht zu berauben, es dadurch führerlos und um so leichter besiegbar zu machen. Außerdem wird in zunehmendem Maße erkannt, daß ein

384 Generalstaatsanwalt Darmstadt, 23. 1. 44. BA R 22/3361.
385 Lagebericht vom 31. 1. 1944. R 22/3373.
386 Lagebericht vom 31. 1. 1944. R 22/3366.

Niederlegen der Waffen nicht etwa Rettung, sondern einen Zustand bringen würde, gegen den die schlimmsten Terrorangriffe nur vorübergehende Kleinigkeiten bedeutet haben würden. Es weiß allmählich jeder Bescheid, daß im Falle einer deutschen Niederlage, selbst, wenn der einzelne sein Leben retten sollte, unendliches Elend über Deutschland kommen und das Volk seine eigene Existenz verlieren würde.«[387]

Auch der Generalstaatsanwalt Düsseldorf meldete einige Zeit später, die Opfer und Schäden der Luftangriffe würden »nicht der Staatsführung zur Last gelegt, sondern dem Feinde«.[388] Der Oberlandesgerichtspräsident Nürnberg teilte mit: »Die Heimat ist durch den Luftkrieg härter, soldatischer, sturer geworden.«[389] Sein Kieler Kollege: »Der Wille zum Siege hat eher eine Festigung als eine Schwächung erfahren.«[390]

Gegenüber den Angreifern aus der Luft empfand man »Abscheu«, »Verachtung« und »Erbitterung«. »Erst in neuerer Zeit breite sich auf Grund des britisch-amerikanischen Luftterrors auch ein echtes Haßgefühl aus, von dem jedoch nicht alle Bevölkerungskreise und Reichsteile gleichmäßig erfaßt seien. Haßausbrüche seien in erster Linie unter der vom Bombenterror besonders schwer heimgesuchten Bevölkerung zu beobachten gewesen ...«[391] Andererseits weisen die SD-Berichte auf eine gewisse »Zwiespältigkeit gegenüber dem Feind« hin.

»Der überwiegende Teil der Bevölkerung stehe zwar unverrückbar auf dem Standpunkt, der Führer müsse England unnachsichtig ›ausrotten‹, weil das Leid, das die Engländer über uns gebracht hätten, nur mit gleichem vergolten werden könne. Demgegenüber würde aber immer wieder geäußert, man solle doch überlegen, daß dabei in England Frauen und Kinder mit zugrunde gehen würden. Wir sind doch Deutsche, die den englisch-amerikanischen Luftterror verurteilen, und dürfen uns deshalb gleicher Methoden nicht bedienen.« Besonders kirchlich eingestellte Kreise äußerten Zweifel, ob man das Recht habe, seine Feinde zu hassen und auszurotten. Bischof von Galen hatte sich in diesem Sinne geäußert und gesagt, die »Vergeltung gegen nichtmilitärische Ziele widerstreite nicht nur christlichem Denken, sondern verleugne auch ritterliches Soldatentum, dessen Stolz es sei, nicht primitiven und niedrigen Rachegelüsten zu unter-

---

387 Bericht über die allgemeine Lage, 27. 11. 43. *ibid.*
388 Lagebericht vom 8. 5. 44. *R 22/3363.*
389 Lagebericht vom 3. 4. 44. *R 22/3381.*
390 Allgemeine Lage im Bezirk, 6. 4. 44. *R 22/3373.*
391 »Grundfragen der Stimmung und Haltung des deutschen Volkes; hier: Gefühlsmäßige Einstellung der Bevölkerung gegenüber den Feinden«. BOBE-RACH; S. 481–485. – Auch für das Folgende.

liegen«.[392] Solche Gedanken christlicher Nächstenliebe fand man jedoch längst nicht in allen konfessionell gebundenen Schichten. Die deutsche Westbevölkerung, vom Bombenkrieg schwer heimgesucht, zeigte sich rachsüchtiger als diejenige anderer Gebiete. Das Bild des Briten war, trotz Goebbelscher Haßparolen, nicht reichseinheitlich festgelegt. »Haßerfüllt klingende Äußerungen gegenüber England seien oft mehr Ausdruck einer Verzweiflung oder Entrüstung und der Ansicht, daß in der Vernichtung Englands der einzige Weg zur eigenen Rettung gesehen werde. Der antienglische Haß richtete sich ferner mehr gegen einzelne, etwa gegen den Typ des Luftgangsters oder gegen die plutokratisch-jüdische Führerschicht, als deren Verkörperung Churchill erscheine, dem aber teilweise auch eine gewisse widerstrebende Anerkennung gezollt werde. Gegen das englische Volk in seiner Gesamtheit könne von einem Haß nicht gesprochen werden. Häufig werde auch argumentiert, das englische Volk sei von seinen Kriegshetzern schuldlos in den Krieg gezogen worden. Eine klare und eindeutig negative Einstellung gegen das englische Volk werde auch häufig durch die Erzählungen von deutschen Kriegsgefangenen des Ersten Weltkrieges erschwert, die von einer humanen Behandlung durch die Engländer erzählten. Auch von den jetzigen Kriegsgefangenen seien Schilderungen über vorzügliche Behandlung, insbesondere in den kanadischen Gefangenenlagern, weit verbreitet. Gegen die Ausbreitung eines echten Haßgefühles wirke sich ferner aus, wenn die Bevölkerung gelegentlich die rücksichtsvolle Behandlung abgeschossener englischer Terrorflieger erlebe.

In Intelligenzkreisen sei von einem Englandhaß kaum etwas zu spüren. Dies komme besonders in der Stellungnahme zu den führenden Persönlichkeiten in England zum Ausdruck, Churchill würde vielfach sogar als Persönlichkeit gewertet, die ›doch etwas könne und sehr ernst zu nehmen sei‹...«

Dieser Bericht soll uns als Anlaß zur Einführung von drei Exkursen dienen, die ein weiteres Licht auf die Publikumsmeinung im ersten Halbjahr 1944 wirft. Wenn man in Deutschland damals vielfach der Ansicht war, das englische Volk sei von seinen Kriegshetzern schuldlos in den Krieg getrieben worden, so spielte man damit bewußt oder unbewußt auf die eigene Situation an. Eine Reihe von Beobachtungen ergibt, daß sich die Bevölkerung zunehmend mit dem Problem der Kriegschuld befaßte. Goebbels erhielt Briefe aus der Bevölkerung, in denen zum Ausdruck kam, »der Führer und seine nationalsozialistische Bewegung trügen die Schuld

---

[392] Zitiert *ibid.*; S. 443, Anmerkung 5.

am Ausbruch dieses Krieges«[393], oder daß in weiten Kreisen erheblich Zweifel daran bestünden, »ob Rußland von sich aus den Krieg gegen Deutschland und Europa begonnen hätte, wenn ihm Deutschland nicht zuvorgekommen wäre ...«[394] Der Leiter des Reichsprogagandaamtes Berlin schrieb dem stellvertretenden Leiter der Abteilung Propaganda im Reichsministerium für Propaganda und Volksaufklärung, Sondermann, am 2. Juni 1944: »Von verschiedenen Seiten, vor allem aus der Parteigenossenschaft, konnte in Gesprächen mit der Bevölkerung und bei Unterhaltungen in den Luftschutzkellern festgestellt werden, daß vielfach die Meinung besteht, als habe Deutschland ein gewisses Maß an Schuld daran, daß der Krieg im Jahre 1939 ausbrach und die Last und die Sorgen dieses Krieges daher zu einem erheblichen Teil auf das Konto des Reiches selbst kämen.« Der Berliner Reichspropagandaamtsleiter schlug vor, bei allen nur erdenklichen Gelegenheiten das Thema Kriegsschuld der Gegner, das ja von Goebbels schon mehrfach angesprochen worden sei, zu behandeln. Er fügte hinzu: »Bei England ist es ohne weiteres möglich, da es uns im Jahre 1939 den Krieg erklärt hat, ebenso kann bei Roosevelt leicht und überzeugend nachgewiesen werden, daß er dem Krieg nachlief. Bei der Sowjetunion müßten die Kriegsvorbereitungen, die gerade in letzter Zeit mehrfach angesprochen wurden, erwähnt werden. Auch hier läßt sich durch kurze Hinweise ›Die Sowjetunion gab 2/3 des Staatshaushaltes für Rüstung vor 1941 aus‹ die Kriegsschuld dieses Staates nachweisen ...«[395] Zwei Tage später veröffentlichte Goebbels in Das Reich einen Artikel, den er offensichtlich unter dem Eindruck der Stimmen aus der Bevölkerung bereits verfaßt hatte. Er trug den Titel: »War dieser Krieg zu vermeiden?« Hierin versucht Goebbels erneut klarzumachen, daß die militärischen Vorbereitungen der Feinde Deutschlands bereits Jahre vor dem Krieg angelaufen seien und man nur auf eine günstige Gelegenheit gewartet habe. »Es ist also absolut wahrheitswidrig, wenn die Feindseite heute behauptet, dieser Krieg wäre zu vermeiden gewesen, wenn wir nur Vernunft angenommen hätten. Unter unserer Vernunft verstehen sie in diesem Falle unsere völlige Nachgiebigkeit ihren zerstörerischen Absichten und Plänen gegenüber ...

Wir müssen unser nacktes Leben verteidigen; denn der Feind greift nicht etwa die Partei oder die Wehrmacht oder die Industrie oder den

[393] BA R 55/571; fol. 71.
[394] BA R 55/570; fol. 132.
[395] BA R 55/603; fol. 299. – Bereits am 26. 4. hatte die Presse schon einmal diesbezügliches Sondermaterial erhalten. V. I. Nr. 78/44 ZSg 109/49; fol. 49.

Staat an, sein Angriff gilt uns als Volk. Jedes einzelne deutsche Individuum ist gemeint . . .«[396]

Der zweite Exkurs zu dem Bericht über die Anschauungen der Bevölkerung hinsichtlich der Engländer betrifft die Behandlung abgeschossener alliierter Flieger. Hier betrieb das NS-Regime eine üble Hetzpolitik. In einer Bekanntgabe vom 22. März 1944 bezüglich der »Behandlung von notgelandeten britischen und amerikanischen Flugzeugbesatzungen durch die deutsche Bevölkerung« teilte Martin Bormann den Gauleitern mit, daß die Bevölkerung zwar die alliierten Flieger festnehme, aber »nicht den der Härte des Krieges entsprechenden Abstand« wahre. Sie sei also dementsprechend aufzuklären.»Wer sich aus böser Absicht oder aus falsch verstandenem Mitleid gegenüber den notgelandeten Flugzeugbesatzungen würdelos verhält, wird rücksichtslos zur Rechenschaft gezogen. In krassen Fällen erfolgt Einweisung in ein Konzentrationslager und Bekanntgabe in den Zeitungen des Bezirks. In leichteren Fällen erfolgt Schutzhaft nicht unter 14 Tagen bei den zuständigen Staatspolizeileitstellen, welche diese Volksgenossen bevorzugt zu Aufräumungsarbeiten in den Schadensgebieten heranziehen werden.« Diese Anordnung durfte nur mündlich weitergegeben werden.[397]

Ende Mai veröffentlichte Goebbels im *Völkischen Beobachter* und in *Das Reich* regelrecht zum Mord anstiftende Artikel »Jetzt ist es genug« und »Ein Wort zum feindlichen Luftterror«. Er forderte darin auf, die Tiefflieger wie tolle Hunde zu erschlagen. Nun waren die Tiefangriffe britischer Jäger auf Einzelpersonen ein besonders fragwürdiger Aspekt des Luftkrieges, unter dem vor allem die Landbevölkerung zu leiden hatte. Es gab daher Stimmen, die auf Goebbels Artikel äußerten, man habe auf einen solchen »Freibrief«[398] bereits gewartet. Der Propagandaminister erhielt eine Reihe von Briefen, in denen gefordert wurde, die abgeschossenen feindlichen Flieger entweder zu erschießen, an den Galgen zu hängen oder in der Nähe von wichtigen Industrieobjekten an Bäume zu fesseln, damit sie sähen, was ihre Kameraden anrichteten.[399] In Kreisen der Intelligenz gäbe man indessen zu bedenken, heißt es in einem Bericht aus Schwerin[400], »daß eine rücksichtslose Behandlung der Luftgangster nur zu

---

[396] s. Sonderlieferung Nr. 24/44 der Reichspropagandaleitung. 31. 5. 44. BA ZSg 3/1673.
[397] Nr. 66/44. BA NS 6/vorl. 350.
[398] SD-Hauptaußenstelle Schwerin, 30. 5. 44. BA NS 6/407.
[399] Vgl. BA R 55/571; fol. 88/89, 91/92, 109, 110, 116.
[400] s. *supra* Anmerkung (398). Ganz ähnlich im Tenor der Bericht des SD-Ab-

439

leicht Repressalien gegen deutsche Kriegsgefangene oder abspringende deutsche Piloten zur Folge haben werde; im allgemeinen und vor allem im Prinzip gibt man Dr. Goebbels aber auch in diesen Kreisen recht. Gewarnt wird jedoch von einsichtigen Volksgenossen davor, solche ›Exekutionen‹ in der Öffentlichkeit vornehmen zu lassen; es könne dann doch der Eindruck entstehen, als wenn die Volksseele erst durch staatlich oder parteilich vorbestimmte Hetzer zum Überkochen gebracht werde. Wenn man also etwas erreichen wolle, ohne gleichzeitig gefangene Deutsche in Gefahr zu bringen, so müsse ›das‹ von verschwiegenen Leuten geschickt (etwa ›auf der Flucht erschossen‹) geschehen . . .«

Dieser perfide Ratschlag, bereits in der Praxis erprobt, fand später auch Anwendung, als alliierte Flieger aus einem Lager bei Sagan entwichen und wieder eingefangen worden waren. Die Bevölkerung befolgte ihn, soweit bekannt ist, nicht.

Der dritte Exkurs betrifft die Einstellung der Intellektuellen. Hier, wie bereits in manchen anderen Berichten, ist die abweichende kritische oder gegnerische Ansicht dieser Kreise hervorgehoben worden. Eingangs hatten wir schon erwähnt, daß manche Angehörige dieser Bevölkerungsgruppe, teils aus irregeleitetem Idealismus, teils aus Opportunismus, teils aber auch aus Überzeugung dem neuen Regime Tribut zollte, und haben aus dem Jahreslagebericht 1938 und Vierteljahresbericht des Sicherheitshauptamtes einen Auszug zitiert, der auf eine zurückhaltende, wenn nicht hinhaltende Attitude der Hochschullehrer verweist.[401]

Auch für die Zeit des totalen Krieges liegen zwei Berichte aus diesem Lebensbereich vor – um in der Terminologie der Zeit zu bleiben –, und sie betreffen die Technische Hochschule Darmstadt und die Universität Gießen. Neben massiven Vorwürfen gegenüber Staat und Wehrmacht hinsichtlich einer groben Vernachlässigung naturwissenschaftlicher und insbesondere physikalischer Forschungen ist der Tenor der Beobachtungen ungefähr derselbe wie bereits in der unmittelbaren Vorkriegszeit. Bewußt aktive Nationalsozialisten würden »ferngehalten, fortgelobt oder aus sachlichen Gründen abgelehnt«. Die Haltung verschiedener Wissen-

schnittes Frankfurt vom 6. 6. 44. Auch von dort wurde gemeldet, daß man Repressalien an deutschen Kriegsgefangenen fürchte. Goebbels' Worte wurden teilweise als ungeschickt bezeichnet. Besser wäre gewesen, er hätte Racheakte verboten. »Man hätte trotzdem machen können, was man wolle. – Ähnlich wie bei der ›Volkserhebung gegen die Juden‹. So würden nur wieder das deutsche Volk bzw. dessen Soldaten unter den Ankündigungen von Dr. Goebbels zu leiden haben . . .« HHStA Wbn *Zug 68/67, Nr. 1077.*
[401] s. *supra; S. 55.*

schaftler wird als »undurchsichtig« bezeichnet; außerdem hätten sie – sogar noch im Dritten Reich – nichtarische Mitarbeiter bevorzugt.

»Zurückhaltende Neutralität dürfte der Generalnenner für alle an den Hochschulen des hiesigen Bereichs gemachten Beobachtungen über Stimmung, Haltung und Einstellung zum Kriegsgeschehen in Kreisen der Hochschullehrer sein.« Allerdings: »Hochschullehrer, die öffentlich eine negative Einstellung wagen könnten, gibt es nicht . . .« Man warf den Universitätsprofessoren ihre »Objektivität« geradezu vor, auch ihre weitgehend pessimistische Grundtendenz. Nur einer kleinen Gruppe jedoch wird eine innerliche Distanz zum Nationalsozialismus attestiert; bei der Mehrzahl muß man, auch wenn dieses Wort nicht fällt, auf Opportunismus schließen. »Daß zur Zeit wenig publiziert wird, wird teilweise auch damit begründet, daß man ja nicht wisse, wie der Krieg ausgehe und man daher, von der Medizin, der Technik und den Naturwissenschaften abgesehen, beispielsweise in den Geisteswissenschaften nur ganz neutral Betontes veröffentlichen könne . . .«

Es kommt vor allem aber der Mißmut eines überzeugten Nationalsozialisten zum Ausdruck, wenn der Berichterstatter feststellt: »Es scheint unfein zu sein, in die Wissenschaft weltanschauliche Fragen einzuflechten.« Besonders die medizinische Fakultät wird anvisiert: »Im großen und ganzen ist es so, daß unsere medizinischen Professoren mit nur ganz wenigen Ausnahmen als Wissenschaftler große Verdienste haben und leider nur bestrebt sind, einen Nachwuchs, der ihrer Meinung nach zu großen wissenschaftlichen, manchmal beinahe trockenen wissenschaftlichen Hoffnungen berechtigt, unbedingt zu protegieren, ohne auch nur im geringsten auf deren nationalsozialistische Haltung und Einstellung Wert zu legen. Die Typen unseres derzeitigen Nachwuchses, die heutzutage rein wissenschaftlich auf einer gewissen Höhe stehen, haben von den nationalsozialistischen Problemen nur das eine gelernt, daß sie nämlich in der Partei sein müssen, um wenigstens damit nach außen hin zu bekunden, daß sie mit ihrer Zeit mitzugehen verstehen.«

Und schließlich für alle Fakultäten: »Generell besteht bei der Personalpolitik und bei Habilitationen Abneigung gegen solche Bewerber, die von der Partei gefördert werden, und zwar unter der Begründung, daß von der Partei charakterlich positive Momente zu stark in den Vordergrund gerückt werden, ohne daß die fachliche Leistung beurteilt zu werden vermag . . .«[402]

402 SD-Abschnitt Frankfurt a. M., 8. März 1944. – Referent SS-Obersturmbannführer Streiner, Sachbearbeiter Unterstumbannführer Dr. Rieck. Und

441

Wir finden also hier ein Verhaltensmuster wieder, das demjenigen breiter Beamten- und Angestelltenkreise entspricht und das man, von Buchheim als »struktureller Opportunismus«[403] bezeichnet, in allen Bevölkerungsschichten antrifft. Man dürfte ihm in allen totalitären Gesellschaften begegnen, da er allein ein relativ ungestörtes Dasein in einer Umwelt garantiert, die man nicht unbedingt bejaht und schätzt, die zu bekämpfen aber Opfer an Hab und Gut, wenn nicht gar an Freiheit und Leben bedeutet.

Kehren wir nach diesen Abweichungen zu dem Bericht des SD über das Feindbild der Bevölkerung zurück. Die Meinungen über die Amerikaner waren immer noch erstaunlich farb- und konturlos. »Mit den USA als Gegner habe sich der durchschnittliche Volksgenosse weltanschaulich oder politisch kaum auseinandergesetzt. Nordamerika liege ihm nicht nur räumlich, sondern auch geistig fern. Der herrschenden Judenclique und Roosevelt werde zwar vielfach ein Haß entgegengebracht, doch empfinde man gegen den einzelnen Amerikaner wie gegen das USA-Volk höchstens eine ›ohnmächtige‹ Wut, weil sie aus ›lauter Habgier und Übermut‹ in den Krieg eingetreten seien, ohne daß wir ihnen etwas anhaben könnten. Auch hierbei konzentrierten sich die Vorwürfe mehr auf die amerikanische Plutokratie und den ›Dollarimperialismus‹. Gegenüber dem einzelnen Amerikaner überwiege das Gefühl der Verachtung, das aus dem Bewußtsein einer seelischen und kulturellen Überlegenheit komme.«

Über das Rußlandbild der Deutschen ist bereits mehrfach referiert worden. Es verschob sich zunehmend in Richtung auf eine irrationale Angst vor der Urgewalt dieses Volkes, dessen »Leistung« man jedoch immer mehr bewunderte. »Dem russischen Volk werde die langjährige seelische Versklavung so stark zugute gehalten, daß man es für sein jetziges Verhalten kaum verantwortlich mache, so daß in der Heimat von ausgeprägten Haßgefühlen nicht die Rede sein kann.« Auch hier darf man ein gewisses Verständnis auf Grund der eigenen Zwangssituation für gegeben annehmen.

Statt also den Haß im Sinne der Staatsführung auf die Kriegsgegner des Reiches zu richten, ergoß sich der Volkszorn wieder über die unglück-

»Semesterbericht über die Lage an der Hochschule Darmstadt im Wintersemester 1943/44«. – Februar 1944. HHStA Wbn *Zug 68/67/Nr. 1090* und *1087.*
[403] BUCHHEIM, Hans. *Totalitäre Herrschaft.* Wesen und Merkmale. München, Kösel-Verlag, 1962.

lichen Italiener.»Unseren eigentlichen Gegnern nehme man im Grunde ihre Feindschaft nicht übel. Sie werde mehr als schicksalhaft empfunden. Doch könne man es den Italienern nie verzeihen, daß sie, die ihre Freundschaft mit uns durch ihre berufenen Vertreter mit großem Aufwand betont hätten, uns ein zweites Mal so ›schmählich‹ verrieten...«

Mitleid mit dem italienischen Volk, das nun im Süden unter alliierter Besetzung stand, mit der Regierung Badoglio in Brindisi, während Mussolini am 18. September 1943 in Salo am Gardasee die »Faschistische Republik« ausgerufen hatte, empfanden die Deutschen nicht.»Die Hinrichtung der früher führenden Männer in Italien hat insbesondere wegen des Grafen Ciano, der auch unserer Bevölkerung ein Begriff war, Beachtung und Genugtuung gefunden.«[404] Die Bemühungen Mussolinis »zur Wiedererrichtung der italienischen Wehrmacht werden größtenteils als ›bloßes Getöse‹ gewertet. Das italienische Volk habe doch nie richtig mitgemacht und wolle dies jetzt erst recht nicht«.[405] Manche gingen sogar so weit, die schwierige Lage an der Ostfront auf den »Badoglioverrat« zurückzuführen.[406] Die nationalsozialistische Regierung und die Staatspartei hatten demnach große Mühe, eine weitere Verschlechterung des Klimas und Anpöbeleien der italienischen Soldaten und Arbeiter zu verhindern. Ein »Merkblatt über die Behandlung der bündnistreuen italienischen Soldaten« wurde herausgegeben.

»Die Entrüstung des deutschen Soldaten über den zweimaligen Verrat Italiens am Bündnis mit Deutschland ist gerecht. Der italienische Offizier und Soldat, der sich jetzt im Kampf an unserer Seite oder zur Dienstleistung für uns entschließt, beweist jedoch durch die Tat, daß er mit dem Verrat der Regierung Badoglio nicht einverstanden ist. Es wäre falsch, und für uns selbst nachteilig, ihn durch persönliche Beschimpfung oder allgemein abfällige Urteile über das gesamte italienische Volk zu beleidigen und so den nutzbringenden Einsatz seiner Kampf- oder Arbeitskraft zu gefährden.« Der italienische Soldat, heißt es weiter, sei gutmütig. Befehle im Schreiton hingegen würden ihn störrisch machen. Stramme Grußdisziplin läge ihm, wie allen Südländern, nicht. Die deutsche Verpflegung sei ihm ungewohnt; das kalte Wetter bereite ihm Unbehagen.[407] Martin

404 Monatsbericht des Regierungspräsidenten von Regensburg. 10. 2. 44. BA NS 19/246.
405 »Meldungen über die Entwicklung in der öffentlichen Meinungsbildung«, 10. 2. 44. BOBERACH; S. 490.
406 Generalstaatsanwalt Bamberg, 10. 2. 44. BA R 22/3355.
407 BA NS 6/vorl. 343.

Bormann gab sogar eine spezielle Führer-Weisung heraus, welche Kritik am Faschismus verbot.[408]

Nachdem die Offensive des am 21./22. Januar bei Nettuno südwestlich von Rom gelandeten amerikanischen Korps in Stärke von 55 000 Mann nicht allzu schnell vorankam, schöpfte mancher Deutsche wieder Hoffnung, daß »wir es doch noch schaffen«[409], und die Kritik ließ etwas nach. Das Treffen zwischen Hitler und Mussolini am 22./23. April in Schloß Kleßheim wurde wenig beachtet. Der Duce war bereits ein »toter Mann«, obwohl manche mit ihm Mitleid hegten. Bilder von neu aufgestellten italienischen Divisionen unter deutscher Führung erregten etwas mehr Interesse.[410]

Die Ursachen für diese relative Gleichgültigkeit hinsichtlich des italienischen Kriegsschauplatzes lagen in der bereits erwähnten Tatsache, daß die Meinung der Bevölkerung in Deutschland in diesen Monaten hauptsächlich durch die Ereignisse im Osten, durch Luftangriffe und die steigende Invasions- und Vergeltungserwartung gefesselt war.

Im Osten kam es im Bereich der drei Heeresgruppen zu weiteren Einbrüchen, Zurücknahmen, Einkesselungen und großen Geländeverlusten, die hier im einzelnen nicht aufgeführt werden sollen. Erwähnt seien nur der Führerbefehl Nr. 11 vom 8. März 1944, der vorsah, wichtige Verkehrs- und Stützpunkte rechtzeitig mit Vorrat und Besatzungen zu versehen und unter den Befehl eines Kommandanten zu stellen, der »mit seiner Soldatenehre für die Erfüllung seiner Aufgaben bis zum letzten«[411] haften sollte, ein Befehl, der im weiteren Verlauf des Jahres starke deutsche Verluste verschuldete sowie die Enthebung der Generalfeldmarschälle von Manstein und von Kleist von ihren Posten am 30. März nach sich zog. Ihnen erklärte Hitler, »die Zeit der Operationen größeren Stiles« sei vorbei, und es komme nun nur noch »auf starres Festhalten«[412] an.

Die deutsche Bevölkerung klammerte sich indessen, wie jedes Jahr, an die Hoffnung auf eine Frühjahrsoffensive. »Wesentlich hierzu trägt die Haltung der zum Urlaub kommenden Frontsoldaten bei, die immer wie-

---

408 Bekanntgabe 69/44 g vom 23. 3. 44. BA *NS 6/vorl. 350*.
409 »Meldung über die Entwicklung in der öffentlichen Meinungsbildung«, 6. 4. 44.
   BOBERACH; S. 501.
410 *idem*; 4. 5. 44. *ibid.*; S. 510/511.
411 HUBATSCH, Walther. (Hrsg.) *Hitlers Weisungen für die Kriegsführung 1939–1945*. Dokumente des Oberkommandos der Wehrmacht. Frankfurt/M., Bernard & Graefe Verlag für Wehrwesen, 1962; S. 184.
412 MANSTEIN; S. 615.

der betonen, daß die Kämpfe zwar hart und schwer sind, aber im Vertrauen auf Überlegenheit des deutschen Soldaten und seiner Waffen in voller Zuversicht auf den Enderfolg durchgestanden werden.« Trotzdem hatte sich der Bevölkerung in den ostpreußischen Grenzbezirken eine gewisse Furcht bemächtigt.[413]

»Ähnlich, wie es vor einem Jahr nach dem Fall von Stalingrad der Fall war, wird in der Bevölkerung wiederum nach den tieferen Ursachen der ungünstigen militärischen Entwicklung in diesem Winter gefragt. In diesem Zusammenhang ist die Diskussion über den ›totalen Krieg‹, wie die Meldungen aus allen Gauen besagen, erneut in Gang gekommen. Dabei sind es immer wieder die gleichen Argumentationen, die als scheinbarer Beweis dafür vorgebracht werden, daß auf deutscher Seite der Krieg nicht mit der notwendigen Konsequenz geführt werde. Vor allem sind es die angeblich in jedem Ort beobachteten Unterschiede im Arbeitseinsatz der Frauen, die angebliche Hortung von jüngeren kriegsverwendungsfähigen Männern in den Betrieben, sowie in den Dienststellen der Partei und Verwaltung. Die Volksgenossen sind deshalb der Ansicht, daß nur durch eine Zusammenfassung und den rücksichtslosen Einsatz aller Kräfte drohendes Unheil abgewendet werden könne.«[414] Alle diese Argumente, die wir bereits in den Monaten nach Stalingrad kennengelernt haben, waren auch bereits wieder im Detail in einem Bericht des SD am 13. Dezember aufgeführt worden.[415] Hinzu kamen weitere Berichte über die Korruption und die *dolce vita* vieler Wehrmachtsangehöriger. Am 23. März 1944 sandte der Chef der Sicherheitspolizei und des SD einen 14seitigen Bericht an Reichsschatzminister Schwarz »Zusammenfassung von kritischen Äußerungen aus der Bevölkerung über angebliche Mißstände in der Wehrmacht«. Seit Monaten würden diesbezügliche Erzählungen kursieren und die Bevölkerung beunruhigen. »*Entscheidend ist auch* nicht so sehr, ob sie in allen Einzelheiten zutreffend sind, sondern, daß im Volke solche Erzählungen von Mund zu Mund gehen und in der Regel widerspruchslos geglaubt werden.« Man warf der Wehrmacht vor allem vor, sie habe die Forderungen des totalen Krieges bei sich weit weniger durchgeführt, als dies im zivilen Bereich der Fall gewesen sei.»Von Frontsoldaten stamme

---

413 OLG-Präsident Königsberg, 29. 3. 44. BA *R 22/3375.*
414 »Meldungen über die stimmungsmäßige Reaktion der Volksgenossen auf die derzeitige Kriegslage«, 17. 2. 44. BOBERACH; S. 491.
415 »Grundfragen der Stimmung und Haltung des deutschen Volkes, hier: Totaler Krieg«. *ibid.;* S. 446–472.

der Ausdruck:»Die Russen führen einen totalen Krieg, wir führen einen eleganten Krieg.«[416] Diese wachsende Anerkennung und Bewunderung für die von der Sowjetunion aufgebrachte Leistung führte dazu, daß Stalin mit einer Art »Glorienschein« umgeben wurde, »der ihn in den Augen mancher Menschen dem Führer, wenn auch nicht überlegen, so doch wenigstens ebenbürtig erscheinen läßt«.[417] Die Presse erhielt schließlich Anweisung, *»die Person Stalins«* nicht »in den Mittelpunkt von Meldungen oder Kommentaren über den Bolschewismus zu stellen. Der Name Stalin ist in Zukunft nur noch zu erwähnen, wenn über Handlungen zu berichten ist, mit denen er persönlich zu tun hat«.[418] Angesichts der weiteren sowjetischen Erfolge – am 10. April ging Odessa verloren, fünf Tage später fiel das eingeschlossene Tarnopol, die Krim mußte geräumt werden – stellte die deutsche Bevölkerung zwangsläufig weitere Vergleiche zwischen der eigenen und der sowjetischen Kriegführung an. Und dabei schälte sich wieder eine deutliche Anerkennung für Stalin und seine radikalen Maßnahmen heraus.[419] Aus verschiedenen Soldatenbriefen geht hervor, daß man die Einführung einer Art politischen Kommissars begrüßen würde[420], zur Hebung der Moral und zur verstärkten weltanschaulichen Schulung. Gerade diese lag aber weiterhin im argen, selbst bei der Waffen-SS. Innere Rivalitäten zwischen Führungs-Hauptamt und SS-Hauptamt verhinderten und verzögerten eine einheitliche systematische Schulung und Ausbildung.[421] Hemmend wirkte sich auch der Gegensatz zur Wehrmacht aus, der bereits 1943 anläßlich einer Werbekampagne für die Waffen-SS zu erheblichen Reibungen geführt hatte.[422] Schließlich unterstützte die SS die Wehrmacht in der Ausarbeitung einer Schulungsschrift, während ihre eigenen Vorschläge in Himmlers Schublade liegenblieben. Mitarbeiter des SS-Hauptamtes, Abteilung »Weltan-

---

[416] BA *NS 1/547.*
[417] Meldung Nr. 22002 des RPA Posen vom 31. 1. 44. an das Reichspropagandaministerium. *R 55/603;* fol. 270.
[418] s. V. I. Nr. 8/44 v. 3. 4. 44. BA *ZSg/49;* fol. 5.
[419] Vgl. »Erörterungen der Bevölkerung über die Kriegsführung Sowjetrußlands als Beispiel für den ›totalen Krieg‹«. 1. 6. 44. BA *NS 1/544.*
[420] Vgl. BA *R 55/580;* fol. 80–84, 142; *R 55/58;* fol. 14–18.
[421] Vgl. Schreiben SS-Obergruppenführer Gottlob Berger vom 10. 3. 44 an SS-Oberstumführer Brandt und Bericht des Amtsleiters Walter May von der Volksgruppe Rumänien. BA *NS 19/neu 750.*
[422] Vgl. Schriftwechsel zwischen Chef des SS-Hauptamtes, Reichsführer-SS und OKW, Februar–April 1943. BA *NS 19/398.* – Vgl. auch Schreiben Berger an Brandt, 22. 4. 44. BA *NS 19/neu/80.*

schauliche Erziehung«, wirkten mit bei der von Oberst Hübner verfaßten Schrift »Wofür kämpfen wir«.[423] Aber die Wirkung solcher Broschüren und Bücher wurde überschätzt. Sie war weit geringer als das persönliche Vorbild oder die persönliche Ansprache, eine Erkenntnis, die sich das Regime in seinem Spätstadium auch gegenüber der Bevölkerung zunutze machen sollte.

Insgesamt aber war die Haltung an der Front und in der Heimat im Frühjahr 1944 besser als ein Jahr zuvor – obwohl dies auf Grund der militärischen Lage keineswegs gerechtfertigt erscheint. Dabei spielte die Abstumpfung eine nicht unbeträchtliche Rolle[424], flüchteten sich immer mehr Menschen in einen Fatalismus, eine irrationale Schicksalsgläubigkeit[425], warteten auf das »große Wunder«, das alles mit einem Schlage ändern würde. Vielfach machte sich »Lebensangst« bemerkbar; andere hatten »die Nase voll«; Mißmut und Verdrossenheit griffen um sich. Die Meldungen über »Parteimüdigkeit«, das Verschwinden der Parteiabzeichen, waren jedoch weit seltener[426], die Kritik an der Propaganda hielt sich mehr in Grenzen.[427] Sehr hübsch und gar nicht bösartig ist folgender Witz der beiden bekannten Kölner Originale: »Tünnes habe Scheel im Kölner Dom mit einem Radioapparat angetroffen. Auf die Frage, was er mit dem Radio hier wolle, habe Scheel geantwortet: Das Radio müsse beichten, es habe in den letzten Wochen zu viel gelogen.«[428]

Oberbefehlsleiter Friedrichs von der Partei-Kanzlei war daher berechtigt, den am 23. März 1944 im Führerbau in München versammelten Reichs- und Gauleitern mit einigem Stolz über die Erfolge der Partei im verflossenen Jahr zu berichten.

»Als im vorigen Jahre der Krieg aufhörte nach einem Minutenprogramm abzurollen, als wir militärische Rückschläge bekamen, als wir Stalingrad, später Tunis, dann den Verrat am Duce erlebten und darüber

423 Vgl. BA NS 19/neu 750.
424 Vgl. OLG-Präsident Kiel, 6. 4. 44. BA R 22/3373.
425 Vgl. »Meldungen über die Entwicklung in der öffentlichen Meinungsbildung« vom 16. 3., 6. 4. und 20. 4. BOBERACH; S. 493, 495, 497, 503.
426 Vgl. OLG-Präsident Karlsruhe, 30. 3. 4. BA R 22/3370.
427 Die stärkste Kritik kam vom SD-Abschnitt Frankfurt und war vor allem gegen Goebbels gerichtet. Sie scheint stark subjektiv gefärbt. Vgl. die verschiedenen Berichte von Februar, März 44 in HHStA Wbn, Zug 68/67, Nr. 1087, 1075. s. auch SD-Abschnitt Koblenz, 14. 3. 44. Zug 68/67, Nr. 1087, und Kreisobmann der DAF, Freiburg, 28. 4. 44, der kritische Stimmen über die Aktion »Feind hört mit« bringt. BA NS 5 II/58.
428 SD-Abschnitt Frankfurt, 22. 4. 44. HStA Wbn, Zug 68/67 Nr. 1075.

hinaus hier im Reich schwere und immer schwerer werdende Luftangriffe bekamen, da stand zwar die Partei, aber man stellte doch hier oder dort fest, daß einzelne Parteigenossen in den Knien weich wurden, müde, lasch, interessenlos wurden und nicht mehr die Haltung aufbrachten, die wir von einem Parteigenossen verlangen mußten.« Mit Hilfe der Generalappelle, der Sprechabende der Partei, der Mundpropaganda habe man aber nicht nur die NSDAP wieder aufgerichtet, sondern auch der Bevölkerung neuen Mut eingeflößt.»Auf die Art und Weise ist es wirklich gelungen, zum Beispiel all den Gerüchten, Witzen usw. die im letzten Jahr verbreitet wurden, Einhalt zu gebieten, so daß wir heute feststellen können, daß Witze über führende Parteigenossen, über die Partei, böse Witze, die sogar vor der Person des Führers nicht Halt machten, in der Bevölkerung heute praktisch nicht mehr zu hören sind, und (bei denen), die noch zu hören sind, handelt es sich um ausgenommene Ausnahmefälle . . .« Nach Aufzählung der künftigen Aufgaben schloß Friedrich seinen Appell mit den Worten:»Wenn die Partei funktioniert, dann wird, daran gibt es keinen Zweifel, die Stimmung in der Heimat gehalten, die Haltung in der Heimat wird eine einwandfreie sein, die Front hat die nötige Rückendeckung, die Front bekommt die nötigen Waffen, daher müssen wir alle Kräfte auf die Erhaltung der Schlagkraft und der Kampfkraft der Bewegung in der Heimat verwenden . . .«[429]

Eine neue Versammlungswelle ging im Frühjahr 1944 über das Land, die einer wachsenden Gleichgültigkeit der Bevölkerung begegnete.[430] Man wollte keine Parolen, man wollte keine Prognosen, man wollte die Entscheidung durch ein Messen der Kräfte mit den Anglo-Amerikanern. Es ist unmöglich, alle Stimmen bezüglich der weitverbreiteten Invasionsund Vergeltungshoffnung anzuführen, da es für diese Monate keinen Bericht, weder von seiten der Justiz, des SD oder der Hoheitsträger gibt, der sie nicht erwähnt. Es ist auch nicht feststellbar, inwieweit dabei Weisungen entsprochen wurde oder eine wirklichkeitsgetreue Berichterstattung vorlag. In dem Auf und Ab der berichteten Meinungen kristallisierten sich schließlich drei Strömungen heraus, die der SD-Abschnitt Schwerin Mitte Mai[431] folgendermaßen zusammenfaßte:

a) Die Invasion findet statt und gelingt insofern, als der Gegner eine

[429] BA *Slg. Schumacher/368.*
[430] Vgl. OLG-Präsidenten Karlsruhe, 30. 3. 44; Darmstadt, 1. 4. 44; Nürnberg, 3. 4. 44 und Kattowitz, 11. 4. 44. BA *R 2/3370 / 3361 / 3381 / 3372.*
[431] 16. Mai 1944. BA *NS 6/407;* fol. 13577.

Anzahl Brückenköpfe an verschiedenen Küsten Europas bildet. Daraus entbrennt ein langer, blutiger Stellungskrieg (Beispiel Nettuno), dem das Reich schließlich aus Mangel an Menschen und Rohstoffen erliegen muß, zumal die feindliche Luftwaffe unter Benutzung neugewonnener Plätze ihre Intensität noch steigert. Auch nur ein teilweises Gelingen der Invasion führt zum Verlust des Krieges, da die deutschen Reserven einen langen Krieg nicht mehr gestatten.

b) Die Invasion mißlingt und wird überall glänzend abgeschlagen. Riesige Verluste des Feindes durch neue deutsche Waffen. Heer und Luftwaffe stoßen nach und beginnen ihrerseits mit der Invasion der britischen Insel. Vergeltung setzt ein. Stimmung in England – bereits durch zahlreiche Streiks schwer vorbelastet – bricht zusammen. England muß den Kampf aufgeben.

c) Invasion findet einstweilen nicht statt, Fortsetzung der feindlichen Bemühungen, das deutsche Volk durch Nervenkrieg (Invasionsbedrohung) mürbe zu machen. Weitere Hilfestellung für den Bolschewismus. Fortsetzung und Steigerung der Luftangriffe. Im Juni neue Offensive der Sowjets, dadurch Abzug weiterer Kräfte aus dem Westen; dann plötzlich feindliches Landungsunternehmen, um der deutschen Widerstandskraft den Todesstoß zu versetzen.

Die Mehrzahl der Bevölkerung, die Masse, teilte die unter b) angeführte Hoffnung, es werde gelingen, die alliierte Landung abzuschlagen und mit England zu einer Regelung zu kommen. Bei der Entstehung dieser optimistischen Vision hatten Mundpropaganda und massive Beeinflussung ohne Zweifel einen großen Anteil.

Kritischere Bevölkerungsteile, vor allem die Intellektuellen, vertraten einen pessimistischen Standpunkt, wie in a) und c) angeführt, der auf der Einsicht beruhte, daß die Zeit gegen Deutschland arbeite.

Vergleicht man diesen Bericht, der in überzeugender Weise die von anderen Berichterstattern gesammelten Meinungen der Bevölkerung resümiert, mit einer Betrachtung des SD vom 22. November 1943 »Grundfragen der Stimmung und Haltung des deutschen Volkes, hier: Totaler Sieg, Kompromißfrieden oder Frieden um jeden Preis?«[432], so läßt sich eine gewisse Übereinstimmung und Kontinuität feststellen. Es fällt vor allem auf, daß nach dem Stimmungseinbruch von Frühjahr und Sommer

432 BOBERACH; S. 455–460.

1943 seit Ende des Jahres bis zur Invasion im Westen die große Masse optimistisch war.

Daneben bestanden zwei Minderheitsmeinungen: ein relativ kleiner Prozentsatz von Deutschen, die für einen Frieden um jeden Preis waren, und ein etwas größerer Prozentsatz, der einem Kompromißfrieden das Wort redete.

»Zu den ersteren gehören vor allem diejenigen, die den Krieg bereits für verloren halten. Sie stammen aus allen Kreisen, vorwiegend aber sind es wirtschaftlich schlechtgestellte oder konfessionell stark gebundene Arbeiter und Bauern einerseits, Intellektuelle und Wirtschaftskreise andererseits.« Die Partei der Kompromißler – unter ihnen vor allem »Wirtschaftler und Intellektuelle«, zeigten uneinheitliche Auffassungen hinsichtlich der Realisierung eines Kompromißfriedens. Man dachte an Vermittlung des Papstes, der Türkei oder Portugals. Andere glaubten, »daß der Krieg nicht anders als durch einen Vergleich zwischen den durch weitere schwerste Kämpfe ausgebluteten Gegnern beendet würde; wieder andere hofften auf einen Kompromißfrieden mit den Anglo-Amerikanern, um dann unter deren Duldung – oder gar Mithilfe – die Sowjetrussen zu besiegen; ein geringerer Teil baute auf eine Verständigung mit Stalin, um dann vereint mit ihm gegen die Westgegner anzutreten – eine Ansicht, über die der SD bereits im August 1943 einmal referiert hatte.[433]

Sowohl die einen wie die anderen kalkulierten mit der »Milde« der Gegner.

»Die schicksalhafte Bedeutung des gegenwärtigen Existenzkampfes unseres Volkes und die weltanschaulichen Hintergründe des Krieges werden von ihnen entweder geleugnet oder aus Einfalt nicht erkannt.« Man scheint in diesen Kreisen auch die Aussicht auf eine Zerstückelung Deutschlands ohne große Emotionen ins Auge gefaßt zu haben: Teile Sachsens kämen zur Tschechoslowakei, in Süddeutschland entstände eine Monarchie unter Otto von Habsburg, im Westen kalkulierte man mit Gebietsabtretungen an Frankreich, Belgien und Holland.

Ab Anfang Mai aber rechneten Staats- und Parteiführung sowie die Bevölkerung tagtäglich mit der Invasion: »Die Aussicht, daß in nächster Zeit unbedingt eine entscheidende Wendung im Kriegsgeschehen zu unseren Gunsten eintreten müsse, läßt die meisten Volksgenossen einer Invasion mit großen Hoffnungen entgegensehen. Man spricht von ihr als von der letzten Gelegenheit, das Blatt zu wenden. Eine Angst vor der Invasion

[433] *ibid.;* S. 430.

450

ist kaum festzustellen. Man nimmt vielmehr eine schwere Niederlage für den Gegner an . . .«[434] Die Stimmen, die auf einen Propagandatrick schlossen, waren stark zurückgegangen.

Die Tagesparole des Reichspressechefs vom 11. Mai forderte die deutschen Nachrichtenmittel auf, die Bevölkerung auf die Schwere der bevorstehenden Bewährungsprobe vorzubereiten. Die Presse sollte dazu beitragen,»in unserem Volke eine ernste, entschlossene und der entscheidenden Bedeutung dieser höchsten Kraftanstrengung angemessene Haltung zu begründen. Es ist dem Gedanken Ausdruck zu verleihen, daß wir dem feindlichen Überfall, falls er wirklich gewagt werden sollte, sowohl mit den modernsten Mitteln der Kriegskunst als auch mit einem leidenschaftlichen Kampfeswillen begegnen werden in dem Bewußtsein, daß in ihm unsere Freiheit und unsere Zukunft erkämpft wird.«[435]

Am selben Tage verschickte Martin Bormann ein Rundschreiben »Höchste Alarmbereitschaft zur Invasionsabwehr«, in dem er ankündigte: »Es ist nicht nur möglich, sondern wahrscheinlich, daß die Invasion nicht nur an irgendeiner Küste, sondern an vielen Punkten einsetzen wird. Sie wird sich vermutlich gleichzeitig an vielen Orten auch innerhalb des Reiches durch Terrorakte, Sprengungen, andere Sabotagen usw. usw. auswirken. Äußerste Bereitschaft aller Führungsköpfe ist deshalb unabweisbare Pflicht! . . . Jeder an verantwortlicher Stelle stehende Mann muß zu jeder Tages- und Nachtstunde erreichbar sein.«[436] Die Partei wurde noch einmal aufgefordert,»mit bestem Beispiel voranzugehen« und »mit revolutionärem Schwung einen entscheidenden Beitrag zum Siege zu leisten«.[437] Die Stunde der »totalen Weltanschauung«[438] war gekommen. Der SD-Bericht meldete:

»Die Bevölkerung steht gegenwärtig ausschließlich im Bann der von den Führungsmitteln angesagten Invasion. Der Kehrreim aller Gespräche ist: ›Wann geht es los? Was wird geschehen?‹ Alle politischen und militärischen Geschehnisse und auch der Luftkrieg werden im Hinblick auf den erwarteten großen, für die ganze Kriegslage entscheidenden Schlag gesehen . . .«[439]

---

[434] »Meldungen über die Entwicklung in der öffentlichen Meinungsbildung«. *ibid.;* S. 509.
[435] V. I. Nr. 91/44. BA ZSg 109/49; fol. 80.
[436] Nr. 106/44 g. BA NS 6/vorl. 350.
[437] Führungshinweis Nr. 17 vom 17. 5. 44. BA NS 6/vorl. 358.
[438] Schulungs-Unterlage Nr. 39. Sammelsendung Mai-Juni 1944. BA ZSg 3/422.
[439] »Meldungen über die Entwicklung in der öffentlichen Meinungsbildung«, 18. 5. 44. BA R 58/194.

Die Spannung stieg von Tag zu Tag. Als sich aber bis Ende Mai nichts ereignete, begann sich Enttäuschung und wachsender Pessimismus zu zeigen; es mehrten sich wieder die Stimmen, es handele sich nur um einen Propagandabluff.[440] Daraufhin wurde die Presse angehalten, Zurückhaltung zu üben und »das Thema lediglich von der grundsätzlichen Seite her« zu behandeln. Das Wort »Invasion« sollte bis auf weiteres nicht mehr erwähnt werden.[441]

Der Leiter der Parteikanzlei jedoch heizte die Temperatur weiter an: »Das ganze deutsche Volk – insbesondere aber die Partei – muß auf diese Belastungsprobe ideell und materiell vorbereitet sein und im gegebenen Augenblick durch Konzentration aller Kräfte mithelfen, die Pläne des Gegners zu zerschlagen.« Der NSDAP oblag es, die »Menschenführung«, »Mobilisierung aller Kräfte im Heimatkriegsgebiet«, die eventuelle »Evakuierung der deutschen Zivilbevölkerung«, »verstärkte propagandistische Tätigkeit« und die Vernichtung aller wichtigen Akten über Arbeit und Aufbau der Partei im Falle der Feindannäherung zu übernehmen.[442]

Nun, so schien es der nationalsozialistischen Elite, war endlich der Moment gekommen, den Goebbels mit seiner Parole des totalen Krieges heraufbeschworen hatte: »Volk, stehe auf, Sturm, breche los.«

440 SD-Abschnitt Schwerin, 23. und 30. 5., 6. 6. 44. BA NS 6/407; SD-Abschnitt Koblenz, 30. 5. 44; HStA Wbn, Zug 67/68, Nr. 1074; »Meldungen über die Entwicklung in der öffentlichen Meinungsbildung«, 1. 6. 44. BA R 58/194.
441 V. I. Nr. 103/44. 25. 5. 44. BA ZSg 109/49; fol. 121.
442 Rundschreiben Nr. 123/44 g. Rs. »Einsatz der Partei im Invasionsfall.« 31. 5. 44. BA NS 6/vorl. 350.

IV. Der verlorene Krieg

In diesem Kriege siegt nicht das Glück,
sondern endlich einmal das Recht.

Adolf Hitler

1. Die Landung der Alliierten im Westen, Sommeroffensive der Sowjets im Osten

Am 5. Juni 1944, um 21.15 Uhr, fing die Abwehrabteilung der deutschen 15. Armee innerhalb der »Messages personnelles« der französischen Sendungen der BBC die zweite Zeile aus Verlaines »Herbstlied«: »blessent mon cœur d'une langueur monotone« (die mein Herz mit ihrem eintönigen Schluchzen verwunden) auf. Der Chef der deutschen Abwehr, Admiral Canaris, hatte bereits im Januar herausgefunden, daß dies das letzte Signal für die nun innerhalb 48 Stunden zu erwartende Landung der Alliierten im Westen sei.[1] Die 15. Armee gab sofort durch Fernschreiben an Rommels Heeresgruppe B, an den Oberbefehlshaber West, Generalfeldmarschall von Rundstedt, und an den Wehrmachtführungsstab (WFSt) die Nachricht weiter. Aber aus bisher ungeklärten Gründen[2] befahl nur der Oberbefehlshaber der 15. Armee, Generaloberst Hans von Salmuth, höchste Alarmbereitschaft. Die gesamte potentielle Invasionsfront von Holland bis zur spanischen Küste, insbesondere die 7. Armee und das 84. Armeekorps, wurden nicht einmal benachrichtigt. Während sich also in der Nacht zum 6. Juni – der eigentlich auf den 5. Juni festgesetzte D-Day mußte auf Grund der Wetterlage um 24 Stunden verschoben werden – aus den Häfen Südenglands von Bristol bis Ipswich die Invasionsstreitmacht mit 5134 Schiffen und Fahrzeugen in Bewegung setzte, war Rommel unterwegs zu einem Heimaturlaub. Im Führerhauptquartier in Berchtesgaden und auf dem Berghof schlief man. Die ersten Nachrichten über starke Luftlandungen in der Normandie liefen morgens gegen 3 Uhr ein. Als Jodl einige Zeit später unterrichtet wurde, war er, wie die meisten militärischen Führungskräfte, überzeugt, es handele sich um ein Ablenkungsmanöver, und die eigentliche Landung erfolge an anderer Stelle.

[1] Vgl. RYAN, Cornelius. Der längste Tag. Normandie: 6. Juni 1944. Gütersloh, Sigbert Mohn Verlag, o. J. (Cop. Ryan 1959); S. 33 ff. und 105 ff.
[2] ibid.; S. 107, und WARLIMONT; S. 453.

455

Man erwartete sie vor allem im Pas de Calais. Daher wurden auch die vom OB-West angeforderten sogenannten »OKW-Reserven«, 4 motorisierte bzw. Panzerdivisionen, die im Grunde nichts anderes waren als die Reserven des OB-West, v. Rundstedt nicht zur Verfügung gestellt. Er sollte die Lage mit den Kräften der Heeresgruppe B »bereinigen«.[3] Damit aber wurde es von Anbeginn an den zum Großteil kampfunerprobten und unzulänglich ausgerüsteten deutschen und fremdländischen Verbänden unmöglich gemacht, wie ursprünglich geplant, eine Landung von der See oder Luft aus zu verhindern und die Angreifer bereits auf dem Wasser oder am Strande zu vernichten.

Die deutsche Öffentlichkeit erfuhr den Beginn der alliierten Landung erst im ersten Mittagsnachrichtendienst oder durch Zeitungsanschläge. Nur in einigen Partei- und Wehrmachtbüros war man, wie auch die heimlichen Hörer der Auslandssender, bereits früher unterrichtet.[4] Die Presse erhielt Anweisung, das Landungsunternehmen in großer Aufmachung zu bringen. »Es ist ein Ereignis, das das deutsche Volk in seiner Tiefe ergreift und das der deutschen Presse die Aufgabe zuweist, unser Volk mitzureißen und ihm den einen Gedanken einzuhämmern: Front und Heimat müssen die Invasoren niederschlagen, und damit einen entscheidenden Beitrag zum Endsieg leisten . . .«[5]

Obwohl die Mehrzahl der Deutschen dieses Unternehmen seit Wochen und Monaten täglich erwartet und ersehnt hatte, war es nun doch eine Überraschung: »man habe ja kaum noch auf dieses Unternehmen des Feindes zu hoffen gewagt«.[6] Statt »Schrecken oder Furcht«[7] verbreitete sich allgemein ein Gefühl der Erleichterung. Wie oft zuvor hatte der Führer »wieder alles richtig gemacht«.[8]

»Der Eintritt der Invasion wird allgemein als Erlösung aus einer unerträglichen Spannung und drückenden Ungewißheit empfunden. Sie bildet fast den einzigen Gesprächsgegenstand. Alles andere tritt demgegenüber völlig zurück.«[9]

---

[3] ibid.; S. 455.
[4] »Meldungen über die Entwicklung in der öffentlichen Meinungsbildung«, 8. 6. 44. BOBERACH; S. 514.
[5] V. I. Nr. 111/44 vom 6. 6. 44. BA ZSg 109/50; fol. 9.
[6] SD-Abschnitt Schwerin, 6. 6. 44. »Erste Stimmen zum Beginn der Invasion«. BA NS 6/407; fol. 13662.
[7] Kreiswirtschaftsberater Dinkelsbühl, 8. 6. 44. BA NS Misch/1858.
[8] BA NS 6/407; fol. 13663, 13704.
[9] BOBERACH; S. 511. – Alle Berichte der OLG-Präsidenten und Generalstaatsanwälte bestätigen diese Beobachtung.

Die Stimmung der ersten Tage war gelöst und gelockert und so gut wie seit Jahren nicht mehr.[10] Es war fast wieder so wie zu Beginn eines Blitzkrieges. Wie Hitler glaubten auch die ewig Zuversichtlichen an eine Wendung zugunsten Deutschlands.

»Die Erörterungen um die Invasion drehen sich in der Hauptsache um folgende Fragen: Bringt die Invasion die sehnlichst erwartete Entscheidung? Wird sie ein dauerhaftes Nachlassen der Luftangriffe auf das Reichsgebiet zur Folge haben? Kommt mit der Invasion endlich auch die Vergeltung? Wird unsere ›Geheimwaffe‹ jetzt eingesetzt? Wo werden die Anglo-Amerikaner noch landen? . . .«[11]

Das Nachlassen der Bombenangriffe seit Beginn der alliierten Landung war mit Erleichterung begrüßt worden, und mancher sagte sich, daß offensichtlich auch die Kräfte des Gegners limitiert waren und er nicht gleichzeitig Invasionsfront und deutsches Gebiet mit seinen Luftstreitkräften beherrschen könnte.[12] Entsprechend der von Bormann über die Parteistellen verbreiteten Ansicht hatte man eher verstärkte Luftangriffe, Sabotageakte und Landungen an verschiedenen Stellen erwartet. Ebenso war mit einschneidenden Maßnahmen, beispielsweise der Sperrung des zivilen Reiseverkehrs und ähnlichem, gerechnet worden. Nun erschien es manchem verwunderlich, »daß scheinbar das ganze Leben im Reich trotz Invasion normal weiterläuft«.[13]

In den ersten Tagen der Invasion kam der Nachrichtenhunger der meisten nicht auf seine Kosten.[14] Dann aber folgten zahlreiche PK-Berichte in Presse und Rundfunk, die den Deutschen zu Hause nähere Aufschlüsse gaben. Seit langer Zeit wieder waren es nun weniger persönliche Überlegungen und private Ermittlungen über Frontsoldaten und kaum noch Gerüchte, welche die Meinungsbildung ermöglichten, sondern die offiziellen Nachrichtenmittel und vor allem der Wehrmachtsbericht, der wieder zu ihrem »Rückgrat«[15] geworden war.

Die Aufgabe Roms am 4. Juni ging weitgehend in der Aufregung um die Invasion unter. Seit etwa 8 Tagen war man durch die Wehrmachtsberichte über ein Zurückgedrängtwerden der deutschen Truppen nach Norden unterrichtet. Natürlich war man etwas enttäuscht; auch hätte

---

10 SD-Hauptaußenstelle Schwerin, 12. 6. 44. BA *NS 6/407*; fol. 13702, 13705.
11 BOBERACH; S. 512.
12 Auch von Hassell hat die Erleichterung über Invasion und Nachlassen des Luftkrieges vermerkt. *op. cit.*; S. 314.
13 BOBERACH; S. 513.
14 SD-Hauptaußenstelle Schwerin, 13. 6. 44. BA *NS 6/407*; fol. 13702.
15 BOBERACH; S. 512.

man ganz gern den Italienern eine Lektion verpaßt. Warum sollten die römischen Kulturdenkmäler geschont werden, wenn die deutschen in Trümmer fielen? Die Alliierten schienen weniger Rücksichtnahme walten zu lassen. Und überhaupt, wo blieben eigentlich Mussolinis Divisionen? Auf die Haltung des Papstes war man gespannt; die meisten glaubten, er werde sich »auf die Gegenseite schlagen«, denn man hielt ihn »nicht für deutschfreundlich«.[16]

Die Hochstimmung der ersten Tage hielt nicht lange an. »Ein großer Teil des Volkes hatte nicht damit gerechnet, daß die Invasoren überhaupt Brückenköpfe bilden und verschiedene Landestellen zusammenfließen lassen könnten.« Die lautstarke Propaganda über den Atlantikwall hatte die Masse der Deutschen über dessen Unvollkommenheiten im unklaren gelassen: »Man hatte sich . . . ›wahre Zauberdinge vorgestellt‹ und war nun aufs tiefste enttäuscht. Man fragte sich auch mit immer mehr Unmut, ›wo denn eigentlich unsere U-Boote stecken, deren Wiederauftauchen man doch spätestens während der Invasion erwartet hatte‹ . . .«[17]

Dreißig U-Boote, versehen mit einem »Schnorchel«, d. h. einem sich automatisch gegen eindringendes Wasser schließenden Luftmast, der sowohl die Frischlufterneuerung wie auch die Fahrt mit Dieselmotoren und das Aufladen der Batterien dicht unter der Oberfläche ermöglichte, wurden zwar in der Seinebucht vom 6. Juni bis Ende August 1944 eingesetzt. Der Erfolg war aber weder entscheidend noch überzeugend: 16 Schiffe und Landungsfahrzeuge und 5 Sicherungsfahrzeuge wurden versenkt, 5 Sicherungsfahrzeuge beschädigt. 20 eigene Boote gingen dabei verloren. Ähnlich wirkte sich der Einsatz von »Ein-Mann-Torpedos« und ferngelenkten Sprengbooten aus. Im Vergleich zu den Eigenverlusten waren die Erfolge zu niedrig. Vor allem konnten sie nicht das Unternehmen »Overlord«, wie das Invasionsvorhaben bei den Alliierten hieß, entscheidend beeinflussen.[18]

In der Bevölkerung waren auch wieder Stimmen zu hören, die Vergleiche zum Ersten Weltkrieg anstellten und in denen Parallelen über das damals wie heute entscheidende Eingreifen der Amerikaner gezogen wurden.

Der Gruppe der Optimisten gegenüber fand sich die Gruppe der Zweifler; und zwischen ihnen die Masse der Abwartenden, die meinten, »›daß man also vorläufig weder Grund zur Freude noch zur Angst habe‹. Sie

16 *ibid.;* S. 517, 518.
17 BA *NS 6/407;* fol. 13703.
18 GRUCHMANN; S. 286/287.

wollen sich mit übertriebener Zuversicht ›nicht selbst etwas vormachen‹, andererseits aber auch nicht gern als Pessimisten angesehen werden; deshalb warten wir erst mal die ersten 2 bis 3 Wochen ab, dann kann man schon besser urteilen«.

Die Optimisten unterteilten sich wieder in zwei Gruppen. Eine stärkere, offensichtlich von Goebbels und seiner Propaganda beeinflußte, welche meinte, je mehr feindliche Kräfte man nach Frankreich hereinlasse, um so mehr könne man vernichten. Eine kleinere Gruppe war der Ansicht, die gelandeten Kräfte müßten jetzt gleich vernichtet werden und keine Gelegenheit mehr haben, Ersatz zu beschaffen.[19]

Zweifler und Abwartende wurden jäh aus ihrer Skepsis aufgeschreckt und durch die Begeisterung der Optimisten mitgerissen, als der Wehrmachtsbericht am 16. Juni meldete, daß Südengland und das Stadtgebiet von London mit neuartigen Sprengkörpern belegt worden waren. Wie ein Lauffeuer verbreitete sich die Nachricht vom Anlaufen der Vergeltung. Die ersehnten »Geheimwaffen« waren also doch kein Propagandatrick. »Es war ergreifend, einfache Arbeiter zu hören, die ihre Freude zum Ausdruck brachten, daß ihr unerschütterlicher Glaube an den Führer nun erneut seine Bestätigung gefunden habe. Ein älterer Arbeiter äußerte bei seiner Heimfahrt von der Arbeit im Zug: ›Wie oft habe ich mich mit Kameraden herumgezankt, weil sie nicht mehr an die Vergeltung, nicht mehr an unseren Führer, ja selbst nicht mehr an den deutschen Sieg glaubten. Als die Terrorangriffe auf Frankfurt stets schlimmer wurden, habe ich bald selbst zu zweifeln angefangen, aber meine innere Überzeugung sagte mir immer wieder: Was der Führer sagt, hält er auch. Und nun bin ich überglücklich, daß die Vergeltung wirklich gekommen ist, und ich glaube felsenfest, daß sie uns den Sieg bringen wird‹ . . .

›. . . Der Führer hat es immer richtig gemacht, auch wenn wir in den letzten Jahren manchmal daran gezweifelt haben. Er wird es auch jetzt wieder richtig machen.‹ Dieser Satz dürfte für den weitaus größten Teil der Bevölkerung gesprochen sein . . .«[20]

Ein Hauptfeldwebel schrieb an das Propagandaministerium: »Ich vermag nicht wiederzugeben, was wir empfunden haben, die wir gläubigen Herzens in blindem Vertrauen zu unserem Führer dieses Augenblicks harrten . . .«[21] Eine Hausfrau teilte Goebbels mit: »Ich möchte jauchzen und jubeln, daß es dieser schändlichen Rasse mal heimgezahlt wird, was sie

---

[19] BA *NS 6/407;* fol. 13703–13705.
[20] SD-Abschnitt Frankfurt, 17. 6. 44. HHStA Wbn, *Zug 68/67, Nr. 1075.*
[21] BA *R 55/572;* fol. 156.

dem deutschen Volke und vor allem unserem herrlichen Führer angetan haben mit ihren Terrorangriffen. Es ging wie eine Befreiung über uns alle, als wir durchs Radio von dem Einsatz der neuen Waffen gegen England hörten ... Mein Herz kennt nur Rache, Rache und nochmals Rache ...«[22]

Alle Berichterstatter waren sich einig: Invasion plus Vergeltung hatten einen starken Stimmungsaufschwung, ein »Hinaufschnellen des Stimmungsbarometers«, ein »erstarktes Vertrauen in die Führung«, Begeisterung, Jubel, aber auch lustvolle Rachegefühle ausgelöst.[23] Die Generalmeinung war: »›Jetzt geht es wieder aufwärts‹, ›Nun sind wir mal wieder vorne‹, ›Was kann uns noch viel passieren!‹ usw. Es konnte auch festgestellt werden, daß solche positiven Stimmen aus allen Schichten der Bevölkerung kommen; von diesem Stimmungsaufschwung sind also nicht nur solche Kreise beseelt, die es schon immer für ihre Pflicht hielten, ihre weniger zuversichtlichen Volksgenossen mitzureißen.« Man wollte möglichst genau über die angerichteten Zerstörungen unterrichtet werden und war etwas verstimmt über mangelnde Aufklärung hinsichtlich Beschaffenheit und Wirkung der neuen Waffe. Aus Äußerungen von Ministerialdirektor Fritzsche und der Presse wurde »der Schluß gezogen, daß wir noch eine Anzahl weiterer, wahrscheinlich noch wirkungsvollerer Geheimwaffen auf Lager haben ... Weiter heißt es, die Zerstörungen könnten gar nicht groß genug werden; der Haß gegen England finde hier endlich die so lange herbeigesehnte Rache, die keine Gnade und kein Mitleid mehr kenne. Zusammenfassend kann gesagt werden: Wenn eine Maßnahme des Führers jemals uneingeschränktes Echo gefunden hat, so ist es dieses Strafgericht. Bedauert wird nur, ›daß wir es den Amerikanern nicht heimzahlen können‹ ...«[24]

Seit dem Frankreichfeldzug kann man zum ersten Male wieder einen Überschwang an Begeisterung feststellen. Propaganda und Publikumsmeinung klafften weniger auseinander. Die Erläuterungen zur Tagesparole des Reichspressechefs lauten mit den Berichten der SD-Meinungsforscher sogar fast konform:

»Wenn wir die lapidare Mitteilung des heutigen OKW-Berichtes über die Belegung Südenglands und Londons mit neuartigen Sprengkörpern

[22] ibid.; fol. 159.
[23] Vgl. SD-Abschnitt Frankfurt, 20. 6. 44; SD-Abschnitt Koblenz, 20. 6. 44. HHStA Wbn, 1077/1078; Zusammenstellung von Meldungen aus den SD-(Leit)-Abschnittsbereichen, 19. 6. 44. BA NS 6/411; fol. 13929–13933.
[24] SD-Hauptaußenstelle Schwerin, 30. 6. 44. BA NS 6/407; fol. 13716–13718.

schwersten Kalibers lesen, dann gibt es wohl keinen Deutschen, der nicht mit tiefer Genugtuung und heißen Herzens diese Meldung aufgenommen hätte. Die Gefühle des Hasses und des glühenden Wunsches nach Vergeltung, die das deutsche Volk bewegen, haben unsere Feinde durch ihre gemeinen terroristischen Verbrechen selbst entzündet und genährt. Wir denken an all die Schändlichkeiten der englischen und amerikanischen Luftgangster, an die feigen Morde, die hinterhältigen Metzeleien, das Übermaß der Verbrechen, die unsere Gegner Tag für Tag angehäuft haben...« Über die neue Waffe hieß es:»Die neue deutsche Waffe hat die Bezeichnung ›V 1‹. Während das V als Abkürzung von ›Vergeltung‹ anzusehen ist, bedeutet die Ziffer ›1‹, daß die jetzige Waffe die erste in der Reihe der Vergeltungswaffen ist...«[25]

Die sehr weitreichende Einhelligkeit der Meinungen und das Stimmungshoch waren nicht von langer Dauer. Bereits nach wenigen Tagen zeigten sich Einbrüche im Meinungsgefüge. Verantwortlich dafür waren die Entwicklung der militärischen Lage an der Invasionsfront, in Italien und schließlich vor allem im Osten. Hinzu kamen wieder neu einsetzende Großangriffe aus der Luft – vor allem in Hamburg, Hannover, Wesermünde und Bremen – und die allmähliche Erkenntnis, daß die Wirkung der V 1 sehr viel geringer als erhofft war.

An der Invasionsfront bereitete die Lage auf der Halbinsel Cotentin Sorgen. Die Amerikaner hatten hier am 14. Juni zum Angriff nach Westen angesetzt, und während der deutsche Rundfunk seinen Hörern noch weismachte, die amerikanischen Eindringlinge würden nun von zwei Seiten erfaßt und vernichtet, hatten diese in vier Tagen das Meer erreicht und damit die Halbinsel an ihrer Basis abgeriegelt. Daraufhin bauten sie nach Süden eine Abwehrfront auf, schwenkten nach Norden ein und griffen das eingeschlossene Cherbourg von der unbefestigten Landseite her an. Vergeblich hatte Rommel am 17. Juni in Margival bei Soissons von Hitler die Zurücknahme der deutschen Kräfte aus der Cotentin-Halbinsel und die Heranführung von Reserven aus dem Pas de Calais gefordert. Hitler lehnte ab und sagte die Zuführung von Reserven aus anderen Räumen sowie den Einsatz von neuen Turbojägern gegen die Alliierten zu. Rommel und Rundstedt forderten daraufhin den Einsatz von V 1 gegen die alliierten Landeköpfe. Aber der General der V-Waffen, Heinemann, mußte ihnen klarmachen, daß dies wegen der weiten Streuung der Ge-

---

25 V. I. Nr. 120/44 vom 18. 6. und V. I. Nr. 126/44 vom 24. 6. 44. BA ZSg 109/50; fol. 26 und 44.

schosse nicht möglich war. Letztlich hing das Geschick sowohl der alliierten wie der deutschen Truppen an der Invasionsfront von der Heranschaffung neuer Materials und neuer Kräfte ab. Zuungunsten der Deutschen wirkten sich die seit der am 20. Februar 1944 begonnenen »Big-Week«-Aktion der 8. und der 15. amerikanischen Luftflotte gegen Flugzeugwerke, Verkehrswege und vor allem der Treibstoffmangel aus. Im Mai 1944 hatten die Alliierten nach unverständlich langem Warten begonnen, die deutschen Hydrierwerke anzugreifen. Obwohl die Treibstoffversorgung Sache des OKW war, die Produktion zu Görings Kompetenzbereich gehörte, fuhr Reichsminister Speer am 20. Juni zu Hitler und warnte vor den katastrophalen Folgen weiterer Angriffe. Am 30. Juni übergab er seine erste Hydrierdenkschrift, in der er mitteilte, daß es den Gegnern gelungen war, am 22. Juni die Ausfälle an Flugbenzin auf 90 Prozent zu steigern.[26] Falls es nicht glücke, die Raffinerien und Hydrierwerke durch alle möglichen Maßnahmen zu schützen, würde es im September unweigerlich zu einer »unüberbrückbaren Lücke« kommen, »die zu tragischen Folgen führen muß«.

Zerstörte Verkehrslinien und Treibstoffmangel bedingten daher ein Heranschaffen motorisierter Verbände per Bahn auf den unmöglichsten Umwegen und bis zu einer Entfernung von 100 bis 200 km vom Kampfplatz. Aber auch die Alliierten hatten mit Nachschubschwierigkeiten zu kämpfen, als am 19. Juni ein starker Nordoststurm für vier Tage alle Seetransporte unterband und die künstlich angelegten Häfen vor der Normandie unbrauchbar machte. Bis Anfang Juli aber hatten sie 1 Million Mann und 171 532 Fahrzeuge und 566 648 Tonnen Material herbeigeschafft.[27]

Als es für die deutsche Führung offensichtlich wurde, daß Cherbourg fallen würde, versuchte sie die Bevölkerung darauf vorzubereiten. Der Staatssekretär im Propagandaministerium Dr. Naumann sandte am 24. Juni an Reichsleiter Bormann eine Vorlage, in der es hieß:

»Die Einstellung der Propaganda bis zum heutigen Tage in der Frage Cherbourg erweist sich nunmehr als falsch.

Die Bevölkerung muß darauf vorbereitet werden, daß Cherbourg wahrscheinlich nicht zu halten sein wird. Wenngleich die Presse keine sofortige Kehrtwendung machen kann, muß durch Rundfunk und Mundpropaganda versucht werden, die eintretende Niedergeschlagenheit ab-

---

[26] Vgl. STEINERT; S. 83, und JANSSEN; S. 239.
[27] GRUCHMANN; S. 293/294.

zufangen. Dabei kann das Argument Verwendung finden, daß wir mit der Überlassung eines Hafens dem Gegner einen gewissen Anreiz geben wollen, weitere Truppenkontingente zu landen, um sie dann zu vernichten. Der Hafen wird durch Sprengungen auf mehrere Wochen unbenutzbar sein. In dieser Zeit kommen voraussichtlich die deutschen Gegenmaßnahmen zum Zug, so daß der Gegner vom Gewinn dieses Hafens nicht allzuviel haben dürfte.«[28] Letzteres stimmte. Obwohl sich die Besatzung Cherbourgs am 26. Juni ergab, konnte der Hafen erst Ende August wieder für die Löschung schwererer Ladungen benutzbar gemacht werden.

Die doppelte Enttäuschung, daß es nicht gelungen war, den Feind bei der Landung zurückzuwerfen und die »Vergeltung« auch nicht kriegsentscheidend zu sein schien, zeitigte ein außerordentlich schwankendes und labiles Meinungsbild.

»Hochstimmung und Pessimismus wechseln oft in der Stimmung des einzelnen Volksgenossen so schnell, daß nicht einmal der einzelne in seiner Stimmung als konstante Größe innerhalb der Gesamtstimmung anzusehen ist: Es gibt viele Volksgenossen, die z. B. bei Beginn der Invasion den deutschen Sieg ganz nahe sahen, nun aber schon den Verlust von Cherbourg als ›Anfang vom Ende‹, ›nicht wieder gutzumachen‹, ›Beweis unserer zunehmenden Schwäche‹ u. dgl. beurteilen. So bleibt festzustellen, daß ein nicht unbeträchtlicher Teil unseres Volkes einen Anfangserfolg *unsererseits* als ›Garantie für unseren Sieg‹, *feindlicherseits* aber als ›unverkennbares schlechtes Omen‹ ansehen. Bei diesen Volksgenossen ist eine moralische Abgeschlagenheit zu bemerken, die nur durch eine ununterbrochene Kette deutscher Erfolge hintanzuhalten ist ...«

Über die Vergeltung wurde festgestellt, »daß sich weite Kreise insofern enttäuscht sehen, als die Vergeltung ihrer Ansicht nach ›anscheinend doch nicht so hinhaut, wie man das erwartet habe‹ ...«[29]

Man beurteilte insgesamt die Lage ernster, eine gewisse Ernüchterung griff um sich, und eine Beobachtung aus Westdeutschland besagte, »daß die Zahl der Volksgenossen, die mit Beginn der Invasion und der Vergeltung eine entscheidende Wendung in kürzester Zeit erwarteten, viel größer ist, als zunächst angenommen wurde.«[30]

[28] BA *Slg. Schumacher/368.*
[29] SD-Abschnitt Schwerin, 27. 6. 44. BA *NS 6/407;* fol. 13728/13730.
[30] »Zusammenstellung von Meldungen aus den SD-(Leit)-Abschnitten« vom 28. 6. 44. BA *NS 6/407;* fol. 13949.

»Die Hochstimmung der ersten Tage nach dem Beginn der Invasion und der Vergeltung flaut allgemein sehr stark ab. Die anfängliche große Freude und Hoffnung, daß sich die Kriegslage entscheidend verändert und daß es ›mit uns wieder vorangeht‹, ist sehr nüchternen und skeptischen Erwägungen gewichen.« Die zahlen- und materialmäßige Überlegenheit des Gegners, die Enttäuschung über V 1, der erneut verschärfte Luftkrieg, der Vormarsch nach Norden der Alliierten in Italien, die beginnende Offensive der Sowjets im Osten, der Verlust von Cherbourg, all dies wird wieder erwähnt. Die Deutschen machten sich mehr und mehr »trübe Gedanken«.[31]

Anfang Juli sprechen alle Berichte von einem »Absinken« der Stimmung und erheblichen Schwankungen. Schlagartig wurde das Land von den verschiedensten Gerüchten überflutet.[32] Astrologen und Wahrsager, Prophezeiungen, auf Jahreszahlkombinationen aufgebaut, beeinflußten die auf irgendein »Wunder« Hoffenden. Der Tod Generaloberst Dietls durch einen Flugzeugabsturz[33] gab Anlaß wie diejenigen von Udet, Mölders, Todt und Hube zu allerhand Gemunkel.[34] Hitlers Worte beim Staatsbegräbnis Dietls im Hinblick auf sein Vorbild für das gesamte Offizierskorps wurden als Mahnung aufgefaßt, »denn man wisse doch von vielen Offizieren, daß sie absolut noch keine Nationalsozialisten seien«.[35]

Die Propaganda versuchte verzweifelt, ab Ende Juni das Abgleiten der Stimmung aufzufangen und das Interesse des Lesers und Hörers vom Einzelereignis ab- und auf den großen Zusammenhang hinzulenken. »Nachdem im letzten Jahre der politisch und auf die Demoralisierung des deutschen Volkes gerichtete Ansturm der Feinde zusammengebrochen ist, wird auch der konzentrische militärische Angriff, der jetzt erfolgt, von uns abgewehrt und am Ende der deutsche Sieg erzwungen werden ...« Als Aufmunterung wurden Sätze einer nicht zur Veröffentlichung freigegebenen Rede Hitlers vor Betriebsleitern, gehalten am 26. Juni im Hauptquartier, angeführt:

---

[31] »Meldungen über die Entwicklung in der öffentlichen Meinungsbildung«. 29. 6. 44. BA NS 6/41; fol. 80–85.

[32] Vgl. »Einfluß der Gerüchte und militärisch-politischen Kombinationen auf die Stimmung und Meinungsbildung der Bevölkerung seit Beginn der Invasion«. BOBERACH; S. 518–525.

[33] s. THORWALD, Jürgen. Die ungeklärten Fälle. Stuttgart, Steingrüben-Verlag (2. Aufl. Cop. 1950); S. 52–79.

[34] Wöchentlicher Tätigkeitsbericht des Leiters Pro. i. V. und Chefs des Propagandastabes an Goebbels vom 4. 7. 44. BA R 55/601; fol. 26.

[35] SD-Abschnitt Schwerin, 4. 7. 44. BA NS 6/407; fol. 13742.

»Zu einem Jahre 1918 wird es niemals kommen, solange ich lebe und einer meiner Garde lebt, wird jeder, der auch nur daran denkt, vernichtet! ... Und weil dieser 9. November nicht mehr kommen wird, werden wir auch diesen Krieg gewinnen; denn Deutschland ist bisher noch niemals durch äußere Feinde, sondern immer letzten Endes durch Deutsche besiegt worden, die Deutschen aber, die Deutschland besiegen konnten, sind heute nicht mehr da ...«[36]

Diese Worte Hitlers, gesprochen wenige Tage vor dem Attentat auf ihn, zeigen erneut die beinahe traumatische Wirkung, welche die Novemberrevolution auf ihn gehabt hatte. Es ist auch nicht auszuschließen, daß ihm wieder einige SD-Berichte vorgelegen hatten, aus denen hervorging, wie sehr der Einklang zwischen Bevölkerungsmeinung und Propaganda nur ein vorübergehender gewesen und der Begeisterungssturm sehr rasch wieder abgeflaut war. Sowohl Goebbels Artikel wie die Sonnabend-Gespräche von Hans Fritzsche fanden weit weniger Anklang als die sachliche Unterrichtung von Generalleutnant Dittmar, dessen Vorträge immer wieder lobend hervorgehoben wurden.[37] Die genaue Unterrichtung über das Kriegsgeschehen interessierte mehr als die hohle Stimmungsmache. Ab der zweiten Juliwoche bestimmte das Geschehen im Osten mehr und mehr die Meinungsbildung und überlagerte das Interesse für alle anderen Kriegsschauplätze und Probleme.

Die sowjetische Sommeroffensive war an der Front der Heeresgruppe Nordukraine erwartet worden. Deshalb konzentrierten die Deutschen alle ihre Reserven und Panzerverbände im Südabschnitt. Die Heeresgruppe Mitte, gegen die sich jedoch der Hauptstoß der Sowjets richten sollte, verfügte nur über 38 Divisionen zur Verteidigung ihrer 1100 km langen Front. Ihr Oberbefehlshaber Busch hatte sich bei Hitler mit seinem Vorschlag auf Frontverkürzung nicht durchsetzen können. In der Nacht vom 20. Juni brach der sowjetische Angriff mit einer großangelegten Partisanenaktion, welche das Eisenbahnnetz im Gebiet der mittleren Heeresgruppe vorübergehend lahmlegte, los. Am 22. Juni und den darauffolgenden Tagen attackierten vier sowjetrussische »Fronten« unter den Marschällen Schukow und Wassilewski den ausgedehnten Frontvorsprung der Heeresgruppe Mitte und erzielten Einbrüche. Jetzt begann sich Hitlers Strategie der »festen Plätze« ungünstig auszuwirken, da sie eine ganze Anzahl deutscher Divisionen band. Der Erfolg war schließlich ein völliger

[36] V. I. Nr. 128/44. 2. Erg. vom 28. 6. 44. BA ZSg 109/50; fol. 54, 57.
[37] SD-Abschnitt Schwerin, 11. 7. 44. BA NS 6/407; fol. 13757.

Zusammenbruch der Heeresgruppe. Teile der 3. Panzerarmee wurden am 24. Juni bei Witebsk abgeschnitten, die Verbindung zur Heeresgruppe Nord zerrissen, kurz darauf die 9. Armee bei Bobruisk eingekesselt. Die 4. Armee sah sich am 3. Juli in Minsk eingeschlossen. Feldmarschall Model, der am 28. Juni zusätzlich mit der Führung der Heeresgruppe betraut worden war, zog von seiner Heeresgruppe Nordukraine an Kräften heran, was nur irgend möglich war. Letztlich konnten aber von der 9. Armee nur noch 15 000 Mann gerettet werden; die 4. Armee wurde völlig aufgerieben. Somit hatte die Heeresgruppe Mitte 28 Divisionen mit 350 000 Mann verloren.

Die Bevölkerung betrachtete diese Entwicklung mit »zunehmender Sorge. Das unerwartete rasche Vordringen der Sowjets ist erschreckend und beschäftigt die Gemüter mehr als alles andere. Im Augenblick erscheint allen die Ostfront auf Grund ganz akuter Gefahren viel wichtiger als der Westen...« Doch ein rechtes Bild konnte man sich in der Heimat kaum machen. Man stellte nur fest, »daß die Sowjets sich mit unaufhaltsamen Schritten den Toren des Reiches nähern, daß sie über Witebsk, Minsk nach Wilna, Polozk und Banowice kamen; man sieht die baltischen Städte, Königsberg und Danzig, bedroht, Finnland abgeschnitten, die großen Lebensmittel- und Sonderdepots im Generalgouvernement und nach der Ukraine weitere für unsere Ernährung wichtige Gebiete verloren...«[38]

Aus allen Gebieten des Reiches kamen ähnliche Feststellungen. »Man kann es nicht fassen, daß es den Russen möglich war, innerhalb von 14 Tagen auf etwa 500 km Breite einen Stoß von etwa 250 km Tiefe zu führen. In sämtlichen Berichten kommt übereinstimmend die enorme Schockwirkung des russischen Durchbruchs zum Ausdruck. ›Alles ist entsetzt über den Osten‹, ›Ich befürchte im Osten eine Katastrophe‹, ›Ich befürchte das Schlimmste an der Ostfront‹ – so und ähnlich lauten die erfaßten Einzeläußerungen aus allen Schichten.«[39]

In Ostpreußen wurde alles fieberhaft zur Aufnahme der Flüchtlinge aus den besetzten Gebieten vorbereitet. Für die Flüchtlingstrecks wurden besondere Übergangsstellen geschaffen, von wo aus sie mit der Eisenbahn weitergeleitet werden sollten, um eine Beunruhigung der Bevölkerung zu

---

[38] »Meldungen über die Entwicklung in der öffentlichen Meinungsbildung«. 13. 7. 44. BOBERACH; S. 525, 527.
[39] »Meldungen aus den SD-(Leit)-Abschnittsbereichen«. Am 14. 7. 44 an Parteikanzlei übersandt. BA NS 6/41; fol. 13487. Diese Meldung kam aus Nordwestdeutschland; aus anderen Gebieten lauteten sie ganz ähnlich.

vermeiden. Die Parteistellen lancierten Gerüchte, Eingreifdivisionen seien unterwegs oder bereits an der Front eingetroffen, um den russischen Vormarsch zu stoppen. Trotzdem versuchten manche Frauen, Ostpreußen zu verlassen und zu Verwandten »ins Reich« zu fahren. Als in Byalistok der Besitzer eines Kinos seine Möbel aufladen ließ, wurde von der örtlichen NSDAP-Verwaltung der Möbelwagen wieder ausgeladen, und der Mann mußte als Buße 20 000 RM an das Rote Kreuz zahlen.

Ab 15. Juli wurde für Ostpreußen und die Gaue Danzig-Westpreußen und das Wartheland eine verschärfte Reisesperre eingeführt. In den Vortagen hatte die Panik dazu geführt, daß die Bevölkerung die Züge gestürmt und bis auf die Dächer besetzt hatte.

Alle ostpreußischen Kreisleiter erhielten von Gauleiter Greiser erlassene Anordnungen und Redner-Informationen: ». . . nur das große Ziel im Auge, werfen wir mit fanatischer Zähigkeit und Ausdauer unsere ganze Kraft in die letzte Phase dieses Kampfes. Dann muß sich über kurz oder lang das Zünglein der Waage zu unseren Gunsten neigen, weil wir die Trümpfe des Sieges in der Hand haben. Es ist dieses nicht ›V 1‹ alleine. Weitere und für unsere Gegner schrecklichere werden folgen. Die Zeit ihrer technischen Überlegenheit neigt sich dem Ende zu. Deutsches Erfindertum hat nicht geschlafen, sondern an neuen Waffen geschmiedet . . .

. . . sollten sich nun doch Überängstliche, denen es an politischem Glauben und Kraft des Herzens fehlt, finden, die Unruhe in die ausgezeichnete Haltung der ostpreußischen Bevölkerung tragen, so werden Partei und Staat Mittel wissen, derartige Elemente unschädlich zu machen. Wer in der Zeit der Belastung nicht Haltung bewahrt, kann gegenwärtig sein, daß er mit dem Siege seine Existenz verliert. Denn wer nicht kämpfen und arbeiten will, wie es die Stunde erforderlich macht, soll auch nicht an den Früchten des Sieges teilhaben . . .«[40]

In der zweiten Juliwoche 1944 wurde auch mit der Rückführung der in den östlichen und südöstlichen Grenzgebieten Ostpreußens untergebrachten Fliegergeschädigten aus Berlin begonnen. Sie wurden nun in die Gaue Halle-Merseburg, Thüringen und den Sudetengau verschickt. Die Evakuierung von Müttern mit Kindern oder alten Leuten aus Ostpreußen wurde vorbereitet. Um im übrigen Reichsgebiete Gerede über eine Räumung Ostpreußens und damit einen weiteren Stimmungseinbruch zu vermeiden, wurden Gegenparolen ausgegeben: Es müsse Lazarettraum frei gemacht, Einquartierungsmöglichkeiten für Truppenteile und militärische Dienst-

---

[40] Am 11. 7. 44 vom Reichspropagandaamt Königsberg an das Reichspropagandaministerium übermittelt. BA R 55/616; fol. 100, 101.

stellen geschaffen, Wohnräume für Flüchtlinge aus den Ostgebieten oder für zu Schanzarbeiten eingesetzte Personen bereitgestellt werden.[41] Massive Propaganda und Einschüchterung der Ängstlichen sorgten dafür, daß die ostpreußische Bevölkerung sich angesichts der täglich wachsenden Bedrohung ruhig verhielt. Nur die »oberen Schichten« versuchten, mit allen möglichen Mitteln, diese exponierte Provinz zu verlassen. Als ein besonderes Element der Unruhe – neben dem Auftauchen von Flüchtlingstrecks oder versprengten Soldaten – erwiesen sich die Berliner. Bereits im Herbst 1943 hatte der Oberlandesgerichtspräsident von Königsberg in seinem üblichen Lagebericht[42] darauf hingewiesen, daß die Berliner eine Belastungsprobe für die ansässige Bevölkerung darstellten. Den Großstädtern fiel es schwer, sich in die einfachen ländlichen Verhältnisse Ostpreußens einzugewöhnen. Das Essen war ihnen ungewohnt. Vor allem »meckerten« sie weit mehr als die ruhigen, zurückhaltenden Ostpreußen. Nun, in der Stunde der Gefahr, wurde dieses unruhige Völkchen, das sich ungern von den Parteifunktionären gängeln ließ und dem man nicht so leicht etwas vormachen konnte, mehr als je als *troubleshooter* empfunden. Ihr Abtransport sollte daher gleichzeitig zur Stabilisierung der Stimmung beitragen. Goebbels aber, als ihr zuständiger Gauleiter, muß sich offensichtlich über den Bericht des Reichspropagandaamtes Königsberg bezüglich der Schwierigkeiten mit den Berlinern geärgert haben, und er protestierte dementsprechend. Das Reichspropagandaamt Königsberg antwortete daraufhin: »Die vom Herrn Minister angeführten Beurteilungspunkte werden auch hier voll gewürdigt. Es ist nicht so, daß hier einfach auf die Berliner drauflosgeschimpft worden ist oder wir sie überheblich beurteilen. Ich habe mich in meiner Berichterstattung über sie sehr vorsichtig und zurückhaltend ausgedrückt ...«[42]

Ein weiteres Mittel zur Festigung der Moral in den bedrohten Grenzgebieten war der Einsatz aller männlichen Bewohner von 16 bis 65 Jahren zum Bau von Befestigungsanlagen. In den Regierungsbezirken Gumbinnen und Allenstein erging seitens des Gauleiters am 13. Juli eine entsprechende Anordnung. Das Reichspropagandaamt Königsberg meldete bereits am 15. Juli: »Die Bevölkerung der Grenzkreise ist mit großem Schwung an die Erledigung der ihr übertragenen Aufgabe (Befestigungsbau) herangegangen. Diese Aufgabe entspricht ihrer Forderung nach einer totalen Kriegsführung und es ist geradezu unglaublich, welche Massen

---

[41] Propagandaparole Nr. 66 vom 13. 7. 44. – An alle Gauleiter, Leiter der Reichspropagandaämter und Gaupropagandaleiter. *ibid.;* fol. 1.
[42] 29. 11. 43. BA R 22/3375.

von Männern herausgelöst werden können, ohne daß dadurch das Wirtschaftsleben lahmgelegt wird ...«[43]

Trotz all dieser auf eine Beruhigung hinziehenden Maßnahmen überkam die Deutschen von Tag zu Tag mehr »eine Art schleichender Panikstimmung«. Der auf »Siegeszuversicht eingestellte Tenor der Presse und des Rundfunks« kam immer weniger an.»Aus allen Kreisen, vornehmlich aber aus denen der Intelligenz, hört man gröbste Vorwürfe gegen die Führung, die es dazu habe kommen lassen, daß der Feind jetzt vor der Reichsgrenze stehe.« Von Soldaten, so hieß es aus Südwestdeutschland, sei berichtet worden, »daß die moralischen Verhältnisse innerhalb des Offizierskorps viel schlimmer wären, als sie 1941 bei den Bolschewisten angetroffen worden wären«. Die Ereignisse an der Invasionsfront schienen dagegen direkt harmlos und interessierten weit weniger.»Die weiter anhaltenden Terrorangriffe auf das Reichsgebiet haben sich stimmungsmäßig ebenfalls negativ ausgewirkt.«[44]

Angesichts dieses nicht mehr zu übersehenden Stimmungsrückganges verfaßte Reichsminister Dr. Goebbels einen neuen aufmunternden Artikel »Die Frage der Vergeltung«, der in der Feststellung gipfelte:»Denn unsere Vergeltungsaktion steht nicht an ihrem Ende, sondern an ihrem Anfang.«[45] Bevor dieser Aufsatz in *Das Reich* veröffentlicht wurde, trat ein Ereignis ein, welches das ganze deutsche Volk, Nationalsozialisten, Gleichgültige und Gegner, tief aufrührte und es dazu zwang, seine Haltung gegenüber dem Regime zu überdenken.

2. Das Attentat[46]

Um 12.42 Uhr am 20. Juli 1944 explodierte in einer Baracke in der Nähe von Rastenburg in Ostpreußen, in der Hitler seine morgendliche Lagebesprechung abhielt, eine Bombe. Sie detonierte zu spät, und ihre Wir-

---

[42] Der Mißfallen erregende Lagebericht trug die Nr. 3004 und stammte vom 14. 7. 44. Die Antwort auf Goebbels Protest vom 17. 7. 44, Nr. 3009. BA *R 55/616;* fol. 107, 110.

[43] Meldung Nr. 3002. *ibid.;* fol. 109.

[44] »Meldungen aus den SD-(Leit)-Abschnittsbereichen«. Am 22. 7. an Parteikanzlei gesandt. BA *NS 6/411;* fol. 13514–13524.

[45] Gesperrt. Sonderlieferung Nr. 32/44 der Reichspropagandaleitung vom 19. 7. 44. BA *ZSg 3/1673.* Erschienen in *Das Reich* am 23. 7. 44.

[46] Über das Attentat und den deutschen Widerstand sind zahlreiche Dokumente und Arbeiten veröffentlicht worden. Die bekanntesten seien hier zitiert: *20. Juli 1944.* Geänderte und vollständige Bearbeitung der Sonderausgabe der

kung war unvollkommen. Adolf Hitler wurde nur leicht verletzt. In der Folgezeit wurden ungefähr 7000 Personen verhaftet; die bedeutendsten Vertreter des deutschen Widerstandes entweder sofort erschossen oder nach einem vor dem Volksgerichtshof in großem Stile aufgezogenen Schauprozeß gehängt oder zu Freiheitsstrafen verurteilt.

Die für einen Umsturz psychologisch günstigen Monate des Jahres 1943 waren ohne eine entscheidende Aktion verstrichen. Ein weiterer Attentatsplan war auf Grund einer Änderung von Hitlers Plänen in letzter Se-

Wochenzeitung »Das Parlament«: »Die Wahrheit über den 20. Juli 1944«. Bearbeitet von Hans Royce. Hrsg. von der Bundeszentrale für Heimatdienst. Bonn (o. J.).
»SS-Bericht« über den 20. Juli. »Aus den Papieren des SS-Obersturmbannführers Dr. Georg Kiesel«. *Nordwestdeutsche Hefte*, H. 1/2, 1947; S. 5–34.
Spiegelbild einer Verschwörung. Die Kaltenbrunner-Berichte an Bormann und Hitler über das Attentat vom 20. Juli 1944. Geheime Dokumente aus dem ehemaligen Reichssicherheitshauptamt. Hrsg. vom Archiv Peter für historische und zeitgeschichtliche Dokumentation. Stuttgart, Seewald-Verlag, 1961. Für eine Kritik dieser Dokumentation und Edition s. ROTHFELS, Hans. »Zerrspiegel des 20. Juli«. *VJHZ*, 1962, H. 1./Januar; S. 62–67.
DEUTSCH, Harald C. *Verschwörung gegen den Krieg.* Der Widerstand in den Jahren 1939–1940. München, C. H. Beck'sche Verlagsbuchhandlung, 1969.
DULLES, Allan Welsh. *Verschwörung in Deutschland.* Kassel, 1947.
FRAENKEL, Heinrich, MANVELL, Roger. *Der 20. Juli.* Stuttgart, Zürich, Salzburg, Sonderausgabe Europäischer Buchklub (Cop. Ullstein-Verl. GmbH 1964).
LEBER, Annedore (Hrsg.). Das Gewissen entscheidet. Berichte des deutschen Widerstandes von 1933–1945 in Lebensbildern. Berlin, Mosaikverlag, 1957.
MANVELL, Roger, und FRAENKEL, Heinrich. *The Canaris Conspiracy.* The secret Resistance to Hitler in the German Army. London, Heinemann, 1969.
RITTER, Gerhard. *Carl Goerdeler und die deutsche Widerstandsbewegung.* München, dtv, 1964 (Cop. Deutsche Verlags-Anstalt GmbH, Stuttgart, 1954).
ROTHFELS, Hans. *Die deutsche Opposition gegen Hitler.* Eine Würdigung. Frankfurt, Fischer Bücherei, 1961 (ungekürzte, stark revidierte Ausgabe).
ROON, Ger van. *Neuordnung im Widerstand.* Der Kreisauer Kreis innerhalb der deutschen Widerstandsbewegung. München, R. Oldenbourg, 1967.
SCHEURIG, Bodo. *Der 20. Juli – Damals und heute.* Hamburg, Holsten-Verlag, 1965, und ds. *Claus Graf Schenk von Stauffenberg.* Berlin, Colloquium Verlag, 1964, (2. Aufl.)
Der deutsche Widerstand gegen Hitler. Vier historisch-kritische Studien. Hrsg. von BUCHHEIM, H., SCHMITTHENNER, W., Köln, Kiepenheuer, 1966.
Widerstand und Erneuerung. Neue Berichte und Dokumente vom inneren Kampf gegen das Hitlerregime. Hrsg. und eingeleitet von Otto Kopp. Stuttgart, Seewald-Verlag 1966.
ZELLER, Eberhard. *Geist der Freiheit.* Der 20. Juli. München (Hermann Rinn, o. J.) und neuerdings vor allem
HOFFMANN, Peter. Widerstand, Staatsstreich, Attentat. Der Kampf der Opposition gegen Hitler. München, Piper Verlag, 1969.

kunde zunichte geworden. Wichtige Mitglieder des Widerstandskreises, wie General Oster, Dietrich Bonhoeffer, Dohnanyi, Langbehn und schließlich auch Admiral Canaris, waren verhaftet oder kaltgestellt worden.

Generaloberst Beck war lange Zeit krank, und die Überwachung durch die Gestapo war weiter verschärft worden, so daß alle Kontakte noch sorgfältiger abgeschirmt werden mußten.[47]

Als die Vorbereitungen für Umsturz und Systemwechsel endlich genügend fortgeschritten schienen und sich für Oberst Claus Graf Schenk von Stauffenberg eine geeignete Gelegenheit bot, das Attentat durchzuführen, war innen- wie außenpolitisch der günstigste Zeitpunkt verpaßt. Militärisch war der Krieg für Deutschland bereits verloren. Damit entfiel für die Alliierten das letzte Motiv, das sie eventuell zu einem Verständigungsfrieden mit den Widerständlern hätte veranlassen können. Die deutsche Öffentlichkeit, welche der Widerstandskreis, teils aus mangelnder Verbindung mit der Bevölkerung, vor allem aber aus Geboten der Vorsicht, nicht in seine Planungen miteinbeziehen konnte –, sie sollte erst nach geglücktem Attentat durch Enthüllungen über die verbrecherische Natur des Regimes gewonnen werden – hatte ihre kritischste Phase gegenüber dem NS-Regime überwunden und war durch den Eintritt der Invasion und den Einsatz der V 1 in ihrem Abwehrwillen und Gruppenzusammenhang gestärkt worden. Hitlers bereits stark angeschlagenes Prestige hatte wieder an Glanz gewonnen. Stauffenberg und seine Freunde waren sich darüber im klaren, daß ihre Aktion im Innern und auch im Ausland Mißdeutungen ausgesetzt sein würde. Sie schoben derartige Bedenken jedoch zur Seite, weil ihnen der Sturz des Regimes unerläßlich schien.

Von der Tat des 20. Juli bleibt daher vor allem ihre moralische Bedeutung hervorzuheben. Sie ist der einzige Beweis für die Existenz eines »anderen Deutschland«, offenbart sie doch die Haltung all jener, die den Weg in die Regression nicht beschritten oder zur Umkehr bereit waren, wenn sie nicht bereits vollzogen war.

Nach den vorliegenden Berichten, auf die noch im einzelnen zurückzukommen sein wird, war der unmittelbare Effekt des Attentates auf die Masse der Bevölkerung – und hier zeigt sich ganz deutlich die Isolierung,

---

[47] Goebbels vermerkte beispielsweise am 8. 11. 43 in seinem Tagebuch, daß Himmler ihm von einem Kreis von Staatsfeinden berichtet habe, zu denen Halder und Popitz gehörten. Er halte »diese dilettantischen Versuche an sich für ungefährlich«. Himmler werde schon dafür sorgen, daß kein größerer Schaden angerichtet werde. *op. cit.*; S. 469.

in welcher die Widerständler zu operieren hatten – eine vorübergehende Stärkung des Regimes. Einhellig geht aus den Meldungen der ersten Tage hervor, daß die Mehrzahl der Deutschen, nicht nur die Nationalsozialisten und die Unentschiedenen, sondern auch viele ihrer Kritiker, den Tyrannenmord inmitten eines als Existenzkampf begriffenen Krieges ablehnten.

Die Verurteilung der Tat scheint – soweit man sich auf die Bericht verlassen kann – in den unteren und mittleren Schichten am stärksten gewesen zu sein; in Kreisen der früheren Eliten, aus denen sich das stärkste Kontingent der Widerständler rekrutierte, und vor allem bei der Intelligenz, war Verständnis bis Einverständnis, aber auch keine einhellige Billigung zu vermerken. Von der Parteioligarchie geschürt, läßt sich als unmittelbare Reaktion sogar eine gewisse Radikalisierung feststellen.

Die ganze vulgäre Überheblichkeit eines Arrivierten, nach Mißlingen des von Angehörigen der früheren Führungsgruppen vorbereiteten Attentats, geht aus Martin Bormanns Fernschreiben Nr. 5 an alle Gauleiter am Abend des 20. Juli hervor:

»Ein General Beck will sich die Führung der Staatsgeschäfte anmaßen. Der ehemalige Feldmarschall von Witzleben spielt sich als Nachfolger des Führers auf. Es versteht sich von selbst, daß nationalsozialistische Gauleiter von diesen Verbrechern, die ihrem Format nach ausgesprochene Miniaturwürstchen sind, sich nicht dupieren lassen und keine Befehle entgegennehmen.«[48]

Am selben Abend fragte Gauleiter Uiberreither aus Graz bei Goebbels an, ob »Großkundgebungen anläßlich des glücklichen Verlaufs des Attentats im Reich durchgeführt werden«. Er erhielt vom Propagandaministerium die Antwort, daß »Treuekundgebungen« erwünscht seien und daß der Minister unter anderem auch seine Anfrage zum Anlaß genommen habe, eine entsprechende Mitteilung an alle Gauleiter herauszugeben.[49] Sie erfolgte durch Fernschreiben am 21. Juli aus dem Führerhauptquartier, wohin der Reichspropagandaminister und andere Getreue des Führers geeilt waren.[50] Der wesentlichste Passus lautete:

»Aus Anlaß des kindischen Putschversuches einer kleinen Clique reaktionärer Generäle, der sofort noch gestern abend niedergeschlagen und dessen Teilnehmer der verdienten Strafe zugeführt wurden, ist es erlaubt und sogar erwünscht, in Städten, die dazu eine geeignete Gelegenheit

---

[48] Führerhauptquartier, 21.40 Uhr. BA *Slg. Schumacher/242.*
[49] BA *R 55/614;* fol. 4.
[50] WHEELER-BENNETT. *Die Nemesis der Macht.* Düsseldorf, Droste-Verlag, 1955; S. 656 f.

haben, Massenkundgebungen unter freiem Himmel zu veranstalten, in denen der Freude und der Genugtuung des Volkes über die wunderbare Errettung des Führers Ausdruck gegeben wird ...«[51] Am darauffolgenden Tag erging eine Propaganda-Parole an alle Gauleiter wie auch Leiter der Reichspropagandaämter, in der es u. a. hieß, daß Goebbels am 24. Juli über alle deutschen Sender über das Thema »Das Attentat und seine Hintergründe« sprechen werde. »Diese Rundfunkrede bildet den Auftakt zu einer geschlossenen Welle von Treuekundgebungen, die im Laufe der nächsten Woche in allen Gauen und Kreisen durchzuführen sind ...«[52] Genaue Anweisungen über die Art und Weise, wie diese Kundgebungen ablaufen sollten, wurden erteilt.[53] An den Veranstaltungen hatten die örtlichen Wehrmachtseinheiten teilzunehmen. Außerdem waren in sämtlichen Betrieben, im Einvernehmen mit der Deutschen Arbeitsfront, Betriebsappelle abzuhalten, »bei denen die arbeitende Bevölkerung ihre nationalsozialistische Gesinnungstreue in Glückwunschadressen an den Führer zum Ausdruck« zu bringen hatte. Die Redner wurden angewiesen, folgende Gesichtspunkte hervorzuheben:

»1. Hinter dem Attentat und dem Putschversuch steht lediglich ein kleiner reaktionärer Verräterklüngel.

2. Diese Verbrecher haben unter schamloser Ausnutzung der teilweise in ihrem Besitz befindlichen Kommandogewalt versucht, den Sieg des nationalsozialistischen Deutschland zu hintertreiben.

3. Diese Kamarilla ist es gewesen, die seit jeher aus Haß gegen die Bewegung und aus dünkelhaftem Kastengeist den Durchbruch des Heeres zum Nationalsozialismus zu verhindern suchte. Dieselbe Clique sträubte sich auch immer wieder dagegen, daß frontbewährte nationalsozialistische überzeugte Offiziere in der Wehrmacht mit Führungsstellen beauftragt wurden; daß auch Unteroffiziere und Männer die von ihnen verdienten hohen und höchsten Auszeichnungen wie das Ritterkreuz erhielten; daß auch Soldaten aus dem Mannschaftsstand Offiziere wurden.

4. Das in schwierigsten Frontsituationen immer wieder bewährte Heer geht aus dem Putschversuch makellos hervor.«[54]

51 Mit Führermaschine geschrieben, BA *Slg. Schumacher/242*.
52 Nr. 68. BA *R 55/614;* fol. 26–28. – Vgl. auch fol. 29–33.
53 Rundspruch Nr. 203 vom 24. 7. 44, 12.40 Uhr. *ibid.;* fol. 42–45.
54 Rundschreiben Staatssekretärs Dr. Naumann an alle Gauleiter, Leiter der

Die Anweisungen an die Presse vom 20. Juli zeigen, daß zuerst noch einige Verwirrung über die Hintergründe des Attentates bestanden, deren Niederschlag sich auch in den Stimmungsberichten findet. Die erste Meldung kam über das Deutsche Nachrichten-Büro (DNB) mit dem Titel:»Mordanschlag gegen den Führer – der Führer unverletzt«. Die Presse sollte diese»dramatische Meldung« groß aufgemacht in den Morgenzeitungen herausbringen und»würdig« kommentieren.»Bei der Kommentierung der DNB-Meldung werden die Zeitungen die Gedanken aussprechen, die das ganze deutsche Volk bewegen, wenn es dieses Ereignis mit innerster Anteilnahme zur Kenntnis nimmt. Unsere Feinde haben erneut den Versuch gemacht, auf dem Wege des Verbrechens, mittels eines Mordanschlages dem Kriege eine andere Wendung zu geben. Die Vorsehung hat es anders gewollt. Über das Leben des Führers wacht sichtbarlich das Schicksal. Das deutsche Volk erkennt auch in diesem mißlungenen Mordanschlag, daß das Lebenswerk Adolf Hitlers, das zuerst Deutschland und dann Europa vor dem Bolschewismus bewahrt hat und bewahrt, unter einem höheren Segen steht... In den Kommentaren sind die Morddrohungen der Judenpresse gleichfalls mit anzusprechen, die seit Jahren immer wieder gegen den Führer ausgesprochen worden sind. Daß unsere Feinde jetzt das Mittel des gemeinen Mordes versuchen, ist überdies ein deutliches Zeichen dafür, wie schlecht es um ihre Kampfaussichten trotz des augenblicklichen Erfolgsgeschreis in Wirklichkeit steht...«[55]

Am nächsten Tag hieß es dann bereits in der Tagesparole des Reichspressechefs, Hitlers nächtlicher Rede entsprechend, daß es sich um ein verbrecherisches Komplott»einer kleinen, mit dem Feind in Verbindung stehenden Clique« handele. Es dürfe aber keinesfalls zu einer Beschimpfung der deutschen Wehrmacht und ihrer Offiziere kommen.[56] Am 23. Juli, nachdem an Hand der ersten Stimmungsberichte die Meinungslage des Volkes sondiert worden war, kam es zu der definitiven Sprachregelung, die den Tenor der Massenmedien für die nächste Zeit bestimmen sollte:

»Es ist die Aufgabe der deutschen Presse, gleichsam als Sprachrohr des deutschen Volkes, der allgemein in der deutschen Öffentlichkeit festzustellenden Bereitwilligkeit zu rücksichtslosem Einsatz aller Kräfte für die Kriegsentscheidung in Eigenarbeiten Ausdruck zu verleihen. Es ist das die Forderung der Stunde und muß die Lehre aus den Ereignissen des 20. Juli

Reichspropagandaämter, Gaupropagandaleiter, vom 23. 7. 44. BA *Slg. Schumacher/242.*
[55] V. I. Nr. 149. Nr. 149/44 (1. Erg.). BA *ZSg 109/50;* fol. 105.
[56] V. I. Nr. 150/44. *ibid.;* fol. 107/108.

sein. Die Antwort auf die Stunden des vereitelten Dolchstoßes in den Rücken der Front muß die Stunde der inneren nationalen Erhebung jedes Deutschen werden. Nachdem der kleine, aber auf die Dauer unerträgliche Herd der Sabotage und des Defaitismus ausgebrannt ist, nachdem die verbrecherische Clique, die – teilweise an wichtigen Posten stehend – in Verbindung mit den Feindmächten die Kriegsanstrengungen von Front und Heimat immer wieder schwächten, ausgelöscht sind, ist der Augenblick gekommen, in dem eine Mobilmachung aller noch brachliegenden Kraftreserven stattfinden muß, deren entschlossener Einsatz nunmehr durch keine Saboteure mehr gehindert wird . . .«[57]

Hier, wie zuvor bei der Invasion und der V 1-Aktion, laufen Propaganda und registrierte Mehrheitsmeinung weitgehend konform. Die ersten Stimmungserhebungen liegen bereits vom 21. Juli 1944 vor. Sie stammen entweder aus dem Reichssicherheitshauptamt und wurden dort von Obersturmbannführer von Kielpinski zusammengestellt, oder aus den Reichspropagandaämtern. Die hier aufgezeigten Meinungen fanden in den folgenden Tagen durch Beobachtungen beider Dienststellen ihre Bestätigung und entsprachen weitgehend den Berichten der Hoheitsträger der Partei, denen der hohen Justizbeamten und den Briefen aus der Bevölkerung. Sie sind so aufschlußreich, daß einige typische Auszüge zitiert werden sollen.

»In allen Berichten wird übereinstimmend darauf hingewiesen, daß die Meldung von dem Attentat im gesamten Volk schockartig stärkste Bestürzung, Erschütterung, tiefe Empörung und Wut ausgelöst hat. Aus mehreren Städten (z. B. Königsberg und Berlin) wird gemeldet, daß die Frauen in Läden und auf offener Straße in Tränen ausbrachen und z. T. völlig fassungslos waren. Die Freude über den glimpflichen Ausgang war außerordentlich groß. Mit einem Aufatmen wurde überall festgestellt: ›Gott sei Dank, daß der Führer lebt.‹

Teilweise überschattete eine gewisse Niedergeschlagenheit die Freude über die Rettung des Führers. Die Volksgenossen wurden sich schlagartig einer sehr gefährlichen und ernsten Lage bewußt. Überall stoße man nach dem ersten Schrecken und nach dem ersten Trost, daß dem Führer nichts Schlimmes passiert ist, auf eine große Nachdenklichkeit.

Bisher ist nicht eine einzige Äußerung erfaßt worden, die auch nur andeutungsweise erkennen lassen würde, daß irgendein Volksgenosse mit dem Anschlag einverstanden wäre. Es wird im Gegenteil durchweg beobachtet, daß selbst Teile der Bevölkerung, die sonst nicht hundertpro-

---

[57] V. I. Nr. 151/44 (1. Erg.) *ibid*.

zentig zum Nationalsozialismus stehen, das Attentat verabscheuen. Z. B. liegen dafür eine Reihe von Stimmen aus Kreisen des Berliner Nordens vor, die früher eindeutig auf der gegnerischen Seite standen. So erklärten Arbeiter aus den nördlichen Vierteln der Reichshauptstadt, daß es eine Mordsschweinerei ist, dem Führer derartig in den Rücken zu fallen. ›Es hat doch keinen Zweck, jetzt mit dem Krieg aufzuhören. Wir müssen ihn gewinnen. Bloß keinen Bürgerkrieg‹, oder ›Was haben sich die Attentäter bloß gedacht, wie der Krieg weitergehen soll, wenn der Führer nicht mehr da wäre‹.

Überall werden die Folgen, die sich aus einem geglückten Anschlag ergeben haben würden, als unausdenkbar bezeichnet. Die Volksgenossen stellten z. T. düstere Betrachtungen darüber an, welches unausdenkbare Unheil über unser Volk gekommen wäre. Der Tod des Führers würde nach Meinung vieler Volksgenossen in der jetzigen Situation den Verlust des Reiches bedeutet haben. ›Das hat uns gerade noch gefehlt. Das wäre das Ende‹, ist eine immer wieder anzutreffende Ansicht . . .‹« Man stellte sich Fragen, wie so etwas geschehen konnte, und das berühmte »Walten der Vorsehung« – wohl schon auf die Propaganda zurückzuführen – wurde zitiert.[58]

Ein zweiter Bericht desselben Tages aus der Dienststelle des Chefs der Sicherheitspolizei und des SD bestätigt die ersten Beobachtungen. Bestürzung, Empörung, Abscheu werden zitiert, wie auch die Frage, was geschehen wäre, wenn Hitler wirklich getötet worden wäre. Man begriff den Anschlag als Tat der »Reaktion« und erinnerte sich an die Worte des Führers anläßlich des Staatskaktes für Generaloberst Dietl.[59] Das Reichspropagandaamt Hamburg teilte am 21. Juli, 18.10 Uhr mit:

»Soweit bisher Äußerungen aus verschiedenen Kreisen der Bevölkerung vorliegen, überwiegen die Stimmen des Erschüttertseins über das geplante Verbrechen und der tiefen Freude über das Mißlingen des Anschlages derart, daß negative Meinungen überhaupt nicht zu hören sind . . .«[60]

In Weimar fand bereits am 21. Juli mittags »spontan« eine große Dankeskundgebung statt.[61] In vielen Städten liefen in der Folgezeit die angeordneten Treuekundgebungen unter gemeldeter starker Teilnahme der

---

[58] Der Chef der Sicherheitspolizei und des SD. 21. 7. 44. »Erste stimmungsmäßige Auswirkungen des Anschlags auf den Führer«. Abgedruckt in *Spiegelbild einer Verschwörung;* S. 1–3.
[59] *ibid.;* S. 4, 5.
[60] BA *R 55/614;* fol. 13.
[61] *ibid.;* fol. 14.

Bevölkerung und Vertretern der Wehrmacht an.[62] In allen Berichten hierüber und über die Reaktion der Bevölkerung insgesamt kehren die Schlüsselworte Abscheu, Entrüstung, Bestürzung, Erschütterung wieder. Diese Beobachtungen entsprechen auch denjenigen der Chefpräsidenten. »Der Anschlag auf den Führer am 20. Juli hat allgemein äußerste Entrüstung und Scham darüber ausgelöst, daß unter deutschen Volksgenossen und dazu noch unter deutschen Offizieren soviel verbrecherische Verworfenheit, aber auch unerhörte Dummheit vorhanden war, wie sie die Planung und Durchführung des Anschlags erkennen ließ. Die herzliche Dankbarkeit und aufrichtige Freude darüber, daß der Führer nahezu völlig unversehrt blieb, wurde etwas getrübt durch Betrachtungen über die Auswirkungen, die die Nachricht von dem Anschlag auf die Stimmung im feindlichen und neutralen Ausland zeitigen werde. Gleichzeitig aber erfuhr auch der Widerstands- und Selbstbehauptungswille des gesamten Volkes durch die Bekanntgabe der großen Umrisse dieses schändlichen Ereignisses und die dagegen getroffenen Maßnahmen verbissensten Auftrieb. Überall wurde die Ansicht laut, nun erst recht alles daran zu setzen, um zum Endsieg beizutragen ...«[63]

»Die Haltung der Bevölkerung ist besser denn je. Dies zeigte sich deutlich nach dem Attentat auf den Führer. Es wurde auch von denen abgelehnt, die keine ausgesprochenen Nationalsozialisten sind, und zwar nicht nur aus Abscheu vor dem Verbrechen als solchem, sondern weil sie überzeugt sind, daß nur der Führer die Lage meistern kann und daß sein Tod das Chaos und den Bürgerkrieg zur Folge gehabt hätte. Aber selbst die Kreise, welche mit einer Militärdiktatur geliebäugelt haben, wurden durch die mehr als dilettantenhafte Vorbereitung und Ausführung des Putsches belehrt, daß Generale nicht geeignet sind, in schwerster Zeit das Ruder des Staatsschiffes zu ergreifen. Daß die *Stimmung* des Volkes sehr gedrückt ist, darf angesichts der Lage im Osten nicht Wunder nehmen. Trotzdem wird weniger gemeckert und kritisiert als früher. Jeder ist gewillt, das Letzte an Arbeitskraft herzugeben und die schwersten Opfer auf sich zu nehmen, um seinen Teil dazu beizutragen, das Verhängnis vom deutschen Vaterlande abzuwenden. Der Glaube und die Hoffnung an den Endsieg sind zwar bei einem sehr großen Teil des Volkes schwer erschüttert, doch haben auch die Verzagten durch die letzte Rede Dr. Goebbels

---

[62] Vgl. Berichte der RPÄ aus Braunschweig, Hannover, Stuttgart, Stettin, Nürnberg, Königsberg. *ibid.;* fol. 10–20.
[63] OLG-Präsident Jena, 28. 7. 4. BA *R 22/3369.*

wieder Mut bekommen. Allerdings erwartet das Volk, daß nun endlich mit dem totalen Krieg ernst gemacht wird . . .«[64]

»Zu den Auswirkungen des Attentats steht schon jetzt soviel fest, daß die Widerstandskraft des Volkes und der Glaube an die geschichtliche Sendung des Führers nur noch verstärkt worden sind . . .«[65]

»Wohl noch mehr hat das mißlungene Attentat auf den Führer aufrüttelnd und befreiend gewirkt. Seine Errettung aus schwerer Gefahr erschien wie ein Wunder und hat die vertrauensvolle Zuversicht in einen glücklichen Kriegsausgang unter seiner Führung allenthalben verstärkt . . .«[66]

»Der Anschlag auf den Führer findet schärfste Verurteilung. Überall hört man die Frage: Was haben sich diese Leute bloß gedacht? Man steht insoweit vor einem Rätsel. Stimmungsmäßig scheint sich hier der mißglückte Anschlag eher günstig als ungünstig ausgewirkt zu haben. Man ist sich einmal für wenige Stunden mit besonderer Deutlichkeit darüber klar geworden, daß unser aller Schicksal mit der unbedingten Treue zum Führer steht und fällt . . .«[67]

Ähnlich lauten auch die anderen Berichte. Wenn man auch in Betracht ziehen muß, daß sie durch die Tatsache des Fehlschlagens des Attentats und der Furcht vor Repressalien und neuem Terror nicht die wahre Einstellung wiedergeben, so muß man doch zugestehen, daß das Attentat nicht populär war, weder bei der Bevölkerung und erst recht nicht bei der Masse der Frontsoldaten.[68] Für das Offizierskorps ergibt sich ein differenzierteres Bild, und manch einer geriet in einen schweren Gewissenskonflikt.[69] Die Behauptung Obersturmbannführers von Kielpinski vom 22. Juli 1944: »Kein Ereignis des Krieges habe die breite Masse so im Innersten gepackt wie der Mordanschlag. Noch nie sei so klar zu erkennen gewesen, mit welcher *Treue das Volk zum Führer steht*«[70], scheint weitgehend der Wahrheit zu entsprechen, wenn man die breite Masse mit 60–70 % des Volkes ansetzt und gleichzeitig die herrschende kirchliche

---

[64] OLG-Präsident Nürnberg, 1. 8. 1944. BA *R 22/3381.*
[65] OLG-Präsident Darmstadt, 1. 8. 44. BA *R 22/3361.*
[66] OLG-Präsident Breslau, 1. 8. 44. BA *R 22/3358.*
[67] OLG-Präsident Kiel, 4. 8. 44. BA *R 22/3373.*
[68] Vgl. hierzu Feldpostbriefe in *R 55/575;* fol. 204, *R 55/577;* fol. 68, und den Bericht des SD vom 31. 10. 44 über »Die Verschwörer vom 20. 7. 44 und die Wehrmacht«. *Spiegelbild einer Verschwörung;* S. 475–476. s. auch MGFA; *H 34/1* mit Zensurberichten der Wehrmacht.
[69] HOFFMANN; S. 520 ff.
[70] *Spiegelbild einer Verschwörung;* S. 6.

Meinung in Betracht zieht. Beide Kirchen, die katholische wie die protestantische, verurteilten noch *nach* dem Kriege – geschweige denn im Juli 1944 – den Tyrannenmord.[71] Daß führende Männer des Widerstandes zu dieser Tat aber gerade aus der christlichen Ethik heraus die Kraft fanden, spricht für ihre Verantwortlichkeit gegenüber der Humanitas und für ein Versagen der Kirchen, die der Konfliktsituation in Deutschland nicht gewachsen waren.

Da keine moralische Autorität den Deutschen klarmachte, daß die Tat nicht mit normalen Maßstäben zu messen sei, daß sie echtere Vaterlandsliebe erkennen ließ als Gehorsam gegenüber dem Hitler geschworenen Eid; da weiterhin die Attentäter und Verschworenen die Verbrechen des Regimes nicht ausbreiten konnten, war sich die Bevölkerung »in der Verurteilung des Verbrechens, in der Freude über die Rettung des Führers und in der Hoffnung auf durchgreifende Maßnahmen so einig . . ., wie dies kaum bei irgendeinem Ereignis des Krieges der Fall gewesen ist . . .«[72], oder, wie es der Führer des SA-Sturmes 25/143 aus Recklinghausen ausdrückte: »Jedenfalls konnte festgestellt werden, daß für einen Putsch, gleich welcher Art, in der Heimat kein Boden ist.«[73]

Die vom SD notierte Vertiefung der »Bindung an den Führer«[74], der Anstieg seiner Popularitätskurve nach dem Attentat, wurde auch anderweitig registriert. Die amerikanische Abteilung für psychologische Kriegführung beim Obersten Hauptquartier der Alliierten Expeditionsstreitkräfte in Europa führte regelmäßige Befragungen der in der Normandie in Gefangenschaft geratenen deutschen Soldaten durch, um ihre eigene Kriegspropaganda auf die Mentalität der deutschen Wehrmachtsangehörigen abzustellen. Während in der Zeit vom 1. bis 17. Juli 1944 57 % der Kriegsgefangenen ihr Vertrauen in Hitler bekundeten, waren es Anfang August 68 %.[75]

Nach Aussagen des SD wurde der Anschlag »nur in ausgesprochenen Einzelfällen« nicht verurteilt.[76] Der Kreisleiter von Überlingen glaubte beobachtet zu haben: »Lediglich die intellektuellen Kreise, die ja schon

---

71 Vgl. ZAHN; S. 185, und *Der deutsche Widerstand gegen Hitler;* S. 243.
72 Der Chef der Sicherheitspolizei und des SD, 24. 7. 44. »Stimmungsmäßige Auswirkungen des Anschlages auf den Führer«. *Spiegelbild einer Verschwörung;* S. 8.
73 Stimmungsbericht Juli 1944. BA *NS Misch/1047;* fol. 107 340.
74 »Meldungen über die Entwicklung in der öffentlichen Meinungsbildung«, von Kaltenbrunner am 28. 7. 44 an Bormann übersandt. BA / *NS 6/411;* fol. 13529.
75 GURFEIN, M. J., and Morris JANOWITZ. »Trends in Wehrmacht Morale«. *Public Opinion Quarterly;* Spring, 1946; S. 81.
76 *Spiegelbild einer Verschwörung;* S. 10; Vgl. auch Generalstaatsanwalt Kammergericht Berlin, 1. 10. 44. BA *R 22/3356.*

immer unangenehm aufgefallen sind, hätten es offensichtlich mit Befriedigung aufgenommen, wenn ein Umsturz gelungen wäre. Diese Menschen können gar nicht genug im Auge behalten werden und muß ihnen ihr Einfluß und Machtpositionen beschnitten werden.« Er wollte sie sogar »zu einem großen Teil radikal ausmerzen«.[77] Auch aus dem Kreis Büdingen wurde eine nuancierte Stellungnahme mitgeteilt, aus der hervorgeht, daß es einige »engstirnige Egoisten« gab.[78]

Der Kreisleiter von Schlüchtern in Hessen-Nassau wußte von einer »auffallenden Gleichgültigkeit gegenüber diesem feigen Attentat... aus fast allen Adelsfamilien« zu berichten.[79] Seine recht vulgäre Ausdrucksweise trägt aber in allen noch vorhandenen Berichten starke klassenkämpferische Züge, so daß der Wahrheitsgehalt seiner Mitteilung nicht allzu hoch zu veranschlagen ist, zumal er in einem späteren Stimmungsbericht gar von den »blauen Idioten« spricht.[80] Er bringt aber damit ein Ressentiment zum Ausdruck, das in den unteren sozialen Schichten verbreitet war, wo man mit einer gewissen Gehässigkeit von dem »reaktionären Adel« und dem »ruchlosen« Anschlag »adeliger deutscher Offiziere«[81] sprach.

Als ihr Sprachrohr trat Dr. Ley auf, der in einer Rede den Adel heftig kritisierte.[82]

Es gibt keine Unterlagen darüber, wie man in Kreisen des deutschen Adels, wie man überhaupt generell in den früheren Führungsgruppen über das Attentat dachte. Niemand, der nicht lebensmüde war, würde sich dazu außer im allerintimsten Familien- oder Freundeskreis – und auch da nur mit Vorsicht – geäußert haben.

Mancher Nachfahre alter Adelgeschlechter hatte ursprünglich mit dem Dritten Reich sympathisiert, wenn nicht gar eng zusammengearbeitet. Die SS hatte unter ihren höheren Führern eine stattliche Anzahl Adeliger aufzuweisen.[83] Es darf hier aber für die meisten von ihnen, vor allem den-

77 Stimmungsmäßiger Überblick, 24. 7. 44. BA NS Misch/1674; fol. 148 528.
78 BA NS Misch/1634; fol. 139 288.
79 Stimmungsbericht für den Kreis Schlüchtern, 27. 11. 44. BA NS Misch/1634; fol. 139 260.
80 Vom 2. 8., ibid.; 139 234.
81 Vgl. Bericht der Ortsgruppe Hüningen-St. Ludwig Ost, mitgeteilt vom RPA Baden am 28. 7. 44. BA R 55/602; fol. 2.
82 Chef der Sicherheitspolizei und des SD. »Stimmungsmäßige Auswirkungen des Anschlags auf den Führer«. 24. 7. 44. Spiegelbild einer Verschwörung; S. 10.
83 1938 stellten sie 18,7 % der SS-Obergruppenführer, 9,8 % der SS-Gruppenführer, 14,3 % der SS-Brigadeführer, 8,8 % der SS-Oberführer und 8,4 % der

jenigen, die nicht direkt systembeteiligt waren, angenommen werden, daß sie sich inzwischen wieder innerlich vom nationalsozialistischen Regime abgewandt hatten – so wie auch das Dritte Reich seit geraumer Zeit begonnen hatte, sich von ihnen zu distanzieren[84] – und ihre heimlichen Sympathien mehr auf seiten des Widerstandes lagen, dem sie nicht nur durch verwandtschaftliche Bande, sondern durch Lebensstil und gesellschaftliche Haltung näher standen als Hitlers »Parvenüstaat«. *Mutatis mutandis* gilt dies auch für Teile der deutschen Großindustrie. Die Unterstützung, welche die Firma Bosch Goerdeler und dem Widerstandskreis zukommen ließ, die Haltung des Reuschkreises sind bekannt.[85] Nachdem Hitlers Stern zu sinken begann und jeder Klardenkende das Kriegsende in absehbarer Zeit voraussehen konnte, begannen große Industriefirmen, die bis dahin recht gut von der Kriegspolitik des Regimes profitiert hatten, sich bereits vorsichtig auf die Friedensproduktion und damit auf ein Deutschland ohne Hitler umzustellen.[86] Das Attentat hatte diese unausweichliche Entwicklung schlagartig sichtbar gemacht, und das Gros der Opportunisten begann sich nun langsam vom Dritten Reich zu distanzieren.

Auch bei alten Sozialdemokraten und Kommunisten ist das Fehlschlagen des Putsches sicherlich bedauert worden. War er auch vorwiegend von Anhängern konservativen und liberalen Gedankengutes geplant und durchgeführt worden, so hätte sein Gelingen doch neue Aktivitäten von links ermöglicht, zumal Leber und seine Freunde das Netz der Widerstandszellen von Sozialisten und Gewerkschaftlern verdichtet hatten, um es bei Gelingen des Militärputsches rasch zu aktivieren. Die Tatsache, daß in Berlin die Treuekundgebungen weit weniger imposant ausfielen und sich gegenüber denen anderer Städte, beispielsweise Wien, kümmerlich

SS-Standartenführer. BA *Der Adel im deutschen Offizierkorps;* S. 12, zitiert bei HÖHNE; S. 127.

[84] Bereits im Mai 1943, als die Nachfolge Stabschef Lutzes in der SA zur Debatte stand, notierte Goebbels, Hitler wolle in führenden Stellungen des Reiches und der Partei keine Adeligen mehr sehen, man wisse nicht, wie die Entwicklung weitergehe. Nach dem Abfall Italiens verstärkte sich noch diese Tendenz: »Keinerlei Bindungen dürfen die nationalsozialistische Führung mit der Aristokratie oder mit der sogenannten Gesellschaft verknüpfen...; *Tagebücher;* S. 331, 401.

[85] Vgl. RITTER und *Widerstand und Erneuerung; op. cit.*

[86] Vgl. das Schreiben SS-Sturmbannführers Backhaus, des persönlichen Referenten des amtierenden Reichsministers für Ernährung und Landwirtschaft, Backe, vom 26. 8. 44 an den persönlichen Referenten des Reichsführers-SS, SS-Standartenführer Brandt. BA *NS 19/neu 830.*

ausnahmen, mag ein, wenn auch magerer Hinweis auf eine solche Einstellung sein.[87] Etwas aufschlußreicher ist die Erwähnung des Anstiegs von Festnahmen wegen staatsfeindlicher Äußerungen, unter denen sich besonders zahlreiche Fälle von Enttäuschten über den Ausgang des Attentats befanden, deren marxistisch-kommunistischer Charakter betont wird.[88]

Hinsichtlich der Haltung der katholischen Bevölkerung seien schließlich zwei Beispiele erwähnt: Im katholischen Paderborn nahmen etwa 20 % der Bevölkerung an der Treuekundgebung teil – im benachbarten Kreis Schaumburg, einer Hochburg des Nationalsozialismus, waren es 70 %. Trotzdem bedeuteten diese 20 % nach Aussage des Paderborner Kreisleiters eine Beteiligung, wie sie bis dahin in keiner Kundgebung erreicht worden sei. Ähnlich habe es in Salzkotten, einer rein katholischen Gemeinde im Kreise Paderborn, ausgesehen,»wie überhaupt festgestellt werden konnte, daß sich an dieser Kundgebung viele Volksgenossen beteiligten, die seit Jahren an keiner politischen Kundgebung mehr teilgenommen hatten«.[89] Aus Freiburg im Breisgau wurden die gleichen Beobachtungen gemeldet:

»Das Attentat auf den Führer hat auch in katholischen Kreisen tiefe Abscheu und gerechten Zorn erregt. Im stockkatholischen Freiburg fand am 27. 7. eine der machtvollsten Kundgebungen statt, die dieser Erzbischofssitz je gesehen hat. Weit über 50 000 Einwohner Freiburgs legten das Treubekenntnis zum Führer ab. Die wiederholten Beifallskundgebungen zeigten auch hier eine starke innere Anteilnahme.«[90]

Diese für das Regime insgesamt recht günstige Meinungslage galt es zu nutzen. Zwei Themen boten sich besonders dafür an: der totale Krieg und die Dolchstoßlegende. Bereits der erste Bericht des SD vom 21. Juli erwähnt die Bereitschaft der Bevölkerung, »jede Kriegsanstrengung auf sich zu nehmen und ›nun erst recht‹ alles für den Sieg zu tun. Zahlreiche Volksgenossen wollten jetzt in unmittelbarer Weise für den Krieg und für den Sieg eingesetzt werden. Insbesondere wird in der Arbeiterschaft (z. B. in Berlin) gefordert, daß jetzt wirklich totaler Krieg geführt werden möchte, daß ein äußerster Einsatz erfolgt, und zwar auch der Kreise, die sich bis-

[87] Vgl. Schreiben des Deutschen Propaganda-Ateliers an das Reichsministerium für Volksaufklärung und Propaganda betr. »Treuekundgebungen für den Führer«. BA R 55/614; fol. 162.
[88] RSHA, Amt IV, Meldung wichtiger staatspolizeilicher Ereignisse, Nr. 1, vom 1. 9. 44. BA R 58/213.
[89] Meldung 9505 des RPA Münster vom 8. 8. 44. BA R 55/614.
[90] »Stimmungsmäßiger Überblick über die gesamtpolitische Lage der Gauleitung Baden«. 5. 8. 44. BA NS Misch/1823; fol. 313529.

her einer energischen Mitarbeit (beispielsweise im Frauenarbeitseinsatz) weitgehend entzogen hätten. Häufig anzutreffen ist der Wunsch, daß jetzt mit dem inneren Feind ›rücksichtslos aufgeräumt‹ werden sollte«.[91] Der zweite SD-Bericht, ebenfalls noch vom 21. Juli, lieferte die zweite Parole:»Es ist Verrat im Spiele. Das Attentat hat ähnliche Ursachen wie der Durchbruch bei Minsk.«[92] Einen Tag später, am 22. Juli, erklärte Hans Fritzsche im Rundfunk, daß die Ostfront durch die Verschwörer in Mitleidenschaft gezogen worden sei.

Die Presseanweisung vom 23. Juli trug, wie wir gesehen haben, beiden Gesichtspunkten Rechnung: In bewährter Manier griff die Propaganda vorhandene Dispositionen der öffentlichen Meinung auf, präzisierte und verbreitete sie, und es gelang ihr erneut, sich des Konsensus' breiter Massen zu versichern. Gleichzeitig konnte sie durch einen »dritten Aufguß« des totalen Krieges, der von Speer dringend gefordert worden war[93], weitere Kraftanstrengungen von den Deutschen verlangen und die Schuld an der katastrophalen Entwicklung an den Fronten auf den »Dolchstoß« einer Verräterclique abladen.

Das Thema Verrat taucht in vielen Berichten auf:»Immer wieder bringe man die rückläufigen Bewegungen unserer Truppen im Osten sowie die Kette von Unglücksfällen von Todt bis Dietl in Verbindung mit der Verschwörerclique.«[94]

Die Verratsthese barg aber die große Gefahr einer Diskreditierung des gesamten Offizierskorps in sich und auf die Dauer gesehen einer Minderung der Disziplin in der Wehrmacht:

»Zahlreiche Gespräche der Volksgenossen lassen eine verallgemeinerte *Mißstimmung gegen das Offizierskorps erkennen.* Man will oft keinen Unterschied mehr machen zwischen den zuverlässigen und einsatzfreudigen Offizieren und den verantwortungslosen Elementen, die sich zu dem Anschlag auf den Führer hergegeben haben. Unter den Volksgenossen machen sich teilweise klassenkämpferische Tendenzen bemerkbar, die teilweise auch die Rede Dr. Leys in diesem Sinne ausdeuten. Die Bevölkerung der verschiedensten Gaue äußert sich in scharfen Worten gegen die ›Hohen‹, ›Großkopfeten‹ und ›Monokelfritzen‹ . . .«

Derartige Überlegungen führten schließlich zu einem Vergleich mit den

---

91 *Spiegelbild einer Verschwörung; S. 3.*
92 *ibid.; S. 5.*
93 Vgl. JANSSEN; S. 268.
94 *Spiegelbild einer Verschwörung; S. 7.*

Säuberungsaktionen Stalins in den dreißiger Jahren:»Diese Methode sei jedenfalls sicherer gewesen, wie die von unserer Führung geübte Nachsicht.«[95] Damit sprach man im Volke aus, was Hitler und intransigente Nationalsozialisten schon lange dachten.

In der Perspektive des in seinen sozialpolitischen Erwartungen enttäuschten »kleinen Mannes« war das Attentat eine willkommene Bestätigung der Ansicht, daß Hitler auf das falsche Pferd gesetzt hatte. Es schien der Beweis dafür,»daß die nationalsozialistische Revolution genau wie die faschistische vor dem ›reaktionären Adel und einem ehemaligen deutschnationalen Klüngel‹ haltmachen mußte.

... Auch der Nationalsozialismus hat wie der Faschismus mit Phrasen und Schlagworten nur den Arbeiter stillmachen wollen, damit er zur Stange hält und nicht sieht, daß er nur Steigbügelhalter der doch stets tonangebenden besitzenden adeligen Schicht ist.

... Stalin sei von allen führenden Männer der einzig klare Kopf, der Verrat von vornherein durch Ausrottung der tonangebenden, aber unzuverlässigen Elemente unmöglich gemacht habe.« Der deutsche Verrat sei weit schlimmer als der italiensische und beweise, wie sehr sich Hitler getäuscht habe.»Eine seit langer Zeit schon bestehende Zusammenarbeit zwischen italienischen und deutschen Verrätern sei jetzt offenkundig geworden und zeige dem ganzen deutschen Volk in erschreckender Deutlichkeit ›die wirkliche Ursache der deutschen Rückschläge‹ an allen Fronten auf, die den Heldentod so überaus vieler und bester deutscher Männer verschuldet habe!«

Und schließlich wurde auch die entscheidende Frage gestellt:»Sei nicht letzten Endes Deutschland immer durch Verrat unterlegen? Ziehe sich nicht seit Hermann dem Cherusker der Verrat wie ein ›roter Faden‹ durch die deutsche Geschichte?«[96]

Sie und die weiter anhaltende Agitation zu diesem Thema bestätigen eine Ansicht, die sowohl damals wie auch noch heute von Gegnern des Attentates vorgebracht worden ist – wobei die Motive sehr verschiedenartiger Natur sein können, politischer, strafrechtlicher, ideologischer,

[95] *ibid.;* S. 10/11. Vgl. auch Wöchentlicher Tätigkeitsbericht des Leiters der Propagandaabteilung des RMVP, Stichtag 7. August, in dem es heißt:»Heute muß man sagen, daß es klüger gewesen wäre, wenn wir zu gleicher Zeit unsere Wehrmacht ebenso gereinigt und politisiert hätten. Stalin habe damit wieder einmal gezeigt, wie man es machen müsse...« BA *R 55/601;* fol. 70.
[96] s. *supra;* S. 480, Anmerkung 81.

nationaler und apologetischer: ein Gelingen des Putsches hätte einer neuen Dolchstoßlegende den Boden bereitet. Dabei wird außer acht gelassen, daß statt der nationalsozialistischen Propaganda die Bevölkerung endlich die Wahrheit über die Verbrechen und den wirklichen Charakter des NS-Regimes kennengelernt hätte. Damit wäre jene von Stauffenberg geforderte Selbstabrechnung der Deutschen ermöglicht worden, an deren Nichtvollzug sie noch heute kranken. So aber wirkte der Anschlag wie ein Schock. Die Immediatreaktion war ein reflexhaft bestimmter Zusammenschluß der bedrohten Nationalgruppe zugunsten ihrer Anführer. Allmählich aber und unter dem weiteren Druck der militärischen Ereignisse erfuhr der Korrosionsprozeß, der 1941 schleichend begonnen, sich 1943 eklatant manifestiert, durch die Leiden des Bombardements, das psychologisch ungünstige Verhalten der Alliierten gegenüber Italien und die geschickte Propagandaführung über die Invasion und die Geheimwaffen vorübergehend aufgehalten und zurückgedrängt worden war, eine Verstärkung. Er wurde durch die Zweifel, ob die »Verräter« nicht vielleicht doch recht gehabt und besser orientiert gewesen waren, ob man die Sache Deutschlands in die falschen Hände gelegt oder Hitler den Ereignissen nicht mehr gewachsen war, genährt.

Spürten Hitler und seine Umgebung die Gefahr und die Erschütterung, die von dem Ereignis des 20. Juli ausgingen? Die Sprengkraft, die ihm innewohnte, mochte sie leicht von dannen fegen: »Nach dem Attentat auf den Führer muß unser Volk, muß die breite Masse, stärker denn je die Überzeugung gewinnen, daß seine nationalsozialistische Führerschaft die beste ist, die unser Volk haben kann. Engste Volksverbundenheit aller irgendwie führend tätigen Männer ist notwendiger denn je. Führung und Volk sind – und das muß in jeder Beziehung zum Ausdruck kommen – eine verschworene Gemeinschaft . . .«[97]

Oder:

»Niemals war die Volksverbundenheit der führenden Männer notwendiger denn jetzt! . . .

Das Attentat vom 20. 7. 1944 galt dem deutschen Volksstaat! . . .«

Die Hoheitsträger der Partei wurden aufgefordert, leuchtendes Beispiel zu sein. Ihr Lebensstil dürfe zu keiner Kritik Anlaß geben.

»Nur wenn unsere persönliche Haltung und Lebensführung die Voraussetzung dafür bieten, können wir unserem ganzen Volk zum Bewußt-

---

[97] Anordnung des Leiters der Partei-Kanzlei 167/44 vom 1. 8. 44. Betrifft: Verhalten der Parteiführerschaft. BA *NS 6/vorl. 347.*

sein bringen, daß dieser Krieg jetzt in das Stadium des heiligen Volkskrieges getreten ist.«[98]

Goebbels, der zum »Reichsbevollmächtigten für den totalen Kriegseinsatz«[99] ernannt worden war, erließ ein Rundschreiben an alle Obersten
Reichsbehörden, Gauleiter, Reichsstatthalter, Verwaltungstellen in den
besetzten Gebieten, den deutschen Gemeindetag usw. über den »Lebensstil im totalen Krieg«. Alles, was nicht unmittelbar im Zeichen der Kriegsanstrengung stand, wurde untersagt: Prunk, Luxus, Feste waren Angelegenheit der Vergangenheit. Alles Tun mußte vor den gestrengen Augen
eines Frontsoldaten oder eines Rüstungsarbeiters bestehen können. »Es
muß unsere Ehre sein, nunmehr im gesamten öffentlichen Leben einen
Kriegsstil zu pflegen, der nicht nur vor dem eigenen Volke, sondern auch
vor dem Ausland eindeutig dokumentiert, daß wir um unser Leben kämpfen und fest entschlossen sind, diesen Kampf, koste es was es wolle, bis
zum siegreichen Ende durchzustehen . . .«[100]

Um den gefährlichen Trend zur Verächtlichmachung der militärischen
Führer abzubremsen, gab Martin Bormann unverzüglich eine Anordnung
heraus bezüglich der Behandlung der Ereignisse des 20. Juli in der Öffentlichkeit: »Der Führer wünscht, daß bei der Behandlung der Ereignisse
des 20. Juli sich niemand dazu hinreißen läßt, das Offizierskorps, die
Generalität, den Adel oder Wehrmachtsteile in corpore anzugreifen oder
zu beleidigen. Es muß vielmehr immer betont werden, daß es sich bei den
Teilnehmern des Putsches um einen ganz bestimmten verhältnismäßig
kleinen Offiziersklüngel handelte.«[101]

Das Gerede von Sabotage und Verrat aber wollte nicht verstummen.
Auch Himmler äußerte sich in diesem Sinne: »Ich bin zu der Überzeugung
gekommen, daß der Großteil der Schwierigkeiten an der Ostfront, das
Nichtmehrhalten und die Auflösung der Divisionen in einem ungeheuer
raffinierten Hineinschicken der Seydlitz-Armee und von zu Kommunisten
umgeschulten kriegsgefangenen deutschen Soldaten durch die Russen zu
suchen ist.«[102] Soweit bis heute bekannt ist, hat der Bund Deutscher Offiziere, der von General Walter von Seydlitz-Kurzbach geleitet wurde, die

---

[98] Rundschreiben des Leiters der Partei-Kanzlei 171/44 vom 8. 8. 44. *ibid.*
[99] Vgl. Erlaß des Führers über den totalen Kriegseinsatz vom 25. Juli 1944.
ibid.
[100] Vom 1. 8. 44. Anlage zu OKW/WZA/Ag WZ (II). NSF vom 12. 8. 44.
BA/MA *Wi I F 5/3211.*
[101] Nr. 170/44 vom 24. 7. 44. BA *NS 6/vorl. 347.*
[102] Schreiben vom 26. 7. 44 an SS-Gruppenführer Hermann Fegelein. *Reichsführer!;* S. 274.

Truppen nicht mit zurückgeschickten deutschen Soldaten zu zersetzen versucht, sondern nur Flugblatt- und Lautsprecherpropaganda betrieben.

Je mehr Berichte aber über den Zusammenbruch der Heeresgruppe Mitte durchsickerten, um so mehr breitete sich die Überzeugung im Volke aus, es handele sich um Verrat. Die Erzählungen über einen »fluchtartigen« Rückzug, über das »Versagen« von Offizieren, die ihre Truppe im Stich gelassen hätten, über die sehr schlechte Moral der Soldaten, die teilweise sogar ihre Waffen verkaufen würden[103], wollte man nicht glauben, weil die Haltung des deutschen Offiziers und Soldaten einfach über jeden Tadel erhaben zu sein hatte. Zu sehr war den Deutschen die Überlegenheit ihres Militärs eingeredet worden, zu leicht waren die Erfolge der Blitzkriege gewesen, als daß sie sich nun selbst ohne weiteres eingestehen konnten, daß auch die Leistungsfähigkeit und der Mut der Wehrmachtsangehörigen eine Grenze hatten und angesichts einer überwältigenden Übermacht an Mensch und Material versagen mußten. Es war leichter, an Verrat zu glauben, und die Tatsache, daß der Kreis der Verschwörer weit größer war, als in den ersten Tagen zugegeben worden war, trug ebenfalls zur Intensivierung einer solchen Überzeugung bei: »Glaubte man zunächst, es handelte sich um eine ganz kleine Clique von Offizieren, die eine von vornherein aussichtslose Sache versuchten, so denkt man sich heute, daß die Verräter schon seit langer Zeit die Absichten und Aufträge des Führers sabotiert haben. Zu dieser Ansicht gelangt man vornehmlich auf Grund sich häufender brieflicher und mündlicher Berichte von Soldaten der Ostfront, in denen zum Ausdruck gebracht wird, daß sie jetzt erst dahinter kämen, aus welchem Grunde kein Ersatz gekommen und die oft sinnlose Verschiebung von Einheiten und das Bloßlegen der Front erfolgt sei.«

Dieser Meldung aus Nordwestdeutschland entsprach eine aus Süddeutschland: »Der überwiegende Teil der Bevölkerung gewinnt immer mehr die Überzeugung, daß die Offiziers- und Verräterclique, die das Attentat auf den Führer vorbereitet und unternommen haben, schon seit längerer Zeit systematisch auf allen Gebieten der Verteidigung Sabotage betrieben habe, so daß die Ostfront weder mit dem nötigen Nachschub noch mit den notwendigen Waffen und Munition versehen wurde ...«[104]

---

[103] Vgl. Sonderbericht des SD über »Starke Beunruhigung der Bevölkerung in Ostdeutschland durch Erzählungen von Soldaten über die Verhältnisse bei den jüngsten Rückzügen im Mittelabschnitt der Ostfront«. Von Kaltenbrunner am 7. 8. 44 an Reichsleiter Schwarz übersandt. BA *NS 1/544*.
[104] »Meldungen über die Entwicklung in der öffentlichen Meinungsbildung« am

Die von der deutschen Propaganda zuerst bewußt geschürte Verratstheorie wuchs sich allmählich immer mehr zu einem Bumerang aus, der auf das Regime zurückschlug. Meldungen liefen ein, daß Hitler doch wohl nicht so gut unterrichtet sei, wie es immer geheißen habe, denn sonst wäre ein solcher Verrat ja gar nicht möglich gewesen. Zwei Tendenzen kristallisierten sich heraus: Die Hitlergläubigen meinten, der Führer könne ja gar nicht alles wissen. Im übrigen werde ihm – wie weiland Wilhelm II. – so manches von seiner Umgebung vorenthalten und die Lage rosiger geschildert, als sie in Wirklichkeit sei. Andere hingegen begannen, die Fähigkeiten und das »Feldherrengenie« des deutschen Oberbefehlshabers der Wehrmacht und Staatsoberhauptes anzuzweifeln.[105]

Der Sicherheitsdienst des Stuttgarter Abschnittes berichtete, daß außer den Aktivisten der Partei und einer kleinen Minorität niemand mehr an einen Sieg glaube, es sei denn, es geschehe ein Wunder. Folgende Argumente würden dabei angeführt: Das Attentat habe klargemacht, »daß das deutsche Volk von den führenden Staatsmännern in der gemeinsten Weise belogen werde. Sämtliche Publizisten und Staatsmänner, unter anderem der Führer, Dr. Goebbels, Göring, Ley usw., hätten seit Jahren behauptet, die Zeit arbeite für uns, unsere Kriegsproduktion sei ständig im Steigen und der Tag, an dem wir wieder offensiv werden würden, stehe ebenso fest wie daß wir neue entscheidende Waffen im Hinterhalt hätten. Nun höre man plötzlich, und zwar aus keinem geringeren Mund als dem des Führers, daß seine Maßnahmen seit Jahren sabotiert würden und daß nun endlich, nachdem der letzte Hinterhalt beiseite geschafft worden wäre, die deutsche Kriegsmaschine auf vollen Touren laufen könne. Mit anderen Worten würde das heißen: Der Führer gibt zu, daß die Zeit bisher nicht für uns, sondern gegen uns gearbeitet hat. Wenn sich also ein Mann wie der Führer einer solch gewaltigen Täuschung hingegeben hat – über die Behauptung von Dr. Goebbels in seiner Rede, der Führer habe von allem gewußt, könne man nur lachen – so wäre er entweder nicht das Genie, für das er immer hingestellt wird, oder aber er hätte in Kenntnis der Tatsache, daß Saboteure am Werk sind, das deutsche Volk vorsätzlich belogen, was ebenso schlimm wäre, denn mit solchen Feinden im eigenen Haus

12. 8. 44 von Kielpinski an Partei-Kanzlei übersandt. BA *NS 6/411;* fol. 13548, 13549. Zu den Verratsparolen vgl. auch Kreisleitung Buchen/Odenwald, 15. 8. 44. BA *NS Misch/1672;* fol. 148 499, und die Berichte des OLG-Präsidenten von Rostock vom 5. 8. und der Gen.Staatsanwälte von Schwerin und Hamm vom 14. und 17. 10. 44. BA *R 22/3385, 3379, 3367.*

105 Wöchentlicher Tätigkeitsbericht des stellvertretenden Leiters der Abt. Propaganda im RMVP. Stichtag 18. September 1944. BA *R 55/601;* fol. 124.

könnte die Kriegsproduktion niemals gesteigert werden, könnten wir niemals siegen. Die Zeit hätte also in all den Jahren, in denen es der Führer behauptete, nicht für uns gearbeitet, sondern gegen uns, zumal die amerikanische und die russische Kriegsproduktion zu diesem Zeitpunkt erst richtig ins Laufen kamen.«

Der SD-Berichterstatter aus Stuttgart fügte hinzu: »Das Bedenklichste an der ganzen Sache ist wohl, daß die meisten Volksgenossen, auch diejenigen, die bisher unerschütterlich glaubten, jeden Glauben an den Führer verloren haben.« Man habe bisher derartige Äußerungen zurückgehalten, weil andere Beobachtungen dagegengestanden hätten, »heute muß das jedoch mit Bestimmtheit gesagt werden«.[106]

Diese Meldung illustriert die Tatsache, daß die Ablehnung des Attentats vielfach auf einer Schockwirkung beruhte und sehr bald dem plötzlichen Hinaufschnellen der Popularitätskurve Hitlers ein schnell eintretender Beliebtheitsschwund des Führers folgte.

Das Interesse der Öffentlichkeit an innenpolitischen Ereignissen wurde im Spätsommer 1944 zum einen von der Verhandlung gegen die Verschwörer vor dem Volksgerichtshof, zum anderen von der erneuten Totalisierungskampagne bestimmt. Aus den Berichten der Reichspropagandaämter, des SD, der Hoheitsträger der Partei und der Chefjuristen läßt sich auf ein starkes, vielerorts von Sensationsgier bestimmtes Interesse schließen. In breiten Schichten wurden Prozeßführung und Urteilsfindung günstig beurteilt. Es gab Minderheiten, welche den Tod durch den Strang und die zynische Verhandlungsführung Roland Freislers mit Abscheu verfolgten – »Intellektuelle und auch gewisse Parteikreise, die es gewohnt seien, überobjektiv alles nach allen Seiten hin abzuwägen, Parallelen zwischen dieser Gerichtsverhandlung und den Schauprozessen in Moskau« zu ziehen[107] – aber auch solche, denen es noch nicht radikal genug zuging und die auch am liebsten eine »Ausrottung« der Familie der Attentäter gesehen hätten.[108]

Diese radikalen Elemente scheuten sich nicht, von »Schweinehunden«

[106] Führungsbericht vom 8. 8. 44, abgedruckt in *Aus deutschen Urkunden;* S. 264.
[107] Wöchentlicher Tätigkeitsbericht des stellvertr. Leiters der Abt. Propaganda im RMVP vom 15. 8. 44. BA *R 55/601;* fol. 79.
[108] Kreisleitung Säckingen. 10. 8. 44. BA *NS Misch/1832;* fol. 316 346. – Der Bericht von Kielpinskis vom 20. 8. 44 über »Stimmungsmäßige Auswirkung der Verhandlung vor dem Volksgerichtshof gegen die Attentäter des 10. 7. 44« bringt dieselben Beobachtungen wie die beiden vorgenannten Berichte.

und ähnlichem zu sprechen; der Tod durch den Strang erschien ihnen noch zu human, und sie hätten eine mittelalterliche Lynchjustiz vorgezogen. In ihnen offenbart sich derselbe Sadismus wie in Hitler, der sich das Aufknüpfen der Verschwörer an Fleischerhaken im Film vorführen ließ. Presse und Rundfunk taten das Ihre, um den deutschen Widerstand zu diskreditieren. Es wurde nur von den »Verbrechern« des 20. Juli gesprochen. Die Berichterstattung über den Prozeß mußte »in der Sprache des Volkes geschrieben« werden, »wobei zum Ausdruck gebracht werden muß, daß der Strang die gerechte Strafe für dieses Verbrechen ist«. Dagegen durfte die von den Widerständlern geplante Öffnung der Konzentrationslager in keinem Falle erwähnt werden.[109]

Für die Wehrmacht brachte das Attentat ihre endgültige Entmachtung. Der traditionelle Gruß wurde durch den Hitlergruß ersetzt. Himmler wurde Befehlshaber des Ersatzheeres, und die politischen Straftaten unterlagen nicht mehr ihrer Gerichtsbarkeit, sondern wurden vom Volksgerichtshof und den Sondergerichten abgeurteilt.[110] Die Mitgliedschaft in der NSDAP, die laut Wehrgesetz vom 21. Mai 1935[111] während der Dauer des aktiven Wehrdienstes zu ruhen hatte, blieb nun auch während dieser Zeit in Kraft. Die Angehörigen der Wehrmacht wurden verpflichtet, »dienstlich und außerdienstlich im Sinne nationalsozialistischer Weltanschauung zu wirken und sich jederzeit für sie einzusetzen«.[112]

3. Volkskrieg und Wunderwaffen

Während die kleine Zahl der gläubigen Nationalsozialisten und die Masse der Schwankenden, deren Haltung sich je nach der militärischen Lage und der Opportunität der Situation änderte, hofften, durch Erledigung der Verräterclique stände nun einer positiven Entwicklung an der Ostfront nichts mehr im Wege – ein oberflächlicher Optimismus, der durch ein vorübergehendes Anhalten des sowjetischen Vormarsches noch genährt wurde –, traten im Westen Ereignisse ein, welche das mühsam gefestigte Stimmungsbild wieder erheblich ins Wanken brachten.

Nachdem am 9. Juli Caen in die Hand der Briten gefallen war und

---

[109] V. I. Nr. 167/44 vom 9. 8. 44. BA ZSg *109/51*; fol. 17, 18.
[110] Erlaß des Führers über die Verfolgung politischer Straftaten von Angehörigen der Wehrmacht, Waffen-SS und Polizei vom 20. 9. 44.
[111] RGBl. I; S. 609.
[112] 1. Gesetz zur Änderung des Wehrgesetzes vom 29. 9. 44. RGBl. I; S. 317.

von dort die Offensive »Goodwood« weiterlief, am 19. Juli St-Lô von den Amerikanern eingenommen wurde, begann nach Vorbereitung durch einen Bombenteppich am 25. Juli die alliierte Operation »Cobra« mit dem Ziel, die deutsche Front zu durchbrechen und zu einer freien Bewegungsschlacht zu kommen. Am 30. Juli hatten die Amerikaner Avranches erreicht, und von dort stieß eine neugebildete Armee unter Generalleutnant Patton nach Süden bis Fougères und nach Südosten bis Landivy vor. Die operative Führung der gesamten alliierten Landstreitkräfte lag bei General Montgomery, der die britischen und kanadischen Streitkräft in der 21. Heeresgruppe vereinte. Die amerikanischen Streitkräfte waren in der 12. Heeresgruppe unter General Bradley zusammengefaßt. Da Anfang August der ungedeckte südliche Flügel der Heeresgruppe B völlig in der Luft hing und die Gefahr einer Umfassung durch die Amerikaner bestand, schlug Feldmarschall von Kluge – er hatte Anfang Juli Feldmarschall von Rundstedt als Oberbefehlshaber West ersetzt – vor, Frankreich bis zur Seine zu räumen, um von deren Mündung bis zur Schweizer Grenze eine neue Verteidigungslinie aufzubauen. Hitler aber befahl, analog seiner Strategie im Osten, die Bretagnehäfen als »Festungen« zu verteidigen und den linken Flügel der deutschen Front durch einen Gegenstoß auf Avranches wieder ans Meer vorzureißen. Damit sollte gleichzeitig die dort nach Süden durchgebrochene Armee Pattons abgeschnitten werden. Der deutsche Angriff blieb im Feuer der alliierten Jagdbomber stecken, während Teile der Armee Pattons in die Bretagne vorstürmten und bei Vannes das Meer erreichten. Damit war die Halbinsel abgeriegelt. Die befehlsgemäß auf die Häfen St-Malo, St-Nazaire, Lorient und Brest zurückgezogenen deutschen Truppen wurden dort eingeschlossen. Am 15. August erteilte Feldmarschall von Kluge selbständig den Befehl, die beiden in einem ständig sich verengenden Kessel eingeschlossenen Armeen herauszuführen. Am 17. August wurde er abgesetzt. Seine Stelle übernahm Feldmarschall Model. Zur Absetzung von Kluges trug mit bei, daß inzwischen erhebliche Zweifel an seiner Zuverlässigkeit aufgetaucht waren. Bormann schrieb in einem Aktenvermerk desselben Tages, daß seine Haltung nicht »ohne weiteres als einwandfrei anzunehmen« sei. Er müsse von einzelnen Gedankengängen der Verräter Kenntnis gehabt haben, zumal von Tresckow einer seiner Mitarbeiter gewesen sei, als er den Oberbefehl über die Heeresgruppe Mitte führte.[113] Feldmarschall von Kluge, in der Armee der »kluge Hans« genannt, hatte ständig geschwankt und war vergeblich von

[113] Aktenvermerk für Pg. Friedrichs, Pg. Klopfer, Pg. Schütt vom 17. 8. 44. BA *Slg. Schumacher/242.*

Tresckow zum Handeln aufgefordert worden. Nun aber fürchtete er, seine Mitwisserschaft sei bekanntgeworden, und nahm auf der Fahrt ins Führerhauptquartier Gift. In einem Abschiedsbrief an Hitler vom 18. August kam noch einmal seine ganze Zerrissenheit zum Ausdruck: Er forderte Hitler zum Abbruch des hoffnungslosen Krieges auf; gleichzeitig aber bewunderte er noch im Angesicht des Todes Größe und Genie des Führers und versicherte, er habe ihm näher gestanden, als Hitler je erkannt habe.[114] Keitel teilte daraufhin in einer Geheimen Kommandosache vom 31. August mit, daß aus einem hinterlassenen Brief des Feldmarschalls hervorgehe, er habe »offensichtlich unter dem Eindruck seiner schweren Verantwortung für den Ausgang in der Schlacht in der Normandie gehandelt...« Die Beisetzung habe in der Heimat in aller Stille stattgefunden.[115] Am 5. September jedoch avisierte der stellvertretende Leiter der Abteilung Propaganda im Ministerium für Volksaufklärung und Propaganda seinen Staatssekretär, das Reichspropagandaamt Dessau habe berichtet, von Kluges Leiche sei annähernd 14 Tage lang in der Kirche von Böhne im Gau Magdeburg-Anhalt aufgebahrt gewesen. Zahlreiche Gerüchte über einen Selbstmord oder eine Beteiligung an der Verschwörung des 20. Juli würden umlaufen und die Bevölkerung beunruhigen. Angesichts der steigenden Agitation hielt es das Reichspropagandaamt Dessau für dringend erforderlich, durch Mundpropaganda dem Gerede entgegenzuwirken. Der Vermerk wurde Goebbels vorgelegt und die Entscheidung getroffen, von Kluge sei am Herzschlag gestorben.[116]

Die Aufregung um von Kluges Tod, die noch einige Wochen lang anhielt und in allen Teilen des Reiches zu beobachten war[117], war aber nur eine winzige Episode angesichts einer Kette von Hiobsbotschaften, welche die Bevölkerung nach und nach erfuhr.

Inzwischen waren nämlich kanadische Truppen bis Falaise durchgebrochen und hatten den in der Normandie gebildeten Kessel weiter verengt. Am 19. August vereinigten sich die Kanadier mit den Amerikanern bei Chambois, und alle noch im Kessel verbliebenen deutschen Kräfte wurden eingeschlossen: 45 000 Mann, die Reste von 8 Infanterie- und mehreren Panzerdivisionen, gerieten in Gefangenschaft. Am 15. August war außer-

114 KTB/OKW. Bd. IV, 2. Halbband; S. 1574–1576.
115 Nr. 63/64. – Abschrift in BA Slg. Schumacher/242.
116 ibid.
117 Vgl. wöchentlicher Tätigkeitsbericht des Leiters Pro. i. V. im RMVP, Stichtag 11. 9. und 2. 10. 44. BA R 55/601; fol. 115 und 146.

dem eine alliierte Landung, Operation »Dragoon«, in Südfrankreich erfolgt und – um das spektakulärste Ereignis im Westen noch zu nennen – am 24. August rückte eine zur Armee Pattons gehörende Panzerdivision unter General Leclerc in Paris ein und nahm die Kapitulation der Deutschen entgegen. General von Choltitz, Kommandant von Groß-Paris, hatte Hitlers Befehl, die Stadt bis zum letzten Mann zu verteidigen, alle militärischen Objekte und Brücken zu zerstören und Paris »in ein Trümmerfeld zu verwandeln«[118], nicht befolgt. Am 26. August hielt General de Gaulle unter dem Jubel der Bevölkerung einen triumphalen Einzug.

Die deutsche Bevölkerung wurde von dem Einbruch der Amerikaner in die Bretagne überrascht. Der Schwerpunkt der Verlautbarungen des Wehrmachtberichtes lag noch immer auf den ursprünglichen Landeköpfen und hatte die eigentliche Entwicklung eher verschleiert. Das Attentat, der Zusammenbruch der Mittelfront im Osten, der erneute Propagandarummel um den totalen Krieg hatten die Ereignisse auf dem Invasionsschauplatz aus dem Mittelpunkt des Interesses an die Peripherie gerückt. Nun aber sah man sich mit einer von Tag zu Tag ernster werdenden Lage konfrontiert. »Sehr häufig wurde die Frage gestellt: ›Wozu ist nur der so oft und so lange als unüberwindlich bezeichnete Atlantikwall gut? Ist es um seinen Mythos genau so bestellt, wie seinerzeit um die Maginotlinie?‹ Man erinnerte sich wieder der früher wiederholt gegebenen Erläuterungen in Presse und Rundfunk, daß ein Zurückgehen an der Ostfront unvermeidlich sei, weil man alle zur Verfügung stehenden Truppen für die Entscheidung im Westen zusammengezogen habe. Jetzt sei es doch offenbar geworden, daß auch im Westen nicht genügend Divisionen zur Verfügung ständen. Wenn erklärt werde, daß es sich um eine strategisch gewolltes Manöver unsererseits handele, würde sofort entgegnet: Man habe von dieser Art ›planvoller‹ strategischer Ausweichkunst im Laufe der letzten Jahre genug gehört und glaube nicht, daß der Einbruch im Westen von unserer Führung gewollt worden sei, um die Angloamerikaner zur großen Entscheidungschlacht zu zwingen ... Es würden auch Stimmen laut, daß dieser Krieg dieselbe Entwicklung wie der Weltkrieg nehme, indem wir den frischen amerikanischen Truppen und der Überlegenheit an Panzern, wozu diesmal noch die in der Luft komme, auf die Dauer nicht gewachsen seien ...«[119]

[118] CHOLTITZ, Dietrich von. *Soldat unter Soldaten.* Die deutsche Armee in Frieden und Krieg. Konstanz, Zürich, Wien, Europa-Verlag, 1951; S. 256.
[119] Wöchentlicher Tätigkeitsbericht des Leiters Pro. i. V. vom 15. 8. 44. R 55/ 601; fol. 75/76.

Noch blieb die Stimmung »abwartend, jedoch stark niedergeschlagen... Die fortschreitenden Erfolge der Anglo-Amerikaner im Westen werden mit immer größerer Sorge verfolgt. Die neuen feindlichen Landungen in Südfrankreich haben der hin und wieder aufgekommenen Hoffnung, daß es uns trotz allem gelingen wird, Herr der Lage zu bleiben, einen kräftigen Stoß versetzt... Die Argumente der Führungsmittel, daß wir den Wettlauf zwischen den Erfolgen unserer Feinde und den eigenen Vorbereitungen zu einer Wendung des Kriegsgeschehens bei Einsatz unserer ganzen Kraft noch gewinnen können, sowie gutes Zureden Zuversichtlicher an verzagte Volksgenossen setzen sich immer schwerer durch gegen die Ansicht, daß wir gegen die feindliche Überlegenheit auf allen Gebieten ins Hintertreffen geraten. Die Übermacht unserer Gegner bildet das A und O aller Gespräche zur gegenwärtigen Situation...

In dieser Depression wächst der Wunsch nach einem baldigen Kriegsende und damit die Illusion, daß ›das Ende nicht so schrecklich sein wird, wie man es immer vormacht‹...«

Mehr und mehr Menschen klammerten sich auch an die Hoffnung, daß der Einsatz neuer Waffen und die Maßnahmen zur totalen Kriegführung dazu beitragen würden, daß »wir es doch noch schaffen werden«.[120] Diese Hoffnung auf neue Waffen stützte sich neben bewußt lancierten Gerüchten[121] darauf, daß zahlreiche Bildberichte über die V 1 veröffentlicht wurden und man daraus schloß, daß man nun bald mit einer V 2 rechnen könne.

Die Landung der Alliierten in Südfrankreich löste weitere Bestürzung aus. Alle Reichspropagandaämter meldeten einen »nie dagewesenen Tiefstand in der Stimmungsbildung. Die Besorgnis, daß der Krieg nicht mehr gewonnen werden könne, habe schnell ansteigend größere Kreise der Bevölkerung ergriffen. Es mache sich eine Niedergeschlagenheit und in breitesten Kreisen eine Ratlosigkeit in der Beurteilung unserer Lage breit, wie bisher noch niemals in den fünf Kriegsjahren. Obwohl jeder wisse, daß trotz schmerzlicher Verluste und der Einbuße an Gelände der Frontsoldat seine Pflicht bis zum äußersten erfülle, komme die Bevölkerung immer mehr zu der Ansicht, daß selbst größte Tapferkeit die material- und zahlenmäßige Überlegenheit der Gegner nicht ausgleichen könne.

Da jedoch die Bevölkerung fast ausnahmslos bedenke, daß mit der

[120] »Meldungen über die Entwicklung in der öffentlichen Meinungsbildung«. 17. 8. 44. BA NS 6/411; fol. 13561/13562.
[121] Vgl. Aussage Speer, daß der Wunderwaffenglaube systematisch genährt werde. IMT, XVI; S. 581, und SPEER; S. 417/418, 579, Anmerkung 25, 26.

Aufgabe unseres Widerstandswillens das Schicksal unseres Volkes wie jedes einzelnen besiegelt sei, habe sich dieser Stimmungsrückschlag noch in keiner Weise lähmend auf die Einsatzbereitschaft der einzelnen Volksgenossen ausgewirkt. Aus allen Berichten geht hervor, daß sich jetzt das Volk vollkommen der Führung anvertraue . . .«

Die »gewundenen Erklärungen« der Presseberichterstattung und vor allem die Verwendung von Klischees, wie »erfolgreicher Rückzug« und ähnliche, mehr decouvrierende als verhüllende Begriffe, wurden abfällig vermerkt. Die Schanzarbeiten im Osten verursachten gallige Bemerkungen. Wenn schon der so viel gepriesene Atlantikwall die Angelsachsen nicht habe aufhalten können, wie solle denn ein so kümmerliches Werk den Ansturm der Sowjetrussen stoppen können. Am bittersten aber äußerte man sich über das Versagen der Luftwaffe. Habe man bisher geglaubt, der mangelnde Jägerschutz im Heimatgebiet beruhe auf der Tatsache, daß diese Maschinen im Fronteinsatz gebraucht würden, so habe sich nun herumgesprochen, »daß auch die Rückschläge an den Fronten vor allem auf die feindliche Luftüberlegenheit zurückzuführen seien«.[122]

Der Fall von Paris, die schnellen Absetzbewegungen der deutschen Truppen aus Südfrankreich – Hitler hatte am 18. August befohlen, die gesamte Armeegruppe G habe aus Süd- und Südwestfrankreich zurückzugehen, um im Anschluß an die Heeresgruppe B entlang der oberen Marne und der Saône bis zur Schweizer Grenze eine zusammenhängende Front aufzubauen – und nun auch noch am 25. August der Wechsel des ehemaligen Verbündeten Rumänien in das gegnerische Lager, verdüsterten die Stimmung noch mehr. »Zwar habe in weiten Kreisen der Glaube an den Führer das schwer erschütterte Vertrauen zur militärischen Führung wieder gefestigt, auch die energische Verwirklichung der Konzentrationsmaßnahmen zu Führung des totalen Krieges einen gewissen Auftrieb bewirkt, aber die nicht mehr abreißen wollenden militärischen Rückschläge, der drohende Einsturz unserer Balkanstellungen und die befürchtete Verschärfung der Ernährungslage im kommenden Winter hätten überall tiefe Niedergeschlagenheit bis zur Hoffnungslosigkeit ausgelöst. Die Bevölkerung treibe immer mehr dem Glauben entgegen, daß der Krieg nicht mehr gewonnen werden könne, wenn nicht ein Wunder geschehe. Dieses Wunder, unter dem man eine umwälzende und kriegswendende Wirkung der neuen Waffe verstehe, müßte allerdings bald eintreten. Da

122 Wöchentlicher Tätigkeitsbericht des Leiters Pro. i. V. vom 22. 8. 44. BA R 55/601; fol. 81–86.

sich der Feind mit beängstigender Schnelligkeit an allen Fronten der Reichsgrenze nähere, könne nicht mehr mit Monaten, sondern müsse mit Wochen und Tagen gerechnet werden. Ein Überblick über unsere Gesamtlage gebe der Bevölkerung eine erschütternde Perspektive. Auch bisher sehr zuversichtliche Volksgenossen äußerten: ›Mit dem Herzen wollen wir weiter an den Sieg glauben, aber der Verstand fragt, wie soll die Lage günstiger werden?‹«[123]

Kritik an der militärischen Führung brandete auf, weil sie immer wieder versäumt habe, Randpositionen zur rechten Zeit zu räumen. Daß Hitler hierfür verantwortlich zu machen war, wußten die meisten nicht – oder wollten es nicht wissen. Man machte lieber irgendwelche »Generäle« dafür verantwortlich.

Die Vorgänge in Rumänien lösten »bei der Masse der Bevölkerung eine Schockwirkung aus«. Die deutsche Propaganda hatte bis dahin immer den Eindruck vermittelt, daß es sich bei diesem Land um einen »der treuesten und tatkräftigsten Bundesgenossen« handele.[124] Der mögliche Verlust der rumänischen Ölfelder bedrückte die Bevölkerung sehr – und in der Tat konnte sich die deutsche Kriegswirtschaft von ihm, als er am 30. August erfolgte, nicht mehr erholen, da die alliierten Bombardements auf die deutschen Treibstoffwerke zu schweren Einbußen führten.

Die deutsche Nachrichtengebung verlor zunehmend an Kredit; die Propaganda sah sich starker Kritik ausgesetzt, das Abhören feindlicher Sender nahm weiter stark zu.

Die »vierte Waffe« – wie Goebbels einmal die Propaganda charakterisierte[125] – hatte, laut Aussage des wöchentlichen Tätigkeitsberichtes der Reichspropagandaämter, tatsächlich »einen starken Stoß« erlitten.

Vergeblich versuchte sie der Bevölkerung zu suggerieren, daß Deutschland heute vor keiner schwierigeren Situation stehe als seinerzeit die Russen, als deutsche Truppen kurz vor Moskau und im Kaukasus standen. »Was sie vermochten, kann für das deutsche Volk keine Unmöglichkeit sein.« Man müsse zwar die von 1939–1942 errungene »äußere Verteidigungslinie« an zahlreichen Stellen aufgeben, und das Ringen habe sich dem »inneren Verteidigungsring« genähert. »Wenn wir diese Position

123 *idem*, vom 28. 8. 44. *ibid; fol.* 92–100.
124 »Der Verrat des Königs Michael von Rumänien wurde mit großer Bestürzung aufgenommen und mehr beachtet als seinerzeit der Verrat Badoglios und Viktor Emmanuels.« Monatsbericht des Regierungspräsidenten Regensburg, 9. 9. 44. BA *NS 19/246*.
125 Am 25. Juni 1940. *Kriegspropaganda; S.* 405.

halten, ist nichts verloren, was die nationale Existenz unseres Volkes berührt. Diese aber zu vernichten, ist die Absicht unserer Feinde. Mit Recht hat man gesagt: ›Deutschland hat den Krieg gewonnen, wenn es ihn nicht verliert‹...«[126] Von Sieg war also schon gar nicht mehr die Rede. Das beste, was man erhoffen konnte, war ein Verständigungsfriede. Im Propagandaministerium wurden die Berichte der Reichspropagandaämter sorgfältig ausgewertet. Dicke blaue Striche kennzeichneten die Themen, die ausgewalzt oder gemieden werden sollten. Im September rutschte die Stimmung trotz aller Bemühungen des Regimes noch tiefer ab:»Die negativ eingestellten Volksgenossen gewännen immer mehr an Boden und versuchten durch ihre defätistischen Äußerungen den Glauben des großen Teiles unserer Bevölkerung durch ihre versteckte Kritik an der Führung zu erschüttern.« Die Deutschen begannen, sich immer mehr mit den Gründen und Ursachen dieser katastrophalen Entwicklung zu befassen:»Warum verlief die Invasion im Westen ganz anders als erwartet? Warum wurde der totale Krieg nicht eher durchgeführt? Warum wurde das schleichende Gift, das mit dem 20. Juli zum Ausbruch kam, nicht eher erkannt und vernichtet? Warum sind wir immer wieder zu nachsichtig oder zu leichtgläubig gegen Völker, die wir in der Hand haben? Diese Fragestellungen zeigen eine deutliche Kritik, die zwar den Namen des Führers oft nicht direkt nenne, aber doch stark andeuten. In diesen Kreisen sehe man keinen Ausweg mehr, wie sich die Lage in Kürze bessern und der Feind vom Reich ferngehalten werden könne.« Man höre mehr und mehr Selbstmorderwägungen.[127] Kriegsmüdigkeit griff immer weiter um sich, Gleichgültigkeit breitete sich aus. Am 10. September verlor Deutschland seinen finnischen Bundesgenossen; am selben Tage wurde der V 1-Beschuß auf London vorübergehend eingestellt, der bulgarische »Verrat« kündigte sich an.»Die Ratten verlassen das sinkende Schiff«, sagten die Leute. V 1 ist auch nur ein Bluff.»Versager Nr. 1« und »Volksverdummung Nr. 1« wurde sie genannt.[128] Aus Frankreich, wo sich die Deutschen zum Teil in regelloser Flucht zurückzogen, schrieb ein Soldat, daß der Mordanschlag auf den Führer wohl erst jetzt seine Auswirkungen zeige.[129]

---

[126] V. I. Nr. 186/44 vom 29. 8. 44. BA ZSg 109/51; fol. 60.
[127] Wöchentlicher Tätigkeitsbericht des Leiters Pro. i. V. im RMVP, Stichtag 4. 9. 44. BA R 55/601.
[128] Kreisleitung Kreis Oberwesterwald. BA NS Misch/1634; fol. 139292.
[129] BA R 55/575; fol. 140.

»Heil Hitler« wurde mehr und mehr durch »Guten Tag«, »Guten Morgen« und ähnliche Grußformeln ersetzt.[130] Die Räumung von Eupen und Malmedy am 4. September und Aachens ab 11. September war durch Panik und Desorganisation gekennzeichnet. SS-Gruppenführer und Generalleutnant der Waffen-SS Prof. Dr. K. Gebhardt, der Chefarzt von Hohenlychen, schrieb Himmler am 5. September, der angeordnete Rückzug aus Eupen-Malmedy habe sich »mehr oder weniger zu einer panikartigen Flucht der deutschen Zivilbevölkerung ausgewachsen. Die Parteidienststellen haben die zurückflutenden Deutschen begleitet, meiner Auffassung nach überwiegend mit der Absicht, nicht mehr zurückzukehren...«[131] In Aachen wurden Parteiuniformen und Parteiabzeichen verbrannt, die Bevölkerung beim Abzug sich weitgehend selbst überlassen.[132] Für die Räumung des Kreises Aachen-Land wurde ein Sonderkommando der Kreisleitung Köln mit 7 Ortsgruppenleitern, 104 Politischen Leitern und 27 SA-Männern eingesetzt. In den folgenden Tagen erhielten sie Verstärkung aus den umliegenden Kreisen, so daß schließlich 878 Mann zur Verfügung standen. Großteils weigerte sich die Bevölkerung aber, ihre Wohnsitze zu räumen. Es bedurfte des Einsatzes von Polizeistreitkräften und Feldgendarmerie, um die Evakuierung zu bewerkstelligen. Unter der Führung des stellvertretenden Kreisbauernführers lehnten sich vor allem die Landwirte dagegen auf, ihre Höfe zu verlassen, und viele verbarrikadierten sich. Einige feuerten sogar auf die SA-Leute. Ein Teil der Bevölkerung versteckte sich in den Wäldern und anderweitig, so daß die Aktion nur sehr unvollkommen durchgeführt werden konnte.[133] Die Menschen sahen das Kriegsende greifbar vor sich und nahmen lieber jedes Risiko auf sich, als sich in das Innere des Reiches transportieren zu lassen, um dort, provisorisch untergebracht, weiter unter den Luftangriffen und dem Druck der NSDAP zu vegetieren.

Einen verheerenden Eindruck bei der Bevölkerung hinterließen die aus

[130] Wöchentlicher Tätigkeitsbericht des Leiters Pro. i. V. im RMVP. Stichtag 11. 9. 44. BA R 55/575; fol. 116.
[131] BA Slg. Schumacher/366.
[132] Schreiben eines SA-Mannes an Goebbels vom 16. 9. 44. BA R 55/575; fol. 116. – Vgl. auch Bericht der Staatsanwaltschaft Köln, 30. 9. 44. BA R 22/3374, und Bericht des Gauleiters Grohé vom 28. 9. 44, nach dem von einer Bevölkerung von etwa 73 000 insgesamt 71 823, teils nur mit Polizeigewalt, zum Abtransport gebracht wurden. BA R 58/976.
[133] Abschlußbericht über die Räumungsaktion im Kreise Aachen-Land durch das Sonderkommando der Kreisleitung Hansestadt Köln. BA R 58/976.

Frankreich zurückflutenden Truppen. In einem Bericht der Gauleitung Baden heißt es:»Geist und Haltung dieser Einheiten atmete übelste Etappenluft. Unordentliche Uniformen, viele betrunkene Blitzmädel und Soldaten in übelster und fragwürdigster Gemeinschaft zusammenhockend, die Lastwagen beladen mit den verschiedensten Gegenständen, Teilen von Wohnungseinrichtungen, Betten usw. Diese Bilder erinnerten die alten Kriegsteilnehmer an die Zustände von 1918. Wir haben immer angenommen, daß dieser, wie Reichsminister Himmler sagte, ›verfluchte Etappengeist‹ verschwunden wäre, anscheinend sind wir aber einer großen Täuschung unterlegen . . .«[134] Mindestens ebenso deutlich ist eine Beurteilung durch den Chef des NS-Führungsstabes des Heeres, Generaloberst Hengl:»Über das Versagen der Etappe Frankreich ließen sich Bände schreiben. Es waren skandalöse Zustände. Erfahrene und überlegte Kommentare bestätigen einwandfrei, das Heer beim Rückmarsch 1918 nach der Revolution sei eine Gardetruppe im Vergleich zu diesem flüchtenden Truppenhaufen gewesen . . .«[135]

Die Berichte der Reichspropagandaämter[136] und Briefe von Soldaten[137] bestätigten diese desolaten Impressionen, und mancher biedere Landser schlug erneut die Einführung eines politischen Kommissars vor.[138]

Die Folge all dieser Erscheinungen war, daß sich der größere Teil der Bevölkerung in Resignation und Fatalismus flüchtete, die Achseln zuckte und bemerkte,»mir ist alles egal, ich kann die Verhältnisse nicht mehr übersehen. Ich arbeite weiter auf meinem Posten, warte ab und nehme hin, was kommt«. Diese Meinung, so hieß es in dem wöchentlichen Tätigkeitsbericht der Reichspropagandaämter,»vertrete nicht nur der Mann auf der Straße, sondern auch in zunehmendem Maße Parteigenossen; und man müsse beobachten, daß selbst politische Leiter einer ständigen Aufrüttelung bezüglich ihres Glaubens und Vertrauens bedürften.

[134] Stimmungsmäßiger Überblick über die Gesamtpolitische Lage vom 9. 9. 44. BA *NS Misch/1761;* fol. 306 775.
[135] Kurze Aktennotiz über Frontbesuch im Westen in der Zeit vom 22. 9. bis 3. 10. 44, vom 5. 10. 44. BA *NS 19/neu 1858.*
[136] Vgl. Wöchentliche Tätigkeitsberichte vom 18. und 26. 9. 44. BA *R 55/601;* fol. 125, 135.
[137] Sehr typisch die Denkschrift eines älteren Oberleutnants »über die Gründe des militärischen Zusammenbruchs im Westen und die Notwendigkeit, harte und rücksichtslose Lehre daraus zu ziehen«. Ihm, wie vielen Soldaten, erschien es vor allem als ein moralischer Zusammenbruch, die Folge des Versagens der Offiziere, die nur einem Wohlleben huldigten. BA *R 55/581;* fol. 103–117.
[138] *ibid.;* fol. 73 und 140; *R 55/581;* fol. 37.

In bürgerlichen Kreisen hoffe man, daß eine Besetzung Deutschlands durch die Angloamerikaner uns den Bolschewismus vom Halse halten werde. Diese Kreise rechneten zwangsläufig mit einer Beseitigung des nationalsozialistischen Regimes, an dessen Stelle wieder Regierungsformen wie vor 1933 treten würden, ohne daß Deutschland zugrunde gerichtet und das Bürgertum eine wesentliche Einbuße erleiden würde . . .« Hier fürchtete man mehr den »Mob« als die westlichen Alliierten. Kritische Äußerungen gegenüber Hitler fielen, und mancher erkannte endlich, »daß auch jetzt der Widerstand nur aufrechterhalten werde, weil die nationalsozialistische Regierung nicht kapitulieren könne, weil sie sich nicht selbst aufgeben wolle«.[139]

Die übliche Propaganda wirkte in dieser Lage nicht mehr. In Bochum ging man daher dazu über, die schon oft erwiesene günstige Beeinflussung durch Frontsoldaten zu nützen. Jeder Urlauber, dessen die Kreisleitung habhaft werden konnte – am liebsten natürlich Ritterkreuzträger –, mußte in den Kinos sechs Minuten lang vor der Wochenschau sprechen und die Bevölkerung zum Durchhalten auffordern.[140]

Die Stimmung besserte sich minimal gegen den 25. September, als sich der deutsche Widerstand an der Westgrenze versteifte und die bei Arnheim in Holland gelandeten alliierten Luftlandetruppen in arge Bedrängnis gerieten. Trotzdem hielt die »außerordentliche Gedrücktheit« und teilweise sogar »eine verzweifelte Grundstimmung« an. Viele hielten den Krieg für verloren, lasen keine Zeitung und hörten keinen Rundfunk mehr. Trotzdem erfüllten sie »gehorsam ihre Pflicht«.[141]

Am Abend des 11. September hatte zum ersten Male ein amerikanischer Spähtrupp die deutsche Grenze[142] überschritten. Die erste deutsche Stadt war geräumt worden. Nun hielt die nationalsozialistische Staatsführung die Zeit für gekommen, das ganze Volk zur Kriegführung aufzurufen. Am selben Tage erschien ein Artikel des stellvertretenden Reichspressechefs im *Völkischen Beobachter*, von höchster Stelle inspiriert, und forderte zum Volkskrieg auf. Eine Woche später wandte sich SS-Obergruppenführer und General der Polizei Richard Hildebrandt an Himmler und forderte, »daß sofort der deutsche Partisanenkrieg an allen Fronten vorbereitet, bzw. in Gang gesetzt wird. Es wäre jetzt an der Zeit, den Volkskrieg auf breitester Grundlage aufzurufen und zu organisieren«. Auf

---

139 Wöchentlicher Tätigkeitsbericht Leiter Pro. i. V. im RMVP. Stichtag 18. 9. 44. BA 55/601; fol. 122.
140 *ibid.*; fol. 130.
141 *idem*; Stichtag 25. 9. 44. *ibid*; fol. 133.   142 BULLOCK, II; S. 800.

Grund von bereits im Osten gesammelter Erfahrungen[143] machte er verschiedene diesbezügliche Vorschläge. So sollten in allen Randprovinzen des Reiches »netzartige Stützpunkte und Ausweichstellen an schwer zugänglichen und schwer auffindbaren Stellen eingerichtet« werden, die mit Waffen, Munition, Lebensmitteln und Bekleidungsstücken zu versehen wären. Von der Zivilbevölkerung sollten nur »führende Familien aus Partei, Staat und Wehrmacht« evakuiert werden. Alle anderen, politisch nicht exponierten Deutschen sollten an Ort und Stelle verbleiben, »um unseren Partisanentrupps die Basis zur Weiterarbeit zu geben und um den Charakter der deutschen Landschaft zu erhalten«. Die Leitung der Kampfgruppen sollten in Händen der Höheren SS- und Polizeiführer liegen; aus Geheimhaltungsgründen der Kreis möglichst klein gehalten werden. Wichtig erschien ihm auch die Organisierung eines passiven Widerstandes aller Berufs- und Volksschichten, um eine »zweite Front« zu errichten, die Aktivierung »nichtdeutscher Angehöriger aller Randstaaten für den Freiheitskampf in ihrer Heimat« sowie die »Propagierung einer neuen europäischen Freiheitsidee«.[144]

Hitler gab Order, die Bevölkerung zum letzten erbitterten Kampf zu mobilisieren.

»Der Führer hat befohlen:

daß, da der Kampf auf weiten Abschnitten auf deutschen Heimatboden übergegriffen hat und deutsche Städte und Dörfer zum Kampfgebiet werden, unsere Kampfführung fanatisiert werden muß ... Jeder Bunker, jeder Häuserblock in einer deutschen Stadt und jedes deutsche Dorf muß zu einer Festung werden, an der sich der Feind entweder verblutet oder die ihre Besatzung im Kampf Mann gegen Mann unter sich begräbt.

Es gibt nur noch ein Halten der Stellung oder Vernichtung.«[145]

Eigentlicher Ausdruck und Symbol des Volkskrieges war die Schaffung des Volkssturmes. In ihm sollten alle waffenfähigen deutschen Männer zum Kampfeinsatz zusammengeschlossen werden:

»Nach fünfjährigem schwersten Kampf steht infolge des Versagens aller unserer europäischen Verbündeten der Feind an einigen Fronten in der Nähe oder an den deutschen Grenzen. Er strengt seine Kräfte an, um unser Reich zu zerschlagen, das deutsche Volk und seine soziale Ordnung

143 Vgl. hierzu auch KTB/OKW; Bd. IV, II; S. 1062 und 1113.
144 Tgb. Nr. 784/44 g. BA *NS 19/36*.
145 Anlage zum Rundschreiben 255/44 vom 21. 9. 1944. gez. Heil unserem Führer! von Generalfeldmarschall von Rundstedt. Abschrift in BA *NS 6/vorl.*
348.

zu vernichten. Sein letztes Ziel ist die Ausrottung des deutschen Menschen.

Wie im Herbst 1939 stehen wir nun wieder ganz allein der Front unserer Feinde gegenüber ...« Das Volk wurde zum »zweiten Großeinsatz« aufgefordert, bis ein »die Zukunft Deutschlands, seiner Verbündeten und damit Europas sichernder Friede gewährleistet ist«.[146]

Dem Volkssturm kam somit eine doppelte Funktion zu: Zum einen sollten mehr Männer zur Verteidigung des Reiches gewonnen werden – die neue Totalisierungsschlacht ging um den Slogan: Mehr Soldaten *und* mehr Waffen, eine Forderung, die im Herbst 1944 unmöglich zu realisieren war[147] –, zum anderen sollte er die Teilnahme des ganzen Volkes am Kriege, ohne Unterschied der Person und des Ranges, symbolisieren. Fabrikdirektoren standen hier neben ungelernten Arbeitern, Akademiker neben Handwerkern. Offensichtlich hat es auch Versuche gegeben, den Volkssturm nach ständischen und beruflichen Kriterien aufzuziehen. In einem Rundschreiben nimmt Bormann nämlich Stellung zu Gesuchen verschiedenster Organisationen hinsichtlich Aufstellung eigener Volkssturm-Einheiten. Er erklärte in seiner ihm eigenen burschikosen Ausdrucksweise: »Ein Bäcker-Volkssturm ist ein nonsens, ist ein kontradicio in adjecto (sic), ist ein Widerspruch in sich!

Es gibt keinen trockenen Platzregen!

...

Volkssturm ist deutlichste Unterstreichung und Herausstellung der Einheit!

Volkssturm ist Zusammenführung und Zusammenfassung!

Volkssturm ist das Gegenteil von Aufspaltung nach Beruf oder Betrieb, nach Stand oder Rang! Volkssturm heißt Ausschöpfung aller Kräfte, die aus dem Gefühl oder Bewußtsein des Zusammenlebens aller erwachsen!«[148]

Die Eidesformel des Deutschen Volkssturmes verpflichtete wieder, wie bereits diejenige der Wehrmacht vom 20. August 1934, jeden Volkssturmmann auf Adolf Hitler persönlich. Er mußte geloben, ihm bedingungslos treu und gehorsam zu sein, lieber sterben zu wollen, als Freiheit und soziale Zukunft seines Volkes preiszugeben.[149]

---

[146] Erlaß über die Bildung des Deutschen Volkssturms vom 25. 9. 44. RGBl. I; S. 253.
[147] Vgl. über die Auseinandersetzung zwischen Speer, der mehr Waffen forderte, und Goebbels, der sich für die Mobilisierung der Massen einsetzte, JANSSEN; S. 271 ff.
[148] Rundschreiben 353/44 vom 27. 10. 44. BA *NS 6/vorl. 348.*
[149] Rundschreiben 354/44 vom 27. 10. 44. *ibid.*

Ein weiteres Mittel, wachsende Angst und schlechte Stimmung auf-zufangen, war der Einsatz der Bevölkerung zu Schanzarbeiten. Die natio-nalsozialistische Elite hatte wohl registriert, daß das Gefühl der Ohn-macht und Hilflosigkeit die Menschen am meisten niederdrückte. Nach dem bewährten Prinzip der Beschäftigungstherapie sollten sie nun von ihren Sorgen abgelenkt und ihnen gleichzeitig die Illusion geschenkt wer-den, sie könnten den Feind durch ihren persönlichen Einsatz aufhalten. Dieses Ablenkungsmanöver war nur teilweise und für kurze Zeit erfolg-reich. Von der Kreisleitung Freiburg kam beispielsweise ein geradezu enthusiastischer Bericht: Das »Volksaufgebot am Oberrhein« erweise sich als ein »wahrer Segen«. Es habe »sich draußen in den Gräben eine Wehr-kameradschaft herausgebildet, die tiefer sitzt, als es tausend Versammlun-gen hätten erreichen können«. Das »Gemeckere« habe stark nachgelassen, selbst »in den Gemüseläden«. Überhaupt habe auf Grund der militäri-schen Lage ein starker Optimismus Platz gegriffen, »den man in seiner Neigung zum Wunderglauben da und dort sogar dämpfen muß«.[150]

In Düsseldorf las man es anders:

»Der Westwallbau und alle damit zusammenhängenden Probleme for-dern die Kritik der Bevölkerung jeden Tag mehr heraus.« Es wurde ins-besondere die Verpflegung, Unterkunft, der Einsatz der Jugendlichen, mangelnder Schutz gegen Fliegerangriffe und vor allem die Organisation des Einsatzes scharf kritisiert. Wer über gute Beziehungen verfüge, könne sich drücken.

Wieder, wie bereits 1943, erregten die Politischen Leiter das Mißfallen der Bevölkerung:

»Die Meinung ist vielfach, daß der ganze großaufgezogene Einsatz von der Partei nur inszeniert worden sei, um dem Geltungsbedürfnis der Gau-leiter zu genügen, die nicht hinter den Gauleitungen im Osten zurückste-hen wollten ...

... Die ganze Organisation sei nur dazu da, daß die Herren, die bisher für die Front zu feige gewesen seien, sich jetzt – obwohl sie wiederum nicht aktiv in Tätigkeit zu treten brauchten – auf kaltem Wege ihre Aus-zeichnung holen könnten, damit sie nach dem Kriege etwas aufzuweisen hätten ...« Auch in diesem Bericht heißt es, politische Leiter hätten teil-weise ihre Uniformen gegen Zivil vertauscht und seien als erste geflohen.

---

150 Stimmungsmäßiger Überblick über die gesamte politische Lage. 30. 9. 1944.
BA NS Misch/1719; fol. 302 164.

Ein alter Parteigenosse habe auf dem Rückmarsch nach Kleve erklärt: ›Hier hat die Partei ihr letztes Renommée verloren‹«.[151] Kritik über die schlechte Organisation der Schanzarbeiten wurde auch von den Reichspropagandaämtern gemeldet.[152] Schließlich schickte der Chef der Sicherheitspolizei und des SD, SS-Obergruppenführer und General der Polizei Kaltenbrunner, einen zusammenfassenden Bericht über die Schanzaktionen an Reichsschatzmeister Schwarz. Aus ihm geht hervor, daß tatsächlich das Grundübel dieser Aktion »Befestigungslinien an der Reichsgrenze« in seiner Improvisiertheit lag. Negative Auswirkungen machten sich besonders im Westen bemerkbar, wo das plötzliche Auftauchen der westlichen Alliierten das Durcheinander noch erhöhte. Dazu kamen Tieffliegerangriffe. Die Bewohner der westlichen Grenzgebiete äußerten sich, zu Recht, äußert skeptisch über den militärischen Wert solcher Anlagen, die zudem nicht nach einheitlichem Plan angelegt wurden. Vielfach kam auch Hitlerjugend zum Schanzeinsatz, eine Tatsache, die besonders heftig wegen der unnötigen Gefährdung der Jugendlichen kritisiert wurde. Die aufsichtführenden Politischen Leiter bezeichnete die Bevölkerung oft gehässig als »Politische Kommissare«. Kaltenbrunner schloß seinen Bericht: »Versagen der Führungskräfte hat dagegen zu stimmungsmäßig ungünstigen, teils bedenklichen Auswirkungen geführt.«[153]

Im Osten zeigten sich ähnliche Erscheinungen. Aus Angst vor dem näherrückenden sowjetischen Feind hatte sich die Bevölkerung erst recht willig zum Einsatz gemeldet und in kurzer Zeit, beispielsweise im oberschlesischen Raum, ein tiefgegliedertes Grabensystem angelegt. Aber auch sie wurde sehr rasch verärgert durch Organisationsmängel, schlechte Verpflegung und ungeschickte und ungerechte Behandlung. »Verbitterung hat es besonders geschaffen, da es offensichtlich völlig ungeeignete männliche Aufsichtspersonen fertiggebracht haben, mit Personenkraftwagen an die Stellungen heranzufahren und diese dann, ohne selbst einen Spaten anzugreifen, abzugehen, dafür aber die schaffenden, teilweise bejahrten Männer und Frauen nicht nur zu kontrollieren, sondern sie darüber hinaus in völlig ungeeignetem Befehlston anzuschreien. Es kommt hinzu, daß die meisten von einer entscheidenden Abwehrkraft der so schnell errichteten

151 Sicherheitsdienst des Reichsführers SS, SD-Leitabschnitt Düsseldorf, 27. 9. 44. BA R 58/976.
152 Wöchentlicher Tätigkeitsbericht. Stichtag 2. Oktober 1944. BA R 55/601; fol. 149.
153 III A 3-905-1-4628/44 vom 28. 10. 44. BA NS 1/544. – Vgl. auch den negativen Bericht des SD-Leitabschnittes Düsseldorf vom 8. 4. 44. R 58/976 und Gen. Staatsanwalt Hamm, 17. 10. 44. BA R 22/3367.

Befestigungen nicht mehr überzeugt sind.«[154] Das Beispiel des Atlantikwalles hatte die Deutschen äußerste Skepsis gegenüber allen Arten von Befestigungsanlagen gelehrt. Schon hörte man überall Stimmen, die sich sehr kritisch über den Westwall äußerten. Und wie lange konnte schon solch ein kümmerliches Grabensystem wie der sogenannte Ostwall halten?

Im Zuge der dritten Totalisierungswelle sollten nun die Frauen wirklich alle erfaßt werden. Für viele war nach wie vor die unterschiedlose Verpflichtung aller arbeitsfähigen Frauen »der Prüfstein dafür, ob die Lasten gerecht auf alle Schultern verteilt werden«.[155] Gerade von den Frauen führender Persönlichkeiten erwartete man immer noch ein Beispiel. Die NSDAP setzte sich intensiv ein, um Arbeitsplätze für weibliche Kräfte zu finden. Reichsminister Speer, der eigentliche Initiator dieser neuen totalen Kraftanstrengung, veröffentlichte mit seinem an alle Betriebsführer gerichteten Erlaß vom 9. August eine umfangreiche Liste von Fertigungen, die geeignet waren, in Heimarbeit hergestellt zu werden. Ab 30. September bestand das Verbot, diese Fertigungen in Betrieben vorzunehmen.[156]

Um Hitler weitere Soldaten für die Kriegführung zur Verfügung zu stellen, wurden nun auch Frauen als Wehrmachtsangehörige aufgenommen. Diese Maßnahme riskierte jedoch, das offiziell propagierte Bild der deutschen Frau noch mehr ins Wanken zu bringen. Vom Oberkommando der Wehrmacht wurde daher eine Art Sprachregelung für die Behandlung des weiblichen Wehrmachtsgefolges herausgegeben:»Beherrschender Grundsatz für jede Art des Fraueneinsatzes, insbesondere auch für den Gemeinschaftseinsatz muß bleiben, daß sich der ›weibliche Soldat‹ nicht mit unserer nationalsozialistischen Auffassung vom Frauentum verträgt. Die Frau nimmt grundsätzlich nicht mit der Schußwaffe am Kampfe teil, auch nicht im Falle einer Gefangennahme . . .«[157]

Frauen fanden aber nicht nur in Schreibstuben und zur Krankenpflege Verwendung. Der immer bedrohlichere Mangel an Soldaten führte dazu, daß im Oktober 1944 die Scheinwerferbatterien mit weiblichen Kräften besetzt wurden. 100 000 Mädchen wurden kurzfristig angefordert, um dieselbe Zahl von Soldaten aus der Luftwaffe für Kampfaufgaben freizu-

[154] Generalstaatsanwalt Kattowitz, 6. 10. 44. *R 22/3372.*
[155] »Meldungen über die Entwicklung in der öffentlichen Meinungsbildung«, 17. 8. 44. BA *NS 6/411; fol.* 13563.
[156] Vgl. hierzu Rundschreiben des Leiters der Partei-Kanzlei 192/44 vom 23. 8. 1944. BA *NS 6/vorl. 341.*
[157] *Az 26/27* AWA/Ag WV 2 (III) vom 5. 9. 44. Abschrift in BA *NS 6/vorl. 351* Nr. 1649/44 geh.

stellen. 52 000 Mädchen der Jahrgänge 1920 bis 1924 wurden, statt für den Reichsarbeitsdienst, für den Wehrmachtsdienst eingezogen; weitere 33 000 kamen aus dem aktiven weiblichen Reichsarbeitsdienst, und 15 000 mußte der Generalbevollmächtigte für den Arbeitseinsatz zusammentrommeln.[158] Verheiratete Frauen, Rüstungsarbeiterinnen und Studentinnen, die ein kriegswichtiges Studium absolvierten, waren von dem Einsatz ausgenommen. Dabei sollte es nicht bleiben. Am 2. November teilte Martin Bormann in einem Rundschreiben mit, es hätten sich mehrfach deutsche Frauen und Mädchen zum Einsatz mit der Waffe gemeldet. Im Auftrage Hitlers bat er, ihm alle diese Freiwilligengesuche im Original zu übersenden.[159] Wenig später wurde die Einziehung von weiteren 150 000 Frauen und Mädchen angeordnet. Möglichst aus Freiwilligen sollte ein Wehrmachthelferinnenkorps gebildet werden. Art und Umfang der Verwendung dieser Wehrmachthelferinnen hatte der Chef OKW, im Einvernehmen mit dem Reichsbevollmächtigten für den totalen Kriegseinsatz und dem Leiter der Partei-Kanzlei, zu bestimmen.[160]

Damit waren vorläufig die wichtigsten Vorbereitungen seitens der Staatsführung für einen Volkskrieg getroffen worden. Die Deutschen nahmen diese Ankündigungen mit sehr gemischten Gefühlen auf. Die meisten befürchteten, es werde nur ein Anlaß für die Kriegsgegner zu noch schärferem Terror sein. Andere meinten:»daß wir jetzt selbst der illegalen Kampfesweise huldigten, nachdem wir bis vor kurzem den Terrorismus in den Westgebieten angeprangert hätten und heute noch einen Vernichtungsfeldzug gegen die Bandentätigkeit in den verschiedensten Gebieten führten«.[161] Die Propagandaführung wurde daraufhin umgestellt und in Presse und Rundfunk nicht mehr über Bandenbekämpfung gesprochen.

Die Angst, als Partisan von den Gegnern erschossen zu werden[162], war eine der wesentlichsten Ursachen für die Ablehnung des Volkssturmes.

---

158 Vgl. dazu die Rundschreiben Bormanns Nr. 303/44 und 330/44 vom 7. und 17. 10. 44. BA NS 6/vorl. 348.
159 Nr. 366/44. BA NS 6/vorl. 349.
160 Rundschreiben 421/44 vom 30. 11. 44 und Zweite Anordnung zur Durchführung des totalen Kriegseinsatzes vom 29. 11. 44. BA NS 6/vorl. 349.
161 Wöchentlicher Tätigkeitsbericht Leiter Pro. i. V. im RMVP. Stichtag 9. 10. 44. BA R 55/601; fol. 160.
162 Vgl. 5. Bericht über den »Sondereinsatz Berlin«, für die Zeit vom 4. 11. bis 12. 11. 1944. BERGHAHN. »Meinungsforschung im Dritten Reich«. loc. cit.; S. 96.

Die Meinungen über diese jüngste NS-Schöpfung waren sehr geteilt und variierten regional und mit Ablauf der Zeit. Während das Reichspropagandaamt Breslau euphemistisch von einer impulsiven Begeisterung der Menge, Beifallskundgebungen und einer einschränkungslosen Zustimmung berichtete[163], brachte der wöchentliche zusammenfassende Bericht über die Tätigkeit der Reichspropagandaämter bereits eine viel nuanciertere Stellungnahme. Hier wurde angeführt, daß der Volkssturm grundsätzlich als eine wichtige Sicherungsmaßnahme angesehen »und der Wille der Führung, mit allen Mitteln dem Ansturm der Feinde zu entgehen, anerkannt« werde. In »gebildeten« Kreisen hingegen mache sich allerhand Zweifel breit:

»a) Man frage sich, wie man die Volkssturmmänner in kurzer Zeit bewaffnen will.

b) In den Augen der Pessimisten werde der Volkssturm als ein Zeichen unserer militärischen Schwäche angesehen. Wenn Lahme und Krüppel, die bisher nicht gebraucht werden konnten, das Kriegsglück wenden sollen, könne nicht mehr vom Sieg die Rede sein (Halle).

c) Wir schimpften bisher über die Partisanen und stellen nun ähnliche Truppen auf.

d) Andere befürchten, daß unzuverlässige Elemente in den Volkssturm aufgenommen würden und damit Waffen in die Hände bekämen (Nürnberg).

e) Von vielen Volksgenossen werde diese Einrichtung mit der Begründung belächelt, daß mit Waffen, die 1813 wirkungsvoll waren, gegen Panzer und Bombenteppiche nicht angekämpft werden könne.

f) Der Volkssturm sei wie die V 1 ein reines Propagandaunternehmen, das bei Freund und Feind nicht ernstgenommen werde.

Ein kleiner Teil der Bevölkerung begrüßte den Führerbefehl freudig und erwarte von ihm die notwendige Zusammenfassung aller zum letzten Entscheidungskampf einsetzbaren Kräfte ...«[164]

Es scheint sich wirklich nur die Minderheit der Aktivisten und der Naiven von diesem bunt zusammengewürfelten, völlig unzureichend bewaffneten Haufen etwas versprochen zu haben. Auf die meisten wirkte die Ankündigung eher depressiv.[165] Teilweise wurden in Berlin die Plakate

---

[163] 14501 vom 20. 10. 44. BA *R 55/602;* fol. 111.
[164] Stichtag 23. 10. 44. BA *R 55/601;* fol. 184/185.
[165] Vgl. Kreisleitung Wertheim, 25. 10. 44. BA *NS Misch/1732.*

abgerissen, und mancher suchte sich zu drücken. Nur einige alte Frontsoldaten, die sonst nicht mehr gebraucht worden waren, fühlten sich endlich wieder zu einer Aufgabe aufgerufen.[166] Die interessantesten und zahlreichsten Äußerungen zum Thema Volkssturm finden sich in einem Bericht des SD-Abschnittes Stuttgart, der Meldungen von 50 Mitarbeitern verwandt hat. Daraus geht ebenfalls hervor, daß die überwiegende Mehrzahl den Führererlaß negativ aufgenommen hatte. Als Meinungskristallisationspunkt bietet dieser Aufruf zum letzten Aufgebot interessante Einblicke in die seelische Verfassung der Deutschen im Herbst 1944. In Arbeiterkreisen hieß es, die besitzenden Klassen würden sich schon wieder zu drücken wissen; auf dem Lande sagte mancher, es sei ein Eingeständnis von Schwäche. Der SD-Beobachter aus Stuttgart-Fangelsbach meldete: »Das ist zwar sehr schön, aber nicht die Meinung des Volkes. Im engen deutschen Raum ist im Gegensatz zu Rußland an einen Widerstand der Bevölkerung gar nicht zu denken. Selbst, wenn der Wille der Bevölkerung da wäre, so wäre dieser Widerstand in kurzer Zeit beseitigt. Es darf nicht vergessen werden, daß wir im 6. Kriegsjahr sind und die Bevölkerung kriegsmüde ist.« Der Vertrauensmann des SD meinte, im übrigen glaube er im süddeutschen Raum kaum an einen Widerstand. So mancher hoffte im stillen, daß nun der alte Traum, von Preußen befreit zu werden, in Erfüllung gehe.

Es gab auch Württemberger, die meinten spöttisch, das wäre nun die V 2. Andere nannten den Volkssturm die sogenannte Partisanen-Armee. Im übrigen verspürten die abgehetzten und überlasteten Männer wenig Lust, ihre karge Freizeit mit Wehrübungen zu verbringen. Und dies vor allem nicht unter der Leitung der Partei, der SA, NSKK usw. statt unter der Führung von Offizieren. Daß auch Frauen im Notfall zur Waffe greifen sollten, wurde als »bolschewistische Zustände« bezeichnet. Die Liste der negativen Aussprüche ist lang[167], zu lang, um sie wiederzugeben. Die Kreisleitung Freiburg hingegen, die sich so positiv über die Schanzarbeiten geäußert hatte, wußte auch hier wieder Erfreuliches zu berichten: »In den Landortsgruppen besitzen diese Erfassungsappelle geradezu einen erfrischend revolutionären Charakter, und zwar mit wenig Ausnahmen überall. Die Bauern setzen sich anschließend spontan zusammen und singen vaterländische Lieder und bringen in Reden und in privaten Äußerungen

---

[166] Vgl. Berichte über den Sondereinsatz Berlin vom 25. 10., 3. und 27. 11. 44. MGFA WO 1–6/368. – Über den Sondereinsatz s. infra; S. 512.

[167] »Stimmen zum Erlaß des Führers über die Bildung des Deutschen Volkssturmes«, 8. 11. 44. HStA Stuttgart K 750/59 und BA NS Misch 443.

ihren Stolz und ihre Freude zum Ausdruck, daß sie nun auch noch als Soldaten zu Wort kommen. In der Stadt allerdings haben kleine verweichlichte bürgerliche Intelligenzkreise immer noch nicht das nötige Schamgefühl, das sie verhindern würde, die verschiedensten Wehwehchen und Unabkömmlichkeitsvorbehalte zur Schonung vor dem Volkssturmdienst an den Mann zu bringen. Sie sind aber auch hier eine verhältnismäßige Minderheit und werden entsprechend behandelt.«[168]

Inhalt und Tenor dieses Dokumentes lassen es unschwer als typisches Produkt jener mittleren Parteiführer einstufen, die ihren Funktionen in keiner Weise gewachsen waren und mangelnde Fähigkeiten durch zackigen Jargon und frisierte Gefälligkeitsberichte zu überspielen suchten. Mit wenigen Ausnahmen, wie der Bericht des Präsidenten des Hanseatischen Oberlandesgerichts[169], der den Volkssturm als stimmungsstimulierend herausstellt, überwiegen die negativen und skeptischen Äußerungen, auch aus ländlichen Gegenden. »Der Volkssturm ist eine Quelle des Ärgernisses und der teilweise recht gereizten Auseinandersetzung der Bevölkerung. Es fehlt an Uniformen und vor allem an Waffen. Der größte Teil der Männer erklärt, daß sie an sich schon dem Volkssturm kein sehr großes Vertrauen entgegengebracht hätten und lieber zur Wehrmacht gingen...«[170]

Einen kleinen Aufschwung scheint die Vereidigung bewirkt zu haben. »Allein die Tatsache des Marschierens in der großen Kameradschaft« habe dazu beigetragen, »den Menschen einen inneren Halt zu geben«.[171]

Positiver als diese vorübergehende Befreiung von Zweifeln und Ängsten durch ihre Aufhebung im Kollektiv wirkten sich zwei andere Ereignisse aus: Hitlers Proklamation zum 9. November[172] und der Einsatz von V 2.

»Die Wirkung der Botschaft sei bei allen Kreisen der Bevölkerung sehr tief und nachhaltig gewesen. Sie habe den Glauben und die Zuversicht aller Volksgenossen gestärkt, selbst derjenigen, die anfingen, müde zu werden... Die Art, in der der Führer zu dem äußeren und inneren Verrat Stellung nahm, habe am besten der hier und da vertretenen Meinung

---

168 Stimmungsmäßiger Überblick über die gesamte politische Lage. 14. 11. 44
    BA *NS Misch/1719*; fol. 302155.
169 Vom 4. 12. 44. BA *R 22/3366*. – Der OLG-Präsident Jena spricht ziemlich
    unverbindlich von der allgemeinen vorteilhaften Wirkung. Bericht vom
    2. 12. 44. *R 22/3869*.
170 Meldung des RPA Westmark, 5. 12. 44. *R 55/603*; fol. 57. – Es gibt noch
    zahlreiche andere Aussagen, mehr negativer als positiver Art.
171 Wöchentlicher Tätigkeitsbericht. Stichtag 14. 11. 44. BA *R 55/601*; fol. 219.
172 Text der Rede bei DOMARUS, Bd. II; 2. Halbband; S. 2160 ff.

entgegengewirkt, als sei die Führung von diesen Ereignissen überrumpelt worden. Die Feststellung, daß mit allen Saboteuren gründlich aufgeräumt würde, habe eine große Beruhigung ausgelöst. Die Proklamation des Führers habe die Vorstellung gefestigt, daß das Kriegsgeschehen im großen gesehen nicht von Zufällen beherrscht werde, sondern einer schicksalhaften Notwendigkeit entspringe. Der feste Wille und die eiserne Entschlußkraft des Führers, unter gar keinen Umständen zu kapitulieren, und die Mitteilung, daß der Führer mit den Vorbereitungen zu den großen kommenden letzten Entscheidungen vollauf beschäftigt sei, sei mit großem Beifall aufgenommen worden . . .«[173]

Entkleidet man diesen zusammenfassenden Bericht über die Meldungen der Reichspropagandaämter seiner üblichen Übertreibungen, kann festgehalten werden, daß es Hitler immer noch gelang, den Labilen, Naivgläubigen Vertrauen einzuflößen, Sicherheit zu suggerieren, Hoffnungen zu beleben. Dies lag wahrscheinlich daran, daß er selbst ganz fest daran glaubte, glauben wollte, es werde ihm durch eine letzte großangelegte Offensive gelingen, die Westalliierten zu einem Kompromißfrieden zu veranlassen. Es war dasselbe Konzept, das ihn die Invasion der westlichen Alliierten im Westen Europas als letzte Entscheidungsschlacht beinahe herbeisehnen ließ, das ihn zu einem Blitzkrieg gegen die UdSSR inspiriert hatte, um England seinen Festlandsdegen zu nehmen. Die Realitätsblindheit Hitlers zu evozieren bei Problemen, die seinen Wunschvorstellungen zuwiderliefen, hieße offene Türen einrennen. Seine Imaginationskraft war so stark, daß sie ihn glauben ließ, was er glauben wollte, und er diese Überzeugung auch anderen mitteilen konnte. Mancher, der zweifelnd zu ihm kam und ihn von der Ausweglosigkeit der Lage überzeugen wollte, ging getröstet von dannen. Und je mehr es ihm gelang, andere von seinen Vorstellungen zu überzeugen, um so wirklichkeitskräftiger wurden diese auch für ihn. Das Phänomen dieser Übertragung ist nicht nur bei Individuen nachweisbar, sondern auch bei der Masse. Nach dem Attentat des 20. Juli war seine Popularitätskurve nach jähem Anstieg langsam abgesunken. Eine indirekte Bestätigung dieses Abfalls und neuerlichen Anstiegs bietet wieder die von amerikanischen Wissenschaftlern durchgeführte Befragung von deutschen Kriegsgefangenen. Mitte Oktober war die Prozentzahl derjenigen, die an ihn glaubten, von 69 % im August auf 42 % abgerutscht. In der zweiten Novemberhälfte lag sie wieder bei 64 %. Zur selben Zeit ist ein Heraufschnellen der Hoffnungen hinsichtlich der Mög-

[173] BA R 55/601; fol. 22, 222. – Vgl. auch den Bericht vom 21. 11. 44. *ibid.;* fol. 228.

lichkeit, die Alliierten wieder aus Frankreich zu vertreiben, festzustellen. Mit 51 %/o erreichten sie seit Beginn der Invasion den höchsten Stand.[174] Wenn auch diese Prozentzahlen keinesfalls als repräsentativ weder für die Wehrmacht insgesamt noch für die deutsche Bevölkerung angesehen werden können, so indizieren sie doch einen Trend, der durch die Stimmungsberichte bestätigt wird.

Hitlers Erklärung des doppelten Verrates, von außen wie von innen, wurde begierig akzeptiert, seine Andeutungen neuer großer Ereignisse mit neu erwachender Hoffnung registriert, obwohl auch enttäuschte Stimmen aufgefangen wurden und sich eine Fülle von Gerüchten an die Tatsache knüpfte, daß er nicht selbst gesprochen und die Proklamation hatte von Himmler vorlesen lassen.[175]

Die erst um diesen Zeitpunkt herum bekanntgegebene Tatsache des Einsatzes von V 2 – zum ersten Male waren bereits am 8. September die ersten Raketen auf London niedergegangen – verstärkten den durch die Führerproklamation bewirkten Auftrieb:

»Der Einsatz der neuen Vergeltungswaffe habe sich, wie aus der Mehrzahl der Berichte hervorgeht[176], sehr günstig ausgewirkt und bei vielen Volksgenossen neue Hoffnungen erweckt, wenn dies auch nicht so deutlich zutage getreten sei wie beim Einsatz von ›V 1‹... Besonders stolz seien all die Volksgenossen, die nach wie vor an den Einsatz neuer Vergeltungswaffen glaubten, weil ihr Glaube nicht enttäuscht worden sei. Im Gegensatz dazu sei die große Zahl der Volksgenossen, die an den Einsatz weiterer V-Waffen nicht mehr glaubten, durch den Einsatz der ›V 2‹ beschämt worden. Bei einzelnen Volksgenossen breche ein Gefühl des Stolzes durch, daß wiederum, wie so oft in der Geschichte, es Deutsche sind, die mit einer genialen Erfindung ihrer Zeit weit vorauseilen und der Kriegsführung, die eine immer sichtbarere Revolutionierung erfahre, ganz neue Wege weise.«[177]

Die Tatsache, daß die neue Waffe erst Wochen nach ihrem ersten Einsatz von den Nachrichtenmitteln erwähnt wurde, »hat als ein besonderes Zeichen unserer Stärke imponiert«.[178]

174 GURFEIN, M. J., JANOWITZ, Morris. *loc. cit.*; S. 81.
175 6. Bericht über den Sondereinsatz Berlin. 21. 11. 44. MGFA *WO1-6/368* und 7. Bericht, abgedruckt bei BERGHAHN. »Meinungsforschung im Dritten Reich«; S. 99.
176 Es gab auch solche, die meinten, die Bevölkerung sei nicht sonderlich beeindruckt. Vgl. 5. Bericht über den Sondereinsatz Berlin für die Zeit vom 7. 11. bis 12. 11. 1944. *ibid.*; S. 95.
177 Wöchentlicher Tätigkeitsbericht des Leiters Pro. i. V. im RMVP. Stichtag 14. 11. 44. BA *R 55/601;* fol. 217/218.
178 Kreisleitung Freiburg 14. 11. 44. BA *NS Misch/1719.*

Der durch die neue V-Waffe mitangeregte Stimmungsauftrieb war nur von sehr kurzer Dauer. Eine graphische Darstellung der Meinungskurve seit Beginn des sechsten Kriegsjahres würde bis Ende September ein stetiges Absinken, eine leichte Besserung in der ersten Oktoberhälfte, dann wieder eine negative Entwicklung bis in die erste Novemberwoche, anschließend eine etwa zehntägige Aufwärtsbewegung, gefolgt von einer neuen rapiden Abwärtsentwicklung bis Anfang Dezember, wo sich wieder eine leichte Besserung andeutete, ergeben. Von diesem Zeitpunkt an, als sich Gerüchte über eine neue deutsche Offensive verdichteten, ist ein stetiger leichter Stimmungsanstieg zu verzeichnen. Insgesamt gesehen lag das Stimmungsniveau jedoch trotz der konstatierten Abwärtsbewegung seit dem Sommer und trotz der bedrohlichen militärischen Situation höher, als dies im Frühjahr und Sommer 1943 der Fall gewesen war. Die Propaganda des Regimes machte auch verzweifelte Anstrengungen, die Deutschen wider alle Vernunft hoffen zu lassen. Durch ausgedehnte Mundpropaganda wurde der Glauben an neue »Wunderwaffen« immer wieder gestärkt. Dazu kam eine intensive »Greuelpropaganda« über das Verhalten der Sowjets, aber auch der westlichen Alliierten. Waren derartige Flüsterparolen bisher nur von den Dienststellen der Partei ausgestreut und weitergetragen worden, bediente man sich ab 1944 – allerdings in bescheidenem Umfange – noch eines anderen Instrumentes: der Wehrmacht.[179] Im Januar 1944 war in Wien eine Aktion »Semmering« durchgeführt worden, in der erstmals Soldaten für Flüsterpropaganda eingesetzt wurden, wobei sie gleichzeitig die Stimmung der Bevölkerung einzufangen hatten. Ein erster Bericht lag im April 1944 vor. Im Sommer erstattete die Amtsgruppe Wehrmachtpropaganda, deren Chef Hasso von Wedel die Aktion mittels des Wiener Wehrmachtpropagandaoffiziers und des dortigen Reichspropagandaamtes organisiert hatte, dem Reichsminister für Volksaufklärung und Propaganda Bericht. Das Vorhaben sollte nun auf weitere Städte ausgedehnt werden. Ab September wurden Vorbereitungen dieser Art für Berlin, Breslau und Münster getroffen. Während in Münster durch die schweren Luftangriffe der Plan nicht zum Tragen kam, wurde er in Breslau und Berlin durchgeführt. Nach einigen Schwierigkeiten mit der Reichspropagandaleitung, die inzwischen, auf Vorschlag einzelner Reichspropagandaämter[180], ihre übliche Mundpropagandatätigkeit

---

[179] Über erste Anfänge, Aufbau, Ausdehnung und Umfang s. BERGHAHN. »Meinungsforschung im Dritten Reich«. loc. cit.; S. 83 f.
[180] Vgl. Wöchentlicher Tätigkeitsbericht des Leiters Pro. i. V. im RMVP. Stichtag 23. 10. 44. BA R 55/601; fol. 185–187.

mit Erfolg[180] selbst intensiviert hatte, wurde eine weitere Ausdehnung solcher Sondereinsätze von Soldaten für zahlreiche andere Städte geplant.

Da aber das Reichsgebiet immer mehr zusammenschrumpfte, kamen schließlich nur in Ostbayern, Norddeutschland und Berlin noch systematisch solche kombinierten Propaganda- und Meinungsforschungsunternehmen durch kleine ausgewählte Soldatentrupps zur Ausführung. Diese Übertragung von Aufgaben, die bisher als eigentliche Domäne des NS-Staates, der Partei und ihrer Organisationen gegolten hatte, auf Angehörige der Wehrmacht wirft ein bezeichnendes Licht auf das Vertrauensverhältnis der Bevölkerung zum nationalsozialistischen System. In der Werteinstufung rangierte die Wehrmacht weit über der NSDAP. Oberstleutnant Wasserfall, welcher den Berliner »Sondereinsatz« leitete und auch die weitere Gestaltung solcher Unternehmen beeinflußte, konnte sich in seinen nur mündlich bekanntzugebenden Richtlinien mit Recht, trotz der Ereignisse im Westen, darauf berufen: »Der Soldat genießt nach wie vor das Vertrauen des Volkes.«[182] Hatte Goebbels ursprünglich die Mithilfe der Wehrmacht für Propagandatätigkeiten strikt abgelehnt, war er durch die Meinung der Bevölkerung schließlich doch gezwungen worden, ihre Mitarbeit zu akzeptieren und durch Vorträge und Ansprachen von Soldaten und Offizieren die durch seine ewig selben Propagandaparolen ermüdeten Deutschen aufzurütteln. Und nun mußte er auch teilweise die bisher geübte Praxis der heimlichen Meinungsbeeinflussung durch Flüsterparolen sowie Meinungsforschungsaufgaben Angehörigen der Wehrmacht anvertrauen. Die von Wasserfall verfertigten Sondierungen haben aber teilweise einen etwas geringeren Aussagewert als die von jahrelang geschulten SD-Berichterstattern oder Propagandafachleuten aufbereiteten Berichte, da sie sich zu sehr in Einzelbetrachtungen verlieren. Außerdem erlitt die Wehrmacht im Verlauf der letzten Kriegsmonate ebenfalls einen starken Prestigeverlust, und mancher war weniger geneigt, den Aufmunterungsparolen von Soldaten zu lauschen, die ihm sogar suspekt erscheinen mochten.

Es sollen hier auch einige Auszüge aus einem Brief, den ein »Gefreiter Felix« im Herbst 1944 an Frau von Ribbentrop schickte, wiedergegeben werden, weil sie besser als mancher andere Bericht damals weitverbreitete Ansichten zusamenfassen:

»Anstatt, daß man versucht hätte, jeden Deutschen zunächst in eine

181 Vgl. *idem.* Stichtag 30. Oktober 1944. *ibid.;* fol. 197.
182 MGFA *WO1–6/368.*

große Gemeinschaft zusammenzuschließen, hat man den Volkssturm wieder nur der Partei, der SA, SS usw. unterstellt. Es ist klar, daß die Folgen nicht ausbleiben werden. Wer macht die *Aufsicht* beim Schanzen im Osten und Westen? Natürlich, das kann nur ein Partei- oder SA-Mann. Wer führt eine Volkssturmkompanie? Dies kann nur ein alter SA-Führer! Die Leute, die man schon wegen ihrer Fähigkeiten nicht in die Partei aufnahm und die wegen ihrem besseren Können vielen politischen Führern hätten gefährlich werden können, haben auch diesmal wieder nichts zu sagen. Fähig, einen Führungsposten abzugeben, sind nur Pg. Diese kleine Minderheit regiert, alles andere hat zu gehorchen. Vom Schanzen in Ost und West wurde viel gesprochen, aber am meisten doch von dem Einsatz der SA und der HJ. Weshalb muß denn immer soviel vom ›Kriegsbeitrag‹ der Partei, SA usw. geschrieben und gesprochen werden. Das Volk weiß es, warum. Es scheint doch ab und zu etwas ›nach oben‹ durchzusickern, daß sich doch hinter dem ›Nichtsoldatsein‹ *vieler* Pg. ein ganz unverschämtes Drückebergertum verbirgt. Mit vielen Raffinessen haben es viele sogar gewagt, ihre Parteiführer-, Sturmführer- usw. Posten niederzulegen, um so mehr den ›Unabkömmlichen‹ spielen zu können (Überlastung usw.). Das Volk weiß Bescheid, es ist aufmerksam genug, um alle Ungerechtigkeiten festzustellen . . .[183]

Das deutsche Volk ist mit *über* 90 % bestimmt von einer glühenden Vaterlandsliebe beseelt. Zu wieviel Prozent das deutsche Volk nationalsozialistisch ist, ist nicht einfach festzustellen. Eine augenblickliche *wahre und geheime* Volksabstimmung, wie sie noch im Herbst 1933 zum letztenmal stattfand, würde 50 % wahrscheinlich bei weitem nicht erreichen. In geheimen Abstimmungen würden voraussichtlich etwa 30 % aller Minister und Reichsleiter, 60 % aller Oberpräsidenten und Gauleiter, 70 % aller Kreisleiter, 30 % aller Landräte und 80 % aller Ortsgruppenleiter und Bürgermeister ein Mißtrauensvotum erhalten. Dies wird vielleicht als übertrieben angesehen werden können, aber es steht außer jedem Zweifel, daß es tatsächlich so sein würde! Das deutsche Volk kämpft um sein Vater-

---

[183] In einem Schreiben an Goebbels vom 15. 11. 44 aus Berlin-Steglitz heißt es ähnlich: »Sie sprechen immer vom Sieg, den das ganze Volk wünscht und baldigst herbeisehnt. Aber wenn Sie Kinder und Opas an die Front schicken und die Parteigenossen (die Herren, die den ganzen Tag die warme Uniform tragen) zu Hause lassen, wird der totale Einsatz in Frage gestellt. Auch für diese Herren, die sogenannten alten Kämpfer, gibt es heute nur eine Pflicht, nämlich unser liebes teures Vaterland von dem größten Unheil aller Zeiten zu retten. Diese Herren aber laufen mit der Jagdflinte herum, um sich zuletzt um die Jagdbeute (Rehkeule) zu zanken.« BA *R 55/577;* fol. 41.

land, um sein Leben, um seine Freiheit. Aber glaubt die Führung denn wirklich, daß die Masse aller ehemaligen Zentrumswähler, Deutschnationaler, Kommunisten, SPDler usw. tatsächlich den Nationalsozialismus will? ... Daß wir am Kriege schuld sind, steht im Buch ›Mein Kampf‹ ... Prüfen wir mal genau, ob wir nicht doch die Ruhestörer der Welt sind! Man mag es ›oben‹ glauben oder nicht, das deutsche Volk hat den Weg von 1933, um freiwillig mit dem Nationalsozialismus zu gehen, längst verlassen und steht nicht mehr hinter dieser Politik. Weshalb wollen selbst die Pg. das Parteiabzeichen nicht mehr tragen. Weshalb braucht die ›Deutsche Wehrmacht‹ nationalsozialistische *Führungsstäbe*. Der Landser nennt diese sowieso schon ›Kommissare‹ ...

... Meint Ihr denn, wir Landser wüßten nicht, welche bestialischen Mordtaten besonders unsere SS in Rußland begangen hat. Wo sind z. B. die 114 000 Juden von Lemberg? Wir waren dabei, als sie im Jahre 1942/43 so nach und nach mit LKW nicht weit von Lemberg erschossen wurden. SS-Offiziere konnten es nicht länger mitanhören und ansehen und haben sich zum Heer gemeldet. Weshalb ist Himmler der meistverachtete Mensch in der Umgebung des Führers und des Landsers. Daß Himmler überhaupt noch das Wort ›Gott oder Allmächtiger‹ auszusprechen wagt, ist eine Unverschämtheit. War er denn etwas anderes, als der Führer der Deutschen Gottlosenbewegung. Es gibt ja tatsächlich schon viele Nationalsozialisten, die längst eingesehen haben, daß sich der Nationalsozialismus als der größte Betrug des deutschen Volkes herausstellen wird ...«[184]

Dieser anonyme Brief aus Sachsen, welcher dem Amt IV der Sicherheitspolizei und des SD am 10. November zur Auswertung übersandt wurde, stellt einige Tatsachen klar heraus. Der Großteil der deutschen Bevölkerung, auch viele der ehemaligen Nationalsozialisten, hatten sich vom Regime abgewandt. Die Erkenntnis der Kriegsschuld Deutschlands erfaßte immer weitere Kreise. Zitieren wir als weiteren Beweis einen Bericht der SD-Hauptaußenstelle Stuttgart, vom Januar 1945 – der sich aber zuerst auf Vorgänge des Herbstes 1944 bezieht:

»Die SS-Hauptaußenstelle hat bereits in einem Führungsbericht im September vorigen Jahres erwähnt, daß die Volksgenossen – vor allem sogenannte Intelligenzler und intelligente Arbeiter z. T. unter Zitierung bestimmter Stellen aus ›Mein Kampf‹, zum Ausdruck bringen, die Kriegsschuld liege eindeutig auf unserer Seite, denn einer der Kernpunkte von des Führers Politik sei ja die Ausdehnung des Reiches nach Osten gewesen

[184] AA *Inland II A/B 80/3.*

und ferner die Vereinigung aller Deutschen in einem gemeinsamen Reich. Der Führer selbst habe ja in allen seinen Reden immer wieder betont – und das bis in die letzte Zeit hinein –, daß er keinen Finger breit von seiner früheren Politik abgewichen ist. Jeder vernünftige und gesund denkende Mensch hätte als selbstverständlich hinnehmen müssen, daß sich diese Programmpunkte keineswegs auf friedliche Weise verwirklichen lassen, denn die Expansion Deutschlands geht ja auf Kosten anderer Staaten. Der Führer habe also von allem Anfang an auf den Krieg hingearbeitet...« Auf diese Beobachtungen hin versandte der Leitabschnitt ein Rundschreiben an alle Vertrauensmänner. Die Antworten ergaben, »daß weniger in ausgesprochenen Landgemeinden, als vielmehr in Groß-Stuttgart davon gesprochen werde, daß Deutschland seine augenblickliche Lage selbst verschuldet habe und daß die Kriegsschuld auf unserer Seite liege«.

Aus den Berichten ging hervor, daß vor allem die Passagen, die sich auf Hitlers Lebensraumpläne im Osten bezogen, eifrig diskutiert und daraus folgerichtig auf die Expansionsgelüste des Regimes geschlossen wurde. Ein Beobachter teilte mit: »Nach den Beobachtungen der z. Z. bestehenden Verhältnissen muß festgestellt werden, daß viele Volks- und Parteigenossen sehr pessimistisch gegen die NSDAP eingestellt sind. Häufig und hauptsächlich taucht in letzter Zeit bei der ländlichen Bevölkerung der Unsinn auf, wir hätten keinen Krieg gebraucht und es hätte jeder zu leben gehabt und auch soviel Raum, daß wir ihn nicht in Rußland zu suchen brauchten. Die Anspielungen gehen immer darauf aus, daß der Russe ja gar nichts von uns wollte.«

Nicht zu Unrecht meinte der berichtende SS-Obersturmführer aus dem Stuttgarter Raum, »daß die feindliche Propaganda gewisse Stellen aus ›Mein Kampf‹ zitiere und propagandistisch für sich nutzbar mache«.[185] Es war dies eine beliebte Methode der englischen Propagandisten, frühere Zitate und Aussprüche Hitlers und führender Nationalsozialisten den augenblicklichen Gegebenheiten gegenüberzustellen und damit entweder die Kontinuität nationalsozialistischer Aggressionsgelüste oder das Nichteinhalten großspuriger Versprechen aufzuzeigen.[186]

Der SS-Berichterstatter mußte aber ebenfalls mitteilen, daß es »auch genug Volksgenossen (gäbe), die dem politischen Geschehen auf den Grund zu kommen suchten und von sich aus zu jenen Deutungen von Hitlers ›Mein Kampf‹ gelangen würden, zumal ja der Führer auch in seinen

[185] *Aus deutschen Urkunden;* S. 276–278.
[186] Vgl. BRAMSTED; S. 296 f.

neuesten Reden wieder betont habe, daß er an seinem Programm Punkt für Punkt festhalte«.

Ähnliche Berichte kamen auch von Kreisleitern aus dem Raum Lüneburg[187] und höchstwahrscheinlich, da derartige Diskussionen aus Sachsen, Württemberg und Niedersachsen gemeldet wurden, auch aus weiteren Teilen des Reiches. Der *Sprechabenddienst* der Partei trug ihnen in einer Sammelsendung von November-Dezember 1944 Rechnung mit der Parole Nr. 28: »Die Feinde sind von Anfang an die Störer des Weltfriedens!« Sie gab Antwort auf die Frage: »Wer hat in diesem Kriege angegriffen? Wer ist der Verteidiger?« Die Zusammenfassung hieß: »Geschichtlich, politisch, ebenso wie militärisch entstand der 1. September 1939 aus der Verteidigung des Reiches, Verteidigung gegenüber der Versailler Vergewaltigung und Verteidigung gegenüber den polnischen Übergriffen an der deutschen Grenze und durch die Ermordung von mehr als 50 000 Volksdeutschen – das war die deutsche Absicht am 1. September 1939.«[188] Es waren die alten Parolen, mit denen der Nationalsozialismus einst so viele geködert hatte. Nun zogen sie nicht mehr.

Was die Deutschen trotz wachsender Kritik an der NSDAP weiter unter ihrer Führung ausharren ließ, waren neben dem von dem anonymen Schreiber zitierten Patriotismus, Furcht und Zermürbung. Die Propagandamaschine des Dritten Reiches schlachtete den Morgenthauplan weidlich aus, um die immer wieder auftauchenden Meinungen, eine Besetzung durch die Anglo-Amerikaner sei nicht so schlimm, zu entkräften. Glaubt man dem wöchentlichen Tätigkeitsbericht über die Aktivität der Reichspropagandaämter, so scheint dieser Feldzug einigen Erfolg gehabt zu haben. Neben ihren Parteifunktionären und den kleinen Sondereinheiten der Wehrmacht bediente sich die Reichspropagandaleitung vor allem des Volkssturmes, um ihre Parolen unter das Volk zu bringen: »Mit allen Mitteln müssen die Volksstürme neben ihrer militärischen Zielsetzung zu einem wertvollen Träger der Volksaufklärung und Propaganda werden. Die Volksstürme sind ein Mittel, eine positive großangelegte Mundpropaganda durchzuführen . . .«[189] Ebenso wurden die NS-Führungsoffiziere angewiesen, regelmäßig Soldaten zum Bier einzuladen und ihnen bestimmte Mundpropagandaparolen einzuprägen.[190] Mitte November hieß es: »Die

187 Wöchentlicher Tätigkeitsbericht des Leiters Pro. i. V. im RMVP. Stichtag 7. 11. 44 und Stichtag 19. 12. 44. *R 55/601;* fol. 209, 257/258.
188 BA ZSg 3/1540.
189 Wöchentlicher Tätigkeitsbericht Leiter Pro. i. V. Stichtag 23. 10. 44. BA *R 55/601;* fol. 188.
190 *ibid.;* fol. 187.

Propaganda der letzten Woche habe in der Bevölkerung insofern einen
Wandel geschaffen, als die Spekulation auf einen glimpflichen Kapitu-
lationsfrieden mit den Westmächten mehr und mehr zum Schweigen gekommen sei. Man wisse auf Grund der Veröffentlichungen der letzten
Woche, daß die westlichen Gegner nicht wesentlich besser seien als die
bewaffneten Sendboten des Kremls...« Diese Feststellung traf aber nur
auf einen schwer abzugrenzenden Teil der Deutschen zu. Zumindest aus
Westdeutschland liegen Meldungen vor, die eine andere Meinung erkennen lassen. Nur wenige Tage nach der zuvor zitierten Meldung schrieb der
Chef des SS-Hauptamtes Gottlob Berger dem Reichsführer SS und teilte
ihm seine Beobachtungen aus den westlichen Kriegsgebieten mit. Die auf
Befehl Hitlers von Himmler in seiner Eigenschaft als Befehlshaber des
Ersatzheeres aufgestellten »Volksgrenadierdivisionen« hatten sich, wie
vorauszusehen war, nicht bewährt. Statt die ausgebluteten Wehrmacht-
Divisionen mit Ersatz aufzufüllen, waren die in der Heimat ausgehobe-
nen, kampfunerfahrenen Männer unter Verwendung fronterprobter Kader zum Einsatz gekommen. Das größte Kontingent der Waffenproduk-
tion war ihnen zugeteilt worden. Sie sollten den Kern für ein neues nationalsozialistisches »Volksheer« bilden. Berger schrieb seinem Reichsführer,
daß ein Teil der Volksgrenadierdivisionen »die in sie gesetzten Erwartungen nicht erfüllt« habe. Ihre Gefechts- und Verbandsausbildung sei zu
kurz gewesen. Hinzu käme eine »schlechte Stimmung der aus dem Westen
Zurückgekehrten und mangelnde Einsatzbereitschaft bis zum letzten vieler
bisher Uk-Gestellter«. Über die Bevölkerung der Westgebiete urteilte er:
»Die Haltung ist vielfach recht bedenklich. Dies zeigt sich an der Weigerung, den Evakuierungsmaßnahmen Folge zu leisten und in der Absicht,
sich vom Kriege ›überrollen‹ zu lassen.«[191]
Dieselbe Einstellung konnten wir bereits anläßlich der Räumung Aachens
konstatieren. Die Stadt war am 13. Oktober von Amerikanern eingeschlossen und nach heftigem Bombardement und Beschuß am 21. Oktober
eingenommen worden. Die zurückgebliebene Bevölkerung begrüßte teilweise die Amerikaner wie Befreier. Daraufhin ordnete Himmler an, daß
alle diejenigen, die sich »würdelos« benommen hätten, bei einer Wieder-
eroberung zur Verantwortung zu ziehen seien.[192]
Von Aachen aus beabsichtigten die amerikanischen Truppen durch eine
Offensive die Rur (Roer) zu erreichen, um von dort einen Vorstoß zum
Rhein zu unternehmen. Der Angriff begann am 16. November beiderseits

[191] Schreiben vom 17. 11. 44. BA *Slg. Schumacher/366.*
[192] RF/BU 39/60/44 g. 18. 10. 44. BA *NS 19/neu 751.*

Aachens; ein Durchbruch konnte aber vorerst nicht erzielt werden. Erst bis Anfang Dezember schafften es die Amerikaner, die deutsche Front auf die Rur zurückzudrängen. Südlich davon jedoch hatte die Armee Pattons am 8. November beiderseits Metz eine Offensive in Richtung auf die Saar begonnen. Am 22. November wurde Metz genommen. Bis Anfang Dezember gelang es, die deutschen Kräfte westlich Saarbrücken hinter die Saar zurückzuwerfen. Noch weiter südlich hatte die Armee Patchs am 23. November Straßburg genommen; die Franzosen rückten in Belfort ein und erreichten nördlich von Basel den Rhein. Die Deutschen konnten aber im Schutze der südlichen Vogesen westlich des Rheins bei Kolmar einen größeren Brückenkopf behaupten und damit eine feste Verteidigungsfront der Alliierten am Oberrhein verhindern.

»Wie aus allen Berichten hervorgeht, seien sich die Volksgenossen des Ernstes der Lage bewußt, die durch den Beginn der großen Winteroffensive im Westen in ein neues kritisches Stadium getreten sei ...«, berichtete noch recht unverbindlich der Tätigkeitsbericht der Abteilung Propaganda im Propagandaministerium am 21. November.[193] Bestürzung und Furcht klingt aber schon wenige Tage später aus dem Bericht des Reichspropagandaamtes Baden, das auch für das Elsaß zuständig war:

»Die letzten 7 Wochen waren für den Gau Baden/Elsaß wohl die dramatischsten des ganzen bisherigen Krieges. Nachdem die Front sich nach dem Rückzug aus Frankreich wieder stabilisiert hatte und jenseits der Vogesen sogar noch vor den vom Volksaufgebot errichteten Stellungen gekämpft wurde, hatte die badische wie auch die Masse der elsässischen Bevölkerung immer noch die Überzeugung, daß damit ein endgültiger Halt erreicht sei. Wie ein Blitz aus heiterem Himmel kam dann am Sonntag, 19. November, der Durchbruch bei Delle entlang der Schweizer Grenze, der im Oberelsaß den Rhein erreichte und tags darauf zum Verlust von Mülhausen führte. Während der dadurch hervorgerufene politische Stimmungseinbruch angesichts der militärischen Lagebeurteilung, wonach die Mülhauser Angelegenheit durch Gegenmaßnahmen schnell bereinigt würde, noch aufgefangen werden konnte, löste der völlig unerwartete Fall Straßburgs am 23. November im ganzen Gau eine ungeheure Schockwirkung aus. Ein Flüchtlingsstrom ergoß sich auf das rechte Rheinufer. Dazu kamen im unmittelbaren Anschluß die schweren Terrorangriffe auf die Städte Freiburg und Karlsruhe, wodurch fast hunderttausend weitere Obdachlose anfielen. Vom linken Rheinufer herüber setzte alsbald

193 BA R 55/601; fol. 226.

feindliches Artilleriefeuer auf die Dörfer und Städte der Rheinebene zwischen Karlsruhe–Schweizer Grenze und dem Schwarzwaldfuß ein. Die Totalräumung der unter Dauerbeschuß liegenden Orte, die Umquartierung von Frauen, Kindern und Nichterwerbstätigen in der Rheinebene drückte die Stimmung auf einen Tiefpunkt. Durch die Evakuierung des Nordelsaß von allen Männern zwischen 16 und 55 Jahren entstanden zusätzliche Probleme. Bewegt und umquartiert werden mußten durch diese Vorgänge etwa 20 000 Personen. Angesichts der dünnbesetzten Rheinbunker – in der Hauptsache waren es mangelhaft ausgerüstete, rasch aufgebotene Volkssturmbataillone – hatte sich zu allem hin ein allgemeines Gefühl der Schutzlosigkeit in der Bevölkerung breitgemacht. Das Vertrauen war auf das schwerste erschüttert und die Frage nach den Ursachen der Katastrophe bewegte lebhaft alle Gemüter. Bedauerlicherweise hat man sich – auch in maßgebenden Kreisen – die Beantwortung sehr leicht gemacht, indem einfach die Schuld auf die Elsässer geschoben wurde, die in Bausch und Bogen des Verrats bezichtigt wurden, ohne zu bedenken, welche Folgen eine derartige generelle Diffamierung eines deutschen Volksstammes auf die in der Wehrmacht oder im Reich im Arbeitsdienst befindlichen Elsässer haben mußte. Bei Lichte besehen ist diese Beschuldigung auch nicht in dieser allgemeinen Form aufrecht zu erhalten . . .« Der Berichterstatter nannte als eigentliche Ursache die falsche »Einschätzung des Gegners und seiner Absichten seitens der verantwortlichen militärischen Führung, die selbst dann noch optimistische Beurteilungen abgab, als die Feindpanzer bereits in Zabern standen. Der politischen Führung des Gaues wurde versichert, daß durch einen eigenen Gegenstoß die Abschnürung des amerikanischen Panzerkeiles erfolgen und damit die Bedrohung Straßburgs behoben würde. Nach dieser militärischen Lagebeurteilung mußte die politische Gauführung ihre Entschlüsse ausrichten und verzichtete demnach auch auf einen offenen Räumungsbefehl im Elsaß, da dieser den Zusammenbruch der ganzen bisherigen politischen Arbeit unter den Elsässern bedeutet hätte . . .«[194]

Der OLG-Präsident von Karlsruhe, der nach schweren Luftangriffen seine Dienststelle nach Sinsheim verlagert hatte, nannte in seinem Bericht vom 2. Januar 1945 dieselben Gründe für die versäumte Evakuierung: »Optimistische Lageschilderungen des maßgeblichen militärischen Oberkommandos« und Furcht vor »Prestigeverlust« seitens des Gauleiters.[195]

[194] Nr. 2005. Betr. Bericht über die Propagandaführung im Gau Baden. BA R 55/602; fol. 4, 5.
[195] BA R 22/3370.

Wie üblich, schob einer die Schuld auf den anderen: die politischen Funktionäre auf die Militärs, beide aber vor allem auf die Elsässer, statt sich einzugestehen, daß die eigene Kraft am Ende war und dementsprechende Konsequenzen gezogen werden mußten. Die anderweits so oft angewandte Verratsthese trug auch hier wieder den Sieg davon.

Am 18. Dezember gab der Chef des Propagandastabes im Reichsministerium für Volksaufklärung und Propaganda die Mundpropagandaparole Nr. 11 bezüglich des Feindeinbruches im Elsaß aus: »Der feindliche Durchbruch nach Straßburg hat in der Bevölkerung Beunruhigung über den Wert der Westwallbefestigungen und unsere Kampfstärke im Westen ausgelöst. Dazu ist auf folgendes hinzuweisen: Der strategische Schwerpunkt der feindlichen Offensive mußte von Anfang an bei Aachen erwartet werden. Das strategische Ziel des Feindes war und ist der Durchbruch in das Ruhrgebiet. Demgemäß mußte auch die deutsche Führung den Schwerpunkt ihrer Verteidigung in diesen Raum legen, d. h. sie mußte dort ihre Reserven massieren. Der Südflügel unserer Westfront war dementsprechend schwächer. Er hätte, gestützt auf die Verteidigungsbauten, auch gehalten, wenn nicht durch feindhörige elsässische Elemente die bei Zabern angreifenden Feindpanzer nach ihrem ersten, örtlich begrenzten Einbruch auf Nebenwegen um die an den wichtigsten Punkten bestehenden Sperren und Befestigungen herum in den Rücken unserer Truppen geführt worden wären. Diesem Verrat verdankte der Feind einen Überraschungserfolg . . .«[196]

Laut Aussage des wöchentlichen Tätigkeitsberichtes über die Aktivität der Reichspropagandaämter hatte diese Version Anfang Dezember in allen Teilen des Reiches Verbreitung gefunden.[197]

Die antisowjetische Propaganda der nationalsozialistischen Staatsführung schlachtete zu diesem Zeitpunkt vor allem ein Ende Oktober in dem ostpreußischen Dorf Hemmersdorf von den Sowjetrussen veranstaltetes Blutbad aus, um Furcht und Grauen zu verbreiten und die Bevölkerung zum äußersten Widerstand aufzustacheln. In den Erläuterungen zur Tagesparole des Reichspressechefs heißt es wörtlich: »Es wird besonderer Wert darauf gelegt, daß die DNB-Meldung über die grauenvollen bolschewistischen Verbrechen in Ostpreußen groß und wirkungsvoll heraus-

---

196 BA R 55/608; fol. 226.
197 BA R 55/601; fol. 239.

gestellt und mit äußerster Schärfe kommentiert wird. Bereits in der Aufmachung und in den Überschriften muß der ungeheuerliche sowjetische Blutrausch angeprangert werden . . .« Es sollte vor allem dabei unterstrichen werden, daß es sich nicht um »Großgrundbesitzer, Aktionäre und Großindustrielle« gehandelt habe, sondern um einfache Leute, und der Bolschewismus danach trachte, die »Volkssubstanz« zu vernichten und auszurotten.[198] Diese knallig aufgemachten Sensationsartikel erfüllten jedoch weit weniger als von den nationalsozialistischen Propagandisten erhofft ihren Zweck. Teilweise wurden sie von der Bevölkerung als Propagandamasche nicht geglaubt[199], teilweise erreichten sie gerade das Gegenteil der beabsichtigten Wirkung. »Die Volksgenossen sagen, es sei schamlos, diese in der deutschen Presse so groß herauszustellen . . .

›Was bezweckt die Führung wohl mit der Veröffentlichung solcher Bilder, wie die im NS-Kurier am Samstag? Sie müßte sich doch sagen, daß jeder denkende Mensch, wenn er diese Blutopfer sieht, sofort an die Greueltaten denkt, die wir in Feindesland, ja sogar in Deutschland, begangen haben. Haben wir nicht die Juden zu Tausenden hingeschlachtet? Erzählen nicht immer wieder Soldaten, Juden hätten in Polen ihre eigenen Gräber schaufeln müssen? Und wie haben wir es mit den Juden gemacht, die im Elsaß im KZ waren? Die Juden sind doch auch Menschen. Damit haben wir ja den Feinden vorgemacht, was sie im Falle ihres Sieges mit uns machen dürfen.‹«

Derartige Stimmen, so heißt es in dem an den SD-Leitabschnitt Stuttgart am 6. November 1944 gerichteten »Führungsbericht«, könne man in allen Bevölkerungsschichten hören. Es wurden zusätzliche Beispiele angegeben, aus denen hervorgeht, daß man diese Art von Veröffentlichungen in weiten Kreisen verurteilte, nicht nur auf Grund der Aktionen gegen die Juden, sondern auch derjenigen gegen eigene Landsleute, die in ein Konzentrationslager eingeliefert worden waren. »Wir haben den anderen ja gezeigt, wie man es mit politischen Feinden macht. Man kann doch wohl den Russen keinen Vorwurf daraus machen, daß sie gegen andere Völker genauso grausam sind wie unsere Leute gegen eigene Deutsche.« Nun, so hieß es in einer anderen Äußerung, müßten die Deutschen für die Greueltaten büßen, die die Nationalsozialisten begangen hätten. Letztere reg-

[198] V. I. Nr. 237/44. BA ZSg 109/52; fol. 44.
[199] Wöchentlicher Tätigkeitsbericht des Leiters Pro. i. V. im RMVP. Stichtag 30. 10. 44. BA R 55/601; fol. 197.

ten sich über die Sowjets auf, »weil sie in Ostpreußen ein paar Menschen umgebracht haben. Was bedeutet denn bei uns in Deutschland ein Menschenleben?«

Zum Schluß wurde »eine Stimme angeführt, die man in Variationen heute sehr häufig hören kann: ›Es wird immer wieder behauptet, der Führer sei uns von Gott gesandt worden. Ich bezweifle es nicht. Der Führer wurde uns von Gott gesandt, aber nicht, um Deutschland zu retten, sondern um Deutschland zu verderben. Die Vorsehung hat beschlossen, das deutsche Volk zu vernichten, und Hitler ist der Vollstrecker dieses Willens‹ . . .«[200]

Wieder andere warfen der Regierung und Partei vor allem vor, sie habe die bedrohte ostpreußische Bevölkerung nicht rechtzeitig gewarnt und evakuiert.[201] Der Leiter des Propagandastabes im Reichsministerium für Volksaufklärung und Propaganda gab daher eine entsprechende »Mundpropagandaparole« heraus, in der es hieß, der Raum unmittelbar hinter der Gefechtszone sei natürlich längst evakuiert gewesen. Der überraschende Vorstoß der Sowjets habe ihnen aber einen schmalen Durchbruch in die Tiefe des Raumes mit ihren Panzerspitzen ermöglicht. Und dabei seien sie an einzelnen Punkten auf zurückflutende Deutsche gestoßen. Im übrigen sei im Hinblick auf die Räumung Ostpreußens »der Gesichtspunkt weitestgehender Sicherstellung der Ernte mit in Betracht gezogen« worden. »Da Ostpreußen 4 Millionen Menschen im Reich miternährt und sich die Kartoffeln und Rüben zum überwiegenden Teil noch in der Erde befinden, mußte die arbeitsfähige Bevölkerung – darunter auch kinderlose weibliche Arbeitskräfte – so lange wie möglich zur Ernteeinbringung im rückwärtigen Frontgebiet eingesetzt werden. Über die Sicherung des einzelnen mußte die höhere Notwendigkeit der Pflichterfüllung für das deutsche Volk stehen. Dieser harte, aber unerläßliche Grundsatz gilt heute nicht nur für den Soldaten an der Front, sondern für jedermann.«[202]

Zu der Bedrohung im Osten und Westen kamen die ständig schwerer zu ertragende Belastung durch die feindlichen Luftangriffe und im Westen vor allem die Tiefflieger hinzu. Ab 7. November berichtete der wöchentliche Tätigkeitsbericht über die Aktivität der Reichspropagandaämter in seinem Abschnitt über die militärische Situation an erster Stelle über den Luft-

200 *Aus deutschen Urkunden;* S. 275/276.
201 Wöchentlicher Tätigkeitsbericht des Leiters Pro. i. V. und Chef des Propagandastabes. Stichtag 30. 10. 44 und 7. 11. 44. BA *R 55/601;* fol. 197–199; 210.
202 Vom 7. 11. 44. BA *R 55/608;* fol. 29.

krieg. Die Bevölkerung errege sich am meisten über die feindliche Überlegenheit und über das deutsche Versagen[203]:»Die Auffassung sei allgemein verbreitet, daß ohne Brechung der feindlichen Luftüberlegenheit eine Kriegswende nicht herbeigeführt werden könne. Aus diesem Grunde würde der Einsatz unserer neuen Jagdflugzeuge mit größten Hoffnungen erwartet.«[204]

Die Stimmung war also sehr uneinheitlich. Sie schwankte nicht nur von Woche zu Woche, sondern von Tag zu Tag. Der Oberlandesgerichtspräsident von München versuchte Ende November für seinen Bezirk einen Überblick über die hauptsächlichen Meinungströmungen und -gruppen zu geben, der auch für andere Gebiete weitgehend zutreffend erscheint.

»Ein nicht unerheblicher Teil der Bevölkerung sind die absoluten Pessimisten. Sie haben unter dem Eindruck der rückläufigen Ereignisse Mut und Standhaftigkeit restlos verloren und rechnen nur noch mit dem Schlimmsten.

Den Gegensatz zu ihnen bilden die unentwegten Optimisten, die sich durch nichts in ihrer Zuversicht erschüttern lassen und fest darauf vertrauen, daß es gelingen werde, vor allem durch den Einsatz neuer Waffen den Gang der Ereignisse bald wieder zu wenden. Sie sind von unserem Endsieg jederzeit völlig überzeugt. Leider sind diese Optimisten selbst in den Kreisen der Partei und der Führungsschicht nur noch vereinzelt zu finden.

Zwischen diesen beiden Extremen stehen zwei andere Gruppen. Zunächst sind diejenigen zu erwähnen, die glauben, es werde nicht so schlimm kommen, als jetzt immer gesagt werde. Sie glauben nicht, daß ein Weiterkämpfen zu einem für uns günstigen Ausgang führen werde. Sie meinen, auch eine Kapitulation und eine Besatzung durch die Westmächte seien leichter zu ertragen als die Schrecken des Krieges. Ihre Besorgnis geht hauptsächlich nur dahin, daß die bolschewistischen Armeen zu uns vordringen könnten. Sie glauben aber, daß dies die Westmächte nicht zulassen würden. Diese Gruppe von Menschen ist hauptsächlich auf dem Lande vertreten.

Schließlich besteht die zahlenmäßig schwer abschätzbare, wohl aber nicht unerhebliche Gruppe derjenigen, die die Lage mit Ernst und Sorge betrachten, aber davon überzeugt sind, daß nur ein entschlossenes Durch-

[203] BA *R 55/601;* fol. 205.
[204] *idem.* 21. 11. 44. *ibid.;* fol. 227. – OLG-Präsidenten Düsseldorf, 29. 11. 44; Darmstadt 1. 12. 44. *R 22/3363* u. *3361.*

halten die Möglichkeit für ein lebenswertes Leben biete. Sie bangen um den Sieg, sind aber bereit, Opfer und Entbehrungen jeder Art auf sich zu nehmen. Die Hoffnung dieser Gruppe und die Zuversicht der unerschütterlichen Optimisten stützt sich auf die Erwartung, daß bald die feindliche Luftüberlegenheit ausgeschaltet und die Fortsetzung der Terrorangriffe verhindert werden könne; sie hoffen weiter darauf, daß in absehbarer Zeit – ehe es dem Feind gelingen würde, in lebenswichtige Gebiete des Reiches einzudringen oder unsere kriegswichtige Produktion durch die Fortsetzung seiner Luftangriffe lahmzulegen – zu Lande und auf dem Wasser die Überlegenheit der Feinde nicht nur ausgeglichen werden könne, sondern daß es durch den Einsatz neuartiger Waffen und Kampfmittel möglich sein werde, den Feinden wieder vernichtende Schläge beizubringen, ihren Nachschub abzuschneiden oder doch entscheidend zu stören und so die entscheidende Wendung zur Nichtüberwindung Deutschlands herbeizuführen.«[205]

Hinsichtlich der Frontsoldaten, so meinte der Oberlandesgerichtspräsident, sei, von wenigen Ausnahmen abgesehen, der alte Frontgeist»noch unerschütterlich vorhanden«. Dieser Auffassung entspricht ein Stimmungsbericht der Feld- und Heimattruppenteile vom 15. Dezember 1944»Worüber spricht die Truppe«.[206] Demnach drehten sich die Sorgen der Soldaten vor allem um ihre Angehörigen. Hingegen:»Gespräche, die von einem Verlust des Krieges handeln, sind selten. Es besteht die feste Zuversicht, daß die gewaltigen Kriegsanstrengungen unseres Volkes dazu führen werden, daß der endgültige Sieg von uns errungen wird.« Sorge bereitete das Kräfteverhältnis, aber auch da scheint man in der Truppe nach diesem, wohl aus Himmlers Dienststelle stammenden Bericht noch relativ optimistisch gewesen zu sein. Gegen diese Ansicht von der unerschütterlichen Kampfesmoral sprechen die zahlreichen, teilweise erwähnten Meldungen über die Zustände im Westheer und alle die als Etappenerscheinungen erwähnten Vorkommnisse. Ein Befehl des Chefs des OKW vom 28. November 1944 läßt die Annahme zu, daß derartige Begebenheiten sich eher gehäuft hatten als zurückgegangen waren.

»Nach vorliegenden Berichten von Augenzeugen haben die bisherigen Maßnahmen zur Ausrottung von Etappenerscheinungen nur teilweise den notwendigen Erfolg gebracht. Es wird im Gegenteil sogar ein Übergreifen dieser Erscheinungen auch auf die Grenzgebiete des Reiches gemeldet...«

205 Vom 28. 11. 1944. BA R 22/3379.
206 F. St. VI/Ia-Org. Kö/Bo. BA Slg. Schumacher/367.

Schärfste Maßnahmen und Überprüfungen wurden angeordnet.[207] Am 16. Dezember schlug der Chef des SS-Hauptamtes, Berger, Himmler die Benennung von NS-Führungsoffizieren mit Sondervollmachten vor, da sich die Meldungen über »Auflösungserscheinungen bei gewissen Verbänden der Luftwaffe und zum Teil auch des Heeres« häuften.[208] Inzwischen hatte aber, wie bereits kurz angedeutet, eine Stimmungsbesserung in der Heimat eingesetzt. Am 5. Dezember bereits konnte der wöchentliche Tätigkeitsbericht für den Reichspropagandaminister melden: »Das Stimmungstief der Vorwoche sei, wie aus fast allen vorliegenden Berichten hervorgehe, einer positiven Beurteilung gewichen. Das Vertrauen auf unsere Abwehrkraft sei gestiegen, die *Hoffnung auf kommende* Ereignisse, die eine Besserung unserer Lage verursachen werden, verstärkte sich. In erster Linie glaube die Bevölkerung, daß in der Luft in absehbarer Zeit eine grundsätzliche Wandlung eintreten werde. Die Gerüchte über neue Jägertypen ständen zur Zeit im höchsten Kurs und jede Verlautbarung über unsere Luftwaffe würde eifrigst besprochen. In Ostpreußen seien sogar Stimmen laut geworden, daß es den Sowjets infolge der zunehmenden Zersetzung ihrer Truppen nicht möglich sei, die Offensive zu beginnen; man ziehe Vergleiche mit dem Jahre 1917.« – Der Bericht bemerkte zufrieden, daß sich die Propagandaarbeit der letzten Wochen auszuwirken beginne und die Parole, »daß nunmehr die Gegner ihre gesamten Kräfte zum Endsturm gegen das Reich einsetzen«, angekommen sei. Interessant ist die Feststellung, daß zwar das Vertrauen in die Führung »im allgemeinen stark erschüttert sei«, das Vertrauen zum Führer aber unverändert anhalte. Aus Halle wurde mitgeteilt, daß die Stimmung unter den Arbeitern zuversichtlicher sei als in anderen Bevölkerungskreisen. »Der Arbeiter sei der zuverlässigste Gefolgsmann des Führers und nehme willig jedes Opfer auf sich.« Insbesondere aus einem Rüstungswerk in Dresden kam eine Meldung, die Arbeiter hätten nach einer Betriebsversammlung geäußert, »daß nun erst richtig hingehauen werden müsse, um die Scharte auszuwetzen, die durch den Verlust an Waffen und Geräten im Westen entstanden sei«.[209]

Eine noch radikalere Kriegsentschlossenheit von Rüstungsarbeitern war kurz zuvor vom Reichspropagandaamt Westfalen-Süd aus Bochum mit-

[207] Mitgeteilt vom Leiter der Partei-Kanzlei in Bekanntgabe 19/45 vom 24. 1. 45. BA NS 6/vorl. 354.
[208] *ibid.* und NS 19/neu 750.
[209] Wöchentlicher Tätigkeitsbericht. Stichtag 5. Dezember 1944. BA R 55/601; fol. 237.

geteilt worden. Dort hatten im Zentrum der Stadt am Moltkemarkt –
einer Gegend, deren Bevölkerung etwa derjenigen des Wedding in Berlin
entsprach – Wehrmachtsangehörige Aufräumungsarbeiten in dem fast völlig zerstörten Viertel durchgeführt. Ein Mann näherte sich ihnen und
meinte, sie sollten das doch sein lassen, es sei sinnlos und der Krieg doch
verloren. Darauf hätte ein Arbeiter des Bochumer Vereins einen Dach-
sparren ergriffen und unter dem Beifall seiner Kameraden solange auf
den Redner eingeschlagen, bis er tot liegen blieb.[210]
Verschiedene OLG-Präsidenten berichteten ebenfalls Anfang Dezember
von einer langsamen Stärkung der Stimmung.[211] Besonders im Westen, wo
die Truppenverschiebungen und -ansammlungen nicht verborgen bleiben
konnten, zeigte man sich »hoffnungsfreudig«.[212] Das Barometer stieg weiter nach oben, als am 16. Dezember die ersten Nachrichten über die Operation »Herbstnebel«, wie der Deckname der Ardennenoffensive hieß,
bekannt wurden.

4. Letzter Kriegswinter

»Soldaten der Westfront!
Eure große Stunde hat geschlagen. Starke Angriffsarmeen sind heute
gegen den Anglo-Amerikaner angetreten. Mehr brauche ich nicht zu sagen.
Ihr fühlt es alle.
Es geht ums Ganze. Tragt in Euch die heilige Verpflichtung, alles zu
geben und Übermenschliches zu leisten für unser Vaterland und unseren
Führer.«[213]
Mit diesem Befehl leitete der Oberbefehlshaber West, Generalfeldmarschall von Rundstedt, die Ardennenoffensive ein. Bereits seit August 1944
hatte Hitler den Plan für einen großangelegten Angriff im Westen mit
sich herumgetragen. Mitte September befahl er die Aufstellung einer
neuen Panzerarmee unter Sepp Dietrich, die 6. SS-Panzerarmee. Ende
September wurde der Raum zwischen Monschau und Echternach als Ansatzpunkt für die künftige Offensive bestimmt – nicht weit davon hatte

[210] Bericht vom 14. 11. 44. BA R 55/602; fol. 142.
[211] Vgl. z. B. OLG-Präsidenten Jena, 2. 12. 44, und Breslau, 3. 12. 44. BA
R 22/3369 und 3358.
[212] »Zusammenfassende Berichterstattung über die militärische Entwicklung, hier:
Deutsche Gegenoffensive im Westen« vom 20. 12. 1944 an RSHA, Amt III
(III D). BA R 58/976.
[213] Abschrift in BA R 58/976.

im Jahre 1940 die Operation Sichelschnitt begonnen. Die Planung wurde von Hitler mit dem OKW durchgeführt und den Oberbefehlshabern West und Heeresgruppe B, von Rundstedt und Model, erst Ende Oktober mitgeteilt. Angriffstermin sollte der 25. November sein. Der Operationsplan sah einen massierten Stoß auf Antwerpen vor, durch den alle nördlich des Durchbruchs stehenden anglo-amerikanischen Kräfte abgeschnitten und vernichtet werden sollten. Dieser »großen Lösung« setzten die Oberbefehlshaber im Westen eine »kleine Lösung« entgegen, die jedoch vom Führer des Großdeutschen Reiches abgelehnt wurde. Hitler wollte, wie es dann im Befehl von Rundstedts hieß, eine endgültige Entscheidung erzwingen. Es ging ihm ums Ganze. Die Vorbereitungen zögerten sich hinaus, eine amerikanische Offensive im benachbarten Rurabschnitt mußte abgewehrt werden; die Wetterlage war ungünstig. Am 11./12. Dezember versammelte Hitler in seinem Hauptquartier »Adlerhorst« in der Nähe von Bad Nauheim die Oberbefehlshaber und Kommandierenden Generäle bis herunter zu den Divisionskommandeuren und ihren Stäben, die an dem Unternehmen »Herbstnebel« beteiligt werden sollten. In einem seiner langen Monologe versuchte er, die Offiziere davon zu überzeugen, daß die im Westen einander gegenüberstehenden Kräfte technisch praktisch gleichwertig wären.[214] Außerdem operierte er mit dem Argument, die feindliche Koalition könne jeden Moment auseinanderfallen. Hier wie dort war der Wunsch der Vater des Gedankens. Dementsprechend unrealistisch erwies sich auch die Operationsplanung für die letzte große deutsche Offensive: am 16. Dezember begonnen, zeigte sich bereits am 23. Dezember, daß sie gescheitert war.

Auf die deutsche Bevölkerung aber wirkte allein die Tatsache, daß die Wehrmacht wieder aktiv in das militärische Geschehen eingriff, wie ein reichlicher »Regenfall nach langer Trockenheit«.[215] Es gab keinen Jubel, dazu war die Gesamtlage zu bedrohlich, aber mancher fühlte sich »wie von einem Alpdruck erlöst«.[216] Sehr oft konnte man den Ausruf hören »Welch ein schönes Weihnachtsgeschenk«. Auch die immer mehr geschmähte Luftwaffe wurde mit freundlichen Worten bedacht. »Selbst ein kleiner Erfolg werde von der Bevölkerung dankbar begrüßt. Daß wir zu einer solchen militärischen Operation überhaupt in der Lage seien, habe das

---

[214] *Lagebesprechungen im Führerhauptquartier;* S. 292 u. 294.
[215] Wöchentlicher Tätigkeitsbericht des Komm. Leiters Pro. und Chef des Propagandastabes. Stichtag 28. 12. 44. BA R 55/601; fol. 261.
[216] Wöchentlicher Tätigkeitsbericht des Leiters Pro. i. V. und Chef des Propagandastabes. Stichtag 19. 12. 44. *ibid.;* fol. 249. – Auch für das Folgende.

Vertrauen in die Führung und in die Stärke des Reiches mit einem Schlage bedeutend gehoben . . .« Die psychologische Auswirkung der Offensive könne – wie der Oberlandesgerichtspräsident von Rostock, der inzwischen nach Schwerin ausgewichen war, mitteilte – gar nicht hoch genug gewertet werden.»Gegenüber dieser positiven Wirkung und den dadurch erfolgten Umschwung der Stimmung treten die belastenden Momente durchaus in den Hintergrund.«[217] Teilweise zeigte man sich allzu optimistisch und hoffte sogar auf eine ähnliche Entwicklung wie 1940.[218] Solche hochgespannten und illusionären Hoffnungen mußten enttäuscht werden. Die nationalsozialistische Propagandaführung setzte daher von Anfang an dämpfende Mundpropagandaparolen in Umlauf, da sie, durch frühere Erfahrungen belehrt, bereits solch übertriebene Erwartungen befürchtet hatte.[219]

Das letzte Kriegsweihnachten wurde auf Grund der Ardennenoffensive »im allgemeinen guten Mutes und voll Vertrauen in die Zukunft begangen . . ., wenn auch die Weihnachtsfeiertage in den besonders luftbedrohten Gebieten durch die ständigen Luftalarme und durch das niederdrückende Bewußtsein ständiger Luftgefahr überschattet worden seien. Von einer wirklichen Weihnachtsstimmung habe naturgemäß, von den Kindern abgesehen, keine Rede sein können . . . Selbst auf diejenigen Volksgenossen, die ausgesprochene Schwarzseher seien und geglaubt hätten, die Führung schweige sich aus, weil sie viel Unangenehmes zu verschweigen habe, habe die deutsche Westoffensive tiefen Eindruck gemacht, so daß sich allgemein das gesunkene Vertrauen zur Wehrmacht, zur politischen Führung und namentlich zur NSDAP stark gehoben habe. Die ausgegebene Propaganda-Parole ›kein Öl aufs Feuer, sondern Öl auf die Wogen zu gießen‹, habe zusammen mit der Erinnerung an die Rückschläge der letzten Jahre das Ihre dazu beigetragen, daß sich die überwiegende Mehrzahl der Volksgenossen bemühe, an die Westoffensive keine übertriebenen Hoffnungen zu knüpfen und ihren Ablauf abwartend zu verfolgen.« Dieser letzte Satz muß eher als eine Art »Gefälligkeitsmeldung« an den Propagandaminister denn als eine echte Beobachtung eingestuft werden, da er durch die anschließende Betrachtung wieder zurückgenommen wird:»Da die Hoffnungen der Bevölkerung begreiflicherweise an

---

217 Bericht vom 19. 12. 44. BA R 22/3385.
218 OLG-Präsident Kiel, 29. 1. 45, und Generalstaatsanwalt Nürnberg, 31. 1. 45. R 22/3385 und 3381.
219 Wöchentlicher Tätigkeitsbericht des Leiters Pro. i. V. und Chef des Propagandastabes. Stichtag 19. Dezember 1944. BA R 55/601; fol. 250.

sich schon groß seien und sehr weite Ziele sähen, zumal gerade in Wehrmachtkreisen die Auffassung einer sehr weitgreifenden strategischen Absicht der Winterschlacht verbreitet würde, ja manche Volksgenossen bereits
mit dem Gedanken einer baldigen Beendigung des Westkrieges spielten,
bestünde sonst die Gefahr eines Stimmungsrückschlages, sobald die Offensive das ihr von der Führung gesteckte Ziel erreicht habe oder aus anderen Gründen eingestellt werden müsse.«

Derartige Befürchtungen wurden aus Hamburg, Reichenberg, Brandenburg, Stuttgart, Dessau, also aus den entgegengesetztesten Teilen des Reiches, gemeldet. Als Resümee aller Meinungsforschungen seitens der Reichspropagandaämter wurde festgestellt:»daß die Winteroffensive dem Volk
ein neues Kraftbewußtsein geschenkt habe, das es in den kommenden Wochen und Monaten zu jeder Anstrengung und jedem Opfer befähige ...
Da allgemein mit neuen revolutionär wirkenden Waffen und einer verstärkten militärischen Wirkung des V-Beschusses gerechnet werde, würden
sich für die Öffentlichkeit ganz neue Perspektiven des Krieges ergeben, die
zumeist mit einem sicheren deutschen Endsieg gleichgesetzt würden«.[220]

Die Hoffnungsfreudigkeit war am meisten ausgeprägt in West-, Mittel-
und Norddeutschland, wo man weit entfernt vor dem drohenden Zugriff
sowjetischer Kräfte war. In den südöstlichen Teilen des Reiches, vor allem
den »neueingegliederten« Gebieten, betrachtete man mit mehr Sorge und
Unruhe die Fortschritte der Sowjets in Ungarn. In Ostdeutschland war die
Stimmung ebenfalls gedrückter; angesichts der vor den deutschen Grenzen
massierten sowjetischen Kräfte bleibt in heutiger Perspektive die im allgemeinen gezeigte Zuversicht erstaunlich.[221] Dazu beigetragen hatte die
Tatsache, daß es gelungen war, den sowjetischen Vormarsch in Kurland
und an den Grenzen Ostpreußens zu stoppen. Auch der »Ostwall« erwies
sich als Beruhigungsfaktor.[222]

Das Vertrauen in Hitler war in den Ostgebieten besonders ausgeprägt.
Auch das Prestige der Wehrmacht war noch nicht allzu sehr angetastet, da
der dortigen Bevölkerung das Spektakel des fluchtartigen Rückzugs einer
in Besatzungspfründen demoralisierten Armee wie im Westen erspart
geblieben war. Hinzu kam die Erfahrung des Ersten Weltkrieges. Trotz

[220] Wöchentlicher Tätigkeitsbericht des Komm. Leiters Pro. und Chef des Propagandastabes. Stichtag 28. 12. 44. *ibid.;* fol. 261, 262.
[221] Vgl. Bericht der Sicherheitspolizei und des SD-Sonderkommandos 7 b, vom
28. 12. 1944, an den Oberbefehlshaber der 4. Armee, Gen. d. I. Hossbach,
vom 28. 12. 44. BA *R 58/976.*
[222] Bericht des OLG-Präsidenten Kattowitz vom 20. 12. 44. BA *R 22/3372.*

der Zähigkeit und der immer größeren Erfolge der sowjetischen Truppen, trotz der Wandlung des Rußlandbildes, blieb die Vorstellung des Kolosses auf tönernen Füßen, der plötzlich in sich zusammenstürzen würde, dominant. Die Imaginationskraft verstieg sich noch kaum zu dem Schrekkensbild der Überflutung Deutschlands durch die »asiatischen Horden«. Diese, von der Propaganda periodisch und gegen Ende des Krieges immer stärker hochgespielte Gefahr wurde gerade durch ihre häufige Evozierung als »Masche«, als Trick zur Anheizung des Widerstandswillens begriffen, aber nicht als eigentliche Realität vorgestellt.

Die günstige Beeinflussung der Stimmung durch die Westoffensive erhielt kurze Zeit Auftrieb durch ein Nachlassen der Luftangriffe. Hatte der steigende Bombenterror 1943 und während der ersten Hälfte 1944 eher zu einer Stärkung der Kriegsmoral beigetragen, indem er den Haß gegen den äußeren Feind aktivierte und damit gleichzeitig der gärenden Unzufriedenheit im Innern ein Ventil verschaffte, wirkte sich nun allmählich die kontinuierliche und pausenlose Zermürbung aus. Mehr und mehr beherrschte der Luftkrieg das Leben in der Heimat und wurde zum Thema Nr. 1. Nervosität und Todesangst steigerten sich von Tag zu Tag. In den meisten Städten gab es keine normale Nachtruhe mehr. Das Leben wurde zum Provisorium. Man lebte dem Augenblick und verschloß die Augen vor der Zukunft.[223] Das ungehinderte Einfliegen ganzer Bomberströme und das muntere Tummeln feindlicher Jäger über deutschen Landstrichen, ohne jegliche Abwehr, hatte einen wesentlichen Anteil an dem Abgleiten der Stimmungskurve und der Diskreditierung des Regimes im Herbst 1944.

Der auf Grund schwerer Bombenschäden und Zerstörungen aus Karlsruhe nach Sinsheim ausgewichene Oberlandesgerichtspräsident berichtete von hemmungsloser Kritik und wüstem, gehässigem Schimpfen auf die Führung. Die Kombination: Einbruch der Amerikaner im Elsaß und verschärfter Luftkrieg hatten bewirkt, »daß die Mißstimmung allerbreiteste Kreise erfaßt hatte, auch solche, die sonst Ruhe und Zurückhaltung zu bewahren pflegen. Insbesondere auch im Beamtentum sind Stimmungsäußerungen laut geworden, die früher völlig undenkbar waren . . .«[224]

Noch kurz nach Beginn der Ardennenoffensive bemerkte das Reichspropagandaamt Westmark, »daß eine endgültige Vertrauensstabilisierung

---

[223] Vgl. z. B. Artikel in *Morgon Tidningen* vom 10. 7. 1944. – Auszugsweise übersetzt und zusammengefaßt in *Der Luftkrieg über Deutschland, 1939 bis 1945; S.* 244–247.

[224] BA R 22/3370.

nur dann zu erwarten sei, wenn auf diesem Gebiet der Kriegsführung eine wesentliche Änderung eintrete«.[225]

Eine Woche später hieß es, alle Reichspropagandaämter meldeten übereinstimmend,»daß die Entwicklung im Luftkriege – vor allem die Beseitigung des feindlichen Luftterrors – neben den Angriffserfolgen im Westen ausschlaggebend für die Beurteilung der Gesamtlage blieben«.[226]

Eine weitere Auswirkung des Bombardements war,»daß laufend ein Teil des Volkes den anderen sucht... In letzter Zeit häufen sich die Fälle, in denen Soldaten von der Front Urlaub erhielten, um ihre Familien zu suchen. Diese Urlauber haben dann zwei, drei, auch vier Wochen auf der Eisenbahn verbracht, um in der alten Heimat oder in allen nur möglichen Aufnahme-Gauen nach ihren Familien zu forschen...« Die verzweifelten Soldaten irrten von einer Stelle zur anderen, aber niemand wußte ihnen zu helfen. Schließlich landeten viele beim Rundfunk und forderten eine Durchsage. Wie der Leiter der Abteilung Rundfunk dem Staatssekretär im Reichsministerium für Volksaufklärung und Propaganda mitteilte, waren sie inzwischen so aufgebracht, daß sie zu allem bereit seien und ihre Forderung»mit äußerstem Radikalismus« stellten.»Sie erklären glatt, jetzt wäre ein Strick oder eine Kugel egal – jetzt wollten sie erst einmal wissen, ob sie noch eine Familie besäßen oder nicht.« Bisher sei es gelungen, durch persönliches Geschick Katastrophen zu verhindern.

»Der Zustand ist aber auch dann unerträglich, wenn er nicht schon jetzt zu Explosionen führt.

Es ist eine des deutschen Ordnungstaates unwürdige Erscheinung, daß über den Aufenthaltsort von 1 bis 2 Millionen Menschen keine Auskunft gegeben werden kann.«[227]

War es schon zu diesem Zeitpunkt ein Euphemismus, von einem»Ordnungstaat« zu sprechen, so sollten sich in den folgenden Wochen und Monaten, nachdem sich die großen Flüchtlingswellen in Bewegung setzten und viele Millionen auf den Straßen Deutschlands umherzogen, die Verhältnisse immer chaotischer gestalten.

Der Jahresbeginn 1945 zeigt noch einmal ein letztes Aufflackern der Hoffnungen. Mit der Ausnahme von Hessen-Nassau melden alle Berichte der Reichspropagandaämter eine außerordentlich positive Aufnahme von

---

[225] Wöchentlicher Tätigkeitsbericht des Leiters Pro. i. V. und Chef des Propagandastabes. Stichtag 19. 12. 44. BA R 55/601; fol. 253.
[256] Wöchentlicher Tätigkeitsbericht des Komm. Leiters Pro. und Chef des Propagandastabes. Stichtag 28. 12. 44. ibid.; fol. 265.
[227] Betr. Suchmeldungen im Rundfunk. 4. 1. 45. BA R 55/616; fol. 24/25.

Hitlers Neujahrsaufruf.[228] Sie wird bestätigt durch den 13. Bericht über den »Sondereinsatz Berlin« und mehrere Berichte an das Reichsjustizministerium.

»Die meisten Menschen haben nach der Überraschung, die ihnen der Führer durch die Neujahrsansprache zuteil werden ließ, das Jahr 1945 zuversichtlich begonnen. In allen Gegenden Berlins hört man in den Gesprächen immer wieder die Freude darüber, daß der Führer wieder einmal gesprochen habe. Viele Sorgen seien dadurch behoben, und außerdem habe er die Gegner wieder einmal ganz groß hereingelegt. Ja, man spricht nicht selten davon, daß der Führer mit seiner Rede eine gewonnene Schlacht verbuchen könne...«[229] In mehreren Berichten der Reichspropagandaämter wird von der Hoffnung der Menschen gesprochen, daß 1945 das Kriegsende bringe in einer für Deutschland günstigen Form. Die von Hitler zur Schau getragene Siegesgewißheit strahlte noch immer eine gewisse Überzeugungskraft aus. Der Oberlandesgerichtspräsident von Kiel meinte, diese Neujahrsansprache und die Erlasse führender Männer des Regimes hätten die Stimmung über das Maß der beiden vorherigen Jahre hinausgehoben.[230] Eine Enttäuschung bereitete nur die Tatsache, daß Hitler zwar von einer Wende gesprochen, aber keinerlei Einzelheiten über den Einsatz neuer Waffen, die Eindämmung der Bombardierung, den Stand der Offensive gegeben habe. Diese leichte Verstimmung habe man aber – wie der Leiter der Propagandaabteilung in einem Schnellbrief an alle Reichspropagandaämter mitteilte – schnell ausräumen können. Durch Mundpropaganda wurde überall verstreut, daß es natürlich unmöglich sei, beim jetzigen Stand des Krieges militärische Angaben zu machen.[231] Die Reichspropagandaämter wurden im übrigen aufgefordert, die Berichte über weitere Auswirkungen der Rede so rasch wie möglich einzureichen, da sie »für die Steuerung der Gesamtpropaganda von grundsätzlicher Bedeutung sind«.[232]

[228] Ein ganzer Band des Bestandes des RVMP ist diesen Berichten gewidmet, die am 2. 1. vom Leiter Pro. Min.Rat Imhoff zusammengefaßt wurden. BA R 55/612.
[229] BERGHAHN. »Meinungsforschung im Dritten Reich«. loc. cit.; S. 101.
[230] Bericht vom 29. 1. 45. BA R 22/3373. Vgl. auch Karlsruhe, 2. 1. 45. R 22/3370 Gen.Staatsanwalt Frankfurt, 25. 1. 45, R 22/3364.
[231] R 55/612; fol. 20, 38.
[232] ibid.

Am 12. Januar 1945 begann nach einem fünfstündigen Artilleriefeuer der sowjetische Ansturm auf Großdeutschland. Die »1. Ukrainische Front« unter Marschall Konjew trat aus dem Weichselbrückenkopf von Baranow, einen Tag später die »1. Weißrussische Front« unter Marschall Schukow aus den Brückenköpfen bei Magnuszew und Pulawy zum Angriff an. Die deutschen Kräfte waren denjenigen der Sowjetrussen weit unterlegen. Die 900 km lange Front zwischen den Karpaten und der Ostsee war nur von 75 Divisionen gedeckt. Nach Berechnungen des Oberkommandos des Heeres betrug die sowjetische Überlegenheit bei der Infanterie 11:1, bei der Panzerwaffe 7:1 und bei der Artillerie 20:1.[232] Als sich das Scheitern der Ardennenoffensive in den Weihnachtstagen anzeigte, forderte der Generalstabschef des Heeres, Feldmarschall Guderian, den Abbruch der Operation und eine Kräfteverlagerung nach Osten. Hitler lehnte ab. Er wollte eine Entscheidung im Westen erzwingen. Auch am 16. Januar erreichte Guderian bei Hitler weder die Zurücknahme über See der in Kurland abgeschnittenen Heeresgruppe Nord, noch die Verlegung der 6. SS-Panzerarmee Sepp Dietrichs statt nach Ungarn an die Oderfront. Die einzige Antwort des Diktators war die Absetzung des Oberbefehlshabers der Heeresgruppe A, dem er die Schuld an der Entwicklung im Weichselbogen gab, und seine Ersetzung durch Generaloberst Schörner. Im übrigen übernahm er nun selbst endgültig die Führung bis hinunter zur Division, statt operativ zu planen, verlor er sich völlig in taktischen Einzelheiten.

Gleichzeitig mit dem Angriffsvorstoß an der Weichsel begann eine sowjetische Offensive gegen die Ostpreußen verteidigende Heeresgruppe Mitte. General Tscherniakowskis »3. Weißrussische Front« durchstieß Mitte Januar die deutschen Linien zwischen Insterburg und Tilsit; Marschall Rokossowski leitete eine Operation über den Narew in Richtung auf Thorn und Elbing ein, mit dem Ziel, Ostpreußen vom Reich zu trennen. Am 26. Januar erreichten Rokossowskis Truppen das Frische Haff bei Tolkemit und vollendeten die Abschnürung. Die Heeresgruppe Mitte führte nun noch einen erbitterten Kampf um Königsberg und Pillau, weil sie vor allem den Seeweg für die Flüchtlinge offenhalten wollte.

Von Mitte Januar 1945 an kann von einer einheitlichen Meinungsbildung in den verschiedenen Teilen des Reiches nicht mehr gesprochen werden. In dem immer mehr zusammenschrumpfenden Deutschland ist von nun an die Meinung der Bevölkerung progressiv in drei Kraftfelder aufzuteilen: das östliche, das westliche und die dazwischenliegende, von Nor-

233 GRUCHMANN; S. 414 ff. – Auch für das Folgende.

den nach Süden reichende Mittelzone, die von beiden Seiten immer mehr zusammengedrückt und schließlich auch horizontal von der feindlichen Ost-West-Allianz durchstoßen wurde, um in einen Nord- und einen Südraum zu zerfallen.

In den nicht unmittelbar bedrohten Gebieten des Reiches registrierten die Meinungsforscher in der zweiten Januarhälfte zwar Besorgnis und Pessimismus; von ausgesprochener Mutlosigkeit oder Katastrophenstimmung wurde nicht berichtet. Der Frankfurter Generalstaatsanwalt meinte am 25. Januar 1945, daß man »die Stimmung nicht als schlecht oder gar verzweifelt« bezeichnen müsse. Es sei erstaunlich, mit welcher Geduld die Mehrheit des Volkes alle Unbill und Schwierigkeiten ohne Murren ertrüge. Ernsthafte Unmutsäußerungen seien in der Minderzahl.»Ausgesprochene Widersetzlichkeiten gegen die Anordnungen und die Organe des Staates sind mir nirgends bekannt geworden.«[234]

Auch sein Kieler Kollege konnte keine Anzeichen von »Übernervosität« oder Panik bemerken. »Man ist überzeugt, daß es der Führung gelingen wird, rechtzeitig die Lage im Osten zu meistern.«[235] Viel diskutiert wurde die Möglichkeit eines Verlustes des oberschlesischen Industriegebietes, dessen unausweichliche Folgen den meisten klar waren. Es gelang aber den von der Staatsführung ausgeschickten Propagandisten noch immer, mit einigen ermutigenden Parolen die Gemüter zu beruhigen.[236] Die für die Meinungserkundung und Mundpropaganda eingesetzen Soldaten waren inzwischen auch über die Verwendung der Begriffe Stimmung und Haltung instruiert worden. So liest man in dem 16. Bericht über den »Sondereinsatz Berlin«: »Gerade in der heutigen Zeit ist es notwendig, den Unterschied zwischen Haltung und Stimmung klar festzulegen.

Die Haltung der Berliner ist gut und wird auch gut bleiben. Das ändert nichts, daß die allgemeine Stimmung niedergeschlagen ist und daß mancher, der seinen Mann steht und auch weiterhin stehen wird, redet und spricht, als gäbe es kaum eine Hoffnung mehr auf einen guten Ausgang des Krieges ...«[237]

Anschließend aber wird eine Beobachtung wiedergegeben, die sich in zahlreichen Berichten anderer Provenienz ebenfalls befindet. Zuallererst wirkte der von nun an nicht mehr abreißende Strom der Flüchtlinge aus

[234] BA R 22/3364.
[235] 29. 1. 45. R 22/3373.
[236] Vgl. 15. Bericht über den »Sondereinsatz Berlin« für die Zeit vom 15. 1. bis 21. 1. 1945. MGFA WO1–6/368.
[237] Vom 1. Februar 1945. ibid.

dem Osten schockierend und deprimierend. Dann aber trug er wesentlich zur Stärkung des Abwehrwillens bei, schien er doch der sichtbare und greifbare Beweis dafür, daß das Regime mit seinen Parolen über die Schreckensherrschaft der Bolschewisten recht gehabt hatte. Es wird ein schwer erklärbares Phänomen bleiben, wieso gerade diese Hals über Kopf in Furcht und Panik regellos davongehetzten Menschen weiterhin Vertrauen in Hitler setzten und hofften, er werde sie in Bälde wieder in ihre Heimat zurückführen.[238] Das Ansehen der NSDAP allerdings erlitt einen weiteren Stoß. Durch Berichte und Erzählungen der Flüchtlinge wurde ein Mangel an Organisation und Fürsorge für die Rückführung der – was man wieder einmal euphemistisch »Evakuierte« nannte – evident. Die Schuld an diesem neuerlichen Versagen liegt aber nur teilweise bei den Funktionären und Hoheitsträgern der Partei in den Ostgebieten. Ähnlich wie bei dem amerikanischen Einbruch im Elsaß, waren die Parteistellen über die Schwäche der militärischen Kräfte im unklaren gelassen worden. Weiterhin hatten sie, wie in Ostpreußen, Weisung, die Menschen erst im allerletzten Moment abzutransportieren. Der plötzliche und heftige Vorstoß der Sowjets vereitelte dann jeglichen geordneten Abtransport. Hinzu kam der krasse Egoismus einzelner Würdenträger, die ihre Familie und Wertgegenstände rechtzeitig in Sicherheit brachten und sich nicht um die ihnen Anvertrauten kümmerten.[239] Ein weiterer gravierender Faktor waren die sich immer katastrophaler gestaltenden Transport- und Verkehrsvehältnisse. Durch die »wilden Räumungen« wurde der militärische Nachschub gefährdet. Das Durcheinander nahm derartige Formen an, daß ein »Führerentscheid« eingeholt wurde und Keitel sowohl an die Wehrmacht wie an die Zivilverwaltungen ein Fernschreiben richtete, mit dem Hinweis, den Räumungen ein Ende zu machen. In einem Bericht des Kommissarischen Leiters der Abteilung Propaganda vom 26. Januar 1945 über den Stand der Flüchtlingsbewegungen hieß es daher: »Ein normaler Ablauf der Räumungen ist nicht mehr möglich, es kann nur noch aus dem Augenblick heraus improvisiert werden.«[240] Weiter erwies es sich in den meisten Fällen als unmöglich, zusätzlichen Transportraum zur Verfügung zu stellen, so daß die Flucht in Form von Trecks erfolgen mußte. Dabei spielten sich unbeschreibliche Szenen von ineinandergeschachtelten Fahr-

---

[238] ibid.
[239] Vgl. beispielsweise den Lagebericht des Generalstaatsanwaltes am Hanseatischen Oberlandesgericht vom 30. 1. 45, der eine Reihe von Auswüchsen dieser Art schildert. BA R 22/3366.
[240] BA R 55/616; fol. 153.

zeugen, Stauungen, verhungerten und erfrorenen Tieren und Menschen ab. In den wenigen zur Verfügung gestellten Zügen standen die Menschen dicht gedrängt, verlaust, mit Hauterkrankungen und zwischen ihnen Tote.[241] Das Elend und das Grauen, das Hitlers Handlanger anderen Völkern bereitet hatte, erreichte nun die Deutschen selbst.

Am 11. Februar teilte der Leiter der Propagandaabteilung mit, daß in diesem Krieg rund 17 Millionen Menschen umquartiert worden seien, »davon allein 7 Millionen Menschen in den letzten Wochen aus den Ostgebieten«.[242] Nicht jeder Gau wollte diesen plötzlichen Zuwachs an Hungrigen und Verzweifelten aufnehmen, zumal auch aus dem westlichen durch andauernde Luftangriffe bedrohten Raum immer mehr Menschen in der Mitte des Reiches zusammenströmten. Hitler beschloß darauf, einen Teil der Flüchtlinge in das tschechische »Protektorat« zu schicken, weil er glaubte, daß er durch den Anblick dieser Elendszüge eine Aufstandsbewegung der Tschechen verhindern könne.[243] Staatsminister Karl Herman Frank – der Verantwortliche für das Blutbad in Lidice – wehrte sich aber mit Erfolg, so daß schließlich nur 300 000 Flüchtlinge dort untergebracht wurden. Der zunehmende Ausfall der Ostgebiete und die Massierung der Menschen in Mittel-, Nord- und Süddeutschland brachte neben Unterbringungsschwierigkeiten vor allem eine zunehmende Verknappung der Nahrungsmittel. Am 25. Januar 1945 teilte der mit der Führung der Geschäfte des Reichsministeriums für Ernährung und Landwirtschaft betraute Herbert Backe mit, daß die bisherigen Rationen gekürzt werden müßten. Daraufhin hatten die Verbraucher mit den für acht Wochen vorgesehenen Rationen neun Wochen auszukommen.[244] Aber selbst diese geringen Rationierungssätze konnten bald nicht mehr gewährleistet werden, weil das zunehmende Verkehrschaos die Beförderung von Waren immer schwieriger machte. Ein Kreisleiter aus dem Gebiet der Fränkischen Alb, der für die fliegergeschädigten evakuierten Nürnberger zu sorgen hatte, schreibt in einem Bericht vom 12. Januar: »Es ist erbärmlich, die Not zu sehen und nicht helfen zu können ... Wenn die Menschen kein Brot mehr

---

[241] »Lagebericht in der Evakuierung« des Leiters Pro. an den Staatssekretär vom 8. 2. 45, und anschließend mehrere Berichte. *ibid.;* fol. 166–235.
[242] *ibid.*; S. 183.
[243] *ibid.*; S. 209, 250.
[244] »Ernährungslage. Stichtag 25. 1. 45« und Fernschreiben an die Landesbauernführer vom 25. 1. (Abschriften von H. J. Riecke zur Verfügung gestellt) und Rundschreiben 72/45 des Leiters der Partei-Kanzlei vom 10. 2. 45. BA NS 6/vorl. 353.

haben, helfen die besten Versammlungen nichts.«[245] Ende Februar ging man dazu über, teilweise Rohgetreide an die Bevölkerung auszugeben, weil durch die Zerstörung der Getreidemühlen die Mehlversorgung ganzer Gebiete ausfiel. Die Reichsfrauenführung erhielt die Aufgabe, die deutschen Frauen in der Kunst des Zerkleinerns von Getreide »mittels Fleischwolf oder Kaffeemühle« zu unterweisen.[246] Die Menschen litten zunehmend unter diesen Entbehrungen.[247] Ein allgemeiner Erschöpfungszustand begann sich auszubreiten. Im Vergleich aber zu dem Elend der Flüchtlinge schienen diese Opfer gering. Ihr Anblick trug, trotz stetig absinkender Stimmung, dazu bei, den Aushaltewillen zu stärken. Die Auswertung der Berichte der Reichspropagandaämter ergab, daß der Stimmungseinbruch nach Beginn der Sowjetoffensive bei Baranow »einen völlig anderen Charakter« als in den Vorjahren bei Rückschlägen trug. »Die Stimmung äußere sich, abgesehen von den ständig Wankelmütigen, vor allem in bürgerlichen Kreisen, diesmal nicht in Form der Verbreitung von wilden Gerüchten oder von gehässigen Schimpfereien oder Meckereien gegen die Führung. Nirgends sei ein Nachlassen der verbissenen Entschlossenheit und der Arbeitsbereitschaft festzustellen ... Über allen Volksgenossen liege ausnahmslos ein tiefer Ernst, aber keine ausgesprochene Mutlosigkeit. Im Gegenteil, überall höre man: ›Nun ist die entscheidende Stunde gekommen, jetzt hilft nur ruhig Blut und bedingungsloser Einsatz – alles, was Waffen tragen kann, muß schnellstens an die Front – macht die Kasernen leer – brecht die militärischen Kurse ab – holt aus allen Dienststellen der Partei, des Staates und aller sonstigen Verwaltungen alle Menschen heraus, die einsatzfähig sind‹ ... Äußerungen etwa derart, daß es zu spät sei und daß es keinen Zweck mehr habe, würden nur selten gehört. Es zeige sich jetzt mit aller Deutlichkeit, daß das Volk durch die vielen Enttäuschungen und das viele Leid härter geworden sei. Hierzu komme selbstverständlich die Hoffnung, durch einen letzten besonderen Einsatz die drohende Gefahr des Bolschewismus doch noch bannen zu können. Die Tatsache, daß im Westen trotz der damals bedrohlich erscheinenden Entwicklung schließlich doch noch wieder alles gutgegangen sei und die Grenze des Reichs im wesentlichen hätte gehalten werden können, bestärkt die Volksgenossen in der Hoffnung,

245 BA NS Misch/1858.
246 Rundschreiben 99/45 des Leiters der Partei-Kanzlei vom 23. 2. 45. BA NS 6/vorl. 353.
247 Vgl. 16. Bericht des »Sondereinsatzes Berlin«, vom 1. 2. 45. MGFA WO 1–6/368, Generalstaatsanwalt Hamburg, 30. 1. 45. BA R 22/3366.

daß auch im Osten, ganz gleich, wann und wo, eine grundlegende Wandlung erfolgen müsse und werde. – Mit dem Gedanken, daß alle Opfer, alles Leid und alles Elend umsonst gewesen sein sollen, könne und wolle sich niemand abfinden . . .«[248] Es wurden jedoch auch viele bittere Äußerungen registriert: wo die V-Waffen blieben, warum man sie nicht gegen die Sowjetrussen einsetze, wenn die so oft angekündigten Jäger nicht bald kämen, gäbe es sie und neue Waffen wohl überhaupt nicht. Insgesamt aber war, und vor allem je östlicher man sich befand, der Durchhalte- und Widerstandswillen stark entwickelt.»Die Bevölkerung ist sich aber darüber im klaren, was ein verlorener Krieg bedeuten würde und was der einzelne zu erwarten habe, wenn er in die Hände der Russen falle . . .« Lieber wolle man bis zum letzten Blutstropfen kämpfen und alle Entbehrungen auf sich nehmen,»als den Krieg verlieren oder gar vorzeitig aufgeben. Auch ist das Vertrauen zum Führer so groß, daß schon ein kleiner Erfolg die Stimmung bei vielen schnell wieder zum Besseren wendet«.[249]

Im Westen hingegen zeigten sich weitere Anzeichen jenes Defätismus, der in Aachen und im Saargebiet beobachtet worden war.»Dort warte schon alles auf den Friedensschluß.«[250] In einem Fernschreiben vom 26. Dezember 1944 teilte Himmler bereits Bormann mit, daß die Bevölkerung im Kreise Düren»absolut feindlich und abweisend gesinnt war . . . Der Gruß ›Heil Hitler‹ ist dort geradezu unbekannt, selbst bei manchen örtlichen Hoheitsträgern«.[251] In den kommenden Wochen sollte sich diese Haltung rapide ausbreiten.

Der Einbruch der sowjetischen Truppen in deutsches Territorium und die Abwehrhaltung großer Teile der Bevölkerung veranlaßten das nationalsozialistische Regime zu einer letzten Kraftanstrengung. Rigoros sollten nun auch die letzten Reserven eingesetzt, jede Schonung aufgegeben, Wankelmütige und Schwache eliminiert werden. Das letzte noch einigermaßen koordinierte Aufbäumen der NS-Elite zeigt drei Stoßrichtungen: verschärfte Indoktrinierung von Wehrmacht und Waffen-SS; massiver Terror gegen alle Abtrünnigen oder Feigen – und dies nicht nur beim Militär oder der Bevölkerung, sondern auch in den Reihen der NSDAP –, konzentrierte Haß- und Abwehrpropaganda.

[248] Tätigkeitsbericht des Leiters Pro. Stichtag 24. Januar 1945. BA R 55/601; fol. 274, 275.
[249] 17. Bericht über den»Sondereinsatz Berlin« für die Zeit vom 29. 1. bis 4. 2. 1945. MGFA WO1–6/368.
[250] ibid.
[251] BA Slg. Schumacher/366.

Nachdem Himmler zum Befehlshaber des Ersatzheeres ernannt worden war, wurden die Methoden und Inhalte der weltanschaulichen Führung der SS auf die Teile der Wehrmacht übertragen, die ihm unterstanden, und fanden von dort auch Eingang in das Heer. Laut eines Befehls des Chefs des SS-Hauptamtes Gottlob Berger vom 22. September sollte die weltanschauliche Erziehung der taktischen Ausbildung gleichgestellt werden.[252] Das Aufgabengebiet der Abteilung VI oder bei der Wehrmacht – NSF – umfaßte drei Referate: Weltanschauliche Führung (VIa), Truppenbetreuung (VIb) und Fürsorge, Sippenpflege, Gräberfürsorge (VIc).[253] Es wurden weiterhin Schulungskurse für die nationalsozialistischen Führungsoffiziere und Angehörigen der Abteilung VI der Waffen-SS durchgeführt, obwohl jeder Mann dringend bei der kämpfenden Truppe gebraucht, die Unabkömmlichkeitsbescheinigungen strengstens überprüft und namentlich ausgestellt wurden[255] und die Bevölkerung forderte, Ausbildungskurse einzustellen. Für die NSFO fanden vierzehntägige Offizierslehrgänge auf der Schulungsburg in Krössinsee statt, wobei die Partei-Kanzlei maßgeblich an der Festsetzung der Themen und der Gestellung der Redner beteiligt war. Am Ende jedes Lehrganges wurde eine Beurteilung über jeden Lehrgangsteilnehmer erstellt – und lange nicht alle erwiesen sich als tauglich. Es wurden auch Einteilungen in hauptamtliche und nebenamtliche NSFO vorgenommen.[256] Die SS veranstaltete ihrerseits Grundausbildungen von jeweils 4, 6, 8, 12 und 14 Wochen. Für Wehrmacht wie für SS war die Weiterbildung an der Front vorgeschrieben.[257] Die bearbeiteten Themen waren: der Führer, die SS, der Jude als Weltparasit, Amerikanismus und Bolschewismus, für Kurzlehrgänge. In den längeren Schulungsperioden kamen Fragen wie:»Der Kampf für die Ewigkeit des deutschen Volkes«,»Nur ein starkes Reich rettet Europa«,

---

[252] BA *NS 19/neu 750.*
[253] Vgl. Dienstanweisung für die Abteilungen VI... vom 22. 9. 45. *ibid.*
[255] Ein derartiger Befehl war von Hitler am 27. 11. 44 erlassen worden für die Jahrgänge 1906 und jünger. Am 20. 1. 45 wurde er auf die Jahrgänge 1897 bis 1905 der Ersatzwehrmacht und der Waffen-SS ausgedehnt. – Vgl. Abschrift der Anlage zum Rundschreiben 25/45 g. vom 24. 1. 1945 in BA *NS 6/vorl. 354.*
[256] Laut Statistik des OKW vom 20. 12. 44 gab es 1074 hauptamtliche NSFO – einschließlich 255 der Luftwaffe und nebenamtlich 43 000 beim Heer, 3432 bei der Luftwaffe und 900 bei der Marine. Nicht alle waren Parteimitglieder (89,24 % beim Heer; 72,97 % bei der Marine). Vgl. *Die NS-Führungsstäbe der Wehrmacht.* BA *Sammlung Schumacher/367.*
[257] Vgl. Anschreiben und Ausbildungshinweise des Chefs des SS-Hauptamtes Gottlob Berger vom 12. 2. 45. BA *NS 19/neu 750.*

aber auch Hitlers soziale Leistungen und dergleichen zur Sprache, also alles »Klassiker« der nationalsozialistischen Propaganda. Mehr und mehr aber wurde der Begriff des »politischen Soldaten«[258] in den Vordergrund gerückt und versucht, vor allem den Kampfgeist anzustacheln. Grundsatz der bisherigen weltanschaulichen Schulung war es gewesen, die Schaffung eines Politischen Kommissars zu verhindern. Die Erfolge und der unerhörte Kampfesmut der Sowjets – welche, wie wir gesehen haben, auch die widerwillige Anerkennung und Bewunderung weiter Volkskreise erregt hatten – veranlaßten die nationalsozialistischen Führungsinstanzen, sich näher mit den Methoden der politischen Schulung in der UdSSR zu befassen. Auszüge aus erbeuteten sowjetischen Druckschriften[259] zirkulierten in führenden SS-Kreisen, und es darf angenommen werden, daß man sich an ihnen inspirierte. Die vom NS-Führungsstab in Zusammenarbeit mit der NSDAP herausgegebenen Sonderschriften und Zeitschriften brachten ebenfalls zunehmend, neben den alten Propagandaschlagern, den Kampfes- und Abwehrwillen stärkende Beiträge. Die Kapitel einer Sonderschrift »Niemals«[260] lauteten bezeichnenderweise:

»1. Ihr Haß kennt keine Grenzen
2. Generalnenner des feindlichen Vernichtungszieles
3. Besetzung bis zum Jahre 2000
4. Zerstückelt Deutschland in 160 Kleinstaaten
5. Stalins Kriegsziel-Herrschaft über Deutschland
6. Zehn Millionen deutsche Arbeitssklaven
7. Über Nacht zehn Millionen Arbeitslose
8. Rottet die Deutschen auch biologisch aus
9. Diktat! Keine Verhandlungen mit den Deutschen.«

Diese und ähnliche, Angst und Furcht verbreitende Parolen wurden Soldaten und Bevölkerung durch Presse, Rundfunk, Flüsterpropaganda, Vorträge, Schulungen täglich eingehämmert. Morgenthauplan und die alliierte Forderung auf bedingungslose Kapitulation lieferten genug Argumente, um auch von der Aussichtslosigkeit des Kampfes Überzeugte zur Fort-

---

[258] Unter diesem Titel Der politische Soldat gab der NS-Führungsstab einen politischen und kulturellen Informationsdienst für den Einheitsführer heraus. Einzelne Exemplare in MGFA OKW 820.
[259] BA NS 19/neu 750.
[260] Von Heinrich Goitsch. Hrsg. vom NS-Führungsstab. Berlin, Zentralverlag der NSDAP Franz Eher Nachf. MGFA OKW 1652.

führung des Krieges zu veranlassen, indem sie sich an die Hoffnung klammerten, die Gegner seien ebenso zermürbt wie die Deutschen.[261] Unzählige Berichte der Kriegsberichterstatter, welche die Kameradschaft, den täglichen Heldenmut, die Strapazen und Entbehrungen der Soldaten verherrlichten, trugen wesentlich dazu bei, jeden, der aufgeben wollte, vor sich selbst als Verräter erscheinen zu lassen. Man kann es nur als tragisch bezeichnen, wieviel Opfer, Energie, Mut und Idealismus für eine verlorene – und vor allem für eine schlechte Sache – eingesetzt und vergeudet wurden. Eine Untersuchung des politischen und militärischen Schrifttums, der Kriegsbriefe gefallener Studenten auf die Übereinstimmung kämpferischer Mythen und Schlüsselbegriffe vom Ersten Weltkrieg über die Weimarer Republik[262] zum Zweiten Weltkrieg würde mit aller Wahrscheinlichkeit eine ziemlich ungebrochene Kontinuität ergeben. Im Zweiten Weltkrieg kam jedoch zur Tradition des nationalen Pathos die ideologische Abwehr gegen »Plutokraten« und »Bolschewisten« hinzu, als deren gemeinsamer Nenner der Jude zu fungieren hatte.

Alle Meldungen, welche Zweifel an den konjugierten Vernichtungsplänen der feindlichen Allianz aufkommen lassen mochten – und damit geeignet waren, Hoffnungen auf eine korrekte, wenn nicht gar freundliche Behandlung durch die Gegner zu wecken –, mußten unterdrückt werden.

»Es wird auf die Notwendigkeit hingewiesen, in der propagandistischen Linie nicht die zwischen den Alliierten auftretenden Spannungen, sondern nach wie vor ihre auf die gemeinsame Vernichtung Deutschlands gerichteten Kriegsziele in den Vordergrund zu stellen ...«, hieß es in der Vertraulichen Information an die Presse vom 11. Januar 1945.[263] Gegen Ende des Monats wurde die Mahnung wiederholt:

[261] Vgl. hierzu ARMSTRONG, Anne. *Unconditional Surrender.* The impact of the Casablanca Policy upon World War II. New Brunswick, N. J., Rutgers University Press, 1961; S. 109–167. – KESSELRING, Albert. *Soldat bis zum letzten Tag.* Bonn, Athenäum-Verlag, 1953; S. 410. Vgl. hierzu BAIRD, Jay W. »La campagne nazie en 1945«. *Revue d'Histoire de la deuxième guerre mondiale.* Juli 1969, Nr. 75; S. 71–92, der aber die Wirkung der Propaganda zu diesem Zeitpunkt überschätzt und nicht genug differenziert zwischen den verschiedenen Meinungsgruppen. Ebenso wird die Rolle der nationalsozialistischen Ideologie überschätzt.

[262] Über die weitreichenden Konsequenzen des Kriegserlebnisses und dessen zentrale Themen vgl. SONTHEIMER, Kurt. *Antidemokratisches Denken in der Weimarer Republik.* Die politischen Ideen des deutschen Nationalismus zwischen 1918 und 1933. München, Nymphenburger Verlagsanstalt, 1964 (2. Aufl.) S. 115–133.

[263] Nr. 9/45. BA ZSg 109/53; fol. 94.

542

»Aus neutraler und feindlicher Quelle liegen jetzt zunehmend Meldungen vor, die von einer *Zuspitzung der politischen Verhältnisse unter den Alliierten* in Anbetracht der sowjetischen Erfolge an der Ostfront berichten. Alle diese Meldungen wollen wir in keiner Form aufgreifen.«[264] Die Vorbereitungen für die Konferenz von Jalta (4. bis 11. Februar 1945) ließen die nationalsozialistischen Machthaber – völlig unbegründet, wie sich erweisen sollte – befürchten, es sollte eine gemeinsame alliierte Proklamation an das deutsche Volk veröffentlicht werden, die ihm gute Behandlung zusagte und es ermuntern sollte, sich von seinem Regime loszusagen. Die Presse wurde angewiesen, bereits vor Zusammentritt der Konferenz von beabsichtigten üblen Kriegslisten zu sprechen. »Der durch nichts zu beugende Widerstand des deutschen Volkes hat der jüdischen Koalition unserer Feinde das Konzept zu verderben ... Keine betrügerischen Phrasen und keine noch so harmlos klingenden Heucheleien zu dem durchsichtigen Zweck, einen Keil zwischen Führung und Geführte zu treiben, können das deutsche Volk dazu verleiten, Selbstmord zu begehen ...«[265]

Die durch völkisch-biologische und völkisch-romantische Gesichtspunkte bestimmte Lebensauffassung führender Nationalsozialisten ließ sie den individuellen Lebensanspruch geringachten und nur in Funktion mit dem Volksganzen gelten. Überzeugt davon, die Gegner würden dem deutschen Volk ein analoges Schicksal bereiten, wie sie es selbst den Völkern im Osten zugedacht und bereits partiell verwirklicht hatten – ganz zu schweigen von dem Schicksal der Juden –, schien ihnen ein Tod im Kampf einem langsamen Hinsiechen in einem Sklavendasein oder einer systematischen Eliminierung der bisherigen Eliten vorziehbar. In diesem Zusammenhang verdient auch die nationalsozialistische Konzeption des Suizids der Erwähnung. In einem SS-Befehl vom 1. April 1939 hatte Himmler – der sich sowohl um die Ehemoral, die sexuellen Bedürfnisse, die alkoholischen Exzesse, die Gesundheitsfragen und alle Schwierigkeiten der SS-Leute persönlich kümmerte, sich auch dieses Problems angenommen. Laut Statistik, heißt es in dem Befehl, würden höchstens 15 % der Selbstmorde »aus Gründen begangen, die allenfalls anerkannt werden können, als z. B. Beendigung des Lebens nach einem die Gemeinschaft schädigenden und die Ehre verletzenden Verbrechen«. Die restlichen 85 % jedoch wür-

264 V. I. Nr. 22/45 vom 27. 1. 45. *ibid.*; fol. 130.
265 V. I. Nr. 27/45 (1. Erg.) Nachtrag zur Parole des Reichspressechefs vom 2. 2. 45. BA ZSg *109/45*; fol. 6. Der Tenor der Presse war Hitler offensichtlich auch nach diesen Anweisungen nicht aggressiv genug. Vgl. SPEER; S. 433.

den aus Motiven der »Angst vor Strafe, Angst vor einer Prüfung, nach einem Tadel durch einen Vorgesetzten, nach einem Streit mit den Eltern, nach der Lösung einer Verlobung, aus Eifersucht, aus unglücklicher Liebe usw.« begangen.»Selbstmorde dieser Art haben nichts mit Heroismus oder heldischer Gesinnung zu tun. Sie werden von uns SS-Männern als Flucht, als ein Sichdrücken vor dem Kampf und vor dem Leben selbst angesehen...« Von solchen Selbstmorden war keine Notiz zu nehmen; kein Angehöriger der Schutzstaffel hatte am Begräbnis teilzunehmen.[266] Selbstmord war also nur aus Heroismus gestattet. Es gab jedoch Fälle, wo er sogar geboten war, um die eigene Ehre und die des Volkes zu retten. So äußerte Hitler nach der Kapitulation der deutschen Truppen im Stalingrader Kessel, Generalfeldmarschall Paulus hätte sich besser erschossen oder lebendig begraben lassen.[267] Sowohl die von Himmler wie von Hitler geäußerten Ansichten wurden von Martin Bormann in einem Rundschreiben vom 17. Juli 1944 zusammengefaßt.

»Das Leben des einzelnen gehört dem Volk. Er darf daher nicht willkürlich seinem Leben ein Ende bereiten. Tut er es doch, verletzt er damit seine Pflicht gegenüber seinem Volke. Das gilt besonders jetzt im Kriege.«

Selbst bei Verfehlungen sei es mutiger und ehrenvoller, diese durch tapferen Einsatz und unermüdliche Arbeit zu sühnen. Diese Auffassung diente als Rechtfertigung für die Aufstellung von Straf- und sogenannten Himmelfahrtskommandos, wie beispielsweise das berüchtigte Sonderkommando Dirlewanger, in dem Sträflinge, Wilderer, Kriminelle zusammengefaßt waren.[268]

Ein Suizid war hingegen keineswegs unehrenhaft »in den Fällen, in denen keinerlei weiterer Einsatz für das Volk mehr möglich ist oder wenn bei drohender sowjetischer Gefangenschaft das Weiterleben zu einer Gefahr für das eigene Volk werden kann«.[269]

Am 6. März 1945 pries Goebbels den Freitod als letzten Ausweg in den Schrecknissen des Krieges, und der *Völkische Beobachter* erinnerte daran, daß Friedrich der Große einmal eine philosophische Abhandlung über »die Berechtigung des Selbstmordes« geschrieben habe.[270]

Die Aufforderung zum Volkskrieg war demnach eine logische Konse-

[266] Tgb. Nr. 35/69/39. *Rf/pt* CH SS-HA/2K/Az. B 4 c. 1. 4. 39. Abschrift in StA Bamberg, *Rep. K 17/XI. Nr. 398.*
[267] WARLIMONT; S. 320.
[268] Vgl. BA *NS 19/neu 1* und *189 F 102.*
[269] Rundschreiben 166/44 g. Betrifft Freitod, vom 17. 7. 1944. BA *NS 6/vorl. 351.*
[270] HAGEMANN; S. 489.

quenz dieser sich an einer verklärten Vergangenheit inspirierenden Vision des Helden, der sich für sein Volk opfert, des Stammes, der in einem letzten ehrenvollen Kampf untergeht. Die falsche Romantik und Zivilisationsfeindlichkeit eines Karl May, dessen Lektüre Hitler immer wieder empfahl, der durch Felix Dahn verklärte Untergang der letzten Goten am Vesuv und vor allem der Kampf der Nibelungen gegen Etzel waren zu Leitbildern des Verhaltens geworden. Hitler, der seinem Volk zu jener Größe verhelfen wollte, die es bisher versäumt hatte, wobei er wie Don Quichotte blind gegen die Windflügel der Moderne anrannte, folgte konsequenter denn je seiner Devise Sieg oder Untergang. Diese apokalyptische Vision wurde zeitweilig aufgehellt durch die genauso irreale Hoffnung auf eine unerwartete Wende. In den von Himmler in seiner neuen Eigenschaft als Oberbefehlshaber der neu zusammengestellten Heeresgruppe Weichsel herausgegebenen »Richtlinien für die Arbeit des NSFO« spiegelt sich dieses Konglomerat von Ideen, Propaganda und illusionären Hoffnungen wider. »Ziel der gesamten weltanschaulichen und politischen Arbeit muß in der gegenwärtigen Zeit sein, jedem einzelnen zum Bewußtsein zu bringen, daß er nur durch sein Kämpfen, Angreifen und Halten sich selbst, seine Familie, seine Sippe und damit sein Volk und seine eigene Zukunft vor der bolschewistischen Mordgier verteidigen kann.

Standhaftigkeit und Entschlossenheit, Wut und Haß, Trotz und Verbissenheit, das unbedingte Vertrauen zum Führer und der Glaube an die eigene Kraft sind immer wieder wachzurufen, zu stärken und zu fanatisieren.

Hinweis auf den Kampf des Führers und die geschichtlichen Vorbilder früherer Generationen, die beweisen, daß auch in aussichtslosen Lagen Minderheiten eine Entscheidung erzwangen, wenn sie entschlossen und gläubig nicht eher aufhörten zu kämpfen, bis ihre verfluchten Feinde nachgaben (Befreiungskriege, Siebenjähriger Krieg, Türkeneinbruch nach Wien, Mongolensturm bis Liegnitz usw.).

Keine billigen Versprechungen zur Erweckung trügerischer Hoffnungen! Die Wendung und damit der Sieg liegen einzig und allein im unbeugsamen Kampfeswillen eines jeden von uns begründet. Auf ihn stützen sich die militärischen und politischen Entschlüsse unserer Führung, der wir, ohne im einzelnen über ihre Absichten und Ziele aufgeklärt werden zu können, in strengster Selbstdisziplin und unbedingtem Gehorsam unbeirrt folgen.«[271]

271 Oberkommando der Heeresgruppe Weichsel VIa/NSF. H Qu, den 25. Februar 1945. BA NS 19/neu 750.

Der Appell an bedingungslosen Gehorsam und äußerste Disziplin war zu diesem Zeitpunkt für das Regime dringlicher denn je. Die Ende 1944 sich häufenden Fälle von Demoralisierung und Defätismus waren nicht mehr bloßer Ausdruck und Konsequenz eines parasitären Etappendaseins; sie hatten inzwischen Teile der kämpfenden Truppen erreicht. Der Amoklauf, zu dem das untergehende Regime seine Landsleute aufforderte, war nicht nach jedermanns Geschmack. Nachdem offenbar wurde, daß Deutschland den Krieg verloren hatte, dachten immer mehr Deutsche daran, ihre Haut zu retten, die Katastrophe einigermaßen glimpflich zu überstehen, statt sich in letzter Minute für eine als aussichtslos erkannte Sache zu opfern. Diese Haltung war im Westen verbreiteter als im Osten, wo sich die Fälle brutaler Ausschreitungen seitens sowjetischer Soldaten häuften und Angst und Schrecken verbreiteten.[272] Wenn die sogenannte Kampfmoral noch relativ hoch blieb, so lag dies nicht nur an einer aktiven, fanatischen Minderheit, welche die anderen mitriß – sie wurde von amerikanischen Sozialforschern auf Grund ihrer Befragungen im Westen auf 10 bis 15 % geschätzt –[273], sondern vor allem auf dem Zusammenhalt innerhalb der durch gemeinsame Erfahrungen und Erlebnisse kameradschaftlich verbundenen Kampfgruppe und deren Vorbild, dem Einheitsführer. Je mehr aber dieser Zusammenhalt durch Verluste, Rückzüge, Versprengungen gelöst wurde, um so mehr ließ auch die Gruppensolidarität nach. All die umherirrenden, ihre Einheit suchenden, von Familie und Kameraden isolierten Soldaten fanden wenig Sinn darin, ihr Leben noch aufs Spiel zu setzen. Das nationalsozialistische Regime sah sich im Interesse seiner eigenen Sache veranlaßt, strengste Kontrollen und Razzien zur Sammlung und zum Auffangen dieser umherirrenden, teilweise marodierenden und plündernden Soldaten einzuführen. Ihr Beispiel hatte erhebliche Auswirkungen auf die Moral der Bevölkerung, wie man überhaupt auch in dieser letzten Kriegsphase eine starke Wechselwirkung zwischen Heimat- und Frontstimmung feststellen kann. Die hastig in letzter Sekunde aufgestellten und zusammengewürfelten militärischen Einheiten, in denen sich Versprengte mit letzten Reserven und niedrigen Tauglichkeitsgraden zusammengewürfelt fanden, verfügten über keine innere Kohäsion; ihr Kampfwert war daher sehr schwach. Diese von amerikanischen Forschern im Westen gemachte Beobachtung[274] wird auch für den Osten durch deut-

[272] Beispiele in BA *NS 19/neu 2068.*
[273] GURFEIN, JANOWITZ. *loc. cit.;* S. 82.
[274] SHILS, Edward A., and Morris JANOWITZ.»Cohesion and Disintegration

sche Quellen gestützt. Am eindeutigsten spricht dies ein an Himmler gerichteter Lagebericht aus dem Ostraum aus. Er stammt aus einer Serie von Meldungen, die von »Hornisse II« – offensichtlich ein Ableger des Amtes VI des Reichssicherheitshauptamtes, das nach der Verhaftung von Admiral Canaris den militärischen Abwehrdienst übernommen hatte – täglich geliefert wurden, von denen aber nur einzelne erhalten geblieben sind. Dieser Bericht über die »Kampfkraft der aus Versprengten gebildeten Kampfgruppen« besagt, »daß man von einer geschlossenen Kampfeinheit, die wirklichen Kampfwert besitzt, nur insoweit reden (kann), als die Versprengten ihren eigentlichen Truppenteilen wieder zugeführt werden. In all den Fällen, in denen jedoch die Zusammenstellung besonderer Kampfgruppen aus Versprengten erfolgt, sei die Kampfkraft erwiesenermaßen gleich null. In einem Bericht aus Guben heißt es, daß in diesen Einheiten die Angst vor den Grausamkeiten und Genickschüssen der Roten Armee jedes andere Gefühl überwiege. In den Gruppen selbst herrsche keinerlei Zusammengehörigkeitsgefühl, keiner kenne seinen Nebenmann und lasse ihn daher im Falle einer Verwundung einfach im Stich, was er nie mit einem Kameraden seiner Stammeinheit getan haben würde. Auf Grund der gemachten Erfahrungen sei es daher richtiger, die Versprengten so schnell wie möglich ihren ursprünglichen Einheiten wieder zuzuführen. Eine Reihe von in der letzten Zeit im hiesigen Bereich gemachten Beobachtungen bestätigen die Richtigkeit dieser Ansicht. Der Geist der Versprengteneinheiten ist denkbar schlecht. Ihre Angehörigen neigen stets zu Panik und gefährden dadurch ganze Kampfabschnitte.«[275]

Über Auflösungs- und Demoralisierungserscheinungen berichten im übrigen zahlreiche andere Instanzen. So heißt es in einer Meldung des Reichspropagandaamtes Schwerin vom 22. Januar 1945:

»In zunehmendem Maß häufen sich die Beschwerden darüber, daß besonders in frontnahen Gebieten und dort, wo größere Truppenkontingente gelagert sind, seitens der Soldaten Diebstähle aller Art begangen werden. Aus meinem Amtsbereich häufen sich Meldungen darüber, daß Soldaten Uniformteile usw. nach Hause senden, die zertrennt, gefärbt und umgearbeitet in Haushalten Verwendung finden. Auch auf technischem Gebiet kann festgestellt werden, daß immer mehr alle möglichen Teile aus Wehrmachtsbeständen den Angehörigen und befreundeten Krei-

in the Wehrmacht in World War II«. *The Public Opinion Quarterly;* vol. 12., no 2; 281 ff.
[275] Nr. 98 vom 9. 3. 45. BA NS 19/neu 2068.

sen zugänglich gemacht werden. In weitesten Bevölkerungskreisen herrscht darüber äußerstes Befremden und spricht man von Verfallserscheinungen.«[276]

Eine Woche später meldete Stettin:»Auf den Widerstandswillen der Bevölkerung wirkt besonders lähmend, daß in den Zügen und auch auf den Landstraßen Soldaten angetroffen werden, die sich von ihrer Truppe entfernt haben. In Neustettin hat diese Fahnenflucht Ausmaße angenommen, daß den Quartiergebern verboten werden mußte, Wehrmachtsangehörige ohne Quartierscheine zu beherbergen. Die Soldaten erklären ganz offen dem Mitreisenden gegenüber, daß sie desertiert seien, da doch nicht genügend Waffen und Munition bereitstünden. Es handelt sich dabei zweifelsohne um Einzelfälle, die die Kampfkraft der Truppe nicht ernstlich gefährden. Für die Stimmung der Bevölkerung sind aber derartige Einzelfälle, die sich mit Windeseile als Gerücht verbreiten, geradezu niederschmetternd.«[277]

Daß es sich nicht um Einzelfälle handelte, beweisen weitere Meldungen. Der Reichsstatthalter in Danzig sprach von starken Verfallserscheinungen bei den Heeresverbänden, die offensichtlich gar keine Anstrengung unternommen hätten, um die in monatelanger Schanzarbeit ausgebaute Drewenz-Linie zu verteidigen. Während ab 16. Januar versucht wurde, die Zivilräumung noch stufenmäßig nach Plan anlaufen zu lassen, vollzog sie sich ab 20. Januar in Westpreußen überstürzt und führte zu einer regellosen Fluchtbewegung der Bevölkerung. Fliehende Städter stießen auf steckengebliebene Bauerntrecks. Notdürftig bekleidet überquerten Frauen und Kinder die zugefrorene Weichsel und blieben dann tagelang bis zu einem Abtransport liegen. Aus Graudenz wurde starke Plünderungen seitens der deutschen Soldaten gemeldet.[278] Der Oberlandesgerichtspräsident von Rostock berichtete von unkontrollierten Wehrmachtsdienststellen und Wehrmachtsangehörigen auf dem Marsch nach rückwärts.[279] Die Beobachtungen des Danziger Reichsstatthalters über mangelnden Widerstand an der Drewenz-Linie und vor allem im Raume von Bromberg wurden durch den dortigen Kreispropagandaleiter bestätigt. Er habe nicht gesehen, »daß von irgendeiner Führungsseite aus Anstalten gemacht wurden, einen organisierten Widerstand aufzubauen. Zum Beispiel bestanden in Bromberg die verschiedensten Organisationen, die seit Monaten für die Vertei-

---

[276] BA R 55/603; fol. 97.
[277] ibid.; fol. 114.
[278] Bericht vom 31. 1. 45. BA R 22/3360.
[279] Bericht aus Schwerin vom 6. 2. 45. BA R 22/3385.

digung vorgesehen waren (Politische Staffel beim Kreisleiter, Postschutz, Bahnschutz, Umschulungslager der SA, Volkssturm, Wehrmacht, Polizei usw.). Weder von der Kreisleitung noch vom Regierungspräsidenten, noch vom Befehlshaber der Wehrmacht, noch von einer sonstigen zur Führung berufenen Stelle ist ein Aufruf zum einheitlich zusammengefaßten Widerstand gegeben worden . . .«

Der letzte Zug, der Bromberg verließ und die Flüchtlinge in Richtung Westen beförderte, wurde von zahlreichen bewaffneten Soldaten gestürmt, die nicht daran dachten, Frauen und Kindern Platz zu machen. Ein Großteil der Bevölkerung mußte zurückbleiben, da keine Abtransportmöglichkeit mehr vorhanden war.[280]

Ähnlich lagen die Verhältnisse in Schlesien. Nachdem der sowjetische Vormarsch in den Augusttagen 1944 zum Stillstand gekommen war, hatte sich die Aufregung der Bevölkerung wieder gelegt. In Presse und Parteiversammlungen wurde zwar darauf hingewiesen, daß die Sowjets sehr wahrscheinlich aus dem Brückenkopf von Baranow einen Vorstoß versuchen würden; es seien aber alle Vorbereitungen getroffen, um eine solche Offensive abzufangen und die Verteidigung weit vor den schlesischen Grenzen zu führen. Der Beginn der Operationen aus dem Weichselbogen am 12. Januar wurde daher als eine Bestätigung der Vorhersagen angesehen. Bereits am 17. Januar mußte aber die Polizei der nicht arbeitenden Bevölkerung die Abreise nahelegen. Daraufhin begann auch hier eine überstürzte Fluchtbewegung mit den bereits erwähnten Erscheinungen. Wieder trug die Wehrmachtsführung einen Teil der Verantwortung für die verspätete Evakuierung, da sie bis zum 23. Januar die Hoffnung begründet erscheinen ließ, Einbrüche in das oberschlesische Industriegebiet könnten abgewehrt werden.[281] Der verantwortliche Oberbefehlshaber war Generalfeldmarschall Schörner. Der Gauleiter verbreite infolgedessen den Befehl, daß niemand die »Festung« Schlesien zu verlassen habe. Die Flüchtlinge traf besonders tief, »daß Angehörige der deutschen Wehrmacht die verlassenen Wohnungen ihrer eigenen Stammesgenossen plündern«. Solche Angaben wurden von zahlreichen Schlesiern gemacht.[282] Hornisse II bestätigte am 16. Februar, daß mit ganz wenigen Ausnahmen

280 Bericht vom 26. 1. 45. BA R 55/616; fol. 143–148.
281 Vgl. Bericht OLG-Präsident und Generalstaatsanwalt Kattowitz aus Neisse vom 1. 2. 45. BA R 22/3372.
282 Schreiben der Kreisleitung Liebenwerda an die Gauleitung in Halle vom 22. 2. 1945. BA R 55/616; fol. 47. Vgl. auch 19. Bericht über den »Sondereinsatz Berlin« für die Zeit vom 14. 2. bis 20. 2. 1945. BERGHAHN. »Meinungsforschung im Dritten Reich«. loc. cit.; S. 108.

aus allen Teilkommandobereichen Meldungen über rücksichtsloses Verhalten und Plünderungen der Truppe vorlägen.

»Die fast zum Bewußtsein gewordene *Annahme der eigenen Ohnmacht* stellt die *Wurzel fast sämtlicher Demoralisierungserscheinungen innerhalb der Truppe* dar. Mit Ausnahme der neuen und vom Westen herangeführten Eingreifreserven ist die Auffassung von einem verlorenen Krieg in den Reihen der Truppe weit verbreitet.«[283]

Zu den Auflösungserscheinungen der Wehrmacht kamen diejenigen der NSDAP: »Eine ganze Reihe von negativen Erscheinungen, wie sie schon aus dem Westen vom vergangenen Sommer bekannt waren, haben sich auch hier gezeigt ... Negativ hat sich ausgewirkt, daß auch politische Leiter und Beamte aus Oberschlesien, wobei allein in Troppau 210 angelangt sind, nicht beim Volkssturm kämpfend in ihrer Heimat geblieben sind, sondern durch irgendeinen Marschbefehl eines unpolitisch denkenden Vorgesetzten nach Westen zogen. Als Begründung erklärte man zumeist, man habe Betreuungsaufgaben oder man solle sich dem Reichsministerium zur Verfügung halten und ähnliches. Einzelne Beamte hatten Marschziele, die bis 400 km westlich ihrer Gaugrenzen lagen ...«

Der Reichspropagandaleiter aus dem Ostsudetengebiet, der über diesen Exodus der Parteifunktionäre berichtete, fügte hinzu, daß sich die Bevölkerung, als sie alle die politischen Leiter mit Pelzen und Waffen behangen durch die Stadt spazieren sah, sagen müßte, »daß die Partei im Ernstfalle doch türmt«.[284]

Es kann keinen Zweifel darüber geben, daß der Aushöhlungsprozeß fortgeschritten war und, durch die immer verzweifeltere militärische Situation begünstigt, die Institutionen des Dritten Reiches immer mehr unterminiert hatte.

Mit Propaganda war er nicht mehr aufzuhalten. Das Regime griff daher zu nicht mehr verhülltem, nacktem Terror.

Das Oberkommando der Wehrmacht erließ am 28. Januar »Bestimmungen über das Verhalten von Offizier und Mann in Krisenzeiten«, auf Grund derer jeder Regimentskommandeur, Schiffskommandant, Geschwaderkommodore und Führer entsprechend der Dienststellen die Pflicht hatte, »sofort ein Standgericht zu berufen, wenn Gefahr im Verzuge ist«. Falls es zur Aufrechterhaltung der Disziplin oder aus Gründen der Ab-

---

[283] Nr. 53. BA *NS 19/neu 2068.*
[284] Bericht aus Troppau, 29. 1. 45 (in Bleistift zugefügt). BA *R 55/603; fol. 113.* Vgl. auch einen Bericht aus Weimar über die Zustände im Warthegau vom 7. 2. 45. *ibid.; fol. 122.*

schreckung notwendig schien, waren Todesurteile gegen jedermann zu bestätigen und sofort »im Angesicht der Truppe zu vollstrecken«.[285] Am 15. Februar zog der Reichsjustizminister nach, und es wurden Standgerichte in allen feindbedrohten Reichsverteidigungsbezirken gebildet.[286] Ebenso wurden einschneidende Maßnahmen gegen Überläufer und Soldaten, die in der Kriegsgefangenschaft Landesverrat begingen, ergriffen. Ihre Angehörigen unterlagen der Sippenhaft.[287]

Um zu beweisen, daß man auch nicht vor hohen Würdenträgern und Offizieren haltmachen würde, wurde der SS-Standartenführer und Polizeidirektor von Bromberg erschossen, weil er die Stadt verlassen hatte. Ebenso erging es Oberst von Hassenstein, der die Stellungen auf eigene Verantwortung geräumt hatte. In seinem Befehl an die Offiziere der Heeresgruppe Weichsel, mit dem er diese Urteile bekanntgab, sagte Himmler: »Es ist besser, der eine oder andere Feigling stirbt, als daß der Gedanke, man könne nach hinten gehen, in einer sonst braven Kompanie um sich greift.«[288]

Der Reichsführer SS erwähnte ebenfalls den »Verräter« von Seydlitz und sein Komitee, die von Stalin als Werkzeuge und Agenten mißbraucht würden. Ihre Aufrufe seien bereits durch das Schicksal der deutschen Bevölkerung im Osten widerlegt worden. Im Februar 1945 wurden offensichtlich in der Bevölkerung und vor allem innerhalb der Wehrmacht Motive und Aktionen des Nationalkomitees Freies Deutschland und des Bundes deutscher Offiziere diskutiert. Viele Soldaten waren der Ansicht, die Sowjets würden von deutschen Offizieren geführt.[289] Sowohl aus Berlin[290] wie aus dem Ostraum[291] kamen Meldungen, nach denen man den Erfolg der sowjetischen Offensive auf Verrat und Infiltration des Nationalkomitees in den eigenen Reihen zurückführte. Es gab noch immer Deutsche, die der Wahrheit nicht ins Gesicht sehen und zugeben wollten,

285 Abschrift in BA *NS 6/vorl. 354.*
286 *Dokumente der Deutschen Politik und Geschichte von 1848 bis zur Gegenwart.* Hrsg. von Johannes Hohlfeld. Bd. V: *Die Zeit der nationalsozialistischen Diktatur 1933–1945.* Berlin, Dokumenten-Verlag Dr. Herbert Wendler Cie., 1953; S. 519/520.
287 STEINERT; S. 32.
288 BA *NS 19/294.*
289 19. Bericht über den Sondereinsatz Berlin für die Zeit vom 14. 2. bis 20. 2. 1945. BERGHAHN. »Meinungsforschung im Dritten Reich«. *loc. cit.*; S. 111.
290 Sowohl Paulus wie Seydlitz wurden abwechselnd genannt. 17. Bericht über den »Sondereinsatz Berlin« für die Zeit vom 29. 1. bis 4. 2. 45. MGFA *WO1–6/368.*
291 Hornisse II, Nr. 47 vom 15. 2. 45. BA *NS 19/neu 2068.*

daß es auch in der deutschen Wehrmacht Versagen, Korruption und Feigheit geben konnte. Die Beweise jedoch sind eklatant, und es wird nicht mehr möglich sein, für 1945 eine Dolchstoßlegende zu fabrizieren. Diesmal war eher das Gegenteil von 1918 der Fall: Die schlechte Haltung und Mutlosigkeit der Soldaten deprimierte und demoralisierte die Heimat, so daß auch hier nach und nach alle diejenigen, welche, von der Propaganda encouragiert, wider alle Vernunft immer wieder hofften, zunehmend entmutigt wurden. Da dieser Aspekt der Deglorifizierung der Armee und der Zerstörung eines Mythos zum Verständnis späterer deutscher Entwicklungen von Bedeutung ist, sollen hier noch einige weitere Auszüge aus Berichten und Beobachtungen der letzten Kriegsmonate gebracht werden.

Der wöchentliche Tätigkeitsbericht des Leiters Propaganda aus dem Reichsministerium für Volksaufklärung und Propaganda vom 21. Februar teilt mit:»Die große Zahl von Soldaten, die man überall auf Bahnhöfen und auf den Straßen warten sähe, wirke sich bedrückend auf die Stimmung der Bevölkerung aus, weil man den Eindruck habe, daß viele Soldaten keinen Wert darauf legten, schnell zu ihrem Truppenteil zu kommen, sondern die Verkehrsschwierigkeiten ausnutzten. Da es sich bei diesen Soldaten nicht um die besten Elemente aus der Truppe handele, wirkten ihre Gespräche über den ›verlorenen Krieg‹ außerordentlich deprimierend.«[292]

Wenige Tage später, am 24. Februar, berichtete Hornisse II über die Lage in der Reichshauptstadt und in der Mark Brandenburg:

»Verhalten Wehrmacht: Weiter negative Auswirkungen von Erzählungen zurückkehrender Soldaten. Starke wechselseitige Beeinflussung Front-Heimat ...

Soldaten stehen auf Straßen und bei Flüchtlingstrecks tatenlos umher, teils mit, teils ohne Waffen, und beeinflussen durch schlechte Haltung Bevölkerung negativ ...«[293]

Den interessantesten Beitrag über Haltung und Moral der Wehrmacht lieferte der Chef des NS-Führungsstabes des Heeres, General der Gebirgstruppen Ritter von Hengl, nach einem Besuch im Bereich des Oberbefehlshabers West und beim Ersatzheer Anfang/Mitte März. Von Hengl unterstrich die ungeheure Dauerbelastung, welche das Heer »vom General bis zum Grenadier« auszuhalten habe, und dies bei einer sehr geringen Gefechtsstärke. Einige Divisionen würden nur noch rund 1500 Mann um-

[292] BA R 55/601.
[293] Nr. 75. BA NS 19/neu 2068.

fassen. Trotz des anhaltenden wochenlangen Kampfes bei Bombenteppichen und Artilleriefeuer habe sich die Truppe, mit Ausnahme von Einzelerscheinungen, gut geschlagen. Drei Typen von Soldaten müßten dabei unterschieden werden:

1. Der alte Kämpfer, »der unentwegt mit Glauben sich vorzüglich schlägt, dessen Hauptsorge es ist, nach Verwundung wieder zu seiner Kompanie zu kommen. Dazu eine fabelhafte Jugend«.

2. der »apathische und müde Soldat, der nur kämpft, wenn er vom Offizier ausgerichtet wird, dann aber rasch wieder zusammenklappt. Er ist zum Teil absolut gleichgültig, ihm imponieren weder Standgerichte und Strafen noch schärfste Befehle«. Diese unerfreuliche Erscheinung habe bereits weit um sich gegriffen.

3. Der »Feigling und Deserteur, der sich ohne zu schießen glatt überrollen läßt«.

Als wirksames Gegenmittel empfahl der Chef des NS-Führungstabes des Heeres eine breite Vulgarisation der bereits in der Presse erschienenen Notiz, »daß Roosevelt beabsichtige, nach dem Krieg deutsche Kriegsgefangene den Russen als Arbeitssklaven zur Verfügung zu stellen. Diese Nachricht hat zum Teil bei den Feiglingen wie eine Bombe gewirkt«.[294]

Was zuvor über die mangelnde Kampfkraft der Volksgrenadierverbände und anderer heterogener Einheiten sowie über die Apathie und Müdigkeit vieler Soldaten gesagt wurde, gilt in gleichem, wenn nicht gar erhöhtem Maße für den Volkssturm. Ihm fehlte der Kitt gemeinsamen Kriegserlebens, das Vorbild des Offiziers – die Anführer waren, wie bereits erwähnt, meist für diese Aufgabe unzulänglich geschulte Hoheitsträger der Partei, die inzwischen immer verhaßter wurden. Hinzu kam, daß die Volkssturmmänner nicht einmal die äußere Gemeinsamkeit der Uniformen, sondern nur Armbinden hatten. Und vor allem waren sie miserabel bewaffnet. Von den aktiveren Elementen wurde daher immer wieder der Wunsch geäußert, in die Wehrmacht oder Waffen-SS eingegliedert zu werden, um »vollwertiger Soldat zu sein«.[295] Die Furcht, als Partisanen erschossen zu werden, spielte weiterhin eine große Rolle.[296]

294 Der Chef des NS-Führungstabes d. H. Nr. 304/45 GKdos, 19. 3. 1945, MGFA *III W 129* (OKW 183).
295 Hornisse II, 24. 2. 45. BA *NS 19/neu 2068*.
296 20. Bericht über den »Sondereinsatz Berlin« vom 3. 3. 45. MGFA *WO 1–6/368*.

Kein Wunder also, wenn beispielsweise der Chef des Generalstabes der Heeresgruppe G, Generalmajor Staedke, berichtete, der Volkssturm Trier habe völlig versagt; ähnliches gelte für Wittlich.[297] Er machte für die nachlassende Kampfmoral teilweise die Haltung der Zivilbevölkerung verantwortlich, welche weiße Flaggen gezeigt und die Soldaten aufgefordert habe, den Kampf einzustellen. Dabei verschwieg er nicht, daß der Hauptgrund für die Erfolge der Amerikaner die eigene Schwäche sei, der Mangel an beweglicher Panzerabwehr und die uneingeschränkte Luftherrschaft der Westgegner.

Die vom Chef des NS-Führungsstabes des Heeres beobachtete Dreiteilung der Wehrmachtsangehörigen in eine kleine Gruppe von Aktivisten und jugendlichen Draufgängern, der breiten Masse von Müden und Gleichgültigen und einer schwer abschätzbaren Gruppe von »Defätisten« oder »Feiglingen«, entspricht dem Verhalten der Deutschen insgesamt zu diesem Zeitpunkt. Die Auswertung der Berichte der Reichspropagandaämter ergab Ende Februar 1945[298] ein ähnliches Resultat. Folgende Kategorien wurden unterschieden:

1. Das »sogenannte Bürgertum«. Seine Einstellung sei gekennzeichnet »durch eine tiefgehende Lethargie und weitgehendes Sichgehenlassen... Diese Kreise sähen dem Kriege zu ›wie Theaterbesucher den Vorgängen auf der Bühne‹, ohne das Gefühl zu haben, daß es um den eigenen Hals gehe. Die ständigen Redewendungen lauteten: ›Es ist doch alles verloren, wozu noch arbeiten‹, oder ›In 3 Monaten ist der Krieg doch verloren‹. Eine andere Möglichkeit gäbe es für diese Leute nicht mehr. Auch bestimmte Teile des Bauerntums, besonders in den konfessionell einseitig zusammengesetzten Gegenden, würden von dieser Einstellung erfaßt...«

2. Ganz im Gegensatz dazu »verhalte sich die Arbeiterschaft in den großen Betrieben, die nach wie vor vorbildlich ihre Pflicht erfülle. In diesen Kreisen werde fast überhaupt nicht gemeckert. Die Arbeiterschaft zeige sich auch allen kommunistischen Zersetzungsversuchen gegenüber immun – wenn auch hier und da kleine kommunistische Zellen ausgehoben würden – und halte trotz aller Entbehrungen und Belastungen in Treue zum Führer. Aus diesen Kreisen werde auch gefordert, daß mit der Rücksichtnahme auf mutlose ›Bürger‹ endlich

---

[297] Anlage 1 zu Bericht des Chefs des NS-Führungsstabes. Vgl. *supra*, Anm. (294).
[298] Wöchentlicher Tätigkeitsbericht des Leiters Pro. Stichtag 21. Februar 1945. BA R 55/601; fol. 284–288.

Schluß gemacht werde. Der Schrei nach einem scharfen Durchgreifen werde immer stärker«.

3. Als weitere Kategorie werden die überall herumlungernden Soldaten, die stimmungsdrückend auf die Bevölkerung wirken, aufgeführt.

Erst im späteren Verlauf des Berichtes ist von jener Gruppe die Rede, die man in Analogie zu den »Defätisten« und Überläufern der Wehrmacht setzen muß: die Bevölkerung der frontnahen Gebiete. Wer hier in der Krisenzeit 1938/1939 zu den sogenannten »Kofferpatrioten« gehört hatte, folgte nun der Parole »Hier bleiben« und »der Tendenz, daß das Kampfgeschehen möglichst schnell über den Westen hinweggehen möge. Diese Menschen trösten sich damit, daß sie ja nicht den Bolschewisten in die Hände fallen würden, sondern ›nur‹ den Anglo-Amerikanern, die ›kultivierter‹ und daher auch ›humaner‹ seien«.

Die Hoffnungslosigkeit und »tiefgehende Lethargie«, welche die bürgerlich-konservative Masse ergriffen hatte, wird durch andere Berichte bestätigt.[299] Auch für das radikale, für ein Durchhalten plädierende Verhalten großer Teile der Arbeiterschaft gibt es, neben dem bereits aus Bochum erwähnten Vorfall[300] ein weiteres Zeugnis. In einem Bericht »Stimmung und Haltung der Arbeiterschaft«, von SS-Obersturmbannführer von Kielpinski unterschrieben und am 19. März an SS-Brigadeführer Dr. Naumann, Staatssekretär im Propagandaministerium, übersandt, heißt es auf Grund einer Meldung aus Mecklenburg, das bekanntlich bereits 1933 eine Hochburg des Nationalsozialismus gewesen war:

»In der Überzeugung, daß es keine andere Möglichkeit gäbe, als die Zähne zusammenzubeißen und durchzuhalten, tue der Arbeiter, was man ihm auferlege, und vertraue auf den Führer.

Im einzelnen aber ergibt die Meldung u. a. eine Reihe von wörtlich erfaßten Äußerungen aus Arbeiterkreisen, daß in dieser Schicht *kritisch über die Führungsverhältnisse* gesprochen wird und immer wieder klassenkämpferische Gedankengänge anklingen.

Mehr und mehr werde die Forderung laut, *daß der Führer mit den Verrätern* und Saboteuren, die offenbar in Führungsstellen bis ganz oben säßen, aufräume. Der Führer müsse auch mal auf den Arbeiter hören und innerhalb der Beamtenschaft, der Wehrmacht und auch der Partei eine

---

[299] Vgl. beispielsweise »Merkpunkte zur Versammlungsaktion Februar/März 1945«. *R 55/610;* fol. 182.
[300] s. *supra.;* S. 526.

Säuberung vornehmen, und zwar jetzt, nicht erst nach dem Kriege; denn diese Säuberung würde Front und Heimat einen großen Aufschwung geben.«

Wörtliche Äußerungen von Arbeiterinnen und Arbeitern wurden beispielsweise zitiert:

»Stalin hat es schon richtig gemacht, als er die ganze Intelligenz der alten Schule ausrottete.«

»Die Herren Beamten haben natürlich schon wieder große Angst um ihr Leben. Solange der Krieg nicht an sie herantrat, waren sie hundertprozentig, jetzt sehen sie schwarz in schwarz.«

»Wir sind immer die Dummen. Wir haben keine Beziehungen und müssen alle Kriegslasten und Pflichten tragen.«

»Wenn's mulmig wird, sind die oberen Zehntausend mit ihren Wagen längst über alle Berge. Der Arbeiter kann seinen Kopf hinhalten.«

»In Rußland haben die Kommissare ganz anders gearbeitet, darum stehen sie heute auch so stark da.«

»Wir brauchen uns nur eine Kleinigkeit zuschulden kommen lassen und werden hart bestraft, und zwar sofort. Ist es eine Frau Doktor oder Frau Hauptmann, dann wird die Sache so lange verschleppt, bis sie ganz eingeschlafen ist. Es ist heute genau der gleiche Klassenunterschied wie früher. Daran hat sich nichts geändert.«[301]

Aus diesen Aussprüchen geht deutlich eine klassenkämpferische Grundhaltung und eine starke Kritik an der vom Nationalsozialismus versäumten Gesellschaftsumbildung hervor. Das einzige, was die Arbeiter und generell gesprochen die unteren sozialen Schichten immer noch an Hitlers Staat band, war seine eigene Person. Sonst wurde immer stärker der radikalen Konsequenz, mit der Stalin die früheren Eliten eliminiert hatte, Anerkennung gezollt, und dies zu einem Zeitpunkt, an dem die deutsche Presse angefüllt war mit Zeugenaussagen über die von der Roten Armee begangenen Vergewaltigungen, Zerstörungen und Morde.[302] Diese wurden anscheinend als »normales« Verhalten der Sieger und des Stärkeren, in Analogie zum vorherigen deutschen Auftreten, akzeptiert.

Das trotz aller Rückschläge und Enttäuschungen noch immer existierende Vertrauen in Hitler bei zumindest einem Drittel der Deutschen[303]

301 R 55/620; fol. 129, 132.
302 HAGEMANN; S. 483, 484, berichtet, daß ab Februar die ersten beeideten Zeugenaussagen veröffentlicht wurden. Am 11. Februar sagte Goebbels: »Aus den Augen dieser Männer und Kinder schaut uns das Grauen an.«
303 Von den im Westen befragten Kriegsgefangenen hatten im März 1945 noch

ist durch eine Art seelischen Abwehrmechanismus zu erklären, der verhinderte, daß das durch ihn verkörperte Ich-Ideal mit niedrigen und abträglichen Dingen und Entwicklungen in Zusammenhang gebracht wurde:»Bei allem unerschütterlichen Vertrauen in den Führer scheue man sich jedoch nicht zu äußern, daß der Führer bestimmt nicht durch die militärischen Stellen über die wirkliche Lage unterrichtet sein könne, sonst wäre es nicht zu der jetzigen schweren Krise gekommen.«[304] Diejenigen, die Anfang März 1945 seiner Proklamation überhaupt noch zuhörten, klammerten sich weiterhin an seine Worte hinsichtlich einer geschichtlichen Wende in diesem Jahre.[305] Solch ephemeren Hoffnungen wurden immer wieder künstlich von Goebbels Propaganda wachgehalten. So sagte er beispielsweise am 28. Februar:»Wir gleichen heute dem Marathonläufer, der von den ihm auferlegten 43 Kilometern 35 hinter sich gebracht hat.« Er fühlt sich kurz vor dem Zusammenbruch – aber seinen Gegnern gehe es ebenso. Wenn er gesiegt hat, wird all die Qual schnell vergessen sein, übrig bleibt nur der Triumph.[306]

Dieser Vergleich entsprach ganz denjenigen, die der Chef des Propagandastabes in einer Mundpropagandaanweisung kurz zuvor für die Darstellung der Kriegslage im Osten herausgegeben hatte:

»Der bolschewistische Einbruch in den deutschen Ostraum hat die Sowjets einen riesigen Verschleiß an Menschen und Material gekostet. Von den für die Offensive ursprünglich bereitgestellten 12 000 sowjetischen und amerikanischen Panzern sind bereits 8000 vernichtet. Das bedeutet eine entscheidende Schwächung der bolschewistischen Stoßkraft. Daß die Sowjets alles, was sie besitzen, eingesetzt haben, geht aus der Tatsache hervor, daß sie für die Besetzung der von ihnen eroberten Gebiete und die Sicherung ihrer Nachschubwege nur schwache Kräfte übrigbehalten haben und ihre Massen in die Brennpunkte der Schlacht vorwerfen. Daraus ergibt sich für deutsche Gegenmaßnahmen eine außerordentliche Chance. Die deutsche Führung weiß, daß die beste Verteidigung der Angriff ist, und sie wird dementsprechend handeln ...«[307]

---

30 % Vertrauen zu Hitler – und hier war der Prozentsatz der »Defätisten« weit höher als im Osten und bei den Flüchtlingen. GURFEIN/JANOWITZ. *loc. cit.;* S. 81.

[304] Meldung des Reichspropagandaamtes Halle-Merseburg. Zitiert im wöchentlichen Tätigkeitsbericht des Leiters Pro. Stichtag 21. 3. 45. *R 55/601;* fol. 296.
[305] 20. Bericht über den »Sondereinsatz Berlin« vom 3. 3. 45. MGFA *WO1–6/368,* und Hornisse II, Nr. 95 vom 7. 3. 45. *BA NS 19/neu 2068.*
[306] HAGEMANN; S. 487.
[307] Vom 17. 2. 45. *BA R 55/608;* fol. 35.

Der wöchentliche Tätigkeitsbericht über die Arbeit der Reichspropagandaämter, der zudem gleichzeitig den SD-Bericht auswertete, konnte dann auch feststellen, »durch alle Niedergeschlagenheit klinge doch letzten Endes immer wieder bei den meisten Volksgenossen die Auffassung durch, daß noch nicht alles verloren sei und man auch das Schwerste ertragen müsse, um Freiheit und Leben zu retten. Dieses starke Positivum gründe sich vor allem auf das Vertrauen zum Führer, der geradezu beschworen werde, mit brutaler Rücksichtslosigkeit alles zur Vernichtung unserer Feinde einzusetzen und hart zu werden gegen jeden, der versage.«[308]

Im Westen aber, wo die Briten und Amerikaner vor der Tür standen und den Luftraum beherrschten, wo es kaum noch möglich war, deutsche Rundfunksendungen zu empfangen und abzuhören, wo die mangelhafte Ausrüstung und Bewaffnung der eigenen Truppen nicht mehr vertuscht werden konnte, dort machte sich jener »Geist des Amerikanismus«[309] breit, den Giselher Wirsing, früher führender Redakteur der *Tat*, nun Walter Schellenberg, dem Leiter des Auslandsnachrichtendienstes des RSHA nahestehend und Autor zahlreicher Veröffentlichungen in dem Buch *Das Zeitalter des Ikarus* gegeißelt hatte. Dieser Geist jedoch, der Freiheit und Rechte des einzelnen höher wertete als die im Dritten Reich vergottete Nation, manifestierte sich allerdings zum damaligen Zeitpunkt in Deutschland nicht viel mehr als in dem elementaren Wunsch zu überleben und einer grenzenlosen Kriegsmüdigkeit. Ein Bericht eines SS-Obersturmbannführers an Ohlendorfs Amt III vom 27. Februar über die Zustände in dem saarländischen Ort Geislautern bei Völklingen besagt sehr deutlich, daß es keinerlei politische oder gar ideologische Überlegungen waren, die das Verhalten der Bevölkerung in diesem Raum bestimmten. Der Anblick der ihre geringe Habe auf Handkarren hinter sich herziehenden Flüchtlinge auf verstopften und unter Fliegerbeschuß liegenden Straßen, die Aussicht auf eine Notunterkunft und die sich immer weiter ausdehnende Überzeugung, der Krieg sei verloren, veranlaßte die Menschen, dort zu bleiben, wo sie waren. »Darüber hinaus hofften sie, daß die von der Feindseite immer wieder verbreitete Parole, daß die Bevölkerung von ihr geschont werde, Wahrheit sei. Es waren durchweg Volksgenossen, die in keiner inneren Verbindung zur Bewegung mehr standen. Es han-

[308] Vom 21. 2. 45. R 55/601; fol. 285.
[309] Vgl. ein Schreiben an den Hauptschriftleiter der Zeitschrift »Front und Heimat« vom 7. 3. 45, in dem es heißt, daß dieser Geist schon unbewußt in vielen Schichten des Volkes eingedrungen sei und weiter Platz greife. BA *Slg. Schumacher/367.*

delte sich vor allem um kirchlich gebundene Bevölkerungskreise, die es vorzogen, unter Führung ihrer ebenfalls zurückgebliebenen Geistlichkeit, sich vom Krieg überrollen zu lassen.«

Die korrekte Behandlung durch die Amerikaner, welche der verängstigten und ausgehungerten Bevölkerung teilweise Konserven, Zigaretten und Schokolade schenkten, machte tiefen Eindruck.

»Nach der Befreiung von Geislautern durch deutsche Truppen wurde beim Abzug der Amerikaner durch Hoheitsträger bzw. deutsche Organe festgestellt, daß die Wohnungen, in denen sich die Amerikaner aufgehalten hatten, weder beschädigt noch irgend etwas gestohlen war. Allgemein wurde auch hier behauptet, daß sie sich besser verhalten hätten ›als unsere deutschen Truppen‹.«

Der Bericht an das Amt III des RSHA schloß: »Auf Grund dieser Erfahrungen mit den Amerikanern hat die zurückgebliebene Bevölkerung von diesen die beste Meinung. Sie will daher die Wohnungen und Keller nicht mehr verlassen, obwohl aus militärischen Gründen erneut eine Evakuierung längs der Saar von Wehrmachtsstellen angeordnet worden ist . . .«[310]

Aus dem Raume Mayen liegt eine ähnliche Meldung des Stellvertretenden Kommandeurs des Panzerstützpunktes »J« vor: »Die Bevölkerung warte offensichtlich auf das Einrücken der Amerikaner und hat jede Maßnahme der deutschen Soldaten, die zur Verteidigung der Orte getroffen wurde, direkt oder indirekt sabotiert. Es wurden, wie ich selbst beobachtete, weiße Flaggen vorbereitet, sämtliche Dinge, die auf Parteizugehörigkeit schließen ließen, verbrannt und die kämpfenden Soldaten aufgefordert, sich Zivil zu beschaffen und als Zivilisten in den Orten zu verbleiben. Eine Unterstützung der Truppe in irgendeiner Weise, weder durch den Bürgermeister noch sonst jemand, war niemals festzustellen. Im ganzen sei gesagt, daß die Gesamthaltung dieser Bevölkerung mehr als schwach war.«[311]

In der Gegend von Bingen, vor allem in Gensingen, Ingelheim und Betholsheim (Hessen-Nassau), zeigte sich dasselbe Bild. Daraufhin veranlaßte der Gauleiter Sprenger das Erhängen des Bürgermeister von Ingelheim; weitere »Schuldige« wurden vor ein Standgericht in Frankfurt/ Main gestellt.

Der NSFO des Oberbefehlshabers West faßte Anfang März die Hal-

---

[310] *R 55/602;* fol. 148, 150.
[311] Zitiert im Fernschreiben Nr. 367 des Reichsleiters Keitel an Bormann vom 19. 3. 45. BA *Slg. Schumacher/369.*

tung der Bevölkerung im Raume von Rhein und Mosel folgendermaßen zusammen:
»Es zeigt sich im großen gesehen eine Umkehrung der Situation gegenüber dem Herbst des Vorjahres. Während damals die aus Frankreich zurückflutenden Soldaten mit ihrer pessimistischen Beurteilung der Lage die Zivilbevölkerung ungünstig beeinflußten, kann im gegenwärtigen Zeitpunkt festgestellt werden, daß die Zivilbevölkerung auf die Kampfmoral und Haltung des deutschen Soldaten depressiv wirkt.«[312]

Da man aber schlecht die ganze Bevölkerung im Westen erhängen oder vor Standgerichte bringen konnte, wurde versucht, mittels Mundpropaganda und Flugblättern das positive Bild der Westgegner zu zerstören. Dabei arbeitete das Reichspropagandaamt Westmark hauptsächlich mit dem Argument, »daß es sich bei diesen Amerikanern um Fronttruppen handelte, die lediglich einen Kampfauftrag hatten, hinter ihnen aber kommen erst die Truppen der rückwärtigen Dienste und vor allem die Juden, die in allen anderen Fällen rücksichtslos gegen die Bevölkerung vorgegangen sind. Da Beispiele von Ausschreitungen gegenüber der Bevölkerung aus dem eigenen Gaugebiet nur wenige vorliegen, wird in diesem Punkt ziemlich kurzgetreten. Dagegen wird stark die Tatsache herausgestellt und am Beispiel Frankreich und Belgien nachgewiesen, daß jede Besetzung durch Engländer und Amerikaner – in der Sprache unserer Westgegner ›Befreiung‹ genannt – die bolschewistische Herrschaft nach sich zieht. Im übrigen wird die Bevölkerung damit fanatisiert, daß Engländer und Amerikaner als wahre Schuldige der bolschewistischen Greuel im Osten entlarvt werden.«[313]

Um den Hoheitsträgern der Partei ihre Aufgabe, die Standfestigkeit und den Widerstandswillen der Bevölkerung zu festigen, zu erleichtern, versandte Martin Bormann zahlreiche Rundschreiben. Am 8. Februar verschickte er einen »Auszug aus der Handmappe des an der Westfront gefallenen USA-Leutnants R. D. Underwood«, in dem sich unter anderem ein vom Chef des Stabes B. C. Marshall unterzeichnetes Schreiben aus dem Kriegsdepartment in Washington befand, neben einer Ausarbeitung Nr. 20-3 des Kriegsministeriums. Aus dieser Ausarbeitung wurden zahlreiche Auszüge gebracht, die alle darin gipfelten, Nationalsozialisten, Wehrmacht und Deutsche gleichzusetzen. Aus einem Befehl General O. N. Bradleys an die Kommandeure der 12. Heeresgruppe über das Fraternisie-

---

[312] *ibid.*
[313] Schreiben an das RMVP vom 16. 3. 45. R 55/602; fol. 149.

rungsverbot, wurden Passagen verbreitet wie: »Wir befinden uns in einem totalen Krieg, und jeder einzelne Angehörige des deutschen Volkes hat ihn zu einem solchen gemacht. Hätte nicht Hitler die Deutschen geführt, dann wäre es irgendein anderer mit denselben Ideen gewesen. Das deutsche Volk findet Gefallen am Kriege und ist entschlossen, Krieg zu führen, bis es die Welt beherrscht und seine Lebensart uns auferlegt hat.« Oder »Für dieses Verbrechen ist die gesamte deutsche Nation verantwortlich. Jeder deutsche Zivilist ist zu der Einsicht zu bringen, daß es für ein solches Verhalten kein Verzeihen gibt...«[314]

Derartige Zitate und Beispiele zeitigten nur noch schwache Resultate, denn die Kriegsmüdigkeit hatte sich bis in die eigenen Kader ausgebreitet. Der Leiter der Partei-Kanzlei ordnete daher an, daß jeder, der seine dienstlichen Befugnisse ausnutzte, um sich und seiner Familie Vorteile zu verschaffen, der die ihm Anvertrauten im Stiche ließ und floh, aus der Partei auszustoßen sei.[315]

Zur 25. Wiederkehr des Jahrestages der Verkündung des Parteiprogrammes versandte er am 24. Februar 1945 ein Rundschreiben an alle Parteigenossen, in denen er die Märtyrer der Feldherrnhalle und die Millionen »Blutzeugen« dieses Krieges heraufbeschwor, an den »Schmachfrieden von Versailles« und das Elend der Wirtschaftskriege erinnerte, die von Hitlers »sozialen Fortschritten« abgelöst worden seien.

»Nun ist jeder, Soldat wie Zivilist, Mann wie Frau, Jugendlicher wie Greis, eingereiht in die Front der Kämpfer. Nun scheidet sich, wie einst in der Zeit des inneren Kampfes, die Spreu vom Weizen. Nun entscheidet sich, ob wir berechnende Mitläufer waren oder selbstlose Bekenner sind... Gegen den elementaren Ansturm der Steppe, gegen die Methoden der innerasiatischen Horden gibt es nur noch eine taugliche Gegenwehr – diese aber führt mit Sicherheit zum Siege: Standhaftigkeit bis zum Tode und Nichtachtung des eigenen Lebens...« Nach dem »unbeugsamen Naturgesetz« blieb derjenige Sieger, der nicht aufgab – deshalb empfahl er den Deutschen: »Wer siegen will, muß rückhaltlos zu opfern und anständig zu sterben wissen.«[316]

Wer aber wollte noch bekennen, anständig sterben, ein Held sein? Das Wort, das in den Augen der Nationalsozialisten ein Schimpfwort war,

---

314 Anlage zum Rundschreiben 62/45. BA *NS 6/vorl. 353.*
315 Anordnung 98/45 vom 23. 2. 1945. BA *NS 6/vorl. 353.* Einige Beispiele von Ausstoßungen und Versetzungen sind erwähnt in der Anlage zur Bekanntgabe 61/45 vom 8. 2. 1945. *ibid.*
316 *ibid.*

sollte bald zu einem sehr begehrten Begriff werden: der Mitläufer. Wie zuvor bereits zitiert, verschwanden alle Beweise der Parteizugehörigkeit, distanzierte sich jeder, der nur konnte, von den vergangenen zwölf Jahren, noch bevor die Herren dieses Reiches endgültig abgetreten waren. Bormanns Appelle: »Nun müssen wir genau wie das Tier in der Natur um unser Dasein und das unserer Jungen kämpfen. Weltfremd, wer das nicht einzusehen vermag...«[317], kamen nicht an. Weltfremd waren sie, die sich nicht eingestehen wollten, daß ein hochindustrialisiertes Volk sich nicht wieder auf die Zivilisationsstufe von Höhlenbewohnern zurückbegeben konnte. Feige und erbärmlich waren sie, die nicht den Mut hatten, angesichts der Aussichtslosigkeit des Kampfes, in der sie ihr Volk und die Welt gestürzt hatten, die notwendigen Konsequenzen zu ziehen.

Sollte es noch eines Beweises für die Kläglichkeit und den Schiffbruch aller Prinzipien Hitlers und seines Teams bedürfen, so mag man den Entschluß zur Aufstellung eines Frauenbataillons anführen.

Am 13. September 1935 hatte Hitler in Nürnberg erklärt:
»Ich würde mich schämen, ein deutscher Mann zu sein, wenn jemals im Falle eines Krieges auch nur eine Frau an die Front gehen müßte. Die Frau hat auch ihr Schlachtfeld. Mit jedem Kind, das sie der Nation zur Welt bringt, kämpft sie ihren Kampf für die Nation.«[318]

Knapp zehn Jahre später schämte er sich nicht mehr. Er versprach sich vielmehr von einem Frauenbataillon »eine Beschämung der nicht mehr kämpfen wollenden Soldaten«.[319]

Da aber die Realisierung dieser Beschämungsaktion noch einige Zeit in Anspruch nehmen würde, verstärkte man inzwischen weiter die Propagandaanstrengungen, die Kontrollen, den Abschreckungsterror.

Joseph Goebbels verkündete Anfang März in einer Propagandaanweisung an die Gaupropagandaleiter, nun, da es »auch bei einzelnen Truppenteilen hier und da zu gewissen Stimmungseinbrüchen gekommen« sei, habe »jetzt die große Stunde der deutschen Propaganda« geschlagen. »Da weite Teile der Front auf deutschem Boden kämpfen, kann unsere Propaganda Front und Heimat gleichermaßen ansprechen.« Das Volk wolle den

317 Rundschreiben 131/45 vom 8. 3. 45. ibid.
318 Zitiert in Der Schulungsbrief. Das zentrale Monatsblatt der NSDAP. 7. 8. 9. Folge 1940. BA ZSg 3/432.
319 Vermerk Dr. Metzners vom 10. März 1945 für Pg. Walkenhorst. – Vgl. hierzu Vermerk Bormanns für Pg. Friedrichs und D. Klopfer vom 28. 2. 45. BA Slg. Schumacher/368. – Vgl. auch Rundschreiben 119/45 vom 5. 3. 1945. Betrifft Ausbildung von Frauen und Mädchen im Gebrauch von Handfeuerwaffen. BA NS 6/vorl. 353.

Krieg nicht verlieren, stelle sich aber die realistische Frage, ob es noch Zweck habe, weiterzukämpfen und ob wir den Krieg noch gewinnen könnten. Und darauf müsse »volksnah« und mit »männlichem Zuspruch« geantwortet und bewiesen werden, »daß wir siegen können und werden«.

Argumente hierzu seien, daß Rüstung und Ernährung zur Not gesichert wären, daß ein »90-Millionenvolk« nicht besiegt werden könne; »heroische Einzeltaten« waren herauszustellen, der »Tonnagemangel der westlichen Alliierten«, die Schwierigkeiten des Nachschubs für die Gegner und ähnliches. Er empfahl die Benutzung des Drahtfunks und versprach den Einsatz von Aktivisten der Partei.[320] Und in der Tat bereitete die Partei-Kanzlei einen »Sondereinsatz« in den frontnahen Gebieten vor und forderte von jedem Gau 5 »bewährte Führungskräfte« an.[321]

Überall im Reichsgebiet wurde inzwischen eine Großfahndungsaktion unter der Leitung des Oberbefehlshabers der 11. SS-Panzerarmee, Obergruppenführer Steiner, durchgeführt, um alle Versprengten und im Reich herumreisenden Soldaten der Wehrmacht, der Waffen-SS und der Polizei zu erfassen.[322]

Angesichts des unaufhaltsamen Vorstoßes der Sowjets hatte sich eine »allgemeine Ost-West-Bewegung« in Bewegung gesetzt, die nicht mehr aufzuhalten war. Ein Angehöriger der Partei-Kanzlei begegnete Anfang März, als er Richtung Osten fuhr, nur einem einzigen Verband, der dieselbe Richtung eingeschlagen hatte. Es war ein Regiment der »polnischen National-Armee«. Alle anderen – so schien es dem Beobachter – strömten in Richtung Westen.

»Mag auch die militärische Wirklichkeit mit diesem gewonnenen Bild nicht übereinstimmen, so wirkte doch der optische Eindruck so: Zivilbevölkerung, Trecks und Wehrmachtsersatztruppenteile, LKWs und PKWs der Wehrmacht auf dem Wege vom Osten nach Westen und die polnische Nationalarmee auf dem Wege zur Front an den deutschen Osten.«[323]

Die militärische Realität war noch weit kritischer, als der Schreiber dieser Zeilen vermutete. Einen Tag zuvor, am 7. März 1945, hatten die Sowjets Kolberg eingeschlossen. Die Offensive der Roten Armee in den ersten

---

[320] BA Slg. Schumacher/367. Die Datierung auf Anfang März ergibt sich durch einen Hinweis in Bormanns Schreiben vom 8. 3. 45. BA NS 6/vorl. 353.

[321] Anordnung 115/45 vom 6. 3. 45. ibid. – Aus weiteren Unterlagen geht hervor, daß die Gaue Hessen-Nassau und Württemberg sich erst außerstande erklärten, die notwendigen Kräfte zur Verfügung zu stellen, sie aber dann schließlich doch frei machten. Slg. Schumacher/369.

[322] Slg. Schumacher/366.

[323] Vermerk für Pg. Walkenhorst von Dr. Metzner v. 8. 3. 45. ibid.

drei Monaten des Jahres 1945 führte sie von der ostpreußischen Grenze und der Weichsel bis an die Oder-Neiße-Linie und den Ostrand des Sudetengebirges. Dann sammelte sie ihren Nachschub und konzentrierte ihre Kräfte zwischen Ostsee und Sudetengebirge, um den letzten entscheidenden Stoß zu führen.

Das nationalsozialistische Regime begann nun, Flüchtlinge und Abenteuerlustige für einen Kampf im Rücken des Feindes anzuwerben. Interessenten wurden von einem speziellen Sachbearbeiter jedes Gaues der Partei-Kanzlei signalisiert, von wo die Anschriften unter dem Stichwort »Werwolf« dem zuständigen Höheren SS- und Polizeiführer mitgeteilt wurden.[324] Zu einem organisierten Widerstand kam es aber bekanntlich nicht mehr, denn ab der zweiten Märzwoche 1945, mit Erreichung des Westufers des Rheines durch die westlichen Alliierten, war der Zusammenbruch nur noch eine Frage von Wochen.

5. Das Ende

Die Eroberung der unzerstörten Ludendorff-Eisenbahnbrücke bei Remagen am 7. März 1945 durch eine amerikanische Panzerdivision der 1. Armee unter Generalleutnant Hodges wurde von zahlreichen Deutschen als »der Anfang vom Ende«[325] gewertet. Die allgemeine Stimmung war »mutlos geworden und der Glaube an den Sieg ganz allgemein geschwunden«. In einem Bericht aus einer Hamburger Hafenkneipe heißt es: »Hoffnungslosigkeit. Man wartete am Lautsprecher auf den Luftlagebericht. Kein Gas, kein Licht, kein Strom, keine Heizung. Nur Bier, das in der Kälte aber keiner trinken wollte. Ein Arbeiter äußerte darauf: ›Der Engländer soll kommen und Schluß machen.‹«

Auf dem Hamburger Bahnhof sagte ein Ingenieur zu einem Soldaten: »Keine Rohstoffe mehr, wir können nichts mehr bauen. Wenn das Ruhrgebiet verlorengeht, dann ist Feierabend.« Andere Stimmen berichteten von Gleichgültigkeit, offener Verzweiflung, Angst.

Die Reichspropagandaämter aus dem Westen meldeten: ». . . Zureden

324 Rundschreiben 128/45 g. Rs. vom 10. 3. 45. Betrifft: Durchführung von Sonderaufgaben im Rücken des Feindes. BA NS 6/vorl. 354.
325 Tätigkeitsbericht Nr. 1 für die Zeit vom 8. bis 14. März 1945 des Stellvertretenden Generalkommandos X. A. K IIa/W/Pro Nr. 39/45 GKdos. Betr. Aktion »MPA«. MGFA WO1–6/368. (Es handelt sich hier um die in Hamburg durchgeführte Mundpropagandaaktion mit Hilfe eines Sondereinsatzes von Soldaten.) Auch für die folgenden Äußerungen.

und Mundpropaganda würden nicht mehr viel helfen und könnten nicht mehr verhüten, daß die Menschen in Erwartung der feindlichen Besetzung ihre Wertgegenstände vergraben würden (Bochum, Südhannover, Braunschweig). Flüchtlinge aus dem linksrheinischen Gebiet und aus Düsseldorf sowie zurückflutende Wehrmachtsangehörige würden diese Psychose nur verstärken. Am verheerendsten wirkten sich die Schilderungen von Soldaten aus, die erklärten, wir könnten gegen die ungeheure Materialüberlegenheit und die Luftherrschaft der Feinde nicht mehr aufkommen. Die Erzählungen geflüchteter Parteigenossen, daß z. B. Neuß, Krefeld und andere Orte beim Einmarsch der Anglo-Amerikaner ein Meer von weißen Fahnen gewesen sei, würden so gewertet, die Bevölkerung habe damit zum Ausdruck bringen wollen, daß sie nicht mehr an Widerstand denke und bedingungslos kapituliere (Bochum). Die Meinung, daß mit dem Verlust des Ruhrgebiets, das man in den Westprovinzen traditionell für die Waffenschmiede des Reiches halte, der Krieg endgültig verloren sei, gehe nicht etwa von zersetzenden Elementen aus, die immer noch von der Masse der Bevölkerung entschieden abgelehnt würden, sondern niste sich allgemein unter dem Eindruck der Kriegslage in die Bevölkerung ein . . .«[326]

Es herrschte also, wie es in einer vorangegangenen Betrachtung dieses Berichtes heißt, teilweise absolute »Untergangsstimmung«[327]; trotzdem gab es immer noch ein kleines Häuflein Unentwegter, die fragten, wann denn nun endlich eine deutsche Gegenoffensive käme und der Luftterror gebrochen würde.

Goebbels zeigte sich besonders betroffen durch die Tatsache, daß auch seine Vaterstadt Rheydt die Westgegner mit offenen Armen empfangen hatte. Sein Vertrauter von Oven notierte, Köln sei »kein Alkazar geworden«, sondern habe die Amerikaner mit »weißen Tüchern und Rheinwein empfangen. Der Gauleiter scheint rechtzeitig getürmt zu sein. Die Ruhmesblätter des deutschen Verteidigungskampfes werden offenbar nicht am Rhein, sondern in dem sonst über die Schulter angesehenen deutschen Osten geschrieben, in Breslau und Königsberg, Posen und Thorn, Graudenz, Steinau und Glogau.«[328]

Der Reichspropagandaminister eilte selbst nach Schlesien und sprach in

---

[326] Wöchentlicher Tätigkeitsbericht des Leiters Pro. Stichtag 21. 3. 1945. *R 55/ 601;* fol. 298.
[327] *ibid.;* fol. 296.
[328] OVEN, Wilfried von. *Mit Goebbels bis zum Ende.* Buenos Aires, Dürer-Verlag, 1950; Bd. II; S. 267.

Lauban und Görlitz. Unterstützt durch eine vorübergehende Ruhepause im Vormarsch der Sowjets, die sich auf den letzten Ansturm vorbereiteten, gelang es ihm, wieder manchen Verzweifelten aufzurichten. Die Menschen wollten ihm glauben und klammerten sich, wie man es oft bei Todkranken und Sterbenden beobachten kann, an jeden Hoffnungsstrohhalm.

»Da die deutsche Front im schlesischen Kampfgebiet offensichtlich stabiler geworden sei und dort auch örtliche Angriffsunternehmungen erfolgreich durchgeführt worden seien, nehme man an, daß die deutsche Gegenoffensive aus diesem Raum eingeleitet werde. Man rechne gleichzeitig damit, daß dadurch der geplante bolschewistische Offensivstoß auf Berlin aufgefangen und zerschlagen würde, indem man der sowjetischen Offensive zuvorkomme. Dadurch würde, so glaube man, die große Wende herbeigeführt. In dieser Hoffnung würden die Volksgenossen durch die Ostflüchtlinge bestärkt, die allgemein felsenfest davon überzeugt seien, daß ihre engere Heimat in Kürze wieder befreit sein werde, und deren Haltung dadurch zu einer Festigung der Kampfmoral – im Gegensatz zu der Haltung von Evakuierten aus dem Westen – erheblich beitrage.«[329]

Um diesen Glauben an die große Wende auch in Westdeutschland zu stärken, bereitete das Reichspropagandaamt Bochum eine Aktion mit etwa 30 »Wander-Rednern« in Zivil vor, »die die Aufgabe haben, in Bunkern, Eisenbahnzügen, auf »Anhalter-Bahnhöfen« usw. politische Gespräche zu beginnen, diese Gespräche zu einem positiven Ende zu führen, auf Gegenrede entsprechend zu antworten und dadurch den Glauben auf die kommende Wende zu bestärken und zu beleben . . .«[330]

Damit wollte man die feindliche Propaganda, die sich, wie die Reichspropagandaämter im Westen glaubten, zunehmend auf die Meinungsbildung auswirkte und die Ansichten stärkte, die Behandlung durch die Gegner werde nicht allzu schlimm sein, auffangen. Tatsächlich konzentrierten die westlichen Alliierten auf Grund ihrer Befragung von Kriegsgefangenen in der letzten Kriegsphase ihre Propagandaanstrengungen auf egozentrisch bestimmte Themen, wie Ernährung, Unterkunft[331] und gute Behandlung. Es war konstatiert worden, daß ideologische Fragen auf keinerlei Resonanz stießen. Um den Soldaten den Entschluß zur Desertation zu erleichtern, wurden sogenannte »safe conduct passes« abgeworfen, die

---

[329] Wöchentlicher Tätigkeitsbericht des Leiters Pro. Stichtag 21. 3. 45. R 55/601; fol. 299.
[330] ibid.; fol. 386.
[331] SARGENT/WILLIAMSON; S. 521.

ihren Trägern das ungehinderte Passieren der feindlichen Linien erleichtern sollte.[332] Nach amerikanischen Beobachtungen war der Erfolg bei Wehrmachtsangehörigen jedoch sehr gering, und es scheint auch weit weniger die Flugblatt- oder Rundfunkpropaganda gewesen zu sein, welche die Bevölkerung zum Verbleiben in ihren Heimatorten veranlaßte, als Kriegsmüdigkeit und Hoffnungslosigkeit. Das korrekte Verhalten der meisten amerikanischen und britischen Truppen erwies sich dann als weit überzeugender als alle Propaganda, zumal, wie beispielsweise ein Bericht aus dem Archiv der Gute-Hoffnungshütte in Oberhausen beweist, zurückflutende deutsche Einheiten sich wie wilde Horden betrugen, plünderten, die Werkkantinen räumten und Trinkgelage veranstalteten.[333] Nach Durchzug der amerikanischen Kampfverbände kam es allerdings auch teilweise, insbesondere durch Fremdarbeiter, zu Plünderungen, an denen sich schließlich auch zu guter Letzt deutsche Werksangehörige beteiligten. Die Ordnung kehrte aber sehr schnell wieder ein. Am 28. März befand sich die Zeche Franz Haniel in Oberhausen in der Hauptkampflinie, am 29. März lag sie noch in unmittelbarer Nähe der langsam vorrückenden alliierten Front, am 30. März begannen die Plünderungen, und am 16. April wurde bereits die Arbeit wieder aufgenommen.[334] Betriebsdirektor Ferdinand Schultz jedoch, der auf Drängen der Bunkerinsassen genehmigt hatte, daß an einzelnen Oberhausener Werken weiße Fahnen aufgezogen wurden, mußte sich vor einem Standgericht in Essen verantworten, wurde zum Tode verurteilt und erschossen.

Setzen wir diesem Beispiel aus der westdeutschen Wirklichkeit der letzten Märztage 1945 eine Gedächtnisaufzeichnung des Kreisleiters von Küstrin-Königsberg, gerichtet an Martin Bormann, aus derselben Zeit entgegen:

»Den Küstriner Männern und Soldaten war von Beginn des Kampfes an bekannt, daß Küstrin eine große geschichtliche Vergangenheit hat und für das Großdeutsche Reich ein politischer und geschichtlicher Begriff ist.

332 SHILS/JANOWITZ; loc. cit.; S. 313.
333 »Betrifft Kampflage und Besetzung von Oberhausen« (handschriftlicher Vermerk Napp-Zinn. Hist. Archiv 22. 5. 45 NZ). gez. Dr. Hilbert. HA/GHH NR. 400 1016/3.
334 »Die Zeche Franz Haniel während der Kriegshandlungen in der Zeit vom 24. März bis 15. April 1945«. gez. Buschmann, und »Bericht über den Verlauf einiger kritischer Tage in der Verkaufsanstalt II der Gutehoffnungshütte (Knappstraße) kurz vor und nach der Besetzung Oberhausens durch die Amerikaner« vom 23. April 1945. gez. Hermann Holz. ibid.

Ihr Kampfauftrag war daher besonders ehrenvoll. Wir waren alle von dem Willen beseelt, diese alte Festungsstadt bis zur letzten Patrone zu halten. Dieser Wille alleine aber nutzt nichts, wenn nicht der Nachschub an Menschen, Waffen und Munition in Ordnung geht. Leider haben wir in den 10 Belagerungswochen fast jede Hilfe von außen vermißt und auch bitter erfahren müssen, daß für die Tausende von Männern, die durch Tod oder Verwundung ausfielen, kein Ersatz hereinkam. Um nur ungefähr ein Bild zu geben, erwähne ich, daß die Wehrmacht im Laufe des Kampfes von 11 000 Mann auf 1200 Mann zusammengeschrumpft war. Der Volkssturm in Küstrin verminderte sich von 900 Männern auf ca. 118, die Polizei von 65 auf 14, die Feuerwehr von 80 auf 20, die Kreisleitung von 30 auf 12. Von diesen 12 sind bis jetzt leider nur 4 Parteigenossen gemeldet, die den Durchbruch überstanden haben. Diese Zahlen dürften beweisen, wie heldenhaft gekämpft wurde und mit welcher geringen Anzahl an Mannschaften ein unermeßlich überlegener Feind 10 Wochen lang aufgehalten wurde. Zu einer Zeit, wo Küstrin noch für unsere Verhältnisse gut mit schweren Waffen versorgt war, schätzte man die artilleristische Überlegenheit der Russen 6:100, das heißt also, daß auf 6 deutsche Geschütze 100 russische kamen. In den letzten Wochen aber hatten wir in Küstrin fast überhaupt keine schweren Waffen mehr. Der Feind machte mit uns, was er wollte. Seine Flieger tummelten sich Tag und Nacht in der Luft über der Festung, ohne daß ein deutscher Jäger und ohne daß ein deutsches Flakgeschoß ihn daran hinderte ...«

Erst als die Stadt vollkommen in Trümmern lag, die letzte Munition verschossen war und keinerlei Aussicht mehr bestand, sammelten sich 1200 Mann am 28. März zum Durchbruch – und dafür mußten sie sich noch verantworten, wie der Bericht des Kreisleiters im einzelnen beweist. Es spricht viel Bitternis aus den Worten dieses Parteifunktionärs. Auch er schließt mit einer Schilderung über Plünderungen durch deutsche Wehrmachtsangehörige:»Man hat sich oft geschämt, wie sinnlos und wie gemein deutsche Soldaten die Wohnungen ihrer Landsleute durchplündert haben. Sehr oft habe ich die Äußerung gehört ›schlimmer können die Russen nicht hausen‹. Ich nehme aber an, daß den höheren Führungsstellen diese Tatsachen auch aus anderen Gebieten zur Genüge bekannt sind.«[335]

Die Stimmung des Gros der Bevölkerung zwischen den weiße Fahnen hissenden Westdeutschen und den sich zäh verteidigenden, aber bereits

[335] Bericht vom Gaubefehlsstand in Potsdam vom 5. April 1945 (38 S.). BA Slg. Schumacher/366.

stark demoralisierten Truppen im Osten war »weiter absinkend, fatalistisch. Ganz gleich was kommt, nur Schluß machen«, so heißt es in einem Bericht aus Hamburg. Die Propaganda über die Greueltaten der Sowjets käme nicht an. Durch eine Besetzung durch die westlichen Alliierten verspräche man sich eine Besserung des bisherigen unerträglichen Verhältnisses. Die Vorwürfe gegen die Partei und die Politiker des Dritten Reiches häuften sich.

»Bismarck hätte für ein ruhiges Leben seines Volkes gesorgt, er hätte mit Rußland verhandelt. Die heutige Politik zerschlage das Bismarckreich. Die letzten Politiker in Deutschland sind Neurath und von Papen gewesen.« Ein anderer sprach von »braunen Parteihunden«; man erinnerte an die Worte: »Gebt mir zehn Jahre Zeit, und ihr werdet luftige und sonnige Wohnungen haben, ihr werdet eure Städte nicht wiedererkennen, keiner soll hungern und frieren.«

Jetzt erkannte man inmitten aller Trümmer allerdings die Städte nicht wieder und sehnte den »Tommy« herbei, »damit wir wieder ein vernünftigeres und geordnetes Leben führen können«.[336]

Aus Stuttgart wurden ähnliche Äußerungen gemeldet: »Allgemein ist man der Ansicht, für uns in Württemberg sei der Krieg in Kürze zu Ende. Teils sind die Volksgenossen über das rasche Vordringen der Anglo-Amerikaner an der Westfront bestürzt, zum großen Teil aber ist die bisherige Bevölkerung ›beinahe froh, daß dieser Krieg endlich für sie ein Ende nimmt‹. Angst vor den Amerikanern und Engländern – man ist der festen Überzeugung, unser Gebiet werde von den Amerikanern besetzt – besteht nirgends. So kommt es auch, daß die Volksgenossen fest entschlossen sind, hier zu bleiben. Es komme ja nicht der Russe, sondern ein kultiviertes Volk, und man wisse aus den bereits besetzten Gebieten, daß es den dortigen Bewohnern unter der alliierten Besetzung gutgehe.

Die meisten Menschen rechnen damit, daß, wie sich ein Platzanweiser im Kino gestern ausdrückte, ›die Amerikaner absolut Ostern in Stuttgart verbringen wollen‹...« Der Aufruf des Stuttgarter Oberbürgermeisters und Kreisleiters, die Bevölkerung solle wegen der zu erwartenden Ernährungsschwierigkeiten die Stadt verlassen und aufs Land gehen, wurde fast nur von Müttern mit Kindern befolgt; die anderen zogen es vor zu bleiben: »An eine Wende des Kriegsglücks glaubt schlechthin niemand mehr.« Wer noch von neuen Waffen sprach, wurde mitleidig belächelt.

[336] Stellv. Generalkommando X A. K. II a/W Pr O Nr. 44/45 GKdos. Tätigkeitsbericht Nr. 2 vom 22. 3. 45. MGFA WO *1–6/368*.

Allerdings liefen zahlreiche Gerüchte um, darunter auch, »der Führer würde Gas anwenden, um Deutschland selbst zu vernichten«. Auch hier wurden die Parteifunktionäre heftig kritisiert. Jetzt, wo sie ihre Liebe zu Deutschland unter Beweis stellen könnten, säßen sie immer noch in der Heimat herum. »Nun habe man den letzten Beweis dafür, daß bei ihnen alles nur Phrase war...«[337]

Widerstandswillen war weder gegen die äußeren Feinde noch gegen die eigene Führung zu bemerken.

»Die Stimmung der Bevölkerung wird im wesentlichen durch folgende Hauptpunkte bestimmt: Hunger, Luftterror und militärische Lage. Ein großer Teil der Bevölkerung ist schon jetzt mit Brot, Fett und Nährmitteln vollkommen zu Ende. Es gehört auf der Straße und in den Gaststätten schon nicht mehr zu den Seltenheiten, daß namentlich der Soldat nach Brot und Fettmarken angesprochen wird...

Eine Katastrophe wird von den meisten vorausgesagt. Aber auch diejenigen, die noch im unbedingten Glauben am Führer hängen, können sich keinen Weg mehr denken, der aus der Katastrophe herausführen könnte. Man hört von vielen Seiten, daß die Fortführung des Krieges nur ein sinnloses Hinmorden der Bevölkerung sei...« Der allgemeine Tenor war: »Lieber ein Ende mit Schrecken, als ein Schrecken ohne Ende.« Wenn auch die NSDAP vieler Kritik ausgesetzt war, von »aufwieglerische(n) Redensarten« war nichts zu bemerken. Der Werwolfgedanke stieß allgemein auf Ablehnung, da man der Ansicht war, wie ein Arbeiter bemerkte, er verschlechtere nur die Lage, »weil für einen alle büßen müssen«, oder, wie ein Bankangestellter meinte: »Jetzt sind auch unsere Frauen und Kinder den Feinden ausgeliefert, denn für jeden vom Werwolf erledigten Anglo-Amerikaner müssen Hunderte von deutschen Volksgenossen daran glauben.«[338]

Diese von Soldaten in Hamburg eingefangenen Impressionen entsprachen denjenigen, die in Berlin beobachtet werden konnten. Auch hier wurde allgemein die Lage als katastrophal und aussichtslos angesehen. »Selbst Menschen, von denen man wisse, daß sie immer noch gläubig gewesen seien, hätten jetzt so gut wie jede Hoffnung aufgegeben... Sehr oft wird der Wunsch ausgesprochen, daß die Anglo-Amerikaner noch vor

337 Bericht an den SD-Leitabschnitt Stuttgart vom 27. 3. 45. HStA Stuttgart
   K 750/58.
338 Sellv. Generalkommando X. A. K. II a/W PrO. Nr. 49/45 GKdos. Betrifft
   Aktion »MPA«. Tätigkeitsbericht Nr. 4 vom 5. April 1945. MGFA WO
   1–6 368.

den Sowjets nach Berlin kommen. So wird hier und da sogar Freude über die Fortschritte der Amerikaner geäußert. Und es laufen Erwägungen in der Richtung um, daß man den Kampf gegen den Westen einstellen und zusammen mit den Anglo-Amerikanern gegen die Sowjets marschieren solle ...« Hilflosigkeit und Verzweiflung machten sich in Kritik gegen Presse und Propaganda Luft. Spöttisch fragt man, wo denn die Waffen seien, bei deren Anblick sich Goebbels Haare gesträubt hätten.»Die Berichte über die Greueltaten der Sowjets, die vor allem über Unmenschlichkeiten und grausame Pläne der Anglo-Amerikaner sprechen, werden auch von sehr vielen Volksgenossen als ›Propaganda‹ betrachtet, die den Zweck habe, den Widerstandswillen des Volkes zu stärken ...« Die Wehrmachtberichte begegneten immer größerer Skepsis, und die feindlichen Sender und Flugblätter fanden bei den Berlinern steigendes Interesse.

»Allgemein wird die *Partei* als Trägerin der Macht für die Lage verantwortlich gemacht und dementsprechend angegriffen. Vor allem in den vom Bombenterror in letzter Zeit besonders betroffenen Stadtteilen des Nordens und Ostens nimmt man in dieser Hinsicht kein Blatt mehr vor den Mund. Auf der Suche nach dem Schuldigen wird behauptet, daß sich die Partei zu sehr in Wehrmachtsangelegenheiten hineingemischt habe, während andererseits wieder die Offiziere als diejenigen hingestellt werden, die versagt hätten. Kritische Bemerkungen dem Führer gegenüber fallen in der Öffentlichkeit kaum. Er habe das Beste gewollt, aber seine Mitarbeiter hätten versagt bzw. ihn über viele Dinge nicht richtig ins Bild gesetzt ...« Manch einer sehnte sich nach der Stimme des Führers in diesen Zeiten der Not. Es gab aber auch in den Bezirken, in denen die Kommunisten früher ihre Hochburgen hatten, Inschriften wie »Nieder mit Hitler«.

Aus Berlin wird ebenfalls die Ablehnung des Werwolfes aus Furcht vor Repressalien gemeldet. Ebenso bildete die mangelhafte Ernährung eines der wichtigsten Gesprächsthemen in der Reichshauptstadt, wobei man sich vor allem gegen die als übertrieben empfundenen Schwerarbeiterzulagen aussprach. Kriegsmüdigkeit und Unsicherheit kennzeichneten das Meinungsbild. Der Krieg wurde als verloren angesehen, »sofern nicht ein wirkliches Wunder geschieht«.[339]

---

[339] 25. Bericht über den »Sondereinsatz Berlin« vom 10. 4. 45. MGFA WO *1–6/368*. Vgl. auch den vorhergehenden Bericht vom 31. 3., dessen Tendenz noch etwas weniger pessimistisch ist. BERGHAHN.»Meinungsforschung im Dritten Reich«. *loc. cit.;* S. 113–119.

Einen bemerkenswerten Überblick über die allgemeinen Überzeugungen und Ansichten der Bevölkerung gibt ein nicht ganz vollständig erhaltener Bericht aus der Feder von Kielpinskis, Ende März abgefaßt, der zeigt, daß man sich auch in Ohlendorfs Dienststelle keinen Illusionen über die Meinung der Bevölkerung mehr hingab. Als wesentliche Inhalte der Publikumsmeinung werden angeführt und im Detail belegt:

»1. Niemand will den Krieg verlieren. Jeder hat sehnlichst gewünscht, daß wir ihn gewinnen.

2. Keiner glaubt mehr, daß wir siegen. Der bisher bewahrte Hoffnungsfunke ist am Auslöschen.

3. Wenn wir den Krieg verlieren, sind wir nach allgemeiner Überzeugung selber daran schuld, und zwar nicht der kleine Mann, sondern die Führung.

4. Das Volk hat kein Vertrauen zur Führung mehr. Es übt scharfe Kritik an der Partei, an bestimmten Führungspersonen und an der Propaganda.

5. Der Führer ist für Millionen der letzte Halt und die letzte Hoffnung, aber auch der Führer wird täglich stärker in die Vertrauensfrage und in die Kritik einbezogen.

6. Der Zweifel am Sinn des weiteren Kampfes zerfrißt die Einsatzbereitschaft, das Vertrauen der Volksgenossen zu sich selbst und untereinander.«

Im einzelnen wird zu den aufgeführten Punkten dargelegt: ad. 1.

»Seit dem Einbruch der Sowjets weiß jeder Volksgenosse, daß wir vor der größten nationalen Katastrophe mit den schwersten Auswirkungen für jede Familie und jeden einzelnen stehen. Das ganze Volk ist ohne Unterschied von einer täglich drückender gewordenen Sorge erfüllt. Mit den Evakuierten und Flüchtlingen aus dem Osten ist das Grauen des Krieges in alle Städte und Dörfer des enggewordenen Reiches gelangt. Die Luftangriffe haben den noch einigermaßen normal gewesenen Lebensablauf in einem Ausmaß zerschlagen, daß es für jeden spürbar wird. Die Bevölkerung leidet schwer unter dem Bombenterror. Die Verbindung zwischen den Menschen ist weitgehend abgerissen. Zehntausende von Männern an der Front sind bis heute ohne Nachricht, ob ihre Angehörigen, ihre Frauen und Kinder, noch am Leben sind und wo sie sich befinden . . .

Erstmalig in diesem Krieg macht sich die Ernährungsfrage empfindlich bemerkbar. Die Bevölkerung wird mit dem,was sie hat, nicht mehr satt . . .

Die ganze Heimatbevölkerung hat bis in die letzten Tage hinein noch immer ein Beispiel täglicher Pflichterfüllung und vorbildlicher Arbeitsdisziplin gegeben. In den vom Bombenterror getroffenen Städten machen sich Zehntausende auf den Weg zur Arbeitsstätte, obwohl sie ihre Wohnung verloren haben, trotz Schlaflosigkeit und aller Hemmnisse, die der Kriegsalltag mit sich bringt, nur um die Aufgabe nicht zu versäumen, von deren Erfüllung ein glimpflicher Ausgang des Krieges mit abhängen könnte...«

ad 2.

»Wenn Defätismus so oberflächlich interpretiert wird, wie dies bisher meist geschehen ist, dann ist er seit der Offensive der Sowjets eine allgemeine Volkserscheinung. Niemand kann sich eine Vorstellung machen, wie wir den Krieg noch gewinnen können und wollen. Es war schon vor dem Durchstoß des Feindes in oberrheinisches Gebiet die Überlegung aller, daß wir ohne die Gebiete an der Oder, ohne das oberschlesische Industriegebiet und ohne das Ruhrgebiet nicht mehr lange Widerstand leisten können. Jedermann sieht das chaotische Verkehrsdurcheinander. Jedermann spürt, daß der totale Krieg unter den Schlägen der feindlichen Luftwaffe zu Bruch geht. Für Hunderttausende, die in den letzten Monaten in den Arbeitsprozeß hereingeholt worden sind, ist in den Betrieben und Büros kein Platz mehr...

Das deutsche Volk hat in den letzten Jahren alles auf sich genommen. In diesen Tagen zeigt es sich erstmalig müde und abgespannt. Noch wehrt und sträubt sich jeder anzuerkennen, daß es aus sein soll. Bis in die letzten Tage hielt sich ein Rest an Wunderstäubigkeit, die seit Mitte des vergangenen Jahres von einer geschickten Propaganda um die neuen Waffen zielbewußt genährt worden ist. Noch wurde im Grunde des Herzens gehofft, daß wir, wenn die Fronten einigermaßen halten, zu einer politischen Lösung des Krieges gelangen. Niemand glaubt, daß wir mit den bisherigen Kriegsmitteln und -möglichkeiten noch um die Katastrophe herumkommen. Der letzte Hoffnungsfunke gilt einer Rettung von außen, einem ganz ungewöhnlichen Umstand, einer geheimen Waffe von ungeheurer Wirkung. Auch dieser Funke ist am Verlöschen.

Die breiten Massen der einfachen Bevölkerung haben sich gegen die entsetzliche Hoffnungslosigkeit am längsten zur Wehr gesetzt. Die Überzeugung, daß der Krieg verloren ist, war um so früher da, je stärker der Einblick in größere Zusammenhänge ist...

Aus der allgemeinen Hoffnungslosigkeit werden persönlich die verschiedensten Folgerungen gezogen. Ein Großteil des Volkes hat sich daran gewöhnt, nur noch für den Tag zu leben. Es wird alles an Annehmlichkeiten ausgenützt, was sich darbietet. Irgendein sonst belangloser Anlaß führt dazu, daß die letzte Flasche ausgetrunken wird, die ursprünglich für die Feier des Sieges, für das Ende der Verdunkelung, für die Heimkehr von Mann und Sohn aufgespart war. Viele gewöhnen sich an den Gedanken, Schluß zu machen. Die Nachfrage nach Gift, nach einer Pistole und sonstigen Mitteln, dem Leben ein Ende zu bereiten, ist überall groß. Selbstmorde aus echter Verzweiflung über die mit Sicherheit zu erwartende Katastrophe sind an der Tagesordnung ...«

ad 3.

»In der gesamten Breite unseres Volkes besteht keinerlei Zweifel darüber, daß die negative militärische Entwicklung bis zur heutigen Lage nicht hätte sein brauchen. Nach allgemeiner Auffassung war es nicht notwendig, daß es mit uns so weit bergab gegangen ist, so daß wir den Krieg, ohne Änderung in letzter Minute, mit Sicherheit verlieren. In den breiten Massen werden mehr gefühlsmäßig, unbestimmt und sicher mit vielen Ungerechtigkeiten zahlreiche Vorwürfe gegen unsere Kriegsführung erhoben, vor allem in bezug auf die Luftwaffe, die Außenpolitik und unsere Politik in den besetzten Gebieten. Es ist beispielsweise schwer, einen Menschen anzutreffen, der der Meinung ist, daß die deutsche Politik in den besetzten Ostgebieten richtig war ...

Dabei ist es eine ebenso allgemeine Erscheinung, daß die breiten Schichten des Volkes sich schon von jeder Schuld für die Kriegsentwicklung freisprechen. Sie beziehen sich darauf, daß nicht sie die Verantwortung für Kriegsführung und Politik gehabt haben. Vielmehr sei von ihnen alles getan worden, was die Führung seit Beginn dieses Krieges verlangt hat. Der Arbeiter, der in all den Jahren nichts als geschuftet hat, der Soldat, der millionenfach sein Leben in die Schanze geschlagen hat, der Beamte, den man aus der Pension wieder in den Dienst zurückholte, die Frauen, die in den Rüstungsbetrieben an der Maschine stehen – sie alle haben sich auf die Führung verlassen. Diese habe immer wieder erklärt, daß alles gründlich vorgeplant sei, daß von ihr alles getan werde, was notwendig ist. Sache des Volkes sei es gewesen, in den Fragen der Kriegsführung und der großen Politik der Führung Vertrauen zu schenken. Dies sei voll und ganz geschehen ...

Aus der tiefgehenden Enttäuschung, daß man falsch vertraut hat, ergibt sich bei den Volksgenossen ein Gefühl der Trauer, der Niedergeschlagenheit, der Bitterkeit und ein aufsteigender Zorn, vor allem bei denen, die in diesem Krieg nichts als Opfer und Arbeit gekannt haben. Die Vorstellung, daß alles keinen Sinn gehabt haben soll, bereitet Hunderttausenden deutscher Menschen geradezu körperlich spürbare Schmerzen. Aus dem Empfinden der Ohnmacht, daß die Gegner mit uns machen, was sie wollen, daß wir dem Untergang entgegensehen, entwickelt sich jenseits der Einstellung gegenüber dem Feind eine gefährliche Einstellung zur eigenen Führung, die sich in Äußerungen ankündigt wie: ›Das haben wir nicht verdient, daß es so um uns steht‹, oder: ›Das haben wir nicht verdient, daß wir in eine solche Katastrophe geführt werden‹...«

ad 4.

»Das Vertrauen zur Führung ist in diesen Tagen lawinenartig abgerutscht. Überall grassiert die Kritik an der Partei, an bestimmten Führungspersonen und an der Propaganda. Mit dem guten Gewissen, alles getan zu haben, was möglich war, nimmt sich insbesondere der ›kleine Mann‹ das Recht heraus, seine Meinung in offenster Weise und mit äußerstem Freimut auszusprechen. Man nimmt kein Blatt mehr vor den Mund. Bisher hat man sich immer wieder gesagt: Der Führer wird es schon machen. Erst wollen wir den Krieg gewinnen. Nun aber bricht ungestüm, gereizt und zum Teil gehässig die Enttäuschung darüber heraus, daß die nationalsozialistische Wirklichkeit in vieler Hinsicht nicht der Idee, die Kriegsentwicklung nicht den Verlautbarungen der Propaganda entspricht.

Die Stimmung wird zweifellos geschürt durch Gerüchte, die ihre Quelle in den ausländischen Sendern haben. Es muß jedoch festgestellt werden, daß das deutsche Volk noch immer wenig Neigung zeigt, auf den Feind zu hören. Noch heute werden beispielsweise die von der gegnerischen Luftwaffe abgeworfenen Feindflugblätter durchweg unbeachtet liegengelassen. Erst in der Enttäuschung entwickelt sich der Nährboden für bestimmte Einflüsterungen der Feindseite. Die Volksgenossen fühlen sich belogen und betrogen. Sie fühlen sich im Innersten betroffen und dem Untergang ausgeliefert. Die Westoffensive hatte um die Weihnachtszeit ein großes Aufleuchten bewirkt. Alle Zweifel, alle schleichende Ungewißheit schien sich als unberechtigt und falsch zu erweisen, die Führung noch große Möglichkeiten in der Hand zu haben.

Im Gegensatz zu den Kommentierungen der Propaganda dämmerte dann allmählich die Erkenntnis, daß sich die Offensive vorzeitig festgelaufen habe. Von da an vertiefte sich das Gefühl, daß wir doch nicht mehr können und daß es nicht mehr zu schaffen ist.

Von einer einheitlichen Meinungsbildung im Sinne der Führung und der Propaganda kann seitdem immer weniger die Rede sein. Jeder macht sich mit seinen eigenen Ansichten und Meinungen selbständig. Ein Wust von Begründungen, von Vorwürfen und Beschuldigungen kommt zum

Vorschein, warum es mit dem Krieg nicht gutgehen konnte. Eine Stimmung machte sich breit, in der die Volksgenossen durch die Propagandamittel kaum noch erreicht und angesprochen werden. Selbst die Herausstellung des abscheulichen Verhaltens der Sowjets in den von ihnen besetzten deutschen Gebieten hat neben der Angst nur eine dumpfe Empörung darüber bewirkt, daß unsere Kriegsführung deutsche Menschen dem Sowjetschrecken ausgesetzt hat. Die Führung sei es gewesen, die alle unsere Gegner fortwährend und bis in die letzten Wochen hinein unterschätzend dargestellt habe . . .

Von einem wirklichen Haß gegen die Feinde kann keine Rede sein. Vor den Sowjets besteht eine ausgesprochene Furcht. Den Engländern und Amerikanern steht die Bevölkerung kritisch prüfend gegenüber . . .

Die Bevölkerung ist so nüchtern geworden, daß sich kein Volkssturm mehr inszenieren läßt. Man macht nun auch äußerlich kaum noch mit. Die Regie, die früher einer Massenversammlung im Sportpalast zum Erfolg verhalf, funktioniert nicht mehr, weil das, was jenen Kundgebungen einstmals Inhalt, Leben und Bewegung gab, nicht mehr vorhanden ist . . .

Die Tatsache, daß die Bevölkerung nach außen hin immer noch eine große Ruhe bewahrt und eine solche Kritik an der Führung und Führungspersonen nur, wenn auch täglich häufiger werdend, stellenweise und bei einzelnen Personen und Personengruppen laut wird, sollte nicht über die wirklich innere Verfassung der Volksgemeinschaft in ihrer Einstellung zur Führung hinwegtäuschen. Das deutsche Volk ist geduldig wie kein anderes. Der Großteil der Menschen steht zur Idee und zum Führer. Das deutsche Volk ist an Disziplin gewöhnt. Es fühlt sich seit 1933 durch den verästelten Apparat der Partei, ihrer Gliederungen und angeschlossenen Verbände bis an die Korridortür von allen Seiten besehen und überwacht. Der traditionelle Respekt vor der Polizei tut ein übriges, man hat alles, was einem nicht paßte, in sich hineingefressen oder im engsten Kreis, immer gutmütig, über diese oder jene Erscheinung und Person gemeckert und gemosert. Erst die schweren Luftangriffe haben bewirkt, daß der angesammelte Unwille, nunmehr oft schroff und z. T. gehässig, herausplatzt . . .«[340]

Dieser kondensierten Meinungsanalyse ist nur noch wenig hinzuzufügen. Ein weiterer Bericht – möglicherweise der darauffolgende – veranlaßte den Leiter der Partei-Kanzlei, dem Chef des Reichssicherheitshauptamtes am 4. April 1945 ein scharfes Protestschreiben zu schicken, das

[340] USNA T-77 Mikrofilm 873 (OKW 2345); Nr. 5620871-620887.

gleichzeitig einige Rechtfertigungsargumente der endgültig in die Defensive gedrängten obersten Führungsspitze enthält. Bormann bezeichnete den SD-Bericht wieder einmal als typisch. »Typisch deswegen, weil ohne jede Hemmung einzelne oder mehrere Fälle oder Verhältnisse verallgemeinert werden.« Bormann wollte einfach nicht wahrhaben, daß der Großteil der Bevölkerung sich von der NSDAP distanziert hatte, daß die Unstimmigkeiten zwischen der Staatspartei und der Wehrmacht immer offensichtlicher wurden.

»Aber das ist ja, was ich dem SD vorzuwerfen habe: vor irgendwelchen gänzlich unverantwortlichen Leuten werden Behauptungen aufgestellt und Vorwürfe erhoben, während die Verantwortlichen überhaupt nicht gefragt wurden . . .

Was blieb östlich des Rheins anderes übrig, als die eben angelaufenen Räumungsmaßnahmen abzustoppen, nachdem der Feind im Handumdrehen bis nach Mitteldeutschland gelangte? Mir ist wirklich unerfindlich, wie man hieraus Vorwürfe gegen die Führung konstruieren will . . .

Daß Teile der Bevölkerung – der SD-Berichterstatter schreibt kurzerhand nur von *der* Bevölkerung – die Amerikaner beim Einmarsch freudig begrüßten, ist sicher zutreffend. Will man diese Erscheinung gerecht beurteilen, muß man aber die außerordentlich starke propagandistische Wirkung der Feindsender in Rechnung stellen und auf der anderen Seite die Tatsache, daß Versammlungen, Sprechabende und dergleichen im Westen seit geraumer Zeit überhaupt nicht mehr möglich waren. Allzugern glaubt die Bevölkerung das, was sie hofft: daß nun der Krieg ein Ende hat, auf jeden Fall zunächst die ewigen Alarme und Bombenangriffe.«

Martin Bormann beschließt seine Epistel mit dem Credo: »Ich bin überzeugt, daß in verhältnismäßig kurzer Zeit – genau wie nach 1918 – eine sehr starke Ernüchterung um sich greifen wird.«[341]

Diese Mißbilligungs- und Rechtfertigungsäußerung läßt es als möglich erscheinen, daß Hitlers Äußerungen gegenüber Speer vom 18. März, es sei nicht notwendig, die Grundlagen für ein Weiterleben des deutschen Volkes aufrechtzuerhalten, da doch nur die Minderwertigen übrigblieben, sowie sein »Verbrannte Erde«-Befehl vom 19. März, eine Reaktion auf die Meinungsberichte war. Die Bevölkerung hatte sich von ihm abgewandt, hatte sich als schwach erwiesen. Darum sollte auch sie, sollte Deutschland, untergehen, wenn er unterging. Schwankend, wie es der inneren Unsicherheit seines Charakters entsprach, nahm er unter Speers

---

341 NSDAP Parteikanzlei 8000171 Bo/UR. BA *R* 58/976.

Einfluß zehn Tage später die Festlegung der Zerstörungen zurück; Speer fügte daneben die Variante »Lähmung« ein, ohne Hitler darauf aufmerksam zu machen.

Roosevelts Tod am 12. April erschien alle jenen Deutschen in den Führungsgremien oder im Volk, die wider alle Vernunft hofften, als das Wunder, das sie ersehnt und das die berühmte Wende bringen werde. Goebbels Propagandamaschine machte sich gleich eifrig ans Werk, um das Ereignis im richtigen Licht zu präsentieren: »Der Tod Roosevelts beweist, daß der Krieg in seinem Verlauf keine im voraus zu berechnende Angelegenheit ist und nicht nur allein vom materiellen Potential bestimmt wird. Es spielen in ihm imponderabile Vorgänge eine ausschlaggebende Rolle, die durch Standhaftigkeit und nie verzagenden Mut abzuwarten die Aufgabe der kriegsführenden Völker und ihrer Führungen ist. Wenn wir auch im Augenblick davon absehen wollen, politische Spekulationen über die vermutlichen Auswirkungen des Todes Roosevelts anzustellen, so muß doch andererseits betont werden, daß mit seinem Weggang im amerikanischen Volk eine Lücke aufgerissen worden ist, die dort nicht mehr geschlossen werden kann. Ein Vergleich mit dem 20. Juli liegt nahe. Der Führer konnte damals durch ein Attentat von Verbrecherhand nicht gefällt werden. Seinen großen Widersacher aber hat das Schicksal selbst von der Weltbühne abzutreten geheißen...« Vorsichtshalber aber wurde der Presse empfohlen, die im Kreise Hitlers gepflegten Analogien zum Tode der Zarin Elisabeth im Siebenjährigen Krieg nicht anzuwenden, um »voreilige Hoffnungen und übertriebene Vorstellungen« zu vermeiden.[342]

Selbst, wenn es immer noch einen kleinen Teil der Bevölkerung gab, der sich an ephemere Hoffnungen klammerte, wie es beispielsweise aus einem Bericht der Gauleitung Bayreuth an die Partei-Kanzlei vom 18. April 1945 hervorgeht und nach dem man noch zu Führers Geburtstag eine einschneidende Änderung erwartete[343], so bot die Kriegswirklichkeit keinerlei Möglichkeit, weiter solchen Träumen nachzuhängen. Am 14. April waren die im Kessel des Ruhrgebietes eingeschlossenen Kräfte in zwei Teile auseinandergebrochen; der östliche Kessel ergab sich am 16. April mit 80 000 Mann, am 18. April der westliche Kessel mit 325 000 Mann. Inzwischen stieß die Heeresgruppe Bradley weit nach Osten vor, um nach Eisenhowers Plan eine Vereinigung mit den russischen Kräften an der Elbe zu erzielen. Amerikanische Panzerspitzen erreichten den Fluß am 11. April

---

342 Vertraulich – nicht zum Abdruck bestimmt, 13. 4. 45. BA ZSg 101/42.
343 BA Slg. Schumacher/368.

bei Magdeburg und errichteten dort einen Brückenkopf. Damit standen sie 120 km vor der Reichshauptstadt. Der letzte sowjetische Großangriff in Richtung auf Berlin brach am 16. April los. An einzelnen Stellen entbrannten noch erbitterte Kämpfe, wie beispielsweise im Harz und am Brocken, wo sich SS- und HJ-Einheiten verzweifelt verteidigten. Ebenso in Nürnberg, das die 7. Armee unter Patch auf ihrem Vorstoß nach Süden am 16. April erreichte. In einer telefonischen Durchsage des stellvertretenden Gauleiters von Nürnberg, Holz, von 14.00 Uhr heißt es: »Wir werden stehen und werden kämpfen bis zum letzten Schuß. Es lebe der Führer, es lebe Deutschland!« Aus seinem telefonischen Bericht am 17. April geht hervor, daß sich vor allem die Hitlerjugend in der Verteidigung der Stadt hervortat. Der Kreisleiter meinte: »Es ist aber sehr schade um dieses junge und kostbare Blut, wenn es in solchen Kämpfen dahinfließt. Ein Bataillon ist bereits nahezu aufgerieben.«[344]

Am 20. April, Hitlers 56. Geburtstag, fiel die Stadt der Reichsparteitage in die Hand der Amerikaner. Zu diesem Tage waren für die Presse wieder detaillierte Anweisungen gegeben worden. In der Tagesparole vom 18. April hieß es: »Die Person des Führers erhebt sich heute klarer und reiner denn je als die eines Ritters ohne Furcht und Tadel inmitten einer Welt, die Gefahr läuft, von den jüdisch-plutokratischen, bolschewistischen Kriegsverbrechern in ein Chaos von Zerstörung, Hunger, Seuchen und Sklaverei gestürzt zu werden ...«[345]

Die Tagesparole vom 19. April forderte: »Neben der ungeschminkten Wiedergabe feindlicher Haß- und Vernichtungspläne gegen das deutsche Volk und Reich ist eine nachdrückliche Unterstreichung der neuerlich wachsenden Spannung im alliierten Lager im besonderen geeignet, den Widerstandswillen und das Durchhaltevermögen des deutschen Volkes zu steigern und es in der Überzeugung zu stärken, daß ein zähes Ausharren in der gegenwärtigen militärischen Krise die Auslösung des politischen Konfliktes auf der Feindseite nur beschleunigen und damit auch im Gesamtkriegsbild die entscheidende Wende bringen kann ...«[346]

Die Propaganda war wie eine Kapelle, die auf einem sinkenden Schiff eifrig weiterspielte, wie es bereits in einem Meinungsbericht des »Sondereinsatzes Berlin« vom 31. März hieß.[347] Es waren die alten Weisen und die bekannten Klänge, aber sie erreichten immer weniger Passagiere des deutschen Reichsschiffes. Im Norden und im Süden begann man bereits

344 BA *Slg. Schumacher/248*.   345 BA *ZSg 101/42;* fol. 126.
346 *ibid.;* fol. 127.
347 BERGHAHN. »Meinungsforschung im Dritten Reich«. *loc. cit.;* S. 114.

von einem Anschluß an Dänemark, eine Bindung an England, ein unabhängiges Bayern zu träumen. Im Westen funktionierten schon von den Amerikanern gebildete lokale Verwaltungen.

In Bayern konstituierte sich unter Hauptmann Gerngroß im Zusammenwirken ehemaliger Gewerkschaftler und bayrischer Monarchisten die »Freiheitsaktion Bayern«, die im Rundfunk gegen den von Gauleiter Giesler befohlenen fanatischen Widerstand aufrief. SS- und Luftwaffeneinheiten unterdrückten die zaghafte Bewegung und ließen einige ihrer Anhänger standrechtlich erschießen. Die »Stadt der Bewegung« wurde am 30. April ohne Endkampf von Patchs Verbänden eingenommen. An diesem Tage setzte Hitler in Berlin seinem Leben ein Ende. Er überließ das sinkende Schiff dem Kommando des Oberbefehlshabers der Kriegsmarine, Großadmiral Dönitz.[348]

Es gibt keinerlei offizielle Berichte mehr darüber, wie die Deutschen den Tod ihres »Führers« aufnahmen. Auf Grund der bis dahin ermittelten Meinungen und einiger Zeugenaussagen lassen sich jedoch folgende Grundhaltungen herauskristallisieren:

1. Unmittelbare Erlösung und Befreiung von einem fast unerträglich gewordenen Druck, der sich in lärmender Fröhlichkeit niederschlug. TREVOR-ROPER[349] hat diese explosionsartig zum Ausdruck kommende elementare Lebensfreude in Hitlers unterirdischem Bunker mittels späterer Zeugenschilderungen exemplarisch festgehalten. Ähnliche Szenen scheinen sich auch in Himmlers Befehlsstand zwischen Eutin und Plön abgespielt zu haben.[350]

2. Bestürzung und Schock bei den überzeugten Nationalsozialisten mit idealistischer Grundkonzeption und einem Teil der Soldaten, die im täglichen Kampf den Überblick über das Ganze längst verloren hatten und sich nur noch verzweifelt ihrer Haut wehrten.[351] Diese Ein-

---

[348] Vgl. STEINERT und HANSEN, Reimer. *Das Ende des Dritten Reiches.* Die deutsche Kapitulation 1945. Stuttgart, Ernst Klett Verlag 1966 (Kieler Historische Studien, Bd. 2).

[349] TREVOR-ROPER, Hugh R. *Hitlers letzte Tage.* Frankfurt/M., Berlin, Ullstein-Verlag, 1965, S. 190 f.

[350] STEINERT; S. 141.

[351] »Wir hatten nicht nach dem Warum gefragt, nicht nach der Zukunft, wir hatten keine Zeit zum Nachdenken und Grübeln gehabt; wir hatten von den Feinden vor uns und den Kameraden neben uns gewußt und ganz einfach unsere Pflicht getan. Aber wie es in Wirklichkeit um unser Vaterland stand, wie wenige wußten das!...« BOLDT, Gerhard. *Die letzten Tage der Reichskanzlei.* Hamburg-Stuttgart, Rowohlt Verlag, 1947; S. 54/55 (Boldt war Guderians Adjutant).

stellung betraf die Mehrzahl des Ostheeres, das auf Grund der Härte und Brutalität der Auseinandersetzung zwischen deutschen und sowjetischen Truppen, der von Deutschland verfolgten verbrecherischen Politik in den besetzten Ostgebieten und der Ausschreitungen der Roten Armee in den eroberten deutschen Gebieten nur Tod oder Deportation vor Augen hatten. Hier erschien die nationalsozialistische Berichterstattung über »Sowjetgreuel« nicht als Propaganda, sondern schreckensvolle Wirklichkeit. Der Führungshinweis Nr. 13 des NSFO von Breslau vom 2. Mai 1945, in dem aufgefordert wurde, in kurzen Appellen des Führers zu gedenken, soweit es die Kampflage erlaube, spiegelt diese Einstellung wider:

».. . Jeder Soldat war gewohnt, seine Hoffnungen und seinen Glauben auf den Führer abzustellen. Diesen Glauben hat der Führer durch seinen bewußten Einsatz voll bestätigt. Der Führer hat seit 1923 kein persönliches Leben mehr gekannt. Er hat nur der Idee gelebt. So sehr uns sein Heldentod erschüttert, so fühlen wir doch gleichzeitig in dieser Stunde, daß über seine Person hinaus seine Idee wirkt. Unsere Lage gibt uns nur die Wahl, nach Sibirien verschleppt zu werden oder durch weiteren Kampf die Möglichkeiten für eine politische Wendung zu schaffen, die den Kampf des Deutschen Volkes nicht vergeblich sein läßt. Das Opfer des Führers bietet politische Aussichten einer Lösung, die größer sind, als bisher .. .«[352]

Die endgültig zum Mythos gewordene Gestalt des seit Jahren in immer weitere Fernen entrückten Führers und sein »Opfer« sollten nun die Wende erbringen, die in immer breiteren Kreisen

3. die Hoffnung auf eine Verständigung mit den Westgegnern *crescendo* anschwellen ließ. Die Hauptträger dieses sich fast zur Überzeugung verdichtenden Glaubens waren die Ostflüchtlinge, die Rettung und Heil vor Verderben in den westlichen Zonen Deutschlands suchten.

Himmlers Friedensangebot an die Westalliierten, dem schwedischen Grafen Bernadotte in der Nacht vom 24./25. April 1945 in Lübeck zur Übermittlung überreicht[353], sowie Dönitz' Politik der Teilkapi-

---

[352] *»Festung Breslau«. Documenta obsidionis. 16. II. bis 6. V. 1945.* Editerunt praefatione et indicibus instruxerunt Karolus Jonca et Alfredus Konieczny. Warschau, Panstowe Wydawnictwo Naukowe, 1962; S. 266.
[353] BERNADOTTE, Folke (Graf). *Das Ende.* Zürich–New York, Europa-Verlag, 1945; S. 17–87; SCHELLENBERG, Walter. *Memoiren.* Hrsg. von Gita Petersen. Köln, Verlag für Politik und Wirtschaft, 1959; S. 353–357 und

tulationen und des Offenhaltens eines Tors im Westen für die Kolonnen der flüchtenden Soldaten und Zivilisten, sind sichtbarer Ausdruck dieses sich täglich verstärkenden Meinungstrends.

4. Die breite Masse jedoch war vor allem mit der Aufgabe des Überlebens beschäftigt, so daß der Abtritt Hitlers von der Weltszene hier kaum mehr als einen flüchtigen Eindruck hinterließ oder wirklich bewußt in seiner Bedeutung registriert wurde. Den Erschöpften, Hungrigen, Frierenden war es weit bedeutsamer, ein paar Haferflocken, ein Stück Pferdefleisch, Holz zum Vernageln der Fenster zu ergattern, oder, vor allem in der sowjetrussisch besetzten Zone und in Berlin, dem Rausch der Sieger zu entgehen, ihr bißchen persönliche Habe, ihr Fahrrad oder ihre Töchter dem Zugriff der Soldateska zu entziehen[354], als des Mannes zu gedenken, dem dies alles zu verdanken war. Höchstens, daß sich der Zorn auf die Partei nun ungestört äußern konnte und Denunziationen schließlich gar nützlich und an der Tagesordnung waren, um sich selbst reinzuwaschen. Es war eine Phase des Egozentrismus und der Negation jeglichen Mitverschuldens seitens aller jener »folgsamen Schafe«[355], die gläubig jede Anordnung von oben befolgt und sich der eigenen Verantwortung – selbst des Denkens – begeben hatten. Es war die Haltung, die von Kielpinski bereits Ende März charakterisiert hatte. Im Bewußtsein erfüllter Pflicht konnte man die Schuld für alles Mißlingen getrost den »kleinen Hitlers« aufbürden.

5. Für alle nun gestürzten großen und kleinen Götter der NSDAP begann die Zeit der Abrechnung, der Verleugnung oder des Untertauchens. Das Verschwinden der Parteiabzeichen hatte bekanntlich bereits seit längerer Zeit eingesetzt. Wer noch an den alten Symbolen hing, sie nicht vernichten, sich aber auch nicht unnötiger Gefahr aussetzen wollte, vergrub und versteckte sie.[356]

Über die Stimmung und Haltung der Deutschen in dem noch nicht besetzten nördlichen Teil Deutschlands in den letzten Tagen des Krieges und zum Zeitpunkt der Kapitulation unterrichten uns einige Meldungen der

360–364; KERSTEN, Felix. *Totenkopf und Treue.* Heinrich Himmler ohne Uniform. Hamburg, Robert Mölich-Verlag, 1952; S. 9–13, 244–246, 358–381.
[354] BOVERI, Margret. *Tage des Überlebens.* Berlin 1945. München, Piper u. Co., 1968.
[355] *ibid.; S. 63.*
[356] Führungshinweis des Stellv. Gauleiters Ost-Hannover vom 12. 4. 45. BA NS Misch/1857.

Dienststelle Ohlendorfs, der mit einem Teil seiner Mitarbeiter sich der neuen geschäftsführenden Reichsregierung zur Verfügung gestellt hatte. Die erste Tagesmeldung vom 6. Mai betrifft »Haltung und Meinungsbildung der Bevölkerung«. Inzwischen war im Auftrage Großadmirals Dönitz' zwischen Feldmarschall Montgomery und Generaladmiral von Friedeburg eine Teilkapitulation der deutschen Streitkräfte in Holland, Friesland, Dänemark und Schleswig-Holstein für den 5. Mai 8.oo Uhr morgens abgeschlossen und damit der Krieg in diesem Teile Deutschlands offiziell beendet worden.

»1. Nach zahlreichen Einzelfeststellungen ist die augenblickliche *Stimmung und Haltung der Bevölkerung* keineswegs ausgesprochen niedergeschlagen. Vorherrschend ist vielmehr eine *gefaßte und ruhige Grundhaltung,* die nur durch eine gewisse Nervosität im Hinblick auf die zu erwartende Besetzung des noch freien Gebiets gestört wird. Diese fast unwahrscheinlich anmutende Grundhaltung ist nach zahlreichen Einzelbeobachtungen vor allem darauf zurückzuführen, daß sich breitere Bevölkerungskreise zunächst ohne großes Nachdenken an die gegebenen Tatsachen der Waffenruhe, der fliegeralarmfreien Nächte und des endlich gekommenen Kriegsendes halten. Die zweifellos überwiegende Mehrheit der Bevölkerung kann sich noch nicht vorstellen, daß die militärische Niederlage des Reichs schon endgültig ist.

Man sieht im gegenwärtigen Zustand eine ausgesprochene Übergangssituation und erst dann das Endstadium des Krieges erreicht, wenn der Kampf gegen die Sowjetunion mit oder ohne fremde Hilfe zu unseren Gunsten entschieden ist. Mit einer Unterstützung der Westmächte in diesem Kampf rechnet ein großer Teil der Bevölkerung als ziemlich selbstverständlich . . . . . . Die Einstellung der kämpfenden Truppe weicht offenbar nicht von der Auffassung der Zivilbevölkerung ab. Von Ausnahmen abgesehen wird auch heute noch das disziplinierte Verhalten aller Wehrmachtteile als äußeres Zeichen eines vorhandenen Einsatzwillens gedeutet . . .«

Ausgesprochene Disziplinlosigkeiten und schlechte Haltung wurden selten gemeldet, so »daß bisher keineswegs irgendwelche Parallelen mit Erscheinungen von 1918 zu ziehen sind. Destruktive Elemente bilden nach den bisherigen Beobachtungen in allen Bevölkerungsschichten eine verschwindende Minderheit . . .«[357] Besonders hervorgehoben wurde der

[357] MGFA *OKW/112.*

Aufbauwille und der Wunsch der meisten Flüchtlinge, wieder in ihre östliche Heimat zurückzukehren.

Die ersten britischen und amerikanischen Besatzungstruppen beeinflußten kaum die bisherige Stimmung. »Die Anglo-Amerikaner werden kaum noch als Feinde angesehen, ihr Einmarsch wird mehr mit Neugierde als mit Besorgnis, im Ganzen aber zurückhaltend beobachtet. Öfter sammelt sich eine neugierige Volksmenge. Bestimmend für diese Haltung dürfte sein, daß sich die Bevölkerung mehr und mehr mit dem Gedanken vertraut macht, daß Deutschland und die Westmächte in absehbarer Zeit gemeinsam gegen den Bolschewismus Front machen werden . . .

. . . Tiefergehende Betrachtungen und Folgerungen aus der derzeitigen politischen und militärischen Lage werden in der Bevölkerung *noch kaum gezogen.* Jeder, sowohl die einheimische, durch den Flüchtlingsansturm überraschte Bevölkerung, wie auch die Flüchtlinge selbst, sind noch zu sehr mit ihren kleinen Tagessorgen um Unterkunft, Ernährung usw. beschäftigt, als daß sie das ganze Ausmaß des Schicksals bereits begreifen könnten. Die äußerliche Ruhe und zur Schau getragene Gelassenheit ist mehr ein Zeichen dafür, daß der Umfang der Katastrophe durch die Schnelligkeit, mit der sie eingetreten ist, noch gar nicht übersehen und begriffen wird . . .«[358]

Die Bekanntgabe der bedingungslosen Kapitulation verschlechterte »die Stimmung und innere Verfassung der Bevölkerung schlagartig . . . Selbst von den Teilen der Bevölkerung, die die Lage bisher ruhig und abwartend beurteilt hat, hat die Verkündung der Kapitulation erschütternd und niederschmetternd gewirkt.

. . .

1. Verhältnismäßig *geringen Widerhall* hat *die Kapitulation bei der* ansässigen *Flensburger Bevölkerung* gefunden. Man sieht hier einer angeblichen Besetzung durch Dänemark entgegen und vermutet den Einmarsch schwedischer Truppen.

2. *Die Flüchtlinge* in diesem Raum sind ausgesprochen erschüttert. Teilweise herrscht eine verzweifelte Stimmung. ›Nun ist auch der letzte Rettungsanker, an den wir uns immer klammerten, daß nämlich die Angloamerikaner mit uns gegen die Sowjets kämpfen, versunken.‹ ›Wenn wir nach den Kapitulationsbedingungen zum Rückzug in unsere Heimat aufgefordert werden sollten, solange der Russe noch da ist, töten wir unsere Kinder lieber gleich hier‹ . . .«

[358] Tagesmeldung Nr. 4. Betr. Haltung und Meinungsbildung der Bevölkerung. 7. Mai 1945. *ibid.*

Ein großer Teil sah seine Hoffnung, in die alte Heimat zurückzukehren, dahingeschwunden:»Der Osten ist für uns für immer verloren.«

Vorwürfe gegen die neue Regierung, die man zuerst abwartend, aber auf Grund der Autorität von Dönitz nicht unfreundlich beurteilt hatte, wurden laut. In den Diskussionen über die Gründe des Zusammenbruches wurden vor allem wieder Anschuldigungen gegen die NSDAP und ihre Hoheitsträger, die Bonzen, erhoben. Da Dönitz in seiner Ansprache an das Volk am 8. Mai erklärt hatte, die Einheit von Partei und Staat bestehe nicht mehr, ohne jedoch eine offizielle Auflösung der NSDAP zu verkünden, löste sich die Partei teilweise – wie in Niebüll und Husum, selbst auf. Es kam zu »Bilderstürmerei« und Verbrennungen von Parteischriften durch die Hitlerjugend.»Parteigenossen und Parteigenossinnen sind über dieses unrühmliche Ende enttäuscht und übten heftige Kritik an diesen Maßnahmen der Parteiführung.«[359]

Das Ende der Partei war in der Tat unrühmlich. Während das letzte Staatsoberhaupt des Dritten Reiches sich bemühte, diesem einen einigermaßen geordneten und anständigen Abgang zu verschaffen und den Übergang zu einer neuen Ordnung zu erleichtern, was ihm sehr bald durch seine Gefangennahme und die seiner Mitarbeiter unmöglich gemacht wurde, da seine und ihre Bande mit dem vergangenen Regime zu eng gewesen waren, sah sich das deutsche Volk mit sich und den Siegern allein gelassen. Der Mündigkeit entwöhnt, verharrte es großteils weiter in der Pose des Befehlsempfängers. Vor der Flut der nun über es ergossenen Nachrichten und Bilder über die Unmenschlichkeiten und Verbrechen des nationalsozialistischen Regimes verschloß es entsetzt Augen und Ohren und versicherte sich selbst und jedem, daß es daran keinen Anteil gehabt.

»Armeeberichter melden aus Deutschland, daß die Deutschen noch immer nicht begriffen hätten, daß Montgomery in seinem Märzbrief an die Truppe erklärte: ›Eine schuldige Nation muß nicht nur verurteilt werden, sondern muß ihre Schuld auch einsehen.‹ Die Deutschen beschweren sich über den Nichtverbrüderungsbefehl. ›Wir haben das Gefühl, als wären wir nicht wert, daß man mit uns spricht‹, sagte ein Hamburger Kaufmann, und ein anderer erklärte einem britischen Offizier: ›Wenn ihr so weitermacht, werdet ihr noch unsere Freundschaft verlieren‹ . . .«[360]

Auf die Freundschaft der Deutschen legte aber kaum jemand Wert. Und

[359] Tagesmeldung Nr. 7. Betr. Meinungsbildung und Haltung der Bevölkerung. 8. 5. 45. *ibid.*
[360] Nachrichtenbüro der Reichsregierung. Abt. Funkerfassung. Nr. 48 Blatt 15, 22. 5. 45. *ibid.*

so begannen sie verbissen und emsig unter der Anleitung der Sieger ihre Trümmer fortzuräumen und aufzubauen, ihre Familien wiederzufinden und die Schrecken zu vergessen.

Widerwillig waren die Deutschen in den Krieg gestolpert, mehr oder minder widerwillig hatten sie ihn ertragen, widerwillig wurden nun die Anklagen der Gegner aufgenommen. In diesen drei Etappen zeigt sich das Ausmaß der Unmündigkeit, die Flucht vor der eigenen Verantwortung, die das politische Denken der Deutschen lange Zeit gekennzeichnet hat. Manche der damaligen Meinungskonstellationen sind heute noch erkennbar. Noch immer hofft mancher, in seine verlorene Heimat zurückzukehren, noch immer wird auf die erfüllte Pflicht gepocht, ohne die Mitverantwortung am Ganzen zu akzeptieren, noch immer scheint manchen ein hierarchischer Aufbau der beste Schutz für Ordnung und Sicherheit, zwei Begriffe, die wesentlich zur Wahl Hitlers beigetragen hatten und die noch heute vielen nicht nur als Rechtfertigung für ihre damalige Haltung dienen, sondern auch weiterhin als Positivum bei der Beurteilung Adolf Hitlers als Staatsmann gewertet werden.[361] Viele der alten Wünsche und Sehnsüchte aber haben ihre Kraft verloren. Der Mythos vom pflichtbewußten, disziplinierten Deutschen ist im Schwinden, die Autorität und der Vater werden zunehmend entthront. Übrig bleibt für viele Deutsche nur das »fremde Bild eines Wesens, das ich selbst war«.[362]

361 Vgl. NEUMANN, Erich Peter, und Elisabeth NOELLE. *Antworten. Politik im Kraftfeld der öffentlichen Meinung.* Allensbach/Bodensee, Verlag für Demoskopie, 1954, S. 29 f., S. 42 f., und *l'Express,* 9. bis 15. Juni 1969, S. 69 Interview von Michael Salomon mit Elisabeth Noelle-Neumann) aus dem hervorgeht, daß Hitler von 40 % das Prädikat großer Staatsmann erhalten würde, hätte er nicht das Land in den Krieg gezogen.
362 BOVERI; S. 29.

Schlußwort

Die Existenz einer Publikumsmeinung in totalitären Staaten wurde zu Beginn dieser Studie als gegeben vorausgesetzt und für das nationalsozialistische Deutschland durch die Ergebnisse der Untersuchung bestätigt. Es erscheint zudem gerechtfertigt zu behaupten, daß die in demokratischen Staaten beobachteten Phänomene der öffentlichen Meinung denen der Publikumsmeinung in totalitären Staaten ähneln. Hier wie dort finden sich ein-, zwei- oder mehrgipflige Meinungsbilder, Gerüchte, schwer auflösbare Stereotypen und starre Rangreihen. Die Meinungen selbst sind häufig »leichtfertig, von oftmals verletzender Selbstsicherheit und unbeständig«.[363] Auch die weitverbreitete Ansicht, in totalitären Staaten bestimme die staatlich gelenkte Propaganda fast ausschließlich das Meinungsbild, scheint nicht haltbar. Es gibt neben ihr zahlreiche andere Steuerungsinstanzen, von denen vor allem die historisch gewachsenen Leitbilder und Mythen sich als äußerst zählebig erweisen. Hinzu kommen der Einfluß von Leitgestalten innerhalb von Primär- und Sekundärgruppen, und vor allem die Evidenz persönlicher Beobachtungen, die in direktem Gegensatz zu der Staatspropaganda stehen können. Trotzdem ist nicht zu verkennen, daß in der Gesamtbilanz die tägliche einseitig gesteuerte Propaganda weite Bereiche des Meinungsgeschehens entscheidend beeinflußt, und dies um so mehr, je geringer der Bildungs- und objektive Informationsstand der Masse ist. Eine im Oktober 1952 abgeschlossene Untersuchung des Instituts für Demoskopie ergab, daß fast zwei Drittel – 63 % – der Erwachsenen in der Bundesrepublik zu der Gruppe der Uninformierten oder mangelhaft Informierten gehörten. Von einem Viertel der befragten Frauen wurde sogar keine einzige der gestellten Fragen richtig beantwortet.[364] Es ist nicht anzunehmen, daß der Grad der Informiertheit im

363 HOFSTÄTTER. *Psychologie der öffentlichen Meinung*; S. 15.
364 NEUMANN/NOELLE. *Antworten*; S. 85.

587

Dritten Reich wesentlich verschieden von diesem Ergebnis war. Allein diese Tatsache erhellt in erschreckendem Umfange die weitverbreitete Unkenntnis, das Unverständnis und das chronische Desinteresse an der Politik, die es jeder aktiven Minderheit leichtmachen, die Macht zu erringen, vorausgesetzt, sie beherrscht die Klaviatur der Emotionen, auf die jedes Volk mehr oder weniger eingestimmt ist. Die relative Unwissenheit auf dem politischen Sektor ist kein einseitig deutsches Phänomen. Sie trifft im allgemeinen in westlichen demokratischen Ländern jedoch mehr Probleme der Außenpolitik, während der Informationsgrad in Fragen der Innenpolitik höher liegt.[365] Für viele totalitäre Staaten und die Länder der dritten Welt dürften die Resultate einer Befragung noch ungünstiger ausfallen.

Kommen wir nun zu den drei in der Einführung gesetzten Fragestellungen. Die erste lautete: Inwieweit war die deutsche Publikumsmeinung differenziert, eigenständig oder genuin und inwieweit uniform, manipuliert oder gelenkt?

Überblickt man den untersuchten Zeitraum von September 1939 bis Mai 1945, so lassen sich Beispiele für beide Gegensatzpaare finden. Widersprüchliche und mehrgipflige Meinungen mit kritischen Akzenten bestimmten vor allem die Ansichten hinsichtlich der Sozial- und Kirchenpolitik des Regimes. Hier wird eine bereits in der Vorkriegszeit festgestellte Tendenz bestätigt. Sie erfuhr durch die Entbehrungen und Opfer der Kriegsjahre eine Intensivierung. Kombiniert mit der Enttäuschung über die Niederlagen von Stalingrad, Tunis und den Sturz Mussolinis bewirkte sie 1943 einen breiten Meinungsumschwung. Der Sog zur Bildung von Mehrheitsmeinungen machte sich nun, im Gegensatz zu den Entwicklungen der Jahre 1933 und 1938/1939, 1941 in einem für das Regime ungünstigen, wenn nicht gar gefährlichen Sinne bemerkbar. Die Effizienz der nationalsozialistischen Führungsgruppe wurde sowohl innenpolitisch wie außenpolitisch von einer Mehrheit der Bevölkerung in Frage gestellt.

[365] Vgl. z. B. ALMOND, Gabriel A. *The American people and foreign policy.* N. Y. Praeger, 1960 (cop. 1950), S. 138, der zwischen dem »general public« dem »attentive public« und dem »informed public« unterscheidet. Oder LAZARSFELD, Paul F., Bernhard BERELSON, Hazel GAUDET. *The Peoples choices: How the voter makes up his mind in a presidential campaign.* N. Y. Columbia U. P., 1960, (cop. 1944), oder: DE BIE, Pierre. »Quelques aspects psychologiques du Benelux«. *Bulletin International des Sciences Sociales,* 1951, Vol. II, No. 3; S. 582–592.

Die Tatsache, daß die Meinungsberichte der letzten Kriegsjahre der Auseinandersetzung mit den christlichen Konfessionen weniger Platz einräumt, darf nicht darüber hinwegtäuschen, daß die Kirchen ständig an Popularität und Ansehen gewannen und zum Kristallisationspunkt zahlreicher Kritiken am Dritten Reich wurden. Je näher die Schrecken der Kriege rückten, je drohender der Tod täglich vor jeder Familie stand, um so mehr bedurften die Menschen des Trostes und des Zuspruches. Wenige Hoheitsträger der Partei waren in der Lage, diese zu vermitteln. Ihr vielfach angegriffener Lebensstil stand in scharfem Kontrast zu der Lebensführung kirchlicher Würdenträger. Die Phrasen vom germanischen Helden und der Mystik des Blutes versagten angesichts der Hoffnungen auf ein Jenseits und ein ewiges Leben. Die Aussicht auf Vergebung der Sünden erleichterte gequälte Gewissen mehr als ihre Rechtfertigung im Namen eines in immer weitere Ferne rückenden größeren Deutschland. Wenn der Einfluß und die Aktivität der christlichen Kirchen weit weniger in den Meinungsberichten der letzten Kriegsjahre Erwähnung fanden und somit auch in unserer Untersuchung, die auf die wesentlichen Themen der Berichterstattung in den einzelnen Kriegsphasen abgestellt wurde, so beruht dies vor allem darauf, daß andere, weit gefährlichere Entwicklungen das Deutschland Hitlers von außen und innen bedrohten und die Aufmerksamkeit von diesem Sektor ablenkten.

Ähnliches gilt für die Ernährungs- und Versorgungslage. Objektiv gesehen, verschlechterte sie sich rapide in der letzten Kriegszeit; trotzdem nehmen die Klagen und der Unmut hierüber einen geringeren Raum in der Berichterstattung ein.

Die Reaktion der Jugend und der Frauen[366] gegenüber der nationalsozialistischen Wirklichkeit sind Symptome einer Gesamteinstellung der Bevölkerung. Nur ein geringer Bruchteil der Jugendlichen entwickelte ein politisches Bewußtsein: die Masse folgte entweder blind den Anforderungen und den Dienstanweisungen der Hitlerjugend oder flüchtete sich in eine neubündische Romantik. Der weibliche Bevölkerungsteil verharrte vollständig im Apolitischen; Unmut äußerte sich nur in Klagen, Arbeitsunlust und einem Ausweichen ins Vergnügen.

366 Henry LEFEBVRE unterstreicht in seiner Psychologie der sozialen Klassen zu Recht, daß sich die allgemeinen psychischen Klassen- und Familiencharakteristika brennpunktartig in der sozialen Rolle und Haltung der Frau reflektieren.»Psychologie des classes sociales«. *Traité de sociologie,* publié sous la direction de Georges Gurvitch, Paris, Presses Universitaires de France, 1960; Teil II; S. 379.

Die Arbeiterschaft und das Bürgertum blieben gespalten. Nur jeweils ein geringer Teil, entweder klassenbewußt um marxistische Keimzellen geschart, oder liberal-konservativem und christlichem Gedankengut treu, organisierte sich in einer oppositionellen Untergrundtätigkeit. Die einzig aktive Umsturzplanung erfolgte von seiten früherer Führungseliten. Eine große Zahl der relativ gutbezahlten und mit Sonderzulagen versorgten Arbeiter hingegen, dem Mittelstand weitgehend assimiliert, unterstützte anscheinend das nationalsozialistische Regime noch zu einem Zeitpunkt, zu dem die breiten Schichten des Bürgertums und der Bauernschaft sich von ihm absetzten oder bereits gelöst hatten.

Die Einwirkungsmöglichkeiten, aber auch die Grenzen massivster Meinungsmanipulation lassen sich am deutlichsten am Beispiel der stereotypen Freund- und Feindbilder ablesen. Hier begegnen wir ebenso stupenden Erfolgen wie einer weitreichenden Immunität gegenüber den zähesten Propagandabemühungen. Historisch gewachsene nationale Leitbilder erwiesen sich als außerordentlich schwer auflösbar. Dort aber, wo keine Kollektiverfahrungen vorlagen, hatte die Propaganda ein relativ leichtes Spiel, das gewünschte Image breiten Massen zu suggerieren. Bot sich jedoch die Gelegenheit zu eigener Anschauung und Meinungsbildung, wurde das künstlich geschaffene Leitbild abgebaut und bewirkte gar eine Diskreditierung seiner Schöpfer. Keine noch so üppigen Elogen des italienischen Verbündeten, von Goebbels Meinungsmachern emsig verbreitet, vermochten das im Ersten Weltkrieg aufgebaute Mißtrauen zu zerstören. Der Sturz Mussolinis und die Kapitulation des Achsenpartners wurden fast mit Befriedigung konstatiert, da sie das eingewurzelte Stereotyp bestätigten und dem Durchschnittsdeutschen das angenehme Gefühl vermittelten, er sei schlauer gewesen als der »kleine Doktor«.

Die Entwicklung des Japanbildes hingegen verlief beinahe konträr. Angesichts eines ursprünglich wenig konturierten Stereotyps gelang es der nationalsozialistischen Propaganda sehr rasch, ein positives Leitbild – trotz einiger Akrobatik im Hinblick auf die Rassenfrage – aufzubauen. Durch wenig eigene Anschauungen und keinen unmittelbaren Kontakt geformt, entstand die Vision eines »Supergermanen des Ostens«, im Vergleich zu dem die deutschen »Germanen« immer schlechter abschnitten. Hier wurden die Meinungsmacher ihr eigenes Opfer, da sie im Interesse der Allianz die positive Überzeichnung nicht abschwächen konnten.

Sehr aufschlußreich und für gewisse politische Optionen der Nachkriegszeit bestimmend ist die Wandlung des Frankreichstereotyps. Im Blitzfeldzug gegen den Erbfeind findet man zum ersten und einzigen Male im Zweiten Weltkrieg die Atmosphäre des »frisch-fröhlichen Krieges«, jener Mixtur, beruhend auf der Leidenschaft der Völker, doch gemäßigt durch noch auf Ritterfehden zurückgehende Kampfregeln. Nachdem der Feind niedergeworfen und vor allem die »Schmach« von 1918 gesühnt worden war, fiel bei vielen Deutschen der Haß wie ein Strohfeuer in sich zusammen. Goebbels versuchte mit allen ihm zur Verfügung stehenden Mitteln frankreichfreundliche Tendenzen einzudämmen und zu bekämpfen. Die Jahre der Okkupation – um einen Begriff Ernst Jüngers in anderem Zusammenhang anzuwenden – und die intimere Kenntnis des französischen »savoir vivre« vertieften noch die Sympathien und verführten zu der von deutscher und französischer Heimatbevölkerung und nationalsozialistischem Staat verurteilten süßen Lebensweise. Der bereits im Ersten Weltkrieg angeprangerte Etappengeist feierte Triumphe. Die frankophile Sympathiewelle war jedoch vielfach getragen von einem weitreichenden Unverständnis für die Bitterkeit und Verachtung auf der Gegenseite. Das mangelnde französische Echo hinwiederum löste schließlich in Deutschland eine neue Welle von Ressentiments oder wachsende Gleichgültigkeit gegenüber dem Schicksal des welschen Nachbarn aus. Diese Schwankungen im Frankreichbild – wobei sich zusätzlich Verschiebungen innerhalb Deutschlands zwischen dem mehr traditionell anglophilen Norden und dem mehr frankophilen Süden ergeben – fanden ihren symbolhaften Ausdruck in der von der ursprünglichen Bewunderung in Indifferenz und Ablehnung umschlagenden Beurteilung Marschall Pétains, eine Haltung, die mehr auf Enttäuschung als echter Abneigung beruhte und schnell bereit war, in ein Positivum umzuschlagen.

Der Nationalstereotyp des Briten erwies sich ebenfalls als schwer modifizierbar. Unter Wilhelm II. hatte es antienglische Ressentiments gegeben[367], die ihren sichtbarsten Ausdruck in der Flottenpolitik des Kaiserreiches fanden. Das deutsch-englische Verhältnis war aber von deutscher Seite aus untergründig häufig von einem Gefühl innerer Verwandtschaft und Bewunderung getragen, das dann, wie in Fällen unerwiderter Liebe, in plötzlichen Haß umschlagen konnte. Hitlers außenpolitische Grundkonzeptionen, der Begriff des germanischen Brudervolkes, sind als Ausdruck dieser Strömungen zu werten. Diese Freund-Feind-Konzeption bestimmte auch während des Zweiten Weltkrieges weitgehend das Englandbild der deutschen Bevölkerung. Nach der Kriegserklärung des 3. Sep-

---

[367] Vgl. ANDERSON, Pauline R. *Background of anti-English Feeling in Germany, 1890–1902*. New York, Octagon, 1967.

tember brandete eine Enttäuschungswelle auf, die von der »Einkreisungs-politik«-Propaganda des Dritten Reiches gestützt wurde, aber meilenweit entfernt war von der »Klaustrophobie«[368] vor und während des Ersten Weltkrieges, wobei das Bündnis mit Sowjetrußland eine entscheidende Rolle spielte. In der Folgezeit entwickelte sich, nach einigen von der Propaganda geschickt stimulierten Haßäußerungen, eine Art widerwilliger Bewunderung für die Zähigkeit der Engländer, die ihren Höhepunkt nach dem Scheitern der Luftschlacht im Herbst 1941 fand. Die Steigerung des Luftkrieges, insbesondere die Flächenbombardements deutscher Städte sowie die Tiefangriffe englischer Jäger entfesselten dann jene Haßgefühle, welche die Goebbelssche Propagandamaschine vergeblich zu entzünden versucht hatte. Erst als diese Haßgesänge auf die durch die Bombardierung geweckte Empörung stießen, war ihnen ein echter Erfolg beschieden.

In der Folgezeit des Krieges zeigte sich eine Tendenz der Amalgamierung zwischen England- und Amerikabild, die als Angelsachsen oder Anglo-Amerikaner eine mehr pauschale Beurteilung erfuhren, bis dann immer deutlicher die Konzeption der mächtigen USA als des eigentlichen westlichen Siegers hervortrat. Das ursprünglich sehr vage und diffuse Bild des Amerikaners, der sich nach dem Ersten Weltkrieg schnell wieder abgesetzt und in unbekannte Fernen entschwunden war, verdichtete sich gegen Ende des Krieges zum humanitären Gegenpol des bolschewistischen Terrors. Alle Künste des Propagandaministers zerschellten an der überzeugenden Wirklichkeit: amerikanische Eroberer erwiesen sich als korrekter und humaner als die eigene Wehrmacht oder gar die oft feigen und korrupten Parteifunktionäre. Statt vom Nationalsozialismus gepredigter Haß, wuchs die Hoffnung auf menschenwürdige Behandlung und ein Ende des ungeliebten Krieges. Das seit der alliierten Landung in Westeuropa langsam aufgebaute Leitbild Amerikas vertiefte sich in der Nachkriegszeit durch Besatzung und Berlinblockade und wurde zu einem wesentlichen Faktor in der politischen Neuorientierung Westdeutschlands.

Am interessantesten, aber zugleich am tragischsten ist die Entwicklung des Rußlandbildes der Deutschen. Der Pakt mit Stalin war von den alten Kämpfern und überzeugten Nationalsozialisten, geprägt durch die Auseinandersetzungen der zwanziger Jahre, mit äußerster Zurückhaltung und nur als ein taktisches Manöver akzeptiert worden. Die Masse der Deutschen, von antibolschewistischer Propaganda jahrelang berieselt, beurteilte

---

[368] STERN, Fritz. »Bethmann Hollweg und der Krieg: Die Grenzen der Verantwortung«. *Recht und Staat in Geschichte und Gegenwart.* Tübingen, J. C. B. Mohr (Paul Siebeck), 1968, H. 351/352; S. 12.

dieses Abkommen trotzdem eher positiv, da die Furcht vor einem Zweifrontenkrieg und dem Ansturm aus dem Osten tiefer saß als die von der
Propaganda wachgehaltene ideologische Abneigung. Bismarck blieb das
Vorbild des klugen Staatsmannes, in dessen Nähe Hitler nun zu rücken
begann. Der Bruch des Abkommens und die Attacken gegen die UdSSR
konnte der Masse des Volkes nur durch das Argument der Unausweich-
lichkeit einer kriegerischen Auseinandersetzung zwischen Bolschewismus
und Nationalsozialismus und dem Rückgriff auf die atavistisch geprägten
Angstvorstellungen akzeptabel gemacht werden. Das Bild des asiatischen
»Untermenschen« wurde daher der Bevölkerung pausenlos eingehämmert.
Bereits ab Winter 1941/42 begannen sich jedoch Risse in diesem künstlich
geschaffenen Zerrbild zu zeigen, und Zweifel an seiner Echtheit schlichen
sich ein. Wer so verbissen für sein Vaterland und ein politisches System
kämpfte, wer solches Rüstungspotential einzusetzen in der Lage war,
konnte nicht nur unter der Knute seiner Kommissare handeln und völlig
primitiv sein. Den eigentlichen Einbruch in das sorgsam aufgebaute Feindbild brachte der tägliche Kontakt mit dem Arbeiter aus dem Osten, der
sich als intelligent, technisch begabt und sympathisch erwies. Kollektivstereotyp und persönliche Erfahrung klafften immer weiter auseinander,
und entgegen allen offiziellen Propagandabemühungen schwand die Furcht
vor dem Bolschewismus, vor allem in Arbeiterzirkeln und beim kleinen
Mann, und wuchs die Anerkennung für die ungeheuren Leistungen des östlichen Gegners. Die Ansicht begann sich auszubreiten, daß nur das Establishment – alter und neuer Provenienz – für seine Existenz zu fürchten
hatte, nicht aber die Masse des arbeitenden Volkes. Das Verhalten der
Roten Armee auf deutschem Boden bestätigte jedoch schmerzhaft die
schlimmsten Goebbelsschen Invektiven hinsichtlich des Verhaltens »asiati-
scher Horden«. Das zu Kriegsende im Schwinden begriffene Angstgefühl
vor der Wildheit des Ostens, kombiniert mit der Vorstellung eines bolschewistischen Zwangssystems, neben dem der Nationalsozialismus sich
geradezu als benigne auszunehmen schien, brach stärker denn je hervor.
Zum Vehikel dieser Furcht wurden die trostlosen Massen der Flüchtlinge,
die nun stellvertretend für Germanomanie und deutsche Grausamkeiten
zu büßen hatten. Sie blieben, auch in der Nachkriegszeit, neben den Auswirkungen einer erneuten totalitären Entwicklung in Ostdeutschland, der
stärkste Motor des sich in Westdeutschland rapide ausbreitenden Anti-
kommunismus.

Gesteuertes Kollektivstereotyp und eigenes Meinungsbild klafften auch
in der Judenfrage vielfach auseinander. War der Jude als abstrakter Ur-

heber allen Mißlingens ein gern und weithin akzeptiertes Klischee – zumal seine Tüchtigkeit und Intelligenz, die manchen Deutschen ausmanövrierten, mit Neidgefühl betrachtet wurden –, so besaß doch fast jeder Deutsche, wie Hannah Arendt es nannte, seinen »prima Juden«. Man begrüßte daher die wirtschaftliche Diskriminierung, war aber bereit, für seine jüdischen Freunde einzutreten – solange die eigene Existenz nicht bedroht war. Und das war sie zumeist. Damit begann diese klägliche Zeit deutschen Versagens im zwischenmenschlichen Bereich, dessen Eingeständnis so bitter war, daß es bis heute zu den tiefsten Verdrängungen führte. Die Bilder anderer Völker blieben relativ vage und unbedeutend. Es gab den tapferen Finnen, den nicht ganz vertrauenswürdigen Ungarn und ähnliche Stereotypen. Das Interesse und Verständnis blieben jedoch ephemer. Hier hatte die nationalsozialistische Propaganda ein relativ leichtes Spiel, um die gewünschten Resultate zu erzielen. Insgesamt bestätigen diese Ergebnisse der nationalsozialistischen Meinungsforschung die von René RÉMOND gemachte Beobachtung einer für alle Völker gegebenen affektiven Präferenz für bestimmte Länder und Regionen.[369]

Die Grenzen der Manipulierbarkeit der öffentlichen Meinung und ihre relative Machtspanne werden weiterhin deutlich am Problem der Euthanasie, der Judenfrage, der Beurteilung des Lebensstils der Parteiführer, ja selbst der militärischen Informationsgebung.

Die indirekte Beeinflussung durch den Film »Ich klage an« und durch beschwichtigende Mundpropaganda seitens der NSDAP erwies sich als wirkungslos angesichts der echten menschlichen Empörung über den verwaltungsmäßig dekretierten Mord an Alten, Kranken und Schwachen. Hier hat die Stellungnahme der Kirchen zweifelsohne eine sehr wichtige Rolle in der Kristallisierung der Meinungsbildung gespielt. Der Druck der Publikumsmeinung wurde so stark, daß Hitler die Aktion abstoppen und erst später, in geschlossenen Lagern, unter der Ägide der SS in weitentlegenen Gegenden weiterlaufen ließ. Im Fall des organisierten Judenmordes wurde die Reaktion der öffentlichen Meinung im In- und Ausland stärker in Rechnung gestellt. Die chaotischen Exekutionen in Polen und Rußland wurden entweder als Vergeltung für Verbrechen an Volksdeutschen oder als Reaktion auf Partisanentätigkeit hingestellt, wobei von

---

[369] RÉMOND nennt dieses Phänomen, nicht sehr zutreffend, die »sentimentale Geographie«. »Options idéologiques et inclinations affectives en politique étrangère«. *L'élaboration de la politique étrangère*, publié par Léo Hamon, Paris, P. U. F., 1969, S. 85–93.

Anbeginn an die Juden bewußt als der hauptsächliche Kriegsgegner deklariert wurden. Ihre »Ausrottung« erschien somit als eine moderne Variante des seit Clausewitz in immer stärkerem Umfange akzeptierten absoluten »Vernichtungsgedankens« im Kriege.[370] Angesichts des wachsenden Widerstandes der Kirchen und der Bevölkerung, trotz allermassivster Propagandamaßnahmen, gab Martin Bormann 1943 die Parole aus, die Deportationen der Juden erfolgten zwecks Arbeitseinsatzes im Osten. Über die organisierten Vergasungen wußte die Bevölkerung, bis auf wenige Ausnahmen, nichts. Drangen Gerüchte dieser Art ein, verwies sie die Unvorstellbarkeit solchen Grauens in den Bereich der Verleumdung oder nahm sie einfach nicht wahr, gemäß eines bereits von Freud beschriebenen seelischen Mechanismus, der die Perzeption auf das Wünschenswerte einschränkt. Im übrigen war die deutsche Heimatbevölkerung in den Jahren, in denen die Vergasungsaktion ihr größtes Ausmaß erreichte und Nachrichten hierüber vielleicht hätten durchsickern können, selbst starken Terrormaßnahmen durch feindliche Luftangriffe ausgesetzt, so daß die Aufnahmefähigkeit für das Geschehen außerhalb der eigenen Lebenssphäre bedeutend eingeschränkt war. Hinzu kam die Angst und Sorge um das Schicksal der Angehörigen im Felde. Das Los der Juden interessierte daher nur jene Teile der Bevölkerung, die persönliche und freundschaftliche Bindungen zu Juden hatten, oder solche, die immer bereit waren, die Humanitas über die Nation zu stellen. Die Masse, in der alltäglichen Misere und wachsenden Lebensangst versunken, realisierte kaum, was außerhalb ihrer engen beruflichen und familiären Atmosphäre geschah. Kritisiert wurde hier vor allem, was man selbst beobachten konnte und als ungerecht oder skandalös empfand. Das beste Anschauungsbeispiel hierfür bieten die wachsenden Vorwürfe über die aufwendige Lebensführung vieler Parteiführer und des als unwürdig empfundenen Wohllebens von Funktionären und Offizieren in den besetzten Gebieten und in der »Etappe«. Das Regime sah sich zu scharfen Maßnahmen hinsichtlich solcher Entartungserscheinungen gezwungen, wollte es ein Minimum an Respekt und Achtung für seine »Leistungen« in der Bevölkerung aufrechterhalten. Keine noch so tönende Propaganda über die Partei als Elite des Volkes oder als Orden der Nation konnte über das Versagen zahlreicher »kleiner Hitler« hinwegtäuschen. War dies in den ersten Jahren des Tausendjährigen Reiches als unvermeidliche Kinderkrankheit akzeptiert worden, so wurde

---

[370] Vgl. Einführung von Alfred Graf von Schlieffen zur 8. Auflage von CLAUSEWITZ, General von. *Vom Krieg*, Berlin, B. Behr's Verlag, 1914; S. V.

spätestens zu Beginn des Krieges selbst einsichtigen und überzeugten Nationalsozialisten klar, »daß wir noch einen weiten Weg vor uns haben, bis die Partei von sich aus im Volk fest verankert ist«.[371] Ende 1942 mußte sich die Parteiführung eingestehen, daß sie von diesem Ziel weiter entfernt war als 1939: Die alten Gegner hatten sich wieder gesammelt, und die NSDAP sah sich gezwungen, erneut, wie in der »Kampfzeit«, um das Volk zu werben. Das Auseinanderfallen der Nation wurde in der Folgezeit jedoch nicht nur durch verstärkte Bemühungen der Partei und eine forcierte Indoktrination und inneren Terror verhindert, sondern durch wachsende Bedrohung von außen. In Zeiten äußerer Gefahr erfolgt in jeder Sozialgruppe ein Prozeß innerer Konzentration – nationale Kabinette und nationale Einigungsparolen finden sich vor allem in Zeiten der Gefahr von außen. Innere Dispute und Fehden werden zeitweilig zurückgestellt zugunsten einer als lebensnotwendig empfundenen gemeinsamen Abwehrreaktion. Ein solcher Prozeß lief in Deutschland vom Spätherbst 1943 bis Frühjahr 1945 ab. Man kann ihn am treffendsten mit der den Briten zugeschriebenen Devise »Right or wrong, my country« umschreiben. Der Nationalsozialismus als Ideologie spielte eine verschwindend geringe Rolle und wurde geduldet, weil er deutsch war und sich für die Erhaltung Deutschlands einsetzte. Je mehr er sich als Versager auf diesem Gebiete erwies, um so mehr wurde er diskreditiert. Hätten die Alliierten den Sturz Mussolinis zum Anlaß einer fairen Behandlung Italiens und eines fairen Friedensangebotes an ein nichtnationalsozialistisches Deutschland zum Anlaß genommen, hätte eine Mehrheit des deutschen Volkes eine solche Initiative höchstwahrscheinlich begrüßt. Die Zeit war reif für einen Umsturz. Das einzige effektive Hindernis war die Bindung an Hitler. Nur durch die Bekanntgabe der unter seiner Verantwortung und nach seinen Weisungen begangenen Verbrechen war dieses Bild zu zerstören. Schärfste Überwachung, Isolierung von der Öffentlichkeit, technische Pannen und die schwere psychische Belastung in einer Situation höchster Bedrohung von außen einen Umsturz im Innern durchzuführen, ließen die aktive deutsche Widerstandsgruppe die günstigste Konstellation für einen Staatsstreich verpassen. Ab Herbst 1943, als das Schicksal des abgefallenen italienischen Verbündeten bekannt war und die Angriffe aus der Luft immer unerträglicher wurden, griff die Menge begierig nach jedem Hoffnungsstrohhalm, den ihm das NS-Regime vorhielt. Der ungeheure Erfolg der Wunderwaffenpropaganda, kombiniert mit der Vergeltungsparole, ist

---

[371] s. *supra*; S. 111.

aus dieser bedrohlichen Situation heraus erklärbar: Die Deutschen als Gesamtheit sahen sich zunehmend einer tödlichen Bedrohung ausgesetzt – in diesem Moment äußerster Verteidigung die Frage nach dem Urheber solcher Situation zu stellen, war unrealistisch. Zuvor galt es überhaupt davonzukommen, die Abrechnung konnte später erfolgen. Solange das Regime den Glauben an eine für Deutschland günstige Entscheidung zum Zeitpunkt der Invasion, an neue technische Waffen und an die letzte Überlegenheit des deutschen Kämpfers im Volke wachhalten konnte, so lange war es selber gefeit. Der tropfenweise gelieferte Beweis von V 1 und V 2 und schließlich die Ardennenoffensive trugen wesentlich zu einer Aufrechterhaltung oder Belebung solcher Hoffnungen bei.

Die Propaganda war also nur so erfolgreich, weil sie einer tiefen Sehnsucht der ohnmächtig unter dem Luftterror leidenden Bevölkerung und der Hoffnung, damit dem Kriege eine für Deutschland günstige Wende und ein Ende zu gewährleisten, entsprach. Als sich allmählich die Überzeugung durchsetzte, es handele sich um einen letzten Propagandatrick und Bluff des Regimes, war »Defätismus... eine allgemeine Volkserscheinung«.[372] War es bis dahin auch immer wieder möglich gewesen, bei vielen Deutschen den Glauben an die überragenden und ausschlaggebenden militärischen Fähigkeiten der deutschen Soldaten aufrechtzuerhalten, so wurde dieser Glaube von seiten der Wehrmacht selbst erschüttert: Die technische und zahlenmäßige Überlegenheit der Gegner ließ oft die mutigste soldatische Tat sinnlos erscheinen, und es war letztlich Disziplin und die kameradschaftliche Verbundenheit, die zum stärksten Kohäsionsfaktor der Wehrmacht wurde. Hier hielt sich aber auch der Glaube an den Führer am längsten, aus der reinen Notwendigkeit heraus, einen Sinn in das Kampfgeschehen zu legen. Das galt insbesondere für das Ostheer und vor allem für die Flüchtlinge, denen kein Opfer groß genug erschien. Innerhalb der nichtkämpfenden Verbände und vor allem in den rückwärtigen Gebieten und im Westen zeigten sich jedoch immer mehr Auflösungs- und Demoralisierungserscheinungen. Schließlich sprach Goebbels Propaganda nur noch diejenigen an, die nichts mehr zu verlieren und alles zu gewinnen hatten: den kleinen harten Kern überzeugter Nationalsozialisten, die sich gegen die Sowjets wehrenden Truppen und die Vertriebenen.

Stellt man erneut die Frage nach der Genuität der Publikumsmeinung oder ihrer totalen Manipuliertheit, muß man feststellen, daß eine vollkommene Beeinflussung der Bevölkerung im Dritten Reich nie erreicht wurde.

[372] s. *supra*; S. 573.

Der Manipulierungsgrad war hoch im Falle einer tieferen Übereinstimmung zwischen gewachsenen Stereotypen, Volkssehnsucht und politischer Zielsetzung oder bei einem sehr niedrigen Informationsstand ohne persönliche Anschauungs- und Meinungsmöglichkeiten. Sobald Kenntnisse direkter oder indirekter Art unabhängig von den offiziellen Nachrichten- und Propagandamitteln erlangt werden konnten, sanken die Chancen der Manipulationsfähigkeit und damit der Glaubwürdigkeit der Propaganda insgesamt. Ebenso abträglich wirkte sich auf die Dauer die »Holzhammermethode« aus: Die stetige Wiederholung derselben Thesen führte nicht nur zu einer Abstumpfung, sondern zu einem regelrechten Widerwillen gegenüber der offiziellen Informationspolitik und verursachte entweder ein völliges Desinteresse an der politischen Sphäre[373] oder ließ verstärkt den Wunsch nach eigener, unabhängiger Meinungsbildung auftreten. Gleichzeitig wuchsen die Chancen für die unsinnigsten Gerüchte und Kombinationen. Jegliche Beeinflussungsmethoden erwiesen sich als schwer durchsetzbar, sobald sie auf festeingewurzelte, historisch gewachsene Stereotypen stießen.

Der von INKELES benutzte Vergleich[374] zwischen dem Ausmaß einer Indoktrinierung der öffentlichen Meinung Sowjetrußlands und einem Waldbrand mag weit mehr noch für das Dritte Reich zutreffen als für die UdSSR: An der Peripherie wütet das Feuer mit voller Kraft. Hier steht die dünne Garde überzeugter und bestätigter Kommunisten – oder in unserem Falle Nationalsozialisten. Dahinter liegt ein weites, von den Flammen bereits verzehrtes Gebiet, in dem nur noch einzelne glühende Aschenherde flackern. Noch weiter rückwärts liegt die breite Zone verbrannter Erde, wo es nur noch vereinzelt glimmt, sonst aber alles erkaltet und verascht ist. Der Wind – in unserem Falle die Propaganda – vermag das Flammenmeer auf kurze Zeit zu vergrößern, beschleunigt aber auch gleichzeitig die Verbrennung und damit die Ausdehnungsbasis. Hinter der Flammenfront kann er nur noch kleine Glutteilchen hochtreiben.

Unsere zweite, in der Einführung gestellte Frage, lautete, welche Faktoren die deutsche Publikumsmeinung beeinflußten.

---

[373] Derartige Reaktionen sind auch den Sowjetführern bekannt. Chruschtschow versuchte Ende 1953 der Monotonie der Zeitungen ein Ende zu bereiten. In den darauffolgenden Jahren der »Öffnung« nahm die Kritik an der uniformen Nachrichtenpolitik breitere Formen an. 1956 und 1957 konnte man sogar in der *Prawda* lesen, daß die sowjetischen Zeitungen »fade, ohne Leben, sterbenslangweilig und schwer lesbar« seien. *La presse dans les Etats autoritaires.* Publié par l'Institut international de la Presse. Zürich, 1959; S. 15.

[374] *op. cit.;* S. 323.

Das Kriegsgeschehen war selbstverständlich dominant. Die militärische Lage beeinflußte am stärksten die Meinungsbildung und nahm die Bevölkerung gefangen. Es ist jedoch frappant zu konstatieren, daß dieses Interesse bei der günstigen Entwicklung der ersten Kriegsjahre die Bevölkerung zwar rasch in Begeisterung versetzen konnte und sie ihre unmittelbaren Sorgen vergessen ließ; daß es aber ebenso schnell abflaute und von der unmittelbaren Wirklichkeit des täglichen Alltags verdrängt wurde. Sozialpolitische und materielle Unzufriedenheit kontrastierten stark mit den militärischen Erfolgen und wurden nur kurzfristig durch sie kompensiert oder aufgehoben. Für einen überzeugten Nationalsozialisten standen diese durch das Alltagsgeschehen bedingten Nörgeleien in einem beklagenswerten Gegensatz zu der »Größe der Zeit«. Die Breite, die sie in den SD-Berichten der ersten Zeit neben der Aktivität der Kirchen einnahmen, ist teilweise Ausfluß dieser Enttäuschung. Unzufriedenheit und Unruhe bestanden natürlich, aber sie waren politisch kaum relevant, da die soziale Frustration durch die nationale Befriedigung aufgefangen wurde. Die Wende setzte mit dem Rußlandfeldzug ein. Innerer Unzufriedenheit konnte nur noch knapp durch äußere Erfolge die Waage gehalten werden. 1943 gab die Enttäuschung über das militärische Versagen der sozialpolitischen Unruhe und der Kritik an der NSDAP eine gefährliche Spitze; frühere Gegner von links und rechts bildeten mit der enttäuschten Mitte eine potentielle breite Opposition zum Regime. Die Front der Unzufriedenen zerfiel jedoch wieder angesichts von wachsendem Luftterror und mangels einer anderen Alternative als derjenigen vom Regime gepredigten, eines Kampfes um die Existenz der Nation. Apathie und Resignation waren die Folge.

Neben den »sozialen« und »nationalen« Faktoren, die starke konjunkturelle Züge aufweisen, und neben der durch die Propagandamaßnahmen erzielten Meinungskonstellationen war es ein tiefsitzendes Syndrom, entstanden aus geographischem Standpunkt und soziologischer wie historischer Entwicklung, das einen gewissen Stoizismus gegenüber Autorität und Schicksal zeigte. Fanden die konjunkturbedingten Faktoren vorwiegend in der schnell wechselnden Stimmung ihren Niederschlag, im »himmelhochjauchzend, zu Tode betrübt«, so manifestierte sich das andere, Ausdruck des Gegebenen und Gewordenen, in der »Haltung«.

Das Verhalten der Berliner verdeutlicht vielleicht am besten diese Komponente. War das Ausharren während der Blockade 1948/49, das ihnen die Bewunderung großer Teile der Weltöffentlichkeit eintrug, etwas wesentlich Verschiedenes von dem Mut und der Ausdauer unter feindlichem

Bombenhagel? Wille zum Überleben und die Fähigkeit der Entgegennahme von Schicksalsschlägen haben nur bedingt etwas mit Politik zu tun.

Man kommt also, bei eingehender Betrachtung der Meinungsphänomene, zu einer differenzierteren Ansicht als derjenigen, welche die Nationalsozialisten für sich in Anspruch nahmen: nicht die »Weltanschauung«, auf dem Leitsatz des Bluterbes beruhend, bestimmte die Haltung, mit der das Volk das nationalsozialistische Regime und den Krieg ertrug. Stalins berühmtes Wort: Hitlers kommen und gehen, das deutsche Volk bleibt bestehen – rührte an eine viel tiefere Wahrheit, obwohl diese durch den Unterschied, der in den Augen des deutschen Volkes Hitler von der nationalsozialistischen Wirklichkeit trennte, verdunkelt wurde. Dieser Staat, den Hitler geschaffen hatte, die Partei, die ihn trug, und die Ideologie, mit denen sie gerechtfertigt wurden, waren vom Volke schon lange verworfen worden, während sein Schöpfer in geradezu schizophrener Weise noch Gegenstand der Verehrung blieb. Das »Vertrauen zum Führer«, der Verkörperung des Ich-Ideals, war das Band, das Staat und Volk, neben dem Gruppenbewußtsein, dem Druck von außen und innen und den von der Propaganda wachgehaltenen Hoffnungen zusammenhielt.

Der Einfluß Hitlers auf das Verhalten und Denken der Deutschen muß – selbst auf die Gefahr hin, daß er erneut als Entlastung im Hinblick auf individuelle und kollektive Verantwortung allzusehr in den Vordergrund gerückt wird – sehr hoch angesetzt werden. Wägt man ihn gegenüber anderen Faktoren wie nationale, soziale und wirtschaftliche Frustrationen, gegenüber dem Gewicht von Tradition, Erziehung und Erfahrung ab, so fällt ihm die Rolle des Katalysators oder, stärker noch, des Initialzünders zu. Stellen geographische Lage, die wirtschaftliche Konfiguration, die Schichtung der Gesellschaft, geschichtliche Erfahrung und daraus entstandene kulturelle Eigenheiten sozusagen die Infrastruktur dar, sind die Frustrationen der zwanziger Jahre das konjunkturelle Element, das diese Gegebenheiten zu einer brisanten Mischung verdichtete. Hitlers charismatische, zutiefst frustierte und aggressive Führerpersönlichkeit stellte den Funken dar, der dieses höchst entzündbare Gemisch zur Explosion brachte. Es scheint höchst unwahrscheinlich, daß sich diese Konstellation in Deutschland wiederholt, da sich sowohl in seinem östlichen wie auch in seinem wesentlichen Teil tiefgreifende ökonomische und soziale Veränderungen angebahnt und die deutsche Frage aus ihrer Isolierung herausgeführt haben. Wirtschaftliche Depressionen und charismatische Persönlichkeiten dürften daher kaum wieder in der Lage sein, eine analoge Entwicklung heraufzubeschwören.

In diesem Zusammenhang soll auch die Feststellung DAHRENDORFFS, erst Hitler habe jene Transformation der deutschen Gesellschaft bewirkt, die ein Leben in der freiheitlichen demokratischen Staatsform möglich macht, noch einmal aufgegriffen und verworfen werden. Das Dritte Reich hat weder die alten sozialen Strukturen zerstört, noch das Klassenbewußtsein ausgelöscht. Eher das Gegenteil ließe sich behaupten. Der Bürger blieb seinen Idealen und Gewohnheiten nach kurzer Begeisterung für das Neue, welches das NS-Regime zu verkörpern schien, genauso treu wie der standesbewußte Arbeiter. Hatten sich auch viele von ihnen zeitweilig von den Einigkeits- und Nationalparolen verlocken lassen, belehrte sie der nationalsozialistische Alltag aber bald, daß im Grunde alles beim alten geblieben, nur daß der Staatsbürger weniger Macht hatte als zuvor. Gerierte sich Hitler auch als der Vertreter der unteren Volksschichten, des »armen Wurms«, wie er beispielsweise den einfachen Soldaten bezeichnete, versprach er auch jedem seine Dreizimmerwohnung und seinen Garten, so stand die soziale Aufbesserung des Loses der Armen und Ärmsten auf seinem Program doch weit hinter jenem der nationalen Aufwertung. Hitler begriff sich nie als Vertreter einer Klasse, sondern nur als Repräsentant der Nation. Egalitäre Utopien lagen ihm fern. Im Gegenteil, er hatte elitäre Vorstellungen, die allerdings nicht auf traditionalen Vorrechten, sondern auf angeblichen rassischen Gegebenheiten mit den ihnen eigenen spezifischen Leistungsfähigkeiten beruhten. Hitler mußte sich jedoch selbst eingestehen, daß auch das deutsche Volk »keine Rasseeinheit, sondern ein Rassenkonglomerat darstellt«.[375] Die Werte der Nation lagen für ihn in den »Rassenkernen«, und es war Aufgabe der Staatsführung, jeden nach seinen Fähigkeiten, die ihm auf Grund seiner rassischen Veranlagung gegeben waren, richtig einzusetzen. Die Spitzenstellungen kamen dabei natürlich den Angehörigen der nordischen Rasse zu, denen er eine »konstruktive« und vor allem eine kämpferische Veranlagung beimaß, während nach seiner Ansicht die slawische Grundrasse musisch veranlagt war. Die Vermählung beider konnte, so glaubte er, große Komponisten wie Beethoven, Wagner, Bruckner hervorbringen.

Entscheidend war für Hitler nur eines: »Daß wir allmählich den Rassenkern an die Stelle unserer Gemeinschaft bringen, der für die an dieser Stelle geforderte Arbeit am meisten geeignet erscheint.«

Hitlers Konzept war demnach eine auf rassischer Grundlage konstruierte

---

[375] »Ansprache des Führers an die Feldmarschälle und Generale am 27. 1. 1944 in der Wolfsschanze«. BA *Slg. Schumacher/365*. – Auch für das Folgende.

Variante der Devise der Saint-Simonisten, nach der jeder nach seinen
Fähigkeiten eingesetzt und jeder nach seinen Bedürfnissen entlohnt werden sollte, eine Formel, welche bei den sozialistischen Utopisten des
19. Jahrhunderts die verschiedensten Abwandlungen erfuhr[376] und sich
auch bei Lenin wiederfindet. Wie dieser ging Hitler übrigens auch von
dem Gedanken aus, daß es nur eine Minorität in jedem Volke gibt, die zur
politischen Führung geeignet ist. In seiner biologisch fixierten Weltord-
nung mußte sie gleichzeitig ein Orden der Starken und der Kämpfer sein,
da nur diese eine Überlebenschance hätten. Sein Programm, so sagte er,
sei daher bewußt kampf- und streitsüchtig gestaltet worden, denn:»Ich
wollte aber nicht die Gesamtheit gewinnen, sondern ich wollte einen
bestimmten Kern aus dem Volke herauslösen, nämlich den Kern, der Eisen
hat, der Stahl hat; den anderen wollte ich nicht.« Er betonte dabei, daß
er nicht den Bürger, nicht die geistigen Potenzen, nicht die Spießer in seinen Reihen wollte, sondern den Kämpfer. Und hierhin wiederum nicht die
geistlosen, brutalen Landsknechte, sondern den rationalen, überlegenen
Kämpfer. Denn wenn man zwar den Terror nicht durch Geist brechen
könne, so bedürfe doch die Organisation des größten Terrors des Geistes
und des Verstandes.»Wenn ich das ablehne, dann brauche ich auch kein
Soldatentum, denn Soldatentum ist nichts anderes als vergeistigter Terror im höchsten Sinne des Wortes. Gerade der Soldat muß begreifen, daß
man Terror nur durch Terror bricht und durch nichts anderes.« Diese
Konzeption war es dann auch, die der Kriegführung im Osten und der
Schaffung des»politischen Offiziers« zugrunde lag.

Statt eines Ordens geistvoller Kämpfer stellte das Führerkorps der
NSDAP jedoch ein Sammelsurium von geistlosen Landsknechten, frustrierten Kleinbürgern und halbgebildeten Phantasten dar. Hochquali-
fizierte Kräfte waren in der ersten Generation der Nationalsozialisten
eine Seltenheit. Hitler mußte daher zur Durchsetzung seines nationalen
Programms zwangsläufig auf die Schichten zurückgreifen, die für ihre
Fähigkeiten bereits einen Beweis erbracht hatten; die früheren Führungsgruppen boten sich dafür an. Es ist typisch, daß Hitler beispielsweise die
Homogenität der englischen Führungsschicht bewundernd hervorhebt. In
ihr sah er das Produkt aus Veranlagung und Erziehung, die ihm auch für

[376] CHARLETY, Sebastien. *Histoire du Saint-Simonisme (1825–1864)*, Paris,
Paul Hartmann, 1931 (2. éd.), und LAIDLER, Harry W. *History of Socialism. A comparative survey of Socialism, Communism, Trade Unionism, Cooperation, Utopianism and other systems of Reform and Reconstruction*.
London, Routledge Kegan, Paul, 1968.

ein künftiges nationalsozialistisches Establishment vorschwebte. Die Kollaboration mit Prominenten der Wirtschaft und Spitzen der Wehrmacht entsprach daher nicht nur der Opportunität der ersten Stunde, sondern auch der Überzeugung, den Fähigen den richtigen Platz zuzuweisen. Sobald sich jedoch Zeichen der Schwäche beim Partner ergaben, stieß Hitler nach und setzte sich selbst oder seine Vertreter ein. Damit gelang mancher Einbruch in früher gefügte Bastionen; die eigentlichen Sozialstrukturen und regionalen Besonderheiten blieben jedoch bestehen und erwiesen sich als außerordentlich resistent.

Ein Vergleich mit den wahlgeographischen Schwerpunkten zwischen 1933 und der Nachkriegszeit im Gebiet der Bundesrepublik zeigt erstaunliche Kontinuitäten von links und rechts und von landsmannschaftlichen Eigenheiten. Allerdings muß man fortschreitende Industrialisierung und ihre Auswirkung, sowie die Existenz eines linken Flügels der CDU und eines rechten Flügels der SPD sowie die Nichtexistenz der KPD und die Massen der Vertriebenen in Rechnung setzen, um diese Konstanz von Meinungszentren bis in die Jetztzeit im Westen herauszuschälen. Die Pluralität der Meinungen und Partikularismen und der damit unvermeidlichen Gegensätze wurde in Hitlers Staat nur vorübergehend aufgehoben im nationalen Höhenrausch und im Falle äußerster Bedrohung von außen. Der Fortbestand alter Sozialstrukturen und potenter Regionalismen, bedingt durch die verspätete nationale Einigung und von oben gelenkte industrielle Revolution (wie weit im Osten eine neue totalitäre Herrschaft, die Entmachtung der früheren Führungsschicht und die fortschreitende Industrialisierung eine *echte* Integration hervorgebracht haben, ist schwer zu sagen), steht in seltsamem Gegensatz zu der Sehnsucht nach Überwindung dieser Vielgestaltigkeit. Hitler galt – und gilt – vielen als der Mann, der in dieses Durcheinander Ordnung brachte.

In Wirklichkeit wollte Hitler aber die Pluralität im Bereich der Sozietät keineswegs aufgeben – und hat sie auch nicht aufgehoben. Die Uniformität galt für ihn nur im Bereich des Politischen, aber nicht im Interesse einer Klasse, sondern der Elite der Nation, basierend auf »rassischer« Überlegenheit. Hitlers Utopie ist gescheitert. Und es ist nicht Hitlers Reich, das eine Transformation sowohl des Sozialen wie des Politischen bewirkte. Im Gegenteil, es bedurfte erst der totalen Katastrophe, um eine Reorientierung in die Wege zu leiten, die noch lange nicht abgeschlossen ist. Die sich langsam anbahnende Transformation der deutschen Gesellschaft ist kein aus der innerdeutschen Entwicklung erklärbares Phänomen, sondern die Konsequenz zweier weltgeschichtlicher Entwicklungen:

der fortschreitenden Industrialisierung mit den ihr innewohnenden Nivellierungs- und Egalisierungstendenzen sowie der Einbeziehung Deutschlands in zwei ideologiefeindliche Blöcke. Das deutsche »Verdienst« an der Existenz einer weitgehend permeablen und demokratisch-pluralistischen Gesellschaft im Westen bleibt relativ bescheiden, wie auch an der sozialistisch-totalitären Staatsform und zumindest nach außen hin egalitären Gesellschaft im Osten. Die Unmündigkeit im Politischen beherrscht weiterhin manche Bereiche des öffentlichen Lebens.

Es bleibt die Beantwortung der letzten Frage: Wie weit reichte der Einfluß der öffentlichen Meinung im Dritten Reich?

Wir haben gesehen, daß Hitlers Entschluß, Krieg gegen Polen zu führen, und die Idee des Krieges überhaupt, weitgehend unpopulär in Deutschland waren und die Bevölkerung gedrückt und widerwillig diese Entscheidung des Staatschefs und Obersten Befehlshabers der Wehrmacht hinnahm. Der Krieg wurde jedoch akzeptiert, weil eine auf Rationalisierung und Projektion abgestellte Propaganda ihn, wie es in einer späteren Presseanweisung hieß, als »Polizeiaktion« und Antwort auf polnische »Greueltaten« weiten Kreisen als notwendig erscheinen ließ. Eine seit Versailles vorhandene breite Strömung der öffentlichen Meinung zugunsten einer Revision der Ostgrenzen erleichterte eine solch aggressive Politik. Hinzu kam, daß die Bevölkerung, wie Hitler, mit einem kurzen, lokalisierten Feldzug rechnete. Diese Fehleinschätzung der britischen Intentionen, deren Entschlossenheit nicht deutlich genug zutage trat, führten zu der weltweiten Ausdehnung des Krieges. Der Einfluß der deutschen Publikumsmeinung hierauf war gleich null. Auf diesem Gebiet – demjenigen der Außenpolitik, insbesondere im Hinblick auf die Entscheidung zwischen Krieg und Frieden – zeigt sich am deutlichsten die Ohnmacht der Bevölkerung in totalitären Systemen. Während sich auf der innerpolitischen Szene, trotz der Unmöglichkeit der Bildung verschiedener politischer Parteien und Gruppen, als Ausdruck der unterschiedlichen sozialen und politischen Interessen immer noch gewisse limitierte Einflußmöglichkeiten durch persönliche Pressionen, durch Bildung von Fraktionen innerhalb der Einheitspartei, durch Demonstrationen, Flüsterpropaganda, aktive und passive Resistenz etc., ergeben, bleibt die außenpolitische Domäne absolutes Prärogativ der Führungsspitze. Das Volk hat keinerlei Einwirkungsmöglichkeit, auch wenn die Beschlüsse angeblich in seinem Namen erfolgen. Zwischen den Praktiken des »ancien régime« und denen totalitärer Systeme besteht hier kein Unterschied.

In Demokratien westlicher Prägung liegt die letzte Entscheidung über

Krieg und Frieden ebenfalls bei der Exekutive. Ihre Entschlüsse aber können nur im Einvernehmen mit breiten Teilen der organisierten und der unorganisierten Öffentlichkeit erfolgen. Roosevelts Vorbereitung der Amerikaner auf den Kriegseintritt, sein Kampf gegen die Isolationisten, ist eines der besten Beispiele zur Belegung dieser These.[377] Es gibt auch Fälle, in denen der Druck der öffentlichen Meinung die Regierung zur Aufnahme oder zur Aufgabe einer Politik gezwungen hat. Chamberlains Allianzverhandlungen mit Sowjetrußland im Sommer 1939 erfolgten auf Druck des Parlamentes und der Presse in Großbritannien.[378] Das Laval-Hoare-Abkommen hingegen konnte Ende 1935 infolge der Empörung der Öffentlichkeit keine Wirksamkeit erlangen.[379] Es gibt zahlreiche Beispiele, welche die Möglichkeiten und Grenzen der Einflußnahme der Massen auf die Regierungspolitik zeigen. Erwähnen wir noch aus der jüngsten Vergangenheit zwei aufschlußreiche Fälle. Die Reaktion der öffentlichen Meinung im Saarland war das entscheidende Moment zu einer Neuorientierung der französischen Politik hinsichtlich dieses Territoriums.[380] Die Mißachtung des Willens der tschechischen Bevölkerung von seiten der UdSSR zeigt die Ohnmacht der Öffentlichkeit im sozialistischen Block.

Die wachsende Bedeutung demoskopischer Umfragen indessen, deren Resultate mehr und mehr die Programmfestsetzung und Willensbildung der großen Parteien beeinflussen, sind bestes Indiz für den wachsenden Einfluß der öffentlichen Meinung, und dies nicht nur in den westlichen Demokratien. Immer mehr Staaten in allen Teilen der Welt bedienen sich offen oder heimlich der Meinungsumfragen. Dieses Faktum an sich ist, wie J. B. DUROSELLE feststellte, »ein historisches Phänomen«.[381]

377 LANGER, William, and Sarell Everett GLEASON. *The Challenge to Isolation, 1937–1940*. New York, Harper and Row, 1964 (1952), und *The Undeclared War, 1940–1941*. New York, Harper, 1953. - COLE, Wayne S. *America First*. The battle against intervention 1940–1941. Madison, The University of Wisconsin Press, 1953.
378 ROCK, William R. »Grand alliance or daisy chain. British opinion and policy toward Russia. April–August 1939«. *Power, Public Opinion and Diplomacy*. Essays in Honor of Eber Malcolm Carroll. Durham, North Carolina, Duke University Press. London, Cambridge University Press, 1959; pp. 297–337.
379 Vgl. DUROSELLE, Jean-Baptiste. »Der Einfluß der Massen auf die Außenpolitik«. *Masse und Demokratie*. Erlenbach, Zürich und Stuttgart, Eugen Rentsch Verlag, 1957, S. 85 f.
380 Vgl. FREYMOND, Jacques. *Die Saar 1945–1955*. München, R. Oldenbourg, 1961.
381 DUROSELLE, J. B. »De l'utilisation des sondages d'opinion en histoire et en science politique«. I. N. S. O. C., 1957, no. 3.

In parlamentarischen Regimen, wie in totalitären Staaten, ist, wie bereits festgestellt, die Erreichung eines möglichst breiten Konsenses Ziel der Staatsführung. Die Mittel hierzu differieren erheblich, und der Erfolg ist selten ein vollkommener. Die Grenzen der Manipulierbarkeit der Stimmung und Haltung der Bevölkerung sind zuvor resümiert worden. Jenseits von ihnen begannen die Möglichkeiten der Publikumsmeinung. Die Deutschen sind sich der Macht, die ihren Meinungsäußerungen innewohnte, nicht bewußt geworden und haben es versäumt, diese Waffe gegen die Auswüchse eines immer intoleranter werdenden Systems einzusetzen. Ihre Unmutsäußerungen bewegten sich meist in der vom Regime tolerierten Marge und überschritten selten das Maß dessen, was Goebbels den »Stuhlgang der Seele« nannte.[382] In den wenigen Fällen, in denen die Kritik an den Maßnahmen des Regimes heftigere Formen annahm, sahen sich Hitler und seine Führungskader entweder zur Einstellung oder zur Abmilderung und Verheimlichung ihrer Intentionen und Verbrechen gezwungen.

Blindes Vertrauen in Hitler, Mangel an Vorstellungskraft, Indifferentismus und Ignoranz der elementarsten politischen Spielregeln waren die wesentlichsten Ursachen, daß solche Proteste nicht gezielter und häufiger erfolgten. Solange ein Volk aber nicht begriffen hat, welches Machtinstrument ihm in Form der Publikumsmeinung und der öffentlichen Meinung zur Verfügung steht, solange es keine Anstrengungen unternimmt, seinen Informationsstand soweit als möglich anzuheben, um seine Kritik gezielt und wirksam einsetzen zu können, so lange bleibt es ein Gefangener der unterschiedlichsten Manipulationsvorgänge, reichend von der heimlichen Verführung bis zur massiven Indoktrination.

[382] *Tagebücher*; S. 171.

Quellen

a) *Ungedruckt*

I. *Berichte über Stimmung und Haltung der Bevölkerung*

1. Den wichtigsten Bestand stellen die vom Sicherheitsdienst des Reichssicherheitshauptamtes erstellten »Berichte zur innerpolitischen Lage«, »Meldungen aus dem Reich« und »SD-Berichte zu Inlandfragen« dar, die sich im Bundesarchiv in Koblenz, Bestand R *58,* Nr. *144–194* befinden.[1] Derselbe Bestand enthält in den Nummern *1094, 1095, 1096* Photokopien des Jahreslageberichtes 1938 des RSHA und in *717* den 1. Vierteljahreslagebericht 1939.

Inhaltlich gehören zu dieser Quellengruppe die »Zusammenstellungen von Meldungen aus den SD-(Leit)-Abschnittsbereichen«, die »Meldungen über die Entwicklung in der öffentlichen Meinungsbildung« und eine Reihe von Berichten von SD-Hauptaußenstellen aus dem Bestand BA *NS 6* sowie Sonderberichte vom Chef des RSHA, Kaltenbrunner, an Reichsleiter Schwarz übersandt, in BA *NS 1;* die Berichte des SD-Abschnittes Leipzig im Imperial War Museum (Foreign Documents Center), London, Bestand *271/46* CIOS *4233* und FD *332/46,* sowie die vom Britischen Foreign Office kurz nach dem Kriege zusammengestellten, aber nicht veröffentlichten Berichte verschiedener SD-Unterabschnitte und -Außenstellen in *Aus deutschen Urkunden 1935–1945*[2]; Berichte der SD-Abschnitte Frankfurt und Koblenz aus dem Jahre 1944, Hessisches Hauptstaatsarchiv, Wiesbaden, *Zug. 68/67;* 2 Berichte an die SD-Leitstelle Stuttgart und Rundschreiben der SD-Leitstelle Stuttgart, Hauptstaatsarchiv Stuttgart, Bestand *K 750,* sowie die in *Spiegelbild einer Verschwörung*[3] veröffentlichten Berichte über die »Stimmungsmäßigen Auswirkungen des Anschlages auf den Führer«.

2. Einen weiteren, wenn auch weit fragmentarischeren Komplex, bilden die Berichte der Hoheitsträger der Partei aus verschiedenen Gebieten des Reiches, insbesondere die von der Partei-Kanzlei zusammengestellten »Auszüge aus Berichten der Gaue u. a. Dienststellen«, die nur für Januar–Juli 1943 vorliegen, so daß sich die Frage erhebt, ob sie aufgrund der Selbstherrlichkeit mancher Gauleiter nicht regelmäßig zusammengestellt werden konnten und evtl. nur zeitweilig angefertigt wurden, sowie einige Splitterbestände von Lageberichten verschiedenster NS-Organisationen, in den Beständen *NS Misch, NS 6, NS 22* und *NS 5 I* des Bundesarchivs. Einige Ergänzungen hierzu findet man in Beständen des Niedersächsischen Staatsarchivs, *277-10/2,* dem Bischöflichen Ordinariats-

---

[1] Eine Auswahl von ihnen veröffentlichte mit ausführlicher Quellenkritik Heinz BOBERACH. Vgl. gedruckte Quellen, Dokumentenpublikationen.
[2] 1 Exemplar im IWM. Vgl. amtliche gedruckte Quellen.
[3] Vgl. gedruckte Quellen, Dokumentenpublikationen.

archiv, Würzburg, *Nachlaß Leier* und dem Staatsarchiv Bamberg, *Rep. M 31, Rep. K 9/Verz. XV* und *Rep. K 17/XI*.

3. Neben den Berichten des Sicherheitsdienstes, der Gau- und Kreisleiter und verschiedener NS-Organisationen gibt es drei weitere bedeutende Quellengruppen zur Meinungsforschung im Dritten Reich:

A. Die Berichte der Oberlandesgerichtspräsidenten und Generalstaatsanwälte an das Reichsjustizministerium, von 1940 bis Beginn 1945 in BA *R 22*, Nr. *3355–3389*.

B. Die Zusammenstellungen des Leiters der Propagandaabteilung im Reichsministerium für Volksaufklärung und Propaganda der Tätigkeitsberichte der Reichspropagandaämter, die aus allen Gauen nicht nur über die Auswirkung der Propaganda, sondern auch über die Stimmung der Bevölkerung berichteten. Im Bundesarchiv liegen Berichte vom 15. 3. 1943 bis 21. 3. 1945, sowie einige Einzelberichte und zusätzliche Angaben in *R 55*, Nr. *600–603, 620*.

C. Die Monatsberichte der Regierungspräsidenten der bayerischen Regierungsbezirke Oberbayern, Niederbayern, Oberpfalz, Pfalz, Schwaben und Neuburg, Unter-, Mittel- und Oberfranken für die Zeit Juli 1937 bis September 1943, ergänzt durch die Monatsberichte der Polizeidirektion Augsburg von Oktober 1934 bis Oktober 1943, im Bayerischen Hauptstaatsarchiv, Abteilung II (Geheimes Staatsarchiv), München, MA *106 671, 106 673, 106 674, 106 676, 106 678, 106 679, 106 681, 106 683*. – Im Bundesarchiv, Bestand *NS 19/246* finden sich zudem einige Berichte des Regierungspräsidenten in Regensburg aus den Jahren 1943, 1944. Die Berichte der bayerischen Regierungspräsidenten wurden ergänzt durch Einzelakten der Geheimen Staatspolizei und einiger Landratsämter aus den Abteilungen I (Allgemeines Staatsarchiv) und V (Staatsarchiv für Oberbayern) des BHStA.

4. Weitere Ergänzungen zur Erfassung der öffentlichen Meinung findet man in typischen Einzelaussagen in Form von Briefen, Niederschriften oder Tagebüchern. Hierfür wurden herangezogen der Bestand *R 54* des Bundesarchivs, Büro des Reichspräsidenten, später Präsidialkanzlei und der bereits erwähnte Bestand *R 55*, Nr. *570–599, 610, 618*, Reichsministerium für Volksaufklärung und Propaganda; aus dem Militärarchiv die streng persönlichen Tagebuchnotizen von Paula Stuck von Reznicek *Slg. 106/Bd. 19*, Einzelberichte aus den letzten Kriegstagen aus dem Historischen Archiv der Guten-Hoffnungshütte, sowie gedruckte Tagebücher und Briefe.[4]

5. Aus dem Bereich der Wehrmacht stehen ebenfalls einige Stimmungsberichte zur Verfügung in den Beständen *WO1–5* und *WO1–6* des Militärgeschichtlichen Forschungsamtes bzw. jetzt Militärarchiv des Bundesarchives. Hinzu kommen die Bestände *H 34/1* mit Zensurberichten über die Ansichten von Wehrmachtsangehörigen über das Attentat vom 20. Juli 1944 und *III W 129* mit einem Lagebericht des Chefs des NS-Führungsstabes des Heeres von der Westfront im März 1945. Im übrigen enthalten die SD-Berichte und die Meldungen der Hoheitsträger der Partei sowie die Akten der Schriftgutverwaltung Himmler, BA *NS 19* und die *Slg. Schumacher* zahlreiche weitere diesbezügliche Archivalien.

II. *Propaganda- und Beeinflussungsmaßnahmen des NS-Regimes*

1. Die aufschlußreichste Quelle bilden die Ministerkonferenzen des Reichsministers für Propaganda und Volksaufklärung, veröffentlicht und herausgegeben

---

[4] Vgl. gedruckte Quellen, Dokumentenpublikationen und Aufzeichnungen, Memoiren, Tagebücher.

von Willi A. BOELCKE[5], die eine wirksame Ergänzung finden in den »Vertraulichen Informationen«, »Sonderinformationen« (Tagesparolen des Reichspressechefs), gesammelt vom ehemaligen Hauptschriftleiter des Weilburger Tageblatts, Oberheitmann. Die Sammlung gehört dem Institut für Publizistik in Münster; sie bildet den Bestand ZSg *109* des Bundesarchivs. Hinzu kommen die »Anweisungen« aus den Pressekonferenzen, »Informationsberichte« und »Vertrauliche Informationen«, gesammelt von dem ehemaligen Herausgeber der »Korrespondenz Brammer«, in BA ZSg *101*, und die »Sammlung Sänger«, Mitschriften von Journalisten der *Frankfurter Zeitung* bis 1943, BA ZSg *102*, sowie die wirtschaftlichen Pressekonferenzen (Nadler), von 1939–1942, BA ZSg *115*.

2. Neben der Tätigkeit des Propagandaministeriums war die Aktivität der NSDAP auf dem Gebiet der »Volksaufklärung« heranzuziehen, insbesondere der Bestand BA ZSg *3*, der eine Fülle von Material enthält. Sehr aufschlußreich vor allem die Informationen der Parteikanzlei an alle Gauleitungen, ab 30. 1. 1941 »Vertrauliche Informationen« benannt (Nr. *1620–1624* und *2095*), da sie häufig eine Reaktion auf die Stimmungsberichte darstellen. Vgl. weiter das Schulungs- und Erziehungsmaterial (Nr. *420–425, 432, 433*), »Der Schulungsbrief«, herausgegeben vom Reichsorganisationsleiter (Nr. *1537–1540*), die »Mitteilungen zur Weltanschaulichen Lage« (Nr. *3109, 1688–1692*) und die in der Neuordnung befindlichen Bestände *NS Misch, NS 22* und *NS 6* (Stellvertreter des Führers/Partei-Kanzlei der NSDAP, Nr. *228–232; 329–358; 406–408; 409 bis 412*).

3. Über die Propaganda- und Zensurtätigkeit der Wehrmacht, vgl. Bestand WO *1–6*, vereinzelt auch WO *1–5*, sowie *III W 129* und OKW *1652, 1654, 820* des MGFA, bzw. des BA/MA, sowie Abschriften in BA *NS 6*.

Zur Ergänzung und Kommentierung wurden weiter herangezogen einzelne Faszikel des Bestandes R *58*, der Slg. *Schumacher*, der Schriftgutverwaltung Himmler, *NS 19* des Bundesarchivs und des Bestandes WI/IF *5.1043* und *5. 357* des Militärarchivs, FD *4809/45* File *2* (Übersicht über die wirtschaftliche Gesamtlage, aus Görings Dienststelle des Vierjahresplanes, vom 28. 2. 1940 bis 20. 8. 1941) im Imperial War Museum, London, das Rep. *501/IV F, I 2* des Instituts für Zeitgeschichte, München, sowie einige Faszikel der Bestände *Inland I D, Inland II A/B* und *Inland II G* des Politischen Archivs des Auswärtigen Amtes.

b) Gedruckt

1. Amtliche

Actes et Documents du Saint Siège relatifs à la Seconde guerre Mondiale. Città del Vaticano, Libreria editrice Vaticana, 1965–1967; 4 Bde.

Akten zur Deutschen Auswärtigen Politik 1918–1945. Serie D 1937–1945. Baden-Baden, Imprimerie Nationale und Frankfurt/Main, Keppler Verlag, 1950 –; Bd. I–XI.

Auswärtiges Amt. *Dokumente zur englisch-französischen Politik der Kriegsausweitung.* Berlin, Zentralverlag der NSDAP Franz Eher Nachf. G.m.b.H., 1940 (1940 Nr. 4).

Auswärtiges Amt. *Dokumente zur Vorgeschichte des Krieges.* Berlin, Carl Heymanns Verlag, 1939 (1939 Nr. 2).

5 *Kriegspropaganda 1939–1941* und *»Wollt ihr den totalen Krieg?«*. Vgl. gedruckte Quellen, Dokumentenpublikationen.

Auswärtiges Amt. *Weitere Dokumente zur Kriegsausweitungspolitik der West-mächte.* Die Generalstabsbesprechungen Englands und Frankreichs mit Belgien und den Niederlanden. Berlin, Zentralverlag der NSDAP Franz Eher Nachf. G.m.b.H., 1940 (1940 Nr. 5).

Auswärtiges Amt. *Urkunden zur letzten Phase der deutsch-polnischen Krise.* Berlin, Carl Heymanns Verlag, 1939 (1939 Nr. 1).

Die Berichte des Oberkommandos der Wehrmacht. Berlin, Wiking Verlag, 1941–1943; 3 Bde.

Aus Deutschen Urkunden 1933–1945 (vom Foreign Office 1945 zusammen-gestellt, nicht veröffentlicht).

Documents on German Foreign Policy 1918–1945. Washington, U. S. Printing Office, Serie D.

In acht Kriegswochen 107mal gelogen! Dokumente über Englands Nachrich-tenpolitik im gegenwärtigen Kriege. Zusammengestellt von Fritz Reipert. Zen-tralverlag der NSDAP Franz Eher Nachf. (o. J.)

Nazi-Soviet Relations 1939–1941. Documents from the Archives of the Ger-man Foreign Office. Ed. by James Sontag and James Stuart Beddie. Washington, Dept. of State, 1948. Deutsch: *Das nationalsozialistische Deutschland und die Sowjetunion 1939–1941.* Akten aus dem Archiv des Auswärtigen Amtes. Hrsg. von Ebber Malcolm Carroll und Fritz Theodor Epstein. Washington, Depart-ment of State, 1948.

Der Prozeß gegen die Hauptkriegsverbrecher vor dem Internationalen Mili-tärgerichtshof. Nürnberg, 14. November 1945 bis 1. Oktober 1946. Nürnberg 1947; 42 Bde.

U. S. Strategic Bombing Survey. *The effects of Strategic Bombing on German Morale.* Washington, Govt. Printing Office, 1947.

Verhandlungen des Reichstags. *Stenographische Berichte.* Berlin, Reichsdruk-kerei.

2. Dokumentenpublikationen

Anatomie des Krieges; neue Dokumente über die Rolle des deutschen Monopol-kapitals bei der Vorbereitung und Durchführung des Zweiten Weltkrieges. Hrsg. und eingeleitet von Dietrich Eichholtz und Wolfgang Schumann. Berlin, VEB Deutscher Verlag der Wissenschaften, 1969.

Archiv der Gegenwart. Hrsg. vom Siegler Verlag, Wien (o. D.).

Die Beziehungen zwischen Deutschland und der Sowjetunion 1939–1941. Aus den Archiven des Auswärtigen Amtes und der Deutschen Botschaft in Moskau. Hrsg. von Dr. Alfred Seidl. Tübingen, H. Laupp'sche Buchhandlung, 1959.

Die Briefe Pius XII. an die deutschen Bischöfe 1939–1944. Hrsg. von Burkhart Schneider. Mainz, Matthias Grünewald Verlag, 1961 (Veröffentlichungen der Kommission für Zeitgeschichte bei der Katholischen Akademie in Bayern. Hrsg. von Konrad Repgen, Reihe A. Quellen. Band 4).

DOMARUS, Max. *Hitler.* Reden und Proklamationen 1932–1945. Kommen-tiert von einem deutschen Zeitgenossen. München, Süddeutscher Verlag (Cop. 1965); 2 Bde.

Dokumente der Deutschen Politik. Der Kampf gegen den Osten 1941. Bearb. von Dr. Hans Volz. Berlin, Junker und Dünnhaupt Verlag, 1944 (Reihe: Das Reich Adolf Hitlers).

Dokumente der Deutschen Politik von 1848 bis zur Gegenwart. Hrsg. von Johannes Hohlfeld. Berlin, Dokumenten Verlag Dr. Herbert Wendler Cie., 1951–1956; 8. Bde.

Entscheidungsschlachten des Zweiten Weltkrieges. Hrsg. von Hans-Adolf Jacobsen und Jürgen Rohwer. Frankfurt/Main, 1960.

»Festung Breslau«. Documenta obsidionis. 16. II. – 6. V. 1945. Editerunt praefatione et indicibus instruxerunt Karolus Jonca et Alfredus Konieczny. Warschau, Panstowe Wydawnictwo Naukowe, 1962.

Gewalt und Gewissen. Willi Graf und die »Weiße Rose«. Eine Dokumentation von Klaus Vielhaber in Zusammenarbeit mit Hubert Hanisch und Anneliese Knoop-Graf. Freiburg, Herder Verlag, 1964 (Cop. Echter Verlag, Würzburg, 1963; Herder-Bücherei Bd. 174).

HEYEN, Franz Josef. *Nationalsozialismus im Alltag.* Quellen zur Geschichte des Nationalsozialismus vornehmlich im Raum Mainz-Koblenz-Trier. Boppard am Rhein, Harald Boldt Verlag, 1967.

Hitlers Weisungen für die Kriegsführung 1939–1945. Dokumente des Oberkommandos der Wehrmacht. Hrsg. von Walter Hubatsch. Frankfurt/Main, Bernard & Graefe Verlag für Wehrwesen, 1962.

JACOBSEN, Hans-Adolf. *Der Zweite Weltkrieg.* Grundzüge der Politik und Strategie in Dokumenten. Frankfurt/Main, Fischer Bücherei, 1965.

Die kirchliche Lage in Bayern nach den Regierungspräsidentenberichten 1933 bis 1943.
I. Regierungsbezirk Oberbayern. Bearb. von Helmut Witetschek. Mainz, Matthias Grünewald Verlag, 1966 (Veröffentlichungen der Kommission für Zeitgeschichte bei der Katholischen Akademie in Bayern, Hrsg. von Konrad Repgen, Bd. 3).
II. Regierungsbezirk Ober- und Mittelfranken. Bearb. von Helmut Witetschek. Mainz, Matthias Grünewald Verlag, 1967 (Veröffentlichungen der Kommission für Zeitgeschichte bei der Katholischen Akademie in Bayern, Hrsg. von Konrad Repgen, Bd. 8).

Kriegspropaganda 1939–1941. Geheime Ministerkonferenzen im Reichspropagandaministerium. Hrsg. von Willi A. Boelcke. Stuttgart, Deutsche Verlags-Anstalt, 1966.

KRAUSE, Ilse. *Die Schuman-Egert-Kresse-Gruppe.* Dokumente und Materialien des illegalen antifaschistischen Kampfes (Leipzig 1943–1945). Berlin (Ost), Dietz-Verl., 1960.

Kriegsbriefe gefallener Studenten 1939–1945. Hrsg. von Walter Bähr und Dr. Hans W. Bähr. Tübingen, Rainer Wunderlich Verlag Hermann Leins, 1952.

Kriegstagebuch des Oberkommandos der Wehrmacht (Wehrmachtsführungsstab) 1940–1945. Geführt von Helmuth Greiner und Percy Ernst Schramm. Frankfurt/Main, Bernard & Graefe Verlag für Wehrwesen, 1961–1965; 4 Bde.

Lagebesprechungen im Führerhauptquartier. Protokollfragmente aus Hitlers militärischen Konferenzen 1942–1945. Hrsg. von Helmut Heiber. München, Deutscher Taschenbuch Verlag, 1963 (Cop. Deutsche Verlags-Anstalt, Stuttgart, 1962).

Letzte Briefe aus Stalingrad. Gütersloh, Sigbert Mohn Verlag (o. J.).

Die letzten hundert Tage. Das Ende des Zweiten Weltkrieges in Europa und Asien. Hrsg. von Hans Dollinger. München, Wien, Basel, Desch-Verlag, 1965.

Der Luftkrieg über Deutschland 1939–1945. Deutsche Berichte und Pressestimmen des neutralen Auslandes. Nach den »Dokumenten deutscher Kriegsschäden«, hrsg. vom Bundesminister für Vertriebene, Flüchtlinge und Kriegsgeschädigte, zusammengestellt und eingeleitet von Erhard Klöss. München, Deutscher Taschenbuch Verlag, 1963.

Meldungen aus dem Reich. Auswahl aus den geheimen Lageberichten des Si-

cherheitsdienstes der SS 1939–1944. Hrsg. von Heinz Boberach. Neuwied, Luchterhand Verlag, 1965.
Der Nationalsozialismus. Dokumente 1933–1945. Hrsg. von Walther Hofer. Frankfurt/Main, Fischer Bücherei, 1957.
Die Niederlage 1945. Aus dem Kriegstagebuch des Oberkommandos der Wehrmacht. Hrsg. von Percy Ernst Schramm. München, Deutscher Taschenbuch Verlag, 1962.
PICKER, Henry. *Hitlers Tischgespräche im Führerhauptquartier 1941/42.* Neu herausgegeben von Percy Ernst Schramm in Zusammenarbeit mit Andreas Hillgruber und Martin Vogt. Stuttgart, Seewald Verlag, 1963.
POLIAKOV, Léon, und Josef WULF. *Das Dritte Reich und seine Denker.* Berlin, arani Verlag, 1959.
POLIAKOV, Léon, und Josef WULF. *Das Dritte Reich und seine Diener.* Berlin, arani Verlag, 1956.
POLIAKOV, Léon, und Josef WULF. *Das Dritte Reich und die Juden.* Berlin, arani Verlag, 1955.
Reichsführer! Briefe an und von Himmler. Hrsg. von Helmut Heiber. Stuttgart, Deutsche Verlags-Anstalt, 1968.
Spiegelbild einer Verschwörung. Die Kaltenbrunner-Berichte an Bormann und Hitler über das Attentat vom 20. Juli 1944. Geheime Dokumente aus dem ehemaligen Reichssicherheitshauptamt. Hrsg. vom Archiv Peter für historische und zeitgeschichtliche Dokumentation. Stuttgart, Seewald Verlag, 1961.
Staatsmänner und Diplomaten bei Hitler. Vertrauliche Aufzeichnungen über Unterredungen mit Vertretern des Auslandes 1939–1941. Hrsg. und erläutert von Andreas Hillgruber. Frankfurt, Bernard & Graefe Verlag für Wehrwesen, 1967.
Volksopposition im Polizeistaat. Gestapo- und Regierungsberichte 1934–1936. Hrsg. von Bernhard Vollmer. Stuttgart, Deutsche Verlags-Anstalt, 1957 (Quellen und Darstellungen zur Zeitgeschichte, Bd. 2).
»Wollt ihr den totalen Krieg?« Die geheimen Goebbels-Konferenzen 1939–1943. Hrsg. und ausgewählt von Willi A. Boelcke. Stuttgart, Deutsche Verlags-Anstalt, 1967.
1939–1945. Der Zweite Weltkrieg in Chronik und Dokumenten. Hrsg. von Hans-Adolf Jacobsen, Darmstadt, Wehr- und Wissen-Verlagsgesellschaft, 1959.

3. *Schriften führender Nationalsozialisten*

HITLER, Adolf. *Mein Kampf.* München, Zentralverlag der NSDAP Franz Eher Nachf., 1942 (733.–741. Aufl.).
Hitlers Zweites Buch. Ein Dokument aus dem Jahre 1928. Stuttgart, Deutsche Verlags-Anstalt, 1961.
ROSENBERG, Alfred. *Der Mythus des 20. Jahrhunderts.* Eine Wertung der seelisch-geistigen Gestaltenkämpfe unserer Zeit. München, Hoheneichen-Verlag, 1933 (11. Aufl.)

4. *Aufzeichnungen, Memoiren, Tagebücher*

ANDREAS-FRIEDRICH, Ruth. *Schauplatz Berlin.* Ein deutsches Tagebuch. München, Rheinsberg Verlag Georg Lentz, 1962.
BERNADOTTE, Folke (Graf). *Das Ende.* Zürich–New York, Europa-Verlag, 1945.

BOLDT, Gerhard. *Die letzten Tage der Reichskanzlei.* Hamburg-Stuttgart, Rowohlt Verlag, 1947.

BOVERI, Margret. *Tage des Überlebens.* Berlin 1945. München, Piper & Co. Verlag, 1968.

CHOLTITZ, Dietrich von. *Soldat unter Soldaten.* Die deutsche Armee in Frieden und Krieg. Konstanz, Zürich, Wien, Europa-Verlag, 1957.

DELMER, Sefton. *Die Deutschen und ich.* Hamburg, Nannen Verlag, 1962.

DIETRICH, Otto. *12 Jahre mit Hitler.* München, Isar-Verlag, 1955.

Der Generalquartiermeister. Briefe und Tagebuchaufzeichnungen des Generalquartiermeisters des Heeres, General d. Art. Eduard Wagner, mit Beiträgen früherer Mitarbeiter. München, Wien, Olzog-Verlag, 1963.

Goebbels Tagebücher aus den Jahren 1942 bis 1943. Hrsg. von Louis P. Lochner. Zürich, Atlantis-Verlag, 1948.

GRANZOW, Klaus. *Tagebuch eines Hitlerjungen 1943–1945.* Bremen, Carl Schünemann Verlag, 1965.

HALDER, Franz. *Kriegstagebuch.* Bearbeitet von Hans-Adolf Jacobsen. Stuttgart, W. Kohlhammer Verlag, 1964; 3 Bde.

HASSELL, Ulrich von. *Vom anderen Deutschland.* Aus den nachgelassenen Tagebüchern. 1938–1944. Frankfurt/Main, Hamburg, Fischer Bücherei, 1964 (Cop. Atlantis-Verlag Zürich, 1946).

HOHENSTEIN, Alexander. *Wartheländisches Tagebuch aus den Jahren 1941/42.* Stuttgart, Deutsche Verlags-Anstalt, 1961.

KEITEL, Wilhelm. *Generalfeldmarschall Keitel. Verbrecher oder Offizier?* Erinnerungen, Briefe, Dokumente des Chefs OKW. Hrsg. von Walter Görlitz. Göttingen, Musterschmidt-Verlag, 1961.

KERSTEN, Felix. *Totenkopf und Treue.* Heinrich Himmler ohne Uniform. Hamburg, Robert Mölich-Verlag, 1952.

KESSELRING, Albert. *Soldat bis zum letzten Tag.* Bonn, Athenäum-Verlag, 1953.

KLEIST, Peter. *Zwischen Hitler und Stalin 1939–1945.* Aufzeichnungen. Bonn, Athenäum Verlag, 1950.

KLEPPER, Jochen. *Überwindung.* Tagebücher und Aufzeichnungen aus dem Kriege. Stuttgart, Deutsche Verlags-Anstalt, 1959 (Cop. 1958).

KLEPPER, Jochen. *Unter dem Schatten Deiner Flügel.* Aus den Tagebüchern der Jahre 1932–1942. Stuttgart, Deutsche Verlags-Anstalt, 1965.

Kommandant in Auschwitz. Autobiographische Aufzeichnungen des Rudolf Höss. Hrsg. von Martin Broszat. München, Deutscher Taschenbuch Verlag, 1963.

LEBER, Annedore (Hrsg.). *Das Gewissen entscheidet.* Berichte des deutschen Widerstandes von 1933–1945 in Lebensbildern. Berlin, Mosaik-Verlag, 1957.

LEBER, Annedore. *Das Gewissen steht auf.* 64 Lebensbilder aus dem deutschen Widerstand 1933–1945. Frankfurt, Europäische Verlagsgesellschaft m.b.H., 1966.

LEONHARD, Wolfgang. *Die Revolution entläßt ihre Kinder.* Berlin, Ullstein-Verlag, 1966 (Ullstein-Buch Nr. 337/338 – Cop. Kiepenheuer & Witsch, Köln, Berlin, 1955).

LUDENDORFF, Erich. *Meine Kriegserinnerungen 1914–18.* Berlin, Ernst Siegfried Mittler & Sohn, 1919.

MANSTEIN, Erich von. *Verlorene Siege.* Bonn, Athenäum-Verlag, 1955.

OVEN, Wilfred von. *Mit Goebbels bis zum Ende.* Buenos Aires, Dürer-Verlag, 1949/50; 2 Bde.

RECK-Malleczwen, Friedrich Percival. *Tagebuch eines Verzweifelten.* Zeugnis einer inneren Emigration. Stuttgart, Goverts Verlag, 1966.

ROSENBERG, Alfred. *Das politische Tagebuch Alfred Rosenbergs 1934/35 und 1939/40.* Hrsg. von Hans Günther Seraphim. München, Deutscher Taschenbuch Verlag, 1964 (Cop. Musterschmidt-Verlag Göttingen, 1956).

SCHLABRENDORFF, Fabian. *Offiziere gegen Hitler.* Zürich, Europa-Verlag, 1951 (Cop. 1946).

SCHOLL, Inge. *Die Weiße Rose.* Frankfurt, Verlag der Frankfurter Hefte (Cop. 1953).

SCHUKOW, Georgi K. *Erinnerungen und Gedanken.* Stuttgart, Deutsche Verlags-Anstalt, 1969.

SEMMLER, Rudolf. *Goebbels the Man next to Hitler.* London, Westhouse, 1947.

SHIRER, William L. *Berlin Diary.* The Journal of a Foreign Correspondent 1934–1941. New York, Alfred A. Knopf, 1941.

SHIRER, William L. *End of a Berlin Diary.* New York, Alfred A. Knopf, 1947.

SPEER, Albert. *Erinnerungen.* Frankfurt/M., Ullstein-Verlag. Berlin, Propyläen Verlag, 1969.

THOMAS, Georg. *Geschichte der deutschen Wehr- und Rüstungswirtschaft 1918–1943/45.* Boppard am Rhein, Harald Boldt Verlag, 1966.

Literaturverzeichnis

ADLER, H. G. *Die Juden in Deutschland*. Von der Aufklärung bis zum Natio-
nalsozialismus. München, Kösel Verlag, 1960.
ADORNO, Theodor W., Else FRENKEL-BRUNSWIK, Daniel J. LEVIN-
SON, R. Nevitt SANFORD. *The authoritarian personality*. New York,
Harper Brothers, 1950 (The American Jewish Committee-Studies in preju-
dice. Ed. by Max Horkheimer and Samuel H. Flowerman).
ALBIG, William. *Modern Public Opinion*. New York, Toronto, London, Mc-
Graw-Hill Book Company, Inc., 1956.
ALLEN, William Sheridan. *»Das haben wir nicht gewollt!«* Die nationalsozia-
listische Machtergreifung in einer Kleinstadt 1930 bs 1935. Gütersloh, Sig-
bert Mohn Verlag, 1965.
ALLPORT, Gordon, and Leo POSTMAN. »The basic psychology of rumor«.
The process and effects of mass communication. Ed. by Wilbur Schramm.
Urbana, University of Illinois, 1954.
ALMOND, Gabriel. *The American People and Foreign Policy*. New York, Har-
court, Brace & Co., 1950.
ANDERSON, Pauline Relyea. *Background of anti-English feeling in Germany,
1890–1902*. Washington, D. C., The American University Press, 1939.
ARENDT, Hannah. *Eichmann in Jerusalem*. Ein Bericht von der Banalität des
Bösen. München, R. Piper u. Co., 1964.
ARMSTRONG, Anne. *Unconditional Surrender*. The impact of the Casablanca
Policy upon World War II. New Brunswick, N. J. Rutgers University Press,
1961.
Der Aufstieg der NSDAP in Augenzeugenberichten. Hrsg. und eingeleitet
von Ernst Deuerlein. Düsseldorf, Karl Rauch Verlag, 1968.
BAIRD, Jay W. »La campagne de propagande nazie en 1945«. *Revue d'Histoire
de la deuxième guerre mondiale*, 19ᵉannée, juillet 1969, no. 75; S. 71–92.
BALL-KADURI, Kurt Jakob. *Das Leben der Juden in Deutschland*. Frankfurt,
Europäische Verlagsanstalt, 1963.
BARTZ, Karl. *Die Tragödie der deutschen Abwehr*. Salzburg, Pilgram-Verlag,
1955.
BERGHAHN, Volker R. »Meinungsforschung im Dritten Reich«. Die Mund-
propaganda-Aktion der Wehrmacht im letzten Kriegshalbjahr. *Militärge-
schichtliche Mitteilungen* 1/67; S. 83–119.
BERGHAHN, Volker R. »NSDAP und ›geistige Führung‹ der Wehrmacht
1939–1943«. *VJHZ*, Januar 1969, H. 1; S. 15–71.
BETHGE, Eberhard. *Dietrich Bonhoeffer*. Theologe – Christ – Zeitgenosse. Mün-
chen, Chr. Kaiser Verlag, 1967.
BLEUEL, Hans Peter. *Deutschlands Bekenner*. München, Scherz Verlag, 1969.

615

BÖHME, Hermann. *Der deutsch-französische Waffenstillstand im Zweiten Weltkrieg.* I. Teil: *Entstehung und Grundlagen des Waffenstillstandes von 1940.* Stuttgart, Deutsche Verlags-Anstalt, 1966 (Quellen und Darstellungen zur Zeitgeschichte, Bd. 12/1. Teil).

BRACHER, Karl-Dietrich. *Adolf Hitler.* Bern, München, Wien, Scherz Verlag, 1964.

BRACHER, Karl-Dietrich. *Die deutsche Diktatur.* Entstehung – Struktur – Folgen des Nationalsozialismus. Köln, Berlin, Kiepenheuer & Witsch, 1969.

BRACHER, Karl-Dietrich; Wolfgang Sauer, Gerhard Schulz. *Die nationalsozialistische Machtergreifung.* Studien zur Errichtung des totalitären Herrschaftssystem in Deutschland, 1933/34. Köln–Opladen, Westdeutscher Verlag, 1960.

BRAMSTEDT, Ernest K. *Goebbels and National Socialist Propaganda 1925–1945.* London, The Cresset Press, 1965.

BROSZAT, Martin. *Nationalsozialistische Polenpolitik 1939–1945.* Stuttgart, Deutsche Verlags-Anstalt, 1961.

BROSZAT, Martin. *Der Staat Hitlers.* Grundlegung und Entwicklung seiner inneren Verfassung. München, dtv, 1969 (dtv-Weltgeschichte des 20. Jahrhunderts Bd. 9).

BUCHHEIM, Hans. *Anatomie des SS-Staates.* Gutachten des Instituts für Zeitgeschichte. Olten/Freiburg, Walter Verlag, 1965; 2 Bde.

BUCHHEIM, Hans. *Totalitäre Herrschaft.* Wesen und Merkmale. München, Kösel Verlag, 1962.

BULLOCK, Alan. *Hitler.* Eine Studie über Tyrannei. Frankfurt/M., Hamburg, Fischer Bücherei, 1964; 2 Bde.

BURGELIN, Henri. *La société allemande 1871–1968.* Paris, Arthaud, 1969.

CARSTEN, Francis L. *Der Aufstieg des Faschismus in Europa.* Frankfurt/M., Europäische Verlagsanstalt, 1968 (res novae Bd. 65).

CARELL, Paul. *Unternehmen Barbarossa.* Der Marsch nach Rußland. Frankfurt/M., Berlin, Wien, Ullstein-Verlag, 1963.

CHARLETY, Sébastien. *Histoire du Saint-Simonisme (1825–1864).* Paris, Paul Hartmann, 1931.

CLAUSEWITZ Karl von. *Vom Kriege.* Berlin, B. Behr's Verlag, 1914.

COLE, Wane S. *America First.* The battle against intervention 1940–1941. Madison, The University of Wisconsin Press, 1953.

COMPTON, James V. *The Swastika and the Eagle.* Hitler, the United States and the origins of Second World War. London, Sydney, Toronto, The Bodley Head, 1968.

CONQUEST, Robert. *The great terror.* Stalins purge of the Thirties. London/Melbourne, Macmillan, 1969.

CONWAY, John S. *The Nazi persecution of the Churches, 1933–1945.* London, Weidenfeld and Nicolson, 1968.

CZICHON, Eberhard. *Wer verhalf Hitler zur Macht?* Zum Anteil der deutschen Industrie an der Zerstörung der Weimarer Republik. Köln, Pahl-Rugenstein Verlag, 1967 (Stimmen der Zeit, 5).

DAHMS, Hellmuth Günther. *Geschichte des Zweiten Weltkrieges.* Stuttgart, Zürich, Salzburg, Sonderausgabe Europäischer Buchklub, 1965 (Cop. Rainer Wunderlich Verlag Hermann Leins, Tübingen, 1965).

DAHRENDORF, Ralf. *Gesellschaft und Demokratie in Deutschland.* München, R. Piper & Co. Verlag, 1965.

DALLIN, Alexander. *Deutsche Herrschaft in Rußland 1941–1945.* Eine Studie über Besatzungspolitik. Düsseldorf, Droste-Verlag, 1958.

DEMETER, Karl. *Das deutsche Offizierskorps in Gesellschaft und Staat 1650 bis 1945.* Frankfurt/M., Bernard & Graefe Verlag für Wehrwesen, 1965 (4. überarb. Aufl.).

DEBIE, Pierre. »Quelques aspects psychologiques du Benelux« *Bulletin International des Sciences Sociales,* 1951, Vol. II, Nr. 3.

DEUTSCH, Harald C. *Verschwörung gegen den Krieg.* Der Widerstand in den Jahren 1939–1940. München, C. H. Beck'sche Verlagsbuchhandlung, 1969.

DIEHL-THIELE, Peter. *Partei und Staat im Dritten Reich.* Untersuchungen zum Verhältnis von NSDAP und allgemeiner innerer Staatsverwaltung 1933–1945. München, C. H. Beck, 1969 (Münchener Studien zur Politik Bd. 9).

Deutsches Geistesleben und Nationalsozialismus. Eine Vortragsreihe der Universität Tübingen. Hrsg. Andreas Flitner. Tübingen, Rainer Wunderlich Verlag, 1965.

Die deutsche Justiz und der Nationalsozialismus. B. I., Stuttgart, Deutsche Verlags-Anstalt, 1968.

Der deutsche Widerstand gegen Hitler. Vier historisch-kritische Studien. Hrsg. von Werner Schmitthenner und Hans Buchheim. Köln, Kiepenheuer & Witsch, 1966.

DOVIFAT, Emil. *Zeitungslehre I.* 1. u. 2. Bd.: *Theoretische Grundlagen – Nachricht und Meinung. Sprache und Form.* Berlin, Walter de Gruyter & Co., 1937 (Sammlung Göschen).

DULLES, Allan Welsh. *Verschwörung in Deutschland.* Kassel, 1947.

DUROSELLE, Jean-Baptiste. »Der Einfluß der Massen auf die Außenpolitik«. *Masse und Demokratie.* Erlenbach–Zürich und Stuttgart, Eugen Rentsch Verlag, 1957: S. 55–70 (Volkswirtschaftliche Studien für das Schweizerische Institut für Auslandsforschung. Hrsg. von Albert Hunold).

DUROSELLE, Jean-Baptiste. *De l'utilisation des sondages d'opinion en histoire et en sciences politiques.* Brüssel, INSOC, 1957.

EIBL-EIBESFELD, Irenäus. *Grundriß der vergleichenden Verhaltensforschung.* Ethologie. München, R. Piper & Co., 1967.

EICH, Hermann. *Die unheimlichen Deutschen.* Düsseldorf, Wien, Econ Verlag, 1963.

ERBE, René, *Die nationalsozialistische Wirtschaftspolitik 1933–1939 im Lichte der modernen Theorie.* Zürich, Polygraphischer Verlag, 1958.

EVANS, RICHARD J. »Personal values as factors in anti-Semitism«. *Journal abnorm. soc. psychol,* XLVII, 1952; S. 794–796.

FRAENKEL, Heinrich, und Roger MANVELL. *Der 20. Juli.* Stuttgart, Zürich, Salzburg, Sonderausgabe Europäischer Buchklub (Cop. Ullstein-Verlag, Frankfurt/M., Berlin, 1964).

FREE, Lloyd A.-and Hadley CANTRIL. *The political beliefs of the Americans.* A study of public opinion. New Brunswick, N. J., Rutgers University Press, 1967.

FREUND, Michael. *Der Zweite Weltkrieg.* Gütersloh, Bertelsmann Verlag, 1962.

FREYMOND, Jacques. *Die Saar 1945–1955.* München, R. Oldenbourg Verlag, 1961 (Hrsg. vom Carnegie Endowment for International Peace, European Centre).

FRIEDLÄNDER, Saul. *Auftakt zum Untergang.* Hitler und die USA 1939–1941. Stuttgart, Kohlhammer Verlag, 1965.

FRIEDLÄNDER, Saul. *Kurt Gerstein ou l'ambiguité du bien.* Paris, Castermann, 1967 deutsch: *Kurt Gerstein oder die Zwiespältigkeit des Guten.* Gütersloh, Bertelsmann Sachbuchverlag, 1969.

FRIEDLÄNDER, Saul. *Pius XII. und das Dritte Reich.* Eine Dokumentation. Reinbek b. Hamburg, Rowohlt GmbH, 1965.

FROMM, Erich. *Escape from freedom.* New York–Toronto, Holt, Rinehart & Comp. Inc., 1941: deutsch: *Die Furcht vor der Freiheit.* Zürich, Steinberg-Verlag; Nürnberg, Nest Verlag, 1945.

GAMM, Hans-Jochen. *Der braune Kult.* Hamburg, Rütten & Loening, 1962.

GAMM, Hans-Jochen. *Der Flüsterwitz im Dritten Reich.* München, List Verlag, 1963.

GEHLEN, Arnold. *Die Seele im technischen Zeitalter.* Sozialpsychologische Probleme in der industriellen Gesellschaft. Hamburg, Rowohlt GmbH, 1957 (rowohlts deutsche enzyklopädie).

GENSCHEL, Helmut. *Die Verdrängung der Juden aus der Wirtschaft im Dritten Reich.* Göttingen, Musterschmidt-Verlag, 1967.

GERLACH, Heinrich. *Odyssee in Rot.* Bericht einer Irrfahrt. München, Nymphenburger Verlagsbuchhandlung, 1966.

GERSDORFF, Ursula von. *Frauen im Kriegsdienst 1914–1945.* Stuttgart, Deutsche Verlags-Anstalt, 1969 (Beiträge zur Militär- und Kriegsgeschichte, Bd. 11).

GILBERT, G. M. *The psychology of dictatorship,* based on an examination of the leaders of Nazi Germany. New York, The Ronald Press Co., 1950.

GISEVIUS, Hans Bernd. *Adolf Hitler.* Versuch einer Deutung. Stuttgart, Europäischer Buchklub, Sonderausgabe, o. J. (Cop. Rütten & Loening, München).

GLUM, Friedrich. *Der Nationalsozialismus.* Werden und Vergehen. München, C. H. Beck'sche Verlagsbuchhandlung, 1962.

GURFEIN, M. I., and Morris JANOWITZ. »Trends in Wehrmacht-Morale«. *Public Opinion Quarterly,* 1946, Nr. 10; S. 78–84.

GLASER, Hermann. Eros und Politik. *Eine sozialpathologische Untersuchung.* Köln, Verlag Wissenschaft und Politik, 1967.

GLASER, Hermann. *Spießer-Ideologie.* Von der Zerstörung des deutschen Geistes im 19. und 20. Jahrhundert. Freiburg, Rombach Verlag, 1964.

GRUCHMANN, Lothar. *Der Zweite Weltkrieg.* Kriegsführung und Politik. München, Deutscher Taschenbuch Verlag, 1967 (dtv-Weltgeschichte des 20. Jahrhunderts Bd. 10).

GÖHRING, Martin. *Alles oder Nichts.* Zwölf Jahre totalitärer Herrschaft in Deutschland. Bd. I: 1933–1939. Tübingen, Verlag J. C. B. Mohr (Paul Siebeck), 1968.

GÖRLITZ, Walter. *Der Zweite Weltkrieg 1939–1945.* Stuttgart, Steingrüben Verlag, 1952.

GRAML, Hermann. »Die deutsche Militäropposition vom Sommer 1940 bis zum Frühjahr 1943«. *Vollmacht des Gewissens.* Frankfurt, Metzner Verlag, 1965, Bd. II; S. 411–474 (Herausgegeben von der Europäischen Publikation e. V.).

GREINER, Helmut. *Die oberste Wehrmachtführung 1939 bis 1943.* Wiesbaden, Limes-Verlag, 1951.

GROSS, Johannes. *Die Deutschen.* Frankfurt, Scheffler Verlag, 1967.

HAGEMANN, Walter. *Publizistik im Dritten Reich.* Ein Beitrag zur Methodik der Massenführung. Hamburg, Joachim Heitmann & Co., 1948.

HAMMEN, Oscar J. »German Historians and the advent of the national socialist state. *The Journal of Modern History.* XIII, Juni 1941, Nr. 2; S. 161–188.

HANSEN, Reimer. *Das Ende des Dritten Reiches.* Die deutsche Kapitulation 1945. Stuttgart, Klett Verlag, 1966 (Kieler Historische Studien, Bd. 2).

HEER, Friedrich. *Gottes erste Liebe.* 2000 Jahre Judentum und Christentum. Genesis des österreichischen Katholiken Adolf Hitler. München, Bechtle Verlag, 1967.

HEIBER, Helmut. *Walter Frank und sein Reichsinstitut für Geschichte des neuen Deutschlands.* Stuttgart, Deutsche Verlags-Anstalt, 1966 (Veröffentlichungen des Insituts für Zeitgeschichte, Quellen und Darstellungen zur Zeitgeschiche, Bd. 13).

HEIDEN, Konrad. *Adolf Hitler.* Eine Biographie. Zürich, Europa-Verlag, 1936/37; 2 Bde.

HENKYS, Reinhard. *Die nationalsozialistischen Gewaltverbrechen.* Geschichte und Gericht. Stuttgart, Kreuz-Verlag, 1964.

HERZOG, Bodo. *60 Jahre deutsche U-Boote 1906–1966.* München, J. F. Lehmanns Verlag, 1968.

HILBERG, Raoul. *The Destruction of the European Jews.* Chicago, Quadrangle Books, 1961.

HILLGRUBER, Andreas. *Deutschlands Rolle in der Vorgeschichte der beiden Weltkriege.* Göttingen, Vandenhoeck & Ruprecht, 1967 (Die deutsche Frage in der Welt Bd. 7).

HILLGRUBER, Andreas. *Hitlers Strategie.* Politik und Kriegsführung 1940 bis 1941. Frankfurt/Main, Bernard & Graefe Verlag für Wehrwesen, 1965.

HOCH, Anton. »Das Attentat auf Hitler im Bürgerbräukeller«. *VJHZ*, Oktober 1969, H. 4; S. 383–413.

HOFFMANN, Peter. *Widerstand – Staatsstreich – Attentat.* Der Kampf der Opposition gegen Hitler. München, R. Piper und Co. Verlag, 1969.

HOFSTÄTTER, Peter R. *Psychologie der öffentlichen Meinung.* Wien, Wilhelm Braumüller, 1949 (Erkenntnis und Besinnung Bd. 13).

HOFSTÄTTER, Peter R. *Einführung in die Sozialpsychologie.* Stuttgart, Wien, Humboldt-Verlag, 1954.

HÖHNE, Heinz. *Der Orden unter dem Totenkopf.* Die Geschichte der SS. Gütersloh, Sigbert Mohn Verlag, 1967.

HOMZE, Edward L. *Foreign Labor in Nazi Germany.* Princeton, New Jersey, Princeton University Press, 1967.

HUBATSCH, Walter. *»Weserübung«.* Die deutsche Besetzung von Dänemark und Norwegen, Göttingen, Musterschmidt-Verlag, 1960.

HÜTTENBERGER, Peter. *Die Gauleiter.* Bonn, 1967 (Dissertation).

INKELES, Alex. *Public Opinion in Soviet Russia.* A study in mass persuasion. Cambridge, Harvard University Press, 1958.

IRVING, David. *Der Untergang Dresdens.* Gütersloh, Sigbert Mohn Verlag, 1964.

IRVING, David. *Die Geheimwaffen des Dritten Reiches.* Gütersloh, Sigbert Mohn Verlag, 1965.

IRVING, David. *Der Traum von der deutschen Atombombe.* Gütersloh, Bertelsmann, 1967.

ISAAC, Jules. *Genesis des Antisemitismus.* Wien, Frankfurt/M., Zürich, Europa-Verlag, 1968 (Europäische Perspektiven).

JÄCKEL, Eberhard. *Frankreich in Hitlers Europa.* Die deutsche Frankreichpolitik im Zweiten Weltkrieg. Stuttgart, Deutsche Verlags-Anstalt, 1966.

JÄCKEL, Eberhard. *Hitlers Weltanschauung.* Entwurf einer Herrschaft. Tübingen, Rainer Wunderlich Verlag Hermann Leins, 1969.

JACOBSEN, Hans-Adolf. *Fall Gelb.* Der Kampf um den deutschen Operationsplan zur Westoffensive 1940. Wiesbaden, Steiner Verlag, 1957 (Veröffentlichung d. Instituts f. europ. Geschichte, Mainz, Bd. 16).

JACOBSEN, Hans-Adolf. *Nationalsozialistische Außenpolitik 1933–1938.* Darmstadt, Metzner Verlag, 1969.

JACOBSEN, Hans-Adolf. *Zur Konzeption einer Geschichte des Zweiten Weltkrieges 1939–1945.* Frankfurt/Main, Bernard & Graefe Verlag für Wehrwesen, 1964 (Schriften der Bibliothek für Zeitgeschichte. Weltkriegsbücherei, Stuttgart, H. 2).

JANSSEN, Gregor. *Das Ministerium Speer.* Deutschlands Rüstung im Krieg. Berlin, Frankfurt/Main, Wien, Ullstein-Verlag, 1968.

JONG, Louis de. »Die Niederlande und Auschwitz«. VfZG, Januar 1969, H 1; S. 1–16.

KATZ, Elihu, und Paul F. LAZARSFELD. *Personal influence.* The part played by people in the flow of mass communications. Glencoe, Illinois, The Free Press, 1955.

KEMPNER, Benedicto Mario. *Priester vor Hitlers Tribunalen.* München, Rütten & Loening, 1966.

KLEIN, Burton H. *Germany's economic preparation for war.* Cambridge, Mass., Harvard Univ. Press, 1959.

KLINEBERG, Otto. *Psychologie sociale.* Paris, Presses Universitaires de France, 1967 (3. Aufl.).

KLINK, Ernst. *Das Gesetz des Handelns.* Die Operation »Zitadelle« 1943. Stuttgart, Deutsche Verlags-Anstalt, 1966 (Schriftenreihe des Militärgeschichtlichen Forschungsamtes Bd. VII).

KLOSE, Werner. *Generation im Gleichschritt.* Ein Dokumentarbericht. Oldenburg, Hamburg, Stalling Verlag, 1964.

KLOTZBACH, Kurt. *Gegen den Nationalsozialismus.* Widerstand und Verfolgung in Dortmund 1930–1945. Hannover, Verlag für Literatur und Zeitgeschehen, 1969.

KNACKSTEDT, H. »Der ›Altmark‹-Zwischenfall«. *Wehrwissenschaftliche Rundschau,* 1959; S. 391–411, 466–486.

KNAPP, Robert H. »A psychology of rumor«. *Public Opinion Quarterly,* VIII, 1944, Nr. 1; S. 22–37.

KOSTHORST, Erich. *Die deutsche Opposition gegen Hitler zwischen Polen- und Frankreichfeldzug.* Hrsg. von der Bundeszentrale für Heimatdienst, Bonn, 1957 (3. bearb. Aufl.).

KRANNHALS, Hanns von. »Die Judenvernichtung in Polen und die Wehrmacht«. *Wehrwissenschaftliche Rundschau,* H. 10. 1965; S. 570–581.

KRANNHALS, Hanns von. *Der Warschauer Aufstand 1944.* Frankfurt, Bernard & Graefe Verlag für Wehrwesen, 1963.

KRAUSNICK, Helmut. »Hitler und die Morde in Polen«. *VfZG,* 1963, H. 2: S. 196–209.

KRAUSNICK, Helmut. »Vorgeschichte und Beginn des militärischen Widerstandes gegen Hitler«. *Vollmacht des Gewissens.* Bd. I. Frankfurt/M., Metzner Verlag, 1960; S. 177–348.

KRAUSNICK, Helmut, und Hermann GRAML. »Der deutsche Widerstand und die Alliierten«. *ibid.* Bd. II., 1965; S. 475–522.

LAIDLER, Harry W. *History of Socialism.* A comparative survey of socialism, communism, Trade unionism, cooperation, utopianism and other systems of reform and reconstruction. London, Routledge and Kegan, Paul, 1968.

LANGE, Karl. *Hitlers unbeachtete Maximen.* »Mein Kampf« und die Öffentlichkeit, Stuttgart, Kohlhammer Verlag, 1968.

LANGER, William; Sarell Everett GLEASON. *The Challenge to Isolation 1937 to 1940*. New York, Harper & Row, 1964 (Cop. 1952).

LANGER, William. *The Undeclared War 1940–1941*. New York, Harper, 1953.

LAZARSFELD, Paul F., Bernhard BERELSON, Hazel GAUDET. *The People choices. How the voter makes up his mind in a presidential campaign.* N. Y., Columbia U. P. 1960 (cop. 1944).

LEFEBVRE, Henri. »Psychologie des classes sociales«. *Traité de Sociologie*, publié sous la direction de Georges Gurvitch. Paris, Presses Universitaires de France, 1960, T. II; S. 364–386.

LEISER, Erwin. *Mein Kampf.* Eine Bilddokumentation. Frankfurt, Fischer Bücherei, 1962 (Fischer Bücherei Bd. 411).

LEON, Abraham. *La conception materialiste de la question juive.* Paris, Etudes et Documentation internationales, 1968.

LEWY, Guenther. *Die katholische Kirche und das Dritte Reich.* München, R. Piper Verlag, 1965.

LIPPMANN, Walter. *Die öffentliche Meinung.* München, Rütten & Loening Verl., 1964.

LOCHNER, Louis Paul. *Die Mächtigen und der Tyrann.* Die deutsche Industrie von Hitler bis Adenauer. Darmstadt, Schneekluth, 1955.

LORENZ, Konrad. *Das sogenannte Böse.* Zur Naturgeschichte der Aggression. Wien, Barotha-Schöler, 1964.

MANVELL, Roger, and Heinrich FRAENKEL. *The Canaris conspiracy.* The secret resistance to Hitler in the German army. London, Heinemann, 1969.

Massenwahn in Geschichte und Gegenwart. Ein Tagungsbericht. Hrsg. von Wilhelm Bitter. Stuttgart, Ernst Klett Verlag, 1965.

MEINECKE, Friedrich. *Die deutsche Katastrophe.* Wiesbaden, E. Brockhaus Verlag, 1946.

MESSERSCHMIDT, Manfred. *Die Wehrmacht im NS-Staat.* Zeit der Indoktrination. Hamburg, R. von Deckers Verlag, 1969.

MILWARD, Alan S. *Die deutsche Kriegswirtschaft 1939–1945.* Stuttgart, Deutsche Verlags-Anstalt, 1966.

MITSCHERLICH, Alexander und Margarete. *Die Unfähigkeit zu trauern.* Grundlagen kollektiven Verhaltens. München, R. Piper & Co., 1968.

MITSCHERLICH, Alexander, und Fred Mielke. *Wissenschaft ohne Menschlichkeit.* Medizinische und eugenische Irrwege unter Diktatur, Bürokratie und Krieg. Heidelberg, Verlag Lambert Schneider, 1949.

MOMMSEN, Hans. *Beamtentum im Dritten Reich.* Stuttgart, Deutsche Verlags-Anstalt, 1968 (Schriftenreihe der Vierteljahreshefte für Zeitgeschichte Nr. 15).

MOMMSEN, Hans. »Der nationalsozialistische Polizeistaat und die Judenverfolgung von 1938«. *VJHZ*, 1962, Januar, H. 1; S. 68–87.

MOMMSEN, Wolfgang J. »L'opinion allemande et la chute du gouvernement Bethmann Hollweg en juillet 1917«. Revue d'histoire moderne et contemporaine, tome XV, janvier–mars 1968; S. 39–53. Deutsch: »Die öffentliche Meinung und der Zusammenbruch des Regierungssystems Bethmann Hollweg im Juli 1917«. *Geschichte in Wissenschaft und Unterricht*, 19, 1968; S. 656–667.

MOMMSEN, Wolfgang J. »Die Regierung Bethmann Hollweg und die öffentliche Meinung 1914–1917«. *VfZG*, 1969, April, H. 2; S. 117–159.

MOSSE, George L. *Nazi Culture.* Intellectual, cultural and social life in the Third Reich. New York, Grosset & Dunlap, 1966.

MÜLLER, Klaus-Jürgen. Das Heer und Hitler. Armee und nationalsozialistisches Regime 1933–1940. Stuttgart, Deutsche Verlags-Anstalt, 1969 (Beiträge zur Militär- und Kriegsgeschichte Bd. 10).

MÜLLER-CLAUDIUS, Michael. *Der Antisemitismus und das deutsche Verhängnis.* Frankfurt/Main, Verlag Josef Knecht, Carolus Druckerei, 1948.

MURAWSKI, Erich. *Der deutsche Wehrmachtsbericht 1939–1945.* Ein Beitrag zur Untersuchung der geistigen Kriegführung. Mit einer Dokumentation der Wehrmachtberichte vom 1. 7. 1944 bis 9. 5. 1945. Boppard/Rhein, Verlag Harald Boldt, 1962.

NEUMANN, Erich Peter, und Elisabeth NOELLE. *Antworten.* Politik im Kraftfeld der öffentlichen Meinung. Allensbach, Verlag für Demoskopie, 1954.

NOLTE, Ernst. »Ebenen des Krieges und Stufen des Widerstandes«. *Probleme des Zweiten Weltkrieges.* Köln, Kiepenheuer & Witsch, 1967; S. 203–211.

NOLTE, Ernst. *Der Faschismus in seiner Epoche.* München, R. Piper & Co., 1963

NOLTE, Ernst. *Die faschistischen Bewegungen.* München, Deutscher Taschenbuch Verlag, 1966 (dtv-Weltgeschichte des 20. Jahrhunderts Bd. 4).

NOLTE, Ernst (Hrsg.). *Theorien über den Faschismus.* Köln, Kiepenheuer & Witsch, 1967.

O'NEILL, Robert J. *The German Army and the Nazi Party, 1933–1939.* London, Cassell, 1966.

NYOMARSKAY, Joseph. *Charisma and factionalism in the Nazi Party.* Minneapolis, University of Minnesota Press, 1967.

PARKES, James. *Antisemitismus.* München, Rütten & Loening, 1964.

PAWLOW, Dimitrij W. *Die Blockade von Leningrad 1941.* Frauenfeld und Stuttgart, Verlag Huber, 1967.

PERRAULT, Gilles. *L'orchestre rouge.* Paris, Fayard, 1968.

PETZINA, Dieter. *Autarkiepolitik im Dritten Reich.* Der nationalsozialistische Vierjahresplan. Stuttgart, Deutsche Verlags-Anstalt, 1968 (Schriftenreihe der Vierteljahreshefte für Zeitgeschichte Nr. 16).

PLATEN-HALLERMUND, Alice. *Die Tötung Geisteskranker in Deutschland.* Frankfurt/Main, Verlag der Frankfurter Hefte, 1948.

PLESSNER, Helmuth. *Die verspätete Nation.* Über die politische Verfügbarkeit bürgerlichen Geistes. Stuttgart, W. Kohlhammer Verlag, 1959.

POHLE, Heinz. *Der Rundfunk als Instrument der Politik.* Zur Geschichte des deutschen Rundfunks von 1923–1939. Hamburg, Verlag Hans Bredow Institut, 1955.

POLIAKOV, Léon. *Le bréviaire de la haine.* Paris, Calman-Lévy, 1951.

POLIAKOV, Léon. *Histoire de l'antisémitisme.* Bd. I: *Du Christ aux Juifs de la Cour.* Paris, Calman-Lévy, 1961 (1955).

La presse dans les Etats autoritaires. Publié par l'Institut international de la Presse, Zürich, 1959.

PRITTIE, Terence. *Germans against Hitler.* London, Hutchinson, 1964.

Probleme des Zweiten Weltkrieges. Hrsg. von Andreas Hillgruber, Köln, Kiepenheuer & Witsch, 1967.

REICHMANN, Eva G. *Die Flucht in den Haß.* Die Ursachen der deutschen Judenkatastrophe. Frankfurt, Europäische Verlagsanstalt, 1956.

REITLINGER, Gerald. *Die Endlösung.* Hitlers Versuch der Ausrottung der Juden Europas 1939–1945. Berlin, Colloquium Verlag, 1956.

REITLINGER, Gerald. *Ein Haus auf Sand gebaut.* Hitlers Gewaltpolitik in Rußland 1941–1944. Hamburg, Rütten & Loening, 1962.

Les relations germano-soviétiques de 1933 à 1939. Recueil d'études sous la direction de Jean-Baptiste Duroselle. Paris, Colin, 1954 (Cahiers de la Fondation Nationale des Sciences Politiques 58).

REMARQUE, Erich Maria. *Die Nacht von Lissabon.* Köln, Berlin, Kiepenheuer & Witsch, 1962.

REMOND, René. »Opinions idéologiques et inclinations affectives en politique étrangère«. *L'élaboration de la politique étrangère.* Publié par Léo HAMON. Paris, Presses Universitaires de France, 1969; S. 85–93.

RENOUVIN, Pierre. »L'opinion et la guerre en 1917«. *Revue d'histoire moderne et contemporaine,* tome XV, janvier–mars 1968; S. 4–23.

RITTER, Gerhard. *Carl Goerdeler und die deutsche Widerstandsbewegung.* München, Deutscher Taschenbuch Verlag, 1964 (Cop. Deutsche Verlags-Anstalt Stuttgart, 1954).

ROBBINS, Keith. *München 1938.* Ursprünge und Verhängnis. Zur Krise der Politik des Gleichgewichts. Gütersloh, Bertelsmann Verlag, 1969.

ROBERTSON, Edwin H. *Christen gegen Hitler.* Gütersloh, Gütersloher Verlagshaus Gerd Mohn, 1964.

ROCK, William. »Grand alliance or daisy chain. British opinion and policy toward Russia April to August 1939«. *Power, Public Opinion and Diplomacy.* Essays in Honor of Eber Malcolm Carroll. Durham, North Carolina, Duke University Press; London, Cambridge University Press, 1959; S. 297–337.

ROHWER, Jürgen. Die U-Boot-Erfolge der Achsenmächte. München, J. F. Lehmanns-Verlag, 1968.

ROON, Ger van. *Neuordnung im Widerstand.* Der Kreisauer Kreis innerhalb der deutschen Widerstandsbewegung. München, Verlag R. Oldenbourg, 1967.

ROSENAU, James N. Public Opinion and Foreign Policy. An Operational Formulation. New York, Random House, 1961.

ROTHFELS, Hans. *Die deutsche Opposition gegen Hitler.* Eine Würdigung. Frankfurt/M., Hamburg, Fischer Bücherei, 1958.

ROTHFELS, Hans. »Zerrspiegel des 20. Juli«. *VfZG,* 1962, Januar, H. 1; S. 62–67.

ROTHFELS, Hans. »Zur 25. Wiederkehr des 20. Juli 1944«. *VfZG,* 1969, Juli, H. 3; S. 237–253.

RYAN, Cornelis. *Der längste Tag.* Normandie, 6. Juni 1944. Gütersloh, Sigbert Mohn Verlag, 1959.

SARGENT, Stephen Stansfeld, and Robert Clifford WILLIAMS. *Social Psychology.* New York, The Ronald Press Comp., 1966 (3rd ed.).

SCHAFFNER, Bertram. *Fatherland.* New York, Columbia University Press, 1948.

SCHEFFLER, Wolfgang. *Judenverfolgung im Dritten Reich 1933–1944.* Berlin, Colloquium Verlag, 1960.

SCHEURIG, Bodo. *Der 20. Juli – Damals und heute.* Hamburg, Holsten-Verlag, 1965.

SCHEURIG, Bodo (Hrsg.). *Verrat hinter Stacheldraht?* Das Nationalkomitee »Freies Deutschland« und der Bund deutscher Offiziere in der Sowjetunion 1943–1945. München, Deutscher Taschenbuch Verlag, 1965.

SCHEURIG, Bodo. *Claus Graf Schenk von Stauffenberg.* Berlin, Colloquium Verlag, 1964.

SCHMIDT, Paul. *Statist auf diplomatischer Bühne 1923–1945.* Bonn, Athenäum-Verlag, 1953.

SCHNEIDER, Franz. *Politik und Kommunikation.* Drei Versuche. Mainz, v. Hase & Koehler Verlag, 1967.

SCHOECK, Helmut. *Der Neid.* Eine Theorie der Gesellschaft. München, Karl Albert Verlag, 1966.

SCHOENBAUM, David. *Die braune Revolution.* Eine Sozialgeschichte des Dritten Reiches. Köln, Berlin, Kiepenheuer & Witsch, 1968.

SCHOLDER, Klaus. »Die evangelische Kirche in der Sicht der nationalsozialistischen Führung bis zum Kriegsausbruch«. *VfZG*, H. 1., Januar 1968; S. 15–35.

SCHORN, Hubert. *Der Richter im Dritten Reich.* Geschichte und Dokumente. Frankfurt, Vittorio Klostermann, 1959.

SCHORN, Hubert. *Die Gesetzgebung des Nationalsozialismus als Mittel der Machtpolitik.* Frankfurt, Vittorio Klostermann, 1963.

SCHRÖTER, Heinz. *Stalingrad.* ». . . bis zur letzten Patrone«. Lengerich, Westfalen, Kleins Druck- und Verlagsanstalt (o. J.).

SCHWABE, Klaus. *Wissenschaft und Kriegsmoral.* Die deutschen Hochschullehrer und die politischen Grundfragen des Ersten Weltkrieges. Göttingen, Zürich, Frankfurt, Musterschmidt-Verlag, 1969.

SCHWEITZER, Arthur. *Big Business in the Third Reich.* London, Eyre & Spottiswoode, 1964.

SENDTNER, Kurt. Die deutsche Militäropposition im ersten Kriegsjahr«. *Vollmacht des Gewissens*, Bd. I., Frankfurt/M., Metzner Verlag, 1960; S. 385 bis 532.

SCHABROD, Karl. *Widerstand an Rhein und Ruhr. 1933–1945.* Hrsg. vom Landesvorstand der Vereinigung der Verfolgten des Nazi-Regimes Nordrhein-Westfalen. Herne, 1969.

SHILS, Edward A., and Morris JANOWITZ. »Cohesion and disintegration of the *Wehrmacht* in World War II«. *Public Opinion Quarterly*, XII (1948); S. 280–315.

SHIRER, William L. *Aufstieg und Fall des Dritten Reiches.* Köln, Berlin, Kiepenheuer & Witsch, 1961.

SMITH, Bradley F. *Adolf Hitler.* His family, childhood and youth. The Hoover Institution on War, Revolution and Peace. Stanford, Stanford University Press, 1967.

SONTHEIMER, Kurt. *Antidemokratisches Denken in der Weimarer Republik.* Die politischen Ideen des deutschen Nationalismus zwischen 1918 und 1932. München, Nymphenburger Verlagsanstalt, 1964 (2. Aufl.).

»SS-Bericht über den 20. Juli. Aus den Papieren des SS-Obersturmbannführers Dr. Georg Kiesel«. *Nordwestdeutsche Hefte*, 1947, H. 1/2; S. 5–34.

STAFF, Ilse (Hrsg.). *Justiz im Dritten Reich.* Eine Dokumentation, Frankfurt, Fischer Bücherei, 1964.

STEINERT, Marlis G. *Die 23 Tage der Regierung Dönitz.* Düsseldorf, Wien, Econ Verlag, 1967.

STERN, Fritz. »Bethmann Hollweg und der Krieg: Die Grenzen der Verantwortung«. *Recht und Staat in Geschichte und Gegenwart.* J. C. B. Mohr (Paul Siebeck), 1968 (H. 351/352).

STOETZEL, Jean. *L'étude expérimentale des opinions.* Paris, Presses Universitaires de France, 1943.

STOETZEL, Jean. »La conception de la notion d'attitude en psychologie sociale«. *Sondages*, 1963, Nr. 2; S. 5–20.

STROBEL, Ferd. *Christliche Bewährung.* Olten, Walter Verlag, 1946.

THAYER, Charles W. *Die unruhigen Deutschen.* Bern, Stuttgart, Wien, Alfred Scherz Verlag, 1958.

THORWALD, Jürgen. *Die ungeklärten Fälle.* Stuttgart, Steingrüben, 1950.

TIPPELSKIRCH, Kurt von. *Geschichte des Zweiten Weltkriegs.* Bonn, Athenäum-Verlag, 1954.

TOMPKINS, Peter. *Verrat auf italienisch.* Wien, Molden Verlag, 1967.
TREUE, Wilhelm. »Die Einstellung einiger deutscher Großindustrieller zu Hitlers Außenpolitik«. *Geschichte in Wissenschaft und Unterricht,* 8, 1966; S. 491–507.
TREVOR-ROPER, Hugh H. *Hitlers letzte Tage.* Frankfurt/M., Berlin, Ullstein-Verlag, 1965.
TSCHUIKOW, Marschall Wassilij. *Das Ende des Dritten Reiches.* München, Wilhelm Goldmann, 1966.
UHLIG, Heinrich. »Der verbrecherische Befehl.« Eine Diskussion und ihre historisch-dokumentarischen Grundlagen. *Vollmacht des Gewissens,* Bd. II. Frankfurt, Metzner Verlag, 1965; Bd. II; S. 287–410.
Der ungekündigte Bund. Neue Begegnung von Juden und christlicher Gemeinde. Hrsg. von Dietrich Goldschmidt und Hans-Joachim Kraus. Stuttgart, Kreuz-Verlag, 1962.
Von Versailles zum Zweiten Weltkrieg. Verträge zur Zeitgeschichte. Hrsg. von Erhard Kloess. dtv-Dokumente. München, Deutscher Taschenbuch Verlag, 1965.
WARLIMONT, Walter. *Im Hauptquartier der deutschen Wehrmacht 1939–1945.* Grundlagen. Formen. Gestalten. Frankfurt/Main, Bernard & Graefe Verlag für Wehrwesen, 1962.
WEBSTER, Sir Charles, and Noble FRANKLAND. *The strategic air offensive against Germany, 1939–1945.* London, Her Majesty's Stationery Office, 1961; 4 Bde.
WEISENBORN, Günther (Hrsg.). *Der lautlose Aufstand.* Bericht über die Widerstandsbewegung des Deutschen Volkes 1933–1945. Hamburg, Rowohlt, 1953.
WERNER, Karl Ferdinand. *Das NS-Geschichtsbild und die deutsche Geschichtswissenschaft.* Stuttgart, Kohlhammer, 1967.
WERTH, Alexander. *Rußland im Kriege 1941–1945.* München–Zürich, Droemersche Verlagsanstalt Th. Knaur Nachf., 1965.
WHEELER-BENNETT. *Die Nemesis der Macht.* Düsseldorf, Droste-Verlag, 1955.
Widerstand und Erneuerung. Neue Berichte und Dokumente vom inneren Kampf gegen das Hitler-Regime. Hrsg. und eingeleitet von Otto Kopp. Stuttgart, Seewald Verlag, 1966.
WULF, Josef. *Aus dem Lexikon der Mörder* – »Sonderbehandlung« und verwandte Worte in nationalsozialistischen Dokumenten. Gütersloh, Sigbert Mohn Verlag, 1963.
WULF, Josef. *Literatur und Dichtung im Dritten Reich.* Gütersloh, Sigbert Mohn Verlag, 1964.
ZAHN, Gordon C. *Die deutschen Katholiken und Hitlers Kriege.* Graz, Wien, Köln, Verlag Styria, 1965.
ZELLER, Eberhard. *Geist der Freiheit.* Der 20. Juli. München, Hermann Rinn (o. J.).
ZIPFEL, Friedrich. *Kirchenkampf in Deutschland 1933–1945.* Religionsverfolgung und Selbstbehauptung der Kirchen in der nationalsozialistischen Zeit. Berlin, Walter de Gruyter & Co., 1965 (Veröffentlichungen der Historischen Kommission zu Berlin beim Friedrich-Meinecke-Institut der Freien Universität Berlin).
ZOMAN, Z. A. B. *Nazi Propaganda.* London, Oxford University Press, 1964.
Der 20. Juli 1944. Hrsg. von der Bundeszentrale für Heimatdienst. Bonn, Köllen Verlag, 1953.

Namensregister

Sachregister

635

Ortsregister

Marlis G. Steinert

Die 23 Tage der Regierung Dönitz

426 Seiten, Leinen, 25 DM

»In zahlreichen Publikationen zum Kriegsende ist die Regierung Dönitz behandelt worden. Hier liegt nun das erste wissenschaftliche Werk vor, das sich ausschließlich mit ihr beschäftigt. Es stützt sich auf veröffentlichte und unveröffentlichte Quellen, die sich in amtlichem deutschem oder alliiertem Gewahrsam, zum Teil auch in privaten Archiven befinden, sowie auf Aussagen von Teilnehmern des damaligen Geschehens in beiden Lagern. Der Informationswert des Buches ist ungewöhnlich groß. Der Leser findet in diesem Buch in Fülle Information und Dokumentation.«

Die Bücherkommentare, Freiburg

econ

ECON VERLAG GMBH · DÜSSELDORF · WIEN

Wilhelm Ritter von Schramm

Verrat im Zweiten Weltkrieg

Vom Kampf der Geheimdienste in Europa
Berichte und Dokumentation

2. Auflage, 407 Seiten, Leinen, 22 DM

»Wurde der Zweite Weltkrieg durch Verrat wesentlich beeinflußt
oder entschieden? Welche Rolle spielten die Spionage der Geheimdienste in seinem Ablauf? Welche Beweggründe veranlaßten
den einzelnen Menschen, für den Gegner seines Vaterlandes zu
arbeiten? Wie wirkt sich der Kampf im Untergrund auf die
Kriegsführung insbesondere zwischen Deutschland und der
Sowjetunion aus? All diesen Fragen ist Ritter von Schramm
nachgegangen. Das Buch ist ein wesentlicher Beitrag zum ›Wissen
und der Wissenschaft vom Feind‹.«

Basler Woche

econ

ECON VERLAG GMBH · DÜSSELDORF · WIEN